U0928793

本研究得到国家社科基金重大项目、教育部社科研究重大课题攻关项目、基地重大项目以及中央高校基本科研业务费专项资金（20720151037）等课题资助

教育部人文社会科学重点研究基地
厦门大学宏观经济研究中心

走向经济新常态

2006—2016年中国宏观经济预测与分析

（上）

李文溥 主编
龚 敏 卢盛荣 副主编

ZOUXIANG JINGJI
XINCHANGTAI
2006—2016 NIAN
ZHONGGUO HONGGUAN
JINGJI YUCE YU FENXI

人民出版社

责任编辑:陈　登

图书在版编目(CIP)数据

走向经济新常态:2006—2016 年中国宏观经济预测与分析/李文溥 主编.—北京:人民出版社,2017.10

ISBN 978-7-01-017725-0

Ⅰ.①走…　Ⅱ.①李…　Ⅲ.①中国经济-宏观经济-研究报告-2006-2016　Ⅳ.①F123.16

中国版本图书馆 CIP 数据核字(2017)第 116328 号

走向经济新常态

ZOUXIANG JINGJI XINCHANGTAI

——2006—2016 年中国宏观经济预测与分析

李文溥　主编　龚　敏　卢盛荣　副主编

人民出版社 出版发行

(100706　北京市东城区隆福寺街 99 号)

涿州市星河印刷有限公司印刷　新华书店经销

2017 年 10 月第 1 版　2017 年 10 月北京第 1 次印刷

开本:710 毫米×1000 毫米 1/16　印张:58.5

字数:898 千字

ISBN 978-7-01-017725-0　定价:150.00 元(上、下)

邮购地址 100706　北京市东城区隆福寺街 99 号

人民东方图书销售中心　电话 (010)65250042　65289539

序

本书是教育部人文社会科学重点研究基地——厦门大学宏观经济研究中心2006—2016年发布的《中国宏观经济预测与分析报告》的结集。因此，在介绍本书之前，似乎还需要先介绍一下这些报告的由来。《中国宏观经济预测与分析报告》是厦门大学宏观经济研究中心应用其于2005年开发的中国季度宏观经济模型（China's Quarterly Macroeconometric Model, CQMM）进行的中国宏观经济运行研究项目，每年两次定期发布的研究成果。从2006年秋季发布第一份报告起，到收入本书的最新一份报告——2016年秋季报告为止，这项研究，从模型构建开始，至今已经进行了12年，总共发布了21份报告。

在现今中国的经济学界，似乎很少有一个项目能够坚持十年以上的持续研究，同时不间断地定期发布研究报告。① 其中一个重要原因或许是：中国大学现有的制度安排不太支持这样的研究。目前，中国的各项研究基金，例如：国家社会科学基金、国家自然科学基金以及教育部的人文社科研究基金等，一般的研究项目资助年限，也就是三五年，而且以资助论文与著作的发表为主，似乎尚未见过资助这种长达十年以上，在理论上甚至可以不断进行下去的追踪经济运行，以发布定期预测与分析报告和提供政策咨询建议为主的长期研究项目。在我们开始这项研究的时候，中国的大学大多还比较穷，院系所中心这一级，没有固定下拨的研究经费用于支持长期的持续研究，即使是教育部的人文社会科学重点研究基地，其经费预算中，除了类似各类基金的项目研究资助之外，也没有可以自由支配的研究经费。在大学的教师工作量计算、聘任考核体制中，这个项目的研究工

① 然而，据我们所知，在国外大学里，类似的宏观经济预测项目则有坚持数十年以上的了。

作也无法计算工作量：它既不是教学，也不是基金项目研究，研究报告又不能算是正式发表的论文。因此，教师如果从事它，也就意味着义务劳动。这于我们，也确实如此：直到如今，长达十余年之久了，参与这个研究项目的所有教师，都没有因此计算过一个小时的教师工作量。因此，当这项研究开始启动时，它能够坚持多久，作为项目组织者的我，是忐忑不安，心中无数的。

但是，我们还是决定进行这一项目。考虑很简单：希望通过这一研究，能够持续地、全面地、深入地了解中国的宏观经济运行，理解现实的中国经济，通过不间断的经济运行观察和定期的宏观经济预测以及事后的验证检讨，经常地检验一下既有经济学理论对中国社会经济的适用程度，我们对中国宏观经济运行的理解和研判是否正确；希望能够学以致用，为中国的宏观经济政策调控，提供一些政策咨询；希望能够通过长期追踪研究中国宏观经济运行，批判、扬弃既有的经济学理论，逐渐形成以中国实践为背景的中国宏观经济理论，为中国经济学的建设略尽绵薄之力，为世界范围的经济学发展添砖加瓦，提供基于中国实践的认识，注入中国成分，作出中国贡献。在长期的大学职业生涯中，我们曾见过这样的大学教师，多年讲授宏观经济学，理论、模型，如数家珍，滔滔不绝，但是，对于现实中的中国宏观经济运行，却不甚了然；我们知道有这样的大学教师，长期研究宏观经济理论，可能对于宏观经济学的某个领域，颇有研究心得，也发表了不少论文，但是，却对中国宏观经济的运行态势缺乏整体的把握和理解，当社会希望其释疑解惑，政府部门希望其提供政策咨询时，他却陷入困惑，无能为力。如果说，对于教师个体而言，这种情况虽然不无遗憾，但却似乎也可以理解，毕竟术业有专攻啊。可是，对于教育部人文社会科学重点研究基地中唯一一个以宏观经济为研究对象的厦门大学宏观经济研究中心而言，这似乎难以解释，也难以向社会各界交代。

令人高兴的是，尽管在这期间遇到了不少这样那样的问题和困难，但是，在各方各界的支持下，基于中心全体师生对事业的热爱和默默的奉献精神，我们这项研究不仅坚持到了今天，而且似乎取得了比原先预期还要好一些的成绩：

首先，经过12年的坚持和努力，厦门大学宏观经济研究中心的“中国宏观经济预测与分析（CQMM）”已经成为国内最有影响力的中国宏观经济预测与分析项目之一。而且，随着《中国宏观经济预测与分析报告》英文版——*China's Macroeconomic Outlook*——2012年起由德国斯普林格出版公司出版，向全世界发行，随着《中国宏观经济预测与分析（CQMM）报告》发布会在新加坡、德国、日本、澳大利亚等国的召开，它已经走向了世界，产生了国际影响。

其次，持续的追踪研究，使我们对中国宏观经济运行有了更为全面、深入的理解。在此基础上，对中国经济的重大现实和理论问题进行了一系列专题研究。我们的研究，获得了国家社科基金委、国家自然科学基金委以及教育部等有关部门的诸多基金项目资助。自2008年以来，这个专任教师不及10人的小小研究机构，就申请获批了6个国家社科基金重大项目、教育部人文社科重大项目，此外还有一批国家社科基金项目、国家自科基金项目、教育部社科规划一般项目、各级政府的委托项目。发表、出版了一批有价值的研究论著。形成了对近20年来中国粗放型经济发展模式及其成因的较为系统的认识，形成了分析的理论框架，为形成中国实践背景的现代宏观经济理论、为中国经济学的建设，做了一些基础性工作。

再次，立足于中国社会经济现实的研究，当然会形成对中国宏观经济决策有参考价值的决策咨询建议。这些年来，在“中国宏观经济预测与分析（CQMM）”各期研究的基础上，尤其是利用中国季度宏观经济模型（China's Quarterly Macroeconometric Model，CQMM）所进行的政策模拟，使我们获得了更多对中国宏观经济政策的发言权，这些政策建议，不仅是定性的，而且具有定量分析基础，有对拟议政策效应的量化分析和评价——这是目前政策咨询中比较缺乏的。其中一些，已经为中央及地方有关政府部门采纳，转化为政策实践。作为中国经济学者，其研究能够为祖国经济建设所用，我们的欣慰之情和成就感显然是远远超过学术论著的发表的。

最后，但绝非不重要的是，中心在这一过程中培养了一批又一批的硕士、博士和博士后，他们散布于国内外，全国各地，在各自的工作岗位上已经开始崭露头角。

在项目进行了10年之后，我们决定将此前发布的所有报告结集出版。

收入书中的报告，无论发布时间的迟早，从今天的眼光看，都可以说是一种历史文献了。当然，说它们是历史文献，并不是说这些文字具有历史意义，而是说它尽管存在诸多不足，但却是报告发布之时，我们对当时中国宏观经济运行的认识、预测与展望的一个历史记录。众所周知，经济预测犹如天气预报，如果在事后还有一看的价值，正在于它是原始记录，反映了当时的认识。无论它们准与不准，其价值就在于这是当时的预测。如果在事后对它们进行调整，那可就成了笑话里说的“既然不能指哪打哪，那就干脆来个打哪指哪吧”，一点意思也没有了。同样地，报告中的宏观经济运行分析、政策模拟及政策建议等，也都是在当时历史条件下研究者的认识和研究，其价值，也在于不做任何修正的原始记录。因此，在本书的编辑过程中，无论各份报告发布时的预测准确与否，分析得当与否，观点正确与否，我们都一字不改，保留其历史原貌。我们希望能原汁原味地保留一份我们在过去的十余年里，每次进行预测、撰写报告时对当时中国宏观经济运行的认识记录。

那么，这样一批“旧闻”，至今还有将其结集出版的必要么？我们认为，有。

第一，这大概是国内最早同时又从不间断地定期向国内外公开发布至今的中国宏观经济预测与分析报告了。① 这项研究，从模型构建开始，已经不间断地进行了 12 年了。从这些当年发布的系列报告中，我们可以看到对这一时期宏观经济运行轨迹以及宏观经济政策及其调控成效比较全面而且详细的描述，这是这一时期中国宏观经济运行的一份值得重视的记录。当然，任何描述，都是从一定视角进行的，体现了描述者的认识水平、主观偏好、价值倾向，而其中的政策模拟、政策建议，则更是如此，因此，从中也可以看出当时我们的认识水平及其偏误。我想，这两者都有其存在的价值。而且，这样的一份历史记录，随着时间的推移，这项研究的不断进行，将越发显示出这些报告的文献价值、历史意义。我们不妨想象一下：当这项研究持续进行到 30 年、50 年，甚至 100 年时，上百甚至数百

① 这当然不是国内最早的中国宏观经济预测，所应用的中国季度宏观经济模型，之前也有研究者做过研究。但是，应用中国季度宏观经济模型（CQMM），每年两次定期预测并向国内外发布中国宏观经济预测与分析报告，从 2006 年秋季坚持至今，则是国内首例。

份这样每隔半年发布一次的报告，成系列地出版，它们将提供现代中国社会经济发展、宏观经济运行及政策调控的何种信息？因此，为保存相关文献，大有结集出版的必要。

第二，这份中国宏观经济预测与分析报告所记录的时期，是中国社会经济发展史上值得注意的一个历史时期。本书提供了我们在这期间对中国这十余年来宏观经济运行的一些研究思考和心得，或许对于关心这一时期中国社会经济发展的人们不无参考价值。

本书的第一份报告始于2006年秋季，正是中国自2001年底加入WTO，又恰逢国际经济周期的上行阶段，国外对中国劳动密集型产品的需求大量增加，中国因此逐步摆脱了1997年亚洲金融危机给经济所带来的负面影响，进入了2002—2007年经济繁荣期的年份，然而，当此欣欣向荣之时，一片乌云正在天边悄然形成，一场由美国的次贷危机而逐步演化成的国际金融危机正在逐步逼近……本书最新的一份报告，是2016年9月在澳大利亚发布的。2016年秋，尽管距离2008年国际金融危机爆发已经整整八年，但是，世界经济仍然笼罩在国际金融危机阴影之中，需求不振，增长低迷。中国经济则仍未摆脱2008年国际金融危机爆发以来的经济增速下行趋势，从危机前的14%以上的年增长率峰值逐步降至7%以下。中国经济正在走向一个新的发展阶段：经济新常态。

在这十余年里，中国经济先是经历了2008年国际金融危机爆发之前的高速增长，政府主导下的粗放型经济增长模式的最后辉煌。在2011年人均GDP超过5000美元，成功地跨出了贫困陷阱，成为中等偏上收入经济体，进入了向高收入经济体过渡的新发展阶段。然而，长期扭曲的要素比价，以压低劳动力、土地、资源环境、资金等国内生产要素价格为代价，吸引了大量投资，在实现了高速增长的同时，逐渐导致了国民收入分配结构、支出结构和需求结构的严重失衡，也导致了国民经济产业结构的扭曲和升级缓慢。严重失衡的经济结构，因2008年下半年爆发的国际金融危机导致外需市场急剧萎缩而顿时暴露无遗。以四万亿元投资刺激计划为标志的扩大内需政策，尽管在危机来临之际不无必要，但是，中国经济内在的结构性、体制性问题，使耗资巨大的扩大内需政策，尽管显效一时，但却无法使中国经济再回到国际金融危机前的高增长轨道，相反，投资刺激计划所期望振兴的十大产业，在短短数年内，大多成为产能严重过剩产业，成为如今需要进行供给侧结构性改革，“三去一降”的对象。中国经济的增长率，在2011年之后，再度一路下行，到2016年，经济增长率已经降至7%以下。

经济新常态，是人们在观察、分析、研究国际金融危机以来中国经济发展走势之后形成的一个判断。新者，与过去不同也；常态者，今后将大抵如此也。

那么，与经济新常态对应的经济旧常态是什么呢？我们认为，与经济新常态对应的经济旧常态是20世纪90年代中后期逐步形成的政府主导型市场经济。在政府主导之下，追求GDP与财政收入最大化的赶超型战略导致了要素比价扭曲，形成了以高投资、高净出口、低消费为特征的“两高一低”发展模式。这一粗放型经济发展模式，如果说在发轫之初，不无合理性，但是随着经济的发展，人均收入水平的提高，要素禀赋相对稀缺性的改变，其不合理性就逐渐增长。到了一定程度，这一在经济发展水平较低情况下行之有效的经济发展模式，就转为弊大于利，不调整，经济发展就难以为继，社会矛盾也将因此累积而且尖锐起来。在这个时候，经济旧常态就不得不向经济新常态转变。尽管粗放型经济发展方式并非自2006年始，但是从本书对2006年以来中国宏观经济运行走势的逐年描述和分析中，读者可以看出这一经济发展方式是如何走向它的反面，因而必须向经济新常态转换的。

那么，什么是经济新常态呢？经济新常态难道不过是中国潜在增长率的下降，经济增速的不断递减，我们应当视之常态而适应它吗？我们并不这么认为。尽管随着中国步入中等偏上收入国家组，中国的劳动人口由增长转为下降，资源环境的限制，居民需求结构的变化，一定程度的经济增长率下降，似乎不可避免，但是，仅仅经济增长率的下降，并不就是经济新常态。“新常态应当是经济发展新的稳态阶段，如果以此定义新常态，那么应当认为中国目前尚未进入新常态，仅仅是一个从传统增长路径开始向新增长路径转变的过渡阶段。此前在政府主导型经济中以‘两高一低（高投资、高净出口率、低居民消费）’为结构特征的出口劳动密集型产品为导向的粗放型经济增长，是低收入经济向中等收入过渡的一种旧常态，当发展阶段从摆脱低收入陷阱转向从中等偏上收入向发达经济过渡时，经济增长方式需要有所调整，从而形成新的稳定发展路径，这才是经济学意义上的新常态。经济新常态需要经历一个深化改革，改变增长范式的调整阶段方能逐渐形成，目前是旧常态向新常态过渡的阶段，仅以经济增速而论，目前仍在下滑之中，波动太大，很难视为这是经济发展的新稳态。”①

正是基于这种思考和判断，因此，我们认为，中国现在还仅仅是正在走向经济新常态，真正进入到经济新常态，还需要我们付出艰苦的努力。其所以如此，是因为，尽管经济旧常态的不合理性早在国际金融危机前就已经得到了比较充分的显示，但是，这种经济发展方式是既有社会经济体制下各种行为者各自理性选择的集合，是特定资源禀赋结构尤其是其价格结构所决定的选择空间下的理性选择。要从经济旧常态走向经济新常态，不能不以改变既有的选择空间为前提。中共十八届三中全会通过的《中共中央关于全面深化改革若干重大问题的决定》提出了我国社会经济发展转型的总目标以及实现转型的体制改革任务。从本书的各篇宏观经济预测与分析报告可以看出：现实中的宏观经济运行都是一定体制空间下的宏观经济过程，在体制空间不做重大调整之前，尽管宏观经济决策当局对既有的粗放经济发展方式的弊病已经十分清楚，而且也在日常的宏观经济运行调控中采取了不少措施，但总是不尽如人意，令人颇有按下葫芦浮起瓢之感。

或许正是因此，供给侧结构性改革在过去一年里备受各界重视。阅读本书最初的几份报告，可以发现，我们早在2006年秋季的第一份报告中就注意到供给管理的重要性，提出了“宏观经济政策的重心应有所调整。需要逐步弱化需求管理，重视供给调整。把提升本国经济竞争力、增加有效供给能力、提高收入水平放在宏观经济政策的首位。以此从根本上扭转总需求结构：扩大消费所占的比例，降低出口增长的风险”的判断及相关的四点政策建议。② 但是，在国际金融危机前的需求繁荣期，这一声音显然

① 李静、李文溥：《走向经济发展新常态的理论探索——宏观经济学视角的述评》，《中国高校社会科学》2015年第2期。

② 参见本书第一章。

难以受到重视，也更难以付诸实施。在国际金融危机爆发之后的短期内，人们的正常反应是扩大内需，刺激经济回到原来的增长轨道中去，并没有意识到，对于中国而言，本轮的国际金融危机冲击，实际上带来的是发展阶段和发展方式的转换。经过了最初两年的回升以及之后数年的下降，无论是强刺激还是微刺激，都不能将经济增速维持在期望的平台上，相反，为维持一个百分点的增长，所需要的投入越来越多，人们才逐渐领会到：中国的经济发展正在进入一个新的发展阶段。为了进入经济新常态，必须进行供给侧结构性改革。

然而，供给与需求，从来是相互制约的。实行供给侧结构性改革的需求基础是随着经济增长，人均收入水平的提高，居民消费结构的转变。我们在2016年的春季报告中，[①] 分析了自2013年以来，中国三次产业结构的变化趋势，指出了中国经济服务化的发展趋势，比较了日本、韩国、中国在相近人均收入阶段，居民消费结构变迁的相近轨迹，论证了中国居民正逐渐由实物产品消费为主向高质量的实物产品与教育、医疗卫生、文化旅游等为主的现代服务品消费并重的消费结构转变。现代服务品消费对个体人力资本积累的正向效应使这一结构转变将深刻地影响经济的长期增长。我们在随后的论文中运用两部门人力资本内生增长模型进行的研究发现：(1) 在经济发展的不同阶段，消费结构升级对经济增长的作用存在差异。在传统要素主导经济发展阶段，消费结构的变迁只存在短期增长效应，不影响长期增长率；在人力资本主导的发展阶段，消费结构升级将有力地助推经济长期持续增长。(2) 但这种助推作用依赖于人力资本部门的生产效率高低。收入越高的经济体，越需要高效率的人力资本部门配合，才能实现上述作用。由此，应在人力资本部门进一步推进市场化，改变管制导致的现代服务品供给不足、效率低下，实现供需动态匹配，推动经济增长向消费为主导的动力转换，跨越“中等收入陷阱”。[②]

然而，过去一年供给侧结构性改革的实践却使我们发现：“当前正在进行的供给侧结构性改革具有更为深刻而丰富的内涵：它不仅仅是既有需

① 参见本书第二十章。

② 王燕武、李文溥：《人力资本增进型消费与跨越“中等收入陷阱”》，厦门大学宏观经济研究中心工作论文，2016年。

求结构下供给结构失衡的常规调整，而是适应向新发展阶段过渡而导致的需求结构转换的新一代供给结构的形成。从这个意义上说，供给侧结构性改革并非短期的治理整顿，而是一个较长时期内的供给侧结构不断适应需求结构发展变化的调整。”① 供给侧结构性改革实质上“是一个涉及政府与企业、居民的收入分配结构、税制结构、直接融资、间接融资结构及体制、市场准入及管制解除等一系列关乎现代市场经济条件下的国家治理体系和治理能力现代化的问题。因此，供给侧结构性改革，本质上就是一场全面深化的体制改革，是一场建立与高收入经济体相适应的国家治理体系的深刻变革”②。

中共十八届三中全会以来，这样一场建立与高收入经济体相适应的现代国家治理体系的深刻变革正在展开。

那么，本书所进行的这些分析和研究是否可以成立呢？我们期待着读者的批评，当然，更为要紧的是实践的检验。

是为序。

李文溥

2016 年 11 月

誌于厦门大学北村听风阁

① 参见本书第二十一章。

② 同上。

目　录

第一章　2006年秋季报告①

第一节　近期中国宏观经济形势

一、基本观察

经济持续维持较高增长率。2005年中国国内生产总值（GDP）按不变价计算同比增长9.9%，略低于2004年10.1%的增长速度。2006年一季度GDP同比增长10.3%，快于上年同期9.9%的增长速度；二季度经济增长率进一步提高到10.9%，增速比去年同期快0.9个百分点（图1-1）。

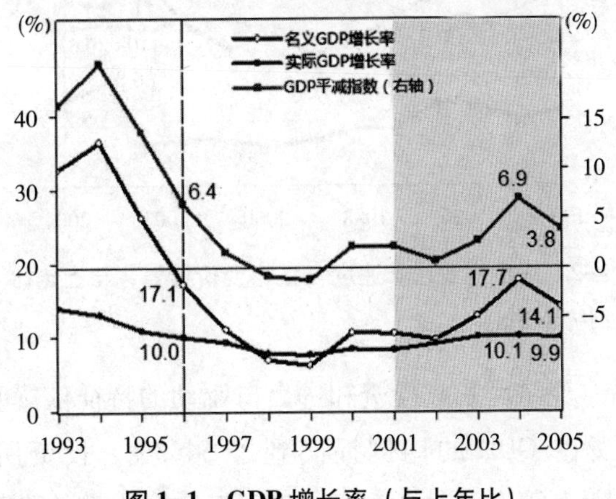

图1-1　GDP增长率（与上年比）

资料来源：中经网统计数据库。

---

① 教育部高校人文社会科学重点研究基地重大项目“中国季度宏观经济模型”（05JJD790093）成果。本报告于2006年7月26日在厦门、新加坡通过电子视频同步发布。

第二产业增长速度依然强劲，第三产业占 GDP 的比重持续下滑。在三次产业中，第二产业依然是增长最快的产业。2003 年第二产业增长 12.7%，超过 1996 年的增长速度。2005 年第二产业增长速度虽有滑落，但依然维持 11.4%的水平。2006 年上半年第二产业增长速度依然强劲，一季度增长 12.5%，上半年增长 13.2%。相比之下，第一产业在 2004 年实现 6.3%的增长速度后，2005 年出现滑落，仅增长 5.2%；2006 年上半年第一产业增长速度仅维持上年同期的水平。第三产业增速基本维持一个平稳的水平，2005 年第三产业增长 9.6%，略低于 2004 年的速度，基本与 2003 年持平。2006 年一季度第三产业增速下滑，仅为 8.9%，上半年回升至 9.4%，但依然低于上年同期的水平。由于第二产业的快速增长，2005 年第二产业占 GDP 的比重为 47.3%，2006 年一季度上升为 49.9%，上半年进一步上升为 51.2%。同期，第三产业占 GDP 的比重持续下滑，2005 年为 40.3%，2006 年上半年为 39.8%（图 1-2）。

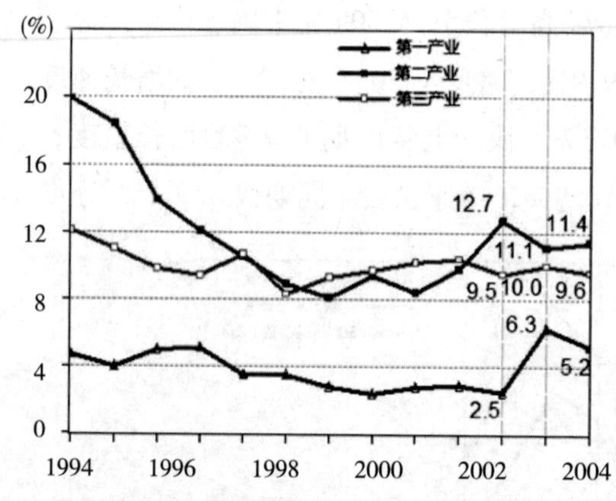

图 1-2　三次产业增长速度（按不变价计算，与上年比）

资料来源：中经网统计数据库。

从需求面看，经济增长靠投资和进出口驱动的特征依然明显。2004 年普查后最终消费占 GDP 的比例提高到了 54.3%，投资所占的份额为 43.2%，净出口所占的份额为 2.5%。2005 年消费所占的份额不升反降至 52.14%，投资所占的份额则进一步上升至 43.36%，净出口所占的份额也大幅度提高到 4.5%（表 1-1）。经济增长依靠出口强劲增长和投资驱动的特征依然没有改变。

表1-1　支出法GDP（2004年、2005年）

项　目	2004年				2005年	
	按当年价格计算（亿元）		构成（%）		按当年价格计算（亿元）	构成（%）
	普查后	普查前	普查后	普查前		
GDP	160280	142394	100	100	185496.2	100
最终消费	87033	75440	54.30	53.00	96714.1	52.14
其中：居民消费	63834	58995	39.80	41.40	70849.8	38.19
政府消费	23199	16445	14.50	11.60	25864.3	13.94
资本形成总额	69168	62875	43.20	44.20	80436.6	43.36
其中：固定资本形成总额	65117	62351	40.60	43.80	78176.4	42.14
存货增加	4051	524	2.60	0.40	4050.7	2.18
货物和服务净出口	4079	4079	2.50	2.80	8345.5	4.50

资料来源：2004年数据取自国家统计局（NSB）；2005年数据取自中国经济信息网数据库。

城乡居民收入继续增长，消费增长并未明显加快。2006年上半年，社会消费品零售总额同比增长13.3%，基本维持上年同期的水平（图1-3）。

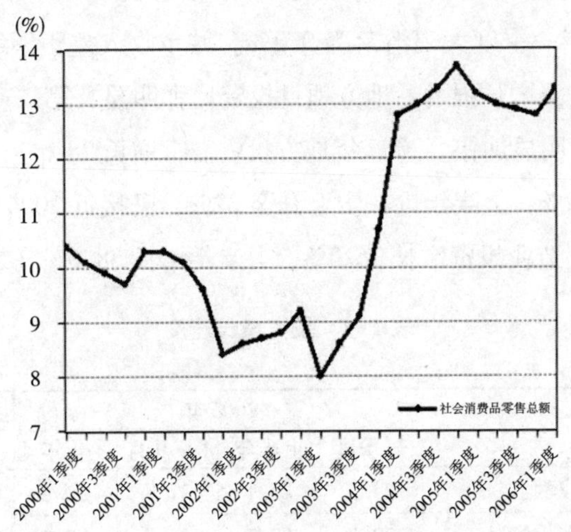

图1-3　社会消费品零售总额（累计增速，上年=100）

资料来源：中经网统计数据库。

消费者预期指数在不断回升，消费者信心指数基本持平（图1-4）。

城镇居民收入增长较快，城镇家庭人均消费性支出增长明显。2006年

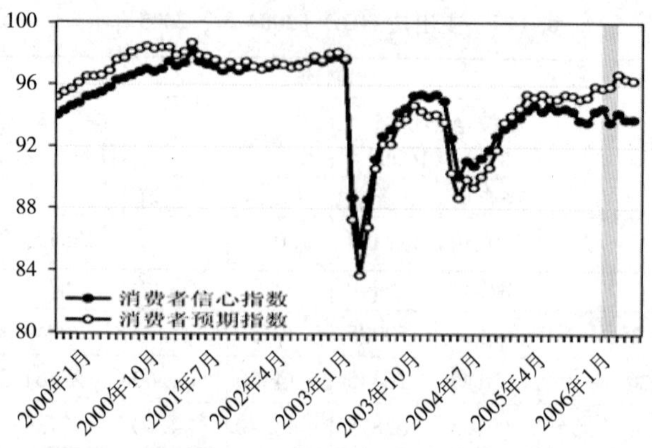

图 1-4　消费者预期指数和消费者信心指数（当月）

资料来源：中经网统计数据库。

上半年，城镇家庭人均可支配收入扣除价格因素实际增长 10.2%，增速比去年同期加快 0.7 个百分点；2006 年一季度城镇家庭人均消费性支出增长 11.1%，增速比上年同期提高了 1.2 个百分点。农村居民收入增速持续滑落，农村消费增长缓慢。2006 年上半年农民人均纯收入实际增长 11.9%，增速回落 0.6 个百分点。农村家庭人均现金支出 2005 年一季度增长 24.5%，2006 年一季度大幅滑落为 9.2%。城乡收入差距继续扩大。

固定资产投资增长强劲。地方项目投资反弹明显，第二产业特别是制造业投资增长速度明显加快。2005 年地方投资需求增长 28.6%，2006 年一季度增速提高到 31.2%，上半年进一步上升至 32%，已接近 2004 年的增长水平。2006 年一季度制造业投资增长 36.3%，上半年增长 38.6%（表 1-2）。

表 1-2　投资增长速度

（单位:%）

	2005 年				2006 年	
	一季度	上半年	1—9 月	全年	一季度	上半年
固定资产投资完成额	25.3	27.1	27.7	27.2	29.8	31.3
中央项目固定资产投资	22.3	15.5	14	17.9	18.8	25.1
地方项目固定资产投资	25.7	28.7	29.6	28.6	31.2	32
第一产业投资	39.9	20.8	18.7	27.5	47.1	40.2
第二产业投资	27.7	35.3	35.5	38.4	32.7	35
第三产业投资	23.5	21.6	22.7	20	27.5	28.2

续表

	2005 年				2006 年	
	一季度	上半年	1—9 月	全年	一季度	上半年
制造业投资总额	25.6	35.1	36.1	38.6	36.3	38.6
固定资产住宅投资完成额	24.4	20	19.5	19.6	26.3	31.4
国有及国有控股单位投资总额	7.3	10.8	12.3	17.5	17.5	20.5
港、澳、台商投资企业投资总额	14.3	20.7	21.9	18	14.3	17.1
外商投资企业投资总额	33.2	27.3	24.8	20.7	23.7	23.4
国家预算内资金	17.8	27	21.1	24	42	22.3
国内贷款	13.6	11.8	15.2	18.2	33.2	29.8
利用外资	13.7	22.3	26.9	25.2	28.7	26.6
自筹资金	22.9	35.4	36.4	36.8	43.6	37.6

资料来源：中经网统计数据库。

从资金来源看，国内贷款的快速增加是投资扩大的一个主要因素，其中对房地产新增贷款的快速扩张需要特别关注。2006 年一季度，国内贷款增长 33.2%，上半年速度下降为 29.8%，依然高于上年同期 18 个百分点。一季度，房地产开发投资资金中国内贷款同比增长 56.4%，占房地产开发资金的比重为 22.4%。企业投资资金中利用外资的比例依然很低，企业自筹资金依然是固定资产投资资金的主要来源。2005 年 54.5%的投资资金依靠企业自筹资金，2006 年这一比例上升为 55.9%；2005 年仅有 4.2%的投资资金来自外资，2006 年一季度上升至 4.4%，上半年又回落为 4.1%（表 1-3）。从投资主体看，国有及国有控股单位投资增长快速，外商投资企业投资增长速度却明显滑落。

表 1-3　固定资产投资资金来源

	2005 年				2006 年	
	一季度	上半年	1—9 月	全年	一季度	上半年
国家预算内资金	2.87	3.93	4.01	4.38	2.99	3.64
国内贷款	23.78	20.05	19.06	18.76	23.52	19.81
利用外资	4.61	4.28	4.32	4.19	4.41	4.111
自筹资金	49.77	53.37	54.64	54.45	53.11	55.91

资料来源：中经网统计数据库。

贸易顺差继续扩大，实际利用外资增速跌势不止，外汇储备再创新高。出口增速持续放缓，进口增速在年初快速回升后逐月放缓。2005 年出口增长 28.4%，进口增长 17.6%。2006 年上半年出口增长 25.2%，同比回落 7.5 个百分点；进口增长 21.3%，同比加快 7.3 个百分点（图 1-5）。

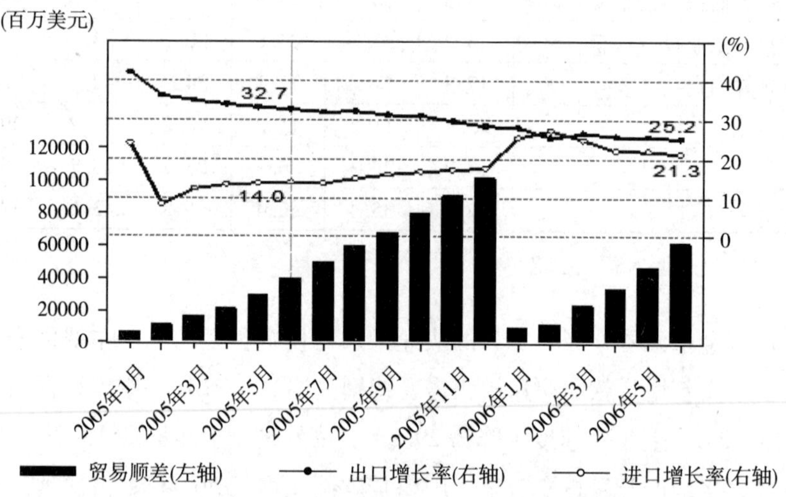

图 1-5 进出口额累计同比增速

资料来源：中经网统计数据库。

2005 年贸易顺差为 1019 亿美元，2006 年上半年顺差实现 614 亿美元。其中，工业制成品顺差和一般贸易顺差是经常项目顺差扩大的主要因素。2006 年上半年加工贸易出口所占的比重为 57.1%，加工贸易进口所占的比重为 57%，均高于上年同期的水平。实际利用外资增速跌势不止，外汇储备再创新高。2006 年上半年，外商直接投资实际使用金额 284 亿美元，下降 0.5%。6 月末，国家外汇储备 9411 亿美元，比年初增加 1222 亿美元。

主要价格指数平稳回落，生产者价格指数依然高于消费者价格指数。2005 年消费者价格指数（CPI）比上年上涨 1.8%，同比回落 2.1 个百分点；生产者价格指数（PPI）比上年上涨 4.9%，涨幅同比回落 1.2 个百分点。GDP 平减指数上涨 3.8%，涨幅比上年回落 3.1 个百分点（图 1-6）。

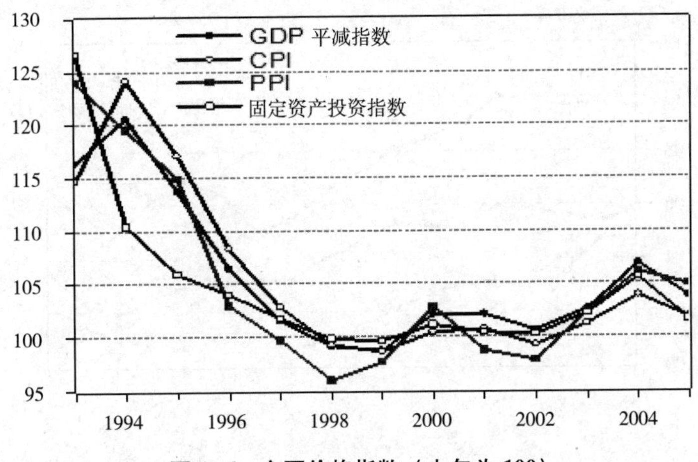

图1-6　主要价格指数（上年为100）

资料来源：中经网统计数据库。

2006年上半年，初级产品、能源价格、原油价格上涨幅度较大，最终产品价格上涨幅度较小。CPI同比上涨1.3%，涨幅比去年同期低1个百分点（图1-7）。

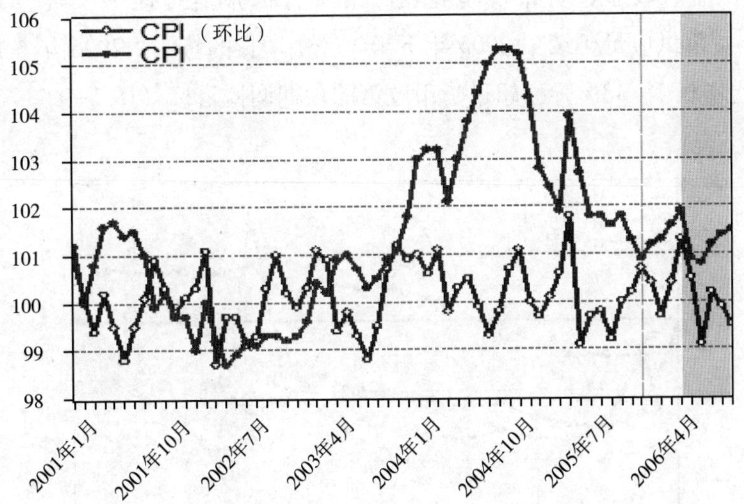

图1-7　消费者价格指数（CPI）的变化

资料来源：中经网统计数据库。

工业品出厂价格同比上涨2.7%；原材料、燃料、动力购进价格同比上涨6.1%（图1-8）。

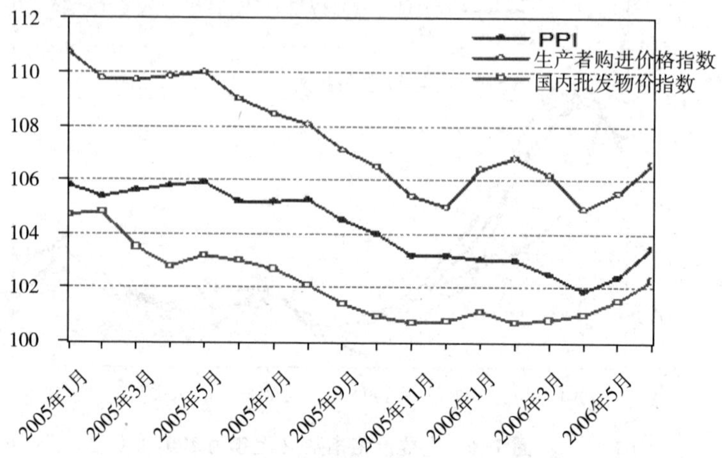

图 1-8　生产者价格指数（PPI）的变化

资料来源：中经网统计数据库。

自 2003 年起生产者价格指数持续高于消费者价格指数的格局没有改变。企业生产成本上升、利润缩减的态势还在继续。

外汇流入较多，货币环境宽松，给银行扩张信贷提供了资金条件。2006 年货币供应量延续了 2005 年下半年较快增长的势头。2006 年 6 月末，M2 同比增长 18.43%，已超过货币政策的预期调控目标（图 1-9）。

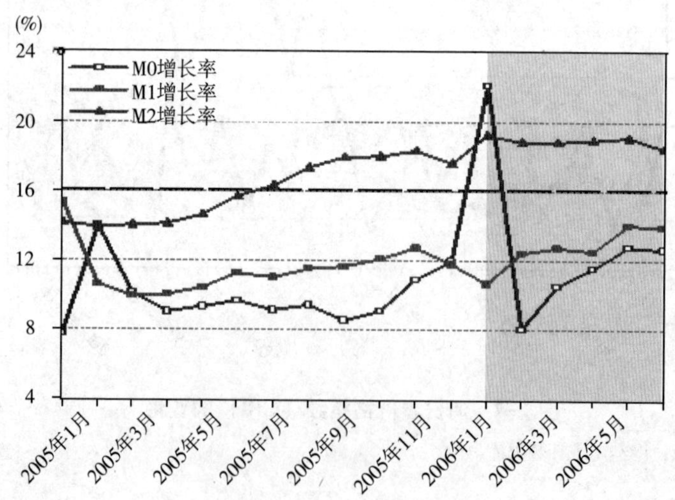

图 1-9　货币供应量增长

资料来源：中经网统计数据库。

贸易顺差、FDI 和非 FDI 的流入导致外汇储备快速增长，为维持人民币汇率稳定、抵御非 FDI 的流入，导致货币市场利率偏低，刺激了潜在的信贷需求。2006 年银行间市场利率明显上升，由此引发的外资流入导致流动性的进一步增加（图 1-10）。银行贷款快速增长。2006 年前 6 个月人民币贷款增加 2.18 万亿元，已接近全年信贷目标。

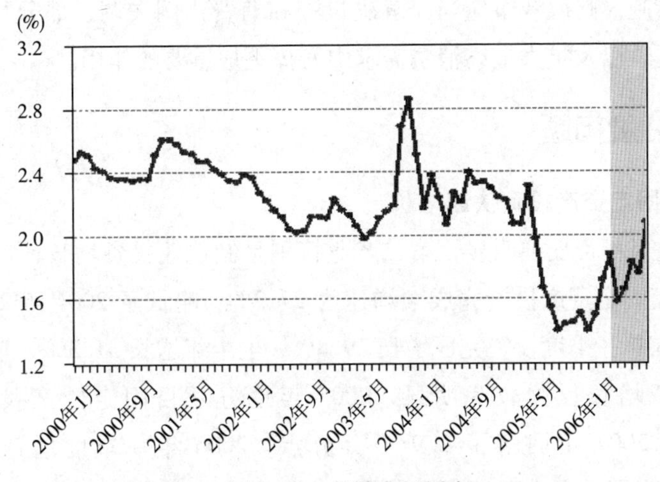

图 1-10　货币市场利率

资料来源：中经网统计数据库。

人民币汇率弹性显著增强，与国际主要货币之间汇率联动关系明显。2005 年汇率机制调整后，人民币（RMB）实际有效汇率（REER）上升了 8.1%。2006 年一季度，人民币对美元、欧元和日元名义汇率分别累计升值 3.24%、2.70%和 7.02%。人民币汇率灵活性明显提高。人民币远期汇价小幅下行，人民币升值预期有一定收敛。当前宏观经济的主要任务是调整经济结构，减少经济增长对投资和出口的依赖，扩大国内消费需求。（1）扩大消费需求的根本在于提高收入水平、缩小收入差距，近期宏观调控目标应从需求管理向供给管理调整，把提升本国经济竞争力、增加有效供给能力、提高收入水平放在宏观经济政策的首位。（2）在经济转型期，一些体制性的因素一直是推动投资扩张的根本原因。因此，在目前情况下控制信贷投资扩张的手段依然需要市场手段和行政手段相配合。（3）当前的对外贸易顺差是中国经济参与区域经济分工的一种必然结果，在当前中国经济所处发展阶段以及要素禀赋条件下，一些亚洲国家和地区通过对中国的 FDI 投资，已逐步把它们的部分生产环节转移到中国，通过中国扩大对美国或欧盟的出口。短期内中国对亚洲国家及地区的贸易逆差难以扭转，而对美国（及欧盟等）的贸易顺差却可能受美国贸易保护主义抬头或人民币升值的影响而大幅下降。因此，必须谨慎考虑人民币过快升值对外部平衡的影响。要减少外汇储备的增长，还需要有限制资金流入、鼓励资金流出的措施。财政政策应当在解决投资和消费比例失调、部分行业产能过剩等问题，以及扩大最终消费需求中发挥更加重要的作用。

二、主要问题

（一）固定资产投资快速增长

地方项目投资反弹明显，第二产业特别是制造业投资增长速度明显加快。2005 年固定资产投资完成额增速为 27.2%，略低于 2004 年 27.6%的水平。2006 年一季度投资完成增长 29.8%，上半年增长 31.3%。其中，地方项目投资增长反弹较为明显。2005 年地方项目固定资产投资增长 28.6%，比 2004 年回落了 2.9 个百分点；2006 年一季度增速提高到 31.2%，增幅同比上升了 5.5 个百分点；上半年投资增长 32%，依然高于 2005 年上半年 28.7%的水平。第二产业特别是制造业投资增长速度明显加快。2006 年一季度第二产业投资增长 32.7%，同比增速提高了 5 个百分点；上半年增长 35%，略低于上年同期水平。2006 年一季度和上半年制造业投资分别增长 36.3%和 38.6%，增幅均高于上年同期水平。在新农村建设的背景下，第一产业投资 2006 年快速增长，上半年为 40.2%；2006 年上半年第三产业投资增长速度为 28.2%，同比增速提高了 6.6 个百分点。预计 2006 年下半年地方项目投资增长的动向将得到密切的关注；同时，固定资产资金投向问题也将成为决策者关注的主要问题。应通过市场和行政两种手段引导资金投向服务业，其中重点是避免外资过度集中于劳动密集型的低端制造业。

从资金来源看，固定资产投资几个主要资金来源增速都很高。2006 年一季度，国家预算内资金增长 42%，国内贷款增长 33.2%，利用外资增长 28.7%，自筹资金增长 43.6%。上半年国家预算内资金增长下降为 22.3%，国内贷款的增长速度下降为 29.8%，依然高于上年同期 18 个百分点。房地产开发投资的加速增长趋势明显。2006年一季度，房地产开发资金中国内贷款同比增长56.4%，占房地产开发资金的比重为22.4%；企业自筹资金增长26.2%，占比为33.8%；利用外资增长32.5%，占比为1.4%，比一季度提高了0.5个百分点。从资金来源看，国内贷款的快速增加是投资扩大的一个主要因素，其中对房地产新增贷款的快速扩张需要特别关注。

从各项资金来源占投资资金的比重看，企业自筹资金依然是固定资产投资资金的主要来源，一半以上的投资资金来自企业自筹资金。2005年54.5%的投资资金依靠企业自筹资金，2006年这一比例上升为55.9%。固定资产投资中利用外资的比例依然很低，2005年仅有4.2%的投资资金来自外资，2006年一季度上升至4.4%，上半年又回落为4.1%。这从一个侧面说明金融体系存在的问题。企业如果主要依靠自筹资金来投资，利润好的企业就必须把利润的大部分用于储蓄；中小企业由于融资渠道较窄，也必须把利润储蓄下来投资。结果导致M2由于储蓄的快速增长而增速不断上升。

从投资主体看，国有及国有控股单位投资增长快速，外商投资企业投资增长速度却明显滑落。2006年一季度投资增长17.5%，比上年同期提高了10个百分点，上半年投资增速进一步提高为20.5%。相比之下，外商投资企业投资增长速度却明显滑落，港、澳、台商投资企业投资增长速度基本平稳，与上年同期比，2006年上半年增速还有所回落。

近期固定资产投资增速迅速提高，与外汇占款大幅增加、广义货币供应量增长过快、信贷资金增速加快有直接联系。固定资产投资快速增长导致金融机构贷款增长偏快，形成价格上涨的压力。其中导致的房地产价格上涨尤其值得关注。尽管目前房地产投资资金中外资所占的比重还较低，但在人民币汇率升值的预期下，如果房地产价格上涨过快，就可能吸引更多国际资本投机国内房地产，这就会进一步加剧人民币的升值预期。

（二）贸易顺差不断扩大、结构性矛盾突出

出口增速自2005年以来持续放缓，进口增速在年初快速回升后逐月放缓，贸易顺差继续扩大。[①] 2006年一季度，出口总额增长26.6%，同比回

---

① 从短期来看，出口增速高位回落可能是受出口退税等限制资源性产品及“高能耗产品”出口的政策措施的影响，一些高耗能、资源性产品出口增长放慢或下降。人民币汇率机制调整及人民币稳步小幅升值对出口的影响还有待进一步确认。

落 8.3 个百分点；上半年，出口增长 25.2%，回落 7.5 个百分点。进口增速在 2006 年初快速回升后逐月放缓。2006 年一季度进口总额增长 24.8%，同比加快 12.6 个百分点；上半年进口增长 21.3%，加快 7.3 个百分点。2006 年上半年贸易顺差实现 614 亿美元，较上年同期扩大 218 亿美元。其中，工业制成品顺差和一般贸易顺差是经常项目顺差扩大的主要因素。从贸易构成来看，2006 年上半年加工贸易出口所占的比重为 57.1%，加工贸易进口所占的比重为 57%，均高于上年同期的水平。但加工贸易净出口的增长速度没有明显波动。而一般贸易出口超过进口的顺差却表现出不断扩大的态势。由于一般贸易的净出口与国内经济的周期变化密切相关，当国内需求不振时，一般贸易品进口增长速度会减少，出口增长速度可能会增加。这样，进口增速的回落以及一般贸易顺差的扩大有可能预示着我国净出口的高速增长是与国内需求增长缓慢相联系的。这样的外部顺差在当前的中国宏观经济形势下对于保持经济的持续稳定增长，潜伏着很大的风险（参见专栏一）。

虽然中国经常项目余额表现为顺差，但外部余额却长期表现出一种不对称的特征：一边是对美国及欧盟的贸易顺差不断扩大，另一边是对日本及韩国等亚洲国家和地区的贸易逆差不断扩大。2005 年，中国进出口商品贸易总额为 14221.18 亿美元，贸易顺差为 1018.81 亿美元。其中，21.38%的出口是对美国出口，从美国的进口仅占进口总额的 7.38%，中国对美国的商品贸易顺差为 1141.73 亿美元，超过了全年中国贸易顺差总额。另一方面，2005 年中国对日、韩的出口占出口总额的 15.63%，从日、韩的进口却占进口总额的 26.85%，贸易逆差是 581.72 亿美元。2005 年中国对日、韩的贸易逆差相当于中国对美国贸易顺差的 50.95%。这种不对称的贸易格局存在诸多不利于中国经济长期增长的因素（参见专栏二）。

实际利用外资增速跌势不止，外汇储备再创新高。2006 年一季度，外商直接投资实际使用金额 142 亿美元，增长 6.4%。上半年，外商直接投资合同金额 885 亿美元，同比增长 2.7%；实际使用金额 284 亿美元，下降 0.5%。6 月末，国家外汇储备 9411 亿美元，比年初增加 1222 亿美元。

（三）生产者价格指数依然高于消费者价格指数

主要价格指数平稳回落，生产者价格指数（PPI）依然高于消费者价格指数（CPI）。2005年CPI比上年上涨1.8%，涨幅比上年回落2.1个百分点；从2006年1月CPI开始转为下降，[①] 3月开始又转为上升。2006年上半年，消费者价格总水平同比上涨1.3%，涨幅比去年同期低1个百分点。换算为定基比（2000Q2=100）指数来看，CPI自2005年9月份以来持续上涨的态势也在2006年一季度后转为下降。

2006年一季度，工业品出厂价格上涨2.9%，原材料、燃料、动力购进价格上涨6.5%，两者涨幅之差为3.6个百分点；上半年工业品出厂价格上涨4.9%，原材料、燃料、动力购进价格同比上涨6.1%，涨幅之差缩小为1.2个百分点。表明企业消化上游价格涨价的压力有所减轻。但是，最终产品价格上涨幅度依然很小，自2003年起生产者价格指数持续高于消费者价格指数的格局没有改变（图1-6），企业生产成本上升、利润缩减的态势还在继续。2005年工业企业实现利润增长26.3%，其中国有及国有控股企业利润增长21.37%。2006年上半年工业企业利润总额增长29.39%；但是，除三资企业利润增幅大于上年同期以外，国有及国有控股企业、集体企业利润增幅均比上年下降。

在国内收入较低、需求不旺，高投资率扩大了生产能力的情况下通货膨胀压力还有限。但是，受国际原油和成品油价格大幅上涨的影响，中国能源价格、原油价格上涨幅度还会加大。另一方面，随着价格形成机制改革的推进，资源价格改革的效果已开始表现在价格变化中，资源性产品价格面临进一步上涨的趋势。

（四）消费需求需要进一步提高

城乡居民收入继续增长，但消费增长并未明显加快。2006年上半年，社会消费品零售总额同比增长13.3%，基本维持上年同期的水平。2005年城镇家庭人均可支配收入扣除价格因素，比上年实际增长9.6%，增幅比上年提高1.9个百分点。2006年上半年，城镇家庭人均可支配收入继续提高，扣除价格因素实际增长10.2%，增速比去年同期加快0.7个百分点。城镇家庭人均消费性支出增长明显，2006年一季度城镇家庭人均消费性支

① 自2006年1月起，国家统计局在统计CPI数据时开始启用新的权数。新权数中，食品类权重有所下调，服务类的权数有所上升。

出增长 11.1%，增速比上年同期提高了 1.2 个百分点。相比之下，2005 年农民人均纯收入实际增长 6.2%，回落 0.6 个百分点；2006 年上半年实际增长 11.9%，增速回落 0.6 个百分点。农村家庭人均现金支出 2005 年一季度增长 24.5%，2006 年一季度增速大幅滑落为 9.2%。2006 年上半年全国农产品生产价格下降是影响农村居民收入的一个主要原因。① 城镇居民收入增长较快，城镇家庭人均消费性支出增长明显，农村居民收入增速持续滑落，农村消费增长缓慢。城乡收入差距继续扩大。

由于收入水平增长缓慢以及诸如城乡收入差距等结构性问题已经导致国内市场总体规模不能快速扩张，今后宏观调控的重点就有必要把国内经济政策的落脚点从需求管理转向供给管理，把提升本国经济竞争力、增加有效供给能力、提高收入水平放在宏观经济政策的首位（参见专栏三）。

（五）外汇流入较多，货币信贷快速增长

外汇流入较多，货币环境宽松，给银行扩张信贷提供了资金条件。2006 年货币供应量延续了 2005 年下半年较快增长的势头。2006 年 6 月末，M2 同比增长 18.43%，已超过货币政策的预期调控目标。为维持人民币汇率稳定、抵御非 FDI 的流入，导致货币市场利率偏低，刺激了潜在的信贷需求。2006 年银行间市场利率明显上升，由此引发的外资流入导致流动性的进一步增加。银行贷款快速增长，2006 年前 6 个月人民币贷款增加 2.18 万亿元，已接近全年信贷目标。

2006 年货币供应量延续了 2005 年下半年较快增长的势头。2006 年 3 月末，广义货币供应量 M2 同比增长 18.8%，增速比上年同期高 4.7 个百分点；狭义货币供应量 M1 同比增长 12.7%，增速比上年同期高 2.8 个百分点。6 月末，M2 同比增长 18.43%，增速比去年同期高 2.8 个百分点；M1 同比增长 13.94%，增速比去年同期高 2.69 个百分点；M0 同比增长 12.57%。2006 年年初中国人民银行（PBC）确定的货币政策预期调控目标是 M2 和 M1 分别增长 16% 和 14%，M2 增长较快，已超过了调控目标。M2 增长较快的主要原因：一是 M2 构成中的储蓄增长迅速。除居民依然偏

① 国家统计局对全国 31000 个农业生产经营单位的生产价格调查结果显示，2006 上半年全国农产品生产价格（指农产品生产者直接出售其产品时的价格）比 2005 年同期下降 1.0%。

好定期存款外，由于 FDI 在中国不是一个主要的投资资金来源，一半以上的投资资金来自企业自筹资金，这就导致效益好的企业、融资渠道较窄的中小企业倾向于把利润中的较大比重作为储蓄，用于投资。政府存款的增长也是一个重要因素。二是由于外汇储备增长过快，外汇占款渠道发放的基础货币增加较快。银行贷款快速增长。2006 年 3 月末，全部金融机构人民币各项贷款余额同比增长 14.7%，增幅比去年同期高 1.7 个百分点。2006 年央行货币政策调控的预期目标是，全部金融机构新增人民币贷款 2.5 万亿元。而 2006 年前 3 个月人民币贷款增加 1.26 万亿元，已经是全年信贷目标的一半。6 月末，全部金融机构人民币各项贷款余额同比增长 15.24%，增幅比去年同期高 1.99 个百分点。前 6 个月人民币贷款增加 2.18 万亿元，已接近全年信贷目标。

由于外汇储备的大幅增加，为了降低汇率升值的压力，抵御非 FDI 的流入，中国人民银行维持了较高的银行流动性和较低的货币市场利率，宽松的货币政策刺激了潜在的信贷需求，导致投资的快速扩张。另一方面，为抑制投资而采取提高利率的措施时，由此引发的外资流入导致流动性的进一步增加。应密切关注人民币汇率的变化以及新的汇率体制下货币政策调控方式的调整。

第二节　2006—2007 年中国宏观经济预测与政策模拟

2006 年一季度，世界经济环境总体趋好。主要经济体国家都维持了平稳增长的态势。美国经济强劲增长，欧元区经济持续复苏，日本经济稳步回升，主要发展中国家继续保持强劲增长势头。① 国际货币基金组织 2006 年 4 月预计，2006 年全球经济增长 4.9%，比 2005 年 9 月的预测调高 0.6

① 中国人民银行 2006 年第一季度《货币政策执行报告》。

个百分点；其中美国、欧元区和日本经济分别增长 3.4%、2.0%和 2.8%，比 2005 年 9 月的预测分别调高了 0.2、0.2 和 0.8 个百分点。[①] 今后一段时间国际经济的风险主要体现在：石油和其他初级产品价格的上升；巨额经常项目赤字可能导致的美元大幅贬值；美国基准利率提高可能导致金融资本回流到高收入国家，从而减缓全球的经济增长，等等。[②]

一、2006—2007 年中国宏观经济主要指标预测

基于 2006 年上半年中国宏观经济的表现，在 2006 年下半年，中国宏观经济形势如何、宏观经济政策将会如何调整？这里，我们依据“中国宏观经济季度模型（CQMM）”对 2006 年下半年以及 2007 年的宏观经济形势做一个预测。CQMM 是一个小型的、动态的宏观经济季度模型（参见附录一）。本次用于预测的模型分为五个模块：生产、支出、价格、收入以及货币与外汇储备模块。它包括了 12 个随机方程、3 个恒等式和 26 个变量。能够对 GDP、居民总消费、固定资产投资、进出口、主要价格指数、外汇储备以及广义货币供给量（M2）的将来值做出预测。

在我们的预测中将涉及的主要外生变量有：不变价政府消费、人民币加权汇率、国际原油价格、进口价格指数、世界进口价格指数和不变价世界总进口额。结合这些变量的历史数据和近期国内外经济形势，课题组对这些变量在预测期的数值分别进行了如下的假设：

（1）假设政府消费在 2006 年和 2007 年将持续增长，各季度增幅在 6.4%至 7.6%之间，但总体增长速度趋缓。

（2）假设人民币汇率在 2006 年和 2007 年每年大约升值 3%。

（3）通过向量自回归模型（VAR）获得进口价格指数、不变价世界总进口和世界进口价格指数的预测值。

（4）假设世界原油价格在 2006 年下半年后将继续上升，但价格波动不太大。

---

① IMF，*World Economy Outlook*，April，2006。

② 世界银行：《中国经济季报》，2006 年 5 月。

主要预测结果如表1-4所示。

表1-4 CQMM预测的主要经济指标

（单位:%）

指标	2006年					2007年				
	一季度	二季度	三季度	四季度	全年	一季度	二季度	三季度	四季度	全年
GDP	10.30	10.91	9.60	11.07	10.50	9.10	7.57	7.49	7.65	7.88
居民总消费	7.07	6.88	8.55	11.56	8.55	8.55	6.59	6.41	7.32	7.20
固定资产投资额	14.36	14.84	15.29	18.33	15.82	14.97	13.89	13.80	13.93	14.12
出口	13.65	10.21	17.09	11.16	13.00	15.82	9.27	8.11	5.46	9.31
进口	8.24	7.06	10.61	9.87	8.99	8.17	4.53	5.28	3.43	5.24
净出口	28.61	17.53	32.48	13.73	22.26	33.62	19.32	13.72	9.34	17.70
CPI	1.50	1.64	1.65	2.40	1.80	2.30	2.01	1.64	1.33	1.82
GDP平减指数	1.85	2.64	3.55	4.44	3.27	4.47	4.17	3.69	3.21	3.81
工业品出厂价格指数	4.12	4.23	4.36	5.08	4.45	5.13	5.11	5.10	5.14	5.12
社会从业人数	0.86	0.90	0.94	0.98	0.92	0.98	0.98	0.98	0.98	0.98
人民币实际有效汇率	4.89	2.47	-1.37	-2.63	0.76	-0.73	0.69	1.05	1.13	0.53
外汇储备	33.94	31.75	29.94	30.58	30.58	29.24	29.00	28.23	27.22	27.22
广义货币(M2)	19.02	18.26	17.23	16.32	16.32	15.10	14.97	15.23	15.58	15.58

资料来源：本课题组计算。

（一）GDP增长率

模型预测，2006年一季度GDP同比增长10.3%，与国家统计局发布的9.9%的数据相比，高出0.4个百分点；二季度GDP同比增长10.9%；三季度增长率将有一个下滑，为9.6%；到四季度增长率将回升至11.07%（图1-11）。预计2006年全年GDP增长率为10.5%。CQMM的预测高于世界银行9.5%的预测值①，以及中国人民银行研究局10%的预报值②。由于CQMM的预测及时利用了国家统计局第二季度的统计季报《2006年上半年中国经济平稳快速增长》中的相关信息，其预测值更有可能接近实际情

① 由于中国经济在2006年一季度的高增长率，世界银行在2006年5月的《中国经济季报》中上调了它对中国2006年GDP增长率的预测，从9.2%上调至9.5%。

② 中国证券报、中国人民银行研究局专题课题组：《人民银行研究报告：当前价格走势与未来趋势分析》，2006年6月26日。

况。考虑到今年上半年高增长率和高投资有可能促使政府采取温和的紧缩政策控制投资的增长和货币的投放,[①] 2007 年中国经济增长速度将会明显放慢。预计 2007 年 GDP 增长率将下降为 7.9%；其中一季度维持 9.1%的增速，二、三季度将回落为 7.6%和 7.5%，到第四季度小幅回升至 7.7%。

从预测结果来看，2006 年还将维持一个较高的经济增长率，但中国经济在 2007 年受政策的影响可能会出现较大的回落。

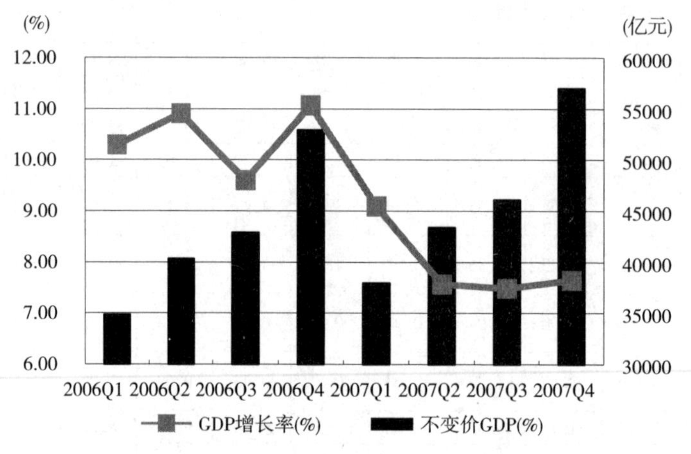

图 1-11　不变价 GDP 及增长率预测

资料来源：中经网统计数据库。

（二）消费者价格指数（CPI）

模型预测，2006 年一季度 CPI 同比增长 1.5%，略高于国家统计局发布的 1.2%的水平。在 2006 年上半年主要价格指数平稳回落的态势下，预计三季度 CPI 将同比增长 1.65%，到第四季度 CPI 增幅会上升至 2.4%，全年 CPI 预计将上涨 1.8%。2005 年 CPI 同比上涨 1.8%，我们预测 2006 年将维持上年的涨幅。这一结果较为接近中国人民银行研究局的预测，后者认为 CPI 在三、四季度会小幅回升至 2.0 和 2.1，全年同比上涨 1.7%。2007 年价格水平预计会有较大的波动。一季度和二季度 CPI 将增长 2.3%和 2.01%，三季度和四季度 CPI 增幅将明显滑落，大致为 1.64%和 1.33%，全年基本维持 1.8%的增长水平，与 2006 年持平（图 1-12）。

---

① 继 2006 年 4 月 28 日起上调金融机构贷款基准利率之后，中国人民银行决定从 2006 年 8 月 15 日起，将上调存款类金融机构存款准备金率 0.5 个百分点。

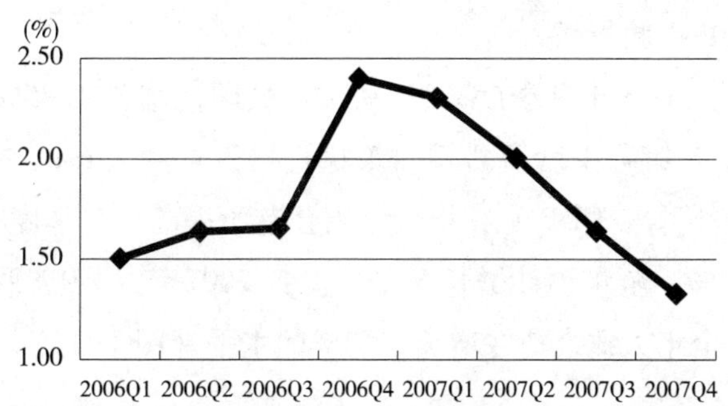

图 1-12　消费者价格指数预测（与上年同期比）

资料来源：中经网统计数据库。

目前投资与出口的快速增长、信贷投放偏快、资源性产品价格改革以及企业成本增加等因素是推动 2006 年下半年和 2007 年上半年价格水平上升的主要因素。但是国内消费需求增长缓慢、由于 2006 年上半年投资加速而导致的下半年部分生产资料与消费品的产能过剩、出口增速的减缓等因素，将会抑制 CPI 的上涨。同时，为抑制投资而执行的偏紧的货币政策，以及不排除针对部分行业的行政调控政策出台的可能性，这些都将对稳定价格有积极作用。然而，当前流动性充足和人民币升值预期推动房地产价格上升，劳动工资水平上升对服务价格、资产价格的膨胀压力加大，整体通货膨胀的潜在风险也需要关注。

（三）生产者价格指数（PPI）

模型预测，2006 年一季度 PPI 同比增长 4. 12%，高于国家统计局发布的 2. 9%的水平。到三、四季度基本维持在 4. 4%和 5. 1%的水平，全年增长 4. 45%，2007 年预计增长 5. 12%（图 1-13）。

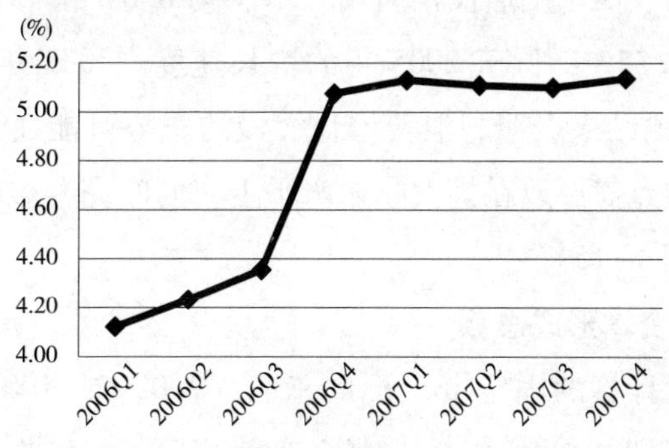

图 1-13　生产者价格指数预测（与上年同期比）

资料来源：中经网统计数据库。

（四）GDP平减指数

模型预测，2006年一季度GDP平减指数同比增长1.85%，低于中国人民银行2006年第一季度《货币政策执行报告》中公布的2.9%的水平。预计，2006年下半年GDP平减指数增幅会有所提高，三季度将为3.55%，四季度为4.44%，全年预计增长3.27%。到2007年，GDP平减指数预计会先升后降，全年大致维持在增长3.81%的水平（图1-14）。

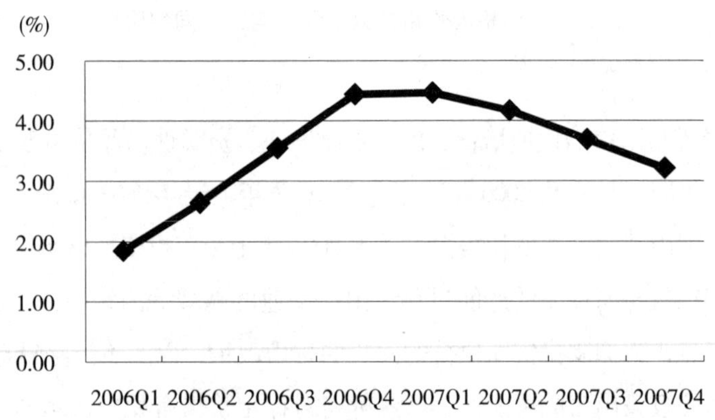

图1-14　GDP平减指数预测（与上年同期比）

资料来源：中经网统计数据库。

（五）居民消费总额

按照不变价计算的居民消费总额（2000年第二季度为基期，2000Q2=100），2005年增长9.08%。模型预测，2006年下半年居民消费总额增长会有所加快，三、四季度居民消费增长率将为8.6%和11.6%，2006年全年增长率将为8.55%，低于2005年的增长速度。2007年还会有所回落，约为7.2%。预测结果表明，消费增长缓慢的态势可能还将持续，今后宏观经济政策的重点需要放在扩大收入水平上，同时完善金融体系，大力发展消费信贷（图1-15）。

（六）固定资本形成总额

按照不变价计算的固定资产形成总额（2000Q2=100），2005年增长17.77%。模型预测，2006年全年增长速度会下滑至13%。2007年固定资本形成总额增速预计维持在14.12%的水平（图1-16）。

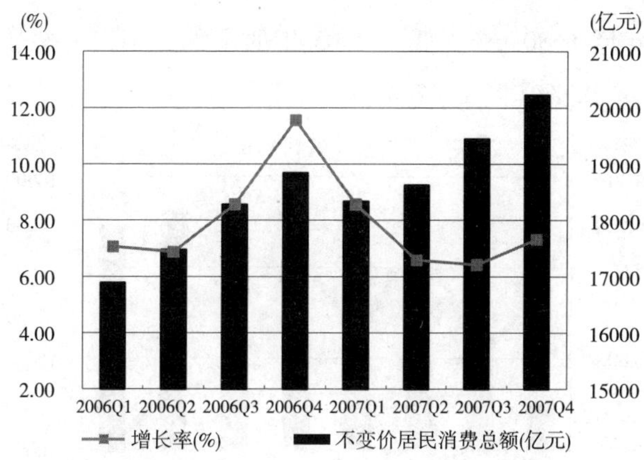

图 1-15 不变价居民消费总额及增长率预测

资料来源：中经网统计数据库。

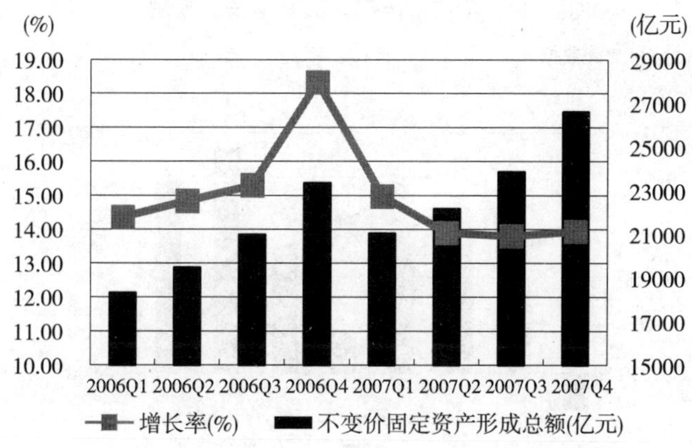

图 1-16 不变价固定资产形成总额及增长率预测

资料来源：中经网统计数据库。

（七）进出口与外汇储备

按照不变价计算的出口总额（2000Q2＝100），2005 年增长 16.31%。模型预测，2006 年全年出口增速将为 13%，低于 2005 年的增长水平。预计出口增速下滑的态势将一直持续到 2007 年。2007 年出口预计将增长 9.3%，比 2006 年降低 4.7 个百分点。按照不变价计算的进口总额（2000Q2＝100），预计 2006 年全年增速将为 8.99%，2007 年进口增速也将下降。2007 年进口增长 5.2%，比 2006 年下降 3.7 个百分点。由于出口增速下降快于进口增速，2007 年净出口增速与 2006 年相比，也将出现滑落。2005 年外汇储备增长 34.3%，2006 年下半年外汇储备增幅将出现小幅回落，预计全年增长 30.6%，低于 2005 年的水平。2007 年外汇储备增长速度将下降为 27.22%（图 1-17 至图 1-20）。

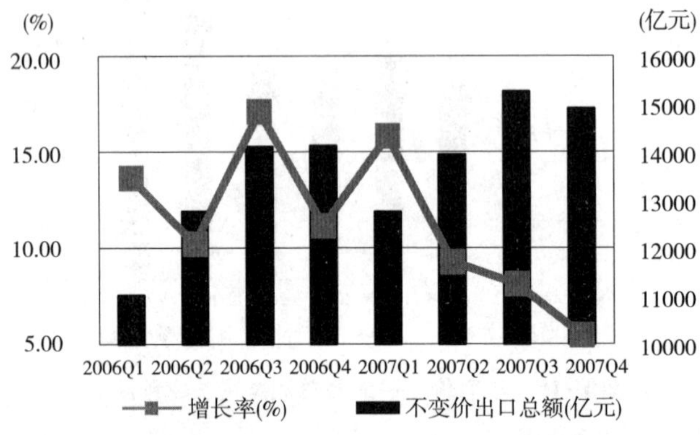

图 1-17　不变价出口总额及增长率预测

资料来源：中经网统计数据库。

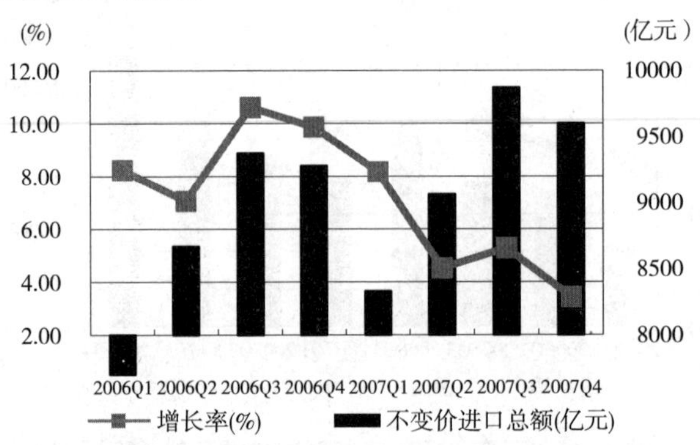

图 1-18　不变价进口总额及增长率预测

资料来源：中经网统计数据库。

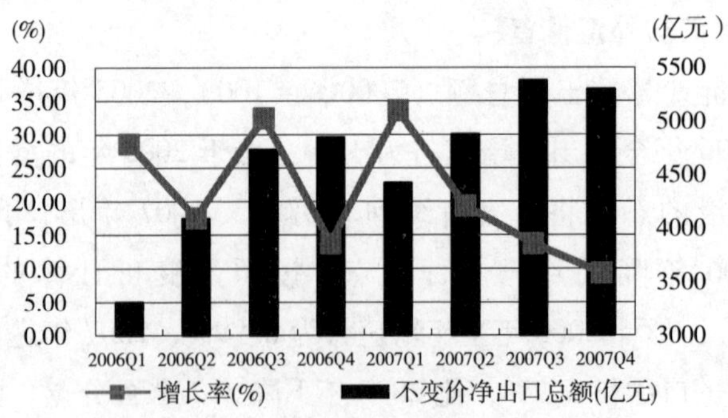

图 1-19　不变价净出口总额及增长率预测

资料来源：中经网统计数据库。

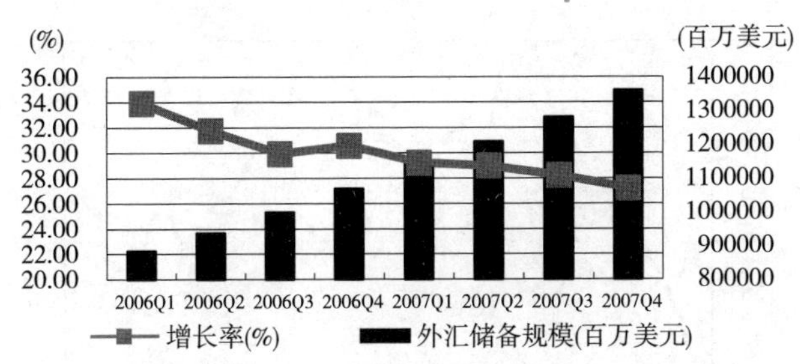

图 1-20　外汇储备规模及增长率预测

资料来源：中经网统计数据库。

（八）货币供应量（M2）

模型预测，2006年三季度货币供应量（M2）将增长17.23%，四季度将增长16.23%，全年预计增长16.3%，低于世界银行17%的预测值。预计货币供应量增长速度下降的趋势还将持续到2007年，全年增长速度将为15.6%（图1-21）。

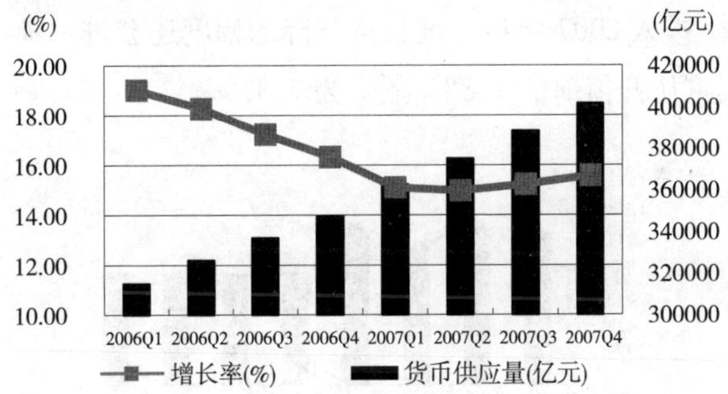

图 1-21　货币供应量（M2）及增长率预测

资料来源：中经网统计数据库。

二、人民币升值效应的模拟分析

2005年汇率机制调整后，人民币（RMB）实际有效汇率（REER）上升了8.1%。2006年一季度，人民币对美元、欧元和日元名义汇率分别累计升值3.24%、2.70%和7.02%。人民币汇率灵活性明显提高（图1-22）。

为了预测人民币升值对宏观经济的影响，课题组还模拟了人民币升值的宏观经济效应。如果人民币对美元汇率升值幅度更大，每年平均升值5%，CQMM模拟了人民币升值对宏观经济的主要影响。

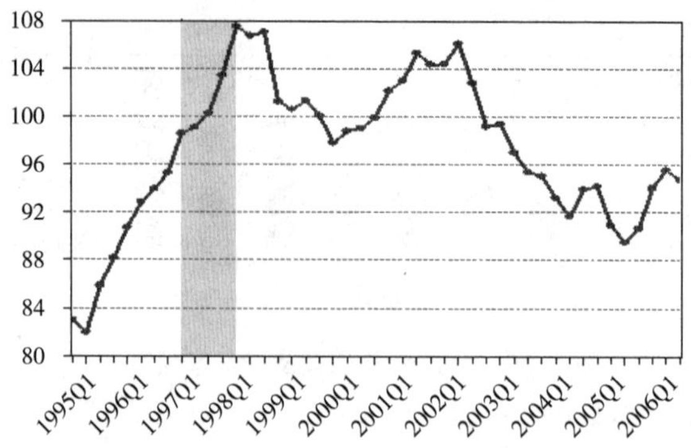

图 1-22　人民币实际有效汇率

资料来源：中经网统计数据库。

（一）对 GDP 增长率的影响

人民币升值后，GDP 增长率从 2006 年第三季度开始下滑 0.1 个百分点，四季度增长率将下降 0.3 个百分点。2006 年全年的增长率将从 10.5%下降到 10.4%。进入 2007 年后，增长率下降的幅度还会进一步扩大，2007 年 GDP 增长率将从升值前的 7.88%下降为 7.33%。

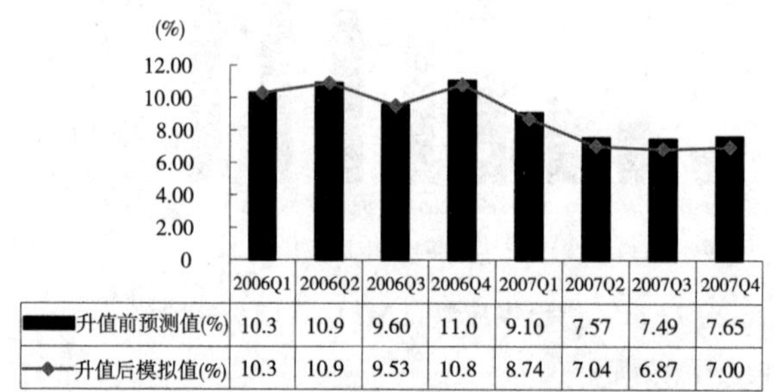

	2006Q1	2006Q2	2006Q3	2006Q4	2007Q1	2007Q2	2007Q3	2007Q4
升值前预测值(%)	10.3	10.9	9.60	11.0	9.10	7.57	7.49	7.65
升值后模拟值(%)	10.3	10.9	9.53	10.8	8.74	7.04	6.87	7.00

图 1-23　人民币升值对 GDP 增长率的影响

资料来源：中经网统计数据库。

（二）对居民消费总额增长率的影响（不变价）

虽然人民币升值在一定程度上可以扩大消费，但在目前城乡收入差距不断扩大、农村居民收入增长缓慢的情况下，对消费扩张的作用将是有限的。模拟人民币升值对居民总消费的影响结果表明，人民币升值后 2006 年居民消费总额的增长率将有轻微下降，到 2007 年下降的幅度将进一步扩大。

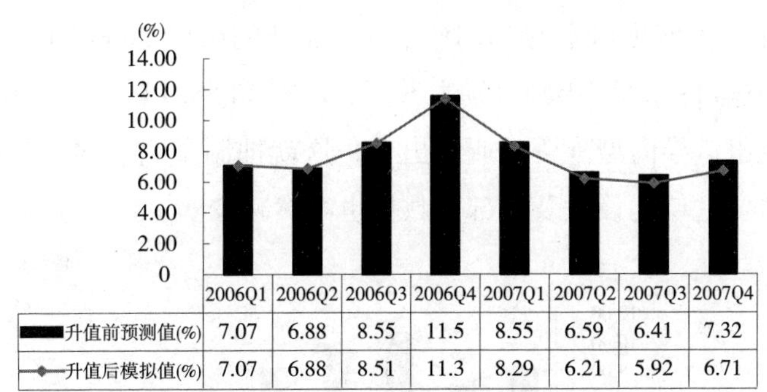

	2006Q1	2006Q2	2006Q3	2006Q4	2007Q1	2007Q2	2007Q3	2007Q4
升值前预测值(%)	7.07	6.88	8.55	11.5	8.55	6.59	6.41	7.32
升值后模拟值(%)	7.07	6.88	8.51	11.3	8.29	6.21	5.92	6.71

图 1-24　人民币升值对居民消费增长率的影响

资料来源：中经网统计数据库。

（三）对出口增长率的影响（不变价）

模型预测，在人民币升值后，2006 年三季度的出口增长率并不会下降反而还会上升。二季度出口增长 10.2%，三季度增长 16.7%，四季度增长率下滑至 10.2%。这说明中国出口对汇率变化的反应存在“J 曲线”效应，人民币升值后约 3 个月的时间才会反映到出口额的变化上。受人民币升值的影响，出口增长率 2006 年仅有轻微下滑。但升值对出口的负面效应将体现在 2007 年，全年出口增长速度回落至 7.1%，比 2006 年下降 5.1 个百分点（图 1-25）。

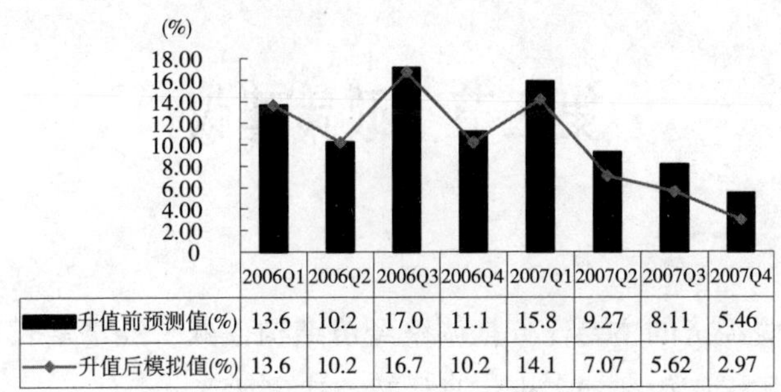

	2006Q1	2006Q2	2006Q3	2006Q4	2007Q1	2007Q2	2007Q3	2007Q4
升值前预测值(%)	13.6	10.2	17.0	11.1	15.8	9.27	8.11	5.46
升值后模拟值(%)	13.6	10.2	16.7	10.2	14.1	7.07	5.62	2.97

图 1-25　人民币升值对出口增长率的影响

资料来源：中经网统计数据库。

（四）对进口增长率的影响（不变价）

模型预测结果，人民币升值将会大幅降低进口增长速度。2006 年进口增长预计为 8.7%，2007 年进口增长将只能维持 3.1%的水平（图 1-26）。其中的原因主要在于，目前中国的进出口中一半以上是由外资企业完成的。2004 年，中国出口中的 57. 1%是外资企业的出口，进口中的 57. 8%是外资企业的进口；2005 年则分别上升至 58. 3%和 58. 7%。人民币升值显然不利于这些出口导向型外资企业的出口，这就抑制了它们对中国的 FDI 投资，中国需要进口的设备及零部件数据也必然减少。

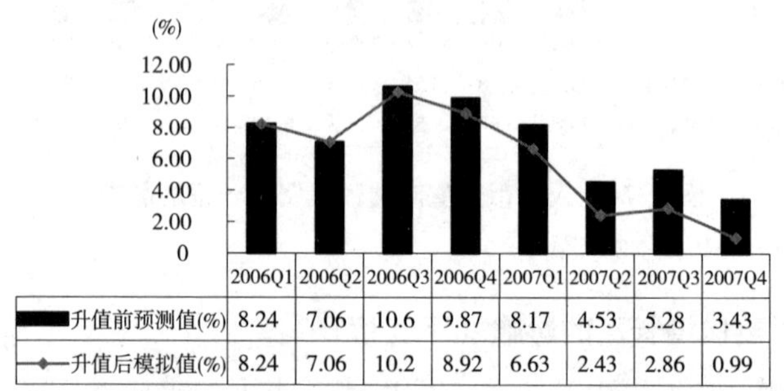

	2006Q1	2006Q2	2006Q3	2006Q4	2007Q1	2007Q2	2007Q3	2007Q4
升值前预测值(%)	8.24	7.06	10.6	9.87	8.17	4.53	5.28	3.43
升值后模拟值(%)	8.24	7.06	10.2	8.92	6.63	2.43	2.86	0.99

图 1-26　人民币升值对进口增长率的影响

资料来源：中经网统计数据库。

上述人民币升值的模拟结果说明，尽管目前人民币面临较大的升值压力，但政策需要采取谨慎的态度，快速大幅度的人民币升值将会给宏观经济带来巨大的负面冲击。

第三节　政策建议

当前宏观经济的主要任务是调整经济结构，减少经济增长对投资和出口的依赖，扩大国内消费需求。具体政策建议如下：

一、提高收入水平

（1）宏观调控目标从需求管理向供给管理调整。（2）增强企业自主创新能力、理顺价格关系，提高企业利润水平。（3）改变出口靠低工资成本优势的现状，提升出口产品级别，提高出口产品附加值。（4）扩大对家庭的消费信贷，增加货币政策的消费信贷传导渠道。

二、控制信贷扩张和投资增长

在目前情况下控制信贷投资扩张的手段依然需要市场手段和行政手段相配合。从市场手段来看，货币紧缩的政策已开始启动。2006年4月28日起，中国人民银行上调了金融机构一年期的贷款基准利率0.27个百分点，由现行的5.58%提高到5.85%；2006年8月15日起，央行又决定上调存款类金融机构存款准备金率0.5个百分点。这些市场手段旨在加强流动性管理，抑制货币信贷总量过快增长，抑制过度投资，协调投资与消费的关系，引导资产的合理定价。但是，在经济转型期，一些体制性的因素一直是推动投资扩张的根本原因。这些因素包括：（1）地方政府由于发展经济的需要以及政绩考核而引发的投资冲动。2006年上半年地方项目固定资产投资需求增长显著。（2）要素市场没有市场化。在目前中国的要素市场上，中央政府的过度介入导致利率被人为地压低，地方政府的过度介入导致土地价格也被人为地压低，地方政府和中央政府的介入不足导致劳动力价格也同样被压低。当中国的企业面临这样一个廉价的资金、土地和劳动力时，没有理由认为它有积极性要节约利用资源，要改变资源的组合方式，提高资源的配置效率。更重要的是在政府主导的要素市场上，要素价格通过补贴被引导进入制造业（贸易品）投资，外资企业也为了利用廉价的劳动力资源把其国内低端产业链向中国转移。（3）税收体系的原因。

在目前情况下，宏观调控要以经济手段为主，配合使用一些行政手段。这些手段包括：（1）限制信贷投向高风险行业（如房地产行业）以及“过度投资行业”。（2）取消对制造业的要素补贴（土地、能源等），鼓励对非贸易品行业的投资。（3）消除对制造业形成补贴的税收体系的扭曲，包括对FDI的优惠待遇（包括企业所得税和增值税方面），有步骤地消除现存的对服务业发展的限制。①

三、努力平衡国际收支

由于近期贸易顺差的主要来源是一般贸易顺差和加工贸易顺差，短期

① 世界银行：《中国经济季报》，2006年5月。

内刺激国内私人消费在一定程度上可以降低外部顺差，但不能从根本上解决问题。事实上，中国的贸易顺差是中国在区域内产业分工的一种结果。在当前中国经济所处的发展阶段以及要素禀赋条件下，一些亚洲国家和地区通过对中国的FDI投资，已逐步把它们的部分生产环节转移到中国，通过中国扩大对美国或欧盟的出口。短期内中国对亚洲国家及地区的贸易逆差难以扭转，而对美国（及欧盟等）的贸易顺差却可能受美国贸易保护主义抬头或人民币升值的影响而大幅下降。因此，必须谨慎考虑人民币过快升值对外部平衡的影响。要减少外汇储备的增长，还需要有限制资金流入、鼓励资金流出的措施。

专栏一　中国经济波动、总需求构成与宏观调控方式

中国经济在向市场经济转型的过程中，总需求的构成特征在不同时期明显不同。在最近一轮经济波动中，中国经济与世界经济以及区域经济融为一体的特征更为明显。中国的总需求构成中，进口、出口以及净出口的比重迅速提高，2005年，外贸依存度高达70%。

显然，在转型期，中国经济波动的特征变化与总需求构成在不同时期的改变密切相关，而总需求构成的变化又是不同时期所实施的不同宏观调控措施的结果。近年来的扩大内需政策以及出口驱动型的经济增长并未实现收入水平的提高和内需的扩大，总需求构成中消费所占的份额不断下降、投资和净出口所占的份额不断上升，经济增长靠高投资、高出口驱动"两高一低"的特征依然明显。2004年普查后，最终消费占GDP的比例提高到了54.3%，投资所占的份额为43.2%，净出口所占的份额为2.5%。2005年消费所占的份额不升反降至52.14%；投资所占的份额则进一步上升至43.36%，净出口所占的份额也大幅度提高到4.5%。

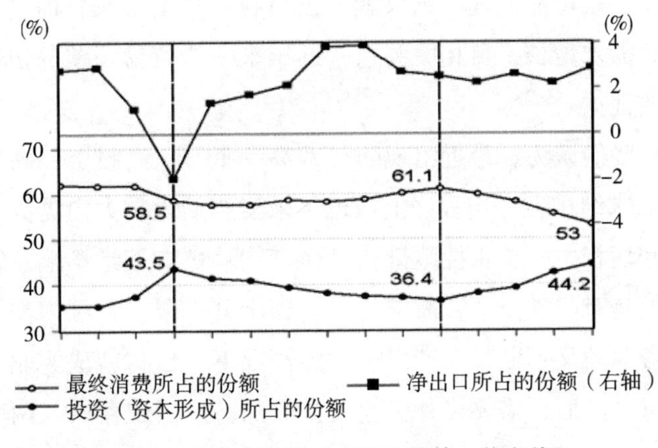

图1-27　总需求构成（支出法核算，普查前）

资料来源：《中国统计年鉴》(2005)。

从宏观调控的角度看，首先，近年来我国实施的意在扩大内需的宏观政策并没有实现国内消费需求——尤其是国内私人消费需求——的扩张，现有的经济增长基本上不是通过国内消费需求的扩张而实现的。扩张性的需求管理政策对提高我国人均可支配收入的作用极为有限，城乡收入差距又不断扩大，转型所引起的收入预期不确定性扩大，以及现存的体制性缺陷，都抑制了消费需求迅速扩张，使我国居民的收入增长从而消费增长长期地慢于产出增长，居民消费对经济波动的影响就不再显著了。

其次，现阶段，我国的扩张性政策相对而言更能有效地影响投资，而不是消费需求的扩大。生产能力因投资而扩大，但生产的增加却没有带来收入及消费需求的相应增长。受国内需求增长缓慢的影响，最终产品价格（零售物价指数）上涨的速度慢于生产者价格指数，企业的赢利空间缩小，投资效益下降，企业为生存计，不能不尽量压低工资成本，与资本相比，劳工向来是弱势群体，而各级地方政府因追求 GDP 增长最大化而引发资本饥渴症，向资本利益倾斜的重商、亲商、爱商行为，使人均可支配收入占人均 GDP 的比例不断下降，从而进一步抑制了消费需求的扩大①。

最后，在目前中国的汇率体制以及投融资体制下，投资导致的过剩产出能力在国内需求不足的情况下将进一步导致出口的增加。例如，出口增加→外汇储备增加→货币供给扩大→为抵御非 FDI 资金的流入，央行将维持一个低的货币市场利率→高投资，国内需求不振→高出口，这样一种自我加强的循环就可能出现。结果就是出口拉动型的增长，而且，出口的增长与国内总需求增长呈负相关关系。近年来一般贸易顺差的快速扩大就是一个明显的证据。

因此，我们认为，最近出现的“两高一低”（高投资、高出口和低消费）的总需求结构在一定程度上与近年来实施的以扩大内需为主要目的的宏观政策密切相关。扩张性政策相对而言能够更有效地影响总需求构成中的投资，但是对收入及消费需求的影响却十分有限。在国内需求难以持续扩张、投资驱动又不断带动产出扩大的情况下，出口就成为驱动经济增长的主要力量。然而，需要格外引起关注的是：我国现存的“两高一低”需

① 李文溥、刘洁：《传统发展观的政治经济学渊源分析》，《东南学术》2006 年第 3 期。

求结构对于保持经济的持续稳定增长来说，潜伏着很大的风险：

第一，在外部市场需求表现良好的情况下，中国出口的增长可以极大地缓解生产力过剩对国内市场通货紧缩的压力。但是，一旦出现国际市场不确定性增加（主要经济体的经济前景，贸易保护主义的抬头，人民币汇率升值）的情况，国内市场的产品过剩就会加剧国内通货紧缩的压力。

第二，虽然出口增长对经济增长的正效应已得到很多研究的肯定，但是，不可否认，出口拉动的经济增长到目前为止并没有实现提高居民收入水平、促进消费需求扩大的政策目的，相反，它牺牲了劳工合法权益，过度消耗资源环境，损害了长期稳定增长的基本条件——自主创新以及人力资本投资的源泉，它使我国经济在参与国际经济分工，获得分工利益的同时，处于不利地位，被迫接受不利的国际分工方式，出现了产业结构被锁定在低端环节的危险。

第三，这样的出口拉动型经济增长可能导致我国贸易条件的恶化，它不仅不利于国内居民收入水平的上升，而且因此引发的贸易保护主义抬头、贸易摩擦增加将会极大地限制出口拉动型经济增长的外部空间，这对于依靠出口拉动的经济增长而言，将是一种致命的威胁。

综上所述，显然，需要对近年来我国持续实施的以扩大内需为主要目的的宏观政策在经济全球化下背景下的政策有效性进行重新审视。我们认为，必须正视经济全球化对民族国家经济运行环境的影响，根据变化了的国际经济形势，适时调整我国的宏观调控方式。经济全球化正在或者将要使民族国家宏观经济关系发生根本性的变化，民族经济的总供需关系正在从（国内）需求创造（国内）供给向（对世界的）供给创造（本国）需求转化。适应这一变化，民族国家宏观经济政策的重心应有所调整。需要逐步弱化需求管理，重视供给调整，从目前的需求管理逐步转向供给管理。把提升本国经济竞争力、增加有效供给能力、提高收入水平放在宏观经济政策的首位。

进一步，供给调整的核心是提高竞争力。20世纪80年代以来，西方国家主要是通过经济自由化，如贸易自由化、金融自由化、劳动力市场改革、税制改革和非金融部门私有化与管制改革等来提高经济效率，尽管一系列实证研究证实了这些措施的有效性，但是，不能不注意到：

降低劳动成本固然是提高经济国际竞争力的有力手段，但是它在扩大外需的同时却抑制了内需的扩大，从长远看，这一方式的可持续性是值得怀疑的，尤其是对于中国这样的发展中国家而言，由于创新能力不足，自有知识产权严重短缺，在国际分工体系中被迫从事附加价值低的低端加工环节，发达国家提高竞争力的方法未必完全适用于中国。因此，我们认为：下大气力建立创新型国家，可能是我国供给调整更为根本的途径，是提高我国国内国际竞争力的长远之道。只有这样，才能从根本上扭转总需求结构：提高居民收入从而国内消费的比例，降低目前主要依靠出口拉动经济增长的潜在风险。

专栏二　中国是否起到了扩大区域贸易的桥梁作用?

——基于中国与主要贸易伙伴的实证分析

随着中国对外开放步伐的不断加快，中国经济与外部市场的联系越来越紧密，对外贸易总量不断扩大，2005 年中国外贸依存度已经提高到 70%。在国内需求没有快速增长的情况下，进出口成为拉动我国经济增长的主要力量。目前，美国、日本和韩国等国家已成为中国的主要贸易伙伴国。但是，中国的对外贸易一直以来都表现出一种不对称的特征：一边是对美国及欧盟的贸易顺差不断扩大，另一边是对日本及韩国等亚洲国家和地区的贸易逆差不断扩大。2005 年，中国进出口商品贸易总额为 14221.18 亿美元，贸易顺差为 1018.81 亿美元。其中，21.38%的出口是对美国出口，从美国的进口仅占进口总额的 7.38%，中国对美国的商品贸易顺差为 1141.73 亿美元，超过了 2005 年全年中国贸易顺差总额。另一方面，2005 年中国对日本 、韩国的出口占出口总额的 15.63%，从日本、韩国的进口却占进口总额的 26.85%，贸易逆差是 581.72 亿美元。① 2005 年中国对日本、韩国的贸易逆差相当于中国对美国贸易顺差的 50.95%。

显然，这一现象与中国目前所处的经济发展阶段、要素禀赋条件，以及中国在亚洲（特别是东北亚）区域中与其他国家之间的要素交换密切相关。自 20 世纪 80 年代中期以来，中国大量吸引了来自日本、韩国等东北亚国家及地区（包括中国台湾、香港等）的 FDI。有研究表明，中国吸引的 FDI 中大部分是出口导向型的资金（Zhang，2005）。这些 FDI 极大地推动了中国出口贸易的快速增长，同时也导致了中国与其主要贸易伙伴之间的贸易余额不对称。2004 年，中国出口中的 57.1%是外资企业的出口，进

① 数据来自中国商务部，http：//gcs.mofcom.gov.cn/tongji.shtml。

口中的 57.8%是外资企业的进口；2005 年则分别上升至 58.3%和 58.7%。从进出口商品的构成看，2005 年中国的进口中，机电产品占 45.76%，高新技术产品占 24.45%，集成电路及微电子组件占 9.25%。①

值得注意的是，随着世界经济一体化趋势的不断加深，作为应对欧盟和 NAFTA 扩张的一种考虑，位于东北亚的中国、日本和韩国已经表现出积极地推进区域经济一体化进程的意愿。② 2005 年，中国的进出口中，对日本和韩国的出口占 15.6%，进口占 26.9%，即五分之一强是对日本和韩国的贸易。可以预计，如果中日韩自由贸易区（简称 CJK FTA）能够建立，该区域内贸易和投资活动将进一步加速，中国对区域外国家（欧美）的贸易顺差和对区域内国家或地区（日本、韩国等）的贸易逆差还将进一步加大。

上述事实是否说明：在目前形成的美国、中国和日本、韩国的贸易格局中，存在这样两类间接贸易关系：一是日本→中国→韩国、韩国→中国→日本的间接贸易关系，通过中国，日本和韩国扩大了相互间的贸易（区域内贸易）；二是日本、韩国→中国→美国（欧盟等）的间接贸易关系，通过中国，日本和韩国扩大了对区域外欧美等的贸易？如果答案是肯定的，这将意味着中国正在发挥着扩大区域内（东北亚区域）和区域间（与欧美等）贸易的桥梁作用。进一步，中国经济的对外开放和持续稳定发展将不仅有利于带动区域内（东北亚）贸易的迅速增加，而且还有利于快速扩大东北亚区域整体对区域外（欧美等）的贸易，从而使中国经济增长成为区域经济发展的引擎以及稳定世界经济发展的重要因素，而不是威胁。

---

① 数据来自中国商务部，http：//gcs. mofcom. gov. cn/tongji. shtml。

② 由中国国务院发展研究中心、日本综合研究开发机构（National Institute of Research Advancement of Japan）和韩国国际经济政策研究所（Korea Institute for International Economic Policy）三方组成的联合研究小组从 2000 年起启动 CJK FTA 研究。围绕 CJK FTA 对三国经济的影响以及如何深化三国的经济合作，联合研究小组在三国企业界进行问卷调查，并根据调查结果形成了三份联合研究报告和政策建议。2002 年报告的主题是“加强中国、日本和韩国间的贸易和投资”，2003 年的主题是“中国、日本和韩国间 FTA 的经济福利效应”，2004 年的主题为“中—日—韩 FTA 的产业影响分析”。参见 http：//www. nira. go. jp/newse/index. html；胡鞍刚：《建立中国、中国香港特区、日本、韩国三国四方自由贸易区设想》，《国际经济评论》2001 年第 3—4 期；龚敏、李文溥：《东北亚经济一体化：中、日、韩贸易相互依存关系分析》，《南京大学学报（哲学社会科学版）》2006 年第 2 期。

通过建立一个包含中国与美国、日本和韩国三个主要贸易伙伴国之间贸易流量的VAR模型，实证结果表明，在目前形成的中国与其主要贸易伙伴国的贸易格局中，在亚洲地区，存在商品从日本到中国再到韩国以及从韩国到中国再到日本的间接贸易关系；在世界范围，存在商品从日本到中国再到美国以及从韩国到中国再到美国的间接贸易关系。这些间接贸易关系说明了，中国在全球化的进程中正在发挥一种贸易桥梁的作用：在亚洲区域内（东北亚区域）日本和韩国通过中国扩大了相互间的贸易，亚洲作为一个整体通过中国扩大了对欧美等的贸易。但是，这种不对称的贸易格局却存在诸多不利于中国经济长期增长的因素。

第一，中国贸易顺差规模难以持续扩张。由于上述贸易流向具有FDI主导的特征，那么，受中国目前所处经济发展阶段以及要素禀赋条件的影响，短期内中国对日韩的贸易逆差难以扭转；而对美国的贸易顺差却可能受美国贸易保护主义抬头或人民币升值的影响而大幅下降。其结果就可能导致我国贸易顺差规模快速下降。

第二，贸易摩擦转移。在东北亚区域内日本（韩国）通过中国扩大对区域外美国（欧盟等）的出口，有可能把日本（韩国）与美国（欧盟等）之间的贸易摩擦转移为中国与美国（欧盟等）之间的贸易摩擦。

第三，中国在区域内的贸易关系实际上是中国在区域内产业分工的一种结果，因此对贸易关系的分析同时也可以揭示出国与国之间的产业分工状况。目前中、日、韩三国中，日本是资金技术密集型的发达国家，在区域内是资金和技术的输出国；韩国是新兴工业化国家，正在成为区域内主要的资金输出国之一；中国是处于赶超阶段的转型经济国家，低生产成本吸引了区域内的资金、技术的流入和产业的转移。因此，在产业技术分工链条上，日本高于韩国，韩国高于中国，中国与日韩间正逐步形成某种垂直分工关系；而韩国与日本间的竞争关系正在使两国从原来的垂直分工关系向水平分工关系过渡。这种垂直分工体系导致三边贸易表现为日本和韩国不断加大对中国的投资品和中间产品的出口，产品在中国加工制造后或返销日本、韩国，或经中国出口欧美等区域外的市场。中国目前的这种贸易“桥梁”作用说明，通过FDI中国已与其贸易伙伴国在一定程度上形成了垂直的产业分工关系，以及在此基础上较为紧密的贸易互动关系。因此，我们研究的结果实际上从贸易的层面给北京大学中国经济研究中心课题组（2006）的结论提供了一个证据，即“日本、韩国部分地把中国作为它们生产过程的延续，日、韩、中三国形成了一个相对独立的生产体系在向美国出口”。

但是，从长期来看，由于日本、韩国对中国的FDI是其国内产业调整的结果，日韩两国企业对中国的出口，一个重要的目的是获得在加工环节上的中国低成本优势，提高其产品的竞争力。但这种选择显然制约了中国出口产品的产品结构调整，会使中国出口产品中加工贸易产品的比例维持较高的水平。进一步，随着东北亚区域经济一体化程度的加深，在区域产业分工布局中，中国的产业结构很有可能出现被限制在低端化的倾向。显然，这种贸易格局不利于中国贸易发展空间的拓展。虽然在当前情况下，中国鼓励此类投资进入是必要的，但是随着中国的经济增长、资源禀赋价格比的变化，就需要因时制宜地调整政策，鼓励自主创新，避免因政策失误导致产业结构低端化固化的局面。

因此，从长期看，中国对外贸易发展的重点应该是提高自身出口的附加值，并实现自主知识创新，使有限的出口额能够带来更多的效率。而这个问题直接涉及中国产业结构的调整和升级。我们认为，一方面应从互补的角度基于比较优势发展与日韩互补的优势产业；另一方面应从竞争的角度在目前日韩的优势产业领域培育中国产业的竞争力，形成对日韩有竞争力的高端产业，避免在区域垂直分工体系中，由于中国的低生产成本而导致的产业结构低端化的发展趋势。

专栏三　经济全球化与我国宏观经济调控的模式转换

虽然自20世纪90年代后期我国开始实施以扩大内需为主要目的的扩张性政策，特别是1998年开始首次实施扩张性的财政政策，但是这些政策并没有带来收入水平的相应提高，我国人均可支配收入的增长速度持续低于人均GDP增长速度，收入增长的缓慢直接抑制了消费需求的扩大。在当前中国经济的转型时期，扩张性政策相对而言能够更有效地影响投资，而不是消费需求的扩大；受国内需求增长缓慢的影响，最终产品价格上涨速度缓慢导致投资效益低下，从而进一步抑制了消费需求的扩大。在国内需求不能快速增长、投资不断扩大的情况下，外部需求（出口）成为经济增长的重要驱动力。但是，现阶段我国出口驱动型的经济增长依然没有达到实现收入水平提高、促进内需扩大的目的。一旦我国内需不振的程度超过了出口和投资带动的需求扩张的程度，就可能导致经济增长率的下滑。

因此，近年来我国持续实施的以扩大内需为主要目的的宏观需求政策在经济全球化下其作用需要重新审视。在全球化背景下，今后持续实施扩张性政策的空间在逐步缩小。虽然目前我国利率、汇率和资本的管制给国内扩张政策的实施提供了一定的空间，但今年政府承诺的汇率和资本流动管制的"市场化改革"，将使扩张性政策实施的空间大幅缩小。试图通过扩大政府预算赤字对抗日趋严重的失业的扩张性财政政策，或者由于本币升值导致出口下降而不宜采用，或者由于政府赤字的扩大导致投资者对本币贬值的担心引发资本外逃也不能采用；扩张性货币政策或者由于投资消费需求的扩大挤占出口、利率下降导致资金流出、低利率导致投资者预期政府发债成本降低从而采取进一步的财政扩张手段等因素而使用受限。这将使传统的凯恩斯扩张性财政和货币政策实施的空间越来越小。

另一方面，在全球化背景下宏观政策的重心从国内市场向外部市场转移，降低单位成本成为改善国家竞争力、提高出口市场份额的自然选择。对于一个企业，降低成本的确是提高它市场份额的主要途径；但对于宏观经济整体而言，工资不仅是单个企业生产成本的一部分，更是决定其国内市场规模的一个重要因素。认为低工资自动可以带来充足的出口顺差并以此解决国内需求不足问题的观点，看上去是开放经济中凯恩斯之前萨伊定律（Say's law）的一种回顾，但根本上却是错误的。因此，中国靠低工资、低成本提高世界市场份额的出口增长模式需要尽早转型。

中国目前的主要问题就是收入水平增长缓慢以及诸如城乡收入差距等结构性问题导致的国内市场总体规模不能快速扩张。因此，在目前情况下扩张性政策不能带来收入提高，投资驱动的经济增长导致投资效益不断下降，企业利润降低。出口驱动型的经济增长并没有达到实现收入水平提高、促进需求扩大的目的，与此同时，外部冲击对我国经济波动影响日趋激烈。在扩张性财政和货币政策实施的空间将越来越小的情况下，需求扩张政策对中国经济增长的驱动力将越来越弱。这预示着：经济全球化正在改变开放经济条件下的民族国家宏观经济政策空间。

经济全球化正在或者将要使民族国家宏观经济关系发生根本性的变化，民族经济的总供需关系正在从（国内）需求创造（国内）供给向（对世界的）供给创造（本国）需求转化。适应这一变化，民族国家宏观经济政策的重心应有所调整。需要逐步弱化需求管理，重视供给调整。把提升本国经济竞争力、增加有效供给能力、提高收入水平放在宏观经济政策的首位。以此从根本上扭转总需求结构：提高消费所占的比例，降低出口增长的风险。

第一，逐步弱化需求管理，重视供给调整。由于我国尚未实行金融自由化，放弃固定汇率制，需求管理政策尚有一定的实施空间，但是，日益发展的经济全球化使外部市场的重要性不断提高，民族国家在世界市场中可能占有的份额，对本国的经济增长将起至关重要的作用，而它取决于本国对世界市场的有效供给能力。因此，开放经济国家必须把国内经济政策的落脚点从需求管理转向供给管理，把提升本国经济竞争力、增加有效供给能力、提高收入水平放在宏观经济政策的首位。这是一国经济在日趋激烈的国际经济竞争中立于不败之地，同时也是它需求旺盛、长久繁荣的不二法门。

第二，供给调整的核心是提高竞争力。西方国家主要是通过经济自由化，如贸易自由化、金融自由化、劳动力市场改革、税制改革和非金融部门私有化与管制改革等来提高经济效率，尽管一系列实证研究证实了这些措施的有效性，但是，我们不能不注意到：降低劳动成本固然是提高经济国际竞争力的有力手段，但是它在扩大外需的同时却抑制了内需的扩大，因此，下大气力建立创新型国家才是提高一国国内国际竞争力的长远之道。

第三，调整、完善竞争法，大量推行竞争政策。在提高竞争力的问题上，历来存在着两种不同的政策思路：竞争力政策与竞争政策，前者强调政策倾斜，培育竞争力，后者强调创造公平、平等、透明的市场竞争环境，促进竞争，优胜劣汰提高竞争力。国际范围的实践证明，竞争是提高竞争力更为根本的途径。因此，在具有长期计划经济传统，至今仍然是政府主导型经济，习惯实施倾斜政策的我国，强调竞争政策具有更为重要的现实意义。

第四，加强国际经济政策和调控的协调。只有开放、放松管制及自由化而无适当的政策调控与管理监督，必然产生无序竞争及全球经济失衡。经济全球化要求调控管理全球化。现行国际经济秩序严重滞后于经济全球化的发展。进行国际经济制度创新，建立新的国际经济政策协调机制已经引起重视。

经济全球化正在或者将要使民族国家宏观经济关系发生根本性的变化，民族经济的总供需关系正在从（国内）需求创造（国内）供给向（对世界的）供给创造（本国）需求转化。我们认为，适应这一变化，民族国家宏观经济政策的重心应有所调整。

附录一　中国季度宏观经济模型(CQMM)简介

一、模型基本框架

宏观经济计量模型（macroeconometric model）是经济学科中一个发展较为完善的领域。自20世纪上半叶以来，随着宏观经济理论的不断发展、模型动态性质的不断完善以及建模技术的改进，宏观经济计量模型正在成为各国决策机构及决策者进行政策分析和经济预测的一项重要工具。随着中国经济向市场经济转型，虽然经济维持了高速增长，但宏观经济运行中的周期和反周期力量不断发生重要变化，宏观调控的难度大大增强。如何准确把握宏观经济的运行态势、加强和改善宏观调控，制定并实施完善的宏观经济政策，对于保证中国经济的长期稳定增长是至关重要的。因此，如何开发一个完善的、反映中国经济特征的宏观经济计量模型是当前我国决策者和研究者面临的一项重大课题。

对于中国这样的转型经济国家，由于任何主流经济理论中的模型都不可能照搬过来使用，因此，中国宏观经济计量模型的研发不仅对转型经济国家宏观经济理论的发展和宏观建模技术的研究具有重要的学术价值，而且对加强和改善我国宏观调控也具有非常重要的实际意义。

本课题组旨在建立中国季度宏观经济模型（China Quarterly Macroeconometric Model，以下简称CQMM）。CQMM以转型期中国经济结构调整为背景，以宏观经济理论的发展为基础，以先进宏观经济建模技术为支撑，利用中国宏观经济季度数据构建动态模型；利用CQMM，我们将对宏观经济政策进行效应模拟，并且定期（每年两次）发布宏观经济短期预报。

CQMM将由七个模块构成：消费模块、投资模块、金融模块、财政模块、进出口模块、物价模块以及区域经济模块，是一个以需求为导向的中国季度宏观经济模型。本次用于预测的模型是一个小型的、动态的季度宏观经济模型。模型分为五个模块：生产、支出、价格、收入以及货币与外汇储备模块。它包括了 12 个随机方程、3 个恒等式和 26 个变量。

二、用于预测的主要外生变量的假设

本次预测涉及的主要外生变量有：不变价政府消费、人民币加权汇率、国际原油价格、进口价格指数、世界进口价格指数和不变价世界总进口。结合这些变量的历史数据和近期国内外经济形势，我们对这些变量在预测期（2006 年第一季度起至 2007 年第四季度，或 2006 年第三季度起至 2007 年第四季度）的数值和与上年同期相比的增长情况分别进行了假设。

我们对政府消费 2000 年第一季度到 2005 年第四季度的数据进行模拟并外推估算政府消费在预测期间的数值。如附录图 1，根据模型推算，我们假设政府消费在 2006 年和 2007 年将持续增长，各季度增幅在 6.4%至 7.6%之间，但总体增长速度趋缓。

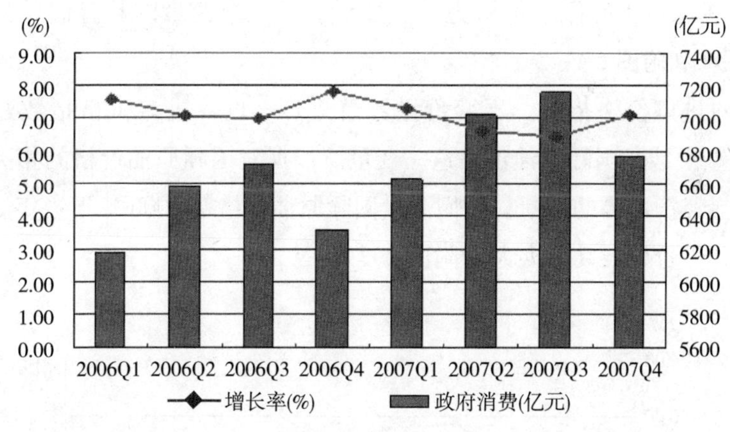

附图 1　政府消费

我们假设人民币汇率在 2006 年和 2007 年每年大约升值 3%，并相应利用人民币汇率的历史期模拟的方程进行插值得到各季度的数值。如附图 2 显示，我们假设人民币汇率到 2006 年年底将升值到大约 1 美元兑换 8.085 元人民币，至 2007 年年底将升值到大约 1 美元兑换 7.3302 元人民币。从与上年同期比的升值幅度看，从 2006 年第三季度到 2007 年第二季度人民币汇率的变动率较大，到了 2007 年第四季度之后，变动率基本保持不变。

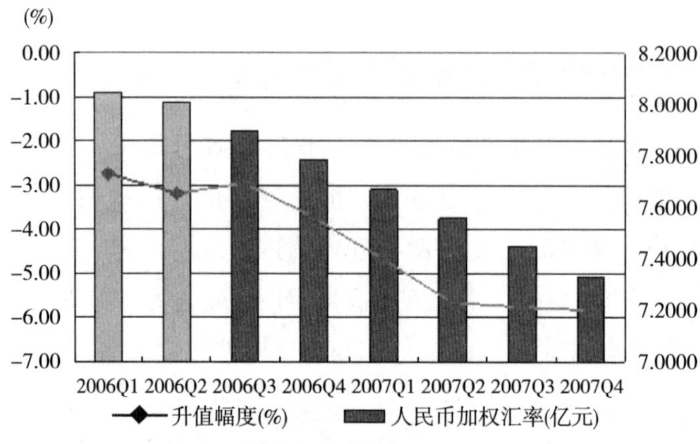

附图 2　人民币加权汇率

对于进口价格指数、不变价世界总进口、世界进口价格指数的假设，我们依据的是这三个变量的历史数据所建立的 VAR（向量自回归）模型。该 VAR 模型以世界原油价格为外生变量。这三个变量的趋势假设如附图 3、附图 4 和附图 5。

在对进口价格指数、不变价世界总进口、世界进口价格指数建立的 VAR 模型中涉及国际原油价格这一变量。依据对国际原油价格的相关信息和对世界经济形势的判断，我们假设国际原油价格在 2006 年下半年后将继续上升，但价格波动不太大（附图 6）。

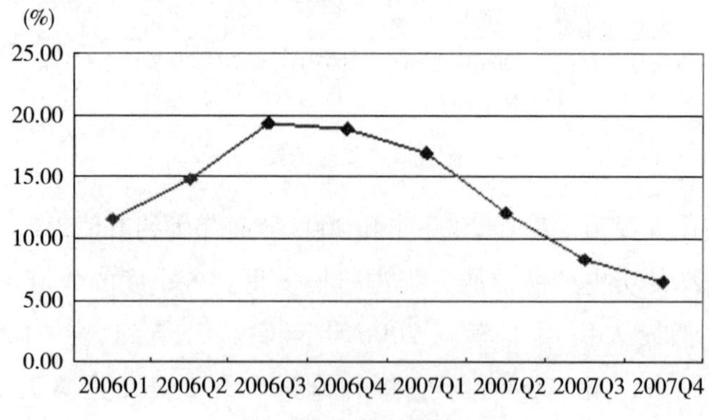

附图 3　进口价格指数

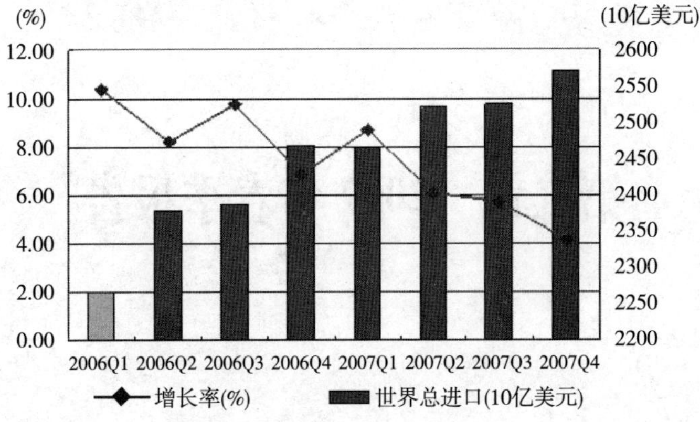

附图 4　世界总进口（不变价）

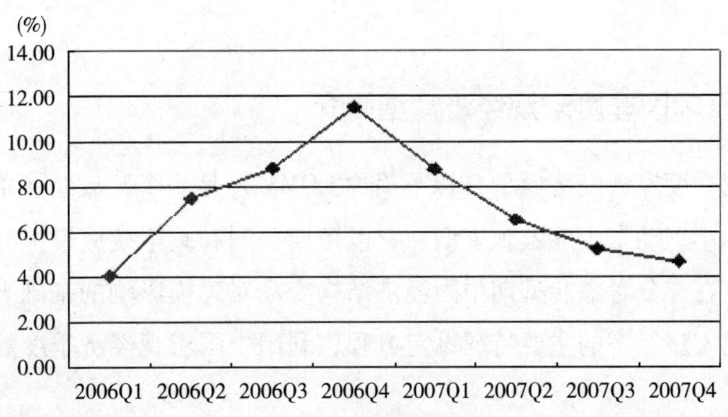

附图 5　世界进口价格

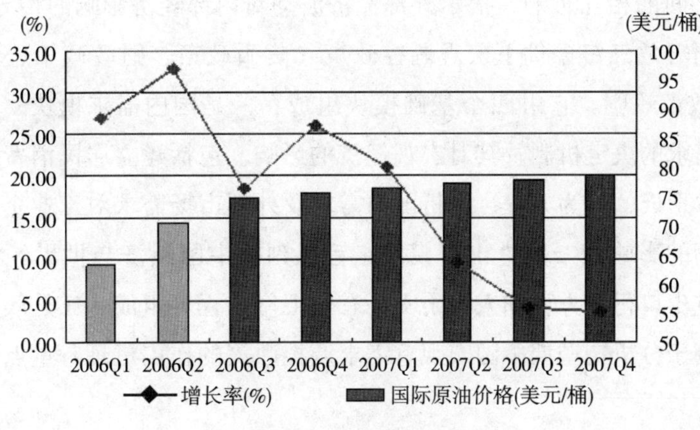

附图 6　国际原油价格

第二章　2007年春季报告[①]

第一节　前　言

一、中国季度宏观经济模型简介

中国季度宏观经济模型（以下简称 CQMM）是一个开放经济条件下需求导向的小型动态季度宏观模型。它以短期预测和政策效应模拟分析为主要目的。在充分考虑转型期中国经济结构变动对建模影响的基础上，依据近期中国宏观经济的主要特征设定方程，利用中国宏观经济季度数据构造模型。

CQMM 依据支出法核算 GDP 的方式，从总需求的角度来刻画宏观经济变量之间的相互影响，揭示外部经济波动对内部经济影响的传导机制，以及分析开放经济条件下宏观调控政策（货币政策、财政政策、汇率政策）的政策效应。它由四个基础模块组成：一是国内需求模块，主要分析国内需求的决定机制及其对宏观经济的影响。包括建立居民消费需求和固定资本形成的行为方程，分析国内需求及外部市场需求对工业企业增加值及利润的影响。二是进出口模块，旨在刻画中国经济与世界经济的联系，由进出口行为方程和人民币实际有效汇率方程等组成。三是政策反应模块，用于分析转型期中国宏观总需求调控政策的作用机理，重点分析货

---

① 教育部高校人文社会科学重点研究基地重大项目“中国季度宏观经济模型”（05JJD790093）成果。本报告于 2007 年 2 月 10 日在厦门发布。

币供应量变化的内生决定机制。四是价格模块，揭示主要价格指数之间的相互关联性。连接CQMM四个基础模块的是两条主线：一是外部经济波动对国内经济的传导渠道，主要围绕人民币汇率的调整对中国进出口的影响展开；并通过进出口的变化，研究中国GDP及其构成的改变。二是内部政策效应的传导渠道，主要围绕货币供应量的变化对投资的影响展开；并通过投资的变化，研究中国GDP及其构成的改变。

二、CQMM的主要优势和特点

CQMM是目前中国国内唯一投入运行并准备定期发表经济预测及政策模拟评估的季度宏观经济计量模型，它的研发将有利于改善中国的宏观经济调控。它的主要优势体现在：一是能够发布季度预测数据，预测精确度较高；二是可以模拟宏观经济政策的短期效应，时效性较强。

与2006年7月CQMM的第一次预测相比，本次预测具备以下几方面的突出特点：

第一，扩展了进出口模块的行为方程，主要是从贸易构成的角度来建立进出口行为方程，使其能够反应对外贸易构成的变化对宏观经济运行的影响。具体而言，在这一模块，CQMM能够考察人民币有效汇率的决定机制，分析人民币汇率形成机制的调整对中国对外贸易结构的影响，以及随着对外开放程度的不断提高，作为贸易大国，中国贸易条件的改变对进出口总量及其构成的影响。

第二，改进了政策反应函数，强调人民币汇率形成机制调整下外汇储备变动对货币供应的影响；并可探讨货币政策工具调整的政策效应，分析金融体系流动性变化对资本形成及投资需求的影响。

第三，增加了预测指标的数量，不仅包括社会商品零售总额、城镇固定资产投资、工业企业增加值以及工业企业利润等这些反应宏观经济运行状态的重要指标，而且还包括反映进出口贸易构成的指标，如一般贸易进出口、加工贸易进出口等。目前国内外研究机构在发布有关中国宏观经济预测的数据时都不能提供有关贸易构成变化的预测，CQMM是国内首次发布贸易构成变化的现役模型。

三、2007 年春季 CQMM 第二期预测的主要目的

本次发布是 CQMM 自投入运行以来的第二次预测数据发布，旨在预测中国 2007 年至 2008 年共 8 个季度的宏观经济主要指标的变化，模拟人民币汇率在 2007 年和 2008 年如果每年升值幅度达 6%所导致的宏观经济影响。在此基础上，分析人民币汇率形成机制调整对中国对外贸易结构及外汇储备变化的影响。

2006 年中国经济继续保持“高增长、低通胀”的态势：GDP 增长率达到 10.7%；通货膨胀率维持在 1.5%。2006 年政府采取了一系列旨在控制投资、稳定经济增长的宏观调控政策，有效地避免了经济运行由偏快转向过热，经济社会发展实现了“十一五”的良好开局。然而，宏观经济稳定增长所存在的矛盾也日益突出：首先，经济快速增长与人均可支配收入增长缓慢以及失业率不降反升之间的矛盾。其次，总需求构成不平衡的矛盾，受“两高一低”即“高投资、高出口、低消费”的总需求结构的影响，我国经济靠“投资驱动和出口拉动”的特征非常明显。再次，以“双顺差”为特征的国际收支结构性矛盾，已导致外汇储备快速增长，人民币升值压力及升值预期不断扩大。最后，地区经济增长严重不平衡。

进入 2007 年，这些矛盾的存在依然有可能阻碍经济的平稳增长。本次发布，CQMM 将从近年来贸易顺差急剧扩大、人民币升值压力不断增强这一现实问题入手，探讨人民币升值对 2007 年和 2008 年中国宏观经济的影响。这一研究的现实意义在于，给定当前中国宏观经济运行的内外部条件，分析多大的人民币升值幅度是经济可以承受的？要回答这个问题，就必须首先对人民币升值可能给宏观经济产生的效应进行定量分析，特别需要确定升值可能造成多大程度的紧缩效应。此外，在市场力量的作用下，人民币升值的趋势在不断加强，那么，对于不同的人民币升值幅度，政府应如何制定适当的政策措施和把握力度，在避免国内经济由于结构性原因导致增长速度过快的同时，减轻人民币升值紧缩效应对宏观经济的负面影响。为了解决这个问题，还必须从定量的角度把握不同的人民币升值幅度会对宏观经济产生如何不同的

影响。

基于上述考虑，本课题组设定了两种方案来分析这些问题：

预测方案：假定由于 2005 年、2006 年连续两年贸易顺差的急剧扩大，导致人民币在 2007 年和 2008 年每年升值 3%的幅度；同时，由于银行体系过剩流动性而引发的贷款扩张和投资增长压力，促使政府在 2007 年将再次调高贷款基准利率 0. 27 个点；在世界经济不出现大的变动等条件下，预测 2007 年、2008 年全年及四个季度的宏观经济主要指标变动情况。

政策模拟方案：假定 2007 年、2008 年人民币快速大幅升值，如每年 6%，在其他条件不变时，模拟人民币加速升值的宏观经济效应。

第二节　2007—2008 年中国宏观经济预测

一、模型外生变量的假设

在我们的预测中，将涉及的主要外生变量有：人民币汇率、不变价世界总进口额、商业银行 1 年期人民币贷款加权平均利率、加工贸易进口与加工贸易出口的比率、不变价政府消费、中国进出口价格指数、固定资产投资价格指数、世界进口价格指数、人口的变化等。结合这些变量的历史数据和对当前国内外经济形势的判断，本课题组对其中一些主要变量在预测期的数值分别进行了如下的假设：

（一）人民币汇率

在人民币持续现有升值趋势的前提下，假设人民币汇率在 2007 年和 2008 年各升值 3%，到 2007 年四季度，人民币兑美元汇率会突破 7. 60 关口，到 2008 第四季度，将达到 1 美元兑换 7. 37 元人民币左右的水平（图 2-1）。

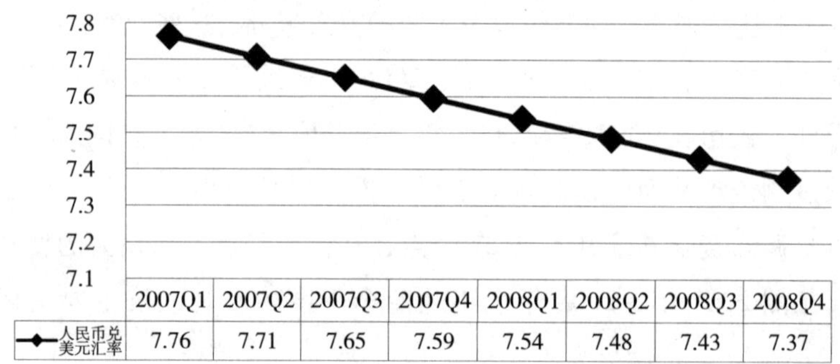

	2007Q1	2007Q2	2007Q3	2007Q4	2008Q1	2008Q2	2008Q3	2008Q4
人民币兑美元汇率	7.76	7.71	7.65	7.59	7.54	7.48	7.43	7.37

图 2-1　人民币兑美元汇率的变化趋势假定

资料来源：本课题组设定。

(二) 世界市场需求

基于 2006 年世界主要经济体的经济增长表现，考虑如果美国在 2006 年第四季度增长率换算为年率后达到了 3.5%，预计世界市场需求即按不变价计算的世界总进口在 2007 年一季度和二季度增长率会继续上升（图 2-2），之后随着通货膨胀压力的增大，从 2007 年三季度开始增长率可能会有所回落。

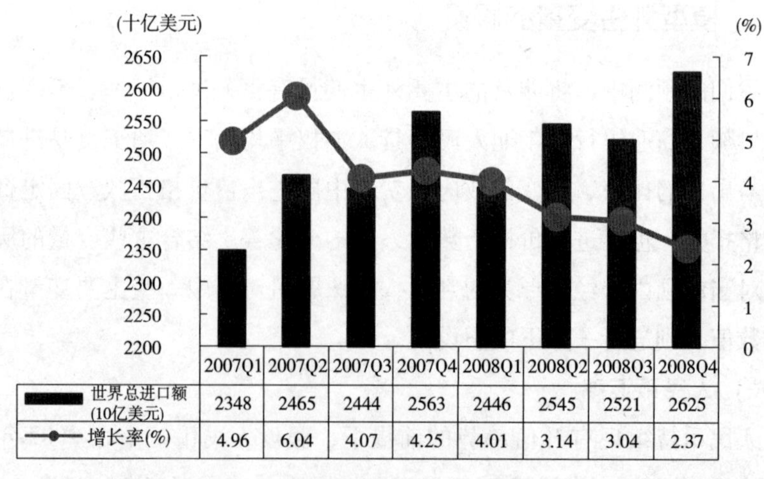

	2007Q1	2007Q2	2007Q3	2007Q4	2008Q1	2008Q2	2008Q3	2008Q4
世界总进口额(10亿美元)	2348	2465	2444	2563	2446	2545	2521	2625
增长率(%)	4.96	6.04	4.07	4.25	4.01	3.14	3.04	2.37

图 2-2　世界总进口增长率的变化趋势假定

资料来源：本课题组设定。

（三）商业银行1年期人民币贷款加权平均利率

2006年三季度中国人民银行上调了贷款基准利率，由二季度的5.85%提高到6.12%，上调0.27个百分点。受此影响，商业银行贷款利率略有上升，1年期人民币贷款加权平均利率达到6.36%（图2-3），比二季度提高了0.31个百分点。由于国际收支持续顺差，银行体系过剩流动性的增加，贷款扩张压力依然较大。中国人民银行在2007年1月15日，再次上调了存款准备金率，以巩固调控成效。但是，在2007年，国内投资消费关系尚难以根本改变，国际收支不平衡和银行体系流动性过剩将继续存在，以及在2007年上半年世界市场需求增长的带动下，国内投资需求依然有可能快速增长。预计2007年贷款基准利率将会再次提高。假定幅度依然维持0.27个百分点，那么，作为反映市场供需的商业银行人民币贷款加权平均利率的具体变化趋势，将如图2-3所示。

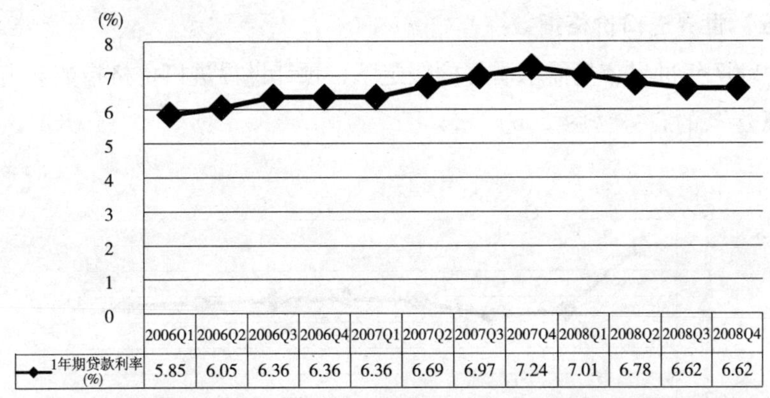

	2006Q1	2006Q2	2006Q3	2006Q4	2007Q1	2007Q2	2007Q3	2007Q4	2008Q1	2008Q2	2008Q3	2008Q4
1年期贷款利率(%)	5.85	6.05	6.36	6.36	6.36	6.69	6.97	7.24	7.01	6.78	6.62	6.62

图2-3 商业银行1年期人民币贷款加权平均利率的变化趋势假定

资料来源：本课题组设定。

（四）加工贸易进口与加工贸易出口的比率

自2002年以来，加工贸易进口与加工贸易出口的比率呈现快速下降的态势。这一定程度上说明，随着国外技术向中国国内的扩散，国外产业向中国的转移，以及中国企业自主技术开发能力的提高，进口替代的程度在不断提高；一些过去需要进口的关键零部件已经可以在中国国内生产，企业在国内采购的比例会不断上升。如果2007年、2008年这一趋势继续下去，假定2007年四季度这一比率将下降至44.8%，2008年四季度进一步下降至 41.5%（图 2-4）。

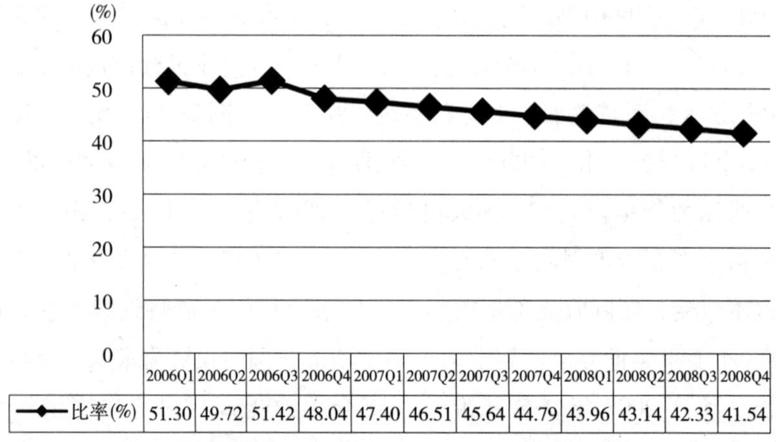

图 2-4　加工贸易进口与加工贸易出口比率的变化趋势假定

资料来源：本课题组设定。

（五）世界进口价格指数

在 2007 年世界市场需求看好的假定下，预计世界进口价格指数会出现“高开低走”的态势（图 2-5）。

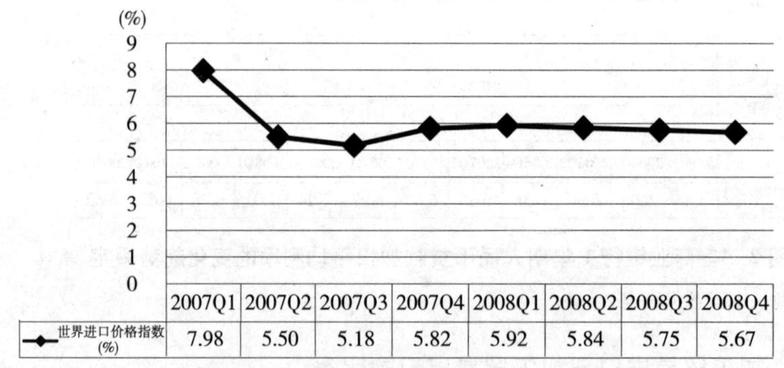

图 2-5　世界进口价格指数的变化趋势假定

资料来源：本课题组设定。

二、2007—2008 年中国宏观经济主要指标预测

（一）GDP 及人均 GDP 增长率预测

2006 年，中国 GDP 实现了 10.7%的高增长速度，其中，第四季度

增长率达到 10.4%。如果 2007 年政府继续采取频调和微调的方式进行宏观调控，考虑到 2007 年人民币升值的影响，以及相关旨在鼓励出口产品升级和外部市场变化因素对中国出口增长率的影响，模型预测（图 2-6）：2007 年全年 GDP 增长率将有所下降，为 9.67%，低于 10%的水平；而且经济增长表现出“高—低—高—低”的波动态势，2007 年一季度 GDP 同比将增长 10.03%，二季度增长下降为 9.38%，到三季度增长率将回升至 10.62%，四季度再次下降至 8.97%。进入 2008 年，GDP 增速还可能小幅减缓，全年保持在 9.27%的水平；其中一季度将下降至 8.21%，二、三季度反弹至 9.16%和 10.31%后，四季度再下降至 9.21%。

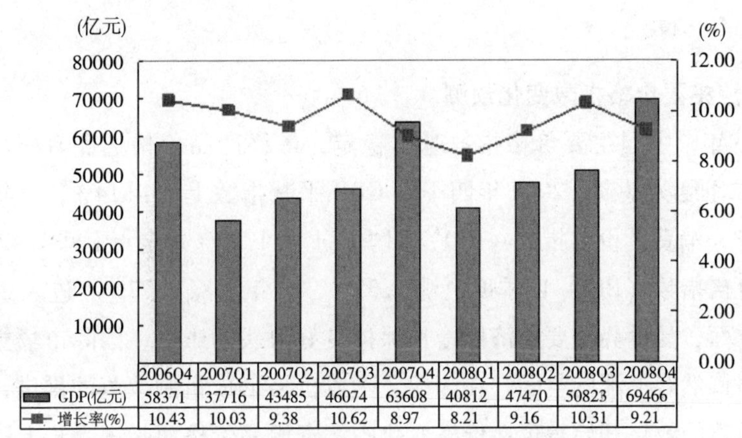

	2006Q4	2007Q1	2007Q2	2007Q3	2007Q4	2008Q1	2008Q2	2008Q3	2008Q4
GDP(亿元)	58371	37716	43485	46074	63608	40812	47470	50823	69466
增长率(%)	10.43	10.03	9.38	10.62	8.97	8.21	9.16	10.31	9.21

图 2-6　不变价 GDP 及其增长率预测

资料来源：本课题组设定。

2006 年人均 GDP 按不变价计算（2000 年第二季度为基期）为 4440 元，同比增长 9.78%。在保持现有经济增长方式不变的前提下，模型预测（图 2-7）：2007 年人均 GDP 增长率将有可能降为 9.01%；其中，一季度人均 GDP 将增长 9.38%，二季度增长 8.73%，到三季度随着 GDP 增长率的回升，人均 GDP 增长率将提高至 9.95%，四季度又下降至 8.31%。进入 2008 年，人均 GDP 增速还将进一步放慢，全年预计只能保持在 8.59%的水平。预测结果表明，如果不尽快改变既有经济增长方式，就难以快速提高人均 GDP 的增长速度。

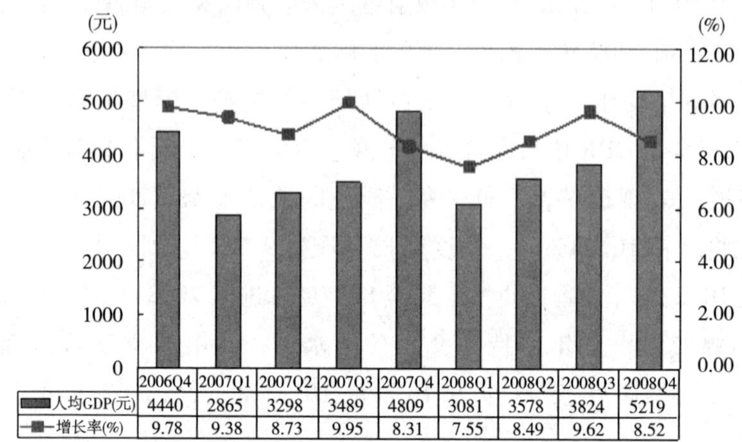

图 2-7　不变价人均 GDP 及其增长率预测

资料来源：本课题组设定。

（二）主要价格指数变化预测

2006 年，中国主要价格指数基本稳定，最终产品价格上涨有限。以 2000 年二季度为基期，2006 年四季度 GDP 平减指数上涨 4. 14%，全年上涨 2. 41%；消费者价格指数（CPI）四季度上涨 1. 82%，全年上涨 1. 42%；生产者价格指数（PPI）四季度上涨 2. 38%，全年上涨 2. 77%。进入 2007 年，一方面，受世界主要经济体增长保持良好势头的影响，国际市场主要商品价格依然有上涨的空间。在国内，随着价格形成机制改革的推进，资源价格改革的效果开始表现在价格变化中，资源品价格面临进一步上涨的压力。2006 年生产者价格指数上涨幅度超过最终产品价格上涨幅度的局面并未得到改变，企业消化上游价格涨价的压力还在加剧，工业品出厂价格增长的压力需要在今后一段时间里得到释放。随着市场机制的逐步完善，上游产品价格向下游产品价格的传导能力正在逐步增强。此外，考虑到 2007 年工资上调的因素，2007 年价格水平将面临上涨的压力。但另一方面，在国内收入增长不能快速提高，2006 年的高投资率可能导致生产能力快速扩大的情况下，2007 年通货膨胀的压力依然有限。特别是，人民币的持续升值将在一定程度上加大通货紧缩的压力。进一步而言，目前中国出口拉动型的经济增长，一旦面临世界市场萎缩或贸易摩擦升级导致出口增长速度下降的局面，国内市场上通货紧缩压力还会迅速扩大。

模型预测（图 2-8）：2007 年、2008 年价格水平将维持稳中有升的趋势，但是，价格指数的增幅将趋缓。2007 年，GDP 平减指数将上涨 1.72%；四个季度的涨幅将分别达到 1.24%、1.02%、2.32% 和 2.36%，呈现“前低后高”的态势。消费者价格指数（CPI）涨幅预计为 1.55%，略高于 2006 年的水平；四个季度的走势表现为“前高后低”的态势，分别为 2.11%、1.65%、1.21% 和 1.22%。生产者价格指数（PPI）涨幅预计为 2.66%，低于 2006 年的水平；年内变化态势也表现出“前高后低”的特征，四个季度分别为 3.71%、3.25%、1.22% 和 2.51%。生产者价格指数的涨幅虽然在逐步接近消费价格指数的涨幅，但是，生产者价格指数涨幅高于消费价格指数的态势依然继续维持。进入 2008 年，各类价格指数的涨幅将进一步回落：GDP 平减指数涨幅为 1.44%，CPI 为 1.10%，PPI 为 2.37%。

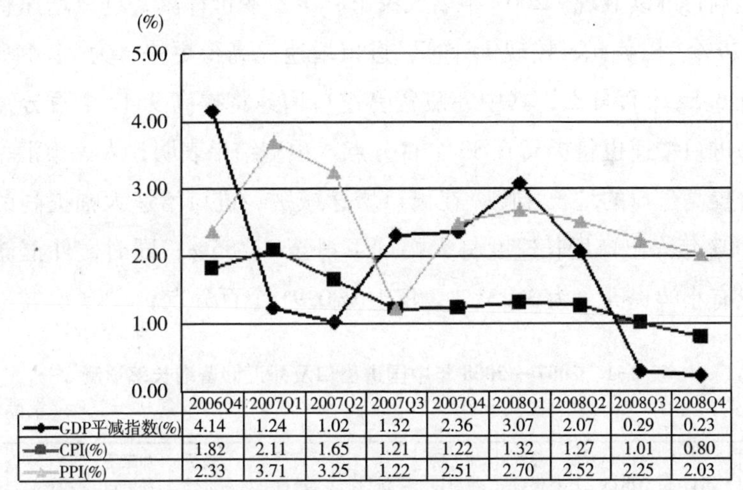

	2006Q4	2007Q1	2007Q2	2007Q3	2007Q4	2008Q1	2008Q2	2008Q3	2008Q4
GDP平减指数(%)	4.14	1.24	1.02	1.32	2.36	3.07	2.07	0.29	0.23
CPI(%)	1.82	2.11	1.65	1.21	1.22	1.32	1.27	1.01	0.80
PPI(%)	2.33	3.71	3.25	1.22	2.51	2.70	2.52	2.25	2.03

图 2-8　主要价格指数变化预测

资料来源：本课题组设定。

（三）进出口及外汇储备增长率预测

2006 年，中国的总出口额，以人民币、按不变价计算增长 15.54%，以美元、按现价计算增长 28.03%；其中，一般贸易出口增长 31.47%，加工贸易出口增长 24.68%。总进口额以人民币、按不变价计算增长 7.62%，以美元、按现价计算增长 20.90%；其中一般贸易进口增长 20.21%，加工贸易进口增长 18.57%。2006 年净出口增长 73.2%，外汇储备增长 30.46%。进入 2007 年，一些在短期不利于出口快速增长的因素已经显现。首先，2005 年、2006 年急剧扩大的贸易顺差所导致的人民币进一步升值趋势，对一般贸易出口产生影响。其次，中国与美国、欧盟等国家和区域的贸易摩擦将进一步加剧。① 最后，促进出口产品升级的政策。② 这些因素都有可能使 2007 年出口增速延续缓慢下降的趋势。预计出口增速还将快于进口增速，外汇储备还将继续增加。

模型预测（表 2-1）：2007 年以人民币、按不变价计算，出口增速将有所提高，为 16.91%。以美元、按现价计算，2007 年出口增速将继续回落，约为 26.59%，同比下降 1.44 个百分点左右；其中一般贸易出口增速将回落 6.98 个百分点，但加工贸易出口增速会继续提高，约上升 3.14 个百分点，为 27.82%。预测结果表明，人民币汇率升值对一般贸易出口的负面影响将继续显现。2007 年以人民币、按不变价计算，进口增速将提高至 11.19%。以美元、按现价计算，进口增速提高得更快，为 27.44%，同比上升 6.54 个百分点；其中一般贸易进口增速将提高 9.42 个百分点，加工贸易进口增速也将提高 6.83 个百分点。预测结果表明，人民币汇率升值将显著提高进口的增长速度。在出口增速减缓、进口增速大幅提高的情况下，2007 年净出口增长速度将大幅度下滑至 22.85%；同时，外汇储备增速将只有小幅提高，为 31.37%，仅上升 0.91 个百分点。

表 2-1　2007—2008 年中国进出口及外汇储备增长率预测

（单位:%）

时间	出口（亿元，不变价）	出口（亿美元，现价）	一般贸易出口（百万美元，现价）	加工贸易出口（百万美元，现价）	进口（亿元，不变价）	进口（亿美元，现价）	一般贸易进口（百万美元，现价）	加工贸易进口（百万美元，现价）	净出口（亿美元，现价）	外汇储备（百万美元，现价）
2006 年	15.54	28.03	31.47	24.68	7.62	20.90	20.21	18.57	73.20	30.46
2007 年	16.91	26.59	24.49	27.82	11.19	27.44	29.63	25.40	22.85	31.37
2007Q1	13.53	26.88	26.55	26.57	11.26	24.89	31.44	17.45	41.73	30.42

① 如日本肯定列表制对中国农产品出口的影响。

② 即通过调整进出口税率和将部分加工层次低、污染高、资源能源消耗大的商品列入加工贸易禁止类目录，旨在引导加工贸易转型升级的相关贸易政策。

续表

时间	出口（亿元，不变价）	出口（亿美元，现价）	一般贸易出口（百万美元，现价）	加工贸易出口（百万美元，现价）	进口（亿元，不变价）	进口（亿美元，现价）	一般贸易进口（百万美元，现价）	加工贸易进口（百万美元，现价）	净出口（亿美元，现价）	外汇储备（百万美元，现价）
2007Q2	15.97	30.49	25.39	33.76	12.89	30.19	30.47	29.80	32.03	30.21
2007Q3	18.69	26.18	21.29	30.51	18.99	25.58	27.18	26.38	28.83	32.65
2007Q4	18.67	23.61	25.43	21.82	11.74	28.87	29.80	26.95	7.50	31.98
2008年	17.05	24.65	24.77	23.97	8.95	23.46	23.64	22.46	30.12	29.24
2008Q1	16.07	24.31	25.32	23.03	8.50	23.29	23.94	21.86	30.99	30.69
2008Q2	16.66	24.75	24.63	24.22	8.57	23.14	23.26	22.21	32.76	29.57
2008Q3	17.38	24.81	24.82	24.19	9.17	23.58	23.64	22.70	30.09	28.65
2008Q4	17.79	24.66	24.43	24.21	9.51	23.75	23.77	22.89	28.02	28.31

资料来源：本课题组计算。

分季度看，以美元、按现价计算，2007年出口增速会在第二季度出现一个较高增长后，逐步转为高位缓慢下降：四个季度分别为26.88%、30.49%、26.18%和23.61%；其中，一般贸易出口增速将持续回落至三季度后，在四季度转为回升，四个季度分别为26.55%、25.39%、21.29%和25.43%；四个季度的加工贸易出口增速分别为26.57%、33.76%、30.51%和21.82%。在进口方面，以美元、按现价计算，2007年进口增速表现出“低—高—低—高”的波动态势，四个季度分别为24.89%、30.19%、25.58%和28.87%；其中，一般贸易进口增速四个季度基本维持高位平稳态势，分别为31.44%、30.47%、27.18%和29.80%；加工贸易进口增速在一季度有所回落后，二季度迅速反弹，之后基本维持一个较高的增长速度，四个季度分别为17.45%、29.80%、26.38%和26.95%。

进入2008年，以人民币、按不变价计算，出口增速将小幅提高，为17.05%。以美元、按现价计算，出口增速继续回落，约下降1.94个百分点左右；其中一般贸易出口增速基本维持2007年的水平，为24.77%，但加工贸易出口增速会转为下降，约回落3.85个百分点，为23.97%。2008年以人民币、按不变价计算，进口增速将下降为8.95%。以美元、按现价计算，进口增速也将下降为23.46%；其中一般贸易进口增速将下降6个百分点，加工贸易进口增速将下降3个百分点。结合进出口两方面的变化，

2008年净出口增长30.12%，外汇储备增速将小幅回落，为29.24%，降低2.13个百分点。

（四）其他主要宏观经济指标增长率预测

2006年按不变价计算的居民消费增长10.27%，按当年价格计算的社会商品零售总额增长13.7%。受人均可支配收入增长缓慢的影响，模型预测（表2-2）：2007年居民消费总额增速会有所回落，约为8.01%，2008年升为8.13%；社会商品零售总额增速将基本维持2006年的水平，小幅下降至13.34%，2008年再降至13.12%。分季度来看，2007年一季度社会商品零售总额增速预计会有一个提高，之后会下降，到四季度再回升，四个季度增长率分别为17.42%、10.77%、11.97%和13.19%。预测结果表明，消费增长缓慢的态势可能还将持续，因此，今后宏观经济政策的重点需要放在扩大收入水平上，同时要完善金融体系，大力发展消费信贷，以刺激国内需求。

表2-2　2007—2008年其他主要宏观经济指标增长率预测

（单位:%）

时间	居民消费总额（亿元，不变价）	社会商品零售总额（亿元，现价）	固定资本形成总额（亿元，不变价）	城镇固定资产投资（亿元，现价）	工业企业增加值（亿元，不变价）	工业企业利润（亿元，现价）	M2（亿元）	人民币实际有效汇率（%）
2006年	10.27	13.7	18.99	24.50	22.84	26.68	16.21	1.71
2007年	8.01	13.34	16.34	23.63	22.58	25.03	15.14	4.34
2007Q1	9.29	17.42	18.24	23.01	22.22	33.88	16.32	2.90
2007Q2	5.52	10.77	12.39	16.96	22.39	22.49	15.58	6.47
2007Q3	8.34	11.97	17.59	24.65	20.80	20.15	14.68	4.91
2007Q4	8.58	13.19	17.69	28.21	24.70	26.25	14.10	3.12
2008年	8.13	13.12	17.67	21.77	23.77	25.33	15.34	2.16
2008Q1	7.68	12.51	13.06	18.25	20.85	23.27	14.26	2.98
2008Q2	7.53	12.42	15.35	17.15	22.81	24.09	15.03	2.70
2008Q3	8.52	13.58	19.37	22.81	24.89	26.25	15.99	1.75
2008Q4	8.67	13.82	19.67	25.46	25.74	27.02	15.98	1.20

资料来源：本课题组计算。

2006年按不变价计算的固定资本形成总额增速为18.99%，按当年价格计算的城镇固定资产投资增长24.5%。模型预测（表2-2）：受宏观调控的影响，2007年固定资本形成总额增速将降至16.34%，回落2.65个百分点；2008年固定资本形成总额增速将出现反弹，为17.67%，但仍然低于2006年的水平。2007年城镇固定资产投资增速略有下降，为23.63%，2008年可能降至21.77%。分季度来看，2007年固定资本形成总额增速在一季度依然能够保持较高增长，为18.24%，之后，在二季度大幅度回落，到三、四季度再反弹回升，全年走势呈现出“U形”趋势，二至四季度的增长率分别为12.39%、17.59%和17.69%。四个季度的城镇固定资产投资的走势与固定资本形成总额一样，增长速度将分别为23.01%、16.96%、24.65%和28.21%。预测结果表明，2007年一季度投资增速依然有可能维持高增长水平，之后有所下滑，而在三、四季度有明显反弹回升的迹象。因此，2007年的宏观调控要特别注意第一季度和下半年投资需求的变化。

2006年按不变价计算的工业企业增加值增长22.84%，按现价计算的工业企业利润增长26.68%。2007年在国内外宏观经济形势基本看好的预期下，工业企业有望继续扩张；但是，受国内消费需求增长缓慢、最终产品价格不能快速上涨的影响，以及制造业领域过度投资、市场竞争加剧等因素的影响，工业企业的利润增长将不会快速提高。模型预测（表2-2）：2007年工业企业增加值增长率将达22.58%，与2006年基本持平，2008年将提高到23.77%。2007年工业企业利润增长却不太乐观，可能下降1.65个百分点，为25.03%，2008年为25.33%，略有回升，但是都低于2006年的水平。分季度来看，2007年四个季度工业企业增加值增速将分别为22.22%、22.39%、20.80%和24.70%；工业企业利润分别增长33.88%、22.49%、20.15%和26.25%。工业企业利润增长出现走低的趋势值得引起关注。

2007年，货币供应量（M2）增速预计为15.14%，同比下降1.07个百分点；一季度预计增长16.32%，二季度增长15.58%，三季度增长14.68%，四季度增长14.10%。2008年M2增速将保持在15.34%的水平（表2-2）。

2006年，人民币实际有效汇率升值1.71%：2007—2008年预计将持续升值的态势。模型预测（表2-2）：2007年人民币实际有效汇率升值

4.34%，其中，一季度升幅为 2.90%，二季度为 6.47%，三季度为 4.91%，四季度为 3.12%。2008 年人民币实际有效汇率升值 2.16%，升幅回落 2.18 个百分点。

第三节　人民币加速升值效应的模拟分析

为了分析人民币不同升值速度的宏观效应，课题组假定人民币对美元汇率在 2007 年和 2008 年的升值幅度，从每年 3%上升提高到每年 6%。

一、人民币升值效应的宏观传导机制

人民币升值效应的宏观传导机制可归纳在图 2-9 中。首先，人民币在短期大幅升值将导致进口价格指数的下降，继而推动人民币实际有效汇率的大幅上升。随着实际有效汇率的上升，加工贸易出口和一般贸易出口的增长速度都将同时下降，从而导致总出口增速的下降。另一方面，人民币实际有效汇率上升虽然提高了一般贸易进口的增速，但却降低了加工贸易进口的增速，因为加工贸易进口具有出口拉动的特征；由于加工贸易进口增速下降的幅度大于一般贸易进口增速上升的幅度，因此，人民币加速升值也将导致进口增速同时下降。综合进出口增速两方面的变化，净出口增速也将回落，一定程度上抑制了外汇储备的增长速度。

其次，随着外汇储备增速的下降，以及近期为抑制经济过快增长而实施的偏紧的政策（如利率的上调等），货币供给增速将回落，继而将抑制固定资本形成总额增速的上升。在固定资本形成增速下降和净出口增速下降的共同作用下，GDP 增长速度也将下降。

最后，GDP 增长速度的下降，将直接导致居民消费总额增速以及社会商品零售总额增速的下降、一般贸易进口增速的下降、城镇固定资产投资需求增速的回落。受城镇固定资产投资下降和居民消费下降的影响，工业企业的增加值也将下降，从而导致工业企业利润减少。

通过这个传导机制，人民币升值将对宏观经济产生紧缩效应。但是，问题的重点是，给定当前中国宏观经济运行的内外部条件，多大程度的人民币升值幅度是经济可以承受的？以及，对于不同的人民币升值幅度，政府应制定怎样的政策措施并适时把握政策力度，防止人民币升值的通货紧缩效应对宏观经济的负面影响。为了解决这个问题，就必须对不同的人民币升值幅度对宏观经济产生的影响进行定量分析。为此，本课题组进一步假定人民币对美元的汇率在 2007 年和 2008 年的升值幅度，从每年 3%上升提高到每年 6%。

以下是运用 CQMM 测定的人民币加速升值对中国宏观经济的主要影响。

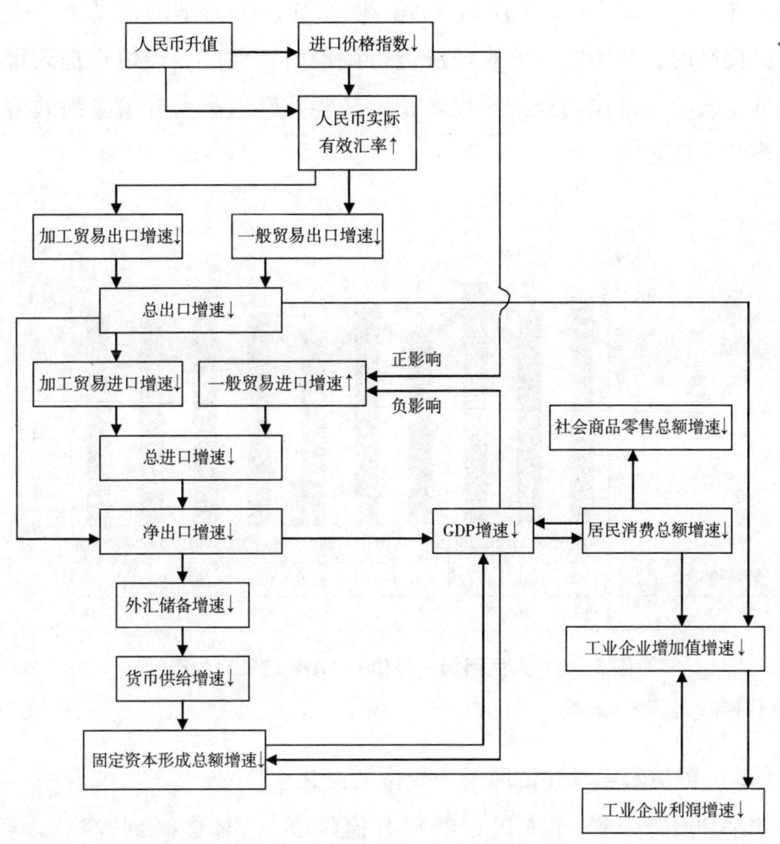

图 2-9　人民币升值的宏观传导机制

资料来源：本课题组制作。

二、人民币加速升值的宏观效应模拟

（一）GDP 增长率的变化

与每年人民币升值 3%的幅度相比，人民币如果按每年 6%的幅度加速升值，对 GDP 增长率将产生较为严重的负面影响（图 2-10）。2007 年 GDP 增长率将下降 0.62 个百分点，仅能维持在 9.05%的水平。到了 2008 年，人民币加速升值对 GDP 增长率的负面效应进一步增强，全年 GDP 增长率将下降至 7.08%，与人民币升值幅度为 3%的情况相比，GDP 增速将下降 2.19 个百分点。各季度 GDP 增长率变化如图 2-10 所示。模拟结果表明，人民币升值 6%时，对宏观经济的紧缩效应非常明显。那么，在 2007 年（上半年），当经济由于体制性原因以及在外部需求的带动下，投资增速再次提高时，政府在对宏观经济进行调控时，就应当谨慎把握政策措施的力度，既要保证国内经济平稳增长，又要减轻人民币升值紧缩效应对宏观经济的负面影响。

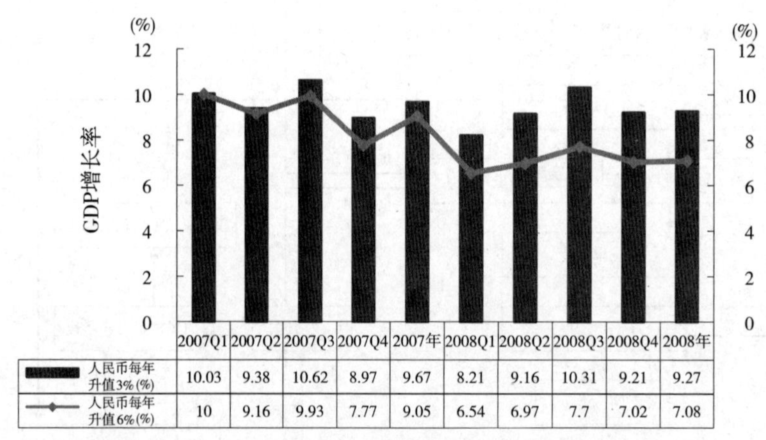

	2007Q1	2007Q2	2007Q3	2007Q4	2007年	2008Q1	2008Q2	2008Q3	2008Q4	2008年
人民币每年升值3%(%)	10.03	9.38	10.62	8.97	9.67	8.21	9.16	10.31	9.21	9.27
人民币每年升值6%(%)	10	9.16	9.93	7.77	9.05	6.54	6.97	7.7	7.02	7.08

图 2-10　人民币加速升值对 GDP 增长率的影响

资料来源：本课题组计算。

（二）贸易顺差及外汇储备增长率的变化

如果 2007、2008 年人民币的年升值幅度从 3%提高到 6%，以美元、按现价计算，如图 2-11 所示，2007 年贸易顺差的增长率将从 22.85%下降到 19.69%，下降 3.16 个百分点；2008 年贸易顺差的增长率将从 30.12%

下降到 19. 82%，下降 10. 30 个百分点。模型预测结果表明，人民币短期快速大幅升值将导致中国贸易顺差增速迅速下降。

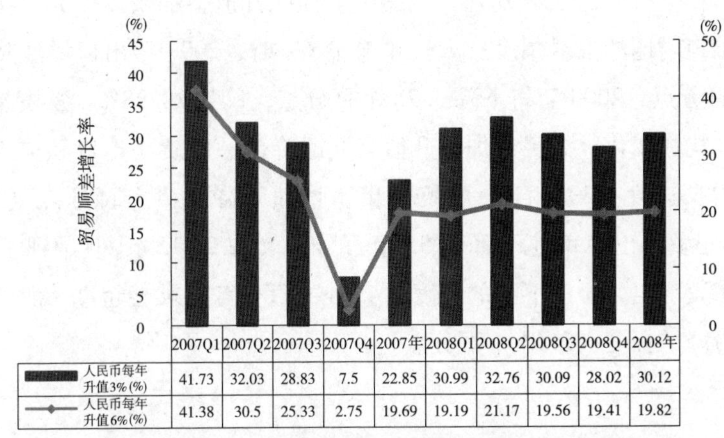

	2007Q1	2007Q2	2007Q3	2007Q4	2007年	2008Q1	2008Q2	2008Q3	2008Q4	2008年
人民币每年升值3%(%)	41.73	32.03	28.83	7.5	22.85	30.99	32.76	30.09	28.02	30.12
人民币每年升值6%(%)	41.38	30.5	25.33	2.75	19.69	19.19	21.17	19.56	19.41	19.82

图 2-11　人民币加速升值对贸易顺差增长率的影响

资料来源：本课题组计算。

外汇储备增长率的变化如图 2-12 所示，受贸易顺差增速下降的影响，外汇储备增长速度也将下滑，但是幅度不大：2007 年人民币升值 3%时外汇储备增速为 31. 37%，人民币升值 6%时外汇储备增速下降 0. 04 个百分点；2008 年如果人民币升值 6%时外汇储备增速下降幅度将扩大为 0. 84 个百分点。

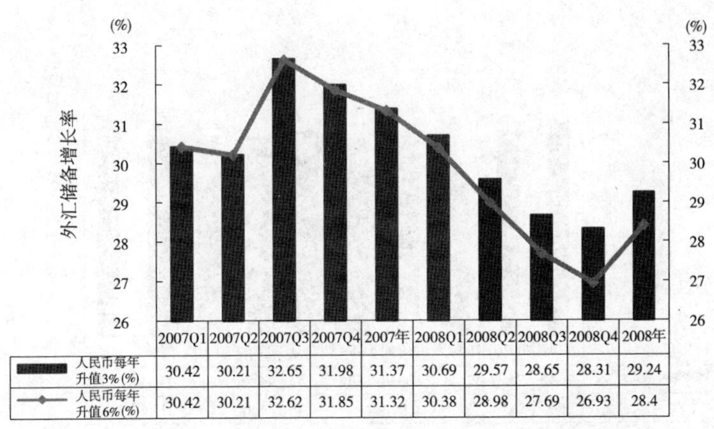

	2007Q1	2007Q2	2007Q3	2007Q4	2007年	2008Q1	2008Q2	2008Q3	2008Q4	2008年
人民币每年升值3%(%)	30.42	30.21	32.65	31.98	31.37	30.69	29.57	28.65	28.31	29.24
人民币每年升值6%(%)	30.42	30.21	32.62	31.85	31.32	30.38	28.98	27.69	26.93	28.4

图 2-12　人民币加速升值对外汇储备增长率的影响

资料来源：本课题组计算。

（三）进出口及其构成增长率的变化

进一步考察人民币加速升值对进出口及其构成的影响。先看出口增速的变化（图 2-13），可以发现，人民币大幅度升值会加快以美元、按现价计算的出口增速的下滑幅度。人民币升值 6%时，2007 年出口增速将下降 0. 83 个百分点，2008 年将下降 3. 78 个百分点，仅为 20. 88%。从贸易方式看出口的构成变化，人民币加速升值会同时降低一般贸易出口和加工贸易出口的增长速度：2007 年一般贸易出口增速下降 1. 2 个百分点（图 2-14），加工贸易出口增速下降 0. 55 个百分点（图 2-15）；但是到了 2008 年，加工贸易出口增速下降的幅度（4. 44 个百分点）就会超过一般贸易出口增速下降的幅度（2. 64 个百分点）。

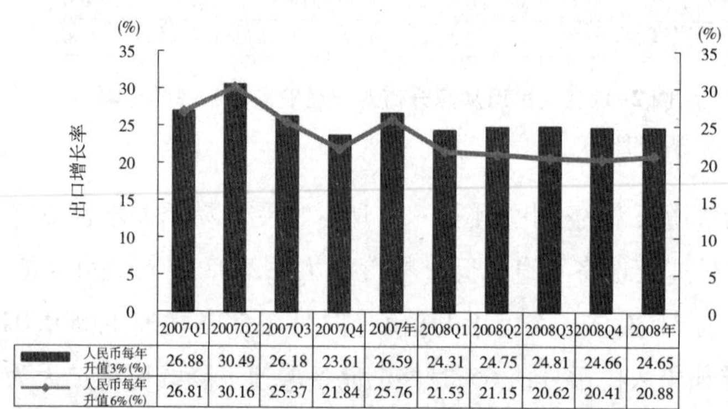

	2007Q1	2007Q2	2007Q3	2007Q4	2007年	2008Q1	2008Q2	2008Q3	2008Q4	2008年
人民币每年升值3%(%)	26.88	30.49	26.18	23.61	26.59	24.31	24.75	24.81	24.66	24.65
人民币每年升值6%(%)	26.81	30.16	25.37	21.84	25.76	21.53	21.15	20.62	20.41	20.88

图 2-13　人民币加速升值对出口增长率的影响

资料来源：本课题组计算。

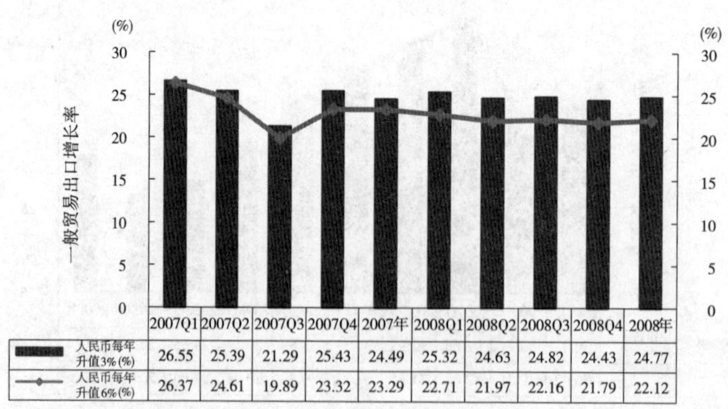

	2007Q1	2007Q2	2007Q3	2007Q4	2007年	2008Q1	2008Q2	2008Q3	2008Q4	2008年
人民币每年升值3%(%)	26.55	25.39	21.29	25.43	24.49	25.32	24.63	24.82	24.43	24.77
人民币每年升值6%(%)	26.37	24.61	19.89	23.32	23.29	22.71	21.97	22.16	21.79	22.12

图 2-14　人民币加速升值对一般贸易出口增长率的影响

资料来源：本课题组计算。

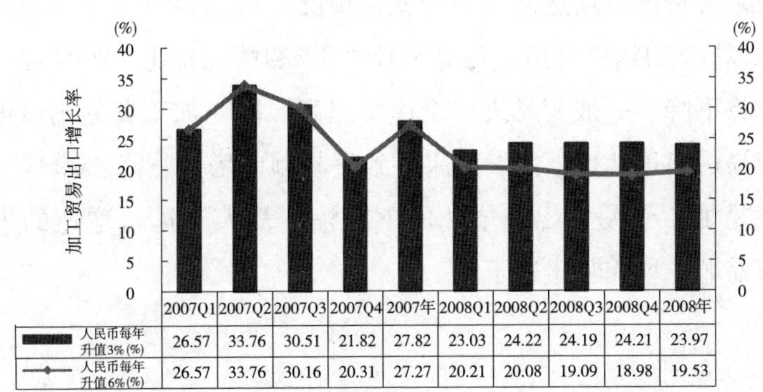

	2007Q1	2007Q2	2007Q3	2007Q4	2007年	2008Q1	2008Q2	2008Q3	2008Q4	2008年
人民币每年升值3%(%)	26.57	33.76	30.51	21.82	27.82	23.03	24.22	24.19	24.21	23.97
人民币每年升值6%(%)	26.57	33.76	30.16	20.31	27.27	20.21	20.08	19.09	18.98	19.53

图 2-15　人民币加速升值对加工贸易出口增长率的影响

资料来源：本课题组计算。

再看进口增速的变化。人民币升值导致进口价格指数下降是促进进口扩大的一方面因素，但同时，升值带来的GDP增长率下滑又会导致进口需求萎缩。模拟结果表明，以美元、按现价计算的进口增速在人民币升值6%时，2007年将下降0.3个百分点，2008年下降2.36个百分点（图2-16）。从构成来看，一般贸易进口所受的负面影响要轻于加工贸易进口所受的影响。2007年一般贸易进口在升值的带动下增速还可提高0.2个百分点，到2008年，升值的紧缩效应开始体现，增速将回落1.02个百分点（图2-17）；加工贸易进口增速2007年将下降0.78个百分点，2008年进一步下降3.52个百分点（图2-18）。

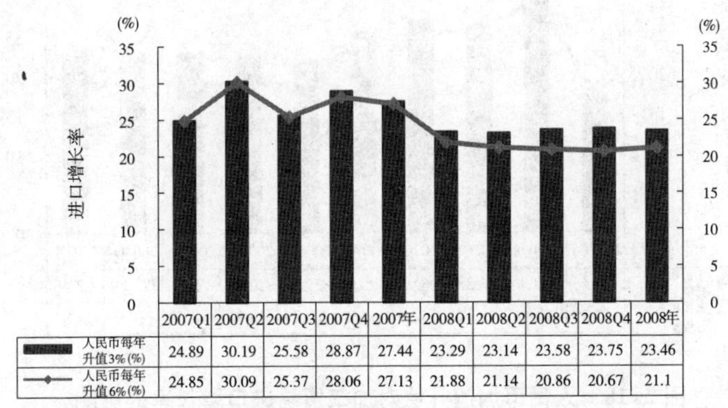

	2007Q1	2007Q2	2007Q3	2007Q4	2007年	2008Q1	2008Q2	2008Q3	2008Q4	2008年
人民币每年升值3%(%)	24.89	30.19	25.58	28.87	27.44	23.29	23.14	23.58	23.75	23.46
人民币每年升值6%(%)	24.85	30.09	25.37	28.06	27.13	21.88	21.14	20.86	20.67	21.1

图 2-16　人民币加速升值对进口增长率的影响

资料来源：本课题组计算。

最后，综合进出口增速两方面的变化情况，可以得出如下结论：如果人民币每年以 6%的幅度升值，与每年升值 3%的情况相比，2007 年一般贸易出口增速将下降、一般贸易进口增速将提高，同时加工贸易出口增速下降、加工贸易进口增速也下降，结果导致贸易顺差增速下降。2008 年不论一般贸易还是加工贸易，出口增速的下降幅度都大于进口增速的下降幅度，从而贸易顺差增速将迅速下降。

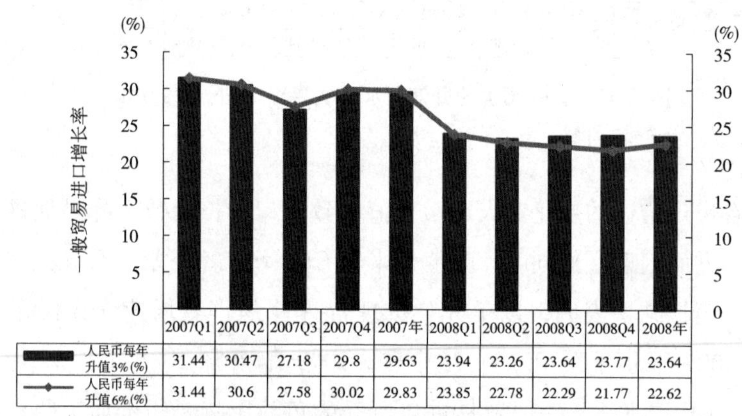

	2007Q1	2007Q2	2007Q3	2007Q4	2007年	2008Q1	2008Q2	2008Q3	2008Q4	2008年
人民币每年升值3%(%)	31.44	30.47	27.18	29.8	29.63	23.94	23.26	23.64	23.77	23.64
人民币每年升值6%(%)	31.44	30.6	27.58	30.02	29.83	23.85	22.78	22.29	21.77	22.62

图 2-17　人民币加速升值对一般贸易进口增长率的影响

资料来源：本课题组计算。

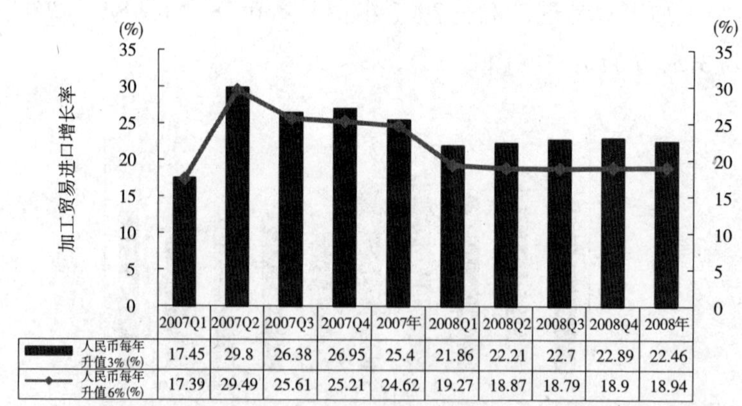

	2007Q1	2007Q2	2007Q3	2007Q4	2007年	2008Q1	2008Q2	2008Q3	2008Q4	2008年
人民币每年升值3%(%)	17.45	29.8	26.38	26.95	25.4	21.86	22.21	22.7	22.89	22.46
人民币每年升值6%(%)	17.39	29.49	25.61	25.21	24.62	19.27	18.87	18.79	18.9	18.94

图 2-18　人民币加速升值对加工贸易进口增长率的影响

资料来源：本课题组计算。

(四) 其他主要宏观经济指标增长率的变化

在人民币每年升值6%的情况下，其他宏观经济主要指标的增速都将不同程度地下降。受GDP增速下降的影响，2007年居民消费总额和社会商品零售总额增速将分别下降0.36和0.5个百分点，2008年分别下降1.77和2.42个百分点。固定资本形成总额和城镇固定资产投资增速2007年将分别下降0.6和0.87个百分点，2008年继续下降1.32和1.87个百分点。在人民币升值导致进口价格指数下降的影响下，生产者价格指数的上涨幅度会有所回落，与人民币每年升值3%的情况相比，2007年生产者价格指数将回落0.1个百分点，2008年将回落0.39个百分点。在人民币升值紧缩效应进一步加强的影响下，工业企业增加值和工业企业利润增速也将双双滑落，2007年、2008年工业企业增加值增速将分别下降0.1和4.06个百分点，工业企业利润增速将分别下降1.07和4.4个百分点。其他，如M2以及人民币实际有效汇率的变化，见表2-3。

表2-3　人民币加速升值对宏观经济主要指标增长率的影响

(单位:%)

经济指标	人民币升值幅度	2007 Q1	2007 Q2	2007 Q3	2007 Q4	2007年	2008 Q1	2008 Q2	2008 Q3	2008 Q4	2008年
居民消费总额(不变价)	升值3%	9.29	5.52	8.34	8.58	8.01	7.68	7.53	8.52	8.67	8.13
	升值6%	9.28	5.42	7.95	7.72	7.65	6.47	5.87	6.44	6.56	6.36
社会商品零售总额(现价)	升值3%	17.42	10.77	11.97	13.19	13.34	12.51	12.42	13.58	13.82	13.12
	升值6%	17.4	10.62	11.45	12.02	12.84	10.87	10.16	10.74	10.95	10.7
固定资本形成总额(不变价)	升值3%	18.24	12.39	17.59	17.69	16.34	13.06	15.35	19.37	19.67	17.67
	升值6%	18.21	12.21	17.02	16.55	15.75	11.76	14.07	17.94	18.41	16.35
城镇固定资产投资(现价)	升值3%	23.01	16.96	24.65	28.21	23.63	18.25	17.15	22.81	25.46	21.77
	升值6%	22.96	16.72	23.83	26.52	22.76	16.4	15.38	20.8	23.67	19.9
M2	升值3%	16.32	15.58	14.68	14.1	15.14	14.26	15.03	15.99	15.98	15.34
	升值6%	16.29	15.46	14.47	13.79	13.87	14.61	15.53	15.48	14.97	14.89
生产者价格指数	升值3%	3.71	3.25	1.22	2.51	2.66	2.7	2.52	2.25	2.03	2.37
	升值6%	3.71	3.22	1.09	2.27	2.56	2.36	2.11	1.84	1.62	1.98
工业企业增加值(不变价)	升值3%	22.22	22.39	20.8	24.7	22.58	20.85	22.81	24.89	25.74	23.77
	升值6%	22.16	22.03	19.79	22.45	21.59	17.75	18.88	20.32	21.09	19.63

续表

经济指标	人民币升值幅度	2007 Q1	2007 Q2	2007 Q3	2007 Q4	2007 年	2008 Q1	2008 Q2	2008 Q3	2008 Q4	2008 年
工业企业利润（现价）	升值 3%	33.88	22.49	20.15	26.25	25.03	23.27	24.09	26.25	27.02	25.33
	升值 6%	33.8	22.12	19.1	23.86	23.96	19.8	19.94	21.44	22.16	20.93
人民币实际有效汇率	升值 3%	2.9	6.47	4.91	3.12	4.34	2.98	2.7	1.75	1.2	2.16
	升值 6%	3.3	8.4	8.48	8.29	7.11	9.4	9.26	8.26	7.67	8.64

资料来源：本课题组计算。

第四节　人民币汇率调整与中国贸易顺差变化趋势分析

在这一部分，课题组首先对 2005—2006 年中国贸易顺差急剧扩大所表现出的相关特征进行总结；然后，简单分析 2005 年 7 月人民币汇率形成机制调整后人民币对主要国家和地区货币的汇率以及人民币实际有效汇率的变化特征；在此基础上，从短期利用弹性分析研究人民币汇率调整与世界市场需求变化对中国贸易顺差的影响；从国内总需求构成变动的角度，揭示国内需求结构变动与中国贸易顺差的联系；最后，站在全球化的视角，从全球生产要素配置的角度分析中国贸易顺差急剧扩大的结构性原因和变化趋势。这一部分的研究，将为上述 2007—2008 年宏观经济主要指标预测以及人民币加速升值效应模拟的结果提供一个理论分析的依据。

一、中国进出口贸易的变动特征分析

（一）2005—2006 年贸易顺差急剧扩大

自 2001 年底中国加入世界贸易组织（WTO）以来，进出口增速开始大幅提高（图 2-19）。2003 年、2004 年出口增速分别达到 34.6%和

35.4%，进口增速分别达到39.9%和36%。但进入2005年以后，进出口增长速度开始双双下滑。2005年出口增速28.4%，比2004年下降了7个百分点；进口增速为17.64%，同比下降了18.4个百分点。2006年出口增速进一步降至27.2%，同比回落1.2个百分点；进口增速回升了2.4个百分点，达到20%。在出口增速高位缓慢下降、进口增速大幅下降后缓慢回升的情况下，2005年、2006年中国贸易顺差急剧扩大。

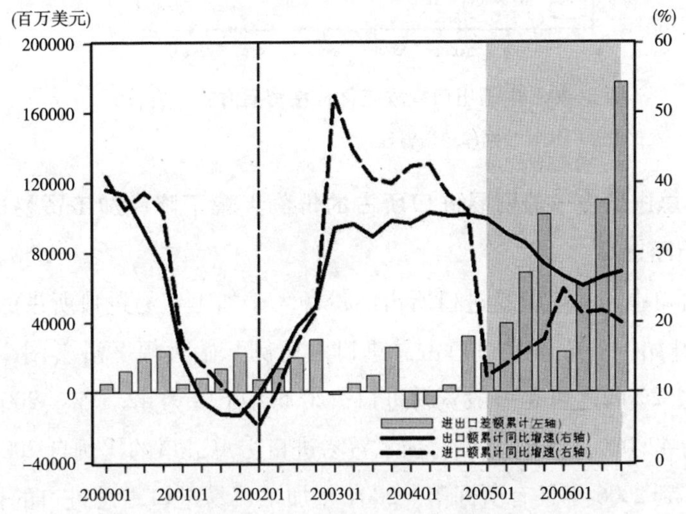

图2-19 中国进出口额增速及进出口差额（累计同比）

资料来源：根据中经网统计数据库数据整理。

（二）总出口中一般贸易出口的比例不断上升，加工贸易出口的比例不断下降

在总出口中，按贸易方式来划分，中国加工贸易出口所占的份额长期超过一般贸易出口的份额。但是，从2004年开始，一般贸易出口占总出口的比例不断上升，而加工贸易出口所占的比例不断下降。2004年中国总出口中，一般贸易出口的份额是41.06%，2005年上升为41.35%，2006年进一步提高到42.96%；2004年加工贸易出口占总出口的比例为55.28%，2005年下降为54.66%，2006年进一步下降为52.66%（图2-20）。

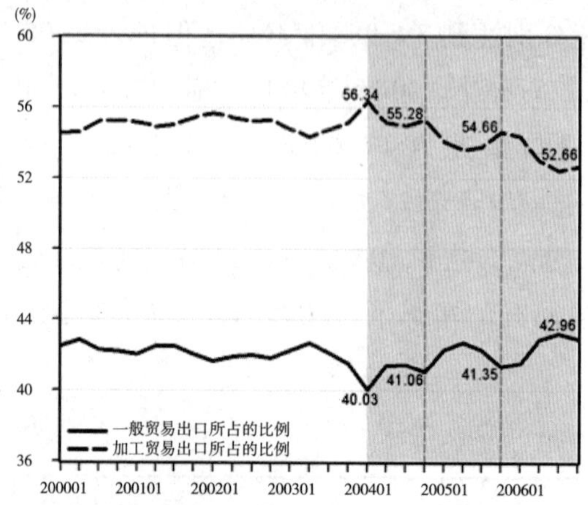

图 2-20　中国出口构成变化（按贸易方式，累计）

资料来源：根据中经网统计数据库数据整理。

（三）总进口中一般贸易进口所占的份额大幅下降，加工贸易进口所占的份额不断提高

在总进口中，一般贸易进口所占的份额大于加工贸易进口所占的份额。自 2004 年开始，一般贸易进口占总进口的比例开始大幅下滑（图 2-21）。2004 年，44.2%的进口是一般贸易进口，2005 年下降为 42.37%，2006 年进一步下降为 42.08%。与此相反，加工贸易进口占总进口的比例自 2004 年起快速提高，到 2006 年又有所回落。2004 年加工贸易进口占总进口的比例为 39.5%，2005 年上升为 41.51%，2006 年维持在 40.61%的水平。

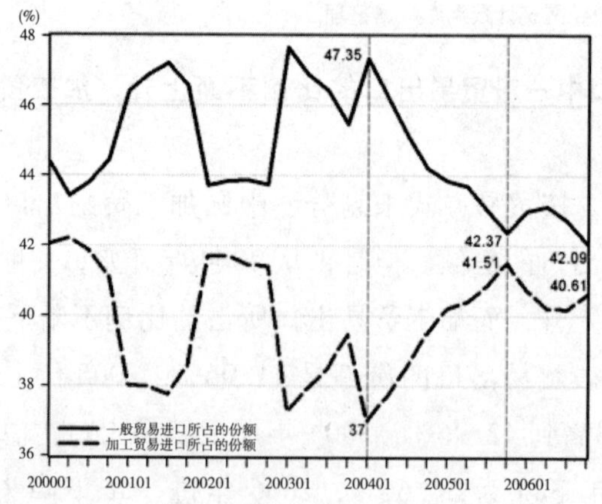

图 2-21　中国进口构成变化（按贸易方式，累计）

资料来源：根据中经网统计数据库数据整理。

（四）人民币汇率调整与加工贸易方式的转换

2006 年中国加工贸易出口中，进料加工贸易出口占较大的比重，而且份额不断提高；但在加工贸易进口中，来料加工贸易所占的份额大幅度提高。

观察加工贸易进出口的构成（表 2-4）：2000—2006 年，在加工贸易出口中，进料加工贸易出口占较大的比重，而且份额不断提高，2000 年为 70.13%，2005 年上升为 79.84%，2006 年进一步上升为 81.49%；来料加工贸易所占的份额不断下降，2000 年为 29.87%，2005 年下降为 20.16%，2006 年进一步下降为 18.15%。在加工贸易进口中，来料加工贸易所占的份额 2002 年为 34.61%，2003 年攀升至 65.96%，2004 年和 2005 年分别下降至 56.36%和 50.72%，2006 年这一比例出现大幅度提高，一季度跳升至 73.32%，全年为 75.13%；与此相对应，进料加工贸易进口所占的份额在 2004 年、2005 年连续上升后，2006 年快速回落，一季度降为 26.68%，全年仅维持 24.87%的水平。

表 2-4　中国加工贸易进出口构成

（单位:%）

时间	加工贸易出口		加工贸易进口构成	
	来料加工贸易	进料加工贸易	来料加工贸易	进料加工贸易
2000 年	29.87	70.13	59.67	40.33
2001 年	28.64	71.36	41.04	58.96
2002 年	26.38	73.62	34.61	65.39
2003 年	22.47	77.53	65.96	34.04
2004 年	20.91	79.09	56.36	43.64
2005Q1	20.53	79.47	22.72	77.28
2005Q2	20.48	79.52	36.59	63.41
2005Q3	20.81	79.19	45.55	54.45
2005Q4	20.16	79.84	50.72	49.28
2006Q1	18.37	81.63	73.32	26.68
2006Q2	18.09	81.91	76.04	23.96
2006Q3	18.35	81.65	75.55	24.45
2006Q4	18.51	81.49	75.13	24.87

资料来源：根据中经网统计数据库数据整理。

（五）2005—2006年期间贸易顺差构成的变化特征

2005—2006年，中国贸易顺差规模急剧扩大，其构成已开始有所变化。首先，加工贸易顺差依然是贸易顺差扩大的主要因素，但是，加工贸易顺差的增长幅度出现同比减缓的态势（图2-22）。2005年，加工贸易实现顺差1424.56亿美元，同比增长34.08%；2006年，加工贸易顺差扩大为1888.78亿美元，同比增幅下降1.49个百分点。

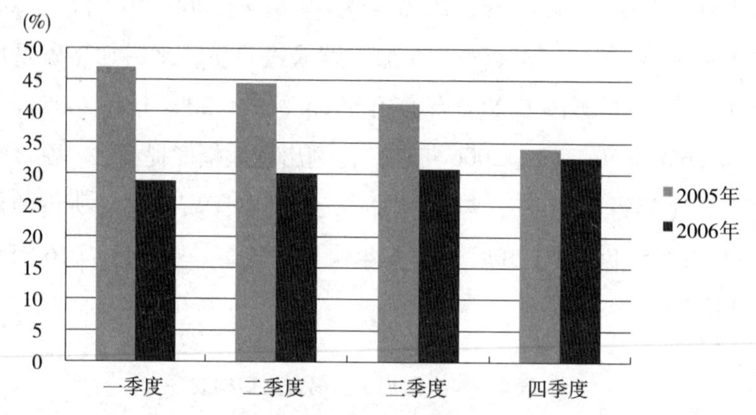

图2-22　中国加工贸易顺差的增速

资料来源：根据中经网统计数据库数据整理。

其次，加工贸易顺差中，进料加工贸易顺差占较高的比例（表2-5）。2005年94.04%的加工贸易顺差来自进料加工贸易顺差，来料加工贸易顺差只占5.96%。2006年进料加工贸易顺差的份额提高到94.99%，来料加工贸易顺差仅占5.01%。此外，进料加工贸易进口与进料加工贸易出口的比例2005年和2006年出现较大的变化：2005年这一比例为19.58%，2006年快速下降为5.88%。

表2-5　2005—2006年中国加工贸易顺差结构（累计）

时间	加工贸易顺差	来料加工贸易顺差		进料加工贸易顺差		进料加工贸易进口与进料加工贸易出口比例（%）
	金额（亿美元）	金额（亿美元）	份额（%）	金额（亿美元）	份额（%）	
2005Q1	230.70	33.95	14.72	196.75	85.28	70.64
2005Q2	1001.42	70.63	7.05	930.79	92.95	36.24

续表

时间	加工贸易顺差	来料加工贸易顺差		进料加工贸易顺差		进料加工贸易进口与进料加工贸易出口比例（%）
	金额（亿美元）	金额（亿美元）	份额（%）	金额（亿美元）	份额（%）	
2005Q3	1857.74	118.92	6.40	1738.82	93.60	25.30
2005Q4	2843.33	169.41	5.96	2673.92	94.04	19.58
2006Q1	861.47	41.92	4.87	819.55	95.13	6.45
2006Q2	1840.97	83.14	4.52	1757.83	95.48	5.55
2006Q3	2927.46	138.29	4.72	2789.17	95.28	5.76
2006Q4	4120.93	206.48	5.01	3914.44	94.99	5.88

资料来源：根据中经网统计数据库数据整理。

最后，一般贸易顺差的规模有不断扩大的态势。如图2-23所示，2006年四个季度，一般贸易顺差占贸易顺差的比例均比2005年有所提高。由于一般贸易顺差与国内经济的周期变化密切相关，当国内需求不振时，一般贸易顺差就会减少。2006年中国一般贸易顺差规模的快速扩大与国内需求增长缓慢是密切相关的。这样的顺差结构在世界经济增长有所回落，或者贸易摩擦加剧导致出口增速进一步下降时，中国国内市场通货紧缩的压力将会大大加剧。

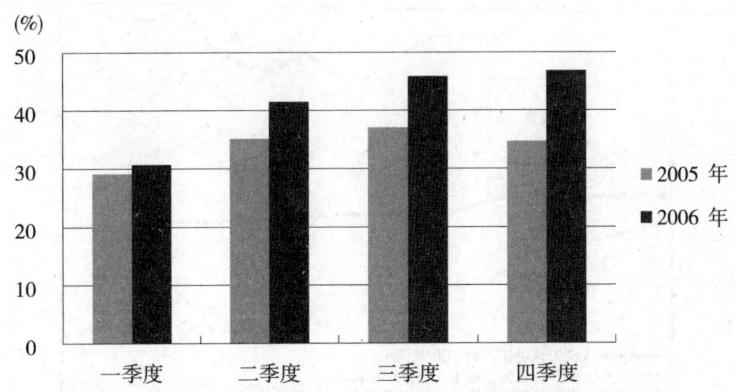

图2-23　2005—2006年中国贸易顺差中一般贸易顺差所占的比例（累计）

资料来源：根据中经网统计数据库数据整理。

综上所述，在出口增速高位缓慢下降、进口增速大幅下降后缓慢回升的情况下，2005年、2006年中国贸易顺差急剧扩大。与过去不同的是，总出口中一般贸易出口的比例不断上升，加工贸易出口的比例不断下降；总进口中一般贸易进口所占的份额大幅下降，加工贸易进口所占的份额不断提高。加工贸易顺差依然是贸易顺差扩大的主要因素，但是，加工贸易顺差的增长幅度出现同比减缓的态势，进料加工贸易顺差是加工贸易顺差的主要来源；一般贸易顺差的规模有不断扩大的态势。

二、人民币汇率形成机制调整后人民币汇率的走势

2005年7月21日人民币汇率形成机制改革后，中国开始实行以市场供求为基础、参考一篮子进行调节、有管理的浮动汇率制度，不再盯住美元，人民币汇率灵活性明显提高。如图2-24所示，人民币对美元持续保持升值态势，对日元和欧元的汇率总体上也保持升值的趋势。2006年一季度，人民币兑美元、欧元和日元名义汇率分别累计升值3.24%、2.70%和7.02%。2006年上半年，人民币对美元累计升值0.94%。由于国际外汇市场欧元、日元对美元大幅升值，人民币兑欧元的汇率有所贬值，兑日元的汇率升值幅度收窄，分别为贬值1.16%和升值5.17%。

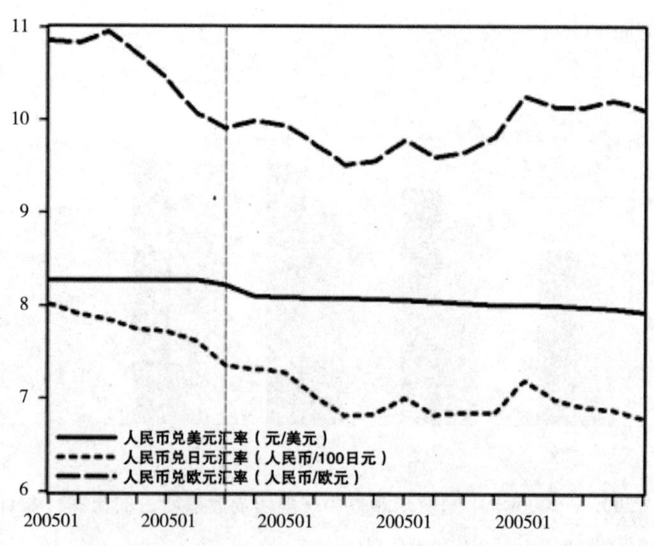

图2-24　人民币兑主要货币的汇率（加权平均，当月）

资料来源：根据中经网统计数据库数据整理。

再看实际有效汇率（REER）的波动（图 2-25）。人民币与美元实际有效汇率的走势非常接近：2001—2004 年持续贬值；2005 年前三个季度快速升值，之后转为贬值；2006 年前三个季度的人民币实际有效汇率，虽然与 2002 年和 2003 年相比是贬值的，但与 2005 年前三个季度相比还是处于升值的态势。可以认为，自 2005 年起，人民币实际有效汇率开始进入升值的通道。

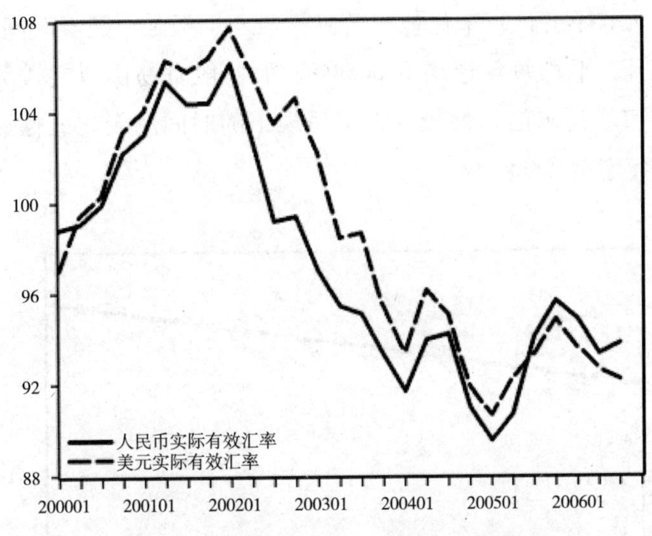

图 2-25　人民币与美元实际有效汇率的变化

资料来源：根据中经网统计数据库数据整理。

三、人民币汇率形成机制调整下中国贸易顺差的变动趋势分析

为了全面理解中国贸易顺差变化的特征，本课题组分别从短期和长期的角度展开分析。我们首先依据 CQMM 的估计结果，从短期对中国出口构成的变化进行弹性分析，探讨世界市场需求的变化以及人民币汇率的波动对一般贸易进出口和加工贸易进出口的影响，解释 2005—2006 年中国贸易顺差变动的结构性特征；其次，我们从国内总需求构成的角度，分析在经济转型期，形成总需求“两高一低”结构不平衡特征的原因，探讨贸易顺差与国内需求变动之间的联系，说明近年中国贸易顺差扩大的阶段性特征；最后，我们从全球化的视角，分析在目前中国经济的发展阶段以及要

素禀赋条件下，出现对外贸易不平衡结构的原因，揭示中国贸易顺差长期存在的根本原因，并探讨从长期改善外部不平衡的相关政策措施。

（一）人民币汇率变动对进出口及其构成的影响：弹性分析

1. 出口弹性分析

先看加工贸易出口和一般贸易出口对世界需求的偏弹性。可以发现（图 2-26），加工贸易出口（美元，不变价）对世界市场需求（这里用世界进口（美元，不变价）来代替）的弹性较小，但是，随着时间的推移，弹性逐渐上升，平均每年递增 0.0054%。而一般贸易出口（美元，不变价）对世界市场需求的弹性较大，也呈现出随时间的变化线性递增的态势，平均每年递增 0.0047%。

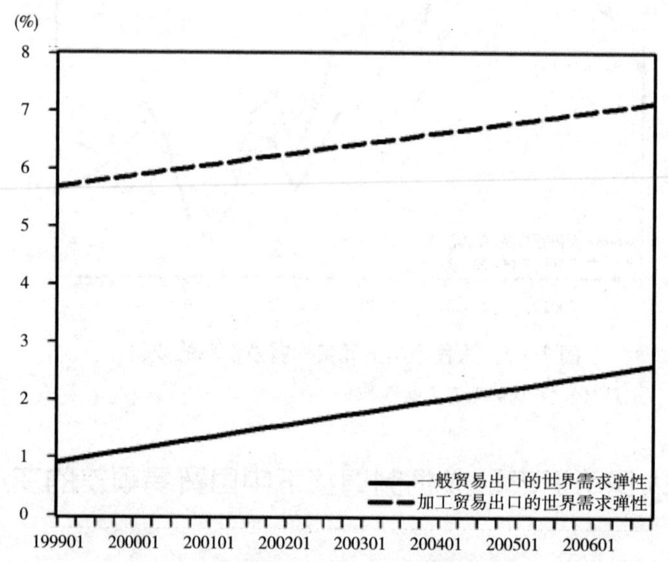

图 2-26　一般贸易出口和加工贸易出口的需求弹性

资料来源：本课题组计算。

再看加工贸易出口和一般贸易出口对人民币实际有效汇率的弹性。分析表明，人民币实际有效汇率的变动对加工贸易出口的影响存在一定的滞后，平均滞后期为半年。1999 年以来，加工贸易出口对人民币实际有效汇率的平均偏弹性为-0.6936%；一般贸易出口对人民币实际有效汇率的平均偏弹性为-0.3475%。这意味着，人民币实际有效汇率波动对加工贸易出口的影响要大于对一般贸易出口的影响。也就是，人民币实际有效汇率升值 1 个百分点，会导致加工贸易出口增速下降的幅度大于一般贸易出口增速下降的幅度。

因此，目前中国出口的构成特征表现为：加工贸易出口对人民币实际有效汇率波动的敏感性较强，而对世界市场需求变动的敏感性弱；一般贸易出口对人民币实际有效汇率波动和对世界市场需求变动的敏感性都较强，其中对世界市场需求变动的弹性要大于对实际有效汇率变动的弹性，而且汇率调整对一般贸易出口的影响没有滞后效应。因而，我们可以观察到在人民币升值时，一般贸易出口占总出口份额不断上升的事实。这个结论意味着，当前人民币升值作用于出口的渠道主要在加工贸易出口的变化上；而世界市场需求的变化主要通过影响一般贸易出口而影响出口。

进一步，这个结论一定程度上说明，自人民币汇率形成机制调整以来，人民币升值已经影响到了中国加工贸易的出口。总出口中加工贸易出口所占的比例逐年下降，加工贸易出口增长率明显下滑，这些事实一定程度上都可能是人民币汇率调整的结果。另一方面，在当前世界市场需求强劲的情况下，一般贸易出口的扩大避免了中国出口增速的快速下滑。这同时也意味着，中国目前出口的扩大是与外部市场的高依赖性密切相关的：世界经济形势的好转会大大提高中国一般贸易出口的增速，而世界市场需求的减弱将可能大幅降低一般贸易出口的增速。

2. 进口弹性分析

先看加工贸易进口。模型估计结果表明，加工贸易进口的出口拉动特征较为明显。近年来，加工贸易进口与加工贸易出口的比值不断下降，这在一定程度上可以看成是加工贸易出口中使用进口的成分在降低。其原因可能是随着国外技术向中国国内的扩散，国外产业向中国的转移，以及中国企业自主技术开发能力的提高，为出口配套的相关加工业企业和支持企业开始跟进发展，一些过去需要进口的关键零部件已经可以在中国国内生产，企业在国内采购的比例上升。1999 年以来的加工贸易进口（美元，不变价）对这一比值变动的弹性平均为 0.9486%，它在统计上显著为 1。这一定程度上解释了，人民币升值时加工贸易进口增长率下降的事实。

再看一般贸易进口。一般贸易进口对 GDP 变动的敏感性较强，与价格变动负相关。2000 年以来，一般贸易进口对上期不变价 GDP 的平均偏弹性为1.4709%，它在统计上显著大于1，表明一般贸易进口对收入的增加是富有弹性的。此外，一般贸易进口对上期价格比（进口价格与国内价格）的平均偏弹性为-0.6512%。因此，当人民币升值的紧缩效应加剧时，一般贸易进口的增长率也会随之滑落。

（二）贸易顺差与总需求结构的变动

中国经济的总需求构成具有“两高一低”即“高投资、高出口、低消费”的特征，这一特征充分说明中国经济的高增长是通过“投资驱动、出口拉动”来维持的。进一步，中国经济的高增长与国内需求不断萎缩这样的经济增长事实说明了以下三个问题：第一个问题是，长期以来中国经济的高增长可能并没有有效提高国民的个人可支配收入水平，从而导致了总需求的扩张十分缓慢。这需要我们从更深层次分析投资驱动型和出口拉动型经济增长所存在的问题。第二个问题是，虽然自1996年开始，中国政府已开始执行扩张性宏观总需求管理政策，特别是1998年配合扩张性货币政策的实施，还首次启动了扩张性财政政策，但是，国内消费需求在GDP中所占份额不断下降、固定资产投资占GDP份额不断上升，这一事实一定程度上说明了近年来中国实施的意在扩大内需的需求管理政策并没有导致国内消费需求的扩张，其政策效应作用的渠道可能是通过对投资需求的有效影响来实现经济增长率的提高。第三个问题是，对于目前尚处转型期的中国经济而言，现行的汇率体制、投融资体制以及开放的市场，很容易把由体制性因素引发的投资扩张所导致的过剩产出能力在国内需求不足的情况下转移到世界市场。

首先，长期以来，投资波动都是导致中国经济波动的一个重要因素。GDP增长率与全社会固定资产投资增长率之间存在着非常明显的共变趋势，增长率随投资需求的波动而波动。这从一个侧面说明了，现阶段中国的扩张性政策是通过对投资需求的控制来实现稳定经济的目的。我们认为，中国的扩张性政策相对而言更能有效地影响投资，而不是消费需求的扩大，这一特征的根源来自于转型期中国经济的体制性缺陷。主要理由有：一方面，随着经济向市场经济的转型，市场化改革得到快速推进，对外开放步伐加快，民营经济也得到了快速发展，但是，中国要素市场（土地、资金和劳动力）的改革滞后，使得土地、资金以及劳动力的价格都低于市场均衡的水平。这从根本上刺激了政府或是市场经济主体对投资的积极性。因此，宏观调控不可避免地要以投资作为政策的主要调控对象以及传导渠道。在改革开放初期，为了集中使用稀缺的资源，中央政府是投资管理最重要的行政主体，国有企业和国有银行是投资活动的主要参与者，通过对国有银行的信贷控制和行政管理，就可以有效控制投资。实行财政分权后，各级地方政府因追求 GDP 增长以及保证地方财政收入，往往会以土地为资源，或吸引外资的流入，或配合民营经济的投资热情，很容易就激发出了投资需求。另一方面，由于金融市场的改革也尚未到位，金融市场资金配置效率低、居民可利用的投资渠道较窄，加上与市场化改革相配套的社会保障体系也尚未完善，因而，扩张性政策直接作用于国内消费需求的渠道不通畅，导致国内消费需求不振的局面得以长期维持。

其次，较低的货币市场利率成为激励投资需求的一个重要因素。投资需求的扩张虽然在短期表现为总需求的扩大，但在长期却会转换为供给能力的扩大。如上所述，在国内需求因收入增长缓慢而不能快速扩大时，国内过剩的供给能力就会转向世界市场，表现为出口的快速扩张。

最后，当出口增长导致经常项目出现顺差时，出口增加→外汇储备增加→货币供给扩大→为抵御非 FDI 资金的流入，央行将维持一个低的货币市场利率→高投资，国内需求不振→高出口，这样一种自我加强的循环就可能出现。结果表现为出口拉动型的经济增长，但是却伴随着“高投资、低消费”。近年来一般贸易顺差的快速扩大就是这种表现的一个明显的证据。在世界经济表现良好的情况下，这种自我加强的循环机制可以极大地缓解由于生产力过剩而导致的国内市场通货紧缩的压力。但是，一旦国际市场的不确定性（如主要经济体的经济前景、贸易保护主义的抬头、人民币汇率升值）增加，出口的下滑就会加剧国内通货紧缩的压力。

（三）全球化视角看中国贸易顺差

从中国与主要贸易伙伴国的贸易关系来看，虽然中国进出口贸易顺差持续扩大，但是却存在一种不对称的特征：一边是对美国及欧盟的贸易顺差不断扩大，另一边是对日本及韩国等亚洲国家和地区的贸易逆差不断扩大。2005 年，中国进出口商品贸易总额为 14221. 18 亿美元，贸易顺差为 1018. 81 亿美元。其中，21. 38%的出口是对美国出口，从美国的进口仅占进口总额的

7.38%，中国对美国的商品贸易顺差为 1141.73 亿美元，超过了全年中国贸易顺差总额。另一方面，2005 年中国对日本、韩国的出口占出口总额的 15.63%，从日本、韩国的进口却占进口总额的 26.85%，贸易逆差相当于 581.72 亿美元。2005 年，中国对日本、韩国的贸易逆差是中国对美国贸易顺差的 50.95%。2006 年，中国对美国、欧盟贸易顺差继续扩大以及对日本、韩国贸易逆差继续扩大的态势没有出现改变的趋势（图 2-27、图 2-28）。

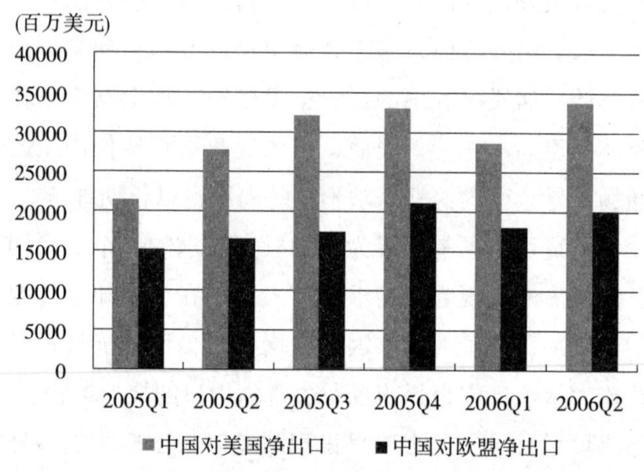

图 2-27 中国对美国、欧盟贸易顺差的变化

资料来源：国际货币基金组织贸易统计部（Direction of Trade Statistics，IMF）。

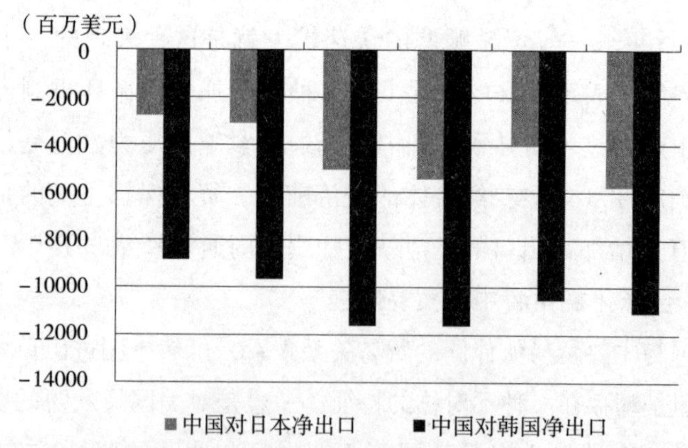

图 2-28 中国对日本、韩国贸易逆差的变化

资料来源：国际货币基金组织贸易统计部（Direction of Trade Statistics，IMF）。

显然，这一现象与中国目前的经济发展阶段、要素禀赋条件，以及中国在亚洲（特别是东北亚）区域中与其他国家之间的要素交换密切相关。自20世纪80年代中期以来，中国大量吸引了来自日本、韩国等东北亚国家及地区（包括中国台湾、香港等）的FDI。有研究表明，中国吸引的FDI中大部分是出口导向型的资金。这些FDI推动了中国出口贸易的快速增长，同时也导致了中国与其主要贸易伙伴之间的贸易余额不对称。

本课题组的研究表明，在目前形成的中国与其主要贸易伙伴国的贸易格局中，在亚洲地区，存在着商品从日本到中国再到韩国以及从韩国到中国再到日本的间接贸易关系；在世界范围，存在着商品从日本到中国再到美国以及从韩国到中国再到美国的间接贸易关系。这些间接贸易关系说明了，中国在全球化的进程中正在发挥一种贸易桥梁的作用：在亚洲区域内（东北亚区域）日本和韩国通过中国扩大了相互间的贸易；在世界范围内，日本、韩国等国家和地区整体通过中国扩大了它们对欧美等国的贸易。

这种不对称的贸易格局是中国经济参与区域经济分工的一种必然结果。在当前中国经济的发展阶段以及要素禀赋条件下，亚洲国家和地区通过对中国的FDI投资，已逐步把它们的部分生产过程转移到中国，通过中国扩大对美国或欧盟的出口。因而，中国的贸易顺差不是靠人民币升值能够得到解决的。事实上，在短期内中国对亚洲国家及地区的贸易逆差难以扭转，而对美国（及欧盟等）的贸易顺差却可能受美国贸易保护主义抬头或人民币升值的影响而大幅下降。

第五节 主要结论与政策建议

本报告从2005—2006年急剧扩大的贸易顺差和不断加快的人民币升值这一现实问题入手，利用中国季度宏观经济模型（CQMM）预测了2007年和2008年人民币持续升值以及世界经济环境变化对中国宏观经济走势的影响；模拟了人民币加速升值对经济增长率以及贸易顺差增长速度的影响。在此基础上，重点分析了自2005年7月人民币汇率形成机制调整以来，中国贸易顺差变动的特征及其原因。主要结论有：

第一，在人民币每年升值3%、2007年上半年世界市场需求继续扩大以及为抑制国内投资需求而再次调高贷款基准利率的假定下，2007年GDP增长率将有所下降，为9.67%，低于10%的水平。工业生产快速增长，工业企业增加值增长率将达22.58%，与2006年基本持平；但工业企业利润增长却不容乐观，可能下降1.65个百分点，为25.03%。固定资产投资增幅继续回落。固定资本形成总额增速将降至16.34%，回落2.65个百分点；城镇固定资产投资增速略有下降，为23.63%。社会商品零售总额增速将基本维持2006年的水平，小幅下降至13.34%。以美元、按现价计算的出口增速将继续回落，约为26.59%，同比下降1.44个百分点左右，以美元、按现价计算的进口增速提高，为27.44%，同比上升6.54个百分点，净出口增长速度将下滑至22.85%；同时，外汇储备增速将只有小幅提高，为31.37%，仅上升0.91个百分点。价格总水平基本稳定，消费者价格指数涨幅预计为1.55%，略高于2006年的水平，GDP平减指数将上涨1.72%，生产者价格指数涨幅预计为2.66%，低于2006年的水平。

第二，假定让人民币每年升值6%，那么人民币升值的宏观紧缩效应将非常明显。2007年GDP增长率将下降0.62个百分点，仅能维持在9.05%的水平。到了2008年，人民币加速升值对GDP增长率的负面效应进一步增强，全年GDP增长率将下降至7.08%，与人民币升值幅度为3%的情况相比，GDP增速将下降2.19个百分点。人民币短期快速大幅升值将导致中国贸易顺差增速迅速下降。2007年贸易顺差的增长率将从22.85%下降到19.69%，下降3.16个百分点；2008年贸易顺差的增长率将从30.12%下降到19.82%，下降10.30个百分点。

第三，对人民币汇率形成机制调整下中国贸易顺差变化的分析表明，中国加工贸易出口和一般贸易出口都对汇率的波动反应灵敏，但加工贸易出口比一般贸易出口对实际有效汇率的变化更富弹性。随着人民币适度的升值，中国贸易顺差虽然将继续扩大，但其增速将恢复到一个应有的正常速度，约在20%—30%之间。人民币加速升值可进一步降低中国贸易顺差的增速，但经济将付出GDP增速大幅下降的代价。

基于上述分析，本课题组提出：在保持人民币渐进升值的前提下，中国经济在 2007 年可继续维持“高增长、低通胀”的态势，宏观调控应继续采取频调和微调的方式。但必须充分重视短期内人民币快速大幅升值对宏观经济的负面影响。具体而言，在市场力量的作用下，2007 年人民币升值的趋势在不断加强；在外部需求的带动下，2007 年上半年出口有望维持一个较高的增长速度；同时，由于经济体制性原因的继续存在，2007 年下半年投资需求速度可能又会加快；那么，政府在进行宏观调控时，就必须谨慎选择适当的政策工具和把握政策力度，既要保证国内经济平稳增长，又要减轻人民币升值紧缩效应对宏观经济的负面影响。一些可考虑的缓解人民币升值负面效应的政策建议有：财政政策应在调整总需求结构方面发挥更加重要的作用；需要重视供给调整，把提升本国经济竞争力、增加有效供给能力、提高收入水平放在宏观经济政策的首位。另一方面，在稳定人民币汇率的同时，也要防止人民币汇率升值预期的进一步自我强化，以避免激励更多的短期资金流入。

第三章　2007 年秋季报告[①]

第一节　2007 年秋季 CQMM 第三期预测的主要目的

2007 年上半年中国 GDP 同比增长 11.5%，比上年同期加快 0.5 个百分点。受世界市场粮食等价格上涨的影响，本期消费者价格指数（CPI）涨幅反弹至 3.2%的水平。固定资产投资继续增长，并呈现不断加快的态势。同时，在国际市场的需求拉动下，出口增速回升而进口增速回落，导致外贸顺差进一步扩大，货币供应量中外汇占款比重进一步加大。经济增长投资驱动、出口拉动的特征依然明显，资源环境压力不断增大，流动性过剩等因素导致股票、房产等资产价格大幅度上扬。

尽管为了降低投资，降低出口，减缓外汇占款的增长速度，2007 年以来，一系列的货币、财政政策相继出台。其中，在货币政策方面，中国人民银行先后四次上调了存款类金融机构的法定存款准备金率，三次上调金融机构人民币存贷款基准利率，并从 2007 年 5 月 21 日起，银行间即期外汇市场人民币兑美元交易价浮动幅度由 0.3%扩大至 0.5%；在财政政策方面，在提高城镇土地使用税以提高要素资源价格的同时，还调低了“高耗能、高污染、资源性”商品以及容易引起贸易摩擦的商品的出口退税率，

① 教育部高校人文社会科学重点研究基地重大项目“中国季度宏观经济模型”（05JJD790093）成果。本报告于 2007 年 7 月 25 日在厦门发布。

特别是通过发行特别国债以回笼流通中的现金。然而，总需求“两高一低”（即高投资、高出口、低消费）的经济结构特征并未得到根本扭转。伴随着由高增长带来的城乡居民收入的提高，流动性过剩引发的股市、房市等资产价格的上升，在一定程度上以财富效应的渠道带动了消费需求的增长，但同时，股市、房市等资产价格的激烈波动已给当前宏观经济稳定运行带来较高的风险。

中国季度宏观经济模型（CQMM）依据支出法核算 GDP 的方式，从总需求的角度来刻画宏观经济变量之间的相互影响关系，揭示外部经济波动对内部经济影响的传导机制，以及分析开放经济条件下宏观调控政策（货币政策、财政政策、汇率政策等）的政策效应。自 2006 年 7 月投入运行以来，已发布两次中国宏观经济的短期预测数据，并对人民币加速升值导致的宏观紧缩效应进行了模拟。本次发布是 CQMM 第三次发布，主要目的是：（1）根据 2007 年上半年的经济运行情况分析，判断目前我国经济运行是否出现过热状况；（2）调整模型并修订 2007—2008 年的预测数据，模拟货币政策的传导机制，以此分析货币政策对投资的影响效应；（3）依据模型预测结果，为宏观经济当局提供政策建议。

第二节 2007—2008 年中国宏观经济预测

一、模型外生变量的假设

本次预测建立在以下模型外生变量假设的基础上：

（一）人民币汇率

在人民币持续现有升值趋势的前提下，假设人民币汇率在 2007 年和 2008 年分别升值 5%、4%，到 2007 年第四季度，人民币兑美元汇率会突破 7.46 关口，到 2008 年第四季度，将达到 1 美元兑换 7.14 元人民币左右的水平（图 3-1）。

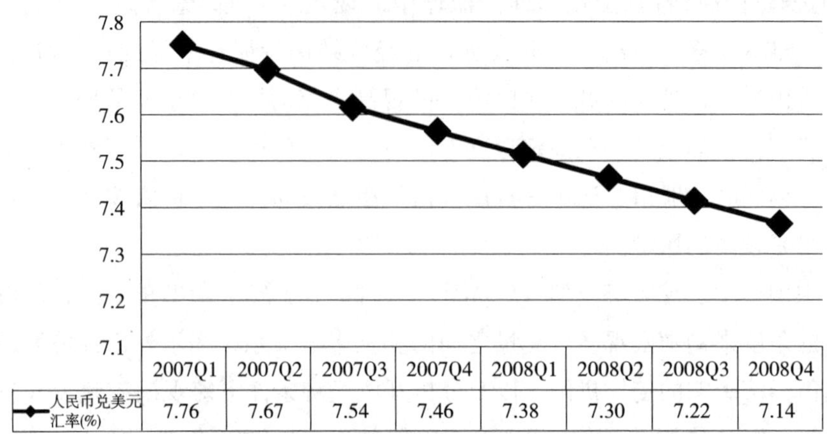

图 3-1　人民币兑美元汇率的变化趋势假定

资料来源：本课题组设定。

（二）世界市场需求

经历了三年历史性高增长后，2007 年世界主要经济体经济增长速度预计将放缓，如美国的经济增长速度预计将由 2006 年的 3. 3%下降到 2007 年的 2. 3%，

国际市场需求仍然强劲，但比上年有所减弱。据国际货币基金组织的最新预测，2007 年，受美国经济增长趋缓的影响，世界经济增长率将从 5. 4%下降至 4. 9%，世界贸易增长率将从 9. 2%下降至 7. 0%。

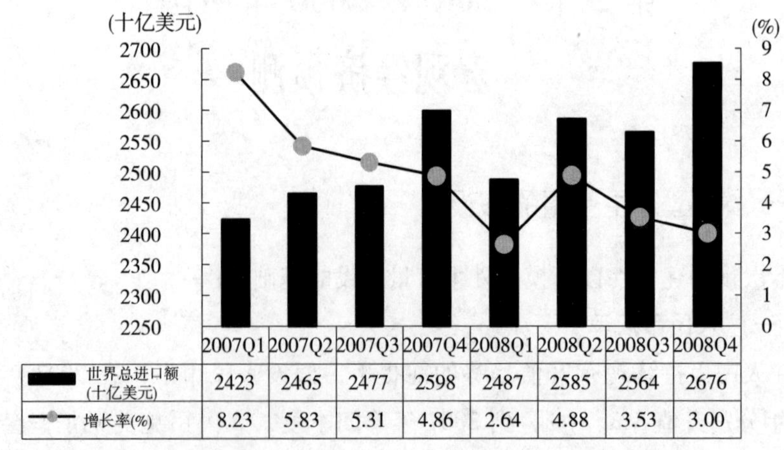

图 3-2　世界总进口增长率的变化趋势假定

资料来源：本课题组设定。

（三）商业银行 1 年期人民币贷款实际有效利率

2007 年上半年中国人民银行共两次上调金融机构人民币存贷款基准利率，由年初的 6.12%，提高到 6.57%，上调了 0.45 个百分点。受此影响，商业银行贷款利率有较大上升，人民币贷款实际有效利率达到 7.26%，比上年同期提高了 0.52 个百分点。由于国际收支急剧扩张，银行体系流动性问题加重，贷款扩张压力依然较大。上半年中国人民银行共四次上调了存款类金融机构的法定存款准备金率，由年初的 9%上调到 11%，以巩固调控成效。但是，投资需求扩张的动力诸如宏观经济增长势头强劲、投资回报率高、资金来源充足、要素价格定价过低等因素依然存在。因此，尽管上半年投资有所回落，但由于这些因素的影响，投资需求依然有可能快速反弹增长。为抑制居民消费价格指数与投资需求的过快增长，中国人民银行宣布 2007 年 7 月 21 日起上调金融机构贷款基准利率 0.27 个百分点，预计 2008 年贷款基准利率将会再次提高。假定幅度依然维持 0.27 个百分点，那么，作为反映市场供需的商业银行人民币贷款实际有效利率的具体变化趋势将如图 3-3 所示。

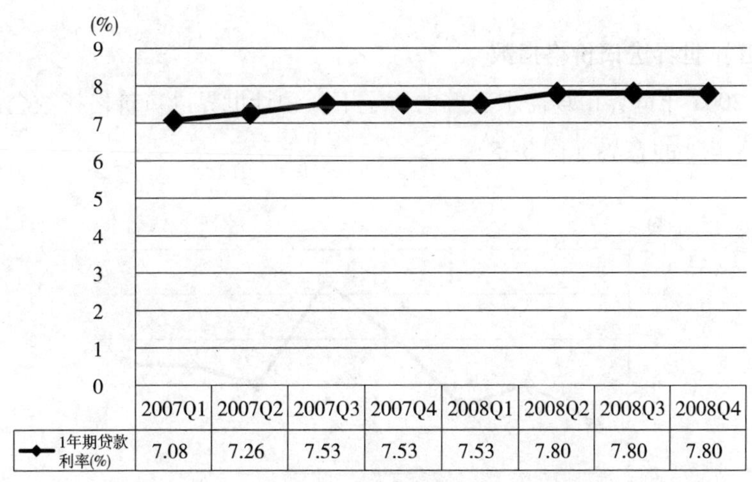

	2007Q1	2007Q2	2007Q3	2007Q4	2008Q1	2008Q2	2008Q3	2008Q4
1年期贷款利率(%)	7.08	7.26	7.53	7.53	7.53	7.80	7.80	7.80

图 3-3　商业银行 1 年期人民币贷款实际有效利率的变化趋势假定

资料来源：本课题组设定。

（四）加工贸易进口与加工贸易出口的比率

自 2002 年以来，加工贸易进口与加工贸易出口的比率呈现快速下降态势。这在一定程度上说明，随着国外技术向中国扩散，国外产业向中国转移，以及中国企业自主技术开发能力的提高，进口替代的程度在不断提高，一些过去需要进口的关键零部件已经可以在中国国内生产，企业在国内采购的比例上升。如果 2007 年、2008 年这一趋势继续下去，2007 年第四季度这一比率将下降至 43. 74%，2008 年第四季度进一步下降至 40. 67%（图 3-4）。

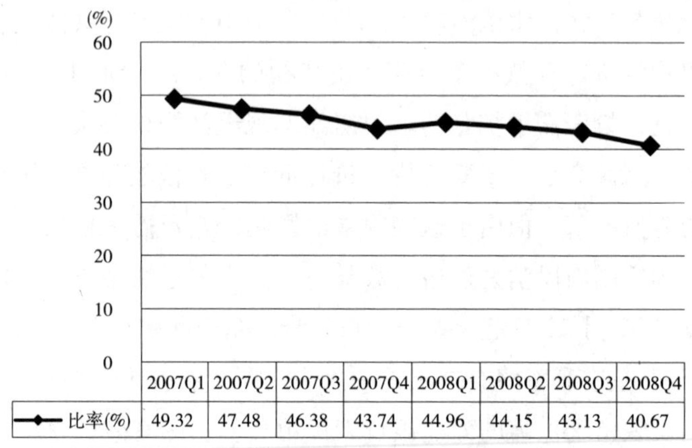

	2007Q1	2007Q2	2007Q3	2007Q4	2008Q1	2008Q2	2008Q3	2008Q4
比率(%)	49.32	47.48	46.38	43.74	44.96	44.15	43.13	40.67

图 3-4　加工贸易进口与加工贸易出口比率的变化趋势假定

资料来源：本课题组设定。

（五）世界进口价格指数

在 2007 年世界市场需求看好的假定下，预计世界进口价格指数会出现“低开高走”的态势（图 3-5）。

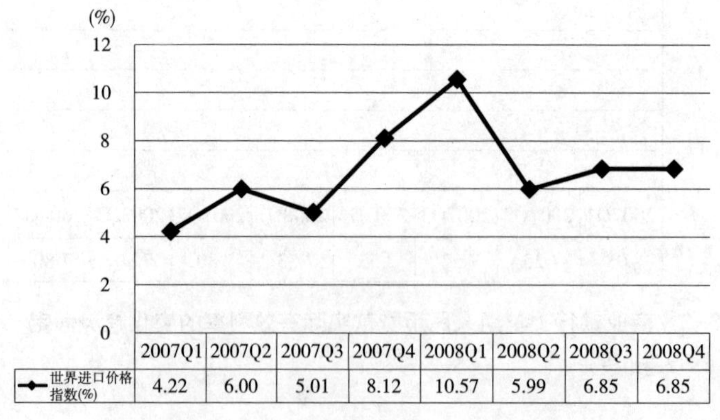

	2007Q1	2007Q2	2007Q3	2007Q4	2008Q1	2008Q2	2008Q3	2008Q4
世界进口价格指数(%)	4.22	6.00	5.01	8.12	10.57	5.99	6.85	6.85

图 3-5　世界进口价格指数的变化趋势假定

资料来源：本课题组设定。

二、2007—2008 年中国宏观经济主要指标预测

（一）GDP 增长率预测

与 2006 年同期相比，2007 年一季度 GDP 增长 11.1%，二季度增长 11.9%。预计下半年，宏观调控将坚持稳健偏紧的政策取向，通过货币政策与财政政策的协调，配合行政性措施，从利率、汇率、出口退税率、劳动力成本、土地资源环境成本等多方面调整要素价格水平，着力控制贸易顺差扩大和投资增速反弹；宏观调控还将加大结构性政策调整力度，加快贸易结构和投资结构调整，促使经济形势朝着宏观调控预期方向发展。模型预测（图 3-6）：2007 年全年 GDP 增长率将略有上升，为 11.19%，2007 年一季度 GDP 同比将增长 11.1%，二季度增长上升为 11.9%；到三季度增长率将下降至 11.43%，四季度再次下降至 10.56%。进入 2008 年，GDP 增速还可能小幅减缓，全年保持在 10.29%的水平；其中一季度将略上升至 10.65%，二季度下降至 9.17%，三季度反弹至 11.19%后，四季度再下降至 10.18%。

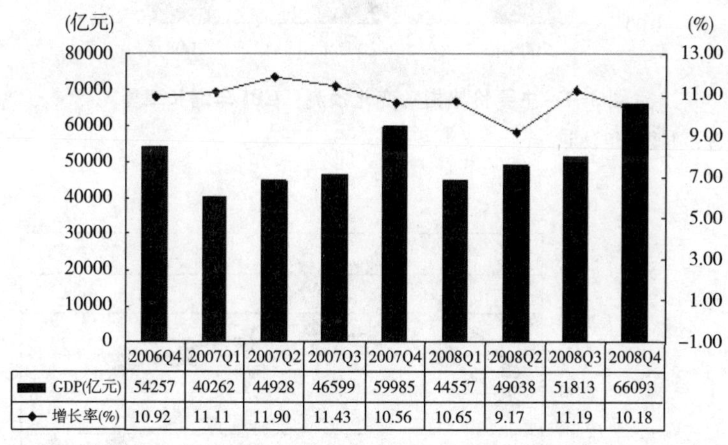

	2006Q4	2007Q1	2007Q2	2007Q3	2007Q4	2008Q1	2008Q2	2008Q3	2008Q4
GDP(亿元)	54257	40262	44928	46599	59985	44557	49038	51813	66093
增长率(%)	10.92	11.11	11.90	11.43	10.56	10.65	9.17	11.19	10.18

图 3-6　不变价 GDP 及其增长率预测

资料来源：本课题组设定。

（二）主要价格指数变化预测

2007 年上半年，由于食品特别是粮食价格大幅度上涨，消费者价格指数（CPI）一直呈上升趋势，同比上涨 3.2%，涨幅比上年同期上升 1.9 个

百分点。其中农村居民消费价格指数的涨幅一直超过城市居民消费价格指数。但是工业品价格上涨的动力仍然较弱，仅上涨 2.8%。模型预测（图 3-7、图 3-8)：2007 年、2008 年价格水平将维持稳中有升的趋势，但是，价格指数的增幅将趋缓。2007 年 GDP 平减指数将上涨 5.31%，其中四个季度的涨幅将分别达到 3.77%、5.22%、6.33%和 5.92%，呈现“倒 U 型”的态势。CPI 涨幅预计为 3.92%，高于 2006 年的水平，四个季度的走势与 GDP 平减指数一样呈“倒 U 型”的态势，分别为 2.7%、3.99%、4.44%和 4.50%。进入 2008 年，各类价格指数的涨幅将进一步回落：GDP 平减指数涨幅为 3.87%，CPI 为 2.31%。

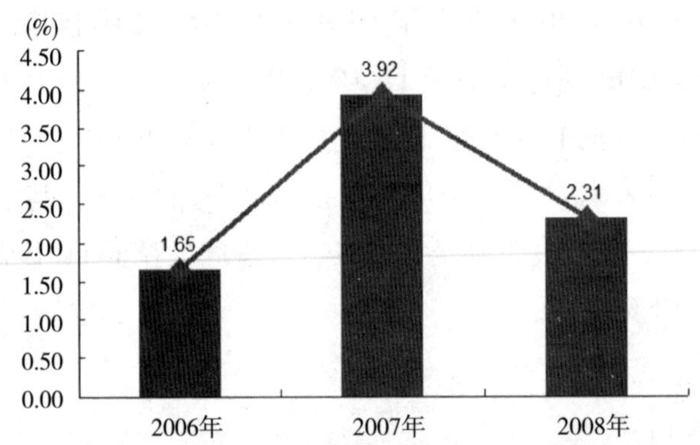

图 3-7　主要价格指数变化预测：CPI 年增长率

资料来源：本课题组设定。

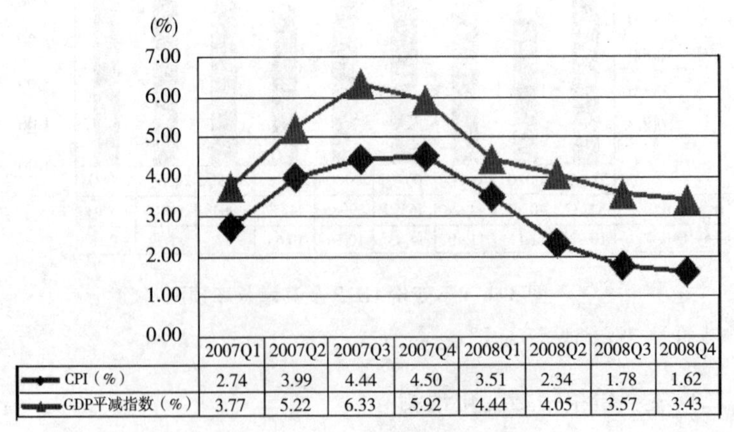

	2007Q1	2007Q2	2007Q3	2007Q4	2008Q1	2008Q2	2008Q3	2008Q4
CPI（%）	2.74	3.99	4.44	4.50	3.51	2.34	1.78	1.62
GDP平减指数（%）	3.77	5.22	6.33	5.92	4.44	4.05	3.57	3.43

图 3-8　主要价格指数变化预测

资料来源：本课题组设定。

（三）其他主要宏观经济指标增长率预测

1. 进出口及外汇储备增长率预测

2007 年上半年出口增长 27.6%，进口增长 18.2%，贸易顺差比上年同期增加 511 亿美元，是三大需求中增速最快的。[①] 模型预测（表 3-1）：2007 年以人民币、按不变价计算，出口增速将有所下降，为 7.8%。以美元、按现价计算，2007 年出口增速将继续回落，约为 25.64%，同比下降 1.51 个百分点左右；其中一般贸易出口增速将回落 0.38 个百分点，为 31.72%，加工贸易出口增速也将回落 1.88 个百分点，为 20.65%。预测结果表明，人民币汇率升值对一般贸易出口的负面影响将继续显现。2007 年以人民币、按不变价计算，进口增速将下降至 5.1%。以美元、按现价计算，进口增速下降得更快，为 13.2%，同比下降 6.73 个百分点；其中一般贸易进口增速将提高 3.36 个百分点，加工贸易进口增速将下降 11.71 个百分点。预测结果表明，进口替代程度的不断提高将显著降低进口的增长速度。在出口增速减缓、进口增速大幅下降的情况下，2007 年净出口增长速度将小幅度上升至 81.07%；同时，外汇储备增速较大幅度提高，为 47.59%，上升 16.74 个百分点。

表 3-1　2007—2008 年中国进出口及外汇储备增长率预测

（单位:%）

时间	出口（亿元，不变价）	出口（亿美元，现价）	一般贸易出口（百万美元，现价）	加工贸易出口（百万美元，现价）	进口（亿元，不变价）	进口（亿美元，现价）	一般贸易进口（百万美元，现价）	加工贸易进口（百万美元，现价）	净出口（亿美元，现价）	外汇储备（百万美元，现价）
2007 年	7.80	25.64	31.72	20.65	5.10	13.20	22.58	5.59	81.07	47.59
2007Q1	8.10	23.65	29.88	18.38	3.21	9.70	11.81	6.56	128.74	37.37
2007Q2	7.13	28.47	31.87	24.98	6.19	16.08	21.19	11.57	91.59	43.95
2007Q3	8.22	24.18	30.15	20.11	4.94	13.48	25.81	4.27	71.21	52.02
2007Q4	7.77	26.06	34.39	19.29	5.88	13.18	30.03	0.85	66.01	55.08

① 企业赶在 6 月 1 日和 7 月 1 日税收政策调整生效之前突击出口，是导致 5 月和 6 月份出口规模和顺差规模大幅提高的主要原因。

续表

时间	出口（亿元，不变价）	出口（亿美元，现价）	一般贸易出口（百万美元，现价）	加工贸易出口（百万美元，现价）	进口（亿元，不变价）	进口（亿美元，现价）	一般贸易进口（百万美元，现价）	加工贸易进口（百万美元，现价）	净出口（亿美元，现价）	外汇储备（百万美元，现价）
2008 年	9.53	25.48	35.12	18.00	6.16	14.12	24.21	4.67	57.16	51.38
2008Q1	9.25	26.87	35.78	19.82	9.72	19.82	38.57	3.54	52.32	53.76
2008Q2	8.93	23.99	34.44	16.01	7.19	15.11	27.02	4.19	51.40	50.97
2008Q3	10.13	25.92	34.54	19.10	3.40	10.53	15.53	5.55	70.74	50.47
2008Q4	9.72	25.38	35.81	17.37	4.93	12.29	19.64	5.21	53.09	50.81

资料来源：本课题组计算。

2. 固定资产投资增长率预测

2006 年按不变价计算的固定资本形成总额增速为 18.99%，按当年价格计算的城镇固定资产投资增长 24.5%。模型预测（表 3-2）：受宏观调控的影响，2007 年固定资本形成总额增速将降至 10.56%，回落 8.43 个百分点；2008 年固定资本形成总额增速将出现反弹，为 15.67%，但仍然低于 2006 年的水平。2007 年城镇固定资产投资增速有较大下降，为 17.96%，2008 年可能反弹至 21.12%。分季度来看，2007 年固定资本形成总额增速在一季度依然能够保持较高增长，为 15.43%，之后，在二、三、四季度大幅度回落，全年走势呈现直线下降趋势，二至四个季度的增长率分别为 11.45%、10.15%和 8.29%。四个季度的城镇固定资产投资的走势与固定资本形成总额一样，增长速度将分别为 23.17%、20.23%、18.48%和 13.85%。

表 3-2　2007—2008 年其他主要宏观经济指标增长率预测

（单位:%）

时间	居民消费总额（亿元，不变价）	社会商品零售总额（亿元，现价）	城镇固定资产投资（亿元，现价）	固定资产形成总额（亿元，不变价）	M2（亿元）	人民币实际有效汇率（亿美元，现价）
2007 年	10.24	18.97	17.96	10.56	17.65	6.84
2007Q1	10.75	14.90	23.17	15.43	17.73	5.41

续表

时间	居民消费总额（亿元，不变价）	社会商品零售总额（亿元，现价）	城镇固定资产投资（亿元，现价）	固定资产形成总额（亿元，不变价）	M2（亿元）	人民币实际有效汇率（亿美元，现价）
2007Q2	10.92	15.80	20.23	11.45	18.95	6.75
2007Q3	9.04	17.69	18.48	10.15	18.21	7.77
2007Q4	10.27	17.67	13.85	8.29	15.81	7.45
2008年	11.12	15.75	21.12	15.67	16.73	4.74
2008Q1	12.21	18.48	11.95	7.96	14.83	4.04
2008Q2	11.79	16.57	19.83	14.89	16.91	5.64
2008Q3	10.31	14.27	20.08	15.15	17.06	4.99
2008Q4	10.25	13.94	26.71	19.90	17.96	4.30

资料来源：本课题组计算。

3. 消费增长率预测

2006年按不变价计算的居民消费增长10.27%，按当年价格计算的社会消费品零售总额增长13.7%。受居民收入快速增长的影响，模型预测（表3-2）：2007年社会消费品零售总额增速较大幅度上升至18.97%，2008年下降至15.75%；2007年居民消费总额增速将维持2006年的水平，小幅下降至10.24%，2008年升为11.12%。分季度来看，2007年第一、二季度社会商品零售总额增速上升，第三、四季度增速将会下降，四个季度增长率分别为20.26%、20.52%、17.69%和17.67%。四个季度的居民消费总额走势基本与社会消费品零售总额一样，增长率分别为12.21%、11.79%、10.31%和10.25%。

4. 货币供应量（M2）增长率预测

2007年，货币供应量（M2）增速预计为17.65%，同比上升0.75个百分点。预计一季度增长17.73%，二季度增长18.95%，三季度增长18.21%，四季度增长15.81%。2008年M2增速将保持在16.73%的水平（表3-2）。

5. 人民币实际有效汇率变化预测

2006年，人民币实际有效汇率升值1.71%，2007—2008年预计将继续升值的态势。模型预测（表3-2），2007年人民币实际有效汇率升值6.84%，其中，一季度升幅为5.41%，二季度为6.75%，三季度为7.77%，四季度为7.45%。2008年人民币实际有效汇率升值4.74%，升幅回落2.20个百分点。

第三节 当前宏观经济形势的基本判断

2007年6月，我国居民消费价格指数（CPI）与去年同期相比上涨4.4%，引起社会广泛关注。经济是否过热再度引起争论。我们的研究结果表明，我国经济目前并未过热。因为本轮消费价格的上涨目前仍主要集中在食品，非食品价格仍然平稳；原材料、燃料、动力购进价格的涨幅正在回落；工业品出厂价格平稳；固定资产投资价格没有加速上涨；2007年上半年，GDP增长速度加快，生产扩张主要集中在第二产业，但是，作为第二产业主体部分的制造业的增长却基本上是平稳的。反映制造业扩张趋势的制造业采购经理指数（包括生产、新订单、新出口订单、积压订单）在2007年5、6月份不仅没有上升，而且出现了连续下降。这表明：尽管2007年上半年CPI上涨幅度较大，但是这次CPI的上涨主要来源于部分食品由于饲料涨价、疫情以及恶劣气候出现供给瓶颈，导致了结构性食品价格上升，它并没有传递到其他消费品，其所拉动的GDP平减指数的上涨幅度也没有2004年高。因此，它与2004年投资品价格上涨对整个宏观经济的影响有所不同，2004年的投资剧增，引发了经济过热，而这次的CPI上涨，我们认为尚不能认定经济过热。具体分析如下：

一、居民消费价格指数的结构性变化趋势及同比增长率

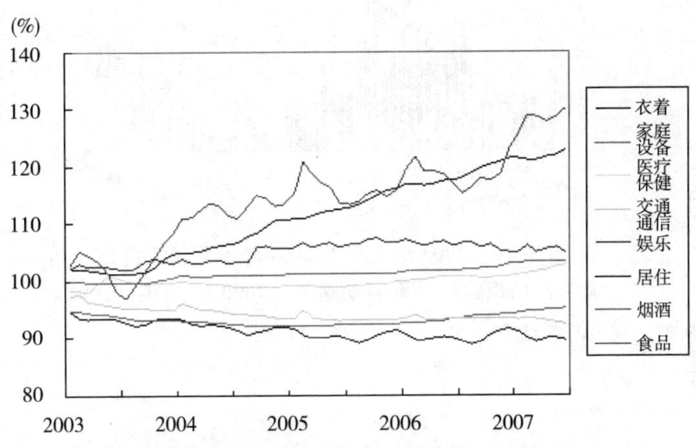

图3-9　2003年1月至2007年6月居民消费价格指数结构性变动趋势（2000年12月=100）

资料来源：中国经济信息网数据库。

从图3-9可以看出，八大类居民消费价格指数中，食品、居住消费价格指数自2003年以来一直向上升，特别是2007年上半年，食品消费价格指数迅速拉升，而其他类消费价格指数均较平缓。从各类消费价格指数的增长率来看（图3-10至图3-15），娱乐、交通通信、衣着等其他类消费价格指数增长率在2007年上半年都呈现出明显下行趋势；烟酒、医疗保健和家庭设备等三类消费价格指数增长率在2007年上半年虽然有所上升，但其上升幅度不大，增长率均低于2%；居住消费价格指数增长率在2004年达到最高，而后有所减缓。食品消费价格指数增长率虽然在2007年上半年快速向上攀升，导致居民消费价格指数突破3%的警戒线，但就其增长率而言，低于2004年。目前的问题是食品消费价格指数上涨是由于特定供给瓶颈造成的部分消费品价格的结构性上涨，还是由于货币供应失衡导致的全面通货膨胀先兆。我们认为，对于这一问题的判断，除了观察CPI中不同类别商品价格指数变动趋势外，还需要观察构成GDP平减指数的其他价格指数以及反映经济未来趋势的重要指标之一——制造业采购经理指数的变化趋势。

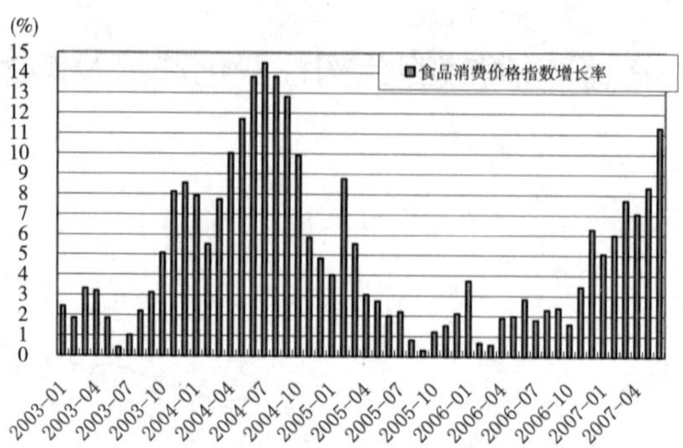

图3-10　2003年1月至2007年6月居民食品消费价格指数增长率变动趋势（2000年12月=100）

资料来源：中国经济信息网数据库。

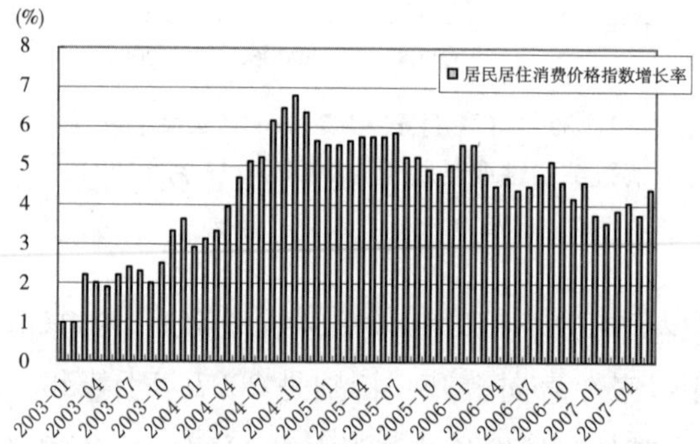

图3-11　2003年1月至2007年6月居民居住消费价格指数增长率变动趋势（2000年12月=100）

资料来源：中国经济信息网数据库。

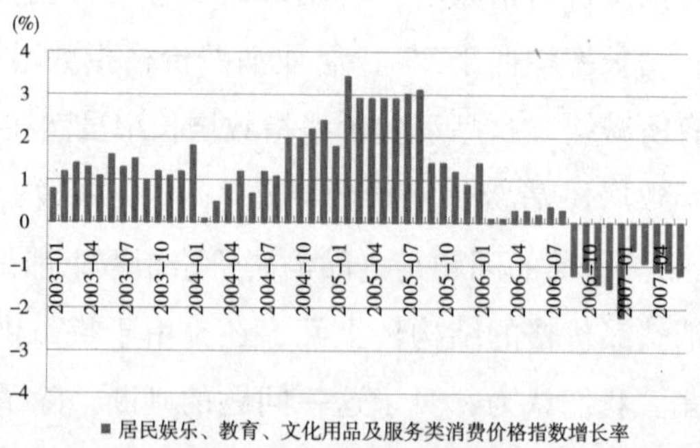

图3-12　2003年1月至2007年6月居民娱乐等消费价格指数增长率变动趋势（2000年12月=100）

资料来源：中国经济信息网数据库。

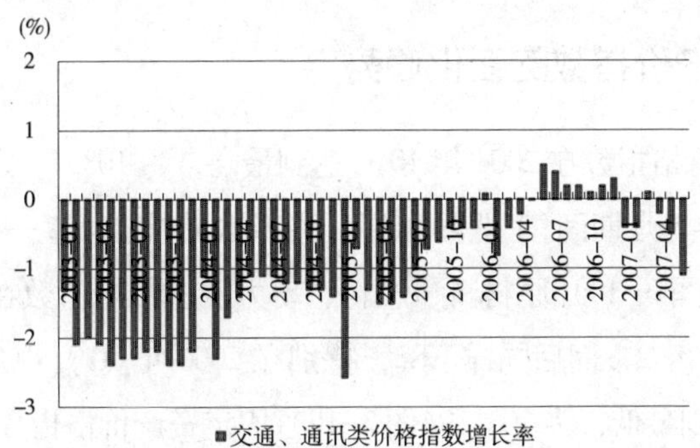

图3-13　2003年1月至2007年6月居民交通通信等消费价格指数增长率变动趋势（2000年12月=100）

资料来源：中国经济信息网数据库。

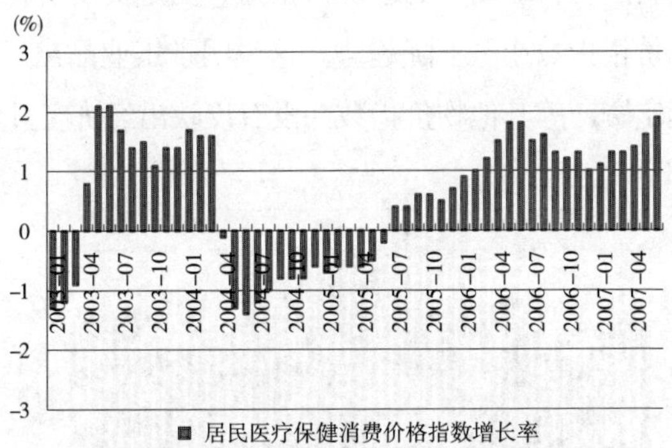

图3-14　2003年1月至2007年6月居民医疗保健等消费价格指数增长率变动趋势（2000年12月=100）

资料来源：中国经济信息网数据库。

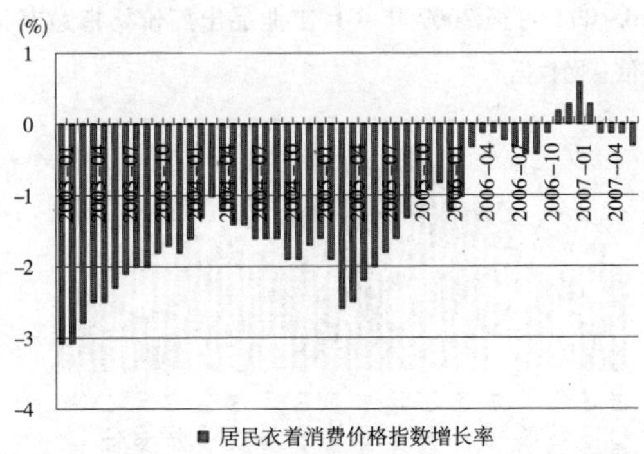

图3-15　2003年1月至2007年6月居民衣着消费价格指数增长率变动趋势（2000年12月=100）

资料来源：中国经济信息网数据库。

二、其他物价指数的变化趋势

工业品出厂价格指数在 2004 年 10 月达到最高，为 108.4，之后下降，2005 年 10 月至 2007 年 6 月期间,工业品出厂价格指数始终在 102—104 之间波动，变动相对较平缓(图 3-16)。原材料、燃料、动力购进价格指数在 2004 年 10 月也达到最高，为 114.2，而后同样下降，特别在 2006 年 10 月以后下降更明显，到 2007 年 6 月达到最低，为 103.39(图 3-17)。固定资产价格指数自 2003 年 3 月以来一直在上升，特别是在 2003 年 3 月至 2004 年 3 月之间上升较快，之后的增幅则有所减缓(图 3-18)。从上述分析结果可以发现，2007 年上半年工业品出厂价格指数、原材料、燃料、动力购进价格指数、固定资产价格指数的变化均较平缓，甚至有的价格指数还呈下降趋势。这说明了工业品出厂、原材料、燃料、动力购进、固定资产等其他物价指数并没有反映出经济有过热的迹象。

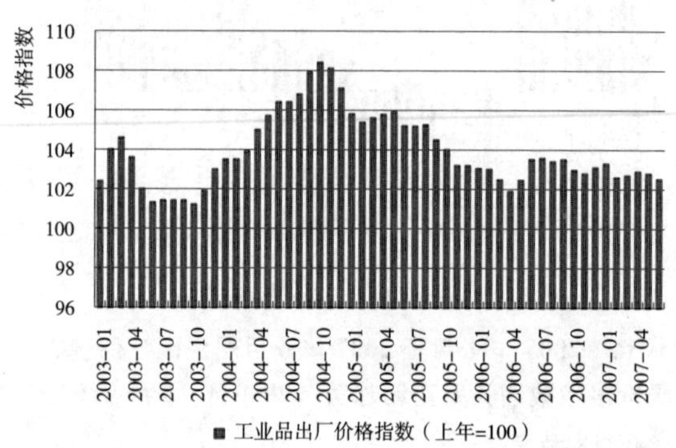

图 3-16　2003 年 1 月至 2007 年 6 月工业品出厂价格指数变化趋势

资料来源：中国经济信息网数据库。

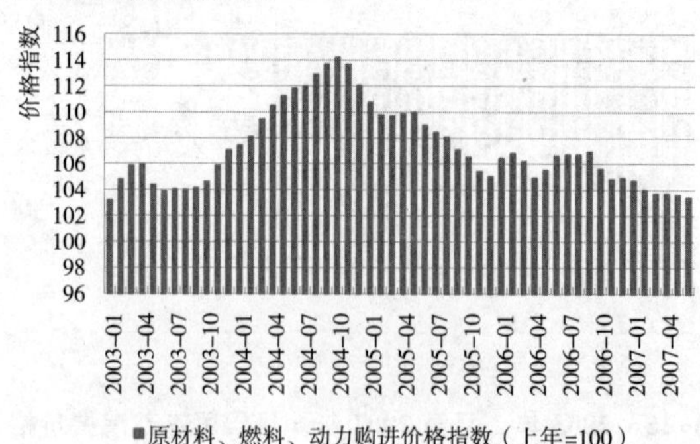

图 3-17　2003 年 1 月至 2007 年 6 月原材料、燃料、动力购进价格指数变化趋势

资料来源：中国经济信息网数据库。

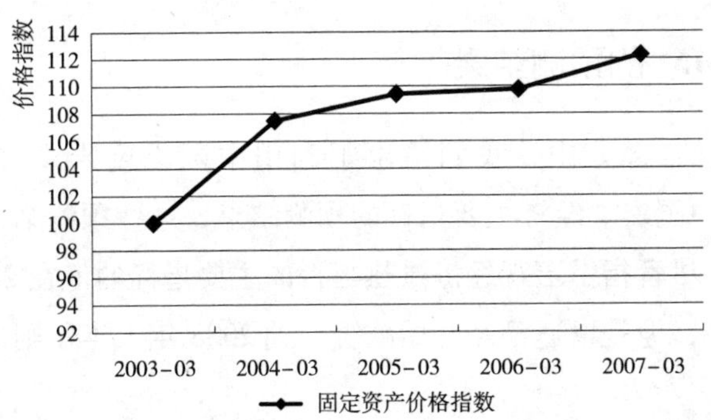

图 3-18　2003 年 1 月至 2007 年 6 月固定资产价格指数变化趋势

资料来源：中国经济信息网数据库。

三、制造业采购经理指数的变化趋势

按三大产业分，2007 年上半年经济增长主要由第二产业拉动。而第二产业中，制造业的增长最为突出。其中又主要是由于机械工业和轻工业增长速度加快所至。我们认为，这两类产业的增长速度加快，分别体现了出口需求和消费需求的强势拉动。但是，从反映制造业是否过热的重要指标之一——制造业采购经理指数来看，2007 年 5、6 月份的指标值却呈现下降趋势；从生产、新订单、积压订单、新出口订单等制造业采购经理指数的分项指数看，2007 年上半年走势基本与前期相似，1 月份到 2 月份是下降的，4 月份是上半年的最高点，进入 5、6 月份，各项分项指数再次下降到前期低点（图 3-19）。这一走势说明到目前为止，制造业并没有过热的迹象。

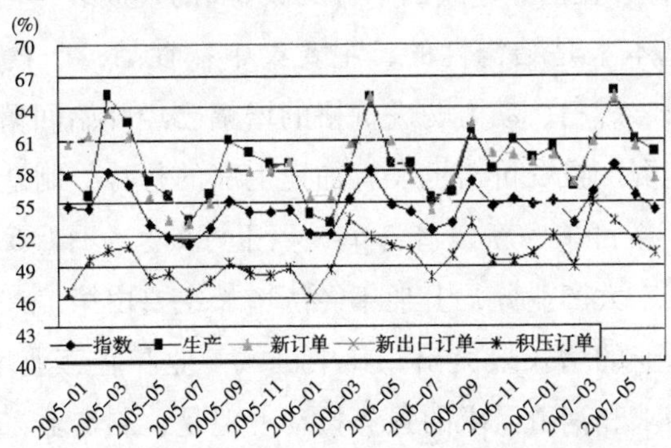

图 3-19　2005 年 1 月至 2007 年 6 月制造业采购经理指数及分项指数

资料来源：中国经济信息网数据库。

四、CQMM的预测结果

在本报告第二部分中，我们给出了利用中国季度宏观经济模型对2007—2008年中国宏观经济主要指标的预测结果，这些预测结果大多反映了这样的趋势：尽管指示宏观经济过热与否的主要指标的值在2007年下半年仍有上升趋势，但是增速已经开始减缓，到2008年上半年则出现了下降趋势。

第四节 主要结论与政策建议

本报告针对2007年上半年居民消费价格指数涨幅连续四个月突破3%的警戒线，而且6月份同比上涨4.4%，从中国经济目前是否过热这一现实问题入手，利用中国季度宏观经济模型（CQMM）预测了2007—2008年居民消费价格指数和GDP平减指数的走势。在此基础上，重点分析了自2003年来，中国居民消费价格指数和GDP平减指数变动的特征及其原因。主要结论有：

第一，中国经济目前并未过热。虽然居民消费价格指数2007年6月份同比上涨4.4%，并且已经连续四个月突破3%的警戒线，但是，这一轮消费价格的上涨基本上是结构性的，主要集中在食品，非食品价格仍然平稳。近期原材料、燃料、动力购进价格的增幅已经开始回落，工业品出厂价格平稳，固定资产投资价格也没有加速上涨的趋势，制造业采购经理指数（包括生产、新订单、新出口订单、积压订单）5月、6月甚至连续出现下降趋势。按三大产业分，上半年经济增长主要由第二产业拉动。而第二产业中，制造业的增长最突出。其中机械工业和轻工业增长速度加快，分别体现出口需求和消费需求的强势拉动。但是，制造业采购经理指数没有反映制造业过热的迹象。

第二，我们近年来一直期待的消费对经济增长的拉动作用开始显现。

2007年上半年，在居民收入持续两年快速增长的带动下，消费品市场日趋活跃，消费品生产的潜能得到释放，使得社会总需求的扩张加快，对经济增长的拉动作用加强。总需求结构从倚重投资与出口转向消费、投资、出口并重。

第三，央行货币政策对投资的影响将进一步增强。广义货币供应量的控制对投资资金中的贷款资金、自筹资金及其他资金来源作用明显。此外，利率对固定资产投资的影响近年来明显加强。央行货币政策已经较有效地抑制了投资扩张。

第四，外贸顺差剧增、流动性过剩对货币投放的倒逼现象由于制度安排得到有效遏制。国家投资公司的成立与特别国债的发行，扭转了因贸易顺差不断加大而导致央行被动放款的局面，增强了央行控制货币供应量的能力。因此，只要央行坚持实行管住货币供应的适度从紧货币政策，食物消费品价格的上涨预计将不会传递到其他消费品和投资品。

本课题组建议：

第一，中国人民银行应当继续管住货币，防止在当前形势下由于固定资产投资的扩张冲动迫使投资品价格也加速上涨，从而导致真正的经济过热；

第二，判断经济走势尤其是短期经济走势，不仅需要关注与上年的同比指数，更要关注与上期的环比指数变化。本次分析中，我们测算的指标有这样的走势特征：与上年同期相比的2007年下半年居民消费价格指数（同比指数）仍将继续增长，但是，与2007年上半年或前一季度的居民消费价格指数相比（即环比指数）则趋于回落状态。这说明，经济增长虽然正在加快，但是加速度已经在减缓。我们认为：这是目前我国经济增长并未走向过热的重要表现。因此，我们认为，在经济分析时，不仅要注意与上年同期相比的同比指数的变化，更要重视与前期相比的环比指数的变化，这样才能更好地把握经济运行态势。当前需要指出同比价格指数与环比价格指数在反映宏观经济走势上的不同作用，避免单一根据同比增长率持续上升得出经济过热、物价上涨加速的有偏判断。

第三，政府应当正确引导社会公众的心理预期。在经济周期的不同阶段，社会公众对经济现象的关注点往往不同，有时因此得出了有偏估计。

在判断目前经济发展态势时，我们注意到一个现象：就各项指标而言，2004 年下半年经济过热的情况远比 2007 年上半年严重，物价上涨幅度也大大超过 2007 年上半年，但是，当时对于经济过热与否或是通胀的关注程度却远远不如现在。我们认为，这是由于在经济周期的不同阶段，社会公众对经济现象的关注点不同所导致的心理预期偏误。2004 年，由于经济刚刚走出低谷后快速增长了二三年，人们更多关注长期增长乏力之后重新出现的经济增长是否具有可持续性，而忽视了可能导致经济过热问题，或者说，忽视了是否潜伏着通货膨胀危险。与此相反，对 2007 年的经济走势判断，是在本轮经济增长已经历时 4 年的两位数高增长背景下，现在人们似乎已经不太担心经济增长的可持续性问题了，由于历史的经验是经济高增长数年之后总是伴随经济过热，因此人们的关注焦点自然就转向了经济过热和通货膨胀，造成了社会舆论对物价变动的高度敏感。当此之时，宏观经济当局在仔细分析经济运行走势之后，有责任引导社会公众正确认识经济走势，调整心理预期。防止出现不同时期对同一现象的不同判断。

第四章 2008年春季报告①

第一节 2008年春季CQMM第四期预测的主要目的

2007年中国GDP同比增长11.4%，比上年同期加快0.3个百分点。受世界市场粮食等价格上涨的影响，居民消费价格水平（CPI）反弹至4.8%的水平（涨幅比2006年提高3.3个百分点）。固定资产投资继续增长，并呈现不断加快的态势。同时，在国际市场的需求拉动下，出口增速回升而进口增速回落，导致外贸顺差进一步扩大，货币供应量中外汇占款比重进一步加大。经济增长投资驱动、出口拉动的特征依然明显，资源环境压力不断增大，流动性过剩已导致资产价格出现剧烈波动。

尽管为了降低投资，降低出口，减缓外汇占款的增长速度，2007年以来，一系列的货币、财政政策相继出台。其中，在货币政策方面，中国人民银行先后六次上调存贷款基准利率（1年期存款利率由年初的2.52%上升到4.14%，1年期贷款利率由年初的6.12%上升到7.47%），十次上调准备金率（由年初的9%上升到14.5%），并从2007年5月21日起，银行间即期外汇市场人民币兑美元交易价浮动幅度由0.3%扩大至

① 教育部高校人文社会科学重点研究基地重大项目“中国季度宏观经济模型”（05JJD790093）成果。本报告于2008年2月25日在北京发布。

0.5%；在财政政策方面，在提高城镇土地使用税以提高要素资源价格的同时，还调低了“高耗能、高污染、资源性”产品以及容易引起贸易摩擦的产品的出口退税率，特别是通过发行特别国债以回笼流通中的现金。然而，总需求“两高一低”（即高投资、高出口、低消费）的经济结构特征并未得到根本扭转。尽管伴随着由高增长带来的城乡居民收入的提高，流动性过剩引发的股票、房地产等资产价格的上升在一定程度上通过财富效应的渠道带动了消费需求的增长，对于改变既有的国民收入使用结构不合理的现状产生了一定的积极作用，但是，不容忽视的是：与此同时，股市、房市等资产价格的剧烈波动已给当前宏观经济稳定运行带来较高的风险。

中国季度宏观经济模型（CQMM）依据支出法核算GDP的方式，从总需求的角度来刻画宏观经济变量之间的相互影响关系，揭示外部经济波动对内部经济影响的传导机制，以及分析开放经济条件下宏观调控政策（货币政策、财政政策、汇率政策）的政策效应。自2006年7月投入运行以来，已成功发布了三次中国宏观经济的短期预测数据，并对人民币加速升值导致的宏观紧缩效应进行了模拟。随着CQMM模型的不断完善，近期的预测基本上成功地把握住了我国宏观经济的运行方向，为经济保持平稳发展提供了理论和实证方面的支持。2007年春季CQMM第二次预测报告，针对当时贸易顺差急剧扩大、人民币升值压力不断增强的现实问题，定量分析了人民币升值幅度的合理区间，不至于因过大的升值幅度而影响到经济的平稳发展。2007年秋季CQMM第三次预测报告，针对当时学术界对国内经济是否出现过热的讨论，调整模型并修订2007—2008年的预测数据，得出经济并未过热的基本判断，现阶段的事实证明这一判断基本上是正确的。本次发布是CQMM第四次预测报告发布，主要目的有：（1）根据2007年的经济运行情况，结合当前世界宏观经济形势分析，判断我国2008年经济能否继续高速增长；（2）基于我国经济外贸依存度较高，模拟世界经济的传导机制，以此分析美国经济及欧盟经济对中国经济的影响；（3）依据模型预测结果，为宏观经济当局提供政策建议。

第二节 2008—2009 年中国宏观经济预测

一、模型外生变量的假设

（一）人民币汇率

在人民币持续升值趋势的前提下，假设人民币汇率在 2008 年和 2009 年分别升值 7%、4%，到 2008 年第四季度，人民币兑美元汇率会突破 7.11 关口，到 2009 年第四季度，将达到每一美元兑换 6.97 元人民币左右的水平（图 4-1）。

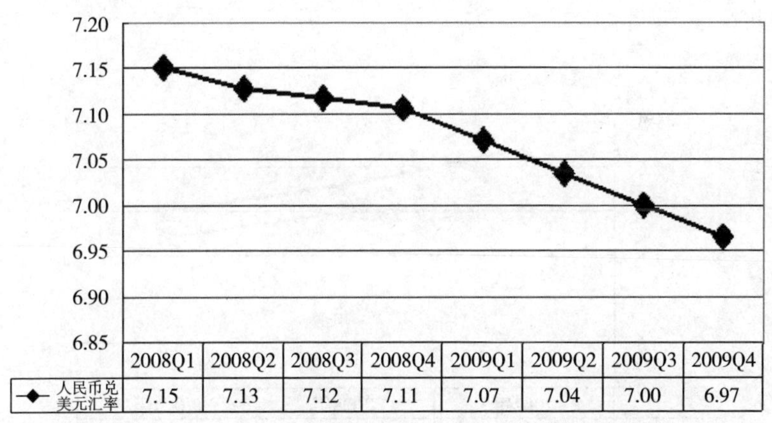

图 4-1 人民币兑美元汇率的变化趋势假定

资料来源：本课题组设定。

（二）美国及欧盟经济增长速度

受美国次贷危机及国际原油价格高居不下的影响，2008 年世界主要经济体经济增长速度预计将放缓。根据 IMF2008 年 1 月 29 日的更新预测，假定美国的经济增长速度将由 2007 年的 2.2%下降到 2008 年的 1.5%，居民消费价格指数将由 2.7%下降到 2.3%；欧盟的经济增长速度将由 2007 年的 2.7%下降到 2008 年的 1.6%，居民消费价格指数仍然维持 2007 年的水平（图 4-2、图 4-3）。

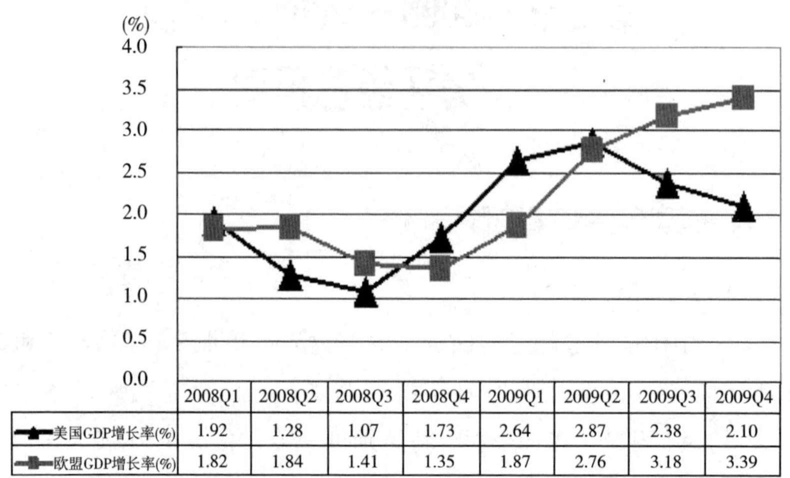

	2008Q1	2008Q2	2008Q3	2008Q4	2009Q1	2009Q2	2009Q3	2009Q4
美国GDP增长率(%)	1.92	1.28	1.07	1.73	2.64	2.87	2.38	2.10
欧盟GDP增长率(%)	1.82	1.84	1.41	1.35	1.87	2.76	3.18	3.39

图 4-2　美国及欧盟经济增长率的变化趋势假定

资料来源：本课题组设定。

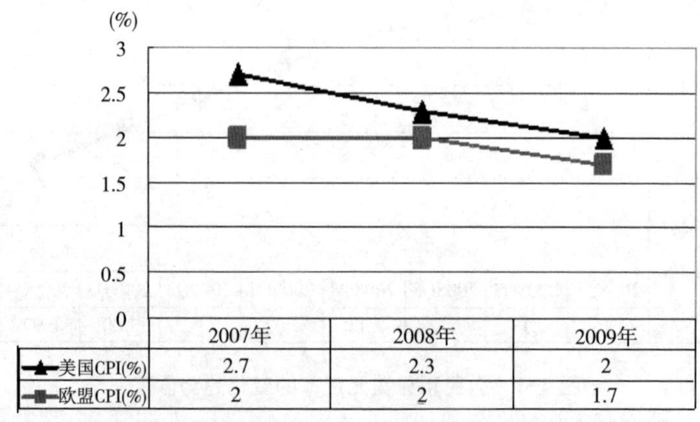

	2007年	2008年	2009年
美国CPI(%)	2.7	2.3	2
欧盟CPI(%)	2	2	1.7

图 4-3　美国及欧盟居民消费价格指数的变化趋势假定

资料来源：本课题组设定。

（三）商业银行 1 年期人民币贷款基准利率

2007 年中国人民银行共六次上调金融机构人民币存贷款基准利率，由年初的 6.12%提高到 7.47%，上调了 1.35 个百分点。由于国际收支急剧扩张，银行体系流动性问题加重，贷款扩张压力依然较大。2007 年央行共十次上调了存款类金融机构的法定存款准备金率，由年初的 9%上调至现在 14.5%，以巩固调控成效。但是，投资需求扩张的动力诸如宏观经济增长势头强劲、投资回报率高、资金来源充足、要素价格定价过低等因素依然存在。因此，尽管 2007 年前三季度的投资增长速度有所回落，但由于这些因素的影响，投资需求依然有可能快速反弹增长。为抑制居民消费价格指数与投资需求的过快增长，中国人民银行宣布 2007 年 12 月 21 日上调金融机构贷款基准利率 0.18 个百分点，预计 2008 年贷款基准利率将会再次提高。假定 2008 年第一季度和第二季度分别有一次上调，幅度分别为 0.18 和 0.27 个百分点。2009 年，由于外部经济环境不利影响将进一步加重，尤其是美国经济发展放缓带来的负面冲击，可能将迫使央行降低利率，以防止经济波动过大。假定 2009 年将有两次降息，幅度也分别为 0.18 和 0.27 个百分点。那么，作为反映市场供需的商业银行人民币贷款实际有效利率的具体变化趋势将如图 4-4 所示。

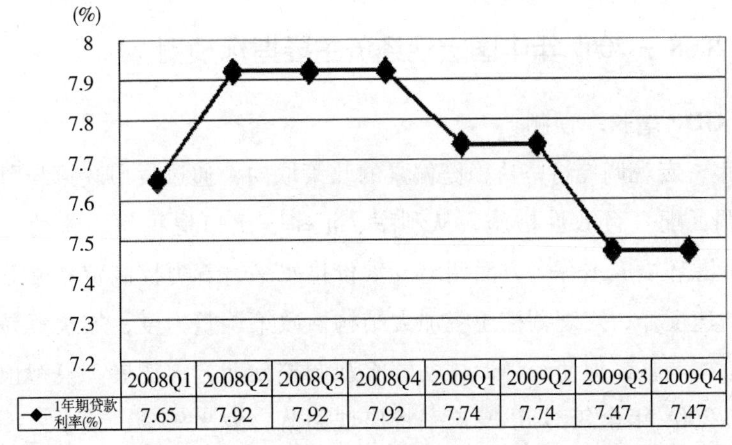

	2008Q1	2008Q2	2008Q3	2008Q4	2009Q1	2009Q2	2009Q3	2009Q4
1年期贷款利率(%)	7.65	7.92	7.92	7.92	7.74	7.74	7.47	7.47

图 4-4　1 年期人民币贷款基准利率的变化趋势假定

资料来源：本课题组设定。

（四）国际原油价格

根据美国能源部 2008 年 2 月 12 日《能源展望》的预测，2008 年底，西德克萨斯中质原油（WTI）口径的国际原油价格将由 2007 年底的 91.69 美元下降到 81.00 美元，2009 年底进一步小幅下降到 80.00 美元；炼油厂平均采购成本价（RAC）口径的国际原油价格将由 2007 年底的 86.69 美元，下降到76.00美元，2009年底进一步小幅下降到75.00美元（图4-5）。

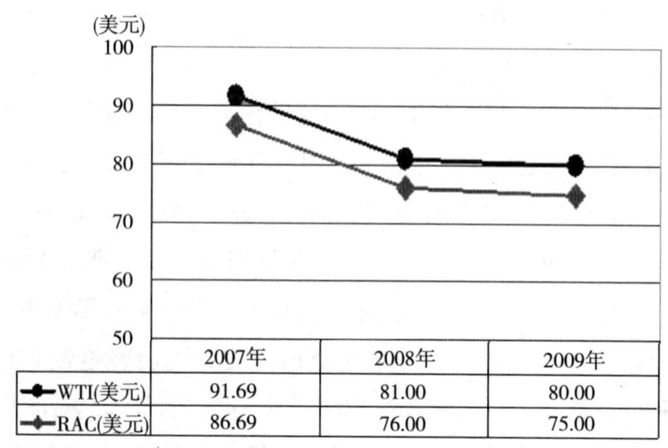

	2007年	2008年	2009年
WTI(美元)	91.69	81.00	80.00
RAC(美元)	86.69	76.00	75.00

图4-5　国际原油价格的变化趋势假定

资料来源：本课题组设定。

二、2008—2009年中国宏观经济主要指标预测

（一）GDP增长率预测

2008年，宏观调控将坚持稳健偏紧的政策取向，通过货币政策与财政政策的协调，配合行政性措施，从利率、汇率、出口退税率、劳动力成本、土地资源环境成本等多方面调整要素价格水平，着力控制贸易顺差扩大和投资增速反弹；宏观调控还将加大结构性政策调整力度，加快贸易结构和投资结构调整，促使经济形势朝着宏观调控预期方向发展。模型预测（图4-6），2008年全年GDP增长率将出现回落，为9.93%；其中，一季度GDP将同比增长10.31%，二季度增长率下降至9.74%，到三季度增长率将进一步下降至9.04%，四季度反弹至10.53%。进入2009年，GDP增速还可能进一步出现小幅反弹，全年保持在10.14%的水平；其中一季度将为8.51%，二季度上升至10.4%，三季度回落至10.14%后，第四季度再次回升至10.98%。

（二）主要价格指数变化预测

2007年，由于食品特别是粮食价格大幅上涨，居民消费价格指数一直

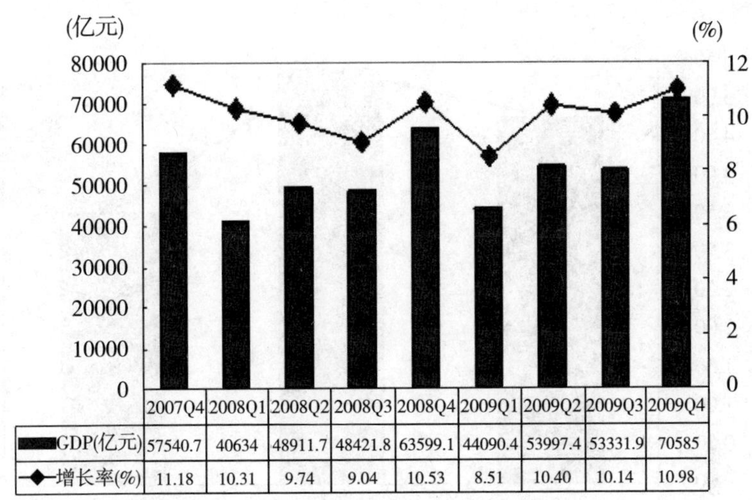

	2007Q4	2008Q1	2008Q2	2008Q3	2008Q4	2009Q1	2009Q2	2009Q3	2009Q4
GDP(亿元)	57540.7	40634	48911.7	48421.8	63599.1	44090.4	53997.4	53331.9	70585
增长率(%)	11.18	10.31	9.74	9.04	10.53	8.51	10.40	10.14	10.98

图 4-6　不变价 GDP 及其增长率预测

资料来源：本课题组设定。

呈上升趋势，同比上涨 4. 8%，涨幅比上年提高 3. 3 个百分点。其中农村居民消费价格指数的涨幅一直超过城市居民消费价格指数。但工业品价格上涨的动力仍然较弱，仅上涨了 3. 1%。模型预测（图 4-7、图 4-8），2008 年、2009 年价格水平将继续维持上升的趋势，但是，价格指数的增幅将逐步趋缓。预计 2008 年 GDP 平减指数将上涨约 5. 62%，四个季度的涨幅将分别为 7. 04%、6. 39%、4. 78% 和 4. 36%，下半年将出现明显下滑。CPI 涨幅预计将高达 5. 42%，高出 2007 年涨幅约 0. 62 个百分点；四个季度的走势与 GDP 平减指数一样，呈现一路下滑态势，分别为 7. 24%、6. 68%、4. 21%和 3. 65%。进入 2009 年，各类价格指数的涨幅走势将进一步回落：GDP 平减指数涨幅为 3. 76%，CPI 涨幅为 3. 54%，投资价格指数为 5. 27%。

（三）其他主要宏观经济指标增长率预测

1. 进出口及外汇储备增长率预测

2007 年我国出口增长 25. 7%，进口增长 20. 8%，贸易顺差比上年增加 847 亿美元，是三大需求中增速最快的。模型预测（表 4-1），受美国经济增长放缓、外部贸易环境恶化的影响，尽管 2008 年我国出口仍将增长，但

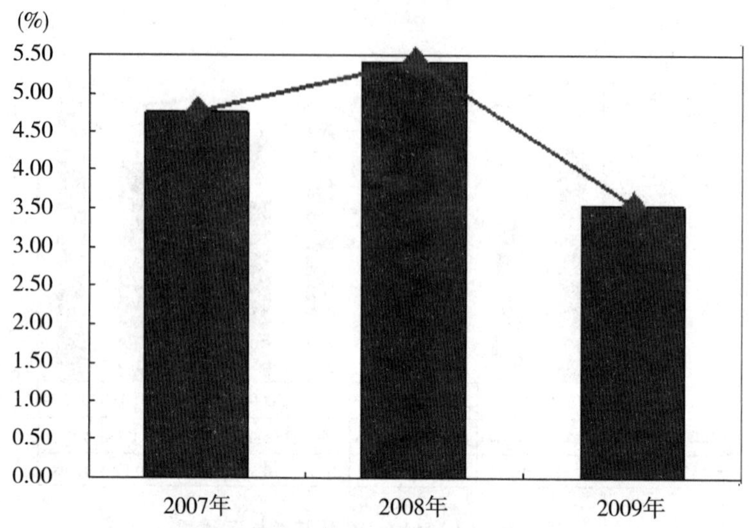

图 4-7　主要价格指数变化预测：CPI 年增长率

资料来源：本课题组设定。

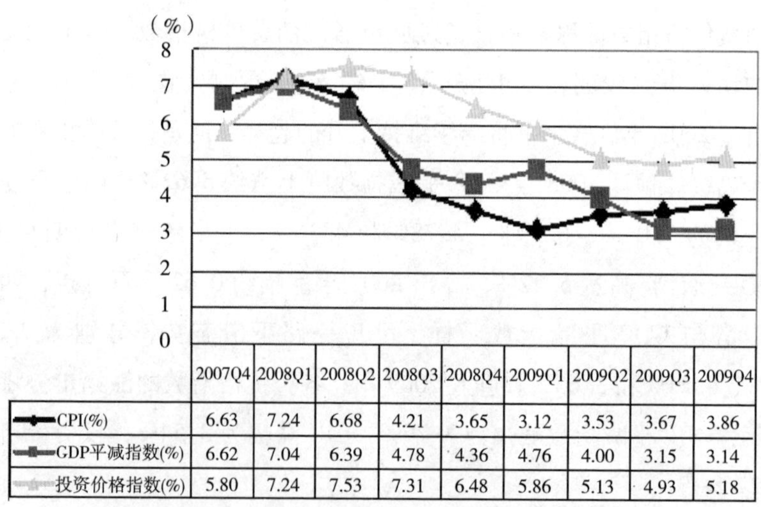

	2007Q4	2008Q1	2008Q2	2008Q3	2008Q4	2009Q1	2009Q2	2009Q3	2009Q4
CPI(%)	6.63	7.24	6.68	4.21	3.65	3.12	3.53	3.67	3.86
GDP平减指数(%)	6.62	7.04	6.39	4.78	4.36	4.76	4.00	3.15	3.14
投资价格指数(%)	5.80	7.24	7.53	7.31	6.48	5.86	5.13	4.93	5.18

图 4-8　主要价格指数变化预测

资料来源：本课题组设定。

是增长速度将比 2007 年减缓，与上年同期相比，以人民币、按不变价计算的出口增长速度将下降 11.88 个百分点，为 7.35%；以美元、按现价计算的出口增长速度将下降 12.73 个百分点，为 12.98%；其中一般贸易出口增速将下降 20.18 个百分点，为 9.23%；加工贸易出口增速也将下降 4.44 个百分点，为 16.51%。预测结果表明，人民币汇率升值对一般贸易出口的负面影响将继续显现。2008 年以人民币、按不变价计算，进口增速将下降至 9.72%，同比下降近 3.46 个百分点；以美元、按现价计算，进口增速下降得稍微慢一点，为 18.07%，同比下降 2.7 个百分点；其中一般贸易进口增速将大幅度下降 14.79 个百分点，为 13.78%；加工贸易进口增速反而将上升 6.80 个百分点，约为 21.53%。预测结果表明，由于人民币升值，以人民币计算的国外产品价格相对降低，而国内投资等需求膨胀，增加了对国外原料、能源等初级产品及设备进口的需求，导致进口增速下降幅度低于出口增速下降幅度。在此情况下，2008 年净出口增长速度将首次出现负增长，为-5.59%。2008 年外汇储备增长率预计为 35.22%，与 2007 年相比下降 6.79 个百分点；其中，一季度预计增长 39.16%，二季度增长 36.08%，三季度增长 33.93%，四季度增长 32.60%，增长速度各季度呈逐渐下降趋势。根据模型预测，该下降趋势在 2009 年将得到延续，2009 年四个季度的外汇储备增长率分别为 29.86%、27.96%、27.30% 和 27.01%，全年增长率预计为 27.96%（图 4-9）。

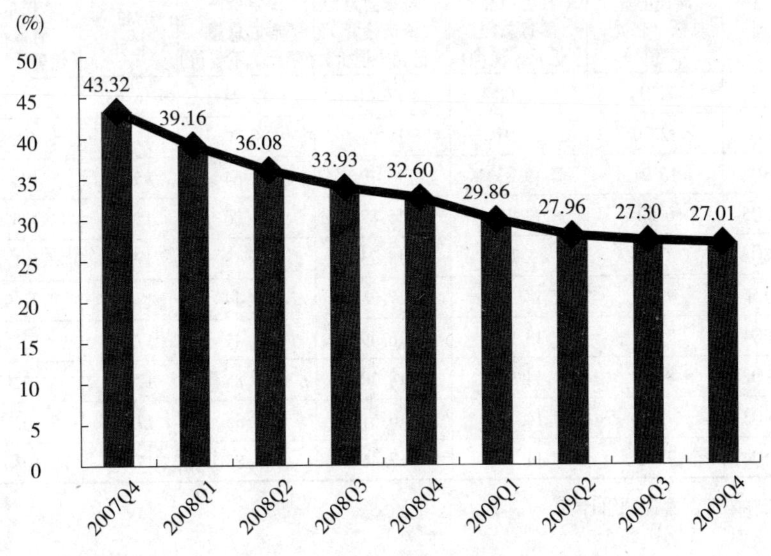

图 4-9　外汇储备增长率预测

资料来源：本课题组设定。

表4-1　2008—2009年中国进出口及外汇储备增长率预测

（单位：%）

时间	出口（亿元，不变价）	出口（亿美元，现价）	一般贸易出口（百万美元，现价）	加工贸易出口（百万美元，现价）	进口（亿元，不变价）	进口（亿美元，现价）	一般贸易进口（百万美元，现价）	加工贸易进口（百万美元，现价）	净出口（亿美元，现价）	外汇储备（亿美元，现价）
2008年	7.35	12.98	9.23	16.51	9.72	18.07	13.78	21.53	-5.59	35.22
2008Q1	4.24	11.01	8.93	11.91	3.36	13.42	15.36	13.32	0.35	39.16
2008Q2	8.28	13.38	3.95	22.57	11.10	21.94	15.69	28.64	-16.29	36.08
2008Q3	4.99	10.75	5.94	16.20	9.40	14.85	9.15	19.34	-3.62	33.93
2008Q4	11.57	16.27	17.86	15.38	14.90	21.51	15.33	23.96	-1.82	32.60
2009年	21.61	25.52	25.62	24.71	20.74	26.32	25.53	26.1	21.9	27.96
2009Q1	20.31	25.09	25.18	24.29	18.15	24.41	20.93	26.97	28.49	29.86
2009Q2	22.50	26.69	26.97	25.70	21.15	27.00	25.42	27.55	25.16	27.96
2009Q3	22.09	25.80	25.90	24.98	21.96	27.28	26.68	26.87	19.62	27.30
2009Q4	21.37	24.59	24.54	23.92	21.46	26.23	28.14	23.48	17.54	27.01

资料来源：本课题组计算。

表4-2　2008—2009年其他主要宏观经济指标增长率预测

（单位：%）

时间	居民消费总额（亿元，不变价）	社会商品零售总额（亿元，现价）	城镇固定资产投资（亿元，现价）	固定资产形成总额（亿元，不变价）	M2（亿元）	人民币实际有效汇率（亿美元，现价）
2008年	8.21	16.08	17.24	13.24	16.68	4.13
2008Q1	12.70	22.91	18.27	8.74	17.34	99.82
2008Q2	10.94	19.83	16.19	12.64	15.98	100.63
2008Q3	6.60	13.19	15.82	15.06	15.99	100.99
2008Q4	3.33	9.76	18.73	15.18	17.42	101.22
2009年	7.63	14.39	17.28	14.44	17.52	1.92
2009Q1	7.65	13.92	16.49	13.41	17.61	101.72
2009Q2	8.19	14.99	18.20	14.85	17.25	102.29
2009Q3	7.61	14.52	16.61	14.35	17.21	102.88
2009Q4	7.12	14.17	17.46	14.83	17.99	103.48

资料来源：本课题组计算。

2. 固定资产投资增长率预测

2007年按不变价计算的固定资本形成总额增速为13.81%，按当年价格计算的城镇固定资产投资增长 28.2%。模型预测（见图 4-10），受宏观调控的影响，2008 年固定资本形成总额增速将降至 13.24%，回落 0.57 个百分点；2009 年固定资本形成总额增速将出现反弹，为 14.44%，高于 2007 年的水平。2008 年城镇固定资产投资增速有较大下降，为 17.24%，2009 年可能维持同等水平，略微上升到至 17.28%。

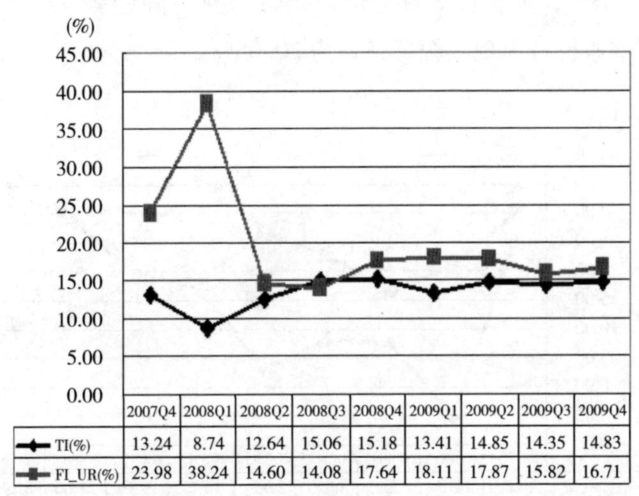

图 4-10　固定资产形成总额与城镇固定资产投资总额增长率预测

注：TI 为固定资产形成总额增速，FI_UR 为城镇固定资产投资总额增速。

资料来源：本课题组计算。

分季度来看，2008 年固定资本形成总额增速在一季度将出现较大幅度的下降，为 8.74%，之后，在二、三、四季度小幅上升，全年走势呈现上升趋势，二至四季度的增长率分别为 12.64%、15.06%和 15.18%。四个季度的城镇固定资产投资的增长速度则分别为 18.27%、16.19%、15.82%和 18.73%。

从固定资产投资资金来源来看，2007 年固定资产投资总资金来源增速为 28.22%。模型预测（图 4-11），受宏观调控影响，2008 年固定资产投资总资金来源增速将下降至 17.24%，同比下降 10.98 个百分点。分季度看，2008 年各季度增速为 18.27%、16.19%、15.82%、18.73%，经历一季度较高增速后，二、三季度增速将有所放缓，四季度又回到较高水平，呈现“U”型形状。2009 年增长速度基本与 2008 年持平，为 17.28%，各季度增速相对比较平缓，波动幅度不大。按资金来源分类看，2008 年各主要资金来源增长速度都呈现较为明显的下降趋势，宏观调控效果开始显现，其中国内信贷的增速将为 3.56%，同比下降 13.96 个百分点，企业自筹的增速为 21.87%，同比下降 9.67 个百分点，其他资金来源增速为 13.64%，同比下降 19.58 个百分点。2009 年国内信贷增速将出现较大幅度反弹，为 25.63%，企业自筹资金增速仍然保持下降趋势，为 14.6%，其他资金来源增速也将出现小幅反弹，为 20.05%。

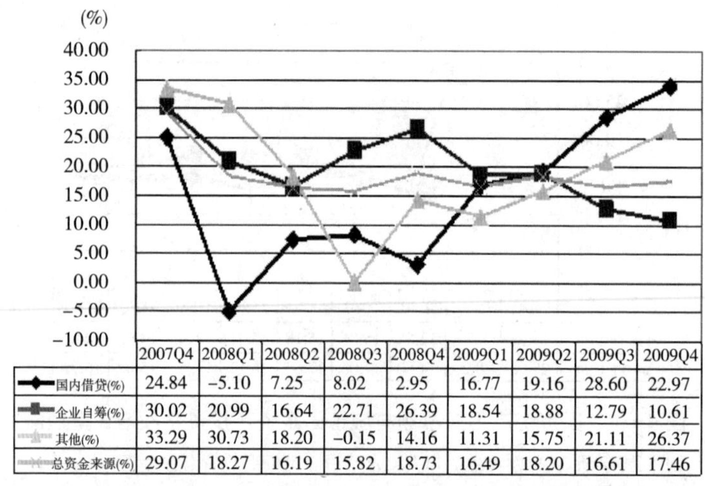

	2007Q4	2008Q1	2008Q2	2008Q3	2008Q4	2009Q1	2009Q2	2009Q3	2009Q4
国内借贷(%)	24.84	−5.10	7.25	8.02	2.95	16.77	19.16	28.60	22.97
企业自筹(%)	30.02	20.99	16.64	22.71	26.39	18.54	18.88	12.79	10.61
其他(%)	33.29	30.73	18.20	−0.15	14.16	11.31	15.75	21.11	26.37
总资金来源(%)	29.07	18.27	16.19	15.82	18.73	16.49	18.20	16.61	17.46

图 4-11　固定资产投资按资金来源分类增长率预测

资料来源：本课题组计算。

3. 消费增长率预测

2007 年按不变价计算的居民消费总额增长为 8.86%，按当年价格计算的社会消费品零售总额增长 16.8%。模型预测（图 4-12），2008 年社会消费品零售总额增速将小幅下降至 16.08%，2009 年进一步下降至 14.39%；2008 年居民消费总额增速也将小幅下降至 8.21%，2009 年进一步下滑到 7.63%。分季度来看，2008 年社会消费品零售总额增速将逐季下滑，尤其是下半年将会有明显下降，四个季度增长率分别为 22.91%、19.83%、13.19%和 9.76%。2008 年四个季度的居民消费总额走势基本与社会消费品零售总额一样，增长率分别为 12.7%、10.94%、6.60%和 3.33%。

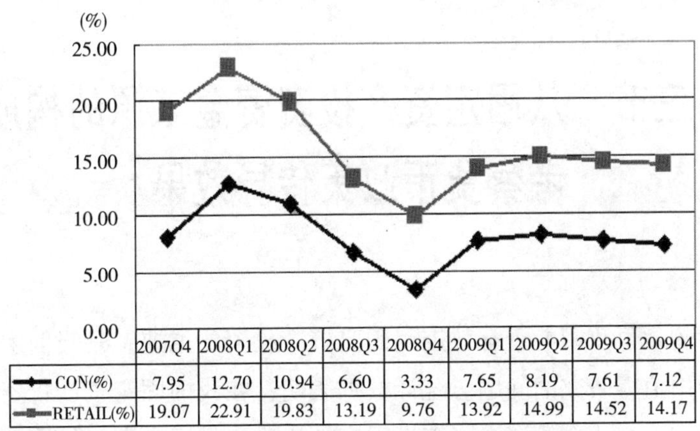

	2007Q4	2008Q1	2008Q2	2008Q3	2008Q4	2009Q1	2009Q2	2009Q3	2009Q4
CON(%)	7.95	12.70	10.94	6.60	3.33	7.65	8.19	7.61	7.12
RETAIL(%)	19.07	22.91	19.83	13.19	9.76	13.92	14.99	14.52	14.17

图 4-12　居民消费总额与社会消费品零售总额增速

注：CON 为居民消费总额，RETAIL 为社会消费品零售总额。
资料来源：本课题组计算。

4. 货币供应量（M2）增长率预测

2008 年货币供应量（M2）增速预计为 16.68%，同比下降 0.69 个百分点。其中，一季度预计增长 17.34%，二季度增长 15.98%，三季度增长 15.99%，四季度增长 17.42%。2009 年 M2 增速将保持在 17.52%的水平（表 4-2、图 4-13）。

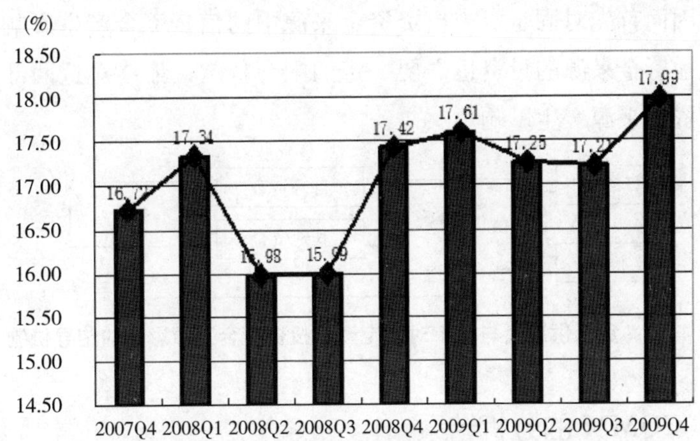

图 4-13　货币供应量（M2）增长率预测

资料来源：本课题组计算。

第三节 从固定资产投资资金来源的构成考察货币政策传导效果

从紧的货币政策能否有效控制固定资产投资的增速，是当前宏观调控政策选择中值得研究的问题。统计数据表明：在我国固定资产投资的各项资金来源中，企业自筹资金一直占很高的比重，是固定资产投资资金的主要来源。2007 年，固定资产投资资金来源中，国内信贷、企业自筹资金和其他资金来源所占的比例分别为 16. 07%、54. 15%和 17. 43%。CQMM 主要从固定资产投资资金来源的角度来分析这一效应。

一、传导机制

根据 CQMM，货币政策对固定资产投资资金来源的传导机制可参见图 4-14。

控制货币供应量与利率调整，将影响银行的可贷资金，以及企业的借贷成本，因而首先对固定资产投资资金来源中的信贷资金产生影响，由于自筹和其他资金来源的投资也需要一定的配套贷款，最终对这两部分固定资产投资资金来源产生影响。

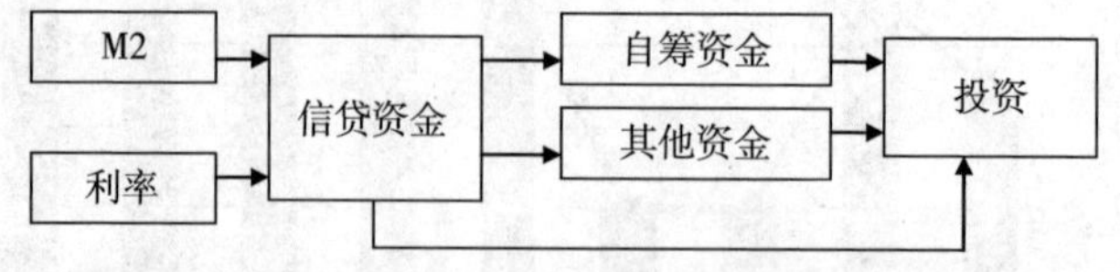

图 4-14 货币供应量与利率对固定资产投资资金来源影响的传导机制

二、CQMM 的分析结果

第一，控制 M2 能够控制固定资产投资。因为投资对 M2 的系数都有比较大的弹性（弹性系数为：银行贷款 1. 72，自筹 2. 26，其他 2. 00）。

第二，控制货币供应量对投资的影响比利率变化快（货币供应量的时滞为：银行贷款和自筹是当季，其他则滞后 2 季）。

第三，利率调整也可以有效地影响投资（弹性系数为：银行贷款 1.00，自筹 1.36，其他 0.76）。

第四，利率的影响时滞比 M2 长（利率的时滞为：银行贷款 2 季，自筹是 8 季，其他滞后 4 季）。

总之，管制货币及对利率的调整能有效地抑制固定资产投资的扩张冲动。

第四节　美国与欧盟经济对中国经济的影响模拟分析

受 2007 年美国股市暴跌和房地产市场次级债券危机的影响，2008 年美国经济增长可能放缓，欧盟经济的增长也将受到影响。世界经济的放缓将直接对中国的出口和资本市场产生影响。CQMM 主要从出口的角度来分析这一影响。

一、传导机制

根据 CQMM，美国和欧盟经济对中国经济影响的传导机制可参见图 4-15。

首先，美国和欧盟经济的放缓将会影响到美国和欧盟内部的需求，从而影响了中国对美国和欧盟的出口。中国对美国和欧盟出口的变动具体又通过对一般贸易出口和加工贸易出口的影响最终影响到中国总出口和净出口。净出口的变动直接影响了 GDP 的变化。

其次，净出口的变化还会影响外汇储备的增加，从而影响货币供给的数量。货币供给的变化一方面会影响消费价格、投资价格、出口价格和 GDP 平减指数等国内价格水平，另一方面还会直接影响到国内投资水平，投资的变化也将引起 GDP 的变动。

最后，由于货币供给变化导致的国内价格水平的变化会引起出口、投资和消费的变化，最终也会影响到 GDP 的变化。

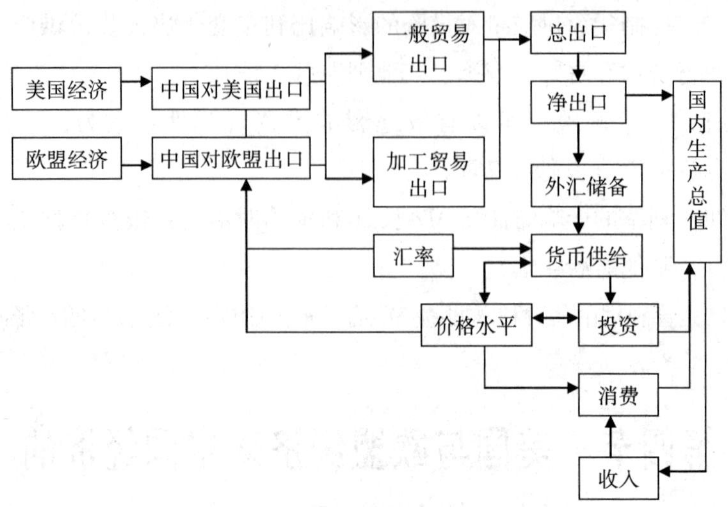

图 4-15　美国和欧盟经济对中国经济影响的传导机制

二、CQMM 的分析结果

根据 CQMM 的模拟结果，美国经济增长率下降 1 个百分点会导致对美国的出口（以美元计价）下降 4.01 个百分点，尽管会提高对欧盟出口 0.02 个百分点，但总出口（以美元计价）仍因此下降 2.50 个百分点，进口也伴随着下降 1.74 个百分点，净出口下降 5.96 个百分点，最终使中国 GDP 增长率降低 0.57 个百分点；欧盟经济增长率下降 1 个百分点将导致对欧盟的出口（以美元计价）下降 6.42 个百分点，尽管会提高对美国出口 0.02 个百分点，但总出口（以美元计价）仍因此下降 2.14 个百分点，进口也伴随着下降 1.71 个百分点，净出口下降 4.07 个百分点，最终使中国 GDP 增长率下降 0.42 个百分点。

第五节　主要结论与政策建议

本报告针对 2007 年居民消费价格指数连续攀升，达到 4.8%的较高水平（涨幅比上年提高3.3个百分点），以及受美国次贷危机及国际原油价格高居不下的影响，2008年世界主要经济体经济增长速度预计将放缓，从中国经济是否能继续保持稳健的增长这一现实问题入手，利用中国季度宏观经济模型（CQMM）预测了2008—2009年中国GDP的走势。在此基础上，重点模拟分析了美国与欧盟经济对中国经济的影响。主要结论有：

第一，如果金融市场的形势没有进一步恶化，美国经济短暂放缓对中国的影响是有限的，如果金融市场的形势进一步恶化，美国经济长期放缓将对中国产生较大的不利影响。

第二，物价上涨加速，在2007年四季度开始形成通货膨胀的态势，并可能使这一态势在2008年进一步强化。

第三，央行货币政策将在抑制投资扩张方面发挥较大作用。广义货币供应量的控制对投资资金中的贷款资金、自筹资金及其他资金来源的作用明显。此外，利率对固定资产投资的影响近年有明显加强。

本课题组建议：

第一，控制通货膨胀预期仍然是重中之重。由于通货膨胀的预期有自加强、自实现能力，以及体制中的投资饥渴症仍未根除，应当继续实行从紧的宏观经济政策，以防止物价的进一步上涨。

第二，出口企业的成本压力也不可忽视。由于劳动力成本、原材料成本、环保成本同时上升，外部需求下降与成本上升的夹击使企业不堪负荷。在实施从紧货币政策的同时，应采取适度宽松的财政政策，积极扩大内需，并使用产业政策，对符合我国宏观调控方向的出口企业提供研发等方面的经费支持。

第三，宏观政策宜谨慎微调，防止过紧。央行2008年上半年可能还需要采取加息以及以公开市场操作为主（包括出售央行票据和特别国债）的从紧货币政策，在操作中应当谨慎微调，以防止过紧宏观经济政策对经济造成负面影响。

第四，人民币升值应该更为谨慎。过去几年人民币升值的累积效应正在逐步释放之中，随着出口对汇率的弹性加大，特别是实际升值要比名义升值大2%—3%，而且升值对抑制通货膨胀效果不大，在这种情况下，人民币升值非但不能抑制物价上涨的态势，反而加剧了经济的波动。因此，应通过调控汇率，适当减缓人民币升值幅度，稳定出口增长，以防止我国经济因美国、欧盟等主要经济体经济可能的衰退而导致的下滑，促进中国经济的持续、快速、健康发展。

第五章 2008 年秋季报告[①]

第一节 2008 年上半年中国宏观经济运行情况

自 2000 年起，中国经济进入了长达 8 年的经济增长上行区间。其中，在 2003—2007 年期间，经济增长速度连续 5 年超过 10%，并于 2007 年达到 11.9%的新高（图 5-1）。[②] 然而，进入 2008 年后，经济增长速度开始回落：一季度国内生产总值（GDP）增速为 10.6%，同比下降 1.1 个百分点；上半年增长 10.4%，同比回落 1.8 个百分点。另一方面，在 2003—2007 年的高速经济增长期间，消费者价格指数（CPI）与生产者价格指数（PPI）年涨幅基本维持在 5%以下（图 5-2）。

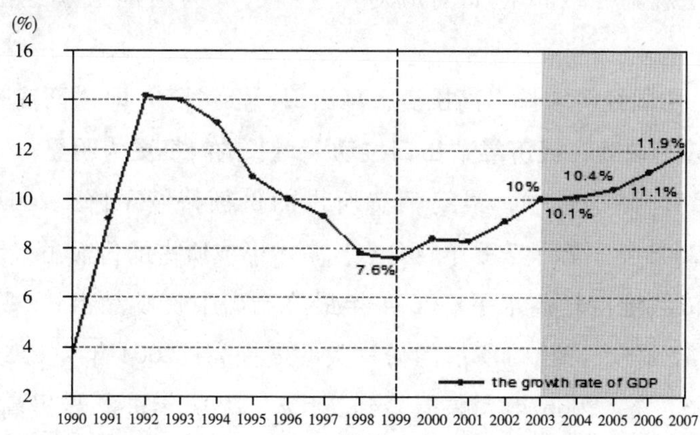

图 5-1 GDP 的增长率

---

① 教育部高校人文社会科学重点研究基地重大项目“中国季度宏观经济模型”（05JJD790093）成果。本报告于 2008 年 8 月 18 日在北京发布。

② 本报告所用数据若非特别说明，均来自中经网统计数据库。

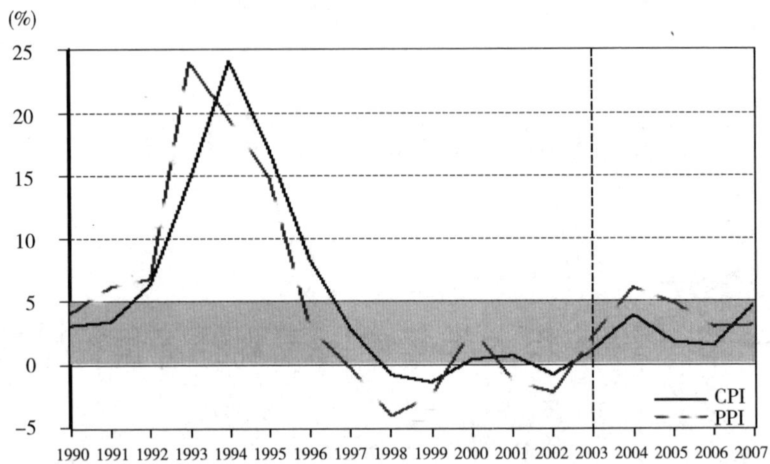

图 5-2　消费者价格指数与生产者价格指数

但是，2008 年一季度 CPI 上涨 8%，同比提高了 5.3 个百分点；PPI 上涨 6.9%，同比提高 4.0 个百分点；上半年 CPI 同比上涨 7.9%，大大高于 2007 年上半年的 3.2%；PPI 同比上涨 7.6%，也高于 1—5 月的 7.4%，其中，6 月份 PPI 同比增长了 8.8%，增速连续 6 个月创 3 年来新高。中国经济增长的回落是暂时的，还是经济下行的开始？通货膨胀是否还将进一步恶化？宏观调控政策将如何应对？这些已成为当前宏观经济的主要问题。

（一）中国经济增长“高投资、高出口、低消费”即“两高一低”的特征基本没有改变，经济靠“出口拉动”增长的特征更为明显

在最终产品构成中，最终消费所占的份额持续下降，2007 年仅为 49%，比 2003 年下降了 7.8 个百分点。资本形成所占的份额虽呈缓慢下降态势，但依然维持较高水平。2004 年最终产出中资本品占 43.2%，2007 年下降到 42.1%。净出口所占的份额大幅度提高：2004 年为 2.5%，2005 年上升到 5.4%，2006 年大幅提高到 7.5%，2007 年进一步提高到 8.9%（图 5-3）。值得注意的是，从最终消费的构成看，居民消费所占的份额持续下降，政府消费所占的份额不断提高（图 5-4）。1996 年最终消费中居民消费占 77.31%，2000 年下降到 74.54%，2005 年为 72.8%，2007 年进一步下降为 72.05%。这一事实说明，2007 年的高速增长很大程度上得益于外部需求的拉动。2008 年以来世界经济的不景气严重影响中国经济增长便是一个预料中的结果。

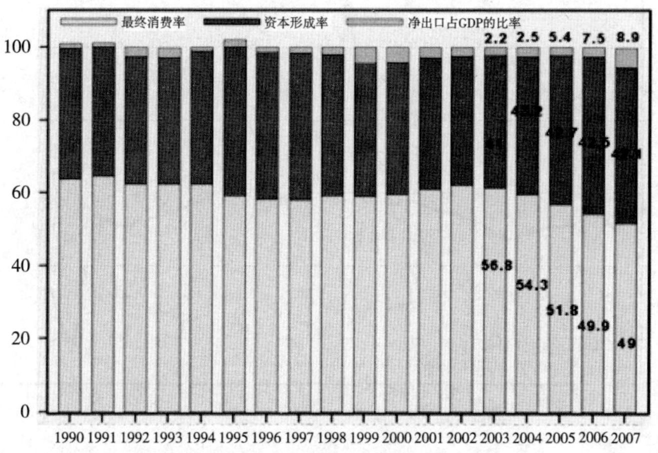

图 5-3　中国 GDP（支出法）构成

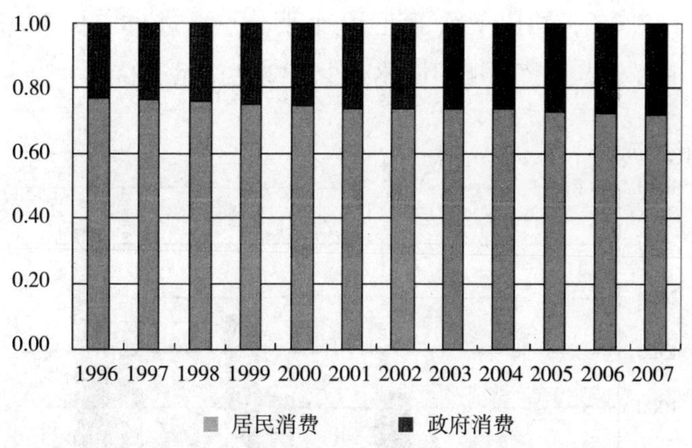

图 5-4　中国最终消费的构成变化

（二）出口增速大幅下滑，进口增速持续攀升，进出口顺差增幅下降，外汇储备余额连创新高

2008 年上半年，出口增速的大幅下滑是一个显著特征。出口增长自 2007 年下半年开始已经出现下滑态势，进入 2008 年，增速大幅下滑（图 5-5）；同时，进口增速持续攀升。

2008 年上半年出口增长 21.9%，回落 5.7 个百分点，其中 6 月份出口

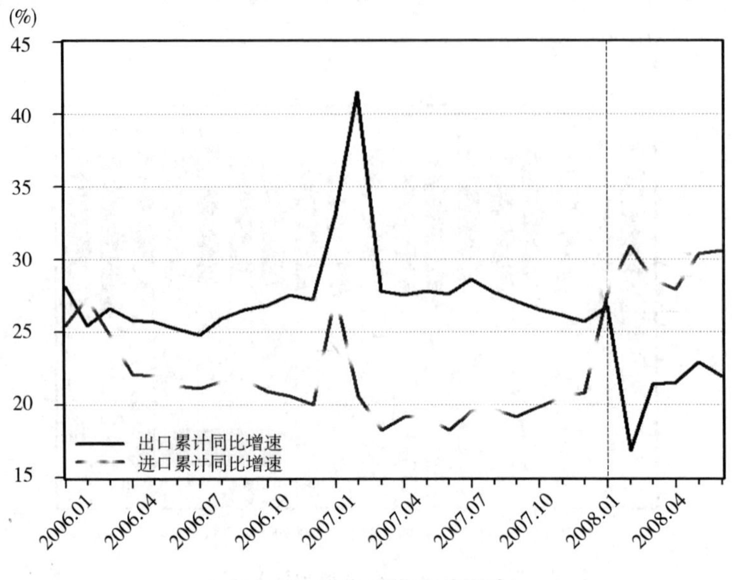

图 5-5 进出口增速（累计）

增速下降到 17.6%，同比下跌了近 10 个百分点；进口增长 30.6%，同比上升 12.4 个百分点；贸易顺差同比减少 132 亿美元。

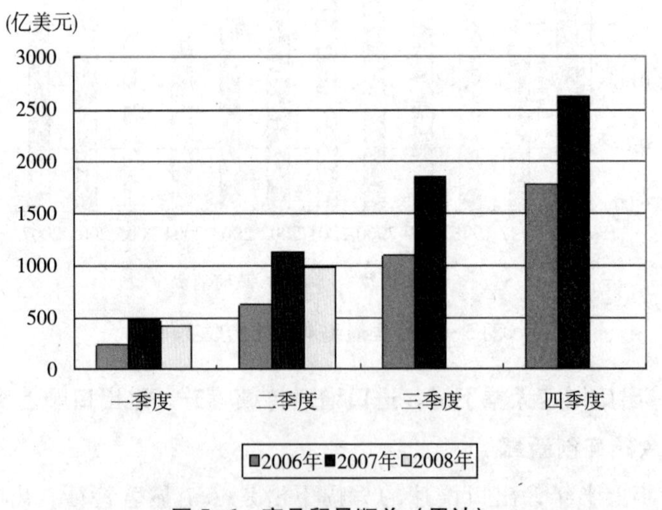

图 5-6 商品贸易顺差（累计）

2008 年前 6 个月净出口增加幅度均低于 2007 年同期水平（图 5-6）。虽然 6 月末，外汇储备余额累计达到 18088 亿美元，但新增外汇储备的数量已开始低于上年同期水平（图 5-7）。

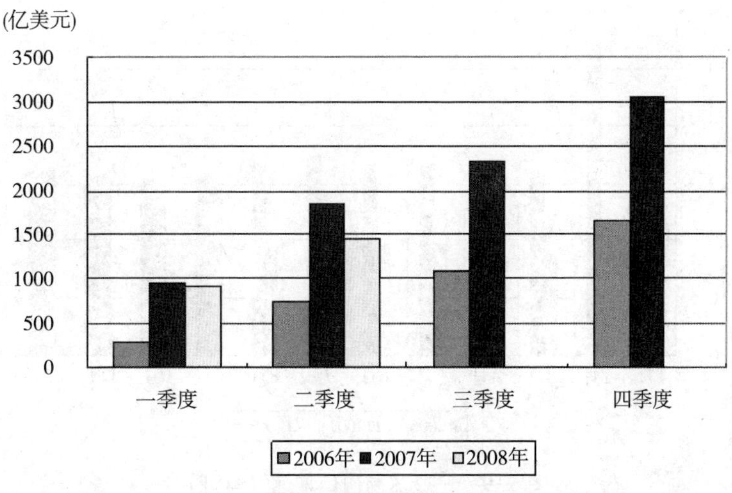

图 5-7　新增外汇储备

一季度商品贸易顺差与 FDI 实际利用额为 688. 31 亿美元，同期外汇储备净增加 923. 97 亿美元；到 6 月，商品贸易顺差与 FDI 实际利用额累计增加 1520. 37 亿美元，外汇储备净增加 1445. 4 亿美元（图 5-8）。

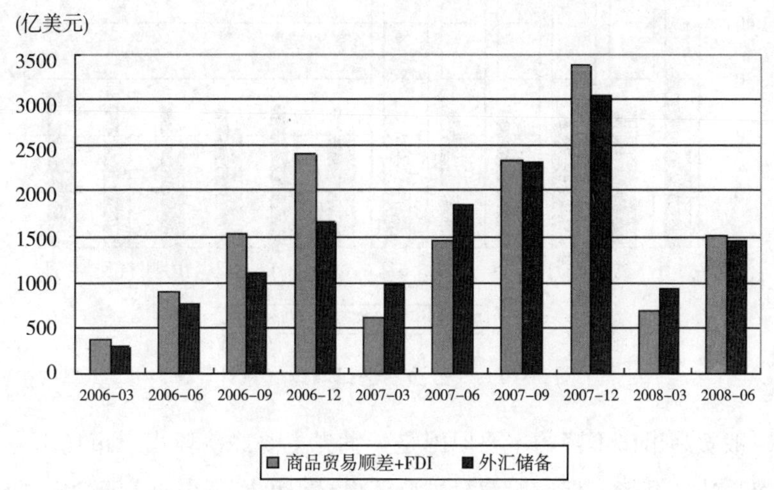

图 5-8　商品贸易顺差、FDI 与外汇储备增加额

从贸易方式看，2008 年上半年一般贸易出口增速急剧下滑（图 5-9），一般贸易进口增速快速上升（图 5-10），一般贸易顺差急剧下降。

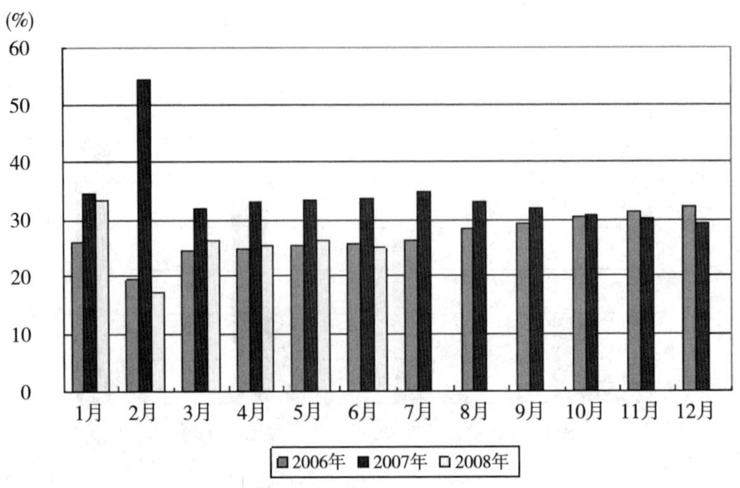

图 5-9　一般贸易出口增速（累计）

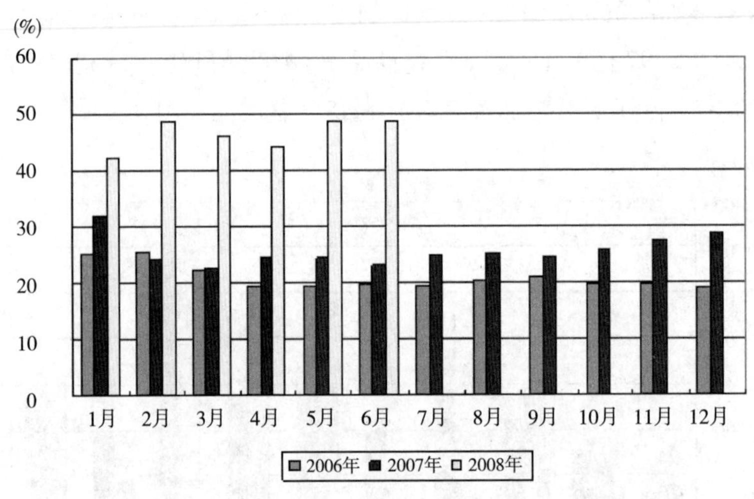

图 5-10　一般贸易进口增速（累计）

一般贸易出口下降的主要原因是：世界主要经济体出口市场不景气以及人民币快速升值。但一般贸易进口的提高很可能是企业基于 2007 年中国经济快速增长的判断而做出的进口决定（合同履行的滞后效应），并非国内市场需求扩大的结果。由于一般贸易出口企业主要是本国企业，因此，出口下降将导致的本土企业收益下降、产品内销对国内最终产品价格的紧缩效应值得特别关注。①

在加工贸易方面，加工贸易出口增速显著下滑。与2007年同期相比，来料加工装配贸易出口增速下降最为明显（图5-11），进料加工贸易出口增速略低于2007年同期水平，但大幅低于2006年同期水平（图5-12）。

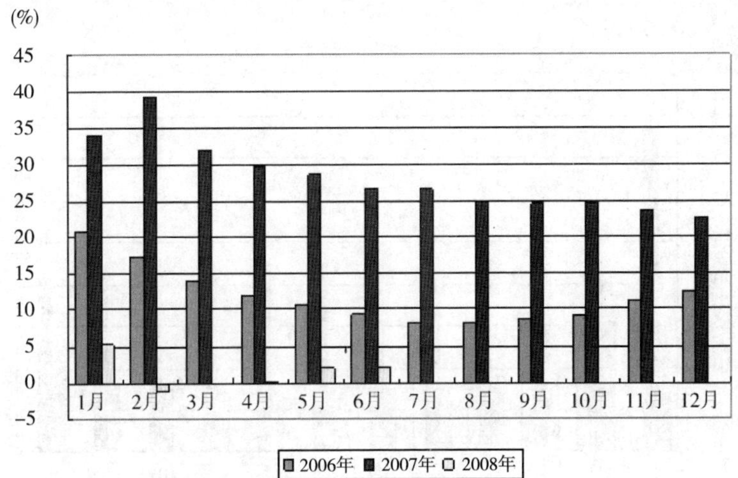

图5-11 来料加工装配贸易出口增速（累计）

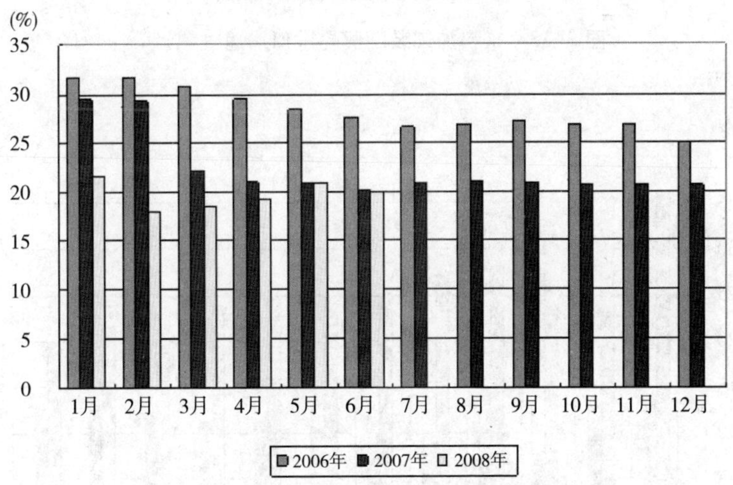

图5-12 进料加工贸易出口总值增速（累计）

① 在一般贸易出口构成中，截至2008年6月，约30%的出口来自外商投资企业，25.4%来自国有企业，集体和其他企业的出口占44.92%。其他企业出口在一般贸易出口中所占的份额2006年一季度为31%，2008年二季度提高到了38.4%。这说明外部市场的负面冲击将直接冲击中国本土其他企业（中小企业）的经营。

除受世界经济影响外，人民币升值应是一个主要原因。受出口下滑影响，来料加工装配贸易进口增速也大幅低于 2007 年同期水平（图 5-13），进料加工贸易进口增速虽高于 2007 年同期水平，但大幅低于 2006 年的同期水平（图 5-14）。

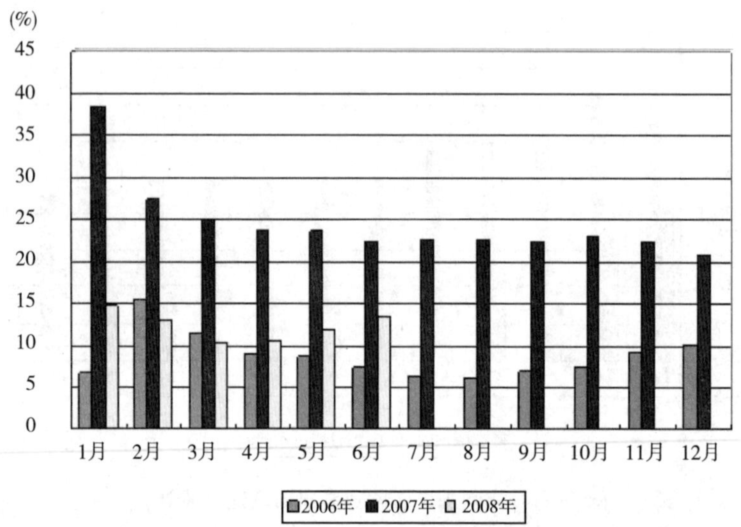

图 5-13 来料加工装配贸易进口增速（累计）

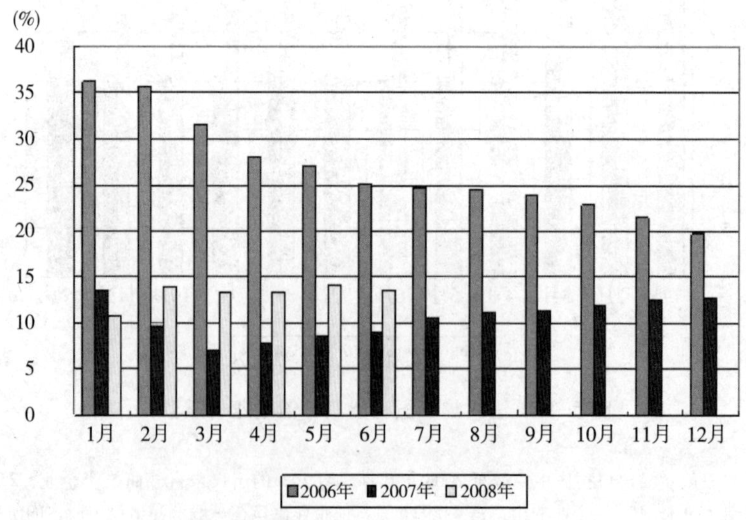

图 5-14 进料加工贸易进口总值增速（累计）

从进出口的国别地区来看，中国对美国、欧洲及亚洲的出口增速 2008 年均出现下滑态势，其中中国对美国出口增速近两年来持续下滑且幅度最为明显；对欧洲的出口增速 2008 年前两个季度虽大幅低于上年同期的水平，但略高于 2006 年同期水平（图 5-15、图 5-16、图 5-17）。

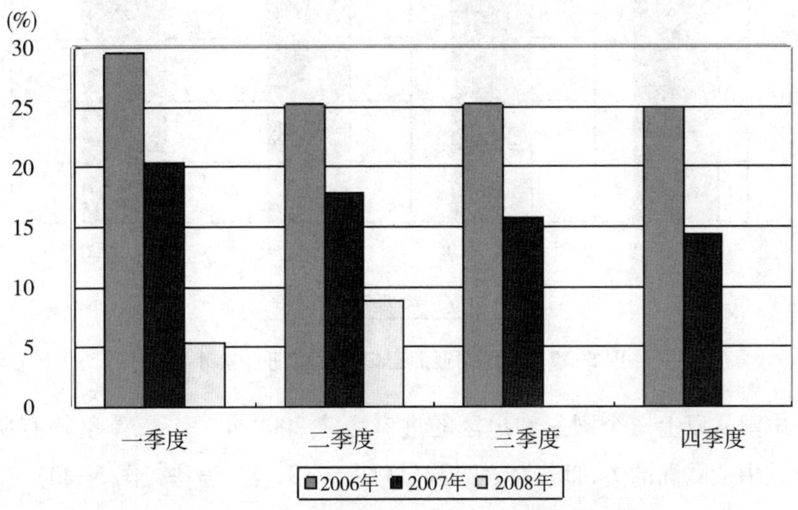

图 5-15　中国对美国出口总值增速（累计）

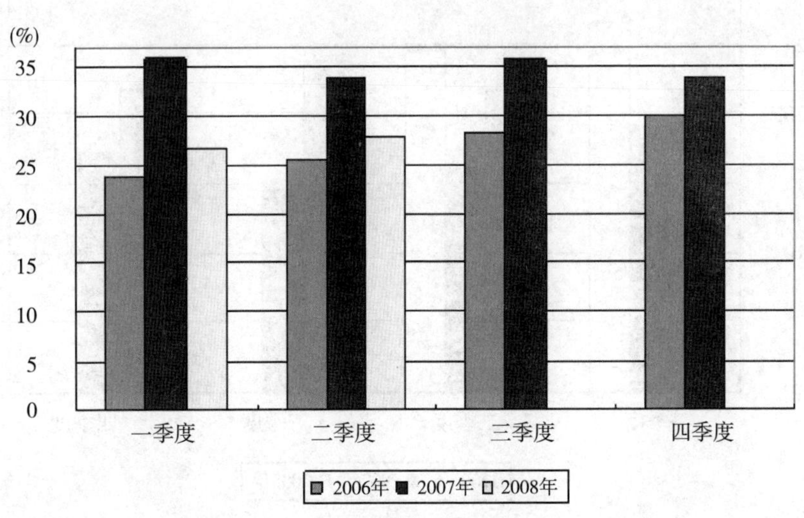

图 5-16　中国对欧洲出口总值增速（累计）

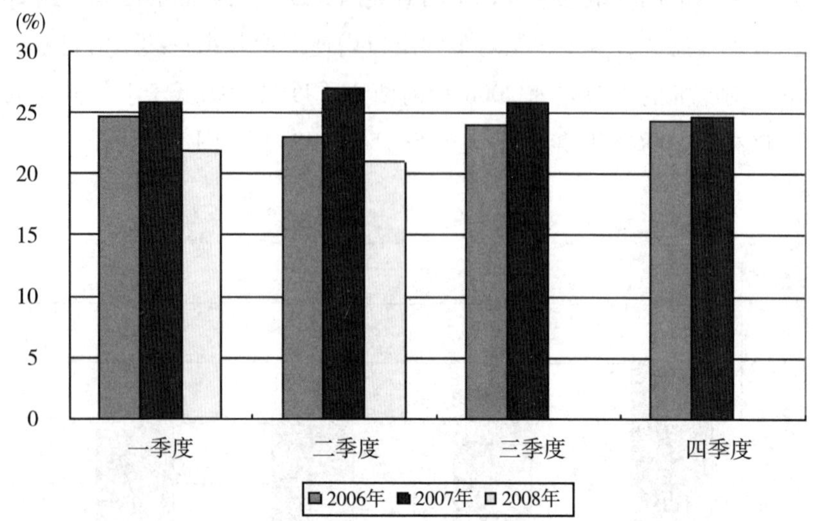

图 5-17　中国对亚洲出口总值增速（累计）

中国从以上三个国家和地区的进口增速 2008 年一、二季度均有所提高，其中从欧洲的进口增速大幅提高（图 5-18、图 5-19、图 5-20）。

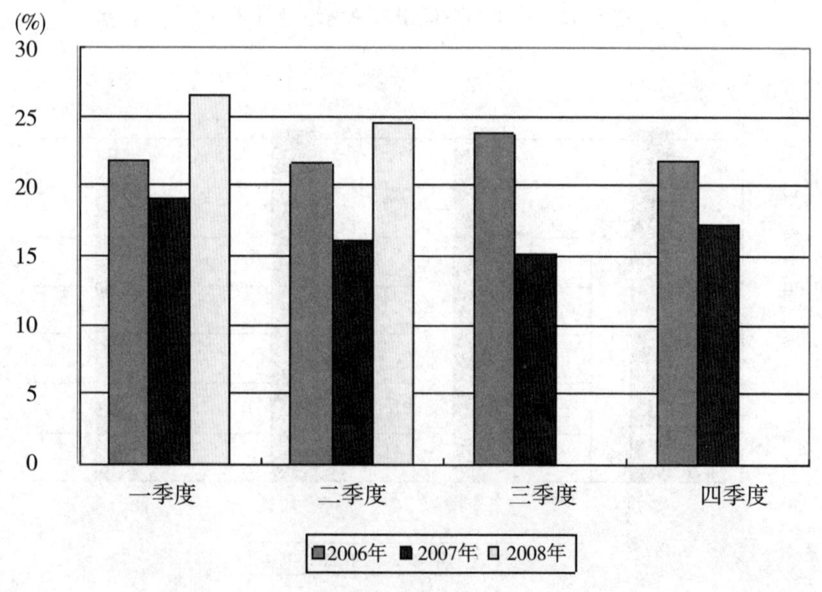

图 5-18　中国从美国进口总值增速（累计）

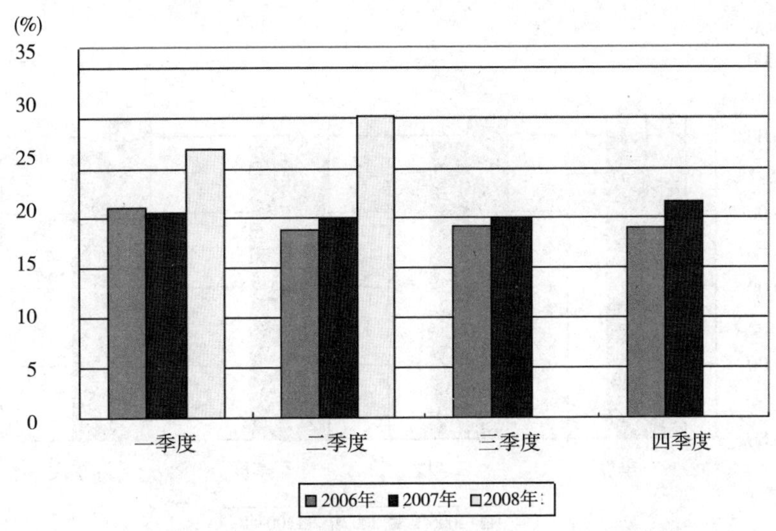

图 5-19　中国从欧洲进口总值增速（累计）

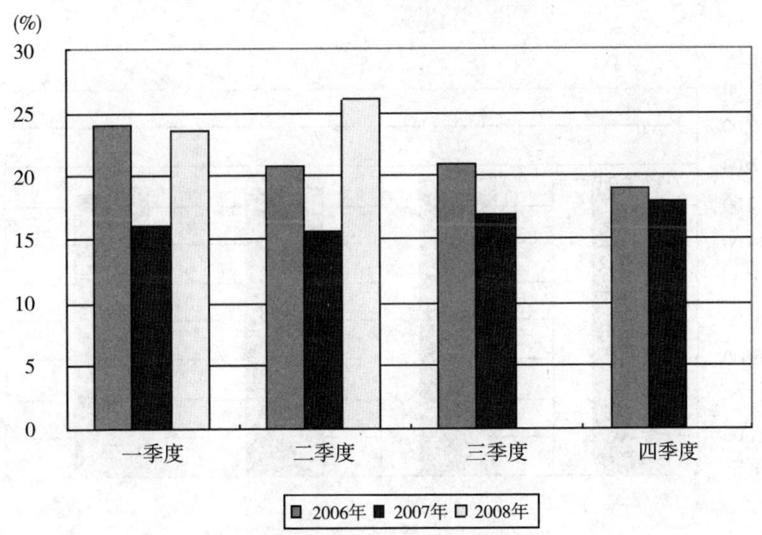

图 5-20　中国从亚洲进口总值增速（累计）

在中国的出口构成中，中国对美国的出口近年来有下降的态势，2008 年上半年仅有 17.53%的产品出口到美国市场，2006 年同期这一比例为 21.24%（图 5-21）；从美国的进口份额基本维持在 7%—8%的水平（图 5-22）。

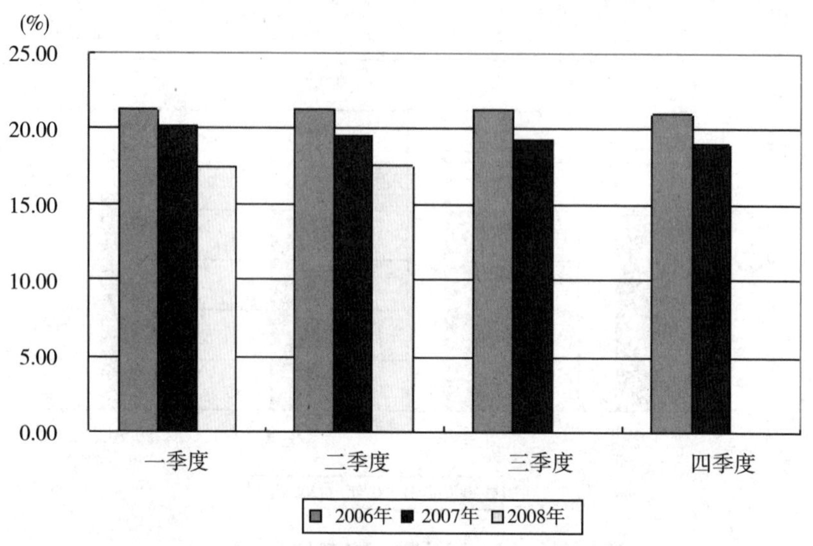

图 5-21 中国对美国出口占总出口的份额（累计）

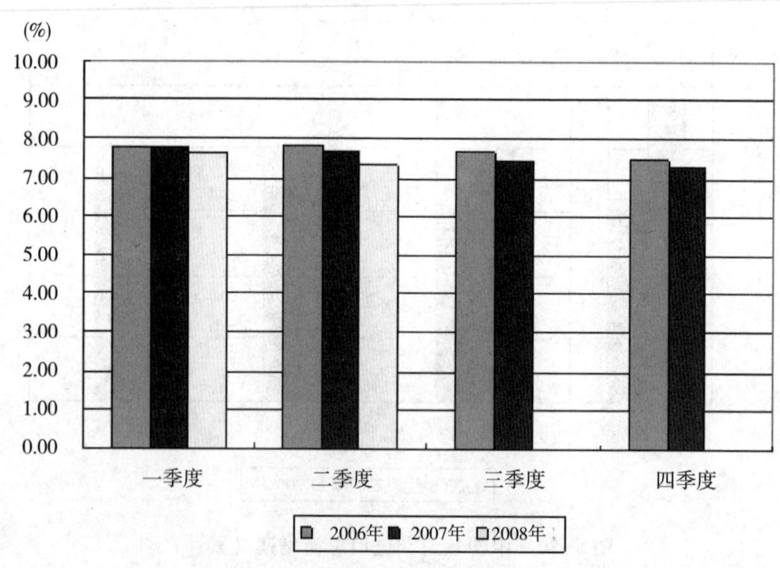

图 5-22 中国从美国进口占总进口的份额（累计）

自 2006 年起，中国对欧洲的出口份额持续大幅提高，2008 年上半年对欧洲的出口约占 24%（图 5-23）；来自欧洲的进口份额基本维持在 14%左右（图 5-24）。

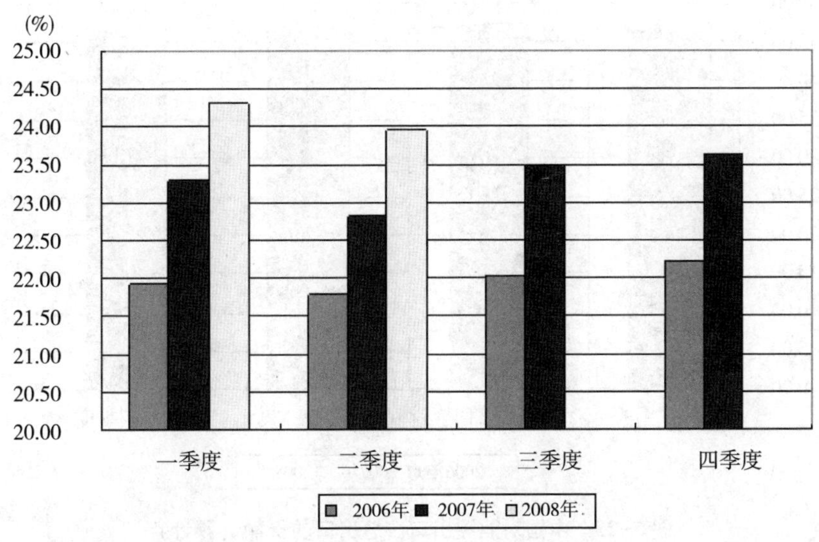

图 5-23 中国对欧洲出口占总出口的份额（累计）

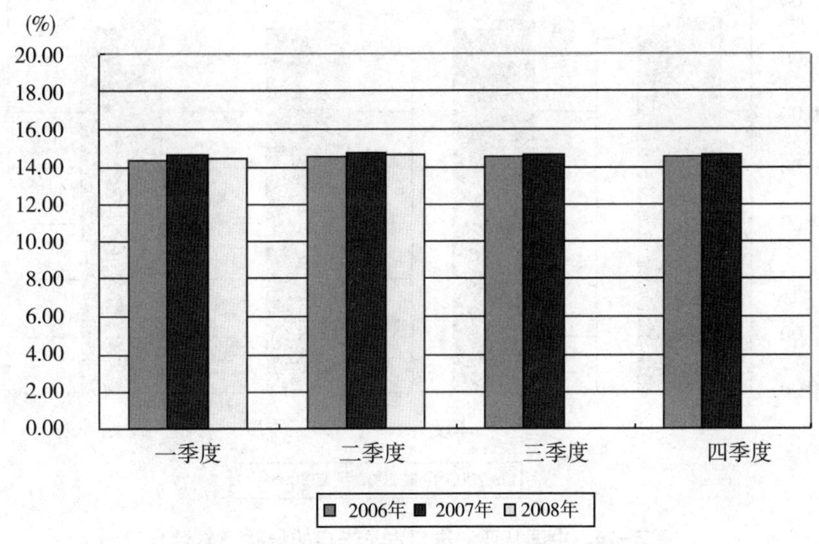

图 5-24 中国从欧洲进口占总进口的份额（累计）

中国对亚洲的出口基本维持在略高于 45%的水平上（图 5-25），同时有超过 60%的进口来自亚洲（图 5-26）。

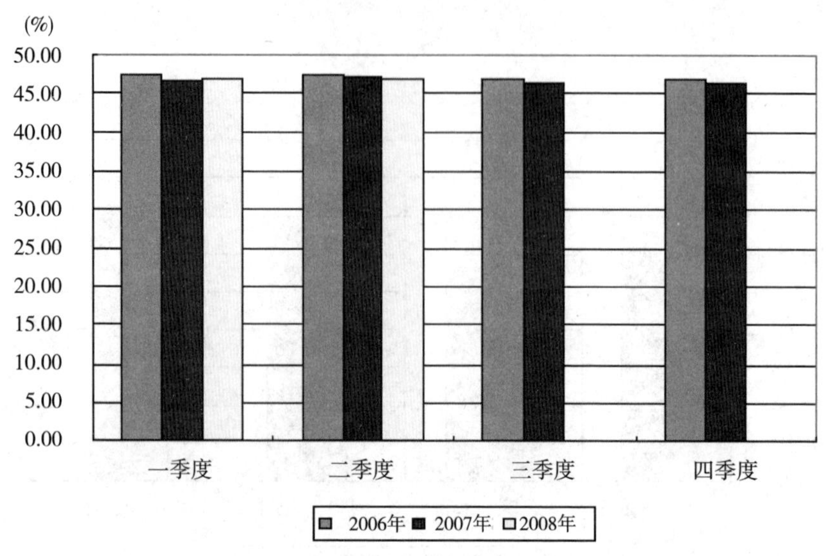

图 5-25　中国对亚洲出口占总出口的份额（累计）

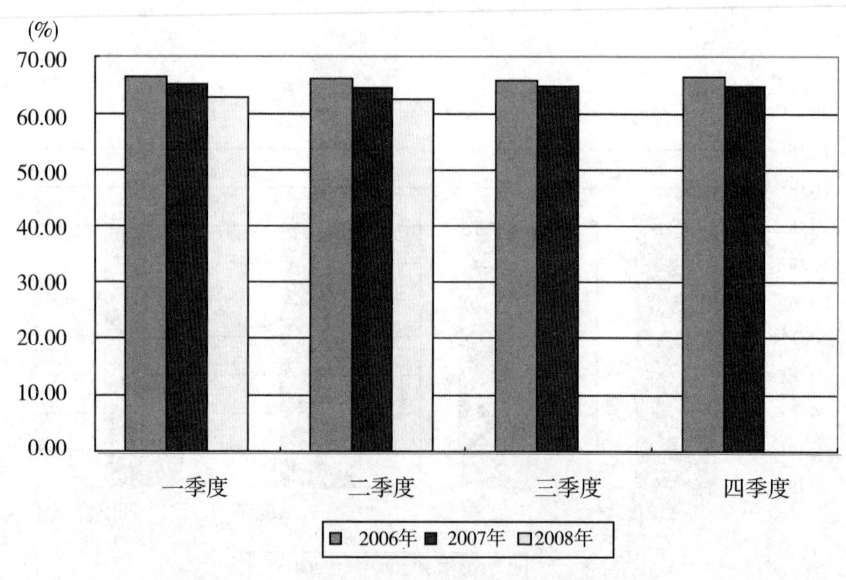

图 5-26　中国从亚洲进口占总进口的份额（累计）

中国对主要国家和地区进出口构成的变化，与人民币对主要货币的变化密切相关。自 2005 年 7 月开始，人民币对美元持续升值，但是对欧元和日元却有升有降（图 5-27）。

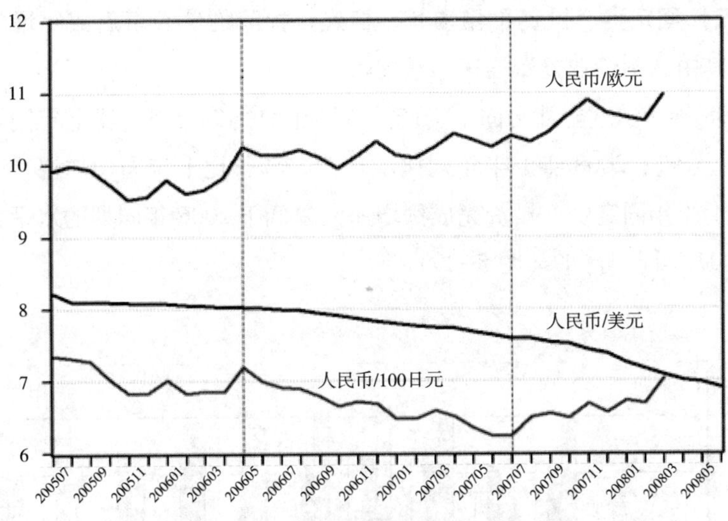

图 5-27　人民币兑主要货币汇率（当月平均）

自 2007 年 7 月起，人民币对欧元和日元基本维持贬值的态势。① 人民币名义和实际有效汇率自 2006 年开始持续处于升值态势（图 5-28）。汇率的这一变化趋势已开始促使中国的出口产品市场由美国向欧洲转移，同时，开始扩大了中国从美国和欧洲的进口。

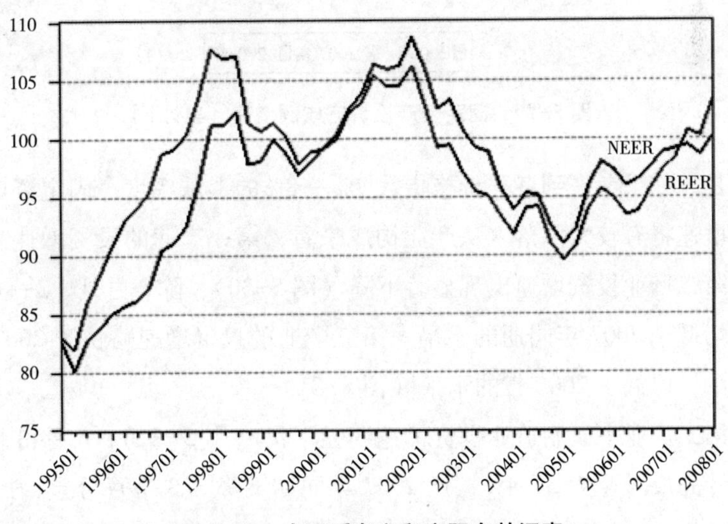

图 5-28　人民币名义和实际有效汇率

① 从央行公布的人民币中间价来看，人民币近期除了对美元有轻微贬值外，对日元、欧元以及英镑都在大幅升值。

（三）固定资产投资平稳增长，但是，扣除物价因素后实际增幅大幅下滑，其中，制造业投资增速下滑显著

2008 年一季度全社会固定资产投资同比增长 24.6%，比上年同期加快 0.9 个百分点；2008 年上半年同比增长 26.3%，比上年同期加快 0.4 个百分点。上半年固定资产投资完成额增速大幅低于 2006 年同期的水平，基本上与 2007 年同期持平（图 5-29）。

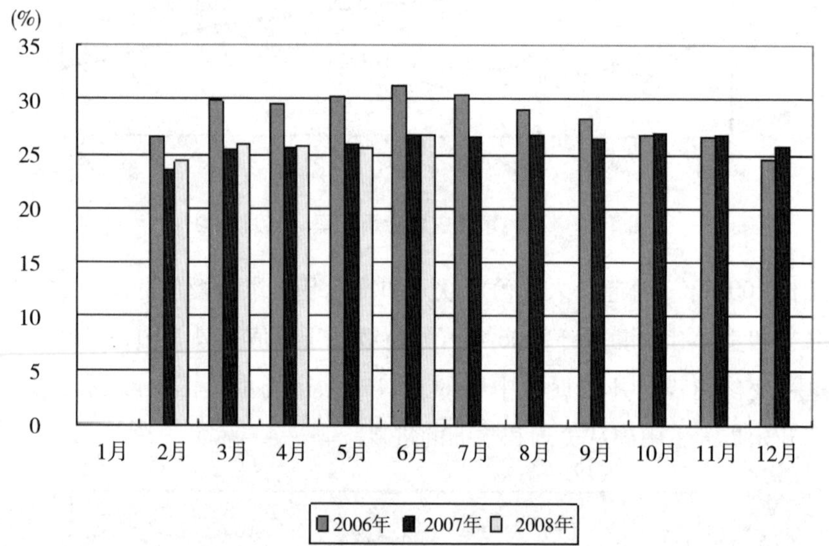

图 5-29　固定资产投资完成额增速（累计）

但是，如果考虑到各类价格指数 7%—8%的上涨幅度，固定资产投资的实际增速将有较大回落。从产业构成来看，第一产业的投资增速有较大增长。第二产业投资增速出现显著下降（图 5-30），除 2 月外，3—6 月投资增速均低于 2007 年同期的水平。第三产业的投资增速略快于 2007 年同期的水平，但低于 2006 年的水平（图 5-31）。

在第二产业中，制造业投资增速明显下滑（图 5-32），6 月份制造业投资累计完成增速为 31.4%，比 2007 年同期下降 3.3 个百分点，比 2006 年 6 月下降 7.2 个百分点。此外，纺织业投资增速下降最显著（图 5-33）。交通运输设备制造业投资总额、电气机械及器材制造业投资总额累计增速，以及房地产开发投资都比上年同期有较大幅度提高。

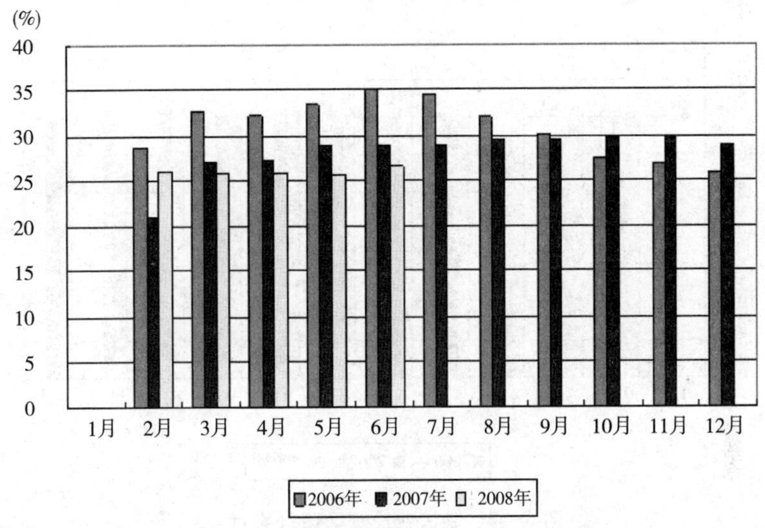

图 5-30　第二产业投资增速（累计）

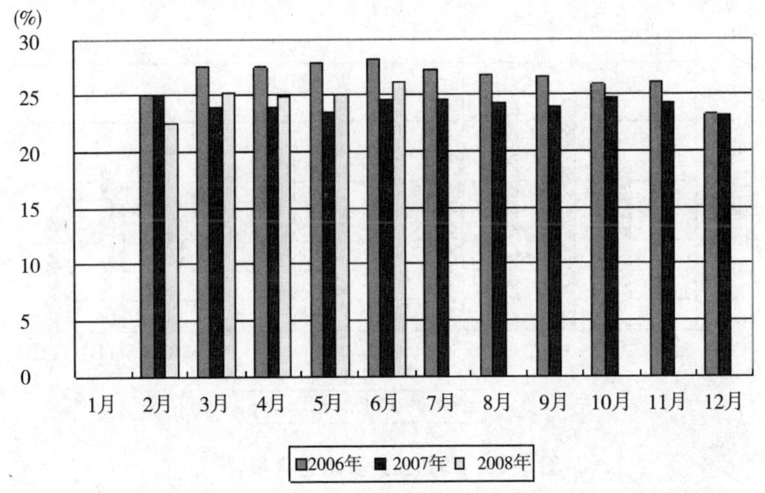

图 5-31　第三产业投资增速（累计）

从投资主体来看，从紧的政策已导致中小企业投资速度下滑，加上人民币升值等因素，一些劳动密集型企业的投资速度也明显下滑。到 2008 年 6 月，外商投资企业投资增速比上年提高 4.3 个百分点，国有企业投资增速比上年提高 3.9 个百分点，内资企业仅提高 0.5 个百分点，港澳台企业投资增速比上年下降了 11.8 个百分点，个体经营企业投资增速比上年下降

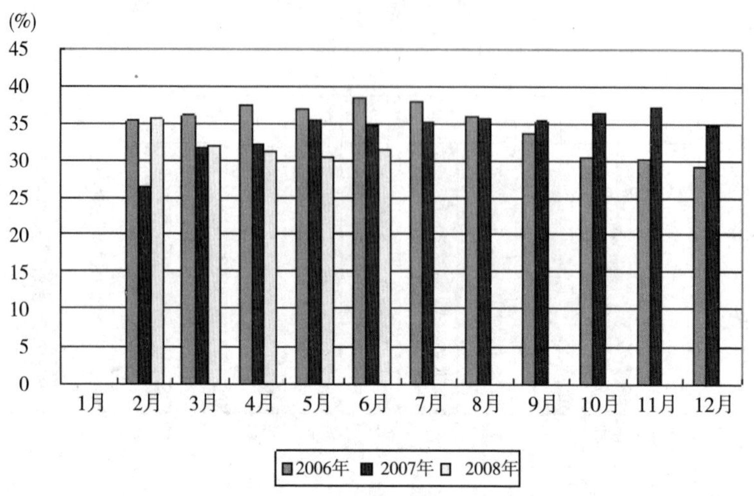

图 5-32 制造业投资增速（累计）

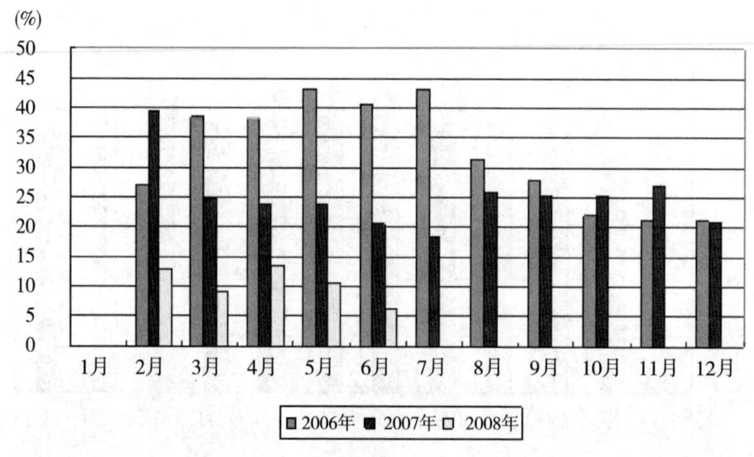

图 5-33 纺织业投资增速（累计）

了 10.1 个百分点。从投资资金来源看（图 5-34），固定资产投资资金来源中自筹资金所占的比例持续上升，2008 年 6 月，固定资产投资资金来源中有 61.6%来自于企业自筹资金，比上年同期提高了 3.22 个百分点；来自国内贷款所占的份额同比下降了 1.36 个百分点，为 16.75%。

（四）城乡居民实际收入增幅下降，城镇家庭边际消费倾向减弱

2008 年以来城乡居民收入增速减缓，城镇居民收入增幅下降较为明

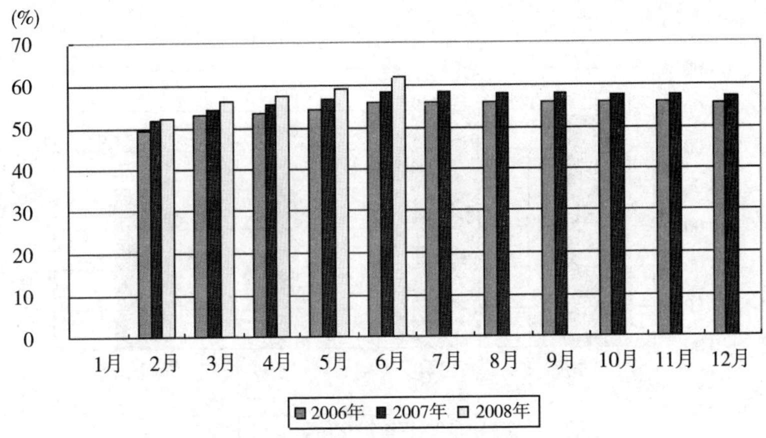

图 5-34　资金来源中自筹资金所占的比例

显。在股市、房地产市场低迷以及物价快速上涨的压力下，居民的财富效应不断减弱，消费难以明显增长。一季度，社会消费品零售总额累计增速在扣除物价上涨（商品零售价格指数，上年=100，当月）之后仅比上年同期提高 0.4 个百分点；二季度消费实际增速也仅提高 2.1 个百分点。2008 年上半年，城镇居民人均可支配收入同比增长 14.4%，扣除价格因素（城市居民消费价格指数，上年=100，当月），实际增长 7.56%，大幅度低于 2006 年和 2007 年同期的水平（图 5-35）；农村居民人均现金收入增长 19.8%，扣除价格因素（农村居民消费价格指数，上年=100，当月），实际增长 11.98%，略低于 2007 年同期水平（图 5-36）。

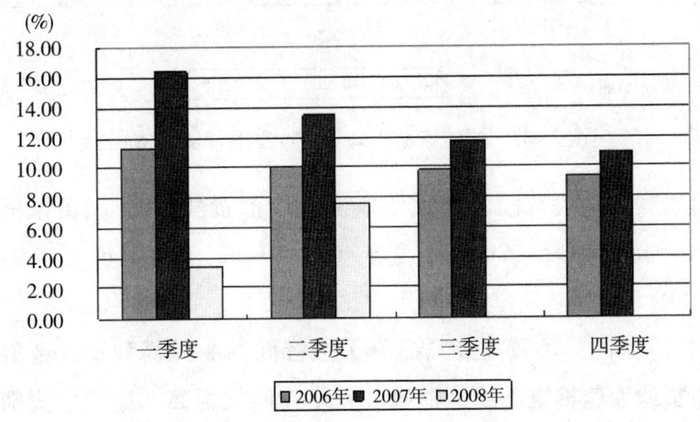

图 5-35　城镇家庭人均可支配收入实际增长

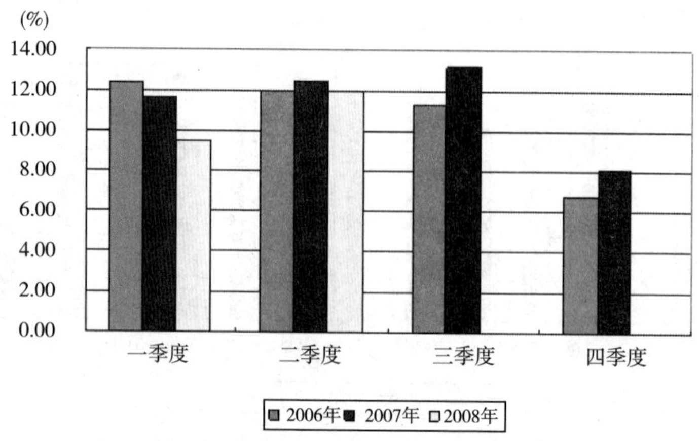

图 5-36　农村家庭人均现金收入实际增长

2008 年上半年城镇家庭人均消费性支出（实际值）增长 6.86%，同比下降 3.29 个百分点，也低于 2006 年同期的水平（图 5-37）。

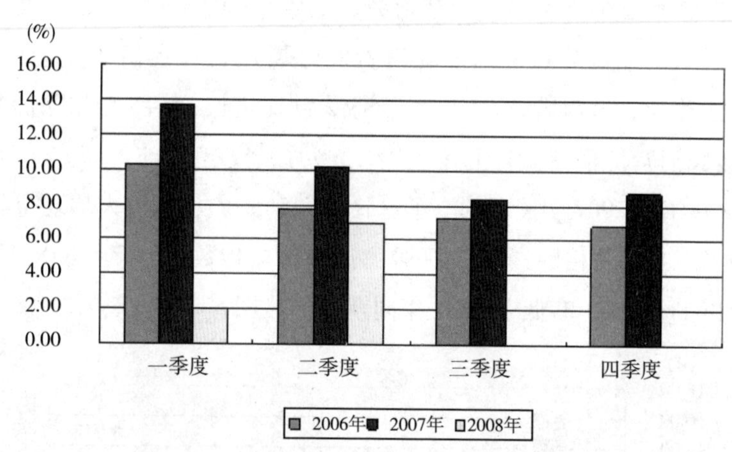

图 5-37　城镇家庭人均消费性支出（实际值）

城镇家庭边际消费倾向（城镇家庭人均消费性支出/城镇家庭人均可支配收入）持续下降，2006 年上半年为 70.5%，2008 年上半年下降为 68.07%（图 5-38）。

（五）从紧的货币政策大幅提高了银行间同业拆借利率，金融机构人民币各项贷款增速相继下滑；财政收入增速明显提高，财政收支顺差也在快速增加

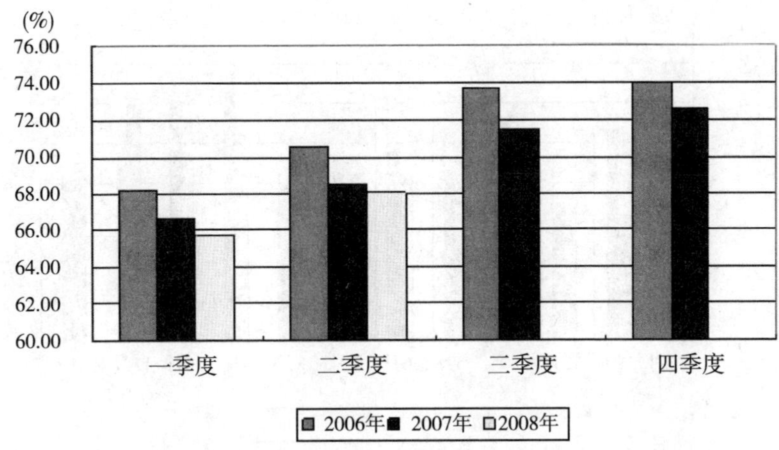

图 5-38　城镇家庭边际消费倾向

在货币政策执行方面，2008 年 M2 增长率基本维持在 2007 年同期的水平（图 5-39）。

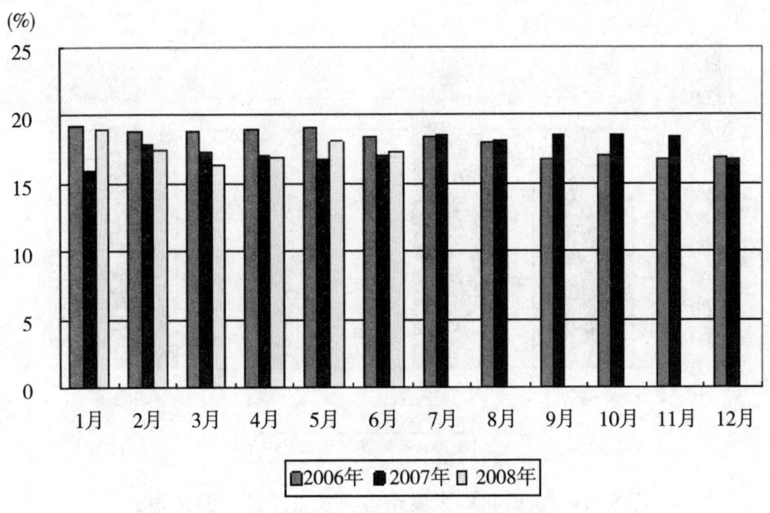

图 5-39　M2 增长率（月末数，同比）

对银行体系流动性的控制已使银行间同业拆借加权平均利率大幅提高（图 5-40）。

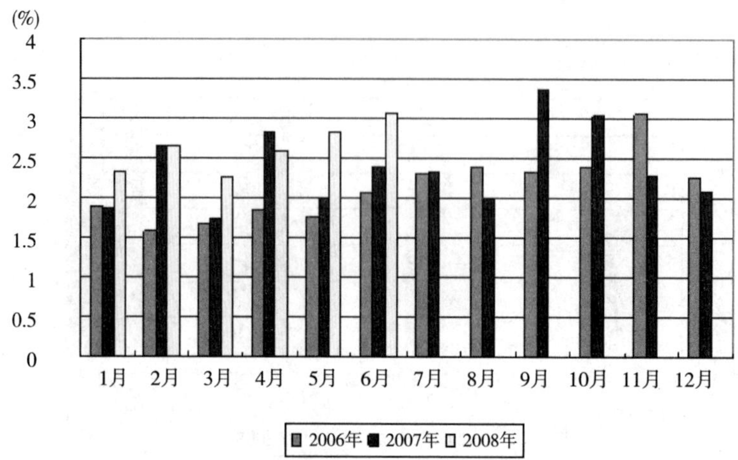

图 5-40　银行间同业拆借加权平均利率

金融机构各项存款继续增加，其中财政存款增长迅速。金融机构人民币各项贷款增速相继下滑（图 5-41），其中，对工业贷款增速同比下降 1.7 个百分点，中长期类贷款同比下降 1.4 个百分点。

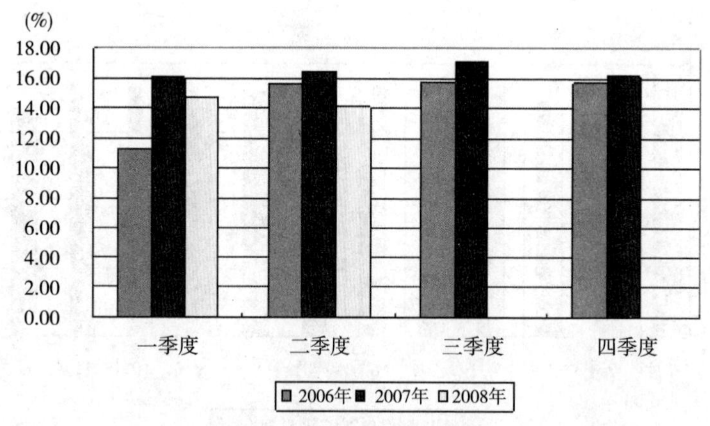

图 5-41　金融机构人民币各项贷款增速（月末数）

与此同时，国家财政收入增速同比明显提高（图 5-42），国家财政收支顺差也在快速增加。

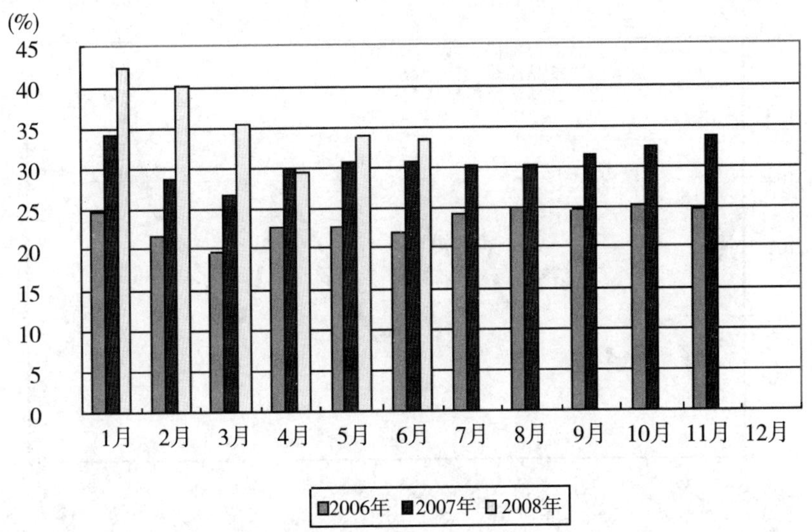

图 5-42　国家财政收入增速（累计）

（六）随着居民食品价格指数的下降，消费者价格指数（CPI）已呈下降趋势；但生产者价格指数（PPI）持续攀升

虽然与上年同期比，CPI 的涨幅还维持在 7%以上的水平，但与上个月相比（上月=100），近 3 个月以来，CPI 已开始呈现下降的态势（图 5-43）。其主要原因在于居民（城市或农村）食品消费价格指数的下降（图 5-44）。

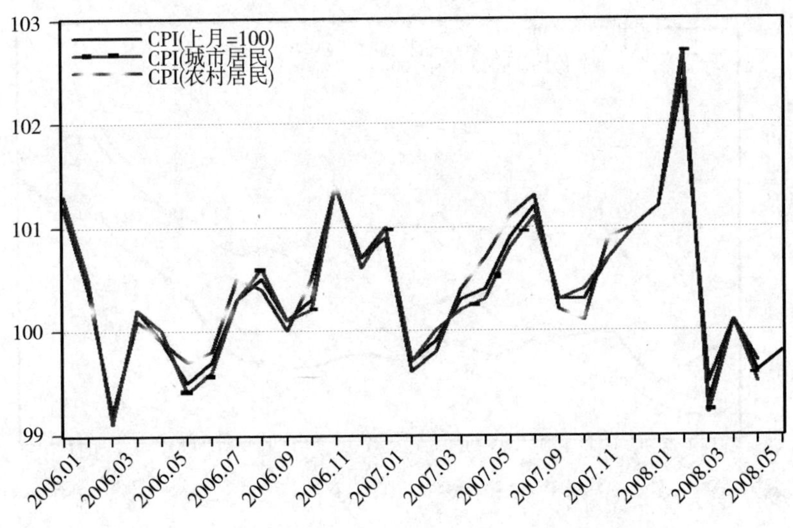

图 5-43　居民消费价格指数 CPI

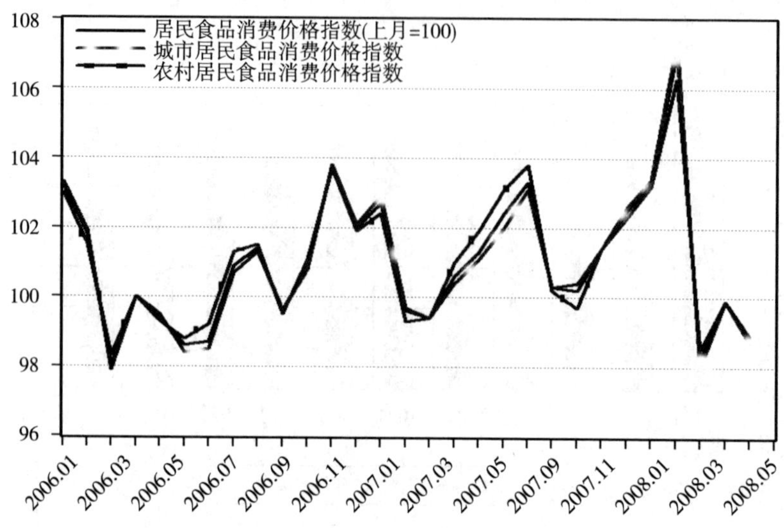

图 5-44　居民食品消费价格指数

另一方面，PPI、企业商品价格总指数持续攀升，原材料、燃料、动力购进价格指数上涨最为明显（图 5-45）。受此影响，生产资料工业品出厂价格指数（上年＝100，当月）大幅度提高（图 5-46）。但是，耐用消费品工业品出厂价格指数（上年＝100，当月）并未超过去年同期水平（图 5-47）。

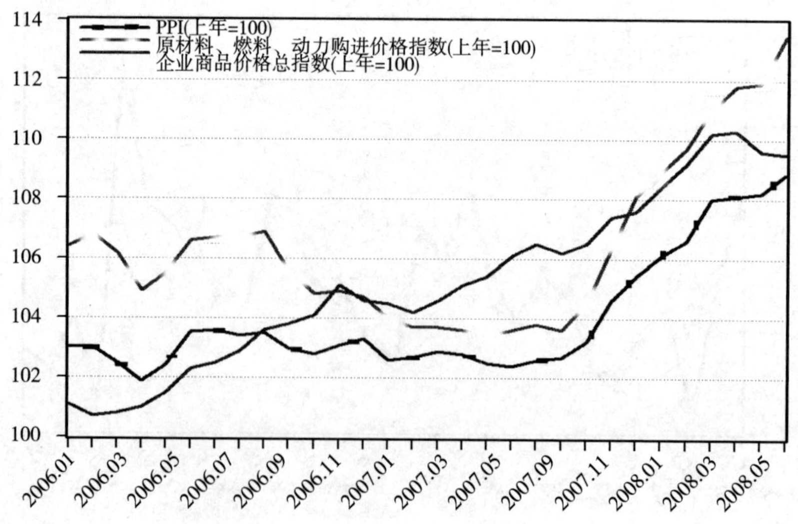

图 5-45　生产者价格指数及其他指数

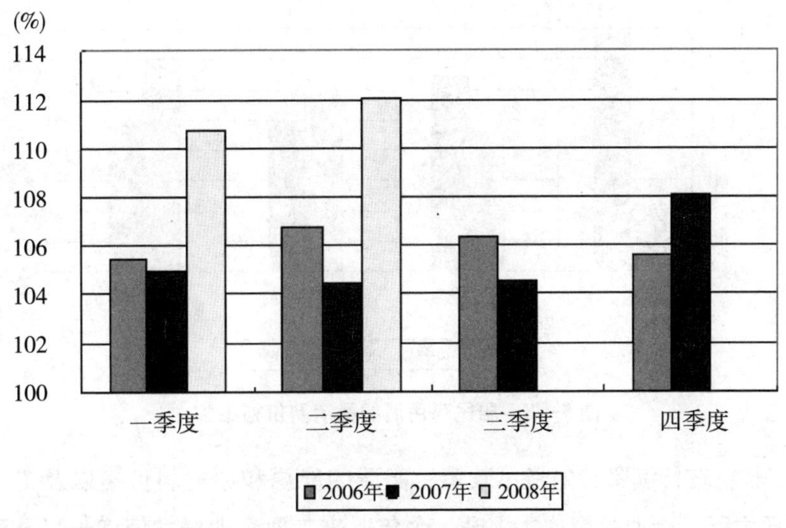

图 5-46　生产资料工业品出厂价格指数

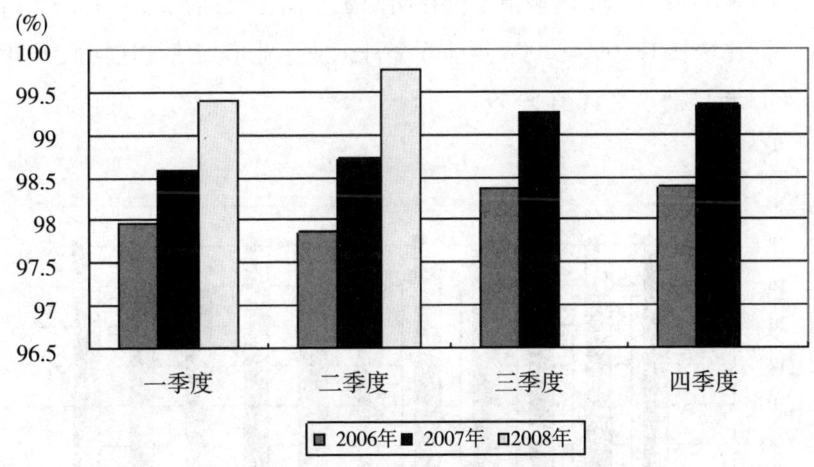

图 5-47　耐用消费品工业品出厂价格指数

生活资料工业品出厂价格指数（上年=100，当月）2008 年上半年仅同比上涨 4.78%。在最终产品市场上，居民耐用消费品消费价格指数（上年=100，当月）同比上涨 1.3%（图 5-48），居民家庭设备用品及服务消费价格指数 2008 年 6 月仅比 5 月上涨了 0.3%。

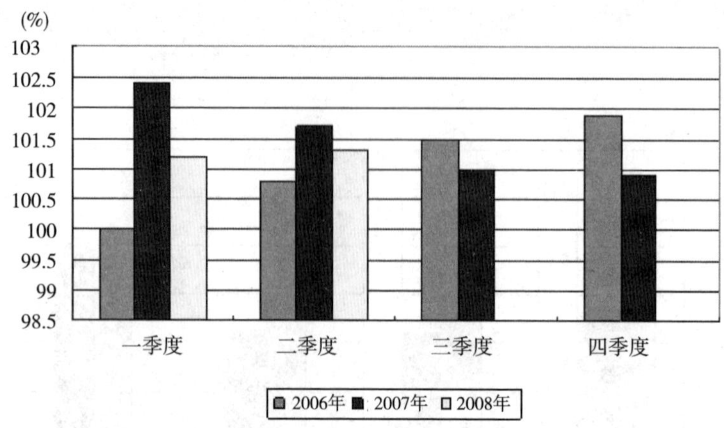

图 5-48　居民耐用消费品消费价格指数

（七）在持续紧缩的货币政策、高涨的能源和原材料价格以及工资上涨的压力下，企业投资成本上升，今年以来工业企业增加值增长以及利润增速大幅下滑

2008 年一季度，全国城镇单位在岗职工平均工资同比增长 18.3%；上半年，同比增长 18.0%。2008 年前 6 个月工业企业增加值增速均低于 2006 年、2007 年同期水平（图 5-49）。

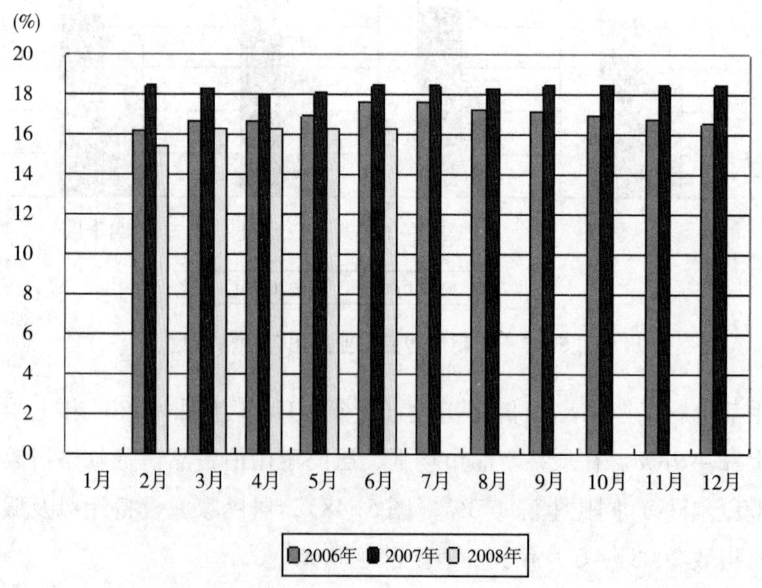

图 5-49　工业企业增加值增速（累计）

到 6 月，轻工业企业增加值增速同比下降 2.6 个百分点，重工业下降 2.2 个百分点；三资企业下降 3.6 个百分点，股份合作企业下降 3 个百分点，集体加工企业下降 2.5 个百分点，国有及国有控股下降 1.3 个百分点，股份有限公司下降 1.2 个百分点。工业企业利润总额累计增速大幅下滑。2007 年 5 月工业企业利润增长 42.14%，2008 年 5 月利润增速下降为 20.91%，甚至比 2006 年同期下降了 4.58 个百分点（图 5-50）。其中，国有及国有控股企业利润总额增速下降最为显著，大中型工业企业利润也大幅下降。与 2007 年比，工业亏损企业数增速在上升。

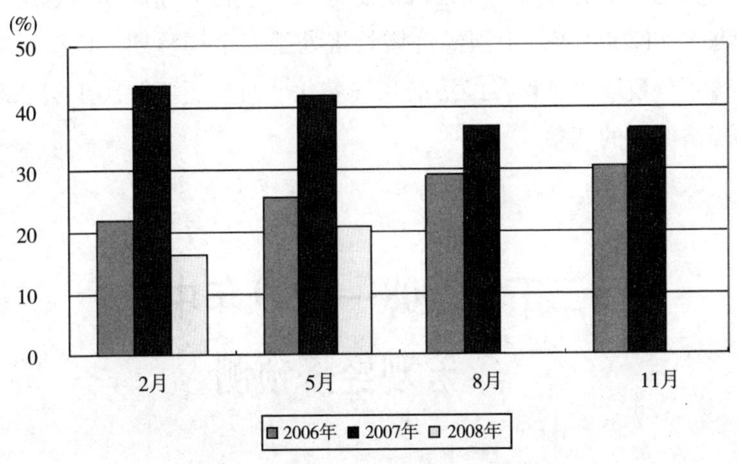

图 5-50　工业企业利润总额增速（累计）

上述分析表明，目前经济增长的回落主要原因在于出口增长下滑。长期以来靠“出口拉动”的经济增长，当面临外部需求萎缩时，增长下滑不可避免。在持续紧缩的货币政策、高涨的能源和原材料价格以及工资上涨的压力下，企业投资成本上升，制造业投资增速明显下滑。当出口随外需放缓和国内成本上升而进一步放缓时，出口行业的产能过剩将进一步抑制投资的增长。在目前主要出口市场经济前景趋淡（美国和欧洲）的预期下，放缓人民币升值幅度、调高部分产品出口退税率，对中国经济增长的刺激作用显然有限。为理顺要素价格而进行的市场化改革，还将进一步抑制制造业的利润增长。由于目前固定资产资金来源主要来自企业自筹资金，制造业投资增速的下滑在将来一定时期内还将继续维持。因此，目前的经济减速若是由于出口下滑引起的，那么，接下来则可能受到制造业投资放缓的叠加影响。

进一步，经济增长还可能受制于消费（特别是居民消费）的缓慢增长。2008 年以来，城乡居民实际收入增幅下降，城镇家庭边际消费倾向减弱。考虑到提高居民的实际收入是一个长期的过程，不仅需要短期宏观政策（主要是财政政策），还需要长期经济增长方式的根本转变，产业结构的升级等战略调整。这意味着，消费需求特别是私人消费需要短期内将难以快速增长。预计今后一段时期内中国经济将难以继续维持 2007 年那样的增长速度。

然而，这并不意味着本轮经济增长进入了下行区间。本课题组的判断是，2008 年和 2009 年，中国经济增长将处于一个调整期。U 型调整期底部的长度不仅要取决于世界经济的景气变化，而且还要取决于宏观政策的调控和经济结构的调整。

第二节　2008—2009 年中国宏观经济预测

一、模型外生变量的假设

（一）石油价格的变化趋势

根据美国能源部 2008 年 8 月 12 日《能源展望》的预测，2008 年四季度国际原油价格（西德克萨斯中质原油，WTI）将由 2008 年一季度的每桶 97.94 美元，上升到 128.00 美元；2009 年一季度继续升至 128.33 美元，然后逐季度小幅下降，预计二、三、四季度分别为 125.00 美元、122.00 美元、119.00 美元。此外，炼油厂平均采购成本价（RAC）口径的国际原油价格将由 2008 年第一季度的每桶 91.16 美元，逐季度上升，二、三、四季度分别为 116.89 美元、119.67 美元、122.00 美元；2009 年一季度达到最高——122.83 美元，然后逐季度小幅下降，二、三、四季度分别为 119.50 美元、116.50 美元、113.50 美元（图 5-51）。

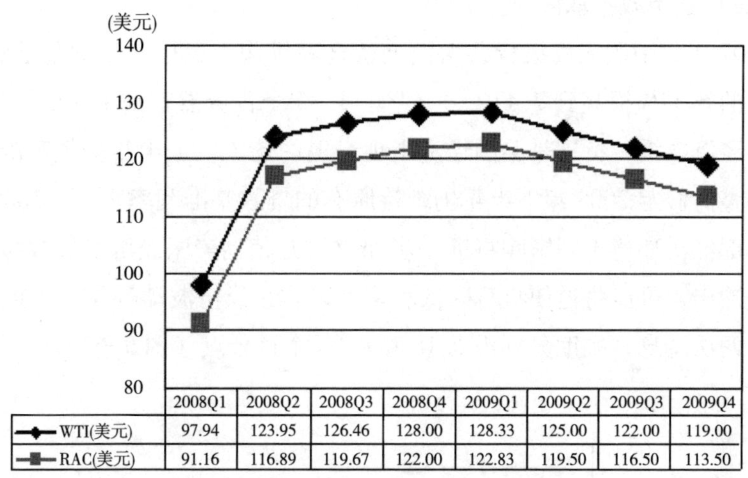

	2008Q1	2008Q2	2008Q3	2008Q4	2009Q1	2009Q2	2009Q3	2009Q4
WTI(美元)	97.94	123.95	126.46	128.00	128.33	125.00	122.00	119.00
RAC(美元)	91.16	116.89	119.67	122.00	122.83	119.50	116.50	113.50

图 5-51　国际原油价格的变化趋势假定

资料来源：美国能源部 2008 年 8 月 12 日《能源展望》。

（二）人民币汇率的变化趋势

预计 2008 年和 2009 年人民币将维持持续升值的态势，但对美元升值幅度将减弱。假设人民币兑美元汇率在 2008 年和 2009 年分别升值 8.1%、2.1%，到 2008 年四季度，人民币兑美元汇率将维持在 6.91 的水平，到 2009 年第四季度，预计 1 美元可兑换 6.64 元人民币（图 5-52）。

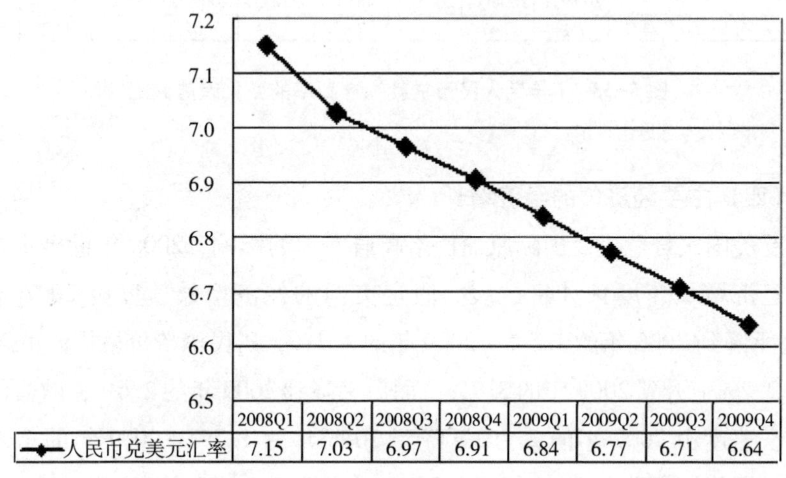

	2008Q1	2008Q2	2008Q3	2008Q4	2009Q1	2009Q2	2009Q3	2009Q4
人民币兑美元汇率	7.15	7.03	6.97	6.91	6.84	6.77	6.71	6.64

图 5-52　人民币兑美元汇率的变化趋势假定

资料来源：本课题组设定。

（三）货币政策取向

2007 年，中国人民银行共六次上调金融机构人民币存贷款基准利率，由年初的 6.12%提高到 7.47%，上调了 1.35 个百分点。到了 2008 年，由于世界经济放缓，特别是美国经济出现衰退的迹象，上半年贷款基准利率没有调整。假定 2008 年下半年仍维持原有的贷款基准利率水平。2009 年，由于外部经济环境不利影响将进一步加重，尤其是美国经济发展放缓带来的负面冲击，可能将迫使央行降低利率，以防止经济波动过大。假定 2009 年将有两次降息，幅度分别为 0.18 和 0.27 个百分点（图 5-53）。

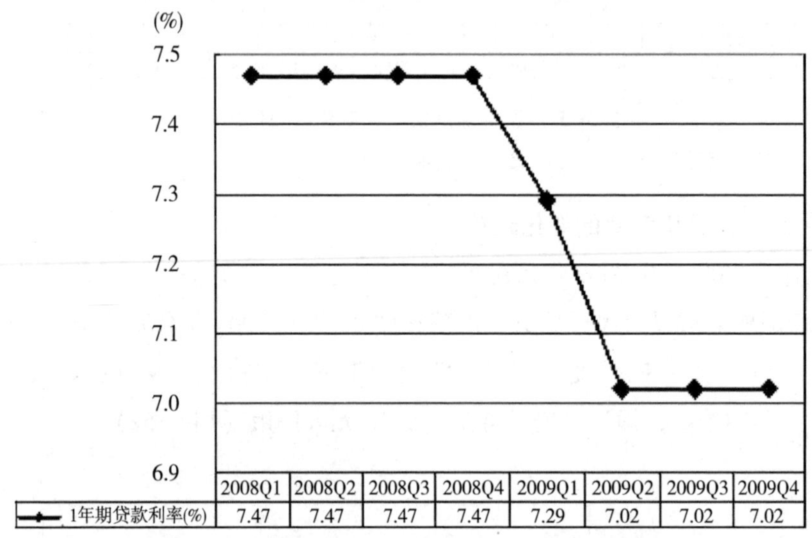

	2008Q1	2008Q2	2008Q3	2008Q4	2009Q1	2009Q2	2009Q3	2009Q4
1年期贷款利率(%)	7.47	7.47	7.47	7.47	7.29	7.02	7.02	7.02

图 5-53　1 年期人民币贷款基准利率的变化趋势假定

资料来源：本课题组设定。

（四）主要经济体的经济增长

受美国次贷危机及国际原油价格高居不下的影响，2008 年世界主要经济体经济增长速度预计将放缓。假定美国的经济增长速度由 2007 年的 2.2%下降到 2008 年的 1.5%、2009 年的 1.1%，居民消费价格指数由 2007 年的 2.7%上升到 2008 年的 3.7%，而后又降到 2009 年的 2.6%；欧盟的经济增长速度由 2007 年的 2.7%下降到 2008 年的 1.7%、2009 年的 1.4%，居民消费价格指数由 2007 年的 1.8%上升到 3.7%，而后下降到 2.9%（图 5-54、图 5-55）。

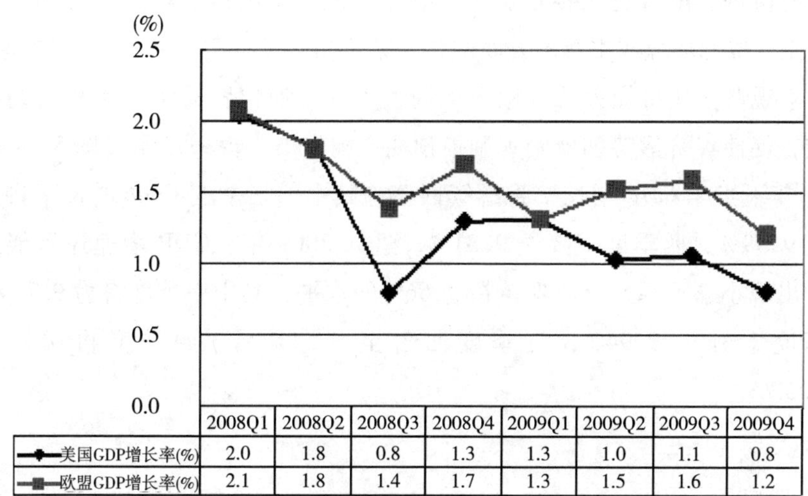

	2008Q1	2008Q2	2008Q3	2008Q4	2009Q1	2009Q2	2009Q3	2009Q4
美国GDP增长率(%)	2.0	1.8	0.8	1.3	1.3	1.0	1.1	0.8
欧盟GDP增长率(%)	2.1	1.8	1.4	1.7	1.3	1.5	1.6	1.2

图 5-54 美国及欧盟经济增长率的变化趋势假定

资料来源：国际货币基金组织《世界经济展望》2008 年 7 月 17 日预测和本课题组假定。

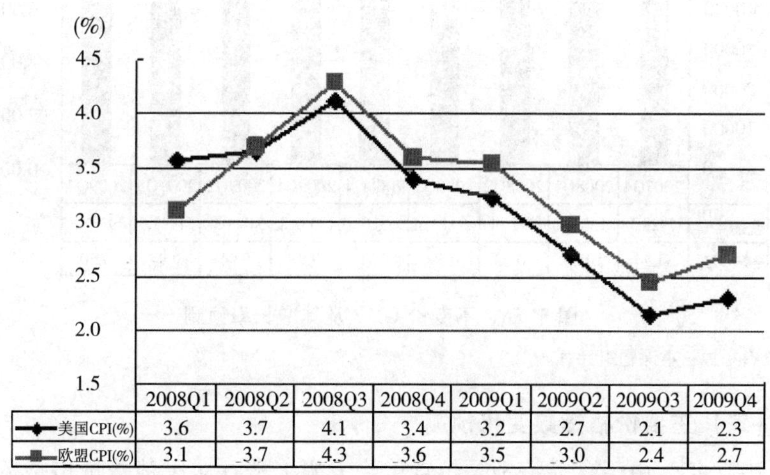

	2008Q1	2008Q2	2008Q3	2008Q4	2009Q1	2009Q2	2009Q3	2009Q4
美国CPI(%)	3.6	3.7	4.1	3.4	3.2	2.7	2.1	2.3
欧盟CPI(%)	3.1	3.7	4.3	3.6	3.5	3.0	2.4	2.7

图 5-55 美国及欧盟居民消费价格指数的变化趋势假定

资料来源：国际货币基金组织《世界经济展望》2008 年 7 月 17 日预测和本课题组假定。

二、2008—2009 年中国宏观经济主要指标预测

（一）GDP 增长率预测

2008 年，宏观调控将坚持稳健偏紧的政策取向，通过货币政策与财政

政策的协调，配合行政性措施，从利率、汇率、出口退税率、劳动力成本、土地资源环境成本等多方面调整要素价格水平，着力控制投资增速反弹；宏观调控还将加大结构性政策调整力度，加快贸易结构和投资结构调整，促使经济形势朝着宏观调控预期方向发展。模型预测（图 5-56），2008 年下半年 GDP 增长率将继续回落，其中，三季度 GDP 增长率将下降至 9.59%，四季度下降至 9.31%。进入 2009 年，GDP 增速还可能进一步出现小幅下降，全年保持在 9.66%的水平，其中一季度将为 9.73%，二季度上升至 9.94%，三季度回落至 9.54%后，四季度再次回升至 9.50%。

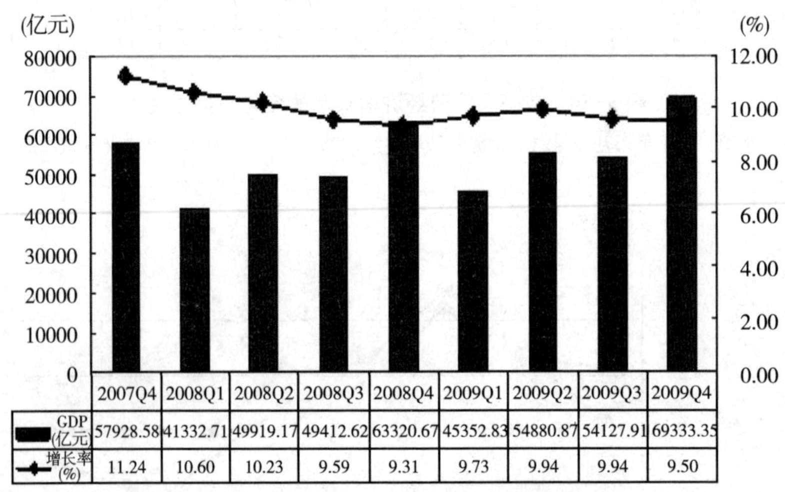

	2007Q4	2008Q1	2008Q2	2008Q3	2008Q4	2009Q1	2009Q2	2009Q3	2009Q4
GDP(亿元)	57928.58	41332.71	49919.17	49412.62	63320.67	45352.83	54880.87	54127.91	69333.35
增长率(%)	11.24	10.60	10.23	9.59	9.31	9.73	9.94	9.94	9.50

图 5-56　不变价 GDP 及其增长率预测

资料来源：本课题组计算。

（二）主要价格指数变化预测

2007 年，由于食品特别是粮食价格大幅上涨，居民消费价格指数一直呈上升趋势：同比上涨 4.8%，涨幅比上年提高 3.3 个百分点。其中农村居民消费价格指数的涨幅一直超过城市居民消费价格指数。模型预测（图 5-57、图 5-58），2008 年、2009 年价格水平将继续仍维持高位的态势，但是，价格指数的增幅将逐步趋缓。预计 2008 年 GDP 平减指数将上涨约 8.90%，其中，三季度的涨幅最高达 9.64%，而后出现下降，至四季度为 8.75%。CPI 涨幅预计将高达 7.18%，高出 2007 年价格上涨水平约

2.38 个百分点；四个季度的走势呈现一路下滑态势，分别为 8.12%、7.88%、6.61%、6.17%。进入 2009 年，各类价格指数的涨幅走势将进一步回落：GDP 平减指数涨幅为 7.08%，CPI 为 4.68%，投资价格指数为 6.61%。

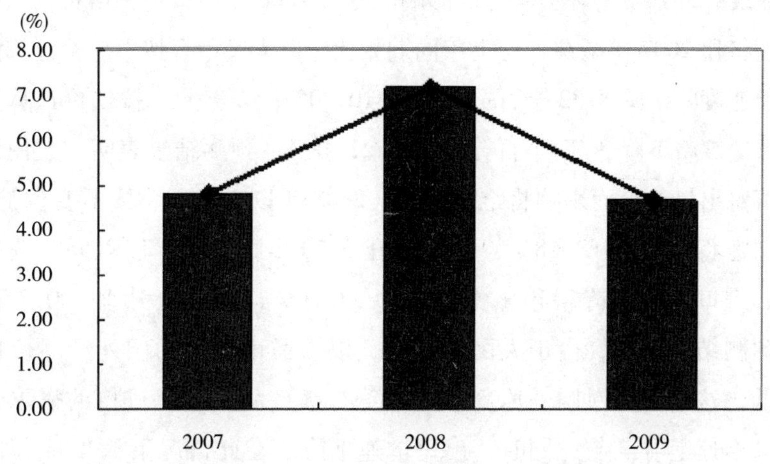

图 5-57　主要价格指数变化预测：CPI 年增长率

资料来源：本课题组计算。

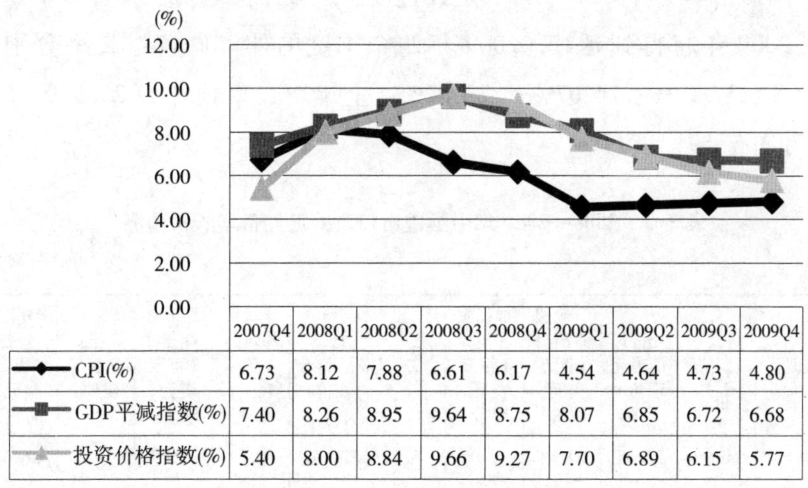

	2007Q4	2008Q1	2008Q2	2008Q3	2008Q4	2009Q1	2009Q2	2009Q3	2009Q4
CPI(%)	6.73	8.12	7.88	6.61	6.17	4.54	4.64	4.73	4.80
GDP平减指数(%)	7.40	8.26	8.95	9.64	8.75	8.07	6.85	6.72	6.68
投资价格指数(%)	5.40	8.00	8.84	9.66	9.27	7.70	6.89	6.15	5.77

图 5-58　主要价格指数变化预测

资料来源：本课题组计算。

（三）其他主要宏观经济指标增长率预测

1. 进出口及外汇储备增长率预测

2007年我国出口增长25.7%，进口增长20.8%，贸易顺差比上年增加847亿美元，是三大需求中增速最快的。模型预测（表5-1），受美国经济增长放缓、外部贸易环境恶化的影响，尽管2008年出口仍将增长，但是增长速度将比2007年减缓，与上年同期相比，以人民币、按不变价计算的出口增长速度将下降8.32个百分点，为10.90%；以美元、按现价计算的出口增长速度将下降3.22个百分点，为22.48%。预测结果表明，人民币汇率升值对出口的负面影响将继续显现。2008年以人民币、按不变价计算，进口增速将上升至13.68%，同比上升0.50个百分点；以美元、按现价计算，进口增速下降得稍微慢一点为33.76%，同比上升13.00个百分点。预测结果表明，由于人民币升值，以人民币计算的国外产品价格相对降低，这增加了对国外原料、能源等初级产品及设备进口的需求，导致进口增速上升。与此同时，出口增速下降，在此情况下，2008年净出口增长速度将首次出现负增长，为-18.67%；2008年外汇储备增长率预计为36.00%，与2007年相比下降6.01个百分点，其中，三季度增长35.19%，四季度增长33.87%，增长速度呈逐渐下降趋势。预计该下降趋势在2009年将得到延续，2009年四个季度的外汇储备增长率分别为29.65%、27.17%、24.07%和22.02%，全年增长率预计为25.51%（表5-1和图5-59）。

表5-1　2008—2009年中国进出口及外汇储备增长率预测

（单位:%）

时间	出口（亿元，不变价）	出口（亿美元，现价）	一般贸易出口（百万美元，现价）	加工贸易出口（百万美元，现价）	进口（亿元，不变价）	进口（亿美元，现价）	一般贸易进口（百万美元，现价）	加工贸易进口（百万美元，现价）	净出口（亿美元，现价）	外汇储备（百万美元，现价）
2008年	10.90	22.48	27.58	17.00	13.68	33.76	50.34	16.67	-18.67	36.00
2008Q3	8.47	20.18	25.94	15.78	16.36	34.64	52.85	16.29	-30.64	35.19
2008Q4	13.28	25.62	34.10	18.59	18.78	38.24	50.96	21.76	-17.98	33.87
2009年	11.29	15.36	16.18	15.05	15.53	21.51	30.15	13.20	-21.49	25.51

续表

时间	出口（亿元，不变价）	出口（亿美元，现价）	一般贸易出口（百万美元，现价）	加工贸易出口（百万美元，现价）	进口（亿元，不变价）	进口（亿美元，现价）	一般贸易进口（百万美元，现价）	加工贸易进口（百万美元，现价）	净出口（亿美元，现价）	外汇储备（百万美元，现价）
2009Q1	7.47	14.61	18.31	12.17	10.59	21.22	29.34	14.22	-27.60	29.65
2009Q2	12.39	17.40	18.48	18.64	21.45	27.53	37.62	18.17	-35.20	27.17
2009Q3	12.33	15.13	14.41	15.32	15.87	20.40	29.38	11.29	-20.83	24.07
2009Q4	12.49	14.40	14.37	14.02	14.26	17.77	25.01	10.31	-5.22	22.02

资料来源：本课题组计算。

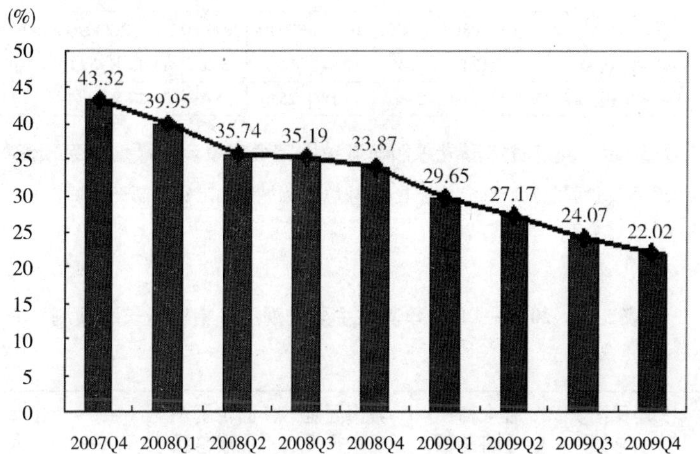

图5-59　外汇储备增长率预测

资料来源：本课题组计算。

2. 固定资产投资增长率预测

2007年按不变价计算的固定资本形成总额增速为12.09%，按当年价格计算的城镇固定资产投资增长25.61%。模型预测（表5-2、图5-60），受宏观调控的影响，2008年固定资本形成总额增速将降至11.78%，回落0.31个百分点；2009年固定资本形成总额增速将继续回落，为8.86%，比2008年下降2.92个百分点。2008年城镇固定资产投资增速与2007年基本持平，为25.69%，2009年则会大幅下降至19.21%，比2008年下降6.48个百分点。分季度来看，2008年下半年固定资本形成总额增速在二季度出现较大幅度下降后，三、四季度有所反弹，分别为12.94%和14.63%。2009年四个季度的固定资本形成总额增长率分别为 5.06%、11.88、7.83%和 9.01%；四个季度的城镇固定资产投资的增速在一季度出现大幅回落后，又呈现逐季上升的趋势，分别为 15.03%、16.28%、18.51%和 23.72%。

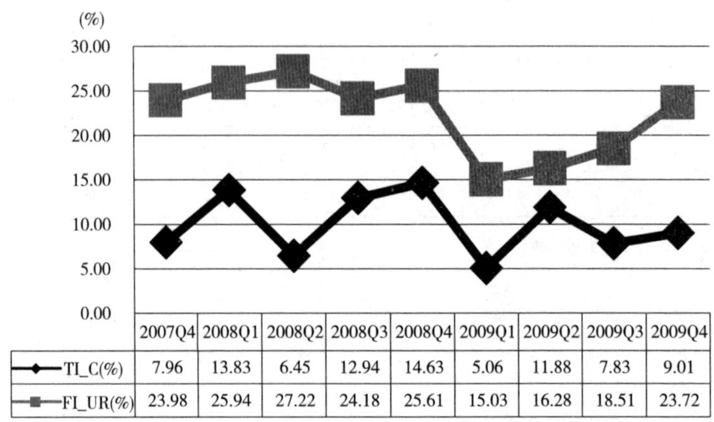

图 5-60　固定资产形成总额与城镇固定资产投资总额增长率预测

注：TI_C 为不变价固定资产形成总额增速，FI_UR 为城镇固定资产投资总额增速。
资料来源：本课题组计算。

表 5-2　2008—2009 年其他主要宏观经济指标增长率预测

（单位:%）

时间	居民消费总额（亿元，不变价）	社会商品零售总额（亿元，现价）	城镇固定资产投资（亿元，现价）	固定资产形成总额（亿元，不变价）	M2（亿元）	人民币实际有效汇率
2008 年	8.49	18.00	25.69	11.78	16.57	4.83
2008Q1	11.98	20.61	25.94	13.83	16.20	100.34
2008Q2	12.47	22.21	27.22	6.45	17.29	101.00
2008Q3	7.53	17.12	24.18	12.94	16.77	101.60
2008Q4	3.00	13.12	25.61	14.63	16.06	102.55
2009 年	7.78	15.72	19.21	8.86	16.01	2.72
2009Q1	8.88	16.96	15.03	5.06	15.48	103.62
2009Q2	7.33	15.24	16.28	11.88	15.82	103.75
2009Q3	7.35	15.27	18.51	7.83	16.15	104.26
2009Q4	7.54	15.44	23.72	9.01	16.54	104.90

资料来源：本课题组计算。

从固定资产投资资金来源来看，2007 年固定资产投资资金来源增速为 28.22%。模型预测（图 5-61），受宏观调控影响，2008 年固定资产投资总资金来源增速将下降至 24.10%，同比下降 4.12 个百分点。分季度看，各季度增速为 25.15%、23.33%、23.08%、25.02%，经历一季度较高增速后，二、三季度增速将有所放缓，四季度又回到较高水平，但整体来看波动幅度不大。2009 年增长速度则进一步下降为 22.84%，各季度增速分别为 20.74%、24.39%、19.65%和 25.21%，呈现较大幅度波动。按资金来源分类看，2008 年各主要资金来源增长速度都呈现较为明显的下降趋势，宏观调控效果显现，其中国内信贷的增速将为 12.54%，同比下降 4.98 个百分点，企业自筹的增速为 23.19%，同比下降 8.35 个百分点，其他资金来源增速为 2.61%，同比下降 30.61 个百分点。2009 年国内信贷增速将出现较大幅度反弹，为 24.82%，企业自筹资金增速仍然保持下降趋势，为 15.08%，其他资金来源增速则将出现小幅反弹，为 12.00%。

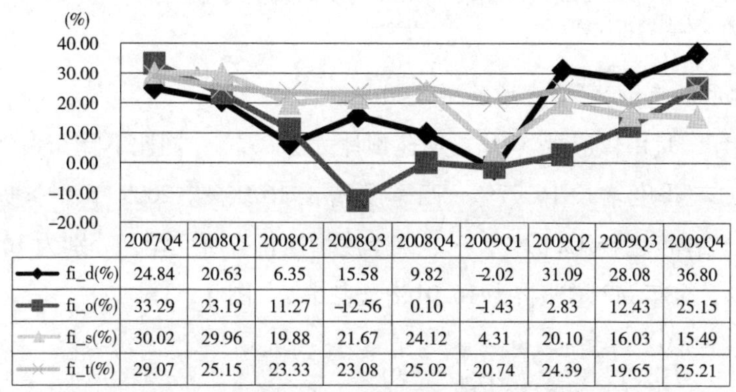

	2007Q4	2008Q1	2008Q2	2008Q3	2008Q4	2009Q1	2009Q2	2009Q3	2009Q4
fi_d(%)	24.84	20.63	6.35	15.58	9.82	-2.02	31.09	28.08	36.80
fi_o(%)	33.29	23.19	11.27	-12.56	0.10	-1.43	2.83	12.43	25.15
fi_s(%)	30.02	29.96	19.88	21.67	24.12	4.31	20.10	16.03	15.49
fi_t(%)	29.07	25.15	23.33	23.08	25.02	20.74	24.39	19.65	25.21

图 5-61 固定资产投资按资金来源分类增长率预测

注：fi_d 为国内信贷，fi_s 为企业自筹，fi_o 为其他来源，fi_t 为总资金来源。
资料来源：本课题组计算。

3. 消费增长率预测

模型预测（表 5-2、图 5-62），2008 年按不变价计算的居民消费总额增长为 8.49%，按当年价格计算的社会消费品零售总额增长 18.00%。2009 年社会消费品零售总额增速将下降至 15.72%，居民消费总额增速也将下降至 7.78%。分季度来看，2008 年下半年社会消费品零售总额增速将逐季下滑，尤其是四季度会有明显下降，三、四季度增长率分别为 17.12%和 13.12%。

进入 2009 年，四季度的社会消费品零售总额增长率分别为 16.95%、15.24%、15.27%和 15.44%。可比价居民总消费增长率分别为 8.88%、7.33%、7.35%和 7.54%，走势与社会消费品零售总额走势基本一致。

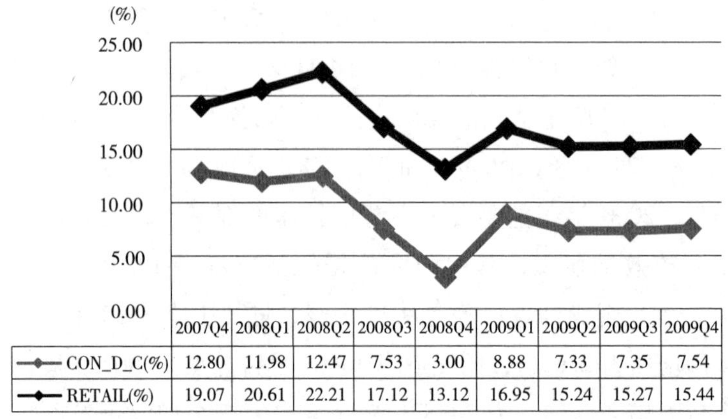

	2007Q4	2008Q1	2008Q2	2008Q3	2008Q4	2009Q1	2009Q2	2009Q3	2009Q4
CON_D_C(%)	12.80	11.98	12.47	7.53	3.00	8.88	7.33	7.35	7.54
RETAIL(%)	19.07	20.61	22.21	17.12	13.12	16.95	15.24	15.27	15.44

图 5-62　居民消费总额与社会消费品零售总额增长率预测

注：CON_D_C 为不变价居民消费总额，RETAIL 为社会消费品零售总额。

资料来源：本课题组计算。

4. 货币供应量（M2）增长率预测

2008 年，货币供应量（M2）增速预计为 16.57%，同比下降 0.8 个百分点。其中，三季度增长 16.77%，四季度增长 16.06%。2009 年一季度增长 15.46%，二季度增长 15.82%，三、四季度增速将有所反弹，分别为 16.15%和 16.54%，全年 M2 增速将为 16.01%（表 5-2、图 5-63）。

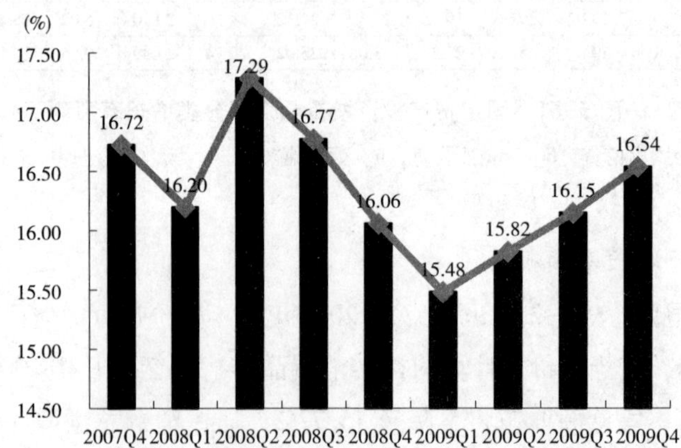

图 5-63　货币供应量（M2）增长率预测

资料来源：本课题组计算。

第三节　政策模拟与分析

一、人民币兑美元、欧元汇率变化分析

（一）外生条件变化假定

1. 欧元区在滞涨威胁的压力下放松银根，导致 GDP 增长速度高于预期。假定欧元区 2008 年、2009 年的 GDP 增长速度分别为 2.0%和 1.6%。

2. 美元兑欧元的汇价止跌微升。假定从 2008 年四季度起美元兑欧元开始升值（图 5-64）。

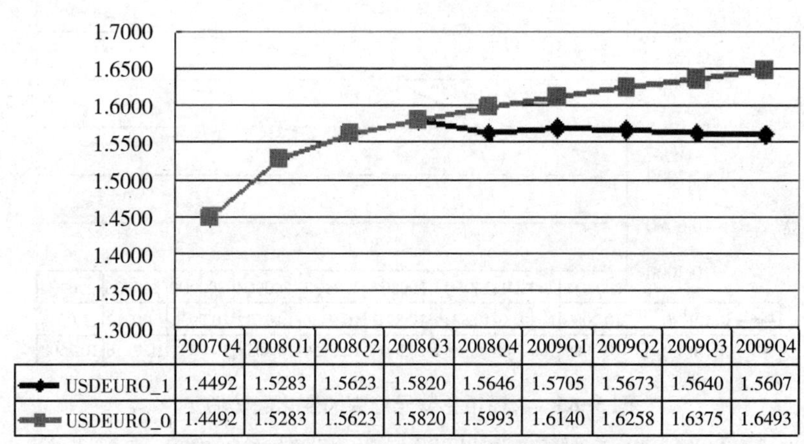

	2007Q4	2008Q1	2008Q2	2008Q3	2008Q4	2009Q1	2009Q2	2009Q3	2009Q4
USDEURO_1	1.4492	1.5283	1.5623	1.5820	1.5646	1.5705	1.5673	1.5640	1.5607
USDEURO_0	1.4492	1.5283	1.5623	1.5820	1.5993	1.6140	1.6258	1.6375	1.6493

图 5-64　欧元兑美元汇率的变化趋势假定

注：RMBUSD_0 表示基准假定，RMBUSD_1 表示用于政策模拟的假定。
资料来源：本课题组计算。

3. 人民币对美元停止升值，对欧元微升。假定从 2008 年三季度人民币对美元停止升值，对欧元开始升值（图 5-65、图 5-66）。

（二）传导机制分析

根据 CQMM 的模型设定，人民币、美元与欧元之间双边汇率不同变化关系的宏观传导机制如图 5-67 所示。在上述政策模拟的外生条件假定下，

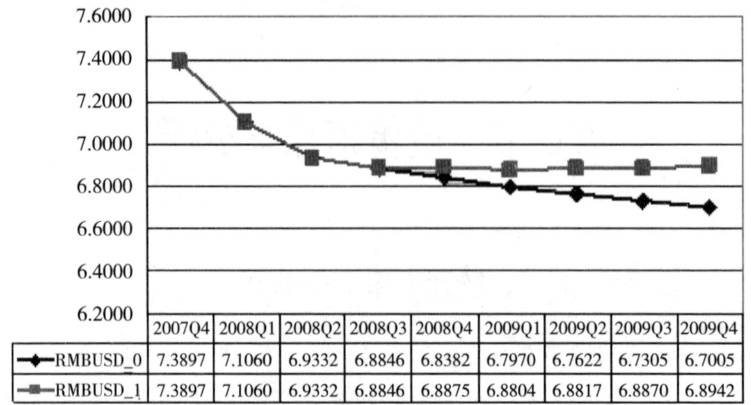

	2007Q4	2008Q1	2008Q2	2008Q3	2008Q4	2009Q1	2009Q2	2009Q3	2009Q4
RMBUSD_0	7.3897	7.1060	6.9332	6.8846	6.8382	6.7970	6.7622	6.7305	6.7005
RMBUSD_1	7.3897	7.1060	6.9332	6.8846	6.8875	6.8804	6.8817	6.8870	6.8942

图 5-65 人民币兑美元汇率的变化趋势假定

注：RMBUSD_0 表示基准假定，RMBUSD_1 表示用于政策模拟的假定。

资料来源：本课题组计算。

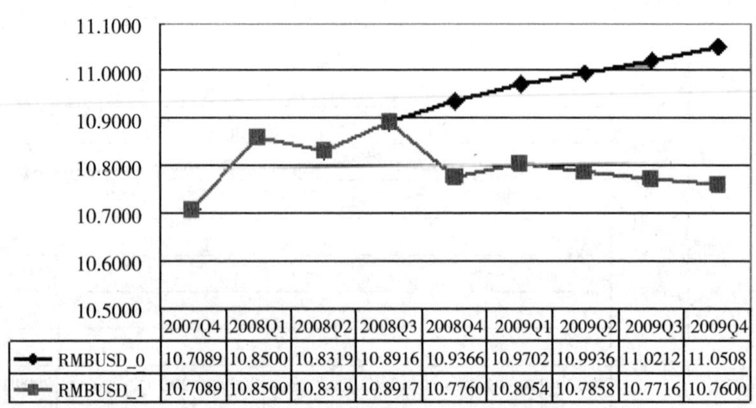

	2007Q4	2008Q1	2008Q2	2008Q3	2008Q4	2009Q1	2009Q2	2009Q3	2009Q4
RMBUSD_0	10.7089	10.8500	10.8319	10.8916	10.9366	10.9702	10.9936	11.0212	11.0508
RMBUSD_1	10.7089	10.8500	10.8319	10.8917	10.7760	10.8054	10.7858	10.7716	10.7600

图 5-66 人民币兑欧元汇率的变化趋势假定

注：RMBEURO_0 表示基准假定，RMBEURO_1 表示用于政策模拟的假定。

资料来源：本课题组计算。

欧元区在滞胀威胁的压力下放松银根，通货膨胀上升，美元对欧元止跌微升，人民币对美元停止升值，对欧元微升，导致中国对美国进口价格指数的上升，对欧盟进口价格指数的下降，从而推动中国对美国双边实际汇率的上升、对欧盟双边实际汇率的下降，继而使中国对美国出口上升、对欧盟出口下降，中国对美国和欧盟出口的变动具体又通过对一般贸易出口和加工贸易出口的影响最终影响到总出口和净出口。净出口的变动直接影响了 GDP 的变化。

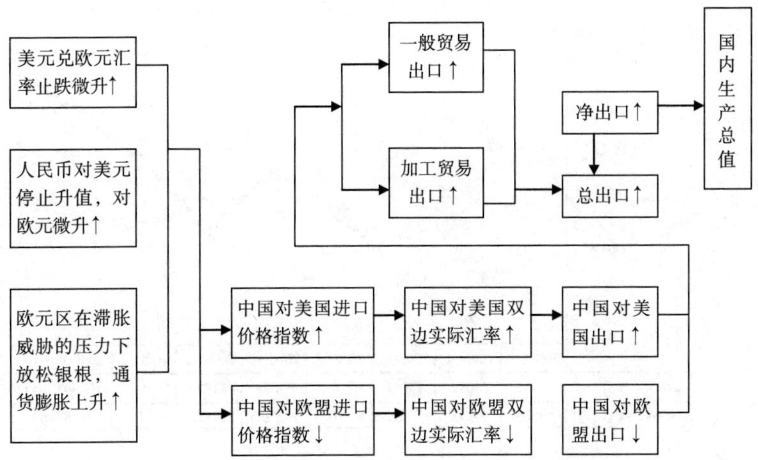

图 5-67　人民币、美元与欧元之间双边汇率不同变化的宏观传导机制

（三）CQMM 的分析结果

根据 CQMM 的模拟结果，在新的外生假定下，中国对美国的出口会有所上升。2008 年四季度中国对美国的出口将增加 1.05 个百分点，2009 年四个季度分别增加 1.80、2.62、3.49 和 4.39 个百分点（图 5-68）。中国对欧元区的出口会有所下降，但幅度不大。2008 年四季度中国对欧元区的出口下降 0.38 个百分点，2009 年四个季度分别下降 0.29、0.35、0.40 和 0.45 个百分点（图 5-69）。

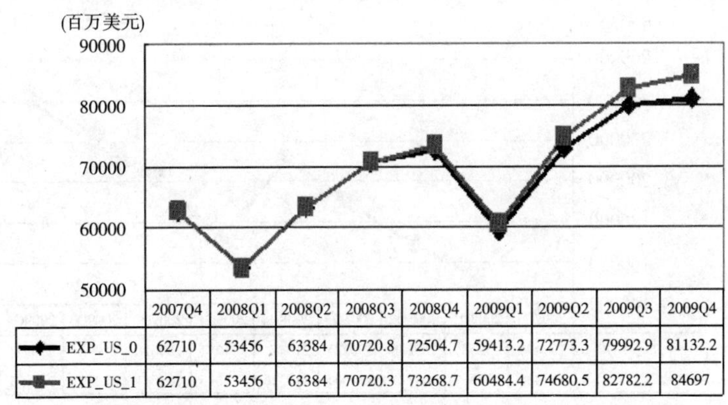

	2007Q4	2008Q1	2008Q2	2008Q3	2008Q4	2009Q1	2009Q2	2009Q3	2009Q4
EXP_US_0	62710	53456	63384	70720.8	72504.7	59413.2	72773.3	79992.9	81132.2
EXP_US_1	62710	53456	63384	70720.3	73268.7	60484.4	74680.5	82782.2	84697

图 5-68　人民币对美元停止升值、对欧元微升情形下对美国出口的影响

注：EXP_US_0 表示基准假定下中国向美国出口额，EXP_US_1 表示政策模拟结果。

资料来源：本课题组计算。

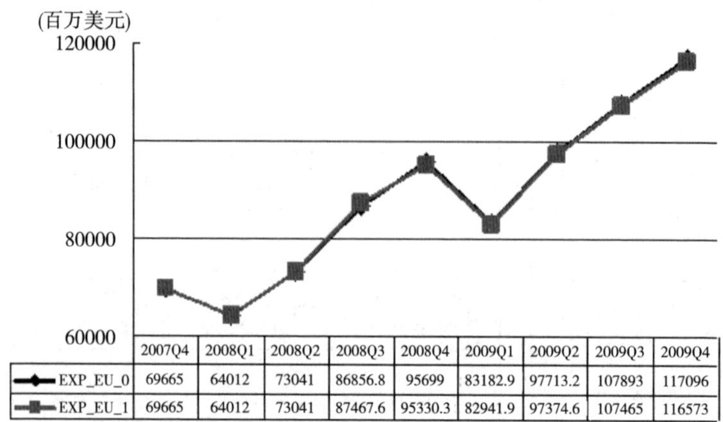

	2007Q4	2008Q1	2008Q2	2008Q3	2008Q4	2009Q1	2009Q2	2009Q3	2009Q4
EXP_EU_0	69665	64012	73041	86856.8	95699	83182.9	97713.2	107893	117096
EXP_EU_1	69665	64012	73041	87467.6	95330.3	82941.9	97374.6	107465	116573

图 5-69　人民币对美元停止升值、对欧元微升情形下对欧盟出口的影响

注：EXP_EU_0 表示基准假定下中国向欧盟出口额，EXP_EU_1 表示政策模拟结果。
资料来源：本课题组计算。

按贸易方式分类看，在新的假定下，加工贸易出口会有所增加，2008 年第四季度增加 0.53 个百分点，2009 年四个季度分别增加 1.02、1.5、2.01 和 2.55 个百分点。一般贸易所受影响不大，2008 年四季度会增加 0.02 个百分点，2009 年四个季度分别增加 0.28、0.45、0.64 和 0.83 个百分点（图 5-70、图 5-71）。

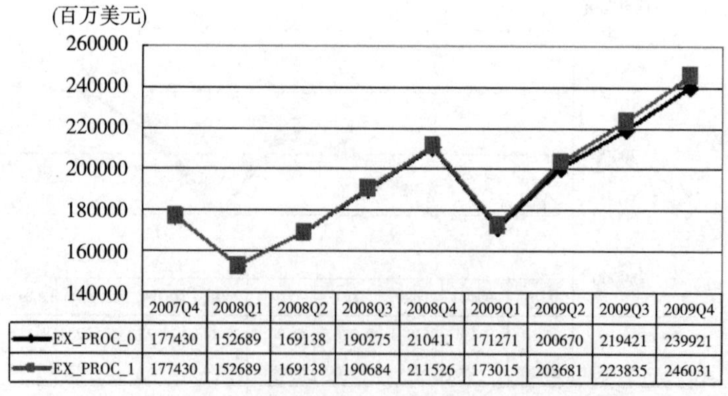

	2007Q4	2008Q1	2008Q2	2008Q3	2008Q4	2009Q1	2009Q2	2009Q3	2009Q4
EX_PROC_0	177430	152689	169138	190275	210411	171271	200670	219421	239921
EX_PROC_1	177430	152689	169138	190684	211526	173015	203681	223835	246031

图 5-70　人民币对美元停止升值、对欧元微升情形下对加工贸易出口的影响

注：EX_PROC_0 表示基准假定下的加工贸易出口，EX_PROC_1 表示政策模拟结果。
资料来源：本课题组计算。

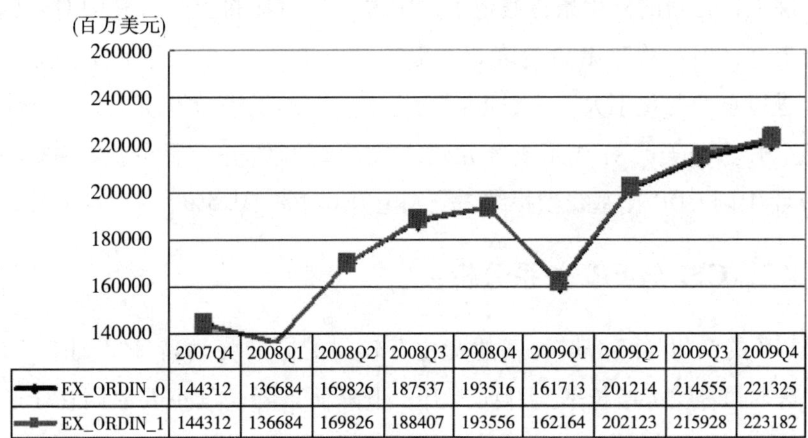

	2007Q4	2008Q1	2008Q2	2008Q3	2008Q4	2009Q1	2009Q2	2009Q3	2009Q4
EX_ORDIN_0	144312	136684	169826	187537	193516	161713	201214	214555	221325
EX_ORDIN_1	144312	136684	169826	188407	193556	162164	202123	215928	223182

图 5-71　人民币对美元停止升值、对欧元微升情形下对一般贸易出口的影响

注：EXP_ORDIN_0 表示基准假定下的一般贸易出口，EXP_ORDIN_1 表示政策模拟结果。

资料来源：本课题组计算。

预计2008年三季度净出口增加1.27个百分点，四季度增加2.5个百分点，2009年四个季度分别增加7.1、10.15、12.74和12.77个百分点(图5-72)。

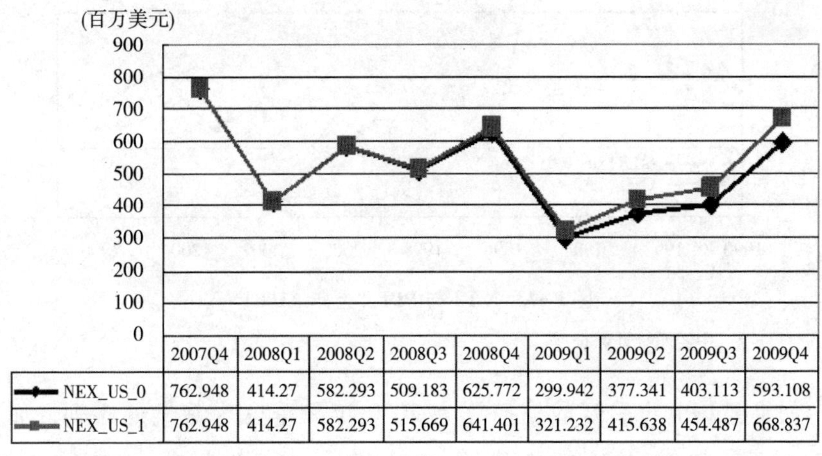

	2007Q4	2008Q1	2008Q2	2008Q3	2008Q4	2009Q1	2009Q2	2009Q3	2009Q4
NEX_US_0	762.948	414.27	582.293	509.183	625.772	299.942	377.341	403.113	593.108
NEX_US_1	762.948	414.27	582.293	515.669	641.401	321.232	415.638	454.487	668.837

图 5-72　人民币对美元停止升值、对欧元微升情形下对净出口的影响

注：NEX_US_0 表示基准假定下的净出口，NEX_US_1 表示政策模拟结果。

资料来源：本课题组计算。

综上，在新的外生条件假定下，中国出口总额将上升，其中对美国出口将上升，但对欧盟出口微降。一般出口变化不大，上升主要在加工出口。进口总额变化不大，一般进口变化不大，加工进口有所上升。净出口明显上升。即美元对欧元或美元对人民币每升值一个百分点，2008 年、2009 年中国 GDP 比基线预报结果分别上升 0.1%、0.5%。

二、CPI 与 PPI 关系分析

PPI 的变化与经济增长率的变化有较强的同向变动特征（图 5-73）。PPI 基本随着经济增长率上升而上升，下降而下降。其主要原因在于长期靠投资驱动的经济增长方式。投资的扩张或紧缩直接影响了生产要素的需求，长期高增长必然使 PPI 维持在一个较高的上升通道中。

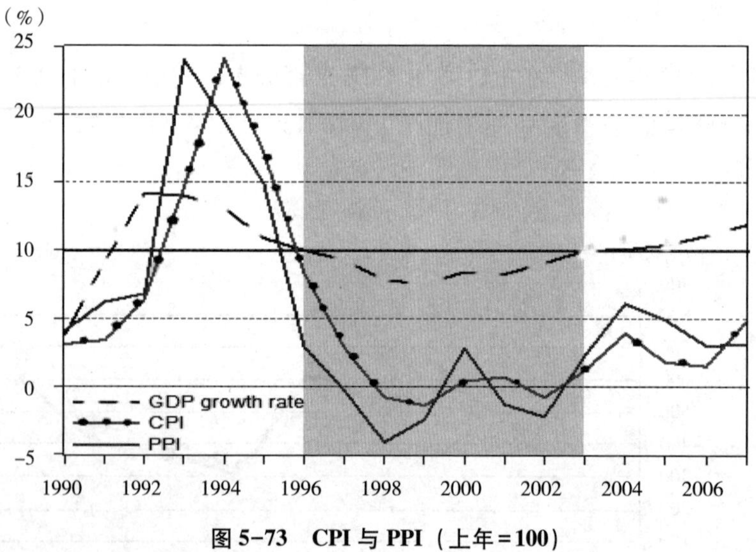

图 5-73　CPI 与 PPI（上年=100）

资料来源：中经网统计数据库。

如果把 PPI 的季度数据换算为 2000 年二季度为基期的序列，如图 5-74 所示，从 2004 年二季度开始，PPI 已经开始不断攀升。2008 年以来，石油价格的上涨更是抬高了 PPI 的上涨幅度。

另一方面，以 2000 年二季度为基期的消费者价格指数（CPI）也基本上在同一时期开始不断上涨。值得注意的是，PPI 在很长一段时期里都超

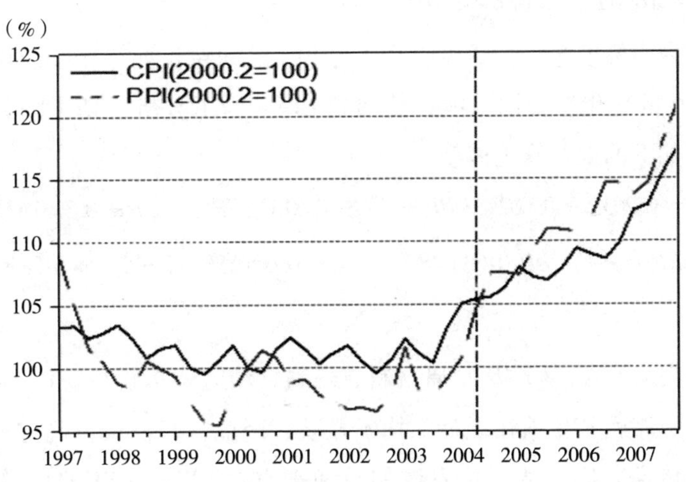

图 5-74　CPI 与 PPI（2000. 2=100）

资料来源：中经网统计数据库。

过了 CPI。2008 年以来，受世界粮食价格上涨的影响，食品价格的上涨导致 CPI 大幅上涨，但其涨幅依然没有超过 PPI 的涨幅。可以认为，PPI 持续超过 CPI 已成为中国经济的一个独特特征。由于 CPI 反映的是最终产品市场上的价格变化，市场化改革的推进所导致的竞争加剧是抑制 CPI 过快上涨的一个主要因素。事实上，2008 年上半年居民耐用消费品消费价格指数（上年=100，当月）同比上涨 1. 3%（图 5-73）；居民家庭设备用品及服务消费价格指数 2008 年 6 月仅比 5 月上涨了 0. 3%。从商品零售价格来看，食品、燃料以及建筑材料、五金电料等零售价格上涨幅度超过了两位数，其他商品涨幅都不大，有的甚至还同比有所下降。然而，可以肯定的是，PPI 持续超过 CPI 将成为工业生产增速减缓，企业利润增幅回落的主要原因。

PPI 对 CPI 的传导机制如何？放开能源价格，理顺相对价格会对 CPI 产生什么影响？为了回答这些问题，我们构建了一个包含 CPI 和 PPI 两个变量的 VAR 模型，以原材料、燃料、动力购进价格为外生变量，来分析 PPI 对 CPI 的传导机制。

对 PPI 和 CPI 序列的平稳性检验表明两个序列都是非平稳序列，且存在一个协整关系。协整方程如下：

$$CPI = 16.5117 + \underset{(0.0985)}{0.8493}PPI$$

括号内为标准差。上式表明CPI与PPI之间在长期存在线性均衡相关关系，PPI的变化在长期可能会传递到CPI。为了分析短期影响关系，我们建立了如下的误差修正模型：①

$$CPI = \underset{(1.3806)}{0.2035} - \underset{(-0.3419)}{0.0824}\Delta CPI(-1) - \underset{(-5.4061)}{0.8133}\Delta CPI(-2) - \underset{(1.8056)}{0.3031}\Delta CPI(-3) + \underset{(0.4794)}{0.0508}\Delta PPI(-1) + \underset{(0.4657)}{0.0460}\Delta PPI(-2) + \underset{(0.6953)}{0.0619}\Delta PPI(-3) + \underset{(2.9944)}{6.5839}PYRD - \underset{(-2.8701)}{6.5533}$$

括号内为t值，*PYRD* 是原材料、燃料、动力购进价格。$R^2 = 0.6060$。由于上式中滞后PPI项在统计上均不显著，因此，我们难以确定短期PPI对CPI的传递效应。从三项系数的总和来看，PPI对CPI的传递在15%左右。

但是，如上所述，由于最终产品市场的竞争，由资源性产品价格上涨所推动的生产资料价格的上涨短期内难以快速传导到消费品的价格上。考虑到出口企业由于国际市场需求疲软而有可能转而寻求国内市场的因素，CPI将保持回落的态势。CQMM的预期表明，PPI在2008年将维持在8.9%的水平，随着出口增速以及固定资产投资增速的下降，2009年PPI将可能下降为6.61%。2008年CPI将维持在7.18%的水平，2009年有可能下降到4.68%。由于资源、劳动力、环境等涨价因素的存在，PPI预计还将继续高于CPI，但两者的差距有可能不断缩小。

第四节　政策评价与展望

本课题组的政策建议如下：

在经历了2003—2007年的经济高速增长之后，中国经济在2008年进

① 样本期间1997Q1至2007Q4。根据VAR模型中的滞后期选择标准选择3期滞后。

入了回落调整期。最近，为防止经济过快下滑，宏观经济政策有所调整。尽管这一调整有一定必要，但是，我们认为，宏观经济政策不应过大幅度调整，仍应维持适度从紧的基调。其原因是：2008 年的经济增长率回落就目前而言，尚不能视为本轮经济增长下行区间的开始，通货膨胀的压力仍然存在，通过微调，使中国经济在未来两三年内保持在 9.5%—10%这一与潜在经济增长率相近的实际增长率，是有益的。

这一考虑的根本着眼点是促进经济结构及增长方式的调整。中国目前的经济结构决定了，在外部需求旺盛情况下，进行我们所期待的经济结构调整是不太可能的，只有在外部需求下降，经济增长放缓的情况下，通过有意识地维持适度从紧的宏观经济政策，辅之以必要的结构性政策，方能形成促进经济结构调整和增长方式转变的必要压力。我们认为：

第一，在相对价格关系不合理情况下，资源配置的优化、高效使用从而产业结构的合理化是不可能的，因此，必须尽快调整近年来形成的相对价格扭曲。通过理顺要素价格，迫使部分高消耗、高污染、环境代价大的企业退出。理顺要素价格，有可能形成通胀压力，因此，需要一个适度从紧的宏观经济政策来控制因理顺要素价格可能导致的通胀。

第二，实行适度从紧的宏观经济政策，劳动密集型产业在要素成本（土地、原料、人工）上涨的压迫下，部分规模以下企业将面临较大困难，这一困难从促使既有的劳动密集型产业整合和转型看，并非坏事，相反，它为劳动密集型产业的转型和整合提供了必要的外部环境。继续保持适度从紧的宏观经济政策，有利于：（1）龙头大企业逐步转向开拓国内市场，通过国内市场发展品牌，通过向品牌经营、营销经营等产业链的高端部分移动，增加其产品附加值，最后实现自主品牌的国际化经营；（2）部分规模以下企业退出，从而降低劳动密集型产业为国外贴牌生产的比例、低附加值生产的比例；（3）留存下来的中小企业向专业化厂家转化，围绕行业内大型企业，形成金字塔式的外包加工体系，提高整个产业的国际竞争力。

我们认为，从紧的宏观经济政策在促进产业结构、产品结构调整的同时，也将逐步改变国内的收入分配结构，逐步调整“两高一低”的既有格局。为了促进这一调整，财政政策应从需求管理转向供给管理：（1）调整收入分配结构，提高个税起征点，加大对低收入阶层的转移支付，提高居民收入的整体边际消费倾向，促进国内消费的增加；（2）增加对企业创新活动、品牌经营的资助，促进企业的生产结构和产品结构的转型；（3）通过理顺价格关系，逐步减少对高能耗产品与高能耗消费行为的财政补贴。

第六章　2009年春季报告[①]

第一节　2008年中国宏观经济运行情况

一、总体评价

由于国际金融危机导致的外部市场需求萎缩，2008年中国GDP增速降为9%，是自2003年以来首次出现的个位数增长，同比回落4个百分点。2008年上半年增长10.4%，同比回落1.8个百分点；第三季度的增长率下降为9.0%，第四季度仅实现6.8%的增速。受世界粮食及资源类大宗商品价格波动的影响，中国消费者价格指数（CPI）和生产者价格指数（工业品出厂价格指数，PPI）在2008年呈现先涨后跌的态势。虽然CPI全年上涨5.9%，同比提高1.1个百分点，PPI全年也上涨6.9%，同比提高3.8个百分点（图6-1），但是，自10月开始CPI环比增速连续为负增长，12月PPI同比增速也降为-1.1%。[②]

从主要宏观指标的全年增长速度来看：（1）2008年，出口增长17.2%，同比回落8.5个百分点；进口增长18.5%，同比回落2.3个百分点。贸易顺差比上年增加328亿美元，较2007年减少519亿美元，是三大需求中增速跌幅最大的。[③]（2）工业企业增加值年增长12.9%，同比回落

---

① 教育部高校人文社会科学重点研究基地重大课题（05JJD790093、06JJD790029、07JJD630226）成果。本报告于2009年2月28日在北京发布。

② 本报告中数据除特殊注明外，均来自中经网经济统计数据库。

③ 值得注意的是，2009年1月出口增速下降为-17.5%，进口增速也大幅降为-43.1%。

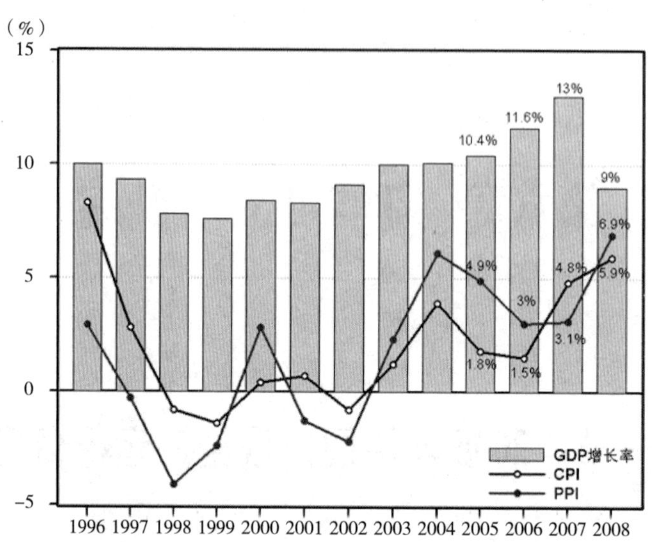

图 6-1　国内生产总值的增长率及主要价格指数

5.6 个百分点；制造业采购经理指数 12 月份下降 14.1 个百分点。其中，产品库存指数提高，新订单、新出口订单、进口指数以及从业人员指数均大幅下降。（3）全社会固定资产投资同比增长 25.5%，上升 0.7 个百分点，其中第二产业投资增速同比下降 1 个百分点，制造业投资增长更是降了 4.2 个百分点。（4）虽然社会消费品零售总额增长率达到 21.6%，同比上升了 4.8 个百分点，但是，城乡居民实际收入增幅在下降。城镇居民人均可支配收入实际增长 8.4%，同比下降 3.8 个百分点；农村居民人均纯收入实际增长 8%，同比下降 1.5 个百分点。消费者信心指数和消费者预期指数也大幅下降。见图 6-2。

这些主要指标的变化说明 2008 年经济增长的减速主要源于出口增速的下滑。出口增速的下降减缓了进口的增长；同时，出口行业的产能过剩抑制了制造业投资的增长，导致制造业生产萎缩，工业增长速度下滑。

根据国际货币基金组织（IMF）2009 年 1 月发布的《世界经济展望》预测，国际金融危机将可能使 2009 年世界经济增长率下降为 0.5%，主要发达国家的平均增长率将降为-2.0%，其中，美国、日本和英国等经济体在 2009 年的增长率将分别萎缩至-1.6%、-2.6%和-2.8%（图 6-3）。受此影响，2009 年全球贸易总量增速将转为-2.8%；其中，发达国家经济体

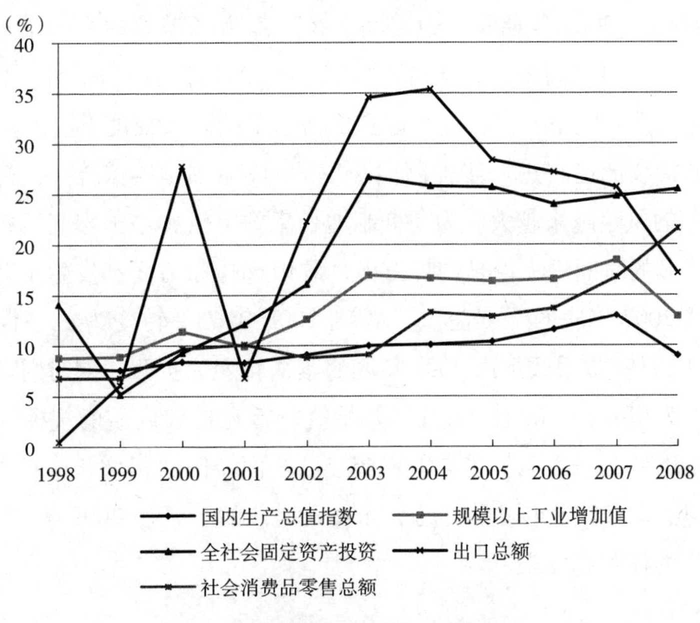

图 6-2　主要宏观经济指标增长速度

的贸易总量增速下降尤为明显：2007 年为 4.5%，2008 年下降为 1.5%，2009 年预计为-3.1%。因此，2009 年外部市场需求的严重萎缩将不可避免地使依靠“出口拉动”的中国经济增长大幅缩减。

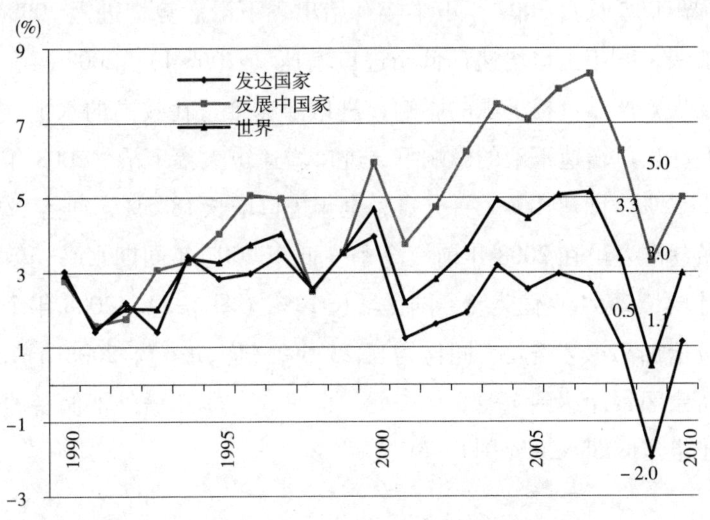

图 6-3　全球及发达国家和发展中国家的经济增长率

资料来源：IMF 的《世界经济展望》数据库。

2003 年至 2007 年期间，中国经济在外部市场需求的强劲带动下，保持了长达五年的“高增长、低通胀”态势。2008 年在出口下滑和制造业投资放缓的双重影响下，经济增长率和价格水平同时大幅度下滑。2009 年世界经济的持续低迷将进一步抑制增长率的回升。中国经济转向“低增长、低通胀”的风险越来越大。为了抑制增长率的下滑，中国宏观调控政策在过去一年多的时间里无论是调控方向、政策选择和力度都发生了戏剧性的转变：从 2007 年底的“双防”政策到 2008 年 7 月转变为“一保一控”；2008 年 10 月，货币政策由 2007 年底的紧缩转变为扩张，同时财政政策也从稳健转为积极；2008 年 11 月，开始执行旨在扩大内需的规模高达“四万亿”的财政扩张政策。当前宏观调控已全面转向“保增长、扩内需、调结构”。然而，2008 年城乡居民实际收入增速的下降使 2009 年“扩内需、调结构”的任务越发艰巨。

二、具体分析

（一）受出口增速持续下滑的影响，进口增速大幅下滑。贸易顺差虽持续增长，但一般贸易顺差已转为负增长，加工贸易顺差增长幅度大幅下滑

中国出口增长自 2007 年下半年开始出现下滑态势，进入 2008 年，下滑幅度加快，全年出口增速都低于进口增速（图 6-4）。2008 年上半年受国际主要大宗产品价格上涨的影响，进口增速维持在较高的水平，但自三季度开始在出口增速下滑的影响下，进口增速也大幅下滑。2008 年全年出口增长 17.2%，回落 4.7 个百分点；全年进口增长 18.5%，回落 12.1 个百分点。贸易顺差虽在 2008 年前三个季度低于 2007 年同期水平，但全年净出口累计增长 2954.6 亿美元，同比增长 13%（图 6-5）。2008 年全年实际利用外资增加 924 亿美元，同比增长 23.6%（图 6-6）。2008 年 12 月末，外汇储备余额累计达到 19500 亿美元，但是，各季新增外汇储备的数量已开始低于上年同期水平（图 6-7）。①

① 在贸易顺差和 FDI 增加的同时，新增外汇储备下降，可能预示着外资有流出的迹象。

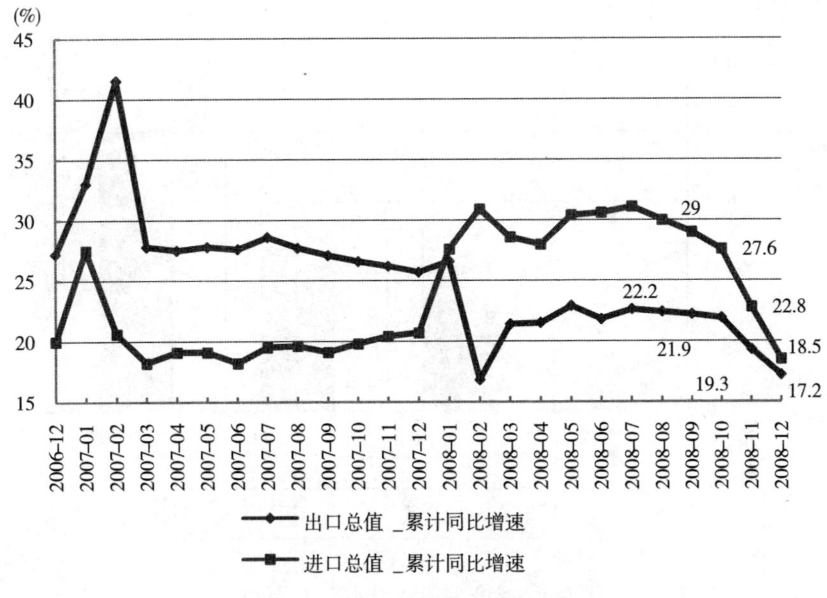

图 6-4 进出口总值累计同比增速

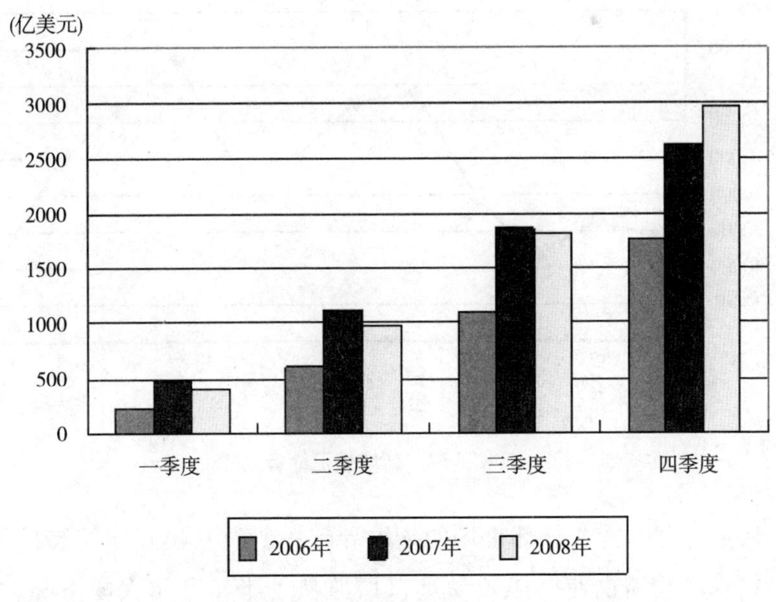

图 6-5 商品贸易顺差（累计）

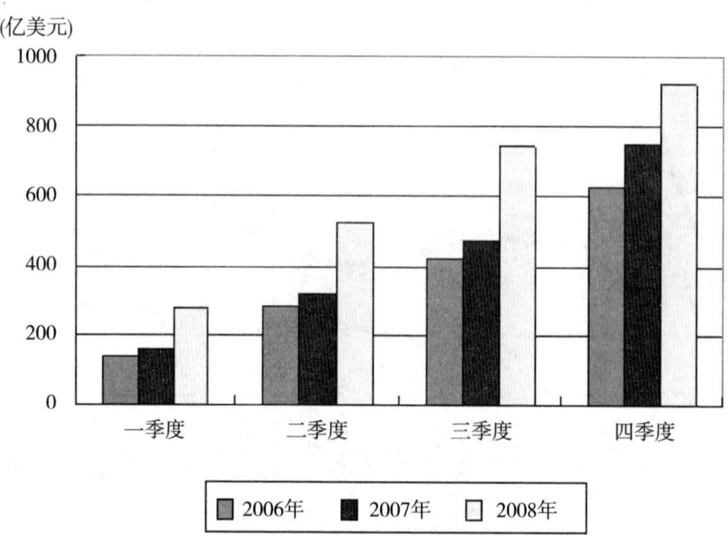

图 6-6　全年实际利用外资（累计）

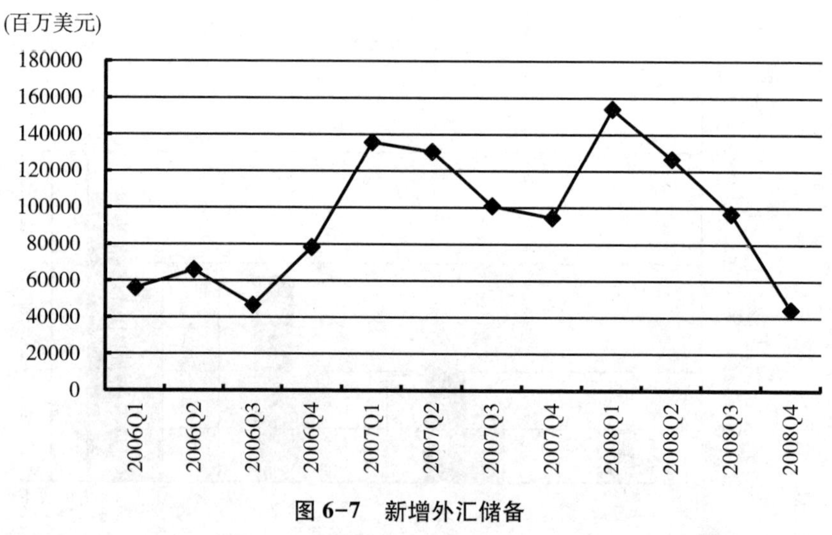

图 6-7　新增外汇储备

从贸易方式看，外部市场的萎缩导致一般贸易出口增速持续下滑；国内需求的萎缩也使一般贸易进口增速从下半年开始大幅下降。2007年一般贸易净出口增长 32%，2008 年转为负增长，增速为-18%（图6-8）。

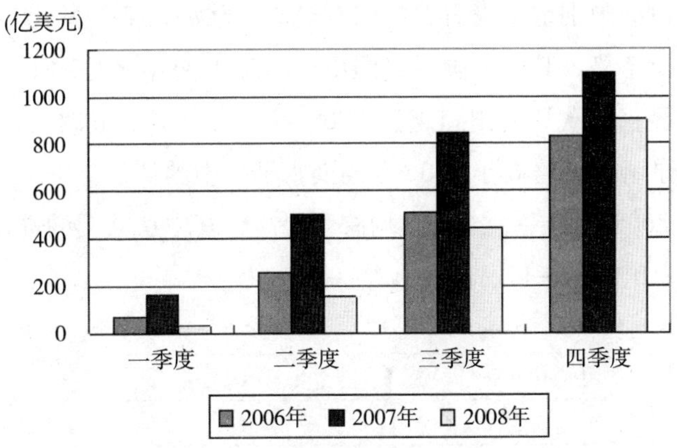

图 6-8　一般贸易净出口累计增加

虽然加工贸易出口增速显著下滑，但加工贸易依然维持顺差状态，其增速从 2007 年的 32%下滑至 2008 年的 19.1%（图 6-9）。由于一般贸易出口企业主要是本国企业，因此，出口下降将导致的本土企业收益下降、产品内销对国内最终产品价格的紧缩效应值得特别关注。① 同时，由制造业采购经理指数——新出口订单的变化趋势看，加工贸易行业新出口订单急剧减少的态势还将持续。因为加工贸易行业是劳动密集型，吸收了大部分的农村转移劳动力，所以出口的减少将直接影响到农民工的就业。

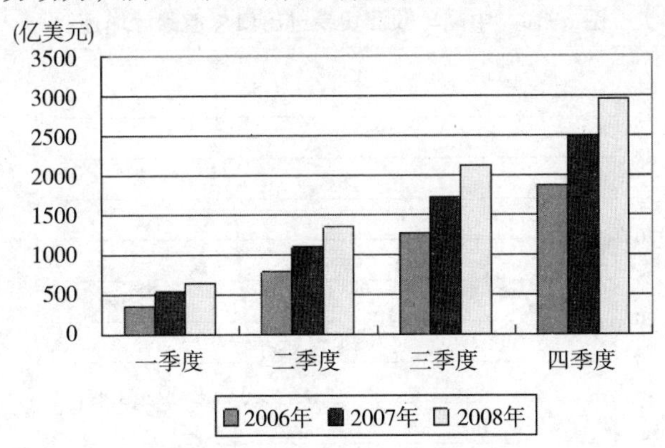

图 6-9　加工贸易净出口累计增加

① 在一般贸易出口构成中，截至 2008 年 6 月，约 30%的出口来自外商投资企业，25.4%来自国有企业，集体和其他企业的出口占 44.92%。其他企业出口在一般贸易出口中所占的份额 2006 年一季度为 31%，2008 年二季度提高到了 38.4%。这说明外部市场的负面冲击将直接冲击中国本土其他企业（中小企业）的经营。

从进出口的国别地区来看，中国对美国、欧洲及亚洲的出口增速 2008 年均出现下滑态势，其中中国对美国出口增速近两年来持续下滑而且下滑幅度最为明显；对欧洲的出口增速 2008 年前两个季度虽然大幅低于 2007 年同期的水平，但是略高于 2006 年同期水平。中国从以上三个国家和地区的进口增速 2008 年第一、二季度均有所提高，其中从欧洲的进口增速大幅提高（图 6-10、图 6-11、图 6-12）。

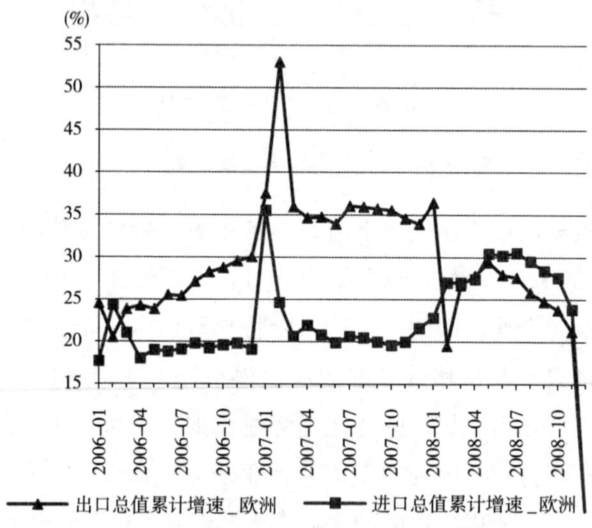

图 6-10　中国与欧洲贸易进出口总值累计增速

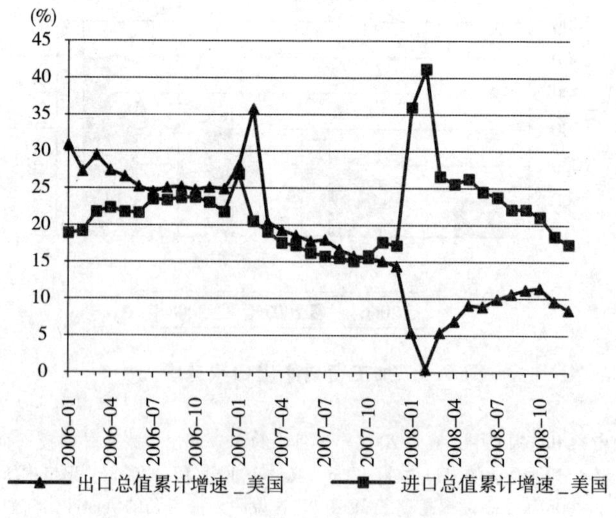

图 6-11　中国与美国贸易进出口总值累计增速

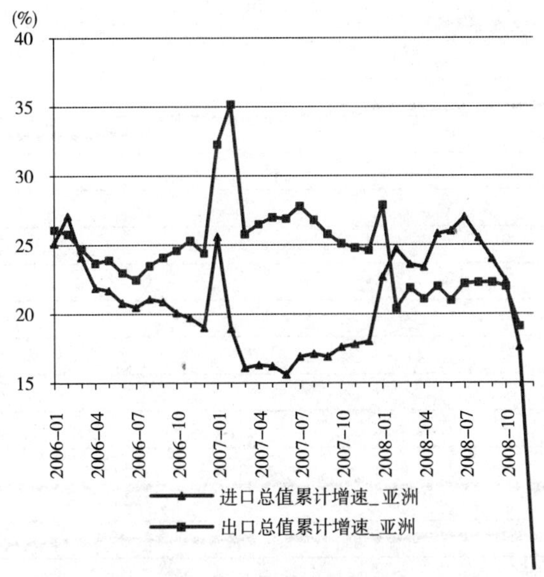

图 6-12　中国与亚洲进出口总值累计增速

从进出口份额来看，中国对美国的出口占总出口的份额近年来有下降的态势。2008 年上半年仅有 8.4%的产品出口到美国市场，2006 年同期这一比例为 21.2%；从美国的进口份额基本维持在 7%—8%的水平。自 2006 年起，中国对欧洲的出口份额持续大幅提高，2008 年对欧洲的出口约占总出口的 33.9%；来自欧洲的进口份额基本维持在 14%左右。中国对亚洲的出口份额基本维持在 45%强，同时有超过 60%的进口来自亚洲（图 6-13、图 6-14）。

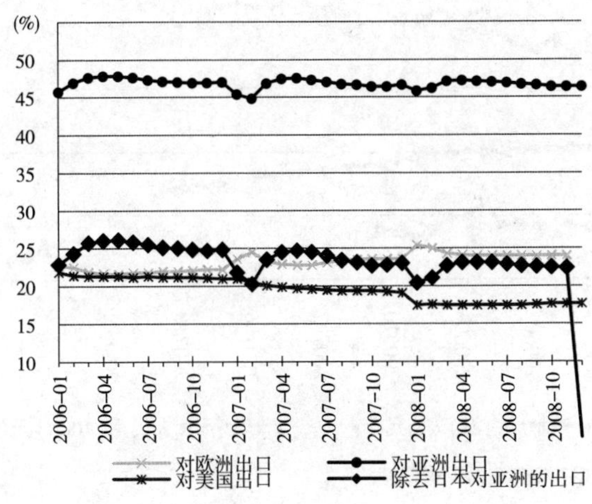

图 6-13　中国对欧洲、亚洲、美国出口占总出口的份额（累计）

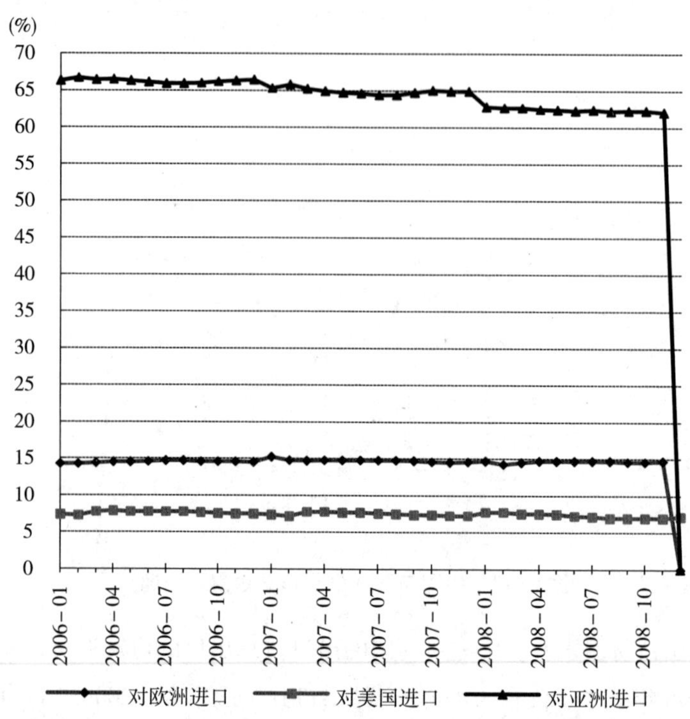

图 6-14　中国对欧洲、亚洲、美国进口占总进口的份额（累计）

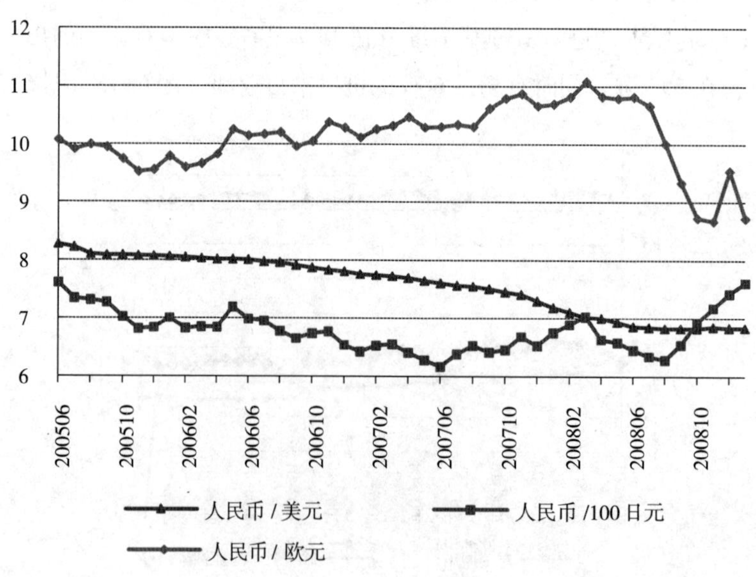

图 6-15　人民币兑主要货币汇率（当月平均）

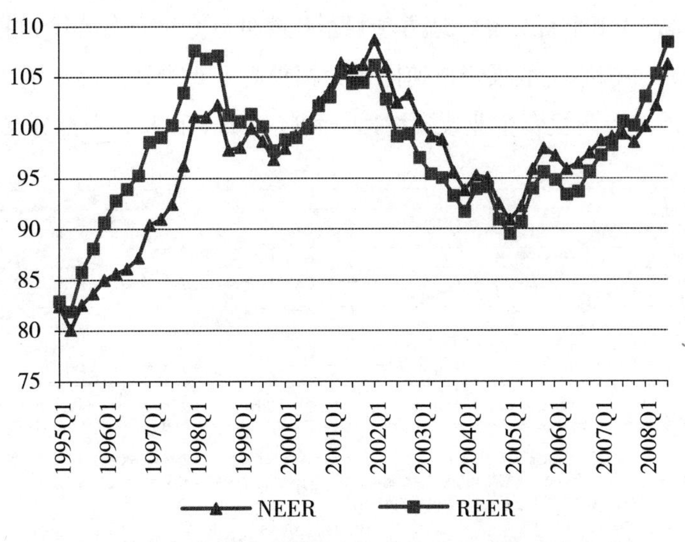

图 6-16　人民币名义汇率和实际有效汇率

中国对主要国家和地区进出口构成的变化，与人民币对主要货币汇率的变化密切相关。自 2005 年 7 月开始，人民币对美元持续升值，对欧元和日元却有升有降（图 6-15）。但是进入 2008 年以来，人民币对美元由升值转为平稳，对日元由升值转变为略有贬值，对欧元则出现持续升值的态势。人民币名义汇率和实际有效汇率自 2006 年开始持续处于升值态势(图 6-16)。汇率的这一变化趋势已开始促使中国的出口产品市场由美国向欧洲转移，同时，开始扩大了中国从美国和欧洲的进口。

（二）固定资产投资平稳增长，投资资金来源结构、投资产业和项目以及投资主体有较大变化

2008 年全社会固定资产投资同比增长 25.5%，加快 0.7 个百分点。固定资产投资完成额增速大幅度低于 2006 年同期的水平，仅比 2007 年提高 0.3 个百分点。从资金来源看，国家预算内资金增速同比提高了 12.6 个百分点，国内贷款增速下降 5.9 个百分点，利用外资增速下降高达 16.7 个百分点，自筹资金增速下降 0.4 个百分点（图 6-17）。从产业构成来看，第一产业的投资增速有较大增长，同比增加 23.4 个百分点，第二产业投资增速降低了 1 个百分点，其中制造业投资增速更是降了 4.2 个百分点，第三产业投资仅增长 0.9 个百分点（图 6-18）。从投资项目来看，中央项目投资增速提高 10.1 个百分点，地方项目增速降低 0.9 个百分点。从投资主体来看，2008 年国有企业投资增速同比大幅提高 8.6 个百分点，而外商投资企业以及港澳台商投资企业投资增速分别降低 7 个和 8.3 个百分点。

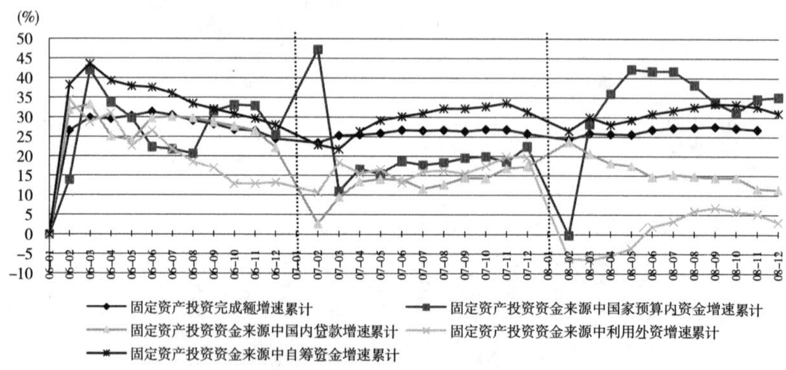

图 6-17　固定资产投资完成额及其来源资金累计增速

注：固定资产投资一月份数据不公布。

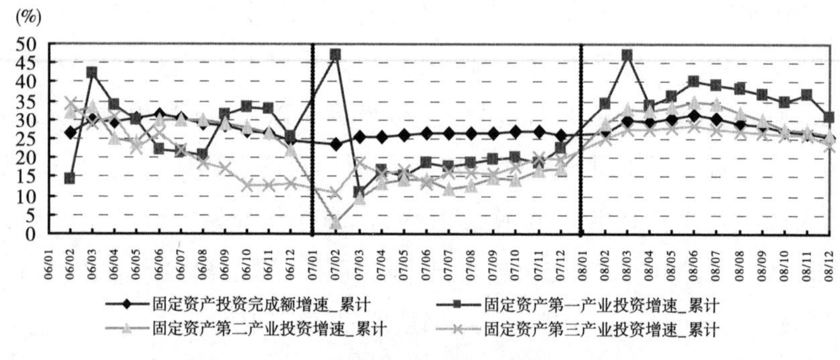

图 6-18　三次产业固定资产投资累计增速

（三）城乡居民实际收入增幅下降，城镇居民储蓄率呈上升趋势，消费者信心指数和消费者预期指数大幅下降

2008 年以来城乡居民收入增速减缓，城镇居民收入增幅下降较为明显。股市和房地产市场等资产价格的波动，减缓了居民实际财富的增长速度。全年，城镇居民人均可支配收入同比增长 14.5%，扣除价格因素，实际增长 8.4%，大幅低于 2006 年和 2007 年同期的水平；农村居民人均现金收入增长 15%，扣除价格因素，实际增长 8%，略低于 2007 年同期水平（图 6-19）。城镇居民储蓄率呈上升趋势。1995—2005 年间城镇家庭平均储蓄率上升了 7 个百分点，达到可支配收入的 25%，即四分之一的收入被

储蓄起来（图 6-20）。[①] 2006 年平均 100 元的可支配收入中 26%用于储蓄，74%用于消费；2007 年储蓄率提高到 27.5%，消费率下降到 72.5%。消费者信心指数 2008 年 12 月同比下降 9.6 个百分点，消费者预期指数同比下降 11.9 个百分点。

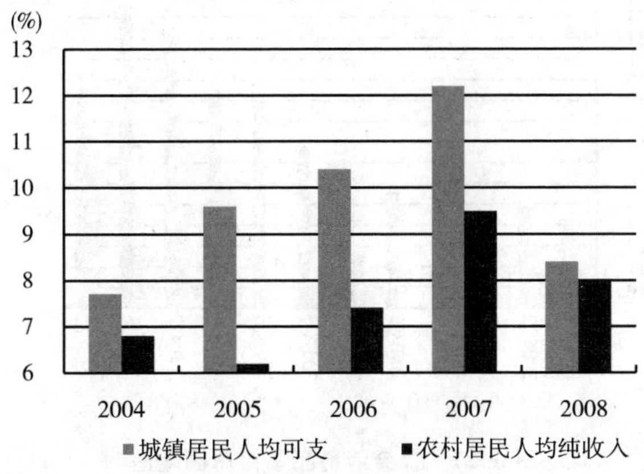

图 6-19　城乡居民实际收入增长

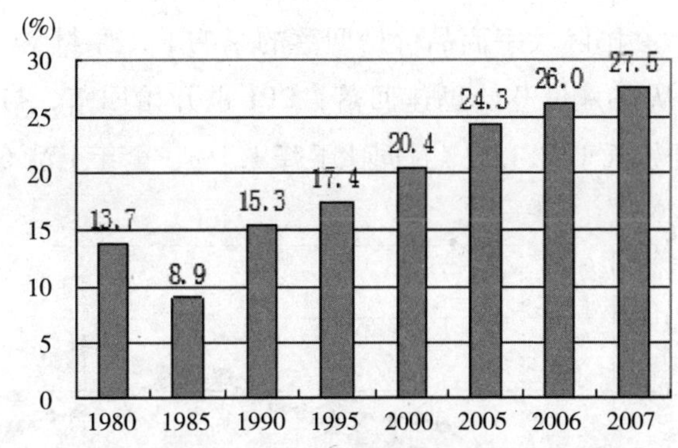

图 6-20　城镇家庭储蓄率

资源来源：国家统计局各年统计公报。

2008 年上半年在消费价格指数较高的情况下，消费品零售总额的名义增长率不断提高。2008 年下半年消费价格指数转为下降后，社会消费品零售总额的实际增长速度达到新高（图 6-21）。2008 年一季度，社会消费品

① 按照城镇家庭人均可支配收入减去人均全年消费性支出后占人均可支配收入的比例计算城镇家庭的储蓄率。

零售总额累计增速在扣除物价上涨（商品零售价格指数，上年 = 100，当月）之后同比提高 0.4 个百分点；二季度消费实际增速提高 2.1 个百分点，而三、四季度实际增速分别达到了 17% 和 17.5%。①

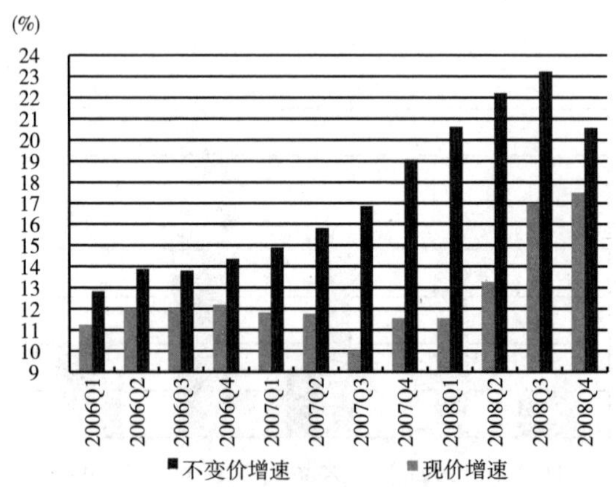

图 6-21　社会消费品零售总额增速

2008 年下半年开始，主要价格指数开始回落（图 6-22）。CPI 重新回到 5%以下，在国际大宗商品价格回落的影响下，原材料、燃料和动力购进价格指数从 7 月份开始迅速回落，PPI 也开始回落，11 月 PPI 增速为 2%，重新开始低于 CPI。12 月同比下降 1.1%，全年上涨 6.9%。

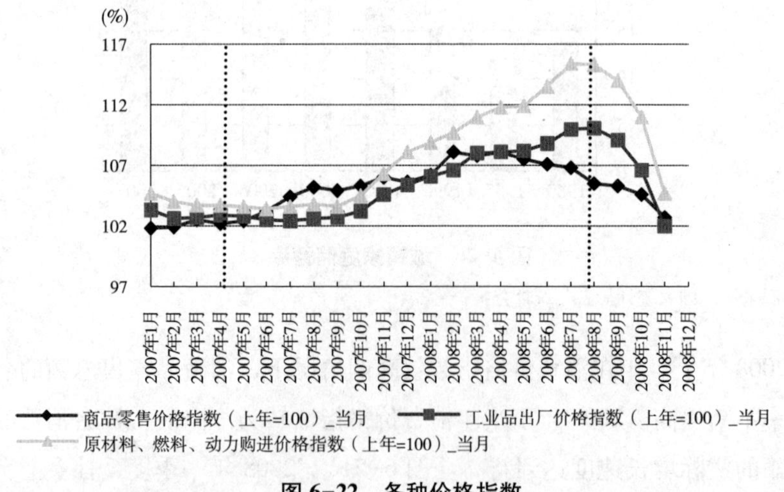

图 6-22　各种价格指数

① 由于不能获得社会消费品零售总额的构成数据，2008 年实际社会消费品零售总额增速的提高有多少是由居民消费扩大导致的，有多少是由政府和企业拉动的，还不清楚。

（四）货币政策前紧后松，银行间同业拆借利率前升后降，金融机构人民币各项贷款增速前降后升；财政收入增速高开低走

在货币政策执行方面，货币供应量增速（M2）接近年底时出现大幅回升（图 6-23），银行间同业拆借加权平均利率也随货币政策转向扩张而大幅下降（图 6-24）。金融机构各项存款继续增加，其中财政存款增长迅速。金融机构人民币各项贷款增速相继下滑后 12 月大幅攀升（图 6-25）。与此同时，国家财政收入累计增速高开低走，除 4 月以外，增速一路下滑，2008 年下半年大大低于 2007 年的同期水平（图 6-26）。2008 年财政收支盈余 1150.5 亿元。

上述分析表明，目前经济增长回落的主要原因在于出口增长下滑。长期以来靠“出口拉动”的经济增长，当面临外部需求萎缩时，增长下滑不可避免。可以预计 2009 年世界市场需求依然低迷，发达国家经济体的贸易总量增速将持续大幅下降。因此，中国经济靠“出口拉动”恢复增长的可能性很低。出口行业的过剩生产能力还需进一步消化。2008 年城乡居民的实际收入增长低于 2006 年和 2007 年，这将成为制约消费需求扩张的主要原因。

本报告以 2009 年和 2010 年全球经济走势为背景，通过中国季度宏观经济模型（CQMM），模拟、分析并预测中国宏观经济在 2009 年和 2010 年全年及 8 个季度的主要指标变化，重点分析财政扩张政策扩大内需的政策效应。在此基础上，深入分析当前中国宏观经济面临的根本性问题及原因，提出确保今后一段时期经济稳定增长的政策建议。

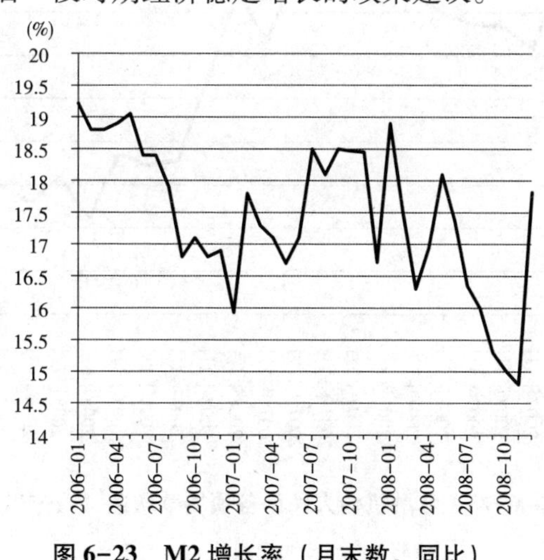

图 6-23　M2 增长率（月末数，同比）

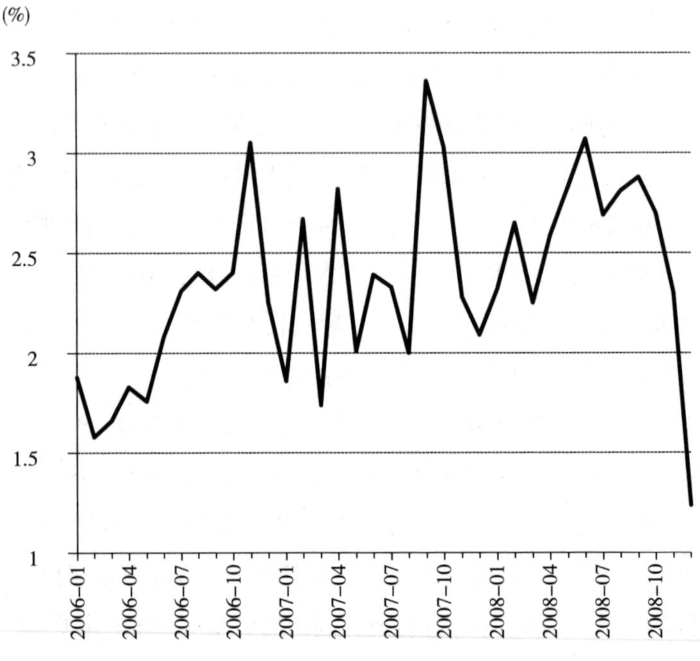

图 6-24 银行间同业拆借加权平均利率

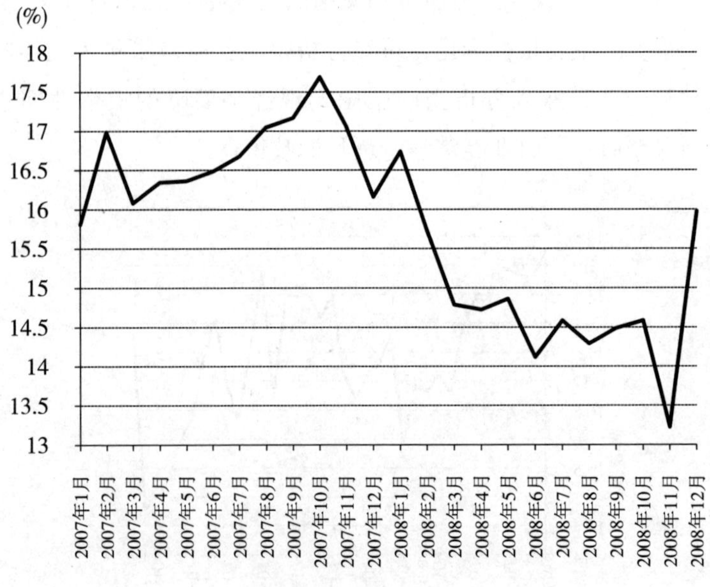

图 6-25 金融机构人民币各项贷款增速（月末数）

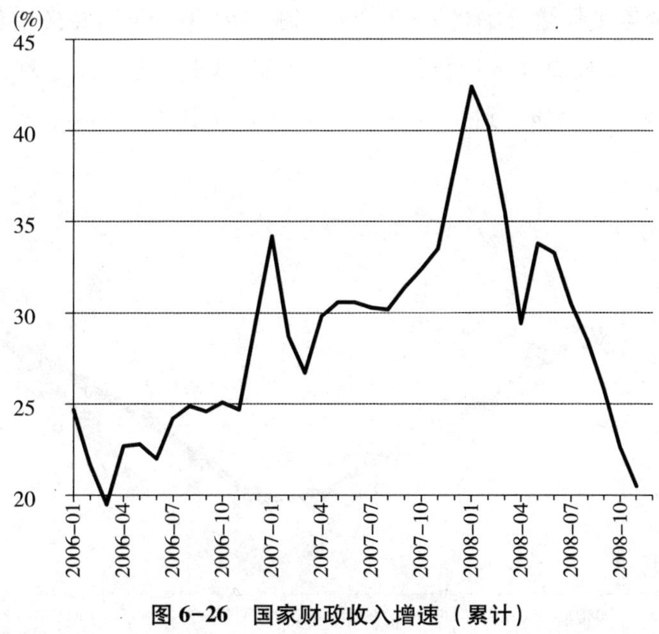

图 6-26　国家财政收入增速（累计）

第二节　2009—2010 年中国宏观经济预测

一、模型外生变量的假设

（一）美国及欧元区的经济增长率

对于 2009 年和 2010 年主要经济体如美国及欧元区的经济增长前景，不同经济组织或机构有不同的预测。这里，本课题组采用两种观点：一是取 IMF 的乐观估计，即美国和欧元区经济都将于 2009 年三季度见底，随后开始逐渐出现反弹。预计 2009 年，美国和欧元区的全年实际经济增长率将分别为-1.6%和-2.0%。至 2010 年，美国实际增长率将恢复到 1.6%，欧元区实际增长率小幅回升到 0.2%。二是取全球经济和金融分析公司（简称 RGE）① 的悲观估计，美国经济见底的时间将推迟到 2009 年第四季

① 由经济学家罗里尔·卢比尼（Nouriel Roubini）博士创办。

度，预计全年实际增长率将为-3.2%。到 2010 年，美国经济增长率将仅恢复到 1.0%。而欧元区经济见底的时间为 2009 年三季度，预计全年实际增长率将为-2.5%。到 2010 年，增长率将恢复到 1.5%（图 6-27、图 6-28）。

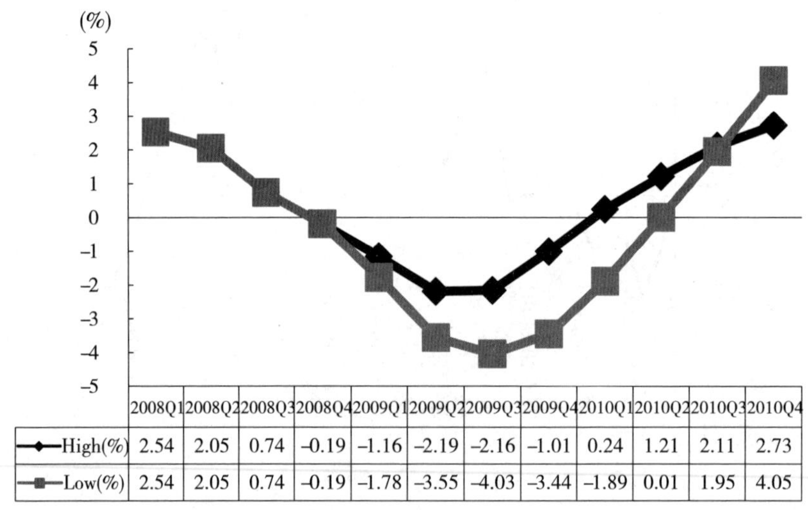

	2008Q1	2008Q2	2008Q3	2008Q4	2009Q1	2009Q2	2009Q3	2009Q4	2010Q1	2010Q2	2010Q3	2010Q4
High(%)	2.54	2.05	0.74	-0.19	-1.16	-2.19	-2.16	-1.01	0.24	1.21	2.11	2.73
Low(%)	2.54	2.05	0.74	-0.19	-1.78	-3.55	-4.03	-3.44	-1.89	0.01	1.95	4.05

图 6-27　美国 GDP 增长率的变化趋势假定

注：High 代表乐观估计、Low 代表悲观估计，下同。

资料来源：IMF and RGE Monitor。

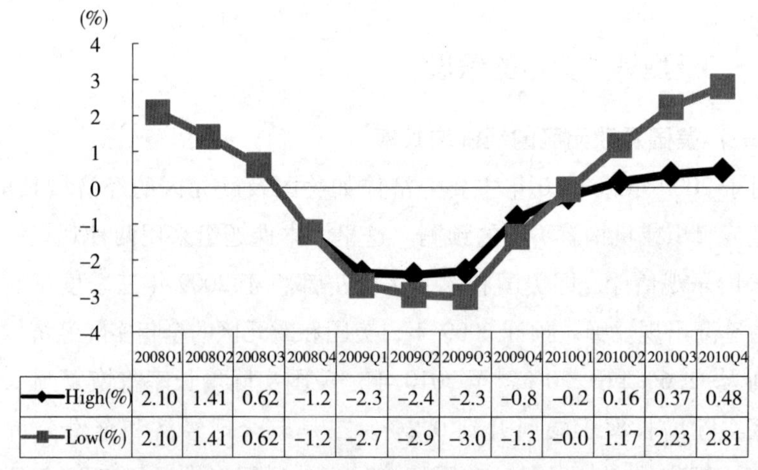

	2008Q1	2008Q2	2008Q3	2008Q4	2009Q1	2009Q2	2009Q3	2009Q4	2010Q1	2010Q2	2010Q3	2010Q4
High(%)	2.10	1.41	0.62	-1.2	-2.3	-2.4	-2.3	-0.8	-0.2	0.16	0.37	0.48
Low(%)	2.10	1.41	0.62	-1.2	-2.7	-2.9	-3.0	-1.3	-0.0	1.17	2.23	2.81

图 6-28　欧元区 15 国 GDP 增长率的变化趋势假定

资料来源：IMF and RGE Monitor

（二）美元兑欧元汇率以及人民币兑美元汇率的变化趋势

假定在乐观预测下，美元兑欧元汇率基本维持不变，保持在 2008 年四季度 1 欧元兑换 1.32 美元的水平。在悲观预测下，假设美元兑欧元汇率 2009 年和 2010 年分别贬值 7%、3%，到 2009 年四季度，美元兑欧元汇率突破 1.41 关口，到 2010 年四季度，达到 1 欧元兑换 1.45 美元的水平。而对于人民币兑美元汇率，乐观情形下假设美元兑人民币汇率可能出现小幅升值，2009 年和 2010 年分别升值 0.24%、0.13%，基本稳定在 1 美元兑换 6.84—6.86 元人民币之间的水平。悲观情形下假设美元对人民币汇率 2009 年和 2010 年分别贬值 1.5%、3%，到 2009 年年底，美元兑人民币汇率将为 6.73，2010 年底，进一步下滑到 6.52 的水平（表 6-1）。

表 6-1　美元兑欧元汇率以及人民币兑美元汇率的变化趋势假定

时间		美元/欧元		人民币/美元	
		乐观情形	悲观情形	乐观情形	悲观情形
2009 年	一季度	1.32	1.32	6.84	6.84
	二季度	1.32	1.35	6.84	6.82
	三季度	1.32	1.39	6.85	6.78
	四季度	1.32	1.41	6.85	6.73
2010 年	一季度	1.32	1.42	6.85	6.68
	二季度	1.32	1.43	6.86	6.62
	三季度	1.32	1.44	6.86	6.57
	四季度	1.32	1.45	6.86	6.52

资料来源：本课题组假定。

（三）货币供应量（M2）的变化趋势

自 2008 年 11 月以来，在中央政府积极财政政策和宽松货币政策的强有力刺激下，银行新增贷款增长迅速，货币供应量增长出现连续回升，资金紧缺的问题明显得到改善。2009 年 1 月份，广义货币供应量（M2）同比增长 18.8%。考虑到中央政府 2009 年设定的 M2 增长目标为 17%，因此预计未来几个月 M2 增长速度将有所放缓，但全年 M2 增长将有可能突破 17%的目标（图 6-29）。

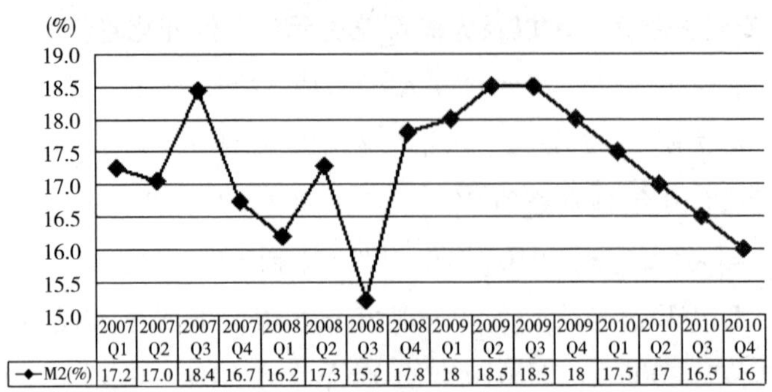

图 6-29　货币供应量（M2）的变化趋势假定

资料来源：本课题组假定。

（四）1 年期贷款利率的变化趋势

目前 1 年期人民币贷款利率为 5. 31%，1 年期人民币存款利率为 2. 25%。虽然 2009 年 1 月份 CPI 还维持正增长，但预计 2 月 CPI 将有可能为负增长。因此有很大的可能央行会再次降低利率，但是幅度不会太大，可能为 18—27 个基点。假定央行将在 2009 年一季度之后，再次降低 1 年期人民币贷款利率 27 个基点，达到 5. 04%的水平，之后维持不变（图 6-30）。

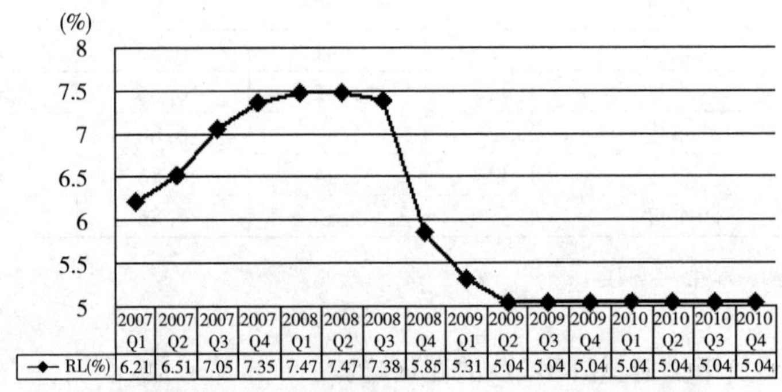

图 6-30　1 年期贷款利率的变化趋势假定

资料来源：本课题组假定。

二、2009—2010 年中国宏观经济主要指标预测

（一）GDP 增长率预测

在对世界经济的乐观预测下，2009 年中国 GDP 可保持 7. 6%的增速，

2010 年预计可增长 9.6%。在对世界经济的悲观预测下，2009 年中国 GDP 将仅能维持 6.3%的增速（表 6-2）。从各季度增长来看（图 6-31a、图 6-31b），2009 年、2010 年 GDP 增长率均呈现出“先低后高”的走势，2010 年各季度增长率将可能高于 2009 年同期水平，经济复苏迹象明显。2009 年一季度将可能是经济最困难的时期，GDP 增长率仅能保持在 4.5%—5.2%的范围内。预测结果说明，虽然 2008 年四季度政府出台了一系列经济刺激政策，但是在外部市场需求萎缩的背景下，增长率的回升有可能到 2009 年四季度才能观察到。预计 2009 年二季度的 GDP 增长率在 6.1%—7.1%的区间，三季度的增长率为 5.6%—7.2%，到四季度则可能达到 8.4%—10.1%。进入 2010 年，GDP 增速在一季度会出现小幅波动，下降至 6.3%—7.4%，二、三季度恢复到两位数增长水平，其中二季度为 10.3%—10.4%，三季度为 10.5%—11.8%，四季度波动幅度有所变大，为 9.8%—12.4%，全年 GDP 增长率为 9.6%—10.5%。

表 6-2　2009—2010 年中国 GDP 增长率预测

	乐观预测（High）		悲观预测（Low）	
	2009 年	2010 年	2009 年	2010 年
美国	-1.6%	1.6%	-3.2%	1%
欧元区	-2%	0.2%	-2.5%	1.5%
中国	7.6%	9.6%	6.3%	10.5%

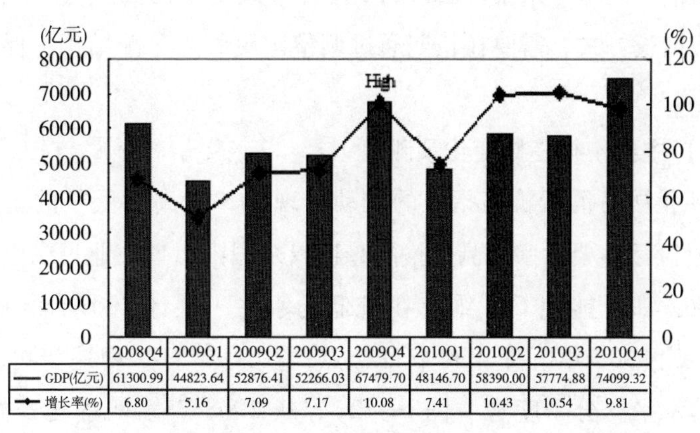

	2008Q4	2009Q1	2009Q2	2009Q3	2009Q4	2010Q1	2010Q2	2010Q3	2010Q4
GDP(亿元)	61300.99	44823.64	52876.41	52266.03	67479.70	48146.70	58390.00	57774.88	74099.32
增长率(%)	6.80	5.16	7.09	7.17	10.08	7.41	10.43	10.54	9.81

图 6-31a　不变价 GDP 及其增长率预测（High）

资料来源：本课题组计算。

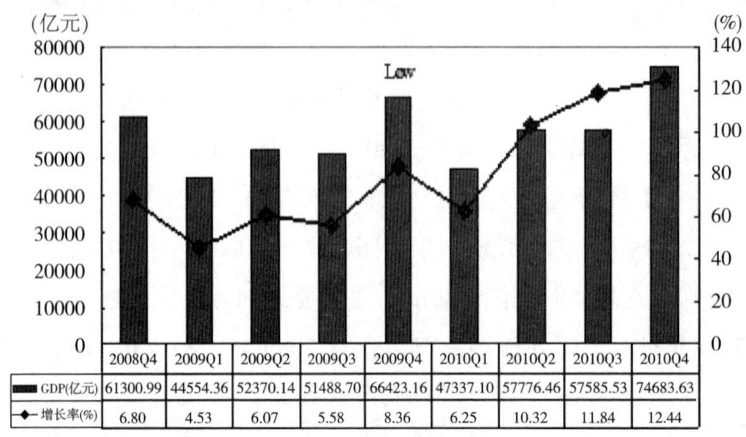

	2008Q4	2009Q1	2009Q2	2009Q3	2009Q4	2010Q1	2010Q2	2010Q3	2010Q4
GDP(亿元)	61300.99	44554.36	52370.14	51488.70	66423.16	47337.10	57776.46	57585.53	74683.63
增长率(%)	6.80	4.53	6.07	5.58	8.36	6.25	10.32	11.84	12.44

图 6-31b　不变价 GDP 及其增长率预测（Low）

资料来源：本课题组计算。

尽管为了“保增长”，政府出台了一系列扩大内需的重大举措，但是，2009 年中国 GDP 却不可能快速恢复增长。一个重要原因是经济增长长期靠“投资驱动、出口拉动”的特征以及经济“高投资、高出口、低消费”（“两高一低”）的不平衡结构特征不可能在短期内得到扭转。出口增速下滑将继续制约 2009 年中国 GDP 的增长。出口行业的过剩生产能力，以及企业及消费者对未来预期的不乐观等，都有理由认为不可能在短期通过国内投资与消费的增加来替代出口的下降。要改变“两高一低”经济结构和转变经济增长方式，需要在长期通过调整国民收入分配结构、促进产业升级来完成。

（二）主要价格指数变化预测

2008 年居民消费价格指数的波动呈现出“先高后低”的走势。进入 2009 年，国际主要大宗商品价格的趋稳以及国内出口产业过剩生产能力的对内释放，都可能使 CPI 维持在较低的水平。预计 2009 年 CPI 将增长 1. 32%，比 2008 年下降 4. 6 个百分点；2010 年 CPI 增速将可能保持在 1. 29%的水平。分季度看（图 6-32），从 2008 年第四季度开始至 2009 年前两季度，GDP 平减指数和 PPI 呈现逐步下降趋势，CPI 在 2009 年二季度虽然出现反弹，但第三季度又出现较为明显的回落。预计 CPI 和

PPI 于 2009 年三季度达到本轮调整的低点，其中 CPI 增速为-0.14%，PPI 增速为-2.13%。GDP 平减指数则于 2009 年四季度探底，增长率为-0.88%。进入 2010 年，主要价格指数虽继续呈现波动走势，但波动幅度趋缓，CPI 和 PPI 走势较为相似且振幅较小，GDP 平减指数的振幅稍大一些，但相比 2009 年，各指数呈现“阻尼运动”走势，振幅趋于平缓。

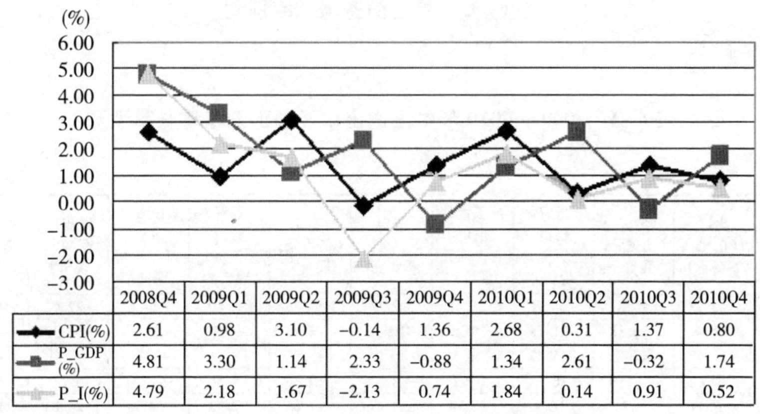

	2008Q4	2009Q1	2009Q2	2009Q3	2009Q4	2010Q1	2010Q2	2010Q3	2010Q4
CPI(%)	2.61	0.98	3.10	-0.14	1.36	2.68	0.31	1.37	0.80
P_GDP(%)	4.81	3.30	1.14	2.33	-0.88	1.34	2.61	-0.32	1.74
P_I(%)	4.79	2.18	1.67	-2.13	0.74	1.84	0.14	0.91	0.52

图 6-32　主要价格指数变化预测

资料来源：本课题组计算。

（三）其他主要宏观经济指标增长率预测

1. 进出口及外汇储备增长率预测

由于外部经济环境继续恶化，2009 年中国出口将为负增长，进口增长受出口负增长的影响将出现负增长，全年贸易顺差也将首次出现负增长，以美元、按现价计算的贸易顺差增长预计为-22%—-32.3%（表 6-3）。其中，以人民币、按不变价计算的出口增速预计为-12.3%—-17.5%，进口增速为-6.2%—-10.4%；以美元、按现价计算的出口增速预计为-15.8%—-20.9%，进口增速为-10.8%—-14.8%。模型预测，一般贸易进出口、加工贸易进出口都将转为负增长，一般贸易出口增速下滑的幅度大于加工贸易出口增速的下滑。2009 年，外汇储备增长率预计为 11.3%—11%，增长速度呈逐渐下降趋势并持续到 2010 年（图 6-33）。

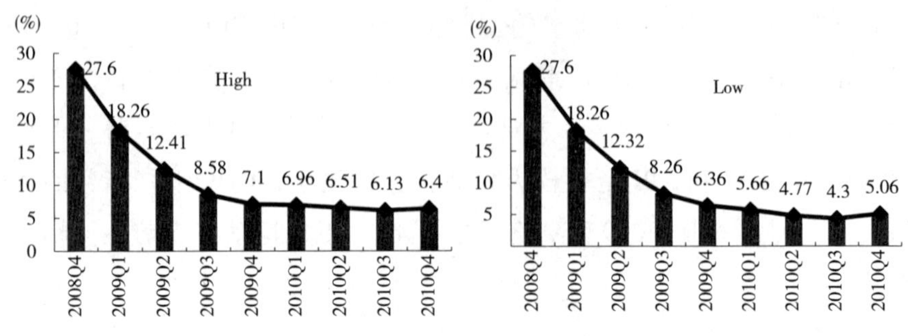

图 6-33 外汇储备增长率预测

资料来源：本课题组计算。

表 6-3 2009—2010 年中国进出口及外汇储备增长率预测

（单位:%）

时间	出口（亿元，不变价）	出口（亿美元，现价）	一般贸易出口（百万美元，现价）	加工贸易出口（百万美元，现价）	进口（亿元，不变价）	进口（亿美元，现价）	一般贸易进口（百万美元，现价）	加工贸易进口（百万美元，现价）	净出口（亿美元，现价）	外汇储备（百万美元，现价）
2009 年	-12.25	-15.82	-18.37	-11.41	-6.22	-10.75	-1.89	-17.8	-22.02	11.34
	-17.49	-20.88	-21.68	-18.24	-10.37	-14.75	-4.4	-22.97	-32.33	11.04
一季度	-17.68	-15.73	-14.32	-16.5	-19.78	-17.58	-8.41	-24.9	15.95	18.26
	-20.08	-18.19	-16.58	-19.1	-21.31	-19.15	-9.56	-26.77	6.77	18.26
二季度	-17.41	-21	-21.96	-18.74	-11.96	-17.65	-7.93	-25.74	-24.04	12.41
	-21.6	-25.01	-24.95	-23.71	-15.05	-20.54	-9.76	-29.39	-35.18	12.32
三季度	-13.2	-20.68	-25.08	-14.38	-3.47	-16.25	-9.41	-20.87	-25.39	8.58
	-18.98	-25.97	-28.3	-21.81	-8.42	-20.54	-12.2	-26.4	-35.77	8.26
四季度	-0.44	-5.01	-9.97	4.03	14.76	12.92	24.22	3.01	-32.29	7.1
	-8.95	-13.13	-14.61	-7.88	6.94	5.23	19.65	-6.94	-42.56	6.36
2010 年	16.29	16.34	12.99	19.12	18.69	19.58	22.38	16.08	1.05	6.49
	17.31	17.5	17.59	16.9	14.63	15.59	20.22	10.55	27.41	4.94
一季度	10.48	9.12	5.41	12.5	14.39	14.47	17.18	11.24	-17.23	6.96
	3.79	2.51	3.23	1.77	7.01	7.08	12.9	1.21	-21.45	5.66
二季度	16.5	16.32	12.86	19.23	19.92	20.5	24.07	16.2	-9.36	6.51
	13.57	13.4	14.09	12.37	13.92	14.47	20.64	7.98	5.95	4.77
三季度	17.29	17.71	14.62	20.21	20.01	21.03	24.49	16.81	1.98	6.13
	19.79	20.22	20.45	19.42	16.62	17.62	22.83	11.88	33.8	4.3
四季度	19.8	20.58	17.58	22.91	19.96	21.38	22.95	18.98	17.56	6.4
	29.76	30.61	29.75	30.52	20.37	21.79	23.45	19.29	67.39	5.06

注：上行为 High 情景预测值，下行为 Low 情景预测值。

资料来源：本课题组计算。

2. 固定资产投资增长率预测

2008 年按不变价计算的固定资本形成总额增速为 11.9%，按现价计算的城镇固定资产投资增长 26.2%。模型预测（表 6-4），在积极的货币政策和财政扩张的刺激下，2009 年按不变价计算的固定资本形成总额增速预计为

表 6-4　2009—2010 年其他主要宏观经济指标增长率预测

（单位:%）

时间	居民消费总额（亿元，不变价）	社会商品零售总额（亿元，现价）	城镇固定资产投资（亿元，现价）	固定资产形成总额（亿元，不变价）
2009 年	8. 73	13. 55	40. 79	17. 95
	8. 40	13. 22	40. 79	17. 95
一季度	12. 56	17. 91	46. 02	6. 86
	12. 56	17. 91	46. 02	6. 86
二季度	10. 67	17. 06	42. 96	17. 06
	10. 51	16. 90	42. 96	17. 06
三季度	8. 42	10. 98	35. 29	20. 02
	8. 02	10. 59	35. 29	20. 02
四季度	4. 16	9. 24	41. 72	21. 57
	3. 45	8. 53	41. 72	21. 57
2010 年	7. 78	12. 63	33. 75	13. 13
	7. 02	11. 87	33. 75	13. 13
一季度	7. 08	13. 50	42. 65	14. 94
	5. 96	12. 36	42. 65	14. 94
二季度	7. 65	11. 47	34. 88	14. 58
	6. 47	10. 30	34. 88	14. 58
三季度	9. 20	14. 13	33. 44	13. 09
	8. 38	13. 31	33. 44	13. 09
四季度	7. 24	11. 54	29. 57	11. 22
	7. 26	11. 56	29. 57	11. 22

注：上行为 High 情景预测值，下行为 Low 情景预测值。

资料来源：本课题组计算。

18%；按现价计算的城镇固定资产投资增速有望大幅提高，预计达到 40. 8%（图 6-34、图 6-35）。但 2010 年固定资本形成总额增速又将回落，预计为 13. 1%，城镇固定资产投资增长也回落至 33. 8%。分季度来看，2009 年固定资本形成总额增速从二季度开始出现较大幅度提高，二、三、四季度分别为 17. 1%、20%和 21. 6%。2010 年四个季度的固定资本形成总额增长率将回落，为 14. 9%、14. 6%、13. 1%和 11. 2%；四个季度的城镇固定资产投资的增速在从一季度开始逐渐回落，分别为 42. 7%、34. 9%、33. 4%和 29. 6%。

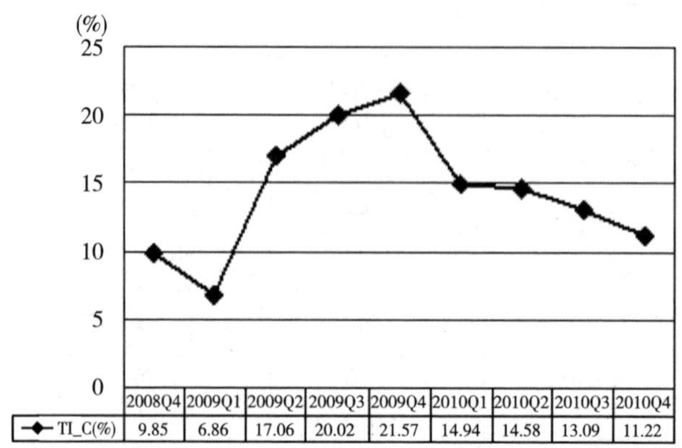

图 6-34　固定资产形成总额（不变价）增长率预测

注：TI_C 为不变价固定资产形成总额增速。

资料来源：本课题组计算。

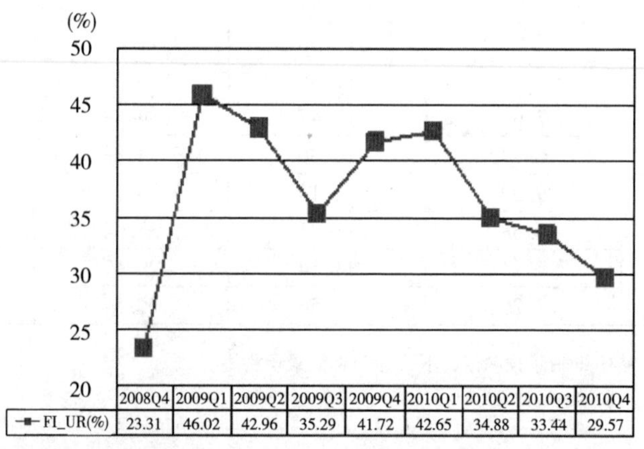

图 6-35　城镇固定资产投资总额（现价）增长率预测

注：FI_UR 为现价城镇固定资产投资总额增速。

资料来源：本课题组计算。

从固定资产投资资金来源来看，2008 年固定资产投资资金来源增速为 20.4%。模型预测，2009 年固定资产投资总资金来源增速将上升至 37.2%，同比上升 16.8 个百分点。分季度看，各季度增速迅速提高，分别为 22.1%、37.7%、37.7%、44.7%。2010 年增长速度则回落到 31.3%，各季度增速分别为 34.9%、32.9%、31.5%和 28.2%，呈现逐渐下降的趋势。按投资资金来源分类看，2009 年各主要资金来源增长速度都呈现较为大幅上升趋势，宏观调控效果显著。其中国内信贷的增速将为 58.2%，同比上升 46.4 个百分点；企业自筹的增速为 27.9%，同比下降 3.4 个百分点；其他资金来源增速为 58.5%，同比上升 64.1 个百分点。2010 年国内信贷增速将出现较大幅度回落，为 28.9%，企业自筹资金增速仍然保持下降趋势，为 25.1%，其他资金来源增速则将维持高增长率，为 57.2%。

3. 消费增长率预测

受城乡居民实际收入增长缓慢的影响，以及由于出口下滑导致作为中国经济增长引擎的“珠三角”“长三角”增长下滑，大量民工失业以及大学毕业生就业难等，预计 2009 年居民消费总额与社会消费品零售总额增速都将下滑。模型预测（表 6-4、图 6-36a、图 6-36b），2009 年按不变价计算的居民消费总额增长预计为 8.4%—8.7%，按当年价格计算的社会消费品零售总额增长 13.2%—13.6%。2010 年社会消费品零售总额增速将下降至 11.9%—12.6%，居民消费总额增速也将下降至 7%—7.8%。分季度来看，2009 年社会消费品零售总额增速将逐季下滑，尤其是下半年会有明显下降，第三、四季度增长率分别为 10.6%—11% 和 8.5%—9.2%。2010 年，第四季度的可比价居民消费总额增长率走势与社会消费品零售总额走势基本一致。

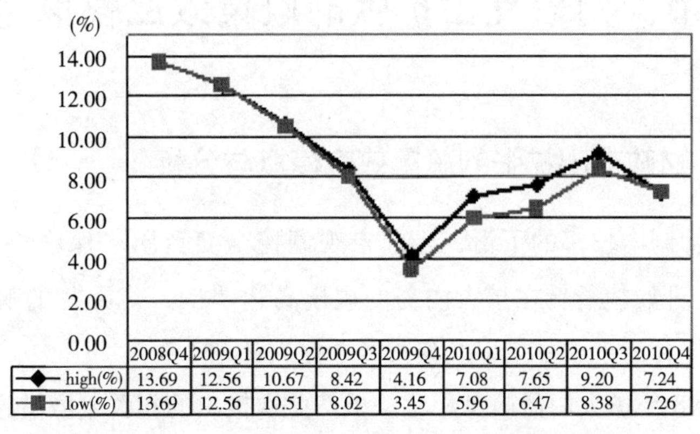

	2008Q4	2009Q1	2009Q2	2009Q3	2009Q4	2010Q1	2010Q2	2010Q3	2010Q4
high(%)	13.69	12.56	10.67	8.42	4.16	7.08	7.65	9.20	7.24
low(%)	13.69	12.56	10.51	8.02	3.45	5.96	6.47	8.38	7.26

图 6-36a　居民消费总额（不变价）增长率预测

资料来源：本课题组计算。

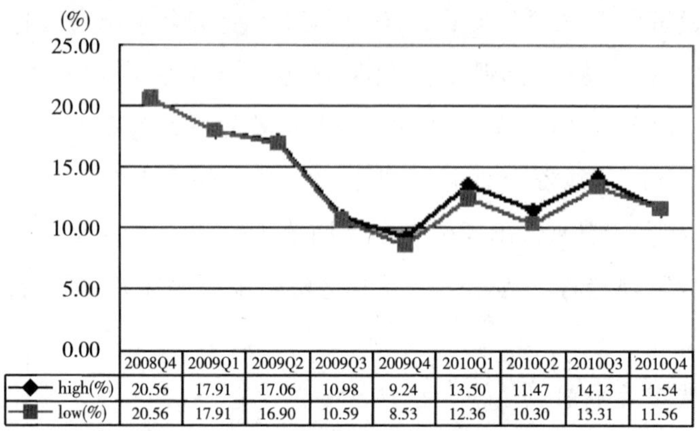

图 6-36b　社会消费品零售（现价）总额增长率预测

资料来源：本课题组计算。

上述预测结果表明，2009 年和 2010 年的中国经济增长依然极大地依赖于世界经济的表现，特别是作为中国出口主要市场的美国和欧元区经济的表现。尽管宏观经济政策力图“保增长、扩内需、调结构”，但是，在短期内，中国经济的增长依然需要依靠世界经济的复苏。

第三节　财政支出扩张的政策效应模拟与分析

一、财政支出扩张的总量效应模拟与分析

为了抑制增长率的下滑，当前宏观调控全面转向“保增长、扩内需、调结构”，开始执行旨在扩大内需的规模高达“四万亿元”的财政扩张政策，同时出台了十项举措以及相关产业振兴计划。

与 1998 年扩大内需政策相比，虽然此次推出的相关刺激措施关注到了民生工程的需要，并鼓励企业进行技术改造，提高竞争力，甚至强调提高城乡居民特别是低收入群体的收入水平，以促进经济的平稳较快增长，但

是，目前财政扩大内需支出的主要内容还在于公共基础设施的投资扩张。从过去中国宏观调控的实践看，宏观调控对投资需求的影响往往都大于对国内消费需求的影响。然而，通过中央政府动员财政资源促进资本形成，有可能经过地方政府的“投资冲动”而导致过多的财政支持引发企业投资冲动、企业效率低下、高投入的粗放经营等问题。① 在目前外部市场已难以拉动经济增长的时候，“投资”若失控必将极大地损害下一轮以致更长时期的中国经济繁荣的良好基础。从长远来看，必须扭转经济增长方式、调整国民收入分配结构才能改变“两高一低”的经济结构，并保证经济的稳定增长。为此，如果财政扩张政策能适当调整，从投资扩张为主转向扩大投资与提高居民收入并重，那么，经济增长可一定程度上从投资驱动转向消费驱动，中国经济中消费率过低的状况有可能改善，并促进国民经济“两高一低”失衡结构的调整。

为了模拟上述政策建议的可能效应，假定 2009 年和 2010 年世界经济如 IMF 预测的情形，本课题组设计了两种情形来分析 2009 年、2010 年财政政策的可能方式及其效应。

情景 1：假设在 2009 年和 2010 年将用于固定资产投资的财政支出每年各减少 1 万亿规模，通过 CQMM 模拟主要宏观经济指标的变化。

情景 2：假设把每年减少的 1 万亿固定资产投资所节省下来的财政支出等量地用于提高当年居民收入，通过 CQMM 模拟刺激消费、拉动内需以及带动经济增长的效应。

表 6-5　财政政策调整对主要宏观经济指标的影响

（单位:%）

时间	国内生产总值增长率（亿元，不变价）	居民消费总额增长率（亿元，不变价）	社会商品零售总额增长率（亿元，现价）	进口增长率（亿元，不变价）	进口增长率（亿美元，不变价）	净出口增长率（亿美元，现价）	外汇储备增长率（百万美元，现价）
2009 年	5.86	8.20	13.02	-7.86	-12.31	-15.55	11.56
	6.92	11.29	16.10	-6.89	-11.38	-19.4	11.46

① 中国社会科学院经济研究所经济增长前沿课题组：《开放中的经济增长与政策选择》，《经济研究》2004 年第 4 期。

续表

时间	国内生产总值增长率（亿元，不变价）	居民消费总额增长率（亿元，不变价）	社会商品零售总额增长率（亿元，现价）	进口增长率（亿元，不变价）	进口增长率（亿美元，不变价）	净出口增长率（亿美元，现价）	外汇储备增长率（百万美元，现价）
2010 年	9.76	6.95	11.81	18.8	19.7	1.95	7.65
	10.29	8.63	13.49	19.47	20.35	-1.85	6.83

注：上行为情景 1 预测值，下行为情景 2 预测值。

资料来源：本课题组计算。

表 6-5 给出了上述两种情景下通过 CQMM 模型模拟的主要宏观经济指标的增长率。对比表 6-2，可以发现：（1）如果今明两年固定资产投资各减少 1 万亿元，那么，即便在对世界经济的乐观预测下，中国 GDP 增长率都将更大幅度地下滑。但是，如果把减少的 1 万亿元投资资金等量地用于提高居民的收入水平，那么，2009 年由于投资的减少 GDP 增长率可能会下降至 6.9%，但是，2010 年经济将有可能在消费的驱动下实现 10.3%的增长。这个增长率甚至高于原来在乐观情形下预测的 2010 年 9.6%的增长（图 6-37）。同时模拟结果也说明，将投资中的一部分转变为居民收入后，通过刺激消费来拉动内需，以确保经济增长的话，大约需要 1—2 年的时间。

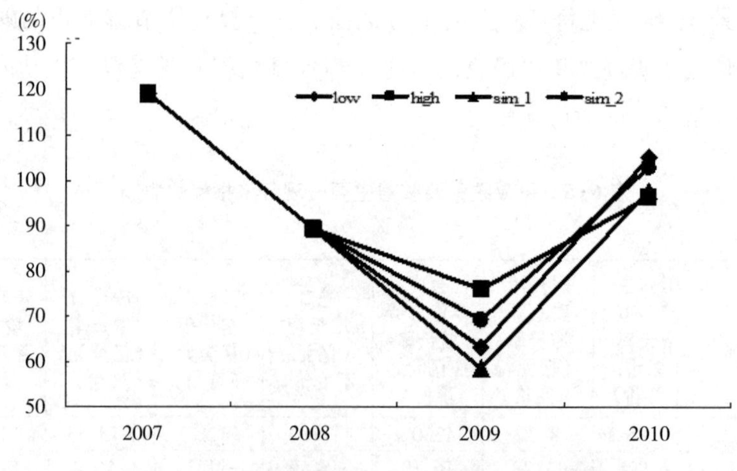

图 6-37　四种情景下年度 GDP 增长率预测图

注：high 为乐观情形，low 为悲观情形；sim_1 为作为参照的情景 1，sim_2 为进行政策模拟的情景 2。下同。

资料来源：本课题组计算。

（2）居民收入增加对消费的直接刺激效应将大于由于投资减少、经济增长放缓而导致的居民收入减少对消费的间接抑制效应，从而使扩大消费对增长的刺激得以释放，2009 年居民消费总额将增长 11.3%（表 6-5）。同时，以不变价计算的居民消费占 GDP 的比例在 2009 年和 2010 年都将比其他三种情形有所提高（图 6-38），而投资占 GDP 的比例将有所下降（图 6-39）。这意味着，如果财政扩张政策能适当调整，从投资扩张为主转向扩大投资与提高居民收入并重，那么，经济增长可一定程度上从投资驱动转向消费驱动，中国经济中消费率过低的状况有可能改善，并促进国民经济“两高一低”失衡结构的调整。

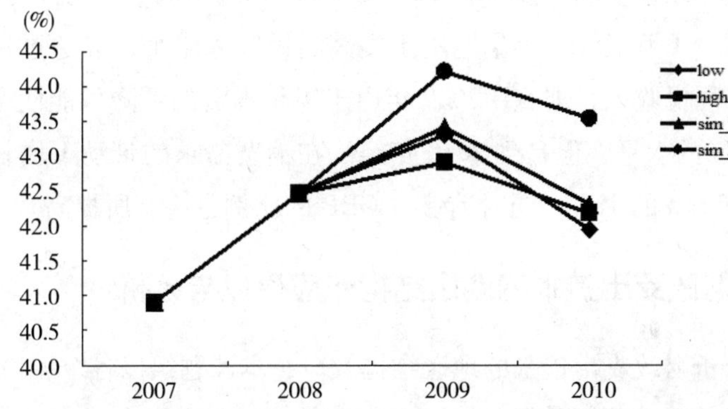

图 6-38　四种情景下居民消费占 GDP 比重变化趋势图

资料来源：本课题组计算。

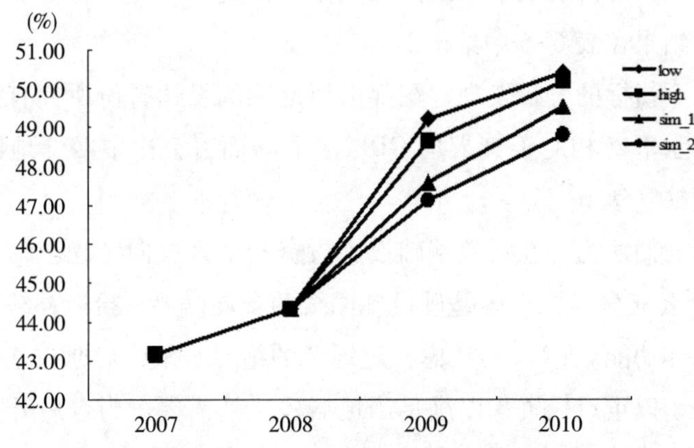

图 6-39　四种情景下投资占 GDP 比重变化趋势图

资料来源：本课题组计算。

（3）当减少的投资转变为居民收入后，一方面，人们会增加对国外最终产品的消费需求；另一方面，对国内产品需求的增加会导致国内生产厂商对中间品进口需求的增加。两方面因素的作用将刺激进口增加。从政策模拟的数据看，2009 年不变价计算的进口增速将由-7.9%上升至-6.9%，少下降近 1 个百分点。2010 年进口增速将由 18.8%提高到 19.5%，多增长 0.7 个百分点（表 6-5）。财政政策对出口的影响不大，因而净出口增长率会有所下降。2009 年净出口增长率由-15.6%进一步下降到-19.4%；2010 年则由大约 2%下降到-1.9%。同时，外汇储备增长也会随之下降，2009 年外汇储备增长率由 11.6%下降至 11.5%；2010 年则由 7.7%下降至 6.8%。

上述模拟结果说明，如果将 2009 年和 2010 年用于固定资产投资的财政支出各减少 1 万亿元，等量地用于提高居民收入水平，即通过转移支付或减税提高居民收入，那么，2009 年由于当年投资的下降可能使增长率仅能维持 6.9%的水平，但是到 2010 年经济在消费需求的带动下增长率将可能提高到 10.3%的水平，同时消费占 GDP 的比例也将有所提高。

二、财政支出扩张的地区结构效应模拟与分析

为了分析财政支出扩张的地区结构效应，本课题组以各个省份 2007 年的公路里程数、铁路里程数和机场个数为考察对象，用全国省份（除港澳台、直辖市）的数据除以其当年各自的人均 GDP，以此来说明各个省份的基础设施与社会经济发展水平之间的关系。以此为基础，分析财政资金的地区投向。结果在表 6-6 中给出。

对这三个指标的分析发现，东部沿海地区的发达省份所拥有的基础设施量就相对水平（相对于其人均 GDP 水平）而言，比中西部地区的多数省份更为短缺（表 6-7）。

因此，我们认为，在财政基础设施投资的地区投向考虑上，必须统筹兼顾：（1）要充分考虑全国基础设施网线的布局需要，拾遗补缺，消灭瓶颈，提高整体功能。（2）要考虑特定地区的绝对水平，对原先基础设施严重落后地区予以重点投资，以满足当地居民生活需要，为今后开发创造条件。（3）要根据各地区社会经济发展的需要实行有效投资。东部地区经济发展水平高，经济总量及人口密度大大高于内地尤其是西部地区，尽管就

绝对水平而言其基础设施数量高于内地尤其是西部地区，但是，相对其经济总量及人口密度而言，其基础设施却是短缺的，甚至已经成为当地经济发展的瓶颈。此时适当增加对这些地区的基础设施投资，投资效率将会比较高，不仅目前扩大内需的拉动效应比较大，而且从长远看也有利于调整结构，提高整个国民经济的有效供给能力，促进长期经济增长。

表 6-6　2007 年中国各省份基础设施水平

省份	公路里程数比人均 GDP	省份	铁路里程数比人均 GDP	省份	机场个数比每万元人均 GDP
海南	1.222	海南	0.027	宁夏	0.683
宁夏	1.404	浙江	0.035	海南	1.374
浙江	2.668	西藏	0.045	青海	1.403
福建	3.355	江苏	0.048	河北	1.509
青海	3.691	宁夏	0.054	吉林	1.548
辽宁	3.813	福建	0.062	西藏	1.652
江苏	3.942	广东	0.066	广东	1.810
西藏	4.014	青海	0.116	浙江	1.871
吉林	4.408	山东	0.119	河南	1.874
内蒙古	5.459	湖北	0.158	福建	1.930
广东	5.490	新疆	0.162	辽宁	1.943
山西	7.074	辽宁	0.163	江苏	2.063
河北	7.409	山西	0.184	山西	2.361
广西	7.503	吉林	0.187	山东	2.877
黑龙江	7.626	安徽	0.198	湖北	3.085
山东	7.633	湖南	0.200	黑龙江	3.247
陕西	8.304	江西	0.203	安徽	3.321
新疆	8.543	广西	0.218	陕西	3.423
甘肃	9.725	陕西	0.218	湖南	3.450
江西	10.331	云南	0.219	内蒙古	3.544
湖北	11.340	四川	0.233	甘肃	3.866
湖南	12.104	甘肃	0.235	江西	3.958
安徽	12.318	河北	0.243	广西	4.779
四川	14.690	河南	0.252	新疆	7.648

续表

省份	公路里程数比人均 GDP	省份	铁路里程数比人均 GDP	省份	机场个数比每万元人均 GDP
河南	14.906	内蒙古	0.264	四川	7.756
贵州	17.823	贵州	0.291	贵州	8.677
云南	19.007	黑龙江	0.311	云南	10.436

第四节　当前宏观经济格局成因分析及政策建议

一场来自海外的金融危机何以对中国宏观经济形势产生如此大的影响？毫无疑问，是因为中国开放了，世界经济全球化了。但是，外因总是要通过内因才能起作用。内因是什么呢？什么是阻碍中国宏观经济稳定增长的根本性原因？在本轮经济下滑过程中，应当实行何种类型的扩大内需政策，才能既在短期内有效抑制增长率的下滑，同时也为下一轮的经济繁荣创造良好的基础和做好准备？本课题组认为，导致当前经济增长率下滑的因素就短期和外部原因而言，在于全球金融危机导致的外部需求萎缩，但是以出口导向为重要特征的粗放式经济增长累积的总需求结构失衡、国民收入分配结构的不合理等因素抑制了中国居民的消费能力，却是致使中国遭遇外部需求萎缩时经济迅速下滑的根本性、长期性内因。它决定了，目前的宏观经济政策不能仅以短期的需求管理为主，而应当在兼顾短期形势需要的同时，更注重长期经济增长方式的转变与经济结构的调整。

中国经济“两高一低”的不平衡结构特征已经十分突出。在过去的十年里，无论是 1998 年扩大内需的政策还是 2003 年开始的高速经济增长，作为内需最主要的部分——居民消费需求都没有得到应有的提升。不仅最终消费占 GDP 的比例在不断下滑，而且最终消费中居民消费所占的比例也在持续下滑（图 6-40）。结果，2007 年居民消费占 GDP 的比例仅为

35.4%（图 6-41）。究其原因，有以下三个方面：（1）“投资驱动、出口拉动”的粗放型经济增长方式是导致“两高一低”的根本原因。（2）国民收入分配结构重点向资本收益和政府倾斜是加剧“两高一低”结构矛盾的分配性原因。（3）政府特别是地方政府主导地方经济建设，参与市场经济活动，导致要素价格扭曲、资源配置效率损失，是形成“两高一低”的体制性原因。因此，“投资驱动、出口拉动”是对外开放条件下的粗放经济增长方式的必然表现形式，“两高一低”是其必然结果。

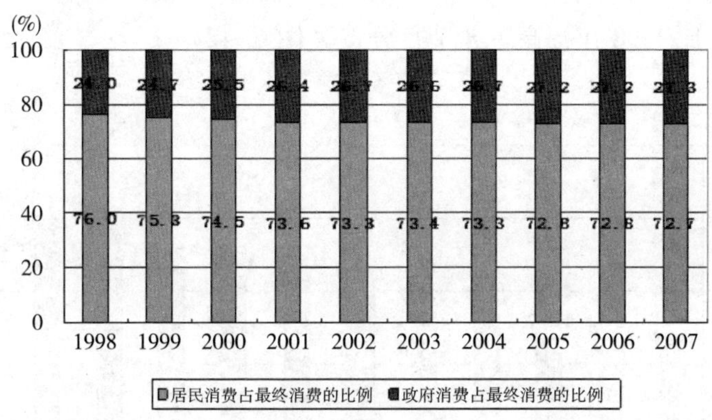

图 6-40　最终消费中居民消费与政府消费占比

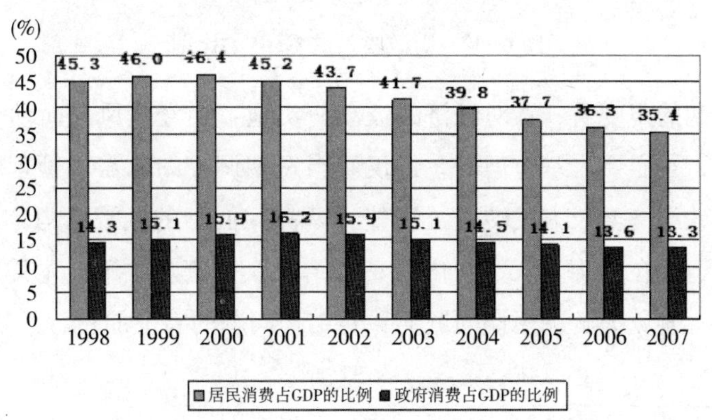

图 6-41　居民消费与政府消费占 GDP 的比例

其中，在收入分配结构方面，国民收入分配长期向资本收益和政府倾斜。由于资本短缺，各地区为实现高增长，竞相提出各类优惠政策，吸引外资，结果造成：资本要素报酬偏高，劳动、土地等要素报酬偏低，本国要素（劳动、土地、银行资金、环境）报酬偏低，国外要素报酬偏高。在收入分配结构中，国民收入分配向资本所有者倾斜，劳动者报酬所占份额却不断下降。1990—2005年，企业营业余额占GDP比例从21.9%增加到29.6%；而同期劳动者报酬占GDP的比例却下降了12个百分点。[①] 其中，1996年劳动者报酬在GDP中占52.2%；2002年和2003年下降为50.5%和49.8%，2005年、2006年降为44.5%、44%。[②] 另一方面，政府财政收入占GDP的比重自1996年起持续提高。2007年财政收入占GDP的比重已超过20%，比1998年提高了8个百分点（图6-42）。

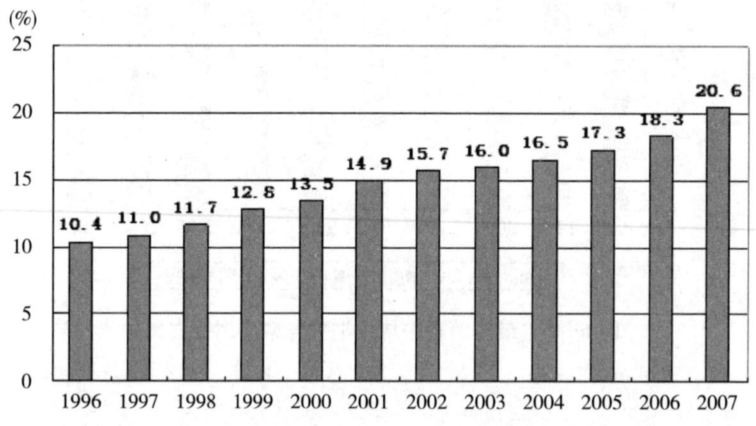

图6-42　财政收入占GDP的比例

从短期的角度看，针对经济的波动，实施“逆经济风向而动”的相机抉择政策，是必要之举。但是，仅仅着眼短期调控的总需求管理政策不能有效地推动经济增长方式转变，调整“两高一低”的经济结构，治标不治本。因此，旨在“保增长、扩内需、调结构”的宏观政策，尤其要重视结构的调整，避免为解决短期问题而导致结构问题的雪上加霜。

① 数据来自《中国企业竞争力报告（2007）——盈利能力与竞争力》（中国社会科学院工业经济研究所，2007年）。该报告指出，企业利润的大幅增加相当程度上是以职工低收入为代价的。“利润侵蚀工资”现象不仅表现在非国有企业员工收入长期低于经济增长的速度，而且表现在国有企业大量使用临时工等体制外员工，以降低用人成本。

② 根据中经网数据库计算。

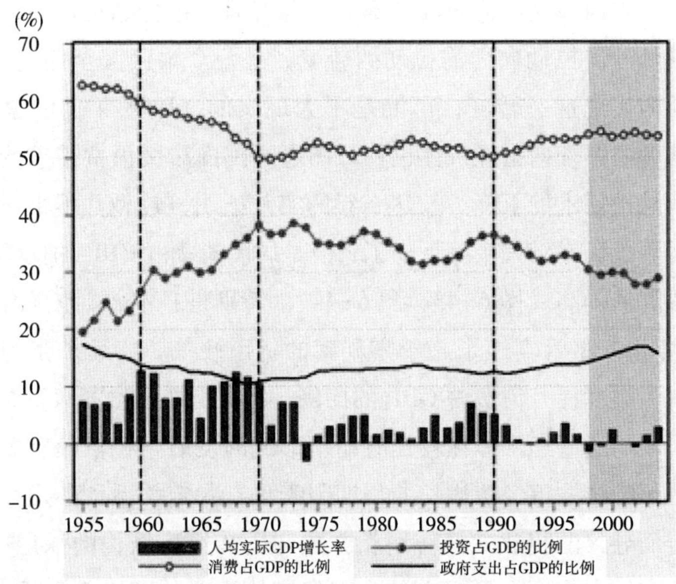

图 6-43　日本 GDP 构成

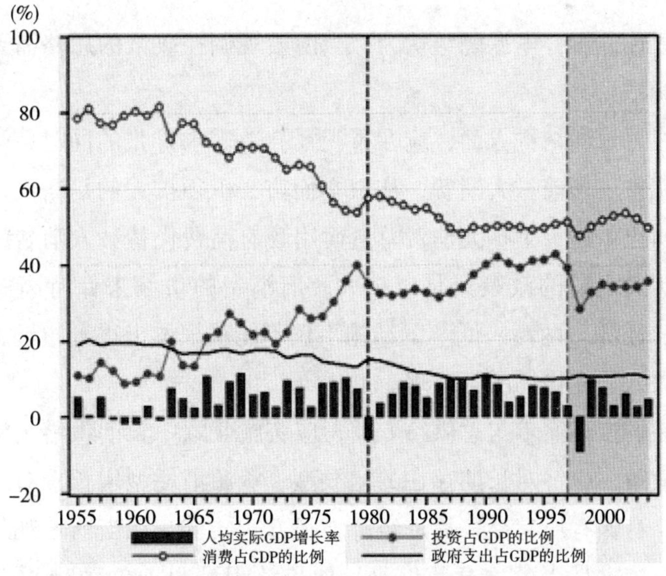

图 6-44　韩国 GDP 构成

扩内需、保增长应充分重视调整经济结构、转变增长方式，但是，国际经验表明，外向型经济体面临外部需求萎缩时，进行结构调整，使其经济增长实现从外需拉动向内需拉动的转变，是一个艰巨甚至痛苦的过程，期望在短期内实现这一转变，可能是不太现实的。1998年亚洲金融危机后，日本和韩国等外向型经济体也曾试图通过国内居民消费需求的扩张来替代和缓解外部需求的下降。长达十年的实践证明，转型并不很成功，主要表现在尽管投资率较大幅度下降了，但是居民消费占GDP的比例却不因此有较大幅度的提高（图6-43、图6-44）。特别是日本，"泡沫经济"破灭后的10年里，尽管实施了趋于零利率的货币政策、持续扩张的财政政策，也没有大幅度提升消费占GDP的比例，居民消费依然萎靡不振。研究表明，这不仅与这些经济体在较长时期里形成的发展路径依赖有关系，而且与人口的年龄结构等经济增长的长期因素也有一定关系，必须警惕因各种因素综合而导致的粗放式经济增长方式和失衡经济结构的深层次固化。日韩的实践在一定程度上预示着外向型经济体遭遇外部需求严重萎缩时，将面临较为长期而艰巨的结构调整与发展方式转变，对此，我们应有足够的思想准备。

根据上述分析，本课题组认为，当前宏观调控政策的思路需要重视三个方面的调整：

一是在总量和结构方面，应在重视社会总需求扩张的同时，强调总需求结构的调整。当前扩大消费，从根本而言，亟须扩大的是居民消费，因此，应该防止单纯为了扩大消费总量而用政府消费代替私人消费的短视行为。如果扩大内需的政策只是以扩大政府消费的份额来保持高的增长速度，那么，经济"两高一低"的结构不仅不能从根本上得到扭转，还可能加重国民收入分配格局的不合理。

二是在调控总需求与总供给方面，应实施兼顾中长期供给结构调整的扩大内需政策，应针对长期存在的粗放型、资源消耗型增长，对不同类型的生产力，有保有压有弃，促进经济增长方式转变。在当前宏观经济形势下，扩大总需求是当务之急，但是，如果认识到目前的困难不仅来自外部，相当程度上是来自内部，是我国长期经济增长方式所累积的问题所致，那么，就不能忽视总供给能力的调整和经济竞争力的提高。

三是在“硬软”基础设施的建设方面，在扩张实物资本积累的同时，更要重视人力资本的积累，为我国实现经济增长方式转变，建立创新型国家奠定坚实的人力资源基础以及做好自主创新准备。

基于此，本课题组的政策建议如下：

第一，财政支出政策除了总量规模要有保障外，还需要在支出结构上有所调整。具体而言：

一是通过转移支付或减税提高居民收入，从投资扩张为主转向扩大投资与提高居民收入并重，在一定程度上使经济增长从投资驱动转向消费驱动，促进国民经济“两高一低”失衡结构的调整。

二是充分保证财政支出向民生领域倾斜，主要包括教育、医疗和社会保障等三大项支出，从根本上改善居民预期，释放民间消费能量，促进私人消费需求的提高。

三是要加大对人力资本的投资力度。通过扩大人力资本存量、提升人力资本质量来促进产业结构的升级，实现人均收入水平的长期提高与收入分配差距缩小。

四是在基础设施投资地区结构上，兼顾东中西部的不同需求，重视东部地区基础设施相对其经济发展水平不足的现状，通过加大投入为其下一轮经济增长奠定坚实的基础设施基础。

五是当前产业振兴计划要以提高产业竞争力、促进产业结构升级以及调整产品结构为目标，而不仅仅是保护现有产业的生存。为此，应适当调整产业结构政策、研发折旧政策，切实降低企业成本，尤其是高新技术企业的税费负担。

第二，继续调整货币政策。模型预测的2009—2010年中国经济增长率基于假定央行将在2009年一季度之后再次降低1年期人民币贷款利率27个基点，达到5.04%的水平。也就是说，即使是实现预测所期望的经济增长率，适当下调贷款利率也是必要的政策措施之一。鉴于目前银行存贷利率之间尚有一定利差空间，可以考虑近期的利率下调以贷款利率为主。其次，通过金融制度创新，改善广大中小民营企业融资条件，促进就业增长。

第三，用体制改革调动社会资源保增长。推动垄断行业（包括目前垄断或准垄断的部分服务业，如医疗、教育等）改革，提供新的投资空间，创造新的经济增长点，充分调动民间资本的投资积极性。

第四，充分重视国民收入分配结构不合理的问题。通过降低政府收入占国民收入的比例，提高资源型、垄断型国有企业向国家缴纳的利润比例，提高居民收入并缩小城乡收入差距。

第五，推进使广大城乡居民切实受惠的城市化进程，用城市化拉动经济增长。调整城市住房政策，降低城市经济适用房用地成本从而降低经济适用房价格（租金），扩大经济适用房的适用人群对象。通过调整城市住房等相关政策，进一步推进使广大城乡居民切实受惠的城市化进程。

第六，制定倾斜教育政策，推进教育改革，扩大财政对教育的投入，鼓励社会资源投资教育。目前中国教育面临的最大问题也是结构问题，因此，教育政策应以稳定为主，适度增长，增大投入，尤其是基础学科研究与研发投资，提高办学水平，调整结构。高等教育应根据社会需求，调整办学层次结构、人才培养结构，适应社会需要，提高大学生的就业能力与就业率。将财政扩大内需支出用于扩大、提高对低收入家庭子女的助学资助水平，制定相应的政策，鼓励毕业生到基层、边远地区工作，服务社会。

第七章　2009 年秋季报告[①]

第一节　前　言

美国次贷危机引发的国际金融危机爆发以来，以“出口拉动”为特征的中国经济深受外部需求低迷萎缩的影响。为了抑制增长率下滑，中国宏观调控政策在过去一年多里，调控方向、政策选择和力度都发生了戏剧性转变：2007 年底的“双防”政策在 2008 年 7 月转向“一保一控”，继而在 2008 年 10 月全面转向以保增长为目的的积极的财政政策与宽松的货币政策。2009 年，在推行扩张性政策的同时，产业政策方面“十大产业振兴计划”以及相关的促进外贸等政策措施也相继出台。

截至 2009 年 6 月，外部经济对我国宏观经济的影响依然通过对外贸易的持续萎缩以及外商直接投资增速的持续下滑表现出来。但在国内扩张性政策的影响下，全社会固定资产投资增速大幅提高。在投资的强有力拉动下，我国经济运行初步遏制了增速快速下滑，呈现出企稳回升态势。2009 年上半年我国 GDP 同比增长 7.1%，扭转了连续 7 个季度减速的趋势。其中，资本形成总额（包括固定资产投资和库存）对经济增长的贡献率为 87.6%，拉动 GDP 增长 6.2 个百分点，而同期消费拉动经济增长仅为 3.8 个百分点，国外需求（净出口）则下拉 GDP 增长 2.9 个百分点。[②]

---

① 教育部高校人文社会科学重点研究基地重大课题（05JJD790093、06JJD790029、07JJD630226）成果。本报告于 2009 年 8 月 18 日在北京发布。

② 转引自国家信息中心预测部：《2009 年下半年中国经济走势前瞻》。

本报告首先回顾中国应对国际金融危机所推行的政策组合及在这些政策的实施下宏观经济的主要表现；其次，基于中国季度宏观经济模型（CQMM）模拟分析在当前外部经济环境下现行“保增长”及“调结构”政策组合的宏观效应；再次，在此基础上，深入研究当前宏观经济运行存在的根本性问题——国民收入支出结构的“两高一低”失衡，指出这其实是社会再生产过程中消费环节的结构失衡，必须从社会再生产过程的生产环节、分配环节寻求原因，从决定社会再生产过程特征的体制基础找原因，解决国民收入支出结构失衡问题必须从重构决定国民收入分配结构的社会各利益主体的力量对比均衡入手。最后，基于CQMM，预测我国宏观经济在2009年和2010年的运行趋势，模拟了汇率变动、美国个人储蓄率上升对我国宏观经济运行的影响，并提出相关的政策建议。

我们认为，导致我国当前经济增长率下滑的因素就短期和外部而言，是全球金融危机导致的外部需求萎缩，但是，以出口导向为重要特征的粗放式经济增长累积的总需求结构失衡、国民收入分配结构不合理等因素，直接导致了居民消费能力萎缩，却是致使我国经济遭遇外部需求萎缩时增长速度下滑的根本性、长期性内因。然而，2008年下半年至2009年上半年，应对国际金融危机，确保年度增长目标成为宏观经济政策的首要任务，调整结构的必要性虽然已经成为共识——尽管何种结构失衡最为重要尚有不同意见——但是在政策实践中却不得不让位于保增长。为了在短期内遏制经济增长率下滑，不得不启动了大规模的财政投资，与此同时，作为内需最主要同时也是近年来下降幅度最大的部分——居民消费需求的提升，却由于重视不足，也一时束手无策，并没有得到应有的提升，宏观经济“高投资、低消费”的不平衡结构进一步突出。在外部市场不能快速复苏的情况下，高投资转化的生产能力扩张，有可能进一步加重产能过剩的局面。因此，当前中国应对国际金融危机的宏观经济政策组合应能有效地扩大内需尤其是居民消费的增长，推动经济增长方式转变，调整“两高一低”的国民经济结构及产业结构，使个人收入和消费的增长来替代政府主导的投资激励增长，并成为推动经济增长的主要动力。这不仅关系到能否在当前保增长，更关系到中国经济稳定较快增长的可持续性，关系到经济增长终极社会目标的实现。

第二节　宏观经济政策执行情况与中国宏观经济表现

一、积极的财政政策和适度宽松的货币政策

为了应对由于国际金融危机而导致的经济增长率下滑，2008 年第三季度起，我国的宏观经济调控政策全面转向了积极的财政政策和适度宽松的货币政策。首先，在财政政策方面，表现为财政支出总量的快速扩张，试图通过基础设施投资的扩张来弥补因出口下滑而导致的需求萎缩。截至 2009 年 6 月，总量扩张的财政政策已使财政支出同比增加了 26.3%，规模达到 2008 年同期的 1.26 倍；7 月份财政支出规模继续扩大，规模到达 2007 年全年的 68.1%和 2008 年全年的 54.1%。从各项支出的增速来看，属于投资性质的交通运输和农林水事务支出增速同比提高了 44.9 和 40.9 个百分点；对科学技术的支出增速也提高了 17.5 个百分点。但是，具有鼓励和扩大消费性质的对教育、社保和就业的支出增速同比却大幅度下降，下降幅度分别达到 6.2 和 12.6 个百分点；对医疗卫生的支出增速仅同比上升 4.2 个百分点。

从各项财政支出构成的变化看（图 7-1），至 2009 年 6 月，教育、社保和就业以及医疗卫生三项支出占财政支出的 31.1%，仅比 2007 年和 2008 年分别提高了 1.84 和 1.41 个百分点；交通运输支出和农林水事务支出所占比例大幅度提高，分别达到了 5.3%和 8.56%，两者之和比 2008 年提高了近 2.57 个百分点。2009 年新增三项财政支出统计数据，即采掘电力信息事务、粮油物资储备等管理事务以及金融监管等，三项共占财政支出的 7.39%；科学技术支出以及环境保护支出所占的份额与 2008 年相比略有下降；一般公共服务及文体传媒支出所占的份额大幅度下降，比 2008 年下降了 3.7 个百分点。

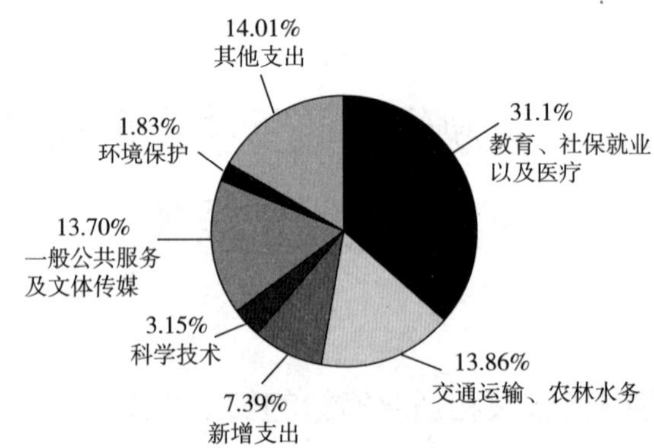

图 7-1　各项财政支出构成（至 2009 年 6 月）

资料来源：CEIC 数据库。

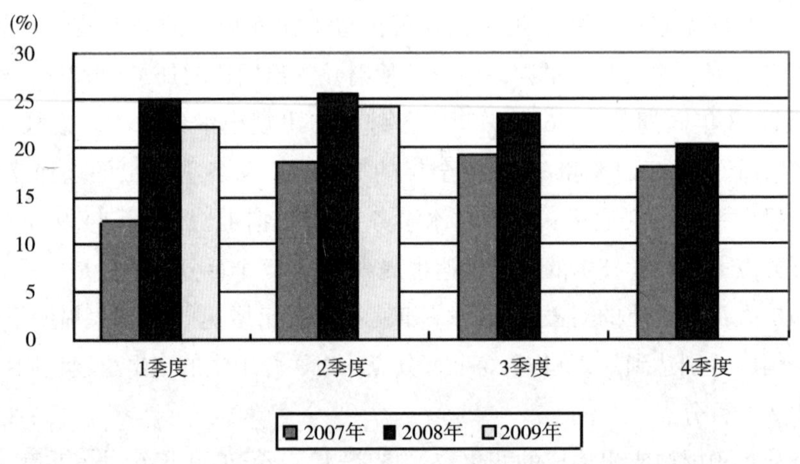

图 7-2　财政收入与 GDP 的比例

资料来源：CEIC 数据库。

由于国际金融危机对我国实体经济产生了严重的负面影响，国家财政收入增速自 2008 年 7 月起开始下滑，进入 2009 年，财政收入增速转为负增长，到 2009 年 6 月份，财政收入累计增速为-2.4%。同时，财政支出增速大幅度提高，使财政收支盈余锐减，2009 年 6 月份的财政累计盈余仅为 2007 年 7 月的 61.9%和 2008 年 6 月的 42.5%。然而，财政收入占 GDP 的比例并没有大幅度下降（图 7-2）。6 月份的财政收入与 GDP 之比为

24.3%，仅比 2008 年同期降低 1.5 个百分点，高于 2007 年 6 月 5.7 个百分点。

其次，在货币政策方面，宽松的政策取向主要表现在为宏观经济企稳回升提供大量的信贷投入，以保障投资资金的供给（图 7-3）。在货币供应方面，M0 增速基本平稳，但是，M1 和 M2 增速却大幅提高。这表明银行体系通过贷款所创造的货币数量大幅增加。2009 年 6 月末，人民币各项贷款余额同比增长 34.4%，为 1997 年以来的最高水平。其中累计新增人民币贷款规模为 7.37 万亿元，是 2007 年全年新增贷款的 2.03 倍，是 2008 年的 1.5 倍。从构成上看，由国有商业银行发放的新增贷款占 44.2%，政策性银行占 8.7%，两者之和为 52.9%，同比提高了 5.5 个百分点。从贷款项目的性质来看，中长期贷款的比重有所提高，6 月份为 51.2%，短期贷款的比重为 37.9%，同比下降约 5 个百分点。①

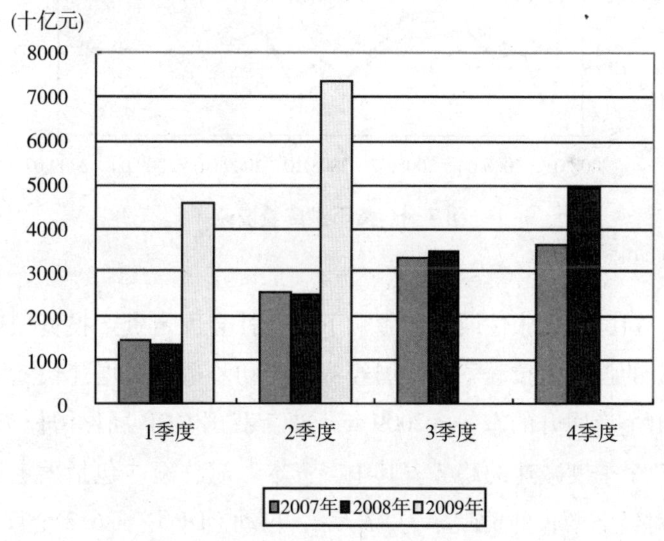

图 7-3　累计新增人民币贷款规模

资料来源：CEIC 数据库。

从月末金融机构各项存款的构成来看，企业存款的增速在大幅提高，

① 尽管新增贷款规模较大，但并非全部资金都进入了实体经济，有一部分资金进入了股市、房市，引发了资产泡沫。

2009 年 6 月同比增加了 31. 1%，占全部存款的份额为 34. 6%；财政存款在 2008 年 9 月之前大幅度提高之后，2009 年存款增速急剧萎缩，但是财政存款占总存款的份额 2009 年二季度依然比一季度有所上升，达到 4. 4%。从新增存款来看，2009 年 6 月金融机构新增存款同比增长了 101. 4%，但是，居民新增存款仅同比增加 43. 7%，在新增存款中所占的比例下降为 31. 7%。新增存款中，企业存款大幅提高，所占比例达到了 53%。

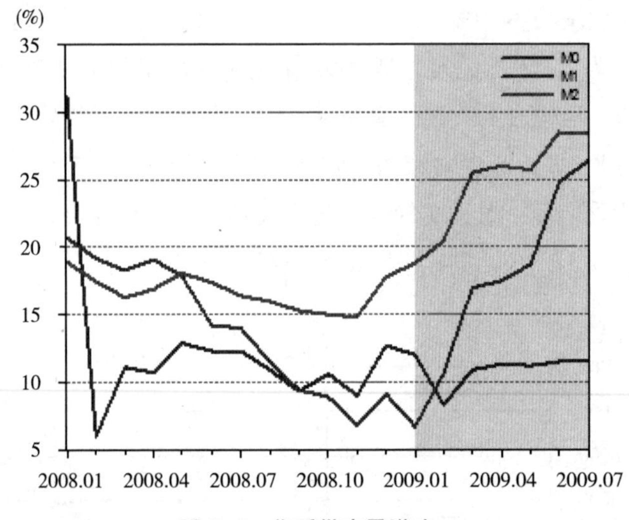

图 7-4　货币供应量增速

资料来源：CEIC 数据库。

最后，在国内扩张性政策的影响下，全社会固定资产投资增速大幅提高。在投资的强有力拉动下，我国经济运行初步遏制了增速快速下滑的局面，呈现出企稳回升的态势。2009 年上半年我国 GDP 同比增长 7. 1%，扭转了连续 7 个季度减速的趋势。其中，资本形成总额（包括固定资产投资和库存）对经济增长的贡献率为 87. 6%，拉动 GDP 增长 6. 2 个百分点。

二、中国宏观经济运行的主要情况

（一）对外贸易持续萎缩

2007 年中国出口增速（美元计算）为 25. 7%，2008 年下降为 17. 2%。进入 2009 年，出口转为负增长，二季度出口增速为-21. 8%；累计出口额仅为 2008 年 6 月的 78. 3%（图 7-5）。

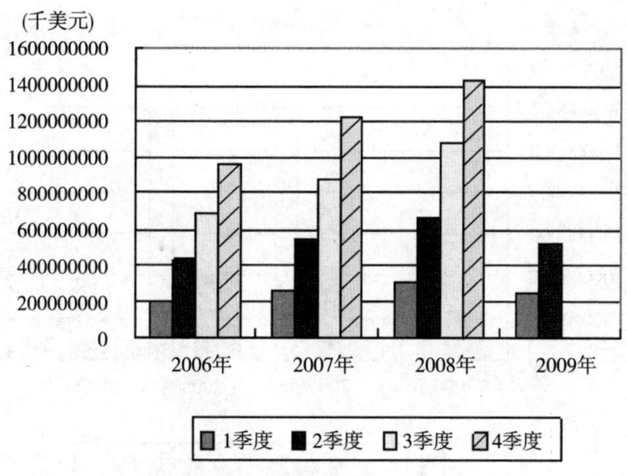

图 7-5　按美元计算的出口累计额

资料来源：CEIC 数据库。

出口的快速下滑从两个方面抑制了进口的增长：一是加工贸易出口下降导致了加工贸易进口的下滑；二是出口导向制造业投资下滑导致了生产资料进口的下滑。2007 年中国进口增速（美元计算）为 20.7%，2008 年下降为 18.5%。进入 2009 年，进口下滑速度大幅度超过出口，二季度进口增速为-25.4%；累计进口额为 2008 年 6 月的 74.8%（图 7-6）。受进口快速下滑的影响，对外贸易在 2009 年上半年依然维持顺差态势，其规模基本上接近 2008 年 6 月的水平（图 7-7）。

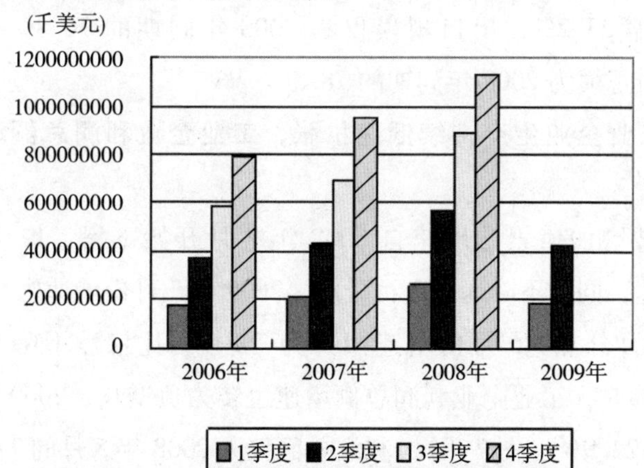

图 7-6　按美元计算的进口累计额

资料来源：CEIC 数据库。

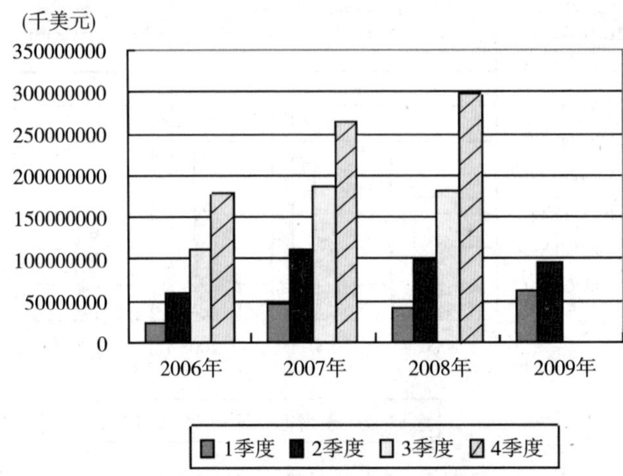

图 7-7　按美元计算的净出口累计额

资料来源：CEIC 数据库。

从贸易构成来看，由于加工贸易与国际市场紧密关联，进入 2009 年，加工贸易进出口增速双双大幅度下滑，而且，加工贸易进口增速下滑超过了加工贸易出口。6 月份加工贸易出口萎缩 22.3%，出口规模仅为 2008 年同期的 77.7%；进口萎缩 29.9%，进口规模为 2008 年同期的 70%；7 月份下滑幅度有所减缓。一般贸易进出口增速也双双回落，其中，一般贸易出口回落速度不断加快，一般贸易进口回落速度却有所减缓。6 月份，一般贸易出口萎缩 23.2%，出口规模仅为 2008 年同期的 76.8%；进口萎缩 21.5%，进口规模为 2008 年同期的 78.5%。①

（二）工业企业生产持续低速扩张，工业企业利润总额增速转为负增长

工业企业增加值累计增速自 2008 年 7 月开始下滑，12 月份仅实现 12.9%的增速，同比下降 5.6 个百分点。2009 年 3 月份增速为 5.1%，同比下降 11.3 个百分点，6 月份增速回升为 7%，同比依然下降 9 个百分点（图 7-8）。同时，工业企业利润总额增速也转为负增长，2009 年 5 月利润增速同比为-22.9%（图 7-9），利润总额仅为 2008 年 5 月的 77.7%。长期

① 一般贸易进口的变化通常可以反应一国国内市场需求的变化。至 2009 年 7 月，我国一般贸易进口增速的持续萎缩一定程度上意味着国内需求的低迷状态仍在持续中。

以来第二产业的增速都快于 GDP 增速，但是进入 2009 年后，第二产业的增速明显低于 GDP 增速。一季度，GDP 增长率同比回落 4. 5 个百分点，其中第二产业增速由 2008 年一季度的 11. 5%下降到 5. 3%，回落近 6. 2 个百分点；二季度 GDP 增长率上升到 7. 9%，第二产业的增速仅回升至 6. 6%，同比依然下降了 4. 7 个百分点。

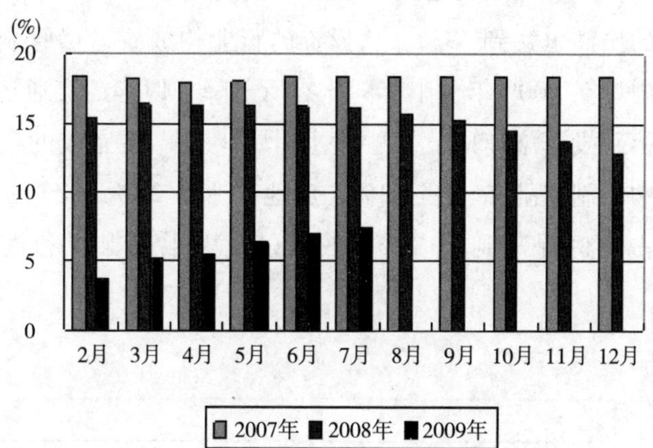

图 7-8　工业企业增加值累计增速

资料来源：CEIC 数据库。

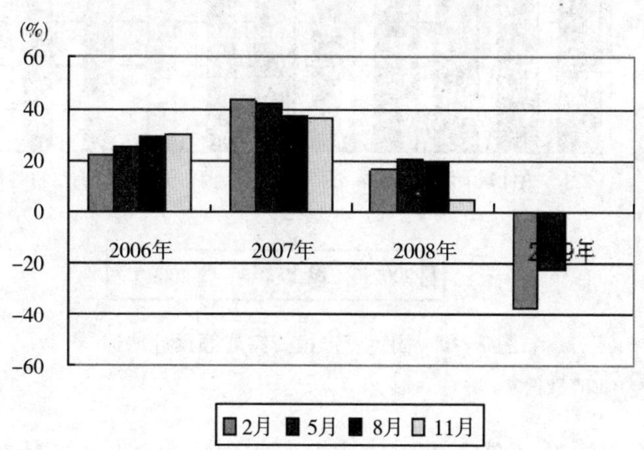

图 7-9　工业企业利润总额累计增速

资料来源：CEIC 数据库。

（三）全社会固定资产投资增速大幅提高

2009年前7个月，全社会固定资产投资完成额累计增速均超过2007年和2008年同期的水平（图7-10）。从投资主体看，自2008年7月宏观经济调控政策转向“保增长”之后，国有及国有控股企业固定资产投资增速开始大幅度提高，2009年6月份投资增长41.4%，同比提高了20.5个百分点；国有及国有控股企业固定资产投资在全社会固定资产投资完成额中所占的份额也达到43%。从投资的行业构成看，尽管制造业和房地产业投资增速在2009年上半年同比有所下降，但是，交通运输、教育和卫生社保福利投资增速同比大幅度上升，但是，在完成的全社会固定资产投资额中，制造业依然占32%，房地产业占22%，交通运输、仓储和邮政业所占比例提高到10.8%，教育以及卫生社保福利投资依然仅占约2.6%。

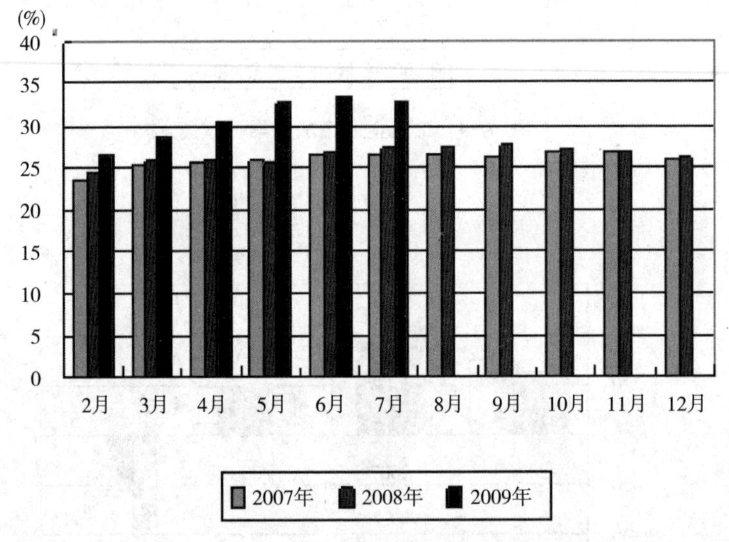

图7-10　固定资产投资完成额累计增速

资料来源：CEIC数据库。

从资金来源看（图7-11），国家预算内资金增速大幅提高，2月份增速同比甚至达到146%，6月份为88.7%；国内贷款增速也有明显提高，6月份达到44.6%，同比提高了30个百分点；企业自筹资金投资增速也有一定程度的提高，6月份为36.4%，同比提高5.5个百分点，其中企业自有资金投资增速明显下降，反映出企业的利润正在下降；利用外资投资增速持续下降，而且降幅不断扩大，6 月份累计同比增速为-7.4%。然而，从各项资金来源所占比重看，企业自筹资金占比有所提高，6 月份为 60.4%，国内贷款所占的份额有所下降，6 月份为 17.4%，利用外资以及其他资金所占份额明显下降。

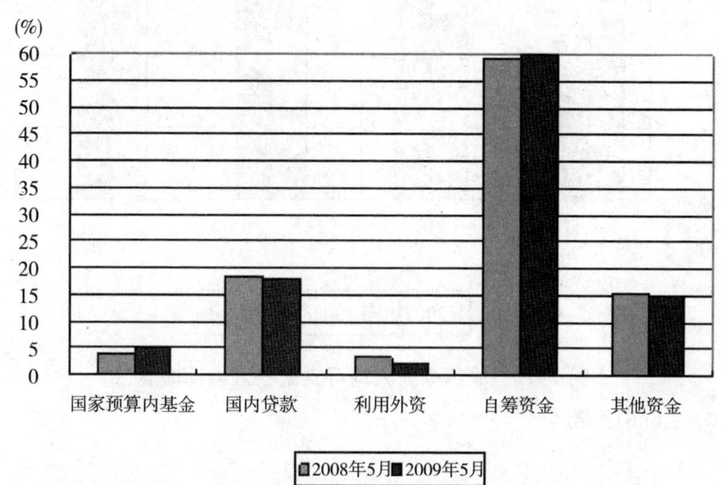

图 7-11　固定资产投资资金来源构成

资料来源：CEIC 数据库。

（四）城乡居民收入增速持续下滑

2009 年一、二季度，城镇家庭人均可支配收入增速以及农村家庭人均现金收入增速均低于 2007 年和 2008 年同期的水平（图 7-12、图 7-13）。同时，城乡居民人均消费支出累计增速也都低于 2007 年和 2008 年同期的水平（图 7-14、图 7-15）。在居民消费增长乏力的情况下，政府消费增长较快。据国家统计局报告，2009 年中央财政计划用在与人民群众生活直接相关的教育、医疗卫生、社会保障和就业、保障性安居工程、文化方面的民生支出合计为 7284.63 亿元，增加 1653.34 亿元，增长了 29.4%。

（五）消费者价格指数和生产者价格指数呈“双降”趋势

自 2008 年 6 月起到 2009 年 7 月份，消费者价格指数（CPI）和生产者价格指数（PPI）双双进入下降通道，而且 PPI 下降幅度超过 CPI 的下降

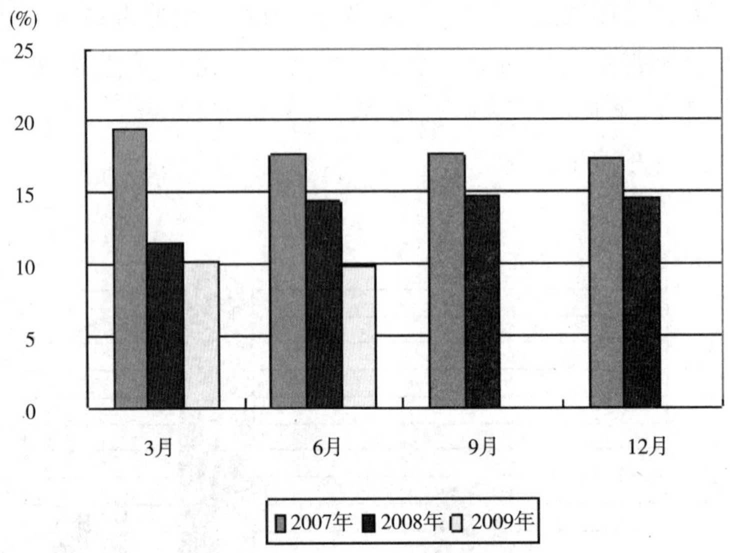

图 7-12　城镇家庭人均可支配收入累计增速

资料来源：CEIC 数据库。

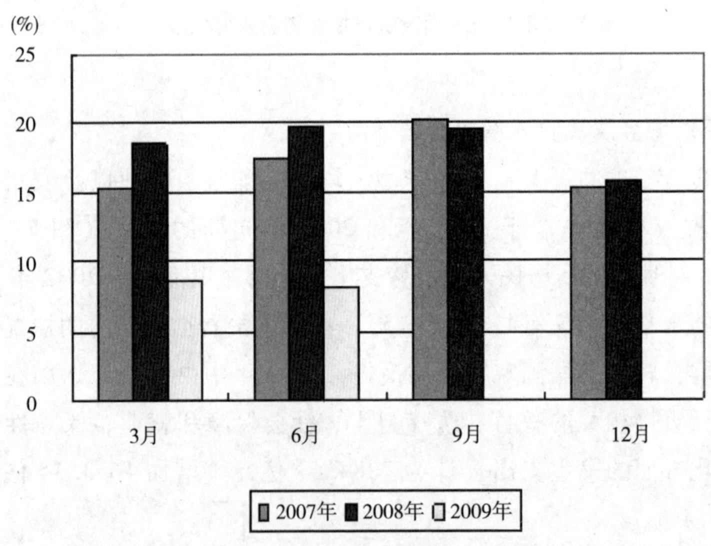

图 7-13　农村家庭人均现金收入累计增速

资料来源：CEIC 数据库。

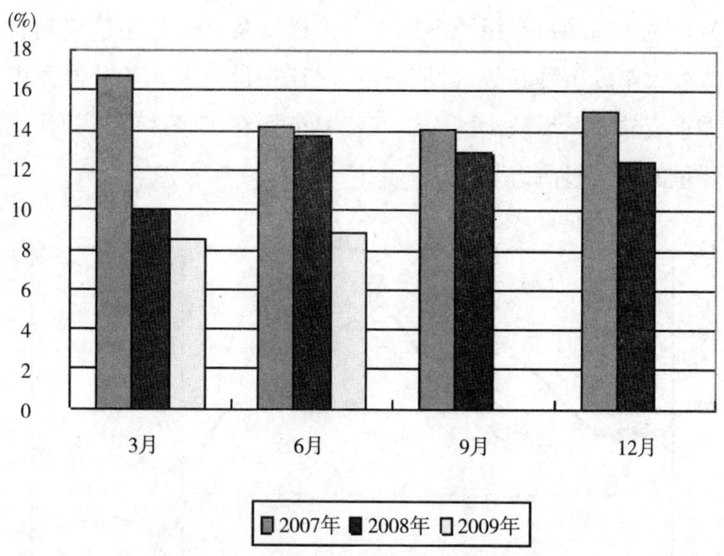

图 7-14　城镇家庭人均消费支出累计增速

资料来源：CEIC 数据库。

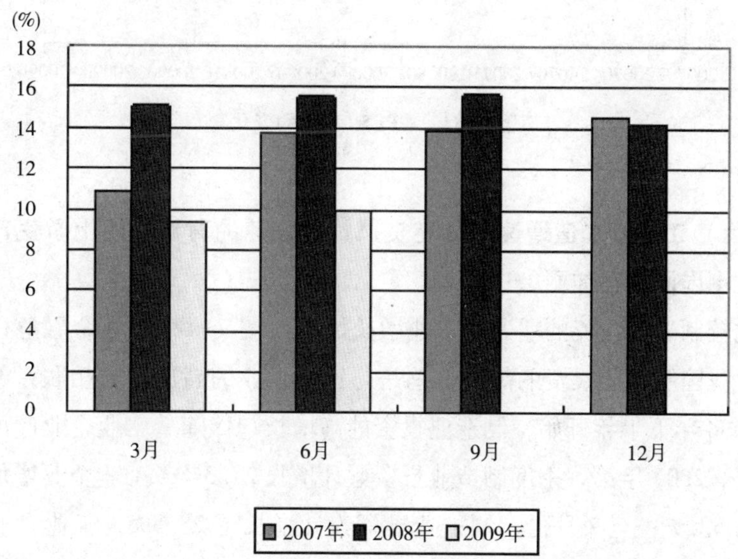

图 7-15　农村家庭人均现金消费支出累计增速

资料来源：CEIC 数据库。

幅度（图 7-16）。在供给方面，原材料、燃料、动力购进价格指数的降幅最为明显，企业商品价格指数中投资品价格以及 PPI 中生产资料价格指数都呈现持续大幅度下降趋势（图 7-17）。这一价格变动趋势既反映了国内外市场需求疲软，又反映出国内生产资料市场在扩张性政策的作用下出现了日益严重的供给过剩态势。①

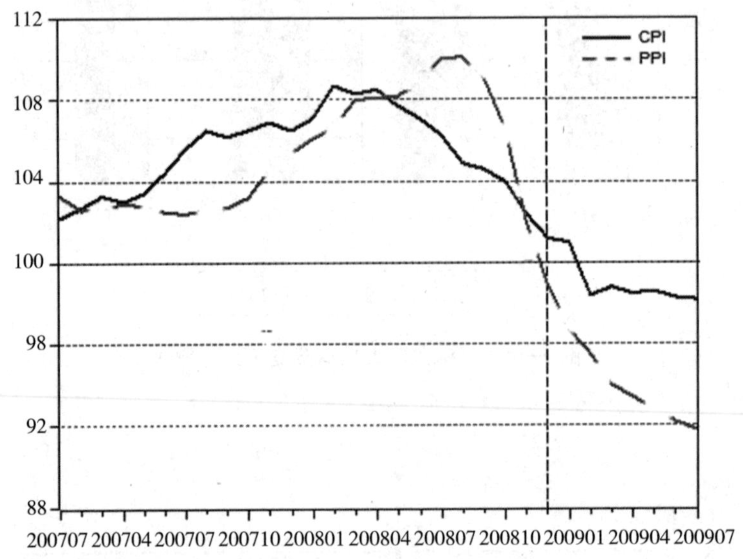

图 7-16　CPI 和 PPI 的变化

资料来源：CEIC 数据库。

（六）工业增加值增速和固定资产投资增速的背离表明上游生产资料产能过剩局面正在加剧

比较制造业投资的增速与工业增长情况（图 7-18），在金融危机深化之前，我国制造业投资的高增长总是与工业企业的高速增长相联系的，但是，2008 年下半年开始，制造业投资的高增长却伴随着工业企业产出的低速扩张。2009 年第一季度制造业投资累计增长 27.3%，工业企业增加值增速仅为 5.1%；至 7 月份，制造业投资累计增长了 28.5%，工业企业增加值增速却仅为 7.5%。工业增加值和固定资产投资增速趋势的背离，表明

① 除了受到国内因素的影响之外，我国 PPI 和生产资料价格受到国际因素的很大影响。而美元汇率变化是影响工业品和生产资料的国际价格水平的一个重要因素。

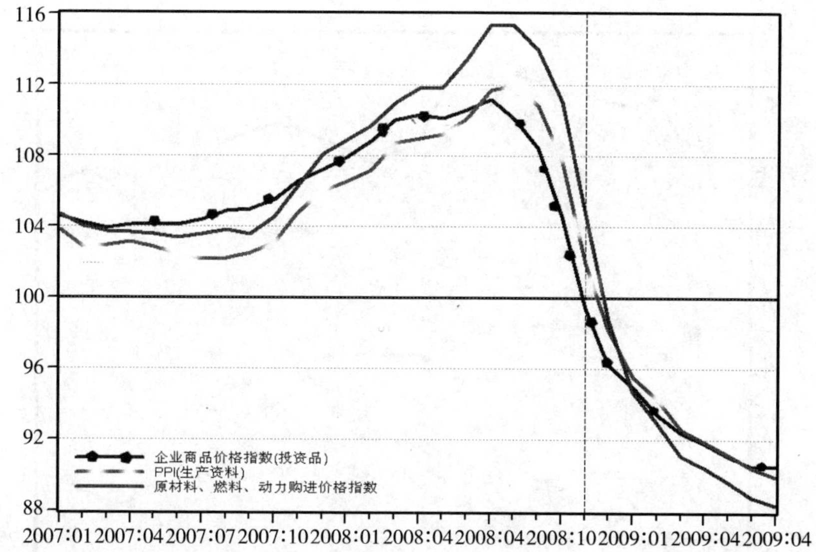

图 7-17 投资品、生产资料以及原材料、燃料、动力购进价格指数

资料来源：CEIC数据库。

现在中国出现了“去库存化”趋势。30%以上的投资增长只带来了不到8%的工业增加值增长，说明投资很大程度上只是在消化上游企业的既有库存。如果再盲目扩大生产，未来产能过剩的压力将进一步增大，很有可能出现“二次去库存化”的局面，这一点已经在钢铁以及水泥等行业上得到体现。

以钢材和水泥的生产为例，2009年上半年钢材产量约为2007年上半年产量的1.17倍，为2007年全年钢材总产量的56%，为2008年全年钢材产量的54%。2009年上半年水泥产量约为2007年上半年产量的1.19倍，为2007年全年钢材总产量的54%，为2008年全年钢材产量的53%。考虑到2007年我国宏观经济所面临的国内外市场需求状况，目前生产资料领域的产能过剩已经相当严重。①

① 中国人民银行报告指出，2009年一季度我国24个行业中有19个行业存在不同程度的产能过剩；其中不仅包括钢铁和水泥等传统行业，而且还包括风力发电和多晶硅等部分新兴行业。

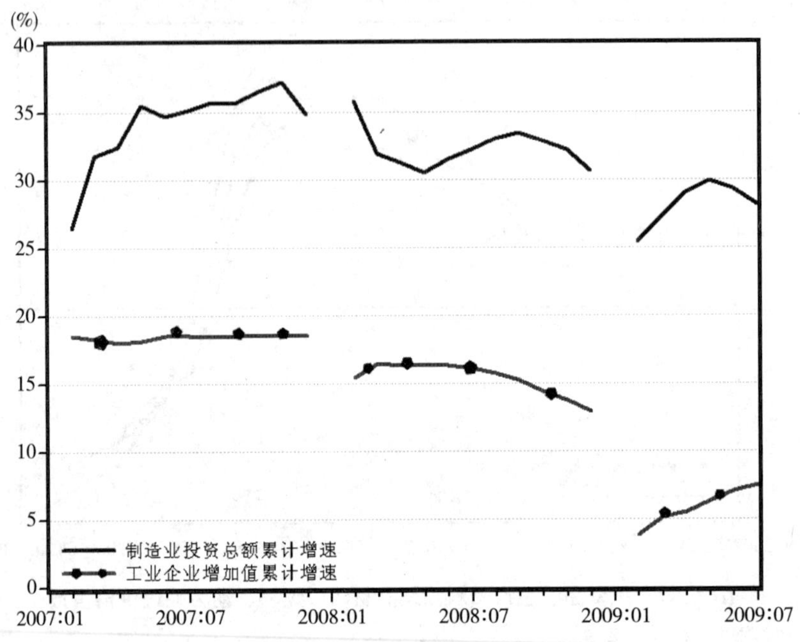

图 7-18　制造业投资增速与工业企业增加值增速

资料来源：CEIC 数据库。

三、政策评价

受国际金融危机的影响，我国自 2007 年下半年开始，季度 GDP 同比增长率连续 7 个季度减速，直至 2009 年第二季度，增长率下滑态势才得以扭转。这一下滑虽然是外部市场需求萎缩导致的社会总需求萎缩，但同时也是长期内部结构失调导致的居民消费不振的结果。在经济衰退的第一阶段，“保增长”的需要往往更为迫切，“调结构”的必要性往往容易被忽略。近三个季度以来的政策实践也确实如此，积极的财政政策与宽松的货币政策对数量扩张的重视超过了对结构调整的关注。实现 2009 年经济增长目标的手段则过度偏重于“投资拉动”，它虽然保证了增长目标的实现，但是，实现这一增长目标的代价却不容忽视。

第一，固定资产投资的总量虽然扩大了，但是，投资的构成却没有大的改变。如上所述，在已经完成的全社会固定资产投资额中，制造业依然占32%，房地产业占22%，对交通运输、仓储和邮政业的投资比例提高到10.8%，教育以及卫生、社保、福利投资仅占约2.6%。虽然投资数量增加可以拉动经济增长，但是，这样的投资结构却进一步加剧了部分产能过剩行业生产能力的扩张。

第二，当前扩大内需的政策在维持投资增长方面依然是以政府主导投资代替私人投资从而维持投资增速的回升；在拉动消费需求方面，也主要是以政府消费扩张代替居民消费扩张。这些政策虽然短期使经济增长率下滑的态势得到抑制，但却在进一步加剧既有的国民经济“两高一低”结构失衡。

在过去的十年里，无论是1998年扩大内需的政策还是2003年开始的高速经济增长，以及现行的宏观调控政策，作为内需最主要的部分——居民消费需求都没有得到应有的提升。在国际金融危机打破了“投资——出口——增长——再投资——再出口”的高增长循环后，出口导向的制造业过剩生产能力将难以在短期内被国内市场所消化，经济必然面临着需求不足、消费不振的压力。

第三，由于政府投资和国有银行贷款主导的基础设施等项目在下半年依然需要持续的资金投入，因此，扩张性宏观调控的基调（财政支出总量扩张、货币信贷总量扩张）在短期内似乎难以改变。这就使政府对产能过剩的宏观调控不得不再次转向利用行政手段，它必然降低宏观调控的经济效率，提高宏观调控的经济成本。一方面，政府需要通过行政手段来化解由于出口下滑所导致的制造业产能过剩。“十大产业振兴计划”的出台，国家储备资源的收购，以及“家电下乡”“汽车以旧换新”等措施企图从需求面通过激发需求来消化产能过剩。另一方面，政府又不得不采取环保、土地和金融数量控制等行政手段从供给面直接抑制部分行业的产能过剩和重复建设，调整产业结构。

但是，从2003年以来中国政府抑制产能过剩的实践来看，通过行政指令或运用行政手段来抑制产能过剩的效果并不显著。长期以来靠制造业投资、房地产投资以及基础设施投资拉动经济增长的模式，生产要素市场（资金、土地、劳动力以及资源环境等）改革滞后以及地方政府追求本地区经济增长对国内生产要素价格抑制性扭曲所导致的低成本投资扩张冲动等才是导致上游相关产业产能扩张的主要原因。[①] 上游相关产业产能扩张导致下游相关企业投资成本的降低，进一步刺激了下游产业的投资扩张。这些投资转换的供给能力，过去可以靠出口到外部市场“泄洪”，现在却无法靠国内疲软的消费市场来消化。

在今后一段时期，从外部环境看，虽然诸如国际货币基金组织（IMF）所预测的，目前全球经济正在好转，但经济复苏依然面临很多不确定性。以美国为例，虽然越来越多的迹象表明美国经济正在走出衰退。在 IMF2009 年 7 月份的预测中，美国 2009 年实际经济增长率为-2.6%。2010 年美国实际经济增长率可能会恢复到 0.8%。但是，短期内难以下降的高失业率、收入增长的减速、紧缩的信贷市场以及低迷的房地产市场价格等，长期内巨大的财政赤字所可能引发的长期利率上升以及美元贬值的预期等，都将抑制美国居民的消费需求，增加个人储蓄。自 2008 年 5 月开始，美国的个人储蓄率呈现回升趋势，从 2008 年的 0.8%回升至 2009 年 5 月的 6.9%，上升了 6.1 个百分点，升幅高达 762.5%。创 1993 年 12 月以来的美国个人储蓄率新高。这意味着在可预计的时间里，我国出口增长的前景仍不乐观。

另一方面，当前倚重投资扩张的刺激政策在一定程度上不可避免地产生了漏出效应，投资需求在相当程度上转化为了对生产资料进口品的需求。从我国进口商品的构成来看，2009 年工业制品进口占总进口的份额大幅度提高，6 月份有 72.5%的进口品是工业制品，同比提高 5 个百分点。受加工贸易进口需求下滑的影响，工业制品进口增速在第二季度虽然仍然是负数，为-19.7%，但是，降幅已经比第一季度缩小了近 6 个百分点。

我们认为，继续坚持通过扩大投资需求保增长的政策，经济所要付出的代价将更为巨大。旨在扩大内需的诸种政策举措为何不能有效带动内需

---

① 近年来由于居民消费不振，因此，在国外需求较为旺盛的经济上行期，各级地方政府主要是通过鼓励劳动密集型产品出口和扩大投资来拉动经济增长。2008 年第三季度以来，由于国外需求急剧萎缩，不可能再通过扩大出口来拉动经济增长，地方政府把保增长的希望转向了扩大投资，一些地方开始考核投资增长率，以投资增长率为政绩考核指标。这样势必更进一步地加剧国民收入支出结构失衡，带来更为严重的经济结构问题。

特别是居民消费需求的扩张，从而从根本上长期扭转失衡的经济结构？这是当前宏观经济政策研究必须回答的问题，它需要我们对导致我国经济“两高一低”的根本性原因，以及单纯着眼扩大内需的宏观经济政策的局限性予以认真研究。下面，我们首先应用中国季度宏观经济模型（CQMM）进行政策模拟，对 2008 年第三季度至 2009 年上半年的宏观经济政策效应进行评估，而后在理论上对导致我国经济“两高一低”的根本性原因，以及单纯着眼扩大内需的宏观经济政策的局限性进行分析。

第三节　基于 CQMM 的政策组合效应评价

基于中国季度宏观经济模型（CQMM），我们进行了政策模拟。政策模拟的结果显示：在当前内外部经济环境下，无论是单独采用现行的货币政策还是财政政策，其宏观经济政策效果都会受到不同程度的减弱，只有两者相协调，才能达到扩大内需的政策目标。与此同时，理论分析证明：调整国民收入支出结构已经成为扩大内需、保增长极为重要的政策措施。调整国民收入支出结构，必须从调整国民收入分配结构入手。而调整国民收入分配结构，必须正视国民收入分配结构失衡的体制性因素：现有体制造成了决定国民收入分配结构的不同社会阶层力量对比失衡。要实现国民收入分配结构合理化，必须重构决定国民收入分配结构的不同社会阶层力量对比。

一、当前宏观调控“保增长”政策效应的模拟与评价

（一）货币政策效应的模拟与评价

2008 年下半年，美国次贷危机的蔓延引发了国际金融危机，导致全球经济进入严重衰退，为减缓外部经济环境恶化给我国经济增长带来的不利影响，2008 年 8 月初，中国人民银行宣布放松对中小企业的贷款管制并增加了 2000 亿元的贷款额度；2008 年 9 月、10 月分别下调了存款准备金率，

10月末央行宣布不再对商业银行信贷规划进行硬性约束，隔周发行1年期的央票，保证市场流动性充分。此外，从2008年10月27日起，个人住房公积金贷款利率下调0.27个百分点；居民首次购买普通自住房和改善型普通自住房贷款利率的下限可以扩大到贷款基准利率的0.7倍，最低首付款比例调整为20%。2008年11月5日，国务院公布扩大内需十大举措，其中，在货币政策方面，加大了金融对经济增长的支持力度。取消对商业银行的信贷规模限制，合理扩大信贷规模，同时，央行还多次下调了存贷款利率。从2008年9月16日开始至12月23日，先后五次下调存贷款利率，特别是11月26日，央行下调了人民币存贷款基准利率达1.08个百分点。2009年，继续采取适度宽松的货币政策，第一、二季度货币供应量增速分别达到25.5%、28.5%的新高。

为了模拟现行货币政策的效应，我们在CQMM中假定，从2008年三季度至2009年上半年，扩大内需仅仅依靠积极的财政政策，央行并未采取上述适度宽松的货币政策，其商业银行贷款基准利率与货币供应量增速仍然延续2008年上半年增速的态势。在此情形下，如表7-1所示，模型计算结果显示：2009年我国的GDP增长率仅能维持在5.3%，其中一、二季度的增长率分别为3.7%和6.6%。2009年上半年城镇固定资产投资增速仅为24.7%，其中，一、二季度增速分别为13.8%、29.6%；固定资产形成总额增速为10.1%，其中一、二季度增速分别为11.7%、9.4%。可以看出，2009年上半年，我国如果仅依靠积极的财政政策（央行并未采取适度宽松的货币政策），GDP增长率、城镇固定资产投资、固定资产形成总额增速将分别比目前的增长实绩降低1.8、8.9、6.3个百分点。

表7-1　2009年上半年货币政策效应评价

（单位:%）

时间		城镇固定资产投资（亿元，现价）	固定资产形成总额（亿元，不变价）	GDP增长率（亿元，不变价）
2009Q1	①模拟值	13.8	11.7	3.7
	②实际值	28.6	16.4	6.1
	②-①	14.8	4.7	2.4

续表

时间		城镇固定资产投资（亿元，现价）	固定资产形成总额（亿元，不变价）	GDP 增长率（亿元，不变价）
2009Q2	③模拟值	29.6	9.4	6.6
	④实际值	35.9	16.4	7.9
	④-③	6.3	7.0	1.3
2009 年上半年	⑤模拟值	24.7	10.1	5.3
	⑥实际值	33.6	16.4	7.1
	⑥-⑤	8.9	6.3	1.8

资料来源：本课题组计算。

模型模拟的结果从另一个侧面说明了扩张性财政政策所发挥的效应。在 2008 年第四季度至 2010 年新增 4 万亿元扩大内需投资中，中央政府计划公共投资为 11800 亿元。到 2009 年上半年，实际投资了 5915 亿元。其中，用于保障性住房建设资金 522 亿元，占 8.8%；农业基础设施及农村民生工程建设资金 1253 亿元，占 21.2%；铁路、公路、机场等重大基础设施建设资金 460 亿元，占 7.8%；医疗、卫生、教育、文化等社会事业发展资金 703 亿元，占 11.9%；节能减排和生态建设资金 260 亿元，占 4.4%；支持企业自主创新、技术改造及结构调整资金 585 亿元，占 9.9%；地震灾后恢复重建投资 2000 亿元，占 33.8%；公共服务基础设施等其他项目资金 132 亿元，占 2.2%。

尽管如此，由于一些地方政府在争取到这些中央投资项目之后，配套资金难以跟上，部分地方项目连资本金都难以保证，因此，这些项目只能依靠贷款维持，项目上马以后，面临着后续资金缺乏。这意味着接下来货币政策的制定将面临两难。央行如果收紧银根，部分项目可能就无法推进，造成政府投资无法落实，经济也就不可能得到应有的扩张。如果央行未能相应地降低利率，扩张财政政策可能导致挤出效应，提高企业的投资和生产成本，从而会抑制企业的投资。

（二）财政政策效应的模拟与评价

中央政府计划 2009—2010 年两年投资 11800 亿元用于扩大内需，2009 年投资规模约为 9080 亿元，新增 4875 亿元。新增的 4875 亿投资中，3000 亿元已经在 2008 年第四季度和 2009 年上半年完成，加上地方政府配套和商业银行信贷支持，推动了投资的快速增长。此外，实施增值税转型和减免行政事业性收费，也降低了企业的投资和生产成本，对刺激企业投资产生了一定作用。同时，2009 年提高的农产品收购价格，将使农民增加收入 1000 亿元；为提高城镇低收入居民收入、离退休人员工资、优抚对象优抚标准和中小学教师绩效工资等也共计投入了近 2000 亿元。居民收入的增加预计可以拉动消费扩大 2200 亿元左右，它使 2009 年经济增速提高了 0.7 个百分点。在提高居民收入的同时，实施家电下乡政策和部分地区发行消费券，也在一定程度上促进了消费增长。

假定从 2008 年第三季度至 2009 年上半年，中央政府仅仅依靠适度宽松的货币政策，并未采取积极的财政政策，我们用 CQMM 模拟我国宏观经济的可能表现。在这种情形下，如表 7-2 所示，模型预测：2009 年 GDP 增长率将仅为 5.1%，其中第一、二季度增长率分别为 4.2% 和 6.1%。2009 年上半年城镇固定资产投资增速 24.4%，其中第一、二季度增速分别为 18.9%、27.0%；固定资产形成总额增速 9.8%，其中第一、二季度增速分别为 13.8%、7.9%。与实际值相比，2009 年上半年仅依靠适度宽松的货币政策（中央政府并未采取积极的财政政策）的情形下，城镇固定资产投资、固定资产形成总额、GDP 增长率将分别降低 9.2、6.6、2.0 个百分点。

表 7-2　2009 年上半年财政政策效应评价

（单位:%）

时间		城镇固定资产投资（亿元，现价）	固定资产形成总额（亿元，不变价）	GDP 增长率（亿元，不变价）
2009Q1	①模拟值	18.9	13.8	4.2
	②实际值	28.6	16.4	6.1
	②-①	9.7	2.6	1.9
2009Q2	③模拟值	27.0	7.9	6.1
	④实际值	35.9	16.4	7.9
	④-③	8.9	8.5	1.8
2009 年上半年	⑤模拟值	24.4	9.8	5.1
	⑥实际值	33.6	16.4	7.1
	⑥-⑤	9.2	6.6	2.0

资料来源：本课题组计算。

因此，根据 CQMM 的政策模拟，我们对现行政策的评价是：在当前的国内外经济环境下，无论是单独采用货币政策还是财政政策，宏观经济政策效果都将会不同程度地减弱，正是由于中央政府同时实施了扩张性的财政政策与宽松的货币政策，两者相互配合，才取得了目前的增长实绩，使 2009 年扩大内需，保障 8%增长率的政策目标有望得到实现。

二、宏观经济政策“调结构”的政策效应模拟与评价

基于 CQMM，我们进一步模拟分析财政支出结构调整的政策效应。我们假设把“四万亿元”的财政扩张政策支出中的四分之一，即一万亿元专门用于提高农村居民收入，通过 CQMM 模拟刺激消费、拉动内需以及带动经济增长的效应。

表 7-3 财政支出结构调整对主要宏观经济指标的影响

（单位:%）

时间	国内生产总值增长率（亿元，不变价）	居民消费总额增长率（亿元，不变价）	社会商品零售总额增长率（亿元，现价）	进口增长率（亿元，不变价）	进口增长率（亿美元，不变价）	净出口增长率（亿美元，现价）	外汇储备增长率（百万美元，现价）
2009 年	8.0	7.2	20.5	-1.3	-12.8	-31.3	16.5
	8.6	9.5	23	-0.8	-12.3	-33.2	16.5
2010 年	9.3	10.2	29.6	12	21.4	21.2	11
	9.7	12.5	32.1	12.5	21.9	19.2	10.7

注：上行为基础模型预测值，下行为目前情形下预测值。

资料来源：本课题组计算。

表 7-3 给出了基础模型和上述情景下通过 CQMM 模型模拟的主要宏观经济指标的增长率。通过对比发现：

农村居民收入增加对消费的直接刺激效应将大于由于投资减少、经济增长放缓而导致的居民收入减少对消费的间接抑制效应，结果将使消费潜能得以释放，从而 2009 年居民消费总额将可能增长 9.5%（表 7-3）。同时，以不变价计算的居民消费占 GDP 的比例在 2009 年和 2010 年都将比其他几种情形有所提高（图 7-19），而投资占 GDP 的比例则会有所下

降（图7-20）。这意味着，如果我国的财政扩张政策能够适当调整支出结构，从投资扩张为主转向扩大投资与提高居民收入并重，那么，经济增长可以在一定程度上从投资驱动转向消费驱动，目前中国经济中消费率过低的状况将会有所改善，促进国民经济“两高一低”失衡结构的调整。

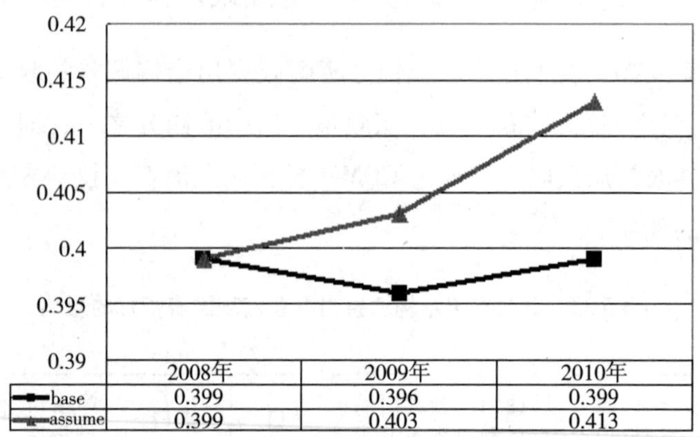

图7-19　两种情景下居民消费占GDP比重变化趋势图

资料来源：本课题组计算。

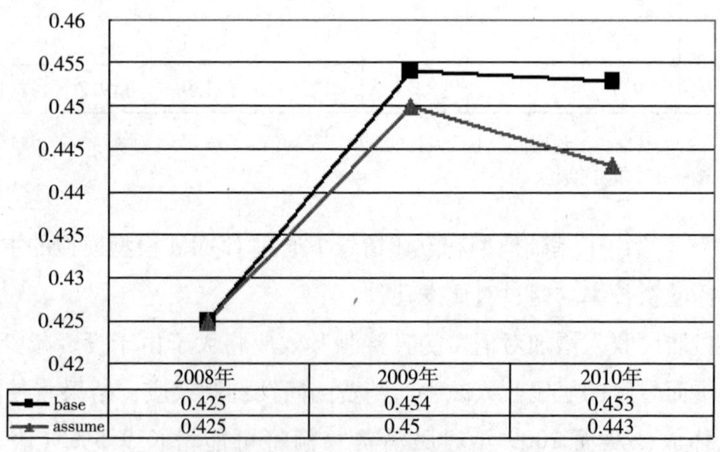

图7-20　两种情景下投资占GDP比重变化趋势图

资料来源：本课题组计算。

当减少的投资转变为居民收入后，一方面，人们会增加对国外最终产品的消费需求；另一方面，对国内产品需求的增加将会导致国内生产厂商对中间品进口需求的增加。两方面因素将同时发生作用，刺激进口的增加。从政策模拟的数据看，2009 年不变价计算的进口增速将由-1.3%上升至-0.8%，少下降近 0.5 个百分点。2010 年进口增速将由12%提高到 12.5%，多增长 0.5 个百分点（表 7-3）。由于财政政策对出口的影响不大，因此净出口的增长率将会有所下降。2009 年净出口增长率将由-31.3%进一步下降到-33.2%；2010 年则由大约 21.2%下降到19.2%。同时，外汇储备增长也会随之些微下降，2010 年将由 11%下降至 10.7%。

上述模拟结果说明，如果将 2009 年和 2010 年用于固定资产投资的财政支出减少 1 万亿元，等量地用于提高农村居民收入水平，通过转移支付提高农村居民收入，那么，2009 年 GDP 增长率将会增加 0.6 个百分点，达到 8.6%，到 2010 年经济在消费需求的带动下增长率将可能提高到 9.7%的水平（图 7-21），同时消费占 GDP 的比例也将有所提高（图 7-19）。

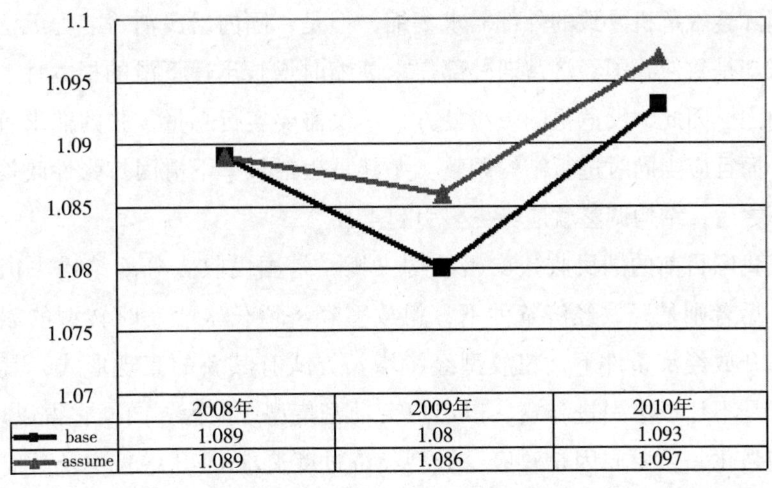

	2008年	2009年	2010年
base	1.089	1.08	1.093
assume	1.089	1.086	1.097

图 7-21 两种情景下年度 GDP 增长率预测图

资料来源：本课题组计算。

第四节　中国宏观经济结构失衡的根本原因分析

本课题组认为，从长远看，下一阶段我国经济增长的动力应主要来自国内需求的扩张，尤其是居民收入增加所产生的居民消费扩大。尽管在经济下滑的初期，必须实行扩大投资为主的扩张性政策以抑制经济增长的急速下滑，但是，如果视扩大投资为主的总量扩张政策为基本政策处方，继续通过扩大投资需求来保增长，经济要付出的代价将是巨大的，因为，这样的政策不仅无助于结构调整，而且将进一步恶化已经存在的结构失衡。因此，需要在理论上深入探讨旨在扩大内需的总量扩张政策为何不能有效带动内需特别是居民消费需求的扩张，从而从根本上扭转失衡的经济结构。如果在政策指导思想上不能根本转变思路，势必导致危及长远经济发展的不当政策方略。

我们认为，导致我国当前经济增长率下滑的因素就短期和外部而言，是国际金融危机导致的外部需求萎缩，但是，国内居民消费能力无法快速扩张却是致使我国经济遭遇外部需求萎缩时增长迅速下滑的根本性、长期性内因。因此，反危机的政策处方，不仅需要实行总量扩张的需求管理政策，而且应当同时进行结构调整。尤其是当增长率下滑因扩张性政策得以缓解之后，结构调整就应当更多引起重视。

我国目前的国民收入支出结构失衡，是国民收入分配结构失衡的产物。后者则是开放经济条件下，粗放型经济增长未能及时转型的累积结果。开放经济条件下，粗放型经济增长方式有其新的表现形式，其基本特征是不计成本引进外资，以出口劳动密集型产品为导向。它得以形成，得到强化，重要原因是政府主导型经济过度追求 GDP 增长率及政府收入最大化；其得以实现，原因是市场化过程中不同社会阶层之间力量对比失衡。

一、宏观经济结构不平衡特征

在国民经济的诸多结构失衡中，第一个层次或者说根本的结构失衡是：国民收入支出结构失衡（图7-22）。近十年来，在按支出法核算的国民生产总值中，最终消费率不断下降，投资率长期维持在42%左右的水平，净出口所占比例快速大幅提高。形成了高投资、高净出口、低消费即“两高一低”的国民收入支出结构。

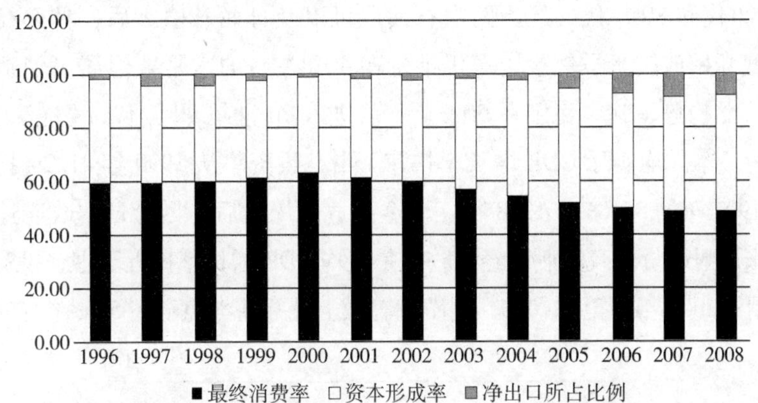

图7-22　中国国民收入支出结构（1996—2008年）

资料来源：《中国统计年鉴（2008年）》及http：//www.stats.gov.cn/。

2007年，我国净出口占GDP比重高达8.9%，这意味着我国国民当年实际使用的GDP仅为全年生产的GDP的90%多一点，近10%的GDP本国无法消费，以净出口的形式贷给了其他国家。从变动趋势看，2000—2008年，投资率提高了8.2个百分点，净出口比重提高了5.5个百分点，而最终消费率却下降了13.7个百分点，平均每年下降了1.7个百分点。从其构成上看，主要是居民消费率下降导致的。2008年，居民消费占GDP的比重为35.3%，比2000年下降了11.1个百分点；政府消费占GDP的比重为13.3%，比2000年下降2.6个百分点。虽然政府消费占GDP的比例也在下降，但是，在最终消费中，政府消费占比却在上升。1998年，最终消费中居民消费与政府消费之比为3.17∶1，2008年却下降到2.66∶1。由于最终消费尤其是居民消费不振，中国近十年来的高增长基本上是“出口推动、投资拉动”的。

国民收入如此的支出结构，是同期世界上人均国民收入水平相近国家中颇为罕见的。① 依靠出口拉动、投资推动的高增长一旦遭遇外需萎缩，将会出现何种情景？曾经实行过与我国相近的外向型、以出口劳动密集型产品为导向的经济增长模式的日本和韩国近半个世纪以来的经济增长与GDP支出结构变动轨迹值得注意。

日本经济高增长时期的GDP支出结构的变化趋势与近期中国颇为类似（图7-23）。1960年，日本的投资率为27.9%，1970年上升至42.7%；同期居民消费率从1960年的59.5%急速下降到1970年的48.3%。进入20世纪70年代和80年代，经历两次石油危机以及日元升值之后，日本经济增长速度开始放缓。虽然投资率仍维持在40%左右的水平，但居民消费率停止了下滑趋势，基本稳定在50%上下。进入20世纪90年代，“泡沫经济”破灭使日本人均实际GDP增长率快速下滑，投资率从1990年41.2%持续下降至1997年的37.8%。1998年亚洲金融危机爆发后，尽管日本政府连续使用扩张性财政货币政策刺激经济，但是人均GDP增长率接近于零，投资率继续下滑，2007年降至31.7%，消费率轻微上升并基本稳定在52%左右。

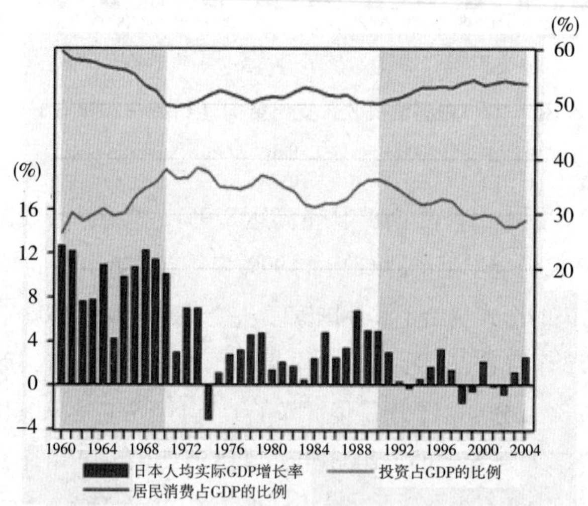

图7-23 日本经济增长与投资消费率变化

注：按支出法分解GDP，即 $Y = C + I + G + NEX$。

资料来源：Penn World Table 6.2。

① 根据Penn World Table 6.3，以PPP及2005年价格计算，2007年中国人均实际GDP为8510.6美元，接近巴西的人均实际GDP水平（9644美元）。2007年巴西的消费率维持在64%。实际上，按消费率从低到高排列196个国家，中国位于第30位左右。

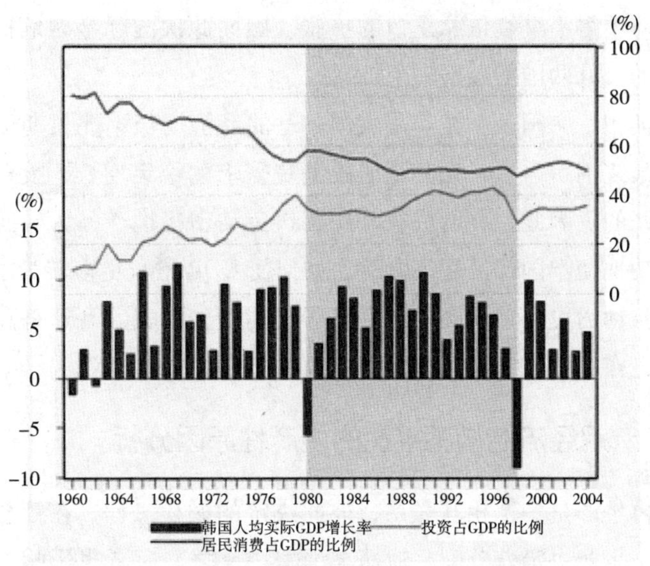

图 7-24　韩国经济增长与投资消费率变化

注：按支出法分解 GDP，即 $Y = C + I + G + NEX$。

资料来源：Penn World Table 6.2。

20 世纪 60 年代中期开始，韩国出口劳动密集型产品为导向的经济增长方式使其人均实际 GDP 快速增长（图 7-24）。期间投资率也迅速攀升，从 1960 年的 9.8%上升到 1970 年的 24.4%，1979 年上升至 43.5%，1991 年和 1994 年甚至高达 51.5%。居民消费率在经济高速增长开始时也呈现快速下滑态势，1960 年为 70.6%，1975 年下降到 60.9%，1988 年下降到 49.6%。1998 年亚洲金融危机后，韩国人均实际 GDP 增长率转为下滑，投资率大幅下跌，2000 年仅为 44.6%，2007 年起降至 41.44%。1998 年居民消费率为 47.9%，2007 年下降并稳定在 45.4%左右。

日本和韩国在其经济高增长年代，实行了两头在外、出口劳动密集型产品为导向的经济增长模式，经济高投资和高出口特征十分明显，同时，居民消费率也迅速下滑。然而，随着高增长带动了这些国家居民收入快速提高之后，居民消费率的下滑态势一定程度上得到遏制，尽管始终回升乏力。1998 年亚洲金融危机剧烈冲击了日韩等出口导向型经济。近十多年来，尽管日韩两国当局竭力扩大内需，但是，事与愿违，其出口增长模式并未成功实现转型。在投资率持续下降，居民消费率未能大幅回升的情况下，其经济不得不继续依靠出口的扩张。因而此次国际金融危机更使长期内需不振的日韩两国的经济雪上加霜。

实践证明，一国——尤其是大国——的经济增长不能长期依靠外需拉动。没有最终消费需求，尤其是居民消费需求的稳定增长，投资需求是难以持久扩张的。因此，在两头在外、出口劳动密集型产品为导向的经济增长模式成功地使本国经济起飞之后，如何使 GDP 增长更多转为本国居民收益，使增长动力更多来自国内，来自居民消费，既关系到经济高速增长的可持续性，在我国，更关系到经济增长的终极目标与意义。

二、宏观经济结构不平衡的生产性原因分析

社会再生产是一个相互联系、彼此决定的循环过程，在社会再生产的诸环节中，生产决定着分配、流通与消费，反之，后者也影响、制约着前者。因此，国民收入支出结构的“两高一低”失衡，也即国民收入消费结构的失衡，必须从生产环节探索其原因。

国民收入的“两高一低”支出结构固然是开放经济条件下劳动密集型产业出口导向型经济体的一个共同特征。但是，在我国目前的政府主导型经济体制下，有着进一步强化，更加难以转变的危险。其所以如此，是因为在现有体制下，各级地方政府有着追求 GDP 及财政收入增长最大化的强烈动机，有着不计成本引进外资、推行出口劳动密集型产品为导向的粗放型经济增长方式的强大能力。它是导致我国的经济增长方式未能随着人均国民收入水平的提高而适时从粗放型向集约型转变的主要原因。粗放型经济增长模式不能转变，国民收入支出结构的“两高一低”失衡就将继续加剧。其危害性在于使经济增长脱离了它应有的终极目标，逐步走向其初衷的反面，其严重性在于它终将危及社会再生产的正常进行。

在讨论这个问题之前，或许需要对粗放型经济增长与集约型经济增长予以界定。在《政治经济学辞典》中，“粗放经营”是“指一定量的生产资料和劳动，投在较多的土地上，进行粗耕简作的经营方式。在粗放经营中，机器装备等先进生产手段和农业科学技术没有得到广泛应用（或没有应用），主要的生产要素是劳动和土地，增加农作物总产量主要依靠扩大耕地面积”。“集约经营”则是“指在一定的土地面积上，集中投入较多的

生产资料和劳动，采用新的技术措施进行精耕细作的经营方式”。[①] 把这个定义推广至全社会，我们就得出了粗放型经济增长与集约型经济增长的定义：粗放型经济增长是一种主要依靠增加劳动与土地、自然资源投入，较少增加资本与技术投入的经济增长方式；集约型经济增长是一种通过较多增加资本与技术投入，较少增加劳动与土地、自然资源投入，主要依靠提高劳动生产率与土地利用率、自然资源利用率实现扩大再生产的经济增长方式。

长期以来，粗放型与集约型经济增长被赋予了不同的价值评价。大体是贬前褒后。事实上，不同的经济增长方式自有其形成的条件。在不同的资源约束条件下，人们理性地选择不同的经济增长方式，是实现自己经济利益最大化的需要。经济增长方式无论是粗放型还是集约型，都有存在价值，无所谓此高彼低之说。问题是在特定时空条件下，选择哪一种经济增长方式更为符合特定的资源约束条件，更能优化资源配置，取得最大收益。

改革开放初期，我国沿海开放地区相当程度上是依靠引进外资，发展两头在外、大进大出的加工贸易、贴牌生产实现经济高速增长的。这种引进外资，以加工出口劳动密集型产品为导向的增长显然不是集约型增长，而是一种粗放地利用本国生产要素——土地、劳动、环境与自然资源——的经济增长。但是，这却是当时历史条件下沿海开放地区发展经济的理性选择。1978 年，我国人均 GDP 仅为 381 元（当年价格）。储蓄率极低，资本严重短缺，相对而言，土地与劳动力却比较充裕；收入水平低，对环境等不可再生资源的估价也低。显然，这样的资源赋存及要素比价下，实行集约型经济增长，无论是依靠国内资本还是利用外资，都不可能。因此，对外开放引进的第一批外资，首先选择了大量利用当地廉价劳动力及土地，节约资本投入的劳动密集型出口加工业，绝非偶然。这是当时条件下外资的理性选择，也是沿海开放地区所能获得的最好的优化资源配置、加快经济增长的方式。因此，改革开放初期，开放地区选择引进外资、加工出口劳动密集型产品为导向的经济增长方式尽管是粗放型的，但却是一种合理选择。它优化了沿海地区的资源配置状况，使经济得到迅速增长，居民收入水平也因此有了较快提高。

---

① 许涤新主编：《政治经济学词典》（下），人民出版社 1981 年版，第 325 页。

超过人口增长的经济增长将使人均收入水平逐渐提高。它必然提高人均消费水平，劳动力的再生产费用因之上升。人均收入水平提高的另一个结果是：劳动者不仅进行劳动力的简单再生产，而且进行劳动力的扩大再生产。通过人力资本投资，劳动者及其后代的人力资本存量将逐渐提高，可以从事更复杂的劳动。更高质量的劳动力当然要求更高的劳动报酬。因此，人均收入水平提高，必然提高劳动力的绝对价格和相对价格，无论这些劳动力来自何地。另一个生产要素——土地因其不可再生性，基本上可以视为是定量的生产要素。在经济发展过程中，它必然逐渐稀缺而昂贵起来。环境及自然资源也是如此。然而，劳动、土地、环境和自然资源之外的第三类生产要素——资本和技术的变动趋势却是相反的。经济增长使储蓄率及投资率上升，资本的稀缺性将不断降低，其价格和边际报酬率也就随之下降。

经济增长中三类生产要素的相对价格变动趋势，会使发展初期曾是经济合理的粗放增长方式逐渐失去合理性。劳动力和土地、环境和自然资源的相对价格上升，将使企业家更倾向于用资本替代劳动力和土地，采用新技术，加强管理，主要依靠提高劳动生产率与土地利用率、自然资源利用率实现扩大再生产与经济增长。也就是说，在正常的市场机制作用下，由于要素比价变化，经济增长方式自身是会逐步地从粗放转向集约的。

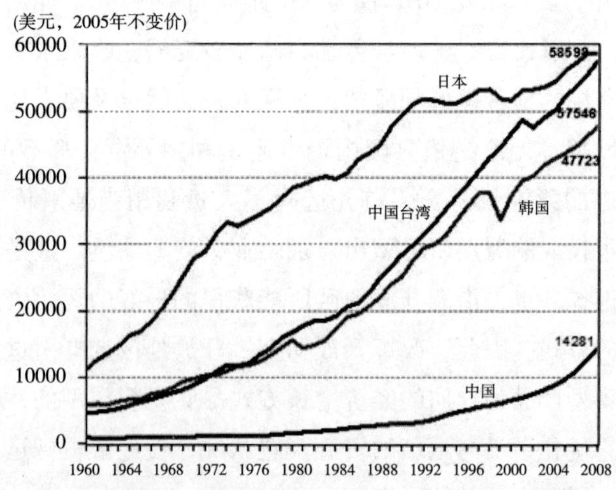

图 7-25 中日韩及中国台湾地区劳动生产率（Real GDP Chain per worker）的变化

注：按支出法分解 GDP，即 $Y = C + I + G + NEX$ 。

资料来源：Penn World Table 6. 2。

这个轨迹在日本、韩国及中国台湾地区得到了体现。图 7-25 给出了按 2005 年不变价和 PPP 计算的单位劳动力实际 GDP（Real GDP Chain per worker）的变化情况。从 1960 年到 1990 年，日本单位劳动力实际 GDP 快速增长，1990 年达到劳均 51088 美元，是 1960 年的 4.5 倍。韩国和中国台湾地区的单位劳动力实际 GDP 的快速增长是从 20 世纪 70 年代初开始的，至 2000 年，韩国劳均 GDP 水平比 1970 年提高了 4 倍，同期中国台湾地区提高了 5.5 倍。进入 21 世纪后，日本、韩国和中国台湾地区的劳均 GDP 水平增长有所放缓，2007 年分别比 2000 年提高了 1.1、1.2 和 1.18 倍。在存在着劳资工资争议集体谈判机制条件下，劳均 GDP 水平是决定劳动力价格的一个主要因素。因此，这些经济体在经济高速增长的同时都出现了工资水平的快速上升。它一方面为这些经济体的人力资本快速积累创造了条件，另一方面通过劳动力成本上涨迫使资方用资本及技术替代劳动，加快产业结构升级，同时把贸易顺差转化为资本输出（FDI），逐步实现了经济增长从粗放向集约的转化。

但是，令人难以理解的是：尽管近三十年来，中国经济以年均近 10% 的高速增长，1978—2008 年，人均 GDP 增长了 10 倍以上，但是，增长方式转变却相对缓慢。对我国经济增长的核算表明，时至今日，经济增长中全要素生产率（TFP）的贡献不大，经济增长仍属实物资本与劳动力积累推动的粗放型经济增长模式。① 这种增长方式的最大缺陷在于快速提高人均 GDP 的同时，难以相应提高人均收入水平。② 由于居民收入水平难以相应提高，国内消费尤其是居民消费不振，大量投资形成的生产能力无法在国内找到需求，只能依靠低成本优势出口，造就了“出口拉动”型经济增长格局。③“投资驱动、出口拉动”的粗放经济增长方式多年难以转变，甚至在近十年来得到进一步强化，久之，则导致了国民收入支出结构的“两

① 中国社会科学院经济研究所经济增长前沿课题组：《高投资、宏观成本与经济增长的持续性》，《经济研究》，2005 年第 10 期。郭庆旺、贾俊雪：《中国全要素生产率的估算：1979—2004》，《经济研究》2005 年第 6 期。林毅夫、章奇、刘明兴：《金融结构与经济增长：以制造业为例》，《世界经济》2003 年第 1 期。

② 李文溥：《中国宏观经济预测与分析——2006》，经济科学出版社 2007 年版；李文溥：《中国宏观经济分析与预测——2007》，经济科学出版社 2008 年版。

③ 龚敏、李文溥：《东北亚经济一体化：中、日、韩贸易相互依存关系分析》，《南京大学学报（哲学社会科学版）》2006 年第 2 期。

高一低”失衡。①

为什么多年来的经济高速增长并没有导致增长方式从粗放型向集约型转化？或者说转化速度相对缓慢？要素比价是最重要的原因。价格是市场经济首要的信息传递机制、调节资源配置的基本利益杠杆。资源比价关系不合理，要求经济主体根据资源的真实社会成本优化资源利用方式，显然是不可能的。多年高速增长之后，我国经济增长方式之所以未能及时发生转型，或者说粗放型增长仍然成为企业家的理性选择，那么一个合理的推断是：尽管人均GDP有了巨大提高，但是劳动、土地、自然资源和环境等要素对资本的比价仍然大体维持数十年前经济发展初期的格局。

但是，如果增长是真实的，资本、劳动、土地、自然资源和环境的相对稀缺程度不可能不发生变化。因此，可能情况是：尽管要素的相对稀缺程度发生了变化，但是劳动、土地、自然资源和环境等要素对资本的比价关系仍然大体维持不变。那么，究竟是什么力量形成并维持了要素比价扭曲？

政府定价严重背离供求关系是计划经济常态，在实现了竞争均衡的市场经济中是不太可能发生的。但是，政府主导型市场经济中，如果发生了作用于市场的诸种力量对比失衡，这种情况却是有可能发生的。由于是政府主导型经济，因此，可以认定，尽管推动这一失衡状况的社会力量可能不止一种，但是，政府却是实现它的唯一可能力量。

政府为什么要在要素相对稀缺程度发生变化的情况下，尽可能地维持劳动、土地、自然资源和环境等要素对资本的原有比价关系？

目标决定行为。尽管教科书中对政府行为目标的理想模式有很多描述与分析，但是，现实经济中，政府尤其是各级地方政府对当地经济增长及相伴随的财政收入增长高度关注，却是不争的事实。各级地方政府为实现本地经济增长及财政收入最大化而展开的竞争，迫使政府在要素相对稀缺程度发生了变化的情况下，尽可能地维持所在辖区范围内劳动、土地、自然资源和环境等要素对资本的原有比价关系。

追求经济增长，必然使各级地方政府千方百计扩大投资。各国实践证明，在不发生重大技术突破的情况下，每年资源利用效率的提高是相当有

① 龚敏、李文溥：《论扩大内需政策与转变经济增长方式》，《东南学术》2009年第1期。

限的。即使是科技创新能力较强的发达国家，每年劳动生产率提高对经济增长的贡献，若就增长的绝对值而论，相当有限，往往不超过一个百分点。① 如果资源利用效率不变，那么，增加投入是实现增长的唯一途径。在资本短缺情况下，资本投入对经济增长的作用更是决定性的。由于本地资本短缺（在经济发展初期，主要是人均GDP太低、储蓄率低造成的。在经济发展到一定阶段后，则未必是储蓄率低造成的，而是储蓄不能有效转化为投资导致的），各级地方政府不能不把目光盯在了外部资本尤其是FDI上。各地政府为追求本地经济增长最大化而竞相展开的引资竞争，必然以压低当地生产要素价格为重要手段。因为，当与资本结合的土地、劳动力等生产要素的质量及可能的效率既定情况下，这些要素的价格越低，也就意味着在同等条件下，资本收益率将越高。资本收益率越高的地区，无疑是对资本有更大吸引力的地区。

以压低本国生产要素价格为代价的引进外资虽然在促进经济增长方面是成功的，但并非没有成本。成本之一，是相对于最终产品市场，要素市场的市场化改革滞后；要素比价人为扭曲，粗放型经济增长方式因此得以长期维持，造成了资源配置效率的严重损失，技术进步缓慢，产业结构升级迟滞。成本之二，是收益分配向资本倾斜，资本要素报酬偏高，劳动、土地等要素报酬偏低，本国要素（劳动、土地、银行资金、环境）报酬偏低，国外要素报酬偏高。1990—2005年，我国企业营业余额占GDP比例从21.9%增加到29.6%；而同期劳动者报酬占GDP的比例却下降了12个百分点。② 1996年劳动者报酬在GNP中占49.1%，2002年一度上升到50.3%，之后随着经济的高速增长，劳动者报酬所占比例不断下降，2008年仅为45.3%（图7-26）。同时，收入分配差距扩大，社会各利益群体之间关系日趋紧张。成本之三，由于国内居民尤其是劳动者报酬增长率长期低于经济增长率，居民消费不振，难以拉动经济增长，为了实现高增长，

① D.W.乔根森：《生产率》（第一卷：战后美国经济增长；第二卷：经济增长的国际比较），中国发展出版社2001年版。

② 数据来自《中国企业竞争力报告（2007）——盈利能力与竞争力》（中国社会科学院工业经济研究所，2007年）。该报告指出，企业利润的大幅增加相当程度上是以职工低收入为代价的。“利润侵蚀工资”现象不仅表现在非国有企业员工收入长期低于经济增长的速度，而且表现在国有企业大量使用临时工等体制外员工，以降低用人成本。

不得不依靠投资驱动、出口拉动，久之，国民收入支出结构失衡，并且不断加剧。成本之四：由于经济增长日益成为实现政绩及增加财政收入的手段，但是，经济增长却没有带来居民收入的同步增长，经济增长与居民福利改善之间的关系日趋淡化，经济增长的终极意义日渐难以得到说明，久之，有可能走向其初衷的反面。

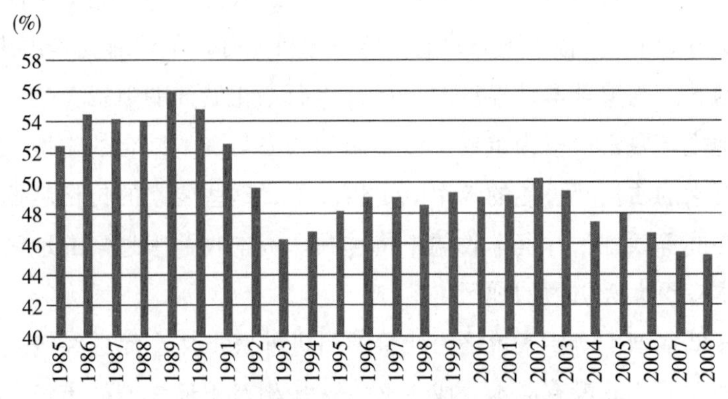

图 7-26　中国劳动者报酬占国民收入的比例

注：按照（城镇家庭年平均每人可支配收入×年底城镇总人口数+农村居民家庭年人均净收入×年底乡村总人口数）/国民生产总值（现价）计算而得。

资料来源：《中国统计年鉴》（2008 年）及 CEIC 数据库。

三、宏观经济结构不平衡的分配性原因分析

国民收入支出结构失衡也是国民收入分配结构失衡的结果。改革开放至今，我国的国民收入分配结构经历了两次重大变化。20 世纪 90 年代中期之前，我国国民收入分配格局变化的趋势是：财政收入占 GDP 比重逐渐下降，居民收入比重逐渐上升。1994 年，国家所得占 GDP 比重从 1978 年的 31.6%下降到 10.9%，居民所得从 50.5%上升到 69.6%。这一变化奠定了计划经济向市场经济转轨的国民收入分配基础。[①] 但是，此后却发生了反向变化。1986—2008 年，财政收入占 GNP 比重变化呈“U 型”，1996—2008 年，财政收入占 GNP 比重从 10.6%上升至 20.3%（图 7-27），提高了近 10 个百分点，增长幅度几近 100%。

① 王春正：《我国居民收入分配问题》，中国计划出版社 1995 年版。

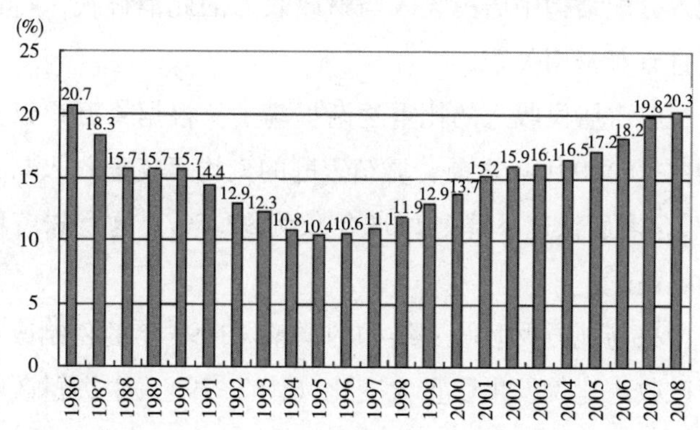

图 7-27　财政收入占 GNP 的比重

资料来源：《中国统计年鉴》（2008 年）及 http：//www. stats. gov. cn/。

财政收入增速多年大幅度地超过 GDP 增速的同时，城乡居民收入增长率却持续低于 GDP 增长率。以 1978 年为 100，1996 年我国人均 GDP 指数、城镇家庭人均可支配收入指数以及农村居民家庭人均年纯收入指数分别为 434、302 和 418；2007 年，三个指数分别为 1100、752 和 734，人均收入指数逐渐落后于人均 GDP 指数。

与此同时，居民储蓄率却不断上升（图 7-28）。1990 年，城镇居民家庭储蓄率不过 15. 3%，2000 年起开始快速上升，2008 年达到 28. 8%，比 2000 年上升了 8. 4 个百分点。农村居民的储蓄率也呈现出上升的趋势。

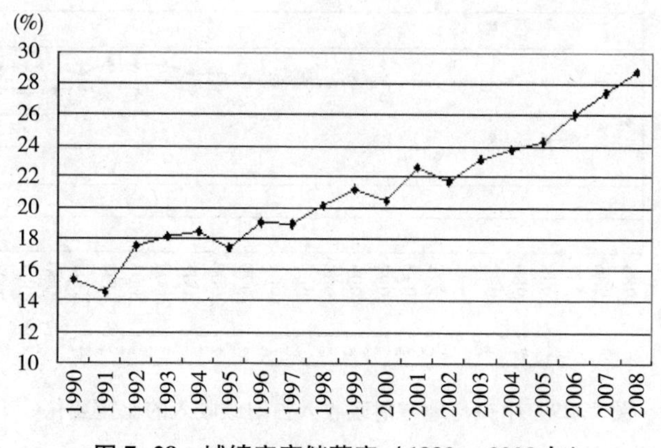

图 7-28　城镇家庭储蓄率（1990—2008 年）

资料来源：《中国统计年鉴（2008 年）》及 http：//www. stats. gov. cn/。

国民收入分配结构中居民收入与财政收入的此消彼长，与这一时期的一些制度安排有着密切关系。

首先，税收占居民收入的比重逐渐提高了。根据 4 万户以上城镇家庭住户调查的数据，2001 年之前，城镇家庭的人均可支配收入与人均收入之比接近 100%，之后快速下降，2008 年仅为 92.5%。这意味着城镇家庭的税负在不断提高。

其次，中央与地方财政收支结构的调整。1994 年的税制改革，使中央与地方的财政收入比例发生了重大变化（图 7-29）。中央财政收入占比在一年之内，从 22.02% 跃升至 55.70%，地方财政收入从 77.98% 骤跌至 44.30%，促使地方政府寻求新的收入来源。同期，工业化推动的城市化使城市周边地区的土地急剧升值，地方政府因此找到了新的财源。巨额的土地批租收入在相当程度上弥补了地方政府因税制改革而锐减的收入。2007 年国家土地所有权有偿出让收入与财政收入之比高达 25.3%。有些地方甚至超过了同期本级财政收入。地方政府获得巨额土地批租收入的同时，城市房地产价格迅速上涨。住房商品化使城市居民承担了房价飞涨的大部分成本。房价上涨等间接加诸居民的高额隐形税收改变了居民与政府的实际收入分配比例，相当程度上抑制了居民正常的消费意愿。

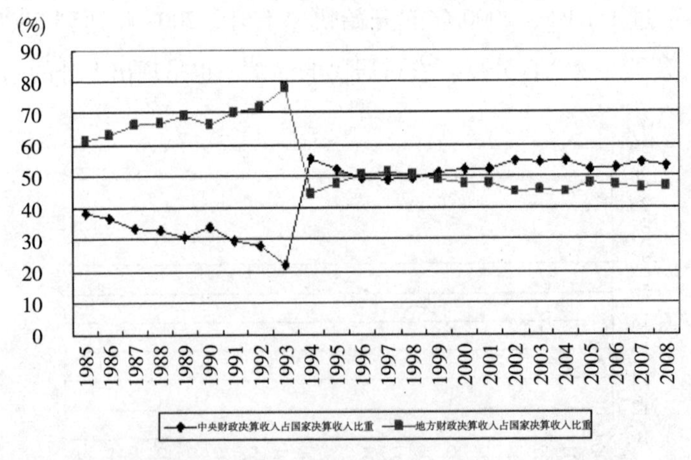

图 7-29　中央与地方财政收入占财政收入的比重变化

资料来源：《中国统计年鉴（2008 年）》及 http：//www. stats. gov. cn/。

最后，政府投资中，用于教育以及卫生、社会保障和社会福利业的投资份额不断下降，教育、医疗卫生、社保等公共产品供给不足，不仅阻碍了人力资本积累的速度，抑制产业结构的转换和升级，而且强化了城乡居民预防性储蓄倾向，直接抑制了居民的消费需求。然而，近期实行的扩大财政支出政策，在改变这一趋势方面，成绩却相当有限。

综上分析可以认为，目前国民收入“两高一低”结构失衡与长期以来以出口劳动密集型产品为导向的粗放型经济增长方式始终未能转变有着密切关系。或者说，积极鼓励出口劳动密集型产品而形成的粗放型经济增长方式是国民收入支出结构失衡的生产性原因，其次，国民收入分配向资本收益和政府倾斜是加剧“两高一低”结构矛盾的分配性原因（图7-30）。

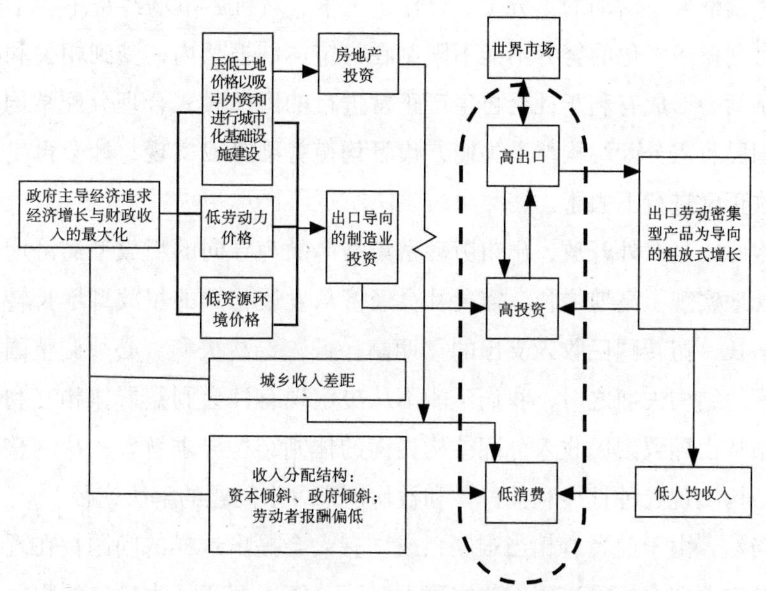

图7-30　我国“两高一低”不平衡结构特征的形成机理

四、调整宏观经济结构失衡必须从调整现有体制结构实现各种社会利益群体利益均衡入手

出口劳动密集型产品为导向的粗放型经济增长方式未能及时转变，导致了国民收入支出的“两高一低”结构性失衡，它其实是国民收入分配结构失衡的结果。近十多年来，我国国民收入分配结构的重大比例变化，举

其要者，大致如下：（1）财政收入占GDP的比重大幅度上升；（2）财政收入中中央政府收入所占比例大幅度提高；（3）企业营业余额占GDP比例大幅度上升，同期劳动者报酬占GDP的比例却大幅度下降；（4）不同居民群体之间的收入差距持续扩大。①

国民收入分配的结构失衡是一定社会经济状况的产物。它反映了社会相关阶层或利益群体之间——政府与社会、中央与地方、资本与劳动、不同社会群体——在决定国民收入分配上的力量对比失衡。对于这种社会力量对比失衡状况的形成，不能也没有必要批评任何个别的社会经济主体。作为理性人，市场经济各主体无不寻求自身利益最大化，对此无可厚非。问题在于，在社会经济运行过程中，任何社会利益群体都是在一定的社会经济体制框架下活动的：分工、合作、竞争、对抗。市场经济中各主体寻求自身利益最大化的努力不能不限制在一定体制框架内，受到相关利益主体的制衡，形成有利于社会再生产正常进行的国民收入合理分配结构。否则，国民收入分配结构严重失衡，市场均衡势必难以实现，社会再生产也就无法正常进行下去了。

因此，当对外开放，出口劳动密集型产品为导向的粗放型经济增长方式成功地实现了高速增长，需要社会经济从发展初期的粗放型增长转向集约型增长，扭转国民收入支出的“两高一低”结构失衡，必须调整国民收入分配的结构失衡之时，我们不能不从决定现有社会利益群体相互利益分配关系从而导致国民收入分配结构失衡的体制结构寻求解释，从调整现有体制结构实现各种社会利益群体利益均衡来寻求问题的解决途径。

当然，由于前者有相当难度，或许有人会提出这样的问题：在现有的体制结构框架内，难道就无法实现出口劳动密集型产品为导向的粗放型经济增长方式向集约型经济增长方式转变么？答案是否定的。因为，选择开

① 这一点不仅与劳动与资本的收益分配比例向资本倾斜有关，而且与城乡居民的收入差距扩大有关。在居民消费占GDP的比重急剧下降中，农村居民消费比重比城镇居民消费比重下降得更多。城镇居民消费占GDP的比例2007年为26.4%，比2000年下降了4.7个百分点，而农村居民消费占GDP的比例仅为9.1%，比2000年下降了6.2个百分点。还与自然垄断部门的体制改革滞后有关，自然垄断部门企业获取了大量超经济收益，自然垄断部门与市场竞争部门员工收入差距扩大有关；与政府公务员与国有事业单位、企业员工的收入差距扩大有关；与不同地区同类劳动者（政府公务员、国有事业单位、企业员工等）的收入差距扩大有关。

放经济条件下出口劳动密集型产品为导向的粗放型经济增长方式，是既有体制框架下的增长目标所决定的，这个增长目标决定了扭曲要素比价的社会合力。当本国生产要素如劳动、土地、环境等因这一增长目标而不断地被压低报酬率时，有什么理由指望用资本、技术替代"廉价"——尽管就真实的社会成本而言已经不再廉价——的劳动、土地和环境呢？当出口劳动密集型产品是有利可图的，企业为什么要投入巨资实现技术创新、产业升级换代呢？在整个社会生产以劳动密集型为主的情况下，即使政府与个人投入巨资进行人力资本投资，形成的复杂劳动力又如何找到它的社会需求呢？显然，既有利益格局下，国民收入分配结构失衡的趋势是难以根本扭转的。

或问，以出口劳动密集型产品为导向的粗放型经济增长所导致的国民收入支出结构失衡是否严重如此，以致不调整就无法继续维持社会再生产的正常进行？

前面分析的日本和韩国近半个世纪以来的经济增长轨迹不能不引起重视。可比口径的数据表明：我国目前的国民收入支出结构失衡，某种程度上说，比当年的日韩更甚（图 7-31、图 7-32）。

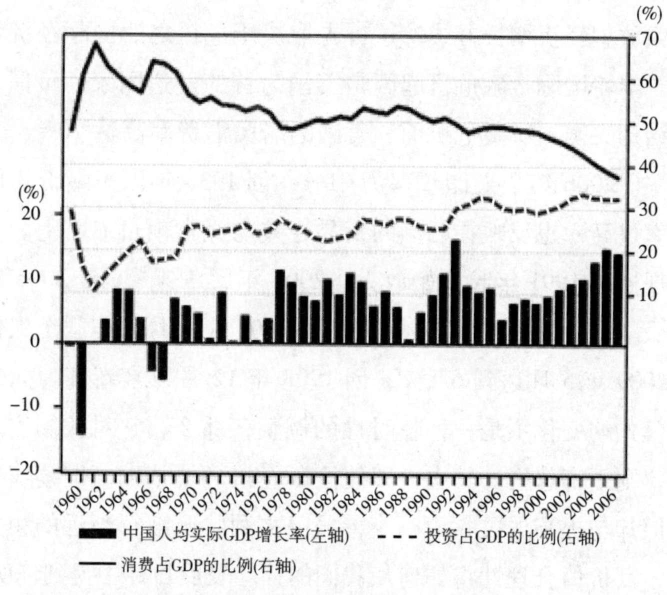

图 7-31　中国经济增长率与投资消费率变化

资料来源：Penn World Table 6.3。

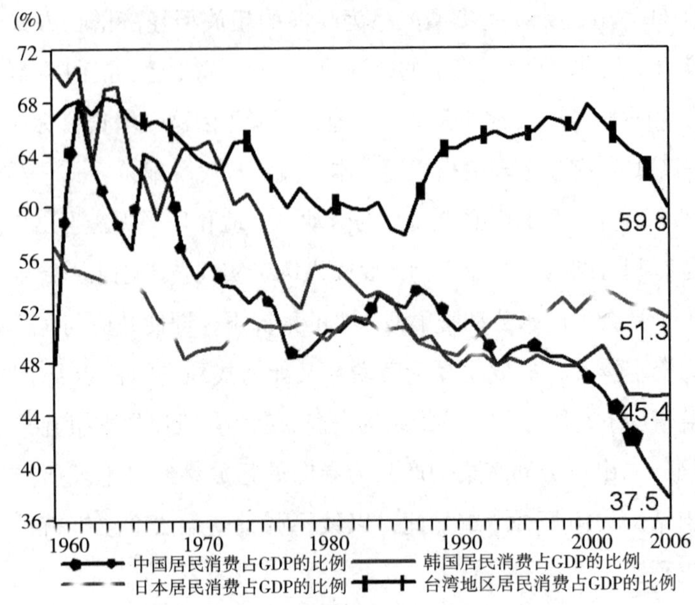

图 7-32 中日韩及中国台湾地区消费率比较

资料来源：Penn World Table 6.3。

那么，国际金融危机过后，我国是否还会继续以出口劳动密集型产品为导向的粗放型经济增长方式？这首先取决于危机之后国际经济环境是否仍然依旧。本轮国际金融危机起因是美国为首的发达国家高负债、低储蓄为特征的结构失衡。次贷危机前，美国的居民消费率高达 70%，个人储蓄率几乎为零。2006 年个人储蓄率为-1%，创 1933 年以来最低。储蓄率过低和消费率过高，也反映在巨额的贸易逆差与经常项目赤字上。美国经常项目赤字规模从 1991 年起开始放大，2001 年后急速攀升，2006 年突破了 8000 亿美元，约占 GDP 的 7%。① 然而，2008 年 8 月，美国个人储蓄率开始回升，2009 年 5 月达到 6.9%，创 1993 年 12 月以来新高。如果这一消费—储蓄模式的变化不是一种临时性的调整，那么，它对我国宏观经济运行的影响，则不容忽视。其次，即使国际经济环境依旧，继续实行这种代价高昂，但却与提高居民收入、改善居民福利状况渐行渐远的粗放型经济增长方式，其价值合理性将如何从我们的社会发展目标中得到证明呢？

---

① 吴一群、刘榆：《刍议 2008 年全球金融危机的影响及启示》，《东南学术》2009 年第 1 期。

第五节　2009—2010 年中国宏观经济预测与政策建议

一、2009—2010 年中国宏观经济预测与模拟

（一）模型预测

1. 模型外生变量的假设

（1）美国及欧元区的经济增长率

2009 年美国与欧元区第二季度的相关数据显示，美国经济恶化的速度在减缓，包括在劳动力和住房市场。工业生产可能即将触底，库存周期正在扭转，商业和消费者信心也已改善。这些情况变化显示，2009 年下半年美国的产出将趋于稳定，2010 年可能将走向逐渐恢复。欧元区的消费者和商业调查指标正在恢复，但实际数据几乎未显示稳定迹象，因此，预计欧元区经济活动的恢复慢于美国。根据 IMF2009 年 7 月份的最新预测，2009 年美国及欧元区的全年实际经济增长率将分别为-2.6%和-4.7%。至 2010 年，美国实际经济增长率将恢复到 0.8%，而欧元区的实际经济增长率则回调到-0.1%（图 7-33）。

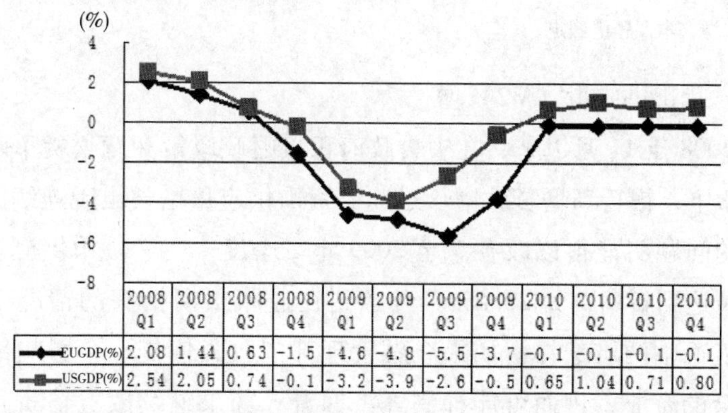

	2008 Q1	2008 Q2	2008 Q3	2008 Q4	2009 Q1	2009 Q2	2009 Q3	2009 Q4	2010 Q1	2010 Q2	2010 Q3	2010 Q4
EUGDP(%)	2.08	1.44	0.63	-1.5	-4.6	-4.8	-5.5	-3.7	-0.1	-0.1	-0.1	-0.1
USGDP(%)	2.54	2.05	0.74	-0.1	-3.2	-3.9	-2.6	-0.5	0.65	1.04	0.71	0.80

图 7-33　美国与欧元区经济增长率的变化趋势假定

资料来源：IMF。

（2）汇率变化假定

预计 2009 年下半年，人民币汇率未来走势还将保持总体稳定。美元兑人民币汇率可能出现小幅贬值，2009 年和 2010 年分别贬值 0.14%、0.1%，基本稳定在 1 美元兑换 6.83—6.82 元人民币之间的水平；由于欧元区经济的复苏将慢于美国，假设美元兑欧元汇率 2009 年和 2010 年分别贬值 7%、3%，到 2009 年四季度，美元兑欧元的汇率将突破 1∶1.41 关口，到 2010 年四季度，将达到每 1 欧元兑换 1.45 美元的水平（图 7-34）。

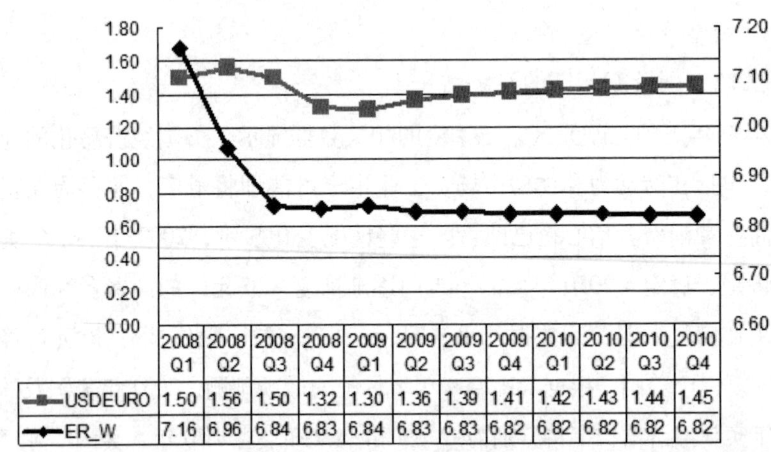

	2008 Q1	2008 Q2	2008 Q3	2008 Q4	2009 Q1	2009 Q2	2009 Q3	2009 Q4	2010 Q1	2010 Q2	2010 Q3	2010 Q4
USDEURO	1.50	1.56	1.50	1.32	1.30	1.36	1.39	1.41	1.42	1.43	1.44	1.45
ER_W	7.16	6.96	6.84	6.83	6.84	6.83	6.83	6.82	6.82	6.82	6.82	6.82

图 7-34　美元兑欧元汇率（左）、美元兑人民币汇率（右）的变化趋势假定

资料来源：本课题组假定。

（3）货币供应量（M2）增长

自 2008 年 11 月以来，在中央政府积极财政政策和宽松货币政策的强有力刺激下，银行新增贷款增长迅速，货币供应量增长出现连续回升，资金紧缺的问题明显得以改善。至 2009 年二季度，广义货币供应量（M2）同比增长达到新高，为 28.5%。考虑到在通胀预期抬头的情况下，货币政策可能面临两难选择：如果金融管理部门收紧信贷，会影响部分需要信贷资金的企业，进而可能抑制经济回升；如果继续放宽信贷，则可能导致新增贷款过多而出现流动性过剩、资产泡沫重现等压力。因此，预计 2009 年下半年将继续维持当前宽松的货币政策，M2 的增速仍处于高位，但 2010 年的 M2 的增速将有明显放缓。我们假定 2009 年三季度，M2 的增长率为 27%，四季度为 25%。至 2010 年，M2 的增长率下降至 16. 35%（图 7-35）。

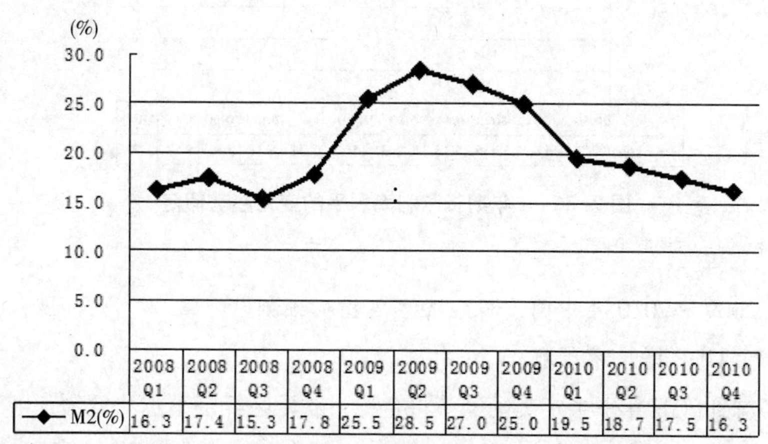

图 7-35　货币供应量（M2）的变化趋势假定

资料来源：本课题组假定。

（4）1 年期贷款利率

2009 年以来，受前期降息和贷款同业竞争影响，金融机构贷款利率继续下行。3 月份，非金融性公司及其他部门人民币贷款加权平均利率为 4. 76%，比年初下降 0. 80 个百分点。受扩大商业性个人住房贷款利率下浮幅度政策的影响，3 月份个人住房贷款加权平均利率为 4. 45%。目前，1 年期人民币贷款名义（基准）利率处于历史低位，如果考虑到目前 CPI 与 PPI 双双负增长的现实，则贷款实际利率水平还是偏高。考虑到远期通胀风险，2009 年下半年物价水平下降幅度可能收窄，2010 年物价水平可能会回升，届时存贷款实际利率自然就会回落。也就是说，目前贷款实际利率处于高位可能是阶段性的。另外，由于我国投资和消费的利率弹性较低，降息对扩内需的刺激作用并不大。因此，从防范长期通胀风险，控制通胀预期考虑，预计央行在 2009 年下半年存贷款名义利率仍将维持不变，至 2010 年第二季度之后，可能会提高 1 年期人民币贷款利率 27 个基点，达到 5. 58%的水平，之后维持不变（图 7-36）。

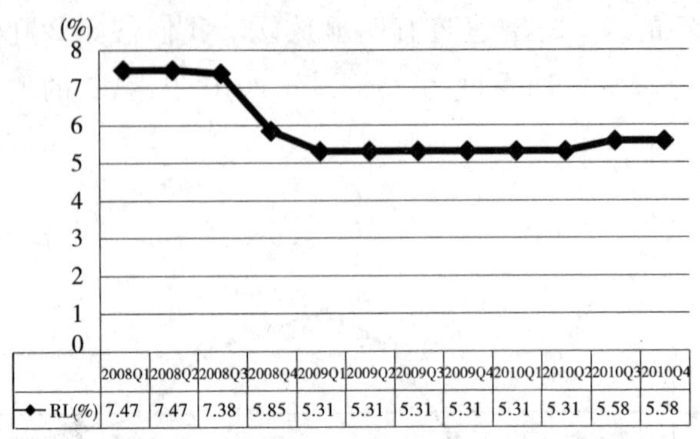

图 7-36　1年期贷款利率水平的变化趋势假定

资料来源：本课题组假定。

2. 2009—2010年中国宏观经济主要指标预测

(1) GDP增长率预测

考虑到2009年下半年美国经济将企稳，欧元区经济衰退将放缓，由于外需回暖和政策显效，预计我国宏观经济也将企稳向上。模型预测（图7-37），2009年我国GDP增长率将达到8%，其中，三季度GDP增长率将上升至8.3%，四季度将进一步上升至9.2%。进入2010年，GDP增速还可能进一步上升，全年保持在9.3%的水平。其中一季度将为8.5%，二季度上升至9.0%，三季度继续上升至9.3%后，四季度进一步上升至10.2%。

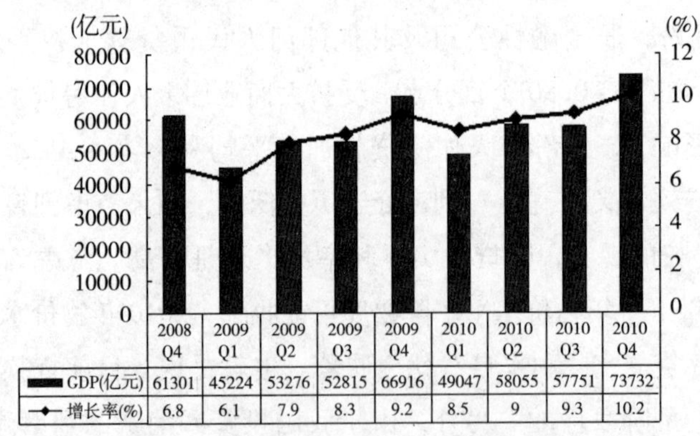

图 7-37　不变价GDP及其增长率预测

资料来源：本课题组假定。

(2) 主要价格指数变化预测

2008年，由于国家一系列限制通胀政策的出台和金融危机引起的外需降低，居民消费价格指数一直呈下降趋势：到2009年降为-0.8%，涨幅比上年降低6.7个百分点。其中农村居民消费价格指数的涨幅一直超过城市居民消费价格指数。模型预测（图7-38、图7-39），2009年、2010年价格水平将开始止跌回升，但是，价格指数的增幅会比较小。预计2009年GDP平减指数将下跌约3.7%，后两个季度的跌幅将分别为3.7%和4.7%；CPI跌幅预计为-0.8%，后两个季度的走势与GDP平减指数一样，都为企稳回升，分别为-1.5%、-1.1%。进入2010年，各类价格指数都将止跌回升：GDP平减指数涨幅为0.9%，CPI涨幅为0.3%，投资价格指数涨幅为0.6%。

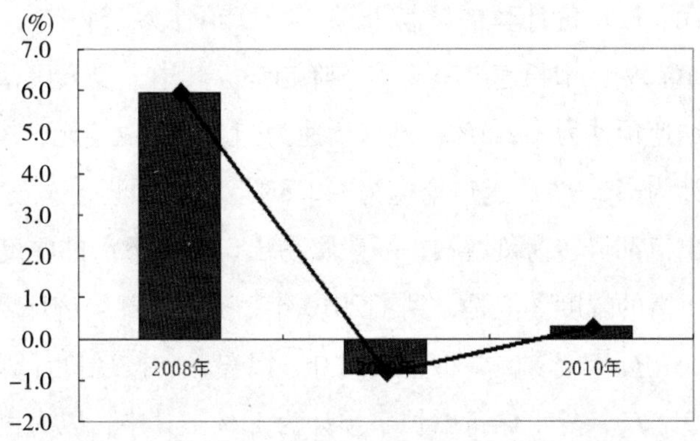

图7-38　主要价格指数变化预测：CPI年增长率

资料来源：本课题组计算。

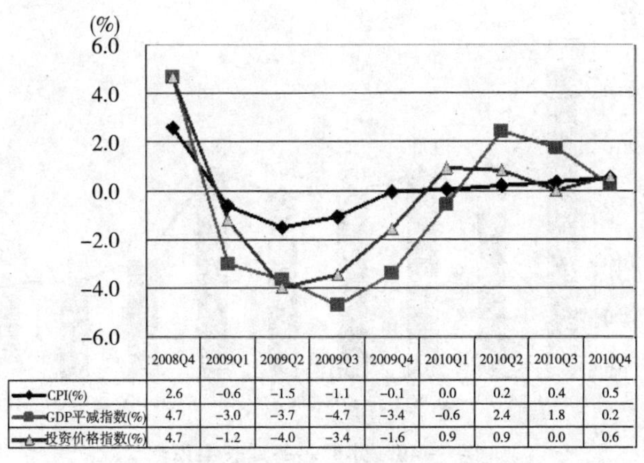

	2008Q4	2009Q1	2009Q2	2009Q3	2009Q4	2010Q1	2010Q2	2010Q3	2010Q4
CPI(%)	2.6	-0.6	-1.5	-1.1	-0.1	0.0	0.2	0.4	0.5
GDP平减指数(%)	4.7	-3.0	-3.7	-4.7	-3.4	-0.6	2.4	1.8	0.2
投资价格指数(%)	4.7	-1.2	-4.0	-3.4	-1.6	0.9	0.9	0.0	0.6

图7-39　主要价格指数变化预测

资料来源：本课题组计算。

（3）其他主要宏观经济指标增长率预测

①进出口及外汇储备增长率预测

2008 年我国出口增长 17.3%，进口增长 18.4%，贸易顺差比上年增加 422 亿美元。模型预测（表 7-4），受美国经济增长放缓、外部贸易环境恶化的影响，2009 年上半年进出口跌幅较大，尽管下半年外部需求出现回暖迹象，出口有所好转，但是 2009 年全年中国的出口仍将为负增长。由于国内四万亿元投资计划的实行，需求膨胀，增加了对国外原料、能源等初级产品及设备进口的需求，进口增速将加快，将使全年贸易顺差首次出现负增长。以美元、按现价计算的贸易顺差增长率预计为-31.3%，外汇储备增长率预计为 16.5%，增长速度呈逐季下降趋势。其中，以人民币、按不变价计算的出口增速预计为-12.1%，进口增速为-1.3%；以美元、按现价计算的出口增速预计为-16.9%，进口增速为-12.8%。模型预测，一般贸易进出口、加工贸易进出口都将转为负增长，一般贸易出口增速下滑的幅度大于加工贸易出口增速下滑的幅度。但是，到了 2010 年，随着外部经济环境的好转，进出口增速加快，全年贸易顺差将止跌回升，以美元、按现价计算的贸易顺差增长预计为 21.2%，外汇储备增长率预计为 11%。其中，以人民币、按不变价计算的出口增速预计为 19.5%，进口增速为 12.0%；以美元、按现价计算的出口增速预计为 21.4%，进口增速为 21.4%（表 7-4、图 7-40）。

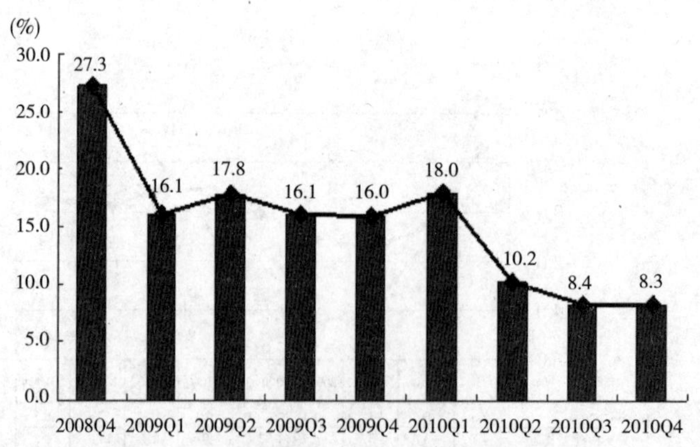

图 7-40　外汇储备增长率预测

资料来源：本课题组计算。

表7-4　2009—2010年中国进出口及外汇储备增长率预测

（单位：%）

时间	出口（亿元，不变价）	出口（亿美元，现价）	一般贸易出口（百万美元，现价）	加工贸易出口（百万美元，现价）	进口（亿元，不变价）	进口（亿美元，现价）	一般贸易进口（百万美元，现价）	加工贸易进口（百万美元，现价）	净出口（亿美元，现价）	外汇储备（亿美元，现价）
2009年	-12.1	-16.9	-20.3	-13.3	-1.3	-12.8	-9.2	-16.3	-31.3	16.5
2009Q3	-15.1	-22.4	-27.6	-15.7	2.2	-11.3	-6.6	-14.1	-62.5	16.1
2009Q4	3.3	-1.4	-5.9	6.8	16.0	14.2	17.3	11.6	-32.5	16.0
2010年	19.5	21.4	21.9	22.0	12.0	21.4	26.6	17.1	21.2	11.0
2010Q1	17.1	20.7	19.0	25.9	14.7	39.6	46.2	37.6	-31.4	18.0
2010Q2	22.7	25.9	28.3	26.8	7.4	24.1	28.9	21.2	37.3	10.2
2010Q3	19.9	20.3	20.7	19.3	10.8	11.8	15.2	7.9	92.8	8.4
2010Q4	18.4	19.2	19.7	18.2	15.7	17.0	23.2	10.4	26.6	8.3

资料来源：本课题组计算。

表7-5　2009—2010年其他主要宏观经济指标增长率预测

（单位：%）

时间	居民消费总额（亿元，不变价）	社会商品零售总额（亿元，现价）	城镇固定资产投资（亿元，现价）	固定资产形成总额（亿元，不变价）
2009年	7.2	20.5	31.0	15.3
2009Q1	7.0	15.0	28.6	16.4
2009Q2	7.0	15.0	35.9	16.4
2009Q3	6.8	21.9	35.7	19.6
2009Q4	7.9	28.4	23.9	10.2
2010年	10.2	29.6	27.1	9.1
2010Q1	9.9	32.9	25.6	-3.9
2010Q2	11.3	35.2	27.4	7.5
2010Q3	9.4	27.3	25.0	11.8
2010Q4	10.2	25.0	29.5	13.4

资料来源：本课题组计算。

②固定资产投资走势预测

2008年按不变价格计算的固定资本形成总额增速为9.4%，按当年价格计算的城镇固定资产投资增长26.2%。模型预测（表7-5、图7-41），受宏观经济政策的影响，2009年固定资本形成总额增速将上升至15.3%，提高5.9个百分点；2010年固定资本形成总额增速将回落，为9.1%，比2009年下降6.2个百分点。2009年城镇固定资产投资增速比2008年提高4.8个百分点，为 31.0%，2010 年则会下降至 27.1%，比 2009 年下降 3.9 个百分点。分季度来看，2009 年下半年固定资本形成总额增速在三季度出现较大幅度上升后，四季度开始下降，分别为 19.6%和 10.2%。2010 年四个季度的固定资本形成总额增长率分别为-3.9%、7.5%、11.8%和 13.4%；四个季度的城镇固定资产投资的增速波动则不大，分别为 25.6%、27.4%、25.0%和 29.5%。

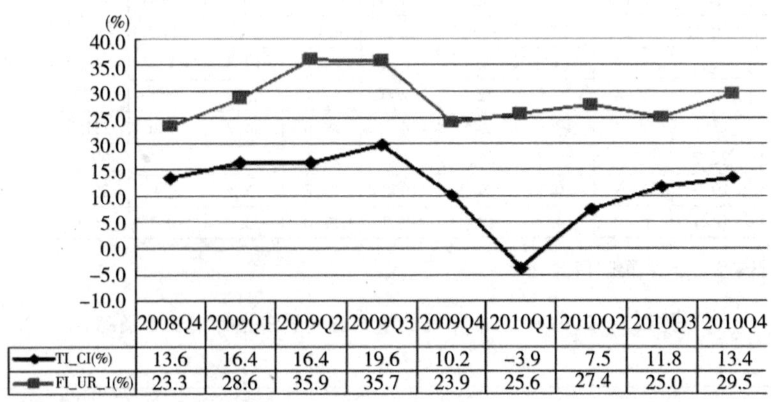

	2008Q4	2009Q1	2009Q2	2009Q3	2009Q4	2010Q1	2010Q2	2010Q3	2010Q4
TI_CI(%)	13.6	16.4	16.4	19.6	10.2	−3.9	7.5	11.8	13.4
FI_UR_1(%)	23.3	28.6	35.9	35.7	23.9	25.6	27.4	25.0	29.5

图 7-41　固定资产形成总额与城镇固定资产投资总额增长率预测

注：TI_C 为不变价固定资产形成总额增速，FI_UR 为城镇固定资产投资总额增速。
资料来源：本课题组计算。

从固定资产投资资金来源来看，2008 年固定资产投资资金来源增速为 20.4%。模型预测（见图 7-42），受宏观调控影响，2009 年固定资产投资总资金来源增速将大幅度上升至 35.2%，同比上升 14.8 个百分点。分季度看，各季度增速将分别为 32.8%、42.9%、37.6%、27.5%，经历一季度较高增速后，二、三季度的增速将有所放缓，四季度又将回到较高水平，但是，整体来看，波动幅度不大。2010 年增速将急剧下降至 18.9%，各季度增速分别为 1.4%、15.5%、23.7%和 27.8%，呈现较大幅度波动。按资金来源分类看，2009 年各主要资金来源增速都呈现较为明显的上升趋势，四万亿元投资的效果开始显现。其中，国内信贷的增速将为 33.0%，同比上升 21.2 个百分点；企业自筹投资的增速为 36.3%，同比上升 4.9 个百分点；其他资金来源增速为 34.3%，同比上升 39.9 个百分点。2010 年，国内信贷增速将出现较大幅度的下降，为 18.9%，企业自筹投资的增速下降为 17.0%，其他资金来源增速也将下降为 24.8%。

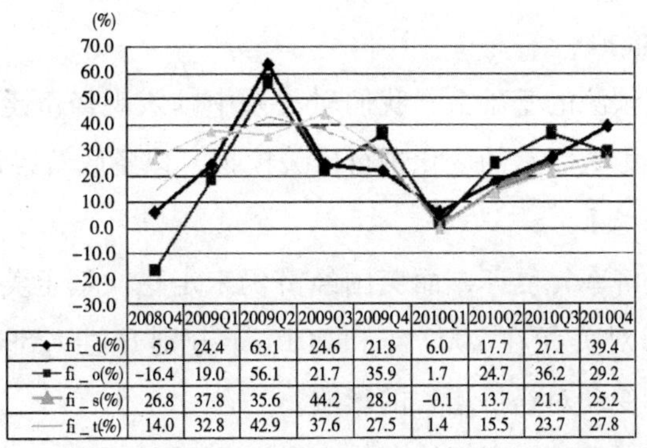

	2008Q4	2009Q1	2009Q2	2009Q3	2009Q4	2010Q1	2010Q2	2010Q3	2010Q4
fi _ d(%)	5.9	24.4	63.1	24.6	21.8	6.0	17.7	27.1	39.4
fi _ o(%)	-16.4	19.0	56.1	21.7	35.9	1.7	24.7	36.2	29.2
fi _ s(%)	26.8	37.8	35.6	44.2	28.9	-0.1	13.7	21.1	25.2
fi _ t(%)	14.0	32.8	42.9	37.6	27.5	1.4	15.5	23.7	27.8

图 7-42　固定资产投资资金按来源分类增长率预测

注：fi_d 为国内信贷，fi_s 为企业自筹，fi_o 为其他来源，fi_t 为总资金来源。

资料来源：本课题组计算。

③消费增长率预测

受国家扩大内需政策的影响，消费有所上升。模型预测（见表 7-5、图 7-43），2009 年按不变价计算的居民消费总额增长 7.2%，按当年价格计算的社会消费品零售总额增长 20.5%，2010 年社会消费品零售总额增速将上升至 29.6%，居民消费总额增速也将上升至 10.2%。分季度来看，2009 年下半年社会消费品零售总额增速将逐季上升，三、四季度增长率分别为 21.9%和 28.4%。进入 2010 年，四个季度的社会消费品零售总额增长率将分别为 32.9%、35.2%、27.3%和 25.0%。可比价居民消费总额增长率分别为 9.9%，11.3%、9.4%和 10.2%，走势与社会消费品零售总额走势基本一致。

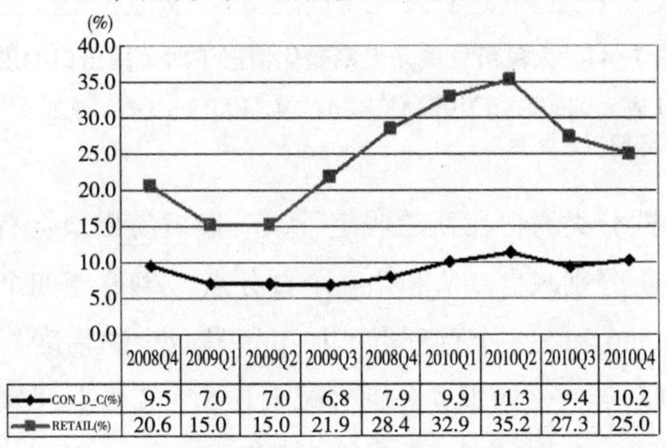

	2008Q4	2009Q1	2009Q2	2009Q3	2008Q4	2010Q1	2010Q2	2010Q3	2010Q4
CON_D_C(%)	9.5	7.0	7.0	6.8	7.9	9.9	11.3	9.4	10.2
RETAIL(%)	20.6	15.0	15.0	21.9	28.4	32.9	35.2	27.3	25.0

图 7-43　居民消费总额与社会消费品零售总额增长率预测

注：CON_D_C 为不变价居民消费总额，RETAIL 为社会消费品零售总额。

资料来源：本课题组计算。

（二）政策模拟

在上述模型预测的基础上，我们对关系中国宏观经济走势的一些宏观经济政策和重大影响因素的变化进行政策模拟，以备政策咨询。

1. 汇率政策模拟

如果中国经济率先复苏，而美国经济仍未走稳，基于美元处于弱势预期，假设人民币对美元在 2009 年和 2010 年分别升值 1.5%和 3%。通过 CQMM 模拟汇率变动对经济增长的影响。

根据 CQMM 的模拟，我们发现：在美元处于弱势预期，人民币对美元在 2009 年和 2010 年分别升值 1.5%和 3%的外生假定下，我国对美国的出口会有所减少，2009 年三、四季度的增长率将分别下降 1.0 和 2.5 个百分点，2010 年四个季度将分别下降 4.3、6.2、6.1、6.4 个百分点（图 7-44）。

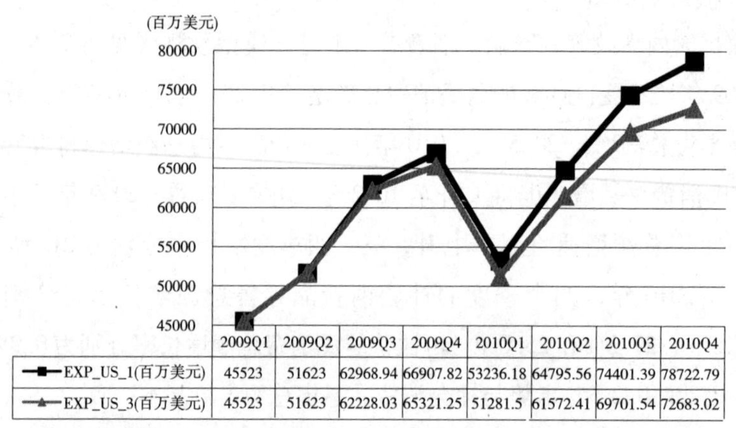

	2009Q1	2009Q2	2009Q3	2009Q4	2010Q1	2010Q2	2010Q3	2010Q4
EXP_US_1(百万美元)	45523	51623	62968.94	66907.82	53236.18	64795.56	74401.39	78722.79
EXP_US_3(百万美元)	45523	51623	62228.03	65321.25	51281.5	61572.41	69701.54	72683.02

图 7-44　人民币兑美元汇率变化情形下对美国出口的影响

注：EXP_US_1 表示基准假定下中国向美国出口额，EXP_US_3 表示政策模拟结果。

资料来源：本课题组计算。

按贸易方式分类看，在新的假定下，一般贸易出口会有所减少，2009 年三、四季度将分别减少 0.7 和 2.0 个百分点，2009 年四个季度将分别减少 3.8、5.6、5.6 和 5.8 个百分点。加工贸易减少的幅度与一般贸易的情况差不多，2009 年三、四季度分别会减少 0.8 和 2.1 个百分点，2010 年四个季度将分别减少 3.9、5.3、5.3 和 5.5 个百分点（图 7-45、图 7-46）。净出口则只有轻微减少，2009 年三、四季度将分别减少 1.6 和 3.2 个百分点，2010 年一、二季度将分别减少 3.5 和 5.4 个百分点，然后三、四季度将分别增加 3.7 和 1.6 个百分点（图 7-47）。

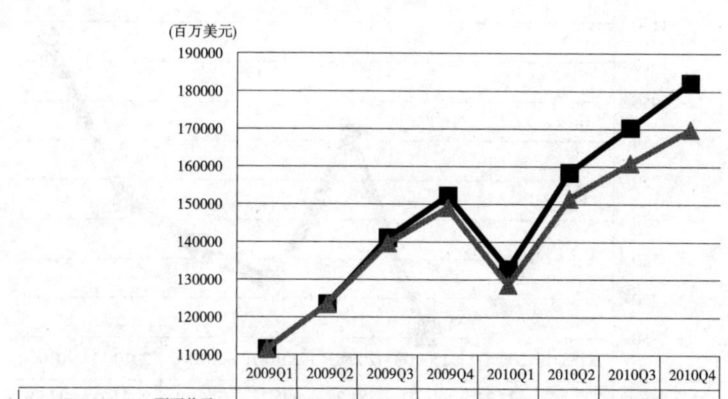

	2009Q1	2009Q2	2009Q3	2009Q4	2010Q1	2010Q2	2010Q3	2010Q4
EX_ORDIN_1(百万美元)	111562.3	123439.7	141081.1	152230.7	132795.2	158384.5	170352.3	182225.4
EX_ORDIN_3(百万美元)	111562.3	123439.7	139632.5	149070.5	128512.6	151441.9	160838.9	169825.5

图 7-45　人民币兑美元汇率变化情形下对一般贸易出口的影响

注：EX_ORDIN_1 表示基准假定下的一般贸易出口，EX_ORDIN_3 表示政策模拟结果。

资料来源：本课题组计算。

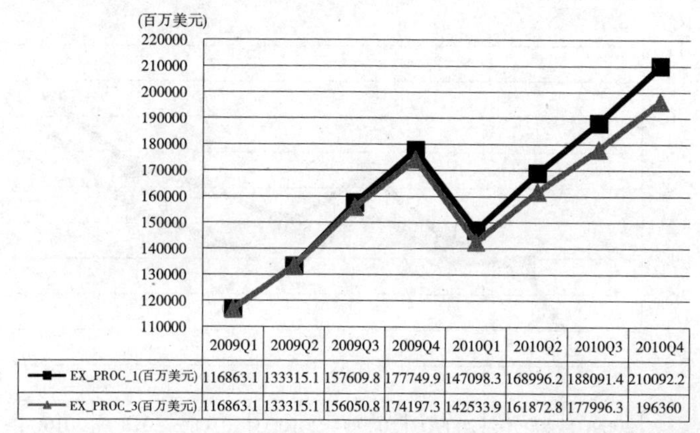

	2009Q1	2009Q2	2009Q3	2009Q4	2010Q1	2010Q2	2010Q3	2010Q4
EX_PROC_1(百万美元)	116863.1	133315.1	157609.8	177749.9	147098.3	168996.2	188091.4	210092.2
EX_PROC_3(百万美元)	116863.1	133315.1	156050.8	174197.3	142533.9	161872.8	177996.3	196360

图 7-46　人民币兑美元汇率变化情形下对加工贸易出口的影响

注：EX_PROC_1 表示基准假定下的加工贸易出口，EX_PROC_3 表示政策模拟结果。

资料来源：本课题组计算。

总之，在新的外生条件假定下，出口上升的幅度预计会下降一些，无论是对美国的出口还是一般贸易和加工贸易类的出口，但是净出口的变化还同时受进口的影响，略有改变。即在人民币对美元 2009 年和 2010 年分别升值 1.5%和 3%的假设下，2009 年、2008 年中国 GDP 增速将比基线预测结果分别下降 0.2 个百分点、0.6 个百分点（图 7-48）。

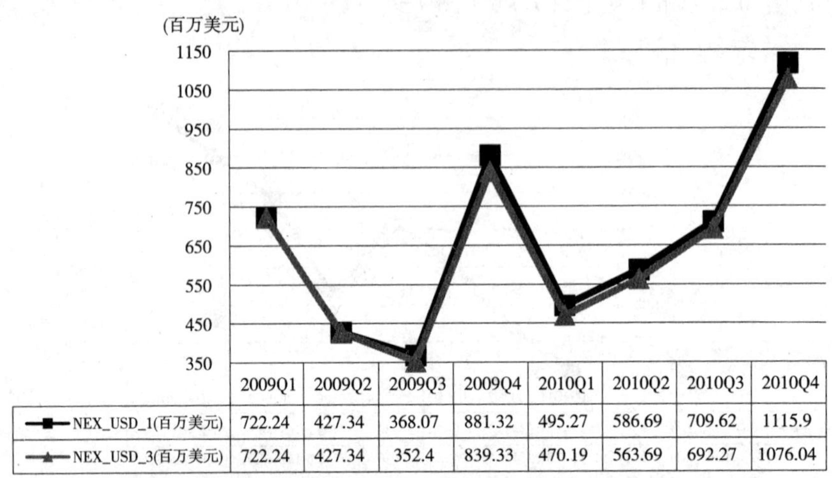

	2009Q1	2009Q2	2009Q3	2009Q4	2010Q1	2010Q2	2010Q3	2010Q4
NEX_USD_1(百万美元)	722.24	427.34	368.07	881.32	495.27	586.69	709.62	1115.9
NEX_USD_3(百万美元)	722.24	427.34	352.4	839.33	470.19	563.69	692.27	1076.04

图 7-47　人民币兑美元汇率变化情形下对净出口的影响

注：NEX_USD_1 表示基准假定下的净出口，NEX_USD_3 表示政策模拟结果。

资料来源：本课题组计算。

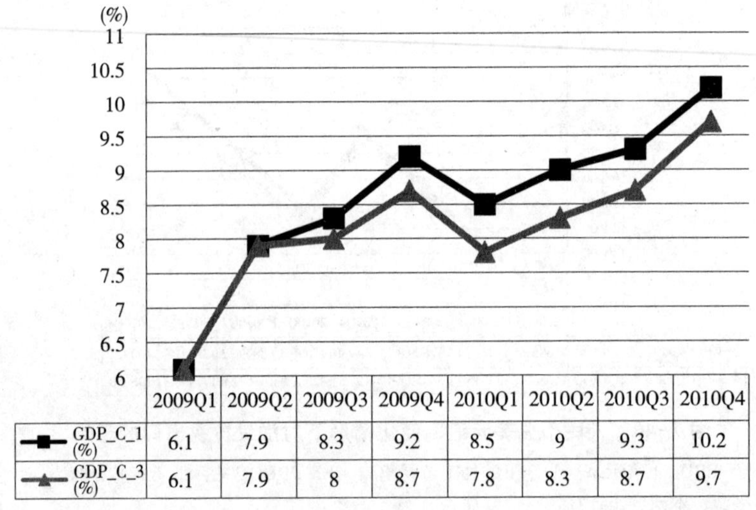

	2009Q1	2009Q2	2009Q3	2009Q4	2010Q1	2010Q2	2010Q3	2010Q4
GDP_C_1 (%)	6.1	7.9	8.3	9.2	8.5	9	9.3	10.2
GDP_C_3 (%)	6.1	7.9	8	8.7	7.8	8.3	8.7	9.7

图 7-48　人民币兑美元汇率变化情形下对中国经济增长率的影响

注：GDP_C_1 表示基准假定下中国经济同比增长率，GDP_C_3 表示政策模拟结果。

资料来源：本课题组计算。

2. 美国消费—储蓄模式变化对我国经济增长的影响模拟

由于国际金融危机与世界经济衰退，美国居民的消费—储蓄模式自 2008 年 8 月起，发生了一些值得我国宏观经济当局关注的变化。美国家庭及个人的储蓄率急剧回升。2008年8月，美国个人储蓄率从当月的0.8%开始回升，至2009年5月，美国的个人储蓄率已经上升到6.9%，上升了6.1个百分点，升幅高达762.5%。创1993年12月以来的美国个人储蓄率新高。储蓄率上升也即消费率下降。

美国居民消费—储蓄模式之所以值得我国宏观经济当局关注，是因为我国经济不断提高的开放度，由于国内经济在国内需求尤其是居民消费不足情况下，各级地方政府过度追求经济增长率及财政收入最大化，扭曲了我国要素比价结构，以劳动密集型产品出口为导向的粗放型经济增长模式一直未能转轨，在近十年来不断加剧了国民收入支出结构的“两高一低”失衡。这就使中国经济增长过分地依靠外需，尤其是美国的市场需求。

自2005年以来，净出口对我国经济增长的贡献率明显上升。2005年为24.1%，2006年及2007年均接近20%。这三年中，净出口对我国GDP增长的拉动效应在2.2—2.6个百分点之间，由于国际金融危机爆发，2008年净出口对我国经济增长的贡献率陡降至9.2%，净出口对GDP增长的拉动率为0.8个百分点，比上年降低了1.8个百分点，但是，当年我国的GDP增长率却比2007年整整下跌了4个百分点（表7-6）。

表7-6　中国三大需求对GDP的贡献率和拉动率

年份	最终消费支出贡献率（%）	资本形成总额贡献率（%）	货物和服务净出口贡献率（%）	最终消费支出拉动率（百分点）	资本形成总额拉动率（百分点）	货物和服务净出口拉动率（百分点）
1999	74.7	23.7	1.6	5.7	1.8	0.1
2000	65.1	22.4	12.5	5.5	1.9	1
2001	50	50.1	-0.1	4.1	4.2	0
2002	43.6	48.8	7.6	4	4.4	0.7
2003	35.3	63.7	1	3.5	6.4	0.1
2004	38.7	55.3	6	3.9	5.6	0.6
2005	38.2	37.7	24.1	4	3.9	2.5
2006	38.7	42	19.3	4.5	4.9	2.2
2007	40.6	39.7	19.7	5.3	5.1	2.6
2008	45.7	45.1	9.2	4.1	4.1	0.8

资料来源：中经网。

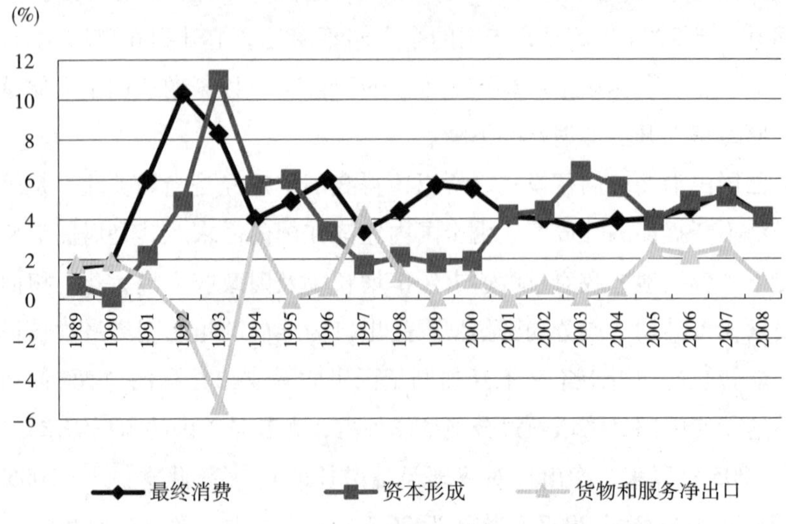

图 7-49 中国三大需求对 GDP 增速的拉动率

资料来源：中经网。

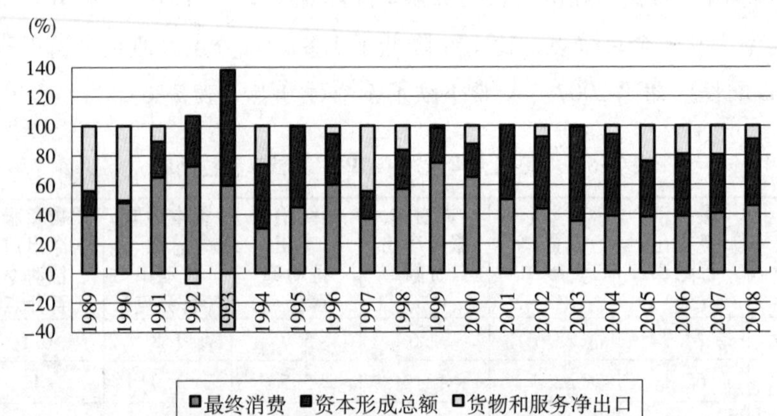

图 7-50 中国三大需求对 GDP 增速的贡献率

资料来源：中经网。

根据我们的计算，如果净出口为零，仅仅进出口的直接影响，我国 2005—2008 年的经济增长率将降低至 7.9%、9.4%、10.4%和 8.2%。如果进一步考虑净出口下降对国内投资和消费的间接影响，那么，2005—2008 年的经济增长率将降得更低。

中国近年来的大幅度贸易顺差是建立在以美国为首的西方发达国家近

年来贸易逆差规模不断扩大基础上的。1998 年，美国的经常项目收支逆差占 GDP 的比重仅 2.5%，2006 年上升到 6.1%，2008 年因美国次贷危机转化为国际金融危机，逆差缩小为占 GDP 的 4.9%。近十年的均值为 4.82%（图 7-51）。

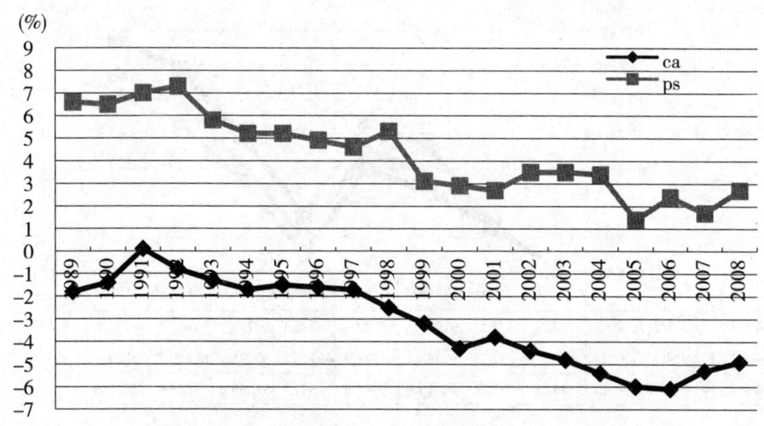

图 7-51　美国经常项目差额占 GDP 比重（ca）和个人储蓄率（ps）

资料来源：美国经济分析局网站（www.bea.gov）和中经网。

近十年来，美国的经常项目收支逆差迅速上升，与美国家庭及个人消费不断扩张、储蓄率不断下降有着密切关系。负债迅速增加使美国的消费增速超过了经济增速，与此同时，美国财政赤字也不断扩大。它带来了两个后果：一是美国的名义储蓄率下降，二是美国的贸易逆差规模日益扩大。美国的超低储蓄、巨额贸易逆差与中国的过高储蓄、巨额贸易顺差在一定程度上是两个互补的国民收入支出结构失衡。

由于国际金融危机，导致美国居民个人储蓄率的上升，必然导致美国贸易逆差的缩小。它对中国经济增长的影响值得密切关注。逻辑分析可知，它可能使中国的贸易顺差缩小，降低其对经济增长的拉动力，经济增速因此下降。但是，美国贸易逆差缩小对中国经济增长的影响究竟有多大，是一个值得宏观经济决策当局关注的问题。假定美国的储蓄率上升并维持在占可支配收入的 6%或者上升到一个更高的点达到 10%，通过 CQMM 模拟美国消费—储蓄模式变动对中国经济增长的影响。

根据 CQMM 的模拟结果，在新的外生假定下，即美国的储蓄率上升至6%或者 10%的假设下，中国对美国的出口会有所减少，2009 年的出口年增长率将分别下降 3. 2 和 5. 4 个百分点，2010 年将分别下降 3. 3 和 5. 6 个百分点（图 7-52）。

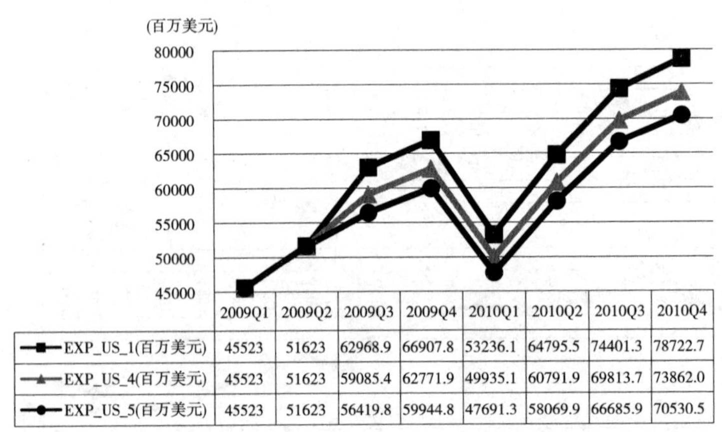

	2009Q1	2009Q2	2009Q3	2009Q4	2010Q1	2010Q2	2010Q3	2010Q4
EXP_US_1(百万美元)	45523	51623	62968.9	66907.8	53236.1	64795.5	74401.3	78722.7
EXP_US_4(百万美元)	45523	51623	59085.4	62771.9	49935.1	60791.9	69813.7	73862.0
EXP_US_5(百万美元)	45523	51623	56419.8	59944.8	47691.3	58069.9	66685.9	70530.5

图 7-52　美国储蓄率变化情形下对中国向美国出口的影响

注：EXP_US_1 表示基准假定下中国向美国出口额，EXP_US_4、EXP_US_5 分别表示 6%、10%的模拟结果。

资料来源：本课题组计算。

按贸易方式分类看，在新的外生假定下，中国一般贸易出口会有所减少，2009 年的增长率将分别减少 1. 4 和 2. 4 个百分点，2010 年将分别减少 1. 8 和 3. 0 个百分点。加工贸易减少的幅度较一般贸易的情况大一些，2009 年的增长率将分别减少 1. 9 和 3. 2 个百分点，2010 年将分别减少 2. 0 和 3. 5 个百分点（图 7-53、图 7-54）。

在新的外生假定下，中国净出口也有较大幅度的减少，2009 年的增长率分别减少了 5. 8 和 3. 4 个百分点，2010 年分别减少了 6. 9 和 3. 9 个百分点（图 7-55）。

总之，在新的外生假定下，美国消费格局的变化对中国整体经济产生的不利影响值得引起我国宏观经济当局的足够重视。正如模型模拟的结果所示，在美国个人储蓄率 2009 年下半年和 2010 年继续维持在 6%的假设下，2009 年、2010 年中国 GDP 增长率将比基线预报结果分别下降 0. 4 个百分点、0. 8 个百分点；而在美国的储蓄率 2009 年下半年和 2010 年上升

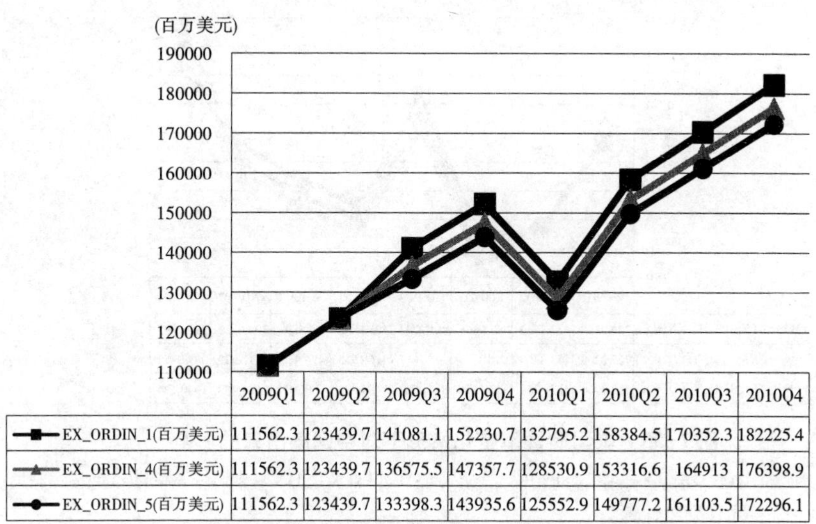

	2009Q1	2009Q2	2009Q3	2009Q4	2010Q1	2010Q2	2010Q3	2010Q4
EX_ORDIN_1(百万美元)	111562.3	123439.7	141081.1	152230.7	132795.2	158384.5	170352.3	182225.4
EX_ORDIN_4(百万美元)	111562.3	123439.7	136575.5	147357.7	128530.9	153316.6	164913	176398.9
EX_ORDIN_5(百万美元)	111562.3	123439.7	133398.3	143935.6	125552.9	149777.2	161103.5	172296.1

图 7-53　美国储蓄率变化情形下对中国一般贸易出口的影响

注：EX_ORDIN_1 表示基准假定下的一般贸易出口，EX_ORDIN_4、EX_ORDIN_5 分别表示 6%、10%模拟结果。

资料来源：本课题组计算。

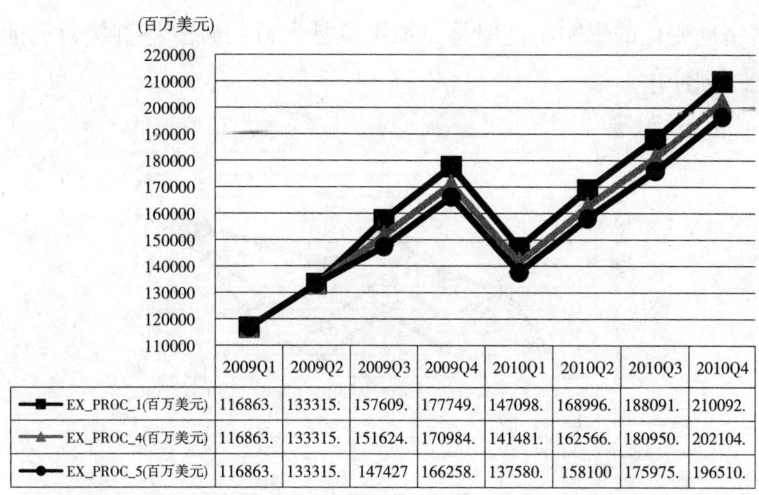

	2009Q1	2009Q2	2009Q3	2009Q4	2010Q1	2010Q2	2010Q3	2010Q4
EX_PROC_1(百万美元)	116863.	133315.	157609.	177749.	147098.	168996.	188091.	210092.
EX_PROC_4(百万美元)	116863.	133315.	151624.	170984.	141481.	162566.	180950.	202104.
EX_PROC_5(百万美元)	116863.	133315.	147427	166258.	137580.	158100	175975.	196510.

图 7-54　美国储蓄率变化情形下对中国加工贸易出口的影响

注：EX_PROC_1 表示基准假定下的加工贸易出口，EX_PROC_4、EX_PROC_5 分别表示 6%、10%的模拟结果。

资料来源：本课题组计算。

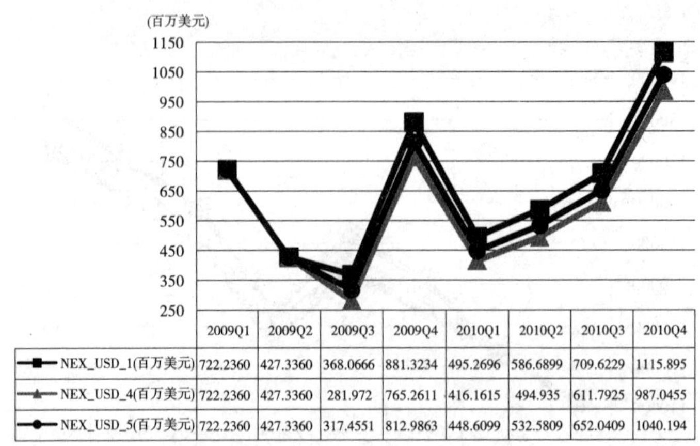

	2009Q1	2009Q2	2009Q3	2009Q4	2010Q1	2010Q2	2010Q3	2010Q4
NEX_USD_1(百万美元)	722.2360	427.3360	368.0666	881.3234	495.2696	586.6899	709.6229	1115.895
NEX_USD_4(百万美元)	722.2360	427.3360	281.972	765.2611	416.1615	494.935	611.7925	987.0455
NEX_USD_5(百万美元)	722.2360	427.3360	317.4551	812.9863	448.6099	532.5809	652.0409	1040.194

图 7-55　美国储蓄率变化情形下对中国净出口的影响

注：NEX_USD_1 表示基准假定下的净出口，NEX_USD_4、NEX_USD_5 分别表示 6%、10%的模拟结果。
资料来源：本课题组计算。

到 10%的假设下，2009 年、2010 年中国 GDP 增长率将比基线预报结果分别下降 0.6 个百分点、1.0 个百分点（图 7-56）。美国消费格局的变化对我国加工贸易出口产生的不利影响要大于一般贸易出口，这是由于服装、鞋等一般贸易出口产品主要是以日常用品为主，其需求收入弹性较低，因而受消费格局变化的影响小。但是，加工贸易出口的减少将直接对就业产生较大的不利冲击。

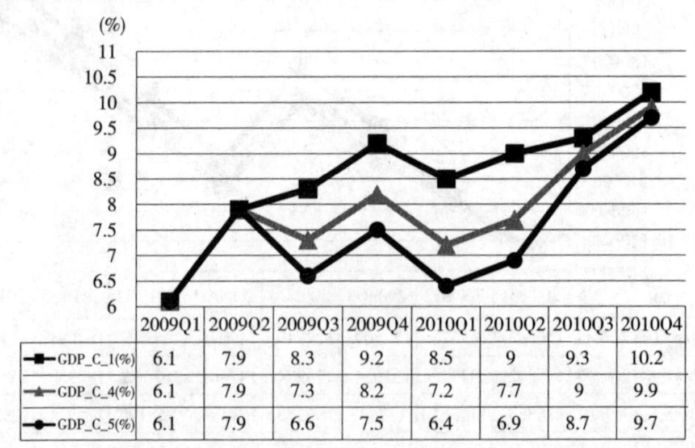

	2009Q1	2009Q2	2009Q3	2009Q4	2010Q1	2010Q2	2010Q3	2010Q4
GDP_C_1(%)	6.1	7.9	8.3	9.2	8.5	9	9.3	10.2
GDP_C_4(%)	6.1	7.9	7.3	8.2	7.2	7.7	9	9.9
GDP_C_5(%)	6.1	7.9	6.6	7.5	6.4	6.9	8.7	9.7

图 7-56　美国储蓄率变化情形下对中国经济增长率的影响

注：GDP_C_1 表示基准假定下中国经济同比增长率，GDP_C_4、GDP_C_5 分别表示 6%、10%的模拟结果。
资料来源：本课题组计算。

美国个人储蓄率上升对我国进出口从而经济增长的负面影响，在多大程度上需要国内投资及消费需求的增加予以弥补？模型模拟结果是：如果美国个人储蓄率上升至6%，我国进出口增长率或者说净出口对GDP的拉动率将因此在2009年下降0.4个百分点，在2010年下降0.6个百分点。相应地，我国的投资和最终消费对GDP增长的贡献率在2009年和2010年应分别增加5.5个百分点和6.4个百分点，才能抵消净出口下降对我国经济增长的不利影响。如果美国个人储蓄率上升到10%的高点，我国进出口增长率或者说净出口对GDP的拉动率因此将在2009年下降0.8个百分点，在2010年下降1.0个百分点，相应地，我国的投资和最终消费对GDP增长的贡献率在2009年和2010年应分别增加9.4个百分点和10.9个百分点，才能抵消净出口下降对我国经济增长的不利影响。

这次美国个人储蓄率回升，与20世纪30年代大萧条时期很类似。在大萧条的复苏时期，美国个人可支配收入大幅下滑，1933年至1936年，美国个人储蓄率则回升了7.5个百分点，其中相当一部分是预防性储蓄和无信贷无就业背景下消费结构变化所致。据预测，这次危机后，美国家庭资产负债表的修复和预防性储蓄的回升将在3—5年内改变美国的消费—储蓄格局，美国储蓄率可能将回升到10%—11%的水平。

目前的美国个人储蓄率回升，究竟是一种对金融危机的临时性反应，还是意味着美国消费—储蓄格局长期的趋势性调整的开始，目前尚不能下结论，需要继续观察研究。

二、政策建议

自2008年10月以来，我国政府启动了大规模强有力的财政、货币扩张政策以刺激经济增长。大规模的基础设施投资以及新增贷款的急剧扩张，使中国经济在2009年上半年出现了企稳回升的态势，实现了在正常情况下不太可能实现的增长速度，年初政府预定的经济增长目标有望实现。我们认为，这主要是大规模财政、货币扩张政策强力拉动内需的结果，但是，中国经济本身支撑经济恢复正常增长的内生动力还极为有限。固然，政府投资在实现现有经济增长实绩中发挥了重要的作用，但是，作为经济正常增长的主动力——民间投资和社会投资的作用，有待恢复和进一步提高；消费的有限扩大（就同比增长率而言，仍然低于 2006—2008 年）也主要是靠政策的引导和鼓励得以实现的。

大幅度的财政扩张政策最终必然受限于政府债务的增长，难以持久，基础设施建设扩张也就难以长期持续，新增贷款的急剧扩张不仅效率低下，而且潜伏了通胀的危险。因此，这些刺激政策虽然一时遏制了危机导致的经济增长率下滑，但是不可能成为解决中国经济增长放缓的长期方案。下一阶段，继续应用大规模财政、货币刺激政策的效益必然呈递减态势。与此同时，世界范围的经济复苏仍然存在诸多不确定性。前景尚不明朗，2008 年 8 月以来美国个人储蓄率的回升，究竟是一种对金融危机的临时性反应，还是意味着美国消费—储蓄格局长期趋势性调整的开始？目前还不能下结论，需要进一步观察和研究。但是，我们认为，从各方面考虑，我国下一阶段的宏观经济政策，在国际金融危机导致的经济增长率大幅度下滑因实行总量扩张的需求管理政策得以缓解之后，应当将重点逐步转向解决我国经济发展的深层次问题。更多地重视结构调整，更多地重视决定结构失衡的体制问题，通过结构调整，为我国经济的长期稳定较快增长创造一个良好的社会再生产条件。

前面的分析已经指出，调整经济结构，必须从调整国民收入分配结构入手。

如前所述，近十多年来，我国国民收入分配结构的重大变化，举其要者，大致如下：（1）财政收入占 GDP 的比重大幅度上升；（2）财政收入中，中央政府收入所占比例大幅度提高；（3）企业营业余额占 GDP 比例大幅度上升，同期劳动者报酬占 GDP 的比例却大幅度下降；（4）不同居民群体之间的收入差距持续扩大。

其中，财政收入占 GDP 的比重大幅度上升与财政收入中中央政府收入所占比例大幅度提高是导致国民收入分配结构失衡最重要的原因。为此我们不能不检讨 1994 年税制改革与同期国有经济配置领域战略性调整的得失。统计数据证实，正是 1994 年的税制改革使中央财政收入占全部财政收入的比重在一年之内发生了根本性变化，而地方政府在短时间内财政收入占全部财政收入的比重大幅度下降，使之不得不寻求新的财政收入来源，因此进一步强化了地方政府扭曲要素比价关系，吸引外资，追求高投资，推行以劳动密集型产品出口为导向的粗放型经济增长方式的强制工业化与强制高增长倾向。为追求财政收入最大化而引发的强制高增长倾向，在劳动生产率短期内难以大幅度提高的情况下，必然依靠高投资、项目带动，不计成本地吸引外资，为此不得不有意压低本地区土地、劳动力、资源、环境、资金的价格，推动收入分配向资本尤其是外资倾斜，从而使企业盈余占GDP的比重大幅度上升，劳动者报酬占GDP的比重大幅度下降。扭曲要素比价的强制增长，人为地压低了劳动、土地、环境和资源的价格，它致使我国的自主创新能力与动力严重不足，人力资本投资缺乏市场需求拉动，产业升级缺乏必要的劳动力、土地、环境和资源成本推动压力，居民收入增长速度持续低于经济增长速度，居民消费不振。

其次，20世纪90年代中期国有资产配置领域的战略性调整，尽管在实现国有经济退出竞争性领域方面是正确，但是，由于在国有资产配置领域的战略性调整中，忽略了市场经济下国有经济存在的唯一价值在于服务社会公共利益，提供公共产品与公共服务，除此别无存在理由，相反，却把国有资产配置领域战略性调整作为回避市场竞争，保护国有经济也即政府经济收益的手段，因此，国有资产配置领域战略性调整只是使国有经济获得了较之以往更强的垄断地位。由于在制度上缺乏强有力的约束，国有经济的特殊市场地位为其攫取垄断利润创造了有利条件，国有垄断企业的员工自然也就成为其利润分享群体之一。国有垄断性部门与民营非垄断性部门之间员工的收入分配差距因此拉开，它推动了不同居民群体之间收入差距的持续扩大。

正是由于强制增长的需要，有意无意地延缓了市场深化和相应的社会体制改革，使决定国民收入分配比例的社会各利益群体之间的力量对比严重失衡，使经济增长与它本应实现的社会发展目标出现了渐行渐远的趋势。

当然，市场化的改革并不意味着财政收入占GDP比重的不断下降、中央财政收入占全部财政收入比重的不断下降。在一定人均GDP水平上，为实现市场经济的正常运行，国家尤其是中央财政必须拥有与其公共服务职能相应的财力，但是，超出与之相适应的财力规模，显然是不必要的。为实现必要的宏观调控与地区间的协调发展，中央财政必须先集中部分财力，而后通过转移支付实现再分配。但是，制度设计上的考虑不周，则可能导致调控的南辕北辙。以农业税为例，本世纪初，为减轻农民负担，宏观经济当局决定不再征收农业税，对于农民而言，无疑是一大德政。对于地方财政因此减少的收入，根据此前三年平均水准，由中央财政以转移支付方式予以定额补偿。这一政策设计导致了对地方经济发展的不同激励：发展农业的财政收益为零，发展非农产业的财政收益是比例递增甚至规模递增的，因此形成了各级地方政府强制工业化的重要激励之一。中央的专项转移支付，采取项目申请制，它在一定程度上增加了设租和寻租的空间，提高了政府的运作成本；当专项转移支付在地方财政的全部转移支付收入中所占比重过大，势必造成地方财政支出结构的僵化，不利于地方政府根据当地社会经济发展的需要，合理地配置有限的财政资源。

诚然，即使是在政府主导型市场经济体制下，社会经济运行的所有问题不能也不该由政府负全部责任。但是，不能否认政府的重要作用。我国出口劳动密集型产品为导向的粗放型经济增长方式未能及时转变，近十年来因此逐渐形成的国民收入支出结构“两高一低”失衡，与现行的体制与政策有着密切的关系。因此，政府应通过体制调整、政策调整，重构决定国民收入分配比例的社会力量对比新的均衡，为纠正国民收入分配结构从而支出结构的严重失衡，为实现社会再生产的正常循环、经济增长方式的转轨，为实现经济增长速度与居民收入增长速度的协调创造必要的体制基础。

体制调整之外，我们认为，近期还应当：

第一，密切关注美国个人储蓄率上升的趋势，坚定扩大内需战略。目前的美国个人储蓄率回升，究竟是一种对金融危机的临时性反应，还是意味着美国消费—储蓄格局长期趋势性调整的开始，目前尚不能下结论，需要继续观察研究。但是，我们认为，目前美国个人储蓄率的回升，即使是应对金融危机的3—5年左右的临时性反应，也值得我国宏观经济决策当局及企业高度重视。

对于企业而言，由于近期美国经济开始企稳，我国企业尤其是主要以美国为主要贸易对象的企业高度期待美国经济复苏将带来出口订单快速反弹。但是，美国经济的复苏本身就需要国内储蓄率的逐步稳定上升，需要调整原来过高的消费率。在这种情况下，期望美国经济复苏将带来国际金融危机爆发前的大量订单，可能不太现实。即使从中期（3—5年）角度出发，企业也需要适当调整自己的发展战略及市场取向。

对于宏观经济决策当局而言，则必须考虑反危机政策的长期性和可持续性。自2008年10月以来，我国政府启动了大规模强有力的财政、货币政策刺激经济增长，大规模的基础设施投资以及新增贷款的急剧扩张，使中国经济2009年实现了正常情况下不太可能实现的增速。但是，大幅度的财政扩张政策受限于政府债务的增长，对于企业盈利能力也将产生损害，因此难以持久，大规模的基础设施建设不可能长期持续地进行，新增贷款的急剧扩张不仅效率低下，而且潜伏了通胀的危险。因此，财政、货币刺激政策虽然一时遏制了经济增长下滑，但是不可能成为解决中国经济增长放缓的长期方案。因此，在出口增长和投资增长的未来空间受到相当程度限制的情况下，更应重视扩大国内居民消费对经济增长的拉动作用。

如果从美国本次次贷危机源于国内居民过高的、超前的消费角度看，我们认为，为了恢复其经济的基本结构平衡，从长远看，美国有必要逐步调整其消费—储蓄格局。如果目前的个人储蓄率回升是美国消费—储蓄格局长期趋势性调整的开始，那么，我国应对国际金融危机的政策处方就应当更重视我国国民收入支出结构、分配结构从而产业结构、经济增长方式的调整了。

第二，正确处理产能过剩与通货膨胀风险。要防止用过多的行政性干预来代替市场调节，目前我国一方面从市场准入、环评监管、供地用地、金融政策、信息发布等方面运用严格的行政措施限制产能过剩行业的投资和扩张，另一方面在理顺不合理的要素价格上却进展缓慢，改革开放以来的多次政策实践证明，这种做法的有效性是比较低的，尽管政府不断地运用严格的行政命令手段，在价格这一市场经济的主要信息传递机制及利益调节杠杆仍然被严重扭曲的情况下，有关产业的产能过剩只能越演越烈。因此，我们认为，结构调整最根本的前提是建立合理的比价关系。通过资源要素价格体系的改革，推进经济结构调整。建议利用当前物价较低的有利时机，加快推进资源要素价格改革，理顺资源产品价格，把结构调整和价格改革有效结合起来。加快推进资源税、环境税的改革和征收工作。继续坚持最严格的土地保护制度，确保土地价格充分体现土地资源的稀缺性，谨防各地以扩大投资保增长为由放松对土地市场的管理和调控。

第三，妥善解决好当前货币政策的“微调”与“适度宽松”之间的关系。当前经济复苏迹象显现，为防止经济增长不稳定，宏观经济政策当局提出要继续保持政策的平稳性，但不排除货币政策的“微调”，要在信贷结构上有所调整，而不是在量上紧缩。事实上，目前货币政策的“微调”似乎已经明显超过适度宽松的力度，即对放贷实行了规模控制。原先适度宽松货币政策纯粹是为了配合扩张财政政策保增长，信贷主要投放于政府项目，甚至代垫项目资金，而今后一段时期，既要为刺激经济的政策提供流动性保障（防止已开工的政府投资项目后续资金缺失，导致烂尾工程出现），也要注意和防范由流动性投放过多导致的金融风险。为实现“调结构、促转型、增后劲”，应积极引导商业银行对信贷投放进行结构性调整，加大对技术改造、兼并重组、过剩产能向外转移、节能减排、发展循环经济的信贷支持。信贷投放增量要从政府项目转向中小企业，以拉动民间投资，当然，这就对商业银行提出了更高的信贷管理能力要求，改革现行的金融体制是破解当前适度宽松与信贷规模紧缩对立的唯一可行的路径。

第四，改变“家电下乡”等促消费方式，将财政补贴用于建立农村社保。家电下乡作为扩大内需的举措之一，只能是一种短期应急措施，其提升农民生活水平的作用低于协助厂商去库存化的作用。我们认为，与其推行家电下乡等短期措施，不如将相应财政支出用于补贴农村社保，解除农村居民的后顾之忧，间接地增加农村居民收入，进而可持续性地促进农村消费，有效地缓解农村消费不足而加剧的经济结构失衡。当务之急是要积极推进“新农保”和农民工社保制度的建立和完善，消除农民消费的后顾之忧。一方面，对务农农民的社保要尽快出台和完善“新农保”制度。一是增加政府的补贴水平。目前政府补贴仍远低于农民缴费水平，应提高政府补贴标准，增强“新农保”的吸引力。二是明确界定各级政府的筹资责任。中央政府应界定最基本的养老保险标准，根据这一标准确定政府应承担的资金数额以及各级政府之间的分摊额。三是减轻村集体在资金分摊中的责任。另一方面，建立和完善农民工基本养老保险制度。逐步使农民工养老保险制度、农村居民养老保险制度与城镇职工养老保险制度有效衔接，建立全国统一的国民养老保险管理体系，解决养老接续、待遇计发等问题。

第五，关注就业、教育、卫生、社会保障、住房等民生事业，用体制改革促进居民消费。要提高居民收入在国民收入中所占的比重，就必须把扩大就业作为优先考虑的问题，实施更加积极的就业政策。一要改善和完善城市发展机制，促进城市化发展。二要把就业、教育、卫生、社会保障、住房等民生事业纳入政府投资的内容，不断提高政府对这些领域的投资比例。三要营造良好的创业环境，积极鼓励居民创业，鼓励发展个体、私营经济。四要为中小企业营造良好的外部环境。增加对中小企业的投入、推动信用担保体系建设、加大对中小企业的财税支持力度、清理各种收费。五要通过税收与转移支付，建立起财富的二次分配机制，调节过高收入，保障最低收入，缩小居民收入差距。加强公共教育和卫生服务，扩大覆盖面，加快城市保障性住房建设。完善社会保障制度，完善城镇养老、医疗、失业等社会保险制度和最低生活保障等社会救助制度。

第六，优化投资结构，为民间资本提供良好的投资环境。在目前我国相当部分产业产能过剩的情况下，民间资本的投资渠道有限，民营资本投资实体经济的积极性当然有限，在通胀压力下，一些退出产能过剩行业和资源型行业的资本势必流向股市和房地产市场，造成实体经济领域与虚拟经济领域价格的巨大反差，资产泡沫其对于宏观经济的潜在危害人所共知。因此，要扩大民间投资，用民间资本投资替代国有资本投资，就必须改革现行的投融资体制，优化投资结构，拓宽社会资本投资的领域和渠道。通过逐步解除管制，允许民间资本进入金融、铁路、公路、航空、电信、电力以及城市供水等目前尚被限制进入的行业，打破行政垄断，促进市场竞争，提高自然垄断领域的经营效率。

第七，改革财税体制，促进第三产业发展，增加居民可支配收入。改革现行个人所得税征收模式和扣除标准。一是确立合理完善的税前扣除费用。二是将目前分类所得税征收模式改变为综合所得税征收模式。尽快从经济建设型财政向公共财政转型，逐步实现各地区之间、城乡之间、不同群体之间基本公共服务均等化；加大第三产业投资发展力度，建议国家出台有利于服务业发展的税收减免、信贷优惠等政策，引导社会投资加大对公共服务领域的投入力度，加快第三产业发展速度，提高第三产业比重等。

第八章　2010 年春季报告①

第一节　2009 年中国宏观经济运行分析：增长与结构

2009 年，在积极财政政策和适度宽松货币政策等一揽子经济刺激政策的作用下，依靠固定资产投资快速、强有力地拉动，使我国经济增长率下滑的态势得到及时扭转，全年 GDP 增长 8.7%（图 8-1）。其中，资本形成

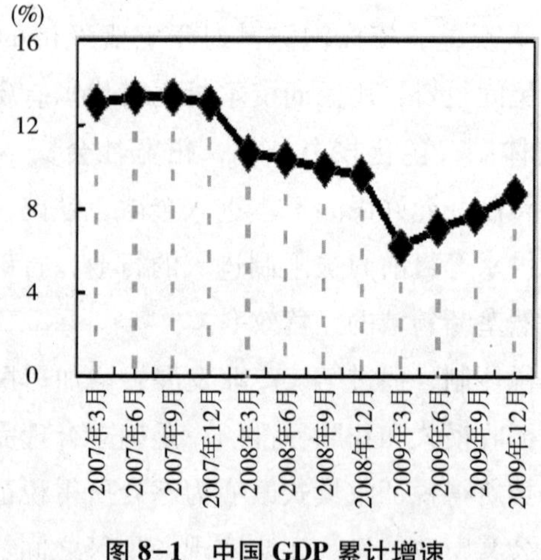

图 8-1　中国 GDP 累计增速

资料来源：CEIC 数据库。

① 教育部高校人文社会科学重点研究基地重大课题（05JJD790093、06JJD790029、07JJD630226）成果。本报告于 2010 年 2 月 6 日在北京发布。

总额的贡献率达到了92.3%，最终消费支出贡献率为52.5%，净出口的贡献率为-44.8%（图8-2）。与2007年、2008年相比，最终消费对经济增长的贡献率虽有所提高，但是，总需求的扩张主要依赖投资的急剧扩张，后者较大程度上抵消了外部市场需求的萎缩，从而实现了2009年的经济增长目标。①

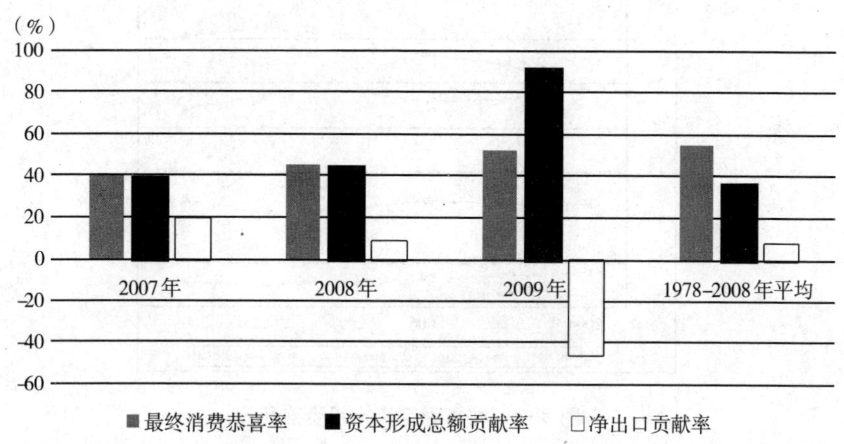

图8-2　GDP各构成部分的贡献率（支出法）

资料来源：中经网数据库。

一、固定资产投资扩张的总量与结构变化

2009年全社会固定资产投资增速为30.1%，比2008年提高了4.4个百分点，是1995年以来的历史最高水平。在城镇固定资产投资完成额中，尽管基础设施投资以及民生领域的投资增速大幅提高，但是，从投资结构看，制造业投资依然占30.3%，房地产投资占22.2%，居民服务和其他服务业投资占0.36%，教育投资占1.66%，卫生、社会保障和社会福利业投资占0.87%，后三者合计仅为2.79%，甚至低于2004年的水平（图8-3）。从投资主体看，2009年国有及国有控股企业的投资增速大幅度提高，其占城镇固定资产投资完成额的份额也不断提高，达到44.6%（图8-4）。从投资资金来源看，国家预算内资金增速和国内贷款增速大幅提高，企业

① 本报告中数据除特殊注明外，均来自中经网经济统计数据库。

自筹资金投资增速略有提高，利用外资增速依然大幅下滑。2009 年 58.5% 的投资资金来自企业自筹，国内贷款占 17.2%，国家预算内资金占 5.2%，利用外资仅占 1.8%。与 2007 年相比，国家预算内资金和国内贷款投资弥补了利用外资的下滑（图 8-5）。

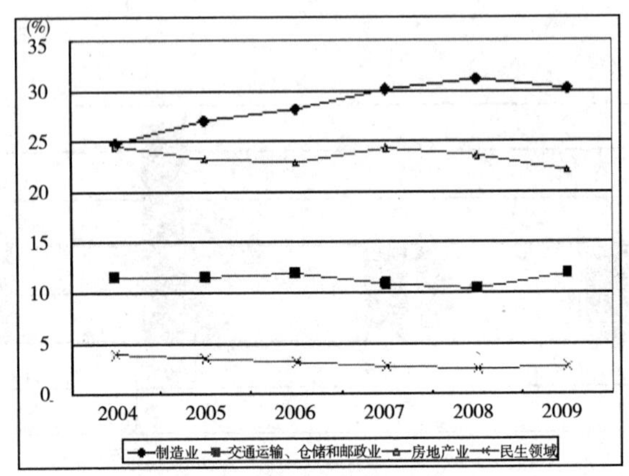

图 8-3　城镇固定资产投资变化

资料来源：CEIC 数据库。

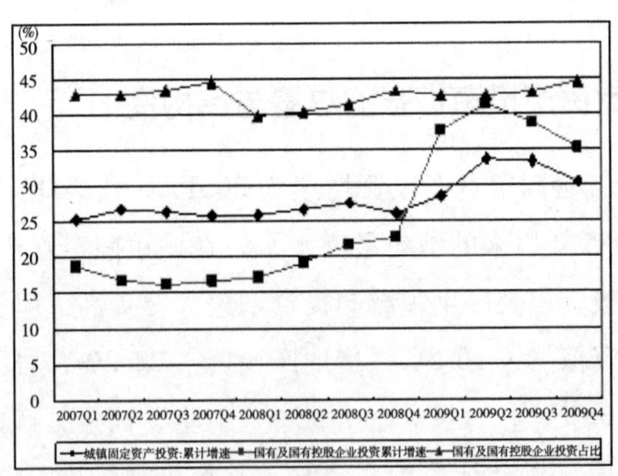

图 8-4　国有及国有控股企业投资变化

资料来源：CEIC 数据库。

上述数据说明，2009 年的宏观调控依然延续了以往投资驱动经济增长的模式：以国有及国有控股企业为主体、以国内信贷扩张替代外资的下滑、投资资金集中于制造业、房地产以及基础设施的建设。如此调控经济

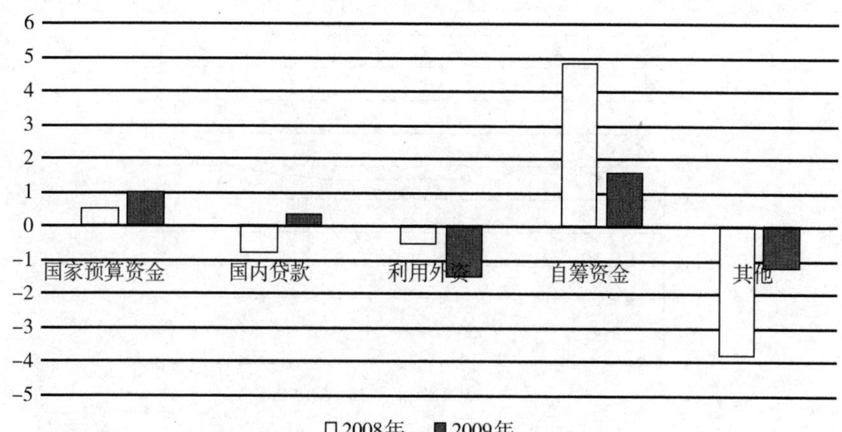

图 8-5　城镇固定资产投资投资资金来源构成变化（2007 年为 1）

资料来源：CEIC 数据库。

的模式虽然短期效应非常明显，但是，为弥补国际市场需求萎缩而扩大投资，不仅扩大了需求，而且将形成新的生产能力，如果新形成的生产能力不能被国内市场或外部市场所吸收，必然扩大既有的产能过剩。从结构调整角度看，将进一步加剧既有的国民经济“高投资、低消费”的结构失衡。

二、对外贸易下滑的总量与结构变化

2009 年，我国进出口贸易总额增速同比下降 13.9%，其中，出口累计增速下降 16%；进口累计增速下降 11.2%。从 2009 年下半年开始，进出口环比增速已转为正增长，进口恢复增长的速度超过了出口，全年贸易顺差同比下降了 34.2%（图 8-6）。从进出口商品构成来看，与 2008 年相比，我国进口商品中工业制品进口比例大幅度提高，2009 年为 72.8%，同比提高了 3.2 个百分点。

从地区结构看，2009 年中国对欧盟出口增速下滑最为严重，由 2008 年的 1.76%转为-3.95%；对美国出口增速下滑态势初步得到抑制，从 2008 年的-8.5%转为-1.39%；对日本的出口增速由 2008 年的-3.09%提高到 0.48%。另一方面，2009 年中国从欧盟和美国的进口增速大幅度提高，分别同比提高了 7.34 和 8.59 个百分点，从日本的进口增速也同比提

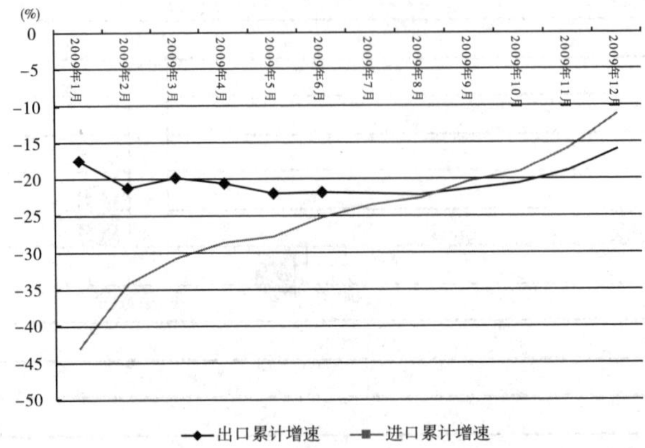

图 8-6 中国进出口累计增速

资料来源：CEIC 数据库。

高了 2.72 个百分点。在中国的出口总额中，2009 年对欧盟出口占比为 19.67%，美国为 21.97%，日本为 8.16%，三项合计为 49.8%；在进口总额中，从欧盟进口占比为 12.72%，美国为 7.7%，日本为 13.02%，合计为 33.44%（图 8-7）。

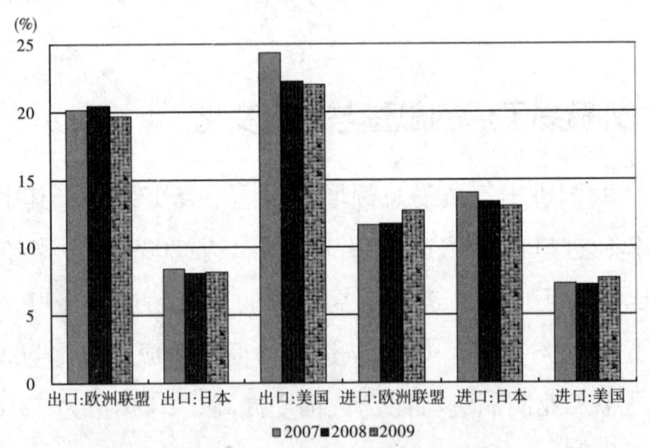

图 8-7 中国进出口主要地区构成

资料来源：CEIC 数据库。

由于美国、欧盟和日本占据了中国出口市场的“半壁江山”，因此，中国的出口扩张在很大程度上将继续依赖这些国家和地区经济的复苏情况。另一方面，2009 年中国的投资扩张一定程度上转化为对以工业制品为主的进口投资品的需求扩张，提高了中国从这三个国家或地区的进口份额。中国经济的复苏实际上带动了世界经济的复苏。

三、主要价格指数的变化

物价指数方面，2009 年，居民消费价格指数（CPI）和工业出厂价格指数（PPI）分别比上年下降 0.7%和 5.4%，原材料、燃料、动力购进价格下降 7.9%，商品零售价格下降 1.2%。其中 2009 年 11 月 CPI 当月上涨 0.6%，12 月份涨幅进一步提高到 1.9%；12 月份 PPI 也由负转正，当月上涨 1.7%（图 8-8、图 8-9）。加上楼市、股市等资产价格的上涨，通货膨胀的预期大大加强。

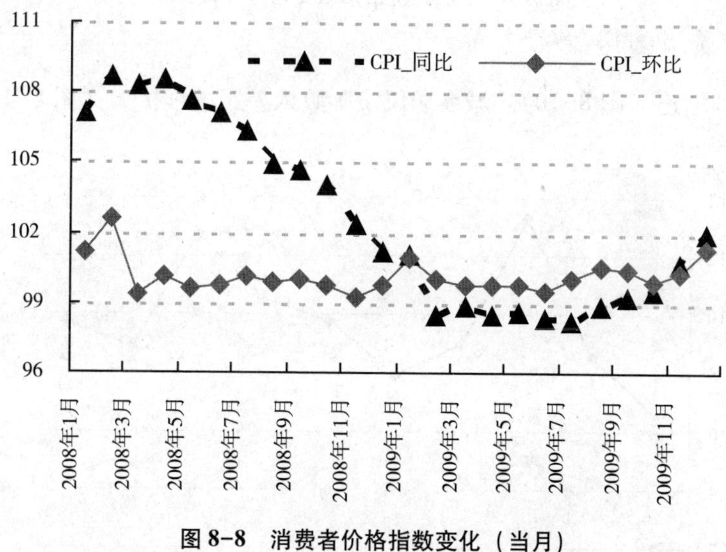

图 8-8　消费者价格指数变化（当月）

资料来源：中经网数据库。

四、居民收入增长的总量与结构变化

2009 年城镇居民人均可支配收入同比增长 8.8%，扣除价格因素，实际增长 9.8%；农村居民人均纯收入同比增长 8.2%，实际增长 8.5%。与 2008 年比，实际收入增速都有所提高，但是，远远没有达到 2007 年的水平。此外，城镇居民实际人均可支配收入增速依然高于农村居民实际人均

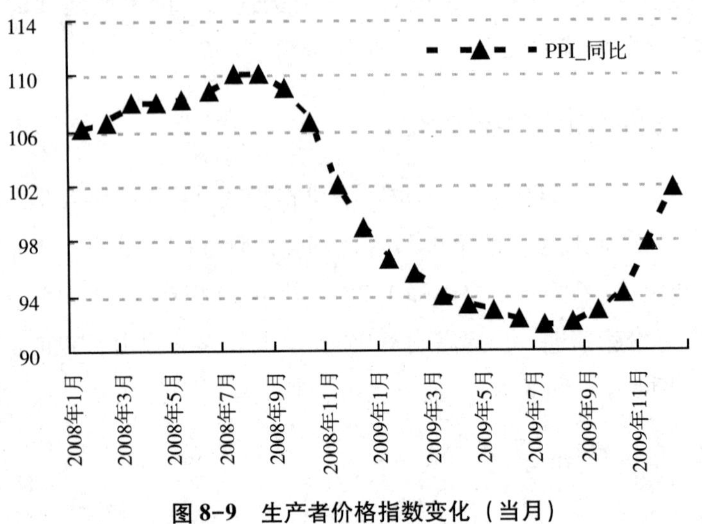

图 8-9 生产者价格指数变化（当月）

资料来源：中经网数据库。

纯收入的增速（图 8-10）。城乡居民实际收入差距继续扩大（图 8-11）。

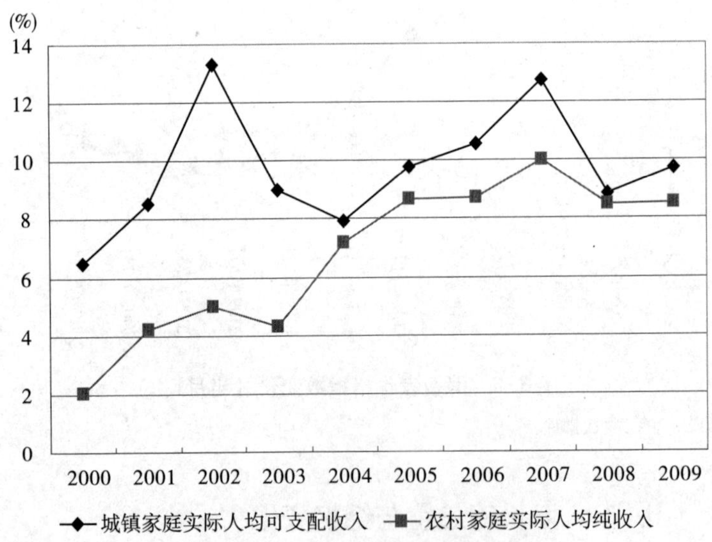

图 8-10 城乡居民实际收入增长情况

资料来源：CEIC 数据库。

在城镇居民家庭人均总收入中，2009 年工资性收入增长 9.6%，经营净收入增长 5.2%，财产性收入增长 11.6%，转移性收入增长 14.9%。与

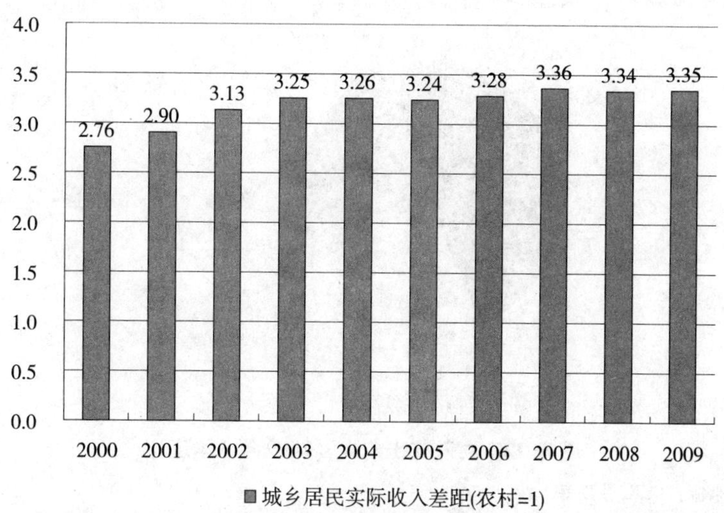

图 8-11　城乡居民实际收入比

资料来源：CEIC 数据库。

2008 年相比，城镇家庭人均总收入中工资性收入占比为 65.7%，下降 0.53 个百分点，转移性收入占比为 23.93%，提高了 0.92 个百分点。

五、财政收支的总量与结构变化

政府支出方面，截至 2009 年 9 月，总量扩张的财政政策使财政支出同比增加了 24.09%，财政支出规模达到 2008 年同期的 1.24 倍；2009 年前三季度，财政支出规模达到 2007 年全年的 90.8%和 2008 年全年的 72.2%。但是，从支出构成看，至 2009 年 9 月，教育、科技、医疗卫生及文体传媒支出占 23.6%，社会保障及就业支出占 11.5%，交通运输和农林水事务支出占 14.1%，一般公共服务支出占 12.4%（图 8-12）。从支出构成的变化看，至 2009 年三季度，对交通运输等基础设施的支出大幅提高，民生方面支出有所增加，但占比没有显著变化（图 8-13）。[①]

另一方面，尽管 2009 年财政收入增速为 11.7%，同比下降了 7.3 个百分点，但是财政收入占 GDP 的比重却分别比 2007 年和 2008 年高 0.47 和

① 本报告中的民生支出指狭义民生支出，仅包括社保、教育、医疗卫生等项目的支出。

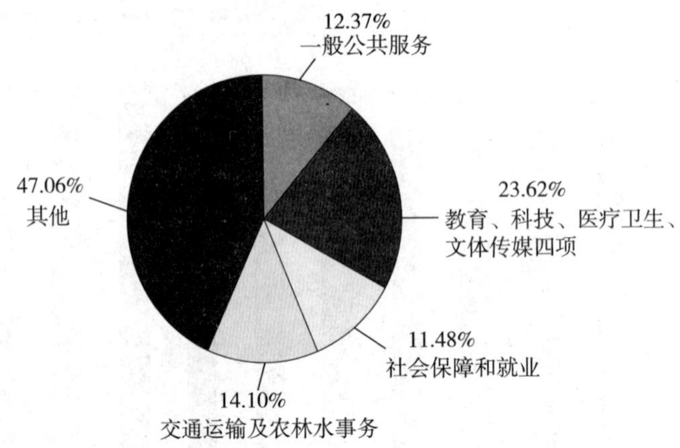

图 8-12　财政支出构成（2009 年 3 季度）

资料来源：CEIC 数据库。

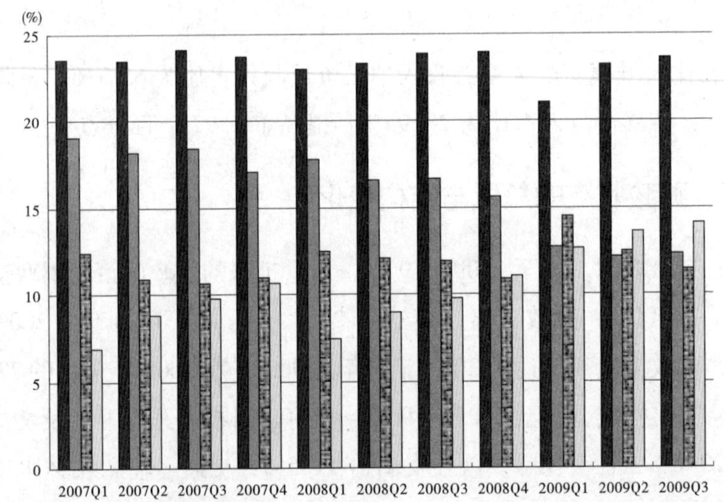

图 8-13　财政支出构成变化（2007—2009 年）

资料来源：CEIC 数据库。

0.02 个百分点（图 8-14）。从财政收入构成看，非税收入的增速要远远高于税收收入。2009 年 1—11 月份，税收收入同比增长了 7.1%，非税收入却同比增长了 27%。财政收入占 GDP 的比重继续上升，不仅进一步强化了国民收入分配结构的失衡，而且压缩了居民扩大消费的空间。

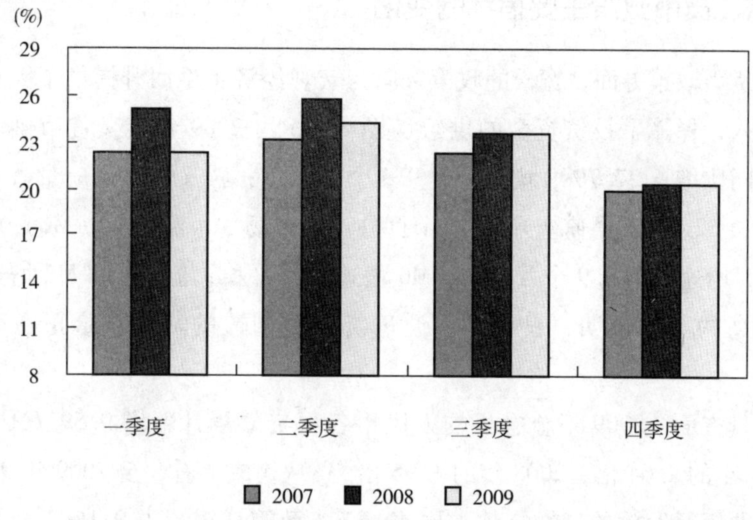

图 8-14　财政收入占 GDP 比重（季度累计）

资料来源：中经网数据库。

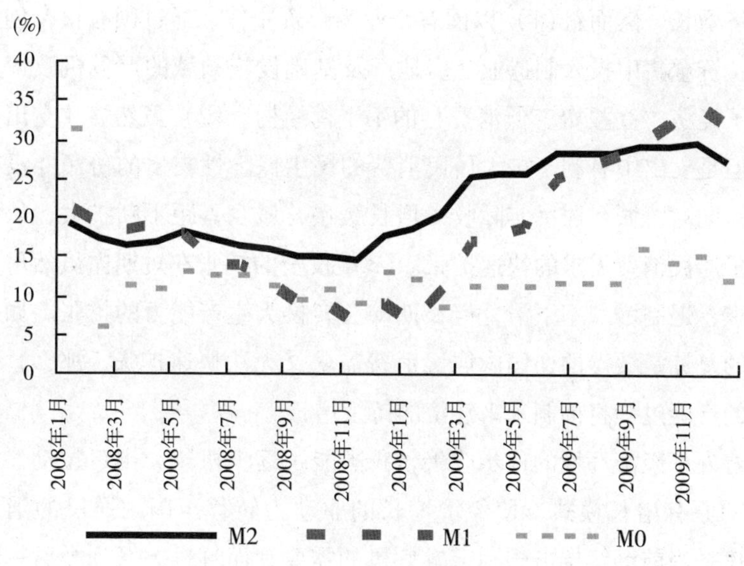

图 8-15　货币供应量累计增速

资料来源：中经网数据库。

六、货币政策主要指标的变化

在货币政策方面，宽松的政策取向为宏观经济企稳回升提供了大量的信贷投入，保障了投资资金的供给（图 8-15）。2009 年广义货币供应量（M2）同比增长 27.7%，增速上升 9.9 个百分点；狭义货币供应量（M1）同比增长 32.4%，增速上升 23.3 个百分点；市场货币流通量（M0）增长 11.8%，增速回落 0.9 个百分点。M0 增速基本平稳，但 M1 和 M2 增速却大幅提高的事实说明，银行体系通过贷款所创造的货币数量正在大幅增加。

信贷方面，2009 年金融机构人民币各项贷款累计新增 9.59 万亿元，是 2007 年的 2.64 倍，2008 年的 1.95 倍。[①] 从构成上看，至 2009 年 9 月，国有商业银行发放的新增贷款占比 42.6%，政策性银行占 9.1%，两者之和为 51.7%。从贷款项目性质来看，有 70%的新增贷款是中长期贷款。[②]

综上，2009 年外部市场的急剧萎缩，迫使政府通过投资的急剧扩大来稳定经济增长。然而：（1）以国有企业为投资主体、通过国有银行创造信贷扩张、资金集中投入制造业、房地产及基础设施领域的反危机政策进一步加剧了经济“高投资、低消费”的不平衡结构。（2）虽然财政支出大幅上升，但是支出中有利于扩大居民消费的民生保障性支出的份额并没有大幅提高；同时，城乡居民实际收入增长缓慢，城乡差距不断扩大，从根本上抑制了居民消费需求的快速扩张。（3）投资的扩张在短期内虽然可以扩张总需求，遏制增长率下滑，但长期却会转换为生产能力的扩张。如果世界市场的复苏是缓慢的，国内居民消费需求又无法快速扩张，那么，总量和结构的产能过剩将抑制未来经济的持续增长。

随着外部经济环境的逐步改善，我国能否逐步扭转“出口拉动、投资驱动”的原有增长模式，使经济增长的驱动力转移至国内居民的消费扩张？不仅是当前继续抗击国际金融危机的需要，而且也关系到今后一段时

① 2010 年 1 月新增人民币贷款规模已接近全年的 20%。金融体系信贷的过度扩张已迫使央行提高了存款准备金率。

② 尽管新增贷款规模较大，但并非全部资金都进入了实体经济，有一部分资金进入了股市、房市，引发了资产泡沫。

期我国经济增长的可持续性。更进一步说，它关系到我们这个社会的基本价值取向、终极发展目标的实现。

第二节　2010—2011 年中国宏观经济预测

一、模型外生变量的假设

（一）美国及欧元区经济增长率

从工业生产以及商业和消费者信心等指标来看，目前，美国及欧元区的经济正在复苏之中，但是，与此同时，美国高攀的失业率，欧元区内希腊等经济体面临的财政危机等事实也表明，这些经济体的经济前景依然面临较大不确定性。尽管如此，IMF 发布的最新预测（2010 年 1 月 26 日）却是颇为乐观的：2010 年美国实际经济增长率预计将恢复到 2.7%，欧元区预计将实现 1%的增长；2011 年，美国经济增长率预计为 2.4%，欧元区预计增长 1.6%（图 8-16）。

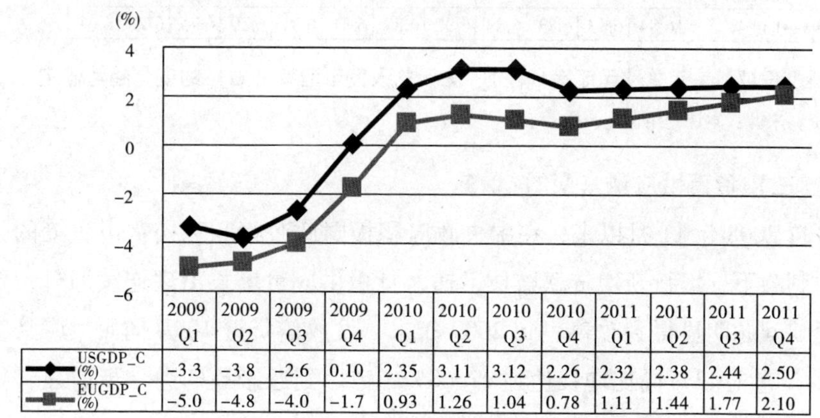

	2009 Q1	2009 Q2	2009 Q3	2009 Q4	2010 Q1	2010 Q2	2010 Q3	2010 Q4	2011 Q1	2011 Q2	2011 Q3	2011 Q4
USGDP_C (%)	-3.3	-3.8	-2.6	0.10	2.35	3.11	3.12	2.26	2.32	2.38	2.44	2.50
EUGDP_C (%)	-5.0	-4.8	-4.0	-1.7	0.93	1.26	1.04	0.78	1.11	1.44	1.77	2.10

图 8-16　美国与欧元区经济增长率的变化趋势假定

资料来源：IMF。

（二）汇率水平

基于对 2010 年、2011 年美国经济的前景判断，预计 2010 年上半年美元将出现短暂反弹，此后，全球经济如能够持续复苏，美元将恢复下行趋势。① 我们假定美元兑欧元汇率 2010 年、2011 年将分别贬值 1.5%、6%，即到 2010 年四季度，美元兑欧元汇率将突破 1.50 关口，到 2011 年四季度，将达到 1 欧元兑换 1.56 美元的水平（图 8-17）。另一方面，人民币升值压力渐增，预计 2010 年美元兑人民币汇率仅可能出现小幅贬值，为 0.25%，全年基本稳定在 1 美元兑换 6.82—6.81 元人民币之间的水平；到 2011 年贬值 3%，2011 年四季度将达到 1 美元兑换 6.61 元人民币的水平。

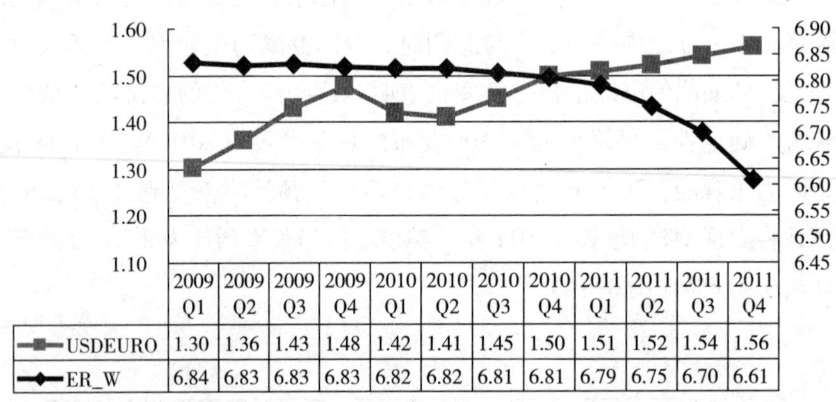

	2009 Q1	2009 Q2	2009 Q3	2009 Q4	2010 Q1	2010 Q2	2010 Q3	2010 Q4	2011 Q1	2011 Q2	2011 Q3	2011 Q4
USDEURO	1.30	1.36	1.43	1.48	1.42	1.41	1.45	1.50	1.51	1.52	1.54	1.56
ER_W	6.84	6.83	6.83	6.83	6.82	6.82	6.81	6.81	6.79	6.75	6.70	6.61

图 8-17　美元兑欧元汇率（左）、美元兑人民币汇率（右）的变化趋势假定

资料来源：本课题组假定。

（三）货币供应量（M2）增速

自 2008 年 11 月以来，在中央政府积极财政政策和宽松货币政策的强有力刺激下，银行新增贷款增长迅速，货币供应量增长出现连续回升，资金紧缺问题明显得到改善。到 2009 年末，发放信贷近 10 万亿元，广义货币供应量（M2）同比增长达到 27.68%。考虑到通胀预期进一步增强，货

① 从近期看，美元出现了一定程度的反弹，12 个月无本金交割人民币远期汇率（NDF）升 0.6%，报 6.6575 元，暗示人民币一年后的汇率将较目前现汇汇率 6.8287 升值 2.6%，12 个月远期汇率创 9 个月来最大涨幅。

币政策可能面临两难选择：如果金融管理部门收紧信贷，则可能难以满足 2009 年实行扩张政策所开工的在建项目的后续资金支持以及企业新增信贷资金需求，进而抑制经济回升势头；如果继续放宽信贷，则将导致新增贷款过多而出现流动性过剩、资产泡沫重现等压力，提高通胀预期实现的风险。为此，我们假定 2010 年将继续维持当前适度宽松的货币政策（宽货币、紧信贷），发放信贷 7 万亿—8 万亿元，使 M2 的增速维持较高水平，如 20.5%，但到 2011 年后，放缓 M2 的增速，使之降至 17.3%（图 8-18）。

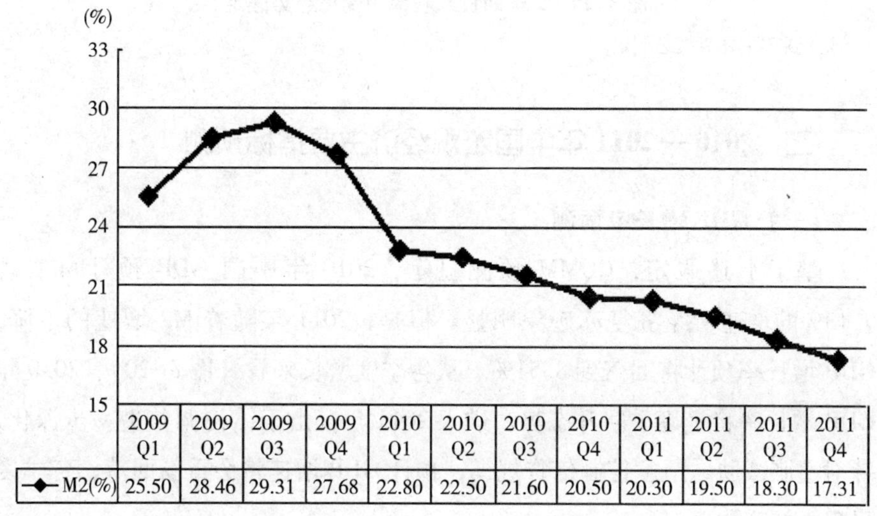

	2009 Q1	2009 Q2	2009 Q3	2009 Q4	2010 Q1	2010 Q2	2010 Q3	2010 Q4	2011 Q1	2011 Q2	2011 Q3	2011 Q4
M2(%)	25.50	28.46	29.31	27.68	22.80	22.50	21.60	20.50	20.30	19.50	18.30	17.31

图 8-18　货币供应量（M2）的变化趋势假定

资料来源：本课题组假定。

（四）1 年期贷款利率

鉴于控制通胀预期的考虑，以及美联储可能在 2010 年三季度当失业率下降时采取退市政策，假定中国人民银行跟进加息 27 个百分点，1 年期贷款利率将达到 5.58%，并主要通过发行央票、上调存款准备金率回收过剩流动性。至 2011 年，随着 M2 的高速增长导致的通货膨胀的显现，央行可能在二季度再度加息 27 个百分点，1 年期贷款利率将达到 5.85%（图 8-19）。

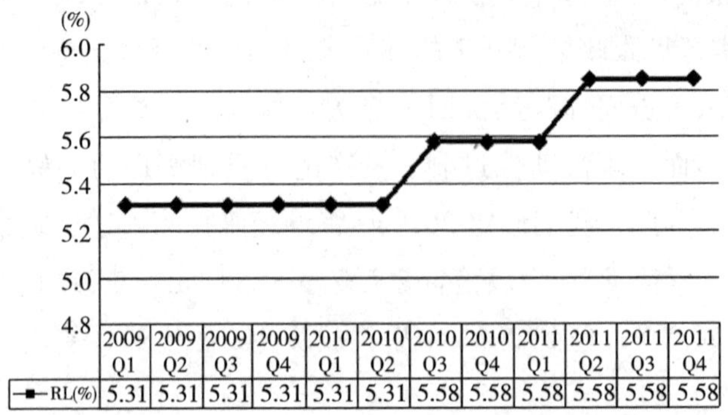

图 8-19　1 年期贷款利率的变化趋势假定

资料来源：本课题组假定。

二、2010—2011 年中国宏观经济主要指标预测

（一）GDP 增长率预测

基于上述假定，CQMM 预测显示：2010 年中国 GDP 预计可实现 9.13%的增速，经济复苏迹象明显。但是，2011 年随着 M2 增速的下降，GDP 增长率预计将回落到 8.51%。从各季度增长来看（图 8-20），2010 年 GDP 增长率将呈逐季回升态势。进入 2011 年，由于结构调整进一步深化，针对通胀威胁，适度控制信贷规模，预计 GDP 增速将会重新回落，各季度呈现小幅变化。

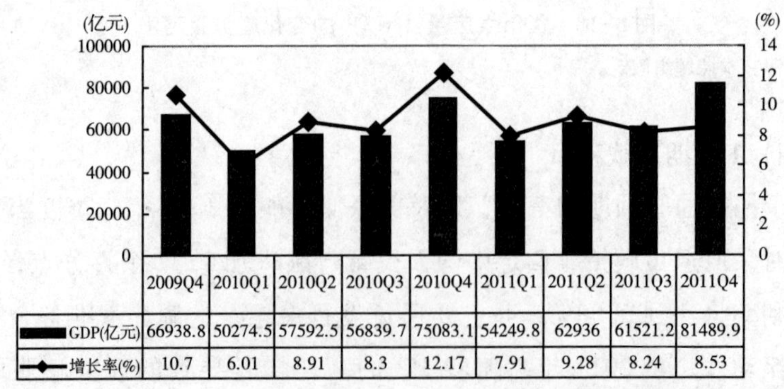

图 8-20　不变价 GDP 及增长率预测

资料来源：本课题组假定。

（二）主要价格指数变化预测

2009年，居民消费价格指数涨幅在11月由负转正，12月CPI当月上升1.9%。尽管2009年全年CPI同比涨幅仍为-0.71%，但通胀预期已经显现。根据IMF最新预计，2010年、2011年发达国家通货膨胀率分别为1.3%、1.5%，也即这两年世界范围的通货膨胀率仍然较低，我国经济不存在输入型通货膨胀的威胁，加之央行对M2增速的控制以及前期大量投资将逐步形成生产能力，模型预测表明，2010年我国CPI涨幅有望保持在2.25%的水平。

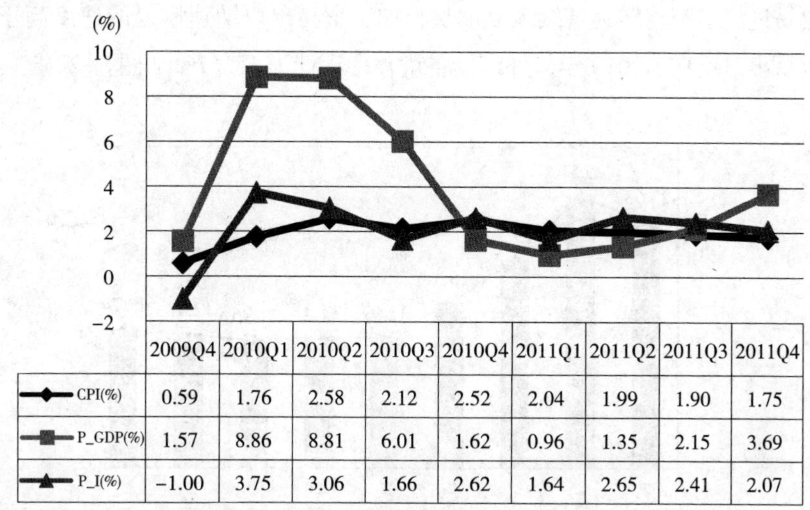

	2009Q4	2010Q1	2010Q2	2010Q3	2010Q4	2011Q1	2011Q2	2011Q3	2011Q4
CPI(%)	0.59	1.76	2.58	2.12	2.52	2.04	1.99	1.90	1.75
P_GDP(%)	1.57	8.86	8.81	6.01	1.62	0.96	1.35	2.15	3.69
P_I(%)	-1.00	3.75	3.06	1.66	2.62	1.64	2.65	2.41	2.07

图8-21 主要价格指数变化预测

资料来源：本课题组假定。

分季度看（图8-21），2010年一季度，CPI、GDP平减指数和固定资产投资价格指数都可能上升。二季度开始，CPI比较平稳，波动幅度很小；GDP平减指数开始下调；固定资产投资价格指数在二、三季度小幅下降之后四季度略微回升，全年预计为2.78%。进入2011年，主要价格指数虽继续呈现波动走势，但波动幅度趋缓。其中，GDP平减指数波动相对稍大，全年呈上升趋势；CPI波动非常小，呈平稳下调趋势；固定资产投资价格指数在二季度上升之后再小幅平稳下降。CPI、GDP平减指数和固定资产投资价格指数2011年全年涨幅预计分别为1.92%、2.06%和2.18%。

（三）其他主要宏观经济指标增长率预测

1. 进出口及外汇储备增长率预测

由于外部经济环境逐渐复苏，2010 年中国出口将由 2009 年的负增长转为正增长，同时，进口受出口回暖的影响也将保持正增长。模型预测，2010 年按人民币、不变价计算的出口增速预计为 15.18%，进口增速为 11.96%；按美元、现价计算的出口增速预计为 17.50%，进口增速为 20.75%。全年贸易顺差也将由 2009 年的负增长转为正增长，按美元、现价计算的贸易顺差增长预计为 2.47%（表 8-1）。此外，一般贸易进出口、加工贸易进出口都将转为继续恢复增长，加工贸易出口增速恢复的速度高于一般贸易出口增速。2010 年，外汇储备增长率预计为 17.67%（图 8-22）。

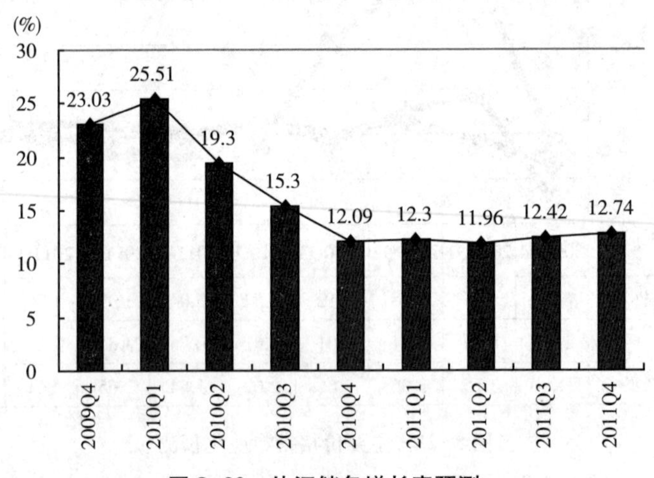

图 8-22 外汇储备增长率预测

资料来源：本课题组计算。

表 8-1 2010—2011 年中国进出口及外汇储备增长率预测

（单位:%）

时间	出口（亿元，不变价）	出口（亿美元，现价）	一般贸易出口（亿美元，现价）	加工贸易出口（亿美元，现价）	进口（亿元，不变价）	进口（亿美元，现价）	一般贸易进口（亿美元，现价）	加工贸易进口（亿美元，现价）	净出口（亿美元，现价）	外汇储备（亿美元，现价）
2010年	15.18	17.50	16.34	18.85	11.96	20.75	23.19	16.73	2.47	17.67
第一季度	20.57	18.88	35.51	24.51	21.83	33.26	35.51	34.11	-20.63	72.11

续表

时间	出口（亿元，不变价）	出口（亿美元，现价）	一般贸易出口（亿美元，现价）	加工贸易出口（亿美元，现价）	进口（亿元，不变价）	进口（亿美元，现价）	一般贸易进口（亿美元，现价）	加工贸易进口（亿美元，现价）	净出口（亿美元，现价）	外汇储备（亿美元，现价）
第二季度	21. 13	21. 26	23. 94	21. 70	12. 79	20. 60	23. 94	17. 84	25. 32	37. 11
第三季度	11. 81	17. 08	17. 64	17. 34	8. 63	17. 07	17. 64	12. 73	17. 17	-22. 33
第四季度	9. 64	14. 01	20. 26	14. 35	6. 79	16. 67	20. 26	9. 59	2. 31	-49. 65
2011 年	12. 84	16. 00	15. 58	16. 35	9. 26	16. 38	18. 23	13. 80	13. 91	12. 36
第一季度	12. 85	16. 19	15. 17	16. 60	7. 66	15. 03	15. 17	14. 30	21. 53	12. 30
第二季度	13. 46	17. 62	21. 20	17. 95	10. 12	19. 41	21. 20	16. 75	7. 05	11. 96
第三季度	13. 21	16. 52	17. 55	16. 90	8. 84	16. 14	17. 55	14. 00	18. 99	12. 42
第四季度	11. 93	14. 04	18. 49	14. 39	10. 25	15. 01	18. 49	10. 83	9. 11	12. 74

资料来源：本课题组计算。

2. 固定资产投资增长率预测

模型预测（表 8-2），2010 年按不变价计算的固定资本形成总额增速将降为 11. 97%，下降 13. 17 个百分点；按现价计算的城镇固定资产投资增速也将降低 5. 74 个百分点，预计将降至 25. 56%（图 8-23、图 8-24）。2011 年固定资本形成总额增速将继续回落至 7. 93%，城镇固定资产投资增速也将回落至 15. 36%。分季度来看，2010 年固定资本形成总额增速将在一、二季度开始下降，分别为 13. 11%和 6. 60%；三、四季度将稍微回升，分别为 12. 18%和 16. 49%。城镇固定资产投资在 2010 年二季度将有较大幅度下降，之后的两个季度将回升，四个季度的增速分别为 29. 93%、20. 45%、25. 5%、28. 48%。

模型预测，2010 年固定资产投资资金总额增速将下降至 24. 14%，同比下降 14. 96 个百分点。分季度看，各季度增速都将有所下降，分别为 31. 26%、20. 54%、23. 04%、24. 66%。2011 年的增长速度将进一步回落

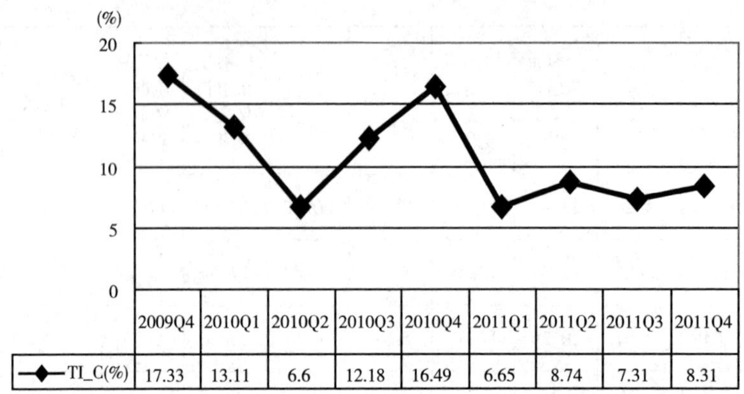

图 8-23 固定资产形成总额（不变价）增长率预测

注：TI_C 表示固定资产形成总额（不变价）增速。

资料来源：本课题组计算。

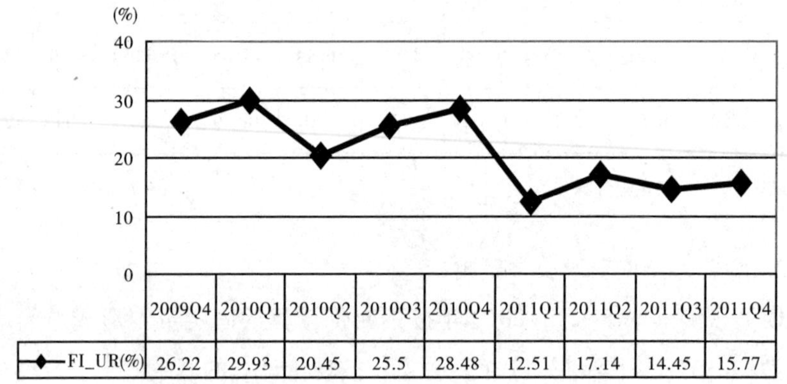

图 8-24 城镇固定资产投资总额（现价）增长率预测

注：FI_UR 表示城镇固定资产投资总额（现价）增速。

资料来源：本课题组计算。

到 15.63%，各季度增速分别为 12.82%、17.57%、14.81%、16.17%，呈现小幅波动趋势。按资金来源看，2010 年各主要投资资金来源增长速度都将呈现较大幅度下降趋势。其中，国内信贷的增速将为 23.27%，同比下降 29.17 个百分点；企业自筹的增速将为 24.44%，同比下降 6.43 个百分点；其他资金来源增速预计为 26.38%，同比下降 40.32 个百分点。2011 年国内信贷增速将继续回落，为 17.32%；企业自筹资金增速也仍然保持下降趋势，为 15.30%；其他资金来源增速同样将下降，为 16.57%。

表 8-2　2010—2011 年其他主要宏观经济指标增长率预测

（单位:%）

时间	居民消费总额（亿元，不变价）	社会商品零售总额（亿元，现价）	城镇固定资产投资（亿元，现价）	固定资产形成总额（亿元，不变价）	住户部门可支配收入（亿元，现价）
2010 年	5.42	11.54	25.56	11.97	12.43
第一季度	4.25	14.26	29.93	13.11	8.57
第二季度	5.38	12.44	20.45	6.60	13.00
第三季度	1.87	7.92	25.50	12.18	11.74
第四季度	9.8	11.70	28.48	16.49	16.94
2011 年	6.47	12.98	15.36	7.93	11.72
第一季度	6.04	12.23	12.51	6.65	11.16
第二季度	7.06	13.35	17.14	8.74	12.79
第三季度	6.28	13.14	14.45	7.31	11.42
第四季度	6.50	13.18	15.77	8.31	11.63

资料来源：本课题组计算。

3. 住户部门可支配收入增长率预测

模型预测（表 8-2、图 8-25），2010 年当年价格计算的住户部门可支配收入增长预计为 12.43%。2011 年住户部门可支配收入增速将有所下降，为 11.72%。分季度来看，2010 年住户部门可支配收入四个季度增长率分别为 8.57%、13.00%、11.74%、16.94%。2011 年住户部门可支配收入增速总体波动类似于 2010 年，四个季度增长率分别为 11.16%、12.79%、11.42%、11.63%。

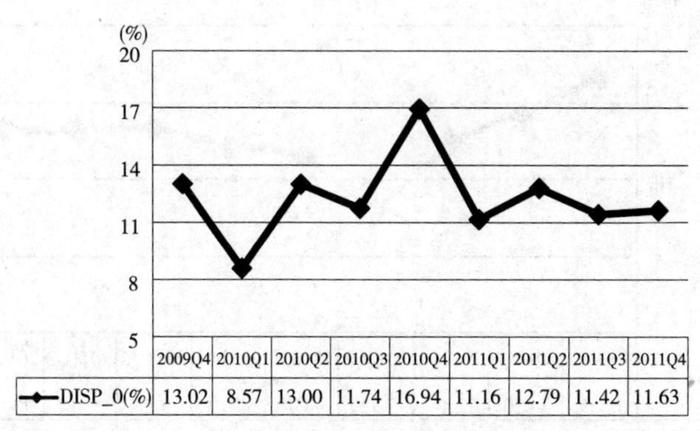

图 8-25　住户部门可支配收入（现价）增速预测

注：DISP_0 表示住户部门可支配收入（现价）增速。

资料来源：本课题组计算。

4. 消费增长率预测

模型预测（表 8-3、图 8-26 及图 2-27），2010 年按不变价计算的居民消费总额增长预计为 5.42%，按当年价格计算的社会消费品零售总额将增长 11.54%。2011 年社会消费品零售总额增速将上升至 12.98%，居民消费总额增速也将上升至 6.47%。分季度来看，2010 年社会消费品零售总额四个季度增长率分别为 14.26%、12.44%、7.92%、11.70%。2011 年居民消费总额增速总体波动较小，处于低水平的小幅震荡。2011 年的社会消费品零售总额也比较平稳，波动不大。

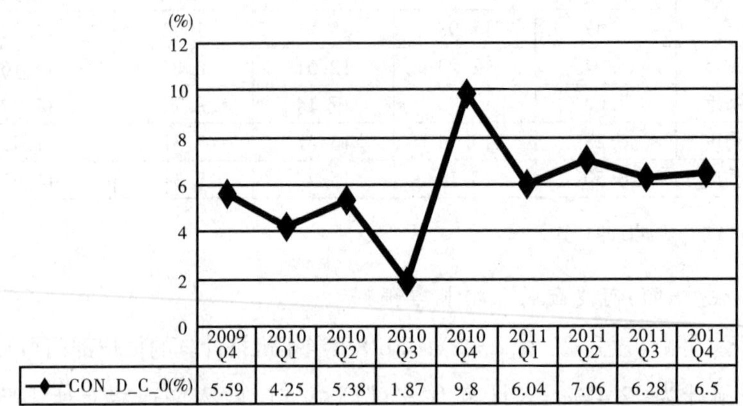

图 8-26　居民消费总额（不变价）增速预测

注：CON_D_C_0 表示居民消费总额（不变价）增速。

资料来源：本课题组计算。

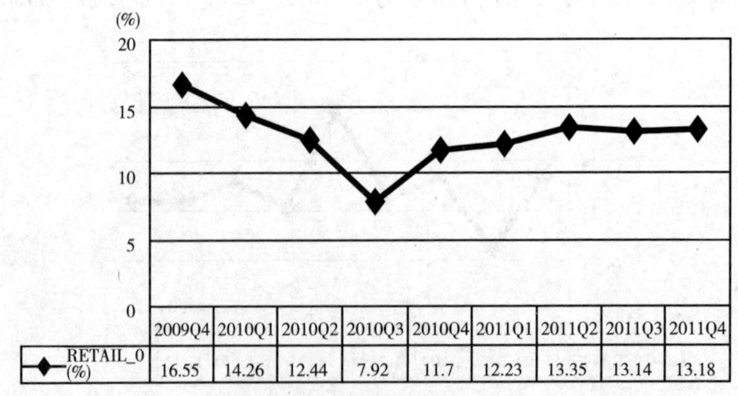

图 8-27　社会消费品零售（现价）总额增速预测

注：RETAIL_0 表示社会消费品零售总额（现价）增速。

资料来源：本课题组计算。

模型预测结果表明，由于结构调整绝非短期可以实现，中国现有的经济结构决定，2010 年和 2011 年的中国经济增长依然极大地依赖于世界经济的表现，特别是作为中国主要出口市场的美国和欧元区经济的表现。由于这些经济体经济复苏所存在的不确定性，以及来自东南亚国家与中国出口类似商品的竞争不断加剧，中国的经济增长要像 2005—2008 年期间依然靠出口拉动恐怕已不现实。2010—2011 年对 M2 增速的控制也使投资的扩张不能重复 2009 年的情形。因此，当前在宏观经济形势分析及宏观经济调控方向上，需要防止这样的倾向：既然在 2009 年国际经济形势如此恶劣的情况下中国尚能实现 8.7%的经济增长，今后数年中国经济应当争取实现 10%以上的高增长。我们认为：2009 年的经济增长实绩是特定政策的产物，在投资刺激和出口回归正常后，我国的经济可能难以继续保持 2003—2007 年的两位数增长；另一方面，要实现结构调整，也必须适当地控制增长速度。因此，未来数年，将经济增长预期调整到 9%左右，可能更为现实，也更为有利。

第三节　政策效应模拟分析

一、当前货币政策调整的力度选择

央行 2010 年 1 月提高了存款准备金率后，关于央行是否将进一步紧缩货币政策以抑制可能出现的通胀的争论就没有停息过。一方面，尽管中国也深受国际金融危机冲击，但在中国政府反危机政策的引领下，2009 年经济增长强劲反弹。同时，外部环境（出口形势）的逐步好转也开始提升产能利用率。但是，金融体系内部积累的过剩流动性，使通胀预期实现的风险逐渐提高。央行是否会在 2010 年早于市场预期动用存款准备金率和窗口指导等货币政策工具控制信贷规模，以防范通货膨胀？

基于 CQMM，本课题组假设了两种情景，模拟货币政策调整力度的不同对宏观经济运行的影响。

情景 1：央行的收紧力度在 2010 年第一季度进一步加强，将存款准备金率再上调 1.5 个百分点，把 2010 年 M2 的增速控制在 17%，并持续至 2011 年。

情景 2：央行在 2010 年增速维持 M2 增速的基准假定，在 2011 年稍有减缓，M2 增速控制在 18%。

模拟结果表明，在情景 1 假定下，GDP 增长率将大幅下降：2010 年和 2011 年分别比基准模型下降 2.15 和 0.68 个百分点，仅能维持 6.99%和 7.83%的增速；在情景 2 假定下，与基准预测相比较，GDP 增长率在 2011 年略有上升，比基准预测上升了近 0.5 个百分点，达到 9%（图 8-28）。政策模拟结果表明，过快过大地收紧信贷会导致 GDP 增长率大幅下滑，而适当控制 M2 的增速将有利于经济的平稳增长。因此，本课题组建议，旨在控制通胀预期而对信贷进行紧缩的货币政策，力度不宜过强。在外部市场复苏尚不明朗的情况下，大幅度调低 M2 增速将导致 GDP 增长率大幅下降。

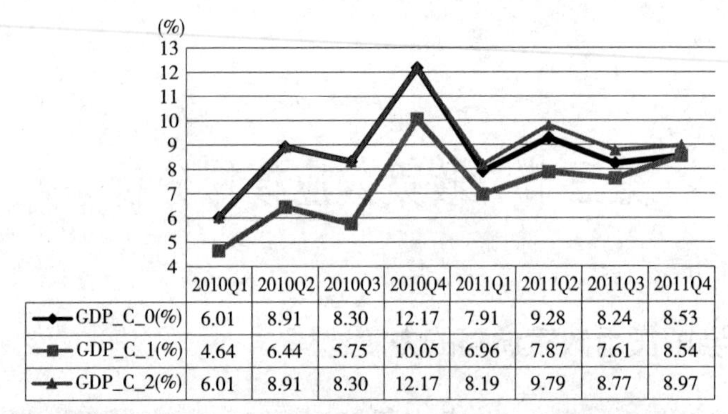

	2010Q1	2010Q2	2010Q3	2010Q4	2011Q1	2011Q2	2011Q3	2011Q4
GDP_C_0(%)	6.01	8.91	8.30	12.17	7.91	9.28	8.24	8.53
GDP_C_1(%)	4.64	6.44	5.75	10.05	6.96	7.87	7.61	8.54
GDP_C_2(%)	6.01	8.91	8.30	12.17	8.19	9.79	8.77	8.97

图 8-28　信贷规模控制情形下经济增长率的影响

注：GDP_C_0 表示基准假定下 GDP 增长率，GDP_C_1 表示情景 1 的模拟结果，GDP_C_2 表示情景 2 的模拟结果。

资料来源：本课题组计算。

情景 1 假定下，由于居民消费价格指数（CPI）的变化滞后于 M2，控制信贷规模对 CPI 的影响在 2010 年尚不会显现，到 2011 年，CPI 涨幅将比基准预测下降 0.29 个百分点，为 1.63%，四个季度将分别下降 0.31、0.34、0.28 和 0.21 个百分点；情景 2 假设下，2010 年、2011 年的 CPI 涨幅与基准预测结果基本一致（图 8-29）。

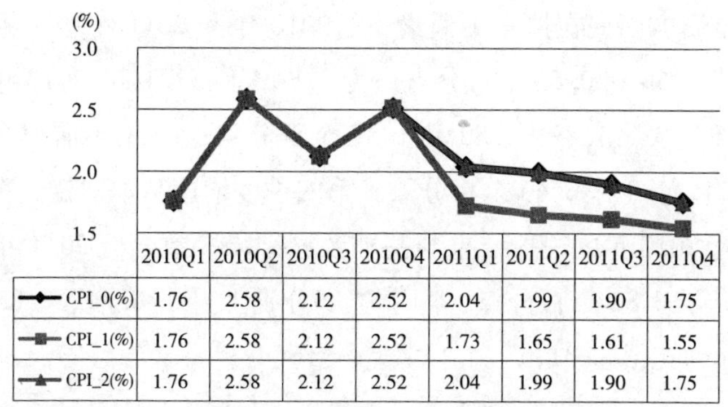

	2010Q1	2010Q2	2010Q3	2010Q4	2011Q1	2011Q2	2011Q3	2011Q4
CPI_0(%)	1.76	2.58	2.12	2.52	2.04	1.99	1.90	1.75
CPI_1(%)	1.76	2.58	2.12	2.52	1.73	1.65	1.61	1.55
CPI_2(%)	1.76	2.58	2.12	2.52	2.04	1.99	1.90	1.75

图 8-29　信贷规模控制情形下对居民消费价格指数的影响

注：CPI_0 表示基准假定下居民消费价格指数，CPI_1 表示情景 1 的模拟结果，CPI_2 表示情景 2 的模拟结果。

资料来源：本课题组计算。

此外，按可比价计算的固定资产投资形成总额的增长率，在情景 1 假设下，2010 年和 2011 年将分别比基准模型下降 4 和 1.52 个百分点，分别为 7.97% 和 6.41%。2010 年四个季度将依次下降 4.31、3.89、4.01 和 3.98 个百分点；2011 年四个季度将依次下降 3.24、2.55、1.23 和 0.19 个百分点。在情景 2 假设下，尽管 2010 年的模拟结果与基准预测结果一致，但 2011 年比基准模型上升了 0.82 个百分点，四个季度分别上升了 0.84、0.83、0.81 和 0.8 个百分点（图 8-30）。

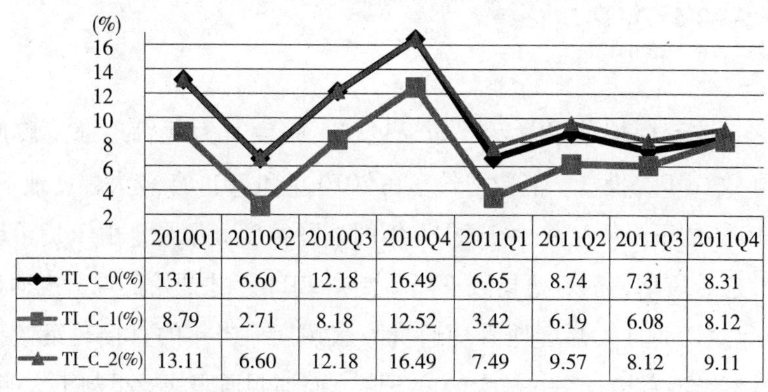

	2010Q1	2010Q2	2010Q3	2010Q4	2011Q1	2011Q2	2011Q3	2011Q4
TI_C_0(%)	13.11	6.60	12.18	16.49	6.65	8.74	7.31	8.31
TI_C_1(%)	8.79	2.71	8.18	12.52	3.42	6.19	6.08	8.12
TI_C_2(%)	13.11	6.60	12.18	16.49	7.49	9.57	8.12	9.11

图 8-30　信贷规模控制情形下对固定资产形成总额增长率的影响

注：TI_C_0 表示基准假定下固定资产形成总额增长率，TI_C_1 表示情景 1 的模拟结果，TI_C_2 表示情景 2 的模拟结果。

资料来源：本课题组计算。

居民消费方面，在情景 1 假设下，2010 年和 2011 年增速将分别比基准模型下降 1.56 和 0.53 个百分点，为 3.86%和 5.94%。2010 年四个季度将依次下降 1.03、1.82、1.82 和 1.57 个百分点；2011 年前三个季度将依次下降 0.71、1.04、0.46 个百分点，第四季度增速基本不变。在情景 2 假设下，尽管 2010 年的模拟结果与基准预测结果一致，但 2011 年增速比基准模型上升了 0.82 个百分点，四个季度分别上升了 0.84、0.83、0.81 和 0.8 个百分点（图 8-31）。

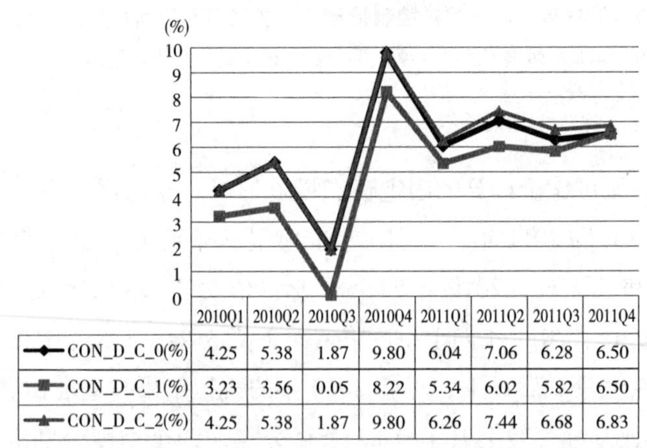

	2010Q1	2010Q2	2010Q3	2010Q4	2011Q1	2011Q2	2011Q3	2011Q4
CON_D_C_0(%)	4.25	5.38	1.87	9.80	6.04	7.06	6.28	6.50
CON_D_C_1(%)	3.23	3.56	0.05	8.22	5.34	6.02	5.82	6.50
CON_D_C_2(%)	4.25	5.38	1.87	9.80	6.26	7.44	6.68	6.83

图 8-31　信贷规模控制情形下对居民消费增长率的影响

注：CON_C_0 表示基准假定下居民消费增长率，CON_C_1 表示情景 1 的模拟结果，CON_C_2 表示情景 2 的模拟结果。

资料来源：本课题组计算。

总之，政策模拟结果显示：如果过快、幅度过大地管理通货膨胀预期，会导致 GDP、投资、消费增长率在 2010 年和 2011 年较大幅度地下降，并且 2010 年的下降幅度将大于 2011 年的下降幅度。但是，由于货币的通胀滞后效应，所期待的价格指数下降却要在 2011 年才开始显现，也即如果在 2010 年急切而且大幅度地管理通货膨胀预期，当年的直接政策效果是 GDP、投资、消费增长率的较大幅度下降，而抑制通胀的效果却不太明显。如果对货币政策只进行审慎的适度调整，则可以使 2010 年、2011 年经济增长率均接近 9%的适度增速水平，而 CPI 涨幅在 3%以下，这样既有利于保持经济的平稳增长，又能适度控制通货膨胀。

二、调整居民可支配收入的政策效应模拟

为实现我国经济今后较长时期稳定的较高速度增长，近十年逐渐累积且日趋严重的“两高一低”国民收入支出结构亟须调整，以促进外需依赖、投资拉动型经济增长向内需扩张尤其是居民消费拉动、产业升级及资源集约利用型经济增长转化。为此，扩大居民消费、提高居民收入是重要基础。提高住户部门的人均可支配收入将会对经济结构产生何种作用，是当前宏观经济调控必须关注的重大问题。

基于 CQMM，本课题组假设了两种情景，模拟居民可支配收入的变化对宏观经济运行的影响。

情景 3：2010 年将住户部门人均可支配收入提高 4%，即 2010 年居民可支配收入增加 88783 亿元，2011 年不再提高，保持 2010 年的相对水平，但由于当年的经济增长，住户部门可支配收入将随之增加 98955 亿元。

情景 4：2010 年、2011 年将住户部门人均可支配收入分别提高 4%，即 2011 年的住户部门人均可支配收入相对于基准假设整体上增加了 202495 亿元。

模拟结果表明：情景 3 假设下，根据既有的消费倾向，居民消费可相应提高 2. 5%。GDP 增长率 2010 年将比基准预测提高 0. 89 个百分点，为 10. 02%；2011 年的居民消费增长率则基本维持在基准模型预测的水平，为 8. 49%。情景 4 假设下，居民消费在 2010 年的增长率与情景 3 的模拟结果一致，但在 2011 年比基准预测增加了 2. 73 个百分点，达到 9. 18%（图 8-32）。

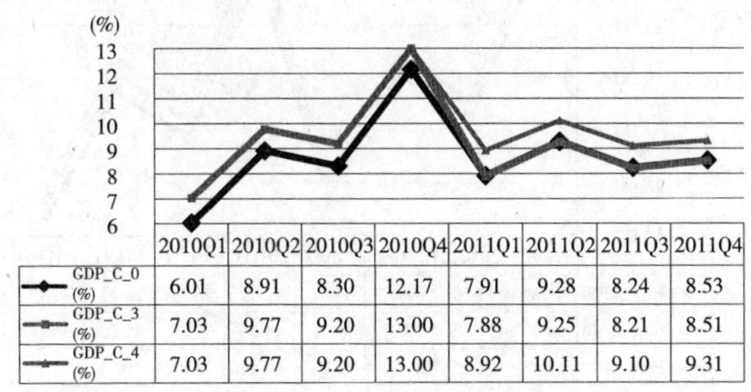

	2010Q1	2010Q2	2010Q3	2010Q4	2011Q1	2011Q2	2011Q3	2011Q4
GDP_C_0 (%)	6.01	8.91	8.30	12.17	7.91	9.28	8.24	8.53
GDP_C_3 (%)	7.03	9.77	9.20	13.00	7.88	9.25	8.21	8.51
GDP_C_4 (%)	7.03	9.77	9.20	13.00	8.92	10.11	9.10	9.31

图 8-32　调整住户部门可支配收入情形下对 GDP 同比增长率的影响

注：GDP_C_0 表示基准假定下 GDP 同比增长率，GDP_C_3 表示情景 3 的模拟结果，GDP_C_4 表示情景 4 的模拟结果。

资料来源：本课题组计算。

此外，在情景 3 的假设下，2010 年社会消费品零售总额将比基准预测多增长 3.48 个百分点，增速为 15.02%；2011 年仅比基准预测多增长 0.77 个百分点，增速为 13.76%。2010 年四个季度依次比基准预测多增长 2.47、3.44、3.78 和 4.08 个百分点；2011 年四个季度分别比基准预测多增长 1.85、0.84、0.37 和 0.16 个百分点。在情景 4 假设下，社会消费品零售总额在 2010 年的增长率与情景 3 的模拟结果一致，但 2011 年将比基准预测多增长 4.32 个百分点，增速达到 17.3%，四个季度分别比基准预测多增长 4.31、4.33、4.34 和 4.29 个百分点（图 8-33）。

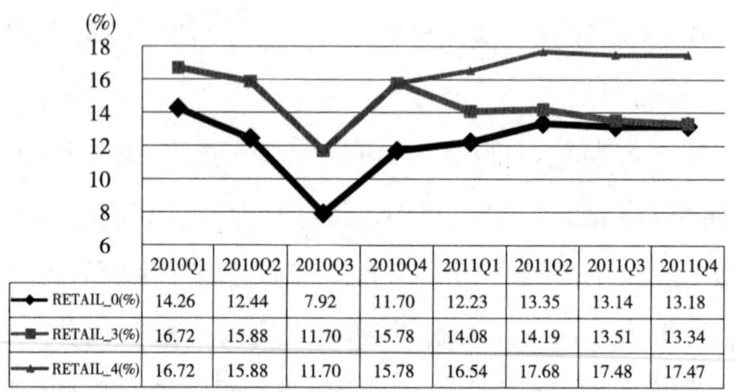

	2010Q1	2010Q2	2010Q3	2010Q4	2011Q1	2011Q2	2011Q3	2011Q4
RETAIL_0(%)	14.26	12.44	7.92	11.70	12.23	13.35	13.14	13.18
RETAIL_3(%)	16.72	15.88	11.70	15.78	14.08	14.19	13.51	13.34
RETAIL_4(%)	16.72	15.88	11.70	15.78	16.54	17.68	17.48	17.47

图 8-33　调整住户部门可支配收入情形下对社会消费品零售品总额的影响

注：RETAIL_0 表示基准假定下社会消费品零售总额增长率，RETAIL_3 表示情景 3 的模拟结果，RETAIL_4 表示情景 4 的模拟结果。

资料来源：本课题组计算。

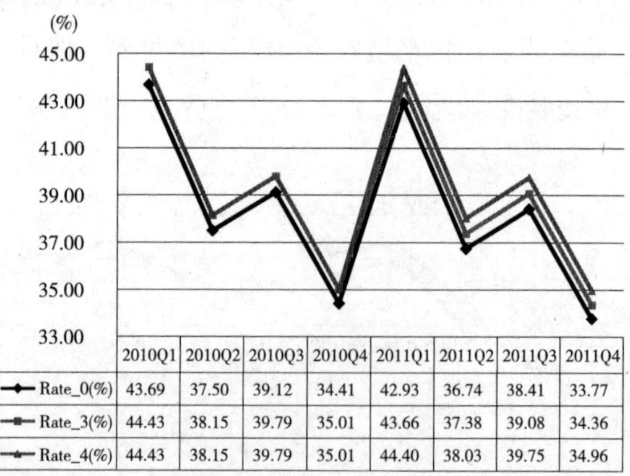

	2010Q1	2010Q2	2010Q3	2010Q4	2011Q1	2011Q2	2011Q3	2011Q4
Rate_0(%)	43.69	37.50	39.12	34.41	42.93	36.74	38.41	33.77
Rate_3(%)	44.43	38.15	39.79	35.01	43.66	37.38	39.08	34.36
Rate_4(%)	44.43	38.15	39.79	35.01	44.40	38.03	39.75	34.96

图 8-34　调整住户部门可支配收入情形下对居民消费占 GDP 比重的影响

注：Rate_0 表示基准假定下居民消费占 GDP 比重，Rate_3 表示情景 3 的模拟结果，Rate_4 表示情景 4 的模拟结果。

资料来源：本课题组计算。

最后，在情景3假设下，2010年居民消费占GDP的比重将比基准预测提高0.66个百分点，为38.88%；2011年提高0.65个百分点，为38.15%。2010年四个季度依次提升0.74、0.65、0.68和0.6个百分点；2011年四个季度依次提升0.73、0.64、0.67和0.6个百分点。在情景4假设下，2010年居民消费占GDP比重与情景3的模拟结果一致，但在2011年比基准预测上升了1.31个百分点，达到38.8%，四个季度分别上升1.47、1.29、1.34和1.19个百分点（图8-34）。

政策模拟结果说明，在目前情况下，由于短期内居民行为方式不易改变，即使提高居民的可支配收入，对消费的影响还是比较有限的：人均可支配收入提高4%，居民消费占GDP的比重仅能提高0.66—0.65个百分点。而且，只有持续不断地提高居民的收入水平，才能不断地促进经济增长：2010年住户部门人均可支配收入提高4%，2011年不再提高，仅随着GDP的增长而相应增加居民人均可支配收入，GDP的增长率前高后低，2010年与2011年都保持相同的居民人均可支配收入提高速度，才能使2010年与2011年的经济增长率都维持在9%以上。在此基础上，本课题组对资金流量表的数据进行分析，发现，如果让2007年保持1997年居民可支配收入占GDP的比重，同时维持1997年的居民边际消费倾向，那么，2007年的居民消费会增加5万亿元。其中，35%来自可支配收入的变化，65%来自居民边际消费倾向的变化。

由上述政策模拟及分析可以得出这样的政策结论：（1）国民经济结构的调整并非短期即可实现的，尤其是国民收入的支出结构。直接增加住户部门可支配收入对国民收入支出结构的调整，效果有限，而且，在短期内要想依靠提高收入来调整国民收入支出结构也是不现实的。从调整收入分配结构到依靠国内居民消费需求拉动经济增长，影响因素很多，比较复杂。（2）扩大国内消费需求，一方面要重视提高居民收入水平，另一方面也需要着力于降低居民的储蓄倾向。这就需要从导致居民强制储蓄的体制因素上做文章，切实减轻居民在教育、医疗、养老、住房等问题上的沉重负担和现有心理预期。

第四节　抑制中国居民消费率提高的原因分析

当国际金融危机所导致的总需求萎缩为积极的财政与货币政策缓解之后，我国经济固有的结构性问题再次凸显出来。随着外部经济环境的逐步改善，我国经济增长能否逐步扭转“出口拉动、投资驱动”的原有增长模式，使经济增长的驱动力转移至国内居民的消费扩张？这不仅是当前宏观调控政策的主题，而且也关系到今后一段时期我国经济增长的可持续性。

2007 年底爆发并不断深化的国际金融危机以及 1997—1998 年的亚洲金融危机使我国外部需求急剧萎缩，中央政府都及时采取了扩大内需政策以稳定经济增长。从政策实践看，增加基础设施投资以扩张总需求、以政府投资弥补民间投资萎缩一直是扩大内需政策的主要措施。1998 年，西部大开发以及房地产市场改革带动了投资的扩张，阻止了经济增长率的进一步下滑；2003 年，开发区建设以及入世后外部市场需求的扩张带动了制造业投资的扩张，带动了经济增长率快速上升；当前应对国际金融危机的调控政策依然是投资唱主调。在现有的经济体制背景下，政府能够通过财政支出扩张、银行体系的信贷创造在较短的时间内有效地动员经济资源，投入基础设施等领域，通过投资的拉动遏制经济增长率的下滑。事实证明，面对国际金融危机，2009 年中国政府的宏观调控不仅遏制了本国经济增长的过快下滑，而且为稳定世界经济做出了应有的贡献。

然而，扩大政府投资固然可以解需求不足及经济增长下滑的燃眉之急，却也会给经济带来各种隐患。首先，扭曲了资源配置。在扩大基础设施建设以及“产业振兴”等政策激励下，投资资金集中地、大量地进入了上游生产资料产业，导致生产能力的结构性过剩。其次，由于投资资金主要来自金融体系，产能过剩可能提高银行不良债权比例。再次，降低宏观调控效率。由于扩张的信贷大部分进入了中长期投资项目，一定程度上使政府在选择退出政策时面临两难境地。不仅如此，对投资的调控也更多地依赖行政手段，势必降低政府管理经济的效率。最后，也是最重要的，我国经济中既有的“高投资、低消费”的不平衡特征将进一步恶化。

我们认为，从长期发展角度着眼，与国际金融危机导致的我国经济增长率下滑相比较而言，近十年来经济高速增长中逐渐累积的结构失衡以及相关的体制机制改革滞后，更值得关注。就近期政策调控而言，国际金融危机造成的严峻经济形势使2009年的宏观调控不能不侧重于遏制经济增长率的过快下滑。重视总量扩张的宏观经济政策虽然实现了年度经济增长目标，但却并非没有成本，它进一步加剧了既有的结构失衡。因此，2010年的宏观调控应当更多地关注经济结构调整和体制改革。

诸种国民经济结构失衡中，国民收入支出结构失衡是基础性的结构失衡。2000年到2008年，在按支出法核算的国民生产总值中，最终消费率下降了13.7个百分点，平均每年下降了1.7个百分点。从其构成上看，居民消费占GDP比重的降幅大大超过了政府消费占GDP比重的降幅；农村居民消费占GDP比重的降幅超过了城镇居民消费占GDP比重的降幅。[①] 居民消费率之低、下降速度之快，在同期世界上人均国民收入水平相近的国家中是颇为罕见的。[②]

国民收入结构失衡，使社会再生产出现实现困难。没有最终消费需求，尤其是居民消费需求的稳定增长，投资需求是难以持久扩张的。作为成长中的大国，中国的经济增长不可能长期依靠外需拉动。因此，我国宏观经济政策能否推动经济发展方式转变，调整“两高一低”的国民收入支出结构，调整严重依赖低技能劳动密集型产品国际市场需求的低端产业结

---

① 2008年，居民消费占GDP的比重为35.3%，比2000年下降了11.1个百分点；政府消费占GDP的比重为13.3%，比2000年下降2.6个百分点。虽然政府消费占GDP的比例也在下降，但是，在最终消费中，政府消费占比却在上升。1998年，最终消费中居民消费与政府消费之比为3.17∶1，2008年却下降到2.66∶1。

② 根据Penn World Table 6.3，以PPP及2005年价格计算，2007年中国人均实际GDP为8510.6美元，接近巴西的人均实际GDP水平（9644美元）。2007年巴西的消费率为64%。按消费率从高到低排列的196个国家和地区中，中国位于第166位左右。

构，用个人收入和消费的增长来替代政府主导的投资推动增长，有效地扩大内需尤其是居民消费的增长，并使之成为推动经济增长的主要动力。这不仅是当前继续抗击国际金融危机的需要，而且将为未来经济的健康发展奠定坚实基础。更进一步说，它关系到我们这个社会的基本价值取向、终极发展目标的实现。

扩大居民消费的根本在于居民收入及财富积累的快速增长。本报告第三部分对居民可支配收入的变化的政策模拟结果表明，中国居民消费率的下降不仅源于收入增长的缓慢，而且还源于消费倾向的不断下降。我们认为，国民收入分配结构失衡直接导致我国居民的消费能力萎缩；城镇居民财产性收入增长缓慢，农村居民缺乏稳定增收途径，直接抑制了居民消费的扩张；高房价以及居民用于教育、医疗、失业、养老等方面的开支不断上升致使居民被迫强制储蓄，直接压抑了居民消费的欲望，降低了居民的消费倾向。

社会再生产是一个相互联系、彼此决定的循环过程。在社会再生产的诸环节中，生产决定着分配、流通与消费；反之，后者也影响、制约着前者。因此，对分配问题的讨论需要溯源到生产环节进行根源分析。我们认为，居民收入占比不能快速提高，首先是生产领域的粗放型经济增长方式多年来一直未能转型所致。在现有的政府主导型经济体制下，各级地方政府有着追求 GDP 增长率及财政收入增长最大化的强烈动机，不计成本地招商引资。为此，不惜动用行政手段扭曲要素比价，用各种手段直接间接地补贴投资，压低国内生产要素——劳动力、土地、资源、环境的供给价格，不仅使资本在国民收入分配中处于有利地位，而且，因要素比价被扭曲导致的低成本投入还阻碍了我国经济适时地从粗放型发展向集约型发展转变。不仅如此，技术创新、人力资本积累的激励也因此严重不足，产业升级更是缺乏必要的动力与压力，这些反过来又进一步地抑制了居民收入的提高。经济增长若不能带来居民收入的相应增长，经济增长与社会进步、居民福利改善之间的关系就会日趋淡化。

一、中国居民收入变化的总量分析

国民收入的初次与再次分配决定了居民收入在国民收入中所占的份

额。初次分配以要素分配为主，包含三大方面：劳动者报酬、资本收入（包括财产性收入和经营性留存）和生产税净额，三者分别是居民、企业和政府的收入来源。再分配主要包括收入税、社会保险缴款、社会保险福利、社会补助和其他经常转移性支付等项目。

图8-35的四个图给出了居民、政府和企业经初次与再次分配后的收入占比变化情况。① 可以发现：(1) 自1998年开始，初次分配中居民收入占比开始急剧下降，政府和企业收入占比开始大幅提高。(2) 经过再分配，按资金流量表计算的居民收入占比不升反而下降（图8-35a），经白重恩等（2009）调整，国民收入最终分配中居民收入占比与初次分配中劳动报酬率之间的差距也在不断缩小（图8-35b）；另一面，经过再分配，政府收入占比大幅提高（图8-35c）。(3) 2003年以来，我国经济在出口的拉动下实现了连续五年的两位数高速增长，但是，居民收入占比不断下降、政府和企业收入占比不断上升。

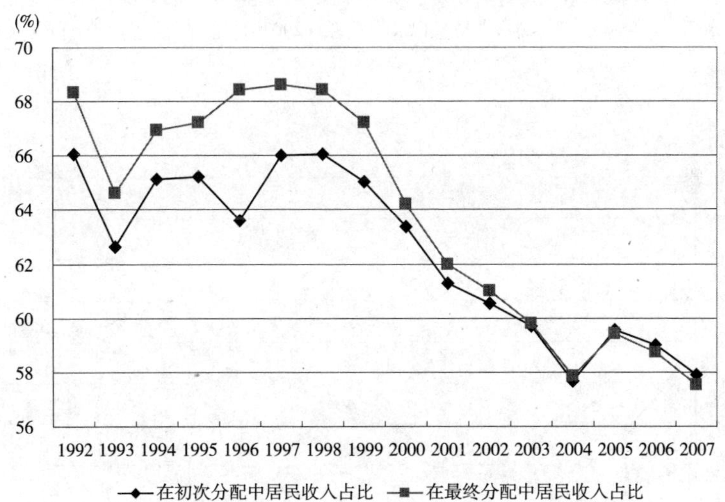

图8-35a 国民收入分配格局中居民收入占比

资料来源：资金流量表（实物交易）以及白重恩（2009b）。②

① 2004年统计口径调整将原来归入劳动者报酬的部分收入纳入资本报酬。

② 白重恩（2009）以企业、政府和居民部门在初次分配总收入中的占比为起点，利用再分配中的收入税、社保缴款和福利、社会补贴等项在初次分配总收入中的占比计算了调整后各部门在可支配收入中（最终分配中）的占比变化。

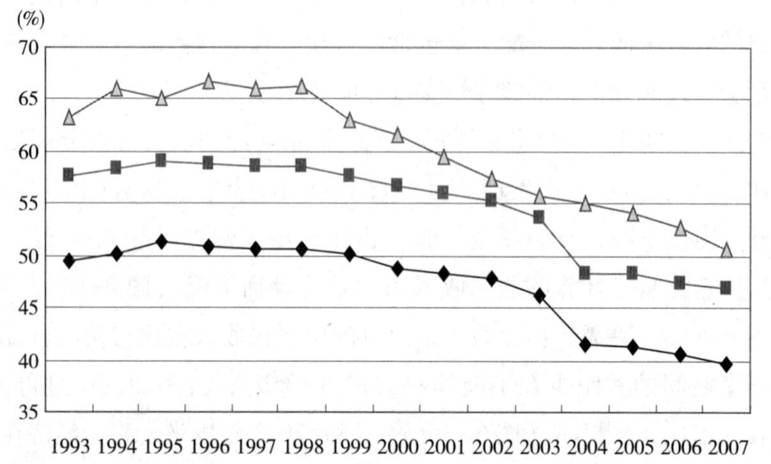

图 8-35b 劳动者报酬与居民收入占比

注：劳动者报酬率按收入法省际 GDP 计算而得。

资料来源：资金流量表（实物交易）以及白重恩（2009b）。

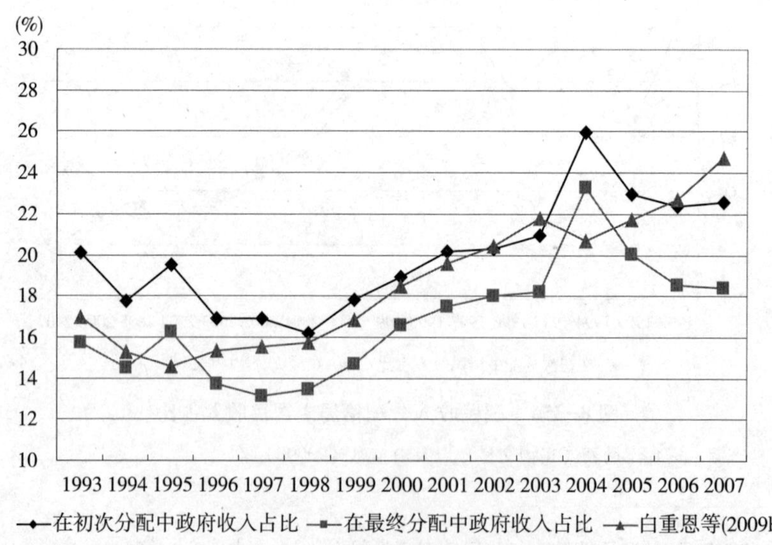

图 8-35c 政府收入占比

资料来源：资金流量表（实物交易）以及白重恩（2009b）。

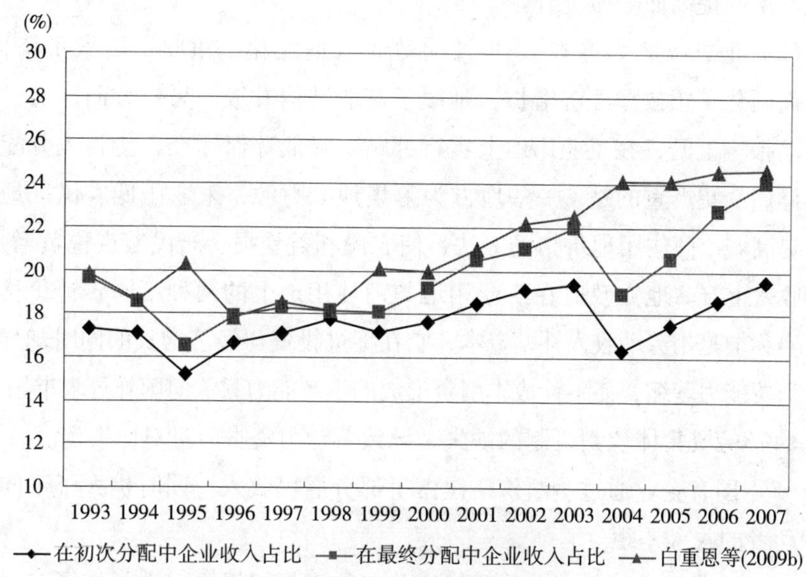

图8-35d　企业收入占比

资料来源：资金流量表（实物交易）以及白重恩（2009b）。

可以认为，居民收入占比的下降始于国民收入初次分配中劳动者报酬率的下降，其次，经过再分配环节，居民收入占比并没有得到提高，甚至还下降了；通过国民收入的初次分配和再分配，政府的收入占比都在大幅度地提高。① 1993年居民收入占国民收入的63.2%，到了2007年，仅剩一半的国民收入归居民所有，剩余的一半则几乎由企业和政府平分。

去除统计口径上的调整因素，近十年来，中国国民收入初次分配中，劳动报酬率下降、资本报酬率上涨的原因可归结为：

（1）中国产业结构逐渐从劳动收入份额较高的农业部门转向劳动收入份额较低的非农部门。工业化引起的产业结构变迁在一定程度上降低了整个国民经济的劳动报酬比例。

（2）出口劳动密集型产品为导向的粗放型经济增长方式迟迟不能实现转型。工业化的推进一定程度上体现为量的扩张，低技能劳动力市场迅速扩张，竞争激烈，加之劳资工资集体谈判机制缺失，工资水平难以随着劳

① 一定程度上说明政府直接或通过对国有企业的所有权控制着太多的收入。

动生产率的提高而相应上升。①

（3）地方政府为追求GDP及财政收入最大化，扭曲了要素价格比，一方面固化了粗放型经济增长，延缓了产业结构升级；另一方面，通过抑制劳动报酬上升，在工业用地上实行补贴，降低环保标准，使收入分配向资本倾斜。更严重的是，一些地方为筹集地方财源，采取压低农民征地补偿、提高城市商住用地价格的方法，使农民利益受损、居民宏观税负增加，政府收入上升。地方政府在工业用地与商住用地上的两种不同转让价格政策，实际上是用劳动收入补贴资本，它在促进投资与经济增长的同时却导致居民消费能力萎缩，使不计成本引资形成的生产能力只能向国外寻求市场。

（4）劳资集体谈判机制的缺失，导致劳动与资本力量对比失衡。

（5）国有企业通过垄断价格侵占了部分居民收入，同时扩大了不同部门劳动者的收入差距。

（6）成本转嫁型的工业化和城市化，使农村居民更多地承担了工业化和城市化的成本，承受了经济周期波动引起的收入剧烈波动，造成了城乡居民收入差距的扩大。

国民收入再分配是政府调节收入分配，纠正初次分配比例的重要手段，但是，数据显示，我国目前的国民收入再分配并没有充分发挥其调节、纠正初次分配比例，促进社会公正的应有作用，非但没有扭转我国居民收入占比下降的态势，相反，却进一步降低了居民收入占GDP的比重。

从税收收入弹性系数（税收增长率/GDP增长率）可以看出，近十年来，我国的税收收入增长速度始终较大幅度地高于GDP增长速度（图8-36），不仅狭义宏观税负（即政府税收收入占GDP的比重）在提高，而且广义宏观税负（政府财政收入占GDP的比重）也在提高（图8-37）。税负的提高，虽然并不意味着都由居民承担，但是，以流转税（增值税和营业税等）为主体的我国税制结构是有利于企业将税负向居民转嫁的②，因此，现有的税制也就在税负上升、降低居民的实际可支配收入上起了促进作用。

① 李文溥、李静、李翔：《不同有机构成的外商直接投资对东道国工资水平的影响——对东部沿海四地区的比较分析》，《中国人口科学》2010年第1期。但是，也有学者认为中国出现了过度资本化，建议增加劳动密集型产业以提高就业，增加劳动报酬比重。

② 吕冰洋：《以居民部门为目标进行减税的原因和效果分析》，《税务研究》2008年第11期。

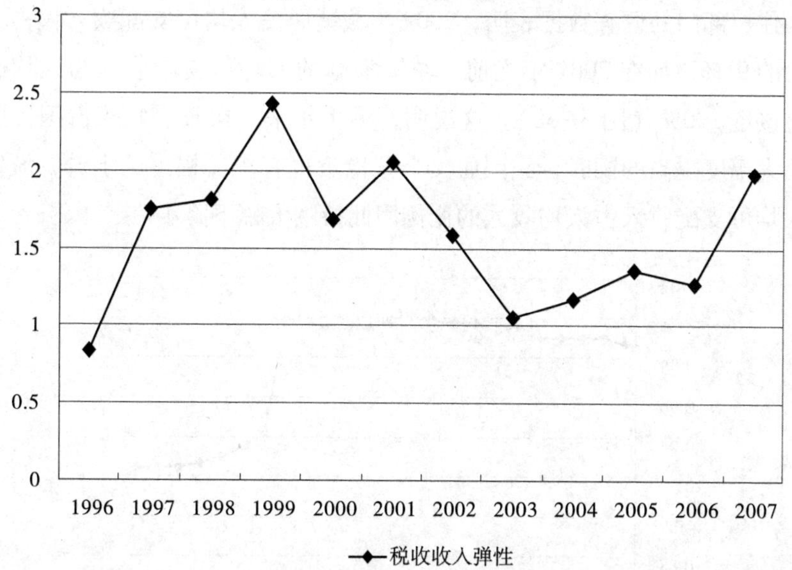

图 8-36　税收收入弹性

资料来源：根据历年《中国统计年鉴》整理计算而得。

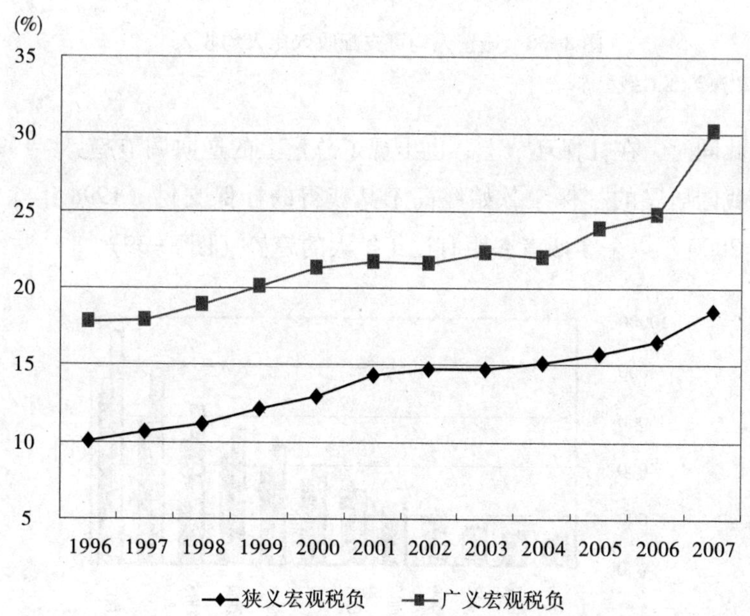

图 8-37　宏观税负

资料来源：根据历年《中国统计年鉴》整理计算而得。

住户部门的调查数据表明，2009 年城镇居民人均可支配收入仅占人均收入的 91%，而在 2001 年之前，城镇家庭的人均可支配收入与人均收入之比接近 100%（图 8-38）。这说明，近十年来，在政府收入占国民收入之比大幅度提高的同时，我国居民个人税负也有较大幅度的上升，城镇居民人均可支配收入占人均收入的比例因此持续大幅下降了。

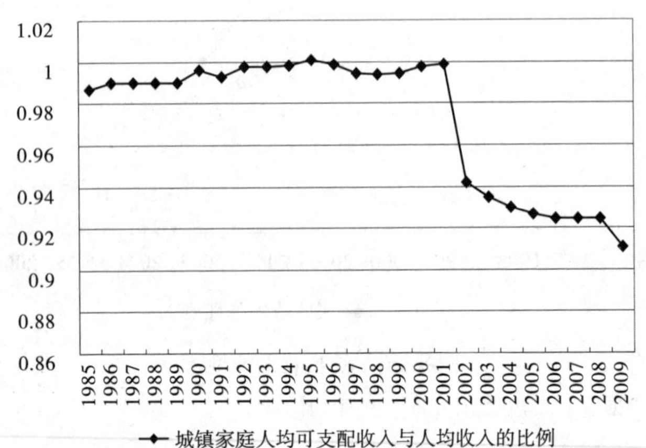

图 8-38　城镇人均可支配收入比人均收入

资料来源：CEIC 数据库。

与此同时，在社保环节上，也出现了总量上的逆向调节趋势：1996 年以来，我国居民的社保缴款始终高于其获得的社保支付（1998 年除外），而且自 2000 年以来，两者差距有逐年扩大的趋势（图 8-39）。

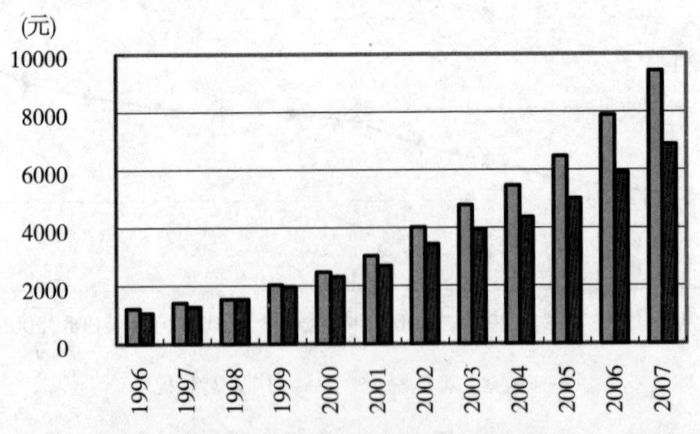

图 8-39　居民社保缴款和社保福利值

资料来源：CEIC 数据库。

综上，我国居民收入占比的下降首先源自国民收入初次分配中劳动报酬率下降，经过最终分配后，居民收入占比急剧下降的态势依然没有改变。另一方面，政府收入占比却因国民收入的再分配而大幅提高了。可是，在不断扩大的政府财政支出中，民生支出的份额却没有比较显著的提高。

二、中国居民收入变化的构成分析

居民的收入构成也是影响居民消费支出的重要因素。这里，我们考察我国居民收入构成的变化（表8-4）。

首先，我国城镇居民收入仍主要来自工资性收入。2008年工资性收入占城镇家庭收入的66.2%。农村居民收入来自工资性收入的比重也不断上升，2008年达到27.66%。

其次，我国居民财富积累速度缓慢，财产性收入占比极低。2008年城镇和农村家庭的财产性收入占比分别仅为2.27%和2.21%。[①] 居民财产性收入占比如此之低，除统计口径的原因外，房价过高使居民无力积累盈利性资产是导致财产性收入不能增长的主要原因之一。另一方面，住房商品化，居民住房贷款大幅度上升，不断增加的贷款利息支出大幅度地降低了居民财产性收入。由于居民的消费支出行为一方面受其劳动收入的影响，另一方面还通过财富效应受其财富积累水平的影响。因此，我国居民收入中财产性收入占比过低，也抑制了我国居民的消费扩张。不仅如此，家庭财产性收入还是居民退休后消费支出的重要收入来源之一。我国人口年龄构成正逐步走向老龄化，财产性收入占比不能提高，就难以维持老龄化社会的必要消费需求。

表8-4　居民收入构成的变化

（单位:%）

年份	城镇家庭人均收入				农村家庭人均收入			
	工资	家庭经营	转移性	财产性	工资	家庭经营	转移性	财产性
2000年	71.17	3.91	22.88	2.04	22.32	71.56	4.69	1.43

① 20世纪90年代中期进行的分税制改革导致地方政府财政收入下滑，地方政府低价从农民手中购买土地高价转让给房地产商的行为在增加了地方政府财政收入的同时，却损害了失地农民的收入，直接抑制了农村消费的扩张。

续表

年份	城镇家庭人均收入				农村家庭人均收入			
	工资	家庭经营	转移性	财产性	工资	家庭经营	转移性	财产性
2001年	70.32	3.99	23.74	1.96	23.34	70.31	4.92	1.42
2002年	70.19	4.06	24.50	1.25	24.36	69.03	5.14	1.47
2003年	70.74	4.46	23.31	1.49	25.64	68.53	4.00	1.84
2004年	70.62	4.88	22.91	1.59	24.72	69.43	3.96	1.90
2005年	68.88	6.00	23.41	1.70	25.36	68.33	4.40	1.91
2006年	68.93	6.36	22.79	1.92	27.36	65.87	4.77	2.00
2007年	68.65	6.31	22.70	2.34	27.56	65.22	5.01	2.21
2008年	66.20	8.52	23.01	2.27	27.66	64.20	5.92	2.21
2009年	65.67	8.11	23.93	2.29				

资料来源：CEIC数据库。

再次，2008年，城镇家庭的收入来源中转移性收入占23.01%，而农村家庭转移性收入仅占5.92%；从绝对水平上看，政府对城镇家庭的人均转移性支付是农村家庭的十倍，有的年份甚至高达近十五倍。如此大的转移支付不平衡，是导致我国城乡居民收入差距不断扩大的重要原因之一，也在一定程度上抑制了农村居民的消费需求。①

最后，尽管目前农村家庭的主要收入来源依然为家庭经营性收入，2008年占64.2%。但是，近年来，工资性收入的占比不断提高，工资性收入增长已经逐渐成为农村居民增收的主要来源。② 由于工资性收入主要是进城务工收入，而农民工又是城镇就业各主体中最缺乏制度保障的弱势群体，因此，在自然灾害、农产品价格的波动性这些造成农村家庭的收入波动的传统因素之外，又增加了经济周期、工业景气等新的导致收入不稳定因素。

① 我国城乡收入差距不断拉大与中国政府实施的城市倾向的经济政策有关。而且，在城市倾向的经济政策下，城市居民在住房、医疗、养老及教育等方面拥有更好的福利，加剧了实际的城乡收入差距，进一步抑制了居民的消费需求。

② 李文溥、王燕武：《工业化、城市化模式与农民稳定增收途径探讨——基于漳浦县农村居民收入调查的思考》，《东南学术》2011年第1期。

三、国民收入分配格局对经济结构的影响分析

粗放型经济增长方式和国民收入分配格局决定了我国经济“高储蓄、高投资、低消费”的支出结构。

首先，如本报告第三部分政策模拟结果所示，国民收入分配格局中居民收入占比的持续下降直接导致我国居民的消费能力萎缩。另外，城镇居民财产性收入增长缓慢，农村居民缺乏稳定增收途径，也直接抑制了居民消费的扩张。

其次，政府的高收入占比确保了财政收支盈余，但财政支出并没有根据市场经济中政府的功能要求，向教育、医疗、养老以及住房等领域倾斜，高房价以及教育医疗等高成本直接压抑了居民消费的欲望，降低了居民的消费倾向，提高了居民的储蓄倾向。

再次，政府的高收入占比还提高了我国总储蓄中政府储蓄所占比例（图 8-40）；企业的高收入占比使企业留有大量的自有资金，同样提高了总储蓄中企业储蓄所占的比例；[①] 居民被强制储蓄的压力不断上升也提高了居民的储蓄倾向。三方合力，使我国经济的总储蓄率与居民储蓄率都不断攀升，从图 8-40a 和图 8-40b 的对比中可以出，尽管居民储蓄率上升快于总储蓄率，但是，其占总储蓄的比重却基本没有变化，相反，政府储蓄所占比例却大幅提高，由此也可以看出政府收入增长的速度。

最后，高储蓄一方面为投资需求提供了大量的资金供给，资金市场上较低的资金利率得以维持，[②] “投资驱动”的增长方式得以持续；另一方面，在对外经济上表现为持续的经常项目顺差。

---

① 企业储蓄的扩大不可否认也是我国金融体系不健全的一个表现，特别是中小企业长期以来只能依靠自有资金进行投资。

② 贷款利率比较低的另一个重要原因是至今为止利率市场尚未放开，央行规定的稳定的存贷利率差使银行将低贷款利率的成本转嫁给了存款者，居民是低贷款利率最大的成本承担者。

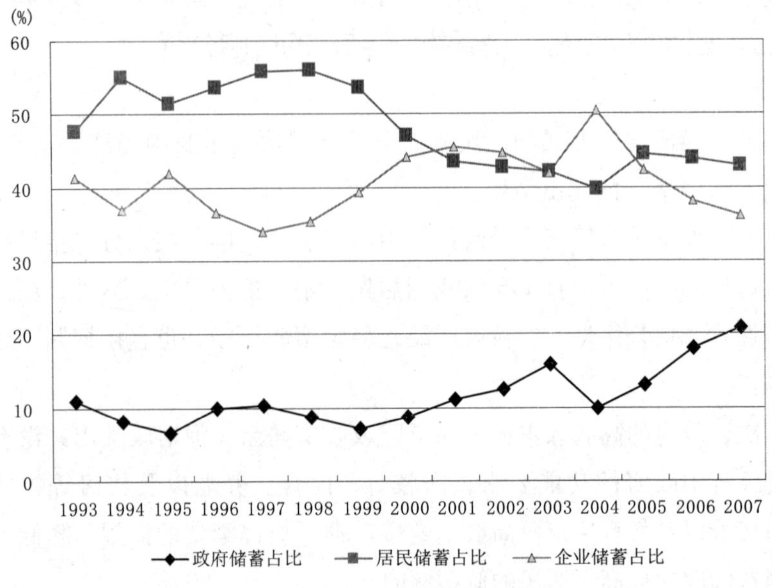

图 8-40a　总储蓄率与居民储蓄率

资料来源：资金流量表（实物交易），CEIC 数据库。

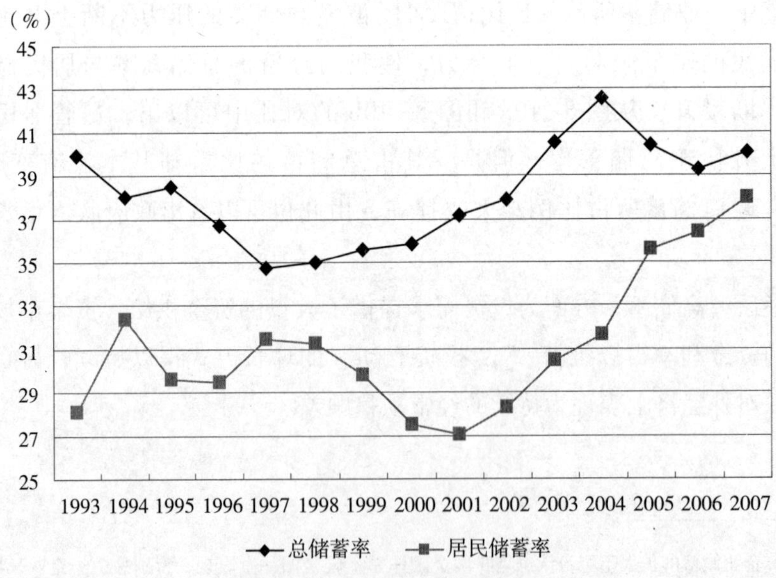

图 8-40b　总储蓄率的构成变化

资料来源：资金流量表（实物交易），CEIC 数据库。

第五节　对 2010 年宏观经济调控的政策建议

根据 CQMM 预测、政策模拟及分析，本课题组对 2010 年的宏观经济调控提出以下政策建议：

第一，适度控制经济增长速度。首先，从可能性角度看，尽管 2010 年中国的外部市场需求正在逐步回升，但是，作为中国主要出口市场的美国和欧元区的经济复苏尚存在较多的不确定性，加上来自与中国出口类似商品的东南亚国家的竞争压力，中国在出口劳动密集型产品上的“规模报酬递减”特征将日趋明显。虽然 2009 年中国经济在投资推动下，实现了 8.7%的经济增长，超过了原定增长预期；2010 年在 2009 年较低的出口实绩基础上，外部市场有所好转，出口回升将对 GDP 产生较明显的拉动作用，使 GDP 有较高的增长。但是，本课题组认为：在今后一个较长时期里，中国的经济增长要像 2005—2008 年那样继续依靠出口的强力拉动，保持 9%以上的增长，其实是有困难的。在外部需求回归正常之后，继续 2009 年的大规模投资扩张政策，势必引发通货膨胀，加剧结构失衡。其次，由于既有的以出口劳动密集型产品为导向的粗放型经济增长方式必须逐步转轨，“两高一低”的国民收入结构失衡亟须调整，从本次预测的结果及相关分析可以看出，在外部需求不太景气的情况下，如果适当抑制投资增长，中国经济的增长速度则不可能太高。因此，本课题组建议：在今后一个时期内，必须适当控制经济增长速度，为结构调整创造必要条件。

第二，现有的扩张性政策不宜过急退出。由于 2009 年的投资扩张与信贷巨额投放，通货膨胀预期正在形成。央行 2010 年 1 月提高了存款准备金率后，关于央行是否还将进一步收紧货币政策以抑制可能出现的通胀的争论再起。CQMM 的政策模拟结果指出：目前如果实行严厉措施，过快、幅度过大地管理通货膨胀预期，可能会矫枉过正，导致 GDP、投资、消费增速在 2010 年和 2011 年较大幅度地下降。因此，本课题组认为，现有的扩张性政策不宜过急过快退出，只能逐步地退出。在国际经济形势尚未充分明朗和恢复之前，适度的扩张性政策仍是维持8%左右GDP增长率的必要手段。

第三，调整国民收入支出结构必须多方着手，长期努力。国民收入支出结构的“两高一低”失衡，是国民经济结构失衡的综合表现，其成因是多方面的，因此，单一的政策措施难以奏效。

一是必须坚持推进要素市场改革，通过社会经济体制的创新，建立市场经济条件下不同主体之间的力量对比均衡和有效制衡机制，如关于劳动报酬的劳资集体谈判、协商机制，限制地方政府利用低价转让工业用地、向农民低价征地而后高价拍卖商住用地的方式进行转移支付，对资本进行补贴的制度安排等等。通过体制改革，逐步纠正现存的要素价格扭曲，用市场手段促进经济发展方式的转型。

二是逐步提高最低工资标准，提高个人所得税起征点，提高居民收入在国民收入中的比例。提高居民收入，不仅是在消费环节扩大居民消费的基础，而且对于在生产环节理顺要素比价、促进产业结构调整具有重要作用。在市场经济条件下，要提高居民收入水平，关键是提高初次分配中的劳动报酬比例。它不仅要求通过制度创新，形成劳动报酬的劳资集体谈判、协商机制，而且必须通过鼓励人力资本积累，提高劳动的边际产出水平来实现，因此，财政应扩大对人力资本积累、知识创新的投入。同时，推动结构调整，促进具有较高劳动报酬比重的第三产业的发展。

三是在提高居民收入水平的同时，通过制度创新及政府功能转换，逐步降低居民的边际储蓄倾向。降低居民的边际储蓄倾向，关键在于去除导致居民强制储蓄的体制机制因素，降低居民目前因教育、医疗、养老、失业保障、住房等的高成本而产生的高储蓄倾向。本课题组建议：当前，尤其是要在制度上规定城市土地批租收入必须按一定比例补贴城市居民经济适用房和廉租房建设，切实控制以致降低城市住房价格，释放被高房价吞噬的居民消费能力。

四是加大对中低收入居民的转移性支出，尤其是对农村居民的转移性支出和农村公共事业及服务支出。改变现有的“重城镇、轻农村”的转移性收入分配模式，逐步提高农村社会保障水平，加快改善农村民生，缩小城乡公共事业发展差距。

五是在城市化进程中，逐步纠正目前在工业化城市化过程中向农村转嫁工业化、城市化成本的倾向。调整土地政策，考虑被征用土地的实际价值，相应提高农村征地价格。为了使有稳定职业并在城市居住一定年限的农民工能够举家迁入城镇落户，享有与当地城镇居民同等的权益，不仅应当将他们逐步纳入城镇住房保障体系，而且应当尝试通过以责任田指标换社保、以宅基地指标换城镇购房补贴的方式，鼓励农民工及其家属永久性地转为城市居民。一方面切实推进城市化进程，提高城市化人口的消费能力；另一方面实现农村土地的规模化、集约化经营，提高农业产出率、农民务农收入。

六是推进政府功能结构转换。以政府功能结构转换推动政府支出结构调整，大幅度地提高公共服务及民生开支的比例。政府支出结构的调整，从根本上说，建立在政府功能结构转换的基础上，没有政府功能结构的转换，政府支出结构的调整势必难以到位，而且难以持久。因此，应当通过推进政府尤其是地方政府的主要职能及工作从GDP增长为中心向以提供公共服务和营造市场经济公平竞争秩序为中心的功能转换实现政府支出结构的调整转换。

第九章　2010 年秋季报告[①]

第一节　2010 年上半年中国宏观经济运行分析

2010 年上半年，中国经济延续了去年以来的回升态势，GDP 同比增长 11.1%，比上年同期加快 3.7 个百分点。但是，经济增长动力减弱、需求结构调整乏力以及欧洲主权债务危机爆发等内外环境的变化，不仅对中国经济的复苏产生了不利影响，同时也导致我国下一个阶段的宏观调控政策陷入多重的两难局面。因此，如何在复杂环境中把握好调控的基调和尺度，促进中国经济逐步通过经济发展方式转变从而实现平稳较快的发展，将是下半年乃至未来一段时期我国经济发展面临的严峻考验。

一、宏观政策趋紧，经济增速放缓

（一）受宏观调控和上年基数影响，经济增速高位回调

2010 年上半年，国民经济运行态势良好，实现国内生产总值 172840 亿元，按可比价格计算，同比增长 11.1%。分季度看，GDP 一季度增长 11.9%，二季度增长 10.3%（图 9-1）。二季度经济增速放缓，一方面与上年同期基数较高有关，另一方面则是政府宏观调控的结果，特别是紧货币政策（紧信贷政策）对经济增长产生了抑制作用。考虑到下半年上年同期

---

① 教育部高校人文社会科学重点研究基地重大课题（05JJD790093、06JJD790029、07JJD630226）和国家社科基金重大项目（08&ZD034）成果。本报告于 2010 年 9 月 13 日在北京发布。

基数更高，宏观调控当局对信贷的限额更为严格，2010 年下半年的经济增长速度可能进一步放缓。

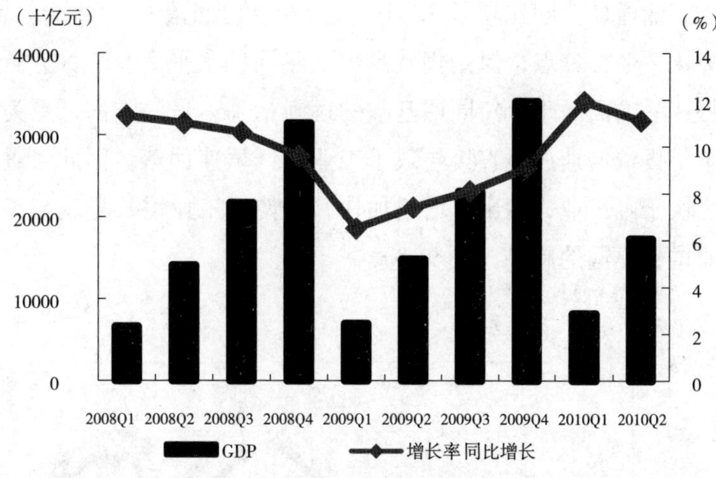

图 9-1　GDP 增长率变动情况

资料来源：CEIC。

（二）三次产业增速下降，工业增加值增速回落

从产业看，三次产业增速在二季度都出现了下降，上次出现这种情况是 2009 年一季度。特别是，第二产业的增长在一季度创出近两年同期新高后，二季度下降明显（图 9-2）。

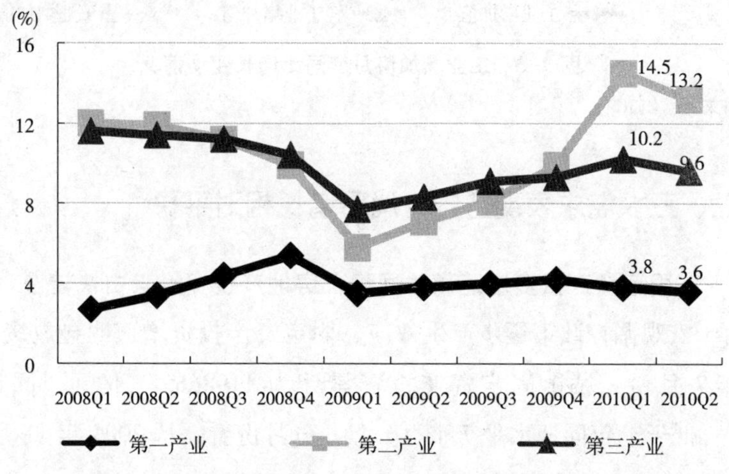

图 9-2　三次产业累计增长变动情况

资料来源：CEIC。

规模以上工业企业增加值在上半年同样呈现“先高后低”的走势。自3月份起，规模以上工业增加值增速连续四个月环比回落，其中，7月份规模以上工业增加值同比增长13.4%，比6月份回落0.3个百分点，比3月份下降4.7个百分点，但是仍然高出上年同期水平2.6个百分点。这种变化趋势，一方面源于上年同期基数的逐渐抬高；另一方面，更为重要的是，上半年投资增速放缓直接导致了工业生产增速回落。因此，重工业的回落速度快于轻工业，而出口增速加快，则使轻工业增长呈现与工业尤其是重工业增长不同的趋势（图9-3）。

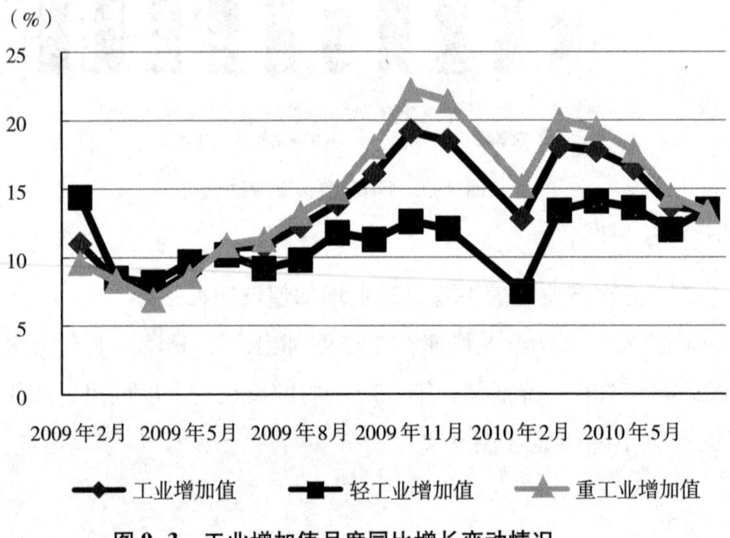

图9-3　工业增加值月度同比增长变动情况

资料来源：CEIC。

二、三大需求表现各异，消费增长相对平稳

（一）固定资产投资增速高位回稳，房地产投资增长由快转慢

由于宏观调控政策逐步产生效应，固定资产投资增速明显放缓。截至2010年7月份，城镇固定资产投资累计为119866.25亿元，同比增长24.9%，低于上年同期水平7个百分点。分月份看，从2009年11月份起，城镇固定资产投资增速就呈现出逐渐放缓的变化趋势。但是，在房地产投资方面，2010年上半年的房地产投资出现较快上升，截至7月份，城镇房

地产开发投资增速累计高达 37.2%，同比上涨 25.6 个百分点。不过，分月份看，从 2010 年 4 月起，房地产开发投资的增速也开始逐渐趋稳（图 9-4）。考虑到楼市调控政策对房地产开发投资的执行效果具有时滞性，预计未来房地产投资增速将进一步回落。

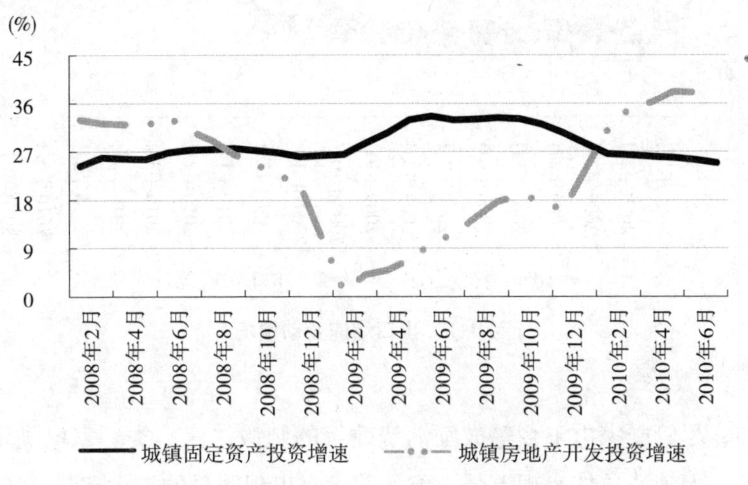

图 9-4　城镇固定资产投资增速变动情况

资料来源：CEIC。

（二）出口增速超预期，成为拉动经济增长的主要动力

截至 2010 年 7 月，出口总额累计达到 8504.9 亿美元，增速为 35.6%，比上年同期增长 57.6%。分月份来看，2010 年上半年出口增速形成了两个高点：2 月和 5 月，分别比上年同期增长 45.7% 和 48.5%。但是，到了 6 月、7 月，随着部分商品出口退税政策的取消，出口增速开始逐渐回落（图 9-5）。下半年，随着欧洲主权债务危机滞后效应的显现，预计出口增长将进一步回归正常水平。另外，截至 2010 年 7 月，进口总额累计为 7665.6 亿美元，增速为 47.2%，累计顺差达到 839.3 亿美元。

（三）消费增长基本持平，扩大内需政策效果不明显

截至 2010 年 7 月，社会消费品零售总额累计为 784922.2 亿元，同比增长 18.2%，比去年同期水平高 3.2 个百分点，但仍然低于 2008 年的增长水平（21.7%）。分月份看，除 1 月份较低外，其余月份社会消费品零售总额的增速表现极其稳定，基本维持在 18% 左右（图 9-6）。事实上，截

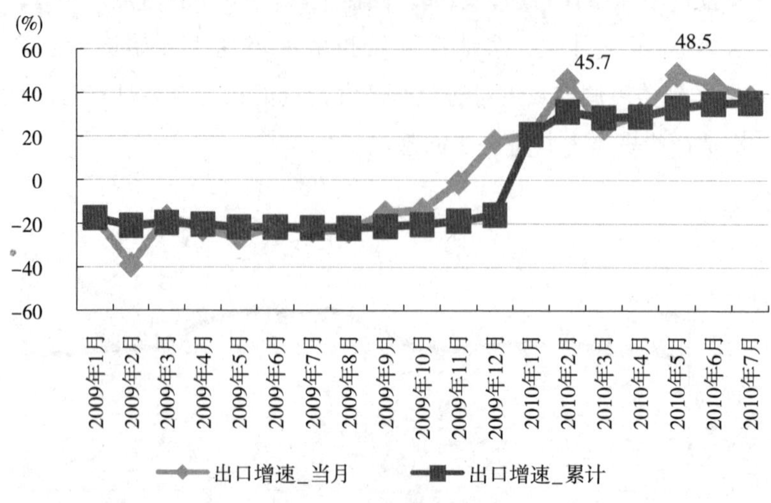

图 9-5　出口增速变动情况

资料来源：CEIC。

至目前，尽管受家电下乡等鼓励消费政策的刺激，汽车类、家电类消费有所增长，但消费总体表现差强人意，并没有出现明显的扩大态势。

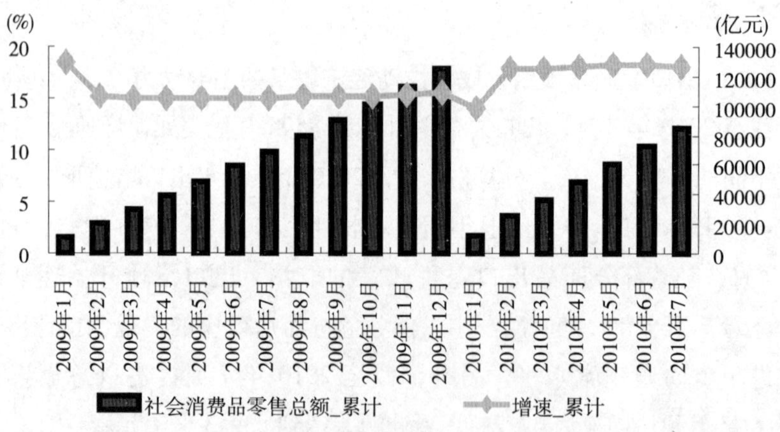

图 9-6　社会消费品零售总额变动情况

资料来源：CEIC。

三、PPI 涨幅出现回落，通胀压力趋于缓解

截至 2010 年 7 月，居民消费价格指数（CPI）累计同比上涨 2.7%，

比上半年提高了 0.1 个百分点；工业品出厂价格指数（PPI）累计同比上涨 5.8%，比上半年回落 0.2 个百分点。分月份看，CPI 涨幅有升有降，最高出现在 7 月份，同比增长达到 3.3%，超过 3%的通胀警戒线。2010 年下半年，随着上年同期价格翘尾因素的减弱，以及秋粮上市对粮食价格的稳定效应，CPI 涨幅预计将出现一定幅度的回落。PPI 涨幅则呈现先升后降的趋势，从 5 月份起，逐渐由峰值的 7.1%，迅速下滑到 7 月份的 4.8%（图 9-7）。考虑到 2010 年下半年经济增长速度将继续放缓，对工业品的需求可能会进一步减弱，PPI 出现反弹的机率不大。

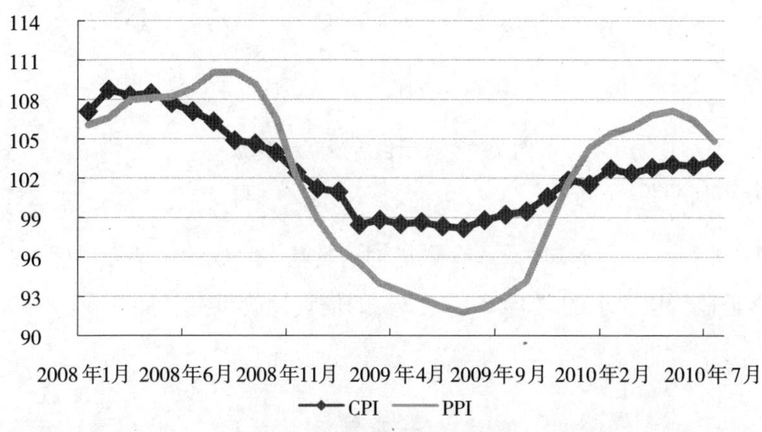

图 9-7　价格指数变动情况

资料来源：CEIC。

四、货币供应量增速持续下滑，信贷完成预定目标

2010 年上半年，流动性持续保持收缩趋势。截至 7 月底，广义货币供应量（M2）同比增长 17.6%；狭义货币供应量（M1）同比增长 22.9%，M1、M2 增速的差距由 1 月份的 12.9 个百分点，进一步收窄为 5.3 个百分点（图 9-8）。

截至 2010 年 7 月底，人民币各项贷款新增 5.16 万亿元，同比少增 2.57 万亿元；分月份看，除 4 月份比上月有所反弹外，其余月份均出现环比下降的趋势。由于自 2009 年 7 月起，信贷规模收缩明显，因此，尽管 2010 年 7 月人民币新增贷款继续呈收缩态势，仅增长 5327.9 亿元，但是仍比上年同期

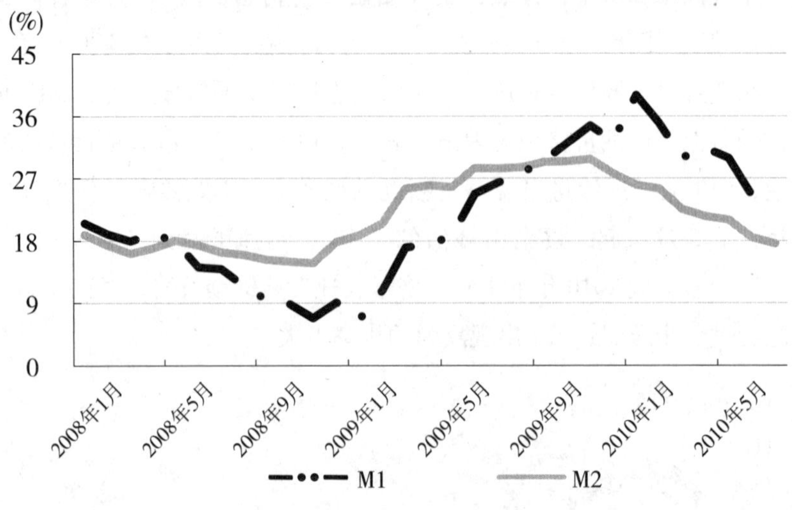

图 9-8 货币供应量变动情况

资料来源：CEIC。

多了 1769.4 亿元。分季度看，金融机构信贷基本完成预定调控目标，总体上较为接近监管层要求的“3∶3∶2∶2”的信贷投放节奏（图 9-9）。

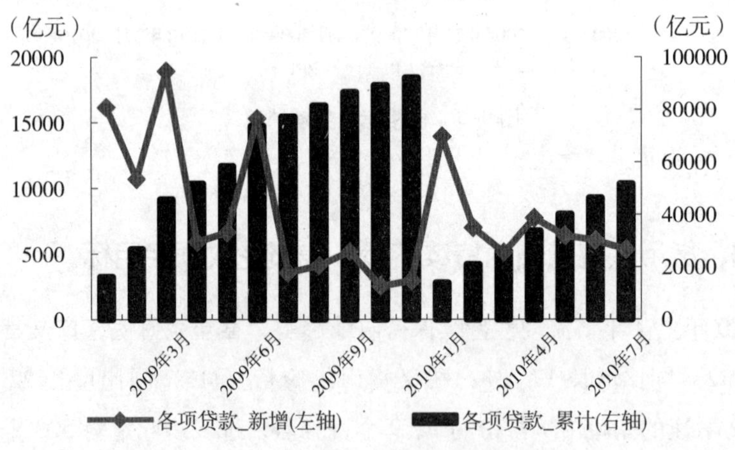

图 9-9 人民币各项贷款新增情况

资料来源：CEIC。

五、受欧洲债务危机影响，人民币汇率升值预期减弱

2010 年上半年人民币对美元汇率基本保持平稳，而受欧洲主权债务危

机影响，人民币对欧元大幅度升值 14.4%。总体而言，自 2010 年 6 月 19 日重启人民币汇率改革以来，人民币对美元汇率基本平稳并小幅升值，但对世界其他主要货币的波动则有所扩大，如人民币对欧元等其他主要货币在汇改后一个月内由大幅度升值转变为小幅贬值（图 9-10）。2010 年下半年，鉴于目前国际环境仍存在诸多不确定性，并且随着出口增速的下降，贸易顺差增速将出现回调，人民币升值压力将有所减缓，预计将继续保持相对稳定态势，不会大幅升值。

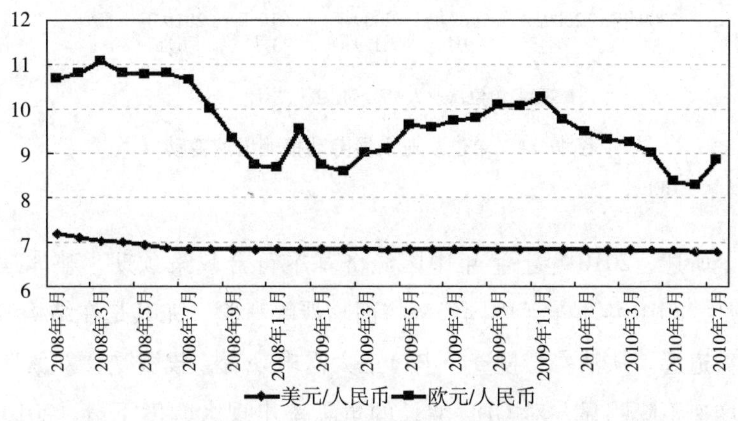

图 9-10　人民币兑美元及欧元汇率

资料来源：CEIC。

六、劳动报酬持续上升，利于发展方式转变

2010 年以来，全国 27 个省份相继上调了最低工资标准以及东部地区一些企业出现的加薪风潮等事件均显示中国劳动报酬在上升。最新数据显示，2010 年二季度单位从业人员的劳动报酬累计为 20583.9 亿元，同比增长 17.4%，比上年同期增加 3.8 个百分点（图 9-11）。预计我国劳动报酬将处于一个长期上升通道。尽管劳动报酬的持续上升在短期内可能将会对外向型企业，尤其是从事劳动密集型产品加工贸易的企业出口产生不利影响，但从长远看，却是促进中国转变经济发展方式，调整国民收入分配和支出结构，调整产业结构，加快技术进步，实现产业升级换代的有利因素；也有利于提高中低收入阶层的收入，改善收入分配格局，扩大国内消费。

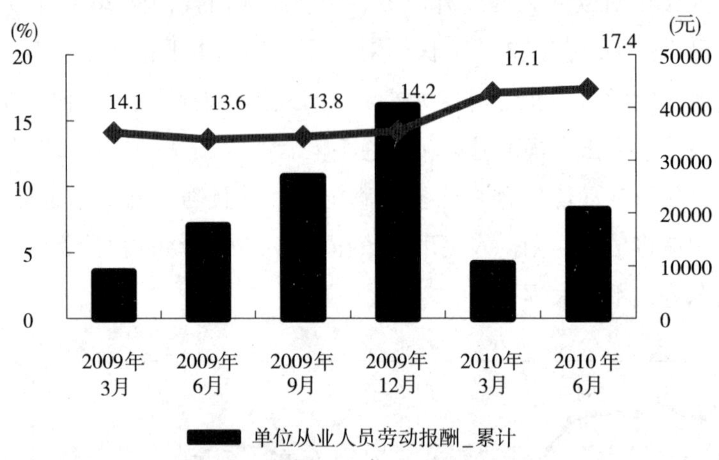

图 9-11　单位从业人员劳动报酬增速变动

资料来源：CEIC。

综上所述，2010 年上半年中国经济基本符合政策预期，整体运行良好。但是，2010 年下半年中国经济将面临严峻考验，尤其是在结构调整方面，任重道远。从消费、投资、出口三大需求来看，投资受“双紧”政策影响，增速下降明显，对 GDP 增长的贡献率出现大幅度下滑。2010 年上半年，资本形成总额对 GDP 的贡献率由 2009 年的 94.6%下降到 59.1%。季度数据显示，2010 年一季度资本形成总额对 GDP 的贡献为 57.9%，这意味着资本形成总额对 GDP 的贡献呈现逐步回落的趋势。考虑到 2010 年下半年信贷规模只有全年 4 成的份额，如果其他政策方面保持紧的趋势不变的话，投资增速基本不可能出现大的反弹。出口方面，2010 年上半年出口增长超出预期。快速上升的出口增长使净出口对 GDP 增长率的贡献率迅速由负转正，由 2009 年的-47.7%上升到 5.8%，猛增了近 53.5 个百分点，出口增长成为 2010 年上半年经济增长的主要动力。但是，随着 2009 年下半年同期基数的提高以及欧洲主权债务危机对世界贸易的外部负效应的显现，出口继续保持高速增长的可能性同样较小。消费方面，尽管受多项鼓励消费政策的刺激，但消费增长并没有取得预期效果，除少数政策鼓励类产品消费有较高增长外，消费增速基本保持稳定。问题是，这种较低水平的稳定增速，在出口快速增长和投资依然保持较高增速的背景下，造成了消费对GDP增长的贡献率由2009年的53.1%，先小幅下滑到2010年一季度的52%，随后进一步下降，2010年上半年仅为35.1%。这意味着从2010年一季度到二季度，消费对GDP的贡献率出现了大幅度下降（图9-12）。

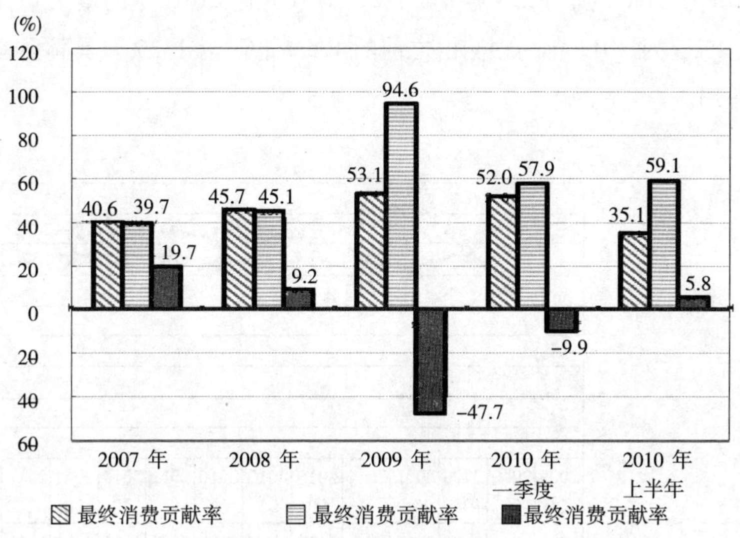

图9-12　三大需求贡献率

资料来源：中经网、CEIC。

根据上述三个方面的分析，可以判断，自国际金融危机爆发以来，我国长期依赖于“投资驱动、出口拉动”的经济增长方式尚未发生实质转变，转变经济发展方式，调整经济结构依然任重道远。

第二节　2010—2011年中国宏观经济预测

一、模型外生变量的假设

（一）美国及欧元区的经济增长率

尽管2010年上半年全球金融市场出现了更多的波动，但还没有发现负向的外溢效应在全球水平上扩散到实体经济的迹象。欧元区的金融市场情况有望逐步稳定并改善，金融动荡带来的额外财政调整成本相当于区内 GDP 的 0.5%，后者预计将使 2011 年欧元区增长速度减缓约 0.25 个百分点。因此，IMF 最新预测（2010 年 7 月 8 日）预计，美国 2010 年、2011 年的经济增长率分别为 2.9%和 2.7%，对欧元区 2010 年的增长预测则维持在 1.4%，对 2011 年的预测由之前的 1.5%下调为 1.3%。具体分季走势见图 9-13。

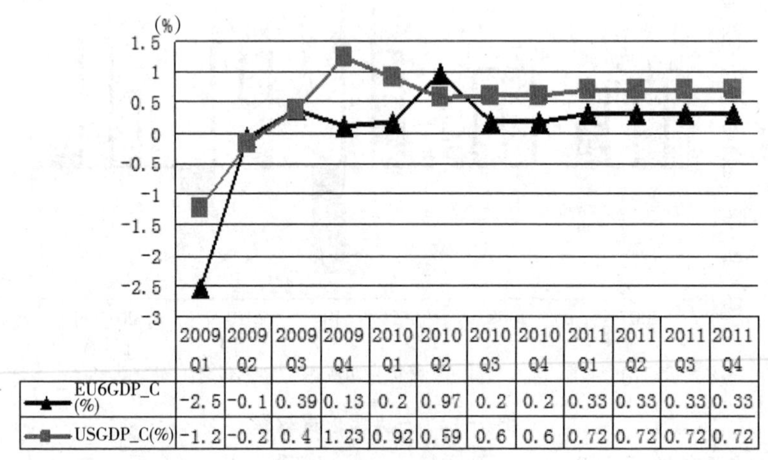

	2009 Q1	2009 Q2	2009 Q3	2009 Q4	2010 Q1	2010 Q2	2010 Q3	2010 Q4	2011 Q1	2011 Q2	2011 Q3	2011 Q4
EU6GDP_C (%)	-2.5	-0.1	0.39	0.13	0.2	0.97	0.2	0.2	0.33	0.33	0.33	0.33
USGDP_C(%)	-1.2	-0.2	0.4	1.23	0.92	0.59	0.6	0.6	0.72	0.72	0.72	0.72

图 9-13　美国与欧元区经济增长率（环比）的变化趋势假定

资料来源：IMF。

（二）汇率水平

由于欧洲债务危机以及美国经济复苏领先于欧洲等原因，2010 年前两季度美元对欧元累积升值 15.13%。预计 2010 年欧元兑美元汇率将持续走弱的局面，到年底下降至 1 欧元兑 1.24 美元的水平。2011 年，随着美联储加息预期上升，欧元兑美元将维持走弱趋势，全年持续贬值至 1 欧元兑 1.2 美元的水平。

人民币汇率方面，尽管中国人民银行 2010 年 6 月 21 日宣布重启汇改，进一步推进人民币汇率形成机制改革，增强人民币汇率弹性，鉴于目前国际环境仍存在诸多的不确定性，人民币将继续保持相对稳定态势，不会大幅度升值。我们因此假定 2010 年下半年人民币对美元将升值 0.78%，2011 年全年将升值 0.6%（图 9-14）。

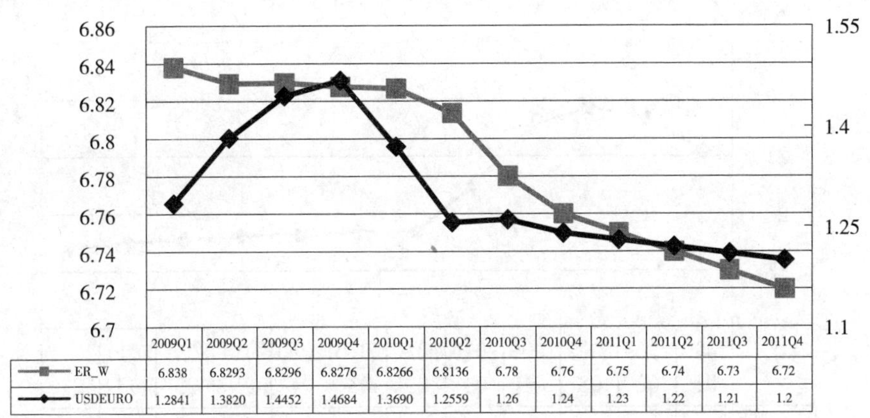

	2009Q1	2009Q2	2009Q3	2009Q4	2010Q1	2010Q2	2010Q3	2010Q4	2011Q1	2011Q2	2011Q3	2011Q4
ER_W	6.838	6.8293	6.8296	6.8276	6.8266	6.8136	6.78	6.76	6.75	6.74	6.73	6.72
USDEURO	1.2841	1.3820	1.4452	1.4684	1.3690	1.2559	1.26	1.24	1.23	1.22	1.21	1.2

图 9-14　美元兑人民币汇率（左）、美元兑欧元汇率（右）的变化趋势假定

资料来源：本课题组假定。

（三）货币供应量（M2）增速

我国确定了 2010 年新增贷款 7.5 万亿元，广义货币供应量（M2）同比增长 17%的货币投放目标。2010 年一季度实际新增贷款 2.6 万亿元，占年度新增贷款的 34.7%，二季度货币供应量增速在高位上回落。截至 6 月末，金融机构人民币各项贷款余额 44.6 万亿元，比年初增加 4.6 万亿元，同比少增加 2.7 万亿元；广义货币供应量（M2）余额 67.4 万亿元，同比增长 18.5%。按照监管层设定的 2010 年全年信贷增量控制在 7.5 万亿元的目标和季度投放“3∶3∶2∶2”的分布格局，上半年实际新增贷款规模为 4.6 万亿元，基本符合信贷投放的总量及进度要求。在总量数据层面，2010 年上半年 M2 新增规模与新增信贷和新增外汇占款相加基本吻合，以此为基础，我们假定下半年新增 M2 规模为 4.2 万亿元，其对应的全年 M2 增速为 18.1%。2011 年，随着控制信贷以及保持金融稳定的新措施出台，M2 增速将进一步回落至 17%左右的目标区间，总体增速保持稳定（图 9-15）。

（四）1 年期贷款利率

2010 年上半年居民消费价格指数（CPI）同比上涨 2.6%，6 月 CPI 同比上涨 2.9%，涨幅比 5 月回落 0.2 个百分点，大大低于预期，环比下降 0.6 个百分点，降幅比上月扩大 0.5 个百分点。随着下半年翘尾因素的逐

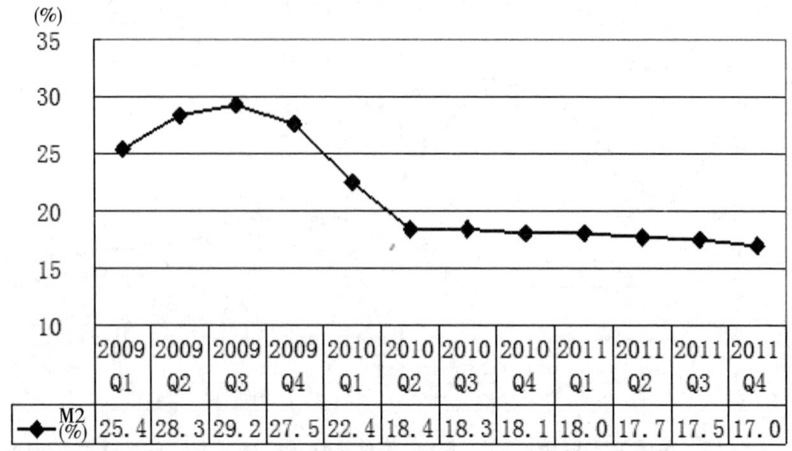

	2009 Q1	2009 Q2	2009 Q3	2009 Q4	2010 Q1	2010 Q2	2010 Q3	2010 Q4	2011 Q1	2011 Q2	2011 Q3	2011 Q4
M2 (%)	25. 4	28. 3	29. 2	27. 5	22. 4	18. 4	18. 3	18. 1	18. 0	17. 7	17. 5	17. 0

图 9-15　货币供应量（M2）的变化趋势假定

资料来源：本课题组假定。

步消除，以及货币增速的下行，预计下半年 CPI 将形成逐步回落的势头。同时，由于人民币升值对国内总需求的抑制和升值后“利率汇率二元困境”的加剧，年加息可能性不大，我们假定 2010 年下半年至 2011 年底的 1 年期银行贷款基准利率维持 5. 31%的现有水平不变（图 9-16）。

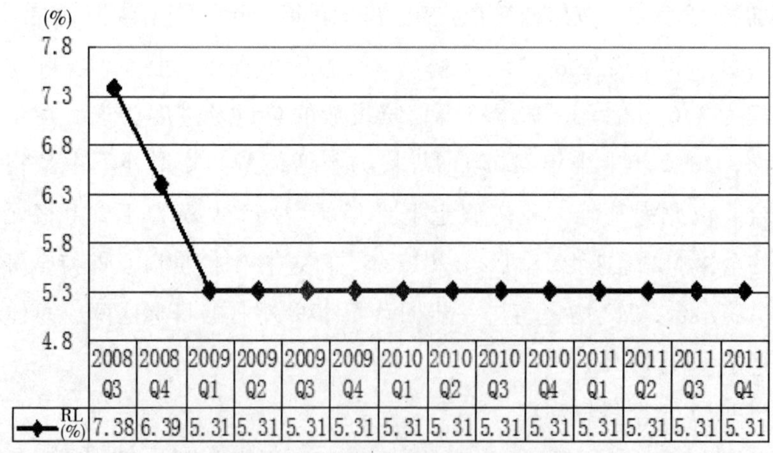

	2008 Q3	2008 Q4	2009 Q1	2009 Q2	2009 Q3	2009 Q4	2010 Q1	2010 Q2	2010 Q3	2010 Q4	2011 Q1	2011 Q2	2011 Q3	2011 Q4
RL (%)	7. 38	6. 39	5. 31	5. 31	5. 31	5. 31	5. 31	5. 31	5. 31	5. 31	5. 31	5. 31	5. 31	5. 31

图 9-16　1 年期贷款利率的变化趋势假定

资料来源：本课题组假定。

二、2010—2011 年中国宏观经济主要指标预测

（一）GDP 增长率预测

基于上述假定，CQMM 预测显示：2010 年中国 GDP 可增长 9.84%，经济持续复苏，但是，2011 年由于控制信贷以及保持金融稳定的新措施出台，GDP 增长率预计将回落到 9.00%。从各季度增长率看（图 9-17），2010 年 GDP 增长率呈现出“先高后低”的走势，到 2011 年第一季度出现小幅加速，之后有所下滑，至第四季度又出现上扬态势。

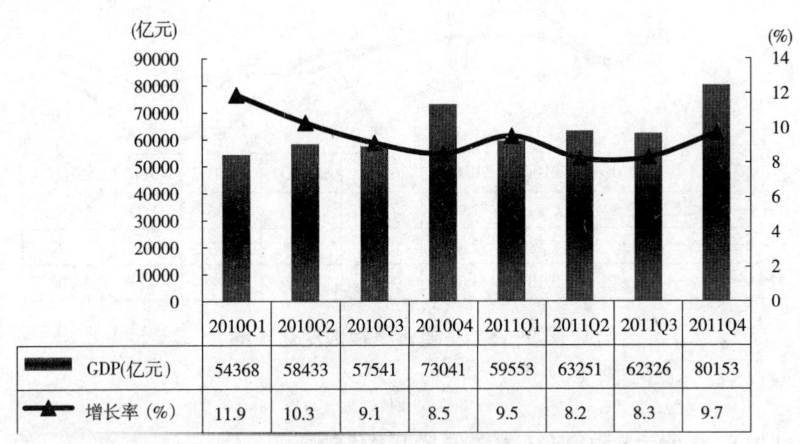

	2010Q1	2010Q2	2010Q3	2010Q4	2011Q1	2011Q2	2011Q3	2011Q4
GDP(亿元)	54368	58433	57541	73041	59553	63251	62326	80153
增长率（%）	11.9	10.3	9.1	8.5	9.5	8.2	8.3	9.7

图 9-17　不变价 GDP 及增长率预测

资料来源：本课题组假定。

（二）主要价格指数变化预测

进入 2010 年，居民消费价格指数（CPI）涨幅先升后降，在第二季度达到 3%之后上升趋势开始扭转，预计第三季度 CPI 涨幅与第二季度涨幅持平，之后开始小幅回落，全年增幅将为 2.68%。2011 年前三季度 CPI 涨幅平稳，基本保持在 2%的水平，第四季度涨幅小幅上扬，全年预计为 2.04%。相对于 CPI 的小幅变化，固定资产投资价格指数（P_I）和 GDP 平减指数（P_GDP）的波动则比较大。其中，固定资产投资价格指数与 CPI 变化趋势相同，2010 年、2011 年涨幅分别将为 2.95%、1.31%；分季度来看，2010 年涨幅先升后降，2011 年涨幅先降后升，但是波动幅度明

显大于CPI。固定资产投资价格指数涨幅在2010年第二、三季度达到最高，之后持续下滑，到2011年第三季度降至0.31%后将触底反弹。GDP平减指数在今后一段时间将会出现频繁波动，2010年第二季度同比涨幅将达到5.58%，第三季度开始急剧下滑，全年涨幅为3.2%，至2011第一季度才得以扭转，之后仍会出现波动，但波动幅度趋缓，全年增幅将为2.25%。

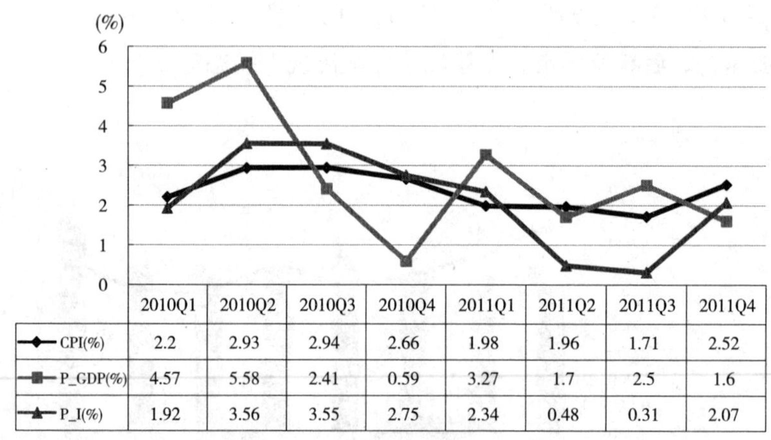

	2010Q1	2010Q2	2010Q3	2010Q4	2011Q1	2011Q2	2011Q3	2011Q4
CPI(%)	2.2	2.93	2.94	2.66	1.98	1.96	1.71	2.52
P_GDP(%)	4.57	5.58	2.41	0.59	3.27	1.7	2.5	1.6
P_I(%)	1.92	3.56	3.55	2.75	2.34	0.48	0.31	2.07

图9-18　主要价格指数变化预测

资料来源：本课题组计算。

（三）其他主要宏观经济指标增长率预测

1. 进出口及外汇储备增长率预测

外部经济环境进一步回暖。2010年中国出口将保持正增长，同时，进口因出口回暖也将保持正增长，全年贸易顺差由2010年第一季度的负增长转为正增长。以美元、按现价计算的贸易顺差增长2010年将为3.98%，2011年将为12.41%（表9-1）。其中，以美元、按现价计算的出口增速2010年和2011年将分别为23.94%、5.78%，进口增速将分别为28.25%、4.62%。模型预测，一般贸易进出口、加工贸易进出口都将继续恢复增长，但是增速在2010年下半年有所回落，到2011年下半年则开始回升。2010年，外汇储备增长率将为13.94%，增长速度呈逐渐下降趋势，到2011年第二季度开始小幅回升（图9-19）。

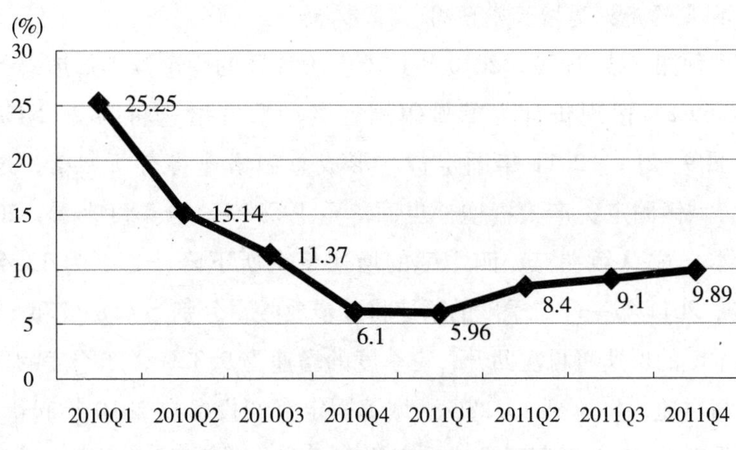

图 9-19　外汇储备增长率预测

资料来源：本课题组计算。

表 9-1　2010—2011 年中国进出口及外汇储备增长率预测

（单位:%）

时　间	出　口				进　口				净出口	外汇储备
	不变价（亿元）	现价（亿美元）	一般贸易现价（亿美元）	加工贸易现价（亿美元）	不变价（亿元）	现价（亿美元）	一般贸易现价（亿美元）	加工贸易现价（亿美元）	现价（亿美元）	现价（亿美元）
2010年	23.47	23.94	24.59	21.83	18.26	28.25	29.07	25.36	3.98	13.94
第一季度	32.91	28.74	26.65	29.83	42.44	64.61	72.44	56.15	-69.86	25.25
第二季度	38.71	40.97	45.80	35.75	21.43	44.10	45.54	42.38	21.86	15.14
第三季度	15.97	21.00	21.27	18.96	8.92	17.03	16.91	13.41	46.76	11.37
第四季度	11.48	10.06	8.92	8.75	5.64	3.55	-0.48	5.80	38.75	6.10
2011年	8.44	5.78	1.97	8.38	11.88	4.62	4.60	4.72	12.41	8.36
第一季度	5.19	4.41	0.29	7.08	4.92	-2.76	-4.15	0.05	112.14	5.96
第二季度	1.71	-3.21	-7.86	0.25	8.03	-5.47	-4.89	-6.13	13.13	8.40
第三季度	13.09	8.23	5.33	10.12	16.56	9.03	7.95	10.24	4.07	9.10
第四季度	13.36	13.36	10.59	15.28	18.56	18.56	22.20	14.26	-3.74	9.89

资料来源：本课题组计算。

2. 固定资产投资增长率预测

模型预测（表 9-2），2010 年按不变价计算的固定资本形成总额增速将为 14.69%；按现价计算的城镇固定资产投资增速将为 24.54%（图 9-20、图 9-21）。2011 年固定资本形成总额增速将有所回落，预计为 9.58%，城镇固定资产投资增长也回落至 19.46%。分季度来看，2010 年固定资本形成总额在三、四季度的增速将有所下降，分别为 13.42%和 13.36%；2011 年一、二季度的增速将逐步放缓，分别为 6.87%和 5.39%，三、四季度的增速将再次回升，三季度的增速为 9.32%，四季度的增速为全年最高增速，将达到 15.28%。城镇固定资产投资在 2010 年起伏较大，先由一季度的 26.44%下降为二季度的 25.15%，在三季度再度回升，达到全年最高增速 27.82%，四季度重新跌落到全年最低增速 20.28%；2011 年则呈现出两头高、中间低的趋势，四个季度增速依次分别为 23.85%、14.77%、14.79%、26.52%。

表 9-2　2010—2011 年其他主要宏观经济指标增长率预测

（单位:%）

时　　间	居民消费总额（不变价，亿元）	社会商品零售总额（现价，亿元）	城镇固定资产投资（现价，亿元）	固定资产形成总额（不变价，亿元）
2010 年	5.15	24.27	24.54	14.69
第一季度	6.12	23.73	26.44	22.04
第二季度	3.96	23.82	25.15	14.15
第三季度	4.93	24.26	27.82	13.42
第四季度	5.53	25.10	20.28	13.36
2011 年	7.60	19.88	19.46	9.58
第一季度	10.46	22.42	23.85	6.87
第二季度	9.01	20.68	14.77	5.39
第三季度	7.13	19.06	14.79	9.32
第四季度	4.40	17.85	26.52	15.28

资料来源：本课题组计算。

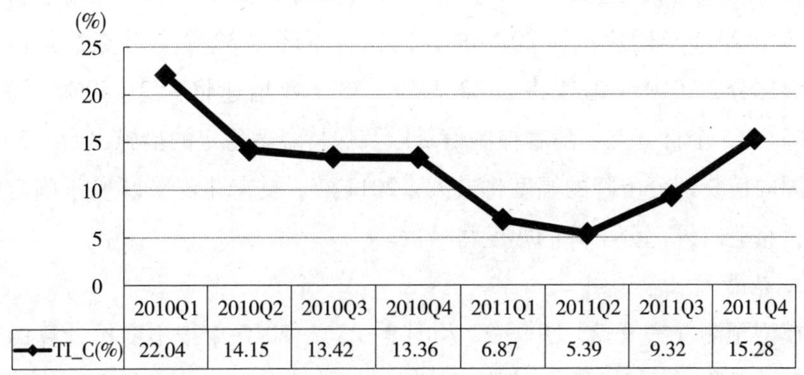

图 9-20 固定资产形成总额（不变价）增长率预测

注：TI_C 表示固定资产形成总额（不变价）增速。

资料来源：本课题组计算。

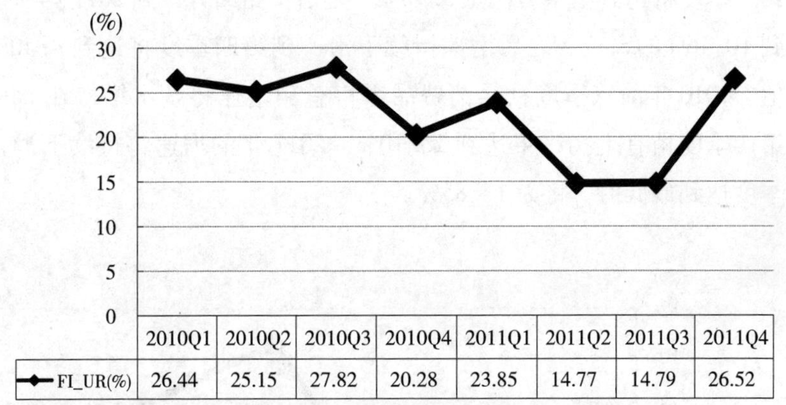

图 9-21 城镇固定资产投资总额（现价）增长率预测

注：FI_UR 表示城镇固定资产投资总额（现价）增速。

资料来源：本课题组计算。

模型预测，2010 年固定资产投资总额增速将为 24.55%，2011 年增长速度进一步回落到 19.34%。分季度看，2010 年总体呈现出前高后低的态势，四个季度的增速将依次分别为 38.73%、23.66%、26.25%、16.38%。到 2011 年，前三个季度的增速将依次分别为 16.77%、16.90%、15.21%，四季度则再次回到较高增速，将为 27.31%。按资金来源分类看，2011 年固定资产投资各主要资金来源增长速度都将呈现下降趋势。其中，来源于国内信贷的资金增速 2010 年将为 16.97%，同比下降 35.47 个百分点，

2011年增速将下降至15.56%；来源于企业自筹的部分，2010年增速将为28.47%，2011年增速将为20.14%，同比将下降8.33个百分点；其他资金来源部分，2010年增速将为22.24%，2011年增速将为21.59%，同比将下降0.65个百分点。随着控制信贷以及保持金融稳定的措施出台，2010年，国内信贷部分下降的幅度将最大，2011年，受未来经济环境不确定的影响，企业自筹部分下降的幅度将最大。

3. 消费增长率预测

模型预测（表9-2、图9-22及图9-23），2010年按不变价计算的居民消费总额将增长5.15%，按当年价格计算的社会消费品零售总额将增长24.27%。2011年居民消费总额增速将上升至7.60%，社会消费品零售总额增速将下降至19.88%。分季度看，2010年居民消费总额增速将先降后升，第二季度将达到全年最低点3.96%，之后一路回升，到2011第一季度将达到10.46%的高点，之后增速持续下滑，到第四季度将达到4.40%的最低值。2010年前三季度社会消费品零售总额增速将基本维持在24%左右，第四季度稍有上扬，将达到25.10%，2011年的增速将持续下滑，到第四季度达到最低值，将为17.85%。

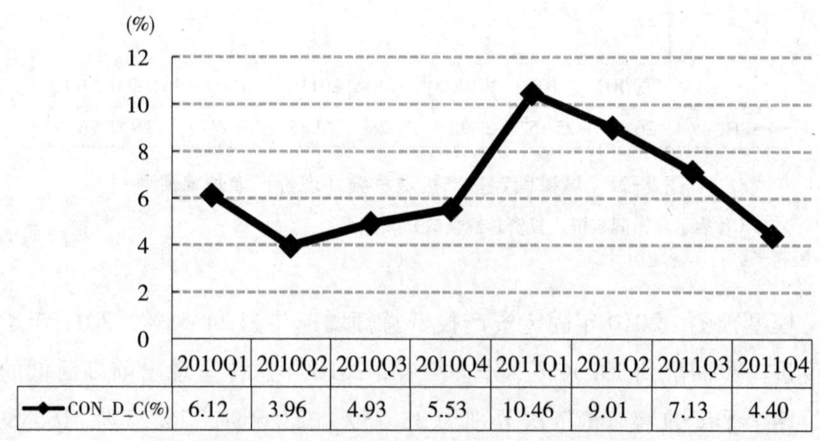

	2010Q1	2010Q2	2010Q3	2010Q4	2011Q1	2011Q2	2011Q3	2011Q4
CON_D_C(%)	6.12	3.96	4.93	5.53	10.46	9.01	7.13	4.40

图9-22 居民消费总额（不变价）增长率预测

注：CON_D_C表示居民消费总额（不变价）增速。

资料来源：本课题组计算。

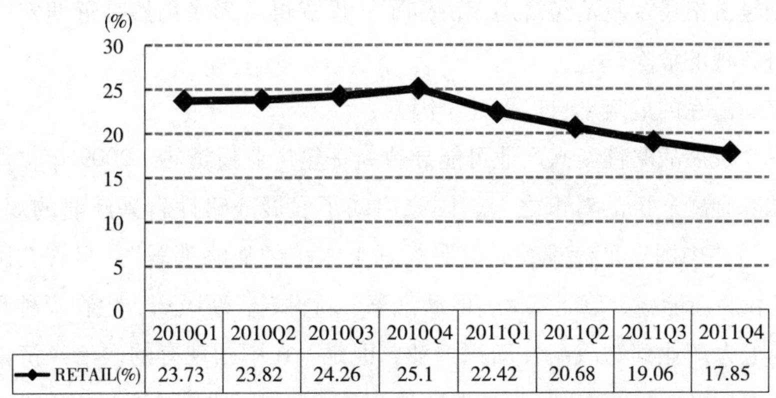

	2010Q1	2010Q2	2010Q3	2010Q4	2011Q1	2011Q2	2011Q3	2011Q4
RETAIL(%)	23.73	23.82	24.26	25.1	22.42	20.68	19.06	17.85

图 9-23　社会消费品零售（现价）总额增长率预测

注：RETAIL 表示社会消费品零售总额（现价）增速。

资料来源：本课题组计算。

预测结果表明，2010 年下半年至 2011 年，由于信贷控制以及保持金融稳定的新措施进一步出台，固定资产投资增速回落，同时，外部经济恢复变缓，导致出口增速下降，提高居民收入、扩大消费方面如果没有新的政策出台，居民消费的增长将有限，加上翘尾因素的减弱，GDP 增速将放缓。鉴于生产者价格下降，以及食品价格止涨回落，使得物价基本处于可控范围内。

第三节　政策效应模拟分析

一、区域竞争、投资竞赛的经济效应分析

2009 年为应对国际金融危机导致的国外需求急剧下降造成的经济萎缩，宏观经济当局启动了以国有投资扩张为主要手段的扩大内需政策，这一方面实现了年初提出的经济增长目标，另一方面也加剧了既有的国民经济结构失衡，提高了通胀的风险。正是因此，2010 年上半年，宏观经济当局采取了从紧的货币政策，固定资产投资增速明显放缓，但是，中国现有

的政治经济格局及政治经济周期决定了，投资再度膨胀仍然是近期宏观调控不可忽视的危险。

这一潜在的危险来自以下几个因素：

一是发展战略性新兴产业可能导致新一轮产业投资热。2009 年，作为应对国际金融危机的对策之一，国家启动了发展战略性新兴产业的规划，把它作为“中国立足渡难关，着眼长远上水平的战略部署”。尽管在国家层面，仅将新能源、节能环保、电动汽车、新材料、新医药、生物育种和信息通信七大产业列为战略性新兴产业，但是，在中国现有的政治经济体制下，争取战略性新兴产业落地本地区马上就成为各级地方政府争相争夺的战略高地，各级地方政府更是借机层层增列所谓地方性的“战略性新兴产业”，强化了政府对产业发展的干预力度，可能引发新一轮的投资与引资竞争。

二是区域发展的新一轮竞争引发投资热。2000 年以来，我国先后实施了西部大开发、振兴东北等老工业基地、促进东部崛起、东部率先发展等重大战略举措，2007 年以来，国务院及有关部门先后批复了珠江三角洲、长江三角洲、天津滨海新区、海峡西岸经济区、关中—天水经济区、中国图门江区域、黄河三角洲、横琴新区、安徽皖江城市带、鄱阳湖生态经济区等 20 多个区域规划，其中，仅 2010 年上半年批复的就有 6 个区域规划。不同地区竞相争取本地发展规划进入国家规划支持的盘子，获得特殊政策支持和先行先试权限，展开了区域发展的新一轮竞争，势必引发新的投资和引资竞争。

三是特定的政治经济周期可能催动投资热。2010 年是“十一五”规划的最后一年，2011 年是“十二五”规划的第一年，争取更好地完成“十一五”规划，实现“十二五”规划良好开局，以优异成绩迎接中共十八大召开，使各级地方党委及政府有充分的激励以一种时不我待、只争朝夕的精神扩大投资加快发展地方经济。近期以来，不少地方政府争相提出了较高的经济发展与财政收入增长的目标，[①] 扩大投资是实现这一目标最为快捷的手段。

四是对转变发展方式的错误理解。转变经济发展方式是我国调整国民收入分配使用结构严重失衡、“投资推动、出口拉动”型粗放经济增长方式的根本选择。然而，一些政府部门与地方政府却把转变发展方式过多地

① 但是，在提高居民收入尤其是劳动报酬、改善民生方面却罕见明确的数量指标。

理解为调整经济结构，把调整经济结构片面地理解为调整产业结构，把转变经济发展方式的希望寄托在发展战略性新兴产业上，试图依靠扩大投资，加快资本深化来实现经济发展方式的转变。

上述种种因素导致了投资再度膨胀的巨大压力。如不及时扭转这一势头，2011 年投资很可能会因此增加。投资增加源于信贷资金支持。鉴于 2010 年为防止经济过热，宏观调控当局收紧了银根，全年信贷目标 7.5 万亿元。但实际情况是，在经济本身对贷款的需求增量很大的情形下，商业银行绕过政策限制采用了银信合作的方式，通过信托公司发放贷款。有关机构估计这项贷款有 2.2 万—2.8 万亿元之多（这项新增贷款被转出资产负债表外，未纳入信贷监管中，8 月份已被银监会叫停），如果加上这一块，2010 年全年实际贷款量将与 2009 年差不多。如果像往常一样，2011 年出现“十二五”规划开局竞争，最终实现的实际信贷规模可能不会比 2009 年、2010 年少。如果 2011 年信贷规模为 10 万亿元，那么，全年 M2 增速将达 20%。万一出现了这种情况，那么，将对 2011 年的宏观经济运行造成何种影响呢？为此，本课题组利用 CQMM 进行了以下政策模拟：

情景 1：假定 2011 年 M2 的增速为 20%，通过 CQMM 模拟新一轮投资扩张的经济效应。

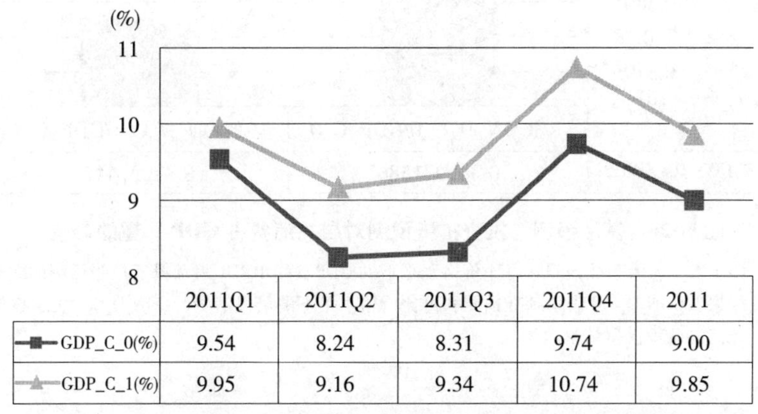

	2011Q1	2011Q2	2011Q3	2011Q4	2011
GDP_C_0(%)	9.54	8.24	8.31	9.74	9.00
GDP_C_1(%)	9.95	9.16	9.34	10.74	9.85

图 9-24　基准预测与投资扩张预测对 GDP 增长率的影响

注：GDP_C_0 表示基准预测下的 GDP 增长率，GDP_C_1 表示投资扩张预测的政策模拟结果。

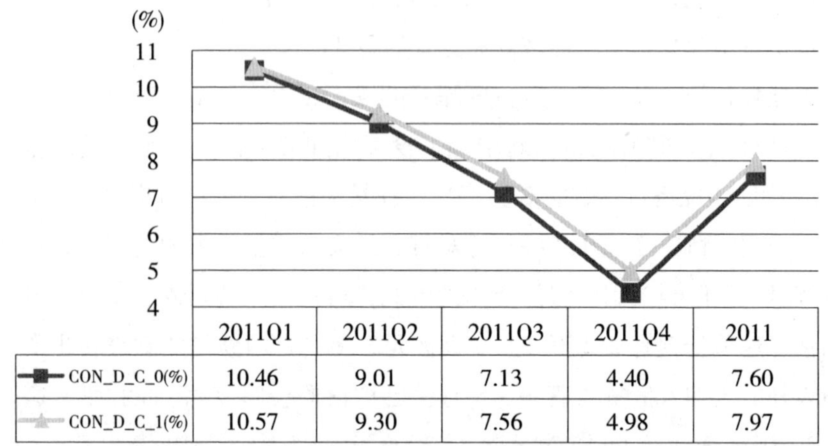

图 9-25　基准预测与投资扩张预测对居民消费增长率的影响

注：CON_D_C_0 表示基准预测下的居民消费增长率，CON_D_C_1 表示投资扩张预测的政策模拟结果。

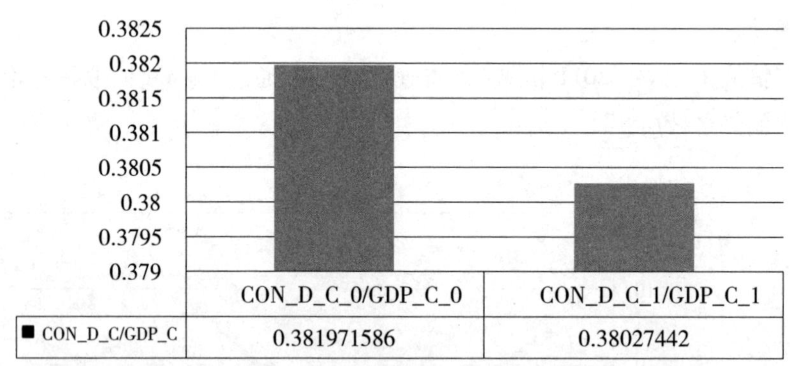

图 9-26　基准预测与投资扩张预测对居民消费占 GDP 比重的影响

注：GDP_C_0 表示基准预测和可比价格水平下的 GDP，GDP_C_1 表示投资扩张预测的政策模拟结果，CON_D_C_0 表示基准预测和可比价格水平下的居民消费，CON_D_C_1 表示投资扩张预测的政策模拟结果。

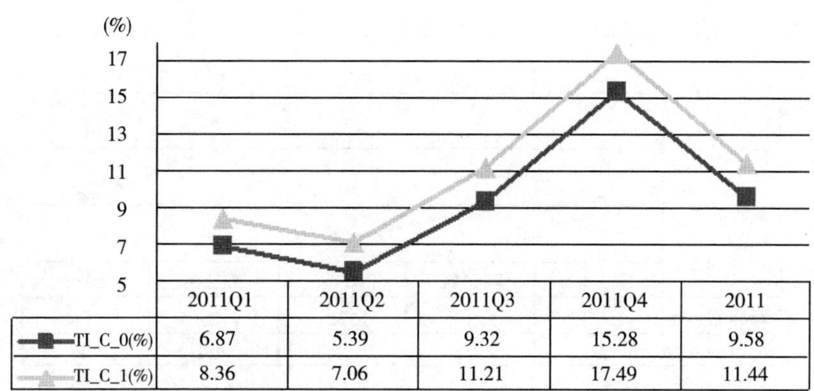

	2011Q1	2011Q2	2011Q3	2011Q4	2011
TI_C_0(%)	6.87	5.39	9.32	15.28	9.58
TI_C_1(%)	8.36	7.06	11.21	17.49	11.44

图 9-27　基准预测与投资扩张预测对固定资产形成总额增长率的影响

注：TI_C_0 表示基准预测下的资本形成总额增长率，TI_C_1 表示投资扩张预测的政策模拟结果。

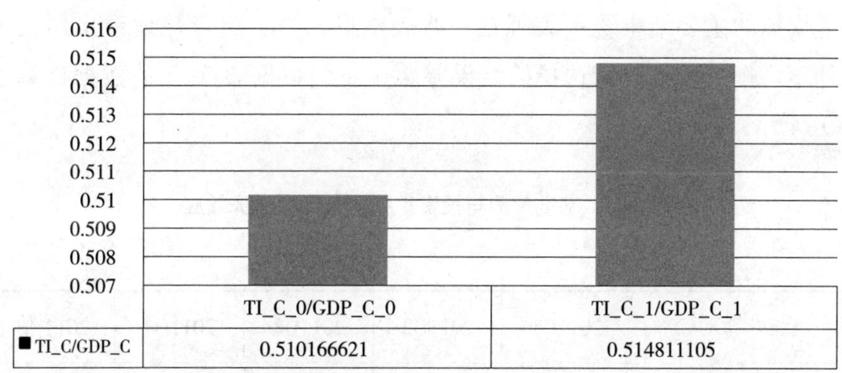

	TI_C_0/GDP_C_0	TI_C_1/GDP_C_1
TI_C/GDP_C	0.510166621	0.514811105

图 9-28　基准预测与投资扩张预测对资本形成额占 GDP 比重的影响

注：GDP_C_0 表示基准预测和可比价格水平下的 GDP，GDP_C_1 表示投资扩张预测的政策模拟结果，TI_C_0 表示基准预测和可比价格水平下的资本形成总额，TI_C_1 表示投资扩张预测的政策模拟结果。

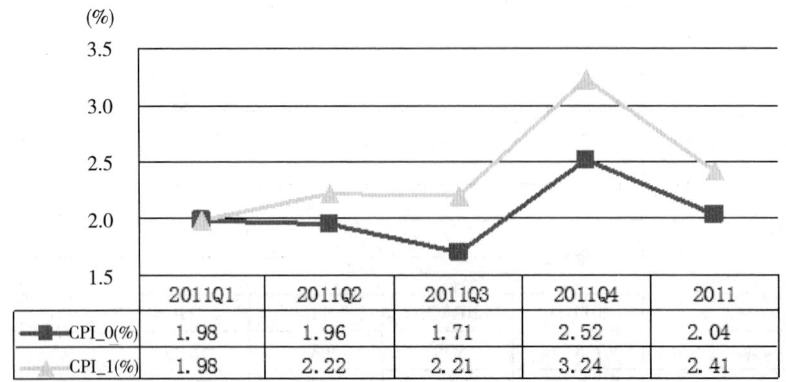

图 9-29　基准预测与投资扩张预测对 CPI 的影响

注：CPI_0 表示基准预测下的居民消费价格增长率，CPI_1 表示投资扩张预测的政策模拟结果。

图 9-24 至图 9-29 给出了情景 1 假定下通过 CQMM 模型模拟的主要结果。表 9-3 将图 9-24 至图 9-29 所给出的上述两种情景下通过 CQMM 模型模拟的主要结果统一表现在一张表格里。为了更清楚地看出纠正国内外不均衡的两种政策选择的结果差距，我们根据表 9-3 的数据计算了表 9-4。

表 9-3　基准预测与投资扩张预测下的经济效应

（单位:%）

		2011Q1	2011Q2	2011Q3	2011Q4	2011 年
GDP 增长率	基准预测	9. 54	8. 24	8. 31	9. 74	9. 00
	情景 1	9. 95	9. 16	9. 34	10. 74	9. 85
居民消费 增长率	基准预测	10. 46	9. 01	7. 13	4. 40	7. 60
	情景 1	10. 57	9. 30	7. 56	4. 98	7. 97
资本形成 总额增长率	基准预测	6. 87	5. 39	9. 32	15. 28	9. 58
	情景 1	8. 36	7. 06	11. 21	17. 49	11. 44
居民消费 价格增长率	基准预测	1. 98	1. 96	1. 71	2. 52	2. 04
	情景 1	1. 98	2. 22	2. 21	3. 24	2. 41

表9-4　投资扩张预测的经济影响

——与基准预测结果比较

（单位:%）

	2011Q1	2011Q2	2011Q3	2011Q4	2011年
GDP增长率	+0.41	+0.92	+1.03	+1.00	+0.85
居民消费增长率	+0.11	+0.29	+0.43	+0.58	+0.37
资本形成总额增长率	+1.49	+1.67	+1.89	+2.21	+1.86
居民消费价格增长率	+0.00	+0.26	+0.50	+0.72	+0.37

模拟结果显示，与基准预测相比，情景1将出现下述情况：

（1）投资对GDP增长的拉动效应减弱，原有增长模式难以为继。如图9-24所示，2011年GDP的增速将因此提高0.84个百分点，从原来9%的预测值上升到9.85%。这一增长率固然令人鼓舞，但前提是信贷增量10万亿元。与金融危机前的2007年新增贷款3.6万亿元、M2增速为16.7%情况下GDP增速为14.2%相比，GDP增长率上升的成本无疑过于高昂。其所以如此，是因为，目前中国经济面临的外部市场环境已经发生了重大变化。在世界经济周期的上行阶段，我国过去大量累积投资所形成的产能，比较容易在世界市场上得到实现。但是，在外需不振的情况下，如果居民收入尤其是劳动报酬尚未因国民收入分配结构的调整而上升，居民的消费倾向没有因体制环境的改善得到回升，从而居民消费需求明显上升，那么，投资所形成的产能将无法得到国内需求支持，削弱了投资对GDP增长的贡献度。

（2）国民经济将出现"结构逆向调整"。如图9-25、图9-26、图9-27、图9-28、图9-29所示，投资增长将导致居民消费增速下降，其占GDP比重也下降，固定资产形成总额占GDP比重上升，同时CPI进一步上升。这说明，如果投资再度膨胀，则会引起国民经济的"结构逆向调整"，使目前已经十分严重的国民收入"两高一低"结构失衡进一步加剧，通货膨胀风险也加剧。

二、纠正经济内外失衡，提高工资还是本币升值?

长期依靠"出口拉动、投资驱动"，以出口劳动密集型产品为导向的粗放型经济增长方式，其累积结果是我国经济逐渐形成了严重的内外失衡，亟须调整。然而，如何调整内外部失衡，存在不同观点。调整内部失衡，关键在于提高居民收入尤其是劳动报酬占 GDP 的比重。调整外部失衡，可以有两种选择：一是提高国内工资水平，二是本币升值。两者都会增加进口，减少出口，缩小贸易顺差，但是，两者作用机理不同。提高国内工资水平将使本国的单位劳动成本上升，以往在国际上具有较大竞争优势的劳动密集型产品竞争优势下降，出口减少，部分劳动密集型产业或是转移或是被淘汰，产业因此转型升级。与此同时，提高工资将使居民收入增加，扩大消费，如果提高工资主要是提高中低收入阶层的劳动报酬，将会改善收入分配结构，更大地促进消费。本币升值，固然也能缩小贸易顺差，但它对收入分配的直接影响却是增加了本币持有者的购买力，因此，它可能会扩大收入分配差距。很显然，在目前我国内外失衡的具体情况下，理论分析的结论倾向于提高工资水平而不是升值本币来调整内外失衡。但是，对于这一结论，还需要通过政策模拟进行验证。

这一政策模拟的步骤是：第一，根据国际劳工组织提供的公式，估算我国制造业单位劳动成本（ULC），并通过对我国主要出口产品的分析，遴选主要国际竞争对手，估算我国与竞争对手的相对单位劳动成本；① 第二，将估算出来的我国制造业单位劳动成本和相对单位劳动成本纳入 CQMM 模型，并通过设定不同的变化情景，进行政策模拟。

根据经购买力平价调整后的 ULC 的定义，理论上可以有四种途径改变 ULC：首先，通过调工资来改变单位劳动成本，更确切地说，是通过调节劳动报酬或年劳动时间来作用于单位劳动成本；其次，通过改变名义汇率来影响单位劳动成本；再次，通过改变购买力平价汇率来影响单位劳动成本；最后，通过调整劳动生产率来改变单位劳动成本。

基于上述分析，本课题组将分别针对工资和汇率进行情景设定，并通过 CQMM 模型进行政策模拟。

情景 2：假设在 2003—2009 年期间将工资比历史模拟提高 10%，通

① 我国制造业单位劳动成本及竞争对手的相对单位劳动成本的估算方法、过程和结果请见本报告附录。

过 CQMM 模拟其对国际贸易平衡与总需求结构的调整效应。

情景 3：假设在 2003—2009 年期间保持与情景 2 相对单位劳动成本（RULC）一样的下降幅度，人民币对美元汇率相应升值 10%，通过 CQMM 模拟其对国际贸易平衡与总需求结构的调整效应。

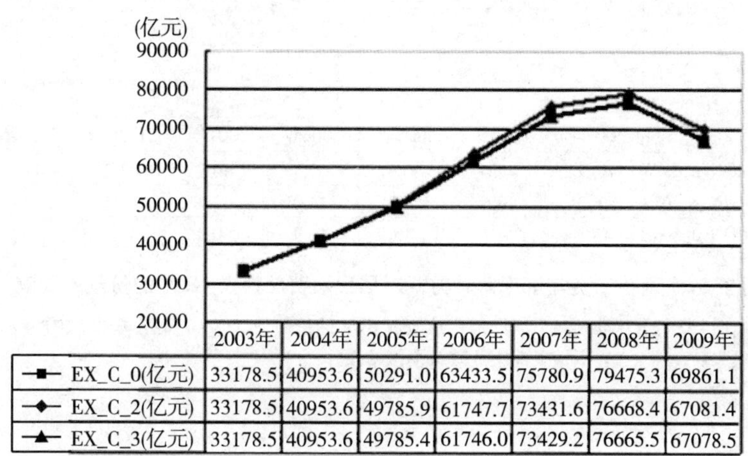

	2003年	2004年	2005年	2006年	2007年	2008年	2009年
EX_C_0(亿元)	33178.5	40953.6	50291.0	63433.5	75780.9	79475.3	69861.1
EX_C_2(亿元)	33178.5	40953.6	49785.9	61747.7	73431.6	76668.4	67081.4
EX_C_3(亿元)	33178.5	40953.6	49785.4	61746.0	73429.2	76665.5	67078.5

图 9-30　调整工资与汇率两种方式对出口水平的影响

注：EX_C_0 表示基准预测下可比价格水平下的出口值，EX_C_2 表示情景 2 中的政策模拟结果，EX_C_3 表示情景 3 中的政策模拟结果。

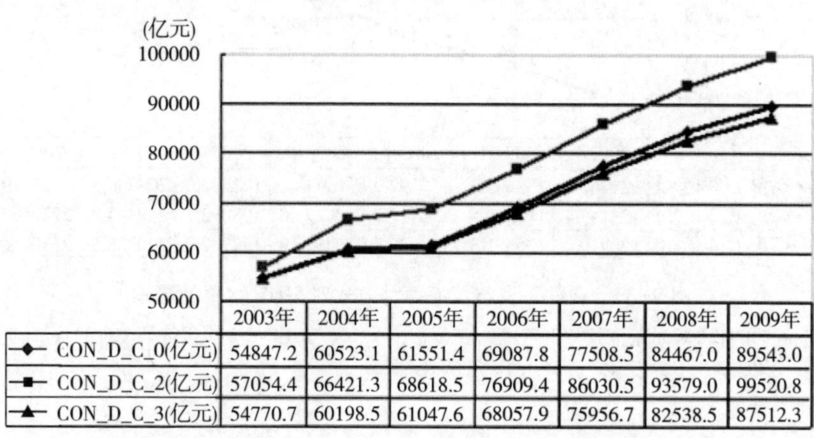

	2003年	2004年	2005年	2006年	2007年	2008年	2009年
CON_D_C_0(亿元)	54847.2	60523.1	61551.4	69087.8	77508.5	84467.0	89543.0
CON_D_C_2(亿元)	57054.4	66421.3	68618.5	76909.4	86030.5	93579.0	99520.8
CON_D_C_3(亿元)	54770.7	60198.5	61047.6	68057.9	75956.7	82538.5	87512.3

图 9-31　调整工资与汇率两种方式对居民消费总值的影响

注：CON_D_C_0 表示基准预测下可比价格水平下的居民消费总值，CON_D_C_2 表示情景 2 中的政策模拟结果，CON_D_C_3 表示情景 3 中的政策模拟结果。

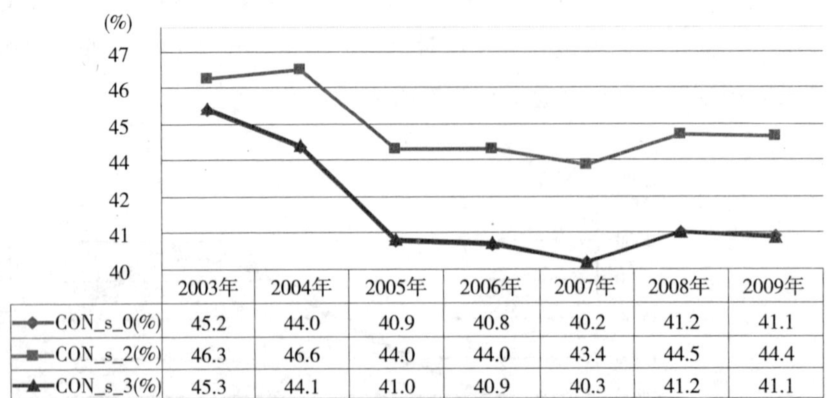

	2003年	2004年	2005年	2006年	2007年	2008年	2009年
CON_s_0(%)	45.2	44.0	40.9	40.8	40.2	41.2	41.1
CON_s_2(%)	46.3	46.6	44.0	44.0	43.4	44.5	44.4
CON_s_3(%)	45.3	44.1	41.0	40.9	40.3	41.2	41.1

图 9-32　调整工资与汇率两种方式对居民消费总值占 GDP 的份额的影响

注：CON_s_0 表示基准预测下居民消费总值占 GDP 的份额，CON_s_2 表示情景 2 中的政策模拟结果，CON_s_3 表示情景 3 中的政策模拟结果。

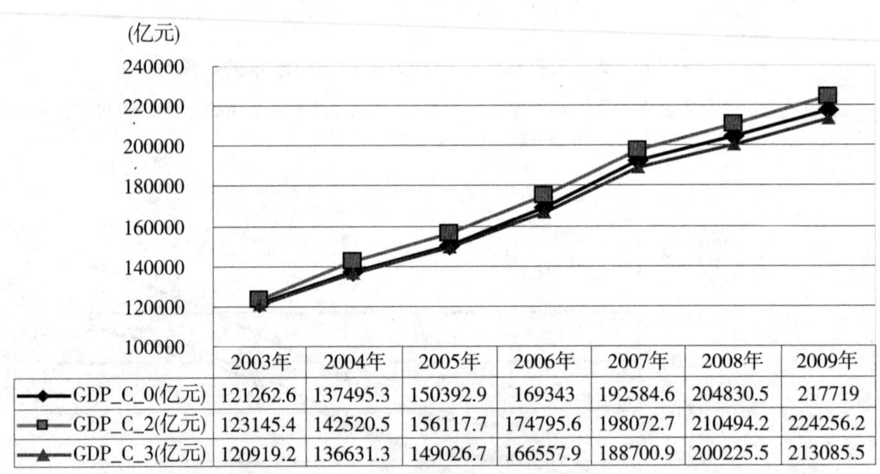

	2003年	2004年	2005年	2006年	2007年	2008年	2009年
GDP_C_0(亿元)	121262.6	137495.3	150392.9	169343	192584.6	204830.5	217719
GDP_C_2(亿元)	123145.4	142520.5	156117.7	174795.6	198072.7	210494.2	224256.2
GDP_C_3(亿元)	120919.2	136631.3	149026.7	166557.9	188700.9	200225.5	213085.5

图 9-33　调整工资与汇率两种方式对 GDP 水平的影响

注：GDP_C_0 表示基准预测下可比价格水平下的 GDP，GDP_C_2 表示情景 2 中的政策模拟结果，GDP_C_3 表示情景 3 中的政策模拟结果。

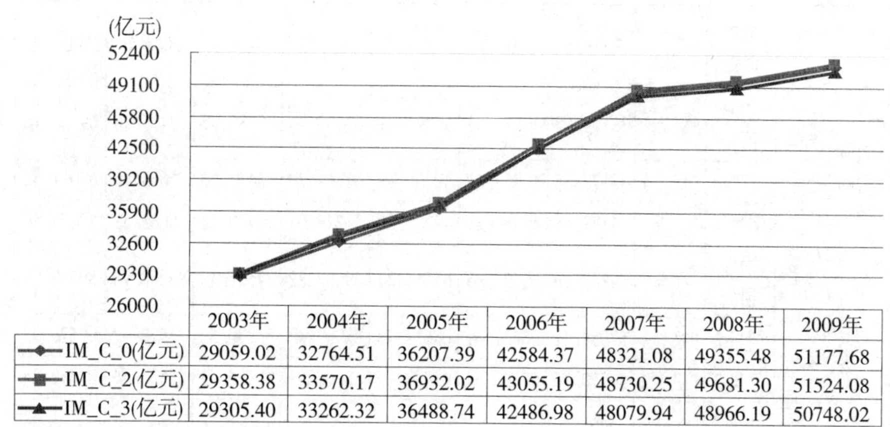

	2003年	2004年	2005年	2006年	2007年	2008年	2009年
IM_C_0(亿元)	29059.02	32764.51	36207.39	42584.37	48321.08	49355.48	51177.68
IM_C_2(亿元)	29358.38	33570.17	36932.02	43055.19	48730.25	49681.30	51524.08
IM_C_3(亿元)	29305.40	33262.32	36488.74	42486.98	48079.94	48966.19	50748.02

图 9-34　调整工资与汇率两种方式对进口水平的影响

注：IM_C_0 表示基准预测和可比价格水平下的进口值，IM_C_2 表示情景 2 中的政策模拟结果，IM_C_3 表示情景 3 中的政策模拟结果。

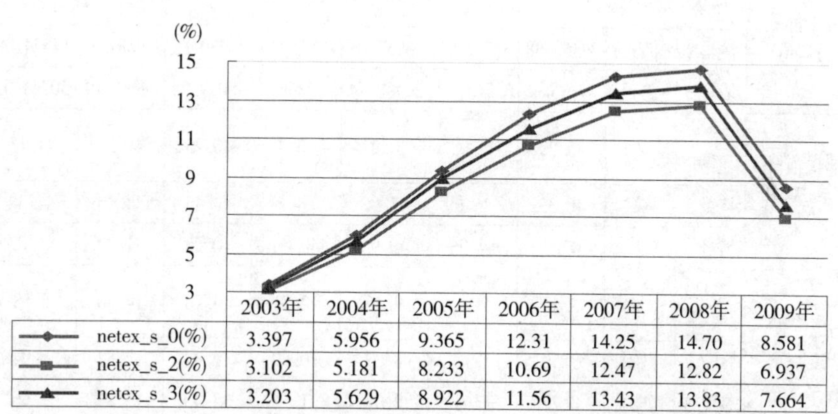

	2003年	2004年	2005年	2006年	2007年	2008年	2009年
netex_s_0(%)	3.397	5.956	9.365	12.31	14.25	14.70	8.581
netex_s_2(%)	3.102	5.181	8.233	10.69	12.47	12.82	6.937
netex_s_3(%)	3.203	5.629	8.922	11.56	13.43	13.83	7.664

图 9-35　调整工资与汇率两种方式对净出口占 GDP 的份额的影响

注：netex_s_0 表示基准预测下净出口占 GDP 的份额，netex_s_2 表示情景 2 中的政策模拟结果，netex_s_3 表示情景 3 中的政策模拟结果。

表 9-5 将图 9-30 至图 9-35 所给出的上述两种情景下通过 CQMM 模型模拟的主要结果统一表现在一张表格之内。为了更清楚地看出纠正国内外不均衡的两种政策选择的结果差距，我们根据表 9-5 的数据计算了表 9-6。

表9-5 基准预测、提高劳动报酬与本币升值预测下的经济效应

	情景假定	单位	2003年	2004年	2005年	2006年	2007年	2008年	2009年
可比价下出口值	基准预测	(亿元)	33178.55	40953.61	50291.01	63433.53	75780.92	79475.36	69861.16
	情景2	(亿元)	33178.55	40953.61	49785.93	61747.79	73431.66	76668.40	67081.42
	情景3	(亿元)	33178.55	40953.61	49785.40	61746.03	73429.23	76665.51	67078.56
可比价下居民消费总值	基准预测	(亿元)	54847.16	60523.05	61551.37	69087.82	77508.46	84466.98	89542.97
	情景2	(亿元)	57054.42	66421.31	68618.48	76909.42	86030.52	93578.97	99520.75
	情景3	(亿元)	54770.74	60198.51	61047.61	68057.91	75956.65	82538.46	87512.25
可比价下GDP	基准预测	(亿元)	121262.62	137495.30	150392.86	169343.04	192584.63	204830.53	217719.00
	情景2	(亿元)	123145.45	142520.46	156117.74	174795.56	198072.74	210494.20	224256.16
	情景3	(亿元)	120919.19	136631.28	149026.67	166557.88	188700.94	200225.48	213085.53
可比价下进口值	基准预测	(亿元)	29059.02	32764.51	36207.39	42584.37	48321.08	49355.48	51177.68
	情景2	(亿元)	29358.38	33570.17	36932.02	43055.19	48730.25	49681.3	51524.08
	情景3	(亿元)	29305.4	33262.32	36488.74	42486.98	48079.94	48966.19	50748.02
居民消费总值占GDP份额	基准预测	(%)	45.23	44.02	40.93	40.8	40.25	41.24	41.13
	情景2	(%)	46.33	46.6	43.95	44	43.43	44.46	44.38
	情景3	(%)	45.3	44.06	40.96	40.86	40.25	41.22	41.07
净出口占GDP的份额	基准预测	(%)	3.40	5.96	9.36	12.31	14.26	14.70	8.58
	情景2	(%)	3.10	5.18	8.23	10.69	12.47	12.82	6.94
	情景3	(%)	3.20	5.63	8.92	11.56	13.43	13.83	7.66

表9-6 提高劳动报酬或本币升值将引起的宏观经济变量变化

(与基准预测下结果比较)

(单位:%)

	情景假定	单位	2003年	2004年	2005年	2006年	2007年	2008年	2009年
可比价下出口值	情景2	(亿元)	+0.00	+0.00	-505.08	-1685.74	-2349.26	-2806.96	-2779.74
	情景3	(亿元)	+0.00	+0.00	-505.61	-1687.50	-2351.69	-2809.85	-2782.60

续表

	情景假定	单位	2003年	2004年	2005年	2006年	2007年	2008年	2009年
可比价格水平下的居民消费总值	情景2	(亿元)	+2207.26	+5898.26	+7067.11	+7821.60	+8522.06	+9111.99	+9977.78
	情景3	(亿元)	-76.42	-324.54	-503.76	-1029.91	-1551.81	-1928.52	-2030.72
可比价下GDP	情景2	(亿元)	+1882.83	+5025.16	+5724.88	+5452.52	+5488.11	+5663.67	+6537.16
	情景3	(亿元)	-343.43	-864.02	-1366.19	-2785.16	-3883.69	-4605.05	-4633.47
可比价下进口值	情景2	(亿元)	+299.36	+805.66	+724.63	+470.82	+409.17	+325.82	+346.40
	情景3	(亿元)	+246.38	+497.81	+281.35	-97.39	-241.14	-389.29	-429.66
居民消费总值占GDP的份额	情景2	%	+1.10	+2.58	+3.02	+3.20	+3.18	+3.22	+3.25
	情景3	%	+0.07	+0.04	+0.03	+0.06	+0.00	-0.02	-0.06
净出口占GDP的份额	情景2	%	-0.30	-0.78	-1.13	-1.62	-1.79	-1.88	-1.64
	情景3	%	-0.20	-0.33	-0.44	-0.75	-0.83	-0.87	-0.92

对比这两种情景下的模拟结果，可以发现，在2003—2009年期间，如果把工资比历史模拟提高10%与本币升值10%，会出现以下不同结果：

（1）前者将使2009年的GDP比历史估计值增加6537.16亿元，即在历史估计值基础上提高3个百分点，后者却可能使2009年的GDP比历史估计值降低4633.47亿元，即降低2.2个百分点，提高工资水平比本币升值更有利于促进经济增长。

（2）无论是提高工资还是本币升值，都可能导致出口下降，但是二者导致的下降幅度在2009年是大致一样的（-2779.74亿元和-2782.60亿元），约4个百分点；提高工资将使进口增加346.4亿元，约0.68个百分点，本币升值则将使进口下降429.68亿，约0.84个百分点；进口与出口变化相互抵消，提高工资将使2009年的净出口增幅从8.581%下降为6.937%，本币升值则只能使净出口增幅下降至7.664%。相比较而言，提高工资对调整中国的外部失衡，政策效果更明显。

（3）居民消费总值的变化则差距极为明显：提高工资水平将使2009年居民消费总额上升近万亿元（9977.78亿元），居民消费总额占GDP比重提高3.25个百分点；本币升值却可能使居民消费总额下降2030.72亿元，居民消费总额占GDP的比重比历史估计水平还略微降低了0.06个百分点。

综上分析，可以看出，在目前情况下，提高国内工资水平比本币升值更有利于纠正我国既有的内外不平衡。

其所以如此，是因为：

（1）工资上升，一方面使居民收入进而消费增加，改变居民消费占 GDP 比重下降的趋势，并且因收入增加而产生对进口产品的需求，进口上升；另一方面又使单位劳动成本上升，本国的单位劳动成本（RULC）上升，出口下降。因而净出口下降，缩小了现有的国际贸易顺差。

（2）消费增长所扩大的内需大于净出口下降对 GDP 产生的影响。

（3）提高工资比本币升值对于调整总需求结构也更有效。其原因在于，在人均可支配收入水平较低而且收入差距较大的情况下，本币升值固然提高了对国外产品的购买力，但是，大多数普通中国人很难因此提高对国外消费品的需求，无法直接获得本币升值的好处。然而，提高工资虽然对中国出口增长施加了压力，但是有利于消费增长；其次，提高工资有利于促使产业结构升级；再次，随着部分传统产业从沿海转向内陆，有利于提高中西部地区的经济增长空间，沿海地区的产业也因此获得升级转型的机会；最后，提高工资可以激励人力资本投资，促进创新。

第四节　政策建议

2010 年是中国“十一五”规划的最后一年，2011 年将进入“十二五”规划期。虽然正从 2008 年的国际金融危机中走出的世界经济因欧洲主权债务危机爆发，又飘来几许阴霾；国内经济既存的国民收入分配、使用结构严重失衡，并未因 2009 年的反危机政策有所改善，相反却沿着既有的失衡方向有所发展，但是，2010 年令人欣喜的增长态势，危机过后是新的繁荣的期许，使得对于未来五年，中国人有理由更多地寄予乐观期待。各级政府在辞旧迎新之际，正抓紧“十一五”规划期最后的一百来天，紧锣密鼓地进行战役攻坚，力争为“十一五”规划圆满收官。各地正在紧张制定的“十二五”规划，对增长的预期有如钱塘江大潮，一浪高过一浪。

对于发展中的中国而言，增长的意义，无论对于政府还是百姓，都不容否定。但是，增长永远不可能是无条件的，增长必须以实现我们这个社会的发展目标为前提，严格地遵从这个社会的基本价值取向。在当前及未来一个时期里，无论是从中国经济的可持续发展、社会再生产的正常循环以及增长的社会目标考虑，当前尤其需要强调的是：对增长率的追求不能不服从于转变经济发展方式的需要。

从国际经济环境看，未来一段时间里，美国接近10%的失业率还将成为经济复苏最大的不确定性；欧元区受希腊等主权债务危机风险的影响，经济复苏的前景也不容乐观；尽管“十二五”期间，世界经济可能摆脱2008年国际金融危机的影响，再度进入上行区间，但是，国际金融危机前中国的大幅度出超和美国的大幅度入超，势必有所调整，以建立国际经济新的平衡。从这个意义上说，中国将不太可能因国际经济复苏而再度获得2003—2007年的出口增长空间，更何况，这样的出口增长既然已经导致了中国国民收入分配、支出结构的严重失衡，社会再生产实现困难，居民收入增长缓慢，社会福利得不到应有的改善，那么，在今后一个较长时期里，中国的经济增长要像2005—2008年那样继续依靠“出口拉动，投资驱动”来实现高增长，不但有困难，而且不必要。本次预测及政策模拟说明，如不适当控制增长饥渴，尽快调整国内收入分配结构，在国内消费需求不足、外需也不振的情况下，试图通过投资扩张实现强制增长，势必带来通货膨胀风险，并加剧国民经济结构不平衡的局面。因此，本课题组建议：

1. 决策当局必须适当控制全国以及各地的经济增长速度

拿出有效办法，通过改变地方主要领导的考核评估方法来改变他们的政绩观，扭转长期以来制定经济发展规划时各地相互攀比、层层速度加码的惯例。“十二五”的经济增长控制速度，应当低于“十一五”。必须树立这样的宏观调控思路：中国现在只有坚决地把增长速度降下来，才能换取转变经济发展方式、结构调整的基本空间。为转变经济发展方式、结构调整及长期的平稳较快增长创造必要条件。

2. 正确理解转变经济发展方式的内涵

转变经济发展方式，必须调整经济结构。但是，当前亟须调整的首先是国民收入结构，是国民收入支出上的“两高一低”（高投资、高净出口、低消费）结构失衡，提高居民收入及消费能力、消费意愿，从而恢复投资、出口、消费对经济增长拉动能力的平衡。产业结构的调整必须服从国民收入的结构调整。如果认为调整经济结构的重点就是调整产业结构，实现产业结构优化升级的关键在于发展战略性新兴产业以取代既有的落后产业。那么，势必继续推动已经过高的投资率继续高攀，导致更为严重的结构失衡。

必须注意到：正是目前为实现政绩而强制增长的做法，导致了要素比价严重扭曲，使产业结构正常的演化升级失去了必要的微观基础，企业失去了追求技术进步和产品升级换代的内在动力与外在约束。现在各级政府十分热衷的发展战略性新兴产业，其实是现有政府主导型经济的特有表现形式，是多年来一直退而不休的计划经济思维的变种。产业结构政策从来就是政府在无法对社会经济实行全面的计划控制之后，退而求其次的替代品，其作用一直是有争议的。国外的经济学研究基本上否定了它的有效性；就国内而言，现有的经济学研究也基本上难以证明它的有效性。但是，各级政府却一直乐此不疲，原因在于可以用它较为随心所欲地干预经济，因此一直受到青睐。我们认为，目前的发展战略性新兴产业热，潜伏着这样的极大危险：

（1）各地都想办法发展中央部署的那几个战略性新兴产业，彼此竞争，争取在本地落地开花结果，可能导致新一轮的重复建设，新一拨的产业结构同构化。

（2）各级地方政府接过发展战略性新兴产业的口号，扩大战略性新兴产业的范围，各自发展本级选定的战略性新兴产业。大家都强调“战略性新兴产业往往都处于产业生命周期成长阶段，通常面临潜在市场空间巨大、现实市场拓展艰难的共性问题，其发展不能完全依赖于市场的自发行为，政府在培育战略性新兴产业中的作用不可替代。政府在市场准入、示范推广、基础设施、政府采购和补贴、市场秩序等方面，加大扶持力度，引导市场消费”。结果是战略性新兴产业定义泛化，层层政府干预市场、扭曲市场、取代市场、分割市场，如不及时刹车，最后势必导致逆市场化改革的倒退趋势。

3. 转变经济发展方式，必须深化政治经济体制改革，建立与国际接轨的市场经济体制

转变经济发展方式，中央早在20世纪80年代初就提出了，至今已经近30年，[①] 然而，改变更多的，与其说是经济发展方式，不如说是粗放型经济增长的表现方式。从20世纪80年代初计划经济下的不计投入、不讲效益，追求总产值最大化的傻大粗黑型生产，演变为90年代中期以来政府主导型经济下追求GDP与财政收入最大化的以出口劳动密集型产品为导向的粗放型经济增长。其所以如此，关键问题在于粗放型经济增长是计划经济与政府主导型经济的固有经济运行方式、社会再生产模式。

因此，转变经济发展方式，从根本上说，是从政府主导、以体现政绩为目标的强制增长转向市场主导、以提高人民生活质量为目标的包容性增长。[②] 要实现这一转变，必须将眼下的政府主导型经济进一步改造成与国际接轨的市场经济。为了实现这一改造，必须进一步深化我国社会经济、政治体制改革。政府必须实现自1978年中共十一届三中全会以来的第二次工作重心转移。32年前，中共十一届三中全会果断地放弃"以阶级斗争为纲"的路线，提出全党以经济建设为中心，成功地促进了中国经济的高速增长和市场经济的初步建立。但是，向现代市场经济的转轨并未完成。多年强制增长逐渐出现、累积的各类矛盾说明，从以阶级斗争为纲向以经济建设为中心的转移，仅仅是中国社会经济转轨所需要的第一次工作重心转移。现在，社会经济发展需要我们实现第二次工作重心的转移。政府应当从以经济建设为中心，转向以公共管理与提供公共产品及公共服务为中心，以政府的功能结构转换推动政府行为的转换，实现从政府主导型经济向市场经济的转型。

显然，转变政府行为不可能完全依靠政府自己的力量来实现，普通民众必须参与，对经济如何增长、利益如何分配必须要有决定权。必须建立

① 过去的提法是"转变经济增长方式"。

② 根据世界银行的定义，包容性增长是市场驱动型的增长，是给大多数劳动者带来福利和机会的增长，是有显著减贫效果的增长，是促进生产力提高的增长。

公开、透明、公正的制度对包括政府部门在内的社会各阶层、各利益群体之间的利益冲突进行协调。所有这些，都说明实现经济发展方式的转变实质上不仅是经济问题，而且还是政治问题，需要进一步深化政治经济体制改革才能够根本上推动转变。

4. 中国存在着逐步提高劳动报酬水平的较大空间，逐步提高劳工工资是调整国民收入分配结构、转变经济发展方式的重要切入点

目前，逐步提高中国劳工工资的必要性已为学术界及政府部门基本认可。但是，中国目前有多大空间提高劳动报酬水平？显然值得认真研究，多方面探讨。当前学界及政府部门比较担心的是提高劳工工资水平，将降低中国产品在国际市场的竞争力。因此，有论者提议，在提高劳工工资的同时，对企业尤其是劳动密集型产业的企业减免税负。

我们的研究发现:[①] 尽管自 20 世纪 90 年代中后期以来，我国工人的工资水平在逐步上升，但是，与此同时工人的劳动生产率也在迅速上升，而且上升幅度明显超过劳动报酬增长速度。1999 年以来，我国制造业工人的小时劳动生产率增长与小时劳动报酬增长之间的变化趋势呈现出“喇叭口”形状（图 9-36）。它使中国制造业单位劳动成本在劳动报酬提高的同时逐年下滑。

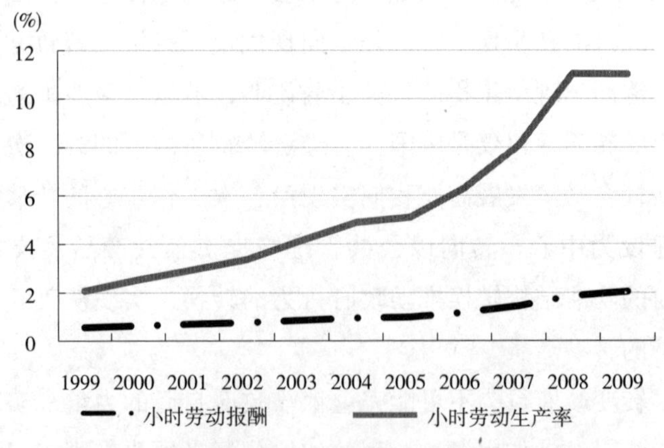

图 9-36 小时报酬与小时劳动生产率（以美元计）

资料来源：根据《中国劳动统计年鉴》《中国工业经济统计年鉴》计算得来。

---

① 参见本报告附录。

但是，中国产品的国际竞争力不仅取决于本国制造业单位劳动成本的变动趋势，而且取决于目前在中国的主要出口市场上，对中国出口产品最具潜在竞争力国家的相对单位劳动力成本。本课题组通过统计分析发现：美国、欧盟和日本是我国目前主要出口商品的主要对象。在美国、欧盟、日本市场上与中国主要出口商品竞争的主要对手是墨西哥、泰国、菲律宾、越南、韩国和马来西亚。经过计算单位劳动成本（LUC）、相对单位劳动成本（RULC），我们发现，相对于这六个主要出口竞争国，中国的制造业至今仍具有较强的竞争优势。中国即使在现有劳动生产率水平上，增加劳工工资 50%，也不过使中国与主要竞争对手的单位劳动成本持平。如果考虑到提高工资可能使劳动生产率进一步提高，以及中国在基础设施、国内市场、产业配套等方面对上述六国的比较优势，可以得出结论：即使在今后一段时期里较大幅度地提高中国的劳工工资水平，中国的制造业也不会因此丧失其拥有的竞争优势。这也就在一定程度上回答了这一问题：中国有多大的空间提高劳工报酬？

当然，我们并不认为可以在短期内（比方一年内）提高劳工工资 50%，而是认为在未来一段时期内（比方“十二五”期间），中国具有逐步提高劳工工资水平的较大潜在空间。有些论者由于担心提高劳工工资水平将损害中国产品的国际竞争力，建议在提高劳动密集型产业劳工工资水平的同时，减免这类企业税负。我们认为，这不仅是不必要的，而且对于转变经济发展方式是有害的，因为它忽略了这种政策选择的负面效应。目前恰恰亟须通过提高劳工工资水平，调整长期被严重扭曲的要素比价结构，为转变经济发展方式、产业结构升级创造必要的微观基础和激励机制。

当然，提高劳工报酬水平不能一蹴而就，一步到位或过快地提高劳工报酬水平可能产生负面影响。因此必须在未来数年内（比如“十二五”期间）逐步进行，与此同时，还要辅之以降低投资率、切实控制信贷投放量等一系列政策。

5. 实施民生优先计划，逐步扩大财政对居民的直接转移支付

（1）针对现有的国民收入分配结构失衡，“十二五”规划应当成为调整国民收入分配结构，实施民生优先的规划。

（2）针对我国多年来劳动生产率提高幅度高于劳动者工资增长幅度的现状，考虑到我国制造业单位产出劳动力成本的明显竞争优势和提高劳工工资的巨大空间，在“十二五”规划期内逐步提高劳工工资水平。劳动工资增长应与劳动生产率提高形成合理比例，形成两者之间的良性循环。在提高劳工工资方面，由政府制定和定期提高最低工资线只不过是保障劳工权益的最后防线。实现劳工工资随着经济发展而合理提高的根本办法是恢复市场经济条件下劳动与资本的力量对比均衡，工会应当成为劳工合法权益的真正代表，组织劳动者与企业有序地进行劳动报酬集体协商。政府在处理劳资利益矛盾时，应当站在中立的立场进行协调。应当通过立法及严格的执法，保障劳工的劳动权、休息权和发展权，严格限制超时劳动，保障达标的劳动条件与工作环境。

（3）实施民生优先计划，必须逐步扩大财政对居民的直接转移支付。可以断言，如果现有的财税体制结构保持不变，“十二五”期间，我国财政收入增长率仍将继续超过经济增长率。实施民生优先计划，适当地增加民生项目投资是必要的，但是，民生项目仅仅是民生优先计划的一部分。需要注意，在目前百姓对政府尚缺乏有效制约条件下，民生项目的民生性往往难以得到保证，政绩偏好、形象工程、旅游考虑往往冲击了真实的民生需要；在城乡居民实际话语权差距甚大情况下，民生项目投入的城乡差距不容忽视；改善民生，民生项目建设固然重要，但是，因民生项目建成，却增加了民生负担，也值得注意。

当前尤其需要强调的是：改善民生，未必都要表现为项目建设，可以更多地以转移支付的方式直接或间接地增加居民个人收入，改善其社会保障条件，减轻居民在住房、社保、教育、医疗等方面的后顾之忧，降低居民的边际储蓄倾向。我们认为：在目前财政收入增长率不断快于经济增长率、居民个人可支配收入增长慢于经济增长率的大背景下，不断扩大每年的财政收入或政府收入增量用于民生事业，尤其是对居民的转移支付的比例，是有效实现民生优先的重要途径，是减缓居民收入占GDP比重不断下降、调整国民收入支出结构严重失衡、扩大国内消费的重要政策手段，也是衡量各级政府实行民生优先决心最重要的指标之一。

附录一 制造业单位劳动成本及相对单位劳动成本的估算

一、单位劳动成本估算公式

单纯用劳动力成本进行比较不能反映一个国家的竞争优势，还需要同时考虑劳动生产率的差异。目前，国际上通行评价一国劳动力成本的指标是单位劳动成本（Unit Labor Cost，ULC）。该指标衡量的是每增加一单位GDP或增加值的劳动力成本，反映一国劳动力成本与劳动生产率的相对变化情况，其基本式子为：

$$ULC = \frac{Hourly \cdot compensation}{Hourly \cdot labor \cdot productivity}$$

其中，Hourly compensation 指就业人员小时劳动报酬；Hourly labor productivity 指就业人员的小时劳动生产率。由于我们重点关注制造业的情况，因此，这里的就业人员小时劳动报酬和小时劳动生产率分别用制造业就业人员的小时报酬和小时增加值表示。

在运用单位劳动成本（ULC）进行国际比较时，需要将各国以本币计价的小时报酬和小时劳动生产率换算为同一货币（一般指美元）计价的数值。换算方法为：分子部分——即小时劳动报酬，用名义汇率加以换算，而分母部分——即小时劳动生产率，通常用经购买力平价兑换后的汇率换算[①]。调整后的式子为：

$$ULC\_\ with \cdot ppp = \frac{\dfrac{Hourly \cdot compensation}{NE}}{\dfrac{Hourly \cdot labor \cdot productivity}{PPP}}$$

① 一般而言，使用名义汇率将劳动生产率换算为同种货币表示并不合适。原因在于：一方面，如果还是使用名义汇率的话，分子分母相互抵消，等于没有换算；另一方面，最关键的是，运用名义汇率换算后的劳动产出相对价格往往与以本币计价的劳动产出相对价格大不一样，导致两国间的劳动产出不具备可比性。详细分析请参看 Hooper 和 Larin（1988）。

其中，*PPP* 表示经购买力平价调整后的美元汇率，*NE* 表示名义美元汇率。调整的目的在于保证各国用于比较的单位劳动成本有相同的单位口径。

二、中国制造业单位劳动成本（ULC）的估算

由于没有现成的中国制造业全体从业人员的报酬数据，我们通过两次转换求得：首先，根据2004年的全国工业普查数据，将城镇单位制造业工人的平均工资转换成全部制造业从业人员的平均工资，转换系数为0.981；其次，根据Banister（2006）、Lett和Banister（2009）的研究成果，我们算出2002—2006年中国制造业工人的平均工资（wage）与所取得最终报酬（compensation）之间的系数（1.27左右）。将全部制造业从业人员的平均工资乘上1.27，估算出平均报酬的近似数据。

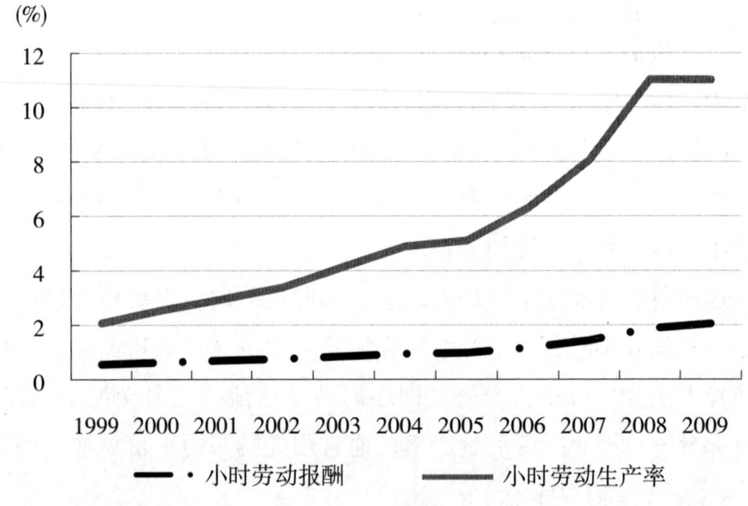

附图1 小时劳动报酬与小时劳动生产率（以美元计）

资料来源：《中国劳动统计年鉴》《中国工业经济统计年鉴》和本课题组计算。

根据《中国劳动统计年鉴》，可以得到中国制造业工人的周劳动时间，乘上49周，得到近似的全年工作时间。结合上述数据，估算出中国制造业工人的小时劳动报酬。另外，小时劳动生产率可以由制造业增加值除以制造业工人全年工作时间得出，其中制造业增加值数据来自历年《中国工业经济统计年鉴》。为便于比较，我们将小时劳动报酬和小时劳动生产率转

换为以美元计价的数值。最终结果如附图 1 所示。

1999 年以来，我国制造业工人的劳动生产率与所获取报酬的走势呈喇叭口状，这表明尽管工人的劳动报酬在增长，但是工人劳动生产率上升的幅度明显超过劳动报酬的增长速度。两者差距日益扩大，必然导致我国制造业单位劳动成本（ULC）逐年下滑。1999—2009 年，我国未经调整的 ULC 一路下滑，由 1999 年的 0. 263 持续下降到 2008 年的 0. 169，2009 年因劳动生产率增长出现停滞才反弹回 0. 185。观察附图 2，我们还发现：虽然经过购买力平价调整后的 ULC 整体上远低于未经调整的 ULC，意味着人民币兑美元汇率偏低确实对我国制造业的竞争优势起了重要作用，但是，调整后的 ULC 变化幅度要小于未经调整的 ULC，而且从 2004 年起，两者之间的差距逐年缩小，表明人民币汇率偏低对我国制造业单位劳动成本的作用正在弱化。

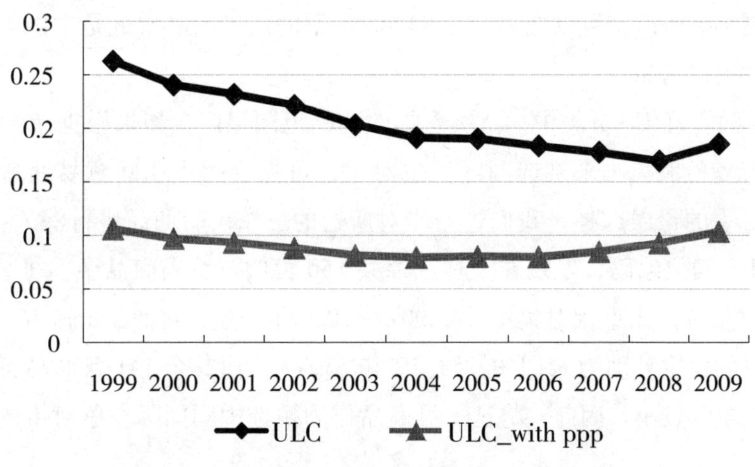

附图 2 中国制造业单位劳动成本的变化趋势

资料来源：本课题组计算。

三、相对单位劳动成本（RULC）的估算

利用中国和其他国家的单位劳动成本数据，我们可以直接估算两国相对单位劳动成本（RULC）。为了便于分析，我们以中国的 ULC 为分母，其他国家的 ULC 为分子，式子如下：

$$RULC = \frac{ULC\_ foreign}{ULC\_ china}$$

当RULC>1时，表示中国相对于其他国家的制造业单位劳动成本具有比较竞争优势，当0<RULC<1时，则反映中国制造业的国际竞争力处于劣势地位。RULC上升，表明中国制造业的国际竞争力在增强，而RULC下降，则代表中国制造业的国际竞争力减弱。

为了有针对性地寻找中国在国际制造业市场的潜在竞争对手，我们根据中国出口商品的种类及地区构成分析进行筛选、确定。具体做法如下：首先，按照2007年的HS标准，确认中国最主要的出口商品。结果显示，根据HS两位编码，2007—2009年[①]，在总共22类98章商品中，每年排名前三的出口商品均为第85、84、61章，其中又以前两章为重，三年分别占总出口的43.5%、42.7%和44.6%，61章的商品尽管排名第三，但占总出口的比重三年分别仅为5.0%、4.2%和4.5%，其余各章商品占总出口的比重更小。所以，可以把第85、84和61章的出口商品看成是中国近年最主要的出口商品。

不过，在HS分类中，章所囊括的商品范围很广，如果根据章的世界出口市场份额大小来挑选国际竞争对手，可能会因产业间贸易而造成对竞争对手的错误选择。我们进一步对所选的三章出口商品进行深入挖掘。根据HS四位编码，发现在上述三章共150目四位编码商品中，排名前9目的商品所占比重相对集中。[②] 2007—2009年，这9目商品出口占三章商品出口的比重分别为55.1%、53.2%和55.3%，而其余141目商品每一目所占比重都较小。因此，将这9目商品作为挑选中国国际竞争对手的主要载体。

其次，根据上述9目商品的出口地区构成，分析我国最主要的出口市场。日本、美国、欧盟和中国香港是我国这9目商品的最主要进口国家和

① 2009年的数据截至2009年11月。

② 6110针织或钩编毛衣、套头衫、背心等，8443印刷机及其配件；8471自动化数据处理设备、读卡器等电脑硬件；8473打字机零件及其他办公设备和计算机零附件；8504变压器、稳压电源和其他电感器，及其零配件；8517有线电话、电话机和其他通信设备，及其配件；8528电视信号接收设备（含显示器及投影接收器）；8541二极管、晶体管及其他半导体设备；8542集成电路及微电子组件零件。

地区。由于香港是中国主要的转口贸易地区，因而不作为研究对象。

最后，通过对美国、欧盟、日本市场的上述 9 目商品的进口国别结构来分析、筛选中国出口商品的主要竞争对手。在考虑了各国制造业的主要构成及未来发展的潜力之后，我们最终挑选出六个主要竞争国家，分别是：墨西哥、泰国、菲律宾、越南、韩国和马来西亚。数据显示，尽管上述国家与中国在三大市场所占据的比重差距较大，但韩国在美国、欧盟、日本市场上都是排名靠前的出口国。而与此同时，金砖四国中的其他三国（俄罗斯、印度和巴西），在美国、欧盟、日本市场上出口的商品类型与中国有较大的差异性，不能视为与中国出口商品竞争的国家。

在确定了我国商品出口的主要竞争对手之后，为了综合说明中国对主要竞争国的综合比较优势，我们进一步将六个竞争国的 ULC 进行加权平均，计算公式为：

$$ULC\_\ foreign = \sum_{i=1}^{6} W_i \cdot ULC_i$$

其中，$i = 1$，2，3，4，5，6，分别表示墨西哥、泰国、菲律宾、越南、韩国和马来西亚。权重 W_i 是根据欧盟、美国、日本从上述六个国家进口的 9 种商品贸易值的单个国别数据占六个国家总和的比重计算，即：

$$W_i = \frac{\sum_{j=1}^{3} EM_{ij}}{\sum_{i=1}^{6}\sum_{j=1}^{3} EM_{ij}},\ EM_{ij} = \sum_{k=1}^{9} em_{ij,\ k}$$

其中，$em_{ij,\ k}$ 表示第 j 个地区从第 i 个国家进口的第 k 种商品数值。$j =$ 1，2，3 分别表示美国、欧盟和日本；k 表示上述挑选出来的 9 目商品。

为了方便比较，我们分别计算了未经购买力平价调整的相对单位劳动成本和经过购买力平价调整的相对单位劳动成本，分别记做：$RULC$ 和 $RULC\_\ with \cdot ppp$。如附图 3 所示，总体上，不论是经过调整的 RULC，还是未经调整的 RULC，其数值都明显大于 1，说明相对于这六个主要出口竞争国，中国的制造业具备较强的竞争优势。从变化趋势来看，自 2004 年起，两列 RULC 都呈现出下降趋势，表明中国制造业的竞争优势有所缩小。尤其是经过购买力平价汇率调整的相对单位劳动成本，下降幅度更大。到 2009 年底，基本已经和未经调整的数据持平，反映了人民币汇率对中国制造业国际竞争优势的强化作用几乎消失殆尽。但是，目前两个RULC都在1.5以上。RULC为1，说明中国与这六个主要出口竞争国的相对劳动力成本相当，RULC为1.5，说明中国制造业的劳动工资提高的空间至少有50%！利用CQMM进行的模拟结果甚至高达60%以上。

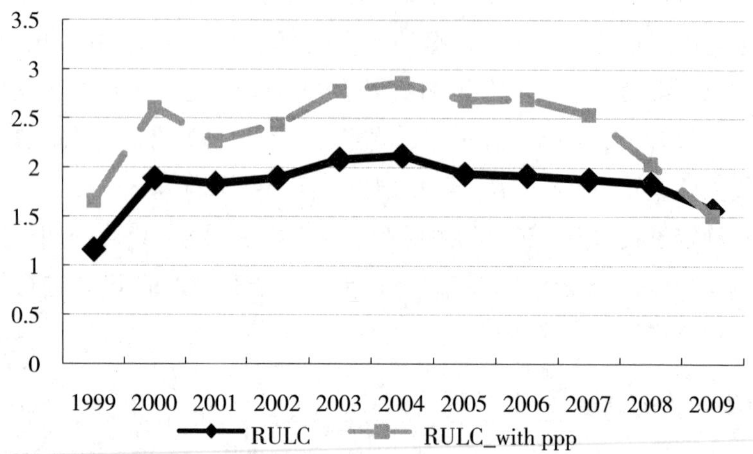

附图3　中国与主要竞争对手的相对单位劳动成本变化

资料来源：各国数据主要来自ILO、CEIC和美国BLS数据库，部分数据是由本课题组估算得来的。

第十章　2011年春季报告[①]

第一节　2010年中国宏观经济运行分析

2010年，世界经济的缓慢复苏带动了中国出口增长的恢复；在政策刺激下投资需求的强力扩张，使中国GDP实现了10.3%的增速（图10-1）。同时，食品价格的高企推动居民消费价格指数（CPI）上涨了3.3%；原材料、燃料等价格的上涨拉动工业品出厂价格指数（PPI）上涨了5.5%。CPI和PPI双双走高的态势使通胀压力不断加剧。

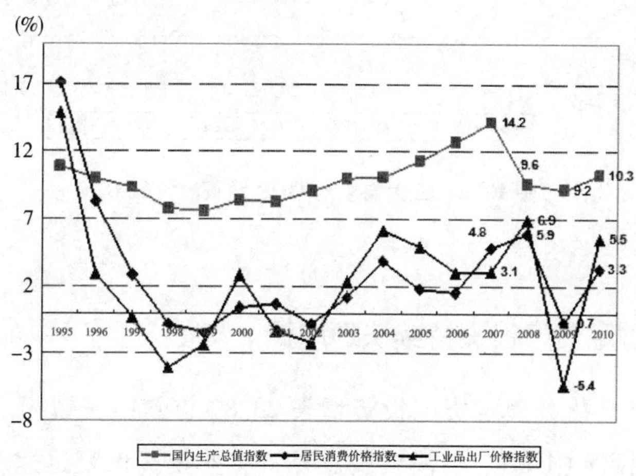

图10-1　GDP增长率与价格指数

资料来源：CEIC。

---

① 教育部高校人文社会科学重点研究基地重大项目“中国宏观经济季度模型”（05JJD790093）成果。本报告于2011年2月26日在北京发布。

从三大需求对 GDP 增长的贡献率来看，2010 年资本形成总额拉动 GDP 增长 5.6%，贡献率为 54.8%；最终消费拉动 GDP 增长 3.9%，贡献率为 37.3%；净出口拉动 GDP 增长 0.8%，贡献率为 7.9%（图 10-2）。其中，最终消费对增长的贡献率比 2009 年大幅度下滑了 8.1 个百分点，是 2004 年以来的新低。2010 年中国经济增长延续了“投资驱动”和“出口拉动”的模式；宏观调控政策在调整经济增长驱动结构上的作用尚未得到显现。这说明，经济发展方式的转变，经济结构的调整，尽管已经受到高度重视，但是，仍然任重而道远。

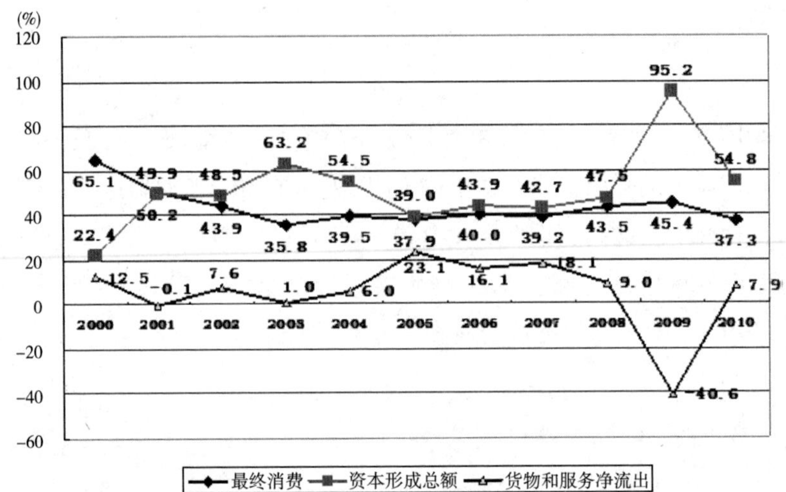

图 10-2　三大需求对 GDP 增长的贡献率

资料来源：CEIC。

一、固定资产投资持续快速增长

2010 年全社会固定资产投资增长 23.8%，其中城镇固定投资增长 24.5%。从投资主体看，港澳台资及外资企业投资恢复迅速，分别增长 18.5%和 6.6%，同比提高了 18.2 和 7.8 个百分点，占城镇固定资产投资的 7.1%，与 2009 年的比重基本相当。内资企业方面，国有及国有控股企业投资增速实现 18%；虽同比下降了 16.9 个百分点，但其在城镇固定资产投资中所占比重依然达到 42.3%，仅同比下降 2.27 个百分点。其他内资企业如股份合作、联营企业投资增速显著恢复，分别同比提高了21.4和20.7个百分点。这表明，2010年随着世界经济的复苏，自2008年以来外资投资急速下滑的态势已有所遏制；同时，国内民间资本的投资有了较大回升。

从资金来源来看（图10-3），2010年城镇固定资产投资资金主要来自国内贷款（占16.5%）和自筹资金（占61%），分别增长了19.3%和30.1%。国家预算内资金增长15.1%，占资金来源的4.8%；利用外资增速由负转正，增长10.7%，占资金来源的1.6%。企业自筹资金占投资资金的比例已超过2007年的水平，从另一个角度表明民间投资需求正在恢复；同时，来自国内贷款的投资资金比重却没有显著下降，说明政策性投资没有及时退出；利用外资的比例虽然停止了快速下滑的态势，但是比重依然比2007年下降了1.9个百分点。

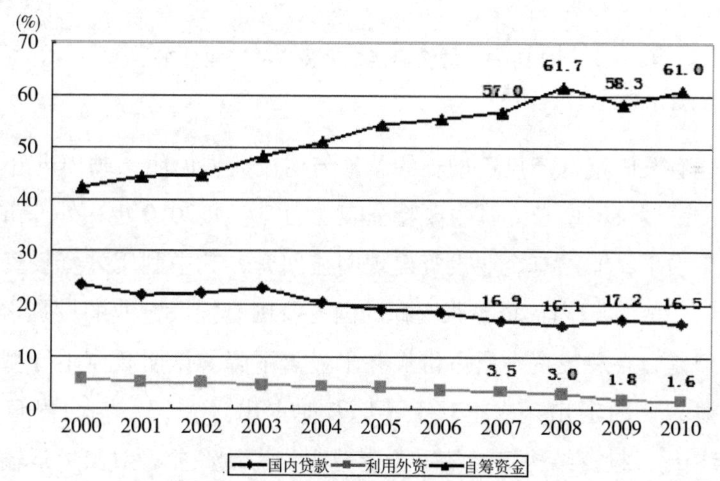

图10-3 城镇固定资产投资资金来源构成

资料来源：CEIC。

从固定资产投资的行业分布来看，2010年城镇固定资产投资的30.9%投向制造业，已接近2007年的水平；23.8%投入了房地产业，比2009年还提高了1.6个百分点；用于交通运输、仓储及邮政业的投资比例为11.5%，比2009年下降了0.48个百分点；用于教育、卫生、社会保障和社会福利的投资比例持续下降至2.4%，比2007年降低了0.2个百分点

（图 10-4）。

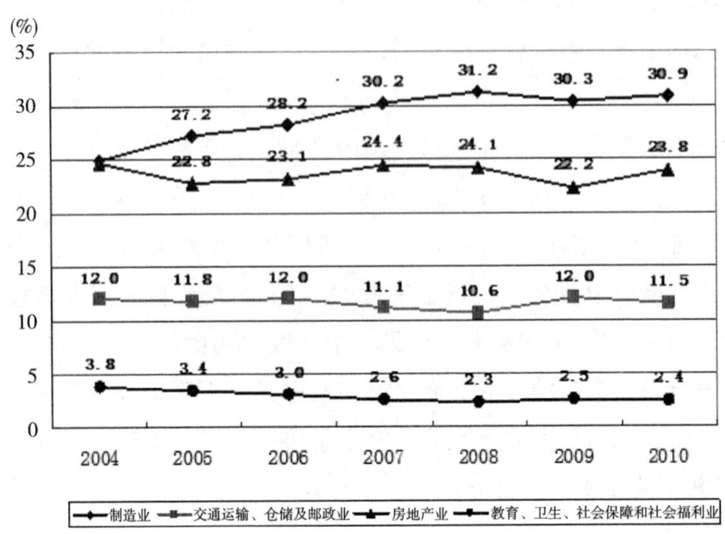

图 10-4　城镇固定资产投资的行业分布

资料来源：CEIC。

上述有关固定资产投资增长的总量与构成数据说明，2010 年中国固定资产投资继续快速增长。其主要特征表现为：（1）2010 年在外部市场需求恢复的牵引下，非国有企业投资出现明显回升，其中利用外资投资增速由负转正。（2）靠国内信贷扩张支撑的国有及国有控股企业的投资增速明显下滑，但是，在总投资中所占份额并未显著下降。说明政府主导型投资或客观上难以及时退出，或主观上不愿及时退出。① （3）与金融危机前的 2007 年相比，投资结构依然偏重于制造业与房地产业；对交通运输等基础设施的投资比例略有提高；对"狭义"民生产业的投资比例持续下降。这说明政府主导的投资没有为投资结构的调整作出应有的贡献。因此，可以认为，2010 年投资的快速扩张是"政府与私人"投资同时扩张的结果：信贷扩张支持了政府（国有）投资的增长，外部市场需求的恢复带动了私人投资的扩大。两者叠加的效应，一方面是上游产业原材料价格的上涨；另

① 客观上政府主导型投资受制于 2009 年的投资决策可能需要继续扩张；主观上各级政府对 GDP 的青睐使政府主导型投资不愿及时退出，直接导致国民经济层面的投资比重居高不下。

一方面是下游产业生产能力的扩张。前者加剧了通胀的压力；后者却潜伏了通缩的危险。

二、CPI 与 PPI 增长较快，通胀压力加大

2010 年 CPI 上涨了 3. 3%。其中，食品价格上涨 7. 2%；居住价格上涨 4. 5%；家庭设备用品及服务、娱乐教育文化用品及服务以及服务项目价格基本保持稳定；衣着和交通通信价格轻微下降。在食品价格中，粮食与蔬菜价格涨幅居前，分别上涨了 11. 8% 和 18. 7%。扣除食品和能源价格后 CPI（即核心 CPI）仅上涨 1. 7%，非食品类 CPI 上涨 2. 1%（图 10-5）。①

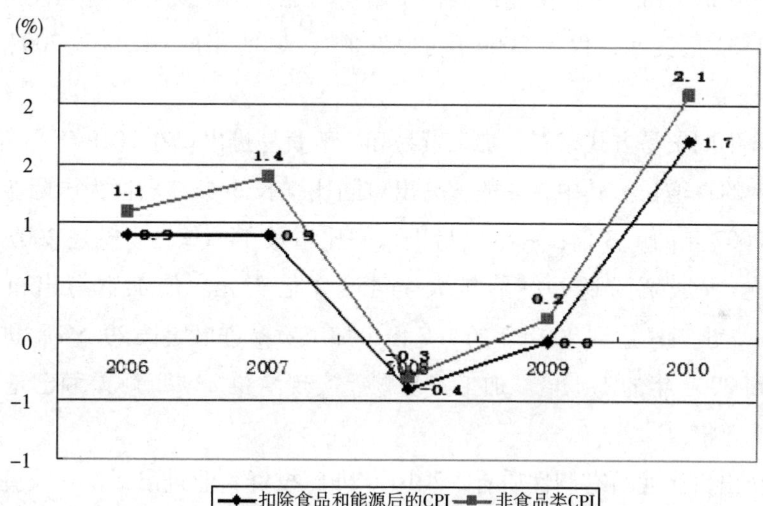

图 10-5　核心 CPI 与非食品类 CPI 变化情况

资料来源：CEIC。

2010 年 PPI 上涨了 5. 5%。其中，生产资料出厂价格上涨 6. 6%；生活资料出厂价格上涨 2%。② 工业生产者购进价格指数上涨 9. 5%，同比提高 6. 5 个百分点。其中原材料、燃料、动力购进价格同比上涨 9. 6%。

① 在调整了 CPI 的权重后，以 2010 年为 100，2011 年 1 月 CPI 上涨 4. 9%；扣除食品和能源价格波动之后 CPI 上涨 2. 3%；非食品类 CPI 上涨 2. 6%。

② 以 2010 年为 100，2011 年 1 月 PPI 上涨 6. 6%，其中生产资料价格上涨 7. 5%，生活资料价格上涨 3. 8%。

上述 CPI 和 PPI 的总量和构成变化分析表明，CPI 的上涨主要受食品及居住类价格变化的影响；PPI 的上涨主要受投资需求扩张拉动上游生产资料价格上涨的影响。

三、对外贸易持续回升，顺差规模继续缩小

2010 年尽管外部市场复苏充满了不确定性，但是世界经济的缓慢复苏依然带动了中国出口增长 31.3%；在出口增长恢复以及国内扩张性政策的刺激下，进口增长了 38.7%。出口额（按美元计价）已达 2008 年的 1.1 倍、2007 年的 1.3 倍；进口额（按美元计价）已是 2008 年 1.2 倍、2007 年的 1.5 倍。由于进口增速持续快于出口增速，全年贸易顺差规模持续缩小至 1831 亿美元，仅为 2009 年的 93.6%、2008 年的 61.4%、2007 年的 69.3%。

分不同贸易方式来看，加工贸易和一般贸易进出口在 2010 年都实现了大幅度的正增长。其中，一般贸易出口同比增长 36%，规模为国际金融危机前 2007 年的 1.3 倍；一般贸易进口同比增长 44.1%，规模是 2007 年的 1.8 倍。一般贸易逆差继续扩大至 459.2 亿美元。加工贸易出口增长 26.1%，出口额达到 2007 年的 1.2 倍；加工贸易进口增长 29.5%，进口额也达到 2007 年的 1.1 倍。加工贸易顺差实现增长 22%，顺差额已是 2007 年的 1.3 倍。

从出口企业所有制性质看，2010 年外商投资企业进出口增速反弹幅度最大，其次是国有和其他企业。从构成变化来看，外商投资企业出口占总出口的 54.7%，同比下降 1.3 个百分点；进口占 52.9%，同比下降 1.3 个百分点。国有企业出口和进口所占份额为 14.9%和 27.8%，分别下降了 1 和 0.9 个百分点。其他企业出口所占份额持续上升至 27.3%，提高 2.6 个百分点；进口所占份额也提高了 2.4 个百分点，达到 16.8%。一定程度上说明，随着世界经济的复苏，出口导向型行业中，内资民营企业的生产增长最为迅速。

从进出口主要国家和地区来看，2010 年中国对欧盟的出口占总出口的 19.7%，对美国出口占 18%，对东盟出口占 8.8%，对日本出口占 7.6%；在进口方面，从日本的进口占总进口的 12.7%，从欧盟的进口占 12.1%，

从东盟的进口占 11.1%，从美国的进口占 7.3%。值得关注的是，中国对东盟的进出口贸易比重呈逐年上升的态势。

四、受通货膨胀影响，居民实际收入增幅下降

2010 年城镇居民可支配收入为 19109 元，同比增长 11.3%，提高 2.4 个百分点；农村居民人均纯收入为 5919 元，同比增长 14.9%，提高 6.6 个百分点。扣除物价指数涨幅后，[①] 城镇居民实际收入增幅下降为 8.1%，同比下降 1.7 个百分点；农村居民人均纯收入增幅下降为 11.3%，但是同比上升了 2.7 个百分点（图 10-6）。相比而言，尽管农村居民实际收入增速自 2003 年起持续不断提高，但长期以来增速都低于城镇居民实际收入增速。2010 年食品价格的上涨大幅度提高了农村居民的收入，其实际收入增速近十年来首次超过了城镇居民。因此，2010 年城乡实际收入差距有所缩小，但是两者之间的差距仍然高达 3.2 倍（图 10-7）。

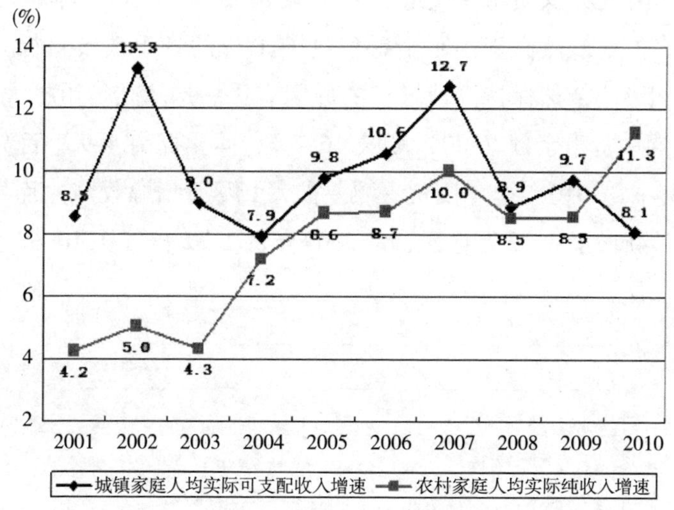

图 10-6　城乡居民实际收入增长情况（同比）

资料来源：CEIC。

① 分别以 2010 年城镇和农村居民消费价格指数涨幅（分别为 3.2%和 3.6%）剔除价格变化的影响。

图 10-7 城乡实际收入差距

资料来源：CEIC。

五、货币供应保持高速增长

2010 年中国广义货币供应量（M2）增长 19.7%。虽然同比下降了 7.9 个百分点，但是依然高于国际金融危机前 17%的货币政策目标（图 10-8）。2010 年 M2 依然保持高速增长的原因有：一是基础货币扩大的结果。2010 年流通中货币余额（M0）增长 16.7%，同比提高 4.9 个百分点（图 10-8）。其中，2010 年全年因贸易顺差扩大（尽管增幅收窄）而导致的外汇占款累计新增了 3.27 万亿元，是 2009 年的 1.32 倍（图 10-9）。

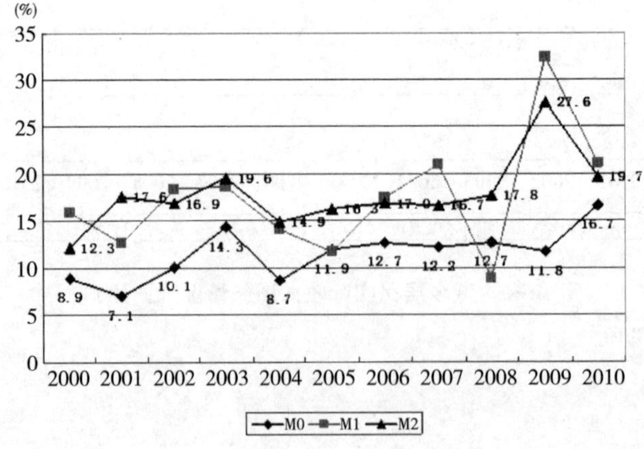

图 10-8 货币供应量同比增速

资料来源：CEIC。

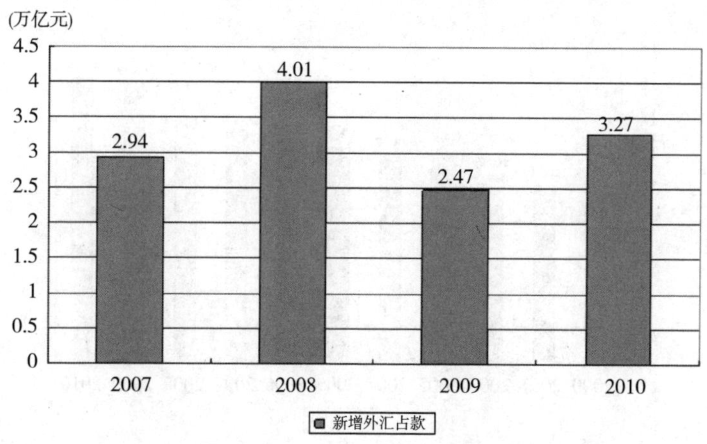

图 10-9　新增外汇占款变化情况

资料来源：CEIC。

二是银行系统信贷持续扩张的结果。2010 年新增贷款近 8 万亿元，虽然同比有所减少，但依然超过 7.5 万亿元的政策目标。[①] 其中 2010 年一、二季度新增贷款分别达到 2.6 万亿元和 2.8 万亿元的规模；三、四季度新增贷款规模有所减少，接近 1.7 万亿元（图 10-10）。银行信贷的快速扩张使 2010 年 M2 对 M0 的比值达到 16.3，同比提高了 0.4 个百分点（图 10-11）。从贷款构成来看，短期贷款增加近 1.6 万亿元，中长期贷款增加约 6.2 万亿元，占新增贷款的 77.5%。

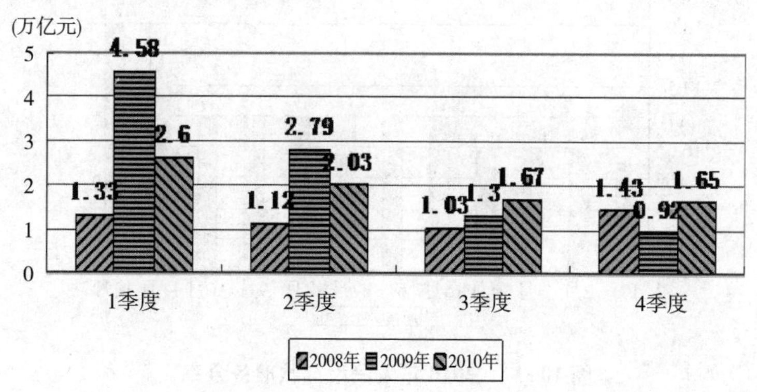

图 10-10　金融机构新增人民币贷款

资料来源：CEIC。

① 2011 年 1 月信贷持续扩张，新增贷款达到 1.04 万亿元。

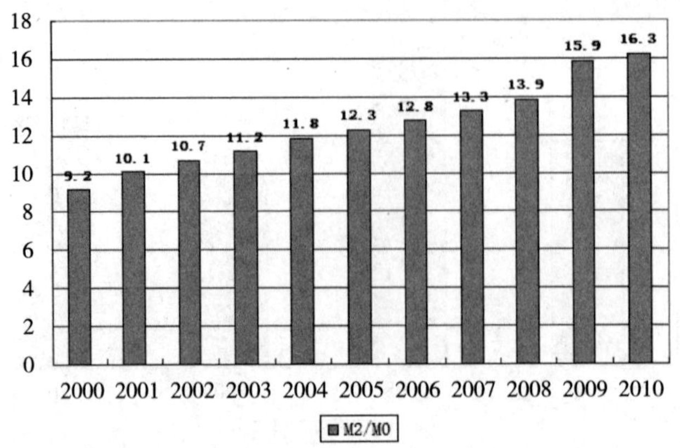

图 10-11 M2/M0

资料来源：CEIC。

为了控制M2的增速，2010年的货币政策在宽松的基调下实行了“前松后紧”的操作。上半年央行分别在1月18日、2月25日和5月10日上调人民币存款准备金率0.5个基点；下半年分别在11月10日、11月19日和12月20日上调人民币存款准备金率0.5个基点（图10-12）。同时，在10月19日、12月25日分别上调一年期存贷款基准利率0.25个百分点，使其提高到5.81%。①

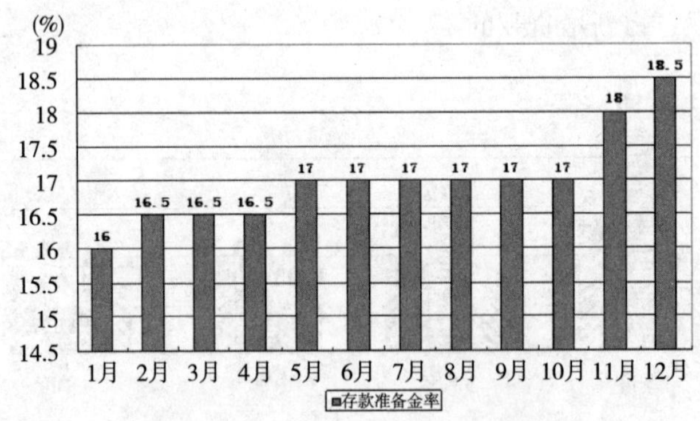

图 10-12 2010年人民币存款准备金率

资料来源：CEIC。

① 2011年货币政策加强了紧缩的力度。1月20日和2月24日分别再次上调存款准备金率各0.5个基点，达到19.5%；并在2月9日再次上调一年期金融机构人民币贷款基准利率0.25个百分点，达6.06%。

金融机构人民币新增贷款在2010年下半年有所回落的情形表明，2010年“前松后紧”的货币政策在一定程度上抑制了信贷的扩张。但是，全年宽松的基调已使投资需求快速扩张，并带动生产者价格指数快速上涨。

六、财政政策调整经济结构的作用有限

2010年，财政收入持续快速提高，实现增长21.3%，同比提高9.6个百分点。其中，税收收入增长23%，占财政收入的88.1%。财政收入占GDP的比例提高达到20.9%，同比提高了0.8个百分点（图10-13）。

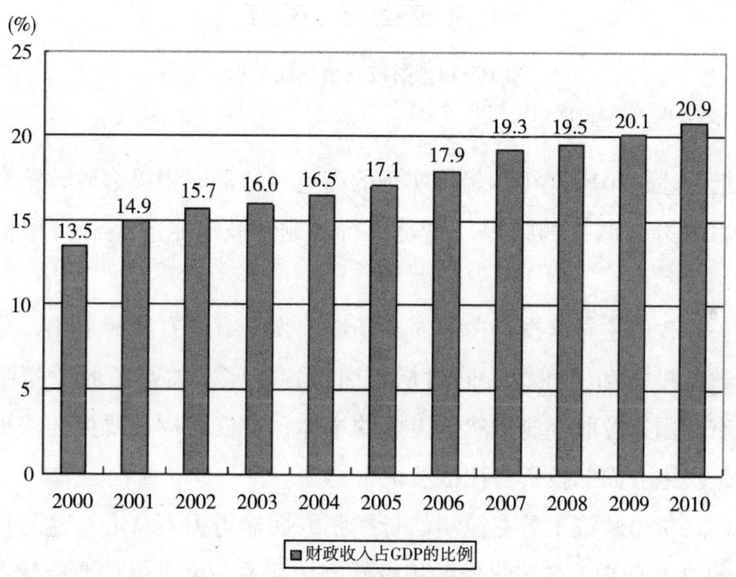

图10-13 财政收入占GDP的比例

资料来源：CEIC。

积极财政政策的实施使财政支出侧重于支持加快经济增长。2010年财政支出增长17.4%，同比下降了4.5个百分点。从财政支出的构成来看，教育、科技、医疗等三项的支出占比为22.8%，仅同比提高0.3个百分点；社会保障和就业等支出占比为10.1%，同比提高0.2个百分点；交通运输及农林水事务支出占比为15.1%，同比提高0.2个百分点；一般公共服务支出占比为10.3%，同比下降1.6个百分点（图10-14）。

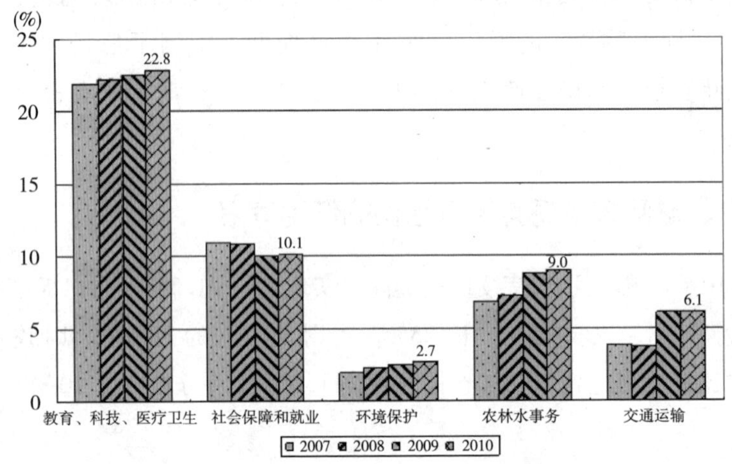

图 10-14　财政支出构成情况

资料来源：CEIC。

综上所述，2010 年中国经济实现的高速增长是“积极财政政策和适度宽松货币政策”调控的结果，更是现行体制下政府主导型经济增长的结果。

第一，政府主导型投资在外部市场逐步恢复时没有及时退出，导致总投资因政府投资和民间投资同时增长而快速扩张，加剧了通货膨胀的压力。国有及国有控股企业仍然是投资的主体；投资结构主要偏向房地产和制造业，民生方面的投资占比依然偏小。

第二，货币政策工具在控制信贷扩张方面显得力不从心，这与地方政府极强的追求 GDP、扩张投资的积极性密切相关。由于中长期贷款占全年新增贷款超过七成，2011 年追加贷款需求压力较大。

第三，从财政支出的实绩看，财政“调结构”的力度仍然有限，财政支出中狭义民生需求的支出占比并没有显著提高，对国民经济“两高一低”结构失衡的调整效果不明显。

第四，通货膨胀压力增强。CPI 方面在天气等短期因素的影响下因食品价格快速上涨而较快上升，但是核心 CPI 上涨缓慢；PPI 方面，在政策激励的投资扩张驱动下，燃料动力类、有色金属类等价格全面上涨。

第五，中国经济“投资驱动、出口拉动”的出口劳动密集型产品为特征的粗放型经济增长模式依然在继续，最终消费对经济增长的贡献率持续下滑。尽管进行了最低工资的调整，但是，通货膨胀导致城乡居民实际收入增长速度下滑，消费需求难以快速扩张。

上述宏观经济表现与现阶段中国经济发展模式、宏观调控方式密切相关：2009 年的“保增长”是以政府主导的投资需求扩张来弥补外部需求的减少；2010 年，外部需求开始复苏，政府为保增长而扩大的投资却未能或难以甚至是不愿及时退出，导致政府投资与民间投资同时扩大，从而形成了通货膨胀的压力。之所以如此，根本原因主要在于现阶段中国宏观经济结构的失衡，经济增长依赖“投资驱动和出口拉动”。当增长率面临下滑压力时，政府（中央或地方政府）通过银行体系创造信贷，通过国有企业扩张投资，刺激经济增长的方式是相当有效的。由于货币政策工具的缺失（利率尚未市场化），货币政策在扩张与收缩两方面对经济的影响存在不对称性：扩张时非常容易把信贷注入经济体，但是，民营企业特别是中小民营企业却难以获得资金，新增的贷款大部分流入了国有企业，导致“国进民退”；紧缩时货币政策工具的作用有限，准备金率提高到 18.5%，却难以收缩信贷。加上地方政府在“GDP 主义”指导下，在扩大财政收入的激励下，扩大生产性投资、基础设施以及房地产行业的积极性长盛不衰，必然导致政府主导型投资需求难以削减。

另一方面，2010 年最终消费率大幅下降的事实说明，现行的宏观调控政策在加快转变经济发展方式、调整经济结构方面作用始终是比较有限的。与此同时，以食品价格及住房价格高涨为特征的通货膨胀实质性地侵蚀了低收入群体的实际收入，进一步压缩了消费需求乃至总需求的扩张，加剧了宏观经济的结构失衡。

进入 2011 年，外部市场复苏的基调（主要是美国经济的复苏）预计将持续，尽管欧元区经济增长依然面临较大的不确定性。进出口可能将继续成为拉动中国经济增长的一个主要动力。为有效控制通货膨胀，2011 年中国宏观经济调控方式确定为“积极的财政政策与稳健的货币政策”相配合。然而，如果中国经济结构不能从根本上得到调整，经济发展方式不产生实质性的改变，那么，控制通货膨胀的成效始终是短期的。“投资驱动”的经济增长方式和“投资调控”的宏观调控方式必然导致经济因投资需求的过度扩张而面临通胀的压力，同时也因长期投资驱动逐渐积累起来的过剩生产能力而潜伏着通缩的危险。

本次报告首先基于中国季度宏观经济模型（CQMM）对 2011 年和 2012 年中国宏观经济运行趋势进行预测；其次，基于 CQMM 模拟分析现行的通货膨胀对城乡不同收入群体收入与消费行为的影响；再次，基于 CQMM 模拟分析人民币升值对抑制通货膨胀的有效性；最后，提出相关政策建议。

第二节　2011—2012 年中国宏观经济预测

一、模型外生变量的假设

（一）美国及欧元区的经济增长率

根据对当前美国宏观经济数据的分析以及今后两年美国宏观经济政策调整的判断，国际货币基金组织（IMF）2011 年 1 月 25 日修订了对美国经济的预测数据。预计 2011 年美国经济增长 3%，2012 年增长 2.7%。另一方面，欧元区在 2011 年受部分成员国主权债务危机的影响，IMF 预计其增长率可能降至 1.5%；2012 年，随着债务危机的影响逐渐消退，欧元区经济增长可能上升至 1.7%。在此基础上，计算 2011 年和 2012 年八个季度美国和欧元区可能的同比增长率（图 10-15）。

（二）汇率水平

在上述对美国经济增长预期的前提下，预计 2011 年美国经济的加快复苏和欧元区经济的不确定性将在一定程度上减缓美元的贬值态势；但在 2012 年，美国经济增长可能放缓，而欧元区经济的回暖，有可能加快美元的贬值。预计至 2012 年末 1 欧元可兑换 1.43 美元（图 10-16）。

在人民币汇率方面，美国数量宽松的政策将使资本持续流向新兴经济体，包括中国，加剧人民币升值的压力。另一方面，尽管 2010 年人民币对美元已升值了 3.6%，但预计今后两年美国还将不断加大力度要求人民币

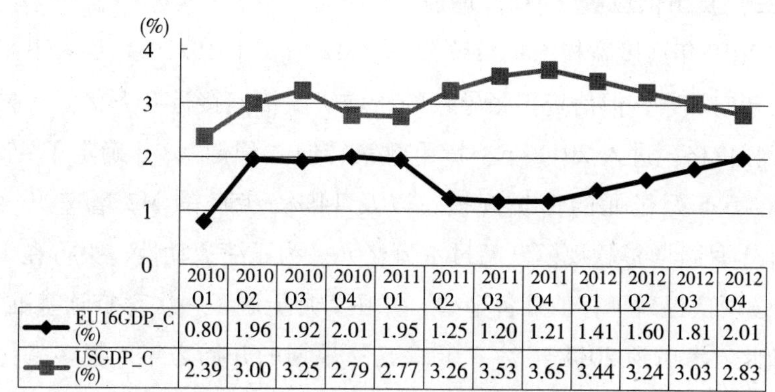

	2010 Q1	2010 Q2	2010 Q3	2010 Q4	2011 Q1	2011 Q2	2011 Q3	2011 Q4	2012 Q1	2012 Q2	2012 Q3	2012 Q4
EU16GDP_C (%)	0.80	1.96	1.92	2.01	1.95	1.25	1.20	1.21	1.41	1.60	1.81	2.01
USGDP_C (%)	2.39	3.00	3.25	2.79	2.77	3.26	3.53	3.65	3.44	3.24	3.03	2.83

图 10-15　美国与欧元区经济增长率（同比）的变化趋势假定

资料来源：IMF。

升值。[①] 因而，本课题组假定 2011 年人民币升值幅度将提高到 4%左右。2012 年随着美元走弱，人民币兑美元汇率的升值幅度可能进一步提高至 5%左右（图 10-16）。

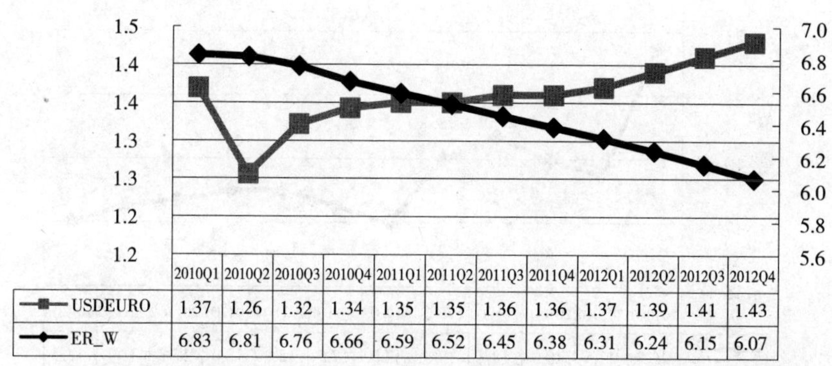

	2010Q1	2010Q2	2010Q3	2010Q4	2011Q1	2011Q2	2011Q3	2011Q4	2012Q1	2012Q2	2012Q3	2012Q4
USDEURO	1.37	1.26	1.32	1.34	1.35	1.35	1.36	1.36	1.37	1.39	1.41	1.43
ER_W	6.83	6.81	6.76	6.66	6.59	6.52	6.45	6.38	6.31	6.24	6.15	6.07

图 10-16　美元兑欧元汇率（左）、人民币兑美元汇率（右）的变化趋势假定

注：USDEURO 表示美元兑欧元汇率；ER_W 表示人民币兑美元汇率。

资料来源：本课题组假定。

① 美联储主席伯南克最近的表态便是一例。2011 年 2 月 9 日他出席美众议院听证会，针对中国央行 8 日为抑制通胀推出的加息政策，在响应议员提问时表示，中国的加息政策在某种程度上有些“令人惊讶”。他认为，面对通胀问题，中国处理的方法不是让货币升值，从而减少出口需求，而是试图维持汇率不变，进而通过加息来减少国内需求是不合适的。伯南克认为人民币被低估了，中国让人民币升值会更好。人民币升值有助中国解决通胀问题，对中美两国都有利。

（三）货币供应量（M2）增速

在 2010 年适度宽松的货币政策下，M2 增长了 19.7%。尽管下半年货币政策转向从紧，但信贷扩张导致的新增贷款依然接近 8 万亿元，推高了生产资料价格。进入 2011 年，货币政策转向"稳健"，并确定了 4%的通胀目标、6.5 万亿元的信贷规模，以及 14%—15%的 M2 增速。[①] 然而，2011 年 1 月新增贷款规模已超过 1 万亿元。为压缩流动性，央行在 1 月和 2 月连续两次提高了存款准备金率，并在 2 月上调了一次存贷款基准利率。尽管如此，考虑到 2011 年是"十二五"规划的开局之年，很多省份都计划在"十二五"期间让 GDP 翻一番。这必然会加大信贷扩张的压力。因此，本课题组预计 2011 年 M2 的实际增速可能将保持在 18%的水平，超过政策调控的预定目标。2012 年 M2 的增速有所下降，但依然保持在 17%的水平（图 10-17）。

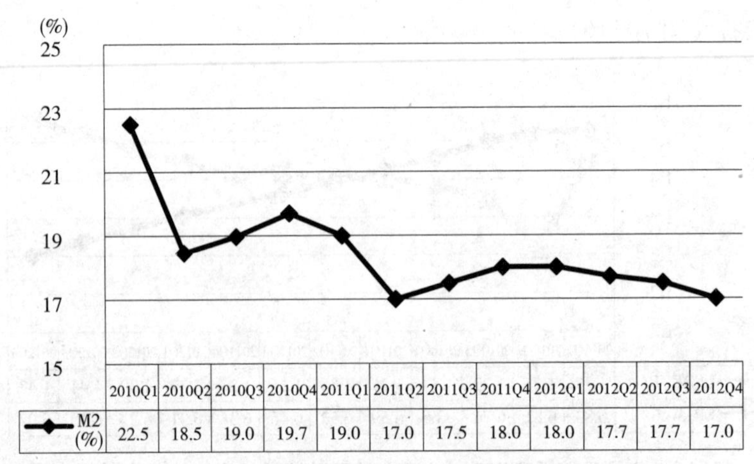

	2010Q1	2010Q2	2010Q3	2010Q4	2011Q1	2011Q2	2011Q3	2011Q4	2012Q1	2012Q2	2012Q3	2012Q4
M2 (%)	22.5	18.5	19.0	19.7	19.0	17.0	17.5	18.0	18.0	17.7	17.7	17.0

图 10-17　货币供应量（M2）的变化趋势假定

资料来源：本课题组假定。

（四）1 年期贷款利率

2011 年初通胀压力的扩大，使央行在 2 月上调了基准利率。预计上半年还将上调 1 次利率计 25 个基点，使 1 年期贷款基准利率达到 6.31%，并保持至 2012 年（图 10-18）。

① 见 2011 年中央经济工作会议相关内容。

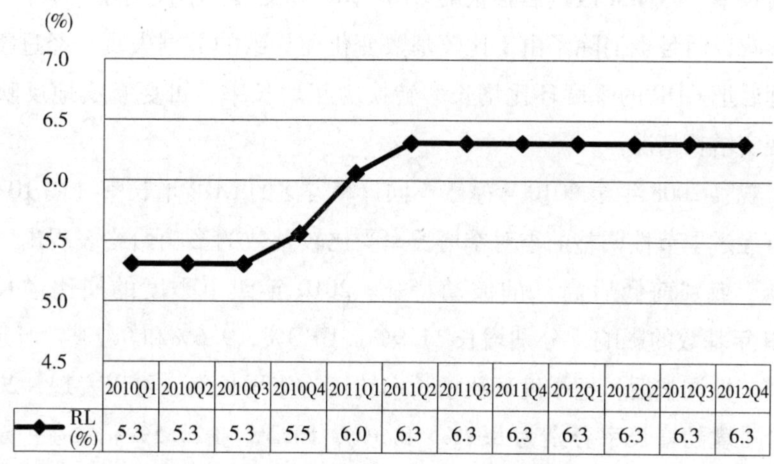

图 10-18　1 年期贷款利率的变化趋势假定

资料来源：本课题组假定。

二、CQMM 数据处理与模型的改进

本次基于 CQMM 的预测与模拟分析，在以下两个方面进行了改进和调整：一是数据处理方法。本次用于模型估计的所有时间序列数据均经过了季节性调整。由于剔除了季节性因素的影响，CQMM 能够预报 GDP 等指标的季度环比增长率，并以此为基础计算各季度的年增长率。二是对模型中的居民消费模块进行了扩展以分析通货膨胀对中国不同收入群体的影响。在原来区分城镇与农村消费模块的基础上，进一步把城镇居民按其收入等级分为最低收入户、低收入户、中低收入户、中等收入户、中高收入户、高收入户和最高收入户 7 个组别；把农村居民也划分为低收入户、中低收入户、中等收入户、中高收入户、高收入户 5 个组别。分别计算上述不同收入组所面临的 CPI 水平，以此为基础估计城乡居民不同收入组的消费行为方程，以揭示通货膨胀对城乡不同收入群体实际收入与消费行为的影响。

上述改进使 CQMM 的预测和模拟结果更加科学。长期以来中国国家统计局仅公布没有经过季节性处理的 GDP 季对季或季度累计同比增长率，而不是国际上较为通行的通过季节性调整后再利用季度环比增长率计算的年度增长率。CQMM改进后预报的GDP季度增长率，不仅剔除了季节性因素的影响，而且也消除了由于比较基数变化而导致的数据失真。经过季节性处理后把GDP的季度环比增长率转换为年增长率，可更真实地反映GDP的现实增长情况。

观察2008年至2010年基于不同计算方法的GDP增长率（图10-19）。没有经过季节性调整的季对季增长率受比较基数的影响始终表现出“前高后低”或“前低后高”的波动特征。2010年四个季度的同比增长率受2009年基数的影响，分别增长11.9%、10.3%、9.6%和9.7%。但是，经过季节性调整后，把季度环比增长率转换为年增长率，可以发现，2010年四个季度的增长率分别为8.9%、8.3%、10.2%和11.5%。这在一定程度上反映了2010年上半年中国经济所面临的增长率下滑的态势。为遏制增长率的下滑，2010年上半年货币政策采取了宽松的基调，一季度和二季度银行新增贷款额分别突破2万亿元的规模。到2010年下半年，GDP增长率开始回升，货币政策即转向稳健，通过收缩信贷试图抑制经济的增长。全年货币政策“前松后紧”的调控基调与2010年GDP的实际增长态势是相互对应的。

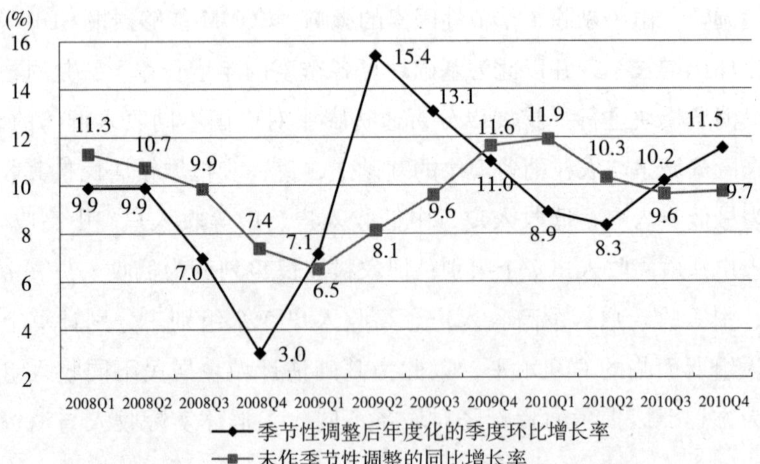

图10-19 基于不同计算方法的GDP季度增长率比较

资料来源：本课题组假定。

三、2011—2012 年中国宏观经济主要指标预测

（一）GDP 增长率预测

在上述外生变量的假定下，基于 CQMM 的预测结果表明：2011 年 GDP 将可能增长 10.13%，比 2010 年略降 0.25 个百分点。作为“十二五”规划的开局之年，预计经济增速还将维持两位数的高速。2012 年，GDP 增长率可能回落至 9.45%的水平。从季节性调整后季对季同比增长率看（图 10-20），GDP 增长率将呈现平稳下滑的态势。把季节性调整后的季度环比增长率转为年增长率后，2011 年按一季度环比增长率计算的全年增长率将达到 11.4%，之后增长率在二季度有所下滑后再持续回升；2012 年经济的波动呈现类似的模式，按一季度环比增长率计算的全年增长率将达到 11.8%，之后增速减缓再回升。

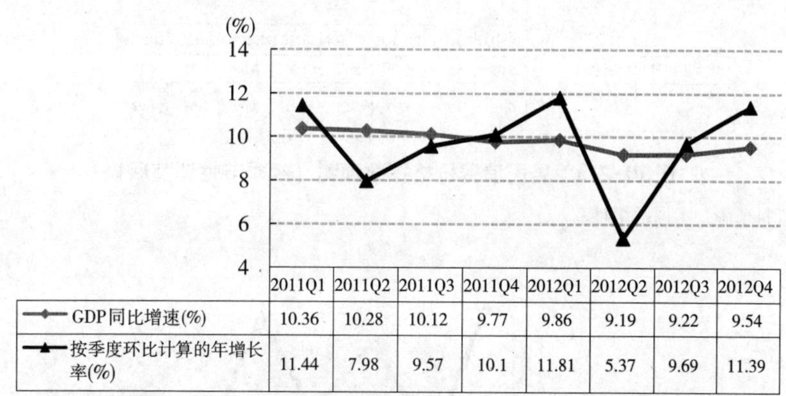

	2011Q1	2011Q2	2011Q3	2011Q4	2012Q1	2012Q2	2012Q3	2012Q4
GDP同比增速(%)	10.36	10.28	10.12	9.77	9.86	9.19	9.22	9.54
按季度环比计算的年增长率(%)	11.44	7.98	9.57	10.1	11.81	5.37	9.69	11.39

图 10-20　GDP 季度增长率预测（经季节性调整后）

资料来源：本课题组假定。

（二）主要价格指数预测

模型预测，2010 年下半年开始的通胀压力还将持续，2011 年 CPI 预计将上涨 5.4%，比 2010 年提高 2.07 个百分点；2012 年虽然可能有所回落，但还将维持在 4.55%的水平。分季度看（图 10-21a），2011 年四个季度的季对季 CPI 将分别上涨 5.08%、5.55%、5.79%、5.17%。把季度环比增长率转化为年增长率后，2011 年和 2012 年 CPI 的表现可能呈现“两头高中间低”的态势，但是 2011 年四季度 CPI 涨幅要比 2011 年一季度略高；

2012 年一季度 CPI 涨幅要比 2012 年四季度略高。

预计 2011 年 PPI 的上涨幅度基本接近 2010 年，达 5. 49%，2012 年略为上升，达到 5. 55%的水平。分季度看（图 10-21b），2011 年 PPI 的季对季同比增速将逐季增加，三季度达到 7. 21%，之后四季度可能回落至 5. 54%。把 PPI 的季度环比增长率转换为年增长率后，PPI 的最大涨幅都出现在一季度。例如，按 2011 年第一季度增长率计算的年增长率上涨幅度最大，可能高达 8. 2%，之后涨幅下降，至四季度时上涨幅度仅为 5. 1%。

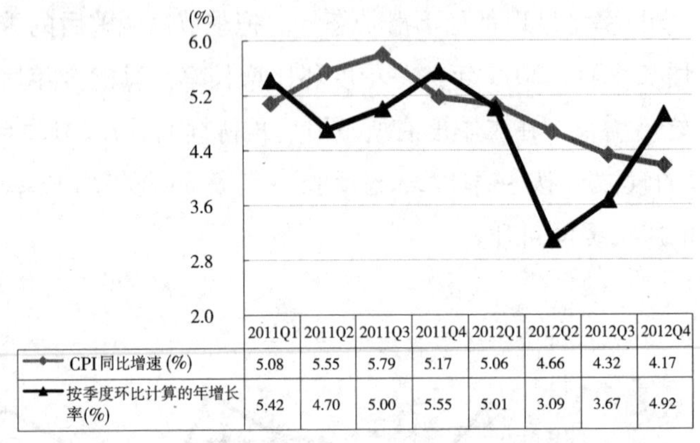

	2011Q1	2011Q2	2011Q3	2011Q4	2012Q1	2012Q2	2012Q3	2012Q4
CPI 同比增速 (%)	5.08	5.55	5.79	5.17	5.06	4.66	4.32	4.17
按季度环比计算的年增长率(%)	5.42	4.70	5.00	5.55	5.01	3.09	3.67	4.92

图 10-21a　居民消费价格指数预测（经季节性调整后）

资料来源：本课题组计算。

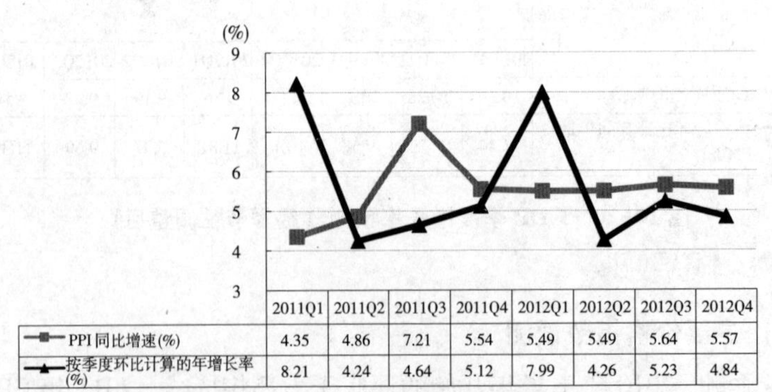

	2011Q1	2011Q2	2011Q3	2011Q4	2012Q1	2012Q2	2012Q3	2012Q4
PPI 同比增速(%)	4.35	4.86	7.21	5.54	5.49	5.49	5.64	5.57
按季度环比计算的年增长率(%)	8.21	4.24	4.64	5.12	7.99	4.26	5.23	4.84

图 10-21b　生产者价格指数预测（经季节性调整后）

资料来源：本课题组计算。

此外，模型预测，2011 年固定资产投资价格指数（P_I）将可能大幅度上涨至 7. 92%，同比提高 3. 7 个百分点；2012 年将有所回落，达到 6. 06%的水平。2011 年 GDP 平减指数（P_ GDP）将同比提高 2. 83 个百分点，达到 8.55%的较高水平；2012 年回落至 7.3%。表明通货膨胀的压力依然来自投资需求扩张带动的价格上涨。分季度看，2011 年固定资产投资价格指数的季对季同比增长率在前三个季度可能在 8%以上高位运行，到第四季度才可能下降到 6%的水平；之后在 2012 年各季度都将保持相对的稳定。把季度环比增长率转化为年增长率后，一季度固定资产投资价格指数上涨的幅度都是最大的（图 10-21c）。在 GDP 平减指数方面，各季季度同比增长率呈逐季下滑的态势，2011 年波动较为明显，由一季度的 9.23%下降至四季度的 7.29%；2012 年开始小幅回升。把季度环比增长率转化为年增长率后，同样表现出一季度的价格上涨压力较大，按 2011 年一季度环比增长率计算的年增长率可达到 11.6%（图 10-21d）。

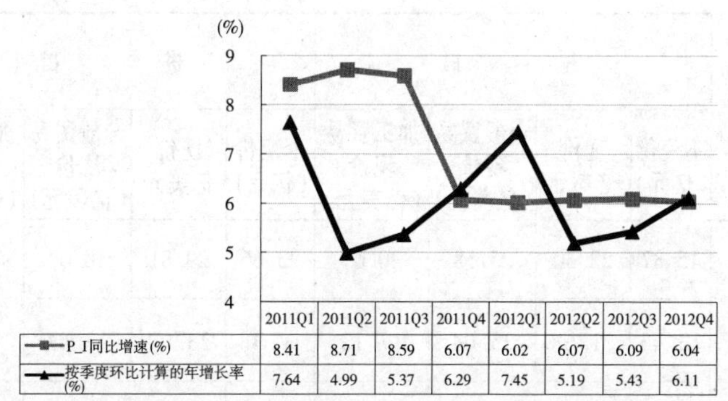

	2011Q1	2011Q2	2011Q3	2011Q4	2012Q1	2012Q2	2012Q3	2012Q4
P_I同比增速(%)	8.41	8.71	8.59	6.07	6.02	6.07	6.09	6.04
按季度环比计算的年增长率(%)	7.64	4.99	5.37	6.29	7.45	5.19	5.43	6.11

图 10-21c　固定资产投资价格指数预测（经季节性调整后）

资料来源：本课题组计算。

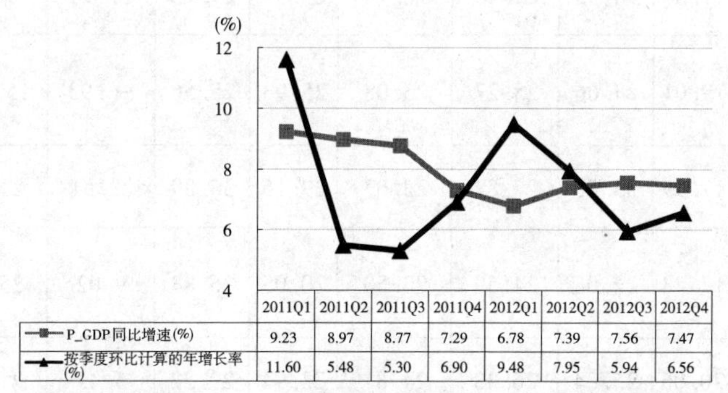

	2011Q1	2011Q2	2011Q3	2011Q4	2012Q1	2012Q2	2012Q3	2012Q4
P_GDP同比增速(%)	9.23	8.97	8.77	7.29	6.78	7.39	7.56	7.47
按季度环比计算的年增长率(%)	11.60	5.48	5.30	6.90	9.48	7.95	5.94	6.56

图 10-21d　GDP 平减指数预测（经季节性调整后）

资料来源：本课题组计算。

（三）其他主要宏观经济指标增长率预测

1. 进出口及外汇储备增长率预测

受人民币升值及通货膨胀的影响，进出口增速可能回落。其中，2011 年、2012 年以美元、按现价计算的出口同比增速，预计分别为 22.3%、24.75%，比 2010 年下降 9.15 和 6.71 个百分点；进口增速预计分别为 29.81%、31.20%，比 2010 年下降 9.68 和 8.29 个百分点。进口增速可能仍将超过出口增速，贸易顺差减少的态势还将持续（表 10-1）。2011 年外

表 10-1　2011—2012 年中国进出口及外汇储备增长率预测

（单位:%）

时间		出口				进口				外汇储备
		不变价（亿元）	现价（亿美元）	一般贸易现价（亿美元）	加工贸易现价（亿美元）	不变价（亿元）	现价（亿美元）	一般贸易现价（亿美元）	加工贸易现价（亿美元）	现价（亿美元）
2011 年		15.87	22.30	25.58	20.09	23.66	29.81	18.09	15.19	18.86
第一季度	同比	13.43	21.68	25.64	17.12	17.48	23.99	25.43	8.73	19.37
	季对季	27.64	34.24	33.44	36.69	27.16	36.58	3.70	24.95	14.23
第二季度	同比	11.87	18.53	22.40	16.10	23.97	29.12	21.90	9.40	23.29
	季对季	19.01	23.66	25.27	23.08	25.93	25.56	-6.93	15.55	12.64
第三季度	同比	17.99	23.78	27.82	22.07	29.16	36.89	22.51	21.63	18.62
	季对季	17.48	22.08	24.59	20.50	20.05	26.83	9.02	25.87	15.38
第四季度	同比	20.06	25.04	26.38	24.81	23.94	29.22	5.45	21.12	14.80
	季对季	16.45	20.65	22.49	19.68	22.76	28.19	17.51	18.41	17.00

续表

时间		出口				进口				外汇储备
		不变价(亿元)	现价(亿美元)	一般贸易现价(亿美元)	加工贸易现价(亿美元)	不变价(亿元)	现价(亿美元)	一般贸易现价(亿美元)	加工贸易现价(亿美元)	现价(亿美元)
2012 年		18.50	24.75	27.95	22.59	20.72	31.20	18.48	18.78	15.25
第一季度	同比	18.05	22.95	25.21	21.66	23.16	29.60	10.85	19.20	15.53
	季对季	19.28	25.46	28.56	23.43	23.96	38.19	26.66	17.24	17.17
第二季度	同比	18.28	23.99	26.94	22.04	20.69	31.11	18.71	20.15	15.87
	季对季	19.95	27.89	32.34	24.61	16.16	31.51	22.38	19.24	13.94
第三季度	同比	18.66	25.50	28.94	23.13	19.96	32.78	22.86	18.70	15.46
	季对季	19.00	28.16	32.65	24.86	17.14	33.41	25.08	19.92	13.79
第四季度	同比	18.95	26.28	30.25	23.39	19.38	31.16	21.37	17.27	14.23
	季对季	17.61	23.65	27.55	20.72	20.40	22.05	11.93	12.8	12.07

资料来源：本课题组计算。

汇储备预计将增长 18.86%，同比下降 0.12 个百分点；2012 年增长率将进一步下降至 15.25%。分季度看，外汇储备的季对季同比增长率可能先上升后下降。把季度环比增长率转化为年增长率后，外汇储备在 2011 年下半年和 2012 年一季度可能会有较快的增长，之后缓慢回落（图 10-22）。

2. 固定资产投资增长率预测

模型预测（表 10-2），2011 年按不变价计算的固定资本形成总额增速预计将为 9.88%，2012 年将为 10.16%，分别将比 2010 年下降 3.75 和 3.47 个百分点；2011 年按现价计算的城镇固定资产投资增速预计将为 27.45%，将比 2010 年提高 2.88 个百分点，预计 2012 年将下降至

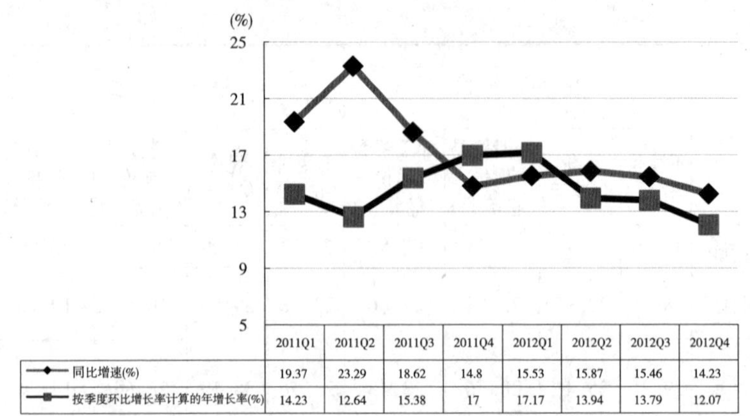

图 10-22　外汇储备增长率预测（经季节性调整后）

资料来源：本课题组计算。

22. 56%。结果表明，2011 年投资需求的扩张依然强劲。

分季度来看，固定资本形成总额的季对季同比增速在 2011 年呈“前低后高”的态势，可能自第一季度的 3. 06%提高到第四季度 18. 09%；随后在 2012 年转为“前高后低”，自第一季度的 12. 43%下降至 9. 18%。把季度环比增长率转化为年增长率后，按 2011 年一季度增长率计算的固定资本形成总额的年增长率可能高达 40. 45%，表明 2011 年一季度将是投资需求扩张最快的时期。

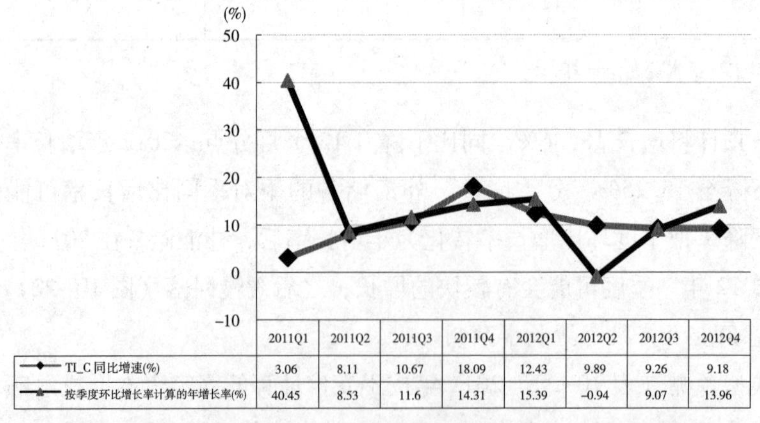

图 10-23　固定资本形成总额（不变价）增速预测（经季节性调整后）

注：TI_C 表示固定资本形成总额（不变价）。

资料来源：本课题组计算。

城镇固定资产投资（现价）增速的分季度走势与上述固定资本形成总额（不变价）增速的变动趋势基本一致。从季对季同比增速来看，2011 年各季将可能维持超过 23%的较高投资增速，2012 年将维持超过 20%的投资增速。把季度环比增长率转化为年增长率后，按 2011 年一季度增长率计算的年增长率将可能高达 59.53%。

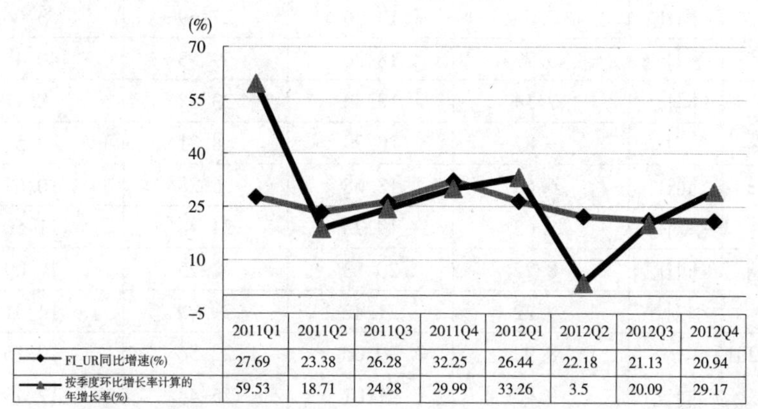

	2011Q1	2011Q2	2011Q3	2011Q4	2012Q1	2012Q2	2012Q3	2012Q4
FI_UR同比增速(%)	27.69	23.38	26.28	32.25	26.44	22.18	21.13	20.94
按季度环比增长率计算的年增长率(%)	59.53	18.71	24.28	29.99	33.26	3.5	20.09	29.17

图 10-24 城镇固定资产投资总额（现价）增速变化预测（经季节性调整后）

注：FI_UR 表示城镇固定资产投资总额（现价）。
资料来源：本课题组计算。

此外，模型显示：2011 年全社会固定资产投资总额增速将为 27.44%，比 2010 年提高 1.73 个百分点；2012 年可能下降至 23.51%。按投资资金来源分类看，2011 年来源于国内信贷的投资资金增速将可能比 2010 年提高 0.29 个百分点，达到 20.43%；来源于企业自筹的投资资金增速为 32.68%，同比可能提高 2.37 个百分点；其他资金来源的投资资金增速为 17.07%，同比可能提高 2.61 个百分点。但是到了 2012 年，各类资金来源的投资资金增长速度都可能有所下降。

3. 消费增长率预测

模型预测显示，2011 年按不变价计算的居民消费总额增速将可能大幅度地下降至 7.41%，比 2010 年下降 5.74 个百分点；2012 年预计将回升到 8.92%。2011 年按现价计算的社会消费品零售总额将增长 19.31%，同比下降 4.02 个百分点；2012 年预计将回升至 20.00%（表 10-2）。

表 10-2 2011—2012 年其他主要宏观经济指标增长率预测

（单位：%）

时间		居民消费总额（不变价，亿元）	社会商品零售总额（现价，亿元）	城镇固定资产投资（现价，亿元）	固定资产形成总额（不变价，亿元）
2011 年		7.41	19.31	27.45	9.88
第一季度	同比	7.63	19.56	27.69	3.06
	季对季	5.79	18.36	59.53	40.45
第二季度	同比	7.14	18.84	23.38	8.11
	季对季	9.87	20.99	18.71	8.53
第三季度	同比	6.64	18.68	26.28	10.67
	季对季	8.03	19.78	24.28	11.60
第四季度	同比	8.22	20.13	32.25	18.09
	季对季	9.22	21.42	29.99	14.31
2012 年		8.92	20.00	22.56	10.16
第一季度	同比	9.40	21.01	26.44	12.43
	季对季	10.48	21.86	33.26	15.39
第二季度	同比	8.77	20.02	22.18	9.89
	季对季	7.39	17.07	3.50	-0.94
第三季度	同比	8.65	19.53	21.13	9.26
	季对季	7.55	17.87	20.09	9.07
第四季度	同比	8.88	19.54	20.94	9.18
	季对季	10.13	21.45	29.17	13.96

资料来源：本课题组计算。

分季度看，居民消费总额（不变价）增速按季对季同比计算，在 2011 年和 2012 年将呈持续下降的态势。把季度环比增长率转化为年增长率后，按 2011 年一季度增长率计算的年增长率仅为 5.79%，上半年可提高到 9.87%，但是到了年末将小幅回落至 9.22%。2012 年居民消费总额（不变价）增速将有所改善，最高时在一季度可能达到 10.48%（图 10-25a）。社会消费品零售总额（现价）增速按季对季同比增速看，在 2011 年前三季度持续下降，最低为 18.68%，接着开始上升，到 2012 年一季度达到 21.01%，随后又下滑到四季度的 19.54%。把季度环比增长率转化为年增长率后，其变动趋势基本上与居民消费总额是一致的（图 10-25b）。

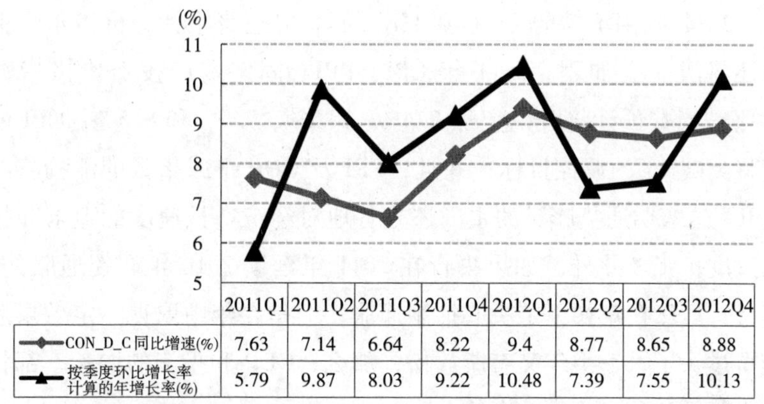

	2011Q1	2011Q2	2011Q3	2011Q4	2012Q1	2012Q2	2012Q3	2012Q4
CON_D_C 同比增速(%)	7.63	7.14	6.64	8.22	9.4	8.77	8.65	8.88
按季度环比增长率计算的年增长率(%)	5.79	9.87	8.03	9.22	10.48	7.39	7.55	10.13

图 10-25a　居民消费总额（不变价）增速预测（经季节性调整后）

注：CON_D_C 表示居民消费总额（不变价）。

资料来源：本课题组计算。

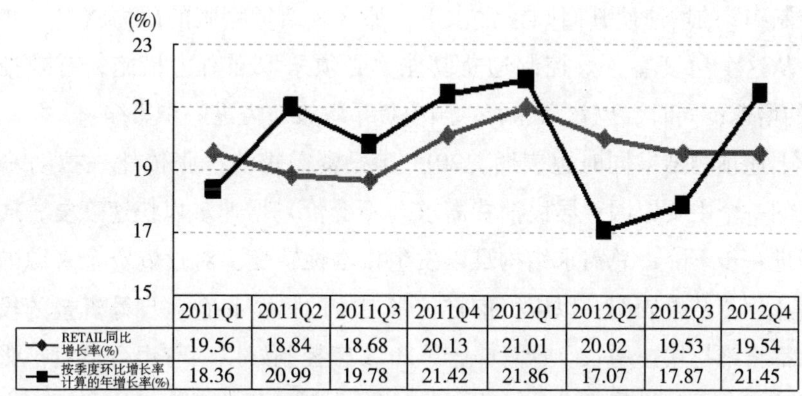

	2011Q1	2011Q2	2011Q3	2011Q4	2012Q1	2012Q2	2012Q3	2012Q4
RETAIL同比增长率(%)	19.56	18.84	18.68	20.13	21.01	20.02	19.53	19.54
按季度环比增长率计算的年增长率(%)	18.36	20.99	19.78	21.42	21.86	17.07	17.87	21.45

图 10-25b　社会消费品零售总额（现价）增速预测（经季节性调整后）

注：RETAIL 表示社会消费品零售总额（现价）。

资料来源：本课题组计算。

综上，尽管 2011 年货币政策转向了“稳健”，并在年初通过调高存款准备金率和利率试图紧缩流动性，但是，考虑到 2011 年是“十二五”规划的开局之年，地方政府对 GDP 翻番的目标追求，信贷扩张的压力依然很大。就算 2011 年第二季度央行再次上调一年期贷款基准利率，使其保持在

6.31%的水平，2011年M2的增速依然有可能突破目标水平，并保持在18%的高位；到2012年，M2的增速可能仅下降至17%。这样，预测结果表明，2011年GDP高增长（10.1%）的态势还将维持，价格水平上涨的压力还将进一步加剧。2011年CPI、PPI、固定资产投资价格指数以及GDP平减指数预计将分别上涨5.4%、5.5%、7.9%和8.5%。CPI的上涨幅度将突破4%的调控目标；并且，PPI及GDP平减指数的涨幅将继续高于CPI。这表明通货膨胀的主因还是各地对经济增长速度的追求和投资需求的过度扩张。此外，如果央行在2011年延续2010年调控通胀的模式，也就是，虽然在年初下定决心抑制通胀，但是在年中取得一定效果后又担心压得过头了，下半年又有所放松，那么，GDP和投资的增长率都将表现为上半年低和下半年高的态势。

事实上，以往基于CQMM的预测结果表明，调整M2的增速对降低通货膨胀非常有效。上述对2011年高增长、高通胀的预测结果一定程度上表明，如果央行在2011年不能持坚决的态度，采取强有力的措施，始终有效地控制M2的增速使其回归正常水平，那么，通货膨胀的压力将进一步加剧。从这个角度看，要控制通货膨胀，必须采取强有力措施，有效控制M2的增速；同时，也就意味着，当前货币政策还需进一步紧缩。

上述预测结果同时也表明，2011年投资需求的扩张依然是拉动GDP增长的一个主要原因；居民消费需求（不变价）增速难以快速恢复，居民消费进一步下降，总需求结构难以发生根本性转变。对投资资金来源的投资增速预测结果表明，以银行信贷扩张支持的投资和企业自筹资金的投资需求都将维持快速增长。这意味着，2011年控制好以国有银行信贷扩张支持的政府主导型投资需求的扩张，是控制投资需求过度扩张的关键。在民间资本投资需求全面恢复后，必须坚决地抑制各级政府主导型投资的扩张。

然而，在现行体制下，地方政府对GDP增长率的追求（体制性因素）、要素价格的扭曲所导致的经济发展方式尚难以根本性转变，使得政府主导型投资难以得到有效遏制；粗放型民间投资需求也不能有效得到抑制。因此，问题的关键是中央政府应该在保证经济增长和有效控制通胀的政策目标之间要有所权衡，有所取舍：现有预测表明，如欲维持10%以上的经济增长速度，通货膨胀率则可能突破 5%。如果希望将通货膨胀率控制在 5%以下，就必须下决心整治各地在“GDP 主义”主导下的增长饥渴症，坚决而切实有效地控制货币投放量，控制经济增长速度，将其限制在 9%左右。本课题组早在 2010 年秋季的预测报告中就提出了这一政策建议，如果说在当时还主要是从“十二五”规划的中长期调控角度，从转变经济发展方式迫切需要适度控制经济增长速度的角度看，那么，现在这一政策建议就更具有紧迫性了。

第三节　政策效应模拟分析

一、通货膨胀对不同收入群体的影响分析

（一）城乡不同收入群体收入增长情况分析

过去三十年来，中国经济的快速增长极大地改善了城乡居民的收入水平。然而，城乡不同收入群体之间收入增长呈不平衡态势。

如果把城镇居民分成低收入户、中等收入户和高收入户 3 组，那么，近十年来，人均实际可支配收入的增长呈“高收入高增长、低收入低增长”的态势（图 10-26），导致城镇居民之间收入差距不断扩大。城镇高收入户人均可支配收入在 20 世纪 90 年代初对低收入户的比值是 2∶1，之后持续上升，2008 年时达到 3.6∶1 左右，并呈不断上升的态势；同期对中等收入户的收入差距虽然略显平缓，但也从 1.4∶1 扩大到 1.9∶1（图 10-27）。[①]

农村家庭的不同收入群体中，低收入户、中等收入户和高收入户 3 个组别的人均实际纯收入增速均呈现不断上升的态势。2010 年各组别实际收

① 2010 年城镇家庭人均可支配收入为 19109 元。其中，低收入户收入为 9231.3 元，中等收入户收入为 17217.1 元，高收入户收入为 31196.7 元。

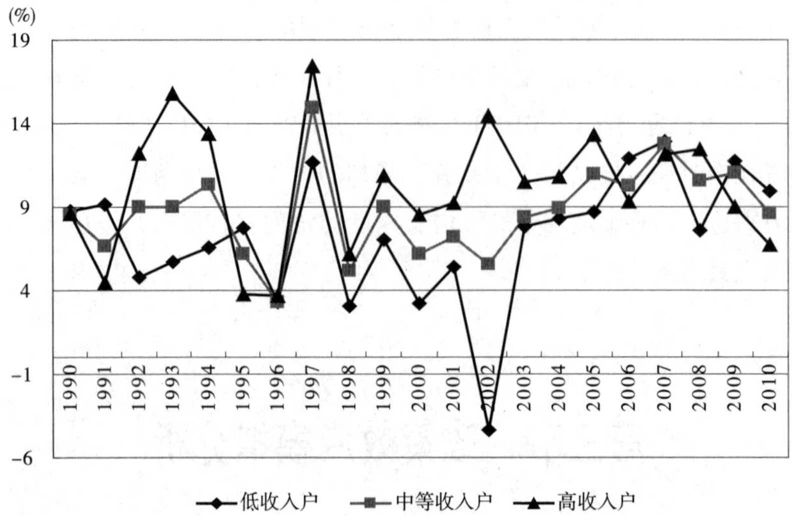

图 10-26　城镇居民不同收入群体人均可支配收入实际增长率

资料来源：CEIC。

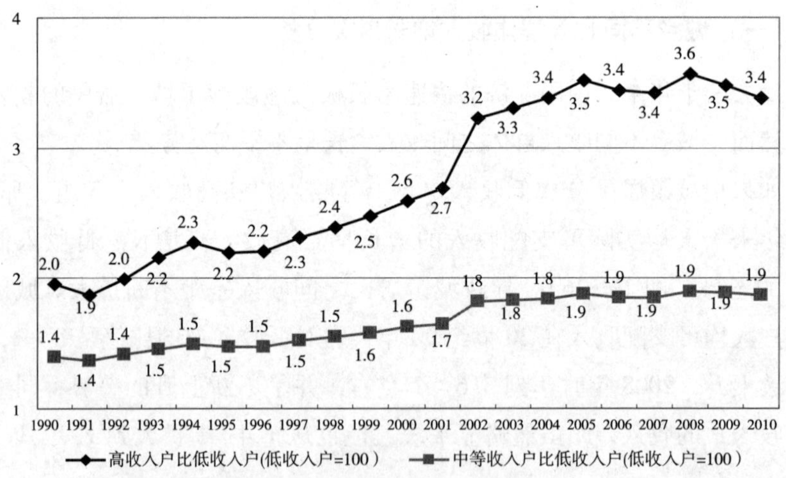

图 10-27　城镇居民高中低收入户人均可支配收入比较

资料来源：CEIC。

入增长大幅提高，增速分别为 17.1%、12.4%和 10.4%[①]（图 10-28）。但是，就近十年来的趋势看，不同收入群体之间收入差距是在不断扩大的。农村高收入户人均纯收入对低收入户的比值自 2000 年起持续上升，2009 年达到 7.95∶1，2010 年下降至 7.5∶1；中等收入户对低收入户的比值基本保持在 2.8∶1 的水平（图 10-29）。

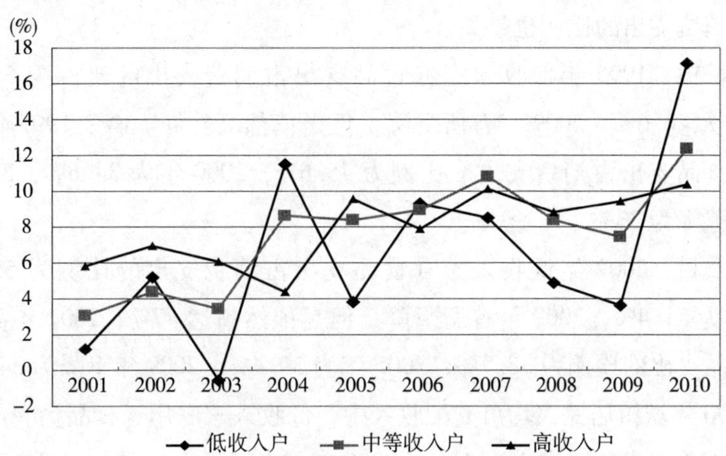

图 10-28　农村家庭人均实际纯收入增速

资料来源：CEIC。

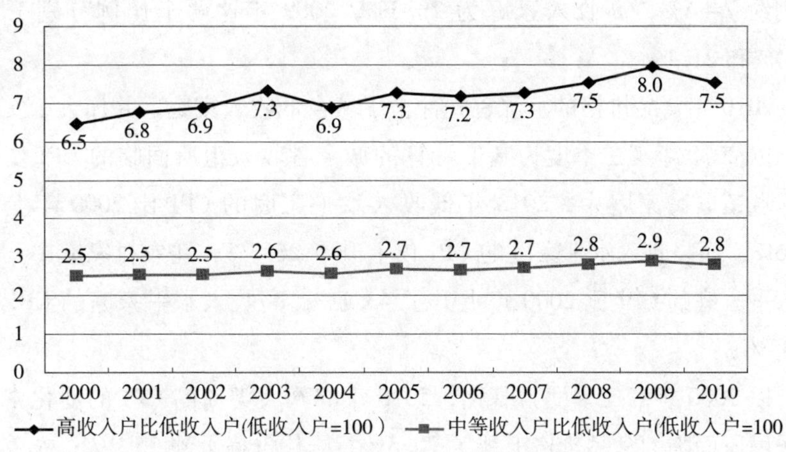

图 10-29　农村家庭高中低人均纯收入比较

资料来源：CEIC。

① 2010 年农村家庭人均纯收入为 5919 元，低收入户收入为 1870 元，中等收入户收入为 5222.4 元，高收入户收入为 14043.7 元。

上述分析表明，不仅城乡居民收入差距扩大的态势没有显著变化，而且城乡居民不同收入群体之间收入差距也在进一步扩大。

（二）城乡不同收入群体消费行为分析

不同收入群体消费行为的一个显著特征是，收入水平越低的家庭，消费支出中用于食品的支出比例越高（即恩格尔系数越高），同时收入中用于食品消费支出的比例也越高。

在城镇，1995年低收入家庭食品支出占消费支出的比例为58.1%，2000年为46.6%，2009年有所下降，但是依然高达44.6%；1995年高收入家庭食品支出占消费支出的比例为45.6%，2000年为34.6%，2009年进一步下降为33%。

在农村，2002年低收入家庭食品支出占消费支出的比例为55.9%，2005年为51.4%，2009年有所下降，但是依然高达47%；2002年高收入家庭食品支出的比例为38.7%，2005年为39.4%，2009年下降为34.8%。

2000年城镇居民人均可支配收入中，低收入家庭用于食品消费的支出比例约42%，高收入家庭为26%；2009年前者下降为36.9%，后者下降为22.4%。2005年农村家庭人均纯收入中，低收入家庭用于食品消费的支出比例约74.6%，高收入家庭为23.3%；2009年这两个比例分别下降为71.4%和21.1%。

2010年食品价格的上涨首先冲击了城乡低收入家庭，并加大了贫富差距。以2000年第二季度为基期计算的城乡各收入组所面临的CPI变化发现：城镇居民家庭中，2010年低收入水平家庭的CPI比2000年上升了34.6%，而高收入水平家庭的CPI仅上升了26.3%；在农村家庭中，低收入水平家庭的CPI比2000年上升了43.1%，高收入水平家庭的CPI仅上升37%。

以2000年第二季度为基期，2010年的八大类商品CPI的变化中，城镇居民所面临的食品价格上涨了70.5%，居住价格上涨35.2%；衣着、家庭设备及用品、交通通信价格均呈下降态势；医疗保健、娱乐教育和杂项价格分别上涨7.3%、10.8%和11.7%。农村居民所面临的食品价格上涨了73.8%，居住价格上涨41.6%；衣着、交通通信价格均呈下降态势；家庭设备及用品、医疗保健、娱乐教育和杂项价格分别上涨0.15%、20.6%、

19%和9.5%。

上述分析表明，2010年食品价格的上升进一步扩大了城乡以及不同收入家庭之间的实际收入差距。

（三）通货膨胀对城乡不同收入群体的影响分析

为了分析通货膨胀对城乡不同收入群体可能产生的影响，本课题组基于CQMM，进行了样本区间内的模拟分析。假设2006年发生一次性的通货膨胀冲击，使CPI的涨幅比实际值（1.5%）提高了3个百分点，达到4.5%。如果城乡居民的名义收入没有相应调整，其实际收入必然下降。通过CQMM能够模拟CPI涨幅的提高对城乡各收入群体实际收入和消费支出的影响程度。

首先，需要确定在全国范围内CPI涨幅在2006年提高了3个百分点，城乡各收入群体所面临的CPI分别会有多大程度的上涨；之后，应用CQMM模拟在2006年和2007年两年里CPI的上涨会对城乡不同收入群体的消费产生多大的影响。CQMM模拟的结果表明，当CPI涨幅增加3个百分点后，城乡不同收入群体所面临的CPI上涨幅度各不相同，因而对各收入组的消费影响也各不相同。此外，2006年CPI涨幅增加3个百分点后对各收入组的影响在当期（2006年）和在下一期（2007年）也有所不同。

CQMM的模拟结果显示：（1）2006年如果CPI涨幅提高3个百分点，那么，与基准模拟相比，对农村居民CPI的影响会高于对城镇居民CPI的影响。2006年城镇居民的CPI涨幅因此提高了2.89个百分点，农村居民的CPI涨幅提高了3.22个百分点。2007年与基准水平相比，城镇居民的CPI涨幅下降了2.36个百分点，农村居民CPI涨幅下降了2.63个百分点(图10-30)。

（2）与基准模拟相比，CPI涨幅提高3个百分点，对城乡低收入群体的影响大于对高收入群体的影响。城镇7个组别的收入群体所面临的CPI上升幅度随着收入水平的增加而减少。2006年最低收入水平城镇户即第1组，其CPI变化最大，提高了4.05个百分点；而最高收入水平的城镇户即第7组，其CPI仅仅上涨了2.51个百分点，两者相差1.54个百分点。2007年城镇各收入群体所面临的CPI下降幅度随着收入水平的增加而减少，2007年城镇最低收入水平的第1组CPI下降了3.03个百分点，而最

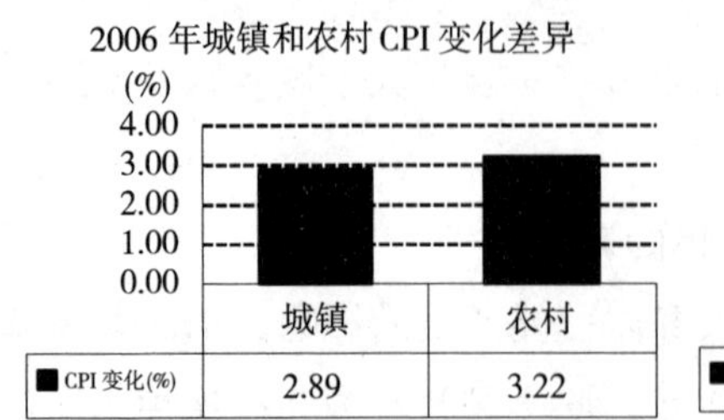

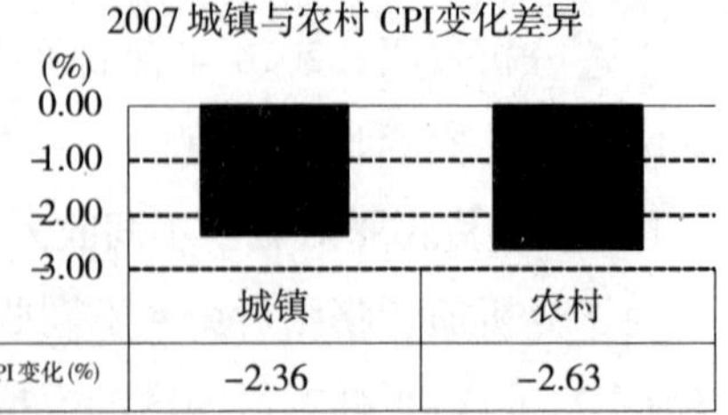

图10-30　3%的CPI冲击对城镇与农村CPI变化影响差异图

资料来源：本课题组计算。

高收入水平的第7组CPI仅降低了1.95个百分点（图10-31）。

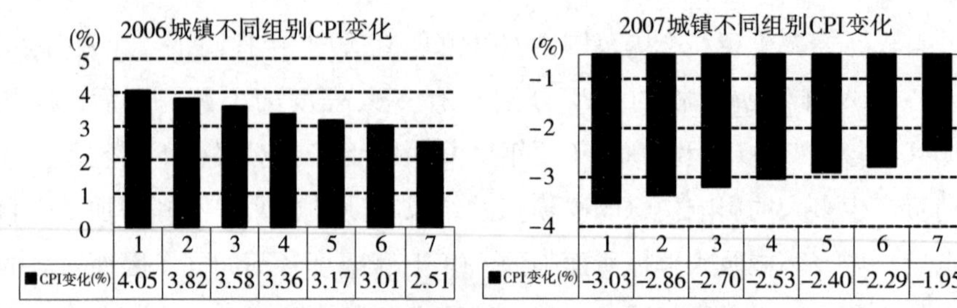

图10-31　城镇不同组别CPI变化差异图

资料来源：本课题组计算。

农村家庭也按其收入水平划分为5个组。2006年CPI涨幅提高了3个百分点之后，各收入组所面临的CPI上涨幅度随收入水平的增加而减少。农村低收入户即第1组其CPI提高了4.81个百分点，远远大于城镇低收入户的CPI上涨幅度；农村高收入户即第5组其CPI上涨了3.93个百分点，幅度与城镇最低收入户的CPI上涨幅度相当。2007年农村各收入组别之间CPI的下降幅度随收入水平的增加而减少。低收入户的第1组CPI比基准水平下降了3.97个百分点，而高收入户的第5组CPI下降了3.19个百分点（图10-32）。

因此，2006年如果CPI涨幅比实际值提高了3个百分点，即达到4.5%时，那么，城镇最高收入户所面临的CPI涨幅将会是4%，而农村低收入户所面临的CPI涨幅将会达到6.3%。

（3）由于城乡各收入群体所面临的CPI涨幅各不相同，导致各收入群

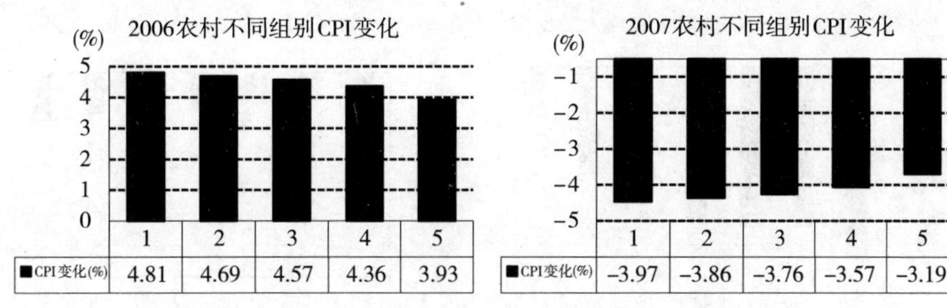

图 10-32　农村不同组别 CPI 变化差异图

资料来源：本课题组计算。

体的实际收入变化也各不同。模拟结果显示，CPI 涨幅提高 3 个百分点，与基准模型相比，2006 年当期城镇居民实际人均可支配收入将下降 3.70%、2007 年将下降 1.31%；农村居民 2006 年实际人均纯收入将下降 7.93%、2007 年将下降 1.00%（图 10-33）。

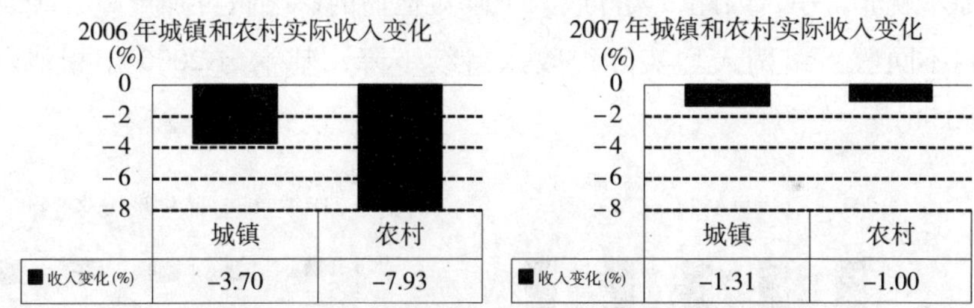

图 10-33　城乡居民人均实际收入变化差异图

资料来源：本课题组计算。

在城镇各收入群体之间，实际人均可支配收入的减少幅度随收入水平的提高而减少。2006 年城镇最低收入户即第 1 组其人均实际可支配收入下降了 6.01%，最高收入户即第 7 组其人均实际可支配收入下降了 1.52%。2007 年，城镇各收入组别人均实际可支配收入呈持续下降态势，但与 2006 年有所不同（图 10-34）。城镇高收入户的人均实际可支配收入下降的幅度大于低收入户，其中，最低收入户即第 1 组其人均实际可支配收入仅下降了 0.73%，而最高收入户即第 7 组其人均实际可支配收入下降了 1.58%。

2006 年农村不同收入组别的人均实际纯收入下降幅度相对接近，并且

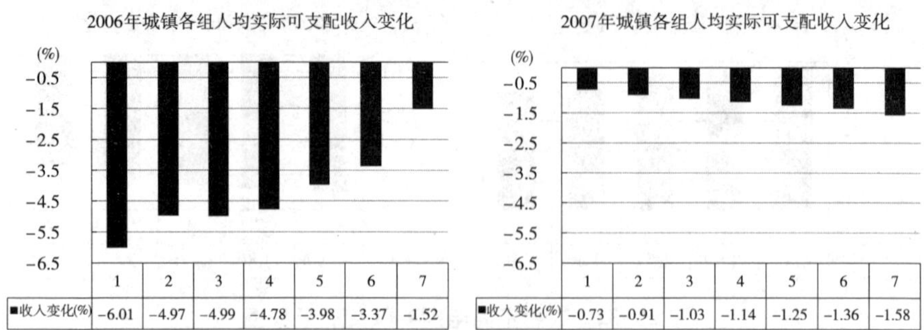

图 10-34　城镇不同组别人均实际可支配收入变化差异图

资料来源：本课题组计算。

除了低收入户外，其他组别的收入降幅均大于城镇最低收入组实际收入下降幅度。虽然农村低收入户人均实际纯收入下降的幅度（5.32%）相对不大，但由于农村低收入户是中国居民中收入最低的群体，其收入下降的空间原本就非常小，因此，实际收入下降对他们的影响将更加严重。2007 年农村不同收入组别人均实际纯收入持续下降，基本与 2006 年相似（图 10-35）。

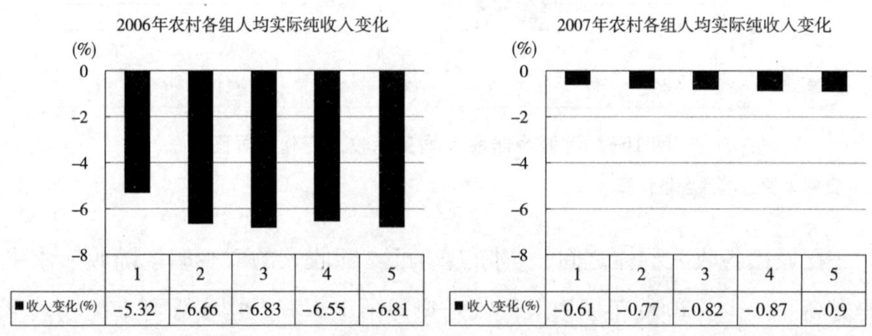

图 10-35　2006 年农村不同组别人均实际可支配收入变化差异图

资料来源：本课题组计算。

（4）扣除价格波动后的实际收入是决定消费支出的主要因素。城乡居民实际收入的下降必然导致人均消费支出的下降。由于收入越低的群体其边际消费倾向越高，且其恩格尔系数也高，因而，CPI 的上涨对农村居民消费的影响要远远大于对城镇居民消费的影响。

模拟结果显示，与基准模型相比，2006 年城镇居民人均消费支出减少

2.72%，2007年下降了1.46%；农村居民人均实际消费2006年减少了7.92%，2007年下降了1.55%（图10-36）。农村实际消费下降的幅度在模拟期间均大于城镇居民。

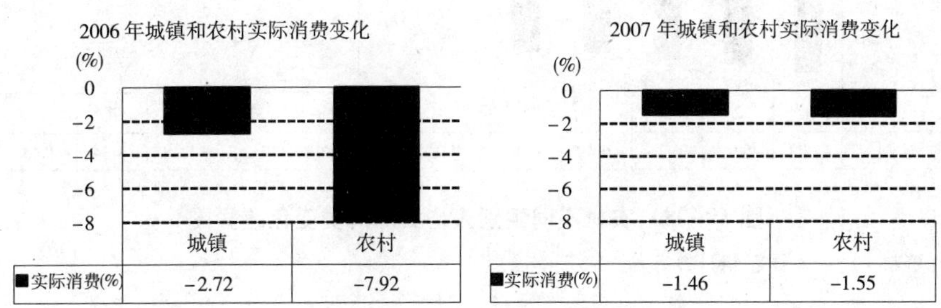

图10-36　城镇人均实际消费变化差异图

资料来源：本课题组计算。

在各收入群体之间，2006年人均实际消费下降的幅度随收入水平的上升而下降。其中，城镇居民中从最低收入户到最高收入户其消费支出下降的幅度依次为-5.38%、-4.04%、-3.96%、-3.74%、-2.74%、-2.6%、-1.06%;农村居民从低收入户到高收入户消费支出下降的幅度依次为-7.27%、-6.92%、-6.76%、-6.49%、-6.46%。2007年除了城镇高收入户（第6组）、最高收入户（第7组）的消费支出下降幅度小于中高收入户（第5组）外，其他低收入户的人均实际消费下降幅度都比高收入户消费下降的幅度小（图10-37、图10-38）。

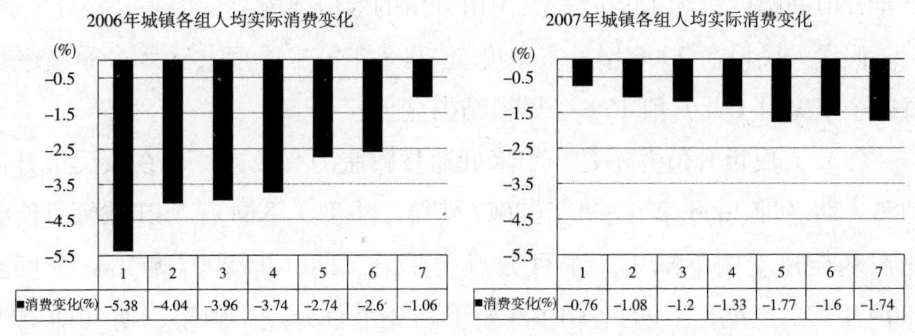

图10-37　城镇不同组别人均实际消费变化差异图

资料来源：本课题组计算。

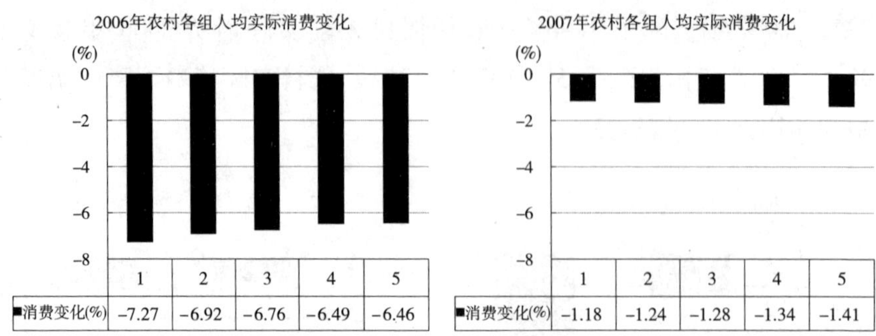

	1	2	3	4	5
■消费变化(%)	-7.27	-6.92	-6.76	-6.49	-6.46

	1	2	3	4	5
■消费变化(%)	-1.18	-1.24	-1.28	-1.34	-1.41

图 10-38　农村不同组别人均实际消费变化差异图

资料来源：本课题组计算。

综上，CPI 的上涨在城乡之间对农村居民的冲击大于城镇居民，在不同收入群体之间对低收入群体的冲击大于高收入群体；在时间上各收入群体的消费支出在价格上涨当期受到的影响大于在下一个时期。这意味着，给定中国城乡居民之间收入不平衡，城镇与农村内部各自不同收入组居民收入差距不断扩大的局面，2010 年以食品价格上涨带动的 CPI 的提高，无疑实质性地侵蚀了低收入群体的实际收入，压缩他们的消费支出，从而抑制全社会居民消费需求的扩张。

二、人民币升值对抑制通货膨胀的影响分析

为了分析人民币升值能否抑制当前中国的通货膨胀，本课题组应用 CQMM 模拟了人民币升值的通胀效应。模拟结果显示，只有当人民币平均每年升值的幅度达到 15%时，人民币升值的效应才能显现出来。

假设人民币在 2006 年第三季度至 2008 年第二季度共计八个季度平均每四个季度对美元升值 15%。模拟结果显示：

（1）人民币升值并不是一个降低通货膨胀的有效方法。在人民币升值的第一期（即 2006 第三季度至 2007 年第二季度，下同），CPI 涨幅可能会比在基准模型中下降 1.3 个百分点；在第二期（即 2007 年第三季度至 2008 年第二季度，下同），CPI 涨幅下降 2 个百分点。到第三期（即 2008 年第三季度至 2009 年第二季度，下同），CPI 涨幅下降的幅度仅为 0.3 个百分点。其他价格指数，如 GDP 平减指数、生产者价格指数和固定资产投资价格指数等在第一期和第二期的变化相对大于 CPI 的变化，但在第三期

人民币升值对这些价格指数的影响均很微弱。例如，人民币连续两期升值 15%仅能够使 GDP 平减指数下降约 3 个百分点。可以认为，其对于抑制通胀效果甚微（图 10-39）。

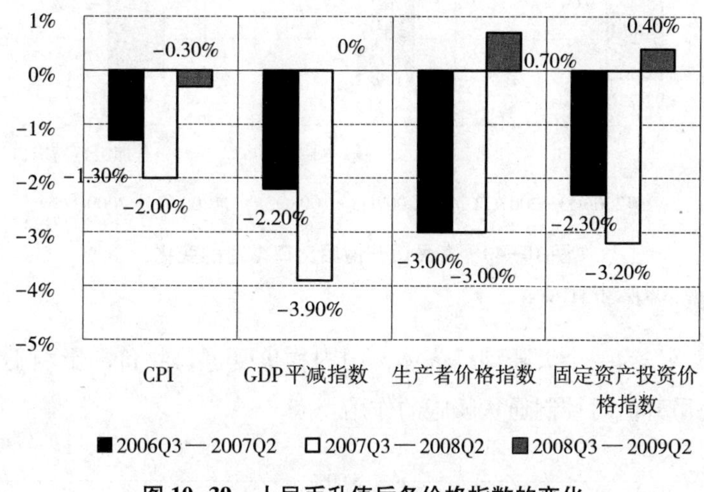

图 10-39　人民币升值后各价格指数的变化

资料来源：本课题组计算。

（2）人民币升值对进出口的影响。在出口方面，出口增速将会有所下降。在第一期出口增速可能下降 4. 92 个百分点，第二期下降 2. 6 个百分点。其中，一般贸易出口增速在这两期将分别下降 5. 08 和 2. 04 个百分点；加工贸易出口增速分别下降 4. 9 和 2. 5 个百分点。到第三期，人民币升值对出口增长率的影响几乎消失。主要原因在于我国出口对人民币汇率缺乏弹性，人民币在连续两年的时间里升值 15%，仅能够导致出口增速小幅度下降（图 10-40）。

进口方面，在第一期进口增速将下降 1. 69 个百分点，第二期可能上升 1. 72 个百分点。其中，一般贸易进口增速在第一、二两期分别提高 1. 34 和 2 个百分点；加工贸易进口增速分别下降 4. 5 和 1. 2 个百分点。虽然人民币升值可能导致一般贸易进口增速的加快，但加工贸易进口增速由于加工贸易出口增速下降也随之下降。两者相抵，总进口增速变化幅度仅在 1. 5 个百分点左右。因此，人民币升值通过进出口贸易渠道减少总需求、最后作用于通货膨胀的效果相对有限（图 10-41）。

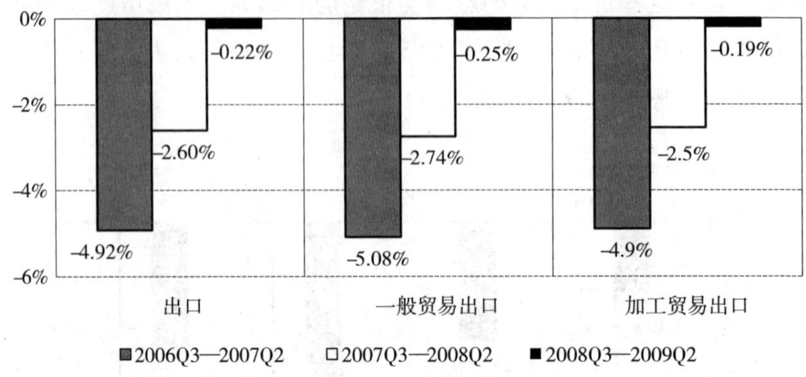

图 10-40　人民币升值后出口增速的变化

资料来源：本课题组计算。

另外，作为一个大陆型经济体，国内物价受进口物价的影响不大，也降低人民币升值对控制通货膨胀的作用。

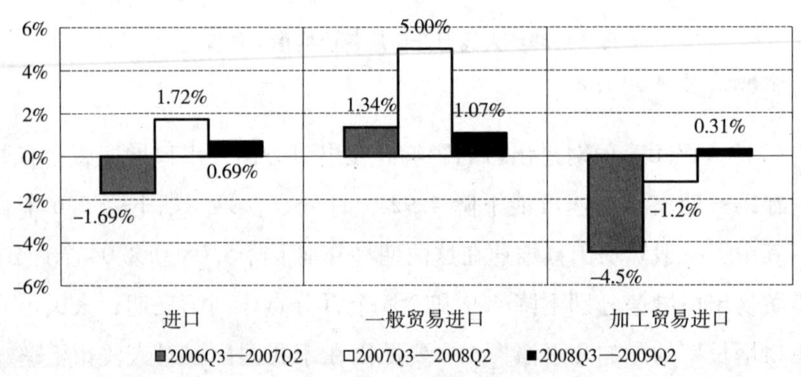

图 10-41　人民币升值后进口的变化

资料来源：本课题组计算。

（3）人民币升值对调整经济结构的效应。模拟结果显示，人民币升值虽然能够使净出口增长率明显下降，并同时带动投资增长率上升，但却难以影响居民最终消费的增速。结果，几乎不能改变 GDP 的增长率。在第一和第二期，人民币升值使 GDP 增长率分别变动了-0. 7 和 0. 23 个百分点；实际最终居民消费的增长率分别变动了-0. 6 和 0. 1 个百分点（图 10-42）；城镇居民人均实际可支配收入的增长率仅变化-0. 73 和 0. 24 个百分点；农村居民人均实际纯收入的增长率分别变动了-0. 53 和 0. 19 个百分点（图

10-43）。说明居民的收入和消费受人民币升值的影响很小。

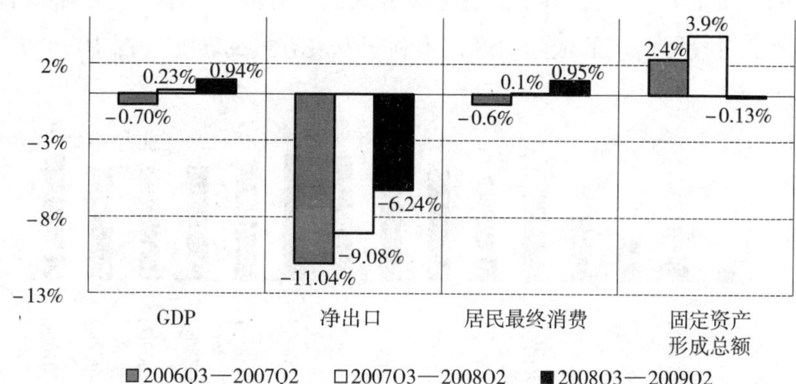

图 10-42　人民币升值后 GDP 及其构成的变化

资料来源：本课题组计算。

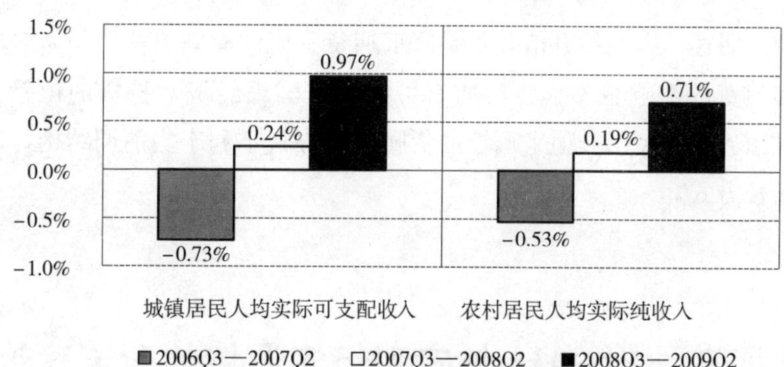

图 10-43　人民币升值后居民收入变化

资料来源：本课题组计算。

相对而言，人民币值升值却对投资有较显著的影响。第一期固定资产形成总额的增长率可提高 2. 4 个百分点；第二期提高 3. 9 个百分点。主要原因在于，人民币升值在一定程度上降低了价格水平，从而增加了实际货币余额；同时，投资品的价格（固定资产投资价格指数）的下降，也会刺激实际投资增速的提高。结果在国民经济结构中，固定资产形成总额占 GDP 的比重将持续提高。在模拟期间，从 2006 第三季度人民币升值开始，固定资产形成总额占 GDP 的比重就增加了 0. 22 个百分点，之后，不断提高，到 2010 年第一季度时，与基准模型相比，固定资产形成总额占 GDP 的比重提高了 2.63 个百分点。这意味着人民币升值有可能进一步加重中国经济增长对投资需求的依赖程度，不利于发展方式的转变（图 10-44）。

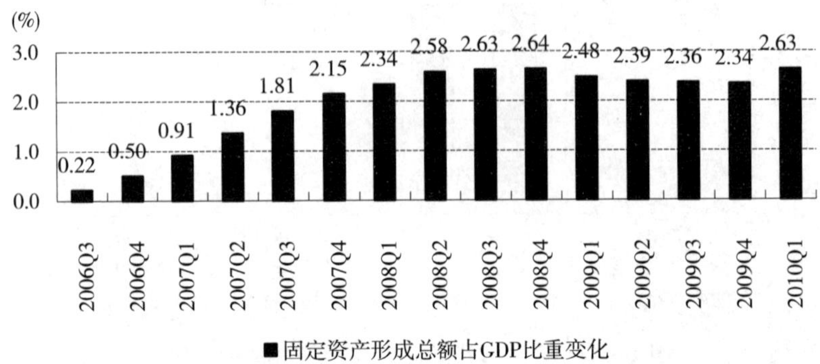

图 10-44　人民币升值后固定资产形成总额占 GDP 比重变化

资料来源：本课题组计算。

综上所述，人民币升值并不是降低通货膨胀的有效方法，同时对居民收入和消费的影响也不大，反而有可能加重国民经济对投资的依赖。因此，试图通过人民币升值来调控通货膨胀的方式不利于当前调结构与转变经济增长方式。

第四节　对 2011 年宏观经济调控的政策建议

2011 年是“十二五”规划的开局之年。新年伊始，万象更新。做好开局之年的宏观调控，将为“十二五”规划的顺利实施奠定良好的基础。2011 年，控制通货膨胀无疑是宏观调控的主调。根据上述分析，本课题组提出下述政策建议：

1. 当前的宏观经济调控必须进一步明确态度，在控制通胀与追求增长之间做出权衡

尽管 2011 年的宏观经济政策方向已经比较明确。货币政策转向了

“稳健”，并在年初通过调高存款准备金率和利率试图紧缩流动性，但是，宏观经济政策必须正视正在形成的通货膨胀的危险，充分考虑我国现行经济格局固有的形成通货膨胀的潜在压力。2011 年是“十二五”规划的开局之年，长期以来，各级政府在规划起始年都有着强烈的加快发展冲动。最近各地通过的“十二五”规划以及正在召开的地方人大，促进地方经济加快发展的呼声一直很高。虽然不少省份的“十二五”规划已经略微调低了经济增长目标，但是仍有相当部分地区提出了未来五年翻番的宏观发展目标，大部分省份的“十二五”经济发展目标都在 12%左右。2010 年，有 29 个省份统计局公布的本地区经济增长实绩超过了国家统计局公布的全国 GDP 增长率。这些都使我们有理由担忧：如果今年中央政府不持坚决的态度，采取切实强有力的措施，整个经济的增长冲动将难以遏制，中央经济工作会议确定的 8%—9%的经济增长、4%的通胀目标、6.5 万亿元的信贷规模，以及 14%—15%的 M2 增速很可能将难以控制住。

CQMM 的预测表明：在现有的政策力度范围内，即使 2011 年第二季度央行再次上调 1 年期贷款基准利率使其保持在 6.31%的水平，2011 年 M2 的增速依然有可能突破目标水平，并保持在 18%的高位；到 2012 年，M2 的增速也可能仅下降至 17%。那么，2011 年 GDP 高增长（10.1%）的态势还将维持，价格水平将可能突破 5%，甚至进一步上涨的压力还将加剧。因此，当前宏观经济调控必须进一步明确态度：在控制通胀与追求增长之间做出权衡，并在两者的数量组合上做出明确选择。

2. 要实现将通胀控制在 4%的政策目标，就必须坚决地将经济增长速度控制在 9%左右

目前的通货膨胀主要原因还是各地对经济增长速度的追求以及因此产生的投资需求过度扩张。要抑制住投资需求的过度扩张，就需要控制经济增长速度。预测结果说明，如果不将经济增长速度控制在 9%左右，今年控制通胀的目标就很难实现。

对投资资金来源的投资增速预测结果表明，以银行信贷扩张支持的投资和企业自筹资金的投资需求都将维持快速增长。这意味着，2011 年控制好以国有银行信贷扩张支持的政府主导型投资需求的扩张，是控制投资需求过度扩张的关键。在民间资本投资需求全面恢复后，必须坚决地抑制政

府主导型投资的扩张。

然而，在现行体制下，地方政府对GDP增长率的追求（体制性因素）、要素价格的扭曲所导致的经济发展方式难以根本性转变，都使政府主导型投资难以受到遏制；粗放型民间投资需求也不能有效得到抑制。因此，问题的关键是中央在保证经济增长和限制通胀之间要有所权衡，有所取舍：如欲维持10%以上的经济增长速度，通货膨胀率则可能突破5%。如果希望将通货膨胀率控制在5%以下，就必须下决心整治各地在“GDP主义”主导下的增长饥渴症，控制经济增长速度，将其控制在9%左右。本课题组早在2010年秋季的预测报告中就提出了这一政策建议，如果说在当时还主要是从“十二五”规划的中长期角度，从转变经济发展方式的迫切需要，强调适度控制经济增长速度的必要性，那么，面对2011年的通胀态势，这一政策建议在当前就更具有紧迫性了。将2011年的经济增长速度坚决控制在10%以下是消除目前正在逼近的通货膨胀危险的必要措施。

事实上，以往基于CQMM的预测结果表明，调整M2的增速对降低通货膨胀非常有效。上述对2011年高增长、高通胀的预测结果一定程度上表明，如果央行在2011年不能采取强有力的措施，始终有效地控制M2的增速使其回归正常水平，那么，通货膨胀的压力将进一步加剧。从这个角度看，要控制通货膨胀，必须采取强有力措施有效地控制M2；同时，也就意味着当前货币政策还需要进一步紧缩。

模拟结果显示，2011年要达到中央经济工作会议确定的2011年4%的通胀目标，那么，M2增速必须控制在金融危机前14%的水平。CQMM的政策模拟结果显示：在新的M2增速假设下，CPI在2011年将可能从5.4%下降到4.15%，2012年从4.55%下降到4.29%。其中，固定资产投资价格指数P_ I在2011年有较大幅度的下降，从基准假设预测的7.92%下降到新假设情况下的6.19%。GDP平减指数也下降了类似的幅度，从8.55%下降到6.93%。

由于控制了信贷，投资方面将会有明显的下降，2011年固定资产形成总额的增速将从基准假设预测的9.88%下降到新假设情况下的7.76%。经济增长速度有所减缓，GDP增速将从10.13%下降到9.37%；但是2012年GDP却会从9.45%上升到10.03%。政策模拟结果说明：做好了“十二五”

开局之年的工作，妥善控制通胀之后，将有利于后续年份的经济良性发展，反之，欲速则不达。

3. 务必使各级政府充分明确：当前，控制通胀是促进结构调整、发展方式转变的重要政策措施之一

虽然，经济结构调整、经济发展方式转变是较为长期的经济政策任务，控制通货膨胀可以视为短期的经济政策。但是，在目前，切实控制通货膨胀与调整经济结构、转变经济发展方式在政策目标上是一致的，控制通胀有利于促进经济结构调整和转变发展方式。因为，在当前，投资扩张冲动难以抑制正是导致通货膨胀的主因，“投资驱动、出口拉动”的以出口劳动密集型产业为导向的粗放型经济增长方式是投资扩张冲动难以抑制的根源。而在这样的经济发展方式下，经济增长率可能因此较高，但是，居民的收入从而消费需求却难以扩大，总需求结构难以发生根本性转变。正如CQMM模型本次所预测的，2011年最终消费率还将持续下降，与此同时，以食品价格及住房价格高涨为特征的通货膨胀实质性地侵蚀了低收入群体的实际收入，进一步压缩了总需求的扩张，加剧了宏观经济的结构失衡。因此，采取切实有力的措施，抑制通货膨胀，首先必须控制投资过度扩张，也就有利于适度降低投资率；抑制通货膨胀，将使居民尤其是低收入群体的实际收入得以保障，有利于增加消费，这也就在一定程度上调整了经济结构，实际上促进了经济发展方式的转变。

因此，务必使各级政府充分明确：在当前，控制通胀同时也是调整结构、转变发展方式。应当把它作为促进经济发展方式转变的重要政策措施之一予以落实。

4. 必须充分重视通胀对不同收入阶层尤其是农村低收入阶层收入的影响，采取有力措施保障低收入阶层的收入增长

本课题组的本次研究说明，近十年来，不仅城乡居民收入差距扩大的态势没有显著变化，而且城乡居民不同收入群体之间收入差距也在进一步扩大之中。2010年食品价格的上升进一步扩大了城乡以及不同收入家庭之间的实际收入差距。CQMM的模拟显示，2006年如果CPI涨幅比实际值提高了3个百分点，即达到4.5%时，那么，城镇最高收入户所面临的CPI涨幅将会是4%，而农村低收入户所面临的CPI涨幅将会达到6.3%。农村

低收入户的人均实际纯收入将下降5.32%，而城镇最高收入户的人均实际可支配收入不过下降1.52%。农村低收入户的实际人均消费支出将下降7.27%，而城镇最高收入户的人均实际消费支出不过下降1.06%。因此，必须充分重视通胀对不同收入阶层尤其是农村低收入阶层收入的影响，采取有力措施保障低收入阶层的收入增长。

由此产生的一个政策命题是：在当前的通胀形势下，是否需要继续提高最低工资标准，提高以制造业为主的劳工工资水平？

在2010年秋季预测报告中，本课题组认为在“十二五”期间，必须逐步提高劳工工资，并认为它是调整国民收入分配结构、转变经济发展方式的重要切入点。这个政策建议在2011年是否应当暂缓？

我们的答案是否定的。因为，尽管自20世纪90年代中后期以来，我国工人的工资水平在逐步上升，但是，与此同时，工人的劳动生产率也在迅速上升，而且上升幅度明显超过劳动报酬增长速度。从而，中国制造业单位劳动成本在劳动报酬提高的同时逐年下滑。通过计算并比较对中国出口产品最具潜在竞争力国家的相对单位劳动力成本，可以发现，中国的制造业至今仍具有较强的竞争优势。此外，中国在基础设施、国内市场、产业配套等方面所具有的比较优势，使得今后一段时期里即便较大幅度地提高中国的劳工工资水平，也不会因此而丧失制造业的竞争优势。

因此，当通货膨胀正在侵蚀城乡低收入阶层的收入，影响他们的消费时，必须采取相应的政策措施尽可能地保障他们的收入水平和消费水平。研究显示：目前我国农村低收入阶层的收入相当部分来自务工收入，2007年的国际金融危机曾使农村居民的收入水平严重下降，因此，我们建议，2011年应当进一步提高最低工资标准、提高制造业劳工工资水平，这是保障城乡低收入阶层收入水平和消费水平切实有效的政策措施。

其次，必须着手所得税结构的调整，促进城乡不同收入阶层居民之间的税负合理。其所以如此，是因为现有统计数据显示我国目前不同收入水平的家庭之间的税收负担竟然是基本一致的。1995年我国低收入家庭的人均可支配收入是其人均收入的90.4%，高收入家庭的人均可支配收入是其人均收入的91.2%；2009年低收入家庭的人均可支配收入是其人均收入的91.1%，高收入家庭的人均可支配收入是其人均收入的91.1%。这在一定程度上表明，城镇不同收入水平家庭之间的税收负担基本一致。这样的税制安排显然是不太公平的，不利于缩小高低收入群体的收入差距，不利于扩大中低收入阶层的消费。

最后，必须采取切实措施，扩大财政支出用于真正的民生领域，切实保障经济保障房的建设资金到位。进一步提高城乡公共服务的提供水平与标准。

5. 人民币升值要适当，不宜过快。应保持人民币相对稳定的汇率政策，特别是不能将人民币升值作为控制通货膨胀的主要工具

首先，人民币升值并不是一个降低通货膨胀的有效方法。其次，中国出口对人民币汇率缺乏弹性，假定人民币在连续两年的时间里都升值15%，仅能够导致出口增速小幅度下降。虽然人民币升值可以导致一般贸易进口增速的提高，但由于加工贸易进口增速的下降，两者相抵，总进口增速变化幅度仅在1.5个百分点左右。而且，国内物价受加工贸易进口的影响非常小，因此，人民币升值通过进出口贸易渠道最后作用于通货膨胀的效果相对有限。最后，人民币升值对调整经济结构的效应有限。模拟结果显示，人民币升值虽然能够使净出口增长率明显下降，同时也会带动实际投资增长率的上升，但难以影响居民最终消费的增速。这意味着人民币升值有可能进一步加剧中国经济增长对投资需求的依赖程度，不利于发展方式的转变。

综上所述，人民币升值并不是降低通货膨胀的有效方法，同时对居民收入和消费的影响也不大，反而有可能加重国民经济对投资的依赖。因此，试图通过人民币升值来调控通货膨胀的方式不利于当前调结构与转变经济增长方式。

第十一章　2011年秋季报告①

第一节　2011年上半年中国宏观经济运行分析

2011年上半年，中国经济实现了较快增长。国内生产总值（GDP）同比增长9.6%，其中一、二季度分别增长9.73%和9.5%，同比下滑2.21和0.8个百分点。从三大需求对GDP增长的贡献率来看，经济增长的主要驱动力依然来自投资的扩张。上半年资本形成总额对GDP增长的贡献率为53.2%，最终消费的贡献率为47.5%，净出口的贡献率为-0.7%（图11-1）。

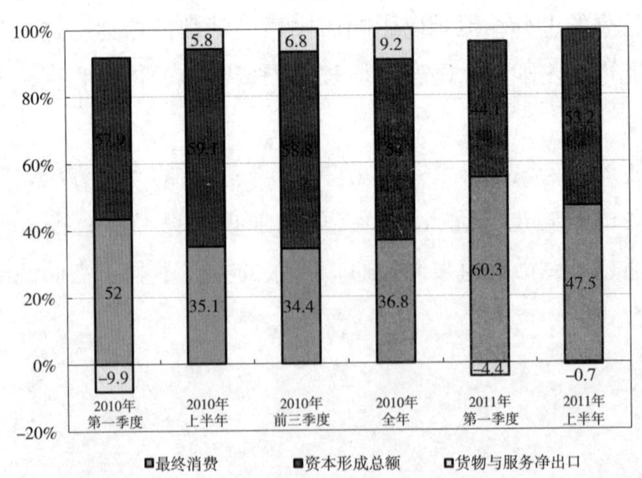

图11-1　三大需求对GDP增长的贡献率

资料来源：整理自CEIC。

① 教育部高校人文社会科学重点研究基地重大项目“中国季度宏观经济模型”（05JJD790093）成果。本报告于2011年8月20日在新加坡发布。

2011 年上半年，通货膨胀压力不断增强。在食品价格上涨的推动下，6 月居民消费价格指数（CPI）同比上涨 6.4%；同时，价格上涨的压力开始在各类商品价格中传递：扣除食品和能源的 CPI（即核心 CPI）以及非食品类 CPI 同比涨幅呈不断上升态势。另一方面，在原材料、燃料等上游生产资料价格上涨的推动下，工业品出厂价格指数（PPI）也不断走高，6 月同比涨幅达到 7.1%（图 11-2）①。

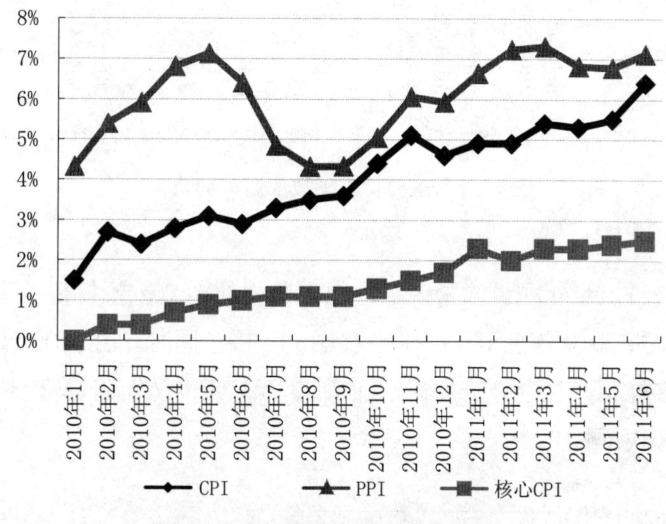

图 11-2　主要价格指数增速（同比）

资料来源：整理自 CEIC。

导致通货膨胀的原因主要有三个方面：（1）粮食、蔬菜及猪肉等食品价格的上涨；（2）国际市场上由弱美元导致的石油价格的上涨以及国际大宗商品价格的上涨；（3）自 2009 年开始连续三年超常规扩张的国内信贷以及外汇占款不断膨胀导致广义货币供应量（M2）的快速增长。为了抑制通货膨胀，截至 2011 年 7 月 20 日，央行已先后六次上调存款准备金率、三次加息以抑制过剩的流动性。随着 M2 增速的减缓，尽管 CPI 环比涨幅还呈小幅上升走势，但核心 CPI 以及 PPI 的环比涨幅已转呈下降态势（图 11-3）②。

① 2011 年 7 月，CPI 同比上涨 6.5%，创下 37 个月以来的新高；PPI 同比上涨 7.5%，创下 34 个月以来的新高；核心 CPI 同比增长 2.4%。

② 2011 年 7 月，CPI 环比涨幅继续上扬，达到 0.5%；PPI 环比涨幅与 6 月持平；核心 CPI 环比上涨 0.1%。

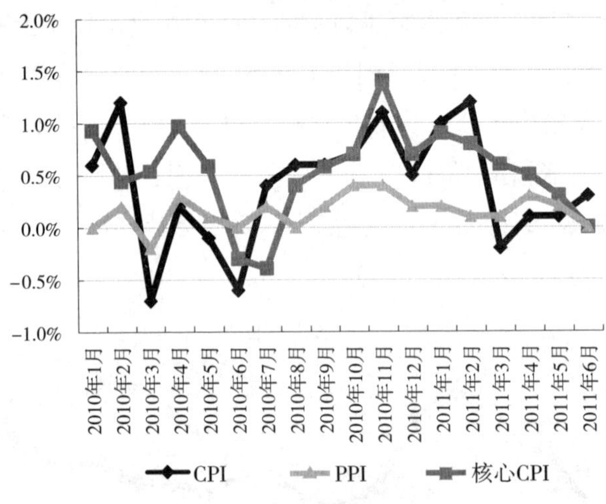

图 11-3 主要价格指数增速（环比）

资料来源：整理自 CEIC。

尽管央行上半年积极收紧银根，但人民币新增贷款规模依然高达 4.17 万亿元，接近 2010 年上半年的水平（图 11-4）；同时，由于社会融资方式及渠道的多样化，社会融资规模增加 7.76 万亿元，从而固定资产投资增速得以保持较快增长①。

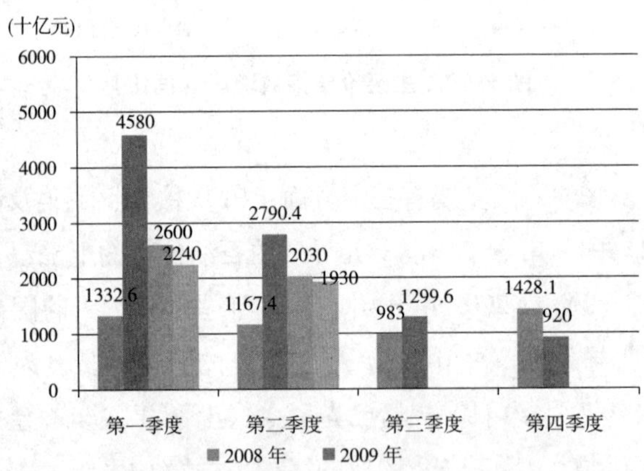

图 11-4 金融机构新增人民币贷款

资料来源：CEIC。

① 近年社会融资规模急剧扩张，2008 年仅 6.87 万亿元，2009 年跃升到 14.08 万亿元，2010 年达到 14.27 万亿元。2011 年上半年，人民币贷款总额占社会融资总额的比重下降为 53.7%，同比降 3 个百分点。

2011 年上半年，城镇固定资产投资增长 25.6%，同比基本持平。从投资主体看，港澳台资企业投资增速实现 24.9%，同比提高了 10 个百分点；外资企业投资增长 17.6%，同比也提高了 15.3 个百分点；内资企业投资增长 26.3%，同比下降 0.9 个百分点。从资金来源来看，上半年来自国内贷款的投资增长 12.7%，占投资资金总额的 14.8%；自筹资金投资增长 13%，占投资资金总额的比例呈上升趋势，达到近年的最高，为 65.1%；利用外资增速由负转正，占资金来源的 1.56%。从投资的行业分布来看，上半年城镇固定资产投资中 34.82%投向了制造业，为近年最高；25.46%投入了房地产业，同比提高了 1.3 个百分点[①]；用于交通运输、仓储及邮政业的投资比例为 9.1%，同比下降了 1.4 个百分点；用于水利、环境和公共设施管理业的投资比例为 8.1%，低于 2009 年和 2010 年的水平（图 11-5）。这说明，旨在控制流动性的货币政策在一定程度上降低了政府主导的在基础设施等领域的投资，上半年民间投资的自主扩张支撑了总投资的扩张。

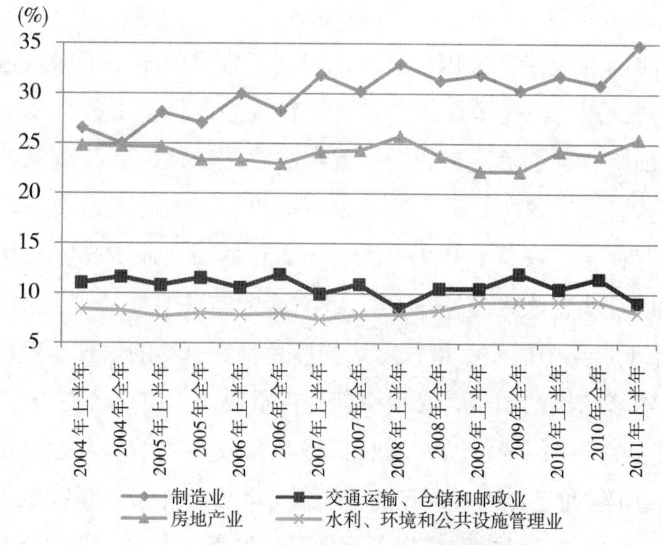

图 11-5　城镇固定资产投资的行业分布

资料来源：CEIC。

① 房地产投资在限购、限贷等多重打压下依旧保持较强增长势头，则既有房地产投资向二、三线城市转移以及库存快速增加的因素，也有各级政府在保障性住房建设方面加大投资力度的贡献。

在对外贸易方面，2011 年第一季度由于国际大宗商品价格的飙升导致进口额超过出口额，商品贸易出现 14.7 亿美元的逆差；但上半年出口额超过进口额，贸易顺差实现 449.3 亿美元。加上资金的净流入，2011 年上半年外汇储备突破 3.2 万亿美元的规模。从不同贸易方式来看，2011 年上半年一般贸易逆差持续扩大；加工贸易顺差已达到 2007 年同期的水平。从贸易主要国家和地区来看，中国对欧盟的出口占总出口额的 18.81%，对美国出口占 16.64%，对东盟出口占 9.16%，对日本出口占 7.8%，东盟已经超过日本成为我国出口的第三大市场；在进口方面，从日本的进口占总进口的 11.37%，从欧盟的进口占 12.24%，从东盟的进口占 10.97%，从美国的进口占 7.36%。

最后，农产品价格的上涨提高了农村居民的收入，城乡居民的收入差距略有缩小。上半年城镇居民人均可支配收入为 11041 元，同比增长 13.2%，扣除价格因素，实际增长 7.6%；农村居民人均现金收入为 3706 元，增长 20.4%，扣除价格因素，实际增长 13.7%。城乡居民收入差距为 3.26 倍，比上年同期（3.48 倍）略有缩小。

综上，2011 年上半年中国经济在固定资产投资的驱动下保持了较快增长，其中民间投资的快速增长较为显著。在食品价格上涨的推动下通货膨胀压力不断加剧。以数量控制为主、旨在吸收流动性的货币政策，一定程度上降低了政府主导的在基础设施等领域的投资；国际大宗商品价格由升转降也在一定程度上减弱了 PPI 上涨的压力。然而，通货膨胀对居民实际收入的侵蚀以及城乡收入差距削弱了居民消费需求对经济增长的贡献率，导致 2011 年上半年中国经济增长方式依然是投资驱动的增长。经济发展方式的转变，经济结构的调整，必须引起高度重视，付出艰苦努力。

展望下半年，中国经济持续增长依然面临较高的不确定性。在国内方面，首先，稳定物价还是宏观调控的主要任务。上半年以数量控制为主的控制货币信贷扩张的政策已导致信贷资源分配的失衡，中小企业融资难的问题再次凸显。其次，在金融危机期间地方政府上马的各类大型基础设施项目急剧扩大了地方政府的债务，一方面地方政府偿债能力的下降将可能提高银行体系不良债权的比例，威胁金融体系的稳定性；另一方面，债务规模的扩大还将抑制央行使用调高利率等价格工具控制通胀的能力。最后，人民币升值以及工资的不断提高将不断挤压劳动密集型、出口导向的制造业发展。

在国际方面，高失业率和疲软的房地产市场表明美国经济的复苏进程依然缓慢。2011年8月初美国巨额的财政赤字以及围绕提高债务上限所进行的基于政党利益的债务谈判，导致标普调低了美国主权信用评级，从而引发了全球金融市场的动荡。美国经济陷入“二次衰退”的可能性大幅提高。欧元区接二连三的主权债务危机更是加剧了全球经济的不确定性；受地震海啸核污染以及日元升值的影响，日本经济也难见起色。2011年下半年持续动荡的外部市场环境将阻碍中国进出口的增长，美元币值的不稳定还将影响石油等国际大宗商品价格以及资金在国际间的流动。

美国主权信用评级的降级是否会引发美国经济的二次衰退？它对中国经济的冲击将会有多大？中国自金融危机以来实施的刺激经济增长的政策虽然保住了经济增长率，通过投资扩张的投资驱动型增长模式在金融危机期间抵消了外部需求萎缩的影响，但却加剧了内部经济的失衡。如果美国经济陷入二次衰退，中国政府将难以再推出另外一轮大规模的财政刺激政策。尽管提高了最低工资，以及自2011年9月1日开始调整个税起征点，但对提高居民收入以及缩小收入差距的作用有限，下半年国内消费需求对GDP增长的贡献度将依然不足。在此前提下，如果美国经济二次衰退导致中国外部需求减弱，2011年下半年宏观调控的重点是否需要有所调整？宏观调控政策如何在变化的国内外宏观经济环境下继续推进经济发展方式的转变，促进国民经济结构的调整？这些将成为下半年宏观经济运行和宏观调控需要解决的主要问题。

第二节 2011—2012年中国宏观经济预测

一、模型外生变量的假设

（一）美国及欧元区的经济增长率

尽管美国经济复苏乏力，美国主权信用评级的降级一度使美国经济的未来充满变数，但美联储 2011 年 8 月 9 日宣布保持低利率政策不变至 2013 年的决定在一定程度上提升了对美国经济前景的信心。与 2007 年底相比，目前美国金融体系较为稳定（尚没有银行倒闭），大型企业的盈利状况也在持续改善。因此，基于谨慎乐观的判断，2011 年美国经济预计将增长 1.7%，2012 年增速还可能提高到 2.6%。另一方面，2011 年欧元区对高风险国家的积极救助有可能暂缓主权债务危机的爆发，使欧元区实现 2% 的增长率；2012 年，欧元区主权债务危机的风险将有可能进一步提高，使其增长放缓至 1.6%。以此为基础，本课题组计算了 2011 年下半年和 2012 年全年共六个季度美国和欧元区的 GDP 同比增长率（图 11-6）。

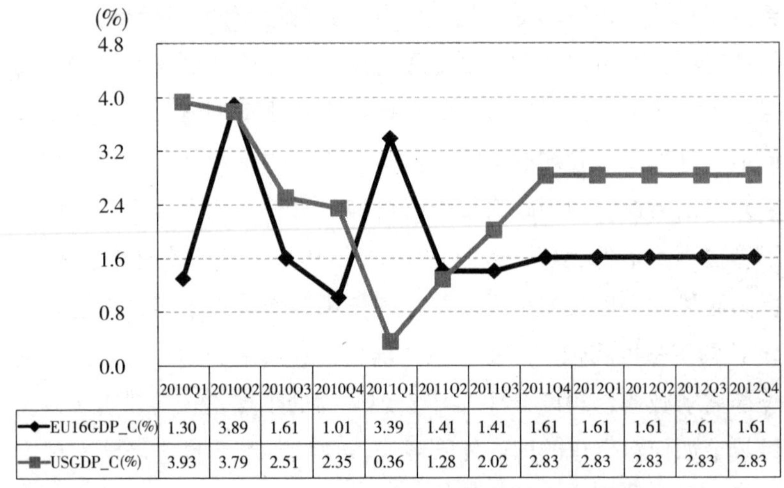

	2010Q1	2010Q2	2010Q3	2010Q4	2011Q1	2011Q2	2011Q3	2011Q4	2012Q1	2012Q2	2012Q3	2012Q4
EU16GDP_C(%)	1.30	3.89	1.61	1.01	3.39	1.41	1.41	1.61	1.61	1.61	1.61	1.61
USGDP_C(%)	3.93	3.79	2.51	2.35	0.36	1.28	2.02	2.83	2.83	2.83	2.83	2.83

图 11-6　美国与欧元区同比经济增长率的变化趋势假定

注：EU16GDP_C 表示欧元区 GDP 增速；USGDP_C 表示美国 GDP 增速。

资料来源：本课题组假定。

（二）汇率水平

在上述对美国及欧元区经济前景的预测下，美元对欧元将可能持续升值，预计欧元兑美元汇率在 2011 年末将达到 1.40 美元/欧元，2012 年末至 1.31 美元/欧元。

人民币兑美元汇率在 2010 年 5 月—2011 年 6 月期间已升值 4.68%，达到 6.469 元/美元。预计 2011 年全年升值幅度还将维持在 5%，年底将达到 6.3 元/美元；2012 年人民币升值幅度可能在 4%左右，年底达到 6.13 元/美元（图 11-7）。

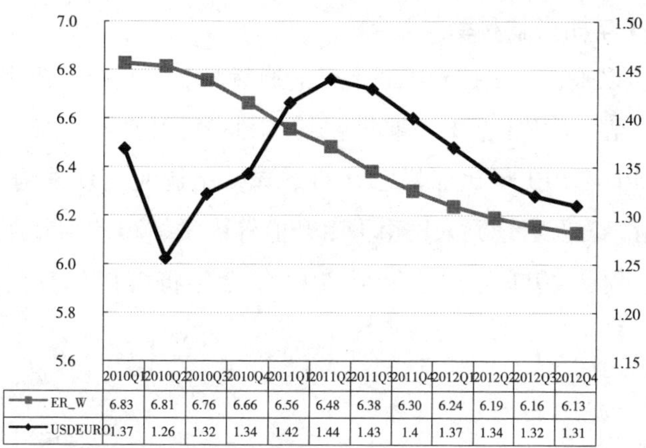

	2010Q1	2010Q2	2010Q3	2010Q4	2011Q1	2011Q2	2011Q3	2011Q4	2012Q1	2012Q2	2012Q3	2012Q4
ER_W	6.83	6.81	6.76	6.66	6.56	6.48	6.38	6.30	6.24	6.19	6.16	6.13
USDEURO	1.37	1.26	1.32	1.34	1.42	1.44	1.43	1.4	1.37	1.34	1.32	1.31

图 11-7　美元兑欧元汇率（右）、人民币兑美元汇率（左）的变化趋势假定

注：ER_W 表示人民币/美元（左轴）；USDEURO 表示美元/欧元（右轴）。
资料来源：本课题组假定。

（三）货币供应量（M2）增速

2011 年以来，连续交替使用数量和价格调控工具以及通过窗口指导等行政手段，已使 M2 增速降至 15.9%，货币信贷增长向常态回归①。但是，由于通胀压力还可能持续，2011 年下半年货币政策调控方向全面逆转的可能性不大。预计 2011 年全年 M2 增长将保持 16%的水平。到 2012 年，随着通胀压力的减缓，M2 增速预计可回归至 17%左右（图 11-8）。

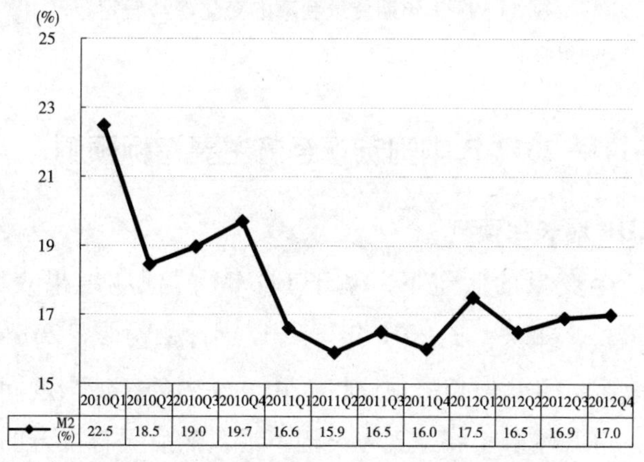

	2010Q1	2010Q2	2010Q3	2010Q4	2011Q1	2011Q2	2011Q3	2011Q4	2012Q1	2012Q2	2012Q3	2012Q4
M2 (%)	22.5	18.5	19.0	19.7	16.6	15.9	16.5	16.0	17.5	16.5	16.9	17.0

图 11-8　货币供应量（M2）的变化趋势假定

资料来源：本课题组假定。

① 参见中国人民币银行《2011 年第二季度中国货币政策执行报告》。

（四）1 年期贷款利率

2011 年以来，为了控制不断上升的通货膨胀，央行三次提高了存贷款基准利率。至 7 月 7 日，1 年期贷款基准利率已升至 6.56%。由于从二季度开始，CPI 及 PPI 环比涨幅已开始下降，制造业经理采购指数（PMI）也持续下滑，以及考虑到人民币不断升值等因素，2011 年下半年加息的可能性不大。预计 2011 年下半年至 2012 年全年将维持现有利率水平不变（图 11-9）。

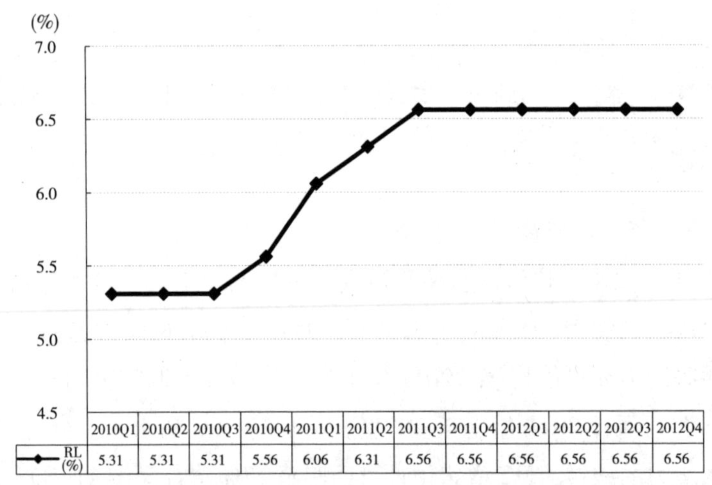

	2010Q1	2010Q2	2010Q3	2010Q4	2011Q1	2011Q2	2011Q3	2011Q4	2012Q1	2012Q2	2012Q3	2012Q4
RL (%)	5.31	5.31	5.31	5.56	6.06	6.31	6.56	6.56	6.56	6.56	6.56	6.56

图 11-9　1 年期贷款利率的变化趋势假定

资料来源：本课题组假定。

二、2011—2012 年中国宏观经济主要指标预测

（一）GDP 增长率预测

在上述外生变量的假定下，基于 CQMM 的预测结果表明：2011 年 GDP 将可能增长 9.28%，比 2010 年下降 1.11 个百分点。2012 年受累于欧元区经济的减速，GDP 增长率预计将下降至 8.91%。从季度同比增长率看（图 11-10），GDP 增长率将呈现先小幅下滑，然后平稳上升的态势。预计 2011 年三季度增长率为 9.33%，之后增长率在四季度下滑到最低点 8.57%；2012 年一季度增长率将达到 8.72%，之后持续上升到四季度的 9.12%。

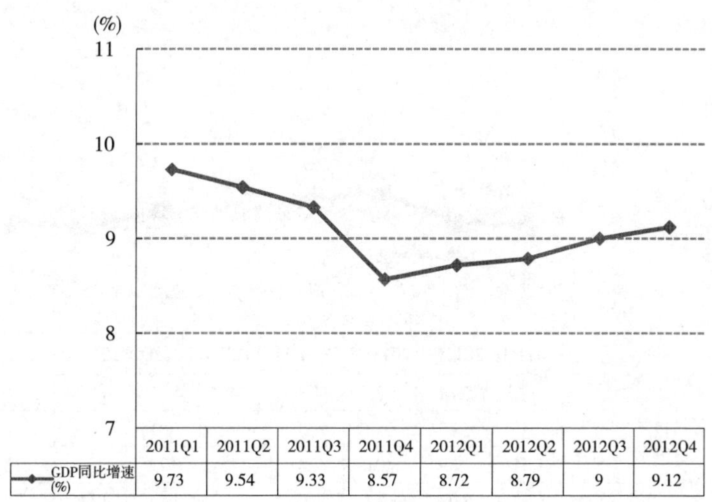

	2011Q1	2011Q2	2011Q3	2011Q4	2012Q1	2012Q2	2012Q3	2012Q4
GDP同比增速(%)	9.73	9.54	9.33	8.57	8.72	8.79	9	9.12

图 11-10　GDP 季度同比增长率预测

资料来源：本课题组计算。

虽然中国经济在金融危机爆发之后通过超常规的扩张政策确保了高增长，但是，危机后外部经济持续的缓慢复苏，国内宏观调控政策向常态回归，都可能使中国经济增长转入高位稳中趋降的态势。一方面，由于外部市场难以重现危机前的繁荣，因而中国经济难以靠“出口拉动”继续实现高增长；另一方面，由于中国经济迟迟不能将其增长的驱动力转移至居民消费需求，依靠投资扩张拉动经济增长的效应在不断减弱。

（二）主要价格指数预测

模型预测，随着 GDP 增速的逐渐趋缓，通胀压力的释放也将是一个缓慢的过程。预计 2011 年全年 CPI 将上涨 5. 34%，同比提高 2. 01 个百分点；2012 年 CPI 涨幅仅可能回落至 4. 93%的水平，依然高于 4%的政策目标。分季度看（图 11-11），2011 年三季度的 CPI 涨幅将上升至 5. 77%，之后开始下降，直到 2012 年二季度的 4. 55%；而后再度逐渐回升，2012 年第四季度的 CPI 涨幅将回到 5. 44%的水平。

预计 2011 年 PPI 的上涨幅度较大，将达到 7. 87%；2012 年 PPI 涨幅可能回落到 4. 96%的水平。分季度看（图 11-11），2011 年下半年至 2012 年六个季度中，PPI 的同比增速在 2011 年呈现下降态势，从三季度的最高点 9. 82%，下降到四季度的 7. 77%。2012 年四个季度 PPI 的涨幅基本在

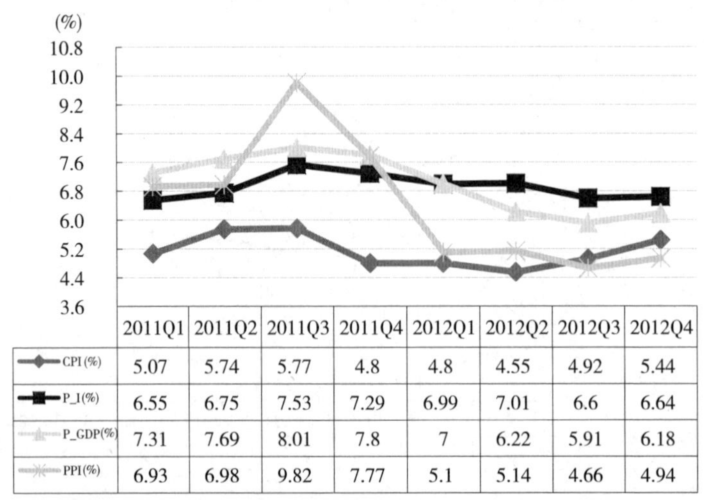

	2011Q1	2011Q2	2011Q3	2011Q4	2012Q1	2012Q2	2012Q3	2012Q4
CPI(%)	5.07	5.74	5.77	4.8	4.8	4.55	4.92	5.44
P_I(%)	6.55	6.75	7.53	7.29	6.99	7.01	6.6	6.64
P_GDP(%)	7.31	7.69	8.01	7.8	7	6.22	5.91	6.18
PPI(%)	6.93	6.98	9.82	7.77	5.1	5.14	4.66	4.94

图 11-11　价格指数预测（季度同比增长率）

注：CPI 表示居民消费价格指数；P_I 表示固定资产投资价格指数；P_GDP 表示 GDP 平减指数；PPI 表示生产者价格指数。

资料来源：本课题组计算。

5%上下小幅波动。

2011 年固定资产投资价格指数（P_I）涨幅预计将为 7.04%，同比提高 3.42 个百分点；2012 年可能有所回落，达到 6.81%的水平。2011 年 GDP 平减指数（P_GDP）涨幅将同比提高 1.88 个百分点，达到 7.71%；2012 年可能回落至 6.32%。不同价格指数的变动情况说明，2011 年通货膨胀的压力依然来自投资需求扩张带动的价格上涨。分季度看，2011 年下半年至 2012 年六个季度中，P_I 的同比增速呈下降态势，将从 2011 年三季度的最高点 7.53%，持续下降到 2012 年三季度的 6.6%，四季度略升至 6.64%。在 GDP 平减指数方面，各季同比指数涨幅呈平滑波动的态势，波峰为 2011 年三季度的 8.01%，波谷为 2012 年三季度的 5.91%（图 11-11）。

（三）其他主要宏观经济指标增长率预测

1. 进出口及外汇储备增长率预测

模型预测，在 2011 年和 2012 年，中国的进出口增速将可能继续大幅回落。其中，以美元、按现价计算的出口总额，2011 年和 2012 年预计将增长 27.3%和 24.93%，分别比 2010 年下降 4.15 和 6.51 个百分点；进口总额预计增长 27. 25%和 25. 18%，分别比 2010 年下降 12. 17 和 14. 24 个百分点。由于进口增速下降的幅度高于出口增速下降的幅度，2011 年和 2012 年净出口增速预计将达到 27. 6%和 23. 26%（表 11-1）。外汇储备在 2011 年预计增长 26. 94%，较 2010 年增加 8. 2 个百分点；在 2012 年增速还将维持在 21. 33%的水平。分季度看，外汇储备的同比增长率可能持续下降，从 2011 年三季度的 27. 57%下降到 2012 年四季度的 19. 5%（图 11-12）。结果表明，进出口增速的大幅回落将拉低中国经济的增长率；外汇储备的持续扩张，还将通过外汇占款的增加注入流动性。

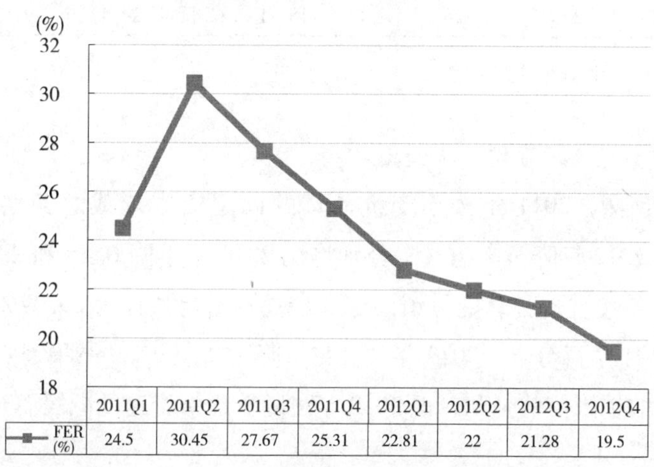

图 11-12　外汇储备增长率预测（季度同比增长率）

资料来源：本课题组计算。

表 11-1　2011—2012 年中国进出口及外汇储备增长率预测

（单位:%）

时　间	出口				进口				外汇储备
	不变价（亿元）	现价（亿美元）	一般贸易现价（亿美元）	加工贸易现价（亿美元）	不变价（亿元）	现价（亿美元）	一般贸易现价（亿美元）	加工贸易现价（亿美元）	现价（亿美元）
2011 年	14. 77	27. 30	34. 36	19. 92	8. 69	27. 25	30. 87	19. 58	26. 94
第一季度	14. 94	26. 41	31. 69	21. 48	15. 50	31. 94	37. 16	20. 31	24. 50
第二季度	10. 82	22. 11	29. 45	13. 93	7. 64	23. 70	29. 49	11. 83	30. 45
第三季度	16. 13	29. 15	37. 95	20. 87	6. 36	28. 99	30. 94	24. 52	27. 67
第四季度	17. 18	31. 21	37. 79	23. 42	5. 68	24. 91	26. 97	21. 90	25. 31

续表

时间	出口				进口				外汇储备
	不变价（亿元）	现价（亿美元）	一般贸易现价（亿美元）	加工贸易现价（亿美元）	不变价（亿元）	现价（亿美元）	一般贸易现价（亿美元）	加工贸易现价（亿美元）	现价（亿美元）
2012年	16.87	24.93	27.49	22.86	18.00	25.18	31.90	18.35	21.33
第一季度	15.10	26.08	31.67	19.17	9.49	20.80	29.28	12.30	22.81
第二季度	16.95	26.37	29.03	24.87	18.93	28.47	36.35	21.86	22.00
第三季度	17.58	24.64	25.93	24.53	25.31	29.63	38.83	20.09	21.28
第四季度	17.71	22.97	24.26	22.77	18.71	22.17	24.45	19.11	19.50

资料来源：本课题组计算。

2. 固定资产投资增长率预测

模型预测，2011年按不变价计算的固定资本形成总额增速预计为12.87%，2012年降至9.76%，分别将比2010年下降0.45和2.66个百分点；2011年按现价计算的城镇固定资产投资增速预计为29.37%，比2010年提高4.91个百分点，2012年预计将下降至23.99%。结果表明，2011年投资需求的扩张依然强劲，但2012年将随着经济增速的减缓而有所减弱。

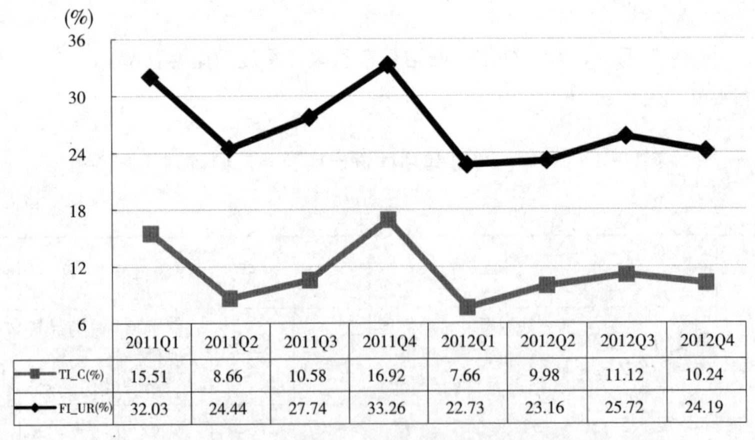

	2011Q1	2011Q2	2011Q3	2011Q4	2012Q1	2012Q2	2012Q3	2012Q4
TI_C(%)	15.51	8.66	10.58	16.92	7.66	9.98	11.12	10.24
FI_UR(%)	32.03	24.44	27.74	33.26	22.73	23.16	25.72	24.19

图11-13　固定资产投资总额增速预测（季度同比增长率）

注：TI_C表示固定资本形成总额（不变价）增速；FI_UR表示城镇固定资产投资（现价）增速。

资料来源：本课题组计算。

分季度来看，固定资本形成总额的同比增速在2011年将呈“U”型的态势，自一季度的15.51%下降到二季度的8.66%，然后持续上升到四季度的16.92%；随后在2012年转为“前低后高”，自一季度的7.66%上升至10.24%。城镇固定资产投资（现价）增速的分季度走势与上述固定资产形成总额（不变价）增速的变动趋势基本一致。从同比增速来看，2011年各季将可能维持超过24%的较高投资增速，2012年将维持超过22%的投资增速（图11-13）。

表11-2　2011—2012年固定资产投资指标增长率预测

（单位:%）

时　间	固定资产投资源于国内贷款部分	固定资产投资源于自筹部分	固定资产投资源于其他部分	全社会固定资产投资总额
2011年	13.68	37.20	18.71	28.96
第一季度	7.51	35.18	13.90	24.22
第二季度	13.69	33.05	14.52	26.50
第三季度	14.78	35.2	33.66	29.82
第四季度	18.31	44.76	15.14	34.73
2012年	21.07	28.05	18.81	25.26
第一季度	23.76	28.14	10.71	25.29
第二季度	21.01	25.83	20.83	23.71
第三季度	19.52	30.56	21.06	26.79
第四季度	20.35	27.60	22.52	25.19

注：固定资产投资源于其他部分指全社会固定资产投资总额扣除贷款、自筹、预算以及外商投资部分后的剩余部分。

资料来源：本课题组计算。

此外，模型预测（表11-2）显示：2011年全社会固定资产投资总额增速可能达到28.96%，比2010年提高3.38个百分点；2012年虽有所下降但还可能保持在25.26%的水平①。按投资资金来源分类看，2011年来源

① 主要原因在于中西部地区的投资需求扩张，以及地方政府在城市化过程中的投资需求扩张等。

于国内信贷的资金增速将可能比 2010 年减少 6.49 个百分点，达到 13.68%；来源于企业自筹的投资资金增速为 37.2%，同比可能提高 6.99 个百分点；其他资金来源的投资资金增速为 18.71%，同比可能减少 0.64 个百分点。但是到 2012 年，各类资金来源的投资增长速度都可能恢复到 2010 年的水平。

3. 消费增长率预测

模型预测显示，2011 年按不变价计算的居民消费总额预计将增长 11.19%，比 2010 年上升 3.95 个百分点；2012 年增速预计将下降到 8.38%。2011 年按现价计算的社会消费品零售总额将增长 18.7%，同比下降 4.62 个百分点；2012 年预计将回升至 22.44%。

分季度看，居民消费总额（不变价）增速在 2011 年三、四季度同比将增长 10.86%、10.79%；2012 年各季度增速可能有所下降。社会消费品零售总额（现价）在 2011 年前三个季度增速将保持在 18%左右，之后上升到 2012 年一季度的 22.21%，随后升幅减缓，四季度达到 22.85%（图 11-14）。

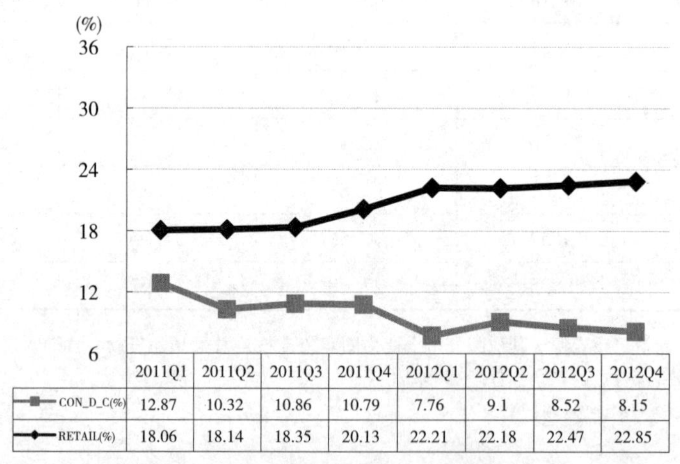

	2011Q1	2011Q2	2011Q3	2011Q4	2012Q1	2012Q2	2012Q3	2012Q4
CON_D_C(%)	12.87	10.32	10.86	10.79	7.76	9.1	8.52	8.15
RETAIL(%)	18.06	18.14	18.35	20.13	22.21	22.18	22.47	22.85

图 11-14　消费增速预测（季度同比增长率）

注：CON_D_C 表示居民消费总额（不变价）增速；RETAIL 表示社会消费品零售总额（现价）增速。

资料来源：本课题组计算。

综上，作为基准模型预测，假定美国经济疲软的复苏能在 2011 年结束，并从 2012 年开始实现常态增长；同时，假定欧元区能够在 2011 年避免主权债务危机的爆发，但其经济在 2012 年因危机的深化而导致小幅回落。在上述趋于谨慎乐观的假定之下预测显示：（1）中国 GDP 的增长将转入一个高位稳中趋降的态势；同时，价格水平也将缓慢下降。经济出现“硬着陆”的可能性非常小。如果 2011 年全年 M2 的增速保持在 16%的水平，则可实现 GDP 增长 9.28%，但 CPI 依然可能高达 5.34%；如果 2012 年 M2 增速恢复到常态 17%的水平，不过受外围市场的影响，GDP 增速反而可能减缓至 8.91%，CPI 也将缓慢回落至 4.93%，但依然高于 4%的政策目标。（2）外部需求复苏乏力将导致中国进出口增速大幅回落；同时，由于长期以来居民消费需求对 GDP 增长的贡献都较弱，经济增长靠投资驱动的态势在短期内仍难以改变。（3）尽管进出口增速持续下降，但是贸易顺差还将持续；外汇储备的增加还是一个难以扭转的结果。

这意味着：随着外部经济环境的变化，今后一段时间中国经济保持 10%以上增长速度的奇迹将很难重现。因此，有必要正确认识今后一个时期内中国经济增速从高位缓慢下降的必然性。如果中国经济靠“投资驱动”的增长方式得不到改变，试图通过刺激投资维持高增长的努力都只会进一步扭曲失衡的经济结构。此外，中国经济出现通货膨胀的原因较复杂，但在很大程度上与投资驱动型经济增长方式密切相关。在政府依然能够有效调动银行体系资源的体制下，政府主导性投资的扩张始终都是通货膨胀压力的一个主要原因。预测结果表明，通货膨胀压力的释放将是一个缓慢的过程。因此，2011 年、2012 年货币政策回归常态后，还需要在有效控制货币信贷总量的同时，调整好信贷资源的使用结构。应使资金进一步向效率更高以及可保障更多就业的私营部门倾斜，以改善资本配置状况；同时，也应该向农村基础设施和保障性住房等领域倾斜。2011 年应控制好以国有银行信贷扩张支持的政府主导型投资需求的扩张。在民间资本投资需求全面恢复后，必须坚决地抑制各级政府主导型投资的扩张。

三、政策模拟：美国经济二次衰退对中国经济的影响

至 2011 年 8 月，美国疲软的经济复苏，以及主权债务评级的下调，引

发了全球性金融市场的动荡，美国经济陷入二次衰退的可能性一时大幅提高。在上述基准模型预测中，本课题组基于一个谨慎乐观的判断展开经济前景的预测。然而，如果美国经济陷入了二次衰退，其对中国经济的影响如何，仍值得高度重视。因此，课题组应用 CQMM 模拟了美国经济二次衰退可能对中国经济产生的影响。

假设美国经济在 2011 年仅增长 1.4%，并在 2012 年第一、二季度出现严重滑落，使 2012 年全年 GDP 增长率降为 0，经济陷入“二次衰退”；同时，受此影响，欧元区经济增长率在 2012 年也进一步下滑至 1.1%，欧元对美元可能略微升值；但美国经济如果再次衰退，必然重创美元币值，使人民币对美元急剧升值，2012 年底达到 5.9 元/美元的价位。应对美国经济二次衰退导致的外部需求冲击，中国再次实施大规模财政刺激政策的可能性很小，货币政策将不得不再次放松。一方面，为应对美国经济二次衰退对经济增长的冲击，假定在 2012 年一季度央行降息 0.25 个百分点；另一方面，鉴于尚存的通货膨胀的压力，央行将使 M2 增速在 2012 年全年保持在 18%的水平。

模拟结果显示，与基准预测相比，2012 年我国 GDP 增长率预计将下降 0.67 个百分点，达到 8.24%；CPI 涨幅可降至 3.95%，低于 4%的政策目标。

具体而言：（1）美国经济二次衰退对中国进出口的冲击最大，并将导致净出口的负增长。进口方面，2012 年四个季度的进口增速较基准预测分别下降 3.7、5.5、4.9、3.3 个百分点，全年进口增速下降 4.3 个百分点。出口方面，2012 年四个季度的出口增速较基准预测分别下降 5.9、8.8、9.2、7.7 个百分点，全年出口增速下降 7.9 个百分点。出口增速的下降幅度大大超过进口增速的下降幅度，净出口将出现负增长，为-9.71%，较基准预测下降 33 个百分点（图 11-15）。这意味着在中国现有的经济发展模式下，外部需求的萎缩依然将通过贸易渠道负向冲击中国的经济增长。但另一方面，也可减轻贸易顺差累积增加的外部经济失衡压力。

（2）美国经济二次衰退必然进一步削弱美元的地位，提高人民币升值的预期；国际资金的流入将进一步扩大中国的外汇储备。虽然净出口负增

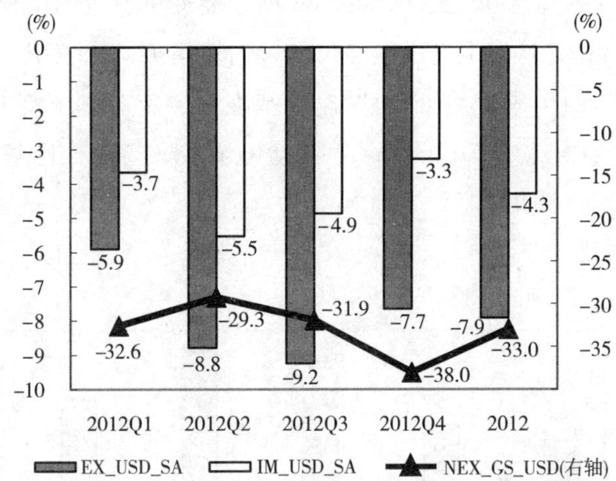

图 11-15　美国经济二次衰退对中国进出口增长的影响（模拟结果）

注：EX_USD 表示以美元计价的出口额（现价）增速；IM_USD 表示以美元计价的进口额（现价）增速；NEX_GS_USD 表示相较于基准预测以美元计价的净出口额（现价）增长率的变化。

资料来源：本课题组计算。

长，但是外部资金的流入将加快，2012 年外汇储备的增长将较基准预测提高 3.52 个百分点，达到 24.85%（图 11-16）。

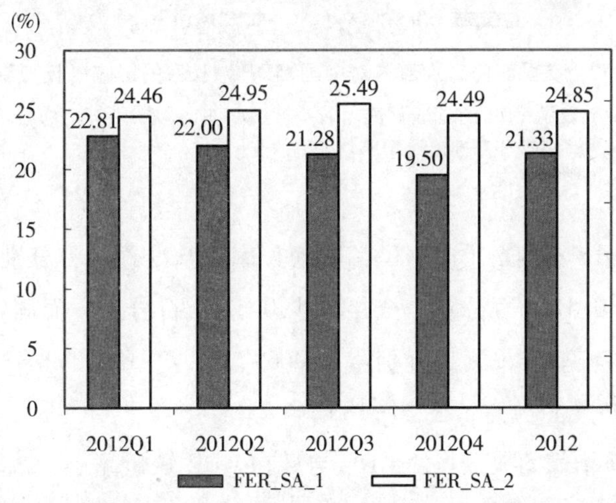

图 11-16　美国经济二次衰退对中国外汇储备水平的影响（模拟结果）

注：FER_SA_1 表示外汇储备的基准预测增长率；FER_SA_2 表示外汇储备的模拟预测增长率。

资料来源：本课题组计算。

（3）及时的降息并保持 18%的 M2 增速能促进投资的增长，一定程度上减轻美国经济二次衰退对中国经济的冲击。模拟结果表明，在投资的拉动下，2012 年四个季度 GDP 的增速较基准预测将分别下降 0.46、0.79、0.8、0.64 个百分点，2012 年 GDP 预计可增长 8.24%，比基准预测减少 0.68 个百分点（图 11-17）。

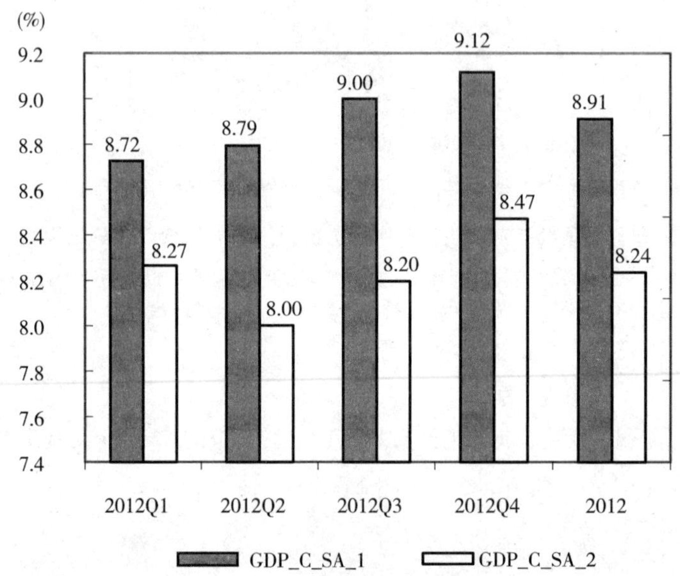

图 11-17　美国经济二次衰退对中国 GDP 增长率的影响（模拟结果）

注：GDP_SA_1 表示 GDP 的基准预测增长率；GDP_SA_2 表示 GDP 的模拟预测增长率；Difference 表示相较于基准预测 GDP 增长率的变化。

资料来源：本课题组计算。

此外，2012 年四个季度居民消费增长率较基准预测将分别减少 0.31、0.55、0.61、0.57 个百分点，全年减少 0.51 个百分点；而固定资本形成总额的增长率较基准预测将分别增加 0.69、0.87、1.24、1.42 个百分点，全年提高 1.06 个百分点（图 11-18）。

（4）经济增长的放缓将使 GDP 与潜在 GDP 缺口缩小，减轻通货膨胀压力，物价指数将大幅下降。2012 年四个季度 CPI 涨幅较基准预测将分别减少 0.43、0.82、1.19、1.48 个百分点，全年下降 1 个百分点，为 3.95%；固定资产投资价格指数的增长率较基准预测分别减少 0.49、

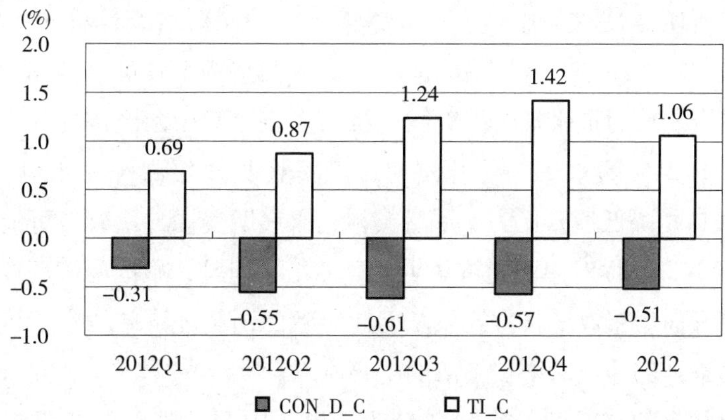

图 11-18 美国经济二次衰退对中国消费与投资增长率的影响（模拟结果）

注：CON_D_C 表示相较于基准预测居民消费增长率的变化；TI_C 表示相较于基准预测固定资本形成总额增长率的变化。

资料来源：本课题组计算。

0.93、1.35、1.71 个百分点，全年提高 1.13 个百分点，为 5.68%；GDP 平减指数涨幅较基准预测分别减少 0.29、0.55、0.85、1.14 个百分点，全年下降 0.71 个百分点，为 5.61%（图 11-19）。

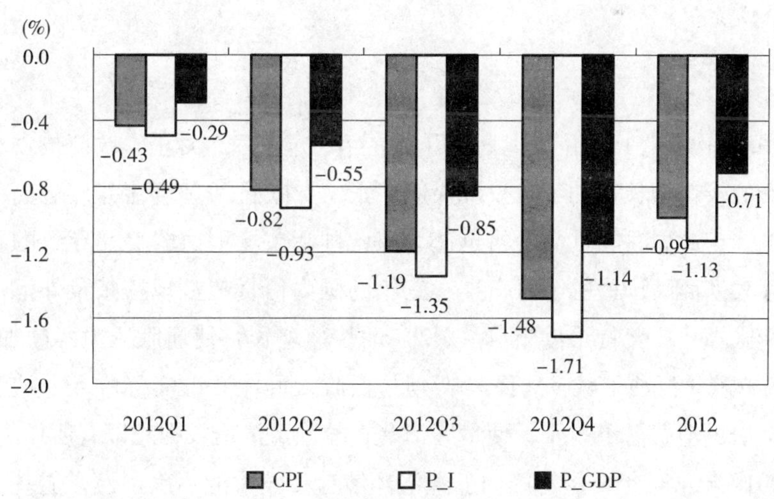

图 11-19 美国经济二次衰退对中国主要价格指数的影响（模拟结果）

注：CPI 表示相较于基准预测居民消费价格指数增长率的变化；P_I 表示相较于与基准预测固定资产投资价格指数增长率的变化；P_GDP 表示相较于基准预测 GDP 平均指数增长率的变化。

资料来源：本课题组计算。

综上所述，如果美国经济在 2012 年上半年陷入二次衰退，中国的进出口将会受到较大冲击。但如果能适时适量地调整货币政策，可在一定程度上通过投资需求的扩张来减缓美国经济二次衰退对中国经济的冲击，保持经济增长 8.24% 的水平。与此同时，经济增长放缓将缩小 GDP 与潜在 GDP 的缺口，降低通胀压力。尽管模拟结果表明美国二次衰退可能并不像 2008 年的衰退那样对中国经济产生严重冲击，但是，中国经济至今尚未转变的出口导向型粗放增长方式以及因此导致的国民经济结构失衡依然是中国经济面临外部冲击时增长下滑的主要原因。

值得注意的是，即使净出口转为逆差，中国的外汇储备仍将高速增长，这是由于美国经济二次衰退削弱了美元的地位，加强了人民币升值预期，资本净流入扩大，从而导致外汇储备增加。因此，今后一段时期在重视对资本流入管制的同时，还需管理好外汇储备资产的使用。

第三节　政策建议

2011 年是“十二五”规划的开局之年，过去六个月里，政府投资和民间投资的较快增长带动了总投资快速扩张，支撑了 2011 年上半年较高的增长速度。与此同时，食品价格迅速上涨，国际市场上由弱美元导致的石油及国际大宗商品价格的上涨，连续三年的国内信贷超常规扩张及外汇占款不断膨胀导致广义货币供应量（M2）的快速增长，使通胀压力不断加剧。CPI 的上涨，侵蚀了城乡居民（特别是低收入群体）的实际收入，抑制了全社会居民消费需求扩张，使最终消费在拉动经济增长中难以有所作为。

2011 年下半年，尽管国内外经济环境存在较大的不确定性，但基于谨慎的乐观判断，本课题组假定：（1）美国经济能在 2011 年结束疲软的复苏，从 2012 年开始常态增长；同时，2011 年欧元区能避免主权债务危机的爆发，但在 2012 年因危机深化而导致经济小幅回落。（2）货币政策继续以稳定物价为主要任务，2011 年维持利率稳定，并保持货币增速（M2）

16%、2012 年 17%的常态水平。CQMM 预测：（1）由于外部经济复苏缓慢，在国内宏观调控政策向常态回归后，GDP 增长将转入高位稳中趋降的态势，价格水平也将缓慢下降。2011 年 GDP 将增长 9. 28%，但 CPI 涨幅依然可能高达 5. 34%；2012 年 GDP 增速可能减缓至 8. 91%，CPI 涨幅也将缓慢回落至 4. 93%，依然高于 4%的政策目标。中国经济出现“硬着陆”的可能性非常小。（2）尽管进出口增速持续下降，贸易顺差还将持续，外汇储备仍将继续增加。

由于 2011 年上半年旨在抑制通货膨胀的数量控制的调控政策，也在很大程度上紧缩了中小企业的信贷供给，抑制了民间投资的扩张。因此，下半年在控制总量的情况下，需要重视调整信贷资源的使用，体现结构倾斜。促使资金向效率更高以及可保障就业的私营部门倾斜，以改善资金、资本的配置状况；同时为缩小城乡差距、改善民生，资金还应当向农村基础设施和保障性住房等领域倾斜。为保证民间投资需求的正常扩张，应严格控制以国有银行信贷扩张支持的政府主导型投资需求的扩张。在民间资本投资需求全面恢复后，坚决地抑制各级政府主导型投资的扩张。这是控制投资需求过度扩张的关键。

即使 2012 年美国经济陷入二次衰退，中国政府也不应再次实施大规模财政刺激政策保增长，建议采取适度扩张但稳健的货币政策予以应对。鉴于尚存的通货膨胀压力，可在减息的同时，略微提高 M2 的增速，使之在 2012 年全年保持 18%的水平。模拟结果表明，美国经济的二次衰退将严重打击中国的进出口增长，并将对就业产生不利影响。因此，有必要出台保障就业的相关措施，以确保从出口导向型制造业释放出来的劳动力能够实现再就业。

总之，在外部市场复苏乏力、国内宏观调控恢复常态后，GDP 增长的减速是中国经济发展到现阶段的必然结果。今后一段时期里，中国 GDP 的增速将可能维持在 8%—9%的区间内。同时，由于生成通胀原因的复杂性，稳定物价需要一段时间的持续努力，2011 年、2012 年 CPI 可能还将维持在 4%—5. 4%的较高区间内，通胀的潜在威胁不可掉以轻心。因此，从政策执行的角度看，一是不应该为勉强保持过高的增长速度而不断刺激投资的扩张，进一步加剧结构失衡；二是不能放松对通货膨胀的管理；三是必须充分重视通货膨胀对不同收入阶层尤其是城乡低收入阶层的影响，要采取有力措施保障低收入阶层的收入增长。当前及今后一个时期里仍然需要逐步提高最低工资标准，通过劳资双方劳动工资集体协商机制的建立和完善，稳步提高以制造业为主的劳工工资水平，以保障城乡低收入阶层的收入水平和消费水平，促进居民消费的扩大①。

较长时期累积形成的国民经济结构严重失衡（即“两高一低”），已使中国经济在 2008 年的金融危机爆发时，不得不通过超常规的投资增长来力保经济增长。而通过国有企业及地方政府的投资来弥补民间的投资，不仅进一步恶化了既有的结构失衡，而且还形成了新一轮的不良债务。“十二五”以至今后继续依靠既有经济发展模式，维持 2003—2008 年那样高速增长的空间是越来越小了，旧的发展模式不可复制。显然，我们需要正视国内外宏观经济环境的变化，中国正在进入一个经济从高速增长逐步转向次高速以至中速增长的阶段。在通胀压力减缓后，顺应这一发展态势的改变，着力推进体制变革，促进发展方式的转变和经济结构的调整，为未来更高阶段的经济发展寻求新的发展动力和增长点。

为此，本课题组提出：

第一，货币政策方面。在以稳定物价为主要任务的同时，促进宏观调控手段从数量工具为主逐步转向价格工具为主，稳步推进利率市场化改革和人民币汇率形成机制改革。应通过金融创新和金融制度调整，在控制总量的同时优化信贷结构，提高资金使用效率。

第二，财政政策方面。着力调整税制结构，优化税制设计，改善税收分享体制；调整转移支付的结构，逐步减少逐项申请制的专项转移支付，扩大制度性的一般性转移支付，促进中央、省、市、县各级政府财力资源与事权的对等；推进制度创新与改革，提高公民对各级政府财政收支的监督与约束能力，使财政进一步从计划经济中的生产建设财政转向市场经济的公共财政。扩大财政支出中用于民生领域的支出比例，切实保障经济保障房的建设资金到位。进一步提高城乡公共服务的供给水平与标准。

① 近十五年来，中国制造业的劳动生产率提高速度远远超过了劳工工资水平的提高，此外，在基础设施、国内市场、产业配套等方面中国也具有明显的比较优势，在今后一段时期里，中国存在着逐步提高劳工工资水平的较大空间。有关研究参见本课题组 2010 年秋季报告。

第三，正视进出口增速下滑的趋势，一方面要因势利导，促进产业结构调整，淘汰部分落后的生产力，提升我国产业在国际产业链中的层次和地位；另一方面，降低市场准入门槛，加快改革，破除国企垄断，给民营经济的发展创造更大的发展空间，有必要出台保障就业的相关措施，以确保从出口导向型制造业释放出来的劳动力能够得到再就业。

第四，控制人民币升值的速度，保持人民币相对稳定的汇率政策。积极应对进出口增速回落中的外汇储备持续扩大，鼓励企业尤其是民营企业走出去，拓展对外投资空间，逐步实现从贸易大国向贸易投资大国的转变。

第十二章　2012 年春季报告[①]

第一节　2011 年中国宏观经济运行回顾

2011 年中国国内生产总值增长 9.2%，同比下降 1.2 个百分点；居民消费价格指数上涨 5.4%，同比提高 2.1 个百分点。国内方面，以数量控制为主、旨在吸收流动性的货币政策，一定程度上降低了中央政府主导的基础设施领域投资；地方政府投资、民间自主性投资的扩张，支持了较高的经济增长。与此同时，2011 年上半年通货膨胀来势凶猛，物价指数 8 月份达到最高点，之后开始逐月回落。国际方面，受欧洲主权债务危机以及美国经济缓慢复苏的影响，2011 年下半年中国出口增速明显下滑，导致全年经济增长速度在高位稳中趋降。

一、经济增长稳中趋降，通胀压力逐步缓解

2011 年国内的宏观调控以及外部市场不确定性的提高，导致中国经济增长速度小幅下滑，同时通胀压力得到缓解。国内生产总值（GDP）增长 9.2%，同比下降 1.2 个百分点；居民消费价格指数（CPI）上涨 5.4%，同比提高 2.1 个百分点；其中食品类 CPI 涨幅高达 11.8%，同比提高 4.6 个百分点（图 12-1）。分季度来看，2011 年 GDP 增长“前高后低”：由一

① 教育部高校人文社会科学重点研究基地重大项目“中国季度宏观经济模型”（05JJD790093）成果。本报告于 2012 年 2 月 25 日在北京发布。

季度的 9.7%逐渐下滑到四季度的 8.9%，各季增速同比均有所下降。尽管 2011 年上半年通货膨胀来势凶猛，但扣除食品和能源后的核心 CPI 以及非食品类 CPI 自 9 月份开始逐月回落。一定程度上表明进入 2012 年，通货膨胀的压力在逐步缓解。

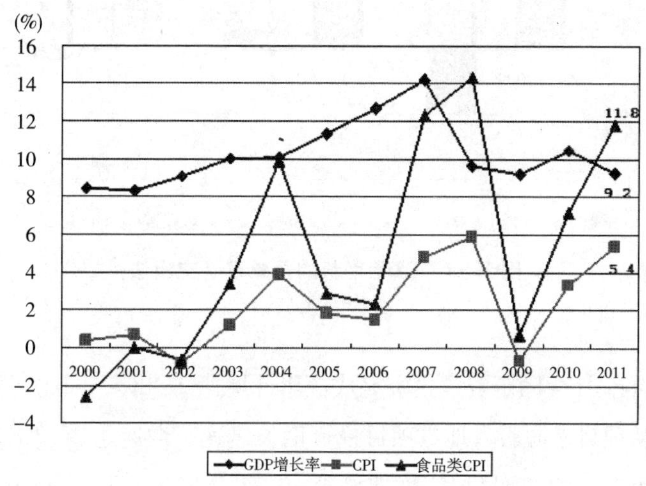

图 12-1　2000—2011 年 GDP 及 CPI 增长率

资料来源：CEIC。

二、投资扩张依然是经济增长的主要驱动力

2011 年，最终消费支出对 GDP 增长的贡献率为 51.6%，同比提高 14.8 个百分点；对 GDP 增长的拉动率为 4.75%，同比提高了 0.91 个百分点。资本形成总额对 GDP 增长的贡献率为 54.2%，基本与 2010 年持平；对 GDP 增长的拉动率为 4.99%，同比降低了 0.65 个百分点。受欧洲主权债务危机及美国经济复苏缓慢的影响，货物和服务净出口对 GDP 增长的贡献率由 2010 年的 9.2%快速下降到 2011 年的-5.8%；其对 GDP 增长的拉动率也由 2010 年的 0.96%下降到-0.54%（图 12-2）。尽管最终消费对 GDP 增长的贡献率有所上升，但经济增长的驱动力在外部需求减弱时依然主要来自投资需求的扩张。旨在控制流动性的货币政策在一定程度上降低了中央政府主导的基础设施领域投资，但是，社会融资方式及渠道的多样化以及民间投资、地方政府投资的自主扩张支撑了总投资的扩张。

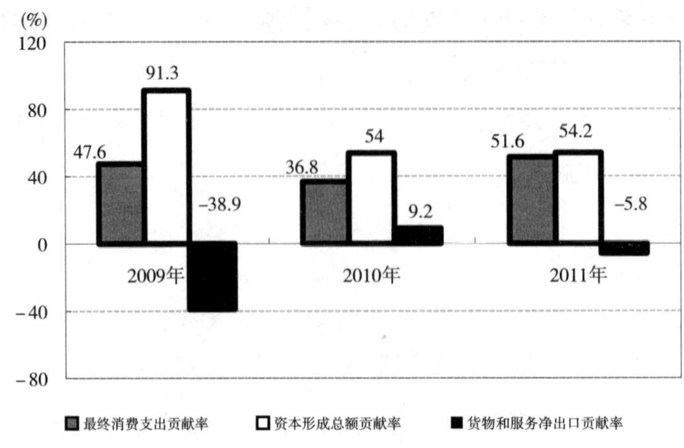

图 12-2　GDP 增长的贡献率（支出法）

资料来源：CEIC。

2011 年全社会固定资产投资完成额累计增速 23.8%，同比下降了 0.7 个百分点。从项目来源看，地方项目投资增长迅速，增速达 27.2%，同比提高 0.9 个百分点；中央项目投资增速跌至-9.7%，同比下降了 18.6 个百分点。从资金来源看，受宏观调控的影响，来自预算内和国内贷款的投资资金增长速度明显下降，但企事业自筹资金投资依旧保持较高增速，利用外资的投资增速则小幅下滑。受此影响，自筹资金在总投资资金来源中的比重进一步上升，达到 65.9%，同比提高 5.2 个百分点；国内贷款和预算内资金占比则进一步下滑，分别为 13.5%和 4.3%，同比下降 3.0 和 0.5 个百分点（图 12-3）。

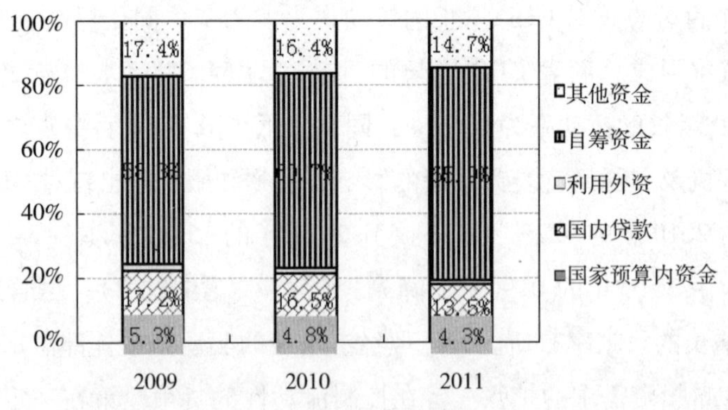

图 12-3　固定资产投资资金来源构成变化

资料来源：整理自 CEIC。

从投资主体看，内资企业的投资增速为 24.7%，同比下降了 0.9 个百分点；外商投资企业投资增速达到 12.0%，同比提高了 5.4 个百分点。在总投资中，国有及国有控股企业投资占比为 35.6%，同比降低了 6.7 个百分点；私营企业投资占比为 23.8%，同比增加了 3.1 个百分点；外商及港澳台商投资占比有轻微下降。从资金投向看，制造业的投资增长了 31.8%，同比提高了 4.8 个百分点；房地产业的投资增速虽然同比下滑了 3.8 个百分点，但是依然高达 29.7%；交通运输、仓储及邮政业的投资增速急剧下降，仅为 1.8%，同比下降了 17.7 个百分点。在投资的行业构成中，制造业投资占总投资比重由 2010 年的 30.9%上升到 33.5%；房地产业投资占比也由 2010 年的 23.8%上升到 28.2%。

三、对外贸易持续萎缩，贸易顺差大幅减少

2011 年中国出口（美元）增长 20.3%，同比下降了 11 个百分点；进口（美元）增长 24.9%，同比下降了 13.9 个百分点（图 12-4）。全年贸易顺差的规模明显缩小，为 1551.4 亿美元，同比减少了 263.6 亿美元。另一方面，2011 年中国实际利用外资增长 8.2%，同比下降了 10.3 个百分点；外汇储备突破 3 万亿美元，达到 3.18 万亿美元。

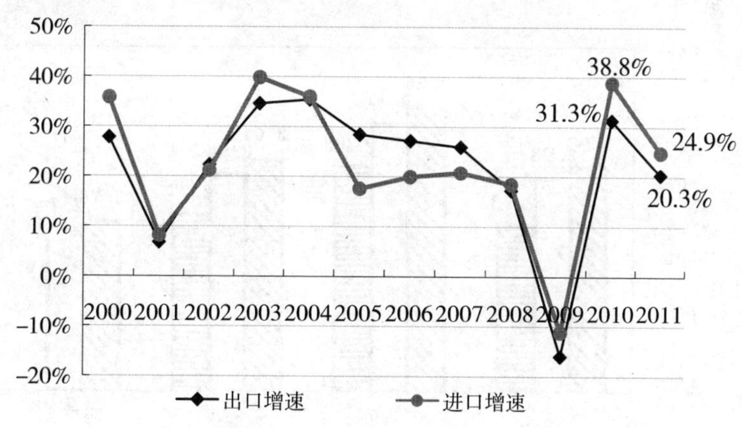

图 12-4　进出口增速对比

资料来源：整理自 CEIC。

从贸易构成看，2011 年一般贸易出口增长 27.3%，同比下降了 8.7 个百分点；一般贸易进口增长 31.1%，同比下降了 13.0 个百分点。2011 年

全年一般贸易项目逆差进一步扩大到 875.5 亿美元。加工贸易出口增长 12.8%，同比下降了 13.4 个百分点；加工贸易进口增长 12.5%，同比下降了 17 个百分点。2011 年全年加工贸易项目的顺差扩大到 3657.8 亿美元，同比增长了 13.2%。从进出口地区构成看，2011 年中国对美国及欧洲的出口占总出口的比重有所下降，对亚洲出口的比重有所上升。在进口方面，从欧洲进口占总进口的比重有所上升，从美国进口的比重轻微减少，从亚洲进口的比重则出现较大下降。

四、居民收入稳步增长

2011 年城镇居民人均可支配收入 21810 元，增长了 14.1%，剔除价格因素影响，实际增长 8.4%，同比提高了 0.6 个百分点；农村居民人均纯收入 6977 元，增长 17.9%，剔除价格因素影响，实际增长 11.4%，同比提高了 0.5 个百分点。城乡收入差距有所缩小（图 12-5）。从收入构成看，工资性收入和转移性收入是城镇居民的主要收入来源，其中工资性收入的比重超过六成；家庭经营性收入和工资性收入是农村居民收入的主要来源，得益于提高最低工资标准等对低收入群体的收入保障措施，农村居民工资性收入占纯收入的比重逐年上升。

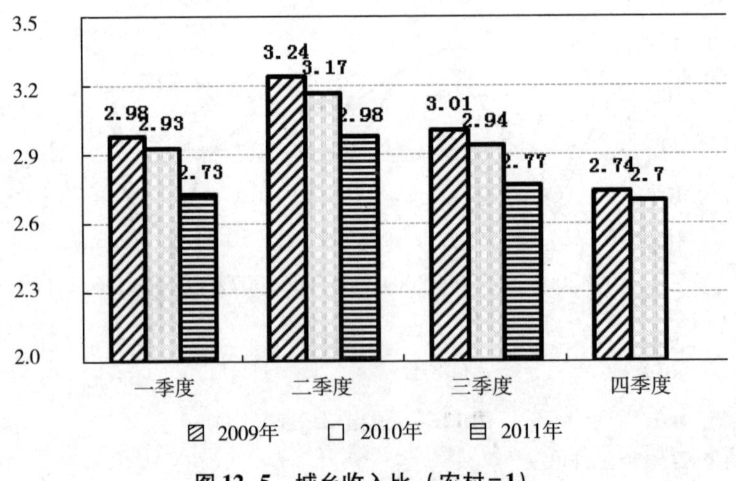

图 12-5　城乡收入比（农村=1）

资料来源：CEIC。

五、货币政策旨在控制流动性，财政政策转向税制调整

为抑制 2011 年上半年不断加剧的通胀压力，央行连续推出了旨在吸收流动性的各项措施。[①] 2011 年全年金融机构新增人民币贷款总额被控制在 7.48 万亿元的规模。在货币供应量方面，2011 年 M0 增长 13.8%，同比下降 2.9 个百分点；[②] M1 增长 7.9%，同比下降 13.3 个百分点；对流动性控制使 M2 的增速迅速回落至 13.6%，同比下降 6.1 个百分点，且增速低于 2000—2008 年平均 16.55%常态增长水平（图 12-6）。

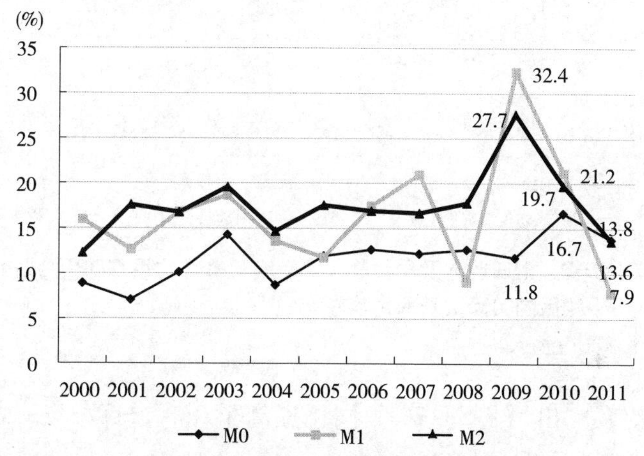

图 12-6　货币供应量的增长速度变化

资料来源：整理自 CEIC。

在财政政策方面，税制调整成为政策重点。提高个人所得税、增值税以及营业税起征点，降低部分行业增值税税率等措施均具有减税性质。尽管如此，税收收入的增长速度与 2010 年持平，达到 22.6%。加上非税收入的更快增长，2011 年财政收入增长超过经济增长、居民收入增长的既有趋势不但没有改变反而进一步发展：全年财政收入增长 24.8%，同比提高了 3.5 个百分点；规模达到 10.37 万亿元，同比增加了 2.06 万亿元，使财政

① 2011 年上半年共 6 次提高了存款准备金率至 21.5%，三次提高存贷款基准利率至 6.56%。2011 年 12 月以及 2012 年 2 月 24 日，在外部市场不确定性提高的背景下，大型金融机构存款准备金率下调至 20.5%。

② 到 2011 年末，外汇占款转为负增长，直接导致了基础货币供应量的下降。

收入占GDP比重再上历史新高。利用GDP平减指数计算财政收入及城乡居民收入的实际增长率，可以发现，财政收入的增长依然超过经济增长和居民收入的增长（图12-7）。

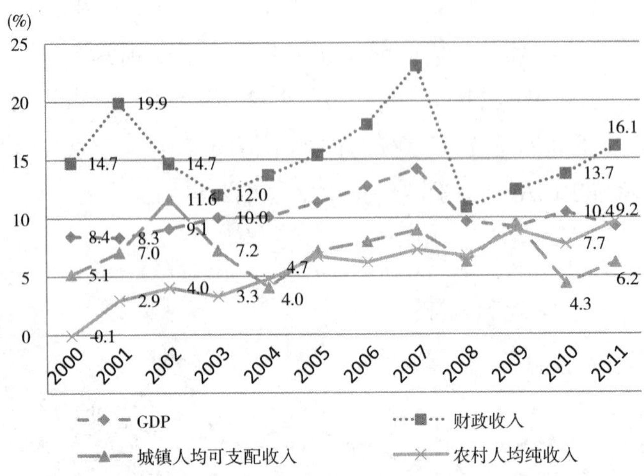

图12-7　GDP、财政收入及居民收入实际增长率（均用GDP平减指数平减后的实际增长率）比较

资料来源：整理自CEIC。

2011年财政支出增长21.2%，同比提高了3.3个百分点，规模达到10.89万亿元，同比增加了1.91万亿元。在支出结构上（图12-8），交通运输支出占总支出的比重为6.86%，同比上升了0.75个百分点；农林水事务支出占总支出的比重为9.08%，同比上升了0.03个百分点，两者共占总支出的15.9%。在狭义民生领域的支出方面，社会保障和就业支出占比为10.23%，同比提高了0.07个百分点；科教文卫方面的支出占比约为25.87%，同比增加了1.23个百分点[①]。受国家加大保障性住房建设力度的影响，住房保障支出占总支出的比重上升了0.86个百分点，达3.51%。一般公共服务支出和公共安全方面的支出占比均出现小幅下降，分别同比下降了0.19和0.36个百分点。环境保护支出的占比也出现下滑，为总支出的2.40%，同比下降了0.31个百分点。

① 科教文卫支出包括教育支出、科学技术支出、医疗卫生支出及文教体育与传媒支出等四个项目的支出。

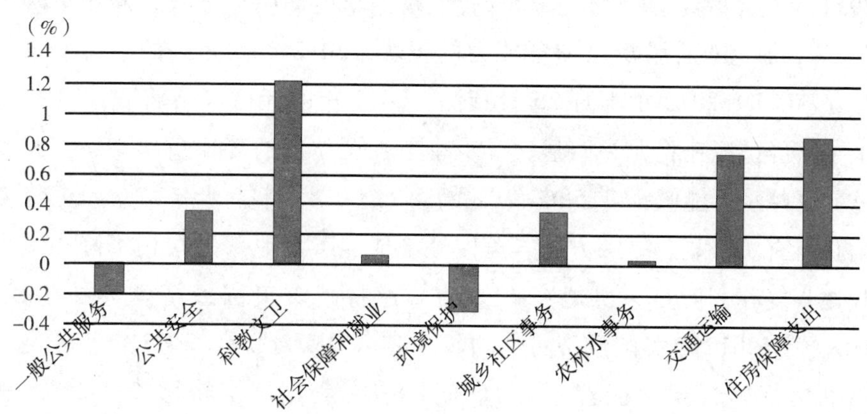

图 12-8　财政支出构成占比变化（与 2010 年相比）

资料来源：整理自 CEIC。

综上所述，2011 年中国经济直面巨大通胀压力，同时外部经济形势也复杂多变。宏观调控当局上半年严格控制货币投放，紧缩政府投资，第四季度根据情况变化，及时实行政策微调，灵活掌控大局，在世界经济一片萧条之中，保持了中国经济的较快稳定增长。虽然未能实现年初预定的通货膨胀控制目标，但是分季逐月数据表明，物价正在逐步得到控制，2012 年将回落到预期政策目标水平。相比较而言，经济发展方式的转变与国民经济结构的调整则相对缓慢。政府、企业、居民之间的收入分配关系以及居民内部不同阶层的收入差距亟待调整。国内关于深化改革，推进社会经济体制转轨以适应未来经济发展需要的呼声则越来越高。

第二节　2012—2013 年中国宏观经济预测

一、模型外生变量的假设

（一）美国及欧元区的经济增长率

外部市场的不确定性依然是 2012 年中国经济面临的主要风险。虽然

2011 年欧元区经济增长了 1.5%，但是四季度却明显减速，同比下降了 0.3%。加上对希腊清偿债务能力的担忧，2012 年欧元区的经济前景依然黯淡。IMF2012 年 1 月 25 日预测，2012 年欧元区经济将收缩 0.5%，上半年经济减速将尤为明显，计算季节性调整后的环比折年率，一季度欧元区经济可能收缩 1.59%，二季度收缩 0.8%；下半年，欧元区经济增长将有所恢复。另一方面，美国经济伴随着失业率的缓慢下降，其增长逐步复苏；但是，房地产市场的低迷将减缓美国经济复苏的步伐。IMF 预计 2012 年美国经济可能增长 1.8%。IMF 预计，2013 年全球经济将继续好转，欧元区经济将增长 0.8%，美国经济将增长 2.2%（图 12-9）。

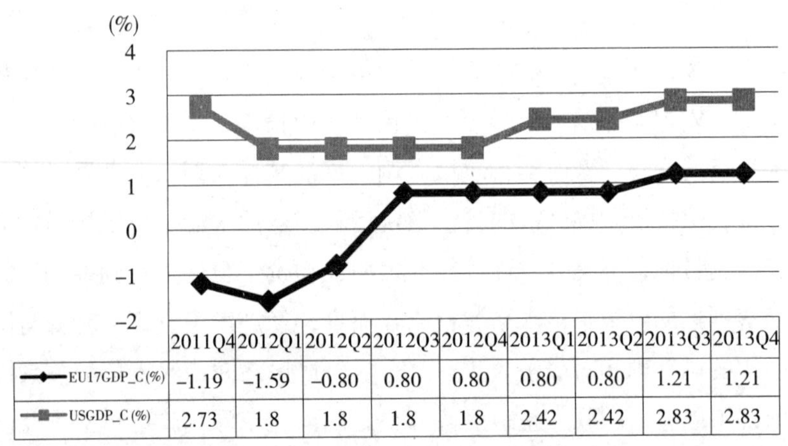

	2011Q4	2012Q1	2012Q2	2012Q3	2012Q4	2013Q1	2013Q2	2013Q3	2013Q4
EU17GDP_C (%)	-1.19	-1.59	-0.80	0.80	0.80	0.80	0.80	1.21	1.21
USGDP_C (%)	2.73	1.8	1.8	1.8	1.8	2.42	2.42	2.83	2.83

图 12-9 美国与欧元区经济增长率（季节性调整后的环比折年率）的变化趋势假定

注：EU17GDP_C 表示欧元区 GDP 增速；USGDP_C 表示美国 GDP 增速。

资料来源：本课题组假定。

（二）主要汇率水平

根据上述对欧元区经济前景的预测，预计 2012 年上半年欧元区的经济减速将削弱欧元币值，至二季度末，欧元兑美元的汇率可能跌至 1∶1.26 的水平；[①] 下半年随着经济走势趋于平稳，全年欧元兑美元的汇率可以维

① 2012 年欧元区债券市场面临巨大的融资压力，主权债务危机加深而使经济陷入衰退。从历史看，欧元对于经济疲弱相当敏感，而美元与世界经济增长整体上是负相关关系。

持在 1∶1.29 的水平。进入 2013 年，欧元兑美元的汇率可能恢复至 1∶1.32 的水平。

在人民币汇率方面，人民币升值趋势仍难以根本改变。但受全球经济前景不确定的影响，中国出口增速将放缓，贸易顺差继续收窄，资本流入减缓。这些因素都将减轻人民币的升值压力，人民币升值的速度也将有所放缓。预计至 2012 年末 1 美元可兑换人民币 6.23 元，2013 年末可能达到 1 美元兑换人民币 6.09 元（图 12-10）。

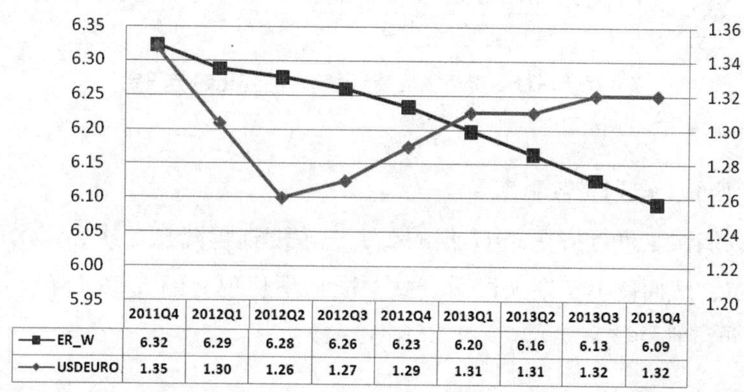

图 12-10　美元兑欧元汇率（右）、人民币兑美元汇率（左）的变化趋势假定

注：ER_W 表示人民币/美元（左轴）；USDEURO 表示美元/欧元（右轴）。

资料来源：本课题组假定。

（三）货币供应量（M2）增速

通过一系列数量控制的紧缩性政策，2011 年 M2 的增速降低至 13.6%。然而，2012 年，特别是上半年，欧元区经济减速的风险非常高，本课题组认为，货币政策很有可能会作出相应的调整。在前三季度，M2 的增速将从一季度的 14%提高至 18%；但在下半年欧元区经济走稳之后，M2 的增速会再度下降至 16%。预计 2012 年和 2013 年全年的 M2 增速都将保持 16%的水平（图 12-11）。①

① 广义货币供应量（M2）的统计口径从 2011 年 10 月份开始调整。本报告将其调整为原口径进行假设计算。

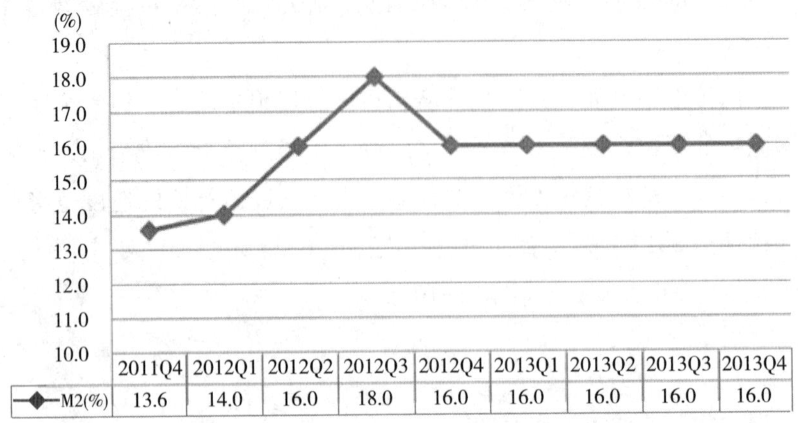

图 12-11 货币供应量（M2）的变化趋势假定

资料来源：本课题组假定。

（四）1 年期贷款利率

我们假定央行将在 2012 年的二、三季度连续降息二次，每次下降 25 个基点，从而使 1 年期人民币贷款基准利率从现有的 6. 56%降至 6. 06%；2013 年将维持该利率水平不变（图 12-12）。①

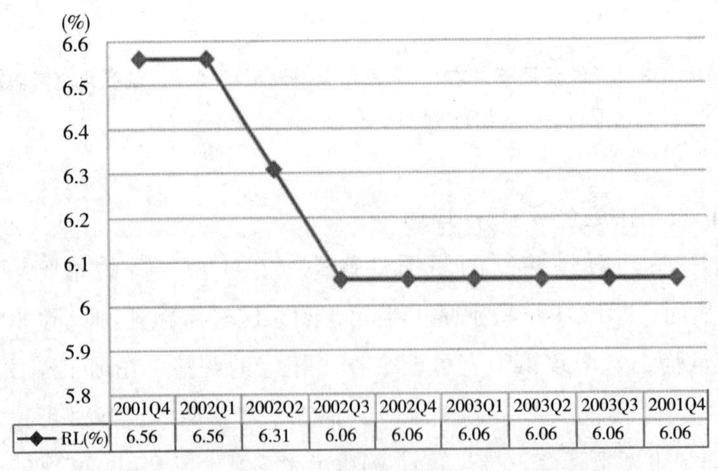

图 12-12 1 年期贷款利率的变化趋势假定

资料来源：本课题组假定。

---

① 随着通货膨胀率的逐步回落，为货币政策放松预留了更多的空间，央行将根据经济放缓的程度来调整政策。

二、2012—2013 年中国宏观经济主要指标预测

（一）GDP 增长率预测

在上述外生变量的假定下，基于 CQMM 的预测结果表明：2012 年欧元区经济的减速可能导致中国 GDP 增速下滑至 8.59%，同比下降 0.73 个百分点。到 2013 年，GDP 增长率将回升至 9.03%。从季度同比增长率看（图 12-13），2012 年一季度 GDP 仅能增长 8.42%，二季度可能进一步下降至 8.35%；之后逐步回升。① 模型预测表明，2012 年上半年即使遭遇欧元区经济大幅减速，在美国经济缓慢复苏的背景下，宏观经济政策当局仅需通过适当降息予以及时应对，并保持 M2 增长 16%，那么，中国经济仍能保持适度增长，GDP 的增速仅会出现小幅下滑。应对外部市场的冲击，稳定国内经济增长不需要也不应该再推出 2008 年底及 2009 年那样的大规模扩张政策。

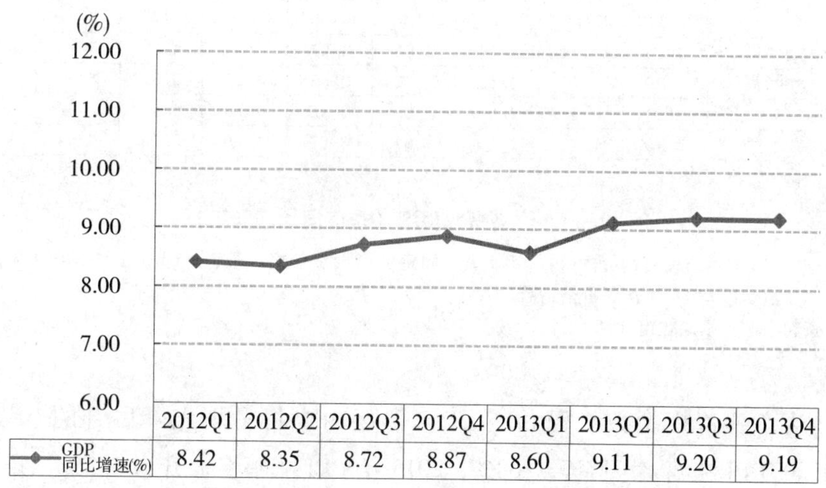

	2012Q1	2012Q2	2012Q3	2012Q4	2013Q1	2013Q2	2013Q3	2013Q4
GDP 同比增速(%)	8.42	8.35	8.72	8.87	8.60	9.11	9.20	9.19

图 12-13　GDP 季度增长率预测（季度同比增长率）

资料来源：本课题组假定。

（二）主要价格指数预测

模型预测，2012 年，由于外部市场需求因欧元区经济波动而减弱，人

① 所有预测结果都是根据季节性调整之后的数值计算的。

民币持续升值，以及国内经济增速趋缓等原因，通货膨胀的压力将大幅度减轻。预计 2012 年全年 CPI 将上涨 3.33%，涨幅同比下降 2.18 个百分点；到 2013 年，CPI 有可能再度回升，涨幅达到 4.45%这一值得宏观经济当局关注的水平。分季度看（图 12-14），CPI 自 2012 年一季度起将持续回落，于 2012 年三季度达到最低点 2.71%，之后开始持续上升，直至 2013 年四季度达到新的高点 5.73%。

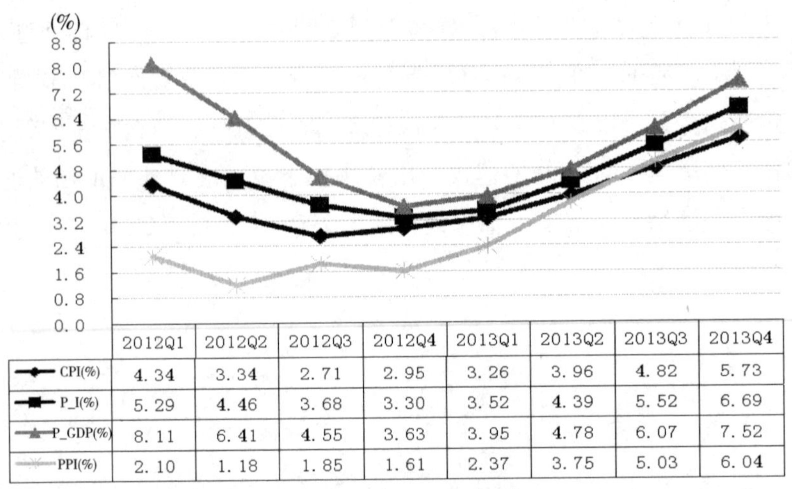

	2012Q1	2012Q2	2012Q3	2012Q4	2013Q1	2013Q2	2013Q3	2013Q4
CPI(%)	4.34	3.34	2.71	2.95	3.26	3.96	4.82	5.73
P_I(%)	5.29	4.46	3.68	3.30	3.52	4.39	5.52	6.69
P_GDP(%)	8.11	6.41	4.55	3.63	3.95	4.78	6.07	7.52
PPI(%)	2.10	1.18	1.85	1.61	2.37	3.75	5.03	6.04

图 12-14　价格指数预测（季度同比增长率）

注：CPI 表示居民消费价格指数；P_I 表示固定资产投资价格指数；P_GDP 表示 GDP 平减指数；PPI 表示生产者价格指数。

资料来源：本课题组计算。

生产者价格指数（PPI）在未来两年内也将呈现先降后升的态势。2012 年 PPI 涨幅将下降至 1.68%，2013 年 PPI 涨幅将上升为 4.3%。分季度看（图 12-14），PPI 涨幅于 2012 年二季度下降至波谷 1.18%，之后经过两个季度的小幅波动，将于 2013 年一季度起重新开始新一轮的上涨，并将于 2013 年四季度涨幅达到新的高点 6.04%。

2012 年固定资产投资价格指数（P_I）涨幅预计将为 4.17%，同比下降 2.57 个百分点；2013 年 P_I 涨幅可能上升至 5.04%的水平。分季度看，P_I 的同比增速呈先下降后上升的态势，从 2012 年一季度的 5.29%持续下降，至 2012 年四季度达到波谷为 3. 30%，之后转向回升，至 2013 年四季度增速达到新的高点 6. 69%（图 12-14）。

2012 年 GDP 平减指数（P_GDP）增速将同比下降 2. 66 个百分点，达到 5. 63%；2013 年进一步降至 5. 59%。分季度看，自 2012 年一季度开始各季同比增速呈持续下降的态势，于 2013 年一季度开始转折持续上升，其中增速最高点为 2012 年一季度的 8. 11%，最低点为 2012 年四季度的 3. 63%（图 12-14）。

总体而言，在伊朗和叙利亚局势不会演变成石油危机的前提下，2012 年为应对欧元区经济减速而实施的减息等适度宽松的货币政策不会导致通货膨胀的反弹。

（三）其他主要宏观经济指标增长率预测

1. 进出口及外汇储备增长率预测

模型预测，2012 年欧元区经济减速将再次冲击中国的进出口。其中，2012 年以美元、按现价计算的出口总额预计仅能增长 9. 03%，同比将下降 12. 64 个百分点；进口总额增速可能下滑至 6. 54%，同比下降 17. 12 个百分点（表 12-1）。分季度看，出口增速可能在 2012 年二季度下滑至最低的 7. 69%，此后持续上升；进口增速在 2012 年一季度可能降至 2. 86%。[①] 由于资本的持续流入，2012 年外汇储备预计依然可以增长 11. 56%，但同比增速将下降 8. 44 个百分点。分季度看，外汇储备的同比增长率呈现出先下降后上升然后反复震荡调整的态势，波谷为 2012 年二季度的 8. 94%，波峰为 2012 年四季度的 14. 87%（图 12-15）。

至 2013 年，随着外部市场恢复稳定，中国进出口增速将有所恢复。以美元、按现价计算的出口增速 2013 年预计将达到 13. 13%；进口增速预计将达到 14. 68%。外汇储备在 2013 年将可能增长 13. 73%。值得注意的是，加工贸易进出口在外部市场稳定后依然维持持续减速的态势（表 12-1）。

① 由于 2011 年一季度基数较大。

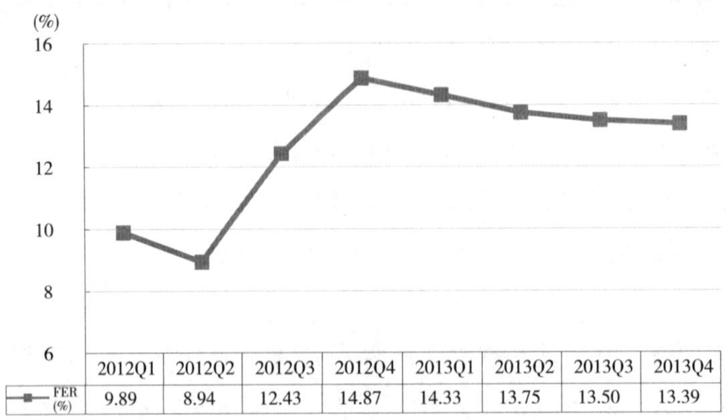

图 12-15　外汇储备增长率预测（季度同比增长率）

资料来源：本课题组计算。

表 12-1　2012—2013 年中国进出口及外汇储备增长率预测

（单位:%）

时　间	出　口				进　口				外汇储备
	不变价（亿元）	现价（亿美元）	一般贸易 现价（亿美元）	加工贸易 现价（亿美元）	不变价（亿元）	现价（亿美元）	一般贸易 现价（亿美元）	加工贸易 现价（亿美元）	现价（亿美元）
2012 年	6. 70	9. 03	23. 61	10. 53	9. 05	6. 54	20. 79	7. 35	11. 56
第一季度	4. 76	10. 65	13. 96	5. 75	1. 89	2. 86	6. 72	-1. 50	9. 89
第二季度	4. 74	7. 69	7. 36	8. 23	9. 91	6. 76	8. 49	5. 70	8. 94
第三季度	7. 76	8. 84	6. 99	11. 21	11. 34	7. 15	5. 49	10. 76	12. 43
第四季度	9. 47	8. 99	7. 99	10. 41	13. 17	9. 28	9. 06	10. 26	14. 87
2013 年	11. 43	13. 13	17. 91	9. 24	10. 02	14. 68	15. 73	6. 02	13. 73
第一季度	11. 21	11. 13	12. 00	10. 62	12. 34	13. 21	14. 33	11. 92	14. 33
第二季度	11. 82	12. 94	15. 26	10. 97	10. 87	15. 35	19. 25	10. 60	13. 75
第三季度	11. 49	13. 88	16. 56	11. 58	8. 81	15. 18	19. 73	9. 59	13. 50
第四季度	11. 21	14. 45	17. 05	12. 29	8. 29	14. 92	19. 11	9. 62	13. 39

资料来源：本课题组计算。

模型预测结果表明，2012 年上半年欧元区经济减速依然会对中国的进出口产生严重的冲击，从而在一定程度上影响中国的经济增长。同时，金融危机后全球经济的再平衡和国内经济结构的调整，使加工贸易的不断减速成为必然趋势。但是，短期内中国外汇储备规模还将继续扩大。

2. 固定资产投资增速预测

模型预测（图 12-16），2012 年，在外部需求减弱的情况下，适度扩张的货币政策还将保持投资的较快增长，但是，投资需求的扩张速度将显著减弱。按不变价计算的固定资本形成总额增速预计为 8.03%，同比下降 2.8 个百分点；按现价计算的城镇固定资产投资增速预计为 17.55%，同比下降 9.03 个百分点。2013 年投资需求将随着经济增速的提高而有所增强。按不变价计算的固定资本形成总额增速预计为 9.45%；按现价计算的城镇固定资产投资增速预计为 21.21%。

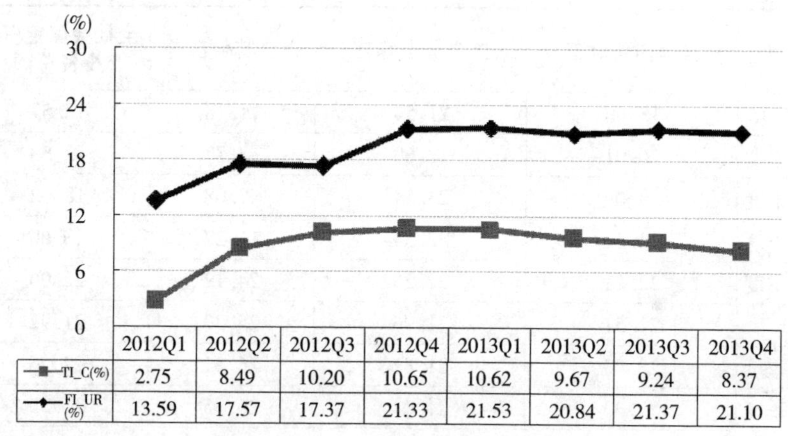

	2012Q1	2012Q2	2012Q3	2012Q4	2013Q1	2013Q2	2013Q3	2013Q4
TI_C(%)	2.75	8.49	10.20	10.65	10.62	9.67	9.24	8.37
FI_UR (%)	13.59	17.57	17.37	21.33	21.53	20.84	21.37	21.10

图 12-16　固定资产投资总额增速预测（季度同比增长率）

注：TI_C 表示固定资产形成总额（不变价）增速；FI_UR 表示城镇固定资产投资（现价）增速

资料来源：本课题组计算。

分季度来看，固定资本形成总额的同比增速在 2012 年四个季度持续上升，由于 2011 年一季度基数较大与年底持续性的紧缩政策，使得 2012 年一季度的固定资本形成增速有较大幅度下滑，然后持续上升至四季度的 10.65%；2013 年增速开始缓慢下降，至四季度降至 8.37%。城镇固定资产投资（现价）增速的分季度走势与上述资本形成总额（不变价）增速的变动趋势基本一致。从同比增速来看，2012 年各季将可能逐步上升到 21.33%，2013 年将维持超过 20%的投资增速（图 12-16）。

此外，模型预测显示：2012 年全社会固定资产投资总额增速可能达到

18.57%，同比将下降 6.26 个百分点；2013 年有所上升，可能保持在 21.92%的水平。按投资资金来源分类看，受货币政策的影响，2012 年来源于国内信贷的投资资金增速可能比 2011 年上升 10.36 个百分点，达到 15.6%；由于经济活动的减速，来源于企业自筹的投资资金增速将降为 21.54%，同比下降 12.06 个百分点；其他资金来源的投资资金增速为 11.18%，同比下降 3.57 个百分点。但是到了 2013 年，来源于国内贷款和其他部分的投资资金增速可能有较大幅度的回升（表 12-2）。

表 12-2　2012—2013 年固定资产投资增长率（按资金来源分）预测

（单位:%）

时　间	来自国内贷款部分	来自企业自筹部分	来自其他部分	全社会固定资产投资总额
2012 年	15.60	21.54	11.18	18.57
第一季度	6.91	17.60	-2.77	12.59
第二季度	9.09	23.54	8.08	18.62
第三季度	24.52	22.53	16.27	20.60
第四季度	22.21	22.25	24.12	22.06
2013 年	21.51	21.96	25.32	21.92
第一季度	23.44	21.82	26.41	22.26
第二季度	22.43	21.04	26.35	21.55
第三季度	21.51	22.07	26.00	22.09
第四季度	19.05	22.80	22.91	21.81

注：固定资产投资中源于其他部分指全社会固定资产投资总额扣除贷款、自筹、预算以及外商投资部分后的剩余部分。

资料来源：本课题组计算。

3. 消费增长率预测

模型预测显示，2012 年按不变价计算的居民消费总额预计将增长 8.06%，增速同比下降 2.2 个百分点；预计 2013 年增速将下降到 7.73%。2012 年按现价计算的社会消费品零售总额将增长 18.57%，增速同比上升 0.76 个百分点；2013 年增速预计将上升至 19.84%。

分季度看，居民消费总额（不变价）增速在 2012 年四个季度同比将增长 6.37%、8.6%、9.53%、7.76%；2013 年各季度增速变化相对平缓，可能维持在 7.7%左右。社会消费品零售总额（现价）在 2012 年一季度增速将为 19.14%，二季度下降到 18.04%，此后持续上升到 2013 年四季度的 21.09%（图 12-17）。

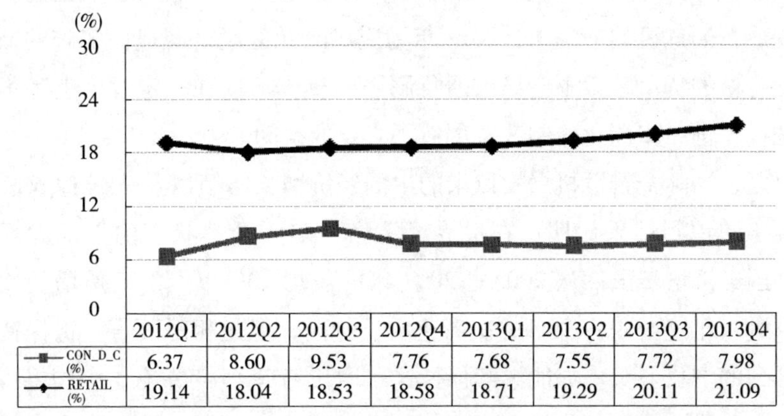

	2012Q1	2012Q2	2012Q3	2012Q4	2013Q1	2013Q2	2013Q3	2013Q4
CON_D_C (%)	6.37	8.60	9.53	7.76	7.68	7.55	7.72	7.98
RETAIL (%)	19.14	18.04	18.53	18.58	18.71	19.29	20.11	21.09

图 12-17　消费增速预测（季度同比增长率）

注：CON_D_C 表示居民消费总额（不变价）增速；RETAIL 表示社会消费品零售总额（现价）增速。
资料来源：本课题组计算。

综上，模型预测表明：

第一，2012 年上半年，由于欧元区经济的不确定性，中国的进出口增速有可能再次大幅度下滑。如果通过适当降息 0.5 个百分点并保持 M2 增长 16%而非目前货币政策当局所确定的 14%的 M2 增长目标，那么，GDP 增速可维持在 8.59%的水平，CPI 涨幅将回落至 3.33%的较低水平。2013 年，经济增长率将回升到 9.03%，CPI 涨幅也将有所上升，达到 4.55%这一值得关注的水平。

第二，在外部需求减弱的情况下，2012 年的投资需求扩张速度虽然显著减弱，但在货币政策有所松动的刺激下还将保持较快增长；居民消费需求缓慢增长的态势仍然难以发生重大改变。经济结构调整任重而道远。

第三，国际金融危机后，全球经济的再平衡和国内的经济结构调整，使加工贸易不断减速成为必然趋势。但在短期内，中国外汇储备规模还将继续扩大。

2012 年上半年，即使欧元区经济大幅减速，在美国经济缓慢复苏的背景下，如果中国宏观经济政策当局通过适当降息及时予以应对，那么，GDP 的增速仅可能出现小幅下滑。因此，本课题组认为，应对 2012 年可能出现的外部市场冲击，稳定经济增长，中国不需要也不应该再推出 2008 年底及 2009 年那样的大规模扩张政策。与此同时，在伊朗和叙利亚局势不会演变成石油危机的前提下，2012 年为应对欧元区经济减速而实施的减息等适度宽松的货币政策不会导致通货膨胀的反弹。这在一定程度上为推进结构调整，进一步深化体制改革创造了必要的空间。

总之，国际金融危机爆发以来的中国经济增长实绩以及依据 CQMM 对未来两年的预测结果说明：在世界经济增长陷入低迷状态的外部大环境下，中国经济增长虽然从 2003—2007 年的年均 10%以上的高速增长逐步回落，进入年递增 8%—9%的次高速增长阶段，但是相对而言，仍保持了较为强劲的增长势头。如能继续保持这一增长趋势 15 年左右，中国将跨越中等收入阶段，步入现代经济行列。因此，目前，实现中国经济跨越的关键，不是一如既往地继续维持或提高经济增长速度，而是充分认识国际国内经济环境正在发生或即将发生的重大变化，寻求新的发展空间及增长动力，转变发展方式。通过在全社会范围更合理地分享经济增长的成果，证明经济增长的价值合理性，用包容性增长开拓新的增长空间，形成新的增长动力，跨越中等收入阶段。

第三节　政策模拟：社会保险缴费返还

基于对中国经济发展当前面临的主要问题的认识，课题组本次政策模拟的重点集中在结构调整与收入分配调整。

我们注意到：国民收入支出结构的“两高一低”失衡，源于国民收入分配结构的失衡。根据对资金流量表的分析，可以发现，近 20 年来，在国民收入分配的初次分配环节，中国住户（居民）部门收入比重的持续下降对应着企业部门和政府部门收入比重的持续上升。1992 年，住户、政府、企业部门在国民收入初次分配中所占的比重分别为 66. 06%、16. 57%和 17. 37%。2008 年，住户部门收入占比急剧下降到 57. 23%，减少了 8. 87 个百分点；而与此同时，政府、企业部门在初次分配中的占比则分别达到 17. 52%和 25. 26%，分别增加了 0. 95 和 7. 89 个百分点（图 12-18）。

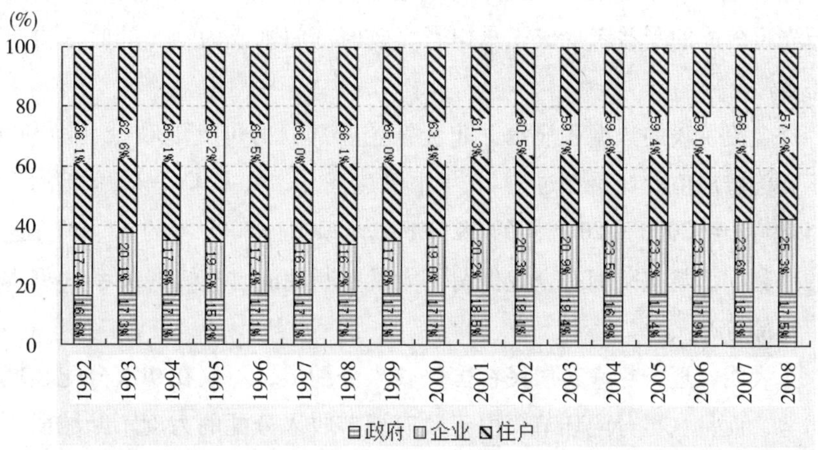

图 12-18　国民收入初次分配的构成变化（资金流量表）

资料来源：整理自 CEIC。

经过再分配后，居民部门的收入占比不升反降，政府部门的收入占比则大幅提高。1992 年，住户、政府、企业部门的最终可支配总收入占比分别为 68. 34%、19. 96%和 11. 7%；其中，住户和政府部门所占比重分别较各自的初次分配占比高出 2. 28 和 3. 39 个百分点，企业部门所占比重则要低于初次分配占比近 5. 67 个百分点，[①] 企业部门是收入再分配的主要承担者。到 2008 年，住户、政府和企业部门在最终可支配总收入中的占比演变为 57. 11%、21. 28% 和 21. 60%；其中，住户部门的占比大幅度下降了 11. 23 个百分点，政府部门的占比略微上涨了 1. 32 个百分点，而企业部门的占比则大幅度增加了 9. 9 个百分点（图 12-19）。进一步，2008 年，企

① 可以进行对比分析的依据是初次分配总收入与最终可支配总收入之间相差无几。2000 年之前，最终可支配总收入与初次分配总收入的比值基本维持在 1. 002 左右；2000 年以后略有增加，从 2005 年起，基本维持在 1. 01 左右。

业部门在最终可支配收入中的占比仅低于初次分配占比 3.66 个百分点，下降幅度较之 1992 年减少了 2.01 个百分点；住户部门在最终可支配收入中的占比反而低于初次分配占比 0.12 个百分点，变动幅度较之 1992 年减少了 2.40 个百分点；政府部门在最终可支配收入中的占比则高出初次分配占比 3.76 个百分点，变动幅度较之 1992 年进一步增长了 0.37 个百分点。这意味着在再分配过程中，企业部门承担的比重下降，住户部门由原先再分配的受益者变成了承担者，政府部门则成为唯一的收入再分配受益者。

资金流量表的数据还显示，非金融企业部门的可支配收入（净利润）占该部门增加值的比重在过去 20 年中迅速上升，从 1992—1999 年的平均 22.5%上升到 2000—2003 年的 28.8%以及 2005—2008 年的 32.6%。这么高的净利润率与垄断国有企业保留了大量垄断利润有直接的关系（见本报告第四部分）。

这表明，近十年来，居民在国民收入分配上，不仅在初次分配领域处于劣势，而且在再分配环节，由于政府调节收入分配的力度不断减弱，不仅作为一个整体获得的再分配收入比重在递减，而且居民内部各阶层之间的收入差距也因此而不断扩大。居民总体消费水平、边际消费倾向因之下降，社会矛盾部分因此累积。

长期以来，在讨论政府应如何通过再分配环节调节收入分配，缩小初次分配收入差距问题时，人们往往关注个人所得税的再分配调整作用。然而，目前中国个人所得税占住户部门初次分配收入的比例极低，2008 年仅约为 2%。2011 年的个人所得税税制调整实践证明，调整个人所得税起征点及税率，个人所得税调节的面及量都极为有限，在调整政府部门与居民部门的收入分配关系以及调整居民内部不同收入阶层之间收入差距上，作用很小。①

与个人所得税相比，住户部门向政府部门缴纳的社会保险缴费，占了住户部门向政府部门经常转移项目的大部分。2008 年，住户部门向政府部

① 2010 年，城镇家庭人均可支配收入为 19109 元，其中低收入户收入为 9231.3 元，中等收入户收入为 17217.1 元，高收入户收入为 31196.7 元；农村家庭人均纯收入为 5919 元，其中低收入户收入为 1870 元，中等收入户收入为 5222.4 元，高收入户收入为 14043.7 元。

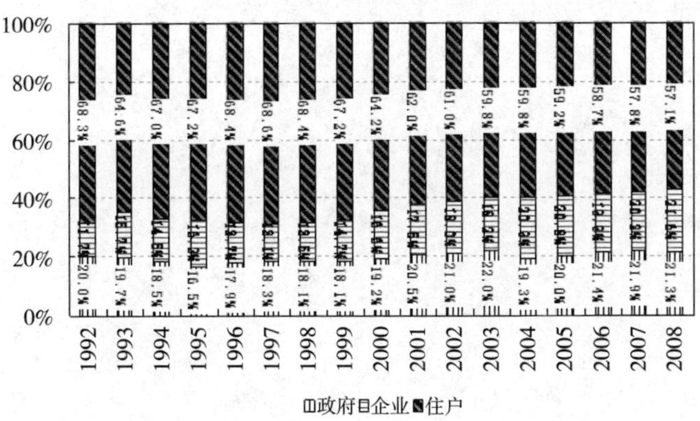

图 12-19　国民收入再次分配的构成变化（资金流量表）

资料来源：整理自 CEIC。

门的经常转移项目中，收入税支出占 20.3%，社会保险缴费占 74.7%。

在目前情况下，将居民的社会保险缴费按一定比例返还给居民，将有利于调整政府与居民的收入再分配关系，直接改善居民收入状况，间接调整社会不同阶层居民之间的收入差距，从而促进消费、调整国民经济结构失衡。以社保缴费返还的方式实现转移支付，主要是考虑实施的简便和低成本。但是，这一政策建议对宏观经济运行的直接和间接影响值得进一步深入研究。本课题组运用中国季度宏观经济模型（CQMM）对这一政策设想进行模拟，测定其对宏观经济运行的直接和间接影响。

本课题组假设，如果政府在 2005—2008 年期间将住户部门所缴纳的社会保险费的 50%返还给居民，即四年内分别返还 3488 亿元、4322 亿元、5406 亿元、6848 亿元。这样将使再分配后的住户部门可支配收入比初次分配总收入增加 4 到 4.6 个百分点，基本上恢复到 20 世纪 90 年代后期的政府再分配水平（图 12-20）。同期，政府可以将垄断行业国企的利润收回国库，由财政直接填补居民的社保缴费。以 2008 年为例，该年非金融企业部门的净利润率高达 33.4%。如果将净利润率减少 5%，国家财政就可以额外获得 9297.5 亿元，完全有财力实施社保缴费返还。

模拟结果显示，实行社会保险缴费返还政策，在短期内，提高了居民的可支配收入，从而扩张居民消费，显著地提高居民消费占 GDP 的比例；另一方面，居民消费的扩张将带动价格水平的上涨，在不改变名义货币供

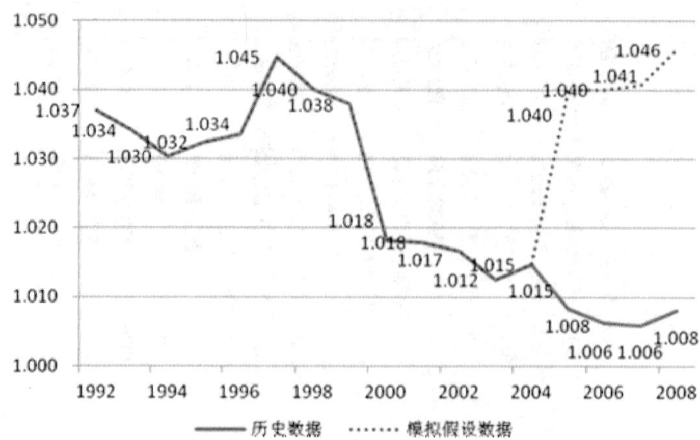

图 12-20　住户部门可支配收入与其初次分配总收入比例

注：历史数据表示资金流量表中住户部门可支配收入与初次分配总收入的比例；模拟假设数据表示假设 2005—2008 年政府将住户部门所缴纳的社会保险费的 50%返还给居民后该比例的变化。

资料来源：本课题组计算。

应量的前提下，实际货币供应量的相对减少在一定程度上抑制了投资的扩张，降低了固定资本形成总额占 GDP 的比例。从总量上看，消费的扩张可弥补投资的萎缩，最终导致 GDP 增长率轻微上升。价格水平波动上涨在政策实施的后期也将趋于稳定。

具体而言：

第一，实施社会保险缴费返还政策、扩大政府收入再分配力度，GDP 增长率将稳中略升。在模拟的 2005—2008 年期间，与历史模拟数据相比，GDP 季对季增长率平均提高了约 0.3 个百分点。其中，在政策实施的第一年（2005 年），居民消费的扩张，使各季度 GDP 增长率与历史模拟数据相比都有较大幅度的提高。虽然从 2006 二季度开始，增长率的政策数据低于历史模拟数据，但差距从-1.2%逐渐增加到 2008 年四季度的 0.3%（图 12-21）。

第二，实施社会保险缴费返还政策可以显著地提高居民消费占 GDP 的比例。在模拟期间，居民消费的季度同比增长率比历史模拟数据有显著上升，平均增加了 3.85 个百分点。其中政策实施的第一年（2005 年），与历史模拟数据相比，各季度消费增长率可提高 4 个百分点以上；之后三年（2006—2008 年）的 12 个季度里，消费增长率的增加幅度仍然可维持在

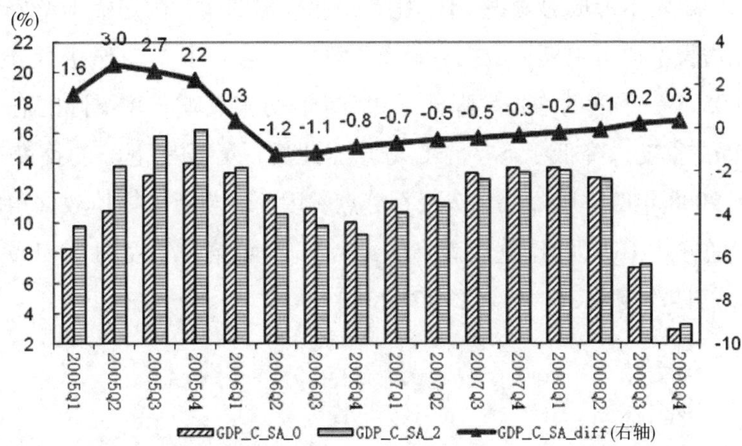

图 12-21　社会保险缴费返还政策对 GDP 增长的影响（模拟结果）

注：GDP_C_SA_0 表示经过季节性调整的 GDP 季对季同比增长率的历史模拟数据，GDP_C_SA_2 表示经过季节性调整的 GDP 季对季同比增长率的政策模拟数据，GDP_C_SA_diff 表示政策模拟数据与历史模拟数据之差。

资料来源：本课题组计算。

1.3 个百分点以上。因此，居民消费占 GDP 的比重得以显著提高：从 2005 年一季度的 42.1%提高到 2008 年四季度的 44.9%（见图 12-22）。

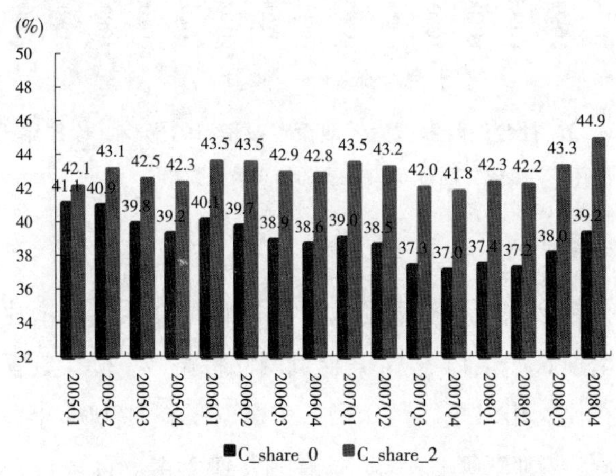

图 12-22　社会保险缴费返还政策对居民消费率的影响（模拟结果）

注：c_share_0 表示最终消费占 GDP 比重的历史模拟数据，_share_2 表示最终消费占 GDP 比重的政策模拟数据。

资料来源：本课题组计算。

第三，实行社会保险缴费返还政策可以在一定程度上减缓投资增速，并降低固定资本形成总额占 GDP 比重。在模拟期间，固定资本形成总额季度同比增长率比历史模拟数据有显著下降，平均下降了 2.79 个百分点。其中，2005 年一季度的增长率降低了 0.2 个百分点；增长率下降的态势持续到 2006 二季度，降低了 5.7 个百分点。此后，增长率下降的幅度有所减缓，到 2008 年四季度降低 1.2 个百分点。因而，与历史模拟数据相比，资本形成总额占 GDP 的比重显著降低：从 2005 年第一季度的 40.1%下降到 2008 年第四季度的 36.4%（图 12-23）。

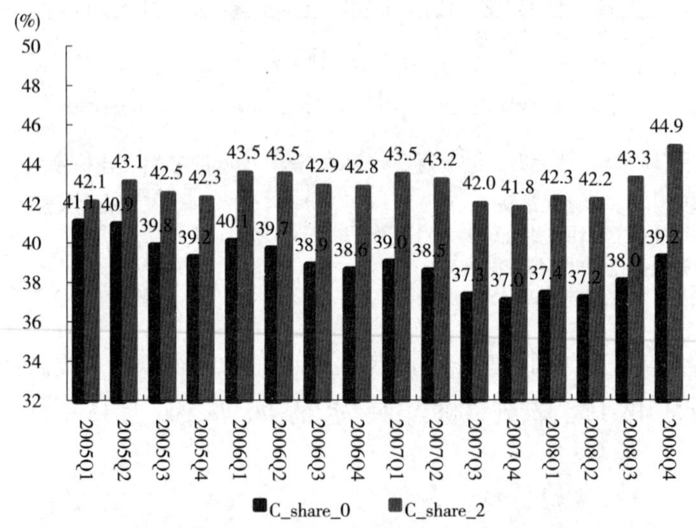

图 12-23　社会保险缴费返还政策对投资率的影响（模拟结果）

注：I_share_0 表示资本形成总额占 GDP 比重的历史模拟数据，I_share_2 表示资本形成总额占 GDP 比重的政策模拟数据。

资料来源：本课题组计算。

第四，实行社会保险缴费返还政策可以轻微降低出口增速，但是基本不会影响进口增速，净出口占 GDP 比例因此将略微下降。在模拟期间，与历史模拟数据相比，出口季度同比增长率微弱下降，2005 年一季度的降幅为 0.38 个百分点；到 2006 一季度降幅扩大到 2.4 个百分点，此后下降的幅度持续收窄，到 2008 年四季度降幅为 0.76 个百分点。进口季度增长率变化不大，2005 年四个季度的增长率相比仅提高 1 个百分点左右，2006—2008 年增长率没有多少变化（图 12-24）。因而，与历史模拟数据相比，净出口占 GDP 比重略微下降（图 12-25）。

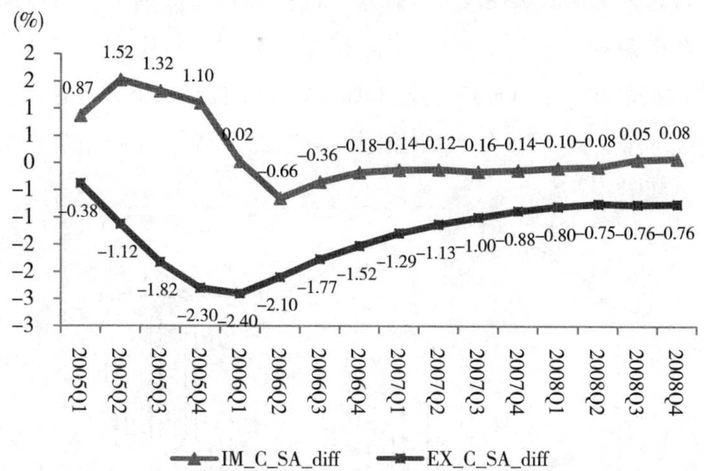

图 12-24　社会保险缴费返还政策对进出口季对季同比增长率的影响（模拟结果）

注：IM_C_SA_diff 表示经过季节性调整的总进口季对季同比增长率的政策模拟数据与历史模拟数据之差。EX_C_SA_diff 表示经过季节调整的总出口季对季同比增长率的政策模拟数据与历史模拟数据之差。

资料来源：本课题组计算。

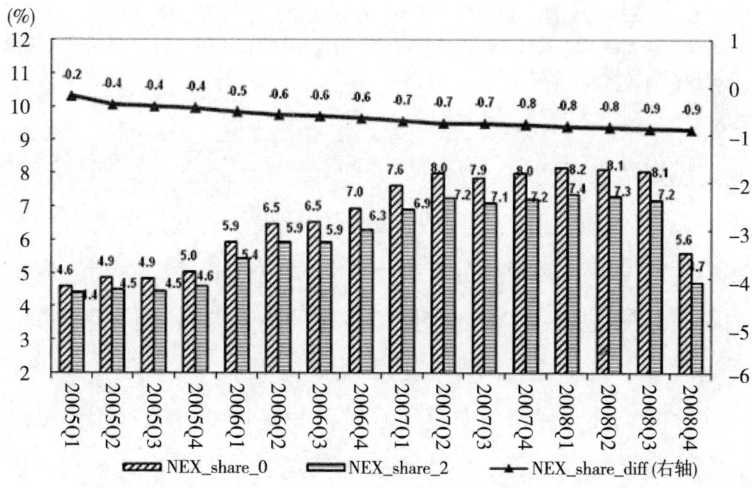

图 12-25　社保缴费返还政策对净出口占 GDP 比重的影响（模拟结果）

注：NEX_share_0 表示净出口占 GDP 比重的历史模拟数据，NEX_share_2 表示净出口占 GDP 比重的政策模拟数据，NEX_share_diff 表示政策模拟数据与历史模拟数据之差。

资料来源：本课题组计算。

第五，实行社会保险缴费返还政策在短期内会提高物价水平，但是长期的影响趋弱。在模拟期间，与历史模拟数据相比，CPI 同比增长率有所提高，2005 一季度提高 0.7 个百分点，至 2005 年四季度提高 4.1 个百分点，此后提高幅度持续缩窄，到 2008 年提高幅度维持在 0.7 个百分点左右（图 12-26）。

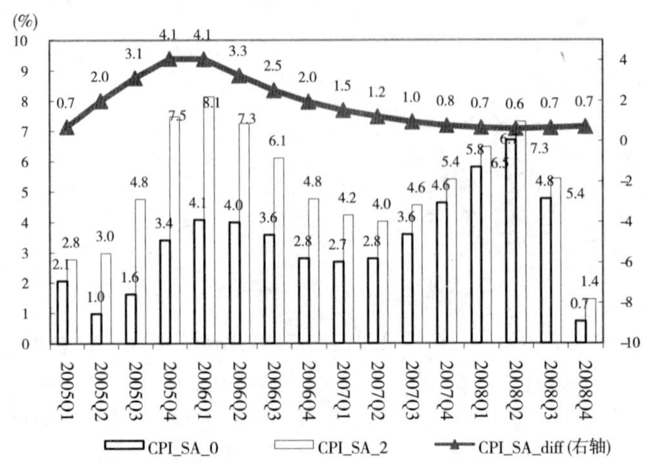

图 12-26　社会保险缴费返还政策对净出口占 CPI 的影响（模拟结果）

注：CPI_SA_0 表示经过季节调整的 CPI 季对季同比增长率的历史模拟数据，CPI_SA_2 表示经过季节调整的 CPI 季对季同比增长率的政策模拟数据，CPI_SA_diff 表示政策模拟数据与历史模拟数据之差。

资料来源：本课题组计算。

政策模拟结果说明：

第一，在目前政府与居民收入分配比例失衡、政府的再分配调节力度不断减弱的情况下，实行部分社会保险缴费返还政策，有利于调整政府与居民的收入分配关系；由于社会保险覆盖面的广泛性，这项政策的受惠对象将远远大于个人所得税调整的受惠对象。

第二，实施社会保险缴费返还政策，一定程度上有利于调整国民经济的“两高一低”结构失衡，扩大消费尤其是居民消费占比，降低投资尤其是政府投资占比。

第三，实施社会保险缴费返还政策，有利于扩大国内消费市场需求，保持 GDP 的稳定增长，并调整居民消费与投资对 GDP 增长的拉动力。

第四，社保缴费返还不是一项长期的政策。在实行几年、达到改变消费和投资行为的长期效果时，政策就可以退出。

第四节　社会保险缴费返还与国有资产收益全民分享

以社会保险缴费返还的方式加大转移支付力度，可以直接增加居民收入，在稳定增长的同时，调节、优化社会总需求结构。

显然，这样的政策建议是否具有可行性和价值合理性是值得进一步讨论的。

首先，用于返还的社保缴费资金从哪里来？尽管近年来中国财政收入的增长速度始终远远高于经济增长速度与居民收入增长速度，但是，最近12年里，财政赤字年份高达11年（图12-27）。固然，现有财政支出的合理性值得研究，[①] 但是，在短期内，如要将数千亿元的社会保险缴费转移给居民，同时保证社会保险资金的正常运转，首先必须考虑相应的资金来源。

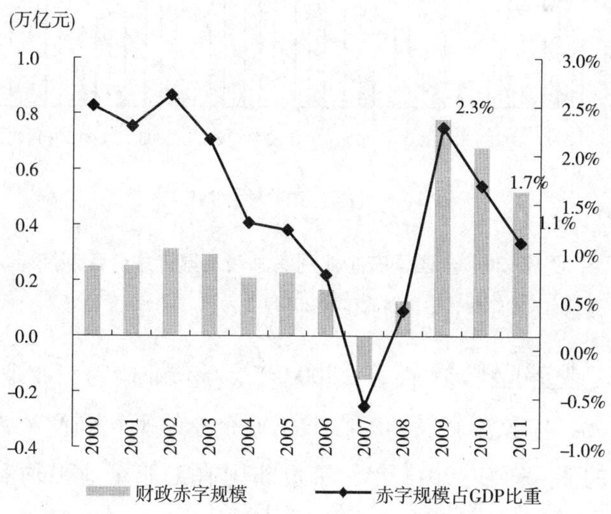

图12-27　财政赤字规模及占GDP比重变化

资料来源：整理自CEIC。

① 这是一个关系重大值得专门研究的问题，本研究报告暂不对此展开研究。

本课题组认为，实行社会保险缴费返还，同时保证社会保险资金的正常运转，资金可以来源于对国有垄断企业利润的再分配。理由如下：

第一，国有企业利润迅猛增长是近十余年来企业在初次分配收入中占比上升的主要原因。2000 年，全国国有企业的利润总额约为 2833.8 亿元，到 2011 年，国有企业的利润总额迅猛增长到 22556.8 亿元，年均增长率高达 20.7%，远远高出同期 GDP 增长率；国有企业因此实现了扭亏为盈。同期国有企业累计未分配利润由 2000 年的-7191.5 亿元，迅速增长到 2009 年的 19909.8 亿元（图 12-28）。

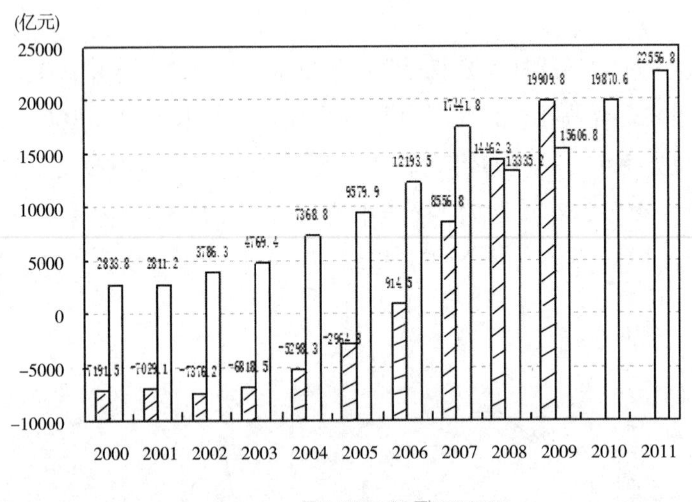

图 12-28　全国国有企业利润总额及累计未分配利润

资料来源：整理自 CEIC 及《中国财政年鉴 2010》。

从单位工业企业利润方面看，2000 年，单位非国有工业企业平均利润约为 180 万元，单位国有及国有控股工业企业的平均利润约为 450 万元，后者是前者的 2.48 倍。2011 年，单位非国有工业企业平均利润 1330 万元，增长了 6.39 倍；单位国有及国有控股工业企业的平均利润增加至 9130 万元，增长了 19.29 倍，与非国有工业企业的平均利润之比也扩大到 6.86∶1（图 12-29）。

此外，国有企业利润相当部分来自于垄断经营。数据显示，2009 年，

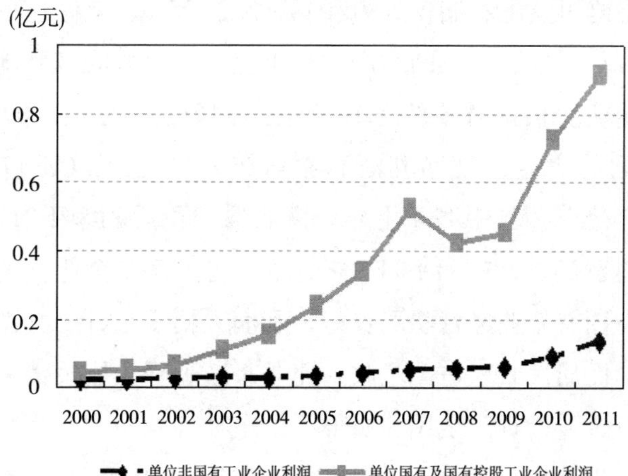

图 12-29　单位工业企业的平均利润总额

资料来源：整理自 CEIC。

石油石化、烟草、电力及邮电通信四大带有明显国有垄断特征的行业利润总额之和约为 5731.1 亿元，约占全部国有企业利润总额的 36.72%；加上煤炭、冶金、铁路运输、航空运输等垄断行业，利润占全部国有企业利润的 48.76%。[①] 换言之，国有企业利润总额约一半来自垄断性企业。[②]

第二，国有企业利润的现有分配不合理，未能充分体现国有资产的全民性。国有资产是全民财产，国有资产收益理应归全体国民所有，在必要的情况下，按照一定方式分配给全体国民，是国有资产全民性的直接体现。但是，中国现行的国有企业利润分配却没有做到这一点。

一是国有企业的利润上缴比例过低，大量垄断利润留存企业。当前，中国国有企业资本收益上缴的比例共分为四档，分别为 15%、10%、5%和 0%。这与国际通行的 30%—60%的水平相比，明显偏低[③]。需要进一步说明的是：现有的国有企业利润上缴基数并不是国有企业的利润总额，而是扣除所得税、归属少数股东权益以及企业法定留存后的可支配利润。以中

① 数据整理自《中国财政年鉴》（2010 年）。分行业国有企业利润数据不包含国有金融业的利润数据。

② 据初步统计，2011 年的银行利润总额大约是 10412 亿元。

③ 不同国家对国有企业的分红政策差别很大，分红方式也不同，具体分红水平也各不相同，但一般为盈利的 1/3 至 2/3。

央企业为例，最终可支配利润仅约为利润总额的25%。上缴比例低，计缴基数小，因此，尽管国有企业的利润增长迅速，但上缴的红利却较少，利润大量留存在企业。根据财政部2010年公布的数据显示，2009年，国有资本经营预算内的央企实现净利润总额达7023.5亿元（不包括国有银行），而2010年经营预算中基于上年利润收取的税后利润不过420亿元，仅约占净利润总额的6.0%，约94.0%的净利润留存在企业。这样低的利润上缴比例，在国有企业经营状况良好、利润大幅度上升、其占国民收入比重显著上升，而居民收入占国民收入比重不断下降，居民消费不振的情况下，是与国有企业的资产全民性质很不相称的。

二是由于治理结构不完善、投资责任约束机制的不健全，国有企业经营者有着较强投资扩张的冲动，往往将大量的留存利润用于投资。利润大比例留存企业的结果是推动了投资扩张，扭曲了国民收入的支出比例，而且导致了大量的不当投资和无效率投资。

三是大量的利润留存也强化了国有垄断行业自我涨薪能力，造成行业收入差距扩大，不利于提高低收入行业的收入水平。研究发现：在1994—2010年期间，中国行业平均工资的标准差扩大了约11.5倍；平均工资变异系数由1994年的0.212扩大到2010年0.359，[①] 行业工资差距总体呈现不断扩大的趋势（表12-3）。

表12-3　1994—2010年我国行业工资差距的变动趋势

年　份	平均工资（元）	行业平均工资的标准差	平均工资变异系数
1994	5120.1	1084.1	0.212
1995	5973.4	1211.4	0.203
1996	6747.1	1414.7	0.210
1997	7383.3	1681.0	0.228
1998	8243.5	1833.8	0.222
1999	9134.0	2140.4	0.234

① 行业平均工资变异系数=行业平均工资标准差/行业平均工资，数值越大，表示离散程度越大；越接近0，离散程度越小。该指标消除了各行业平均工资绝对值的变动对行业平均工资离差的影响，可以较好地衡量行业工资的离散程度。

续表

年　份	平均工资（元）	行业平均工资的标准差	平均工资变异系数
2000	10157.6	2449.3	0.241
2001	11720.5	2999.9	0.256
2002	13281.2	3476.9	0.262
2003	15254.1	4490.0	0.294
2004	17294.3	5162.4	0.299
2005	19866.8	6268.3	0.316
2006	22769.3	7520.5	0.330
2007	26842.6	9180.8	0.342
2008	31417.8	11150.6	0.355
2009	34611.1	12240.5	0.354
2010	39135.7	13537.6	0.359

资料来源：李文溥、王燕武、郑建清：《我国不同行业间的工资传递效应——基于省际面板VAR 模型的研究》，厦门大学宏观经济研究中心 2011 年工作论文。

如果将整个国民经济分成农业与非农业两个部门，将非农业部门进一步分为垄断性行业、竞争性行业两组，① 统计分析结果显示：

首先，竞争性行业内部的行业收入差距在缩小，而垄断性行业内部以及垄断性行业与竞争性行业之间的收入差距在不断扩大（图 12-30、图 12-31、图 12-32）。说明垄断是导致近年来中国行业间收入差距扩大的根源所在。其次，农业与非农行业之间的收入存在明显差距，农业收入要远低于城镇非农行业的收入。但从变化趋势上看，2004 年之后，农业部门与非农竞争性行业的收入差距不再继续扩大，而与垄断性行业的收入差距则仍在不断扩大。这说明垄断性行业与竞争性行业收入差距扩大也是近年来中国城乡之间收入差距扩大的重要根源所在。

行业间工资差距扩大是中国经济市场化进程受到阻滞、劳动力市场退

① 垄断性行业主要包括电力、煤气及水的生产供应业、金融保险业、地质勘察和水利管理业、卫生体育和社会福利业、教育文化艺术及广播电影电视业、科学研究和综合技术服务业、国家机关政党机关与社会团体、交通运输仓储与邮件通信业；竞争性行业则主要包括采掘业、制造业、建筑业、房地产业、社会服务业、批发零售贸易和餐饮业等。

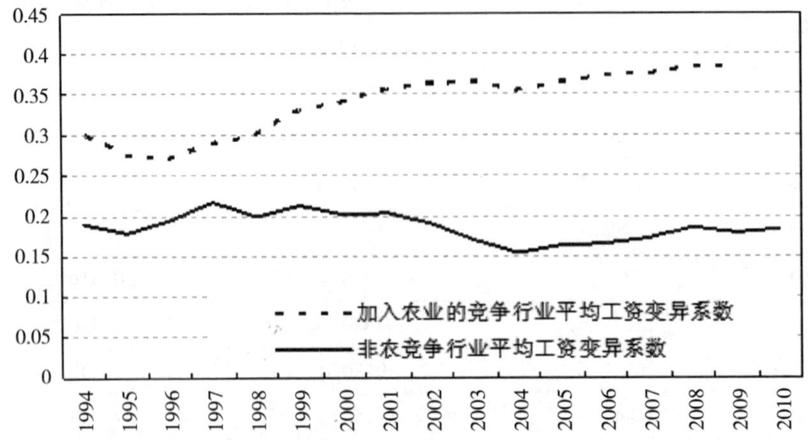

图 12-30　城乡竞争性行业平均工资收入差距演变

资料来源：李文溥、王燕武、郑建清：《我国不同行业间的工资传递效应——基于省际面板VAR 模型的研究》，厦门大学宏观经济研究中心 2011 年工作论文。

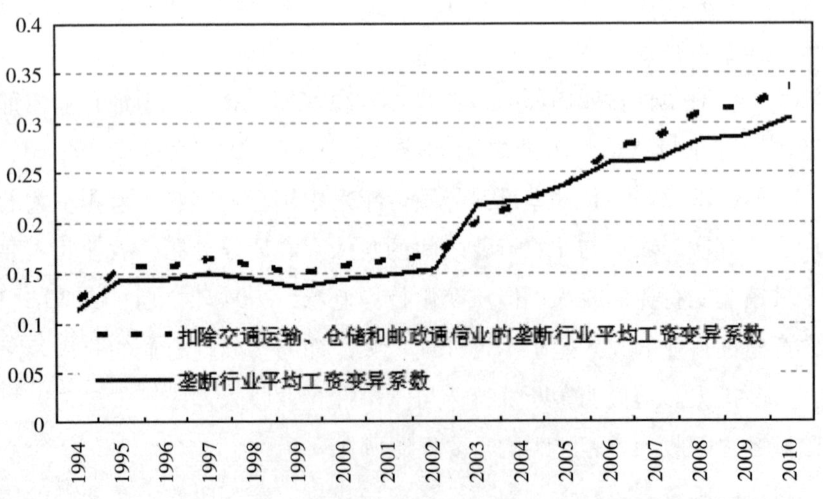

图 12-31　垄断性行业内部平均工资收入差距演变

资料来源：李文溥、王燕武、郑建清：《我国不同行业间的工资传递效应——基于省际面板VAR 模型的研究》，厦门大学宏观经济研究中心 2011 年工作论文。

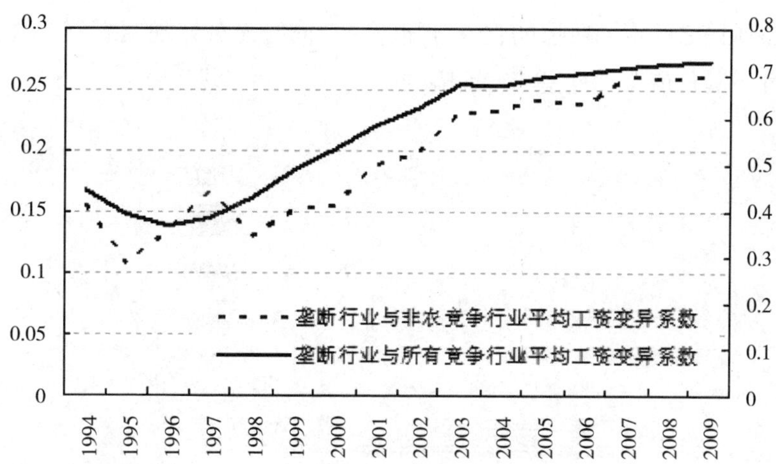

图 12-32　垄断性行业与竞争性行业的平均工资收入差距演变

资料来源：李文溥、王燕武、郑建清：《我国不同行业间的工资传递效应——基于省际面板VAR 模型的研究》，厦门大学宏观经济研究中心 2011 年工作论文。

化的重要表现。垄断性行业因其体制改革不到位、不彻底，保持、延续了20 年前国有企业普遍存在的“工资侵蚀利润”的分配取向，并借助 20 世纪 90 年代中期的国有经济配置领域的战略性调整，强化了在特定领域的行业垄断地位。这些垄断行业有效地利用其在市场领域的垄断势力以及在非市场领域的政治谈判能力，将国民经济其他部门创造的价值转化为本行业的收入，为不合理地提高本行业的工资水平创造了新的条件。与此同时，以制造业为代表的竞争性行业不仅在与垄断性行业的国民收入分配中居劣势地位，而且在行业内部，由于有效维护劳工权益的组织缺失，劳资双方在工资决定中的力量严重不对等，逐渐沦为中国国民经济平均工资水平最低的几个部门之一。①

因此，通过改变国有企业的利润分配制度，将部分国有资产收益转为国家提高其社会保险缴费比例的资金来源，降低居民的社会保险缴费比

① 在国民经济 19 个部门中，工资水平最低的几个部门是：制造业、居民服务及其他服务业、水利、环境和公共设施管理业、建筑业、住宿及餐饮业、农林牧渔业。其中唯有水利、环境和公共设施管理业不属于竞争性行业。

例，将有利于调整国家、企业、居民之间的分配关系，一定程度上也有利于调整居民之间不同阶层的收入分配关系，同时充分体现国有资产收益的全民性，其价值合理性是不言而喻的。

第十三章　2012 年秋季报告①

第一节　2012 年上半年中国宏观经济运行回顾

进入 2012 年，中国经济继续逐季回落。2012 年上半年国内生产总值（GDP）累计增速为 7.8%，是自 2010 年以来最低的半年增速（图 13-1）。中国经济增速下滑，从长期来看，是金融危机后全球经济再平衡以及中国经济经过长达 30 余年的高速增长，人均收入水平跨入中等偏上收入国家行列之后，开始步入次高速增长阶段，潜在的经济增长率有所下降的结果；从短期来看，是欧元区经济衰退导致了中国外部市场萎缩，较长时期里，国内的高投资导致了制造业生产能力过剩及结构性失调，以及对房地产行业调控的结果。经济增速持续回落及欧美经济不确定性提高，引发了人们对未来经济前景的担忧。如何看待目前的增长态势，采取适当措施，稳定增长，为中国社会经济的进一步改革及发展方式的转变创造条件，显然至为关键。

一、经济增速逐步回落，价格水平延续下降趋势

2012 年上半年，受欧洲主权债务危机深化以及美国经济复苏缓慢的影响，中国出口增速明显下滑；同时，过去两年中投资扩张导致的产能过剩

① 教育部高校人文社会科学重点研究基地重大项目“中国季度宏观经济模型”（05JJD790093）成果。本报告于 2012 年 9 月 2 日在北京发布。

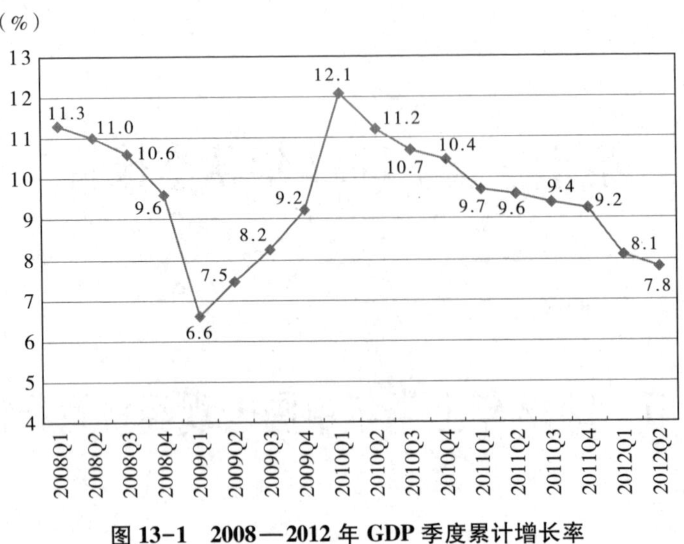

图13-1　2008—2012年GDP季度累计增长率

资料来源：CEIC。

以及继续实行房地产调控，导致2012年上半年经济增速逐步回落。尽管从2012年年初起，货币政策已从紧缩转向适度扩张，但是2012年上半年GDP累计增速仅为7.8%（图13-1）。消费者价格指数（CPI）和生产者价格指数（PPI）也继续下降。2012年6月CPI同比增速仅为2.2%，是29个月以来的最低水平①，扣除食品和能源的CPI上涨1.3%；PPI增速则连续11个月出现下降，由2011年7月的7.5%，一路下降到2012年6月的-2.1%，从环比变化来看，6月份CPI下降0.6%，扣除食品和能源的CPI上涨0.1%；PPI下降0.7%（图13-2）②。

二、固定资产投资增速放缓，工业增加值及利润率双双下滑

尽管货币政策自2012年2月起转向宽松，但产能过剩、外部需求低迷以及对房地产行业的调控，减缓了固定资产投资的增速，工业企业增加值及利润率呈双双下滑的态势。2012年上半年，资本形成总额对GDP增长

① 2012年7月进一步降至1.8%。

② 自2012年5月以来，美国中西部产粮地区的大旱天气将可能推高2012年下半年乃至2013年全球粮食价格，输入型通胀的压力依然存在。

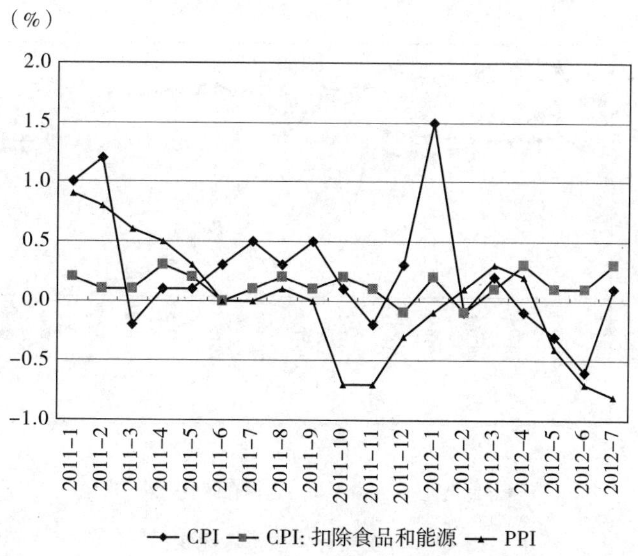

图 13-2　主要价格指数环比变化率

资料来源：CEIC。

的贡献率为 49.4%，与 2010 年和 2011 年上半年相比，分别下降了 9.7 和 3.8 个百分点；其对 GDP 增长的拉动率仅为 3.9%，分别比 2010 年和 2011 年上半年降低了 2.6 和 1.2 个百分点。2012 年上半年，固定资产投资完成额累计增长 20.4%，增速同比下降 5.2 个百分点。在新增固定资产投资中，2012 年上半年中央项目的投资依旧低迷①，地方项目的投资增速虽有所回落，但是同比增长了 22.1%，成为上半年拉动固定资产投资扩张的主要动力。分行业看，2012 年上半年制造业投资累计增速为 24.5%，同比下降 7.9 个百分点；房地产业的投资累计增速为 22.1%，同比下滑 9.8 个百分点；交通运输、仓储及邮政业的投资累计增速为-2.0%，同比下降近 18.3 个百分点（图 13-3）。可以看出，实体经济的投资增速处于全面下滑状态。从投资主体看，2012 年上半年国有及国有控股企业累计投资增速为 13.8%，同比下降 0.8 个百分点；港澳台商投资企业投资增速为 11.2%，同比下降 13.7 个百分点；外商投资企业投资增速为 13.9%，同比下降 3.7 个百分点。

① 随着一些大型基建项目的开工复工，尤其是铁路基础设施建设的重启，自 2012 年 4 月起，中央项目的投资在不断提速。

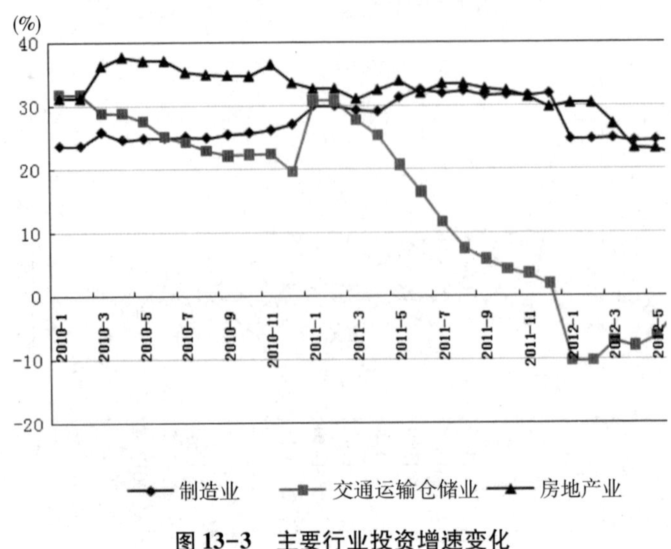

图13-3 主要行业投资增速变化

资料来源：CEIC。

在工业生产方面，规模以上工业增加值及工业企业利润增长率双双下滑，工业用电量等指标也出现了较大降幅。至2012年6月份，工业增加值累计增速为10.5%，同比下降了3.8个百分点，呈现逐月下降的趋势。2012年上半年，第二产业增加值增长8.3%，增速分别比2010年和2011年同期下降了5和2.6个百分点。2012年上半年，工业企业利润累计增速为-2.2%，同比大幅下降了30.5个百分点；从企业类别看，除私营企业实现了一个较低的利润正增长外，外商及港澳台企业以及国有及国有控股企业的利润均为负增长。此外，工业用电量上半年累计同比增长3.7%，增速较上年同期大幅下降8个百分点；货物周转量累计增长10.1%，增速同比降低4.3个百分点。制造业采购经理指数（PMI）则经历了过山车式的增长变化，在3月份受宽松的货币政策导向刺激突然上升后，4月份小幅回落，5月份则急剧下降至荣枯线附近，6月份进一步下降到50.2①。其中，新订单的PMI在5月份就下降到49.8，6月份更下滑到49.2（图13-4）。表明2012年上半年工业经济处于相对低迷的状态。

① 2012年8月2日公布的数据显示，7月份的PMI进一步下降至50.1。

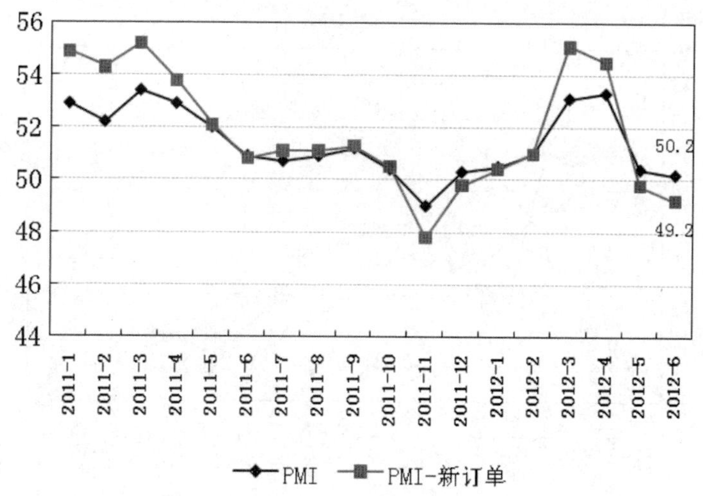

图 13-4 制造业采购经理指数的变化情况

资料来源：CEIC。

三、进出口增速双双下滑，居民消费平稳增长

受主要贸易伙伴经济增长疲软的影响，2012 年上半年中国出口累计同比增长 9.2%；由于大宗商品价格走低，进口累计同比增长 6.7%，进出口贸易总额累计增长了 8%。2012 年上半年贸易顺差规模达到 689.2 亿美元，较去年同期增加了 248.5 亿美元；其中，一般贸易逆差有所减少，加工贸易顺差有所扩大。经季节性调整后，2012 年前 7 个月进出口增速均大幅低于上年同期水平。6 月份出口同比增长 13.9%，进口同比增长 10.6%，进出口总额增长 12.4%（图 13-5）；从环比看，6 月出口增长 4.3%，进口增长-0.6%，进出口增长 2%①。2012 年上半年，货物和服务净出口拉动 GDP 增长-0.6 个百分点，贡献率为-7.1%。

2012 年上半年，中国城镇居民人均可支配收入 12508.5 元，实际增长 9.7%；农村人均现金收入 4283.4 元，实际增长 12.4%。由于居民收入的较快增长、物价水平回落以及结构性减税政策等因素，社会消费品零售总额基本保持了稳定增长态势。2012 年上半年社会消费品零售总额增长

① 经季节性调整后，2012 年 7 月出口增长 1.6%，进口增长 1.2%，进出口总额增长 1.4%；从环比看，2012 年 7 月出口增长-4.2%，进口增长-5.8%，进出口增长-4.9%。

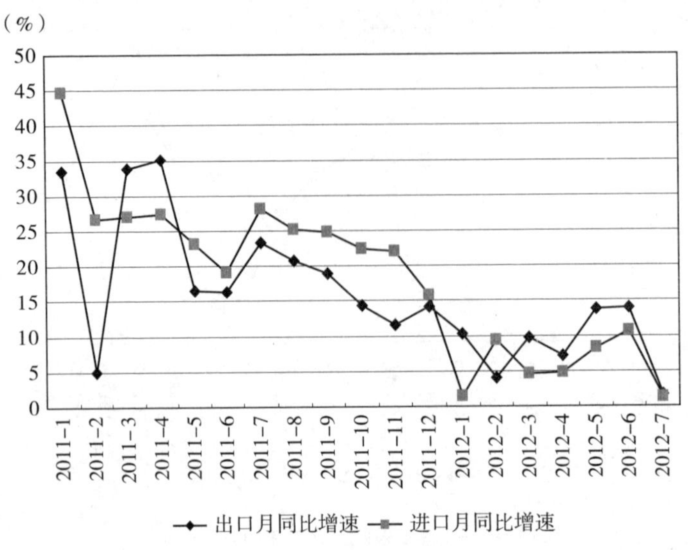

图 13-5　季节性调整后的进出口月同比增速

资料来源：CEIC。

14.4%，同比小幅下降 2.4 个百分点。2012 年上半年最终消费支出拉动 GDP 增长 4.5 个百分点，贡献率提高到 57.7%；贡献率分别比 2010 年和 2011 年同期高出 22.6 和 10.2 个百分点。在一定程度上提升了最终消费对经济增长的促进作用。

四、货币政策效应有限，财政政策力度待加强

为应对 2012 年上半年全球经济增长放缓的不利影响，中国货币政策开始转向宽松。截至 7 月底，中央银行已两次降低了存款准备金率、两次降低了贷款基准利率①。在货币供应方面，除 M1 仍然保持低位徘徊外，M0 和 M2 均出现较大幅度回升。其中，上半年 M2 增速恢复到 13.6%，同比下降了 2.3 个百分点。渐趋宽松的货币政策也开始提高金融机构的信贷规模增速。至 6 月底，累计新增贷款 4.85 万亿元，同比增长了 6850.5 亿元。然而，从贷款结构看，2012 年上半年短期与票据融资贷款为 3.14 万亿元，中长期贷款仅为 1.57 万亿元，两者之比由去年同期的 0.78 快速上升至

① 存款准备金率由 2011 年底的 20.5%调整到 19.5%，调整时间分别在 2 月和 5 月；1 年期的贷款利率则是在 6 月、7 月连续两次下调，调整幅度分别为 0.25 和 0.31 个百分点。

1.99（图 13-6）。这意味着当前的新增贷款可能更多是企业利用低利率来弥补自身的流动资金不足，或是用于短期投资，并非用于长期投资、扩大生产规模、引进设备等。这不仅反映了企业对未来经济前景不乐观，而且还意味着在当前产能过剩的背景下，通过数量手段（如减低存款准备金率）以扩大流动性的措施，不能有效刺激对实体经济的投资，相反却可能会刺激短期投机性资金需求扩张，从而引发资产价格反弹。

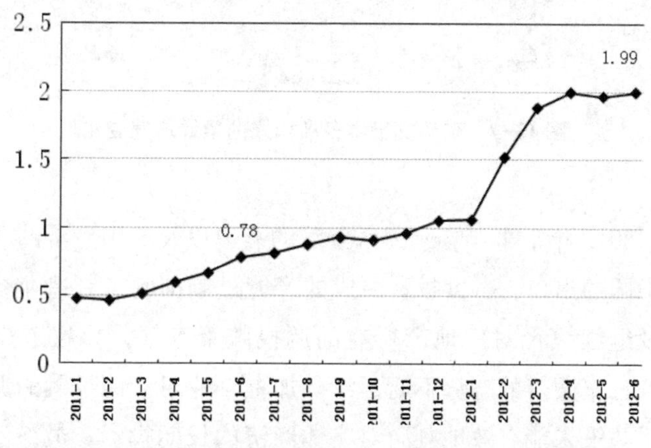

图 13-6　新增贷款中短期贷款与中长期贷款之比数

资料来源：CEIC。

财政政策方面，2012 年上半年财政收入增长 12.2%，增速同比大幅度降低了 19 个百分点。财政收入增速下滑的主要原因在于上半年工业企业利润的大幅度下降，从而导致企业所得税和增值税的增速明显滑落。上半年财政支出增长 21.3%，明显高于同期财政收入的增长速度。从支出结构上看，交通运输支出是财政支出构成中增长最快的一项，到 6 月份同比增长了 44.1%；占支出比重最大的科教文卫支出在上半年也保持了较快增长，增速为 24.6%，但是同比下降了 6.6 个百分点；社会保障和就业支出的增速明显放缓，仅增长 14.4%，同比下降了 26.1 个百分点；一般公共服务支出、农林水事务支出以及环境保护支出的增速分别为 18.6%、23.7% 和 26.3%，同比分别下降了 5.2、15.1 和 9.6 个百分点（图 13-7）。这表明，交通基础设施方面的支出在 2012 年上半年增速较快，民生领域的支出增速则出现不同程度的放缓。

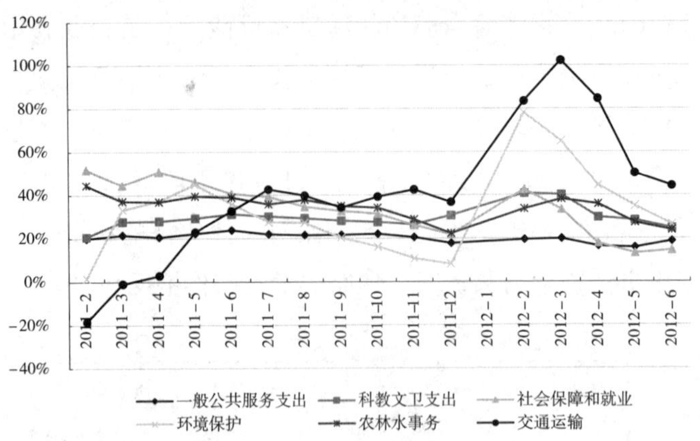

图 13-7　财政支出中各项构成的累计增速变化

资料来源：CEIC。

综上，2012 年上半年，欧元区经济的衰退以及美国经济的缓慢复苏直接抑制了中国的出口，过度投资造成的产能过剩抑制了制造业企业投资的增长，以及继续执行对房地产行业的调控政策等等，导致了投资增速下滑，经济增长率回落的态势不断延续。加上企业对产能过剩的调整，转向宽松的货币政策未能有效地刺激对实体经济的长期投资。最终消费对经济增长的贡献虽然因收入提高而有所上升，但是依然难以抵消投资与进出口的下降对经济增长的负面作用，以实现稳定增长。因此，通过适度扩张的宏观调控稳定增长，为进一步的深化改革与结构调整创造条件，已成为当前宏观经济值得关注的问题。

第二节　2012—2013 年中国宏观经济预测

一、模型外生变量的假设

（一）美国及欧元区的经济增长率

外部市场的不确定性依然是 2012—2013 年中国经济面临的主要风险之一。2012 年上半年欧元区经济进一步衰退，虽然一季度增长了 0.06%

（季节性调整后的环比折年率），但二季度经济减速了 0.8%。2012 年欧元区的经济前景依然黯淡。IMF2012 年 7 月预测欧元区 2012 年经济增长率为-0.3%。另一方面，美国经济伴随着失业率的缓慢下降，其增长逐步复苏；但是，房地产市场的低迷以及“财政悬崖”等问题将减缓美国经济复苏的步伐。IMF 预计 2012 年美国经济可能增长 2.0%。2013 年全球经济将有所好转，IMF 预计欧元区经济将增长 0.7%，美国经济将增长 2.3%。以此为前提，本课题组假定，下半年，基于乐观判断，欧元区经济增长将有所恢复，美国经济将持续缓慢复苏。其中，2012 年三季度，欧元区 17 国经济增长还将收缩，增速为-0.4%，到四季度有可能恢复为 0.4%的正增长（图 13-8）。

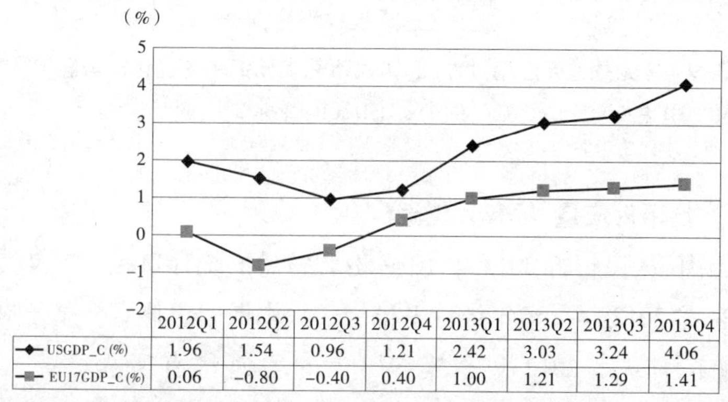

	2012Q1	2012Q2	2012Q3	2012Q4	2013Q1	2013Q2	2013Q3	2013Q4
USGDP_C (%)	1.96	1.54	0.96	1.21	2.42	3.03	3.24	4.06
EU17GDP_C (%)	0.06	−0.80	−0.40	0.40	1.00	1.21	1.29	1.41

图 13-8　美国与欧元区经济增长率（季节性调整后的环比折年率）的变化趋势假定

注：EU17GDP_C 表示欧元区 GDP 增速；USGDP_C 表示美国 GDP 增速。

资料来源：本课题组假定。

（二）主要汇率水平

根据上述对欧元区经济前景的预测，预计 2012 年下半年欧元区的经济减速将持续削弱欧元币值，至第四季度末，欧元兑美元的汇率可能跌至 1∶1.15 的水平；2013 年随着经济走势趋于平稳，全年欧元兑美元的汇率可以维持在 1∶1.11 的水平。在人民币汇率方面，人民币长期升值的趋势仍难以根本改变，但是短期内人民币双向浮动的可能性更大。受全球经济前景不确定的影响，中国出口增速将放缓，贸易顺差继续收窄，资本流入减缓。这些因素都将减轻人民币升值压力，人民币升值的速度也将有所放缓。预计至 2012 年年末，人民币对美元将继续贬值至 1 美元可兑换人民币 6.34 元，2013 年后恢复升值趋势，至年末可能达到 1 美元兑换人民币

6.28 元（图 13-9）。

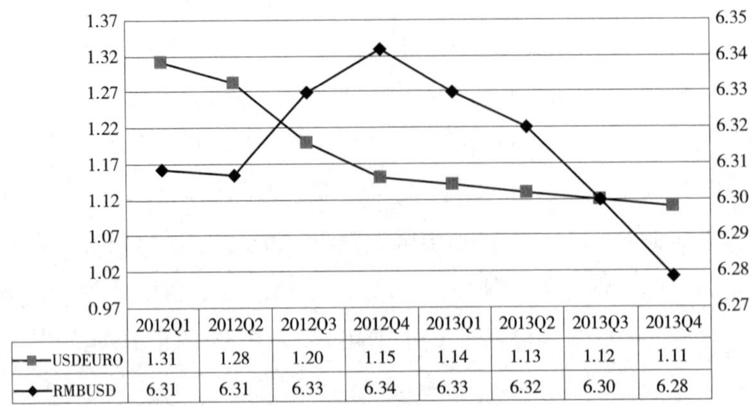

图 13-9　美元兑欧元汇率（左）、人民币兑美元汇率的变化趋势假定（右）

注：RMBUSD 表示人民币/美元（右轴）；USDEURO 表示美元/欧元（左轴）。

资料来源：本课题组假定。

（三）货币供应量（M2）增速

按照中国人民银行 2011 年 10 月份调整后的统计口径，广义货币供应量（M2）在 2012 年上半年维持平稳增长。本课题组假定，基于应对经济增长减速的需要，2012 年下半年 M2 的增速将有所提高：三季度为 13.8%，四季度进一步提高到 14.2%。2013 年基本维持 14.3%的增速（图 13-10）。

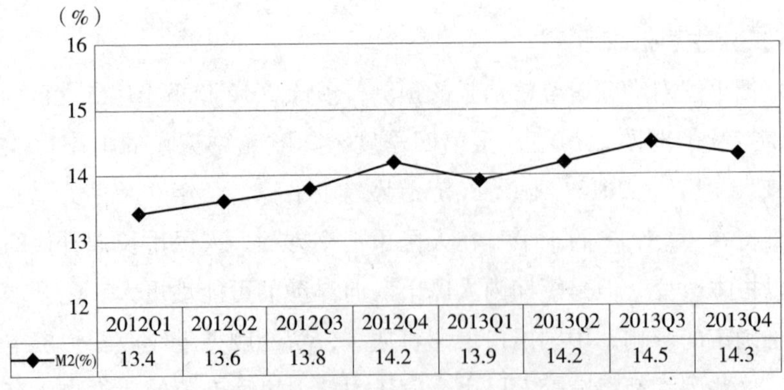

图 13-10　货币供应量（M2）的变化趋势假定

资料来源：本课题组假定。

（四）1年期贷款利率

假定央行在2012年四季度还将降息一次，使1年期人民币贷款基准利率达到5.75%；2013年则维持该利率水平不变（图13-11）。

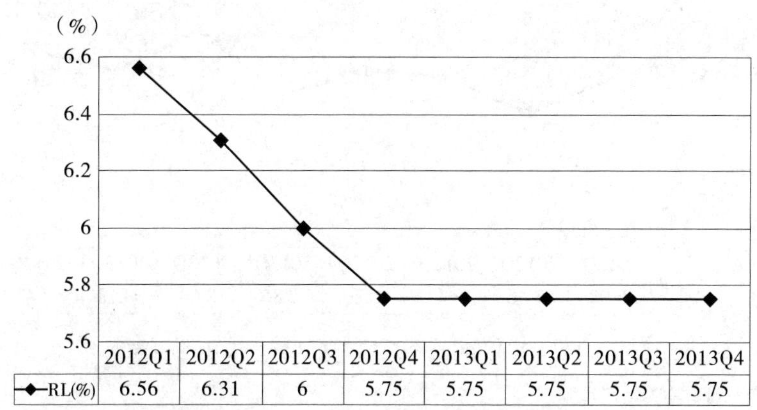

	2012Q1	2012Q2	2012Q3	2012Q4	2013Q1	2013Q2	2013Q3	2013Q4
RL(%)	6.56	6.31	6	5.75	5.75	5.75	5.75	5.75

图13-11　1年期贷款利率的变化趋势假定

资料来源：本课题组假定。

二、2012—2013年中国宏观经济主要指标预测

（一）GDP增长率预测

在上述外生变量的假定下，基于中国季度宏观经济模型（CQMM）的预测结果表明：2012年，由于欧元区经济减速等国内外原因的作用，可能导致中国GDP增速下滑至8.01%，同比下降1.29个百分点。但是到了2013年，GDP增长率将回升至8.29%。从季度同比增长率看（图13-12），2012年三季度GDP可能增长8.11%，第四季度预计回升至8.20%。[①] 模型预测表明，2012年下半年即使遭遇欧元区经济大幅减速，在美国经济缓慢复苏的背景下，中国宏观经济政策当局仅需通过下半年再次降息及适度扩张的财政政策予以及时应对，并保持M2全年增长14%左右，那么，中国经济仍能保持适度增长，GDP的增速仅会出现小幅下滑。

（二）主要价格指数预测

模型预测，2012年，由于外部市场需求减弱及国内经济增速趋缓等原

① 所有预测结果都是根据季节性调整之后的数值计算的。

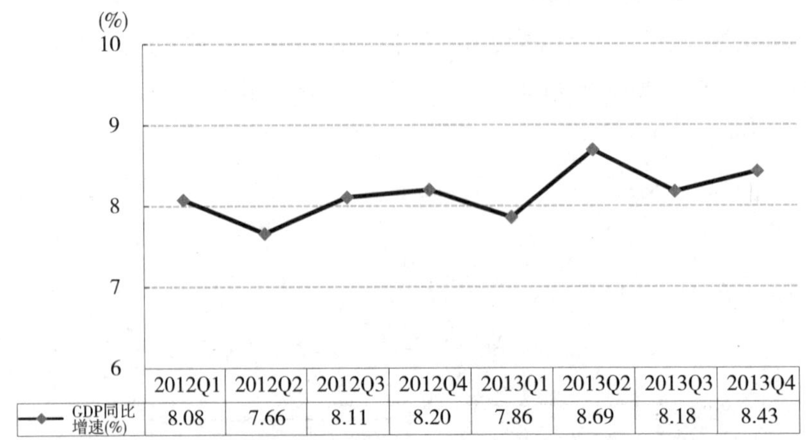

	2012Q1	2012Q2	2012Q3	2012Q4	2013Q1	2013Q2	2013Q3	2013Q4
GDP同比增速(%)	8.08	7.66	8.11	8.20	7.86	8.69	8.18	8.43

图 13-12　GDP 季度增长率预测（季度同比增长率）

资料来源：本课题组计算。

因，中国通货膨胀的压力将大幅度减轻。预计 2012 年全年 CPI 将上涨 2.9%，涨幅同比下降 2.52 个百分点；到 2013 年，CPI 涨幅可能回升到 3.27%。分季度看（图 13-13），CPI 涨幅至 2012 年三季度可能下降至最低点 2.24%，之后逐步回升，直至 2013 年四季度的 3.90%。

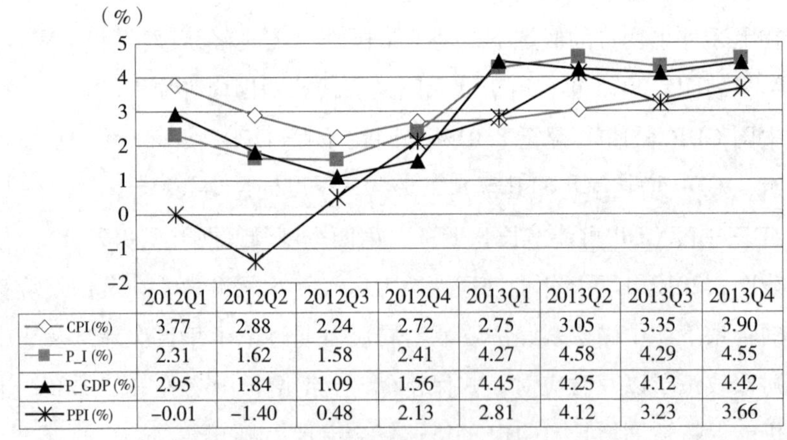

	2012Q1	2012Q2	2012Q3	2012Q4	2013Q1	2013Q2	2013Q3	2013Q4
CPI(%)	3.77	2.88	2.24	2.72	2.75	3.05	3.35	3.90
P_I (%)	2.31	1.62	1.58	2.41	4.27	4.58	4.29	4.55
P_GDP (%)	2.95	1.84	1.09	1.56	4.45	4.25	4.12	4.42
PPI (%)	−0.01	−1.40	0.48	2.13	2.81	4.12	3.23	3.66

图 13-13　价格指数预测（季度同比增长率）

注：CPI 表示居民消费价格指数；P_I 表示固定资产投资价格指数；P_GDP 表示 GDP 平减指数；PPI 表示生产者价格指数。

资料来源：本课题组计算。

生产者价格指数（PPI）在未来两年内也将呈现先降后升的态势。2012 年 PPI 涨幅将下降至 0.3%，2013 年可能上升至 3.45%。分季度看（图 13-13），PPI 涨幅于 2012 年三季度将可能上涨到 0.48%，之后小幅波动持续上升至 2013 年四季度的 3.66%。

2012 年固定资产投资价格指数（P_I）增速预计为 1.98%，同比下降 4.57 个百分点；2013 年 P_I 增速可能上升至 3.27% 的水平。分季度看，P_I的同比增速呈先下降后上升的态势，从 2012 年一季度的 2.31% 下降至三季度的 1.58%，而后开始回升，四季度将达到 2.41%。至 2013 年四季度，可能达到新的高点 4.55%（图 13-13）。

2012 年 GDP 平减指数（P_GDP）增速将同比下降 5.7 个百分点，达到 1.85%；2013 年可能提高至 4.31%。分季度看，增速将从 2012 年一季度的 2.95% 降至三季度的 1.09%，四季度维持在 1.56%；进入 2013 年，GDP 平减指数增速开始提高，到四季度将达到 4.42% 左右的水平（图 13-13）。

总体而言，在欧元区不会分裂而且中东局势不会演变成石油危机的前提下，2012 年中国经济不会快速减速，进一步降息引发通货膨胀反弹的可能性很低。

（三）其他主要宏观经济指标增长率预测

1. 进出口及外汇储备增长率预测

模型预测，2012 年欧元区经济减速将再次冲击中国的进出口。其中，2012 年以美元、按现价计算的出口总额预计能增长 10.82%，增速同比将下降 9.77 个百分点；进口总额增速可能下滑至 5.76%，同比下降 19.21 个百分点（表 13-1）。分季度看，出口增速在 2012 年三季度有望维持在 11.55%，四季度上升至 13.95%；进口增速在 2012 年三季度可能降至 6.63%，四季度进一步降至 3.08%。由于进口增速下降的幅度大大超过出口增速的下降，贸易顺差因此扩大，2012 年外汇储备预计依然可以增长 3.98%，但是增速同比将下降 17.45 个百分点（图 13-14）。至 2013 年，随着外部市场恢复稳定，中国进出口增速将有所恢复。以美元、按现价计算的出口增速，2013 年预计将达到 15.93%；进口增速预计将达到 10.88%。外汇储备在 2013 年将可能增长 10.75%（表 13-1）。

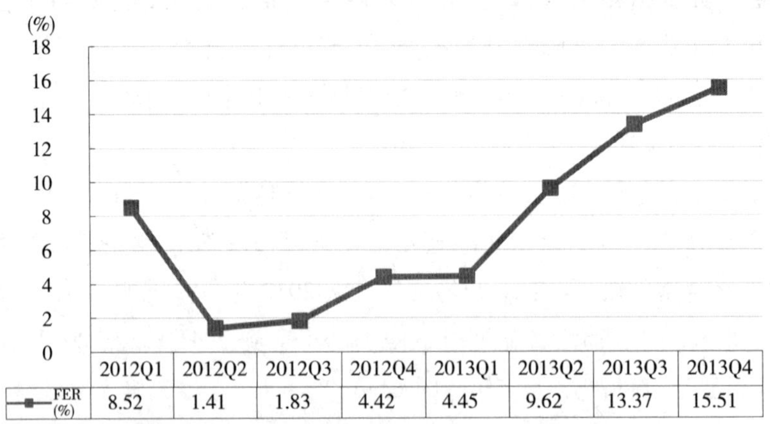

图 13-14 外汇储备增长率预测（季度同比增长率）

资料来源：本课题组计算。

表 13-1 2012—2013 年中国进出口及外汇储备增长率预测

（单位:%）

时间	出口				进口				外汇储备
	不变价（亿元）	现价（亿美元）	一般贸易 现价（亿美元）	加工贸易 现价（亿美元）	不变价（亿元）	现价（亿美元）	一般贸易 现价（亿美元）	加工贸易 现价（亿美元）	现价（亿美元）
2012年	8.45	10.8	10.83	8.71	6.24	5.76	4.74	3.75	3.98
第一季度	2.57	7.50	7.93	5.49	2.74	6.66	8.19	0.42	8.52
第二季度	6.43	10.10	11.28	6.56	7.57	6.85	7.97	0.61	1.41
第三季度	10.29	11.55	11.22	10.03	8.05	6.63	4.81	7.00	1.83
第四季度	14.53	13.95	12.66	12.78	6.63	3.08	-1.15	7.05	4.42
2013年	14.51	15.93	16.50	15.11	12.41	10.88	11.12	13.23	10.75
第一季度	15.30	15.66	18.27	11.75	10.55	5.70	6.12	8.68	4.45
第二季度	13.92	14.17	13.70	14.70	13.03	11.12	10.75	15.41	9.62
第三季度	13.54	15.44	14.90	16.12	13.23	11.95	12.19	13.88	13.37
第四季度	15.31	18.34	19.19	17.67	12.75	14.57	15.17	14.86	15.51

资料来源：本课题组计算。

2. 固定资产投资增长率预测

模型预测（图 13-15），2012 年，在外部需求减弱的情况下，适度扩张的财政货币政策还将保持投资的较快增长，但是，投资需求的扩张速度将显著减弱。按不变价计算的固定资本形成总额增速预计为 8. 97%，同比下降 1. 81 个百分点；按现价计算的城镇固定资产投资增速预计为 20. 4%，同比下降 5. 41 个百分点。2013 年，投资需求将随着经济增速的提高而有所增强。按不变价计算的固定资本形成总额增速预计为 9. 05%；按现价计算的城镇固定资产投资增速预计为 18. 34%。

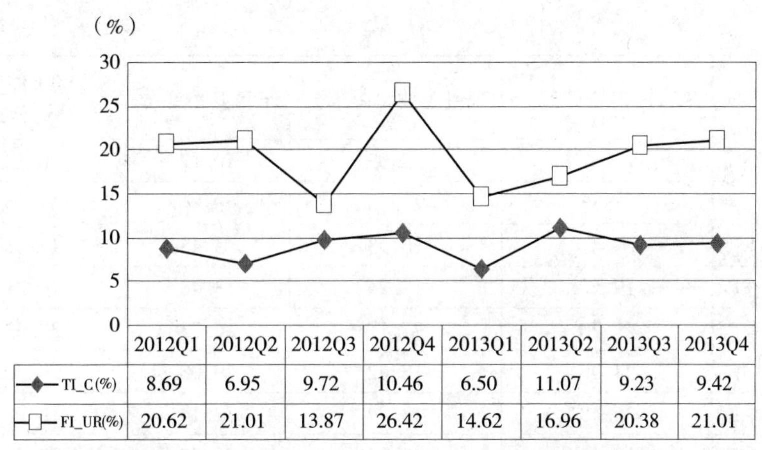

	2012Q1	2012Q2	2012Q3	2012Q4	2013Q1	2013Q2	2013Q3	2013Q4
TI_C(%)	8.69	6.95	9.72	10.46	6.50	11.07	9.23	9.42
FI_UR(%)	20.62	21.01	13.87	26.42	14.62	16.96	20.38	21.01

图 13-15　固定资本形成总额增速预测（季度同比增长率）

注：TI_C 表示固定资本形成总额（不变价）增速；FI_UR 表示城镇固定资产投资（现价）增速。

资料来源：本课题组计算。

分季度来看，按不变价计算的固定资本形成总额的同比增速在 2012 年二季度降到最低点 6. 95%，三季度将回升至 9. 72%，四季度进一步提高至 10. 46%；2013 年由于基数的缘故，增速将前低后高。按现价计算的城镇固定资产投资增速在 2012 年三季度将出现最低水平 13. 87%，四季度将回升至 26. 42%；2013 年各季度则可能呈现出“先低后高”的态势[①]。

此外，模型预测显示：2012 年全社会固定资产投资总额增速可能达到 20. 13%，同比将下降 2. 51 个百分点；2013 年将大体持平，保持在 20. 6% 的水平。按投资资金来源分类看，受货币政策的影响，2012 年来源于国内

① 两者变动趋势不一致，是因为投资价格指数在 2012 下半年较低，而 2013 下半年较高。当 2013 年三季度现价的城镇固定资产投资额上升时，可比价固定资本形成额仍可能出现下降。

信贷的投资资金增速可能比2011年上升16.35个百分点，达到17.67%；由于经济活动减速，来源于企业自筹的投资资金增速将降为23.02%，同比下降9.5个百分点；其他资金来源的投资资金增速为10.12%，同比下降2.2个百分点。到2013年，来源于国内贷款和其他部分的投资资金增速都可能有较大幅度的回升（表13-2）。

表13-2　2012—2013年固定资产投资增长率（按资金来源分）预测

（单位:%）

时　间	来自国内贷款部分	来自企业自筹部分	来自其他部分	全社会固定资产投资总额
2012年	17.67	23.02	10.12	20.13
第一季度	5.83	25.98	-3.84	17.35
第二季度	6.47	20.93	5.48	17.01
第三季度	19.52	18.24	13.48	16.21
第四季度	41.70	27.17	26.73	30.03
2013年	24.96	18.62	29.08	20.60
第一季度	25.48	13.77	32.14	18.98
第二季度	28.22	19.86	30.30	20.74
第三季度	25.04	19.15	28.59	20.92
第四季度	21.65	21.32	25.92	21.57

注：固定资产投资中源于其他部分指全社会固定资产投资总额扣除贷款、自筹、预算以及外商投资部分后的剩余部分。

资料来源：本课题组计算。

3. 消费增长率预测

模型预测显示，2012年按不变价计算的居民消费总额预计将增长8.27%，增速同比下降0.88个百分点；预计2013年增速将下降到7.18%。2012年按现价计算的社会消费品零售总额将增长13.75%，增速同比下降5.19个百分点；2013年预计增速将上升至18.05%。

分季度看，居民消费总额（不变价）增速在2012年三季度同比将增长9.26%，四季度降至2.87%；[①] 2013年各季度增速变化相对平缓，可能

① 2012年四季度的增长率偏低，是由于上年基数较高所致。

维持在 6.7%左右。社会消费品零售总额（现价）在 2012 年三季度增速将为 14.79%，四季度下降到 11.6%，此后持续上升到 2013 年四季度的 17.41%（图 13-16）。

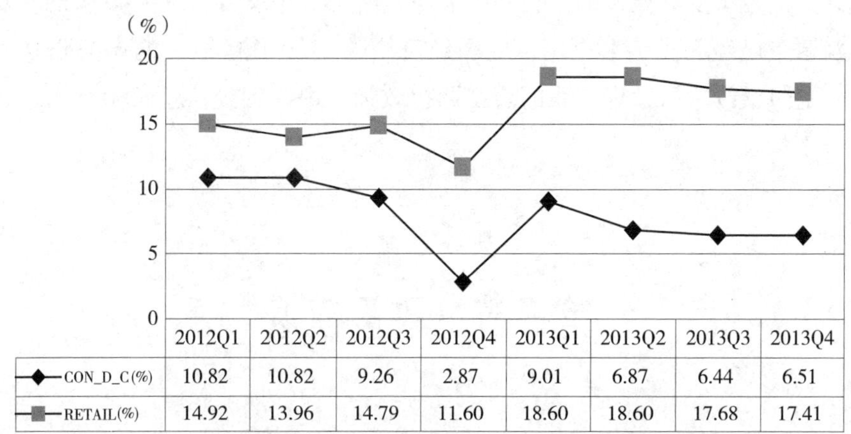

	2012Q1	2012Q2	2012Q3	2012Q4	2013Q1	2013Q2	2013Q3	2013Q4
CON_D_C(%)	10.82	10.82	9.26	2.87	9.01	6.87	6.44	6.51
RETAIL(%)	14.92	13.96	14.79	11.60	18.60	18.60	17.68	17.41

图 13-16　消费增速预测（季度同比增长率）

注：CON_D_C 表示居民消费总额（不变价）增速；RETAIL 表示社会消费品零售总额（现价）增速。

资料来源：本课题组计算。

综上，模型预测表明：

第一，2012 年下半年，由于欧元区经济继续低迷，中国的进出口增速有可能再次大幅度下滑，对中国经济增长产生下行压力。但是，我们认为，中国宏观经济当局如果在下半年再次降息 0.25 个百分点并保持 M2 全年增长 14%左右，同时辅之以适度扩张的财政政策，2012 年的中国 GDP 增速仍可维持在 8.01%左右的水平，CPI 涨幅将回落至 2.9%的较低水平。2013 年的经济增长率将回升到 8.29%，CPI 涨幅因此将有所上升，达到 3.27%。

第二，在外部需求减弱的情况下，2012 年的投资需求扩张速度虽然显著减弱，但在货币政策有所松动的刺激下还将保持较快增长；居民消费需求缓慢增长的态势仍然难以发生重大改变。但是，相对投资的大起大落而言，最终消费的波动较小，而且近 5 年来，中国的居民消费已经开始出现了对 GDP 边际增长率回升的态势。在经济增长率下探至 8%左右，最终消费的相对稳定性在构筑中国经济增长率底部平台的作用开始逐渐显现。这预示着，通过结构调整、改善民生，最终消费的扩大以及因此而产生的投资增长将为稳定中国次高增长阶段的增长发挥更为重要的作用。

因此，本课题组认为：2012 年，中国经济尽管遭遇欧元区经济大幅减速，美国经济复苏缓慢的不利外部形势，但是，2012 年上半年以来的宏观经济政策已经逐步产生作用，中国经济增长“缓中趋稳”的态势正在确立。通过继续采取适度扩张的宏观调控政策，中国的经济增长不会出现大幅度下滑。

第三节　政策模拟

2008 年国际金融危机爆发以来，中国政府迅速采取了强有力的反危机政策。“四万亿元”投资刺激计划使中国经济在短期内止跌反弹，但是，由于欧美经济复苏一波三折，中国经济从 2010 年第一季度起，开始再次进入下行通道，经济连续 10 个季度下滑（图 13-1）。2012 年二季度累计同比经济增长率更是跌破了 8%，创下了 7.8%的新低。展望未来，近期内，世界经济前景仍然扑朔迷离。欧盟经济不确定性提高，美国经济复苏缓慢。如果欧盟经济陷入进一步衰退，美国经济复苏的步伐也将因此受到拖累。世界经济局势如果进一步恶化，中国经济增速是否因此将进一步大幅度下滑，甚至进入螺旋形下滑轨道？有感于经济前景难以乐观，国内各界尤其是地方政府关于再度启动大规模投资刺激政策的呼声不绝于耳。

但是，在决定是否再度启动大规模投资刺激政策时，有两个问题需要做出研判：

一是如果欧元区经济出现更严重衰退，并拖累美国经济复苏步伐，外部经济因此进一步恶化，其对中国经济的负面影响究竟有多大？因此产生的经济下滑将到何种程度，它是否仍在中国经济发展可以承受的范围之内？

二是再度启动大规模投资刺激政策，将对中国经济发展造成何种影响?

基于这一考虑，本课题组在此次预测中对上述两种情况进行了模拟。

一、欧元区经济出现更严重衰退

从中国进出口地区构成看，2011 年中国对美国及欧洲的出口占总出口的比重虽然略有下降，但是依然占据半壁江山。欧元区主权债务危机的升级，危机后失业率高居不下以及财政紧缩的要求，都可能使希腊这样的国家退出欧元区，使危机从欧元区外围向中心扩散，导致欧元区整体进一步陷入衰退，从而拖累美国经济复苏的步伐。世界经济如果因此进一步恶化，将对中国经济增长产生怎样的影响?

本课题组假定欧债危机发酵升级，2012 年下半年欧元区经济进一步减速，全年欧元区经济将收缩 1%，比基准模型中的假定下降 0.7 个百分点；2013 年进一步减速 3%，比基准模型中的假定下降 3.7 个百分点。受此影响，2012 年美国经济增速下滑至 1.0%，比基准模型中的假定下降 1 个百分点；2013 年仅能增长 0.6%，比基准模型中的假定下降 1.7 个百分点。同时，欧元对美元进一步贬值，2012 年底 1 欧元可兑换 1.11 美元，2013 年底维持在 1 欧元兑换 1.05 美元的水平。此外，人民币对美元的汇率以及货币政策的实施依然维持基准模型中的假定。

表 13-3　欧元区经济进一步衰退对中国经济的影响（经季节性调整后）

（单位:%）

	国内生产总值(GDP)	国内消费总额(可比价)	固定资本形成总额(可比价)	出口总额(按美元现价)	进口总额(按美元现价)	居民消费价格指数(CPI)	固定资产投资价格指数(P_GDP)	GDP 平减指数(P_I)
2012Q1	8.08	10.82	8.69	7.50	6.66	3.77	2.31	2.95
2012Q2	7.66	10.82	6.95	10.10	6.85	2.88	1.62	1.84
2012Q3	7.48	9.23	9.84	3.41	3.19	1.95	1.30	0.97
2012Q4	7.63	2.84	10.84	4.80	−0.56	2.19	1.83	1.18
2013Q1	6.99	8.97	7.15	1.89	0.41	1.83	3.27	3.78
2013Q2	7.65	6.83	12.14	−2.89	4.32	1.70	3.10	3.21

续表

	国内生产总值（GDP）	国内消费总额（可比价）	固定资本形成总额（可比价）	出口总额（按美元现价）	进口总额（按美元现价）	居民消费价格指数（CPI）	固定资产投资价格指数（P_GDP）	GDP 平减指数（P_I）
2013Q3	7. 55	6. 43	10. 62	2. 92	8. 31	1. 76	2. 53	2. 79
2013Q4	7. 78	6. 55	11. 02	4. 00	10. 21	2. 06	2. 55	2. 91
2012 年	7. 71	8. 26	9. 10	6. 42	3. 94	2. 69	1. 76	1. 72
与基准预测的差距	-0. 31	-0. 01	0. 13	-4. 39	-1. 82	-0. 21	-0. 22	-0. 13
2013 年	7. 50	7. 17	10. 24	1. 43	5. 81	1. 84	2. 86	3. 17
与基准预测的差距	-0. 79	-0. 01	1. 19	-14. 50	-5. 07	-1. 43	-1. 57	-1. 14

资料来源：本课题组计算。

基于 CQMM 的模拟结果如表 13-3 所示，数据表明：

第一，欧元区危机的加剧将导致中国进出口增速进一步大幅度下滑。2012 年中国出口（按美元、现价计算）仅能增长 6. 42%，与基准预测的结果相比，将下降 4. 39 个百分点；2013 年出口增速可能降至 1. 43%，比基准预测值下降 14. 5 个百分点。2012 年进口增速也将降至 3. 94%，2013 年进一步下降至 5. 81%。净出口总额 2012 年仅能增长 4. 33%，2013 年将可能为负增长，但依然保持顺差。

第二，出口增速的下滑将进一步压低中国经济的增速。在这种情况下，2012 年 GDP 因此仅能增长 7. 71%，2013 年进一步下降至 7. 5%，分别比基准预测值下降 0. 31 和 0. 79 个百分点。

第三，欧元区经济衰退的深化将进一步压低中国的通胀水平。在这种情况下，2012 年 CPI 涨幅将为 2. 69%，2013 年进一步下降为 1. 84%；2012 年固定资产投资价格指数涨幅将降至 1. 76%，2013 年为 2. 86%；GDP 平减指数涨幅也将分别降至 1. 72%和 3. 17%。与基准预测结果相比，上述价格指数均呈现大幅下降。

第四，固定资产投资价格指数的大幅下滑对投资需求形成一定支撑。由于需求萎缩，固定资产投资价格大幅度下滑，降低了投资成本，投资需求因此反而会在一定程度上有所上升。2012 年固定资本形成总额可增长 9.1%，2013 年增长 10.24%，分别比基准预测的结果提高 0.13 和 1.19 个百分点。这在一定程度上抵消了外部市场需求萎缩的影响，有利于 GDP 增速的稳定。

总之，CQMM 的模拟结果显示：即使外部经济情况继续恶化，中国经济增速进一步下滑的幅度是有限的，其主要原因是：

第一，居民消费具有相对稳定性。当经济增长率下滑到一定程度之后，相对稳定的居民消费逐渐成为构筑国内需求平台的重要力量，开始发挥经济稳定器的作用。

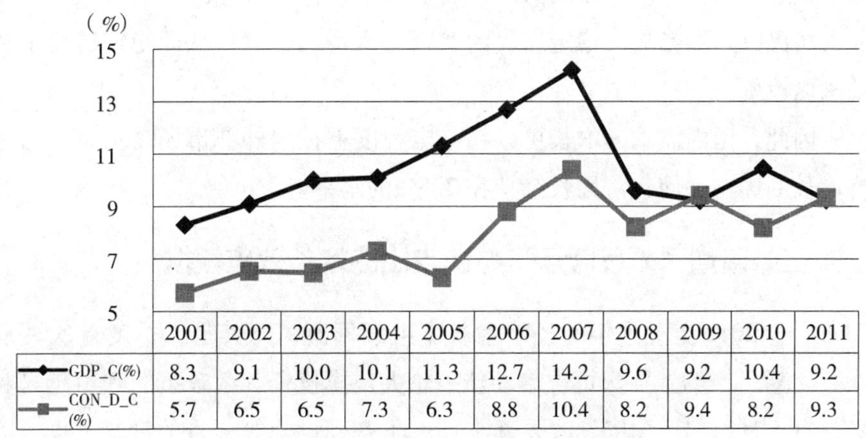

	2001	2002	2003	2004	2005	2006	2007	2008	2009	2010	2011
GDP_C(%)	8.3	9.1	10.0	10.1	11.3	12.7	14.2	9.6	9.2	10.4	9.2
CON_D_C (%)	5.7	6.5	6.5	7.3	6.3	8.8	10.4	8.2	9.4	8.2	9.3

图 13-17　GDP 增速与居民消费增速

资料来源：本课题组计算。

与此同时，由于重视改善居民收入水平，扩大消费对促进经济增长的重要作用，近五年来，居民消费对 GDP 的边际增长率出现了明显上升趋势(图 13-17、表 13-4)，从 2001—2006 年的平均 71.81%上升至 2007—2011 年的 88.15%。尽管居民消费增长率至今仍低于经济增长率，使居民消费占 GDP 的比重仍在下降之中，但是，居民消费对 GDP 的边际增长率回升，不能不说是一个值得关注的可喜变化。当然，这一趋势的稳定及继续发展，有赖于进一步的政策调整与体制变革，有赖于发展方式的转变。

表 13-4　居民消费对 GDP 的边际增长率变化（2001—2011 年）

（单位:%）

	2001	2002	2003	2004	2005	2006	2007	2008	2009	2010	2011
居民消费增长率/GDP 增长率	68. 67	71. 14	65. 00	72. 28	55. 75	69. 29	73. 24	85. 42	102. 17	78. 85	101. 09

资料来源：根据图 13-17 中数据计算。

第二，外部需求萎缩使投资价格下降，投资成本的降低在一定程度上有利于刺激投资需求扩张。

第三，实行适度扩张的财政、货币政策，将降低经济下滑对投资、就业、居民收入的影响，稳定居民的实际收入增长速度，从而稳定居民消费及国内投资。

因此，国内需求的增长可以在一定程度上抵消外部市场需求萎缩对经济增长的影响，使经济增长维持在 7. 5%的水平上。

二、新增“2 万亿元”财政支出的增长效应模拟

由于 2012 年上半年的经济增长率继续回落，尤其是二季度首次“破八”之后，市场上要求再次启动新一轮大规模投资刺激政策的呼声越来越高。自 5 月份起，国家发改委逐步加大了基础设施等项目的批复力度，为实现稳增长，地方政府正在掀起新一轮的投资热潮。地方版的“4 万亿元”大有呼之欲出之势。如果欧盟经济再度衰退并影响美国经济的复苏，中国经济将再度面临外部需求大幅度萎缩的局势，似乎大有理由实施新一轮的大规模投资刺激政策以保增长。然而，实施新一轮的大规模投资刺激政策会对中国 2012 年、2013 年的经济增长以及经济结构产生怎样的后果，无疑是一个值得认真研判的重大问题。因此，本课题组利用 CQMM 模型，模拟出台新一轮的大规模投资刺激政策的宏观经济效应。我们假定本次拟实施的大规模投资刺激政策的规模仅为 2008 年投资扩张规模的一半，即出台“2 万亿元”财政支出扩张政策。

“2 万亿元”财政支出扩张政策的出台必然带动金融体系新增信贷的扩张，从而提高 M2 的增速。在保持上述基准模型对欧美经济、主要汇率以

及贷款利率调整的假定下，本课题组修改了对 M2 增速的假定，模拟由“2万亿元”财政支出扩张政策导致 M2 进一步提高（图 13-18），如 M2 在 2012 年和 2013 年分别增长 16%和 17%，研判其对中国 2012 年和 2013 年经济增长及经济结构变化的影响。

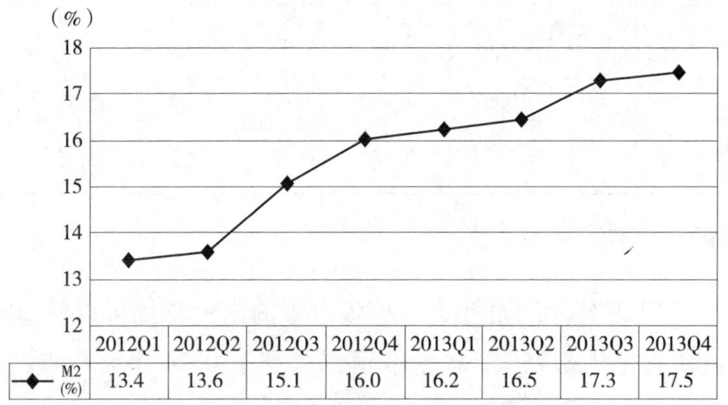

图 13-18　M2 增长率提高的假定

资料来源：本课题组假定。

基于 CQMM 的模拟结果如表 13-4 所示，数据表明：

表 13-4　实施“2 万亿元”财政支出扩张政策对 2012 年和 2013 年宏观经济的影响（经季节性调整后）

（单位:%）

	国内生产总值（GDP）	国内消费总额（可比价）	固定资本形成总额（可比价）	出口总额（按美元现价）	进口总额（按美元现价）	居民消费价格指数（CPI）	固定资产投资价格指数（P_I）	GDP 平减指数（P_GDP）
2012Q1	8. 08	10. 82	8. 69	7. 50	6. 66	3. 77	2. 31	2. 95
2012Q2	7. 66	10. 82	6. 95	10. 10	6. 85	2. 88	1. 62	1. 84
2012Q3	8. 50	9. 27	10. 72	11. 40	6. 83	2. 42	1. 76	1. 17
2012Q4	8. 74	2. 90	11. 87	13. 58	3. 28	3. 15	2. 85	1. 83
2013Q1	8. 47	9. 04	8. 09	15. 04	5. 90	3. 44	5. 03	4. 96
2013Q2	9. 18	6. 88	12. 49	13. 37	11. 23	3. 95	5. 58	4. 97
2013Q3	8. 73	6. 44	10. 85	14. 41	12. 10	4. 47	5. 53	5. 03
2013Q4	9. 03	6. 50	11. 24	17. 03	14. 72	5. 27	6. 05	5. 53

续表

	国内生产总值(GDP)	国内消费总额(可比价)	固定资本形成总额(可比价)	出口总额(按美元现价)	进口总额(按美元现价)	居民消费价格指数(CPI)	固定资产投资价格指数(P_I)	GDP 平减指数(P_GDP)
2012 年	8.25	8.28	9.58	10.69	5.86	3.05	2.14	1.94
与基准预测的差距	0.24	0.01	0.61	-0.13	0.10	0.15	0.16	0.09
2013 年	8.86	7.19	10.67	14.98	11.03	4.29	5.55	5.13
与基准预测的差距	0.56	0.01	1.62	-0.95	0.16	1.02	1.13	0.82

资料来源：本课题组计算。

第一，“2 万亿元”财政支出扩张政策的出台预计可以使 2012 年的 GDP 增长率上升至 8.25%，较基准预测提高了 0.24 个百分点；2013 年 GDP 增长率可进一步上升至 8.86%，较基准预测提高 0.55 个百分点。这意味着以扩张基础设施投资为主的财政支出刺激政策在现阶段虽然能够在一定程度上提高 GDP 的增长率，但是，其作用是相对有限的，仅为 0.24—0.55 个百分点。

第二，实施“2 万亿元”财政支出扩张政策对投资的刺激作用相对大一些。固定资本形成总额 2012 年因此可以增长 9.58%，2013 年为 10.67%，分别比基准预测的结果提高了 0.61 和 1.62 个百分点。

第三，实施“2 万亿元”财政支出扩张政策将在一定程度上带动进口需求的扩张。进口总额（按美元、现价计算）2012 年可以增长 5.86%，2013 年为 11.03%，分别比基准预测的结果提高 0.1 和 0.16 个百分点；但是，出口总额由于受外部市场萎缩的影响，仅分别增长 10.69% 和 14.98%，比基准预测的结果略有下降。

第四，实施“2 万亿元”财政支出扩张政策将显著地拉升通胀水平。2012 年 CPI 将上涨 3.05%，2013 年将上涨 4.29%，分别比基准预测的结果提高 0.15 和 1.02 个百分点。固定资产投资价格指数和 GDP 平减指数也将有所上升。

第五，实施“2 万亿元”财政支出扩张政策将进一步加剧经济结构失衡。与基准模型预测的结果相比，固定资本形成总额占 GDP 的比重 2012 年和 2013 年将分别提高 0.1 和 0.6 个百分点，而居民消费占 GDP 比重将分别下降 0.1 和 0.2 个百分点（表 13-5）①。这说明，尽管与基准预测结果相比，实施“2 万亿元”财政支出刺激政策对结构的影响程度不大，但在趋势上却是进一步加剧了经济结构失衡。

表 13-5　“2 万亿元”财政支出扩张政策对经济结构的影响（可比价计算）

（单位:%）

	模拟			基准		
	居民消费占比	固定资本形成总额占比	净出口占比	居民消费占比	固定资本形成总额占比	净出口占比
2010 年	37.0	43.9	3.8	37.0	43.9	3.8
2011 年	36.9	44.5	3.2	36.9	44.5	3.2
2012 年	36.9	45.0	3.4	37.0	44.9	3.4
2013 年	36.4	45.8	3.1	36.6	45.2	3.3

注：固定资本形成总额不包括存货，净出口不包括服务项。

资料来源：本课题组计算。

结果显示：在当前外部经济环境下（如基准预测所假定），实施追加“2 万亿元”财政支出扩张政策，能在一定程度上提高 GDP 的增长率，但是力度有限；由此带动的信贷及货币扩张不仅会大幅提升通货膨胀的风险，而且还可能进一步加剧原有的经济结构失衡。

第四节　政策分析及建议

本次预测面临的国内外经济形势使 2012 年和 2013 年的宏观经济政策

① 2011 年居民消费占 GDP 的比重仅为 36.9%，已经处在很低水平，进一步降低的空间十分有限。

重点成为社会各界高度关注的问题：是延续旧的发展方式，全力以赴保增长还是实行常规力度的扩张性政策调控，在实现稳增长的同时把政策重点逐步转向深化改革、结构调整以转变经济发展方式?

本课题组对中国 2012 年和 2013 年经济发展的不同政策选择及其结果进行预测与模拟的结果如表 13-6 所示：

表 13-6　对 2012—2013 年中国经济发展不同趋势的预测及模拟

预测情景假定	时间	国内生产总值(GDP)	国内消费总额(可比价)	固定资本形成总额(可比价)	出口总额(美元，现价)	进口总额(美元，现价)	居民消费价格指数(CPI)	固定资产投资价格指数(P_I)	GDP 平减指数(P_GDP)
基准预测	2012 年	8.01	8.27	8.97	10.82	5.76	2.9	1.98	1.85
	2013 年	8.3	7.18	9.05	15.93	10.87	3.27	4.42	4.31
欧元区经济进一步恶化	2012 年	7.71	8.26	9.1	6.42	3.94	2.69	1.76	1.72
	与基准预测的差距	-0.31	-0.01	0.13	-4.39	-1.82	-0.21	-0.22	-0.13
	2013 年	7.5	7.17	10.24	1.43	5.81	1.84	2.86	3.17
	与基准预测的差距	-0.79	-0.01	1.19	-14.5	-5.07	-1.43	-1.57	-1.14
“2 万亿元”财政支出扩张	2012 年	8.25	8.28	9.58	10.69	5.86	3.05	2.14	1.94
	与基准预测的差距	0.24	0.01	0.61	-0.13	0.1	0.15	0.16	0.09
	2013 年	8.86	7.19	10.67	14.98	11.03	4.29	5.55	5.13
	与基准预测的差距	0.56	0.01	1.62	-0.95	0.16	1.02	1.13	0.82

资料来源：本课题组计算。

从表 13-6 可以看出：

第一，最低经济增长率预测值为 7.5%（2013 年，假定遭遇欧元区经济严重衰退）。说明目前中国经济增长“缓中趋稳”的态势正在确立之中。尽管由于欧元区经济衰退的冲击，将增大短期内中国经济增长率进一步下滑的压力，但是，适度扩张的宏观调控政策将防止中国经济进一步大幅度下滑。7.5%的增速是近期可以实现的底线。另一方面，即使为提高增长而出台“2 万亿元”的大规模投资刺激政策，经济增速也仅能拉升到 8.25%

(2012 年) 和 8.86% (2013 年) 的水平，高低区间不过 0.5—0.6 个百分点。

第二，为实现这 0.5—0.6 个百分点的边际增长率，宏观经济政策的成本是相当高昂的。它包括：两年内新增 2 万亿元投资，以及因此增加的政府债务负担；3.05%至 4.29%的通货膨胀率（CPI）；固定资产投资占比进一步上升，居民消费占比进一步下降，国民经济结构进一步扭曲；各级政府所控制资源占社会资源的比重进一步上升，市场经济的空间被进一步压缩；转变经济发展方式的进程再度被延缓；等等。

第三，2001 年以来，中国经济保持了 10%以上的高增长。这一高增长至少在其后期，一定程度上是以牺牲资源、环境、劳工阶层的收入水平为代价，换取高投资（高于均衡状态下的投资），从而实现高增长的，其负面效用的累积，导致了转变经济发展方式的迫切性。转变发展方式，也就在一定程度上要求适当降低过高的经济增长速度。用速度换效益，换资源和环境保护，换技术进步、产业结构调整，换国民收入分配结构及居民收入分配结构的调整，实现包容性增长。

第四，8%左右的经济增长率应当视为中国进入次高增长阶段之后的正常增长率或潜在增长率。一般而言，在一个经济体进入到内需拉动为主时，是很难长期持续保持 10%以上的高经济增长率的。然而，在目前外部经济继续恶化情况下，中国经济尚能保持 7.5%及以上的经济增长率，一定程度上说明了，即使在目前，中国经济即使以内需（消费+投资）为主，也能大致支持 8%左右的经济增长率。

如果认为 8%的经济增长率是中国进入次高增长阶段之后的正常增长率或潜在增长率。那么，可以得出的政策结论是：

在目前的宏观经济形势下，不宜再度启动大规模财政支出刺激政策。因为，上一轮大规模财政支出刺激政策在实现了保增长的同时，也带来了一系列亟待解决的问题：进一步强化了行政控制资源的能力，挤占了市场经济主体的资源份额，加剧了国民经济的结构失衡，提高了政府债务负担，通货膨胀率上升，等等。其中，地方政府的债务水平急剧上升更是值得关注。

截至 2010 年底，中国政府债务余额约为 17.47 万亿元，其中，中央政府的债务余额为6.75万亿元，比2008年末增长了26.88%，多出1.43万亿元；地方政府的债务余额高达10.72万亿元，比2008年末高出5.15万亿元，增长了近一倍①。受此影响，地方政府与中央政府的债务之比由2008年的1.04跃升到2010年的1.59。

政府债务规模的快速提高导致了诸多不利的影响。

第一，规模较大的债务水平挤压了宏观经济政策的空间。尽管与欧美、日本等发达经济体比相比②，2010年中国政府债务余额占GDP的比重仅约为43.5%，仍属较低水平，但是，从纵向比较看，2008年中国政府债务余额占GDP的比重仅约为34.7%，两年间增长了8.8个百分点，增速较快。同时，从还本付息角度看，2011年，中央财政债务还本付息支出高达1.35万亿元，占总财政支出的比重超过了10%，在支出规模上，仅次于教育、农林水事务以及社会保障和就业支出；与债务发行收入的比值更是高达86.3%，创下历史新高（图13-19）。这意味，如果将每年发行债务的收入用于还本付息的话，将只有13.7%的发债收入可以投放在其他用途。因此，债务规模增加带来的还本付息压力将部分抵消掉通过发债融资得到的资金，极大地压缩了未来宏观经济政策的操作空间。

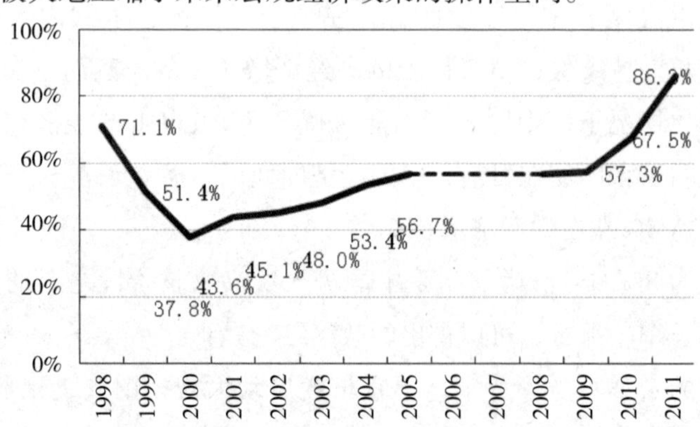

图13-19 财政支出中的还本付息支出与发债收入之比的趋势变动

注：2006—2008年的数据缺失，以虚线表示。

资料来源：CEIC。

① 引自审计署2011年35号公告及CEIC数据库。

② 2010年美国公共债务占GDP的比重约为62.2%；欧元区各国的平均债务占GDP比重接近85%，其中，希腊、意大利及比利时均超过100%；日本的总体政府债务占GDP比重则超过200%。

第二，地方政府债务水平的急剧上涨显著提高了地方政府的财政负担，加大了短期偿债风险。2011年，地方政府到期偿还债务的规模高达2.62万亿元，约占到地方本级财政收入的一半。2012年、2013年的到期偿还债务规模会略少，但是仍然超过了1万亿元，分别为1.84万亿元和1.22万亿元，在2012年和2013年财政收入增速大幅度放缓的背景下，这将给地方政府带来较大的财政压力。根据2011年审计署发布的第35号公告内容显示，2010年底，全国共有78个市级和99个县级政府负有偿还责任债务的债务率高于100%，分别占两级政府总数的19.9%和3.56%。由于偿债能力不足，部分地方政府只好借新债还旧债，甚至出现了债务逾期的情况。

第三，除了短期偿债压力等微观风险之外，政府债务水平的迅速增加也将造成宏观上的风险。首先，政府举债扩张的最终负担者将是居民。因此，债务规模的增加将导致未来的税费水平提高，造成居民的实际收入减少，消费意愿下降，从而再度扭曲总需求结构，反过来抵消扩张政策的效果发挥；其次，在正常税收增速无法保证如期偿债的情况下，土地财政就成为地方政府可以依赖的最重要收入来源。因此，较高的债务规模将不利于财政体制的调整，也难以遏制地方政府放松房地产限购政策的内在冲动。

因此，在当前债务规模较大、发债空间减小、偿债逾期风险较高以及相关的宏观风险背景下，再度推行大规模的财政支出刺激政策无疑将加重政府的债务负担，不利于总需求结构调整、财政体制的改革及房地产市场的调控政策实施。尤其是以如此高昂的成本再度实施大规模财政支出刺激政策，在外部条件没有发生重大改变的情况下，所能强行拉动的边际增长又十分有限，无论是从政策的可操作空间，还是从必要性来看，都是弊大于利之举。

因此，本课题组认为，目前的宏观经济政策应当是：适度扩张性政策微调，稳住8%左右的增长速度，同时，逐步将政策重点转向深化体制改革与结构调整。在保持8%左右适当增长速度的同时，争取在“十二五”期间内，通过进一步深化改革与结构调整，逐步解除现在阻碍、束缚我们长期增长潜力发挥的重大结构失衡和体制障碍，加快经济发展方式的转变。在提高资源利用效率、增长效率上作文章；在改变国民收入分配结构上作文章；在控制政府权限，建立民众有效制约的有限政府上作文章；在降低税赋，控制政府收入在 GDP 中的比例上作文章；在更好地使财政收入真正用于民生上作文章；在更好地消除垄断，缩小居民收入分配差距上作文章，为转向内需拉动为主的次高速增长创造条件。我们相信：一个结构改善，更有效率，更加包容，包含了更多对民生关注的经济增长率，尽管相对较低，但它所能给百姓带来的社会进步和福利改进不仅不会因此稍减，甚至因此而增长。

本研究得到国家社科基金重大项目、教育部社科研究重大课题攻关项目、基地重大项目以及中央高校基本科研业务费专项资金（20720151037）等课题资助

教育部人文社会科学重点研究基地
厦门大学宏观经济研究中心

走向经济新常态

2006—2016年中国宏观经济预测与分析

（下）

李文溥 主编
龚　敏　卢盛荣 副主编

ZOUXIANG JINGJI
XINCHANGTAI
2006—2016 NIAN
ZHONGGUO HONGGUAN
JINGJI YUCE YU FENXI

人民出版社

第十四章　2013年春季报告[①]

第一节　2012年中国宏观经济运行回顾

一、经济增长减速，结构失衡局面持续

2012年中国国内生产总值（GDP）增长7.8%，比2011年下降1.5个百分点。欧洲主权债务危机的深化以及美国经济的复苏缓慢直接萎缩了中国的外部市场需求；同时，较长时期里持续的高投资导致了制造业生产能力过剩，产业投资下降，降低了工业产出的增速。2012年工业产值增速为7.9%，同比下降2.5个百分点，是2000年以来的最低增速；与此同时，对房地产行业调控也抑制了房地产行业的增长，房地产产值增长3.8%，同比下降2.9个百分点。在经济减速的同时，通货膨胀逐渐趋缓，居民消费价格指数（CPI）上涨2.6%，同比下降2.8个百分点，生产者价格指数（PPI）下降1.7%，同比下降7.7个百分点（图14-1）。从长期来看，中国经济增速下滑是经济经过长达30余年的高速增长，人均收入水平跨入中等偏上收入国家行列之后，潜在经济增长率有所下降的结果；也是近十余年来宏观经济结构累积失衡的必然反映。如何通过深化改革，调整经济结构，稳定增长，为中国社会经济的进一步改革及发展方式的转变创造条件，显然至为关键。

---

① 教育部高校人文社会科学重点研究基地重大项目“中国季度宏观经济模型”（05JJD790093）成果。本报告于2013年2月23日在北京发布。

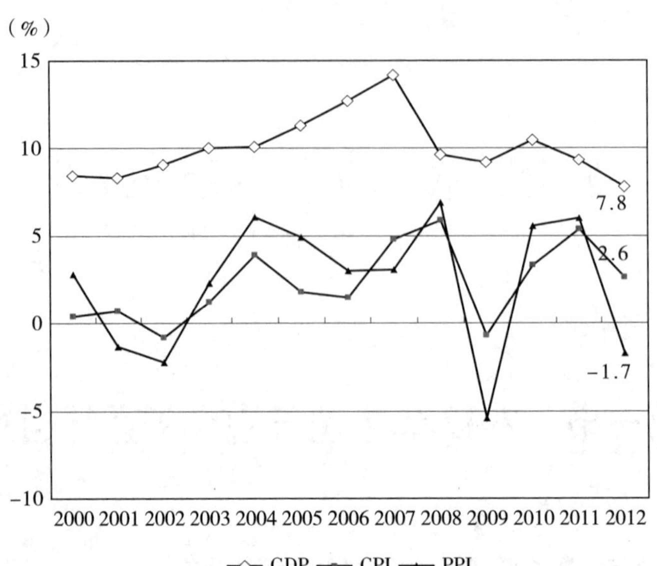

图 14-1　2000—2012 年主要经济指标变化情况

资料来源：CEIC。

外部市场需求的萎缩已经连续两年导致 GDP 增长减速。2011 年净出口对 GDP 增长的贡献率为-4.3%，2012 年为-2.2%。净出口对经济增长负的贡献率改变了固定资产投资和最终消费对 GDP 增长的贡献率。尽管固定资产投资增速有所下滑，但 2012 年资本形成总额对 GDP 增长的贡献率依然高达 50.4%，比 2011 年提高了 1.6 个百分点。2012 年城乡居民实际收入增长超过了人均实际 GDP 的增长，使最终消费对 GDP 增长的贡献率维持在 51.8%，但却比 2011 年的 55.6%下降了 3.8 个百分点（图 14-2）。最终消费尤其是居民消费能否成为推动经济增长的主动力，仍将取决于下一阶段深化改革的力度，转变经济发展方式和调整经济结构的成效。

二、民间投资需求萎缩，固定资产投资放缓

2012 年中国固定资产投资累计增速为 20.6%，同比下降 3.2 个百分点，是 2004 年以来的最低增速。其中，内资企业投资增速为 21.2%，港澳台商企业投资增速为 8%，同比分别下降了 3.5 和 11.9 个百分点；国有及国有控股以及外商投资企业的投资增速同比有所上升。分行业看，对制造

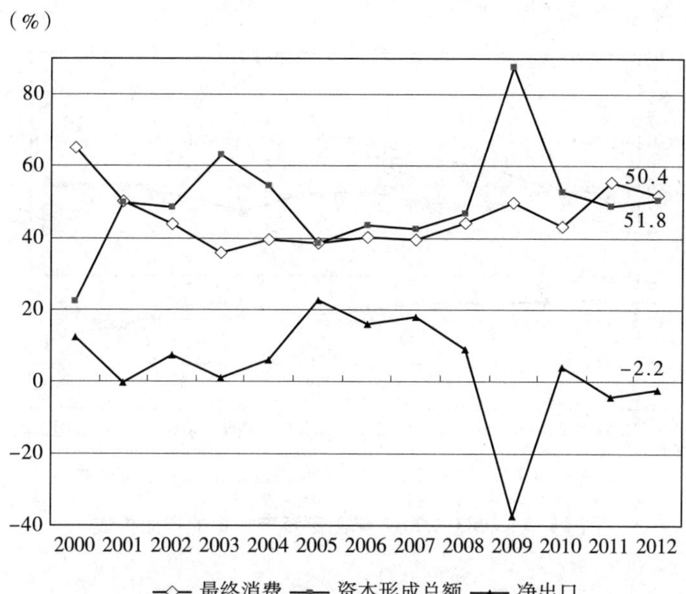

图 14-2　2000—2012 年 GDP（支出法）各构成部分的贡献率

资料来源：CEIC。

业的投资增速达到 22%，同比下降 9.8 个百分点；房地产业的投资增速为 22.1%，同比下滑了 7.6 个百分点；交通运输、仓储及邮政业的投资增速为 9.1%，同比高出 7.3 个百分点①。从投资的行业构成看，制造业投资占总投资的比重为 34.3%，房地产业投资占比为 25.3%，同比均提高了 0.3 个百分点；交通运输、仓储及邮政业投资占比为 8.3%，同比下降 0.9 个百分点（图 14-3）。尽管投资增速在下降，但是，制造业和房地产业的投资仍然占总投资近 60%的比重。

从资金来源上看，2012 年固定资产投资资金总计增长了 18.6%，同比下滑了 1.7 个百分点。其中，预算内和国内贷款部分的投资资金分别增长 29.7%和 8.4%，同比上升 18.9 和 4.9 个百分点；自筹资金增速约为 21.7%，同比下滑了 6.9 个百分点；利用外资增速下降 10.9%，同比下滑了 19.1 个百分点。从构成看，利用外资占全部投资资金的比重为 1.1%，

① 2012 年上半年交通运输、仓储及邮政业投资为负增长，下半年开始转为正增长，而且增速不断提高。

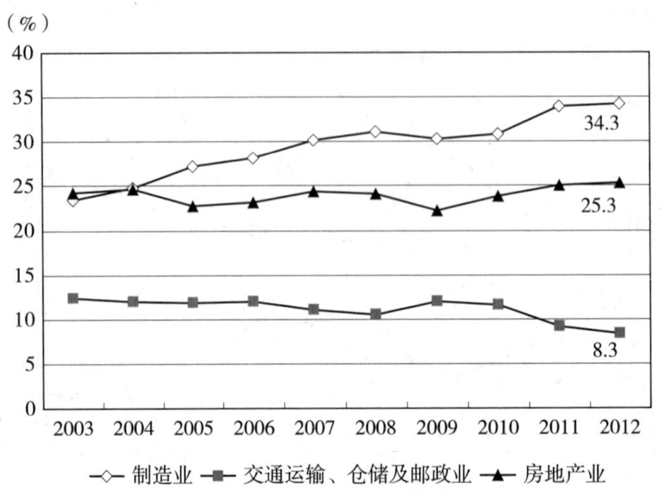

图 14-3　2003—2012 年固定资产投资的行业构成

资料来源：CEIC。

是 2000 年以来的最低水平；自筹资金比重持续提高，达到 67. 3%，同比提高了 1. 7 个百分点；预算内资金的比重为 4. 8%，同比提高了 0. 4 个百分点；来自国内贷款的比重为 12. 5%，同比下降了 1. 2 个百分点。预算内资金以及国内贷款的快速增长一定程度上减缓了固定资产投资的快速下滑。此外，地方项目投资增速为 21. 7%，虽然同比下降了 5. 5 个百分点，但其占总投资的份额却提高到 94. 1%。这在一定程度上说明，过去两年中，投资扩张导致的产能过剩以及继续实行的房地产调控，直接萎缩和抑制了民间投资需求；从 2012 年上半年起转向适度扩张的货币政策保证了国内贷款的供给，2012 年下半年逐步扩大力度的积极财政政策加快了政府对基础设施的投资，从而使偏向交通基础设施的地方政府项目的投资需求在一定程度上抵消企业自筹资金及利用外资投资需求的萎缩。

三、进出口增速大幅下滑，贸易顺差持续扩大

受主要外部市场需求萎缩的影响，2012 年中国的出口总额增长 7. 9%，增速同比下降了 12. 4 个百分点；进口总额增长 4. 3%，增速同比下滑了 20. 6 个百分点。这是中国自加入世界贸易组织（WTO）以来（除 2009 年外）进出口增速首次为个位数（图 14-4）。进口增速的快速下滑导致贸易

顺差规模达到 2311.1 亿元，同比增加了 762.1 亿美元。另一方面，2012 年实际利用外商直接投资增速为-3.7%，同比下滑了 13.4 个百分点①。外汇储备新增 1304.4 亿美元，为 2004 年以来的最低水平。

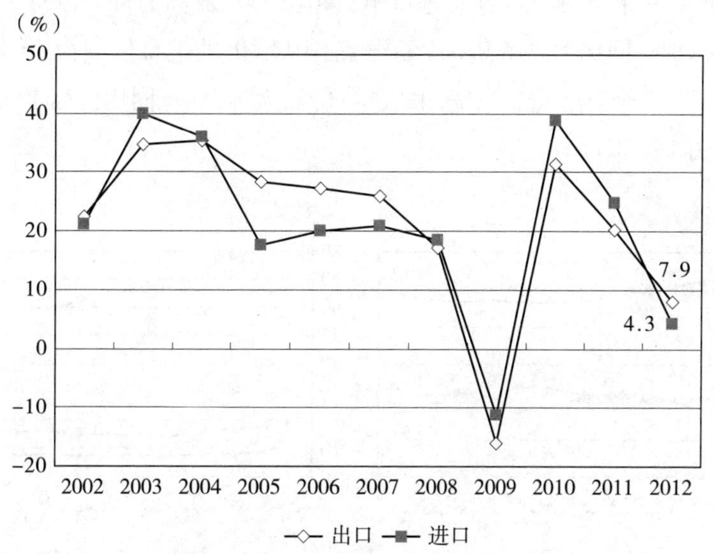

图 14-4　2002—2012 年进出口增速变化

资料来源：CEIC。

从贸易构成来看，2012 年一般贸易出口增速为 7.7%，同比下降了 19.5 个百分点；一般贸易进口增速为 1.6%，同比下降了 29.5 个百分点。一般贸易逆差规模缩小至 322 亿美元。2012 年加工贸易出口增速为-14.2%,同比下降了 17.5 个百分点；加工贸易进口增速为-13.3%，同比下降了 15.8 个百分点。加工贸易顺差规模缩小至3230 亿美元。从进出口区域构成来看，2012 年中国对欧洲的出口增速为-4.1%，对美国的出口增长了 8.4%，对亚洲的出口增长了 12%，同比分别减少 20.6、6.1 和 10.8 个百分点。从 2008 年起，中国对亚洲出口占总出口的份额持续提高，2012 年达到 49.1%；对欧洲出口占总出口的份额持续下降，2012

① 近两年来呈现利用外资增速不断下降的趋势，一方面因为欧美国家经济增长放缓，欧洲主权债务危机扩大化导致对外投资趋缓；另一方面则是中国劳动力价格的提升使得从事低端劳动密集型产品生产的外资寻求劳动力更加廉价的地区投资。

年为 19.3%；对美国出口所占的份额大致稳定，2012 年为 17.2%（图 14-5a）。进口方面，2012 年中国从欧洲进口的增速为-0.2%，从美国的进口增长了 8.8%，从亚洲的进口增长了 3.4%，同比分别减少了 32、10.8 和 16.9 个百分点。在总进口中，2012 年从亚洲的进口占总进口的份额为 57.1%，同比下降了 0.5 个百分点；从欧洲的进口份额为 15.8%，同比下降了 0.7 个百分点；从美国的进口份额为 7.3%，同比提高了 0.3 个百分点（图 14-5b）。

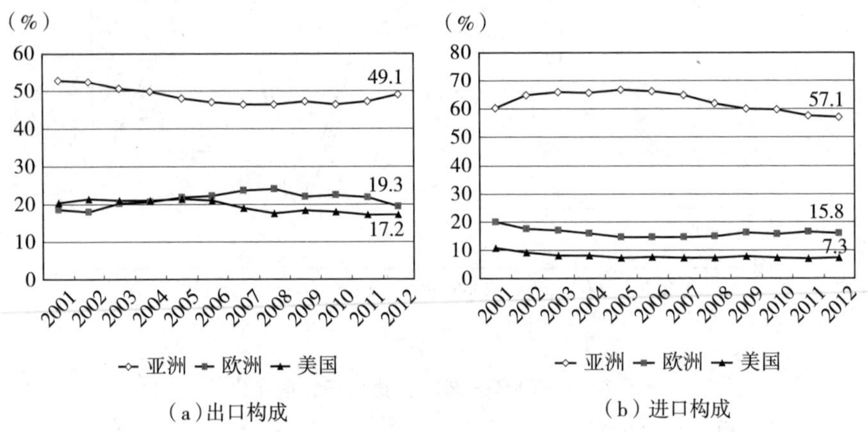

（a）出口构成　（b）进口构成

图 14-5　2001—2012 年中国进出口区域构成变化

资料来源：CEIC。

四、物价水平涨幅趋缓，居民实际收入有所提高

在经济减速的同时，2012 年主要价格水平同比均呈下降态势。从环比变化看，上半年 CPI 基本呈下降态势，下半年开始小幅攀高；扣除食品和能源的核心 CPI 以及非食品类 CPI，全年涨幅保持在 0.1%至 0.4%的水平。在八大类居民消费价格指数方面，除衣着和娱乐教育文化用品及服务价格同比小幅上升外，其他价格均同比下降。其中，食品价格上涨 4.8%，涨幅同比下降了 7 个百分点。价格水平涨幅趋缓，一定程度上提高了城乡居民的实际收入水平。2012 年，城镇居民人均可支配收入为 24565 元，实际增长 9.6%，涨幅同比提高了 1.2 个百分点；农村居民人均纯收入达 7917 元，实际增长 10.7%，涨幅同比下降了 0.7 个百分点。

五、货币政策转向宽松，财政政策力度有待加强

为应对 2012 年上半年全球经济增长趋缓的不利影响，从 2012 年上半年开始，中国的货币政策转向宽松。截至 7 月底，中央银行两次降低了存款准备金率、两次降低了贷款基准利率。全年广义货币（M2）增速为 13.8%，同比提高 0.2 个百分点；狭义货币（M1）增长 6.5%，同比下降了 1.4 个百分点；流通中现金（M0）增长 7.7%，同比回落 6.1 个百分点。全年新增人民币贷款 8.20 万亿元，占社会融资总量的 52.1%。

2012 年财政收入增速为 12.8%，同比下降了 12.2 个百分点；其中，税收占财政收入的比重为 85.8%，同比下降了 0.6 个百分点。全年财政支出增速为 15.1%，同比下降了 6.5 个百分点。从支出构成看，教育与科学技术支出占 20.4%，同比提高了 1.7 个百分点；社会保障和就业、医疗卫生以及环境保护支出占 15.7%，同比下降了 0.3 个百分点；住房保障支出占 3.5%，交通运输及农林水事务支出占 16%，同比分别略有提高。

综上，2012 年欧洲主权债务危机的深化以及美国经济的复苏缓慢直接萎缩了中国的外部市场需求；过度投资造成的产能过剩抑制了制造业企业投资的增长，继续执行对房地产行业的调控政策在一定程度上抑制了房地产投资；2012 年上半年转向适度扩张的货币政策保证了国内贷款的供给，下半年逐步扩大力度的积极财政政策加快了政府的基础设施投资，偏向交通基础设施的地方项目的投资需求在一定程度上抵消了企业自筹资金及利用外资投资需求的萎缩。在此背景下，中国的经济增长从 2012 年一季度到三季度逐步减速，价格水平随之开始回落。在净出口对 GDP 增长的贡献率为负的情况下，资本形成总额对 GDP 增长的贡献率不断升高；相比较而言，虽然 2012 年城乡居民实际收入增长超过了实际人均 GDP 的增长，但是，最终消费对 GDP 增长的贡献率却比 2011 年下降了 3.8 个百分点。最终消费尤其是居民消费能否成为推动未来经济增长的主动力，将取决于下一阶段深化改革的力度和转变经济发展方式、调整经济结构的成效。如何通过深化改革、转变经济发展方式、调整经济结构稳定增长，是中国人均收入水平跨入中等偏上收入国家行列之后，在国内外诸种因素导致了潜在经济增长率下降的背景下所面临的重大挑战。

第二节　2013—2014年中国宏观经济预测

一、CQMM模型的改进

（一）进出口模块

由于东盟市场对我国对外贸易的影响力与日俱增，2012年中国对外出口平均增长了7.9%，而对东盟出口则大幅增长了20.1%；中国与东盟贸易占中国对外贸易的比重突破两位数，达到10.35%，东盟连续四年成为中国第三大贸易伙伴。因此，本次预测，在进出口模块中，除了欧美经济体之外，还将东盟五国的增长预测作为变量纳入方程，估计它们对我国进出口的影响。从回归效果看，出口方程的估计结果进一步得以改善。

（二）财政模块

这是本次模型设定在行为方程方面的一大改动。具体做法是：引入财政收入变量，将财政支出变量内生化。同时，考虑财政支出变量对消费、投资和进出口变量的作用，新增财政支出方程、政府消费方程；调整固定资产投资方程、一般贸易进口方程等。引入财政模块，使模型的行为方程框架更为完整、全面，有助于改善模型的预测效果，同时扩展了模型的政策模拟领域，能够模拟过去难以模拟的财政政策的宏观经济效应。

二、模型外生变量的假设

（一）美国及欧元区的经济增长率

2013年外部市场的主要问题是欧元区经济的不确定性可能还将延续。IMF2013年1月份预测欧元区2013年的经济增长率将可能下滑0.2%；美国经济将持续平稳增长，预计年增长率为2%。基于美国2012年四季度因为国防开支大幅削减而导致经济增长减速，考虑到2013年美国债务上限的压力将继续压缩美国财政开支，本课题组预测 2013 年美国经济增速可能维持在 1.9%。进入 2014 年，欧元区及美国经济增长将有所恢复，IMF 预计欧元区经济将增长 1%，美国经济将增长 3%。以此为前提，本课题组设定 2013 年及 2014 年各季度的欧美经济增长率按照环比增长率折算的年增长率变化如图 14-6 所示。

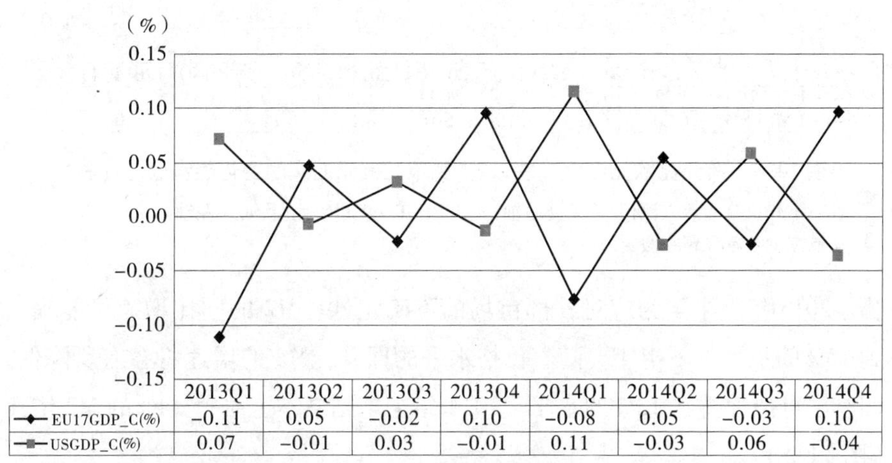

	2013Q1	2013Q2	2013Q3	2013Q4	2014Q1	2014Q2	2014Q3	2014Q4
EU17GDP_C(%)	-0.11	0.05	-0.02	0.10	-0.08	0.05	-0.03	0.10
USGDP_C(%)	0.07	-0.01	0.03	-0.01	0.11	-0.03	0.06	-0.04

图 14-6　美国与欧元区经济增长率的变化趋势假定（环比折年率）

注：EU17GDP_C 表示欧元区 17 国 GDP 增速；USGDP_C 表示美国 GDP 增速。

资料来源：本课题组假定。

（二）主要汇率水平

根据上述对欧元区经济前景的预测，预计 2013 年上半年欧元区经济的减速将进一步削弱欧元币值；下半年随着经济走势趋于平稳，欧元则可能有所升值，全年欧元兑美元的汇率可以维持在 1∶1.27 的水平。在人民币汇率方面，尽管短期内人民币双向浮动的幅度可能更大，但是由于美国数量宽松的货币政策短期还不可能退出，欧元区及日本经济的不确定性将导致外部经济体的货币数量扩张，因此，人民币长期升值的趋势仍难以根本改变。预计至 2013 年末，人民币对美元将继续升值至 1 美元兑换人民币 6.14 元；2014 年将进一步提高到 1 美元兑换人民币 6.06 元（图 14-7）。

（三）货币供应量（M2）增速

预计 2013 年广义货币供应量（M2）的增长会呈现“前高后低”的态

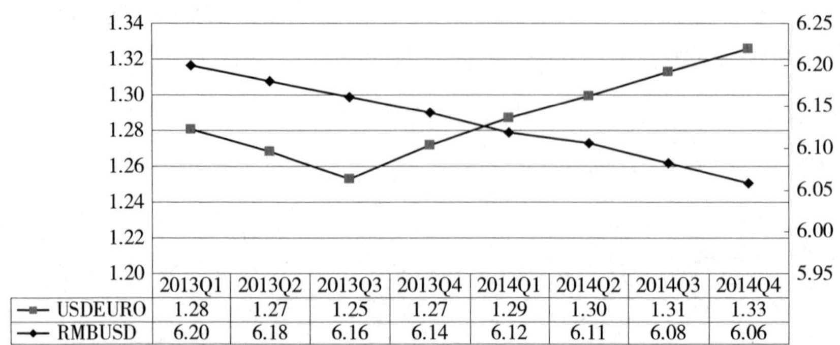

	2013Q1	2013Q2	2013Q3	2013Q4	2014Q1	2014Q2	2014Q3	2014Q4
USDEURO	1.28	1.27	1.25	1.27	1.29	1.30	1.31	1.33
RMBUSD	6.20	6.18	6.16	6.14	6.12	6.11	6.08	6.06

图 14-7 美元兑欧元汇率（左）、人民币兑美元汇率的变化趋势假定（右）

注：RMBUSD 表示人民币/美元（右轴）；USDEURO 表示美元/欧元（左轴）。

资料来源：本课题组假定。

势。2013 年上半年为应对外部市场的不确定性，M2 的同比增速可能提高到 15%的水平；下半年，随着价格水平的回升，M2 的增速将会有所降低，四季度可能保持在 13%的水平。2014 年全年则基本上维持 14%的 M2 增速（图 14-8）。

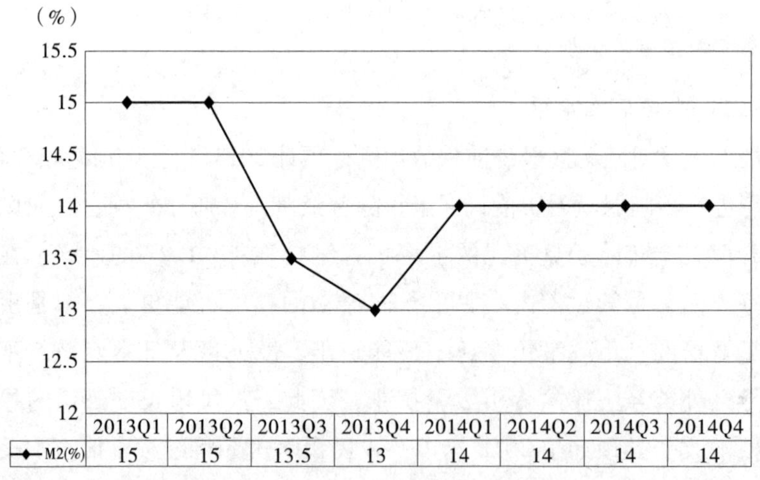

	2013Q1	2013Q2	2013Q3	2013Q4	2014Q1	2014Q2	2014Q3	2014Q4
M2(%)	15	15	13.5	13	14	14	14	14

图 14-8 货币供应量（M2）的变化趋势假定

资料来源：本课题组假定。

（四）1 年期贷款利率

基于上述考虑，央行在 2013 年可能将维持 6%的基准利率不变，在 2014 年可能上调一次利率，使 1 年期人民币贷款基准利率达到 6.25%，以控制通货膨胀（图 14-9）。

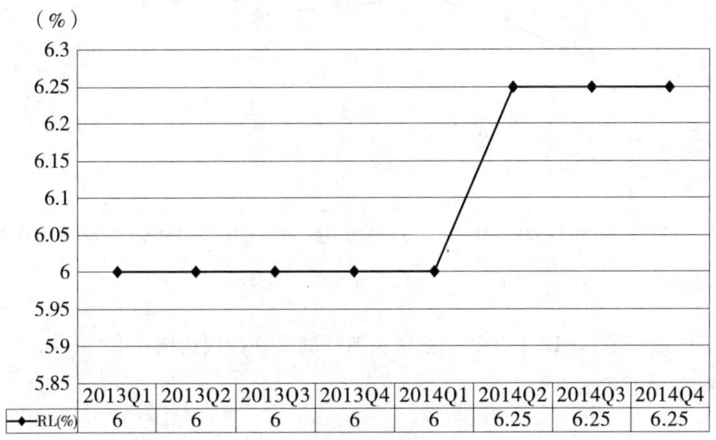

	2013Q1	2013Q2	2013Q3	2013Q4	2014Q1	2014Q2	2014Q3	2014Q4
RL(%)	6	6	6	6	6	6.25	6.25	6.25

图 14-9　1 年期贷款利率的变化趋势假定

资料来源：本课题组假定。

三、2013—2014 年中国宏观经济主要指标预测

（一）GDP 增长率预测

在上述外生变量的假定下，基于中国季度宏观经济模型（CQMM）的预测结果表明：2013 年，外部经济不确定性的下降可能促使中国 GDP 增速回升至 8.23%，同比提高 0.43 个百分点；到 2014 年，GDP 增长率将进一步回升至 8.84%。从季度同比增长率看（图 14-10），2013 年一季度的 GDP 增长率将下降至 7.8%，之后逐步上升至三季度的 8.52%，四季度则可能小幅回落至 8.38%①。

（二）主要价格指数预测

模型预测，2013 年，由于主要经济体都将持续采用数量宽松的货币政策，引发中国通货膨胀的外部压力不断增强。预计 2013 年全年 CPI 将

① 本报告的所有预测结果都是根据季节性调整之后的数值计算的。

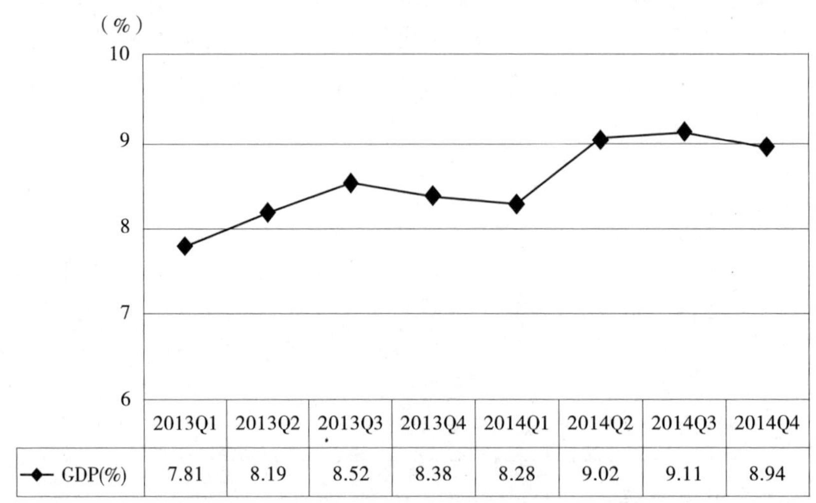

图 14-10 GDP 季度增长率预测（季度同比增长率）

资料来源：本课题组计算。

上涨 3.11%，涨幅同比上升 0.47 个百分点；到 2014 年，CPI 涨幅可能持续攀升至 3.88%。分季度看（图 14-11），由于 2012 年一季度的物价涨幅较高，因此 CPI 在 2013 年一季度的同比增速将相对较低，为 2.32%；之后开始持续上升，直至 2013 年四季度达到全年的最高点 3.73%。在经过 2014 年一季度的小幅回落后，可能将在三季度到达 4.22%的新高点。

生产者价格指数（PPI）在未来两年将呈现先升后降的趋势。2013 年 PPI 涨幅预计为 4.88%，2014 年预计可能略降至 4.36%。分季度看（图 14-11），PPI 涨幅可能于 2013 年四季度升至顶点 7.09%，随后波动调整，逐渐回落至 2014 年四季度的 4.72%。

2013 年固定资产投资价格指数（P_I）涨幅预计为 4.85%，同比上升 3.75 个百分点；2014 年 P_I 涨幅可能上升至 4.86%的水平。同比分季度看，P_I 将呈现持续上升的态势，2013 年一季度涨幅可能达到 3.64%；之后持续上升，直至该年四季度达到 6.02%的最高点。2014 年一季度该指数涨幅可能回落至 4.33%，之后保持平稳上升，直至三季度达到 5.35%，并保持至四季度（图 14-11）。

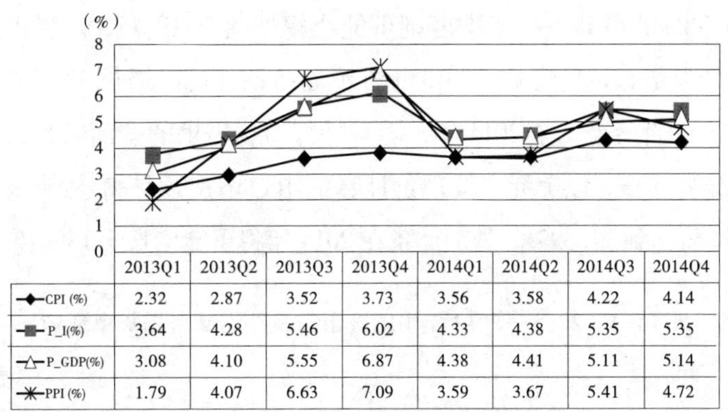

	2013Q1	2013Q2	2013Q3	2013Q4	2014Q1	2014Q2	2014Q3	2014Q4
CPI (%)	2.32	2.87	3.52	3.73	3.56	3.58	4.22	4.14
P_I(%)	3.64	4.28	5.46	6.02	4.33	4.38	5.35	5.35
P_GDP(%)	3.08	4.10	5.55	6.87	4.38	4.41	5.11	5.14
PPI (%)	1.79	4.07	6.63	7.09	3.59	3.67	5.41	4.72

图 14-11　价格指数预测（季度同比增长率）

注：CPI 表示居民消费价格指数；P_I 表示固定资产投资价格指数；P_GDP 表示 GDP 平减指数；PPI 表示生产者价格指数。

资料来源：本课题组计算。

2013 年 GDP 平减指数（P_GDP）将同比上升 3.05 个百分点，达到 4.90%；2014 年涨幅可能回落至 4.76%。分季度看，2013 年一季度涨幅将达到 3.08%，之后持续上升，直至四季度上升至 6.87%；进入 2014 年，一季度该指标涨幅将回落至 4.38%，之后仍然保持上升趋势，并在四季度升至 5.14%（图 14-11）。

总体而言，2013 年中国经济仍将继续保持稳定增长的态势。尽管外部经济体数量宽松的货币政策可能导致流动性过剩重现，但是，中国在 2013 年不会出现严重的通货膨胀；2014 年，随着外部经济的全面复苏，通货膨胀的压力将进一步扩大。

（三）其他主要宏观经济指标增长率预测

1. 进出口及外汇储备增长率预测

模型预测，2013 年欧元区经济不确定性的下降和美国经济的持续复苏将促进中国的进出口出现恢复性增长。2013 年以美元、按现价计算的出口总额预计将增长 12.22%，增速同比上升 4.32 个百分点；进口总额增速可能上升至 17.83%，同比提高 13.53 个百分点（表 14-1）。支出法下的净出口占 GDP 比重为 2.63%，同比下降 0.8 个百分点。分季度看，出口增速仅在 2013 年二季度可能跌至 8.57%，随后在三季度将达到 14.56%，并在四季度维持在 14.32%的水平上；进口增速在 2013 年一季度可能跃升至 15.51%，并于三季度达到20.38%的最高点，四季度则可能小幅回落至19.11%。受出口增速提高及2012年基数较低的影响，2013年外汇储备预计可以增长13.03%，增速同比上升8.94个百分点。至2014年，随着外部市场需求的全面恢复，中国进出口增速将继续上升。以美元、按现价计算的出口增速预计将达到19.82%；进口增速预计将达到21.39%。外汇储备在2014年将可能增长9.18%（表14-1）。

表14-1 2013—2014年中国进出口及外汇储备增长率预测

（单位:%）

时间	出口				进口				外汇储备
	不变价（亿元）	现价（亿美元）	一般贸易现价（亿美元）	加工贸易现价（亿美元）	不变价（亿元）	现价（亿美元）	一般贸易现价（亿美元）	加工贸易现价（亿美元）	现价（亿美元）
2013年	8.44	12.22	14.35	12.25	10.44	17.83	21.43	9.96	13.03
第一季度	8.96	11.39	13.10	8.37	9.81	15.51	16.40	10.27	8.80
第二季度	5.78	8.57	9.53	8.77	9.74	16.30	17.13	11.21	13.76
第三季度	9.59	14.56	14.74	19.17	10.76	20.38	24.67	12.11	14.31
第四季度	9.45	14.32	19.95	13.14	11.39	19.11	27.74	6.44	15.26
2014年	13.25	19.82	21.86	16.99	10.50	21.39	21.95	15.55	9.18
第一季度	13.13	18.42	20.20	15.99	10.37	18.57	17.56	14.62	9.14
第二季度	13.20	18.97	21.04	16.04	11.98	21.35	23.52	14.09	8.65
第三季度	14.05	21.19	23.20	18.43	10.49	23.18	23.41	17.51	9.38
第四季度	12.65	20.57	22.80	17.42	9.24	22.33	23.15	15.92	9.54

资料来源：本课题组计算。

2. 固定资产投资增速预测

模型预测（图14-13），2013年，按不变价计算的固定资本形成总额增速预计为11.14%，同比上升3.49个百分点；按现价计算的城镇固定资产投资增速预计为18.47%，同比下降2.32个百分点。2014年较大的通胀压力及相应的加息预期将使固定资本投资需求有所回落。但是，得益于加速的城镇化进程，城镇投资需求将进一步增加。按不变价计算的固定资本形成总额增速预计为8.67%；按现价计算的城镇固定资产投资增速预计为20.08%。

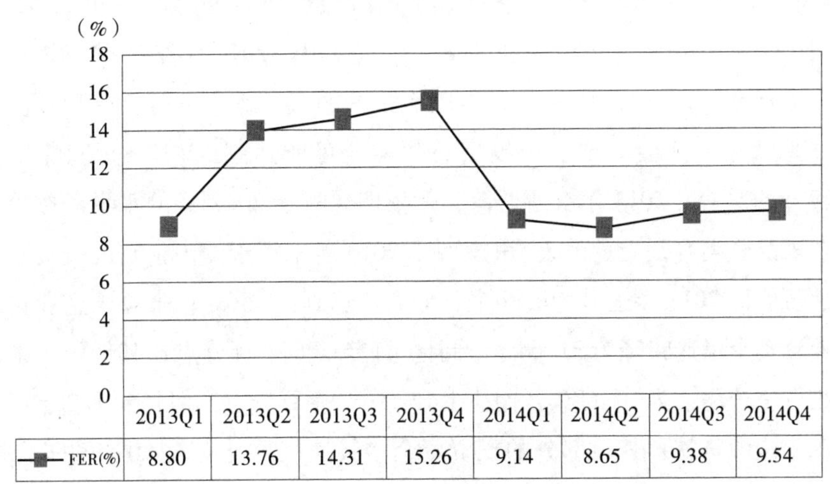

	2013Q1	2013Q2	2013Q3	2013Q4	2014Q1	2014Q2	2014Q3	2014Q4
FER(%)	8.80	13.76	14.31	15.26	9.14	8.65	9.38	9.54

图 14-12　外汇储备增长率预测（季度同比增长率）

资料来源：本课题组计算。

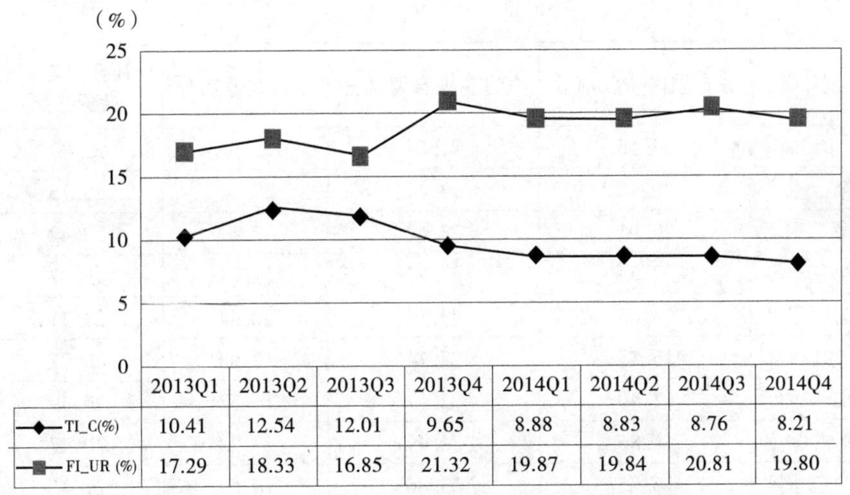

	2013Q1	2013Q2	2013Q3	2013Q4	2014Q1	2014Q2	2014Q3	2014Q4
TI_C(%)	10.41	12.54	12.01	9.65	8.88	8.83	8.76	8.21
FI_UR (%)	17.29	18.33	16.85	21.32	19.87	19.84	20.81	19.80

图 14-13　固定资产投资增速预测（季度同比增长率）

注：TI_C 表示固定资本形成总额（不变价）增速；FI_UR 表示城镇固定资产投资（现价）增速。

资料来源：本课题组计算。

分季度来看，2013 年固定资本形成总额的同比增速将持续增长至二季度，达到 12.54%，三季度回落至 12.01%，四季度进一步下降至 9.65%；2014 年由于基数以及通胀压力的缘故，增速持续下滑。城镇固定资产投资

（现价）增速在2013年三季度出现最低的16.85%，四季度提高到21.32%；2014年则呈现“先低后高”的态势①。2014年第三季度将达到全年最高点20.81%，其余季度均维持在19.80%以上。此外，模型预测显示：2013年全社会固定资产投资总额增速可能达到22.17%，同比上升1.57个百分点；2014年有所回落，但依旧保持在20.71%的水平。按投资资金来源分类看，受货币政策的影响，2013年来源于国内信贷的投资资金增速可能比2012年上升16.16个百分点，达到24.56%；来源于企业自筹的投资资金增速将降为21.64%，同比下降0.06个百分点；其他资金来源的投资资金增速为27.68%，同比上升13.57个百分点。但是到了2014年，来源于国内贷款和其他部分的投资资金增长速度可能有较大幅度的下跌，而企业自筹部分的增速则有小幅上升（表14-2）。

表14-2　2013—2014年固定资产投资增长率预测（按资金来源分）

（单位：%）

时　间	来自国内贷款部分	来自企业自筹部分	来自其他部分	全社会固定资产投资总额
2013年	24.56	21.64	27.68	22.17
第一季度	20.17	18.41	37.02	22.15
第二季度	20.91	23.62	32.62	22.42
第三季度	23.34	21.25	21.21	19.42
第四季度	34.08	23.15	22.44	24.71
2014年	16.13	23.14	17.08	20.71
第一季度	17.40	22.57	16.52	20.49
第二季度	16.86	22.49	17.73	20.47
第三季度	16.65	23.86	18.69	21.46
第四季度	13.82	23.56	15.40	20.41

注：固定资产投资中源于其他部分指全社会固定资产投资总额扣除贷款、自筹、预算以及外商投资部分后的剩余部分。

资料来源：本课题组计算。

① 两者变动趋势不一致，是因为投资价格指数在2012下半年和2013下半年的变动差异很大，所以2013年三季度以现价计算的城镇固定资产投资额上升，但是按可比价计算的固定资本形成总额却有所下降。

3. 消费增长率预测

模型预测显示，2013 年按不变价计算的居民消费总额预计将增长 7.61%，增速同比下降 1.79 个百分点①；预计 2014 年将回升到 8.33%。2013 年按现价计算的社会消费品零售总额将增长 18.27%，增速同比上升 5.61 个百分点；2014 年预计将下降至 16.32%。

分季度看，居民消费总额（不变价）增速将从 2013 年一季度起持续上升，至四季度达到 11.10%；2014 年各季度增速变化相对平缓，可能维持在 8.32%左右。社会消费品零售总额（现价）在 2013 年二季度增速将为 15.15%，此后持续上升到四季度的 24.32%。2014 年一季度下跌至 15.40%后将缓慢上升，直至四季度可能达到 17.12%（图 14-14）。

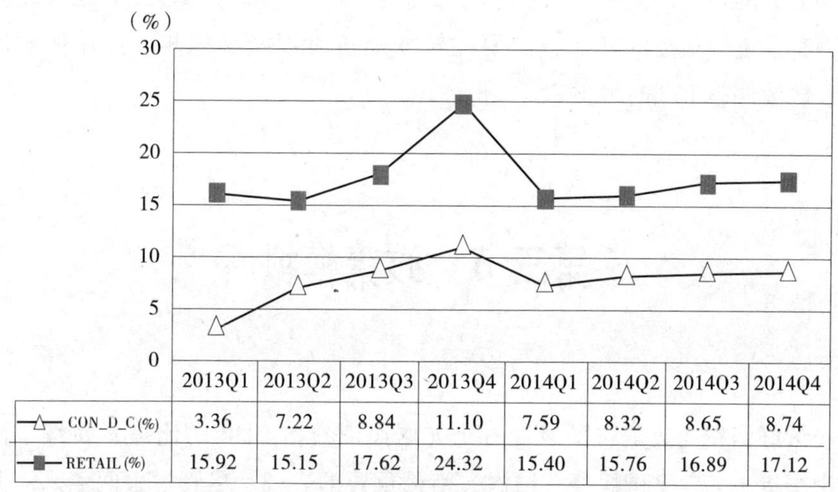

	2013Q1	2013Q2	2013Q3	2013Q4	2014Q1	2014Q2	2014Q3	2014Q4
CON_D_C (%)	3.36	7.22	8.84	11.10	7.59	8.32	8.65	8.74
RETAIL (%)	15.92	15.15	17.62	24.32	15.40	15.76	16.89	17.12

图 14-14　消费增速预测（季度同比增长率）

注：CON_D_C 表示居民消费总额（不变价）增速；RETAIL 表示社会消费品零售总额（现价）增速。

资料来源：本课题组计算。

综上，模型预测表明：

第一，尽管存在外部市场的不确定性，2013 年中国经济仍将继续保持稳定增长的态势，GDP 增速将比 2012 年提高 0.43 个百分点，达到 8.23%。虽然外部经济体宽松的货币政策在一定程度上加大了中国通货膨

① 由于 2012 的年基数较高，因此 2013 年的增长率有所下降。

胀的压力，但是，2013 年中国不会出现严重的通货膨胀，CPI 涨幅可望保持在 3.11%的水平。经济的稳定增长态势为进一步调整经济结构及深化改革创造了良好条件。

第二，2013 年欧元区经济不确定性的下降和美国经济的持续复苏将促进中国的进出口出现恢复性增长；国内城镇化的推进将促使固定资产投资的较快平稳增长；城乡居民收入的稳步提高也将有利于保持消费的平稳增长。但是，短期内国民经济支出结构中投资仍将维持较高的占比，成为推动经济增长的主要动力。这说明，要推进国民经济结构失衡的调整，使之从投资驱动型经济转向消费、投资、出口协调促进经济发展，不仅需要高度重视，下大气力，而且非经较长时期的持续努力难以明显奏效。而经济发展方式的转变，无论是从思想观念的转变还是体制保障以至真正实现来看，都是更为艰巨的任务，需要在转变经济发展指导思想、深化体制改革、政策调整上同时做文章。

第三节　政策模拟

最终消费尤其是居民消费占比（居民消费占 GDP 的比重）持续下降是中国近十多年来国民经济结构失衡最重要的表现。尽管过去两年来一系列的结构性减税和刺激消费需求的政策一定程度上促进了居民消费的平稳增长，但是，投资比重过高、最终消费比重偏低的总需求结构至今尚未实现根本性改变。2012 年最终消费对经济增长的贡献率不升反降，较 2011 年下降了 3.8 个百分点。这说明，扭转多年累积形成的“两高一低”国民收入支出结构绝非短期就能大见成效。转变经济发展方式，使最终消费尤其是居民消费成为推动经济增长的主动力需要多方面的政策调整，长期努力。

分配决定支出。因此，调整国民收入分配结构是改变目前国民收入支出结构失衡的根本措施。本课题组认为，当前中国的国民收入分配结构中有两个重要的比例关系值得关注、需要调整：一是政府收入占 GDP 的比重；二是居民内部不同收入组别之间的收入分配比例。党的十八大报告指出："深化改革是加快转变经济发展方式的关键。经济体制改革的核心问题是处理好政府与市场的关系"，需要"加强对政府全口径预算决算的审查和监督"。与此同时，要"在发展平衡性、协调性、可持续性明显增强的基础上，实现国内生产总值和城乡居民人均收入比 2010 年翻一番"①。

本课题组认为，控制政府收入增长速度，与经济增长保持适当比例，提高居民收入水平尤其是中低收入阶层的收入，是调整现有国民收入结构失衡，进而转变经济发展方式的重要政策切入点。

本课题组在过去几年，始终围绕着经济结构调整，提高居民消费，改善民生，利用 CQMM 模型进行各种政策模拟，从不同的角度展开政策分析。基于以上认识，本次报告应用 CQMM 模拟分析控制政府收入增长速度，适当减缓目前过快的财政收入增长速度，将因此减收的财政收入用于增加城乡居民收入的宏观经济影响。

本课题组设计了两种情景：

情景 1：将因此减收的财政收入平均地提高全体城乡居民的收入水平。

情景 2：将因此减收的财政收入转移给占城镇人口 20%的低收入者以及占农村人口 40%的低收入者。

进行情景模拟的基本假设为：在 2007—2012 年期间，其他条件不变时，如果政府控制财政收入的实际增长速度，使其每年比原有实际增长速度降低 1 个百分点，那么，2007—2012 年的财政总收入将因此依次减少 417.2 亿元、1047.1 亿元、1769.0 亿元、2857.4 亿元、4436.7 亿元和 6018.9 亿元。受此影响，2010—2012 年起，财政收入占 GDP 的比重将分别降低 0.7、1.0 和 1.2 个百分点，整体比重略微回落到占 GDP 的 21%左右（图 14-15）。

① 胡锦涛：《坚定不移沿着中国特色社会主义道路前进　为全面建成小康社会而奋斗——在中国共产党第十八次全国代表大会上的报告》，人民出版社 2012 年版，第 20、26、17 页。

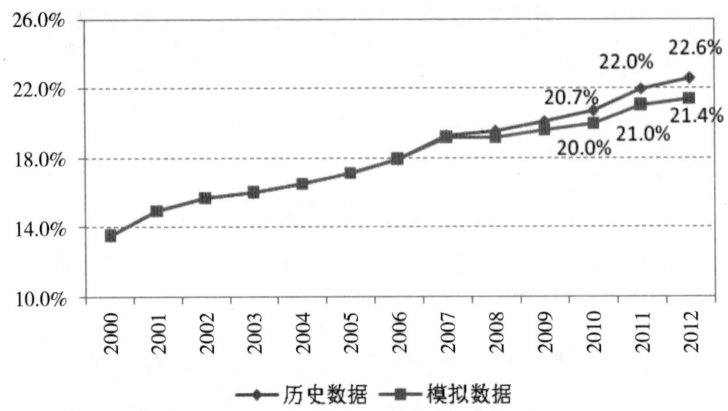

图 14-15　财政收入占 GDP 比重变化

注：历史数据为实际财政收入占 GDP 比重；模拟数据为假设情况下的财政收入占 GDP 比重。
资料来源：本课题组计算。

一、政策模拟一：假定用减少的财政收入平均地提高全体城乡居民的收入水平

如果 GDP 总量保持不变，财政收入占 GDP 的比重下降，则意味着企业部门或居民部门的最终收入占比上升。假定 2007—2012 年期间各年减收的财政收入通过一定的政策方式——减税或是转移支付——平均地用于提高全体城乡居民的收入水平。政策模拟结果显示：与历史模拟数据相比（季对季增长率），GDP 平均增长率可略微提高 0. 08 个百分点；居民消费总额平均增长率提高了 1. 03 个百分点；固定资本形成总额平均增长率下降了 0. 49 个百分点；出口增速将放缓，进口增速则有所上升，净出口小幅下降。也即，控制财政收入的增长速度，使之适当降低，经济增长速度并不会因此而降低；由于居民收入的提高，居民消费占 GDP 比重将平稳上升，投资比重则逐步下降，国民经济结构因而得到调整。

具体而言：（1）因此减收的财政收入被转移给全体城乡居民后，GDP 增长率将略有提高。在模拟期间，2010 年 GDP 季对季的同比增长率比历史模拟数据有所提高，虽然从 2011 三季度开始，该增长率政策模拟数据低于历史模拟数据，但在整个模拟期间平均提高了 0. 08 个百分点（图 14-16）。

（2）居民最终消费增加幅度明显大于 GDP，其占 GDP 的比重有所上升。

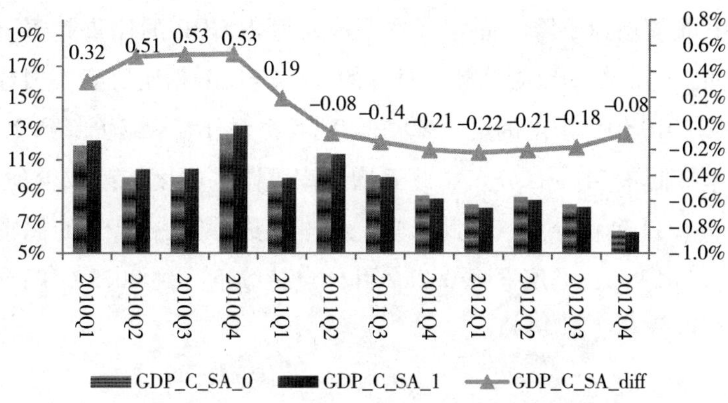

图 14-16 财政收入转移对 GDP 的影响

注：GDP_C_SA_0 表示经过季节调整的 GDP 季对季同比增长率的历史模拟数据，GDP_C_SA_1 表示经过季节调整的 GDP 季对季同比增长率的政策模拟数据，GDP_C_SA_diff 表示政策模拟数据与历史模拟数据之差。

资料来源：本课题组计算。

在模拟期间，居民最终消费季对季的同比增长率比历史模拟数据有显著上升，2010 年四个季度的增长率共增加了 7.16 个百分点，2011 年和 2012 年随着 GDP 政策模拟数据与历史模拟数据之差由正转负，居民最终消费四个季度的增长率提升之和也分别下降至 3.60 和 1.59 个百分点。受此影响，最终消费占 GDP 的比重小幅提高，从 2010 年一季度提高 0.02 个百分点持续上升到 2012 年四季度提高 1.1 个百分点（图 14-17）。

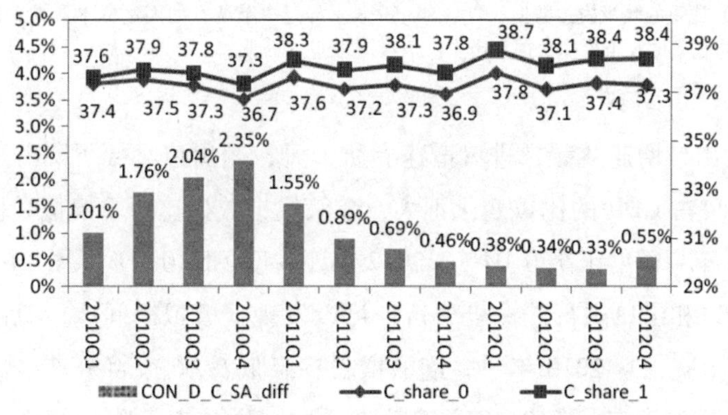

图 14-17 财政收入转移对居民最终消费的影响

注：C_share_0 表示最终消费占 GDP 比重的历史模拟数据，_share_1 表示最终消费占 GDP 比重的政策模拟数据，CON_D_C_SA_diff 表示经过季节调整的居民最终消费季对季同比增长率的政策模拟数据与历史模拟数据之差。

资料来源：本课题组计算。

（3）投资增速下降，固定资本形成总额占 GDP 的比重趋于下降。在模拟期间，固定资本形成总额季对季的同比增长率相比历史模拟数据出现下降，从 2010 年一季度的增长率降低 0.05 个百分点持续下降到 2011 二季度增长率降低 0.74 个百分点，此后增长率下降的幅度持续减少到 2012 年四季度的 0.41 个百分点。受此影响，资本形成总额占 GDP 的比重也有所降低，从 2010 年一季度下降 0.2 个百分点持续下降到 2012 年四季度的下降 0.7 个百分点（图 14-18）。

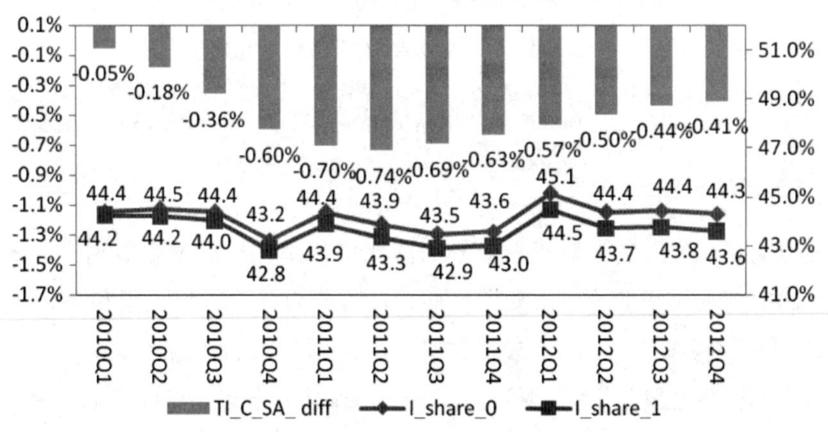

图 14-18　财政收入转移对投资的影响

注：I_share_0 表示资本形成总额占 GDP 比重的历史模拟数据，I_share_1 表示资本形成总额占 GDP 比重的政策模拟数据，TI_C_SA_diff 表示经过季节调整的固定资本形成总额季对季同比增长率的政策模拟数据与历史模拟数据之差。

资料来源：本课题组计算。

（4）出口增速放缓，进口增速有所上升，净出口小幅下降。在模拟期间，净出口占 GDP 的比重变化不大，政策模拟数据比历史模拟数据有所下降，2010 年一季度下降 0.04%，2012 年四季度下降 0.2%（图 14-19）。

对进口和出口进行进一步分析，可以发现：模拟期间内，总出口季对季增长率下降，从 2010 年一季度的增长率降低 0.06 个百分点持续下降到 2011 二季度增长率降低 0.57 个百分点，此后增长率下降的幅度持续减少到 2012 年四季度的 0.33 个百分点。总进口季对季增长率变化不大，2010 年四个季度的增长率提高了 0.82 个百分点，随后开始出现下降，2011 年、2012 年分别减少 0.39 和 0.28 个百分点。所以，净出口占 GDP 比重略微下

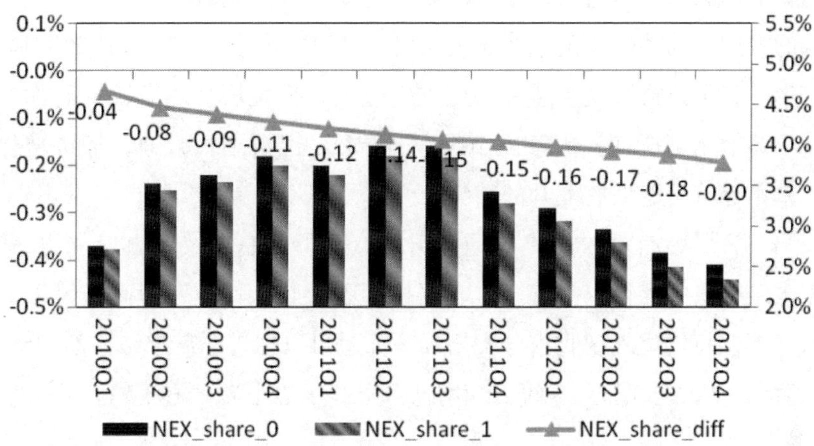

图 14-19 财政收入转移对净出口占 GDP 比重的影响

注：NEX_share_0 表示净出口占 GDP 比重的历史模拟数据，NEX_share_1 表示净出口占 GDP 比重的政策模拟数据，NEX_share_diff 表示政策模拟数据与历史模拟数据之差。

资料来源：本课题组计算。

降（图 14-20）。

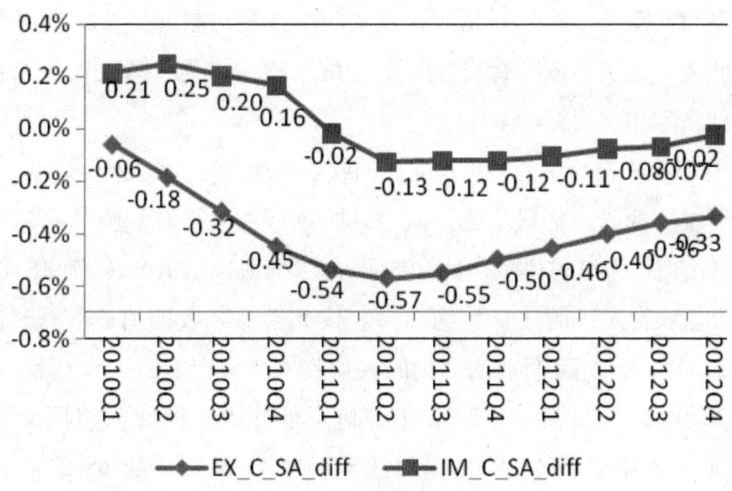

图 14-20 财政收入转移对进出口的影响

注：IM_C_SA_diff 表示经过季节调整的总进口季对季同比增长率的政策模拟数据与历史模拟数据之差。EX_C_SA_diff 表示经过季节调整的总出口季对季同比增长率的政策模拟数据与历史模拟数据之差。

资料来源：本课题组计算。

综上，如果政府适当控制财政收入增速，将由此减收的财政收入通过一定的方式平均地转移给全体城乡居民，其可能产生的宏观经济效果是：

第一，可以提高城乡居民的可支配收入，扩大居民消费，从而弥补了因（财政收入减少使）财政支出减少而导致的经济增长减速，经济增长速度将基本保持平稳略有上升的趋势。

第二，居民消费占GDP比重上升，资本形成总额及净出口占比下降，总需求结构将因此得以改善。这表明控制财政收入增速，提高居民可支配收入、不仅将优化宏观收入分配格局，而且可以促进总需求结构的调整。

第三，扩大进口需求，降低出口增速，净出口小幅下降。贸易顺差因此缩小。

二、政策模拟之二：假定减少的财政收入仅用于提高城乡低收入组别的收入水平

与上述情景1的设计不同，情景2假定降低财政收入增速而减收的财政收入仅用于提高城乡低收入组别的居民收入水平，以此降低现阶段不同收入组别间居民收入的差距。国务院2013年2月3日批转的《关于深化收入分配制度改革若干意见》指出，大幅减少扶贫对象，持续扩大中等收入群体的收入，逐步形成“橄榄型”的分配结构，将是中国收入分配制度深化改革的一项主要目标。

应用CQMM模型中的各组别居民的收入行为方程，假定减收的财政收入只转移给城乡低收入居民组别。其中，城镇组别包括最低收入户和低收入户，两者占城镇人口的比重均为10%；农村组别包括低收入户和中低收入户，两者占农村人口的比重均为20%。按此转移减收的财政收入，2010—2012年，城乡几个组别低收入居民的人均收入将分别增加716.2元、1115.9元和1522.0元。受此影响，2012年农村中低收入户的收入将因此增加到6329.0元，从原来的仅为中等收入组（7041.0元）的68.27%上升至89.89%；城镇低收入户的收入将因此增加到13945.5元[①]，与城镇中等偏下收入户的收入（16761.0元）之比也由原来的74.12%提高到83.20%。

① 由于国家统计局目前只公布城镇中等偏下收入户、中等收入户及中等偏上收入户等三组收入数据，该数据为课题组估算得到的。

政策模拟结果显示：与情景 1 的模拟结果相比（季对季增长率），GDP 增长率平均提高了 0.05 个百分点，居民消费增长率平均增加了 0.54 个百分点，固定资本形成总额增长率平均多下降了 0.25 个百分点。受此影响，居民消费占 GDP 比重进一步提高，资本形成总额及净出口占比进一步下降，总需求结构改善程度较之此前情景一的政策模拟再次提高了。

具体来看：

（1）将减收的财政收入用于提高城乡低收入组的居民收入，会在一定程度上提高 GDP 的增长率。2010 年 GDP 季对季的同比增长率可比情景 1 的政策模拟数据提高近 1.14 个百分点，整个模拟期间平均提高 0.05 个百分点。说明快速提高低收入组别城乡居民的收入水平有利于保持 GDP 的稳定增长（图 14-21）。

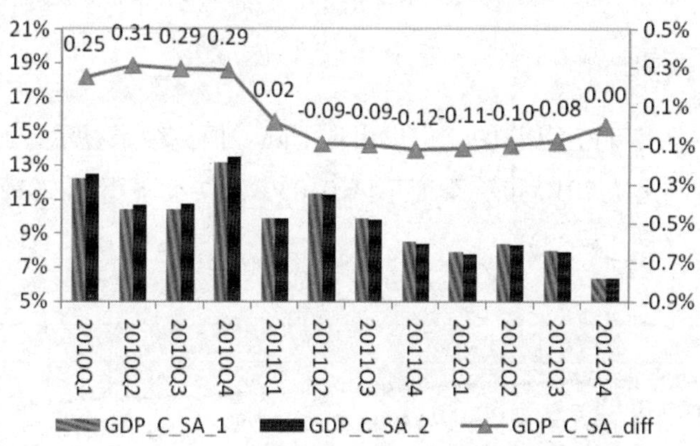

图 14-21　两种情景模拟对 GDP 的影响差异

注：GDP_C_SA_1 表示情景 1 经过季节调整的 GDP 季对季同比增长率的政策模拟数据，GDP_C_SA_2 表示情景 2 经过季节调整的 GDP 季对季同比增长率的政策模拟数据，GDP_C_SA_diff 表示情景 2 政策模拟数据与情景 1 政策模拟数据之差。

资料来源：本课题组计算。

（2）居民消费占 GDP 比重进一步提高，资本形成总额及净出口占比进一步下降，总需求结构改善力度加大。对比情景 1 的数据，居民消费占 GDP 的比重持续增加，从 2010 年一季度提高 0.19 个百分点持续增加到 2012 年四季度提高 0.57 个百分点；资本形成总额占比则由 2010 年一季度的下降 0.12 个百分点，逐渐下滑到 2012 年四季度的下降 0.39 个百分点（图 14-22）。

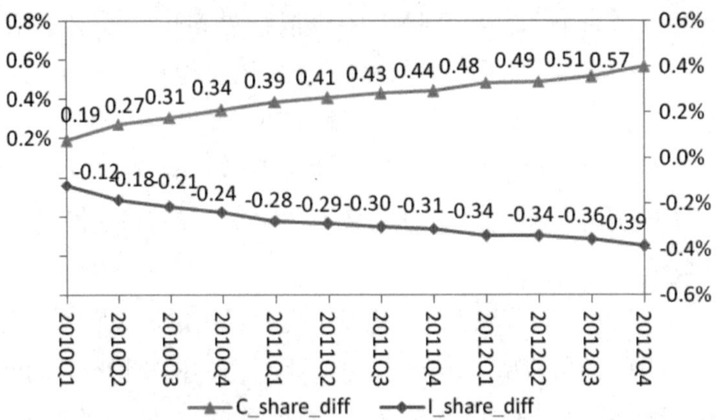

图 14-22　两种情景模拟对居民消费及资本形成总额占 GDP 比重差异

注：C_share_diff 表示情景 2 居民消费占 GDP 比重的政策模拟数据与情景 1 政策模拟数据之差；I_share_diff 表示情景 2 资本形成总额占 GDP 比重的政策模拟数据与情景 1 政策模拟数据之差。

资料来源：本课题组计算。

此外，净出口占 GDP 的比重也出现下降。模拟结果显示，与情景一相比，净出口占比从 2010 年一季度下降 0.03%，持续下滑到 2012 年四季度下降 0.12%（图 14-23）。

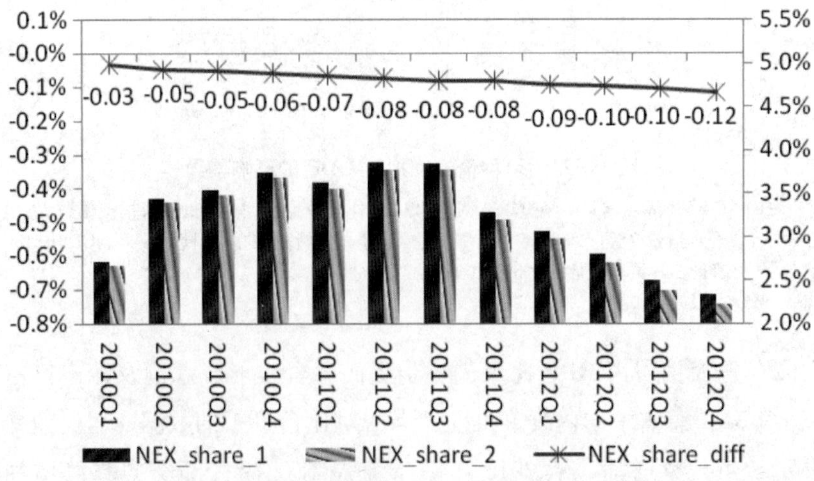

图 14-23　两种情景模拟下的净出口占 GDP 比重差异

注：NEX_share_1 表示情景 1 净出口占 GDP 比重的政策模拟数据，NEX_share_2 表示情景 2 净出口占 GDP 比重的政策模拟数据，NEX_share_diff 表示情景 2 与情景 1 政策模拟数据之差。

资料来源：本课题组计算。

综上，可以发现：如果将减收的财政收入转移给低收入组城乡居民，虽然还不足以抹平城乡低收入居民与中等收入居民之间的收入差异，但是，城乡低收入居民由此增加的收入已经颇为可观，由此产生的消费刺激效应，可以促进经济增长，进一步改善总需求结构。这表明，在控制财政收入增长速度的同时，将因此减收的财政收入向城乡低收入家庭转移，将有利于调整居民内部的收入差距，从而更好地扩大居民消费，降低投资比重，更为有效地改善总需求结构，促进经济增长。

第四节　政策建议

本次报告所进行的政策模拟实际上提出了两个政策建议。

第一，适度控制从而减缓财政收入的增长速度；

第二，将因此减收的财政收入通过一定方式——减税或转移支付——转移给城乡居民尤其是城乡中低收入居民，不仅可调整政府部门与居民部门之间的收入分配关系，而且还可缩小居民部门内部不同收入组别间的收入差距。

基于CQMM模型的政策模拟结果说明，这样的政策举措将有利于促进经济增长，缩小不同阶层居民之间的收入差距；增加居民消费，降低投资比重，扩大进口，降低出口，扩大内需，缩小贸易顺差。宏观经济效果良好。

然而，即使应用模型进行政策模拟得到如此结果，作为政策建议，仍然必须说明，在现今情况下，这一政策建议是现实可行而且是有必要的。

关于提高中低收入组城乡居民的收入，缩小居民内部的收入差距，在中国目前居民收入差距较大，国家统计局公布的基尼系数已达0.474（2012年）的情况下，其政策必要性是可以得到认同的。

可能有所争论的是：（1）中国的财政收入增速是否过高？（2）中国的政府收入占GDP比重是否已经过大，以致需要适当降低政府的财政收入增速，逐步控制政府收入占GDP比重的过快增长？

本课题组认为：

第一，适当降低财政收入的增长速度，控制政府收入占 GDP 比重过快增长是深化经济体制改革，处理好政府与市场的关系，推动经济发展方式转变的关键性手段之一。

显然，财政收入增速与政府收入占 GDP 的比重是相互联系的，只有在政府收入占 GDP 的比重已经过大至少不低于正常水平的情况下，适当控制财政收入的实际增速，使之与 GDP 的增长速度一致以至略低才是必要的。

2000 年以来，中国财政收入增长速度持续高于经济增长，与此同时，财政基数大幅度提高，预算内财政收入从 2000 年的 1.34 万亿元增长到 2012 年的 11.72 万亿元，增长了 8.75 倍，年均名义增速高达 19.8%，高出同期 GDP 增速约 9.8 个百分点。剔除了通货膨胀因素后，2000—2012 年，中国财政收入的年均实际增长速度约为 15.0%，平均高出同期 GDP 增速约 5.0 个百分点（图 14-24）。

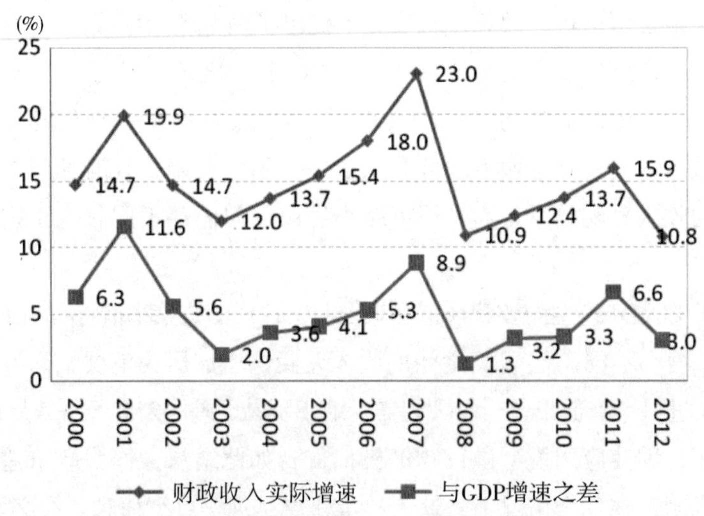

图 14-24　2000 年以来中国财政收入实际增速

资料来源：CEIC。

长期的财政收入超经济增速增长，使得其占 GDP 的比重迅速上升。2000 年，财政收入占 GDP 比重约为 13.5%；到 2012 年，该比重上升到 22.6%，年均增长约 0.75 个百分点。

需要指出的是，如果从更广义的政府实际支配的财力资源来看，预算内财政收入仅是其中的一部分。根据估算①，即使不包括国有企业利润，中国政府实际所能控制支配的收入总量远远大于财政收入，它在 2008 年就已经超过当年 GDP 的 30%，2010 年进一步上升到 35%。如果加上当年的国有企业利润②，政府实际所能控制支配的收入占比将更大。2010 年，该比重为 40.5%（表 14-3）。这样鲜明的情况对比已然说明，当前国民收入分配结构进而国民经济结构失衡的关键原因在于：政府实际可支配的收入增长过快，压缩了居民收入的增长空间，抑制了居民的消费需求，并且在以 GDP 增长为主的政绩考核制度刺激下，政府既有财力又有意愿倾向于通过投资拉动经济增长，从而使得总需求结构长期无法得到根本性修正，扩大内需尤其是最终消费需求更是无源之水，难以持久。如果从比重变动趋势来看，近十年，尤其是自 2007 年以来，各发达国家及主要发展中国家的财政收入占 GDP 的比重均出现不同程度的下降，而中国的财政占比则保持持续上升的趋势（表 14-4）。

表 14-3　2007—2010 年中国政府所能支配的总收入

（单位：亿元）

年份	GDP	政府总收入								
		公共财政收入	预算外收入	政府性基金收入	国有资本经营预算收入	社会保险基金收入	合计	占 GDP 比重	国有企业利润	加入国有企业利润占比
2007	265810	51321.8	6820.3	10737	140	8729	77748.1	29.2	16200	35.3
2008	314045	61330.4	6617.3	14985	444	10805	94181.7	30.0	13335.2	34.2

① 张俊远、李文溥：《对我国政府收支比重与结构的一个初步估算》，厦门大学宏观经济研究中心工作论文，2012 年。

② 尽管当前国有企业的经营利润上缴国家财政的比例还很低，国有企业未上缴的利润也并不构成国家财政收入的一部分，但是，从国有企业资产是全民所有的资产角度看，其利润除按照国家规定的国有企业管理制度可以分给企业员工或用于员工集体福利的部分之外，剩下的属于所有者权益，也即属于全民所有从而属于其代表——国家所有。因此，国有企业的全部利润（扣除可以分给企业员工或用于集体福利的部分），从理论上说，即使是在与其他市场主体平等竞争的情况下获得的真实利润，也应当属于国家所有，应当视为政府可支配的社会资源一部分。此外，有研究指出：现有的国有企业利润包含了大量国家应收未收的租金等，实行成本还原后，国有企业的平均利润率甚至为负。也就是说，现有的国有企业利润其实是国家资源的一种不正常的转移支付。因此，从实际的国有企业利润的真实来源看，其本来也应属于国家的资源收入。

续表

年份	GDP	政府总收入								
		公共财政收入	预算外收入	政府性基金收入	国有资本经营预算收入	社会保险基金收入	合计	占 GDP 比重	国有企业利润	加入国有企业利润占比
2009	340903	68518. 3	6414. 7	18351	989	12780	107053	31. 4	15606. 8	36. 0
2010	401513	83101. 5	5794. 4	36785	—	17071	142751. 9	35. 6	19870. 6	40. 5

资料来源：CEIC 及财政部网站。

表 14-4　世界主要国家财政收入占 GDP 比重

（单位:%）

年份	美国	德国	法国	英国	日本	中国	巴西	印度
2001	34. 3	45. 0	50. 0	37. 8	30. 3	15. 1	33. 9	17. 1
2002	31. 8	44. 6	49. 6	36. 4	28. 9	15. 9	35. 1	17. 6
2003	31. 2	44. 8	49. 3	35. 9	28. 4	16. 2	34. 0	18. 2
2004	31. 5	43. 6	49. 6	36. 4	27. 9	16. 6	33. 3	18. 9
2005	33. 0	43. 8	50. 6	36. 9	29. 3	17. 2	34. 4	19. 1
2006	33. 8	43. 9	50. 6	37. 7	30. 8	18. 2	34. 6	20. 2
2007	33. 9	43. 7	49. 8	37. 3	31. 2	19. 8	34. 3	21. 8
2008	32. 5	44. 0	49. 9	37. 9	31. 6	19. 7	34. 9	20. 1
2009	30. 9	44. 9	49. 2	36. 6	29. 6	20. 2	33. 9	19. 2
2010	31. 7	43. 6	49. 5	36. 4	29. 6	21. 3	35. 4	18. 7

注：这里的财政收入主要包括税收、社会保障缴费、赠与收入及其他收入。中国数据与表14-3 的估算会有所偏差。

资料来源：IMF World Economic Outlook Database。

此外，更为关键的是，上述政策模拟假设仅是针对财政收入进行调整，并没有对财政支出结构进行调整。如果能在收入调整的基础上，进一步优化财政支出结构，在政府公务活动中厉行节约，减少政府日常行政管理费用支出，加大民生和保障领域支出，加大转移支付力度，特别是对农村居民的转移支付，其宏观经济效果无疑将更为良好。在支出方面，以2007 年为例，美国约 40%、日本约 60%用于转移支付项目，是同期中国的2. 14 倍、3. 27 倍；美国、日本的政府再分配支出占 GDP 比重分别为

12.4%和 20.7%，分别是同期中国的 3.1 倍和 5.2 倍[①]。无论是从转移支付占政府总支出的比重，还是从政府再分配支出占 GDP 的比重，美国、日本等发达市场经济国家都要远远高于中国。过多的政府财政收入用于政府投资项目，用于维持政府运转，用于公务活动开支，势必导致政府规模过大，侵蚀本应由市场机制发挥作用的领域，难以实现经济发展方式的根本转变；同时，政府的公务消费支出过多，容易导致浪费，滋生腐败，降低政府所支配的财力资源以至全社会的资源配置及利用效率。因此，如果各级政府能够认真贯彻中共中央政治局最近做出的关于改进工作作风、密切联系群众的八项规定，认真执行中央关于厉行勤俭节约，严格遵守廉洁从政有关规定，严格执行住房、车辆配备等有关工作和生活待遇的规定，调整财政支出结构的力度足够大的话，甚至于可以在保持财政收入现有增长水平的基础上，仅仅通过调整财政支出的结构和使用方向，就可实现上述政策模拟结果。

第二，提高居民消费水平，必须重视调整政府部门与居民部门的国民收入分配比例。中国最近正在进行的税制体系调整的一项重要内容就是改变以间接税为主的税收体制，提高直接税的比重，以缩小居民收入差距、扩大居民消费。2011 年，中国增值税、消费税、营业税、关税四大税种的税收收入约为 4.74 万亿元，占全部税收收入的 52.9%。如果加上进口产品的增值税和消费税，间接税收入约为 6.10 万亿元，占全部税收收入的 68.0%；企业所得税、个人所得税和房产税的税收收入合计约为 2.39 万亿元，占全部税收收入的 26.7%，其中，房产税仅就占全部税收的 1.23%。这与发达国家的税收收入构成形成鲜明对比。2011 年，美国联邦、州和地方的财政总税收预算为 3.63 万亿美元，属于个人直接缴纳的税收比例高达 75%，而消费税等间接税种占比仅在 5%左右。由于间接税主要针对生产环节和流通环节，往往会被生产者或销售者向下游转移，导致税负主要或完全由最终消费者承担，从而加重了消费者负担。因此，一般而言，一个国家或地区的间接税占比越大，直接税占比越小，越不利于缩小居民收入差距以及提高居民消费。

① 谢攀：《国民收入分配格局的国际比较》，厦门大学宏观经济研究中心工作论文，2011 年。

然而，提高直接税比重存在多种路径。不同的路径可能导致居民税负水平的不同变化而影响居民的消费。通过模拟不同税负水平下，直接税比重变化对居民消费的作用，可以发现：税负水平对居民消费的作用要远远大于调整税制结构对居民消费的作用。与税负水平相比，税制结构调整对居民消费的作用较小。如果直接税比重上升是以税负水平增加为代价的话，提高直接税占比将很难弥补税负水平上升对居民消费的负作用①。因此，在财政收入占 GDP 比重，尤其是总体税负水平没有下降的情况下，以提高直接税比重为导向的税制结构调整将难以有效促进居民消费水平的提升。

因此，在实行税制结构调整的同时，必须逐步降低居民的税负水平，方能调整政府部门与居民部门的收入分配关系，有效地提高居民收入，扩大居民消费。

① 王燕武、习甜：《税收负担、税制结构与居民消费：中国经验的检验》，厦门大学宏观经济研究中心工作论文，2012 年。

第十五章　2013 年秋季报告[①]

第一节　2013 年上半年中国宏观经济运行回顾

2013 年上半年外部市场需求低迷加上国内产能过剩，导致中国工业生产增长乏力，经济增速持续下降，公共财政收入增速大幅度下滑；城乡居民实际收入增速的减缓，从根本上抑制了居民消费需求的扩张；在这种情况下，固定资产投资依然成为经济增长的主要驱动力。展望下半年，从国际经济环境看，虽然欧元区经济持续萎缩，限制了中国对欧洲的出口，但是，美国经济以及发展中经济体经济的平稳增长，则有利于缓解中国出口增长减速的压力。然而，中国国内实体经济的减速、公共财政收入增速下滑以及居民实际收入增速减缓、民间投资需求疲软等，却成为中国经济保持在合理增长区间的重要障碍。总体而言，2013 年中国经济增长有望实现中央年初制定的 7.5%的增长目标，并保持价格水平的稳定，但是，宏观经济政策当局仍应未雨绸缪，根据经济发展的动态，积极主动、适时适度地进行宏观经济政策的预调、微调，确保中国经济保持在合理增长区间。与此同时，及时启动新一轮社会经济体制改革，发展和完善社会主义市场经济，促进平等竞争，拓展资源优化空间，矫正要素比价扭曲，调整经济结构，改善政府公共管理，降低企业负担，提高供给效率，释放经济增长

---

① 教育部高校人文社会科学重点研究基地重大项目“中国季度宏观经济模型”（05JJD790093）成果。本报告于 2013 年 8 月 18 日在厦门、新加坡通过电子视频同步发布。

潜能，培育内需，将成为中国社会经济发展转型，从中等收入经济体向更高发展阶段顺利过渡，实现中国梦的重要体制、机制保障。

一、经济增长减速，结构失衡持续

外部市场需求的萎缩以及近年来过度投资所引发的产能过剩，使中国工业生产增速和国内生产总值（GDP）增速双双持续下降（图 15-1）。工业增加值（季度累计）的增速从 2010 年一季度的 19.6%下降到 2013 年二季度的 9.3%；同期，GDP（季度累计）增速也从 12.1%下降到 7.6%，双双创下了近三年来的最低增长速度。

从支出法核算的 GDP 各项累计贡献率来看，2013 年上半年投资对 GDP 增长的贡献率由一季度的 30.3%提高到 53.9%，也比上年同期提高了 2.7 个百分点；最终消费的贡献率由一季度的 55.5%下降到 45.2%，比上年同期下降了 5.2 个百分点；货物和服务净流出对 GDP 的贡献率虽然由负转正，但是仅为 0.9%。因此，上半年中国经济在持续减速的同时，结构失衡的局面也在继续；投资依然是经济增长的主要驱动力。

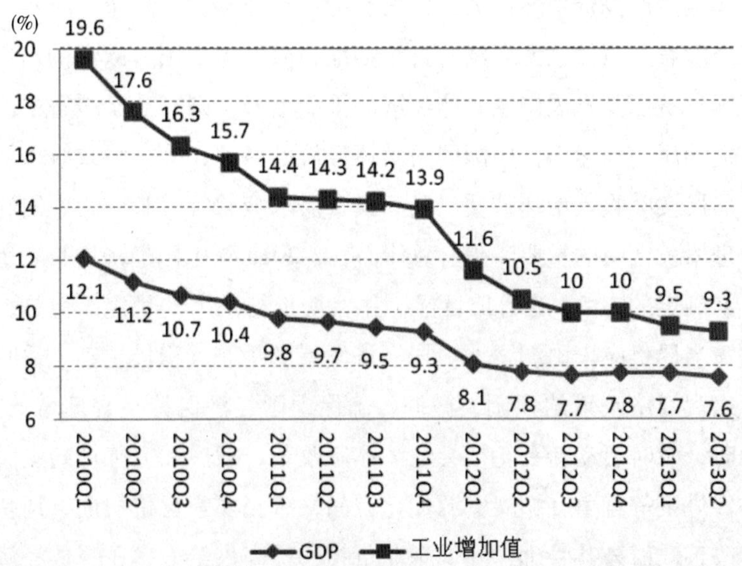

图 15-1　GDP 和工业增加值（季度累计同比）增速变化（2010—2013 年）

资料来源：CEIC。

二、制造业投资增速大幅下滑，交通运输领域的投资明显加快

2013 年上半年，城镇固定资产投资累计增速为 20.1%，比上年同期小幅下降 0.3 个百分点。分行业看，上半年制造业投资累计增速为 17.1%，比上年同期下降 7.4 个百分点，是近十年的最低增速；房地产业投资累计增速为 22.9%，比上年同期上升了 0.8 个百分点；交通运输、仓储及邮政业投资累计增速为 21.5%，比上年同期上升了 23.5 个百分点（图 15-2）。制造业投资累计增速的大幅下滑，是 2013 年上半年实体经济减速的一个重要表现，同时也反映了中国目前产能过剩的现实。

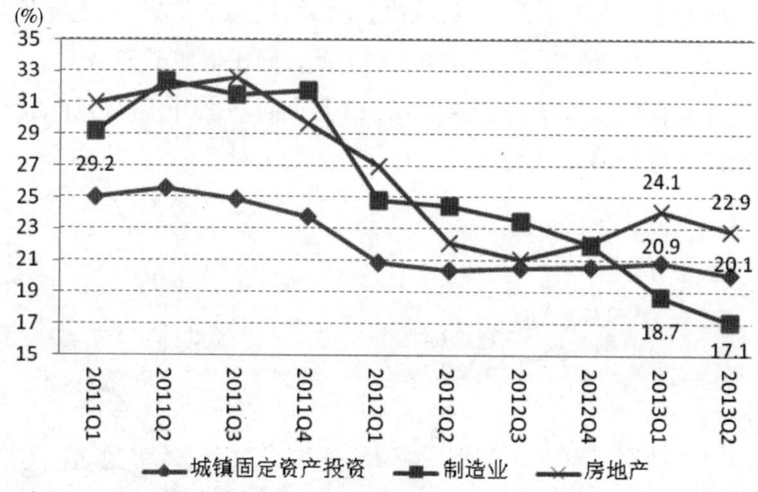

图 15-2 城镇固定资产投资及分行业累计同比增速

资料来源：CEIC。

此外，从项目来源看，2013 年上半年中央项目的投资增速为 9.7%，比上年同期提高 13.8 个百分点；地方项目的投资增速为 20.7%，比上年同期小幅下降 1.4 个百分点。从投资主体看，2013 年上半年国有及国有控股企业累计投资增速为 17.5%，比上年同期增加了 3.7 个百分点；港澳台商投资企业投资增速为 7.5%，比上年同期下降了 3.7 个百分点；外商投资企业投资增速为 3.9%，比上年同期下降 10 个百分点。从资金来源看，2013 年来自国内贷款的投资增速为 13%，比上年同期上升了 7.2 个百分

点；来自企业自筹的投资增速为 18. 6%，比上年同期下降了 4. 3 个百分点；利用外资的投资增速为-8. 4%，比上年同期降低了 2. 9 个百分点。可以认为，2013 年上半年外部市场需求冲击以及国内产能过剩导致非国有企业投资增速明显下滑；国有及国有控股企业、国内贷款投资以及交通运输领域（以及房地产）投资增速的大幅提高，是上半年固定资产投资增速得以平稳增长的重要因素。

三、进出口增长乏力，贸易顺差持续扩大

2013 年上半年主要经济体需求疲软、人民币持续升值以及工资的提高导致中国进出口增长乏力。上半年按美元计的出口总额增速为 10. 4%，仅比上年同期上升了 1. 3 个百分点；进口总额增速为 6. 7%，与上年同期持平（图 15-3）。贸易顺差累计 1079. 5 亿美元，同比增加了 57. 4%。上半年实际利用外商直接投资增速为 4. 8%，比上年同期上升了 7. 8 个百分点；新增外汇储备为 1851 亿美元。

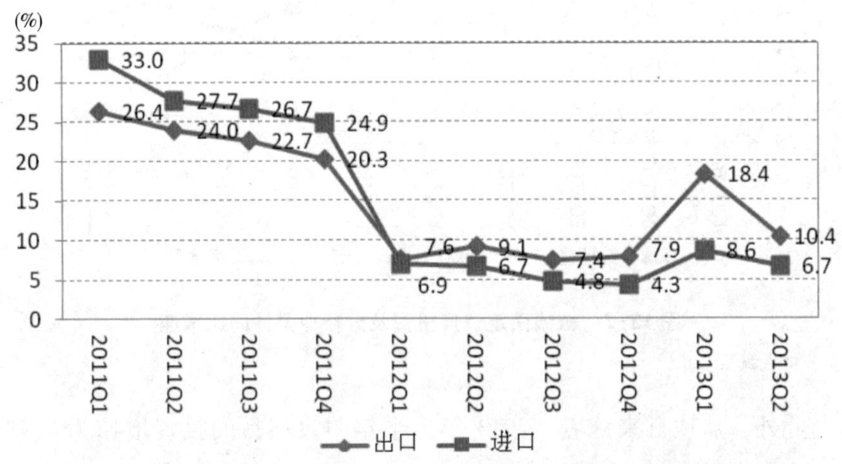

图 15-3 出口和进口名义累计同比增速

资料来源：CEIC。

从贸易构成来看，2013 年上半年一般贸易出口增速为 10%，比上年同期回落 0. 1 个百分点；一般贸易进口增速为 3%，比上年同期回落 4. 8 个百分点；一般贸易项下逆差累计为 233 亿美元。加工贸易出口增速-0. 9%，

比上年同期回落 7.3 个百分点；加工贸易进口增速为 4.6%，比上年同期上升 3.9 个百分点；加工贸易项下顺差缩小至 1729 亿美元。从进出口区域构成来看，2013 年上半年中国对欧洲的出口增速为-2.1%，对美国的出口增速为 1.7%，对亚洲的出口增速为 20.1%。中国对欧洲出口占总出口的份额上半年为 17.8%，比上年同期下降 2.3 个百分点；对美国出口所占的份额为 16.0%，比上年同期下降 1.3 个百分点；对亚洲出口所占的份额为 52.7%，比上年同期上升 4.3 个百分点。进口方面，2013 年上半年中国从欧洲进口的增速为 7.3%，从美国进口的增速为 15.1%，从亚洲进口的增速为 7.3%；三个地区的进口份额大致稳定。

四、居民实际收入增速下滑，国内消费增长减速

2013 年上半年，由于工资性收入增长减速，城镇居民人均可支配收入仅为 13649 元；扣除价格变化后实际增长 6.5%，低于同期的经济增长率；比 2011 年同期下降了 1.1 个百分点，比 2012 年同期下降了 3.2 个百分点。由于农产品价格回落，2013 年上半年农村人均现金收入为 4817 元，扣除价格变化后实际增长 9.2%；增速比 2011 年同期下降了 4.5 个百分点，比 2012 年同期下降 3.2 个百分点（图 15-4）。城乡居民实际收入增速的大幅下滑从根本上抑制了居民消费需求扩张。

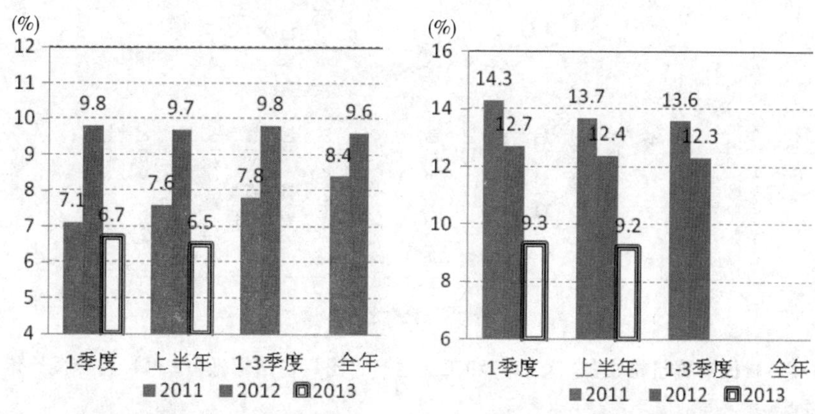

图 15-4　城镇人均可支配收入和农村人均现金收入实际累计同比增速

注：国家统计局不公布年末的农村人均现金实际收入同比增速。

资料来源：CEIC。

2013 年上半年消费品零售总额仅增长 12.7%，增速比上年同期下降了 1.7 个百分点，是 2008 年以来的最低增速。其中，按城乡分，占总额比重 85%的城镇消费品零售额增长 12.5%，增速比上年同期下降 1.8 个百分点；农村消费品零售额增长 14.3%，增速回落 0.2 个百分点。按住户调查数据，2013 年上半年城镇居民累计人均消费支出增长 7.2%，增速比 2011 年同期下降 4.2 个百分点，比 2012 年同期下降 4.8 个百分点；农村居民累计人均现金消费支出增长 12.8%，增速比 2011 年同期下降 10.3 个百分点，比 2012 年同期下降 3.8 个百分点。

五、CPI 变化平稳，PPI 持续下跌

至 2013 年 6 月（图 15-5），居民消费价格指数（CPI）同比上涨 2.7%，其中翘尾因素贡献 70.4%，当年价格上涨因素贡献 29.6%。扣除食品和能源的 CPI 上涨 1.7%，非食品 CPI 上涨 1.6%。结合环比数据，2013 年上半年 CPI 的变化较为平缓。另一方面，工业生产者出厂价格指数（PPI）持续下降。至 2013 年 6 月，PPI 同比下跌 2.7%，而且下跌的幅度不断扩大。PPI 下降可能源自于大宗商品价格的下跌；① 同时也是现阶段中

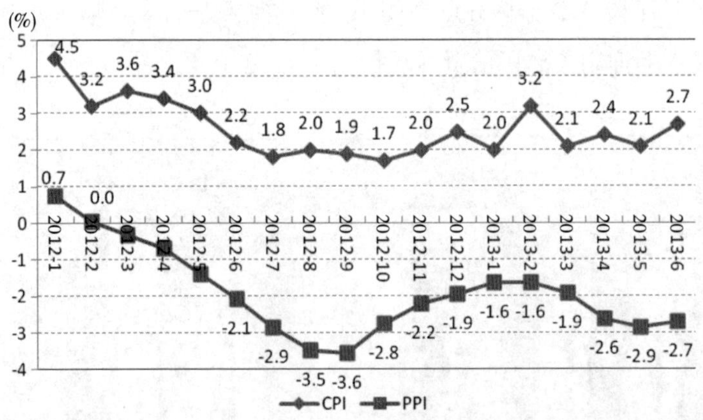

图 15-5 居民消费价格指数（CPI）和工业生产者出厂价格指数（PPI）月度同比增速

资料来源：CEIC。

① 道琼斯—瑞银商品指数（Dow Jones-UBS Commodity Index）显示，大宗商品价格已较 2008 年峰值下跌了约 46%。

国钢铁、煤炭、玻璃、铝、光伏、水泥等行业（结构性）产能过剩的体现。

六、货币政策稳健趋紧，财政政策积极微调

2013 年上半年货币政策基本维持稳健趋紧的态势，货币信贷增速平稳下滑。一季度广义货币供应量（M2）同比增长 15.7%，二季度增长 14%，增速分别比上年同期下降了 2.46 和 4.47 个百分点。至 6 月末，流通中现金（M0）增长 9.7%，增速比上年同期下降 1.1 个百分点。2013 年上半年人民币贷款余额同比增长 14.2%，增速比上年同期下降 1.8 个百分点；新增贷款 5.1 万亿元，同比多 2218 亿元。其中，新增贷款中房地产行业所占比重大幅度增长，约占 25.6%，比上年同期提高了近 14 个百分点。与此同时，2013 年上半年社会融资总量快速增长，至 6 月同比增速达到 30.5%。人民币新增贷款占新增社会融资总量的比重为 50%，比上年同期下降 19.9 个百分点。

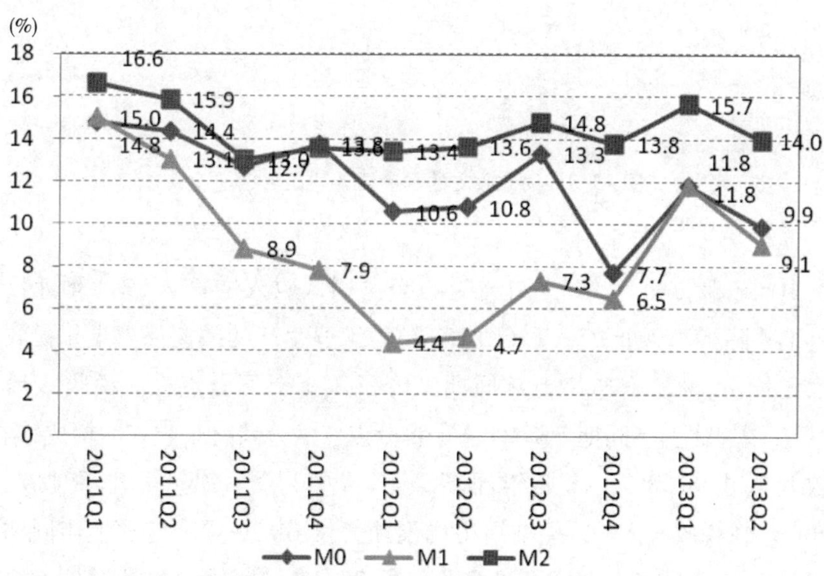

图 15-6　各项货币供应量季度同比增速

资料来源：CEIC。

2013 年上半年中国经济在货币与信贷扩张的情况下，出现了制造业投

资减速以及经济增长减速。这一方面说明，实体经济减速直接抑制了实体经济的投资意愿，从而制约了货币政策的效应；另一方面也意味着新增的贷款中，较大部分并没有进入实体经济领域，而是流入了国家严格调控的房地产业，进入实体经济领域的，有一部分可能被产能过剩的企业用来进行债务再融资或支付利息，而没有形成对实体经济的投资；更重要的，还说明在现有的增长方式下投资对经济增长的拉动能力在降低，金融体系的资金配置对经济增长的贡献也在减弱。

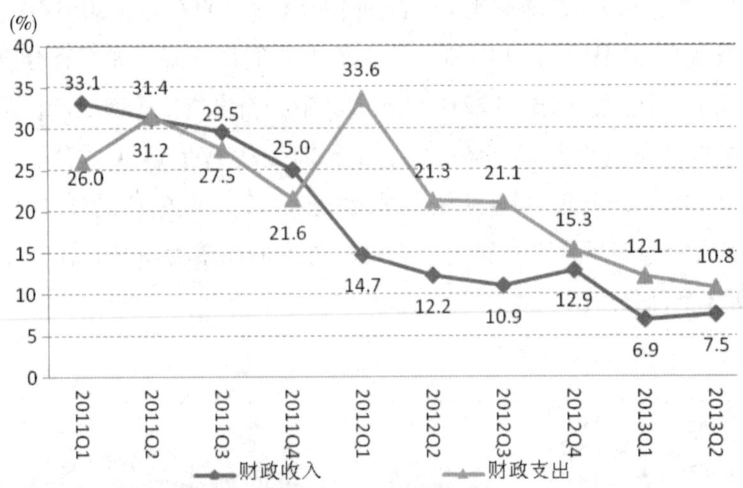

图15-7　财政收支的季度累计同比名义增速

资料来源：CEIC。

财政政策方面，2013年上半年，公共财政收入增长7.5%，增速比上年同期下降了4.7个百分点（图15-7）。工业生产的减速使上半年税收收入仅增长7.9%，增速比上年同期下降了1.9个百分点；非税收入增长5.3%，增速比上年同期下降24.2个百分点。从公共财政收入的构成来看，税收收入占86.4%，比上年同期上升了0.3个百分点；非税收入占13.6%。在税收收入中，企业所得税累计增长14.2%，增速比上年同期回落了3.1个百分点，占全部税收收入的25.3%；增值税累计增长6.6%，增速回落1.45个百分点，占全部税收收入的24.2%；营业税累计增长12.9%，增速比上年同期上升了3.2个百分点，占全部税收收入的14.9%。此外，与经济减速关系密切的一般贸易进口增速的下降也导致进口货物消

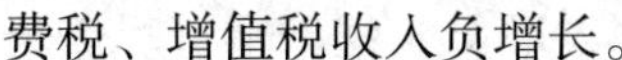
费税、增值税收入负增长。

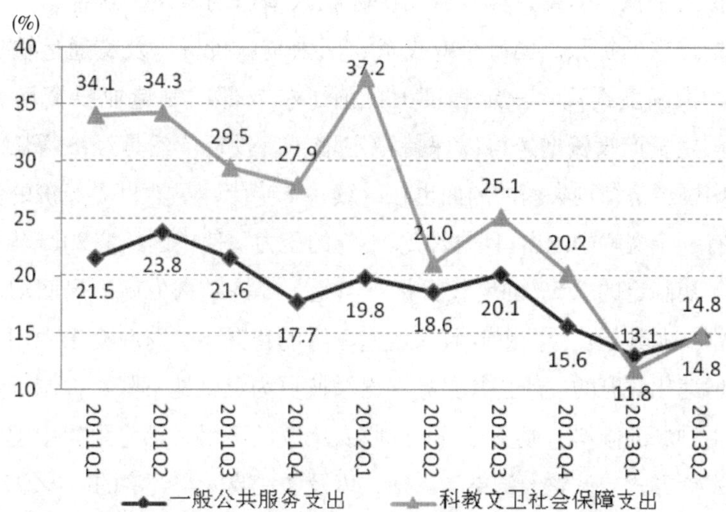

图 15-8　狭义民生公共财政支出季度累计同比速

资料来源：CEIC。

公共财政收入增速的下滑致使公共财政支出的增长速度也大幅度地降低（图 15-7）。至 6 月份，公共财政支出累计增长 10.8%，增速比上年同期下降了 10.5 个百分点，成为近年来的最低增速。从公共财政支出的构成看，一般公共服务支出累计增长 14.8%，增速比上年同期回落了 3.8 个百分点，占全部公共财政支出的 10.4%；教育、科学技术、文化体育与传媒、医疗卫生、社会保障和就业总支出等民生相关的支出累计增长 14.8%，增速回落了 6.2 个百分点（图 15-8），占全部公共财政支出的 38.5%。尽管从年中开始，财政政策出台了不少微调措施①，但是，在当前实体经济明显减速，投资与经济增长的关系日趋减弱的现实背景下，因公共财政收入增速下降而降低公共财政支出中民生领域的支出增速，显然不利于推进经济结构调整，以及经济发展方式转变。

综上，2013 年上半年外部市场需求低迷加上国内产能过剩，导致工业

① 2013 年 7 月出台的降低政府一般性公共服务支出 5%，8 月 1 日开始在全国范围内实施“营改增”，停止修建楼堂馆所，以及减免微小企业税收、优化出口企业行政管理措施并保障铁路资金建设等方面的微调措施。

生产增长乏力，经济增速持续下降，公共财政收入增速大幅下滑。尽管价格水平保持平稳，但是，城乡居民实际收入增速的减缓，从根本上抑制了居民消费需求的扩张。国有企业投资、国内贷款投资以及交通运输领域投资增速的大幅度提高，一定程度上抵消了私人部门制造业投资增速的下滑，使固定资产投资增速得以保持稳定增长。投资依然是经济增长的主要动力，中国经济结构失衡的局面也在继续。下半年，虽然世界经济的恢复性增长将有利于缓解中国出口增长持续下降的压力，使中国经济 2013 年有望实现中央年初制定的 7.5%的增长目标，但是，经济结构失衡的局面却可能进一步加剧。尤其是在公共财政收入增速下降的背景下，财政支出中用于民生的支出增速比政府的一般公共服务支出增速更为急剧地下降，抑制了财政支出向民生领域的倾斜，城乡居民实际收入增速的下滑，都将阻碍中国经济转变经济发展方式、调整经济结构失衡，以及居民收入与经济的同步增长。

第二节　2013—2014 年中国宏观经济预测

一、CQMM 模型的改进

自 2006 年中国季度宏观经济模型（CQMM）投入运行以来，本课题组紧密跟踪中国现实经济的变化，不断修改完善模型，以使其能够更准确地刻画中国宏观经济的运行特征，把握现实经济的运行机理，提高经济预测的精确度以及强化政策模拟功能。此次发布，本课题组对 CQMM 进行了以下两个方面的拓展和完善：一是增加了供给面的模块，从过去基于支出法 GDP 构成建立的以总需求为导向的动态结构式季度宏观经济模型成功转型为以总供给和总需求均衡为主体框架的动态结构式模型，实现了模型构建的一个突破性进展。新一代的 CQMM 可从总供给与总需求互动的角度进行宏观经济预测与政策模拟。此次预测，本课题组针对现阶段中国经济存在的产能过剩问题，利用模型测定了中国产能过剩的程度，第一次在政策模拟中发现了不同的宏观经济政策对缩小或扩大中国的产能过剩程度的影响；二是完善了财政政策模块，实现了税收收支的内生化，从而使 CQMM 能够分析实体经济减速对公共财政收入的影响，进而探讨规范财政体制，调整财税制度对经济增长、税收变动趋势的影响，对财政体制调整的宏观经济效应进行量化分析。

（一）引入生产函数，测定产出缺口

本课题组通过构建季度资本存量和就业的数据，估计生产函数；并内生化就业、工资、物质资本存量以及企业利润等供给面的宏观变量。以此为基础，应用生产函数法，估算中国经济的潜在产出，测定产出缺口。在加入供给模块之后，CQMM 从过去基于支出法 GDP 构成建立的总需求导向的动态结构式季度宏观经济模型成功转型为以总供给和总需求均衡为主体框架的模型。这是模型构建的一个突破性进展，不仅能使 CQMM 更加准确地把握中国现实经济运行的机理，而且还从根本上拓展了 CQMM 的应用领域。

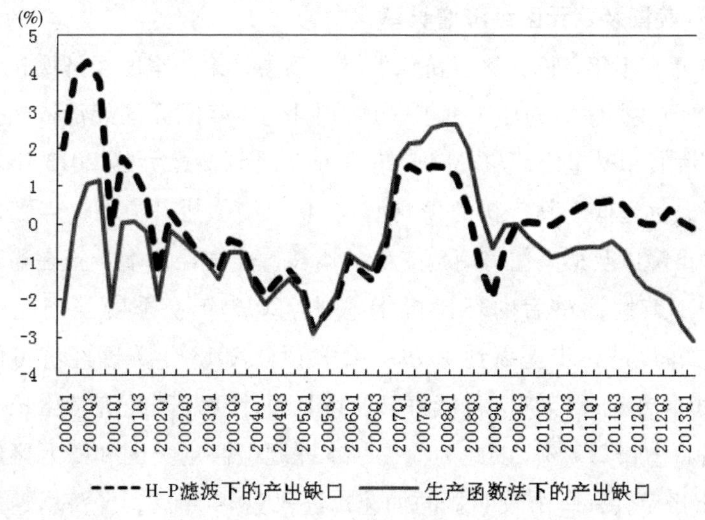

图 15-9　基于 CQMM 计算的产出缺口

资料来源：课题组估算。

计算产出缺口的一种常用方法是利用 H-P 滤波计算实际产出与其趋势（潜在产出）的缺口。图 15-9 表明利用这种方法计算的产出缺口与现实存在着背离：利用 H-P 滤波计算的近期中国经济的产出缺口是正的，这意味着不存在产能过剩的情况。然而，根据拓展后的 CQMM 的估算结果表明，自 2009 年起，中国经济产出缺口就开始呈现出持续扩大的态势。显然，利用拓展后的 CQMM 计算结果更为接近中国经济目前的实际情况。CQMM 的计算结果说明，过去三四年期间应对金融危机而采用的扩张性政策导致中国经济不仅存在行业结构上的产能过剩，而且还存在经济总量上的产能过剩。

（二）内生公共财政收入，完善财政模块

为了研究中国实体经济减速对公共财政收入增长的影响，本课题组在原来 CQMM 财政模块的基础上，把税收收入作为内生变量引入模型。假定公共财政收入中的非税收入为外生变量，通过构建税收收入的行为方程，CQMM 可以研究中国经济增长与公共财政收入增长之间的内在决定关系；以此为基础，探讨政府收入总量与构成的变化对公共财政支出以及宏观经济总供需的影响。

二、模型外生变量的假设

（一）美国及欧元区经济增长率

2013 年上半年，欧元区经济依然增长乏力，第一季度经济增长萎缩了 1.1%（季节性调整后的环比折年率）。预计上半年欧元区经济依然处在减速期。国际货币基金组织（IMF）2013 年 7 月预测欧元区 2013 年增长率为-0.6%，远远低于其年初的预测值（-0.2%）。另一方面，伴随着失业率的缓慢下降以及私人住房消费支出的增长，美国经济增长正在稳步复苏之中。按季节性调整后的环比折年率看，2013 年一季度美国经济增长 1.1%，二季度进一步提高到 1.7%。IMF 预计 2013 年美国经济可能增长 1.7%。2014 年全球经济应持续好转，IMF 预计欧元区经济将增长 0.9%，美国经济将增长 2.7%。以此为前提，本课题组假定美国和欧元区经济在 2013 年下半年会有一个较明显的加速；进入 2014 年后，经济增速则基本维持平稳（图 15-10）。

（二）主要汇率水平

根据上述对欧元区以及美国经济前景的预测，预计 2013 年下半年欧元兑美元依然维持贬值的态势，至四季度末，欧元兑美元的汇率可能跌至 1∶1.27 的水平；2014 年随着欧元区经济走势趋于平稳，全年欧元兑美元的汇率可以维持在 1∶1.28 的水平。在人民币汇率方面，人民币长期升值的趋势仍难以根本改变，但是短期内人民币双向浮动的可能性更大。受全

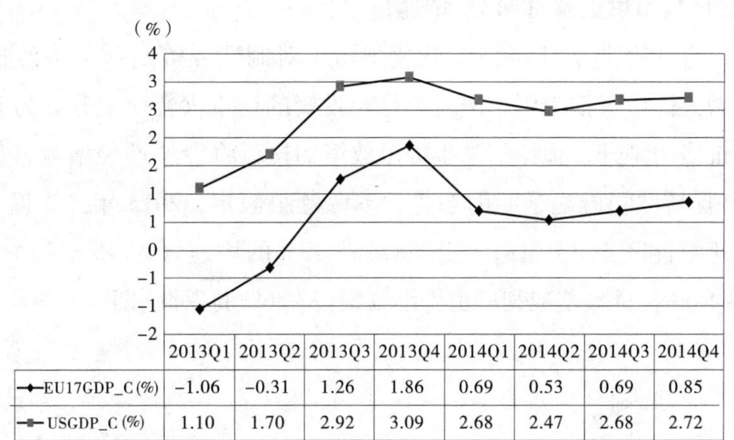

	2013Q1	2013Q2	2013Q3	2013Q4	2014Q1	2014Q2	2014Q3	2014Q4
EU17GDP_C (%)	−1.06	−0.31	1.26	1.86	0.69	0.53	0.69	0.85
USGDP_C (%)	1.10	1.70	2.92	3.09	2.68	2.47	2.68	2.72

图 15-10　美国与欧元区经济增长率的变化趋势假定（季节性调整后的环比折年率）

注：EU17GDP_C 表示欧元区 GDP 增速；USGDP_C 表示美国 GDP 增速。

资料来源：本课题组假定。

球经济前景不确定的影响，中国出口增速将放缓，贸易顺差继续收窄，资本流入减缓。这些因素都将减轻人民币升值压力，人民币升值的速度也将有所放缓。预计至 2013 年末，美元兑人民币汇率将为 1∶6.11，2014 年末可能达到 1∶6.03 的水平（图 15-11）。

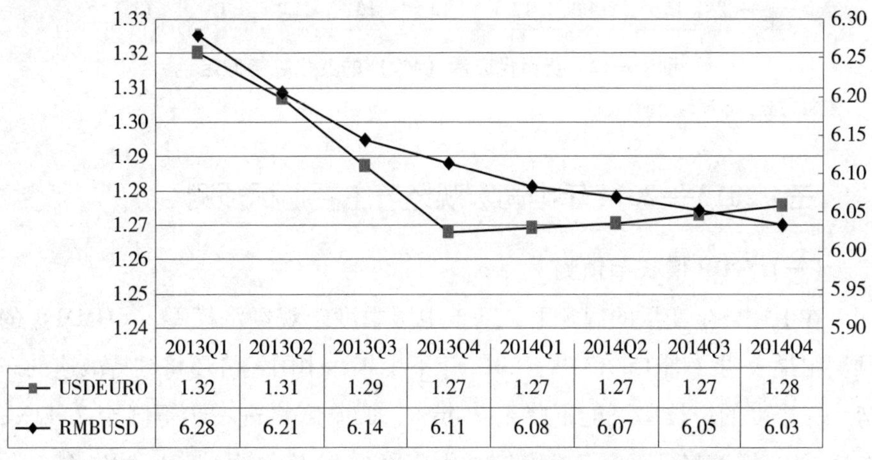

	2013Q1	2013Q2	2013Q3	2013Q4	2014Q1	2014Q2	2014Q3	2014Q4
USDEURO	1.32	1.31	1.29	1.27	1.27	1.27	1.27	1.28
RMBUSD	6.28	6.21	6.14	6.11	6.08	6.07	6.05	6.03

图 15-11　美元兑欧元汇率（左）、人民币兑美元汇率的变化趋势假定（右）

注：RMBUSD 表示人民币/美元（右轴）；USDEURO 表示美元/欧元（左轴）。

资料来源：本课题组假定。

（三）货币供应量（M2）增速

2013 年上半年实体经济的减速削弱了对制造业等实体经济的投资意愿，新增人民币贷款中用于房地产行业投资的比重大幅度上升。为避免资产市场价格的攀升，预计下半年货币政策的执行将会“严控增量、盘活存量”，并保持“稳健趋紧”的态势。本课题组假定，2013 年三季度 M2 的同比增速可能降至 13.5%，之后将维持 13%的增速（图 15-12）。此外，至 2014 年底，贷款基准利率也将继续维持在 6%的现行水平。

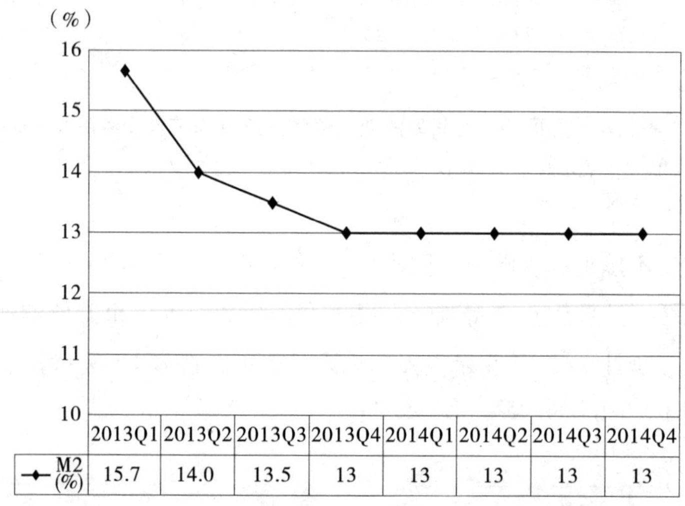

图 15-12 货币代应量（M2）的变化趋势假定

资料来源：本课题组假定。

三、2013—2014 年中国宏观经济主要指标预测

（一）GDP 增长率预测

在上述外生变量的假定下，基于中国季度宏观经济模型（CQMM）的预测结果表明（图 15-13）[①]：2013 年下半年，中国经济还将维持减速的态势，三季度的增长率可能下降至 7.46%，四季度将进一步下降至 7.42%；全年 GDP 增速将下降至 7.54%，比上年降低 0.26 个百分点。2014 年，预计 GDP 增长率可回升至 7.79%。

① 本报告的所有预测结果都是根据季节性调整之后的数值计算的。

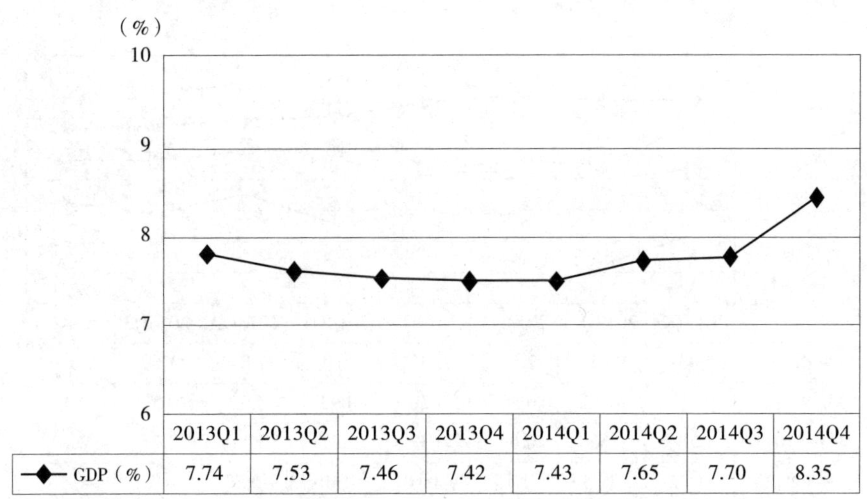

	2013Q1	2013Q2	2013Q3	2013Q4	2014Q1	2014Q2	2014Q3	2014Q4
GDP（%）	7.74	7.53	7.46	7.42	7.43	7.65	7.70	8.35

图 15-13　GDP 季度增长率预测（季度同比增长率）

资料来源：本课题组计算。

（二）主要价格指数预测

2013 年实体经济的减速以及国际大宗商品价格的趋稳，有利于中国价格水平保持相对稳定。模型预测，2013 年全年 CPI 将上涨 2.45%，涨幅比上年下降 0.19 个百分点；到 2014 年，CPI 涨幅可能回落至 1.79%。分季度看（图 15-14），2013 年三季度 CPI 涨幅可能上升至全年最高点 2.58%；之后开始持续下降，直至 2014 年四季度，CPI 涨幅将回落至 1.61%。

生产者价格指数（PPI）还将继续负增长的走势。2013 年全年 PPI 可能下跌 1.71%，2014 年跌幅将有所缩小，为-0.97%。分季度看（图 15-14），2013 年第三季度 PPI 预计为-1.15%，随后跌幅有所收窄，至 2014 年第四季度为-0.78%。

2013 年固定资产投资价格指数（P_I）预计涨幅为 0.14%，比上年下降 0.96 个百分点；2014 年 P_I 涨幅可能回升至 0.71%的水平。同比分季度看，2013 年三季度可能达到 0.20%，四季度小幅上升到 0.26%；2014 年一季度该指数涨幅可能继续上升至 0.93%，二季度仍维持在 0.92%，三季度则下跌到 0.52%，并于四季度进一步下降至 0.46%（图 15-14）。

2013 年 GDP 平减指数（P_GDP）涨幅将下降 1.11 个百分点，达到 0.83%；2014 年可能回升至 2.65%。分季度看，2013 年三季度将回升至

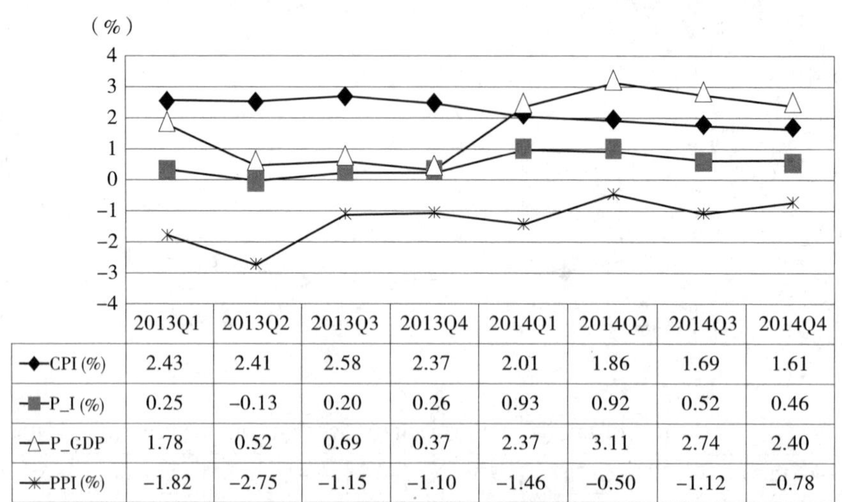

	2013Q1	2013Q2	2013Q3	2013Q4	2014Q1	2014Q2	2014Q3	2014Q4
CPI (%)	2.43	2.41	2.58	2.37	2.01	1.86	1.69	1.61
P_I (%)	0.25	-0.13	0.20	0.26	0.93	0.92	0.52	0.46
P_GDP	1.78	0.52	0.69	0.37	2.37	3.11	2.74	2.40
PPI (%)	-1.82	-2.75	-1.15	-1.10	-1.46	-0.50	-1.12	-0.78

图 15-14　价格指数预测（季度同比增长率）

注：CPI 表示居民消费价格指数；P_I 表示固定资产投资价格指数；P_GDP 表示 GDP 平减指数；PPI 表示生产者价格指数。

资料来源：本课题组计算。

0.69%，之后持续下降，直至四季度下降至 0.37%；进入 2014 年，一季度该指标涨幅将回升至 2.37%，之后呈波动调整趋势，并在四季度达到 2.40%（图 15-14）。

总体而言，由于外部需求萎缩以及国内产能过剩的影响，2013 年中国经济还将继续减速，中央年初制定的 7.5%的增长目标尽管有望实现，但是并非毫无悬念，在政策上仍需有所准备，未雨绸缪。根据经济发展的动态，积极主动、适时适度地进行宏观经济政策的预调、微调，是中国经济近期保持在合理增长区间的重要保障。就物价而言，2013 年、2014 年并不存在明显的通货膨胀威胁。

（三）其他主要宏观经济指标增长率预测

1. 进出口及外汇储备增长率预测

2013 年外部市场需求萎缩导致中国进出口减速的态势还将继续。模型预测显示，2013 年以美元、按现价计算的出口总额将增长 7.40%，增速比上年下降 0.54 个百分点；进口总额增速可能上升至 5.67%，比上年提高 1.31 个百分点（表 15-1）。分季度看，出口增速在 2013 年三季度可能上升至 5.89%，

表 15-1　2013—2014 年中国进出口增长率预测

（单位:%）

时　间	出口				进口				净出口占 GDP 的比重
	不变价（人民币）	现价（美元）	一般贸易	加工贸易	不变价（人民币）	现价（美元）	一般贸易	加工贸易	
			现价（美元）	现价（美元）			现价（美元）	现价（美元）	
2013 年	8.34	7.40	8.87	0.80	9.02	5.67	7.88	2.63	3.08
第一季度	18.16	18.09	16.30	3.41	10.36	8.07	0.10	9.24	4.30
第二季度	4.16	3.55	4.63	-5.31	9.02	5.23	5.89	-0.14	2.92
第三季度	6.68	5.89	7.83	5.61	9.48	6.44	12.15	4.40	2.62
第四季度	4.96	2.78	7.39	-0.09	7.31	3.06	13.58	-2.66	2.56
2014 年	6.82	4.57	8.01	4.82	5.65	3.14	7.27	2.03	3.12
第一季度	-1.66	-3.83	4.01	-1.28	3.70	-0.51	11.14	-5.38	2.99
第二季度	7.34	4.55	6.93	7.45	5.29	3.05	6.80	6.48	2.97
第三季度	10.50	8.25	9.53	6.21	6.04	3.93	4.91	2.46	3.32
第四季度	11.54	9.85	11.49	7.21	7.50	6.09	6.52	5.14	3.18

资料来源：本课题组计算。

随后在四季度将下降到 2.78%；进口增速在 2013 年三季度可能回升至 6.44%，四季度将下降到 3.06%的全年最低增速。进一步，2013 年加工贸易出口增速可能仅为 0.8%，一般贸易出口增速则可维持在 8.87%。2013 年外汇储备预计可以增长 8.52%，增速比上年提高 4.43 个百分点（图 15-15）。至 2014 年，以美元、按现价计算的出口增速预计将达到 4.57%；进口增速预计将达到 3.14%；加工贸易出口增速可能提高至 4.82%，一般贸易出口增速保持在 8.01%。2014 年外汇储备将可能增长 8.53%。此外，2013 年净出口占 GDP 的比重预计为 3.08%，2014 年约为 3.12%。

2. 固定资产投资增速预测

2013 年下半年，为“保增长”以及推进城市化建设的需要，基础设施的投资增速预计将有所提高。模型预测（图 15-16），2013 年按不变价计算的固定资本形成总额增速为 11.20%，比上年提高 2.97 个百分点；按现价计算的城镇固定资产投资增速预计为 20.38%，比上年下降 0.33 个百分点。2014 年按不变价计算的固定资本形成总额增速预计为 10.16%；按现

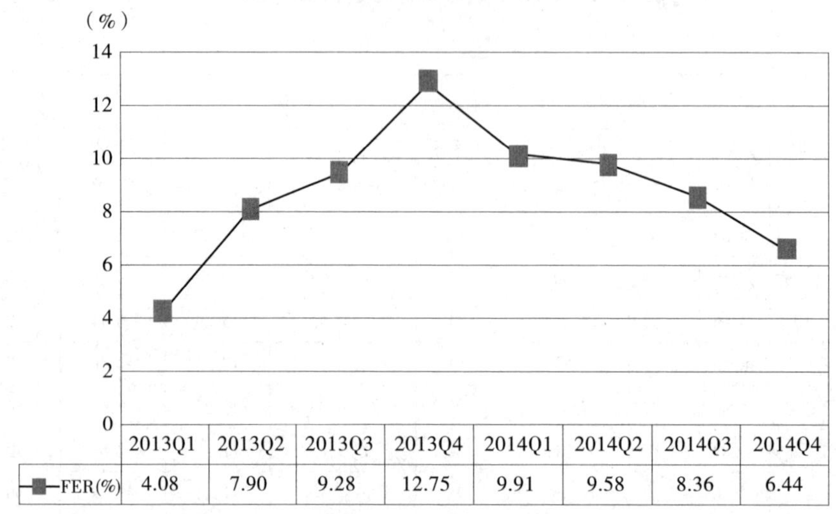

图 15-15　外汇储备增长率预测（季度同比增长率）

资料来源：本课题组计算。

价计算的城镇固定资产投资增速可能降至 16. 29%。

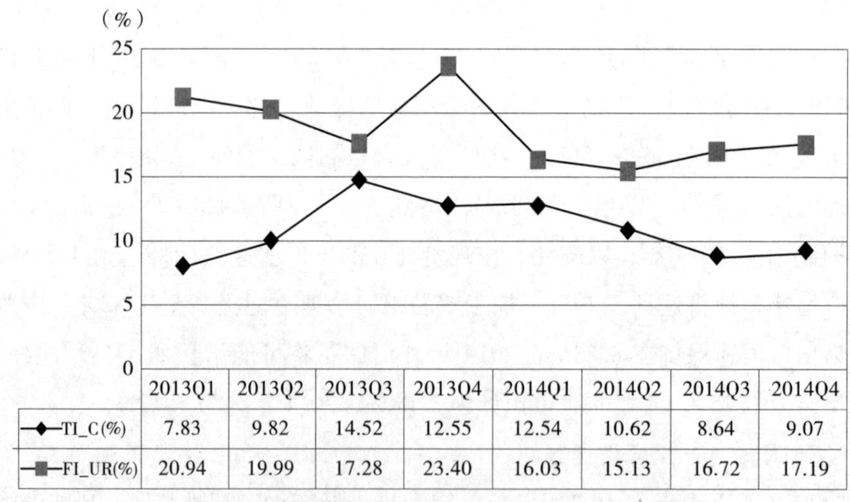

图 15-16　固定资产投资增速预测（季度同比增长率）

注：TI_C 表示固定资本形成总额（不变价）增速；FI_UR 表示城镇固定资产投资（现价）增速

资料来源：本课题组计算。

分季度来看，2013 年按不变价计算的固定资本形成总额的同比增速将持续增长至三季度，到达14.52%这一全年的最高点，四季度将回落至12.55%。城镇固定资产投资（现价）增速将在三季度出现全年的最低点17.28%，四季度提高到23.40%。2014年按不变价计算的固定资本形成总额的增速呈现“先低后高”的态势，而城镇固定资产投资（现价）增速基本平稳。

此外，2013年按现价计算的全社会固定资产投资总额增速可能达到21.36%，比上年提高2.04个百分点；2014年可能回落至18.56%的水平。其中，按资金来源分类看，2013年来源于国内信贷的投资增速可能比2012年提高6.93个百分点，达到16.95%；来源于企业自筹的投资增速将为20.86%，比上年下降1.34个百分点；其他资金来源的投资增速为31.12%，比上年提高17.05个百分点。到2014年，来源于国内贷款部分的投资增速将下降至14.99%；企业自筹部分的投资增速则小幅上升至21.35%；而其他部分的投资增速可能下降至13.88%（表15-2）。

表15-2 2013—2014年固定资产投资增长率预测（按资金来源分）

（单位:%）

时 间	来自国内贷款部分	来自企业自筹部分	来自其他部分	全社会固定资产投资总额
2013年	16.95	20.86	31.12	21.36
第一季度	10.95	16.65	42.37	19.53
第二季度	14.07	19.71	37.41	20.46
第三季度	15.77	22.30	22.08	19.01
第四季度	27.23	24.32	25.71	26.28
2014年	14.99	21.35	13.88	18.56
第一季度	18.18	23.85	14.26	21.01
第二季度	15.06	22.78	12.66	18.74
第三季度	13.77	19.33	14.04	17.15
第四季度	13.29	19.89	14.54	17.63

注：固定资产投资中源于其他部分指全社会固定资产投资总额扣除贷款、自筹、预算以及外商投资部分后的剩余部分。

资料来源：本课题组计算。

3. 消费增长率预测

受城乡居民实际收入增速下降的影响，模型预测显示，2013年按不变价计算的居民消费总额预计将增长6.78%，增速比上年下降1.16个百分点；按现价计算的社会消费品零售总额将增长13.12%，增速比上年下降1.02个百分点。2014年预计这两个指标增速将分别回升到7.01%和14.14%。

分季度看，居民消费总额（不变价）增速将呈现震荡调整的趋势。2013年三季度的增速将达到7.20%，至四季度将回落到6.42%。2014年一季度该指标可能跌至2.40%，而二季度将大幅回升至9.24%，剩余两个季度则可能维持在8.20%左右。社会消费品零售总额（现价）在2013年三季度增速将为13.40%，此后持续上升到四季度的14.15%。2014年一季度继续上升至14.68%后将有所回落，四季度可能达到14.14%（图15-17）。

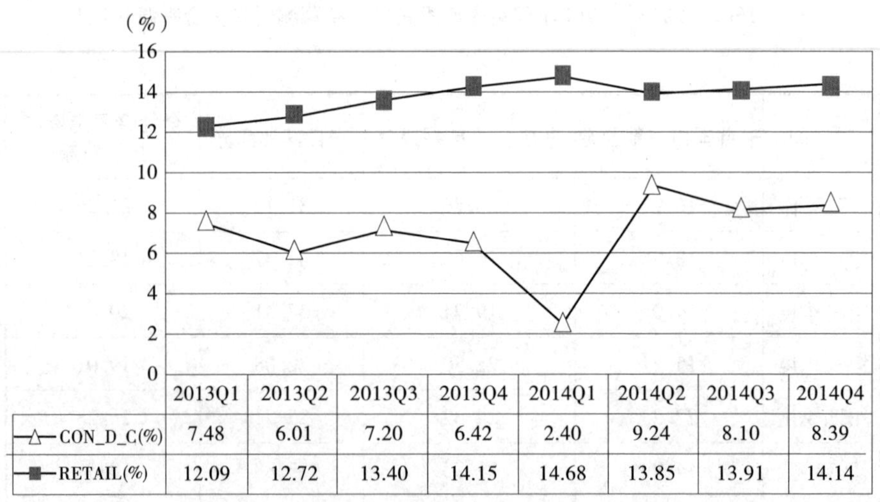

	2013Q1	2013Q2	2013Q3	2013Q4	2014Q1	2014Q2	2014Q3	2014Q4
CON_D_C(%)	7.48	6.01	7.20	6.42	2.40	9.24	8.10	8.39
RETAIL(%)	12.09	12.72	13.40	14.15	14.68	13.85	13.91	14.14

图15-17 消费增速预测（季度同比增长率）

注：CON_D_C表示居民消费总额（不变价）增速；RETAIL表示社会消费品零售总额（现价）增速。

资料来源：本课题组计算。

（四）公共财政收入增长率预测

模型预测显示，2013年受工业生产减速的影响，中国公共财政收入增速下滑的态势还将继续。2013年全年公共财政收入总额预计将增长

6.99%，增速比上年下降 6.09 个百分点，自 1997 年以来首次低于 GDP 增长率；预计 2014 年增速也仅回升至 7.87%。分季度看，2013 年三季度公共财政收入仅能增长 6.22%，第四季度可能回升至 7%。2014 年一季度公共财政收入增速可能为 6.51%，之后将逐渐上升，直至四季度方能回升到 9.54%（图 15-18）。

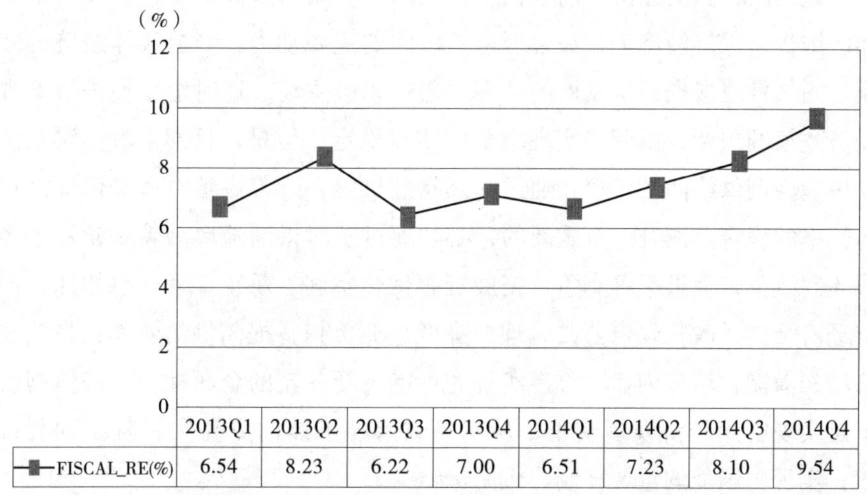

图 15-18　公共财政收入增速预测（季度同比增长率）

资料来源：本课题组计算。

综上，模型预测表明：

第一，2013 年外部市场需求萎缩与国内产能过剩的双重影响，将导致中国经济增长速度持续下滑。2013 年 GDP 增速将比 2012 年降低 0.26 个百分点，达到 7.54%；CPI 增速则可望保持在 2.45%的较低水平。

第二，尽管世界经济的恢复性增长在一定程度上有利于缓解中国出口增长持续下降的压力，但是，2013 年中国的进出口还将维持低速增长的态势；城乡居民实际收入增速的显著下滑，从根本上抑制了居民消费需求的扩张。在目前的国民经济结构失衡状态下，“保增长”仍需依靠投资的驱动。2013 年，基础设施领域以及房地产行业的投资增速不会降低，城镇固定资产投资增速可保持在 20.38%水平。尽管依靠投资拉动经济增长并非宏观经济政策的最优选择，但是，维持投资的一定增速，对于当前保持经济增长在合理增长区间，仍然是现实的选择。

第三，由于工业生产（制造业）减速导致了公共财政收入增速下降，在此背景下，财政支出中用于民生的支出增速比政府的一般公共服务支出增速更为急剧地下降，抑制了财政支出向民生领域的倾斜，再加上城乡居民实际收入增速的下滑，都将阻碍中国经济转变经济发展方式、调整经济结构失衡。

短期内，国民经济支出结构中，投资仍将维持较高的占比，成为推动经济增长，保持经济运行在合理增长区间的主要动力。当前实体经济的减速，固然可以根据经济发展的动态，通过积极主动、适时适度地进行宏观经济政策的预调、微调来实现增长的相对稳定。但是，长期来看，宏观调控更应强调供给面的管理，通过提高有效供给、改善供给效率来保证潜在增长率的稳定及回升。更重要的，必须通过及时果断地启动新一轮社会经济体制改革，促进平等竞争，拓展资源优化空间，矫正要素比价扭曲，调整经济结构，改善政府公共管理，降低企业负担，提高供给效率，释放经济增长潜能，培育内需，方有实现的可能。新一轮的全面社会经济体制改革是实现中国经济发展转型，从中等收入经济体向更高发展阶段顺利过渡，实现中国梦的重要体制、机制保障。

第三节　政策模拟

全球金融危机爆发以来至今的实践证明，2008 年之后中国的经济发展已经进入了一个新阶段。继续出口推动、投资拉动的传统经济发展方式，经济增长的效率在不断下降，经济增长的空间在不断缩小。2013 年上半年以来，信贷规模激增，固定资产投资增速基本持平甚或略微上升，但是，一季度经济增速仅为 7.7%，资本形成总额仅拉动 GDP 增长 2.3 个百分点。而资本形成总额在 2012 年后面三个季度拉动了 4 个百分点的 GDP 增速。这在一定程度上反映了既有体制的发展潜力正在不断递减，传统的依靠投资拉动经济增长模式的空间在进一步缩小，投资效率下降，投资与经济增长的关系正在减弱。2013年6月份出现的银行"钱荒"，是在整个金融体系并不缺少流动性，社会融资总量较快增长的情况下发生的。这说明现有的银行管理体制已经严重不适应社会经济发展的需要，必须尽快启动银行业及金融市场的改革，进一步解除管制，积极主动地推进存贷款利率市场化。

就短期而言，固然可以通过积极主动、适时适度的宏观经济政策预调、微调来实现经济增长的相对稳定，但是，从长期来看，宏观调控更应强调通过全面深化社会经济体制改革，增强社会经济活力，提高有效供给来保证潜在增长率的稳定及回升。党的十八大报告指出："深化改革是转变经济发展方式的关键，经济体制改革的核心问题是处理好政府与市场的关系，必须更加尊重市场规律，更好发挥政府作用。"①

政府收入占GDP的比例是市场经济条件下处理好政府与市场关系的关键比例之一，② 政府如何获取和使用收入在相当程度上影响着市场经济的运行秩序，影响社会发展目标的确定及实现。没有规范的政府行为，规范的市场经济运行秩序也就无从谈起；没有廉洁、有限、高效的政府，一个充满活力、高效率的市场经济只能是镜中花、水中月。发展与完善社会主义市场经济，规范政府行为，控制政府收入规模，建设有限政府，实现社会公众对政府行为的有效约束、严格的预算监督是社会经济体制进一步改革的题中应有之义。由于2013年上半年的经济增长速度放缓，导致公共财政收入增长速度首次低于经济增长速度，这一问题显得更为突出了。由于公共财政收入增幅放缓，财政收支矛盾加剧。尽管财政部、国家税务总局已经多次表态"坚决制止收过头税"，但是，一些地方仍然出现了逆经济周期趋势抓财政增收，甚至收"过头税"，为保税收运动式收"零散税"，以及违规收费等现象。③

① 胡锦涛：《坚定不移沿着中国特色社会主义道路前进 为全面建成小康社会而奋斗——在中国共产党第十八次全国代表大会上的报告》，人民出版社2012年版，第20页。

② 本报告关于政府（财政）收入的相关概念依据当前的财政统计口径定义：政府收入＝公共财政收入+政府性基金收入+社会保险基金收入+国有资本经营收入；公共财政收入＝税收收入+非税收入；非税收入＝专项收入+行政事业性收费+罚没收入+其他收入。

③ 《财政吃紧"过头税"来袭国税总局将严查》，http：//business. sohu. com/20130725/n382549987. shtml；《多地为保税收运动式征"零散税"被指违法》，http：//business. sohu. com/20130802/n383179796. shtml；《百强县财政敛财术：二次征收超生子女社会抚养费》http：//business. sohu. com/20130803/n383287072. shtml。

因此，本次预测报告选择了规范政府收入行为，控制政府（财政）收入占 GDP 比重的宏观经济效应问题进行政策模拟。

在进行政策模拟之前，首先介绍有关中国政府收入现状及变化趋势的有关背景数据。

第一，分税制改革之后，中国政府的公共财政收入迅速增长。1997—2012 年，扣除物价变化后，公共财政收入的年均增长速度超过经济增长速度 5. 5 个百分点，公共财政收入占 GDP 的比重因此迅速上升（图 15-19）。

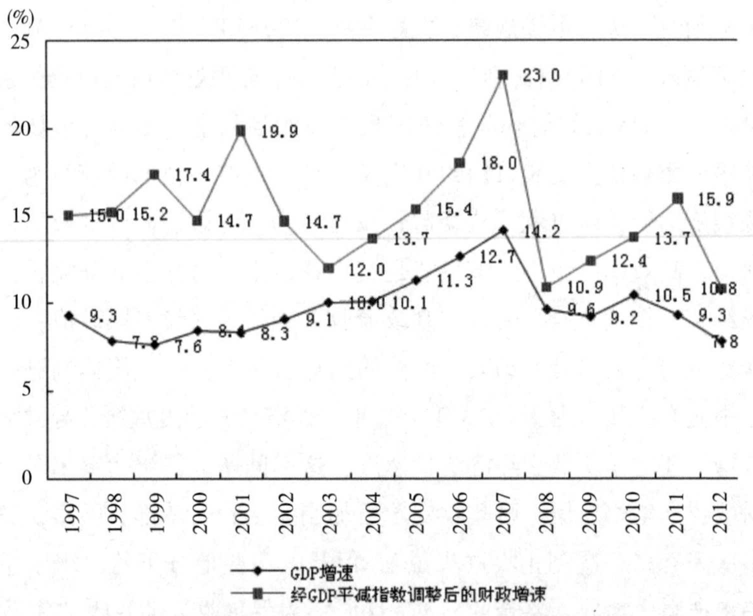

图 15-19　1997—2012 年公共财政收入增速与 GDP 增速

资料来源：CEIC。

1997 年公共财政收入占 GDP 比重约为 11. 1%；到 2012 年，该比重上升到 22. 6%，年均提高约 0. 77 个百分点。基于 CQMM 的预测，2013 年，GDP 的增长速度有望实现 7. 54%，公共财政收入的增速将降至 6. 99%。那么，2013 年公共财政收入占 GDP 的比重可能仅比 2012 年下降 0. 1 个百分点，属于基本持平水平。

第二，政府收入占 GDP 的比重已经偏高。在 2010—2012 年间，政府收入占 GDP 的比重分别为 34.4%、36.0%和 36.0%。① 根据 IMF 公布的 2010 年的各国政府财政统计数据，中国政府收入在 GDP 中的占比已经超过美国、韩国、新加坡等发达国家。考虑到中国居民所能享受到的社会福利水平，中国的广义税收负担已经高居世界前列。

第三，进一步考察公共财政收入的构成可以发现，自分税制改革之后，地方各级政府所能支配的规范的税收收入占比急剧减少。为了满足自身开支的需要，地方各级政府热衷于通过各种税收以外的途径（目前主要包括非税收入、政府性基金收入、社会保险基金收入和国有资本经营收入等）获取收入。图 15-20 表明，1994 年分税制以来，单就公共财政收入而言，非税收入所占比重逐年上升：由 1994 年的 5.4%增长到 2012 年的 14.2%，提高了 8.8 个百分点。图 15-21 显示，2008—2012 年期间，在全国非税收入中，地方政府约占 80%，占地方政府本级公共财政收入的 20%左右；而中央政府的非税收入仅占全国非税收入的近 20%，约占中央政府本级公共财政收入的 5%。

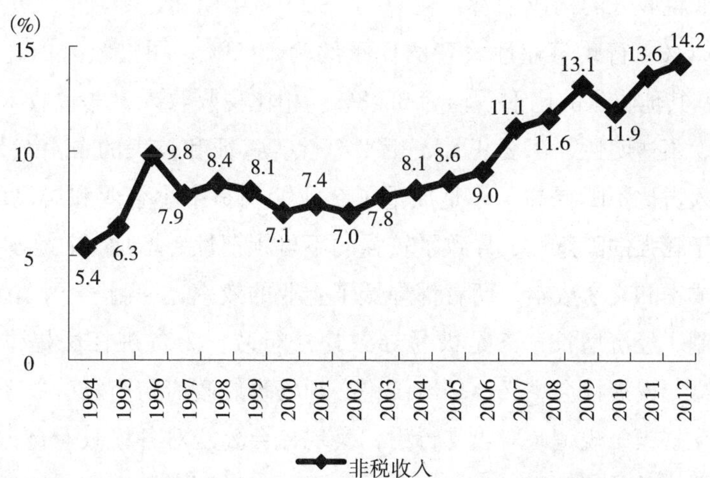

图 15-20　1994—2012 年非税收入占公共财政收入比重的变化趋势

资料来源：CEIC。

① 不包括国有企业未上缴利润，也不包括各级政府通过各种融资平台获得的贷款（它导致了近年来日趋严重的地方政府债务问题）。

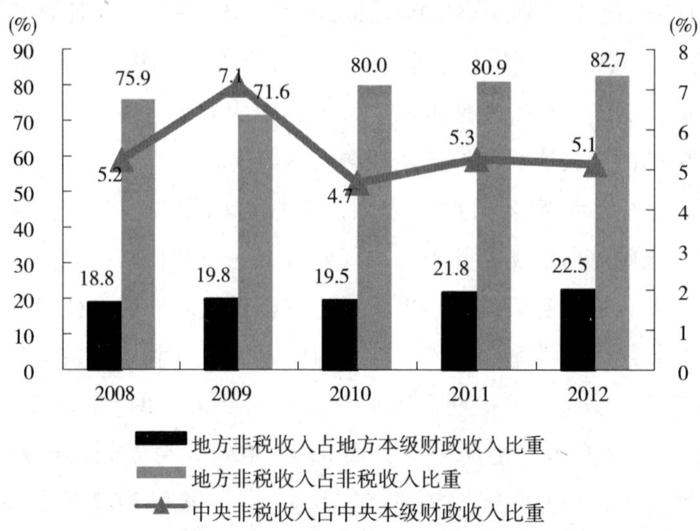

图 15-21　非税收入占中央及地方政府公共财政收入比重的变化

注：中央非税收入占中央本级公共财政收入比重对应右边的坐标。

资料来源：CEIC。

从非税收入的构成来看，在 2007—2012 年期间，专项收入的比重平均为 20.6%；行政事业性收费的比重约为 29.3%；罚没收入的比重约为 11.3%；其他收入的比重平均为 38.8%。相比税收收入，非税收入具有不规范性、不透明性、不公正性、不平等性等特征和较大的自由裁量空间。非税收入占比不断提高，一是加重了企业特别是中小企业和居民的负担；二是由于较强的随意性，导致了较强的不可预期性，增加了社会经济运行的制度成本和交易成本，两者都降低了企业的效率，抑制了居民消费的扩大，限制了经济增长；三是极易导致违法行政，为贪赃枉法提供制度方便。建立与发展社会主义市场经济，必须处理好政府与市场的关系，控制政府收支规模，规范政府收支行为，实现社会公众对各级政府行为的有效约束、严格的预算监督。为此，本课题组重点考察控制政府收入增长，压缩非税收入占比，减轻企业尤其是中小企业和居民的负担对经济增长和结构调整的效应。

一、政策模拟情景设计

为了模拟控制政府收入增长，规范政府收入行为的宏观经济效应，本课题组假设：

第一，在 2007—2012 年期间，将规范政府的收入行为限定在降低非税收入方面，将非税收入占公共财政收入的比重控制在 10%以内。对应地，政府每年的非税收入将分别减少 630.7 亿元、1081.7 亿元、2383.2 亿元、1756.2 亿元、4165.1 亿元和 5459.9 亿元。

第二，各年减少的非税收入或转为企业收入，或用于提高居民的劳动报酬。

对于上述假设，本课题组设计了以下两种政策模拟情景：

情景 1：将因此减收的非税收入全部用于提高企业收入；

情景 2：将因此减收的非税收入全部用于提高居民的工资收入。

上述政策模拟背后的经济学逻辑关系是：非税收入的下降，将降低公共财政收入，从而将导致公共财政支出的减少，继而对 GDP 增长产生抑制作用；另一方面，减少的这部分非税收入将转为企业或居民的收入，企业的税费负担因之减轻，将降低经营成本，扩大生产与销售，带来利润的增加，它可能使企业自筹资金的投资需求扩张；居民收入的提高则有利于促进居民消费的扩张，两者——企业因经营成本降低而扩大生产、投资，居民因收入提高而扩张消费——都将拉动经济增长进而带动税收收入的提高。基于升级改造后的 CQMM，本课题组可以模拟降低非税收入占比对宏观经济增长、经济结构调整以及公共财政收入占 GDP 比重的影响。

二、政策模拟结果

（一）情景 1：将减收的非税收入全部用于提高企业收入

假如将 2007—2012 年期间政府非税收入减少的部分都转移给企业，那么，基于 CQMM 的模拟结果显示：（1）GDP 增速会略有下降，产出缺口小幅扩大；（2）在支出法的 GDP 构成中，居民消费占比基本不变，固定资本形成总额占比小幅增加，宏观经济结构基本不变；（3）税收收入增速先降后升，一定程度上弥补了公共财政收入增速的下降，公共财政收入占 GDP 的比重略有下降。

具体来看：

第一，降低非税收入占比并将减少的非税收入转移给企业，会轻微地降低 GDP 的增长率。在模拟期间，2010 年 GDP 增速不降反升，较基准模型的历史拟合值提高了 0.05 个百分点；2011 年、2012 年，GDP 增速分别较基准模型的历史拟合值下降了 0.03 和 0.1 个百分点（图 15-22）。受此影响，产出缺口在 2010 年降低 0.04 个百分点之后，开始小幅扩大；2012 年，产出缺口相比提高了 0.01 个百分点。

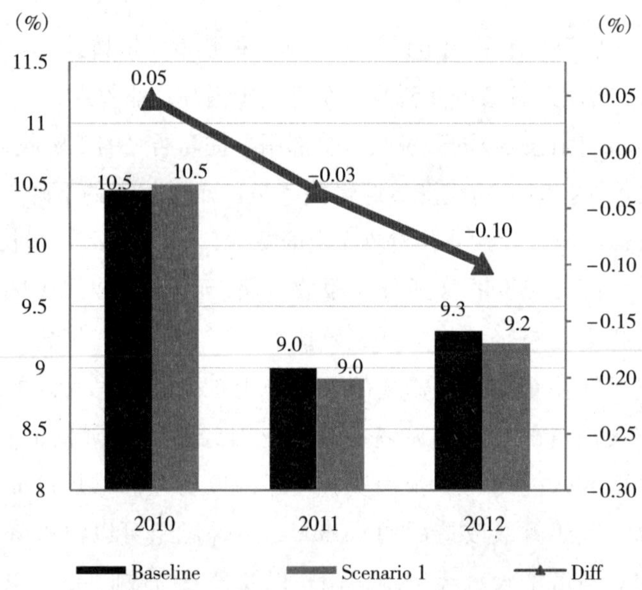

图 15-22　GDP 增速的基准值与模拟值对比

注：Baseline 表示基准模型的历史拟合值；Scenario1 表示情景 1 的模拟值；Diff（右轴）表示模拟值减去基准模型的历史拟合值。

资料来源：本课题组计算。

第二，宏观经济结构基本保持不变。在模拟的 2010—2012 年期间，居民消费占 GDP 的比重基本维持不变；固定资产形成总额占 GDP 比重则小幅上升，分别增加了 0.05、0.12 和 0.18 个百分点（图 15-23）。

第三，由于减少的非税收入增加了企业收入，企业自筹资金的投资增速相对基准模型的历史拟合值有较大的提高。2010—2012 年，企业自筹资金的投资增速分别提高了 0.93、0.79 和 0.19 个百分点（图 15-24）。

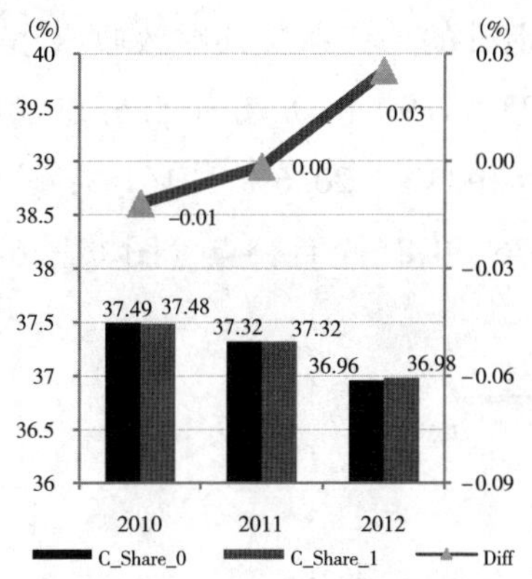

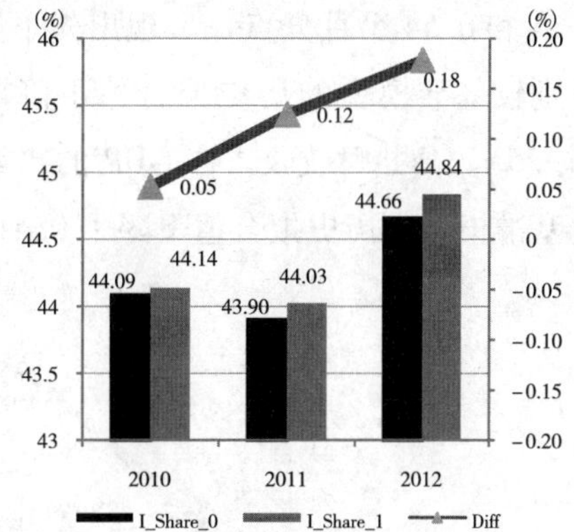

图 15-23　支出法下 GDP 构成的变化

注：C_Share_0 和_Share_1 分别表示基准模型的历史拟合值和情景 1 模拟情况下的居民消费占 GDP 比重；I_Share_0 和 I_Share_1 分别表示基准模型的历史拟合值和情景 1 模拟情况下的固定资产形成总额占 GDP 比重；Diff（右轴）表示模拟值减去基准模型的历史拟合值。

资料来源：本课题组计算。

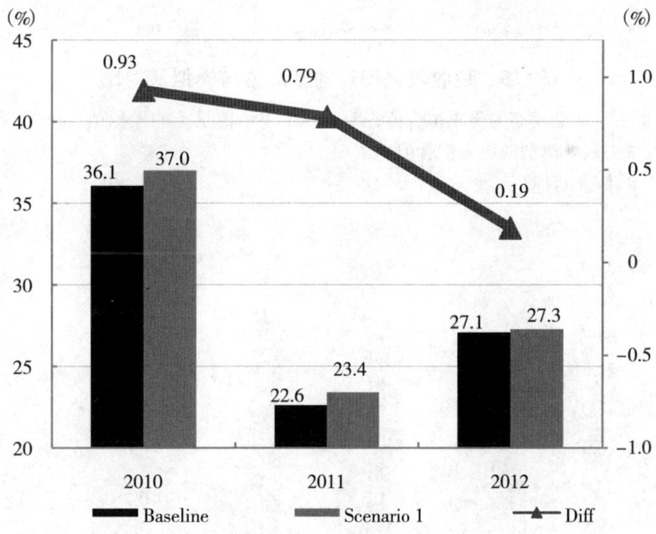

图 15-24　企业自筹投资增速的基准值与模拟值对比

注：Baseline 表示基准模型的历史拟合值；Scenario1 表示情景 1 的模拟值；Diff（右轴）表示模拟值减去基准模型的历史拟合值。

资料来源：本课题组计算。

第四，尽管企业自筹资金投资增速的提高带动了 GDP 的增长，进而带动税收收入提高，但是，公共财政收入的增速变化则有所差异。2010—2012 年期间，税收收入增速较基准模型的历史拟合值分别变化了-4.63、

0.64 和 0.54 个百分点，呈现出先下降后上升的趋势；公共财政收入增速分别较基准模型的历史拟合值下降了 2.33、1.97 和 0.26 个百分点（图 15-25）。公共财政收入占 GDP 的比重变为 19.9%、20.6%、21.1%，分别比基准模型的历史拟合值下降了 0.41、0.76、0.81 个百分点（图 15-26）。

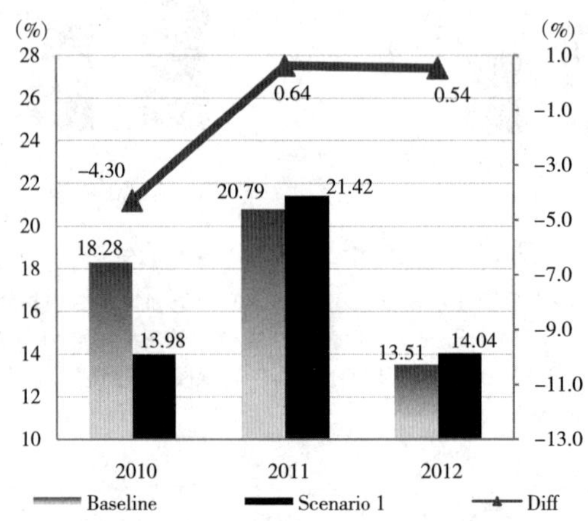

图 15-25　税收收入增速的基准值与模拟值对比

注：Baseline 表示基准模型的历史拟合值；Scenario1 表示情景 1 的模拟值；Diff（右轴）表示模拟值减去基准模型的历史拟合值。

资料来源：本课题组计算。

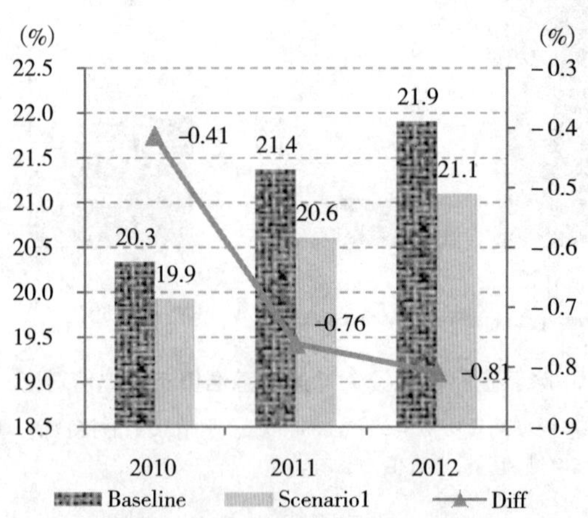

图 15-26　公共财政收入占 GDP 比重变化

注：Baseline 表示基准模型的历史拟合值；Scenario1 表示情景 1 的模拟值；Diff（右轴）表示模拟值减去基准模型的历史拟合值。

资料来源：本课题组计算。

（二）情景 2：将减收的非税收入全部用于提高居民的工资收入

假如把 2007—2012 年期间政府非税收入减少的部分用于提高家庭的工资收入，那么，基于 CQMM 的模拟结果显示：（1）GDP 增速出现小幅提高，产出缺口显著缩小；（2）在支出法 GDP 构成中，居民消费占比明显提高，固定资本形成总额占比小幅下降，宏观经济结构得到改善；（3）税收收入的增速略有加快，财政总收入增速的下降幅度变小；但由于经济增长速度加快，公共财政收入占 GDP 的比重下降的幅度略有提高。

具体来看：

首先，降低非税收入占比并把减少的非税收入用于提高居民的工资收入，相对于基准模型的历史拟合值，在 2010—2012 年期间，GDP 增速可以分别提高 0.27、0.50 和 0.45 个百分点。同时，产缺口分别降低 0.24、0.70 和 1.13 个百分点，产能过剩的缺口逐渐缩小（图 15-27）。

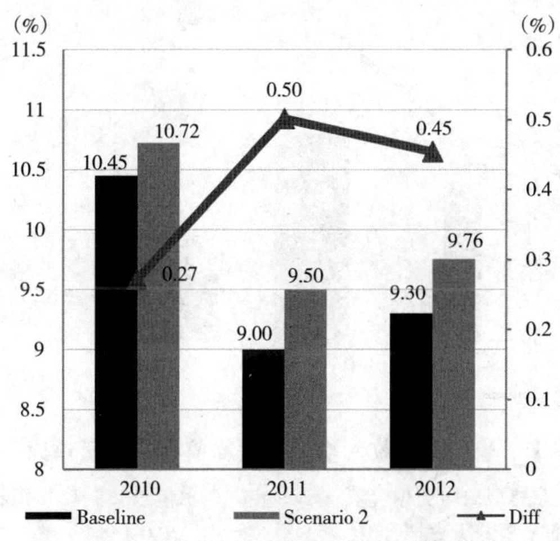

图 15-27　GDP 增速的基准值与模拟值对比

注：Baseline 表示基准模型的历史拟合值；Scenario2 表示情景 2 的模拟值；Diff（右轴）表示模拟值减去基准模型的历史拟合值。

资料来源：本课题组计算。

其次，宏观经济结构失衡的局面得以改善。在 2010—2012 年间，居民消费占 GDP 的比重明显上升，分别提高 0.09、0.28 和 0.47 个百分点；固定资产形成总额占 GDP 比重分别下降 0.15、0.42 和 0.66 个百分点（图 15-28）。

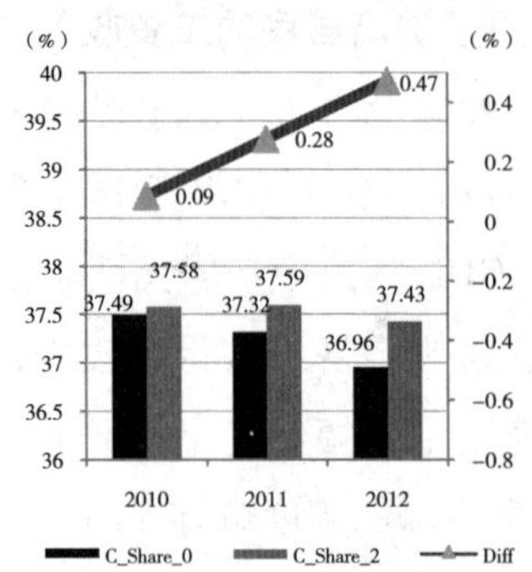

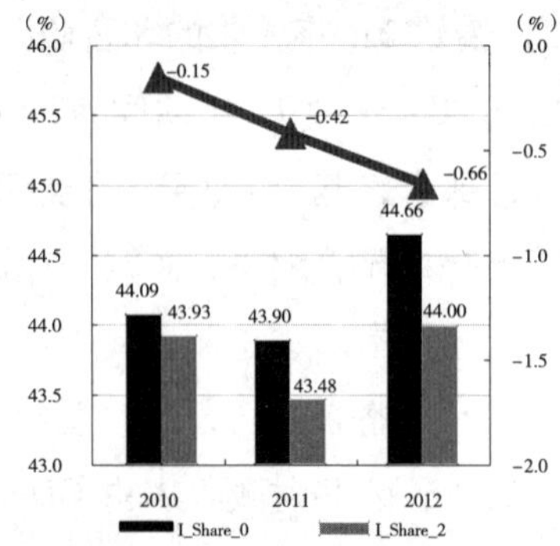

图 15-28　支出法下 GDP 构成的变化

注：C_Share_0 和_Share_2 分别表示基准模型的历史拟合值和情景 2 模拟情况下的居民消费占 GDP 比重；I_Share_0 和 I_ Share_ 2 分别表示基准模型的历史拟合值和情景 2 模拟情况下的固定资产形成总额占 GDP 比重；Diff 表示模拟值减去基准模型的历史拟合值。

资料来源：本课题组计算。

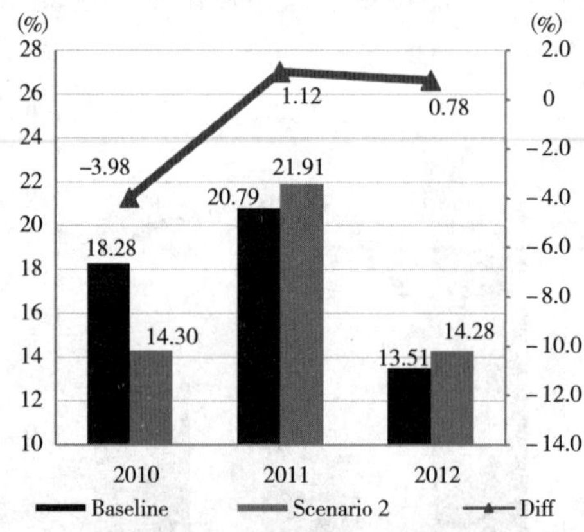

图 15-29　税收收入增速的基准值与模拟值对比

注：Baseline 表示基准模型的历史拟合值；Scenario2 表示情景 2 的模拟值；Diff（右轴）表示模拟值减去基准模型的历史拟合值。

资料来源：本课题组计算。

最后，得益于居民消费需求的扩大以及经济增长的加快，企业自筹投资增速相较基准模拟水平也有所提高。同时，税收收入增速也逐渐加快。与基准模型的历史拟合值相比，在 2010—2012 年期间，税收收入增速先降低 3. 98 个百分点，之后提高 1. 12、0. 78 个百分点（图 15-29）。财政总收入占 GDP 的比重分别下降 0. 4、0. 78 和 0. 89 个百分点（图 15-30）。

上述政策模拟结果显示：

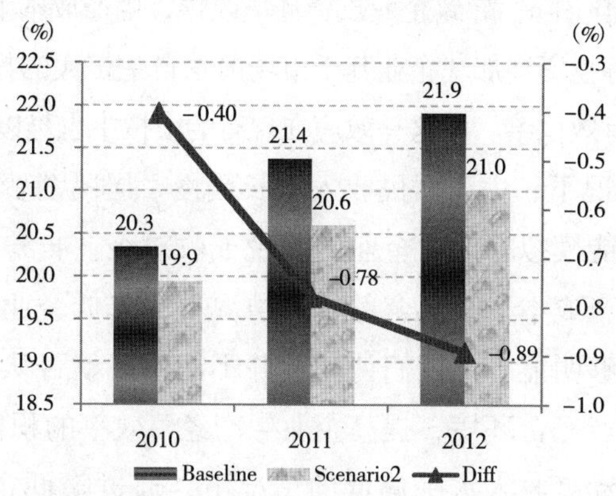

图 15-30　公共财政收入占 GDP 比重变化

注：Baseline 表示基准模型的历史拟合值；Scenario1 表示情景 1 的模拟值；Diff（右轴）表示模拟值减去基准模型的历史拟合值。

资料来源：本课题组计算。

第一，减少对企业的非税征收，宏观经济效果不明显。这似乎有悖于经济学逻辑。我们认为，原因可能是：

（1）现有的模型技术尚无法模拟降低对企业的非税征收所导致的企业生产成本下降所引起的变化：由于企业的非税负担下降，企业的边际成本下降，将推动企业生产扩张。在既定需求下，市场总供给将增加，产品价格将下降，企业利润将上升，投资将增加，全社会的供需平衡点将向右下方移动，过剩的生产能力将得到更充分利用（图 15-31）。

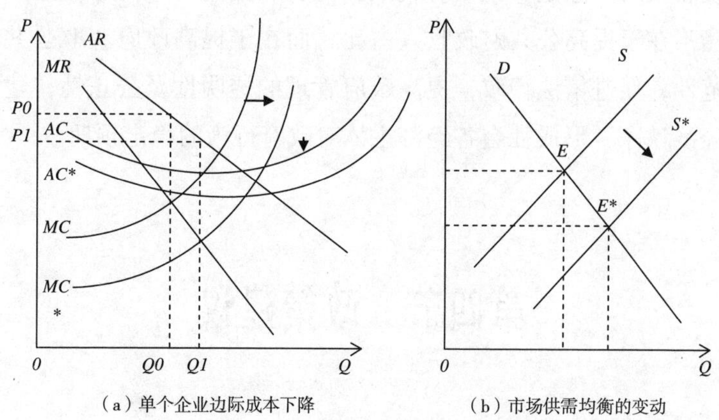

图 15-31　降低非税收入对企业生产决策的影响

(2) 非税负担下降，导致企业投资环境改善，生产成本下降，企业投资意愿增强，带动自筹投资增加。企业基于市场前景自主扩大的投资，必然更有效率，更能转化为有效供给。而这一效应在现有的模拟中也难以得到充分体现。

(3) 目前情况下，由于居民收入增长缓慢，居民消费不振，生产能力过剩，在模型仅能模拟降低对企业的非税征收对企业自筹投资的影响，而无法模拟企业生产成本下降的全部效应情况下，降低企业非税负担的政策模拟效果尽管不够明显，但我们认为，并不能因此就否认减轻企业非税负担对改善企业生产经营环境，提高企业生产经营效率的积极作用。

第二，在劳动者收入水平偏低的情况下，通过降低企业的非税负担，同时采取措施，将企业增加的收入部分用于提高劳动者报酬，减少居民的非税负担的宏观经济效果，无论是从促进经济增长、缩小产能过剩缺口、改善经济结构失衡、扩大居民消费，还是从刺激实体经济投资、增加税收收入等各方面来看，都是积极有效的。

第三，通过规范政府获取收入的行为，降低非税收入比重，并将这部分收入进行适当的转移，一定程度上可降低公共财政收入从而政府收入占 GDP 的比重。政策模拟的宏观经济效果说明了一个事实：中国政府目前可支配收入占 GDP 的比重已经过高，以致在一定程度上影响了经济的增长与结构的调整、居民消费的扩大。

第四，规范政府获取收入的行为，降低非税收入比重，将有利于增加政府的税收收入。但是，在政府收入占比已经偏高的情况下，这一举措的意义显然不在于提高公共财政收入占比，而在于提高政府获取公共财政收入的规范性，促进依法行政，提高政府管理的透明性及公正性，建立正常的市场经济秩序，形成社会各经济主体对政府行为的稳定预期。

第四节 政策建议

基于上述的模型预测与政策模拟结果，本课题组提出以下政策建议：

第一，2013年尽管经济增速不断减缓，中国经济仍有望实现7.5%的增长目标，并保持价格水平稳定。但是，宏观经济政策当局仍应密切关注国内外经济走势的变化，未雨绸缪，积极主动、适时适度地进行宏观经济政策的预调、微调。

第二，今年的财政收入增速下滑，主要是经济减速及体制调整导致的，就幅度看，并没有改变财政或全部政府收入的占比格局，无须过度反应，相反，这是改革契机。在政策上，要从转变经济发展方式、调整经济结构失衡的大局出发，顺势推行财政减支并调整财政支出结构。

第三，应当正视政府收入占比已经过高的事实。财政收入增速长期大幅超过经济增速不仅不可能，而且将严重阻碍市场经济发展。因此，应通过体制调整，控制财政收入增速及政府收入占比，规范政府的收入来源、收入行为，从降低非税收入入手，逐步适当降低政府收入占比，调整财政支出结构，保障民生支出的稳步增长，降低一般公共服务成本。

第四，从发展社会主义市场经济的大局着眼，财政收入增速适当下降以及与经济增长保持同步，应成为长期发展趋势。因此，应对财政收入增速下降，政府不仅应当短期过紧日子，而且必须长期过紧日子。应推进机构改革，精兵简政，建设小政府。实现这一目标的根本出路及基本制度保障是实现社会公众对各级政府行为的有效约束、严格的预算监督。

第五，降低政府收入占比，可以从规范政府收入行为，压缩非税收入入手。它有利于降低财政收入从而政府收入占比，同时促进依法行政，提高政府管理的透明性及公正性，建立正常的市场经济秩序，形成社会各经济主体对政府行为的稳定预期。由于非税收入大部分是各级地方政府收入，它在一定程度上与现有财政体制不尽合理有关。应改革财政体制，调整中央和地方的财权、事权结构，实现财力与事权责任匹配。强化约束的同时给出路。

第六，当前，必须警惕财政支出中教育、科学技术、文化体育与传媒、医疗卫生、社会保障和就业总支出等与民生相关的支出增速比一般公共服务支出更快回落的趋势，警惕将政府办公大楼、楼堂馆所转以“商务中心”“综合业务大楼”“市民服务中心”等各种名义，作为民生项目继续建设，警惕将政府行政成本支出挤入民生支出的倾向。① 建议调整财政支出统计分类，将政府行政管理支出及民生服务支出明确区分，以利审计、上级机关及社会监督，切实降低政府行政管理成本，建设公共服务型政府。

全球金融危机以来的中国经济运行轨迹，尤其是 2013 年的经济发展新特征说明：由于国际经济情况的变化，国内经济矛盾的累积，中国既有经济体制的发展潜力正在不断递减，传统的投资拉动经济增长模式的空间正在急剧缩小。投资效率下降，投资与经济增长的关系正在不断减弱。显然，如不能尽快通过进一步深化社会经济体制改革，释放经济发展潜力，形成经济发展新的动力源，经济增长的结构性减速将更为严重。本课题组认为，只有通过进一步深化社会经济体制的全面改革，扩大有效供给、提高投资效率进而提高劳动生产率才能从根本上稳定潜在增长率。因此，应当尽快启动新一轮社会经济体制改革，促进平等竞争，拓展资源优化空间，矫正要素比价扭曲，调整经济结构，改善政府公共管理，降低企业负担，提高供给效率，释放经济增长潜能，培育内需。新一轮的社会经济体制改革不仅将极大地扩展未来中国经济发展的空间，稳定中国的经济增长，而且将成为中国社会经济发展转型，从中等收入经济体向更高发展阶段顺利过渡，实现中国梦的重要体制、机制保障。

① 近年来一些地方出现的一种趋势是：将政府的楼堂馆所建设包装成民生建设项目。“记者在各地走访发现，严令之下，明目张胆建办公楼的现象有所收敛，但一些地方和部门转而以‘商务中心’‘综合业务大楼’‘市民服务中心’等各种名义暗度陈仓。”《楼堂馆所为何屡禁不止：一些干部以此“捞钱捞票捞面子”》，http：//politics. people. com. cn/n/2013/0811/c70731-22521035-2. html。

附录一　中国宏观经济形势与政策问卷调查报告（2013. 8）

为及时把握中国宏观经济形势和政策走向，新华社经济参考报社和教育部人文社会科学重点研究基地——厦门大学宏观经济研究中心于 2013 年 8 月首次联合开展“年度中国宏观经济形势和政策问卷调查”活动。本次调查问卷设计了与当前中国宏观经济运行和政策走势直接相关的 12 道问题，于 8 月初我们通过电邮方式向国内相关领域的经济学家发出调查邀请，最终收到 43 位专家的答复。通过本次问卷调查，我们获得了专家们关于 2013 年中国经济运行的总体预期、中国宏观经济主要指标的变化趋势、中国当前宏观经济的亮点及其面临的挑战，以及下一步中国宏观经济政策的走向等问题的最新认识和判断。现将本次问卷调查结果公布如下：

一、对 2013 年中国宏观经济运行的总体预期

调查结果显示，72%的专家认为当前中国宏观经济平稳运行，增长速度处于合理区间；67%的专家认为中国实体经济发展缓慢；51%的专家认为中国金融系统存在系统性风险；19%的专家认为物价总水平保持平稳，涨价趋势减弱，居民消费预期增强；只有 2%的专家认为居民收入水平有望提高。

上述结果表明，就 2013 年中国宏观经济运行的总体预期而言，多数专家认为中国经济运行总体上趋于平稳，增长速度处于合理区间。而实体经济增长缓慢以及金融系统存在的系统性风险则是 2013 年中国宏观经济运行面临的重要问题。部分专家认为，2013 年通胀预期减弱，物价水平将保持平稳，并且认为居民消费预期将会加强。总体看来，多数专家对 2013 年中国宏观经济运行趋势持乐观态度。

二、关于当前中国宏观经济的突出亮点

调查显示，49%的专家将“物价总水平保持稳定，居民消费预期增长”视为当前中国宏观经济的突出亮点；37%的专家认为是“社会保障体系建设不断推进，医疗保险覆盖面快速扩大”；21%的专家认为是“各地出台政策法规，大多数部委公开‘三公’支出”；14%的专家认为是“国务院批转《关于深化收入分配制度改革的若干意见》，居民收入有望提高”；有5%的专家认为当前中国宏观经济没有突出亮点。而关于中央针对房地产出台的“国五条”调控政策，没有专家认为能够对抑制房地产投机性炒作和房价上涨起到积极作用。

总体说来，关于什么是当前中国宏观经济的突出亮点，专家们的判断相对比较分散。事实上，除了上述所列举的几个方面外，还有接近30%的专家提出了不同观点，主要包括：物价总水平保持稳定，居民消费预期平稳；市场机制作用扩大，倒逼经济转型；经济结构调整有新进展；李克强总理近期推行的对宏观经济发展与调控的若干举措；注意改革和宏观经济政策的协调；已形成短期目标与中长期目标紧密衔接的宏观经济政策体系；简政放权，减税，放松管制和利率市场化；服务业增长最快；城市化；减少行政审批；经济增速尚未达到临界的低速水平，经济与金融危机尚未呈现；等等。

三、对 2013 年中国宏观经济主要指标的预测

关于 2013 年中国的 GDP 增长，调查结果显示，77%的专家预期全年 GDP 增速在“7.5%—7.9%”之间；23%的专家预期在“7.1%—7.4%”之间；没有专家预期在“7%及以下”和“8%及以上”。可见，多数专家认为 2013 年中国 GDP 增速能够达到中央年初确立的 7.5%的预期目标。部分专家则预期 2013 年中国经济增速将低于 7.5%，考虑到 2013 年上半年中国 GDP 的增速达到 7.6%，这说明这部分专家认为下半年中国经济增长将继续呈现进一步下行的态势。

关于 2013 年中国的 CPI 增长情况，63%的专家预期 2013 年中国 CPI 增长在“2.6%—3.0%”之间；21%的专家预期在“3.1%—3.5%”之间；

16%的专家预期在“2.1%—2.5%”之间；没有专家预期在“2.0%及以下”和“3.6%及以上”。因此，所有专家都认为2013年CPI增长将低于中央年初确立的3.5%的预期目标。他们认为，2013年中国物价水平将保持基本稳定，通胀压力有所减弱。

关于2013年中国的固定资产投资增长，49%的专家预期全年固定资产投资总额同比增长在“20.1%—21%”之间；30%的专家预期在“21.1%—22%”之间；12%的专家预期在“19.1%—20.0%”之间；7%的专家预期在“22%以上”；2%的专家预期在“19.1%以下”。考虑到2013年上半年中国固定资产投资总额同比增长20.1%，上述调查结果表明，多数专家认为2013年全年中国固定资产投资增长相对比较平稳。

总之，多数专家认为2013年下半年中国房地产市场仍然继续保持升温态势，也从侧面反映了专家们认为现有的“国五条”等房地产调控政策可能不会对抑制房地产投机性炒作和房价上涨起到任何积极作用。

关于2013年中国广义货币供应量（M2）增长，58%的专家预期全年M2同比增速在“14.1%—15%”之间；26%的专家预期在“13.1%—14.0%”之间；9%的专家预期在“15.1%—16%”之间；5%的专家预期在“16.0%以上”；2%的专家预期在“13.1%以下”。调查结果显示，多数专家认为2013年M2的增长相对较为平稳，下半年的货币政策将基本保持2013年上半年稳中趋紧的稳健态势。

当前，中国正在积极稳妥地推进城镇化进程，这一举措是否有助于提升未来的居民消费增长水平呢？调查结果显示，74%的专家预期城镇化将对未来消费增长产生“一定的推动作用”；12%的专家预期能够产生“明显的推动作用”；7%的专家则认为两者之间“无明显关系”；5%的专家预期城镇化对未来消费增长会产生一定的抑制作用；没有专家预期城镇化对未来消费增长具有“明显的抑制作用”；2%的专家预期城镇化对未来消费的绝对量具有推动作用，而对消费率将产生抑制作用，其理由是城镇化进程客观上首先要求投资的扩大。总体看来，多数专家认为推进城镇化建设对于扩大消费需求将起到积极的作用。

四、关于当前中国经济发展面临的最大挑战

调查结果显示，63%的专家认为地方政府债务是当前中国宏观经济发展面临的最大挑战；42%的专家认为是产能过剩加剧；37%的专家认为是经济增长速度放缓；30%的专家认为是房地产市场价格报复性上涨可能引起未来的房地产市场泡沫破裂；16%的专家认为是出口衰退。以上结果表明，关于当前中国经济发展的最大挑战问题，多数专家的意见集中在地方政府债务风险、产能过剩加剧、经济增长速度放缓和房地产市场泡沫四个方面，它们是影响中国未来经济健康发展的决定性因素或重要因素。

此外，关于中国经济发展面临的最大挑战有21%的专家提出了其他的观点，包括：产业结构调整进展缓慢且转型升级遭遇瓶颈；去产能和去杠杆；收入差距过大导致消费需求不足，难以扩大；面临新形势下经济发展的一系列两难问题，改革和发展都缺乏新的有效的总体设计，目前的应对措施是碎片化的；深化国有企业改革；就业基础薄弱；资源的强约束，生态系统的急剧退化以及社会稳定问题；消除不良经济成分，控制风险等。

五、关于下半年中国宏观经济政策的走向

2013年7月16日，李克强总理在主持经济形势座谈会时表示，要避免经济大起大落，使经济运行保持在合理区间。其“下限”就是稳增长，“上限”就是防范通货膨胀。那么，针对当前中国经济增长放缓的趋势，要稳住增长下限，使经济运行保持在合理区间，中国政府将会采取何种政策呢?

调查结果表明，86%的专家认为应推进财税体制改革，出台对小微企业的减税措施，全面推进增值税转型，释放财税体制改革红利；77%的专家认为应推进金融体制改革，让实体经济复活起来，释放金融改革红利；77%的专家认为应激活民间资本的活力，“市场能办的多给市场”。此外，有两位专家给出了不同的意见：一位专家认为中国政府应保持目前政策的连续性和稳定性；另外一位专家则认为中国政府应适时适度进行预调和微

调，综合运用各种政策工具。另外，5%的专家认为中国政府应重启以政府为主导的大规模的财政激励政策，7%的专家认为中国政府应重启以信贷刺激为主导的货币政策。从调查结果来看，多数专家认为中国政府不可能重启以政府投资为主导的大规模财政激励政策和以信贷刺激为主导的货币政策，而是将适时适度进行微调，加快推进财税体制、金融体制和激活民间资本的活力等方面的改革，进一步释放制度改革红利。

关于 2013 年下半年央行是否会调整存款准备金率，68%的专家认为央行将“稳定目前的存款准备金率”；30%的专家认为央行会“调低存款准备金率”；只有 2%的专家认为央行会“调高存款准备金率”。综合上述对 M2 增长的预期，多数专家认为，中国政府应在保持稳健货币政策的基础上进行适时、适度的微调。

关于 2013 年下半年的财政政策走势，63%的专家认为下半年中央政府将继续推行稳健的财政政策；37%的专家认为将推行扩张性的财政政策；没有专家认为中央政府将推行紧缩性的财政政策。

参与本次问卷调查的 43 位专家，按姓名汉语拼音顺序依次为：常欣、陈守东、陈甬军、范从来、高波、郭熙保、霍德明、简新华、蒋殿春、靳涛、赖德胜、李建伟、李静、李善同、李实、李雪松、刘金全、刘树成、刘霞辉、刘榆、刘云中、刘志彪、卢盛荣、沈坤荣、史晋川、汤吉军、屠新泉、汪昌云、汪义达、王诚、王瑞芳、文传浩、肖兴志、杨志勇、殷醒民、余长林、袁富华、张立群、张平、张曙光、张晓晶、张屹山、周立群。

我们对上述各位专家的热忱参与，表示诚挚的感谢！

第十六章　2014 年春季报告①

第一节　2013 年中国宏观经济运行回顾

一、经济增长速度企稳，结构调整步伐缓慢

2013 年中国实际 GDP 增长 7.7%，与 2012 年持平。自 2010 年以来，中国经济增速已经连续四年下滑（图 16-1）。与 2012 年的宏观经济走势及政策调控方式颇为类似，2013 年的经济增长在经历了上半年的持续下行之后，从年中开始，中央政府推出了一系列旨在稳定增长的微调措施，遏制了三、四季度经济继续下滑的趋势，保证了全年经济增长速度与上年持平。但是，全年规模以上工业增加值实际增速仅为 9.7%，比 2012 年降低了 0.3 个百分点，是自 2009 年以来的新低。规模以上工业增加值实际增速的持续下降表明实体经济减速的态势仍在延续之中。

居民实际收入增速放缓，消费对经济增长的贡献率进一步降低。2013 年，城镇居民人均可支配收入实际增长 7.0%，比上年下降了 2.6 个百分点，低于经济增长速度 0.7 个百分点；农村居民人均纯收入实际增长 9.3%，高于经济增长速度 1.6 个百分点，但比上年下降了 1.4 个百分点。受城乡居民收入增速下降以及限制“三公”支出等反腐倡廉措施的影响，全年社会消费品零售总额实际增长 11.5%，比上年下降了 0.6 个百分点。

① 教育部高校人文社会科学重点研究基地重大项目“中国季度宏观经济模型”（05JJD790093）成果。本报告于 2014 年 2 月 20 日在北京发布。

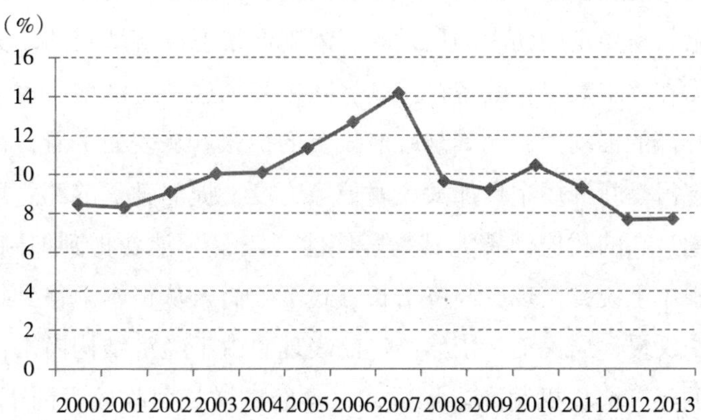

图 16-1 GDP 实际增速变化

资料来源：CEIC。

全年最终消费支出对 GDP 增长的贡献率大幅降至 50.0%，比上年下降了 5 个百分点；净出口对经济增长的贡献率继续下降，从 2012 年的-2.1%进一步下降为-4.4%；资本形成总额对 GDP 增长的贡献率因此上升至 54.4%，比上年提高了 7.3 个百分点（图 16-2）。

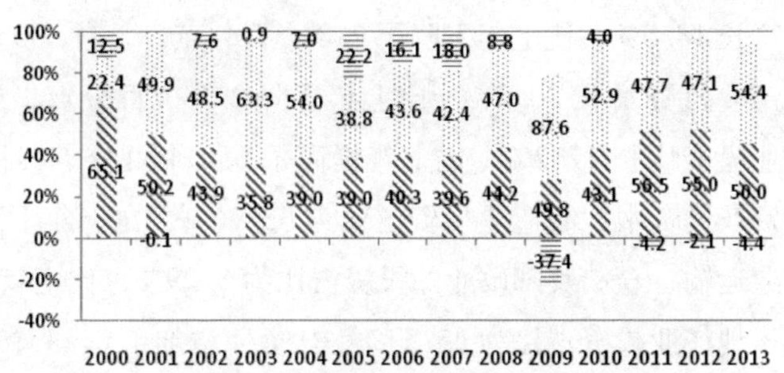

图 16-2 按支出法核算的 GDP 增长贡献率变化

资料来源：CEIC。

2013 年的 GDP 增速尽管与 2012 年基本持平，使经济在 2008 年以来的连续下滑过程中逐步呈现企稳的态势，似乎预示着新的经济增长率平台正在形成。但是，近两年的经济运行轨迹说明，新的增长率平台的稳固基础至今尚未形成。2012 年、2013 年连续两年的上半年增长率下滑，年中采取政策措施后出现企稳回升，次年新年伊始再度出现下行的趋势，说明经济自我维持增长率稳定的动力不足，既有体制框架下经济增长的动力在继续衰减，活力在逐步衰退，效率在持续下降。实现这一经济增长速度不得不依靠来自外部的推动力，尤其是政府投资的扩张。从表面上看，最终消费的进一步下滑是新一届中央加大反腐倡廉力度，提倡勤俭节约之风，使过去一段时期过高的政府消费尤其是奢侈性“三公”消费得到抑制的结果；但是，从根本上说，是现有经济增长方式至今尚未从根本上得到扭转，居民收入增长缓慢，居民消费依然低迷的表现。由于经济结构尚未得到有效调整，新的经济增长机制尚未形成，一旦经济增长面临较大的下行压力，启动政府主导的投资扩张就成为稳定经济增长的不得已选择。2013 年城乡居民实际收入增速下降，更进一步加剧了这一结构性的扭曲。

二、制造业投资增速大幅下滑

2013 年固定资产投资（不含农户）增长 19.6%，较 2012 年下降了 1 个百分点。其中，制造业和房地产业投资增速明显下降，交通运输、仓储及邮政业投资增速上升。实体经济的萎缩直接抑制了制造业的投资。全年制造业投资增长 18.5%，比上年下降了 2.8 个百分点，是自 2000 年以来的新低；房地产业投资增长 20.3%，比上年下降 2.1 个百分点；交通运输、仓储及邮政业投资增长 17.2%，比上年提高了 6.0 个百分点（图 16-3）。在全部固定资产投资中，制造业投资占比为 33.76%，比上年下降 0.33 个百分点；交通运输、仓储及邮政业的投资占比为 8.29%，比上年下降 0.17 个百分点；房地产业投资占比为 25.53%，比上年增加了 0.14 个百分点。

进一步从投资主体看，非国有企业投资增速继续下降，国有企业投资占比逐月上升。2013 年，国有及国有控股企业投资增长 15.6%，比上年提高了 0.2 个百分点；非国有企业投资增长 22.4%，比上年下降了 2.4 个百分点（图 16-4）①；港澳台商企业投资增长 7.0%，比上年下降 1.9 个百分点；外商企业投资增长 4.5%，比上年大幅度下降了 9.1 个百分点。可以认为，实体经济的萎缩导致了非国有企业以及制造业投资增速的明显下

① 非国有企业固定资产投资=内资企业投资-国有及国有控股企业投资。

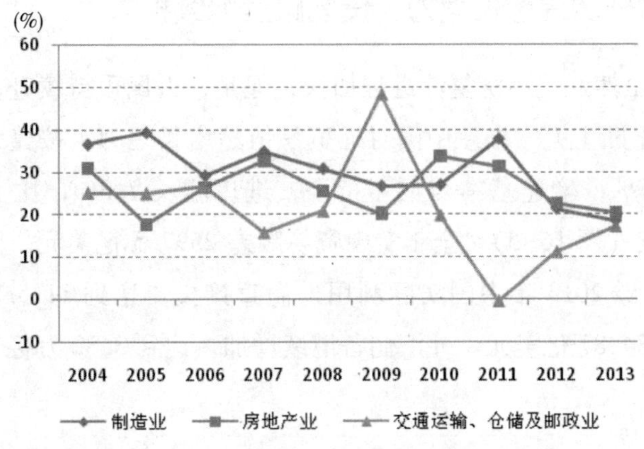

图 16-3　固定资产投资增速变化（分行业）

资料来源：CEIC。

滑。与此同时，尽管党的十八届三中全会通过了《中共中央关于全面深化改革若干重大问题的决定》，提出了一系列发展社会主义市场经济，正确处理政府与市场关系，促进市场机制在资源配置中起决定性作用的深化改革思路，但是，具体落实以至产生作用，尚待时日。目前仍然存在的对非国有经济投资领域不应有的体制性限制，投资“玻璃门”等，在相当程度上抑制了独立市场主体投资的可能增长。

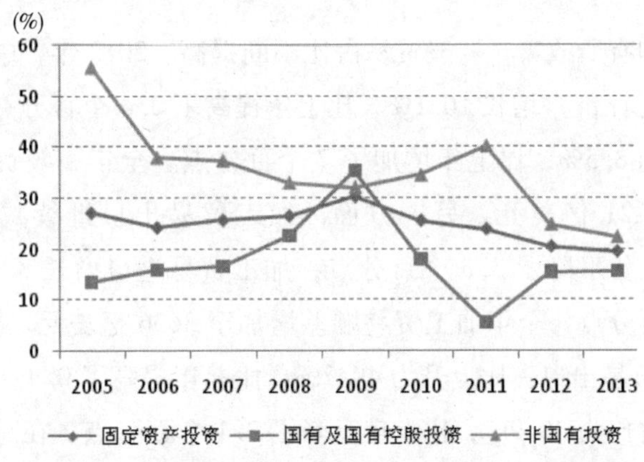

图 16-4　固定资产投资增速变化（按所有制类型）

资料来源：CEIC。

三、对外贸易增长乏力，贸易顺差继续扩大

2013 年虽然欧美经济复苏进程加快，但是，人民币持续升值以及国内工资水平的不断上升，导致中国对外贸易依然增长乏力。按美元计价的出口仅增长 7.9%，增速基本与上年持平；进口增长 7.3%，比上年提高了 3.0 个百分点（图 16-5）。全年实现贸易顺差 2597.5 亿美元，同比增加了 294.0 亿美元。2013 年中国实际利用外商直接投资达到 1175.86 亿美元，同比减少了 34.87 亿美元。外汇储备继续增加，达到 3.82 万亿美元。

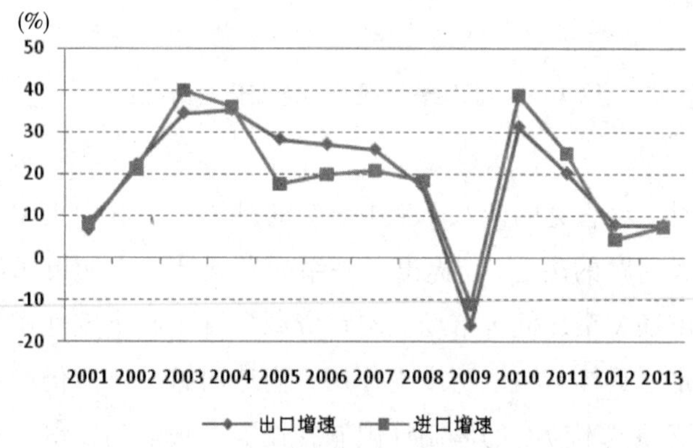

图 16-5 出口总额和进口总额（美元计价）增速变化

资料来源：CEIC。

贸易结构有所改善，一般贸易占比不断提高。2013 年，中国一般贸易出口（按美元计价）增长 10.1%，比上年提高了 2.4 个百分点；一般贸易进口增速达到 8.5%，比上年增加了 7 个百分点。全年一般贸易逆差规模小幅缩小至 221 亿美元。另一方面，加工贸易出口继续减速，增速为 -0.2%，比上年下降了 3.5 个百分点；加工贸易进口增长 3.3%，比上年上升 0.8 个百分点。全年加工贸易顺差增加至 3636 亿美元。在总出口中，2013 年一般贸易出口占比上升为 49.2%，比上年提高了 0.9 个百分点；加工贸易出口占比为 30.9%，比上年下降了 3.1 个百分点。在总进口中，一般贸易进口占比为 56.8%，比上年提高了 0.7 个百分点；加工贸易进口占比为 25.5%，比上年降低了 1 个百分点（图 16-6）。一般贸易占比不断提高，说明中国的贸易结构正在改善。

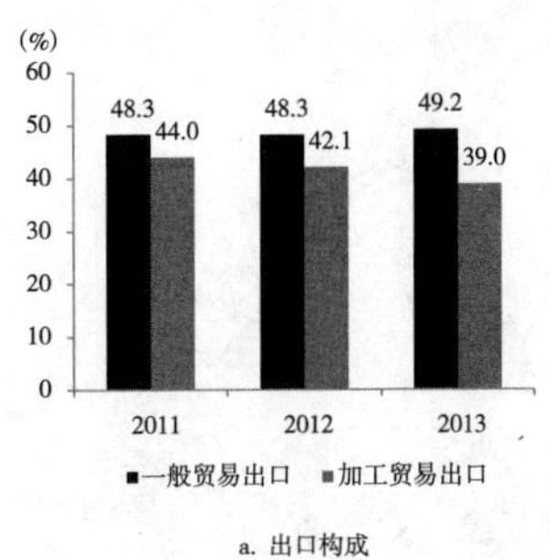

a. 出口构成

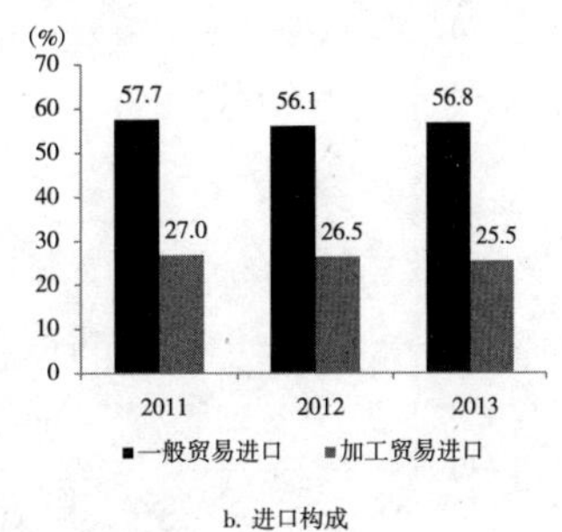

b. 进口构成

图 16-6　进出口构成变化（按贸易类型分）

资料来源：CEIC。

对亚洲出口的占比持续提高，从欧美进口的增速迅速回升。2013 年中国对亚洲国家出口的增速为 12.7%，比上年提高了 0.7 个百分点；对美国出口的增速为 4.7%，比上年下降了 3.8 个百分点；对欧洲的出口由 2012 年的负增长转为正增长，增速达到 1.2%，比上年提高了 7.4 个百分点。与 2012 年相比，中国对欧盟和美国的出口占总出口比重为 15.3%和 16.7%，分别下降了 1 个和 0.5 个百分点，对亚洲的出口占比持续上升，达到 51.3%，提高了 2.2 个百分点。在进口方面，中国从美国的进口大幅度增加，增速达到 14.8%，比上年上升了 6 个百分点；从亚洲和欧盟的进口增速为 5.0%和 3.5%，分别比上年上升了 1.6 个和 2.9 个百分点。中国从亚洲和欧盟进口占总进口的比重为 56.0%和 11.3%，比上年分别下降了 1.3 和 0.4 个百分点，从美国进口的比重为 7.8%，比上年上升了 0.5 个百分点（图 16-7、图 16-8）。

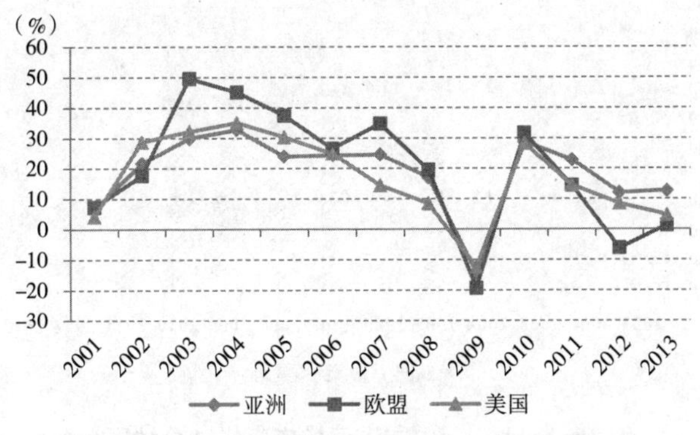

图 16-7（a）　中国对主要地区出口增速变化

资料来源：CEIC。

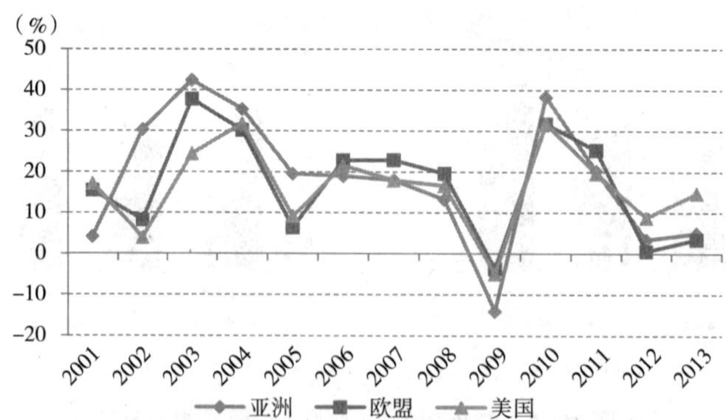

图 16-7（b） 中国从主要地区进口增速变化

资料来源：CEIC。

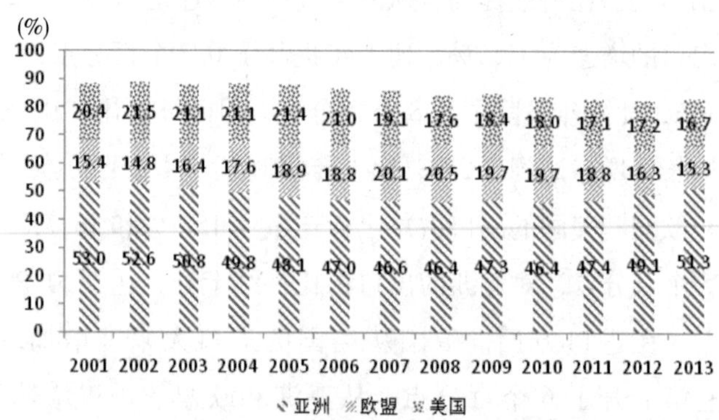

图 16-8（a） 中国出口构成变化（分地区）

资料来源：CEIC。

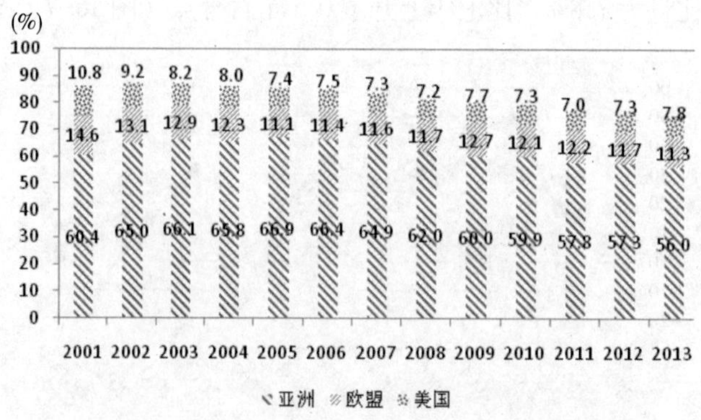

图 16-8（b） 中国进口构成变化（分地区）

资料来源：CEIC。

四、生产者价格指数与消费者价格指数的“剪刀差”进一步扩大

生产者价格指数（PPI）持续下降，居民消费价格指数（CPI）相对稳定。2013年上半年，PPI（同比）下降速度较快，从年初的-1.64%下降为6月份的-2.69%；CPI除二月份外，上半年各月的同比增速均低于3%的水平。下半年，受中央政府明确提出的“稳中有进”及经济增长下限政策信号的影响，PPI和CPI双双转为回升。2013年全年PPI比上年下降1.9%，CPI比上年上涨2.6%（图16-9）。在各个分类消费价格指数方面，2013年扣除食品和能源的核心CPI和非食品类CPI（同比）平稳地保持在1%至2%的区间之内。在八大类居民消费价格指数方面，食品、居住和衣着类CPI分别增长4.7%、2.8%和2.3%。可以看出，食品等需求价格弹性较小的商品价格上涨是2013年通货膨胀水平回升的主要原因，其余各类CPI的变动则相对较小。

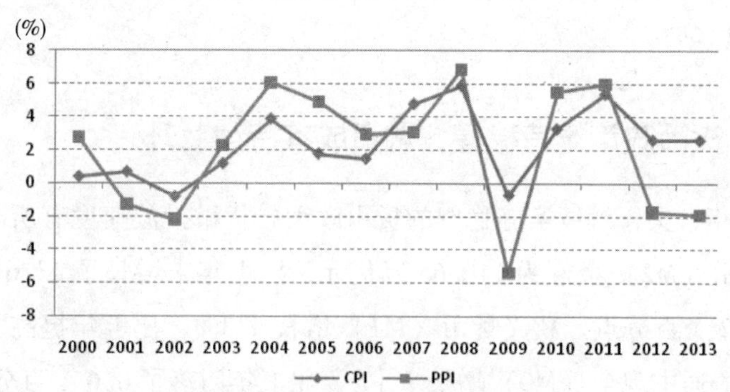

图16-9 CPI和PPI的同比变化

资料来源：CEIC。

2011年底以来，CPI与PPI的变化趋势持续背离，凸显实体经济的下行态势以及工业部门的产能严重过剩。从2011年第三季度开始，CPI的环比增速连续九个季度都高出PPI近1个百分点或以上，在两年的时间内，CPI和PPI走势呈现非常明显的“剪刀差”。如果看同比增速，那么，从2012年第一季度至今，CPI和PPI之间始终维持4个百分点以上的差距（图16-10）。这一事实显然已经不能用简单的价格传导机制障碍予以解

释。在货币供应量（M2）增速长期维持较高水平的情况下，CPI 与 PPI 之间的偏离，反映了实体经济持续不景气，制造业产能的严重过剩，流动性没有流入实体经济，出现了一定程度的资金空转，等等。这一方面间接地提高了实际生产部门的资金成本，另一方面也由于预期获利水平的下降，抑制了实际生产部门的投资水平。

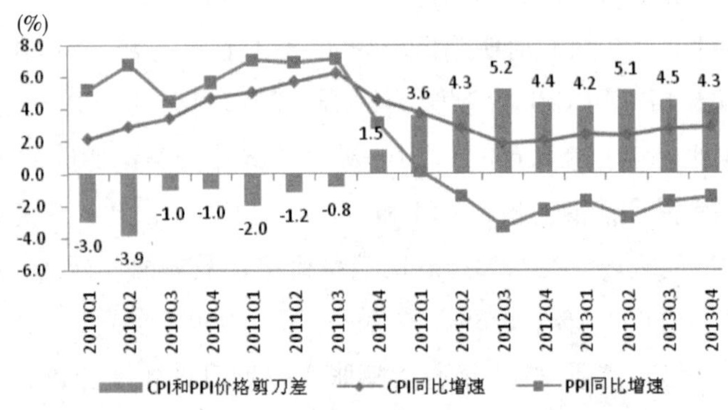

图 16-10　CPI 和 PPI 同比增速的走势“剪刀差”

资料来源：CEIC。

五、货币政策维持稳健，融资成本持续上升

2013 年，央行继续实施稳健的货币政策，货币投放速度有所减缓。全年广义货币（M2）余额为 110.65 万亿元，比上年末增长了 13.6%，增速回落了 0.2 个百分点。狭义货币（M1）增长 9.3%，比上年提高了 2.8 个百分点；流通中现金（M0）增长 7.1%，比上年回落了 0.6 个百分点。

尽管如此，经济依然面临融资成本上升的压力。2013 年 6 月份的“钱荒”事件成为全年资金市场的转折点。银行间同业拆借月加权平均利率经过前 5 个月的温和调整后，6 月份骤然跃升至 6.58%的历史最高水平；此后半年，资金市场始终保持着资金供给偏紧的状态，除 8 月份出现小幅下跌外，其余各月拆借利率均稳步上升，至 12 月已攀升至 4.16%，仅次于全年最高的 6 月份（图 16-11）。资金市场的紧张状况推高了金融机构对非金融机构及其他部门的贷款利率：三季度人民币一般贷款加权平均利率已攀升至 7.16%（图 16-12）。此外，执行上浮利率的贷款占比自 6 月份后

才开始出现明显下降。

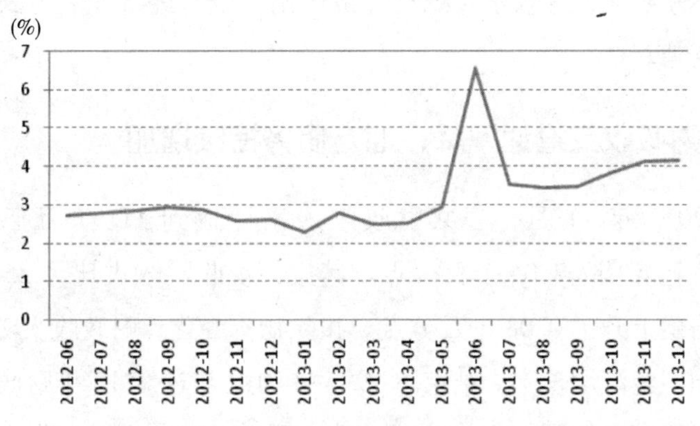

图 16-11　银行间同业拆借加权平均利率变化

资料来源：CEIC。

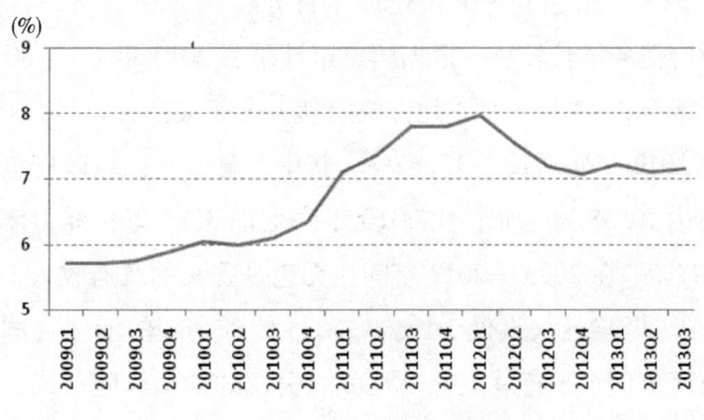

图 16-12　一般贷款加权平均利率变化

资料来源：CEIC。

另一方面，资金使用效率却在不断下降。2013 年，全社会融资规模总量达到 17.29 万亿元，比上年增加了 1.53 万亿元。其中，新增人民币贷款 8.89 万亿元，比上年增长 8.4%；企业债券净融资 1.8 万亿元，比上年缩减 20.2%；信托及委托贷款合计 4.39 万亿元，比上年增长 70.9%。在信托及委托贷款融资的推动下，2013 年一季度全社会融资总额 6.17 万亿元，比上年同期增加 2.28 万亿元，增幅高达 58.54%。但是，巨额的资金投放并未有效地推动经济增长加速，经济增速下滑的态势依然延续至二季度。实际上，自金融危机爆发以来，尽管社会融资规模持续快速膨胀，但是经济增速在大多数年份都在持续下滑，每个百分点的经济增长所需的社会融资规模在不断扩大，这预示着既有经济体制、既有经济发展方式的增长潜力在不断衰减。

六、财政收支增速双降，地方债务持续增加

截至 2013 年 11 月，公共财政收入累计达到 11.97 万亿元，增长 9.87%，比上年下降 2.04 个百分点。其中，税收收入占比为 85.98%，比上年同期略微上升了 0.08 个百分点。扣除物价变化，财政收入实际增长率已经低于同期经济增长率，结束了 1997—2012 年连续 15 年财政收入实际增长速度大幅度高于同期经济增长速度的历史。[①] 由于财政收入增速的下降，财政支出增速也明显放缓。至 2013 年 11 月份，财政支出 11.47 万亿元，增长 9.34%，比上年下降了 8.58 个百分点。

地方政府债务增长较快。根据国家审计总署 2013 年 12 月 30 日发布的审计公告，截至 2013 年 6 月，地方政府债务余额（广义口径）达到 17.89 万亿元，比 2012 年底增长了 12.62%。其中，省市县三级政府负有偿还责任的债务高达 10.58 万亿元，比 2010 年底增加 3.87 万亿元，债务余额年均增长 19.97%。在 2008—2012 年间，无论是狭义的政府收入，还是广义的政府收入[②]，其增速一直低于地方政府性债务余额的增速（图 16-13），因而地方政府负债水平持续上升以及可能引发的偿债风险已成为目前及未来数年内中国经济所面临的重要风险之一。

综上，尽管党的十八届三中全会明确了中国今后全面深化改革的方向，提出了一系列的重大改革方略，但是，发挥作用还有待于具体措施的落实。中国经济体制的深化改革，经济结构的调整，经济发展方式的转型仍然任重而道远。城乡居民收入增速下滑和新一轮反腐倡廉运动使最终消费对 GDP 增长的贡献率出现了大幅度的下滑。尽管美国经济复苏进程不断

---

① 1997—2012 年，财政收入实际增长速度平均高于同期经济增长速度 5.5 个百分点。2012 年财政收入实际增长速度高于当年经济增长速度 2.2 个百分点。参阅厦门大学宏观经济研究中心 CQMM 课题组：《中国宏观经济预测与分析——2013 年秋季报告》（2013 年 8 月）。

② 狭义的政府收入是指政府公共财政收入；广义的政府收入是指政府公共财政收入加上政府基金性收入。

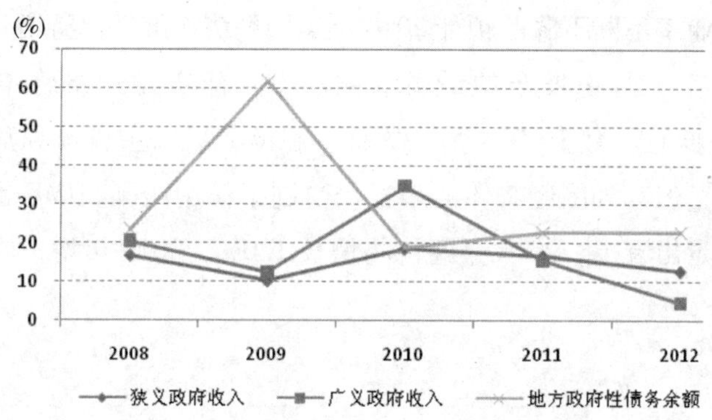

图 16-13　政府收入与债务余额增速比较

资料来源：CEIC。

加快，欧洲主权债务危机的阴霾也在渐散，但是，出口增长依然乏力；民间投资意愿不足，使政府公共投资成为目前稳定经济增长的主要动力。这说明，中国经济持续稳定发展的主要矛盾更进一步地集中于国内了。

2013 年，尽管快速上升的政府公共投资在一定程度上抵消了制造业和房地产业投资增速的下滑，确保了固定资产投资从而经济的稳定增长，但是，急剧扩张的地方政府债务规模却加大了政府违约风险。地方政府融资平台和房地产投资对资金的刚性需求诱使金融部门不断扩张其表外业务规模，而央行对流动性的谨慎态度则进一步加剧了资金市场的紧张程度。能否有效控制地方政府债务规模，优化其融资结构，降低地方政府违约风险，已经成为下一阶段全面深化改革尤其是财政金融体制改革的关键所在。

第二节　2014—2015 年中国宏观经济预测

一、模型外生变量的假设

（一）美国及欧元区经济增长率

2013 年，美国在住房市场复苏和家庭财富增加的支持下，私人需求稳步扩张，失业率不断下降。预计 2014 年美国经济将继续保持增长势头。根据 IMF2014 年 1 月份发布的最新预测，2014 年美国经济将增长 2.8%，2015 年进一步上升为 3.0%。另一方面，在欧元区，主权债务危机的风险进一步下降，但其外围经济体的增长仍受制于信用瓶颈。IMF 预计，欧元区正在逐步走出衰退，2014 年经济将增长 1.0%，2015 年增速将进一步提高到 1.4%。

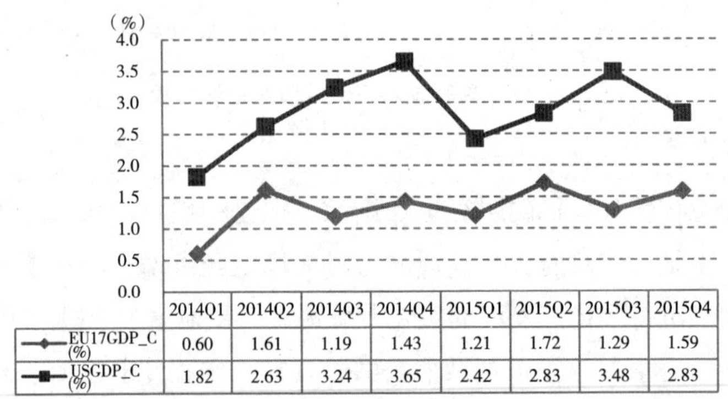

	2014Q1	2014Q2	2014Q3	2014Q4	2015Q1	2015Q2	2015Q3	2015Q4
EU17GDP_C (%)	0.60	1.61	1.19	1.43	1.21	1.72	1.29	1.59
USGDP_C (%)	1.82	2.63	3.24	3.65	2.42	2.83	3.48	2.83

图 16-14　美国与欧元区经济增长率的变化趋势假定（季度性调整后的环比折年率）

注：EU17GDP_C 表示欧元区 GDP 增速，USGDP_C 表示美国 GDP 增速。

资料来源：本课题组假定。

（二）主要汇率水平

自 2005 年新一轮汇率体制改革以来，人民币兑美元汇率升值幅度已经高达 36.7%，其中，除 2009 年受国际金融危机影响，仅小幅升值外，其余年份均呈现较快升值之势。2013 年人民币兑美元即期汇率全年升值了 2.91%，较 2012 年的 1%明显加速①。预计 2014 年美联储将逐步退出量化宽松（QE III），新兴国家面临资本外流冲击，将缓解人民币升值压力。2014 年中国将继续推进人民币汇率改革，与此同时，中国经济增长的相对稳定、利差套利和贸易顺差等因素都将持续推动人民币升值。我们假定 2014 年人民币兑美元汇率全年将升值 2%左右，其中第二季度因美国 QE III 的退出，有可能出现短暂反转，然后继续升值，2014 年年末大约在 1 美元兑 6.02 元人民币的水平。至 2015 年第三季度，人民币兑美元的汇率可

① 2013 年年末，人民币兑美元汇率中间价为 1 美元兑 6.0969 元，比上年末升值 3.09%。

能破 6，如果全年升值幅度保持在 1%，至 2015 年年末将到达 1 美元兑 5.96 元左右的水平。

2014 年，欧元区经济虽然开始复苏，但是复苏态势并不强劲，因此，通货膨胀率仍将保持在较低水平上，欧洲央行还将维持低利率。预计欧元兑美元汇率将震荡下行，我们假定 2014 年年末欧元兑美元的汇率将为 1 欧元兑 1.29 美元，2015 年年末为 1 欧元兑 1.25 美元。

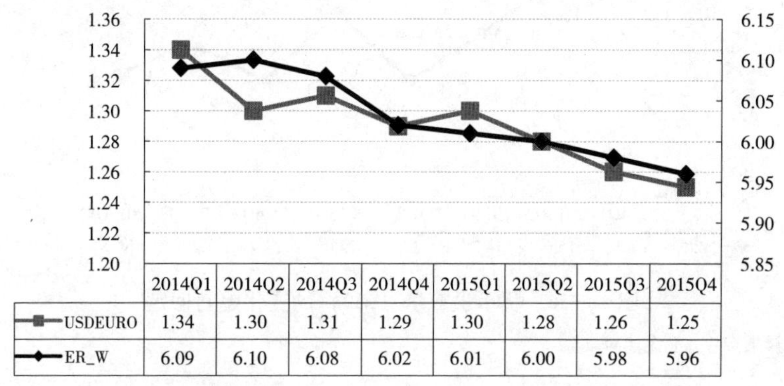

	2014Q1	2014Q2	2014Q3	2014Q4	2015Q1	2015Q2	2015Q3	2015Q4
USDEURO	1.34	1.30	1.31	1.29	1.30	1.28	1.26	1.25
ER_W	6.09	6.10	6.08	6.02	6.01	6.00	5.98	5.96

图 16-15　美元兑欧元汇率（左）、人民币兑美元汇率（右）的变化趋势假定

注：USDEURO 表示美元/欧元（左轴）；ER_W 表示人民币/美元（右轴）。

资料来源：本课题组假定。

（三）货币供应量（M2）增速

由于影子银行和地方政府债务规模持续扩大，[①] 防范金融风险压力加大。2014 年的宏观经济政策存在着趋紧的压力，我们预计央行仍将维持紧平衡的货币政策。此外，由于 2013 年第一季度出口增速基数过大，有可能使 2014 年第一季度出口增速的下降超出预期，进而导致一季度经济增长速度出现较大下滑；为了减轻经济波动，二季度央行将实行相对宽松货币政策，M2 同比增速为 15.6%；待二季度经济回升后，下半年央行将转向实行紧缩的货币政策。预计 2014 年全年 M2 同比增速为 13.9%。近年来，加快利率市场化改革步伐的呼声不断高涨，2013 年，央行取消了贷款利率浮动下限，最近，在余额宝等金融创新工具的竞争压力之下，银行存款利率

① 关于影子银行的定义，迄今仍然莫衷一是。一个较为流行的定义是：影子银行指的是向企业、居民和其他金融机构提供流动性、期限配合和提高杠杆率等服务，从而在不同程度上替代商业银行核心功能的那些工具、结构、企业或市场。

开始浮动。如果在 2015 年开始实行利率市场化，同时，美国退出 QE III 可能将带来一定的滞后影响，我们预计，M2 同比增速有可能比 2014 年略高 0.1 个百分点，2015 年全年为 14%，以应对经济下行的压力。另一方面，到 2015 年底，贷款基准利率将继续保持 6%的现行水平。

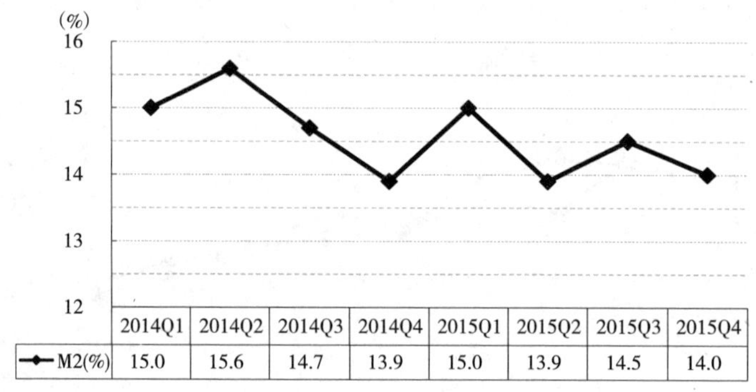

	2014Q1	2014Q2	2014Q3	2014Q4	2015Q1	2015Q2	2015Q3	2015Q4
M2(%)	15.0	15.6	14.7	13.9	15.0	13.9	14.5	14.0

图 16-16　货币供应量（M2）的变化趋势假定

资料来源：本课题组假定。

二、2014—2015 年中国宏观经济主要指标预测

（一）GDP 增长率预测

在上述外生变量假定下，基于中国季度宏观经济模型（CQMM）的预测结果表明：2014 年，中国 GDP 增速将继续下行，略降至 7.62%，比 2013 年下降 0.08 个百分点；到 2015 年，GDP 增长率将回升至 7.79%。未来两年呈现先抑后扬的增长趋势，其主要原因在于：全面深化改革的负面效应逐渐递减和正面效应逐渐递增的叠加，以及持续向好的外部经济环境。从季度同比增长率看（图 16-17），由于 2013 年一季度的出口基数过大，导致出口同比增速急剧下降，甚或为负；稳中见紧的货币政策、未见好转的实体经济环境①，也限制了 2014 年一季度投资增速的可能扩张；另外，中央“八项规定”“六项禁令”等举措在短期内直接抑制政府消费，间接抑制企业和居民消费，这对于以最终消费为主要支撑动力的一季度经

① 2014 年 1 月份制造业 PMI 为 50.5，较上月回落 0.5 个百分点；非制造业 PMI 为 53.4，比上月回落 1.2 个百分点。

济而言，将是十分艰难的。预计 2014 年一季度中国经济的增长率将下降至 7.46%。之后，二季度，随着出口增速的反弹回升以及增长压力下的政策转向，经济增速有可能回跳至全年最高的 7.76%。随后，在通胀压力的制约下，进一步见紧的货币发行将使得经济增速缓慢下降至第四季度的 7.70%。

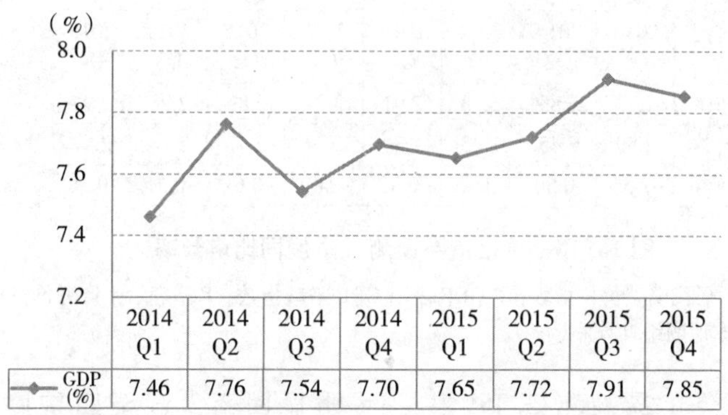

图 16-17　GDP 季度增长率预测（季度同比增长率）

资料来源：本课题组计算。

（二）主要价格指数预测

模型预测，2014 年居民消费价格指数（CPI）将上涨 2.82%，比上年提高 0.20 个百分点；到 2015 年，预计 CPI 将略升至 2.92%。分季度看（图 16-18），2014 年二季度 CPI 可能上升至 2.85%，三季度 CPI 到达 3.03%的高点，而后略下降至 2.91%；2015 年经济的回暖将促使 CPI 保持上升趋势直至三季度达到 2.98% 的高点，之后于四季度小幅回落至 2.94%。

生产者价格指数（PPI）在未来两年仍将继续维持负数，但是降幅有望逐渐收窄。2014 年 PPI 预计为-0.88%，2015 年预计可能进一步收窄至-0.55%。分季度看（图 16-18），PPI 可能于 2014 年一季度下跌至-1.55%，二季度可能回升至-0.50%，此后将出现连续两个季度的下跌，至四季度，可能将跌至-0.92%。2015 年，该指标预计将出现较大回升，至四季度可能回升至-0.38%。

2014 年，GDP 平减指数（P_ GDP）可能上升至 2.16%；2015 年进一步提高到 2.45%。分季度看，2014 年一季度将上升至 2.59%，并于二季度

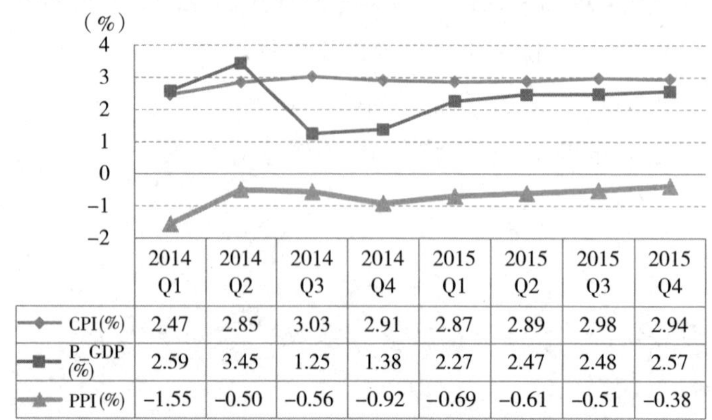

	2014 Q1	2014 Q2	2014 Q3	2014 Q4	2015 Q1	2015 Q2	2015 Q3	2015 Q4
CPI(%)	2.47	2.85	3.03	2.91	2.87	2.89	2.98	2.94
P_GDP (%)	2.59	3.45	1.25	1.38	2.27	2.47	2.48	2.57
PPI(%)	−1.55	−0.50	−0.56	−0.92	−0.69	−0.61	−0.51	−0.38

图 16-18　价格指数预测（季度同比增长率）

注：CPI 表示居民消费价格指数；P_GDP 表示 GDP 平减指数；PPI 表示生产者价格指数。
资料来源：本课题组计算。

持续上升至全年最高点 3.45%，之后明显回落，直至四季度将降至 1.38%；进入 2015 年，该指标将保持持续上升趋势，并将在四季度升至 2.57%（图 16-18）。

总体而言，2014 年中国经济仍将保持平稳较快增长的态势，经济增长速度趋于稳定在 7.5%左右的新水平上，预计全年 GDP 增速为 7.62%；全年通胀可望保持在温和水平，CPI 预计上涨 2.82%。本课题组认为，受全面深化改革政策效应的逐渐显现及世界经济复苏的影响，2015 年中国的 GPD 增速将会有所回升，同时 CPI 增幅也将有所上升。

（三）其他主要宏观经济指标增长率预测

1. 进出口及外汇储备增长率预测

模型预测，2014 年美国经济的加速复苏和欧元区经济的危机缓解，将促进中国进出口的恢复性增长。2014 年以美元、按现价计算的出口总额预计将增长 9.66%，比上年提高 1.57 个百分点；进口总额增速可能上升至 8.28%，比上年提高 1.06 个百分点（表 16-1）。分季度看，出口同比增速仅在 2014 年一季度因基数原因仅小幅上升 0.71%，随后在三季度将达到 14.77%，并在四季度维持在 12.07%的水平上。进口同比增速在 2014 年二季度可能达到 10.54%的全年最高点，此后逐季回落，并于四季度降至 8.07%。受出口增速提高的影响，2014 年外汇储备预计可以增长 10.81%。

至2015年，随着外部市场需求的全面恢复，中国进出口增速将继续上升。以美元、按现价计算的出口增速预计将达到14.69%；进口增速预计将达到12.55%。外汇储备在2015年将可能增长10.08%（表16-1、图16-19）。

表16-1　2014—2015年中国进出口及外汇储备增长率预测

（单位:%）

时间	出口				进口				外汇储备
	不变价（人民币）	现价（美元）	一般贸易	加工贸易	不变价（人民币）	现价（美元）	一般贸易	加工贸易	现价
			现价（美元）	现价（美元）			现价（美元）	现价（美元）	
2014年	9.36	9.66	12.96	11.18	6.37	8.28	11.91	8.89	10.81
第一季度	1.55	0.71	9.65	3.15	6.03	6.01	16.29	1.22	15.18
第二季度	11.65	11.62	13.50	13.38	7.86	10.54	14.31	13.31	15.55
第三季度	13.65	14.77	16.02	16.02	6.34	8.53	8.61	12.24	13.25
第四季度	10.97	12.07	12.68	12.56	5.30	8.07	9.01	9.25	10.81
2015年	13.57	14.69	16.97	11.12	10.87	12.55	16.62	6.84	10.08
第一季度	12.48	13.65	15.10	11.63	7.73	9.59	10.06	8.29	10.72
第二季度	13.28	14.40	16.54	11.08	9.07	10.69	13.81	6.16	10.52
第三季度	14.00	15.14	17.75	10.96	11.56	13.37	18.71	6.13	10.33
第四季度	14.43	15.46	18.31	10.82	14.99	16.39	23.62	6.85	10.08

资料来源：本课题组计算。

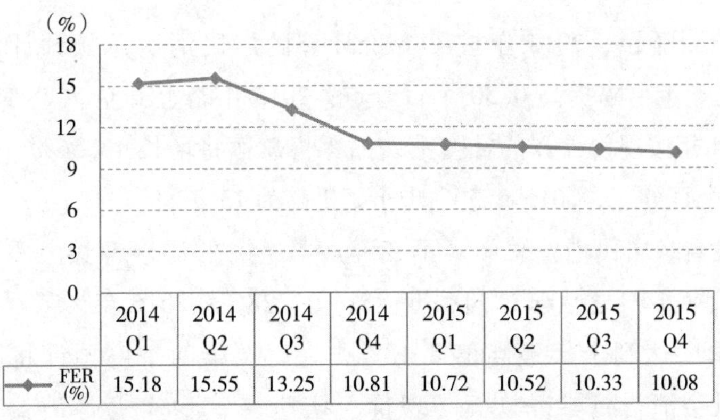

图16-19　外汇储备增长率预测（季度同比增长率）

资料来源：本课题组计算。

2. 固定资产投资增长率预测

模型预测（图 16-20），2014 年，受地方政府债务风险控制以及产能过剩的影响，按现价计算的城镇固定资产投资增速预计为 18.42%，比上年回落 1.30 个百分点。2015 年受新一轮城镇化进程的影响，城镇投资需求的进一步增加，将使城镇固定资产投资增速提高到 19.29%。分季度来看，城镇固定资产投资（现价）增速在 2014 年第一季度将略降至 17.47%，之后将逐渐上升至第四季度的 20.58%。2015 年，除第一季度以外，其余各季均有望控制在 20%以内的水平。

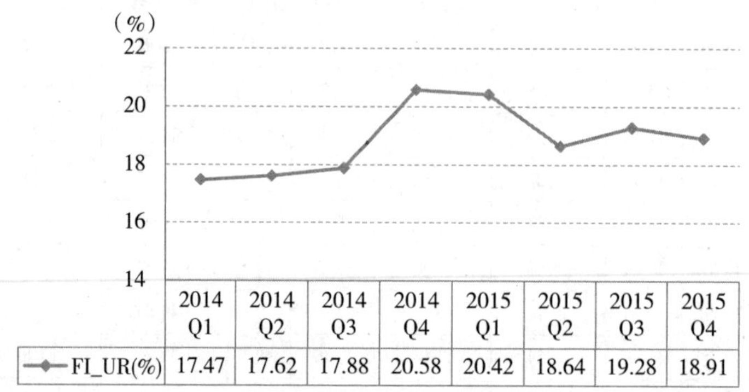

图 16-20　固定资产投资总额增速预测（季度同比增长率）

注：FI_UR 表示城镇固定资产投资（现价）增速。

资料来源：本课题组计算。

3. 消费增长率预测

模型预测显示，2014 年按不变价计算的居民消费总额预计将增长 7.65%，比上年小幅提高 0.30 个百分点；2015 年略上升至 7.78%，维持稳定。2014 年按现价计算的社会消费品零售总额将增长 13.56%，比上年提高 0.40 个百分点；2015 年进一步小幅提高为 13.72%。

分季度看，居民消费总额（不变价）增速将在 2014 年第三季度达到全年最高值 8.17%之后至第四季度回落至 7.28%；2015 年，基本保持平稳，第三季度达到全年最高值 8.13%，之后至第四季度预计将回落至 7.69%。社会消费品零售总额（现价）增速在 2014 年逐季升高；2015 年则表现为升幅相对稳定的逐季上调，第四季度上升至 14.33%（图 16-21）。

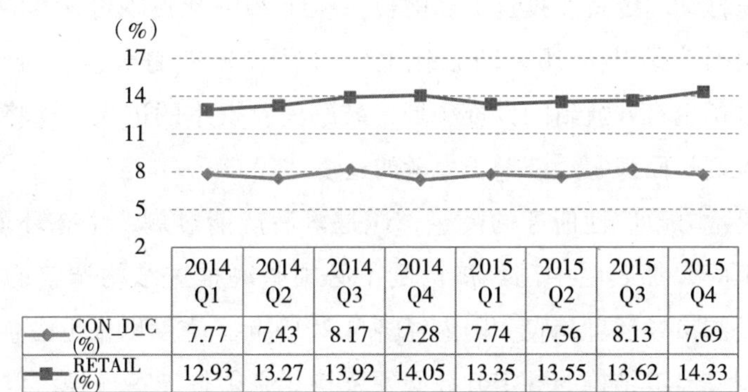

	2014 Q1	2014 Q2	2014 Q3	2014 Q4	2015 Q1	2015 Q2	2015 Q3	2015 Q4
CON_D_C (%)	7.77	7.43	8.17	7.28	7.74	7.56	8.13	7.69
RETAIL (%)	12.93	13.27	13.92	14.05	13.35	13.55	13.62	14.33

图 16-21　消费增速预测（季度同比增长率）

注：CON_D_C 表示居民消费总额（不变价）增速；RETAIL 表示社会消费品零售总额（现价）增速。

资料来源：本课题组计算。

综上，模型预测表明：

第一，2014 年，尽管外围市场持续复苏，但是，中国国内产能过剩问题恐将继续抑制实体经济的投资增长，地方政府债务膨胀也将抑制政府性投资的扩张；同时，各项改革措施的推进所导致的新旧机制转换，对经济增长也将产生一定程度的不确定性影响。预计 2014 年中国经济增速将比 2013 年小幅回落 0. 08 个百分点，达到 7. 62%；CPI 预计上涨 2. 82%。经济增长速度的稳定将为中国政府加快实施全面深化改革计划创造有利条件。

第二，2015 年政治、社会、经济体制领域的全面深化改革将推动市场在资源配置方面进一步充分发挥作用。随着垄断的打破，政府负面清单管理方式的实施，投资领域的开放，将进一步释放私人投资的空间，提高经济的活力和资源利用效率，促进居民收入以及居民消费的逐步扩大，促进经济增长方式的转型。随着全面深化改革各项措施的逐步到位、效应显现，预计 2015 年 GDP 增速将比 2014 年上升约 0. 17 个百分点。

第三，2014 年欧元区经济不确定性的下降以及美国经济的强劲复苏将促进中国的进出口稳步增长。2014 年以美元、按现价计算的出口总额预计将增长 9. 66%，比上年提高 1. 57 个百分点；进口总额增速可能上升至 8. 28%，比上年提高 1. 06 个百分点。贸易顺差将进一步收窄。

第四，尽管控制地方政府债务风险会降低投资增速，但是，新型城镇化建设仍将推动固定资产投资平稳增长。预计2014年按现价计算的城镇固定资产投资增速预计为18.42%，比上年回落1.30个百分点。与此同时，全面深化改革也将开放新的投资领域，鼓励民营资本的进入，这将有利于实现稳定投资从而稳定经济增长力量的逐步替代。

无论是地方政府性债务的高企，还是落后产能过剩，生态环境恶化，人口红利消失，都表明中国经济已到了必须坚决推进结构调整的历史关口。尽管外围市场环境趋暖，国内经济自2013年三季度以来也已企稳，但是，调整国民经济结构的既定方针必须坚持。必须打破每逢经济增速下滑即启动刺激计划的增长路径依赖，顶住经济增速下滑所带来的各方面压力，通过持续深化改革，矫正要素比价扭曲，完善投融资体制，为中国经济长期可持续发展拓展空间。

第三节　政策模拟

一、控制地方政府债务规模，优化地方政府融资结构

改革开放后，中国就有一些地方政府通过举债方式筹集建设资金。地方政府负有偿还责任的债务最早发生在1979年。1981—1985年，省级政府开始密集举债。1986—1996年，市级和县级政府开始密集举债。在追求GDP与财政收入最大化及区域竞争的压力下，在官员晋升的政治锦标赛中，地方政府通过举债预支未来财政资源，追求本届任期的政绩，实现任期政治经济利益最大化，成为各地政府心照不宣的一致行为。至1996年底，全国所有省级政府、392个市级政府中的353个（占90.05%）和2779个县级政府中的2405个（占86.54%）都举借了债务。至2010年底，全国只有54个县级政府没有举借政府性债务。[①] 据国家审计总署2013年第32号审计公告，至2013年6月底，省市县三级政府负有偿还责任的债

① 国家审计总署2011年第35号公告：《全国地方政府性债务审计结果》（2011年6月27日）。

务余额为108859.17亿元，负有担保责任的债务26655.77亿元，可能承担一定救助责任的债务43393.72亿元。1997年至2013年6月底，地方政府债务余额（广义口径）从1.81万亿元递增至17.88万亿元，年均递增15.92%；2010年至2013年6月底，省市县三级政府负有偿还责任的债务余额年均增长19.97%。其中，省市县三级政府债务余额年均增长率分别为14.41%、17.36%、26.59%，远远超过了同期的经济增长率及同级地方政府财政收入增长率。① 省市县三级政府的债务余额年均增长速度显示，层级越低的政府，债务余额增长得越快。

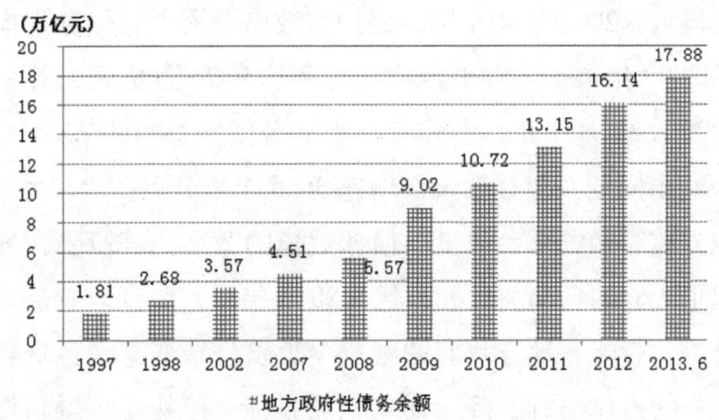

图16-22　地方政府广义债务余额变化

资料来源：国家审计署2013年第32号公告。

地方政府债务规模的急剧扩增源于新一轮的反危机管理。2008年国际金融危机后，在出口遭受严重冲击、国内经济增长形势严峻的背景下，中央政府提出了4万亿元的经济刺激计划。地方政府积极响应，申报了大量基础设施建设项目。不过，中央政府实际投入的资金最终只有1.18万亿元，其余部分均需要地方政府自行解决。在有限的实际财力的制约下，地方政府只能依靠卖地与举债筹集投资资金。由于《预算法》明确规定地方政府不得自行举债，因此，除了由财政部代地方政府发行债券这一渠道外，② 地方政府还在中央政府的鼓励下成立了大量的融资平台公司，即由地方政府发起设立，通过划拨土地、股权、规费、国债等资产，迅速包装出一个资产和现金流

① 国家审计总署2013年第32号公告：《全国政府性债务审计公告》（2013年12月30日）。

② 由财政部代为发行的地方政府债自2009年起启动。

均可达到融资标准的公司，同时地方政府还辅以担保和承诺等手段，参与公司的增信活动，以实现承接各路资金（从起初的银行贷款、城投债到后来的信托、金融租赁、保险等）的目的，并将筹集的资金用于市政建设、公用事业等项目。诸如城市建设投资公司、城建开发公司以及城建资产经营公司等都属于地方政府融资平台。

地方政府融资平台如雨后春笋般涌现出来后，尽管政府鼓励的融资渠道——城投债（包括企业债、中期票据、短期融资券等）的发行量大幅上升，但是银行贷款的增长更为迅速，并且成为地方政府举债最主要的资金来源。数据显示，2008年初全国各级地方政府融资平台债务规模约1万亿元，而到了2009年末，融资平台债务总额达9.76万亿元，其中金融机构贷款余额约为7.38万亿元，占政府融资平台债务总额的75.61%，同比增长70.4%，高出同期一般贷款余额增速36.5个百分点。

随着地方政府融资平台数量与债务规模的激增，其所隐含的财政与金融风险引起了人们的普遍关注和担忧。2010年后，受到监管层对融资平台贷款严格管控的影响，地方政府的融资渠道发生转变，平台贷款余额在政府债务余额中的占比略有下降，而包括城投债、信托、金融租赁、保险等在内的影子银行迅速成为地方政府借新债还旧债乃至进一步扩大投资规模的融资渠道。

显然，目前中国地方政府的非规范、超规模的债务融资已经对中国经济造成了不容忽视的负面影响。

首先，有地方政府背景的平台公司、国有或国有控股企业为主的政府举债主体①作为非独立市场主体，在运营目标行政化及软预算约束下，势必导致风险偏好失衡，其扭曲的融资行为进一步加剧了资金市场上的不正当竞争。扭曲的融资行为势必拉高市场借贷利率水平，扭曲资金成本。②

---

① 据国家审计总署2013年12月30日发布的第32号公告，从举债主体看，地方政府平台公司、国有或国有控股企业债务余额占政府负有偿还责任债务的比率为48%。

② 地方政府通过BT融资的狭义债务占全部债务的11.2%，按广义口径统计占8.3%；这部分资金的年利率通常在15%左右，最高可达到20%。地方政府通过信托产品融资的侠义债务占比为7.0%，广义债务占比为8.0%，资金成本大致在9%—11%之间。融资成本数据来自银率网（http：//www.yinhang.com/）。以1年期收益率作为比较基准；信托产品收益率提取自银率网1年期信托产品预期收益率，考虑到中介机构正常收益水平，实际融资成本大约还将增加1—2个百分点。

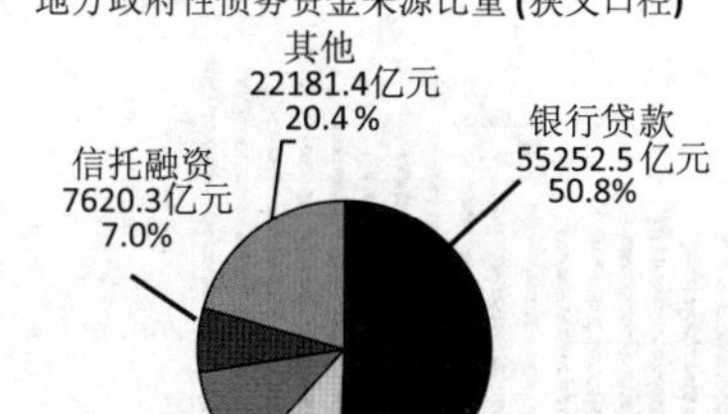

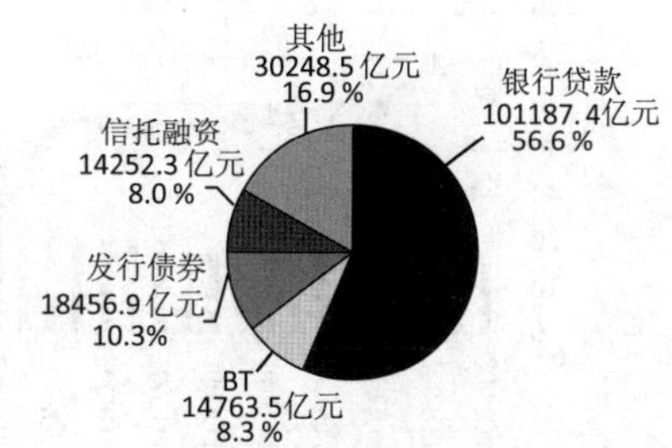

图16-23 地方政府债务结构（按资金来源）（截至2013年6月）

注：1. 狭义口径为政府负有偿还责任的债务；广义口径为政府负有偿还责任的债务、政府负有担保责任的债务，以及政府可能承担一定救助责任的债务。2. 其他类型，包括：应付未付款项，其他单位和个人借款，垫资施工、延期付款，证券、保险和其他金融机构融资，国债、外债等财政转贷，融资租赁、集资。

资料来源：国家审计署2013年第32号公告、本课题组计算。

其次，地方政府急剧扩张的举债融资挤占了大量的银行贷款资金。①在全社会贷款资金规模既定的情况下，地方政府通过银行贷款大量融资，势必挤占独立市场主体尤其是非国有中小微企业的银行贷款额度，提高独立市场主体尤其是非国有中小微企业的融资成本；在独立市场主体可获得的全社会贷款资金规模不变的情况下，地方政府的非规范、超规模举债融资势必迫使银行金融体系增加社会贷款融资总规模，形成通货膨胀压力，或者两者兼具。

事实上，自2009年以来，在地方政府债务余额快速增长的同时，反映市场资金紧缺情况的金融机构贷款利率执行上浮区间占比也急剧上升了(图16-24)②。同时，市场对资金的需求始终保持旺盛增长态势，2013年，社会融资总规模达到17.29万亿元，较2009年增长了24.3%。

最后，地方政府的债务增长速度大大高于资产增长速度。2002—2012

① 至2013年6月底，地方政府通过银行贷款融资的狭义债务占比为50.8%，广义债务占比为56.6%。前者占同期全部金融机构人民币贷款余额的8.1%；后者约占同期人民币贷款余额的14.8%。

② 2009—2012年，金融机构贷款利率上浮区间年均占比分别为38.1%、41.6%、61.0%、66.4%。

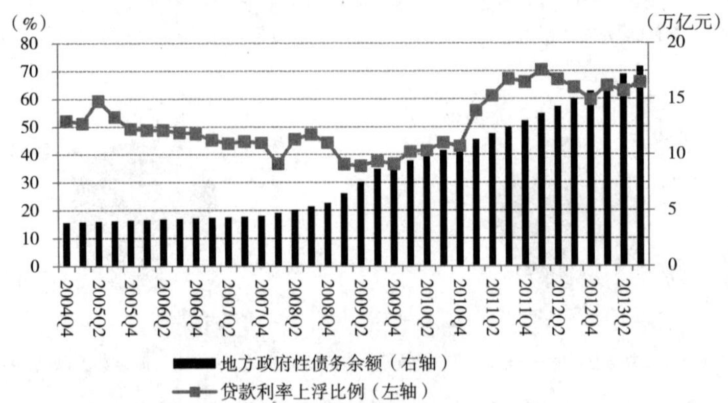

图 16-24　地方政府性债务余额增长与贷款利率执行上浮区间占比

资料来源：根据审计署公告、历年《货币政策执行报告》计算整理。

年间，地方政府负债年均增长 26.2%，其资产年均增长 16.1%，债务膨胀的速度显著高于资产扩张速度，资产负债率大幅上升了 25.5 个百分点，进一步加重了地方政府偿债负担，加剧了债务风险隐患。

在《中国宏观经济预测与分析——2012 年秋季报告》中，本课题组已经注意到急剧膨胀的地方政府债务对中国经济稳定增长尤其是长期发展的影响。出于对地方政府债务风险的担忧，本课题组在 2012 年上半年经济增速“破八”并继续下滑之时，强调“稳增长必须防止过度投资刺激”，认为不宜再次启动大规模投资刺激计划。之后，本课题组在 2013 年的春季报告、秋季报告的政策模拟和政策建议部分讨论了当经济进入 7%—8%的次高速增长阶段之后的财政收入变动趋势问题，指出，财政收入增速将因经济增速降至新的增长率平台难以继续维持超经济增速增长，但是，在经历了长达 15 年的财政收入大幅度超经济增速增长之后，中国政府实际控制的资源流量占 GDP 的比重已经过高。如果将政府近年来每年新增债务余额进一步计算在内，中国政府实际可以支配的财力资源占 GDP 的比重更要高出许多（表 16-2）。

政府实际支配的资源占 GDP 的比例是市场经济条件下处理好政府与市场关系的关键比例之一。政府利用税收、非税收入以及举债融资等各种方式从国民收入中汲取多大的份额，以何种方式获取资源，以及如何使用这些资源，反映了特定经济体中政府与社会、市场的关系。因此，规范地方政府举债融资行为，控制地方政府债务规模，不仅仅是防范、化解地方政府债务风险的重要政策措施，而且是一个关系到明确政府与市场的边界，关系到让市场机制在资源配置中真正起决定性作用的重大问题，关系到社会经济运行方方面面的宏观经济问题。因此，本次预测，本课题组沿着这一思路，选择了控制地方政府债务总规模、提高债券融资占比的宏观经济影响问题进行政策模拟。

表16-2　中国政府实际支配的财力资源（2008—2012年）

	2008年	2009年	2010年	2011年	2012年
名义GDP（万亿元）	31.40	34.09	40.15	47.31	51.89
政府收入/GDP（%）	29.99	31.40	35.69	36.31	35.64
广义政府收入/GDP（%）	34.24	35.98	40.64	41.07	39.87
政府实际支配的财力资源/GDP（%）（1）	37.61	46.10	44.88	46.22	45.63
政府实际支配的财力资源/GDP（%）（2）	39.0	49.5	43.1	50.7	50.9

注：政府收入①=公共财政收入+政府性基金收入+国有资本经营预算收入+社会保险基金收入；

广义政府收入=政府收入+国有企业利润；

政府实际支配资源/GDP（1）=（广义政府收入+地方政府性债务余额增量）/GDP；

政府实际支配资源/GDP（2）=（广义政府收入+全国政府性债务余额增量）/GDP。

资料来源：本课题组计算整理。

二、政策效应模拟

本次政策模拟针对规范地方政府债务融资方式、提高地方政府债券融资占比展开。政策模拟设计了两个场景：

情景1：假设在货币供给增速不变以及地方政府债务总规模不变的前提下，通过提高政府债券融资比重，优化地方政府融资结构的宏观经济效应。

① 这里，没有扣除公共财政对社会保险基金的补贴。按照高培勇2014年的估算（具体请参阅高培勇主编：《将全面深化财税体制改革落到实处》，中国财经出版社2014年版），扣除财政补贴之外，2012年政府收入占GDP比重约为35.33%，略小于本报告的估值。

情景2：在情景1的基础上，加入新的政策变量，分析适度控制地方政府债务总规模，同时提高债券融资占比的宏观经济效应。

本课题组认为，当前，对于地方政府债务风险，首先需要进行控制，而后在控制的基础上逐步化解，同时，应建立健全地方政府举债融资管理的法律法规，规范地方政府的举债融资行为。根据现有的地方政府债务期限结构，2014—2016年，中国地方政府将进入偿债高峰期。由于各地财政状况参差不齐，本级财力较弱的中西部地区省市县将面临更大的偿债压力。

因此，当前，首先需要通过债务置换，提高地方政府的债券融资占比（具体包括委托财政部为地方政府发行的债券、城投债，以及在严格审查基础上允许地方政府自主发行的市政债等），降低地方政府债务中银行贷款融资及BT和信托融资占比，约束地方政府举债融资的非规范性，在此基础上，控制地方政府举债融资的规模，杜绝寅吃卯粮，透支未来财政资源追求本届任期政绩及利益的机会主义行为。

我们的政策模拟的思路如图16-25所示：

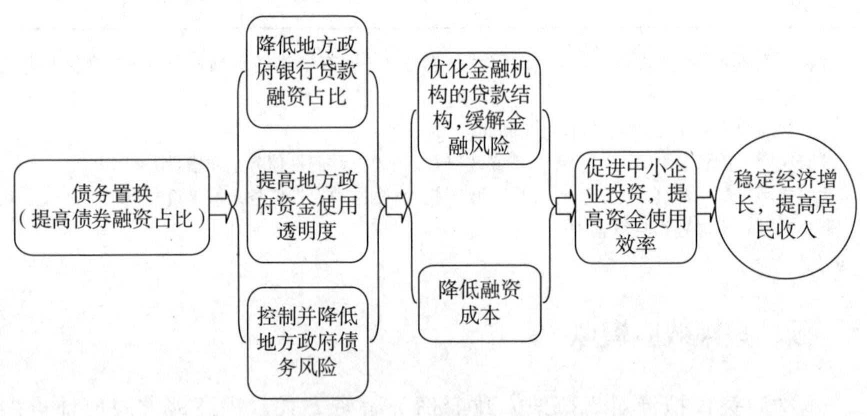

图16-25　政策模拟思路示意图

（一）情景1：假设在货币供给增速不变以及地方政府债务总规模不变的前提下，通过提高政府债券融资比重，优化地方政府融资结构的宏观经济效应

假设在货币供给增速不变以及地方政府债务总规模不变的前提下，由于控制了地方政府的银行贷款融资比重，在信贷市场上向独立市场主体释放出更多的信贷资金，改变了信贷市场上的资金供给与需求力量对比，

2010—2012 年间，每年平均贷款区间上浮比例因此回到了 2007—2009 年间的平均水平（即 41.54%），对应各年的利率上浮比例分别下降了 0.90、21.01 和 23.78 个百分点。假设每季度的数值是等量缩减之后，可以得到 2010—2012 年三年间新的每个季度上浮比例（图 16-26）。进一步地，将新的每个季度上浮比例，按照原有区间贷款占比的权重，估算出新的贷款加权利率。可以发现，经过调整后，新的区间加权贷款利率与基准利率的差，基本维持平稳，不再呈现上涨的趋势（图 16-27）。

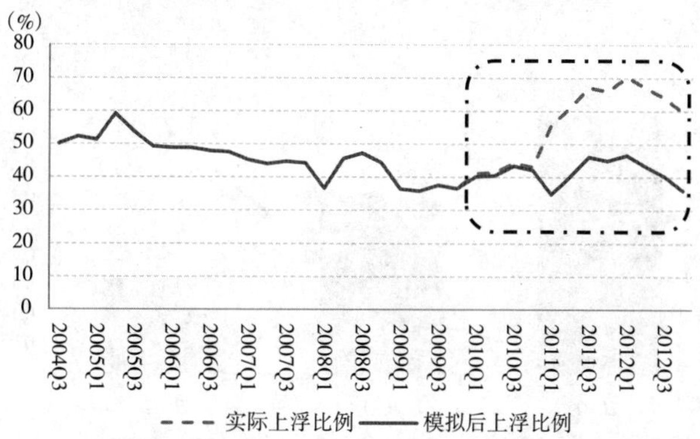

图 16-26　控制地方政府银行融资举债比例，人民币贷款利率上浮比例下调（情景 1）

资料来源：本课题组估算。

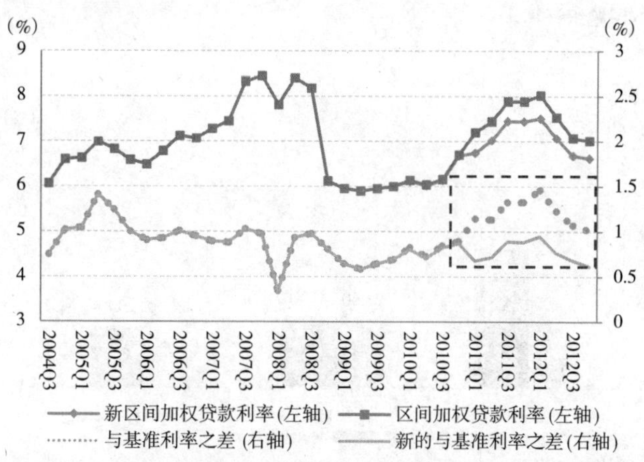

图 16-27　区间加权贷款利率的实际和模拟序列对比（情景 1）

注：2010—2012 年模拟序列的季度数据是由每个季度的实际上浮比例减去每年平均上浮比例高于 2007—2009 年的部分，即每个季度等量减少相同的量，以维持季节变化。

资料来源：本课题组计算。

政策模拟结果显示：

第一，GDP 增速略有增长。在货币供给不变的前提下，通过控制地方政府的银行融资债务比例，抑制融资成本的上升，有利于稳定 GDP 增速；同时，由于融资成本的下降，促进私人投资，可以略微加快经济增长速度。对 2010—2012 年的政策模拟发现，相比于基准模型的结果，GDP 增长率分别可提高 0.01、0.11 和 0.42 个百分点（图 16-28）；城镇固定资产投资增速可提高 0.02、0.31 和 0.97 个百分点（图 16-29）。

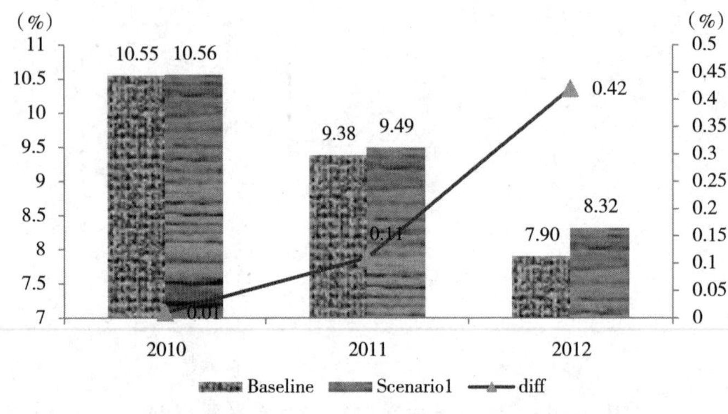

图 16-28　GDP 增长率变化情况

注：Baseline 表示基准模拟情况；Scenario1 表示情景 1 的模拟情况；diff 表示情景 1 模拟值减去基准模拟值的差（右轴）。

资料来源：本课题组计算。

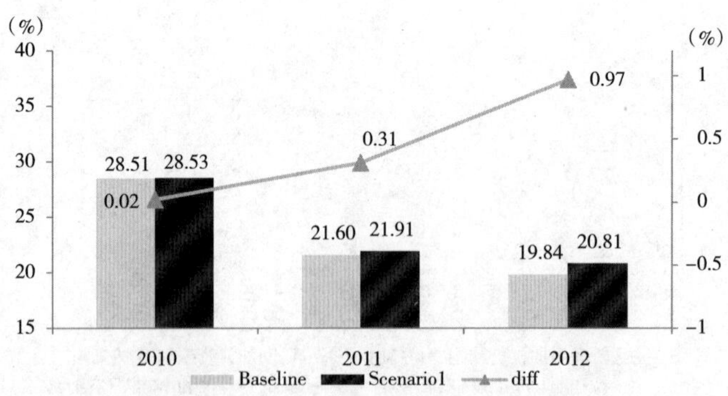

图 16-29　城镇固定资产投资增速变化情况

注：Baseline 表示基准模拟情况；Scenario1 表示情景 1 的模拟情况；diff 表示情景 1 模拟值减去基准模拟值的差（右轴）。

资料来源：本课题组计算。

第二，固定资产投资中，非国有企业投资所占的比重有所提高。2010—2012 年，非国有企业投资的比重分别可较基准值提高 0. 01、0. 18 和 0. 56 个百分点（图 16-30）。

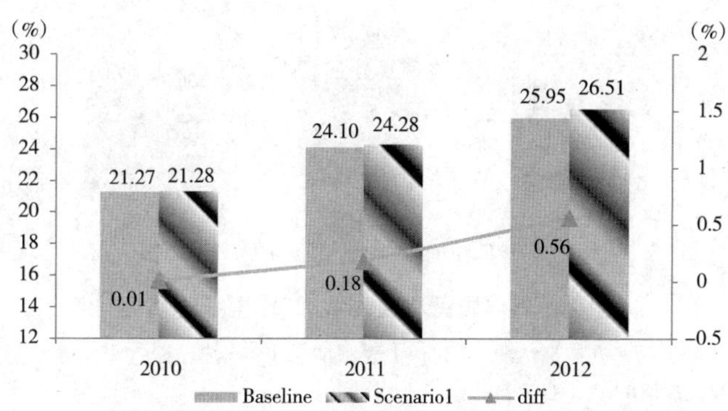

图 16-30　非国有投资中私营企业占总投资的比重变化情况

注：Baseline 表示基准模拟情况；Scenario1 表示情景 1 的模拟情况；diff 表示情景 1 模拟值减去基准模拟值的差（右轴）。

资料来源：本课题组计算。

第三，居民消费也有所增长。2010—2012 年，按可比价计算的居民消费增长率分别较基准值提高 0. 01、0. 13 和 0. 58 个百分点（图 16-31）。不过，从总需求结构上看，居民消费占 GDP 的比重并没有较明显的变化。2010—2012 年，居民消费占比分别较原有基准值仅略微增加 0. 004、0. 01 和 0. 07 个百分点（图 16-32），固定资本形成总额的占比也几乎维持不变。

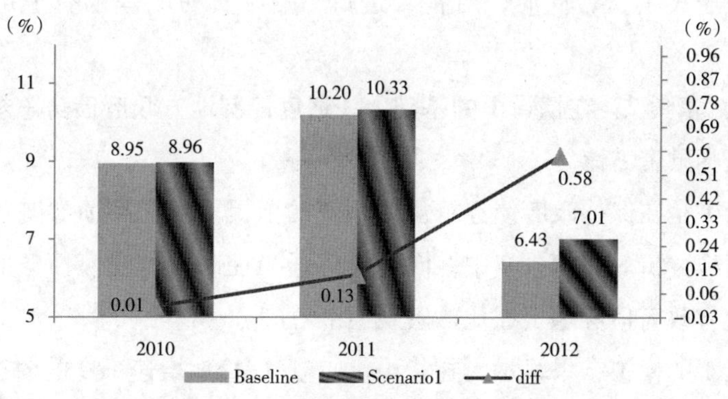

图 16-31　居民消费增长率变化情况

注：Baseline 表示基准模拟情况；Scenario1 表示情景 1 的模拟情况；diff 表示情景 1 模拟值减去基准模拟值的差（右轴）。

资料来源：本课题组计算。

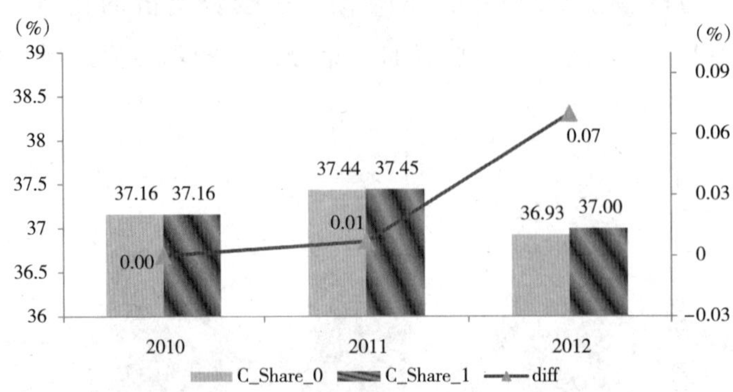

图 16-32 居民消费占 GDP 比重变化情况

注：C_Share_0 表示基准模拟情况；_Share_1 表示情景 1 的模拟情况；diff 表示情景 1 模拟值减去基准模拟值的差（右轴）。

资料来源：本课题组计算。

第四，进口提高，净出口增速下降，贸易顺差有所缩小。2010—2012 年，以美元、按现价计算的进口增速分别较基准值提高 0.01、0.10 和 0.39 个百分点，出口增速则基本维持不变。受此影响，商品贸易净出口增速较基准值分别下降 0.01、0.25 和 1.14 个百分点，净出口占 GDP 比重也分别略微下降 0.001、0.01 和 0.05 个百分点。

总体上看，提高地方政府的债券融资占比，改善资金市场上的供需力量对比，抑制融资成本的上升，可以稳定 GDP 的增长，促进私人投资增加，扩大居民消费；同时，对扩大进口，缩小贸易顺差也有一定的积极作用。

（二）情景 2：在情景 1 的基础上，适度控制地方政府债务总规模，同时提高债券融资占比

情景 1 是在保持政府债务总规模不变的前提下，提高债券融资占比所进行的模拟分析。在情景 2 中，同时考虑适当控制地方政府债务的总规模并提高地方政府债券融资占比的宏观经济效应。

情景 1 的模拟结果显示，在货币供应量（M2）增速不变的前提下，资金使用成本的下降会带来 GDP 的较快增长。如果进一步放松货币供给不变的假设，假定货币供应量因实施债务置换计划而下降，但是维持区间加权贷款利率在情景 1 中的假定，两者的综合效应将会是怎样？

为实现上述模拟情况，先要假设 M2 增速的下降幅度。数据显示，自 2003 年以来，M2 维持较高增速，特别是 2009 年，M2 增长率高达 28.4%。2010—2012 年，尽管增速出现下降，但是仍然分别维持在 18.9%、17.3% 和 14.4%的高增长水平①。2013 年 M2 的总量规模达到 110.7 万亿元。

假定在 2010 年开始提高地方政府债券融资占比，同时控制地方政府债务余额的增长，使其年增长率降至原有实际增长率的一半，则 2010—2012 年地方政府累计债务余额将分别减少 0.86 万亿、2.17 万亿和 3.91 万亿元。假设减少地方政府性负债可以等量降低 M2 的供应量，则 2010—2012 年 M2 将分别减少至 0.86 万亿、1.31 万亿和 0.74 万亿元。

政策模拟结果显示：

首先，物价水平出现明显下降，居民消费增速加快。由于货币供应量减少，价格水平出现了较大幅度的下降。2010—2012 年，居民消费价格指数（CPI）分别较基准值下降了 0.12、0.34 和 0.19 个百分点。受此影响，居民消费的增长速度加快。2010—2012 年，居民消费的增长率较基准值分别提高了 0.02、0.28 和 0.79 个百分点，高于情景 1 的模拟结果（图 16-33）。

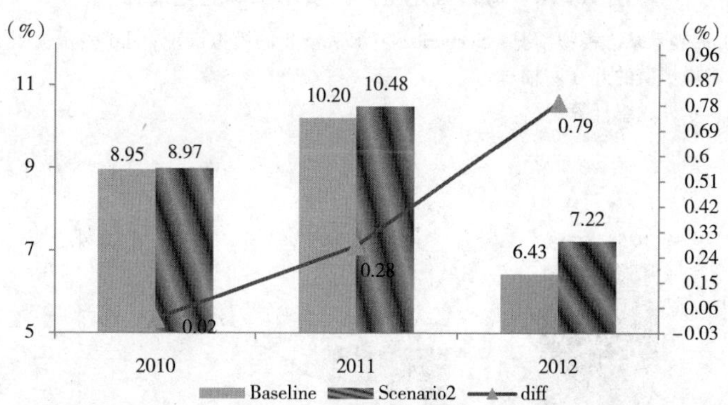

图 16-33　按可比价计算的居民消费增长率变化情况

注：Baseline 表示基准模拟情况；Scenario2 表示情景 2 的模拟情况；diff 表示情景 2 模拟值减去基准模拟值的差（右轴）。

资料来源：本课题组计算。

其次，城镇固定资产投资和 GDP 均表现为先下降后上升。2010 年、2011 年，城镇固定资产投资增速分别较基准值下降 0.14 和 0.44 个百分

① 央行在 2011 年 10 月改变了 M2 的统计口径。

点，2012 年则较基准值提高 0.03 个百分点（图 16-34）；GDP 增长率几乎呈现相同的变化趋势，2010 年较基准值下降了 0.02 个百分点，2011 年上升了 0.03 个百分点，2012 年则较基准值提高了 0.34 个百分点（图 16-35）。这表明在融资成本下降的情况下，减少货币供应量，尽管短期内会使得经济增长下滑，但是，随着非国有经济投资的回升以及居民消费的更快增长，长期来看，反而更有利于经济增长。

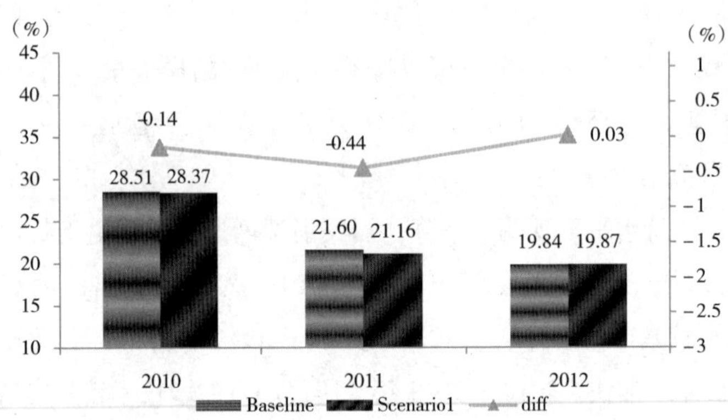

图 16-34　城镇固定资产投资增长率变化情况

注：Baseline 表示基准模拟情况；Scenario2 表示情景 2 的模拟情况；diff 表示情景 2 模拟值减去基准模拟值的差（右轴）。

资料来源：本课题组计算。

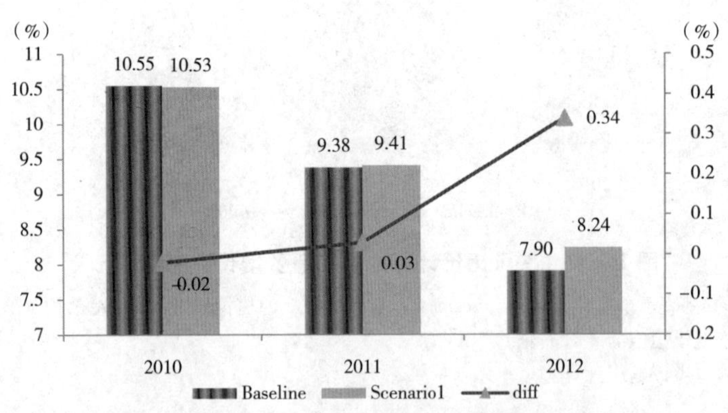

图 16-35　GDP 增长率变化情况

注：Baseline 表示基准模拟情况；Scenario2 表示情景 2 的模拟情况；diff 表示情景 2 模拟值减去基准模拟值的差（右轴）。

资料来源：本课题组计算。

最后，总需求结构方面，居民消费占比出现上升，并且上升幅度逐渐加大。2010—2012 年，分别较基准值提高 0.02、0.10 和 0.26 个百分点（图 16-36）；按可比价计算的固定资本形成总额占比则逐年下降，三年间，分别较基准值下降 0.02、0.10 和 0.18 个百分点（图 16-37）；净出口占比在 2010 年、2011 年基本维持不变，2012 年则小幅下降 0.03 个百分点。整体上，总需求结构出现明显好转，经济结构失衡的局面得到一定程度的改善。

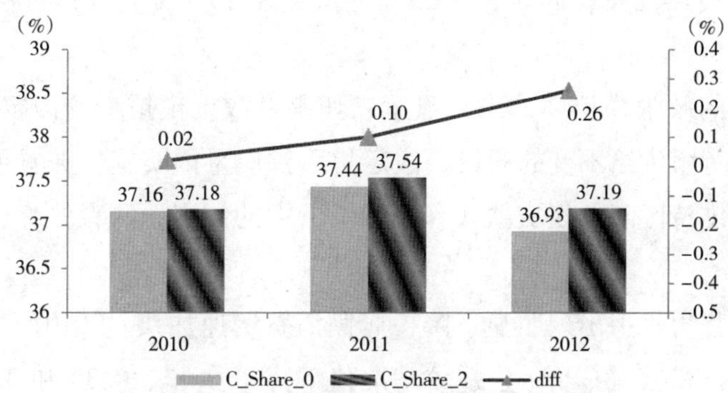

图 16-36　居民消费占 GDP 比重变化情况

注：C_Share_0 表示基准模拟情况；_Share_2 表示情景 2 的模拟情况；diff 表示情景 2 模拟值减去基准模拟值的差（右轴）。

资料来源：本课题组计算。

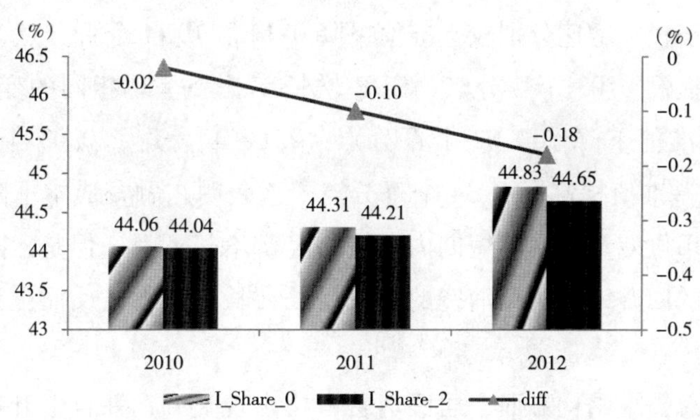

图 16-37　固定资本形成总额占 GDP 比重变化情况

注：I_Share_0 表示基准模拟情况；I_Share_2 表示情景 2 的模拟情况；diff 表示情景 2 模拟值减去基准模拟值的差（右轴）。

资料来源：本课题组计算。

可以发现，在情景2的假设下——适度控制地方政府债务总规模，同时提高债券融资占比，有利于提高资金的配置效率，实行紧平衡的货币政策。实施这一政策，不仅可以维持同等的GDP增长率，而且还能够有效控制通货膨胀，增加居民消费，促进总需求结构改善。

综上，CQMM的政策模拟1的结果显示：在货币供应量（M2）增速不变的前提下，提高地方政府的债券融资占比，改善资金市场上的供需力量对比，抑制融资成本的上升，可以稳定GDP的增长，促进私人投资增加，扩大居民消费；同时，对扩大进口，缩小贸易顺差也有一定的积极作用。

CQMM的政策模拟2的结果显示：如果在政策模拟1的假定基础上，进一步放松货币供给不变的假设，假定货币供应量因实施债务置换计划而下降，但是维持区间加权贷款利率在情景1中的假定，两者的综合效应将会是：

第一，物价水平出现明显下降，居民消费增速加快。2010—2012年，居民消费价格指数（CPI）分别较基准值下降了0.12、0.34和0.19个百分点。受此影响，居民消费的增长速度加快。2010—2012年，居民消费的增长率较基准值分别提高了0.02、0.28和0.79个百分点，高于情景一的模拟结果；

第二，城镇固定资产投资和GDP先下降后上升。2010年、2011年，城镇固定资产投资增速分别较基准值下降0.14和0.44个百分点，2012年则较基准值提高0.03个百分点；GDP增长率几乎呈现相同的变化趋势，2010年较基准值下降了0.02个百分点，2011年上升了0.03个百分点，2012年则较基准值提高了0.34个百分点。这表明在融资成本下降的情况下，减少货币供应量，尽管短期内会使得经济增长下滑，但是，随着非国有经济投资的回升以及居民消费的更快增长，长期来看，反而更有利于经济增长。

第三，总需求结构方面，居民消费占比出现上升，并且上升幅度逐渐加大。2010—2012年，分别较基准值提高0.02、0.10和0.26个百分点；按可比价计算的固定资本形成总额占比则逐年下降，三年间，分别较基准值下降0.02、0.10和0.18个百分点；净出口占比在2010年、2011年基本维持不变，2012 年则小幅下降 0.03 个百分点。整体上，总需求结构出现明显好转，经济结构失衡的局面得到一定程度的改善。

第四节　政策建议

2013 年 11 月，党的十八届三中全会通过了《中共中央关于全面深化改革若干重大问题的决定》（以下简称《决定》），确定了中国未来 10 年全面深化改革的基本方向及重大方略。在发展社会主义市场经济的历史进程中，2014 年注定会成为影响深远的一年。

毫无疑问，2014 年不仅将是大力推进全面深化改革，对未来中国社会经济发展产生深远影响的一年，2014 年同时也是中国在人均 GDP 越过 5000 美元大关，进入中等偏上收入组国家之后，稳固确立新的增长率平台，实现至 2020 年国民收入再翻一番的关键年份。

其所以如此，是因为，尽管经过努力，中国的经济增长速度已经从 2008 年国际金融危机之后的逐年下滑，目前逐渐稳定在 7.5%左右的新的年度增长率平台上，但是，如前所述，目前，这一稳定的基础并不牢固：它基本上还是既有体制下的潜在增长率及效率不断衰减与政府主导型投资相机刺激结合的产物，因此，实施收入倍增计划，必须建立实现未来发展阶段经济稳定发展的机制、体制基础。

基于上述分析，本课题组提出：

第一，建立实现未来发展阶段经济稳定发展的机制，关键在于矫正要素比价扭曲，要素比价扭曲是政府主导型市场经济条件下粗放型经济发展方式的微观基础。只有矫正多年来累积形成的、目前不仅普遍而且严重存在的要素比价扭曲，才能让市场机制在资源配置中真正地起决定性作用。①

① 有关分析，请参见李文溥、龚敏等：《论要素比价、劳动报酬与居民消费》，人民出版社 2013 年版。

第二，矫正要素比价扭曲，让市场机制在资源配置中真正地起决定性作用，首先必须切实控制、适当缩小政府的权力空间。只有大幅度减少政府对资源的直接配置，才能推动资源配置依据市场规则、市场价格、市场竞争实现效益最大化和效率最优化。

第三，控制地方政府债务规模，规范地方政府举债行为，不仅是防范地方政府债务风险的重要措施，更是界定政府与市场边界，减少政府对资源的直接配置，让市场在资源配置中起决定性作用的必要前提。政府收入占 GDP 的比例是市场经济条件下处理好政府与市场关系的关键比例之一。政府利用税收、非税收入以及举债融资等各种方式从国民收入中汲取多大的份额，以何种方式获取资源，以及如何使用这些资源，反映了特定经济体中政府与社会、市场的关系。因此，必须控制政府收入占 GDP 的比重，规范政府获取资源的方式，审议并监督政府收入的使用去向。如果对政府收入占 GDP 的比重、获取资源的方式、政府收入的使用去向没有任何限制，也就没有市场经济。

第四，利率市场化是矫正要素比价扭曲最重要的举措之一。要素比价扭曲是政府主导型市场经济条件下粗放型经济发展方式的微观基础。然而，近年来，无论是劳动力市场、土地市场，还是资源环境市场及资金市场上发生的种种变化都说明：要素比价扭曲作为粗放型经济发展方式的微观基础已经难以继续维持。必须尽快实行存贷款的利率市场化。然而，利率市场化应当以政府的举债融资行为得到有效控制为前提。如果政府以及以有政府背景的非独立市场主体不受限制地与独立市场主体竞争资金的使用权，利率自由化的结果将是利率的非市场决定，资源价格的进一步扭曲，资源的进一步错误配置，融资成本的进一步上升。只有切实划分政府与市场的边界，限制政府的任意举债融资，方能为利率市场化，提高资金利用效率，降低融资成本创造必要前提。

第五，金融市场的市场结构合理化。利率市场化不仅要以限制政府的非规范、超规模举债融资为前提，而且还必须以竞争性的金融市场结构为依托。金融市场的开放与竞争性市场结构重组应当同时进行，以打破垄断，促进有效竞争，实现金融资源的有效配置，提高资金利用效率，降低融资成本，增加居民收入。

第六，尽快进行税收制度改革，完善地方税体系，逐步提高直接税比重。《决定》指出，中央政府负责宏观调控，地方政府主要职责为公共服务、市场监管、社会管理、环境保护等。然而，长期以来，地方政府却存在着严重的职能错位，它既与对一切以经济建设为中心的错误理解有关，也与税制密切相关。目前为止，中国各级政府都以生产税为主要财政收入来源，因此，各级政府无一例外地把经济增长作为政府工作的重中之重。服务于不同的政府管理的需要，必须尽快地进行税收制度改革，完善地方税体系，逐步提高直接税比重。建立以房地产税、消费税和个人所得税比例分享为主的地方税体系，通过建立新的地方政府财力保障机制，促进地方政府的行为机制转型。税制改革，不仅有利于转变地方政府的行为机制，而且有利于大中小城市的合理布局和协调发展。

第七，实行负面清单管理，开放更多的投资领域。在当前制造业生产能力严重过剩情况下，必须通过政府实行负面清单管理，开放更多的投资领域，方能促进民营投资，形成新的经济增长基础。

第八，打破行政管制及国有垄断，发展服务业。服务业将是实行负面清单管理，开放更多投资领域的重点领域之一。中国的服务业发展严重滞后。2011年，中国服务业占GDP的比重仅为43.35%，同期相同人均收入组国家的服务业占比是55.63%，低收入国家组的服务业占比是49.82%。与制造业严重的生产能力过剩相反，中国的服务业尤其是关系民生基本需求的服务业存在着严重的有效供给能力不足。服务业发展滞后，关系民生基本需求的服务业有效供给能力严重不足的根源在于服务业的市场化进程缓慢。我国服务业、公用事业的民营投资占比普遍低于50%，国有企业处于事实上的垄断地位，其中，交通运输、医疗、教育、文娱、电信、金融、公用事业等行业国企投资占比均超过三分之二。从就业比重上看，2012年，制造业中非国有部门就业占94.42%，服务业中非国有部门就业占74.07%（扣除了基本上是国有就业的公共管理、社会保障和社会组织部门），服务业中的国有就业比重大大高于国民经济的其他部门。国有垄断之外，许多行业至今仍属于政府管制对象，非国有资本无权进入。国际经验表明，进入中等收入经济体之后，服务业将进入加快发展阶段，从日本、韩国转型的经验来看，从高速增长期步入中速增长期后，所有新增就业均来源于服务业。加快服务业领域的管理体制改革，开放服务业投资领域，有助于促进民营投资、加快服务业尤其是满足民生基本需求的服务业的发展；有助于扩大居民消费，形成新的经济增长点，对于实现中国在次高经济增长阶段的稳定增长具有重要意义。

附录一　中国宏观经济形势与政策问卷调查报告（2014.1）

为及时把握中国宏观经济形势和政策走向，新华社《经济参考报》和教育部人文社会科学重点研究基地——厦门大学宏观经济研究中心于 2014 年 1 月联合开展“年度中国宏观经济形势和政策问卷调查”活动，这是本项研究的第二次问卷调查。本次调查问卷设计了与当前中国宏观经济运行和政策走势直接相关的 18 道问题，1 月上旬我们通过电邮方式向国内相关领域的经济学家发出调查邀请，最终收到 57 位专家的答复。通过本次问卷调查，我们获得了专家们关于中国当前宏观经济运行面临的最大挑战、当前中国地方政府债务风险问题、2014 年欧美经济形势、2014 年中国宏观经济主要指标的变化趋势以及下一步中国宏观经济政策的走向等问题的最新认识和判断。现将本次问卷调查结果公布如下：

一、中国当前宏观经济运行面临的最大挑战

调查结果显示，接受调查的专家中有 63%的专家认为地方政府债务风险严重是中国当前宏观经济运行面临的最大挑战；46%的专家认为金融机构存在一定的系统性风险；44%的专家认为房地产市场运行的不确定性增加；44%的专家认为实体经济发展缓慢；40%的专家认为产能过剩问题加剧。以上调查结果表明，有六成以上接受调查的专家认为，地方政府债务风险严重是当前中国宏观经济运行面临的最大挑战。此外，有超过四成被调查专家认为：金融机构存在一定的系统性风险、房地产市场运行的不确定性增加、实体经济发展缓慢和产能过剩问题加剧是中国当前宏观经济运行面临的重大挑战，影响中国未来经济健康发展的决定性因素或重要因素。

另外，有 13%的专家提出了关于中国当前宏观经济运行面临的最大挑战

的其他观点，包括：一、二线热点城市房地产市场出现短期调整；要素成本上升过快；未建立起一套有效的立足于市场调节的企业技术进步和产业结构优化的机制，使得经济增长过多地依赖于投资（尤其是房地产投资）与出口拉动；潜在的巨大滞胀风险有待化解；政府与市场关系不清等。

二、当前中国地方政府债务风险问题

根据国家审计署于 2013 年 12 月 30 日公布的关于地方政府债务的审计结果，地方政府债务规模已从 2011 年年底的 10.7 万亿元增加到 2013 年 6 月底的 17.9 万亿元，相当于当年 GDP 的 33%。那么，专家们对当前中国地方政府债务风险程度的看法如何呢？调查结果显示，56%的专家认为当前中国地方政府债务风险程度严重；30%的专家认为相当严重；14%的专家认为依然安全。总的来说，多数专家认为中国地方政府债务风险仍在可控制范围之内。

对于中国地方政府债务风险，应当采取哪些治本措施化解呢？调查结果显示，61%的专家认为应当把债务分门别类纳入全口径预算管理；56%的专家认为应当建立市场化的、可公开操作的地方债市场；53%的专家认为应当改变我国目前唯 GDP 考核的现状；16%的专家认为应当优化我国地方政府规划。总体而言，多数专家认为，有效控制中国地方政府债务风险的举措是：把债务分门别类纳入全口径预算管理，建立市场化的和可公开操作的地方债市场，改变我国目前唯 GDP 考核的现状。此外，9%的专家提出了其他的政策建议，包括：加快财税体制改革，使中央与地方政府的财权和事权相对称；建立预算跨年度平衡机制；进一步完善分级财政管理体制，同时正式启动地方债；转变地方政府职能，减少其直接参与微观经济活动；调整中央与地方财政关系，使地方政府可支配财产与所承担事权相匹配；改革投融资体制，放宽城市基础设施领域的市场准入；改革金融体制，弱化金融资源的行政化配置倾向等。

面对日趋严重的地方政府债务问题，中央政府开始加强监控地方政府融资平台，这对社会上的资金需求状况将会产生何种影响呢？调查结果显示，39%的专家认为加强监控地方政府融资平台对社会上的资金需求状况的影响变动不大；28%的专家认为会导致资金需求缓慢下降；25%的专家认为会导致资金需求缓慢上升；5%的专家认为会导致资金需求快速下降；只有3%的专家认为会导致资金需求快速上升。总体而言，专家们对此问题的观点较为分散，说明加强监控地方政府融资平台对社会上资金需求状况的影响相对比较复杂。

三、2014年欧美经济形势

2013年全球经济继续处于缓慢的复苏过程中，但是增长乏力。根据美联储的最新经济预测，2013年美国经济增速为2.2%至2.3%，那么，2014年美国经济相较于2013年将会有怎样的变化态势呢？调查结果显示，81%的专家认为美国经济增长率将缓慢提升；10%的专家认为美国经济增长率将快速提升；7%的专家认为美国经济增长率将与2013年大致持平；只有2%的专家认为美国经济增长率将缓慢下降；没有专家认为美国经济增长率将快速下降。总体而言，绝大多数专家认为2014年美国经济将呈现回暖趋势，未来经济增速预计将加快，形势比较乐观。

欧元区经济受债务危机冲击，继续在衰退泥潭中挣扎，预计2013年经济增长率约为-0.4%。那么，与2013年相比较，2014年欧元区经济将会有怎样的变化态势呢？在对该问题做出答复的总共56份有效问卷中，调查结果显示，70%的专家认为欧元区经济增长率将缓慢提升；28%的专家认为欧元区经济增长率将与2013年大致持平；只有2%的专家认为欧元区经济增长率将缓慢下降；没有专家认为欧元区经济增长率将快速提升或快速下降。总的来看，绝大多数专家认为2014年欧元区经济也将呈现回暖态势，经济增速预计将比2013年加快，形势较为乐观。

四、对2014年中国宏观经济主要指标的预测

关于2014年中国经济增长，调查结果显示，54%的专家预计全年GDP增速将在“7.5%—7.9%”之间；37%的专家预计将在“7.1%—7.4%”之间；7%的专家预计将在“8%及以上”；只有2%的专家预计将在“7%及以下”。总体而言，61%的专家认为2014年中国GDP增速仍能达到7.5%以上。39%的专家则预计2014年中国经济增速将低于7.5%，考虑到2013年中国全年GDP的增速为7.7%，说明这部分专家认为2014年中国经济增

长将呈现继续下行的态势。

关于2014年中国的消费者价格指数（CPI）的变动趋势，65%的专家预期2014年中国CPI增长在“2.6%—3.0%”之间；28%的专家预期在“3.1%—3.5%”之间；7%的专家预期在“2.1%—2.5%”之间；没有专家预期在“2.0%及以下”和“3.6%及以上”。总的来说，所有专家都认为2014年CPI增长仍将低于3.5%。考虑到2013年全年CPI比上年上涨2.6%，因此多数专家认为2014年中国物价水平仍将保持基本稳定，通胀压力进一步减弱。

关于2014年社会消费品零售的增长态势，47%的专家预期2014年中国社会消费品零售累计同比增长在“12.6%—13.0%”之间；35%的专家预期在“13.0%以上”；14%的专家预期在“12.1%—12.5%”之间；只有4%的专家预期在“12.0%及以下”。2013年全年社会消费品零售比上年累计同比实际增长11.5%，因此，调查结果表明，相较于2013年，多数专家认为2014年社会消费品零售增长将会呈现一定的回升态势。

关于2014年固定资产投资态势，46%的专家预期全年固定资产投资总额同比增长在“19.1%—20.0%”之间；23%的专家预期在“20.1%—21%”之间；17%的专家预期在“19.0%及以下”；9%的专家预期在“21.1%—22.0%”之间；只有5%的专家预期在“22.0%以上”。2013年全年固定资产投资总额同比实际增长19.2%，因此，调查结果表明，相较于2013年，多数专家认为2014年全年中国固定资产投资增长将相对比较平稳。

相对于整体经济与投资增速的放缓，2013年房地产市场投资比2012年有较大的增长，那么，2014年中国房价和销量将会呈现出怎样的变化态势呢？在对该问题做出答复的总共55份有效问卷中，56%的专家预期2014年中国房地产市场将呈现出“量价齐升”的态势；26%的专家预期将呈现“量跌价升”的态势；13%的专家预期将呈现“量价齐跌”的态势；5%的专家预期将呈现“量升价跌”的态势。总体而言，相较于2013年，多于半数的专家认为2014年中国房地产市场仍将持续保持升温态势。

关于2014年出口形势，49%的专家预期2014年中国出口总额累计同比增长在“8.1%—9.0%”之间；32%的专家预期在“7.1%—8.0%”之间；17%的专家预期在“9.0%以上”；只有 2%的专家预期在“6.1%—7.0%”之间；没有专家预期在“6.0%及以下”。2013 年中国出口总额累计同比增长 7.9%，因此，调查结果表明，超过六成的专家认为 2014 年中国出口增长将呈现一定的回升趋势，这可能主要得益于 2014 年欧美经济的回暖态势。

关于 2014 年广义货币供应量（M2）的变动趋势，56%的专家预期全年 M2 同比增速在“14.1%—15.0%”之间；31%的专家预期在“15.1%—16.0%”之间；11%的专家预期在“14.0%及以下”；只有 2%的专家预期在“17.0%以上”；没有专家预期在“16.1%—17.0%”。2013 年中国广义货币供应量（M2）比上年末增长 13.6%，因此，调查结果表明，近八成的专家认为 2014 年 M2 的增长要快于 2013 年。

关于 2014 年美元兑人民币汇率，56%的专家预期美元兑人民币汇率可能在“6.0—6.1”之间；35%的专家预期在“6.0 以下”；7%的专家预期在“6.1—6.2”之间；只有 2%的专家预期在“6.2—6.3”之间；没有专家预期在“6.3 以上”。因此，多数专家认为人民币对美元将呈现进一步升值趋势。

当前，中国正在积极稳妥地推进城镇化进程，这是否有助于提升未来的居民消费增长水平呢？调查结果显示，77%的专家预期城镇化将对未来消费增长产生“一定的推动作用”；11%的专家预期能够产生“明显的推动作用”；10%的专家则认为二者之间“无明显关系”；只有 2%的专家预期城镇化对未来消费增长在短期会产生一定的抑制作用；没有专家预期城镇化对未来消费增长具有“明显的抑制作用”。总体来说，多数专家认为推进城镇化建设对于扩大未来消费需求将起到积极的作用。

五、2014 年最值得期待的三项经济工作

2013 年 12 月的中央经济工作会议部署了 2014 年经济工作的六大任务，经济学家们认为哪些是最值得期待的呢？调查结果显示，75%的专家认为是着力防控债务风险；68%的专家认为是着力做好保障和改善民生工作；67%的专家认为是大力调整产业结构；32%的专家认为是不断提高对外开放水平；23%的专家认为是切实保障国家粮食安全；16%的专家认为

是积极促进区域协调发展。因此，三分之二以上的专家认为，着力防控债务风险、着力做好保障和改善民生工作以及大力调整产业结构将是2014年中国最值得期待的三项经济工作。

六、2014年中国宏观经济政策的走向

关于2014年中国财政政策的走势，74%的专家认为2014年中央政府将继续推行稳健的财政政策；24%的专家认为将推行扩张性的财政政策；只有2%的专家认为中央政府将推行紧缩性的财政政策。

关于2014年中国货币政策的走势，88%的专家认为2014年中央政府将推行稳健的货币政策坚持中性取向；9%的专家认为将推行宽松的货币政策；只有3%的专家认为中央政府将推行紧缩性的货币政策。

参与本次问卷调查的57位专家，按姓名汉语拼音顺序他们依次为：常欣、陈工、陈贵富、陈守东、陈彦斌、陈甬军、范从来、范子英、高波、龚敏、郭熙保、简新华、靳涛、赖德胜、李建伟、李静、李雪松、刘树成、刘霞辉、刘榆、刘云中、刘志彪、卢盛荣、逄锦聚、邱崇明、邱东、沈坤荣、史晋川、汤吉军、童锦治、屠新泉、汪昌云、汪同三、王诚、王海杰、王继平、王燕武、王跃生、文传浩、肖兴志、徐建国、徐一帆、许文彬、许宪春、杨志勇、殷醒民、余斌、余长林、袁富华、曾金利、张龙、张延群、张卓元、郑超愚、钟春平、朱建平、庄宗明。

我们对上述各位专家的热忱参与及真知灼见，表示诚挚的感谢！

第十七章　2014 年秋季报告[①]

第一节　2014 年上半年中国宏观经济运行回顾

一、经济增速持续回落，第三产业比重继续提高，就业形势基本平稳

2014 年上半年，中国国内生产总值（GDP）增速继续回落。与上年同期相比，上半年 GDP 累计增长 7.4%，为近四年来的最低增速。其中，一季度 GDP 同比增长 7.4%，二季度在一系列微刺激政策的影响下，GDP 增速小幅提高至 7.5%。由于制造业及房地产业投资减速而导致的实体经济减速是上半年中国经济增长继续回落的主要原因。2014 年上半年工业增加值累计增速为 8.8%，是 2010 年以来的最低增速（图 17-1）。

尽管经济增长速度持续下降，但是第三产业保持了较快增长，第三产业占 GDP 的比重继续上升。2013 年，第三产业占 GDP 比重达到 46.1%，超过第二产业占比约 2.2 个百分点（图 17-2）。2014 年上半年，第三产业占 GDP 的比重进一步上升为 46.6%，超过第二产业占比 0.6 个百分点。以服务业扩张为特征的第三产业占比的提高，保证了就业形势的稳定。2013 年，第三产业每增加 10 亿元的产值可以增加 1.1 万个就业机会，而第二产业每增加 10 亿元的产值所能增加的就业岗位是 0.9 万个。2014 年第一季

① 教育部高校人文社会科学重点研究基地重大项目“中国季度宏观经济模型”（05JJD790093）成果。本报告于 2014 年 9 月 12 日在德国发布。

图 17-1　GDP 和工业增加值季度累计同比增速变化（2011—2014）

资料来源：CEIC。

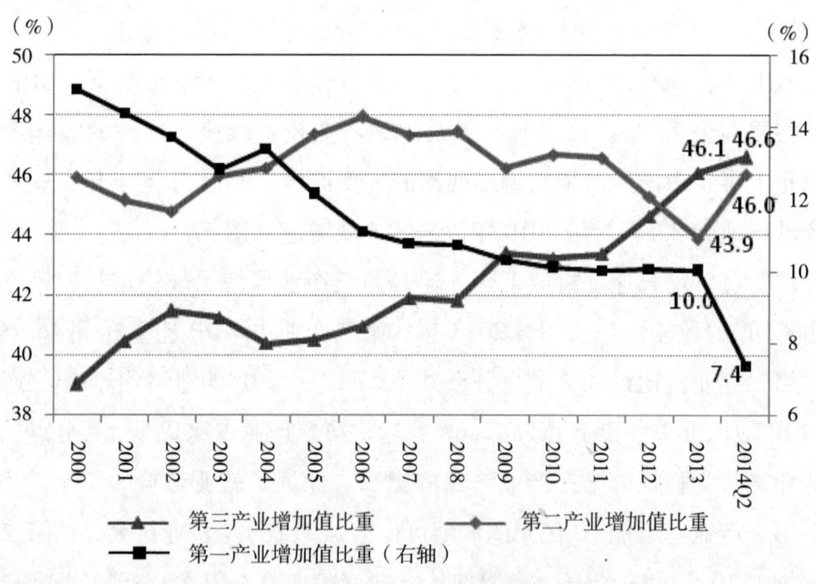

图 17-2　三次产业增加值占 GPP 的比重

资料来源：CEIC。

度，虽然经济增速下降，但是，劳动力市场上的求人倍率依然保持在 1.11 的水平。[①] 这在一定程度上表明，当前的经济增长减速尚未对就业形势造成严重的冲击。[②]

二、固定资产投资增速持续下滑，基础设施投资大幅增长

2014 年上半年，固定资产投资（不含农户）累计增长 17.3%，比上年同期下降了 2.8 个百分点。制造业和房地产业投资增速下滑是导致 2014 年上半年全社会固定资产投资增速下滑的主要原因。2014 年上半年受产能过剩以及外部市场需求低迷的影响，制造业投资累计增速仅为 14.8%，比上年同期下降了 2.3 个百分点，是近十年来的最低增速。此外，多年持续高热的房地产市场开始降温，房地产销售增速下降，库存增加，相当部分城市房地产市场量价齐跌，[③] 这直接抑制了房地产业的投资增长。2014 年上半年房地产业投资累计增长 14.1%，比上年同期下跌了 8.8 个百分点。为抵消制造业和房地产业投资增速下滑的影响，2014 年上半年基础设施建设投资增速大幅度提高，累计增速达到 22.8%，比上年同期增加了 1.3 个百分点（图 17-3）。[④] 基础设施建设投资增速的提高，一定程度上减缓了固定资产投资增速下滑的态势。

从投资主体看，2014 年上半年国有及国有控股企业累计投资增速为 14.8%，比上年同期下降了 2.7 个百分点；民间投资累计增速为 20.1%，比上年同期下降了 3.3 个百分点；港澳台商投资企业投资增长 4.8%，比上年同期下降了 2.7 个百分点；外商投资企业投资增长 0.1%，比上年同期下降了 3.8 个百分点。民间投资及外商投资企业投资增速下滑过大，是导致全社会固定资产投资下滑的重要因素。从项目来源看，2014 年上半年

① 即平均一个就业人员可获得的工作岗位数。

② 与此同时，中国人口年龄结构的变化影响也值得关注。截至 2012 年年末，15—59 岁（含不满 60 周岁）劳动年龄人口为 9.37 亿人，比上年末减少了 345 万人；2013 年年末，劳动年龄人口进一步下降为 9.20 亿人。

③ 2014 年 7 月份，全国 100 个城市新建住宅均价连续第 3 个月环比下跌，而且跌幅继续扩大；十大城市全部环比下跌，而且跌幅超过全国。引自中国指数研究院《7 月中国房地产指数系统百城价格指数报告》，http：//www.shenmou.com/caijing/201408/39535.html？news.baidu。

④ 包括交通运输、仓储及邮政业，水利、环境和公共设施管理业，以及电力、热力、燃气及水的生产和供应业等。

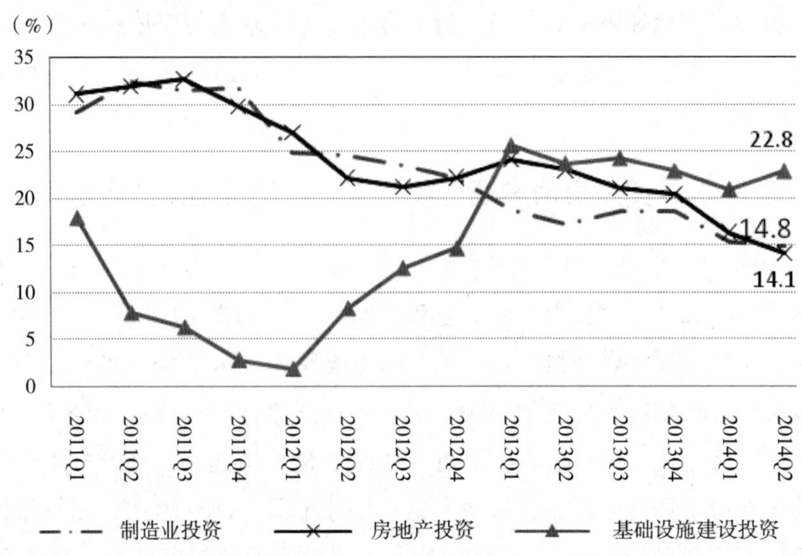

图 17-3 固定资产投资（分行业）累计同比名义增速

资料来源：CEIC。

中央项目的投资增速为 14.6%，比上年同期增加了 4.9 个百分点；地方项目的投资增速为 17.5%，比上年同期下降了 3.2 个百分点。由此可见，2014 年上半年，宏观调控当局所启动的一系列微刺激稳增长措施，在投资项目启动方面，主要是由中央政府实施的。目前地方政府债台高筑而且在 2014 年进入了还债高峰年，在实施微刺激稳增长政策上显得力不从心。① 最后，从资金来源看，2014 年上半年国内贷款增长 12.9%，自筹资金增长 16.7%，利用外资下降 8.3%，均与上年同期基本持平。

预计 2014 年下半年投资增速下滑的态势还将延续。主要原因是：

第一，多年高投资累积形成的产能过剩的消化及调整还需要一定时间。

第二，上半年初现的房地产市场不景气，房地产业的去库存还需要时间，这将直接抑制房地产业投资增速的提高。②

第三，2014 年是地方政府的还债高峰年，必然抑制地方政府能够继续

① 如果适当下调经济增长目标，并尽快完善中央与地方政府在事权与财权方面的改革，规范地方政府的发债融资，将能够让地方政府逐步摆脱对土地财政的依赖。

② 由于房地产业去库存是一个缓慢的过程，尽管许多省市为了救市，纷纷退出限购等措施，但是，房地产价格下降的预期一旦形成，在短期内是很难改变的。

启动的地方投资项目。此外，房地产业的去库存将继续压低地方政府的土地出让收入，从而抑制地方政府的投资扩张；

第四，尽管 2014 年以来各项促进民营资本投资的政策已经推出，但是下半年能否见效还有较大的不确定性。

因此，我们认为，2014 年下半年投资增速仍将继续下滑，投资减速还将继续抑制经济增长。

三、进出口增速持续大幅下滑，贸易顺差增幅收窄

2014 年上半年，按美元计价的出口总额累计增长 0.9%，比上年同期大幅下降了 9.5 个百分点；进口总额增长 1.5%，与上年同期减少了 5.2 个百分点（图 17-4）。贸易顺差累计增加 1028.65 亿美元，同比减少 50.9 亿美元。2014 年上半年实际利用外商直接投资增长 2.2%，比上年同期上升了 2.7 个百分点；新增外汇储备为 1690 亿美元，同比减少 8.7%。出口增速的下滑除了 2013 年同期“虚假贸易”所导致的基数过高的原因之外，外部市场波动也是主要原因之一。其中，一是美国经济在第一季度受到严寒多雪天气和季节性调整因素的影响①，经济增速大幅度下降，降为 2.9%；二是美国 QE III 的退出预期所导致的新兴市场国家货币大幅贬值，对中国出口也产生了一定的负面影响。进口增速的下滑主要是受到了国内实体经济减速的影响。然而，周期性因素之外，国内经济结构调整，经济发展方式转变，国际金融危机导致的国际经济再平衡，国际经济环境的新变化，这些因素对中国对外贸易发展趋势的影响，或许是目前中国进出口增速下降更为重要的深层次原因。随着中国经济增长率进入调整期，对外贸易也正在进入换挡期，2002—2007 年的进出口贸易超高速增长显然不可再现，新的外贸合理增长区间正在形成之中。②

① 冬季恶劣天气对美国今年第一季度的消费、固定投资和贸易都造成严重影响，2013 年下半年库存大幅度上升之后，2014 年第一季度的库存显著下降也给美国今年一季度的 GDP 增长率带来 1.7 个百分点的拖累。

② 有学者认为，除了世界经济、中国经济增长率之外，中国出口占世界出口总额的比重，也是一个经验观察数据，可以作为外推依据。据此预估，今后一个时期，中国每年外贸增长的合理区间应是进口高于世界进口 3—4 个百分点，出口大概高于世界出口 4—5 个百分点。裴长洪：《构建开放型经济体制》，《经济导报》2014 年第 14 期。

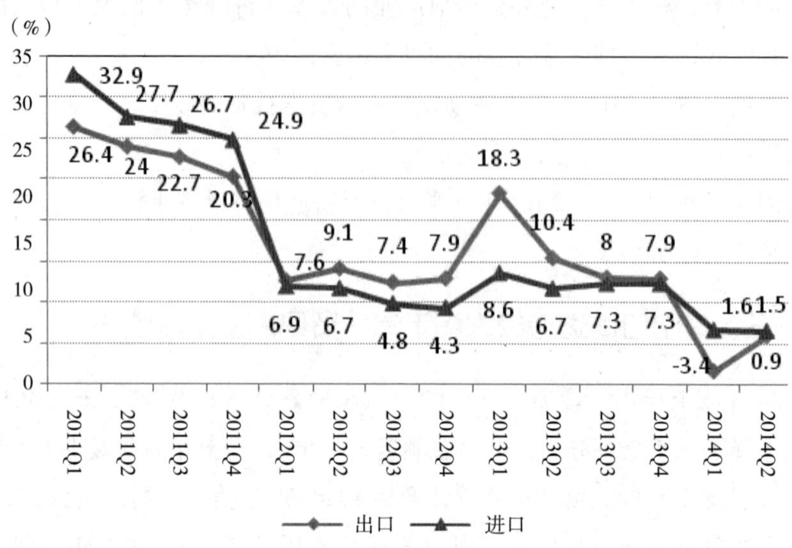

图 17-4　出口和进口名义累计同比增速

资料来源：CEIC。

从贸易构成来看，2014 年上半年一般贸易出口增长 8. 4%，比上年同期回落 1. 6 个百分点；一般贸易进口增长 6. 2%，比上年同期提高 3. 2 个百分点；一般贸易项下逆差累计为 133 亿美元，同比减少 100 亿美元。加工贸易出口增速下降 2%，比上年同期回落 1. 1 个百分点；加工贸易进口增速下降 1. 1%，比上年同期回落 5. 7 个百分点；加工贸易项下顺差缩小至 1674 亿美元。

分地区看，2014 年上半年中国对东盟出口增长 7. 1%，比上年同期下降 15. 6 个百分点；对欧盟出口增长 9. 9%，比上年同期提高近 14 个百分点；对美国出口增长 5. 1%，比上年同期提高 3. 4 个百分点。进口方面，2014 年上半年中国从东盟的进口增长 2. 2%，比上年同期提高 0. 5 个百分点；从欧盟的进口增长 16. 2%，比上年同期提高 18. 4 个百分点；从美国的进口增长 5. 0%，比上年同期下降近 10 个百分点。2014 年上半年，在中国全部出口中，中国对东盟、欧盟和美国的出口所占的比重分别为 11. 6%、16. 2%和 16. 7%，比上年同期分别提高 0. 7、1. 3 和 0. 7 个百分点；在中国全部进口中，中国从东盟、欧盟和美国的进口所占的比重分别为 10. 2%、

12.4%和 8.3%，比上年同期分别提高 0.1、1.6 和 0.3 个百分点。

四、城乡居民实际收入增速小幅回升，社会消费品零售总额增速继续回落

2014 年上半年，城镇居民人均可支配收入为 14959 元，扣除价格变化后实际增长 7.1%；虽然比 2013 年同期增加了 0.6 个百分点，但却仍比 2012 年同期下降了 2.6 个百分点。上半年农村人均现金收入为 5396 元，扣除价格变化后，实际增长 9.8%；比 2012 年同期下降了 2.6 个百分点，仅比 2013 年同期提高 0.6 个百分点（图 17-5）。表明，近年来 GDP 增速的持续下滑，已经开始抑制中国城乡居民的实际收入增长。

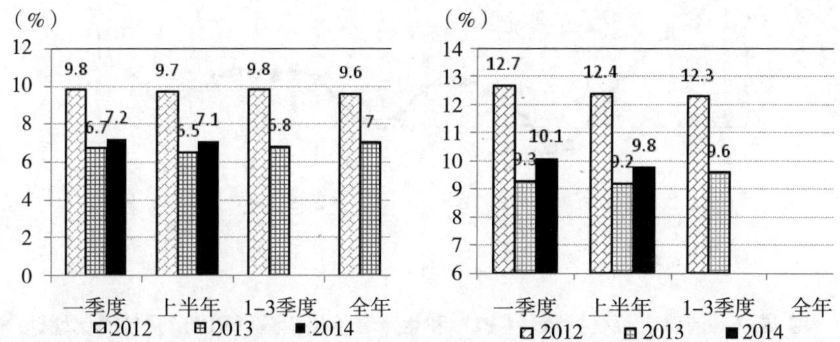

图 17-5　城镇人均可支配收入（左图）和农村人均现金收入（右图）实际累计同比增速

注：国家统计局不公布全年的农村人均现金实际收入同比增速数据。

资料来源：CEIC。

城乡居民实际收入增速的减缓以及对政府“三公”消费限制的结果，直接抑制了社会消费品零售总额的增长。2014 年上半年消费品零售总额仅增长 12.1%，比上年同期下降了 0.6 个百分点，是 2008 年以来的最低增速。其中，按城乡分，占总额比重 86% 的城镇消费品零售总额增长 12.0%，比上年同期下降 0.5 个百分点；农村消费品零售总额增长 13.2%，比上年同期回落 1.1 个百分点。

五、CPI 维持较低水平，PPI 降幅收窄

至 2014 年 6 月份，消费者价格指数（CPI）比上年同期上涨 2.3%

(图 17-6)，其中翘尾因素贡献 65.2%，当年价格上涨因素贡献 34.8%。扣除食品和能源的 CPI 和非食品 CPI 均上涨了 1.7%。生产者价格指数（PPI）依然为负，但是从 3 月份起降幅逐渐收窄。至 6 月份，与上年同期比，PPI 下跌了 1.1%，降幅有所缩小。一方面，PPI 的持续低迷是现阶段中国采矿业及部分中下游制造业产能过剩的体现；另一方面，PPI 同比降幅缩窄、底部抬升显示制造业产能过剩的压力正在逐步消化之中。

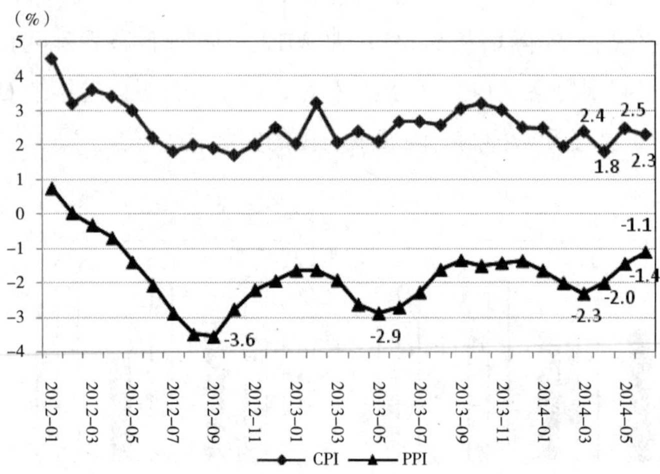

图 17-6　消费者价格指数（CPI）和生产者价格指数（PPI）月度同比增速

资料来源：CEIC。

六、货币政策定向宽松，财政政策积极稳健

2014 年上半年，货币政策强调总量稳健、定向宽松的基调。2014 年一季度广义货币供应量（M2）累计同比增长 12.1%，比上年同期下降了 3.6 个百分点。但是，二季度为稳增长而实施的定向宽松政策，[①] 使 M2 增速提高到 14.7%，比上年同期提高了 0.7 个百分点，超过年初制定的 13%的目标。因此，货币政策在总量上依然是扩张的。

① 央行于 2014 年 4 月推出了针对县域农村商业银行和县域农村合作银行的“定向降准”措施；6 月又将定向降准范围扩大到符合审慎经营要求而且“三农”和小微企业贷款达到一定比例的商业银行以及财务公司、金融租赁公司和汽车金融公司。6 月底，作为财政微刺激、央行定向降准等一系列国务院稳增长举措的配合与补充，银监会还轻微放松了存贷比的计算口径。

2014年上半年新增人民币贷款5.7万亿元，同比增加了6590亿元；平均一个月新增人民币贷款规模达到近1万亿元的水平。与此同时，社会融资规模迅速扩大，2014年上半年达到10.57万亿元，比上年同期增加了4146亿元，是近三年来的最高水平（图17-7）。值得注意的是，2011年、2012年、2013年、2014年上半年，社会融资规模分别为7.76万亿、7.77万亿、10.15万亿、10.57万亿元，而同期中国经济增速分别为9.6%、7.8%、7.6%、7.4%。这一定程度上说明中国投资资金的效率在不断下降，一定数量的投资资金所能拉动的GDP增长率不断下降。

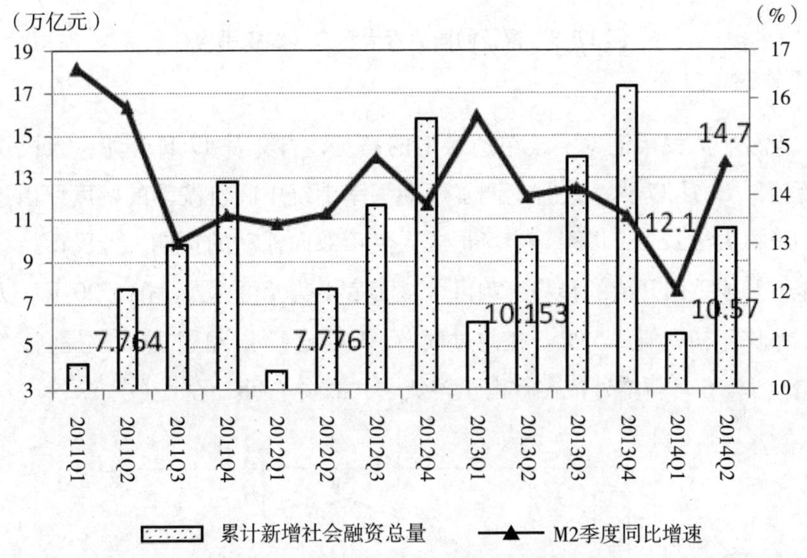

图17-7　社会融资总量及M2季度同比增速

资料来源：CEIC。

另一方面，货币总量的扩张使2014年上半年银行间市场利率得以维持一个低位平稳的水平（图17-8）。但是，实体企业“融资难、融资成本高”的现状仍未得到显著改善。批发利率和零售利率变化趋势的背离，反映了经济中影响资金供需平衡的结构性问题以及中国金融体系资金配置效率低下的问题依然突出。①

① 企业融资难和融资成本偏高还有其他方面的原因。如企业自身债务率较高、债务负担较重、股权融资发展不足等。

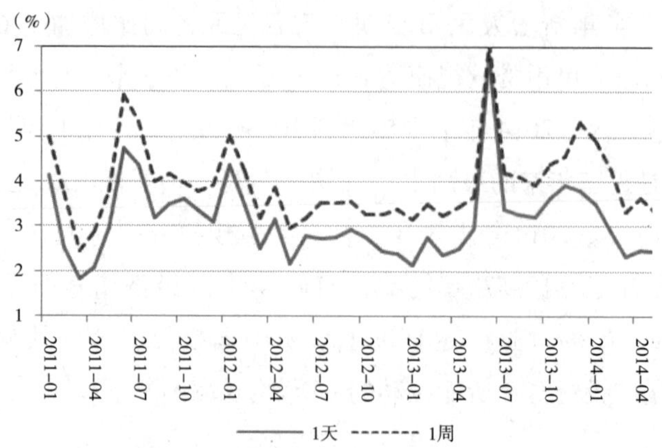

图 17-8 银行间同业拆借利率（加权平均）

资料来源：CEIC。

此外，人民币汇率一改单边升值的态势，自 2 月 17 日开始，人民币大幅贬值。[①] 3 月 17 日，央行上调了即期汇率围绕中间价波动的幅度，由过去的±1%扩大至±2%，以引导市场形成人民币双向浮动的预期。人民币持续贬值至 6 月才重回升值的趋势。2014 年 6 月底 1 美元可兑人民币 6. 20 元，人民币汇率比年初贬值 2. 53%。在此过程中，1 月至 4 月外汇占款大幅提高，5 月开始减少，6 月新增外汇占款由正转负、共减少了 883 亿元（图 17-9）。

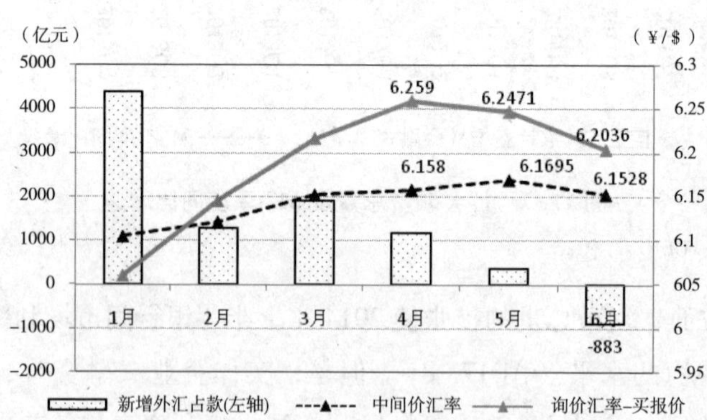

图 17-9 2014 年上半年美元兑人民币月末即期汇率、中间价汇率以及月新增外汇占款

资料来源：CEIC。

① 人民币汇率走势的变化与央行自 2014 年 1 月 14 日以来持续不断地提高美元兑人民币汇率中间价的行为密切相关。央行此举的意图有二：一是打击利用在岸和离岸市场差价的套汇、套利行为；二是为扩大人民币汇率波动区间做准备。

财政政策方面，2014 年上半年公共财政收入增长 8.8%，比上年同期上升了 1.3 个百分点（图 17-10）。2014 年上半年税收收入增长 8.5%，比上年同期增加了 0.6 个百分点；非税收入增长 11.1%，比上年同期增加了 5.8 个百分点。尽管 2014 年以来公共财政收入增速有所下降，但上半年公共财政支出的增速却明显提高了（图 17-10）：至 6 月份，财政支出累计增长 15.8%，比上年同期增加了 5 个百分点；同时，高于公共财政收入增速 7 个百分点。

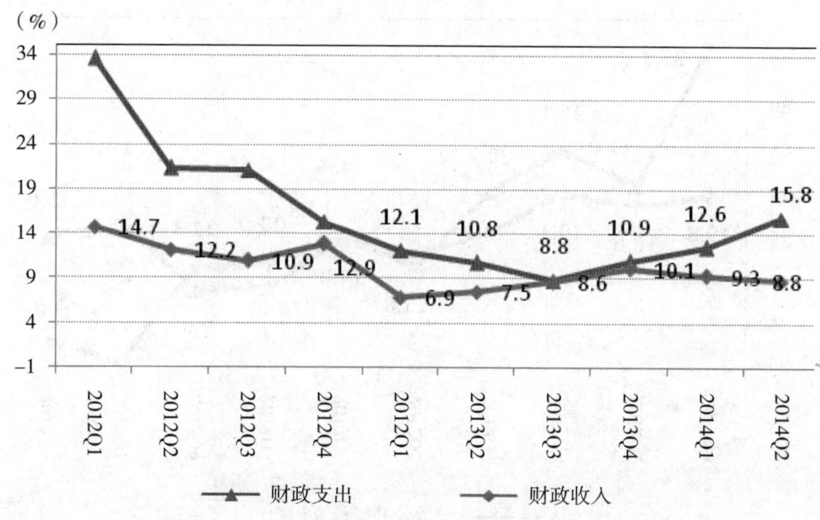

图 17-10　公共财政收支的季度累计同比名义增速

资料来源：CEIC。

从 2014 年 3 月末开始，中央政府出台了一系列财政微刺激措施，包括对小微企业减税、棚户区改造、中西部铁路建设、金融服务“三农”、稳外贸、促就业、加快水利工程建设等。至 6 月份，从公共财政支出的构成看，一般公共服务支出累计增长 3.0%，比上年同期回落了 11.8 个百分点；占全部公共财政支出的 8.6%，比上年同期下降 1.8 个百分点。教育、科学技术、文化体育与传媒、医疗卫生、社会保障和就业总支出等与民生相关的支出累计增长 15.0%，增速提高了 0.2 个百分点（图 17-11）；这部分财政支出占全部公共财政支出的 38.3%，比上年同期轻微下滑了 0.2 个百分点。财政支出中基础设施建设和住房保障支出大幅增长。其中，交通运输支出累计增长22.1%，比上年同期增加24.5个百分点；占全部公共财政支出的6.37%，比上年同期提高0.33个百分点。农林水事务支出累计增长17.6%，比上年同期增加6.14个百分点；占全部公共财政支出的8.74%，比上年同期提高0.13个百分点。住房保障支出累计增长30.2%，比上年同期增加34.5个百分点；占全部公共财政支出的2.92%，比上年同期提高0.32个百分点。

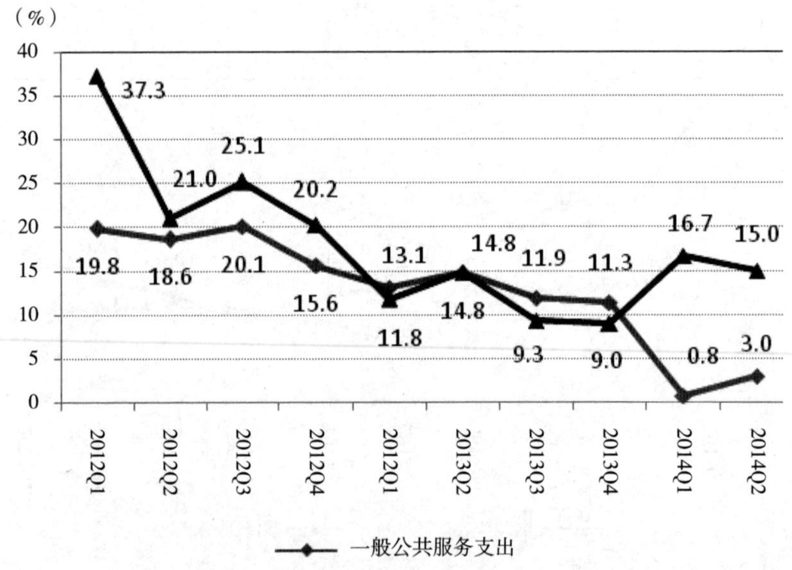

图17-11 主要公共财政支出季度累计同比增速

资料来源：CEIC。

综上，2014年以来，中国经济增长仍延续了2008年国际金融危机以来的下行趋势，从2007年的14.2%下行至2008—2011年的9%—10%之间，再下行至2012—2013年的7.7%，2014年上半年则进一步回落至7.4%。2014年上半年经济增长继续回落的主要原因是：(1)国内投资增速大幅下滑。其中，多年累积的产能过剩致使制造业产出及制造业投资增速继续递减；房地产业因库存增加而导致投资大幅度下滑。(2)国际经济复苏缓慢，净出口增速下降。(3)城乡居民实际收入增长并没有明显改善，政府“三公”消费下降，抑制了社会商品零售消费总额的增长，国内消费需求依然疲软。

由于城乡居民实际收入增长并没有明显改善，当前宏观调控虽然强调微刺激、定向宽松等措施，但本质上还是只能通过基础设施领域的投资扩张来稳定增长。过去的三年，稳增长的微刺激政策主要都集中在两个领域：一是推出一批铁路、公路、市政、能源、环保和水利等基础设施投资项目，鼓励民间资本参与；二是加快保障房建设和棚户区改造等等。然而，随着货币供应量水平的持续快速增长以及社会融资规模的不断扩大，投资增长拉动经济增长的边际效应不断递减，经济增长严重依赖投资扩张的局面始终无法从根本上得以扭转。

由于产能过剩的消化还需要时间，已积累了大量债务的地方政府难以再启动大规模的投资项目；同时，尽管 2014 年以来各项促进民营资金投资的政策已经推出，但民营投资能否在下半年实现快速增长；等等。这些因素都将成为 2014 年下半年投资增速持续下滑的主要原因。

人为地通过增加政府投资保增长，只会带来社会资源的巨大浪费。因此，当前宏观调控应当正视我国经济增长正在进入换挡期的事实，以平常心适应当前经济发展的新常态，主动淡化对过高经济增长率的追求。应该利用好当前三次产业结构变化改善了就业的良好时机，适当降低经济增长目标。把工作重心转向深化全面改革，调整经济结构，转变经济发展方式上来。

第二节　2014—2015 年中国宏观经济预测

一、模型外生变量的假设

（一）美国及欧元区经济增长率

尽管 2014 年一季度受天气和季节性调整因素[①]的影响，美国经济罕见

① 冬季恶劣天气对消费、固定投资和贸易都造成严重影响，以及在 2013 年三季度和四季度库存大幅上升之后，一季度库存显著下降也给 GDP 带来 1.7 个百分点的拖累。

地萎缩了 2.9%，但是，一季度以来，美国非农就业、零售、核心耐用品订单、新房开工、住房销售、首申失业救济、汽车销售和制造业（ISM）等数据都出现显著改善。二季度美国 GDP 年化增速实现了 4%的水平。预计三、四季度美国经济年化增长率将可能超过 3%的水平。根据 IMF2014 年 7 月 14 日的最新预测，2014 年美国经济将增长 1.7%，2015 年将进一步提高至 3%的水平。另一方面，尽管欧元区经济从 2013 年二季度开始，已连续 4 个季度实现扩张，但由于受地缘政治因素与结构性改革不充分的影响，2014 年二季度增长停滞，本课题组认为，2014 年、2015 年欧元区经济增速要低于 2014 年 7 月 24 日 IMF 的预测（2014 年略超过 1%，2015 年为 1.5%），2014 年为 0.8%，2015 年可能加速到 1.4%（图 17-12）。

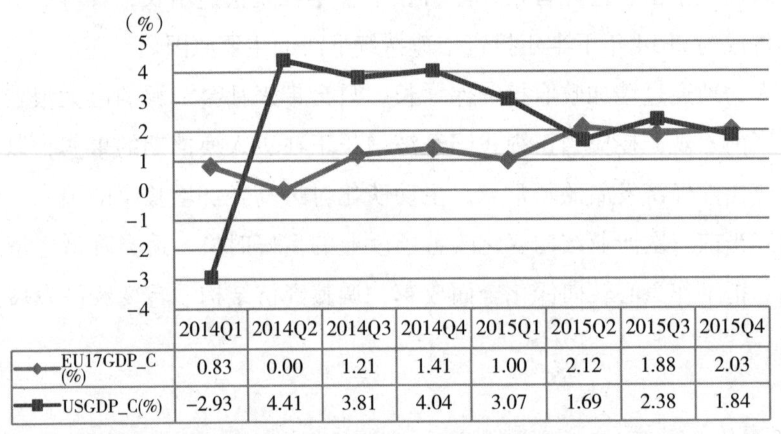

	2014Q1	2014Q2	2014Q3	2014Q4	2015Q1	2015Q2	2015Q3	2015Q4
EU17GDP_C (%)	0.83	0.00	1.21	1.41	1.00	2.12	1.88	2.03
USGDP_C(%)	−2.93	4.41	3.81	4.04	3.07	1.69	2.38	1.84

图 17-12　美国与欧元区经济增长率的变化趋势假定（季度性调整后的环比折年率）

注：EU17GDP_C 表示欧元区 GDP 增速，USGDP_C 表示美国 GDP 增速。

资料来源：本课题组假定。

（二）主要汇率水平

人民币汇率自 2014 年 2 月结束单边升值进入小幅贬值以来，6 月末与年初相比，汇率中间价已经贬值 0.9%，即期汇率贬值 2.53%。尽管 2014 年上半年，外需经历了由冷到暖，货币政策经历了由紧到松，国内经济经历了由下滑到初现企稳的变化，但是，汇率走势始终较为疲软。2014 年下半年，预计中国国内需求依然较弱；但美国、欧洲等中国主要贸易伙伴经济将持续好转，因而中国仍将持续保持一定规模的贸易顺差。此外，短期内中国还不可能大幅度放松资本管制，中国经常账户和金融资本账户双顺差的格局还将继续维持。更重要地，由于中国国内的投资回报率依然高于海外，资本大幅流出的可能性也较低。因此，在 2014 年、2015 年两年内，人民币汇率大幅贬值的空间不大；人民币还将回到升值轨道中，但是，很难见到强劲回升势头，更有可能出现温和升值。预计 2014 年下半年人民币或转为升值的态势：至三季度末，1 美元可兑换人民币 6. 14 元，至四季度末为 6. 12 元。2015 年，由于外需继续改善，人民币有可能小幅升值，预计全年略升 0. 3%。其中，二季度可能因美国加息而导致小幅贬值，随后再小幅升值，四季度升至 6. 08 左右（图 17-13）。

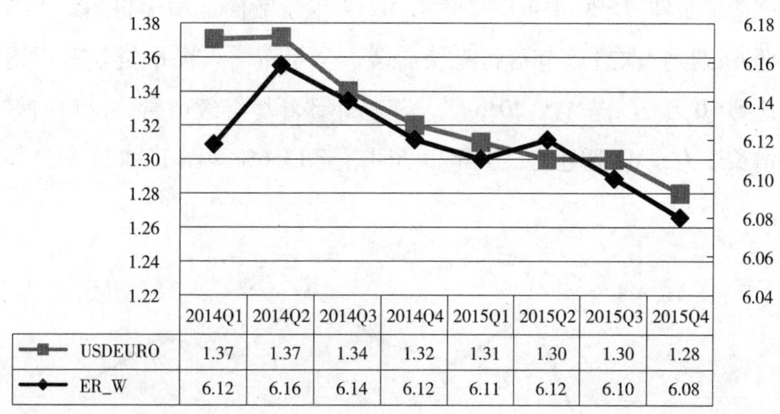

	2014Q1	2014Q2	2014Q3	2014Q4	2015Q1	2015Q2	2015Q3	2015Q4
USDEURO	1.37	1.37	1.34	1.32	1.31	1.30	1.30	1.28
ER_W	6.12	6.16	6.14	6.12	6.11	6.12	6.10	6.08

图 17-13　美元兑欧元汇率（左）、人民币兑美元汇率（右）的变化趋势假定

注：USDEURO 表示美元/欧元（左轴）；ER_W 表示人民币/美元（右轴）。

资料来源：本课题组假定。

尽管欧元区经济呈现改善势头，但是，复苏的力度不够强劲，市场需求不足，物价低位运行，一些重债国和高失业率国家的投资需求不足。资本、劳动力和产品市场之间的结构性矛盾阻碍了投融资、欧元区内的再平衡以及生产力的提高。2014 年 6 月份，欧元区按年率计算的通货膨胀率初值为 0. 5%，与上月持平，仍位于 4 年多来的最低点。欧元区通胀率将在相当长一段时间内低于欧洲中央银行为维持物价稳定所设定的 2%的警戒线，并面临着通缩风险。为此，欧洲央行 2014 年 6 月初宣布降息等宽松货币政策，使欧元区首次步入负利率时代。估计欧洲央行未来将执行更为宽松的货币政策，旨在增强流动性，帮助欧元区通胀率回到接近 2%的水平。

与此同时，美国就业市场正日趋好转，而美国通货膨胀率指数也开始接近目标值，美联储将继续缩减购买国债的规模，预计 2014 年 10 月将终结 QE，2015 年有可能加息，这将是美联储在国际金融危机之后的第一次加息，它将在很大程度上提振美元指数。在这样的背景之下，预计美元兑欧元汇率将震荡下行，2014 年底将触及 1. 32，2015 年为 1. 28。

（三）货币供应量（M2）增速

为了应对 2014 年初的经济下行压力，上半年央行两次实行了定向降准的政策。目前信贷环境总体宽松，广义货币 M2 余额同比增速达到了 14. 7%。目前看，经济增长率、通胀率和流动性等因素都为 2014 年下半年的货币政策宽松创造了条件。[①] 2014 年广义货币 M2 年末余额同比增速将达到 14. 2%左右；商业银行贷款投放节奏将先快后缓，全年新增人民币贷款有望超过去年，达到 10 万亿元左右。2015 年，随着外部环境继续改善、出口向好，减缓稳增长压力，M2 增速将比上年小幅回落至 13. 6%（图 17-14）。[②]

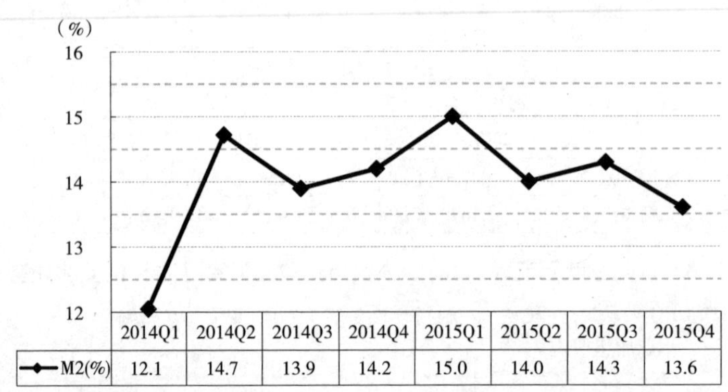

	2014Q1	2014Q2	2014Q3	2014Q4	2015Q1	2015Q2	2015Q3	2015Q4
M2(%)	12.1	14.7	13.9	14.2	15.0	14.0	14.3	13.6

图 17-14　货币供应量（M2）的变化趋势假定

资料来源：本课题组假定。

① 2014 年下半年货币政策估计仍将维持总量稳定、结构优化的基调。一是预计央行将加大定向宽松力度，加大针对小微企业、“三农”以及棚户区改造等重点领域和薄弱环节的支持力度。二是预计央行会继续通过“平短放长”操作释放流动性，并结合引导信贷投向与完善央行抵押品管理框架的双重目的，扩大基础货币投放渠道，拉长投放期限，从而降低社会融资成本，稳定企业预期。此外，预计下半年有关部门将加大对信贷的放松力度。

② 稳健的货币政策要侧重长期引导资金成本下降，侧重适度下调存款准备金率和利率，如果 2014 年三、四季度经济数据不佳，货币政策或加码，不排除下半年再次定向降准或降息的可能，即四季度可能定向降息 25 个基点。

二、2014—2015 年中国宏观经济主要指标预测

（一）GDP 增长率预测

在上述外生变量假定下，基于中国季度宏观经济模型（CQMM）的预测结果表明：2014 年，中国 GDP 增速将进一步下降至 7.49%，比 2013 年下降 0.21 个百分点；2015 年，预计 GDP 增长率还将继续下降至 7.37%。中国经济增速在 2014 年、2015 年继续下降的主要原因在于：一是短期内城乡居民收入难以快速提高从而抑制了消费的扩张；二是投资效率在高杠杆下进一步下降，投资增长对 GDP 增长的拉动效应不断下降；三是尽管外部经济环境稳步趋好，但由于中国劳动工资的提高以及人民币仍将小幅升值，会在一定程度上抑制出口的增长。

从 GDP 的季度增长率来看，预计 2014 年下半年，经济增长基本保持平稳态势。其中，由于 2013 年三季度经济增速的基数较高；同时，预计房地产投资还将继续下滑，外需短期内回升力度也不大，因此，三季度的同比增长率将微降至 7.42%，四季度可能回升到 7.62%。2015 年的四个季度将延续 2014 年的态势，前低后高（图 17-15）。

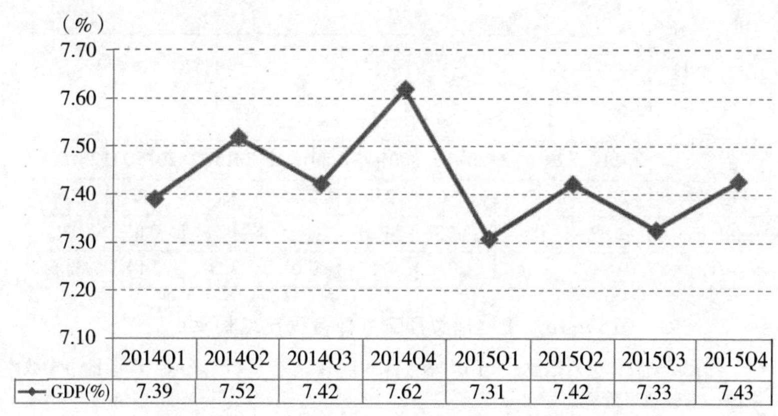

	2014Q1	2014Q2	2014Q3	2014Q4	2015Q1	2015Q2	2015Q3	2015Q4
GDP(%)	7.39	7.52	7.42	7.62	7.31	7.42	7.33	7.43

图 17-15　GDP 季度增长率预测（季度同比增长率）

资料来源：本课题组计算。

（二）主要价格指数预测

根据模型预测，2014 年 CPI 将上涨 2.51%，比上年下降 0.12 个百分

点；到 2015 年，预计 CPI 涨幅将上升至 2.80%。分季度看（图 17-16），2014 年三季度 CPI 可能上升至 2.56%，并在四季度到达 2.98%；2015 年 CPI 在一季度保持在 2.94%后，二季度达到 3.11%的高点，之后持续回落，于四季度降至 2.44%。①

生产者价格指数（PPI）在未来两年将继续维持负增长，但是预计降幅将逐渐收窄。2014 年 PPI 预计为-1.53%，2015 年可能进一步收窄至-0.98%。分季度看（图 17-16），PPI 的降幅预计在 2014 年下半年会有所上升，至四季度的-1.31%。2015 年二季度 PPI 降幅可能迅速收窄至-0.78%，此后略有回升，四季度为-0.95%。

2014 年，GDP 平减指数（P_GDP）预计将上涨 1.31%；2015 年快速反弹，升到 2.69%。分季度看（图 17-16），2014 年三季度该指标降至 1.00%，之后持续显著上升，并在 2015 年二季度升至高点 3.56%。2015 年下半年该指标回落并于四季度降至 2.06%。

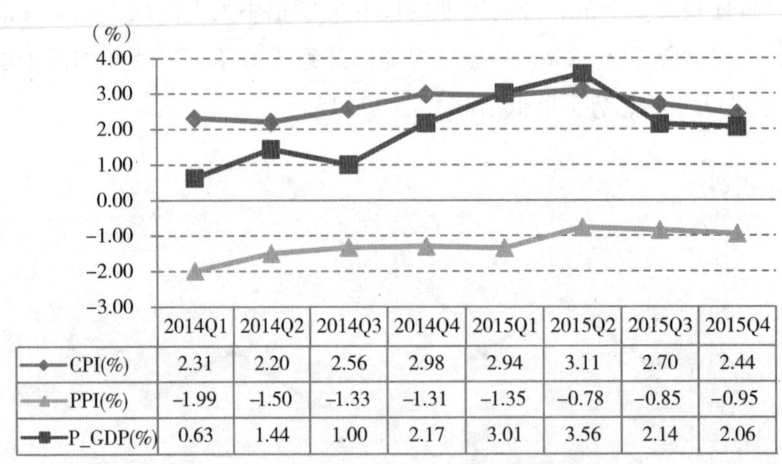

	2014Q1	2014Q2	2014Q3	2014Q4	2015Q1	2015Q2	2015Q3	2015Q4
CPI(%)	2.31	2.20	2.56	2.98	2.94	3.11	2.70	2.44
PPI(%)	-1.99	-1.50	-1.33	-1.31	-1.35	-0.78	-0.85	-0.95
P_GDP(%)	0.63	1.44	1.00	2.17	3.01	3.56	2.14	2.06

图 17-16　价格指数预测（季度同比增长率）

注：CPI 表示居民消费价格指数；P_GDP 表示 GDP 平减指数；PPI 表示生产者价格指数。
资料来源：本课题组计算。

总体而言，2014 年下半年中国经济增长减速的态势还将继续，预计全

① 这一预测是建立在 2014 年广义货币供应量（M2）增长 14.2%，2015 年回落至 13.6%的外生假定，也即 2015 年不再实行微刺激政策的基础上的。

年 GDP 增速为 7.49%。物价水平保持温和上涨态势，CPI 预计将上涨 2.51%。受制造业产能过剩、房地产业库存增加以及地方政府还债压力的影响，2015 年中国经济增长减速的趋势还将继续，GDP 增速将会继续小幅下滑。然而，由于 2014 年的广义货币供应量（M2）增长将超过 14%，大大高于年初预定目标，2015 年的 CPI 在经济增速进一步回落的情况下将进一步上升至 2.80%。

（三）其他主要宏观经济指标增长率预测

1. 进出口及外汇储备增长率预测

模型预测，尽管 2014 年下半年美国经济复苏趋势可能将更明显以及欧元区经济逐渐企稳，但受美国一季度罕见增长萎缩与欧元区二季度经济增长停滞的不利影响，2014 年以美元、按现价计算的出口总额预计仅增长 5.15%，比上年下降 2.97 个百分点；进口总额增速可能下降至 5.52%，比上年下降 1.71 个百分点（表 17-1）。分季度看，2014 年的出口同比增速将在三季度达到全年高点 11.78%，在四季度回落到 7.93%的水平上。进口同比增速在 2014 年下半年持续增长，并在四季度达到 8.59%的高点。受出口增速提高的影响，2014 年外汇储备预计可以增长 12.75%。至 2015 年，随着外部市场需求的全面恢复，中国进出口增速将继续上升。以美元、按现价计算的出口增速预计将达到 10.23%；进口增速预计将达到 9.66%。外汇储备在 2015 年将可能增长 9.58%（表 17-1、图 17-17）。

表 17-1　2014—2015 年中国进出口及外汇储备增长率预测

（单位:%）

时　间	出　口				进　口				外汇储备
	不变价（人民币）	现价（美元）	一般贸易 现价（美元）	加工贸易 现价（美元）	不变价（人民币）	现价（美元）	一般贸易 现价（美元）	加工贸易 现价（美元）	价
2014 年	5.30	5.15	9.68	4.00	4.85	5.52	8.27	4.84	12.75
第一季度	-4.37	-3.55	6.20	-4.83	4.63	1.94	12.61	-6.37	14.56
第二季度	6.52	4.87	10.22	0.73	0.41	1.51	0.80	4.54	14.15
第三季度	11.78	11.84	12.98	11.16	5.68	7.47	6.55	12.48	12.51

续表

时 间	出 口				进 口				外汇储备
	不变价（人民币）	现价（美元）	一般贸易 现价（美元）	加工贸易 现价（美元）	不变价（人民币）	现价（美元）	一般贸易 现价（美元）	加工贸易 现价（美元）	价
第四季度	7.93	7.93	9.32	9.13	8.59	10.91	13.15	9.04	10.07
2015 年	9.24	10.23	10.23	10.67	9.08	9.66	12.53	7.35	9.58
第一季度	9.90	9.88	9.13	13.39	7.29	8.18	7.19	12.48	9.91
第二季度	10.66	12.70	10.43	16.35	13.32	14.87	20.79	11.46	10.15
第三季度	8.08	9.31	10.70	7.01	8.38	8.52	12.54	3.07	9.31
第四季度	8.45	9.18	10.59	6.85	7.60	7.48	10.32	3.48	8.99

资料来源：本课题组计算。

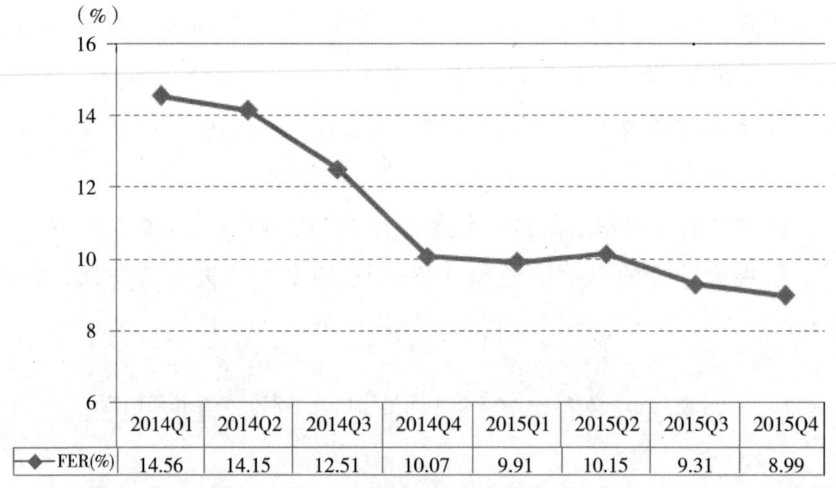

图 17-17 外汇储备增长率预测（季度同比增长率）

资料来源：本课题组计算。

2. 固定资产投资增长率预测

模型预测（图 17-18），2014 年，受房地产投资萎缩的影响，按现价计算的城镇固定资产投资增速预计为 17.12%，比上年大幅回落 2.57 个百分点。预计 2015 年投资增速下滑的态势还将继续，2015 年城镇固定资产投资增速略降至 16.58%。分季度来看，城镇固定资产投资（现价）增速在 2014 年三季度将降至 16.68%，四季度上升至 17.40%；2015 年一季度则降至 15.50%，此后三个季度逐步回升并于四季度达到 17.71%。投资下降的主要原因有：一是产能过剩的消化还需要时间，制造业投资下行压力仍然较大；二是 2014—2015 年是地方政府的还债高峰年，必然抑制地方政府能够继续启动的地方投资项目；三是房地产业的高库存，一方面使房地产投资下行态势难以短期扭转，另一方面将继续压低地方政府的土地出让收入，从而抑制地方政府的投资扩张。

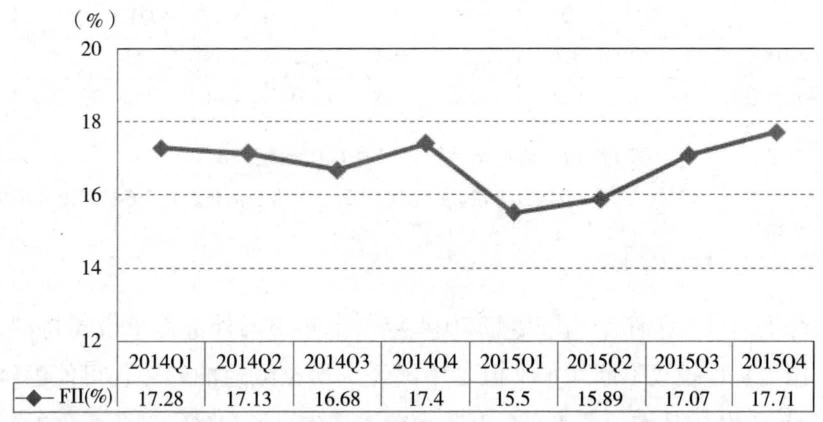

	2014Q1	2014Q2	2014Q3	2014Q4	2015Q1	2015Q2	2015Q3	2015Q4
FII(%)	17.28	17.13	16.68	17.4	15.5	15.89	17.07	17.71

图 17-18　固定资产投资总额增速预测（季度同比增长率）

注：FII 表示城镇固定资产投资（现价）增速。
资料来源：本课题组计算。

3. 消费增长率预测

模型预测显示，2014 年按不变价计算的居民消费总额预计将增长 7.33%，比上年略微下降 0.13 个百分点；2015 年增速上升至 8.08%，涨幅较大。2014 年按现价计算的社会消费品零售总额将增长 12.61%，比上年下降 0.35 个百分点；2015 年增速则可能上升至 14.12%。

分季度看，居民消费总额（不变价）增速将在 2014 年三季度反弹回升至 6.73%，四季度持续上升达到 7.99%；2015 年波动较大，预计在一季度回落至 6.28%，在二季度达到全年最高值 11.59%，之后至四季度预计将连续回落至 7.14%。社会消费品零售总额（现价）增速在 2014 年三、四季度小幅上涨，并于 2015 年一季度达到 15.51%，此后下降至 13.12%（图 17-19）。

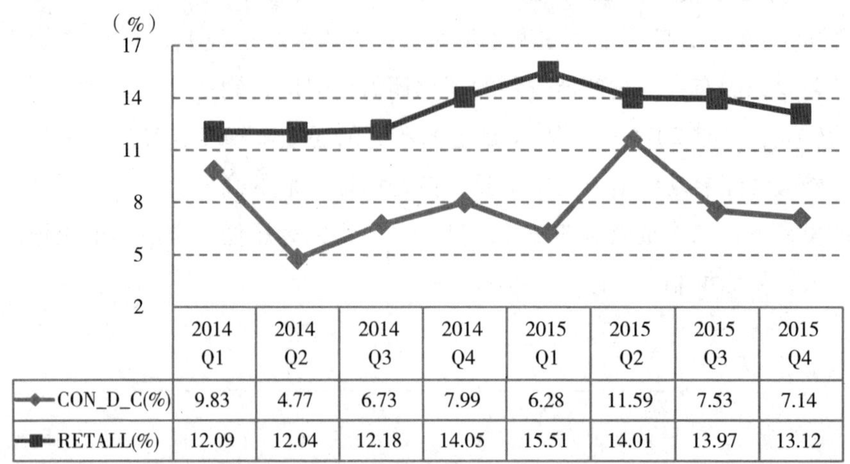

	2014 Q1	2014 Q2	2014 Q3	2014 Q4	2015 Q1	2015 Q2	2015 Q3	2015 Q4
CON_D_C(%)	9.83	4.77	6.73	7.99	6.28	11.59	7.53	7.14
RETALL(%)	12.09	12.04	12.18	14.05	15.51	14.01	13.97	13.12

图17-19 消费增速预测（季度同比增长率）

注：CON_D_C表示居民消费总额（不变价）增速；RETAIL表示社会消费品零售总额（现价）增速。

资料来源：本课题组计算。

综上，模型预测表明：尽管2014年下半年中国外部需求市场持续复苏，国内货币投放不断增加，但是中国经济增长减速的趋势仍可能继续。2014年GDP预计增长7.49%，基本上能实现中央年初预定的7.5%的增长目标。2015年经济则仍将维持下行趋势，估计增长率将进一步降至7.37%左右。这表明在现有经济增长方式下，微刺激政策对减缓经济的下行压力以及稳增长的作用都是有限的。

这是因为，稳增长的微刺激目前依然主要依靠投资扩张。但是，模型预测表明，2014年按现价计算的城镇固定资产投资增速却难以提高，可能下降至17.12%，比上年大幅回落2.57个百分点；2015年城镇固定资产投资增速进一步下降到16.58%。微刺激政策无法有效拉动投资扩张的主要原因在于，长期以来，民营资本的投资领域过于狭窄，大量集中在制造业（占每年新增固定资产投资的35%）和房地产业（占25%）两个领域，而这两个领域目前所面临的产能过剩以及库存增加的压力在短期内无法消除，企业难以找到有利投资机会，因此投资意愿低迷。微刺激本应是四两拨千斤，通过少许财政资金的投入，调动、刺激市场主体扩大投资，但是，现在却变成了政府自己动手，成为稳增长的投资主体。非市场主体的投资不断扩张，势必降低投资的使用效率，对GDP增长的拉动效应也就越来越弱。

模型预测表明，2014年物价上涨的压力较小，CPI可能上涨2.51%，上涨幅度略低于上年，但是，微刺激、定向宽松所增发的货币可能使2015年在经济继续减速的同时，CPI涨幅上升至2.80%，挤压后续的微刺激政策运作空间，抑制城乡居民实际收入的增长。如果2015年继续实行微刺激，定向宽松，增发货币，那么，随后的通胀压力将进一步上升。消费方面，预计2014年按现价计算的社会消费品零售总额将增长12.61%，比上年下降0.35个百分点。同时，工资的上升与人民币升值还将持续抑制中国出口的增长。2014年以美元、按现价计算的出口总额预计将增长5.15%，比上年下降2.97个百分点；进口总额增速可能下降至4.85%，比上年下降2.39个百分点。

第三节　政策模拟

2014年上半年中国经济增长进一步回落，一定程度上是本轮经济周期下行阶段的延续。因此，为了更深入地理解上半年的经济走势，我们需要从更大的时间尺度进行观察。

观察2008年以来的中国经济运行情况，可以发现，自上届政府的4万亿元反危机投资刺激政策逐步退出之后，由于国际经济复苏进程缓慢，国内经济结构失衡，体制改革一时难以到位，发展方式尚难较大转变，加之经济发展正从工业化阶段逐步转向经济服务化阶段，中国经济增长始终面临着较大的下行压力。从季度同比增长率来看，GDP增速从2010年一季度的11.9%，连续10个季度下滑，降至2012年三季度的7.4%。这一增长率低于当年政府下调之后的预期年度经济增长目标。① 为了阻止经济增速

① 2005—2011年，政府的预期经济增长目标连续7年确定为8%，2012年3月，《政府工作报告》将预期经济增长率下调至7.5%。

继续下滑，新一届政府实施了稳增长政策。与上届政府有所不同的是，本届政府不再实行一次性大规模投资刺激计划，而是采取了一系列微刺激政策以稳定增长。主要包括推出了一批铁路、公路、市政、能源、环保等基础设施投资项目，鼓励民间资本参与，加快保障房建设，支持小微企业发展，加快服务业发展，促进外贸稳定增长，等等。这些微刺激措施的实施，使2012年四季度的经济增长率一度回升至7.9%。然而，经济增速并不因此稳定下来。进入2013年，一季度的经济增速立即从上年四季度的7.9%下滑至7.6%，二季度进一步下滑至7.5%。为了防止经济增速的进一步下滑，宏观调控当局不得不于2013年年中再次启动与2012年相似的微刺激稳增长政策。2013年三季度的经济增速因此小幅反弹至7.8%。然而，类似的情况再次发生，2014年一季度，经济增长率再次下滑，跌至新的低谷7.4%，宏观调控当局不得已提前至2014年二季度重新开始了微刺激政策。然而，尽管政策措施基本相同，但是，这次微刺激仅仅使2014年二季度的经济增速回升了0.1个百分点。

回顾近三年来的宏观经济调控，可以发现以下几个值得注意的问题：

第一，形成了一个周期不断缩短的年度经济循环："经济增速下滑—微刺激稳增长—小幅反弹—再度下滑"。

第二，微刺激的政策措施基本相同。虽然强调微刺激、定向宽松等措施，但基本上还是只能通过基础设施领域的投资扩张来稳定增长。过去三年，稳增长的微刺激政策主要集中在两个领域：一是推出一批铁路、公路、市政、能源、环保和水利等基础设施投资项目，鼓励民间资本参与；二是加快保障房建设和棚户区改造等。

第三，微刺激的时点不断提前。从2012年的三季度到2013年的年中，再到2014年的二季度。

第四，微刺激的经济增长效果不断递减：2012年的微刺激使经济增长率从三季度的7.4%上升至四季度的7.9%，增长率上升了0.5个百分点；2013年的微刺激仅使增长率从二季度的7.5%上升至三季度的7.8%，增长率上升了0.3个百分点；2014年的微刺激仅使增长率从一季度的7.4%上升至二季度的7.5%，增长率仅仅提高了0.1个百分点。

上述对2008年以来尤其是近三年来的宏观经济调控实践的回顾，引发了对以下问题的思考：

第一，一场国际金融危机从根本上改变了中国经济增长的态势，从 2007 年之前的增速持续提高到危机后的增速持续下降。危机后的应对措施（大规模刺激或微刺激）不仅不能扭转增速的下滑，反而进一步扭曲了已经严重失衡的经济结构。背后的原因何在？从根本上看，还是过去长期形成的“投资驱动、出口拉动”的增长方式尚未得到改变的结果。国际金融危机的爆发抽走了中国经济增长“出口拉动”的引擎。同时，长期的 GDP 高增长并没有带来城乡居民人均实际收入的同步增长，危机后 GDP 增长率的下滑，进一步抑制了城乡居民实际收入的增长，加上居民边际消费倾向的降低，中国经济增长的“居民消费支撑”的引擎也始终难以发挥作用。不得已，稳增长只能靠“投资驱动”。4 万亿元的投资扩张虽然使 2008—2011 年 GDP 的增长率维持在 9%以上，但却进一步增强了中国经济增长对投资的依赖。不仅如此，当前制造业的产能过剩以及房地产业的库存扩张也是大规模刺激政策的后果之一。更不用说，金融体系长期信贷狂欢所导致的企业债务以及政府债务的问题。由于经济体制没有发生重大改革，经济发展方式基本依旧，经济结构进一步失衡，4 万亿元投资逐步退出之后，2012 年至今的经济增速迅速下跌至 8%以下。但是，在现有的增长方式下，微刺激并非最佳选择，是不得已而为之的政策。它在本质上，依然是投资扩张的思路。一旦外需恢复使经济增长趋于稳定，就需要退出微刺激。

第二，长期来看，受经济总量、中国人口结构调整以及产业结构调整等的影响，国际金融危机后，中国经济增长速度已经不可能再继续维持 8%以上的高速，经济增长将进入新常态的中高速阶段。但是，短期内外部市场的不确定性、国内企业与地方政府的债务问题以及金融体系存在的高风险，都使经济增长率稳定在一定水平上成为必须。运用微刺激政策进行定向调控，目的不在于追求一个人为制定的高增长目标，而是通过适度的调控使经济能够较为平稳地过渡至新的发展阶段的常态增长水平；同时，定向降准试图在总量控制的前提下，调整信贷资源结构，引导资金流入真正需要资金的实体经济部门。然而，到目前为止，现有的政策措施能否实现这一目标，却还有待观察。

第三，在新的发展阶段，经济的潜在增长率将稳定在何种水平上，值得进一步深入研究。稳增长的宏观经济政策调控不能不考虑增长率应当稳定在何种水平上，因为，如果所确定的预期经济增长目标高于经济的自然稳定增长率，稳增长的宏观经济成本可能将大于其收益。

一、模拟主题：适度下调预期经济增长率

运用微刺激政策进行定向调控，力图将经济增长率稳定在7.5%以上，是近三年来宏观经济调控的基本思路。政策实施的结果是：形成了一个周期不断缩短的年度经济循环，微刺激的时点因此不断提前，这说明，微刺激的政策效果无论从作用的时间长度、经济增长效应看，都在不断递减之中。

近三年来的宏观经济运行情况说明，如果不采取现有力度的微刺激政策，中国目前的经济增长率显然要低于现有经济增长实绩。但是，经常地、不间断地运用微刺激政策以稳增长的政策思路是值得检讨的。因为，短期的需求刺激只能用于熨平周期波动，不可能在经济的自然稳定增长率较低的情况下，长期人为地抬高经济增长率。长期持续这样的政策操作，势必导致高昂的宏观经济调控成本与宏观经济运行成本，最终得不偿失。

在经济周期的下行区间，从当前经济发展的阶段性特征出发，适应新常态，保持战略上的平常心态，适当下调预期经济增长率，有利于适当降低、减少对经济运行的人为干预，它将大大降低宏观经济调控成本与宏观经济运行成本。如此也就需要研究：在目前情况下，适度下调预期经济增长率，在宏观经济运行及政策调控上，是否更为有利。因此，本次CQMM模型的政策模拟主题是：下调预期经济增长率的宏观经济效应。

我们假设将2012—2013年的预期经济增长率下调至7.2%，进行政策模拟。

二、情景假设及政策效应模拟

（一）情景假设

结合CQMM模型的框架设定，假设外部经济（欧美经济）延续过去两年的增长态势，利率水平和汇率水平同样维持相同变化，唯有货币供应量将随经济增长目标的改变而调整。如果适度调整2012年和2013年的经济

增长速度，从 7.7%下降为 7.2%，它一方面将通过货币供应量的缩减，导致投资下降，就业水平降低，居民收入增速降低，进而压低消费增长速度；另一方面，货币供应量的缩减，也将使物价水平下降，提高居民实际收入水平，促进居民消费上升。不仅如此，由于经济增长目标的下调可能会缓解地方政府的投资冲动，降低地方政府融资规模，这会减少政府对市场正常运营主体的资金挤占，在资金价格及数量供给等两方面正作用于私营投资，使得私营投资的成本下降，效率改善，促进私营投资增加，从而增加就业水平，提高居民收入。最终宏观经济指标的变化结果取决于上述两种效应的综合作用。

CQMM 是季度模型，因此，在具体代入模型操作时，我们需要将下降年度经济增长率的目标拆分成季度变化。做法是：先计算出调低增长目标后的经济总量年度数据，然后按照各季度的占比数据，将新的经济总量年度数据，拆分成新的经济总量季度数据。如图 17-20 所示，模型模拟的基准季度 GDP 增长率与实际 GDP 增速基本保持一致的变化趋势，而调低后的新各季经济增长率则对应每季低于实际经济增长率。

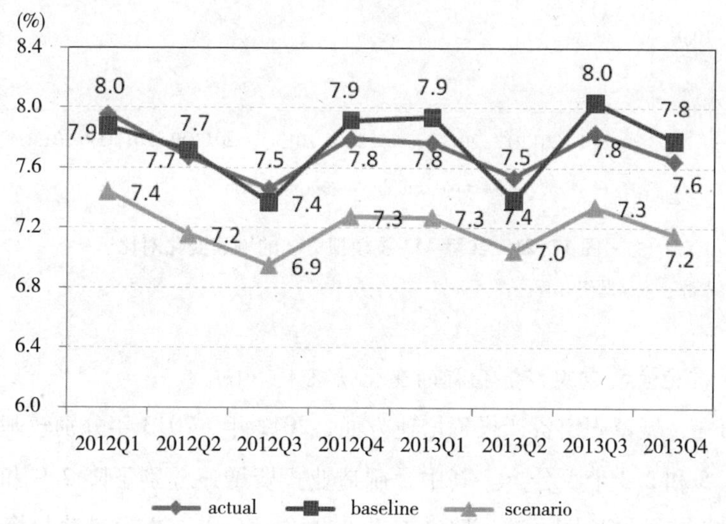

图 17-20 调整目标后的季度经济增长率

注：actual 为经过季度调整后的实际季度 GDP 增长率；baseline 表示模型基准模拟对应的各季度 GDP 增长率；scenario 表示调低经济增长目标至 7.2%后的各季度 GDP 增长率。

资料来源：本课题组计算。

(二) 政策模拟结果

1. 对应的 M2 增长率变化

根据 CQMM 模型的设定，在将 2012—2013 年 GDP 年度增速分别调低至 7.2%。计算结果发现，如果 2012—2013 年的经济增长率下调至 7.2%，那么，2012 年、2013 年的 M2 分别只需增长 11.7%和 12.2%，较实际 M2 增速分别下降 2.0 和 1.3 个百分点，这样，可以分别缩减 M2 供应量 17481.9 亿元和 32096.8 亿元。2012—2013 年每季度 M2 增速的累计变化见图 17-21。

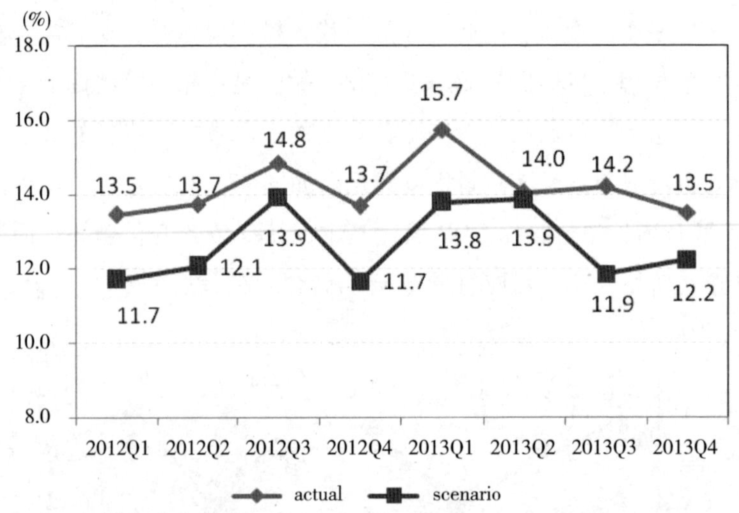

图 17-21　实际 M2 及模拟 M2 的增速变化对比

资料来源：本课题组计算。

2. 其他主要宏观经济指标的变化情况

第一，城镇固定资产投资增速方面，2012 年、2013 年分别较基准值下降了 2.5 和 2.3 个百分点。其中，制造业投资增速分别下降 2.9 和 2.5 个百分点；房地产投资增速下降 2.5 和 2.3 个百分点；交通基建投资增速则变化较小，分别下降 1.7 和 1.8 个百分点。受此影响，制造业占总投资的比重将分别下滑 0.1 和 0.17 个百分点，房地产业则基本保持不变（图 17-22）。

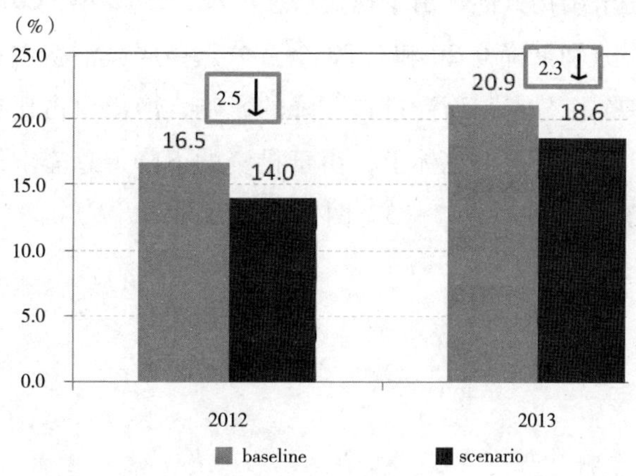

图 17-22 城镇固定资产投资增速的变化

资料来源：本课题组计算。

第二，社会消费品零售总额增速方面，2012年、2013年分别较基准值下降了0.3和0.7个百分点，下降幅度明显小于投资增速（图17-23）。这一方面是由于消费并不直接受货币供应量下降的影响；另一方面也得益于因货币供应量下降造成的物价水平下降。2012年、2013年，居民消费价格指数将分别下降0.09和0.16个百分点。此外，生产者价格指数也将分别下降0.47和0.82个百分点。

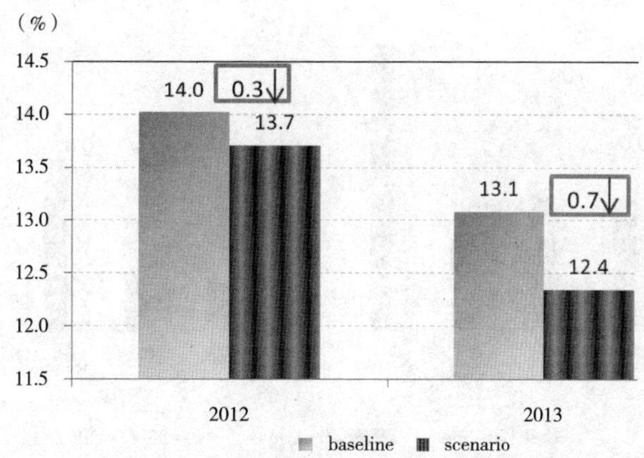

图 17-23 社会消费品零售总额增速的变化

资料来源：本课题组计算。

第三，总需求结构方面，由于投资增速下滑，2012 年、2013 年，资本形成总额占比将分别下降 0. 20 和 0. 33 个百分点；居民消费占比则分别提高 0. 07 和 0. 08 个百分点，而受进口下降的影响，净出口占比也将分别提高 0. 06 和 0. 09 个百分点。总体上，由于投资的下降，总需求结构因此得以小幅调整（图 17-24、图 17-25、图 17-26）。

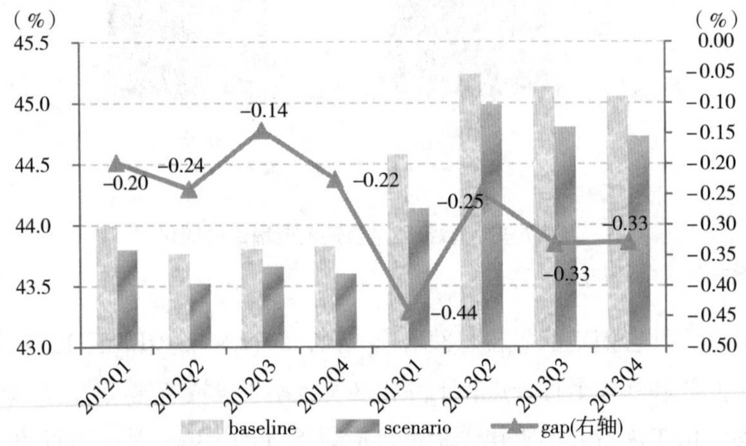

图 17-24　资本形成总额的占比变化

资料来源：本课题组计算。

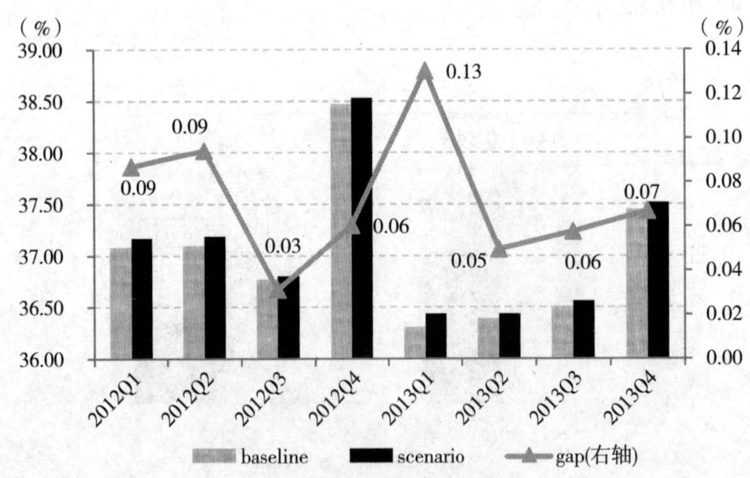

图 17-25　居民消费占比的变化

资料来源：本课题组计算。

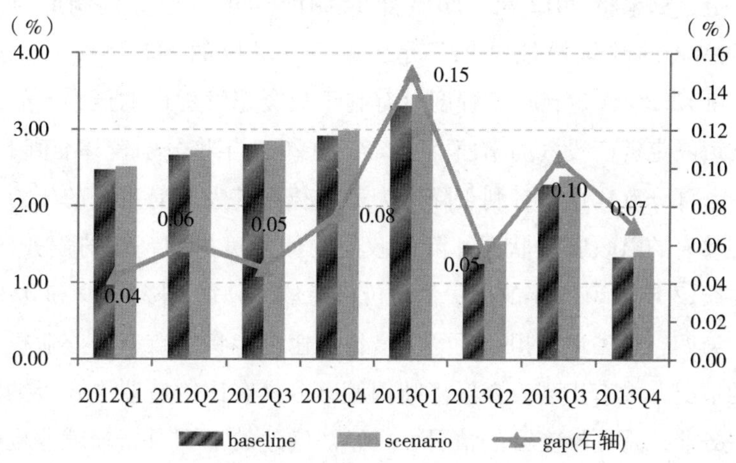

图 17-26　净出口占比的变化

资料来源：本课题组计算。

第四，就业方面，经济增速的下调并没有带来新增就业增速的急剧下滑。2012 年和 2013 年，新增就业人数增速仅分别较基准值下滑 0.13 和 0.19 个百分点。变动幅度微小，基本不会影响整体新增就业的稳定（图 17-27）。

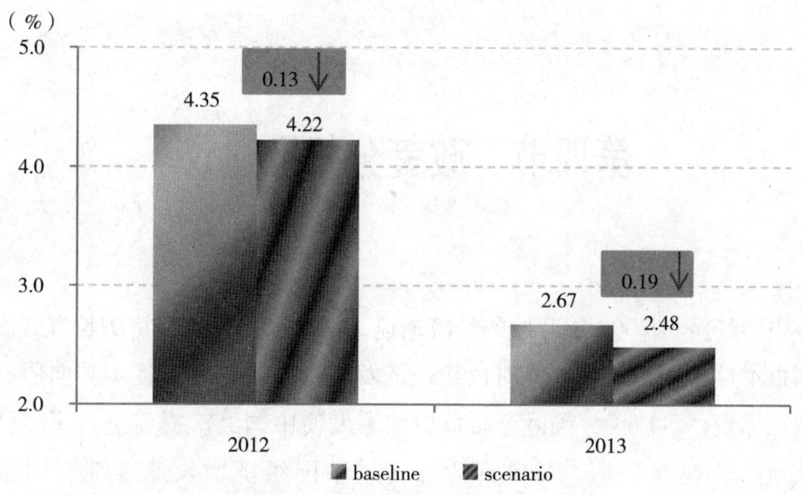

图 17-27　新增就业人数增速的变化

资料来源：本课题组计算。

综上，如果将2012年、2013年的GDP年度增速分别调低至7.2%，基于CQMM的政策模拟结果显示：第一，对应的M2增长率分别只需11.7%和12.2%，这在一定程度上有利于减缓超发货币的压力。第二，会降低城镇固定资产投资的增速，2012年和2013年将分别较基准值下降2.5和2.3个百分点，这将有利于降低为稳增长而扩大政府投资的压力，有利于改善政府的财政收支状况，降低政府的债务负担和企业的债务杠杆率。第三，2012年、2013年的居民消费价格指数将分别下降0.09和0.16个百分点。第四，过去最为担心的经济增长减速可能将导致新增就业机会大量减少的情况并没有出现，在经济结构调整，具有比制造业更强吸纳就业能力的服务业比重逐渐上升的情况下，经济增速的下调对新增就业机会的影响几乎可以忽略不计。第五，总需求结构方面，由于投资增速下滑，2012年、2013年，资本形成总额占比分别下降0.20和0.33个百分点，居民消费占比则分别提高0.07和0.08个百分点。而受进口下降的影响，净出口占比也分别提高0.06和0.09个百分点。总体上，由于投资的下降，总需求结构因此得以小幅调整。

因此，我们可以得出结论：在目前情况下，将预期经济增长率从7.5%下调至7.2%，从整体上看，利大于弊。

第四节 政策分析及建议

中国经济自2008年开始的经济减速，本质上是现有经济增长方式尚未得到根本性扭转的结果，同时也是经济发展从工业化为主逐步转向服务化的特征体现。可以说，国际金融危机的爆发使中国经济提前进入了经济增长减速的“换挡”期。2014年上半年，中国经济增长速度继续回落至7.4%，中央政府自二季度起实施了一系列微刺激稳增长政策，使二季度的经济有所回升。但是，2014年下半年经济下行的压力依然很大。CQMM本次的预测结果显示：2014年三、四季度中国经济增长率分别将为7.42%、

7.62%。2014 年全年经济增长率将为 7.49%，中央年初预定的 2014 年经济增长 7.5%的目标基本上是可以实现的。但是，2015 年经济则仍将维持下行趋势，估计增长率将降至 7.37%左右。

经济增速的持续下滑，已经开始抑制中国城乡居民实际收入的增长。2013 年，城镇居民人均可支配收入实际增长 7%，增速比上年同期下降了 2.7 个百分点；农村居民人均纯收入实际增长 9.3%，增速比上年同期也下降了 1.4 个百分点。2014 年上半年，城镇居民人均可支配收入实际增长 7.1%，虽然增速比 2013 年同期上升了 0.6 个百分点，但却比 2012 年同期下降了 2.6 个百分点；上半年农村人均现金收入实际增长 9.8%，增速比 2012 年同期下降了 2.6 个百分点，比 2013 年同期仅提高了 0.6 个百分点。当前宏观调控强调微刺激、定向宽松等措施试图通过“总量控制、结构调整”的方式稳定经济增长，但其着力点依然在投资领域，对于提高居民收入水平以及经济增长方式的根本性改变作用有限。

2015 年、2016 年是仍然坚持 7.5%的预期经济增长目标，继续实行微刺激政策，还是顺应经济的发展趋势，将预期经济增长率适度下调，逐步减少微刺激的力度，以致最终退出微刺激稳增长政策？显然是当前宏观调控思路上值得思考的问题。

近三年的宏观经济政策实践证明：微刺激的政策成本正在不断上升，政策效果正在不断衰减。这在一定程度上说明，7.5%的预期经济增长率显然高于目前中国经济的自然稳定增长率。我们认为，在经济的自然稳定增长率较低的情况下，企图通过不断地微刺激，长期地人为地抬高经济增长率，久之势必导致高昂的宏观经济调控成本与宏观经济运行成本。

我们认为，2015 年、2016 年如果继续将经济增长的预期目标维持在 7.5%左右，可能宏观经济成本太高，负面影响较大，不利于将宏观经济调控的主要精力转向全面深化改革，调整经济结构，转变经济发展方式。在应用 CQMM 模型进行政策模拟及多方估算的基础上，我们认为，如能将 2015 年、2016 年的经济增长目标调整至 7.2%左右，可能更为有利。

我们不赞成 2015 年、2016 年继续维持 7.5%的经济增长目标的主要理由是：

第一，目前的 7.5%增速是建立在货币超发基础上的。2014 年上半年，社会融资规模已经突破 10.57 万亿元，创历史最高水平；上半年广义货币供应量（M2）增长了 14.7%。预测表明，2014 年全年广义货币供应量（M2）增长将达到 14.2%，远远超过年初制定的广义货币供应量（M2）增长 13%的目标，也高于 2013 年 13.6%的增速。2014 年的货币超发，将使 2015 年在经济增长减速的同时，通货膨胀率上升。如果 2015 年继续实行微刺激政策，势必将促使货币进一步超发，加剧未来的通胀压力。

第二，勉强维持过高的经济增长率，使资金使用效率不断下降。计算发现，2010—2013 年，我国每增加 1 万元的 GDP，需要增加投放 1.67 万元、2.57 万元、2.65 万元、3.25 万元的广义货币供应量（M2）。单位 GDP 增量所需增加投入的 M2 越来越多。2014 年上半年，经济增速仅为 7.4%，这意味着，在付出比 2013 年上半年多增 4200 亿元融资规模和超过 M2 增长预期目标 1.88 万亿元的前提下，2014 年上半年的经济增长率还低于上年同期 0.2 个百分点。

第三，微刺激、定向宽松等稳增长目前依然还只能通过基础设施领域的投资扩张来实现，这是导致整个国民经济投资效率不断下降，政府债务负担不断增加的重要原因之一。过去三年，稳增长的微刺激政策主要集中在以下两个领域：一是推出一批铁路、公路、市政、能源、环保和水利等基础设施投资项目，鼓励民间资本参与；二是加快保障房建设和棚户区改造。这些投资势必增加各级政府财政支出，增加政府债务负担。[①] 我们的计算发现，随着政府债务规模的不断扩大，新增政府债务的经济增长效应越来越低。2005—2008 年，每新增 1 元政府债务，可以带来 0.53 元 GDP；但是到了 2009—2013 年，则大幅下降为 0.29 元 GDP。在既有的投融资体制下，如果继续维持 7.5%的经济增长目标，2015 年付出的代价会更高，地方政府债务风险将进一步积累[②]，资源、环境更加承压，宏观决策面临的局面更难以驾驭。

第四，维持现有增长速度，并不能有效地扩大居民消费。2014 年上半

① 《地方版“微刺激”或超 6 万亿》，经济参考网 2014 年 8 月 7 日，http：//jjckb.xinhuanet.com/2014-08/07/content_ 515998.htm。

② 根据本课题组测算，2012 年年末，全社会负债率达到 257%，与渣打银行 2014 年 7 月 21 日发布的《亚洲债务大起底》中对中国债务水平的估算较为接近。

年我国经济增长速度比上年同期仅回落了 0.2 个百分点，但是，社会商品零售总额比上年同期下降 1.7 个百分点。其中，较为鲜明体现经济景气变化的汽车和家具的销量都比上年同期有所下降。这说明，在现有的体制环境及经济结构下，即使维持现有的增长速度，居民消费不振的状况也难以有所改观。

因此，本课题组建议，将 2015 年、2016 年的经济增长目标调整至 7.2%左右。我们认为，这样的调整在宏观上可能更为有利。

第一，将经济增长目标下调至 7.2%左右，不会产生就业问题。随着我国经济的服务化，经济增速有所下降，就业形势却没有恶化。这一方面源于人口年龄结构变化，新增劳动人口增速放缓；另一方面，具有较强吸纳就业能力的第三产业比重上升。模拟计算结果显示：即使是在现有经济结构下，如果 2012 年和 2013 年 GDP 增长率从 7.65%和 7.67%降至 7.2%，也仅会减少就业 16.71 万人和 16.73 万人。如果考虑第三产业的服务比重变化，则这一经济增速减缓所减少的就业机会甚至更少。考虑到我国目前就业市场上的求人倍率（需求人数/求职人数）约为 1.11（也即需求比供给大 11%），将经济增长目标下调至 7.2%左右，并不会产生就业问题。

第二，政策模拟的结果显示，将经济增长目标下调至 7.2%左右，有利于一定程度上改善主要宏观经济指标。[①]

第三，有利于降低政府债务负担。根据我们的预测计算，如果在“十三五”期间，保持年均经济增长速度为 7.1%，2015—2020 年，广义政府债务余额（包括负有偿还责任的债务、负有担保责任的债务和可能承担一定救助责任的债务）将合计减少 2.06 万亿元，这对缓解政府债务压力无疑将起到积极的作用。

第四，适度下调经济增长目标，有利于政府适当减少频繁的稳增长微刺激政策调控操作，将主要精力、工作重心集中于筹划和全面落实全面深化改革、调结构与转方式上去，通过深化改革、调整结构，转变发展方式，提高潜在经济增长率，有利于在下一轮的经济增长上行阶段，争取更好的经济增长实绩。总之，我们认为，在目前国际经济状况尚未明显好

① 详细政策模拟结果请参见本报告的第三部分。

转，国内体制尚待全面深化改革，结构转换、发展方式转变任务繁重的情况下，宏观经济调控在政策思路上可能需要适度调整，以平常心看待国际金融危机后我国经济发展正在形成的新常态，顺势而为，主动地、适当地降低 2014 年、2015 年的预期经济增长目标，有利于为“十三五”以致更长时期的经济健康较快发展奠定坚实的基础。

附录一　中国宏观经济形势与政策问卷调查报告（2014.8）

为及时把握中国宏观经济形势和政策走向，新华社《经济参考报》和教育部人文社会科学重点研究基地——厦门大学宏观经济研究中心自 2013 年 8 月首次联合开展每年两次的“年度中国宏观经济形势和政策问卷调查”活动。这是第三次问卷调查。本次调查问卷设计了与当前中国宏观经济运行和政策走势直接相关的 16 道问题，于 7 月上旬我们通过电邮方式向国内相关领域的经济学家发出调查邀请，最终收到 93 位专家的答复。现将本次问卷调查结果公布如下：

一、中国当前宏观经济运行面临的主要下行压力

调查结果显示，68%的专家认为房地产业投资增速回落以及全国商品房销售面积同比下降是中国当前宏观经济面临的主要下行压力；62%的专家认为制造业产能过剩问题加剧；45%的专家认为由企业债务风险导致的金融机构系统性风险加剧；44%的专家认为地方政府债务风险严重；35%的专家认为外需不足问题将持续化。以上调查结果表明，有六成以上接受调查的专家认为，房地产业投资增速回落以及全国商品房销售面积同比下降、制造业产能过剩问题加剧是中国当前宏观经济面临的主要下行压力，是影响中国未来经济健康发展的决定性因素或重要因素。有超过四成的专家认为企业债务风险导致的金融机构系统性风险加剧、地方政府债务风险严重是中国当前宏观经济面临的主要下行压力。此外，有接近四成的专家认为外需不足问题将持续化是中国当前宏观经济面临的主要下行压力。

除此之外，关于中国当前宏观经济面临的主要下行压力 19%的专家提出了其他的观点，包括：内需不足特别是国内消费需求不足、缺少有效的政策刺激、各种结构性矛盾依然持续；国内消费增速下降和固定资产投资

增速下降；名义价格扭曲达到极限，超出可持续允许的范围；反腐力度的加强和环境治理压力的增加；收入分配差距过大、产业结构不优化；宏观经济调控方向性不明确和力度减弱；部分国民对经济下行压力的个人预期；自发市场的无序竞争、缺乏创新以及政府管理经济的方式错误；产业结构和经济结构转型过程中的 J 型下降压力；美国 QE 的退出等。

二、2014 年欧美经济形势

美国 2014 年一季度 GDP 实际增长为-2.9%，大大低于此前市场预期，成为 2009 年一季度以来美国经济最为严重的季度负增长。关于 2014 年美国 GDP 的增长情况，在对该问题做出答复的总共 92 份有效问卷中，调查结果显示：27%的专家认为美国经济增长率处于“1.1%—2.0%”之间；24%的专家认为美国经济增长率处于“0.1%—1.0%”之间；21%的专家认为美国经济增长率处于“-1.9%—-1.0%”之间；10%的专家认为美国经济增长率处于“-0.9%—0%”之间；10%的专家认为美国经济增长率处于“2.1%或以上”；8%的专家认为美国经济增长率处于“-2.0%或以下”。总体而言，绝大多数专家认为 2014 年美国经济将呈现回暖趋势，未来经济增速预计将加快，形势比较乐观。

欧元区 2014 年一季度 GDP 同比增长 0.9%，环比增长 0.2%，经济增速较前一季度加快。那么，2014 全年欧元区 GDP 增长将会有怎样的变化态势呢？调查结果显示：61% 的专家认为欧元区 GDP 增长率处于“0.1%—1.0%”之间；38%的专家认为欧元区 GDP 增长率处于“1.1%—2.0%”之间；只有 1%的专家认为欧元区 GDP 增长率处于“0%或以下”；没有专家认为欧元区 GDP 增长率将处于“2.1%—3.0%”或者“3.1%或以上”。总的来看，绝大多数专家认为 2014 年欧元区经济也将呈现回暖态势，形势较为乐观。

关于 2014 年美元兑欧元汇率，56%的专家预期美元兑欧元汇率可能在“1.36—1.40”之间；32%的专家预期在“1.31—1.35”；11%的专家预期在“1.30 或以下”；只有 1%的专家预期在“1.41—1.50”之间；没有专家预期在“1.50 或以上”。因此，多数专家认为美元对欧元将呈现进一步贬值趋势。

三、对 2014 年中国宏观经济主要指标的预测

关于 2014 年中国经济增长，调查结果显示：73%的专家预计全年 GDP 增速将在“7.1%—7.5%”之间；25%的专家预计将在“7.6%—8.0%”之间；只有 1%的专家预计将在“7%及以下”；没有专家预计将在“8.1%及以上”。此外，有 1%的专家提出了个人观点，预计 GDP 增长将在“7.4%—7.6%”之间。总体而言，73%的专家认为 2014 年中国 GDP 增速将低于 7.5%，考虑到 2014 年上半年中国 GDP 同比增长 7.4%，说明大部分专家认为 2014 年中国经济增长将呈现继续下行的态势。

2014 年一季度，中国人力资源市场信息监测中心统计结果显示，全国 102 个城市的公共就业服务机构求人倍率（岗位空缺/求职人数）约为 1.11。关于 2014 年求人倍率的变化态势，调查结果显示 41%的专家预期 2014 年全年求人倍率将与一季度基本持平；29%的专家预期与一季度相比，就业形势改善，求人倍率会上升；20%的专家预期与一季度相比，就业形势更加严峻，求人倍率会降低；有 10%的专家表示 2014 年全年的求人倍率态势并不明确。总的来说，超过四成的专家认为与 2014 年一季度相比，2014 年全年的求人倍率变化相对比较稳定，70%（41%+29%）的专家对中国目前的就业形势持较为乐观的态度。

关于 2014 年中国的消费者价格指数（CPI）的变动趋势，66%的专家预期 2014 年中国 CPI 增长在“2.1%—2.5%”之间；30%的专家预期在“2.6%—3.0%”之间；4%的专家预期在“3.1%—3.5%”之间；没有专家预期在“2.0%及以下”和“3.6%及以上”。考虑到 2014 年上半年 CPI 同比上涨 2.3%，因此，可以认为，近 2/3 专家的看法是：2014 年中国物价水平仍将保持基本稳定，通胀压力进一步减弱。

关于 2014 年工业生产者出厂价格指数（PPI）的增长态势，57%的专家预期 2014 年 PPI 增长在“-1.7%—-1.0%”之间；17%的专家预期在“-0.9%—0%”之间；11%的专家预期在“0.1%—0.9%”之间；11%的专家预期在“-1.8%或以下”；只有 4%的专家预期在“1.0%—1.9%”之间；没有专家预期在“2.0%或以上”。考虑到 2014 年上半年中国 PPI 同比下降 1.8%，因此，调查结果表明，多数专家认为下半年以及 2014 年全年

工业生产者出厂价格指数将会呈现一定的回升态势。

关于 2014 年社会消费品零售总额的增长态势，在对该问题做出答复的总共 92 份有效问卷中，68%的专家预期 2014 年中国社会消费品零售总额累计同比增长在“12.1%—13.0%”之间；23%的专家预期在“12.0%或以下”；9%的专家预期在“13.1%—14.0%”之间；没有专家预期在“14.1%或以上”。2014 年上半年，中国社会消费品零售总额同比名义增长 12.1%，因此，调查结果表明，相较于上半年，多数专家认为下半年以及 2014 年全年社会消费品零售总额累计同比增长将会呈现一定的上升趋势。

关于 2014 年固定资产投资（不含农户）的增长态势，55%的专家预期全年固定资产投资总额同比增长在“17.1%—18.0%”之间；23%的专家预期在“18.1%—19.0%”之间；16%的专家预期在“17.0%及以下”；6%的专家预期在“19.1%以上”。2014 年上半年固定资产投资总额同比名义增长 17.3%，因此，调查结果表明，相较于 2014 年上半年，超过半数的专家认为下半年中国固定资产投资增长将比上半年有所增长，但是与上半年相比，2014 年全年固定资产投资增长将继续呈回落态势。

关于 2014 年全国房地产开发投资的增长态势，80%的专家预期 2014 年全国房地产市场开发投资累计同比增长处于“14.0%或以下”；15%的专家预期在“14.1%—15.0%”之间；5%的专家预期在“15.1%—16.0%”之间；没有专家预计在“16.1%或以上”。总体而言，考虑到 2014 年上半年全国房地产开发投资同比名义增长 14.1%，大多数的专家认为 2014 年全国房地产开发投资仍出现回落的态势。

关于 2014 年进出口形势，在对该问题做出答复的总共 92 份有效问卷中，79%的专家预期 2014 年中国进出口总额累计同比增长在“0.1%—5.0%”之间；20%的专家预期在“5.1%—8.0%”之间；1%的专家预期在“0%或以下”；没有专家预期在“8.1%—10.0%”之间和“10.1%或以上”。考虑到 2014 年上半年中国进出口总额累计同比增长 1.2%，上述调查结果表明，99%的专家认为 2014 年全年中国进出口增长将低于上年。

关于 2014 年美元兑人民币汇率。41%的专家预期美元兑人民币汇率可能在“6.11—6.15”之间；28%的专家预期在“6.06—6.10”；24%的专家预期在“6.16 或以上”；6%的专家预期在“6.01—6.05”之间；只有

1%的专家预期在“6.00 或以下”。根据中国人民银行发布的 2014 年上半年金融统计数据报告，2014 年 6 月末美元兑人民币汇率为 6.15。基于此，以上调查结果表明，多数专家认为，下半年人民币对美元将呈现升值趋势。

关于 2014 年广义货币供应量（M2）的变动趋势，51%的专家预期全年 M2 同比增速在“14.6%或以上”；31%的专家预期在“14.1%—14.5%”之间；11%的专家预期在“13.6%—14.0%”；6%的专家预期在“13.1%—13.5%”；只有 1%专家预期在“13.0%或以下”。2014 年 6 月末中国广义货币供应量（M2）同比增长 14.7%，因此，调查结果表明，超过 90%的专家认为 2014 年全年 M2 的增长速度不仅将高于年初预定的目标，而且高于 2013 年。

四、2014 年下半年中国可能采取的宏观经济政策措施

对于 2014 年下半年我国可能推行的货币政策措施，调查结果显示，76%的专家认为我国将会维持小幅度的定向降准政策；40%的专家认为至年末可能降息一次；38%的专家认为至年末可能降准一次。总体而言，接近八成的专家认为我国下半年将会维持小幅度的定向降准，四成的专家认为至年末可能降息一次，接近四成的专家认为我国至年末可能降准一次。此外，11%的专家提出了其他的政策建议，包括：市场化存款利率；采取温和的量化宽松政策；上调准备金率和利率；增加再贷款、公开市场操作；全面降准，并至少降息一次；相机灵活操作，以稳健为原则等。整体而言，大多数专家认为，下半年的货币政策将维持适当宽松的基调。

关于 2014 年下半年中国可能采取的财政措施，77%的专家认为可能会采取适度放开新增项目投资，促进基础设施领域支出；73%的专家认为可能会采取完善小型微利企业税收优惠政策，促进服务消费发展和企业创新的财税政策；73%的专家认为可能会继续严控“三公”支出，限制一般性公共支出；70%的专家认为可能会盘活财政存量资金，加大民生保障领域支出；53%的专家认为可能会扩大营改增行业范畴，推进金融、电信、邮政等领域试点改革；51%的专家认为可能会采取构建以地方政府为主体的举债融资机制，规范融资行为，建立债务风险预警；38%的专家认为可能

会采取增加一般性转移支付规模和比例，规范专项转移支付。此外，一位专家给出了自己的意见：他认为财政政策目标应是服务于创新、技术进步、人力资本积累水平提升等，为实现该目标而采取的政策都是值得提倡的。总之，从调查结果来看，超过七成的专家认为可能会采取适度放开新增项目投资，促进基础设施领域支出的政策；完善小型微利企业税收优惠政策，促进服务消费发展和企业创新的财税政策；继续严控“三公”支出，限制一般性公共支出；盘活财政存量资金，加大民生保障领域支出。超过五成的专家认为可能会扩大营改增行业范畴，推进金融、电信、邮政等领域试点改革；构建以地方政府为主体的举债融资机制，规范融资行为，建立债务风险预警。接近四成的专家认为会采取增加一般性转移支付规模和比例，规范专项转移支付。

参与本次问卷调查的93位专家，按姓名汉语拼音顺序他们依次为：常欣、陈昌兵、陈工、陈贵富、陈昆亭、陈浪南、陈梦根、陈守东、陈彦斌、陈甬军、陈志勇、戴亦一、邓翔、范从来、范子英、高波、耿强、龚刚、龚敏、郭熙保、郭晓合、郭志仪、何爱平、贺京同、胡家勇、简新华、蒋永穆、李海峥、李建伟、李静、李军、李实、李晓、李雪松、李英东、刘建平、刘金全、刘仁国、刘云中、刘志彪、卢盛荣、陆铭、马颖、彭水军、邱崇明、沈坤荣、孙巍、汤吉军、屠新泉、汪昌云、汪同三、汪义达、王诚、王海杰、王继平、王今朝、王美今、王瑞芳、王曦、王燕武、文传浩、吴开超、吴信如、肖兴志、徐建国、徐一帆、许文彬、许宪春、杨志勇、殷醒民、尹恒、于立、袁富华、曾金利、曾康华、张立群、张连城、张龙、张平、张延群、张屹山、张卓元、赵京兴、赵振全、赵志君、郑超愚、钟春平、周立群、周泽炯、朱保华、朱建平、朱启贵、庄宗明。

参加本次问卷调查的专家学者来自于财政部、国家统计局、国务院发展研究中心、中国社会科学院财经战略研究院、中国社会科学院经济研究所、中国社会科学院世界经济与政治研究所、中国社会科学院数量经济与技术经济研究所等国家部委或研究机构，以及安徽财经大学、北京大学、北京师范大学、重庆工商大学、东北财经大学、对外经济贸易大学、复旦大学、湖南大学、华东师范大学、华中科技大学、吉林大学、暨南大学、兰州大学、南京财经大学、南京大学、南开大学、上海交通大学、首都经贸大学、四川大学、天津财经大学、天津商业大学、武汉大学、西安交通大学、西北大学、西南财经大学、新加坡国立大学、云南财经大学、浙江工业大学、郑州大学、中国人民大学、中南财经政法大学、中山大学等高校。

我们对上述各位专家的热忱参与及真知灼见，表示诚挚的感谢！

附表 1　本课题组与 93 位专家对我国主要宏观经济指标预测结果比较

2014 年主要宏观经济指标	本课题组预测（%）	专家预测区间及比例（%）	
		区　间	比　例
GDP 增长率	7.49	7.1—7.5	73
CPI 增长率	2.51	2.1—2.5	66
PPI 增长率	-1.53	-1.7—-1.0	57
社会消费品零售累计同比名义增长率	12.61	12.1—13.0	68
固定资产投资累计同比名义增长率	17.12	17.1—18.0	55

第十八章　2015年春季报告①

第一节　2014年中国宏观经济运行回顾

一、经济增速持续回落，第三产业比重继续提高

2014年中国国内生产总值（GDP）实际增长7.4%，增速较上年下降了0.3个百分点，是2000年以来的最低增速（图18-1）。第二产业的持续减

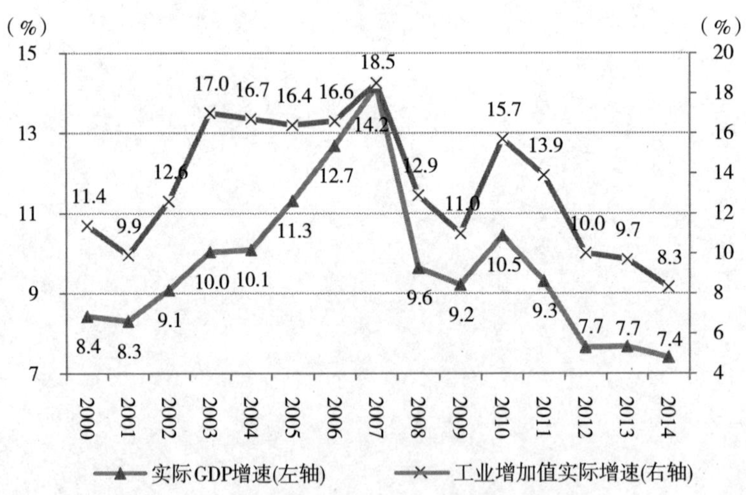

图18-1　中国GDP和工业增加值实际增速变化

资料来源：CEIC。

① 教育部高校人文社会科学重点研究基地重大项目“中国季度宏观经济模型”（05JJD790093）成果。本报告于2015年3月1日在北京发布。

速是导致经济增速回落的主要原因。2014 年规模以上工业企业增加值增长 8.3%，较上年下降 1.4 个百分点。制造业的过剩产能以及房地产业的过度投资是第二产业持续减速的重要因素。由于消化长期累积的产能过剩，调整产业结构以及房地产业去库存还需要一定时间，预计 2015 年这两个行业还将成为经济增长的下行压力。

2014 年固定资产投资（不含农户）名义增长 15.7%，增速比上年同期下降了 3.9 个百分点；全年资本形成对 GDP 增长的贡献率降低至 38.3%，比上年减少 16.1 个百分点（图 18-2）。[①] 经济持续减速必然使城乡居民收入增速随之放缓。2014 年城镇居民人均可支配收入实际增长 6.8%，增速比上年下降 0.2 个百分点；农村居民人均纯收入实际增长 9.2%，增速比上年下降 0.1 个百分点。居民消费结构随着收入水平提高而逐渐变化，实物消费增速减缓，服务消费比重上升；加之反腐及限制“三公”消费，政府一般公共服务支出增速明显回落。全年社会商品零售总额名义增长 12.0%，增速较上年下降了 1.1 个百分点。[②] 最终消费对经济增长的贡献率为 51.2%，较上年小幅提高 1.2 个百分点。外部市场的复苏缓慢继续抑制中国的出口增长，全年按美元计价的出口增长 6.1%，增速比上年下降 1.7 个百分点；受大宗商品价格下滑以及国内需求放缓的影响，进口增长 0.4%，增速比上年大幅下降 6.9 个百分点。货物和服务净出口对经济增长的贡献由上年的-4.4%大幅提升至 10.5%。

从产业结构来看，2014 年第三产业占 GDP 的比重比上年提高了 2.1 个百分点，达到 48.2%；超过第二产业占比 5.6 个百分点（图 18-3）。第三产业占比持续提高，一定程度上保证了全年就业形势的稳定。尽管经济增速持续下降，但是，全年城镇新增就业 1322 万人，超额完成了 2014 年

① 统计局尚未公布这一数据。但根据 2015 年 1 月 21 日商务部例行发布会上商务部新闻发言人沈丹阳的说法，2014 年，外贸对经济增长的贡献率约为 10.5%。以此为依据，我们估算出 2014 年资本形成总额对经济增长的贡献率剧烈下降为 38.3%，创下自 2000 年以来的历史新低。参见 http：//finance. ifeng. com/a/20150122/13449424_ 0. shtml。

② 现有的社会商品零售总额中仅统计了国内的“实物消费金额”与“餐饮服务收入”，没有包括居民的全部消费项目，尤其是近年来增长较快的服务消费。以旅游为例，2008 年以来，国内旅游人数年均增长 13.8%，2013 年实现 32.6 亿人次；出境旅游人数年均增长 16.5%，2013 年达到 9819 万人次。2014 年旅游总收入约 3.25 万亿元，增长 11%；国内旅游 36 亿人次，增长 10%；出境旅游首次突破 1 亿人次大关，达到 1.09 亿人次；入境旅游 1.28 亿人次，下降 1%。

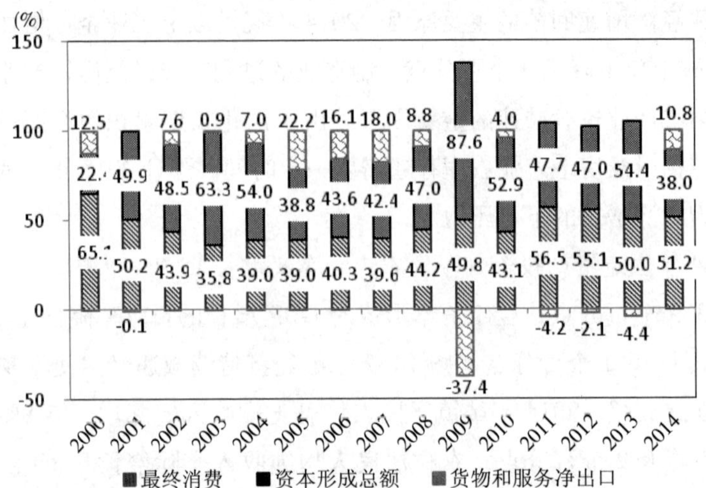

图 18-2 按支出法核算的 GDP 增长贡献率变化

资料来源：CEIC。

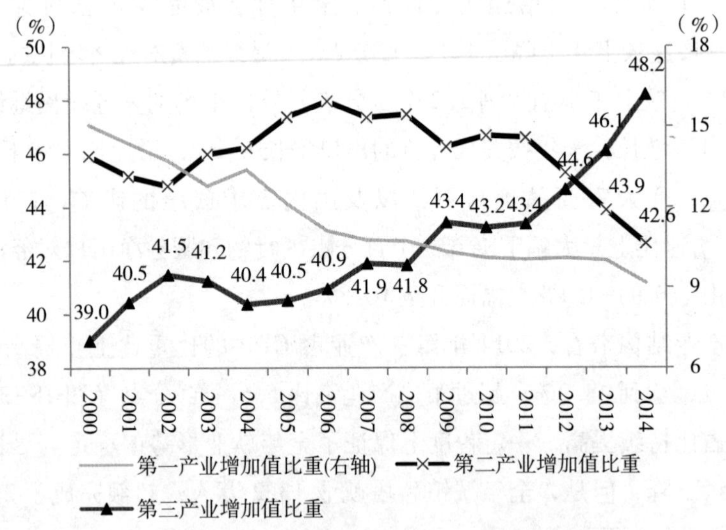

图 18-3 三次产业增加值占 GDP 比重变化

资料来源：CEIC。

初确定的全年新增就业 1000 万人的目标。①

① 中国人口年龄结构的变化在一定程度上减轻了就业的压力。截至 2012 年年末，15—59 岁（含不满 60 周岁）劳动年龄人口为 9.37 亿人，比上年末减少了 345 万人；2013 年年末，劳动年龄人口进一步下降为 9.20 亿人；2014 年年末下降至 9.16 亿人，比上年末又减少 371 万人。

二、固定资产投资增速大幅下滑，但投资结构开始改善

2014 年，制造业投资延续 2010 年以来的下滑趋势。同时，多年持续高热的房地产市场开始降温，第二季度伊始，房地产销售增速下降，库存增加，相当部分城市房地产市场量价齐跌，直接抑制了房地产业的投资增长。① 制造业和房地产业投资增速的急剧下滑导致了全社会固定资产投资增速大幅下滑（图 18-4）。全年制造业投资增速仅为 13.1%，比上年下降了 5.5 个百分点；占全部投资的 33.3%，比上年下降了 0.6 个百分点。房地产业投资增长 11.1%，比上年大幅下跌 9.1 个百分点；占全部投资的 24.6%，比上年下降了 1 个百分点。为稳定投资，基础设施建设投资继续维持高速增长，全年增速达到 19.8%②，仅比上年下降 1.5 个百分点；占全部投资的 22.3%，比上年提高 0.8 个百分点。

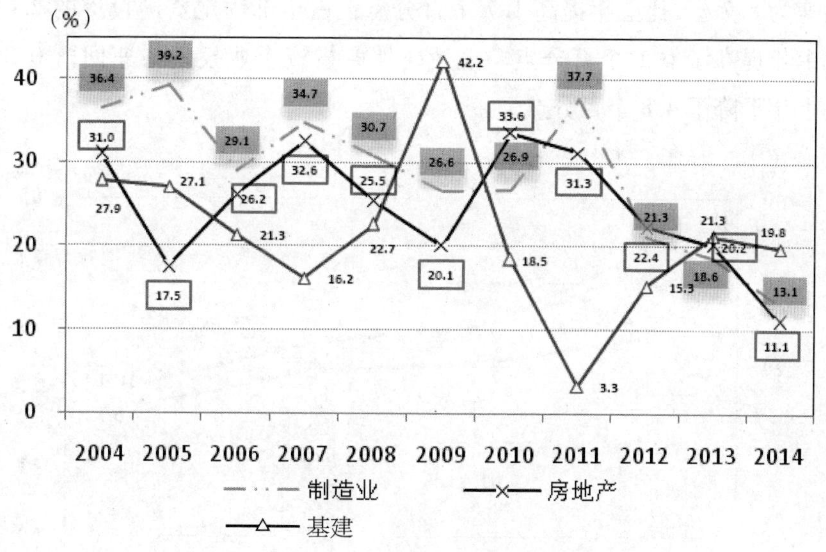

图 18-4　固定资产投资年度增速变化（分行业）

资料来源：CEIC。

① 2014 年，全国商品房销售面积比上年下降 7.6%，全国商品房销售额比上年下降 6.3%，全国 70 大中城市新建商品住宅价格环比下跌个数由 3 月的 4 个迅速增加至 9 月的 69 个，截至 2014 年年末仍有 66 个。

② 包括交通运输、仓储及邮政业，水利、环境和公共设施管理业，以及电力、热力、燃气及水的生产和供应业等。

从投资主体看，首先，2014 年内资企业投资增速为 16. 3%，比上年下降 4. 2 个百分点。其中，国有及国有控股企业投资增速为 13. 0%，比上年下降 2. 6 个百分点；民间投资增速为 18. 1%，比上年同期下降了 5 个百分点。尽管民间投资增速仍在下滑，但自 2012 年以来，民间固定资产投资增速始终快于全社会固定资产投资增速（图 18-5）。2014 年民间投资占全社会固定资产投资的比重提高至 64. 1%，比上年增加 1. 2 个百分点。民间投资是保持固定资产投资增速从而经济稳定增长的主要力量。而且，随着市场环境变化，经济转型，民间投资结构也在逐渐调整之中：对第一产业和第三产业的投资占比有所提高，对第二产业投资的行业结构也开始调整。其中，对采矿业投资增速为 2. 3%，比上年下降 9 个百分点，比 2012 年下降 18. 1 个百分点；对制造业投资增速为 16. 8%，比上年下降 4. 6 个百分点，比 2012 年下降 10. 4 个百分点。其次，2014 年港澳台商投资企业投资增速为 8. 7%，比上年提高 1. 7 个百分点；占全部固定资产投资的 2. 4%，比上年提高了 0. 1 个百分点。最后，外商投资企业投资增速回落 0. 3%，比上年下降了 4. 8 个百分点。

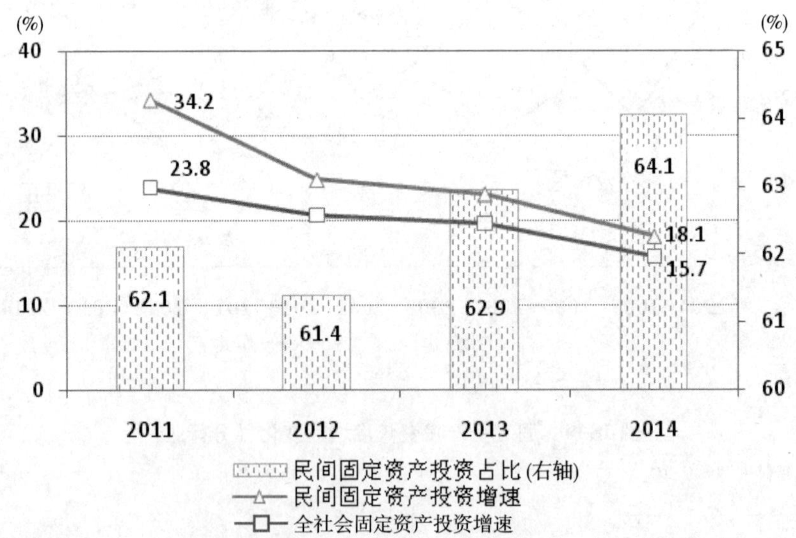

图 18-5　民间固定资产投资同比增速及占比变化

资料来源：CEIC。

从项目来源看，来自中央项目的投资增速为 10. 8%，比上年下降了

1.6 个百分点；受地方债务规模以及土地出让金增速下降的影响，地方项目的投资仅增长 15.9%，增速比上年下降了 4.2 个百分点。

从资金来源看，2014 年投资资金来源主要依靠国内贷款和企业自筹资金。其中，来自国家预算内资金的投资增速为 14.1%，比上年下降 2.9 个百分点；占全部投资的比重为 5%，与上年持平。来自国内贷款的投资增速为 8.6%，比上年下降 5.8 个百分点；① 占全部投资的 12%，与上年持平。来自自筹资金的投资增速为 16.4%，比上年下降 6.4 个百分点；占全部投资的 70%，比上年提高了 3 个百分点，比 2010 年提高了 9 个百分点。在全部自筹资金中，企业利用自有资金投资所占的比重为 27.7%，比上年下降 2.58 个百分点。② 利用外资的投资增速萎缩 6.3%，比上年下降 2.6 个百分点；占全部投资的比重为 1%，与上年持平。

综上，我们认为：（1）2015 年制造业和房地产业投资增速受产能过剩以及库存积累的影响还将继续下滑。为稳定投资而进行的基础设施领域的投资还需适度扩大。（2）尽管全社会固定资产投资增速在下降，但是，民间投资的占比在不断提高，民间投资正不断地从存在过剩产能的第二产业转向第一和第三产业，在制造业内部也出现了结构调整的良好势头。这说明，经济衰退形成的严酷市场环境使市场主体不能不痛下决心调整存量，优化增量，民间投资结构在严酷的市场压力之下逐渐优化。（3）2014 年大规模的信贷投放一定程度上减缓了投资增速的下滑；同时，企业自筹资金投资占比的大幅提高意味着企业投资需求正在扩张。在此背景下，2015 年货币政策还需继续确保银行信贷资源的供给，并确实降低融资成本；同时，财政政策应着重减轻企业税负，促进民间投资稳步增长。更为关键的是，政府管理应进一步减政放权，落实负面清单管理，为企业与创业者切实减负，降低投资、创业的各类成本。通过全面深化改革，调整政策，改善政府管理，再造经济增长潜力。

---

① 全年新增人民币贷款 9.78 万亿元，超过 2009 年 9.59 万亿的规模。

② 2008 年企业自有资金占自筹资金的比重为 52.1%。之后，持续大幅下降。2009 年为 43.1%，2010 年为 39.2%，2011 年为 37%，2012 年为 33.9%。自有资金占比的大幅下滑说明企业获得投资资金的渠道在不断拓宽。

三、工业利润增速大幅下滑，淘汰落后产能取得一定成效

2014 年规模以上工业企业利润增长 3.3%，增速比上年下降 8.9 个百分点。其中，2014 年，采矿业利润回落 23%，增速比上年下降 2.0 个百分点；以食品、纺织服装、烟草等为代表的消费品制造业利润增长 5%，增速比上年提高 0.2 个百分点；装备制造业、高技术制造业利润增长强劲，分别增长 0.9%和 12.7%，增速比上年提高 4.1 个百分点和 6.7 个百分点（图 18-6）。

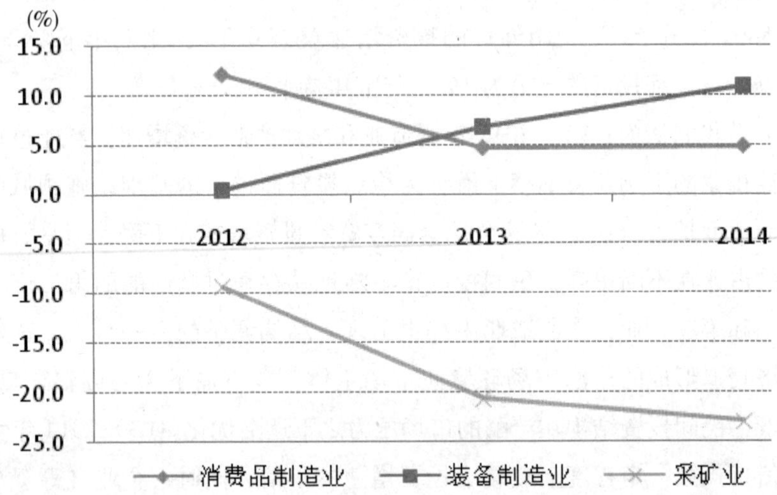

图 18-6　部分行业规模以上工业企业利润增速变化①

资料来源：CEIC。

2014 年，产能过剩行业淘汰落后产能继续取得进展：淘汰落后炼钢 3567 万吨，占当年总产出的 3.1%；淘汰水泥 8125 万吨，占当年总产出的 3.3%；淘汰平板玻璃 3567 万重量箱，占当年总产出的 4.5%（图 18-7）。

这些在一定程度上表明，中国的制造业正在适应市场环境的变化，进

① 这里所说的装备制造业包括通用设备制造业、专用设备制造业、汽车制造业、电气机械和器材制造业、金属制品业等行业；高技术产业包括医药制造业，铁路、船舶、航空航天和其他运输设备制造业，计算机、通信和其他电子设备制造业，仪器仪表制造业等行业。

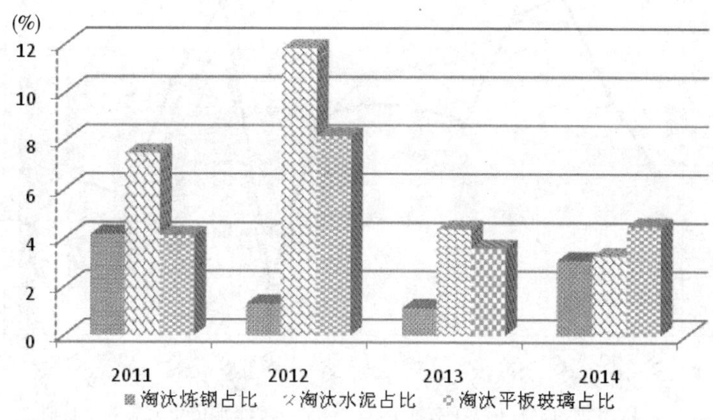

图 18-7　部分行业落后产能淘汰完成量占本行业产量的比率

资料来源：Wind 资讯。

行结构调整，具有较高附加价值的装备制造业、高技术制造业[①]发展加快，产能过剩行业淘汰落后产能继续取得进展，产业结构正在升级。新的经济发展空间正在孕育之中。

四、进出口增速大幅下滑，贸易结构持续改善

2014 年，全球经济复苏乏力，主要经济体走势分化，中国货物贸易进出口增速进一步回落。受内需不振以及石油等大宗商品价格下滑的影响，进口增速降幅大于出口增速降幅，货物贸易顺差大幅增长。全年按美元计价的出口总额增长 6.1%，增速比上年下降了 1.7 个百分点；进口总额增长 0.4%，增速比上年大幅下降 6.9 个百分点（图 18-8）。[②] 货物贸易顺差大幅扩大至 3824.6 亿美元，较上年增加 1227.1 亿美元。服务贸易逆差则延续了此前的扩大趋势，全年逆差扩大至 1980 亿美元。[③]

① 此外，电子商务、移动互联等新型业态，以及以新能源、生物医药、环保技术等为主的战略性新兴产业也发展较快。

② 据商务部发言人沈丹阳所说："在剔除 2013 年套利贸易垫高基数因素后，全国进出口同比实际增长 6.1%，出口增长 8.7%，进口增长 3.3%。"参见 http://www.mofcom.gov.cn/xwfbh/20150121.shtml。

③ 其中，旅游、运输、专利使用费逆差 2014 年分别扩大至 1136 亿美元、579 亿美元和 219 亿美元，是 2011 年的 4.7 倍、1.3 倍和 1.6 倍。

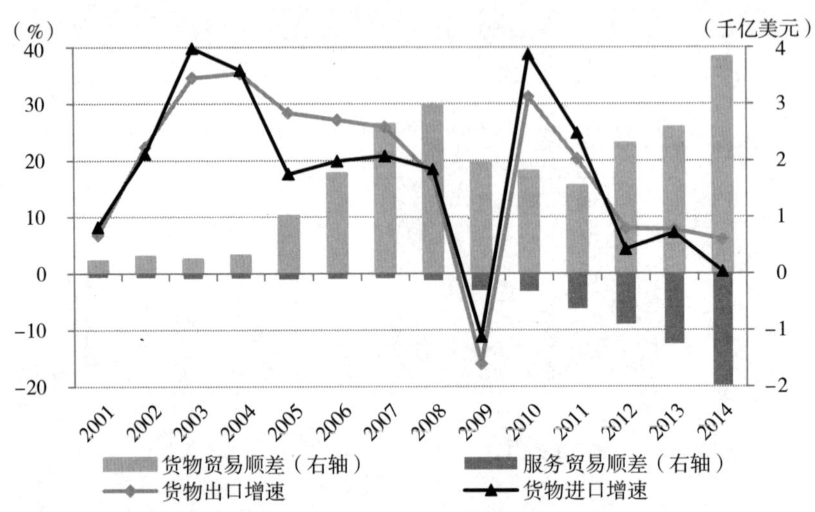

图 18-8　进出口增速与贸易顺差规模变化

资料来源：CEIC。

货物贸易顺差与服务贸易逆差的扩大，一定程度上反映了现阶段中国居民消费需求结构变化、产业结构失衡状况，以及不同产业之间的国际竞争力差异，显示了产业结构调整的方向。2014年，中国新增外汇储备217亿美元，年末外汇储备余额为3.84万亿美元。2014年年末1美元兑人民币中间价汇率为6.1190元，人民币较上年末贬值0.36%。① 1欧元兑人民币中间价汇率为7.4556元，人民币较上年末升值11.44%。

2014年，实际使用外资1195.6亿美元，同比增长1.7%。② 其中，制造业占33.4%，比重比上年下降5.34个百分点，比2007年下降15.52个百分点；房地产业占28.96%，比重比上年提高4.47个百分点，比2007年提高8.5个百分点；金融业占3.5%，比重比上年提高1.52个百分点，比2007年下降了7.29个百分点；信息传输、计算机服务和软件业占2.3%，比重比上年下降0.15个百分点，比2007年提高了0.53个百分点。国际金

① 自2014年3月开始，美元兑人民币中间价汇率不断上升，至6月初人民币已比年初贬值1.8%；6月至8月底人民币贬值幅度大致维持在0.8%至1.8%的范围内；9月初开始人民币贬值幅度不断收窄，至2014年年末人民币相对于年初贬值0.35%。按照年平均值计算人民币汇率，2014年平均1美元兑6.142元人民币，人民币升值约0.86%。2014年全年人民币名义和实际有效汇率都保持升值的态势，升值幅度超过2013年。

② 2014年中国超过美国成为全球最大的外资流入国。

融危机之后，外资也开始了投资结构的调整，从制造业转向第三产业，从劳动密集型行业转向技术密集型行业。

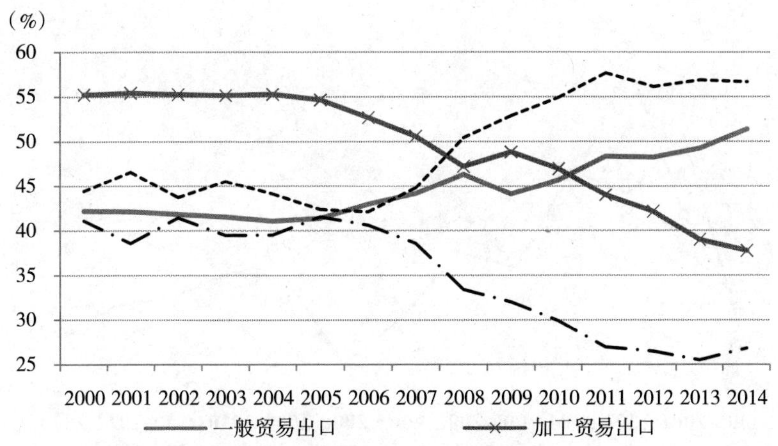

图 18-9　一般贸易进出口与加工贸易进出口占比变化

资料来源：CEIC。

从贸易构成看，一般贸易占比持续提高，加工贸易占比继续下降。2014年一般贸易出口增长10.7%，占总出口的51.4%，比上年提升2.2个百分点；加工贸易出口增长2.7%，占总出口的37.7%，比上年下降1.2个百分点。一般贸易进口增速由上年的8.6%回落至0.2%，占总进口的56.7%；加工贸易进口增速由上年的3.3%提升至5.7%，占总进口的26.8%（图18-9）。

从地区结构看，2014年中国对亚洲和美国的出口增速（按美元计价）快速提高，达到10.4%和9.9%，比上年分别提高了3.8和6.9个百分点；受欧盟复苏放缓及欧元贬值的影响，对欧盟的出口增长4.9%，增速比上年仅提高了1个百分点（图18-10a、图18-11a）。与2013年相比，2014年中国对亚洲和美国的出口占比为52.8%和16.1%，分别提高了0.4和0.1个百分点；对欧盟的出口占比下降至15.2%，减少了0.7个百分点。在进口方面，2014年中国从亚洲和美国的进口增速下滑至-3%和3%，分别下降了8.5和10.4个百分点；从欧盟的进口增速大幅增加至15.4%，提高了8个百分点。2014年中国从亚洲的进口占比下降了0.4个百分点，为55.6%，从美国进口的比重提高了0.5个百分点，为

9%，从欧盟的进口占比上升至 13%，提高了 2 个百分点（图 18-10b、图 18-11b）。

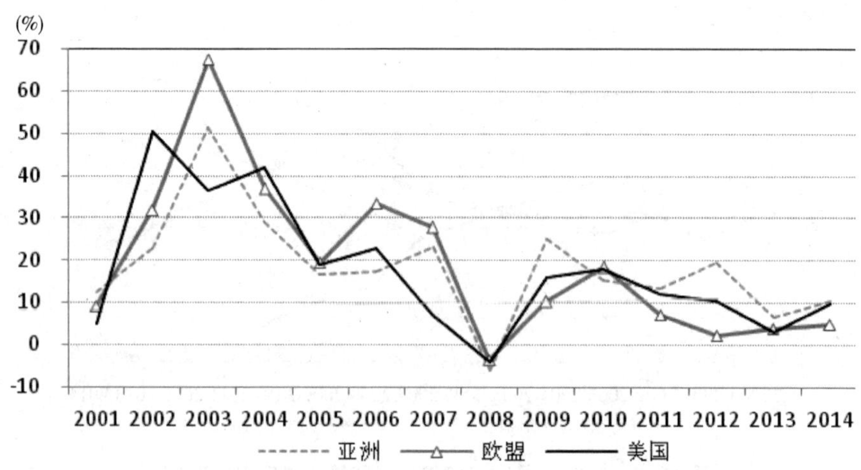

图 18-10（a） 中国对主要地区出口增速变化

资料来源：CEIC。

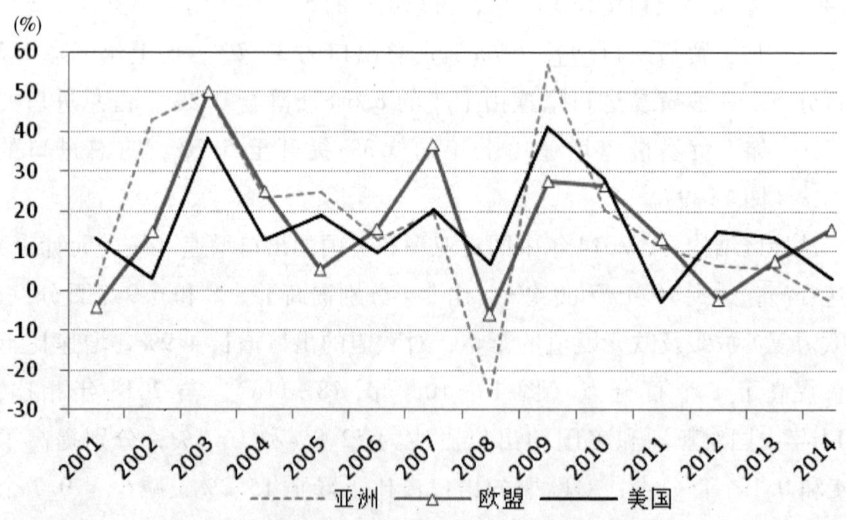

图 18-10（b） 中国从主要地区进口增速变化

资料来源：CEIC。

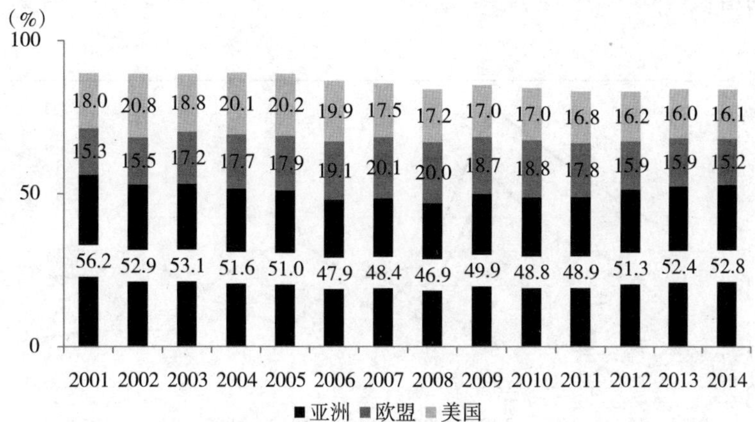

图 18-11（a）　中国出口构成变化（分地区）

资料来源：CEIC。

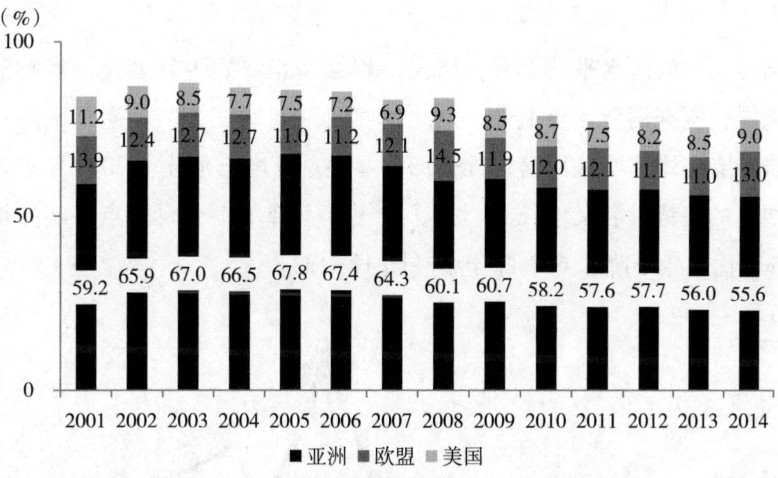

图 18-11（b）　中国进口构成变化（分地区）

资料来源：CEIC。

五、居民实际收入增速放缓，商品零售总额增速继续回落

2014 年，全国居民人均可支配收入实际增长 8.0%，增速比上年下降 0.1 个百分点。按常住地分，城镇居民人均可支配收入实际增长 6.8%，比上年下降 0.2 个百分点；农村居民人均纯收入实际增长 9.2%，增速比上年下降 0.1 个百分点（图 18-12）。经济的持续减速继续抑制城乡居民实际

收入的增长。

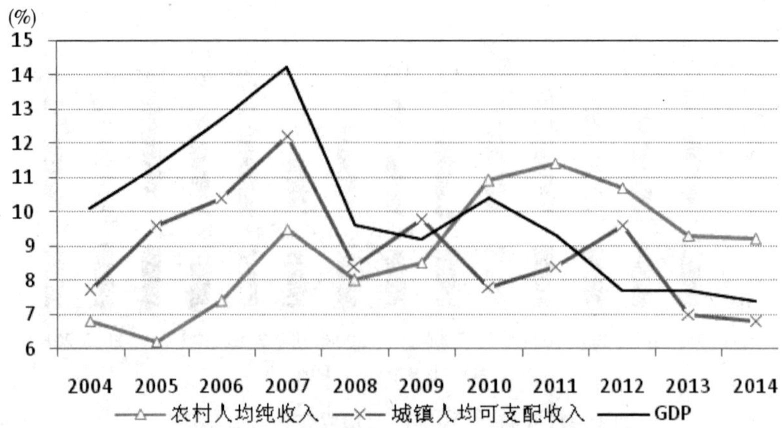

图 18-12 城镇人均可支配收入和农村人均纯收入实际增速变化

资料来源：CEIC。

随着人均收入水平的上升，居民消费结构正在发生新变化，实物消费增速减缓，服务消费比重上升，加之反腐及限制"三公"消费，政府一般公共服务支出增速明显回落，社会商品零售总额增长延续了 2010 年以来阶梯式回落的趋势，名义增长 12.0%，较上年下降 1.1 个百分点；实际增长 10.9%，比上年下降 1.6 个百分点（图 18-13）。

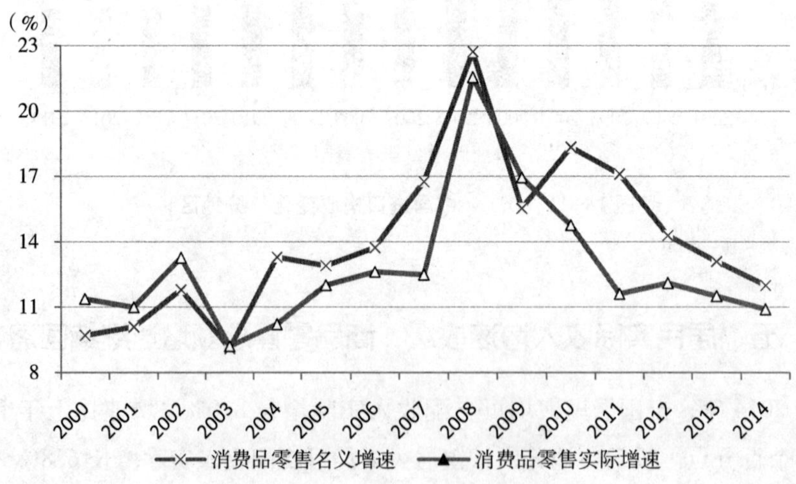

图 18-13 社会消费品零售增速变化

资料来源：CEIC。

六、价格指数持续“双降”，结构性通缩在加剧

2014 年，消费者价格指数（CPI）为 2%，涨幅比上年下降 0. 6 个百分点；生产者价格指数（PPI）下降 1. 9%，降幅与上年持平（图 18-14）。自 2011 年开始，中国 CPI 与 PPI 连续呈现“双降”趋势，但 CPI 仍维持正增长，PPI 则持续负增长。①② 消费品市场与中间产品市场面临的价格下降压力各不相同，中国的通货紧缩显现明显的结构性特征。

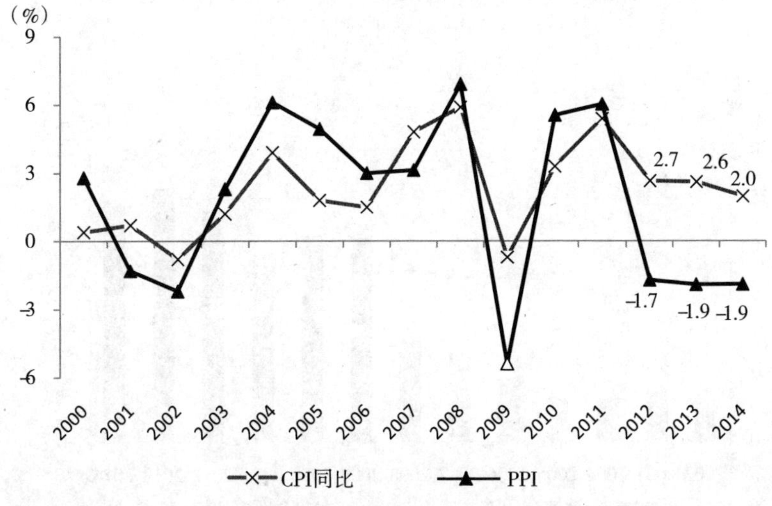

图 18-14　CPI 和 PPI 的同比变化

资料来源：CEIC。

在 CPI 方面，八类消费品 CPI 都维持了正的涨幅，但涨幅均有所下降。食品和石油等大宗商品价格下滑是 CPI 增幅下降的主要原因；居民对服务、衣着、交通通讯以及娱乐教育文化等的需求扩大则推动了 CPI 的上涨。③ 在 PPI 方面，产能过剩以及 2014 年石油价格的暴跌是导致 PPI 回落的主要原因。

① 这种情形通常被定义为 disinflation，而非 deflation。

② 2015 年 1 月，CPI 同比上涨 0. 8%，涨幅比上年同期下降 1. 7 个百分点；环比上涨 0. 3%，涨幅与上月持平。其中食品和服务价格上涨明显。PPI 同比下降 4. 3%，环比下降 1. 1%，同比和环比降幅均明显扩大。

③ 2014 年年末消费者信心指数、消费者满意指数以及消费者预期指数分别比上年末提高了 3. 5、5. 4 和 2. 3 个点。基于住户调查数据，2014 年城镇居民人均可支配收入比上年增加了 2381. 6 元，人均消费支出增加了 1945. 4 元，边际消费倾向为 81. 7%，比上年提高了 10. 6 个百分点。

七、货币政策定向宽松，融资成本维持高位

2014 年，在坚持“总量控制、结构调整”的前提下，通过定向降准、下调存贷款基准利率以及扩大存款利率上浮上限等措施，央行实行了稳健的货币政策。① 全年广义货币（M2）余额 122.84 万亿，增长 12.2%，② 增速比上年下降 1.4 个百分点（图 18-15）；M2 新增 12.18 万亿元，规模比上年下降 1.05 万亿元。狭义货币（M1）余额增长 3.2%，增速比上年下降 6.1 个百分点；流通中货币（M0）增长 2.9%，增速比上年下降 4.3 个百分点。

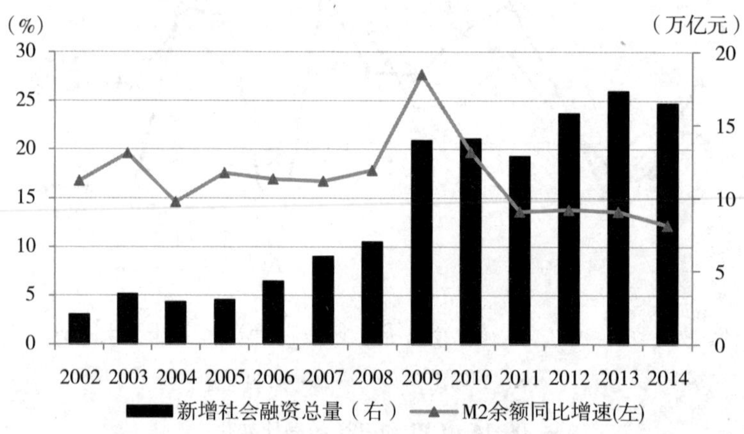

图 18-15 新增社会融资总量和 M2 余额同比增速变化

资料来源：CEIC。

2014 年，新增社会融资规模为 16.46 万亿元，比上年减少 8598 亿元（图 18-15）。③ 其中，新增人民币贷款 9.78 万亿元，比上年增加 8900 亿元；占同期新增社会融资规模的 59.4%，比上年高 8.1 个百分点。在新增

① 2014 年上半年央行两次实施了定向降准，且在年中通过创设中期借贷便利（MLF）、补充抵押贷款（PSL）等工具引导金融机构加大对“三农”、小微企业、棚户区改造等领域的信贷投放。下半年以来，央行累计 4 次下调正回购利率共 60 个基点；并在 11 月下旬调降贷款基准利率 40 个基点、存款利率 25 个基点并扩大存款利率上浮上限至基准利率的 1.2 倍。

② 2014 年年末 M2 余额达 122.84 万亿元，约为当年 GDP 的两倍。

③ 2014 年监管层对同业业务规范的监管，约束了商业银行的表外业务扩张，制约了社会融资规模的扩大。全部社会融资中信托贷款占比为 3.1%，比上年下降了 7.5 个百分点。

的人民币贷款中，66%用于对非金融性公司及其他部门的贷款；① 28%用于对房地产的贷款。2014 年金融机构对非金融机构及其他部门的人民币一般贷款加权平均利率全年基本维持在接近 7%的高位水平。

预计 2015 年为稳定投资，货币政策方面降准降息以及定向降准的措施还将继续；央行将维持人民币小幅贬值。

八、财政收入增速下降，财政支出结构继续改善

2014 年，财政收入增长 8. 6%，比上年下降 1. 6 个百分点。财政支出增长 8. 2%，比上年下降 3. 1 个百分点（图 18-16）。财政赤字 1131. 2 亿元，占 GDP 的 1. 8%。

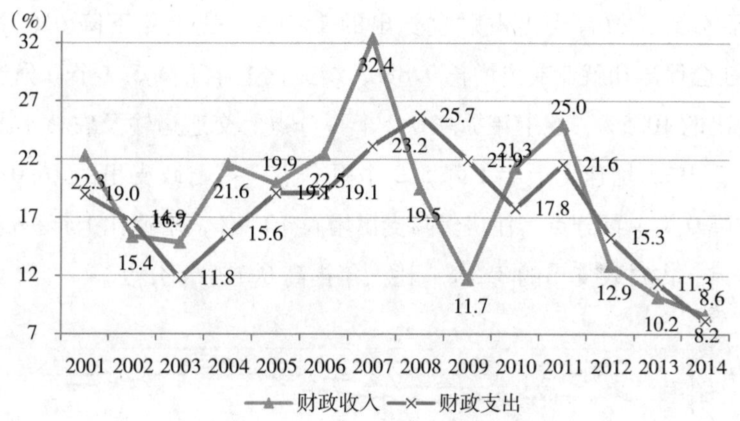

图 18-16　财政收支名义增速变化

资料来源：CEIC。

在财政收入方面，企业利润增速下滑直接抑制了税收收入增长。全年税收收入增长 7. 8%，增速比上年下降 2. 1 个百分点；税收占财政收入的比重为 84. 9%，比上年下降 0. 6 个百分点。税收增速下降的同时，非税收入增速提高，增长 13. 5%，增速比上年提高 1. 2 个百分点。2014 年国有土地使用权出让收入增长 3. 3%，增速比上年下降 41. 4 个百分点，但仍相当于财政收入的 30%。税收收入方面，受企业利润下滑影响，2014 年企业所

① 2014 年年末小微企业贷款余额 15. 46 万亿元，同比增长 15. 5%，增速比上年末高 1. 3 个百分点，比同期大型和中型企业贷款增速分别高 6. 1 和 4. 8 个百分点。

得税收入增长9.8%，增速比上年下降4.3个百分点；全部税收中，企业所得税占20.7%，比上年提高0.4个百分点。增值税收入增长7.1%，增速比上年下降2个百分点；占全部税收的25.6%，增速比上年下降0.2个百分点。营业税收入增长3.2%，增速比上年下降6.2个百分点；占全部税收的14.9%，比上年下降0.7个百分点。

2015年受房地产投资增速下滑影响，地方政府土地出让收入预计难以快速增长。在税收收入增长放缓的情况下，地方政府应当更加严格、切实地控制非税收入增长，以减轻企业与居民负担，减少对市场运行的干扰，提高市场经济活力。

财政支出方面（图18-17），教育支出增长4.1%，增速比上年提高0.5个百分点；教育支出占财政支出的15.1%，比上年下降0.6个百分点。[①] 社会保障和就业支出增长9.8%，增速比上年下降5.3个百分点；占财政支出的10.5%，比上年提高0.2个百分点。交通运输及农林水事务支出增长7.4%，增速比上年下降5.2个百分点；占财政支出的16.0%，比上年下降0.1个百分点。住房保障支出增长10.9%，增速比上年提高10.9个百分点；占财政支出的3.3%，比上年提高0.1个百分点。[②]

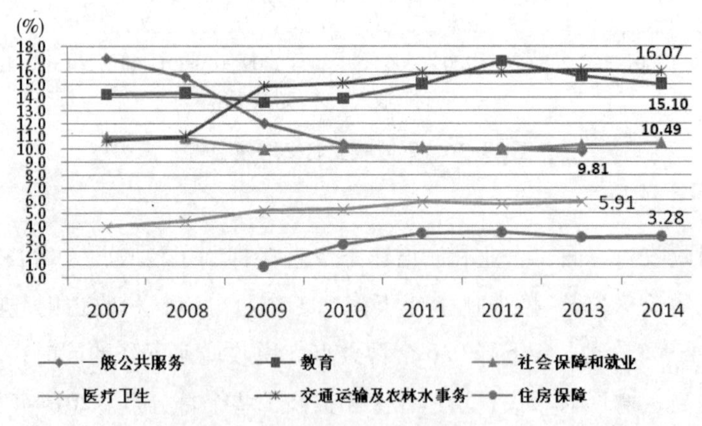

图18-17　公共财政支出的构成变化

资料来源：CEIC。

① 2014年教育支出占GDP的比重为3.6%，依然低于1993年所制定的4%的水平。

② 2014年前11个月一般公共服务支出累计增长2.0%，比上年同期回落了9.1个百分点；占全部财政支出的9.3%，比上年同期下降了0.8个百分点。

综上，我们认为：

第一，2014 年投资增速的大幅度下降导致了 GDP 增速持续下降。全年 GDP 实际增长 7.4%，增速较上年下降了 0.3 个百分点。预计 2015 年制造业的产能过剩、房地产业的库存积累还将抑制投资增长，尽管基础设施投资将继续较快增长，但是全社会投资增速还将继续回落，GDP 增长也将继续下滑。

第二，2014 年 CPI 涨幅为 2%，PPI 涨幅为-1.9%。受经济增速回落的影响，预计 2015 年价格水平还将维持下行态势，其中，CPI 虽然继续下行，但仍将维持正的涨幅；由于产能过剩还有待消化，PPI 将继续维持负增长，但是降幅将有所收窄。结构式的通货紧缩局面还将继续。

第三，由于经济继续减速，城乡居民的收入增长必然受到限制，与此同时，居民消费倾向的相对稳定，决定了消费对经济增长的促进作用在近期仍然是有限的。

第四，尽管 2014 年投资增速大幅度下降，但是，自 2012 年以来，民间固定资产投资增速一直快于全社会固定资产投资增速，而且对第三产业的投资正在逐步扩大。从资金来源看，来自自筹资金的投资占全部投资的比重大幅度提高。从行业来看，装备制造业、高技术制造业利润增长强劲，产业转型升级步伐有所加快，投资需求有望进一步扩大。可以预计，2015 年现代制造业以及房地产业以外的第三产业投资需求有望进一步扩大。宏观政策应保证新增信贷资源能够最大限度地满足新兴产业扩张以及民间投资的需求，通过金融领域改革，切实解决长期困扰民间投资的“融资难、融资贵”的问题。在稳步推进利率市场化的同时，加快金融领域开放，完善资本市场。

第五，2014 年新增社会融资规模大幅下降，是资金供需两方面作用的结果。在供给面，主要是监管层对银行表外业务的监管力度加强，导致银行表外业务难以扩张；在需求面，企业利润增速下滑抑制了企业对投资资金的需求。然而，全年新增人民币贷款接近 10 万亿元，一定程度上也表明银行有较强的投放信贷的意愿及能力，企业也存在对投资资金的旺盛需求。2015 年货币政策应采取切实措施，保障信贷资源进入实体经济，特别是最大限度地满足民间投资的需求，以实现投资的稳定增长。

第二节 2015—2016 年中国宏观经济预测

一、模型外生变量的假设

（一）美国及欧元区经济增长率

2015 年美国家庭财务情况预计将持续好转。同时，在失业率下降及低油价等因素的带动下，美国经济国内需求的增长将超过强势美元造成的不利影响，继续稳步复苏。国际货币基金组织（IMF）2015 年 1 月 22 日预测，2015 年美国经济将增长 3.6%，2016 年增速将达到 3.3%。

为摆脱通胀紧缩压力，提振欧元区经济，欧洲央行于 2015 年 1 月 22 日宣布推出 QE，希望以此提振欧元区经济。但是，由于地缘政治博弈，结构性改革进展缓慢，希腊政局变动，欧元区政治不确定性进一步扩大，经济复苏将是“脆弱且不平衡”的。本课题组认为，2015 年欧元区经济增速要低于 IMF2015 年 1 月的预测值（1.2%），为 1.0%；至 2016 年，与 IMF 预测一样，可能加速到 1.4%（图 18-18）。

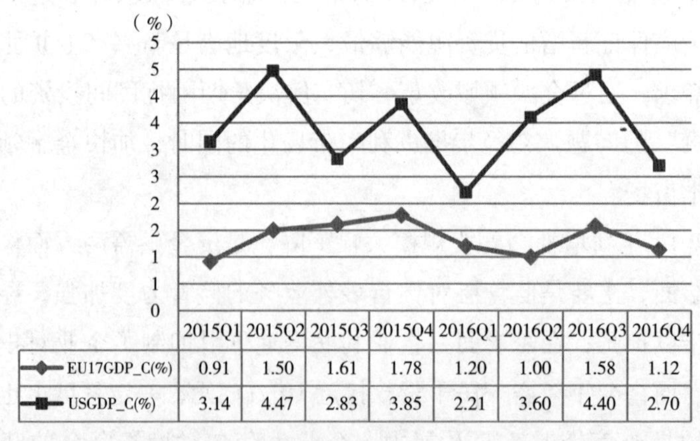

	2015Q1	2015Q2	2015Q3	2015Q4	2016Q1	2016Q2	2016Q3	2016Q4
EU17GDP_C(%)	0.91	1.50	1.61	1.78	1.20	1.00	1.58	1.12
USGDP_C(%)	3.14	4.47	2.83	3.85	2.21	3.60	4.40	2.70

图 18-18　美国与欧元经济增长率的变化趋势假定（季度性调整后的环比折年率）

注：EU17GDP_C 表示欧元区 GDP 增速，USGDP_C 表示美国 GDP 增速

资料来源：课题组假定。

（二）主要汇率水平

2014年人民币兑美元即期汇率贬值2.5%，中间价首次年度贬值0.36%。2015年1月官方PMI低于50，创19个月新低，预示了中国经济增长将继续放缓。中美经济走势决定了，整体上美元目前正处于升值周期之中，但不排除期间出现人民币阶段性升值的可能，2015年人民币汇率预计将从年初的1美元兑6.13元人民币微贬至年末的6.14元（中间价）；2016年可能先小幅贬至6.16元后再回到6.15元（图18-19）。

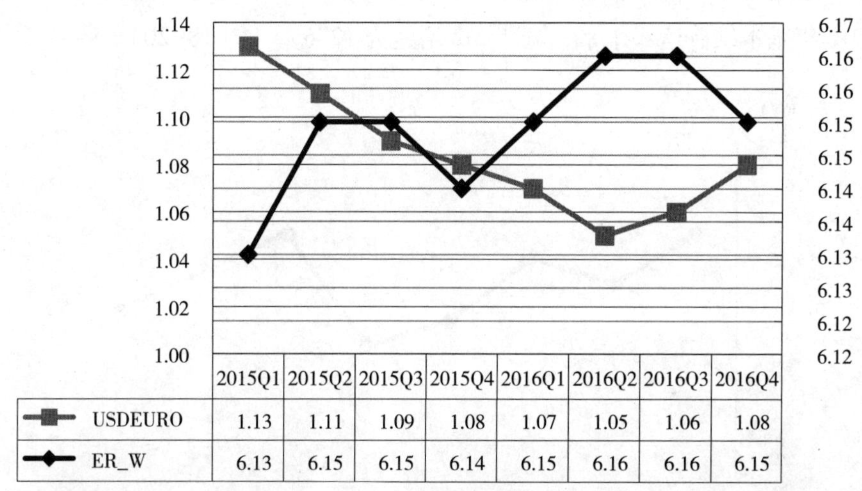

	2015Q1	2015Q2	2015Q3	2015Q4	2016Q1	2016Q2	2016Q3	2016Q4
USDEURO	1.13	1.11	1.09	1.08	1.07	1.05	1.06	1.08
ER_W	6.13	6.15	6.15	6.14	6.15	6.16	6.16	6.15

图18-19　美元兑欧元汇率（左）、人民币兑美元汇率（右）的变化趋势假定

注：USDEURO表示美元/欧元（左轴）；ER_W表示人民币/美元（右轴）。

资料来源：课题组假定。

面对欧元区经济的低成长与低通胀，甚至是通缩的压力，欧洲央行推出了欧洲版的量化宽松（QE），每月采购600亿欧元资产，持续到2016年9月，使欧元区通胀水平回升到2%。从2015年3月1日启动计算，本次QE将持续19个月，总额度为1.14万亿欧元，新增额度9500亿欧元。考虑到2015年二季度美国可能加息，美元将继续强势而欧元进一步弱势，预计欧元兑美元汇率在2015年年底将跌至1欧元兑1.08美元，2016年二季度跌至最低，1欧元兑1.05美元，受QE可能在9月退出的预期影响而回升至1欧元兑1.08美元（图18-19）。

（三）货币供应量（M2）增速

考虑到 2015 年中国经济面临的下行压力以及价格可能持续下降，货币流通速度将放缓，作为货币投放重要渠道的外汇占款进入低增长阶段，以及货币政策传导机制在目前可能存在失效，央行在坚持稳健基调的同时，将维持定向宽松的预调微调。在央行宣布 2015 年 2 月 5 日降准后，有可能在年内继续降准一到两次，并结合降息以稳定增长。考虑到美联储 2015 年二季度加息的预期，上半年尤其一季度是货币宽松的较好时间窗口，预计央行将在 2015 年一季度降息 25 个基点，全年 M2 增速回升至 12.5%；2016 年基本维持这一水平，全年 M2 增速为 12.6%（图 18-20）。

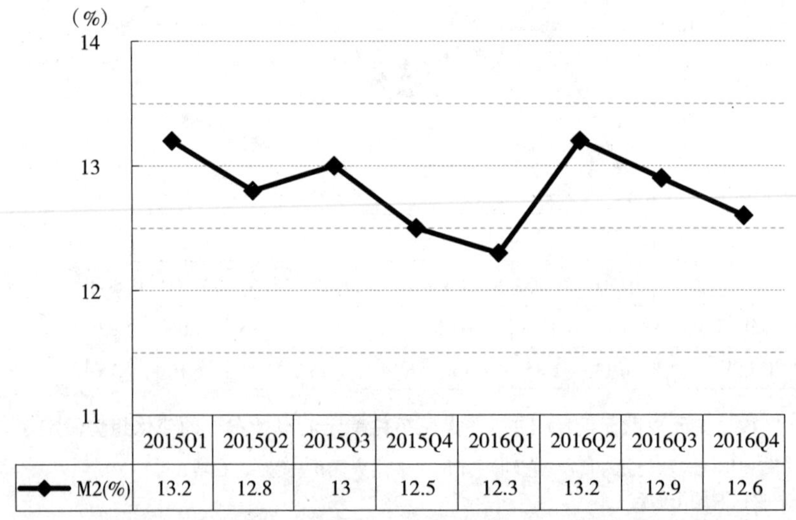

图 18-20　货币供应量（M2）的变化趋势假定

资料来源：本课题组假定。

二、2015—2016 年中国宏观经济主要指标预测

（一）GDP 增长率预测

在上述外生变量假定下，基于中国季度宏观经济模型（CQMM）的预测结果表明：2015 年，中国 GDP 增速将继续下行至 7.14%，比 2014 年下降 0.26 个百分点；到 2016 年，GDP 增长率将略微回升至 7.20%。2015 年、2016 年呈现先抑后扬的增长趋势，主要原因是：制造业仍然面临着去

库存压力，商品房在建面积也处于历史高位，投资增速将继续下降；最终消费受经济下滑、居民实际收入增长放缓的影响，对经济支撑力度减弱。但外部市场的复苏，将在一定程度上减轻经济下行的压力。至2016 年，全面深化改革的制度红利逐渐释放，外部经济环境的进一步改善将在一定程度上提升中国经济增速。从季度同比增长率看（图 18-21），由于2014 年一季度

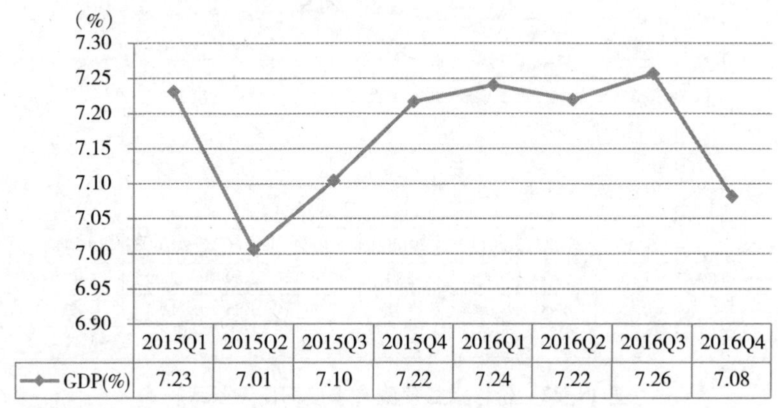

	2015Q1	2015Q2	2015Q3	2015Q4	2016Q1	2016Q2	2016Q3	2016Q4
GDP(%)	7.23	7.01	7.10	7.22	7.24	7.22	7.26	7.08

图 18-21　GDP 季度增长率预测（季度同比增长率）

资料来源：本课题组计算。

出口负增长，基数较低，导致2015 年一季度出口同比增速显著回升，预计2015 年一季度中国经济年化增长率将下降至 7. 23%。之后，由于上年同期基数效应，二季度经济增速增速将进一步放缓至 7. 01%，此后随着出口回升以及投资回暖，三季度经济增速将回升至 7. 10%，四季度延续这一趋势，继续上行至 7. 22%。

（二）主要价格指数预测

模型预测，2015 年 CPI 将上涨 1. 74%，涨幅比 2014 年下降 0. 26 个百分点；到 2016 年，预计 CPI 涨幅将略升至 2. 12%。分季度看（图 18-22），受需求疲软的影响，2015 年一季度 CPI 涨幅可能下行至 1. 37%，二季度消费回暖，促使 CPI 涨幅温和回升至 1. 67%，三季度涨幅进一步回升至1. 82%；四季度涨幅继续上升至 2. 11%。

生产者价格指数（PPI）在未来两年仍将继续维持负增长，但是跌幅有望逐渐收窄。2015 年 PPI 跌幅预计为-2. 15%，2016 年有可能进一步收

窄至-1.52%。分季度看（图18-22），PPI跌幅2015年一季度约为-2.38%，二季度为-2.11%，此后跌幅趋于收窄，至四季度，跌幅为-1.83%。2016年，随着落后产能淘汰压力下降，企业经营状况好转，PPI将继续回升，至四季度跌幅收窄至-1.22%。

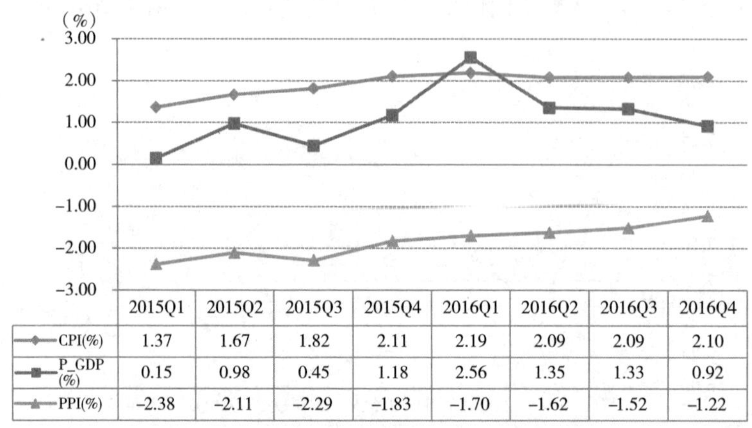

	2015Q1	2015Q2	2015Q3	2015Q4	2016Q1	2016Q2	2016Q3	2016Q4
CPI(%)	1.37	1.67	1.82	2.11	2.19	2.09	2.09	2.10
P_GDP (%)	0.15	0.98	0.45	1.18	2.56	1.35	1.33	0.92
PPI(%)	-2.38	-2.11	-2.29	-1.83	-1.70	-1.62	-1.52	-1.22

图18-22　价格指数预测（季度同比增长率）

注：CPI表示居民消费价格指数；P_GDP表示GDP平减指数；PPI表示生产者价格指数。
资料来源：本课题组计算。

2015年，GDP平减指数（P_GDP）可能上涨0.70%；2016年进一步上涨1.52%。分季度看，2015年一季度将上涨0.15%，并于二季度持续上涨0.98%，之后明显回落，直至四季度反弹至上涨1.18%；进入2016年，该指标将呈现前高后低的趋势，涨幅将在四季度下滑至0.92%（图18-22）。

总体而言，2015年中国经济虽然仍面临着下行压力，但经济有望实现7.0%以上增速，预计全年GDP增速为7.14%；通货膨胀率在现有低位上继续下降，CPI全年预计上涨1.74%。本课题组认为，受全面深化改革政策效应的逐渐显现及世界经济复苏的影响，2016年中国的GDP增速将会有所回升，同时CPI增幅也将有所上升。

（三）其他主要宏观经济指标增长率预测

1. 进出口及外汇储备增长率预测

模型预测，2015年美国经济的加速复苏和欧元区经济的危机缓解，将在一定程度上促使中国进出口继续增长。2015年以美元、按现价计算的出口总额预计将增长8.02%，涨幅比2014年提高1.94个百分点；进口总额增速将上升至 7.57%，涨幅比 2014 年大幅提高 7 个百分点（表 18-1）。分季度看，出口同比增速在 2015 年一、二季度因上年基数的原因大幅上升至 11.49%和 11.41%，随后三季度小幅回落至 8.12%，并在四季度维持在 9.62%的水平上。进口同比增速在 2015 年一季度可能达到 4.89%，此后逐季回升，并于四季度升至 10.45%。受出口增速提高的影响，2015 年外汇储备预计可以增长 4.05%。至 2016 年，随着外部市场需求恢复，中国进出口将延续平稳增长态势。以美元、按现价计算的出口增速预计将达到 7.75%；进口增速预计将达到 6.11%。外汇储备在 2016 年可能增长 3.09%（表 18-1、图 18-23）。

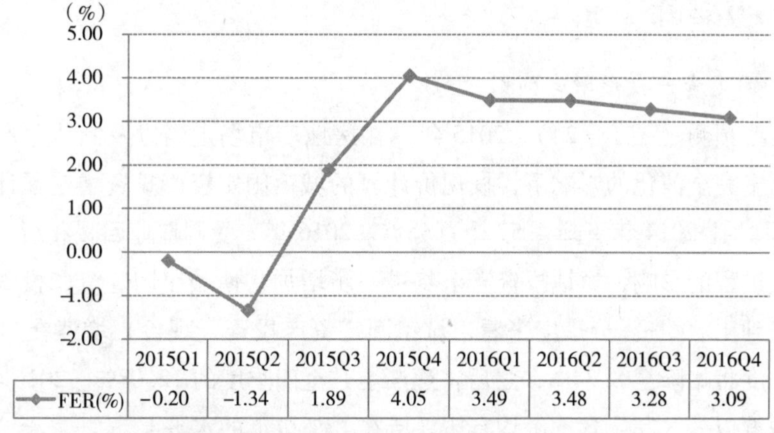

图 18-23　外汇储备增长率预测（季度同比增长率）

资料来源：本课题组计算。

表 18-1　2015—2016 年中国进出口及外汇储备增长率预测

（单位：%）

时　间	出　口				进　口				外汇储备
	不变价（人民币）	现价（美元）	一般贸易 现价（美元）	加工贸易 现价（美元）	变价（人民币）	现价（美元）	一般贸易 现价（美元）	加工贸易 现价（美元）	现价
2015 年	10.12	8.02	7.09	10.02	8.89	7.57	7.80	12.67	4.05
第一季度	11.49	12.62	9.26	11.60	4.94	4.89	-1.49	21.15	-0.20
第二季度	11.41	10.92	9.22	13.39	10.62	7.78	8.23	16.25	-1.34
第三季度	8.12	4.61	4.84	7.94	10.08	7.17	10.75	8.34	1.89
第四季度	9.62	4.70	5.33	7.54	9.96	10.45	14.41	6.39	4.05
2016 年	9.68	7.75	8.48	7.32	8.16	6.11	8.41	3.65	3.09

续表

时 间	出 口				进 口				外汇储备
	不变价（人民币）	现价（美元）	一般贸易 现价（美元）	加工贸易 现价（美元）	变价（人民币）	现价（美元）	一般贸易 现价（美元）	加工贸易 现价（美元）	现价
第一季度	9.39	7.52	8.11	8.17	8.57	6.92	10.05	3.48	3.49
第二季度	8.99	6.54	6.97	6.65	8.03	5.39	7.69	2.84	3.48
第三季度	10.57	8.91	9.88	7.78	8.32	6.19	7.95	4.46	3.28
第四季度	9.73	7.99	8.92	6.74	7.73	5.96	8.05	3.80	3.09

资料来源：本课题组计算。

2. 固定资产投资增速预测

模型预测（图 18-24），2015 年，在房地产市场走弱以及制造业产能过剩尚未完全消化的影响下，按现价计算的城镇固定资产投资增速预计为 10.65%，比 2014 年下降 4.57 个百分点。2016 年，受制造业回暖和新一轮城镇化进程的影响，城镇投资需求将进一步增加，使城镇固定资产投资增速回升到 12.96%。分季度来看，城镇固定资产投资（现价）增速在 2015 年一季度将略降至 8.34%，之后将逐渐上升至四季度的 12.08%。2016 年，除二季度以外，其余各季度均有望保持在 13%以上的水平上。

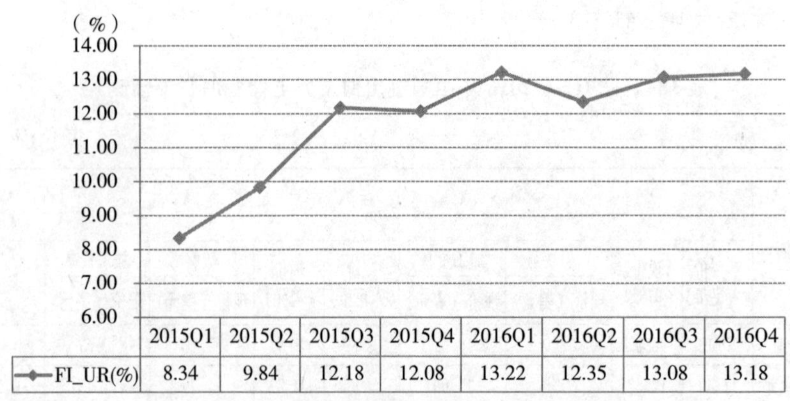

图 18-24 固定资产投资总额增速预测（季度同比增长率）

注：FI_UR 表示城镇固定资产投资（现价）增速。

资料来源：本课题组计算。

3. 消费增长率预测

模型预测显示，2015 年按不变价计算的居民消费总额预计将增长 7.06%，增速比 2014 年小幅下降 0.21 个百分点；2016 年增速略微上升至 7.26%，维持稳定。2015 年按现价计算的社会消费品零售总额将增长 11.80%，增速比 2014 年下降 0.32 个百分点；2016 年增速将小幅提高至 13.28%。

分季度看，居民消费总额（不变价）增速将在 2015 年一季度达到全年最高值 8.60%之后，逐季回落，四季度将降至 5.86%；2016 年，基本保持平稳，二季度达到全年最高值 8.60%，之后至四季度预计将回落至 7.16%。社会消费品零售总额（现价）增速在 2015 年逐季改善，四季度在上年同期基数效应推动下，升至 16.37%；2016 年则表现为增速相对稳定，各季度保持在 13.1%—13.4%之间（图 18-25）。

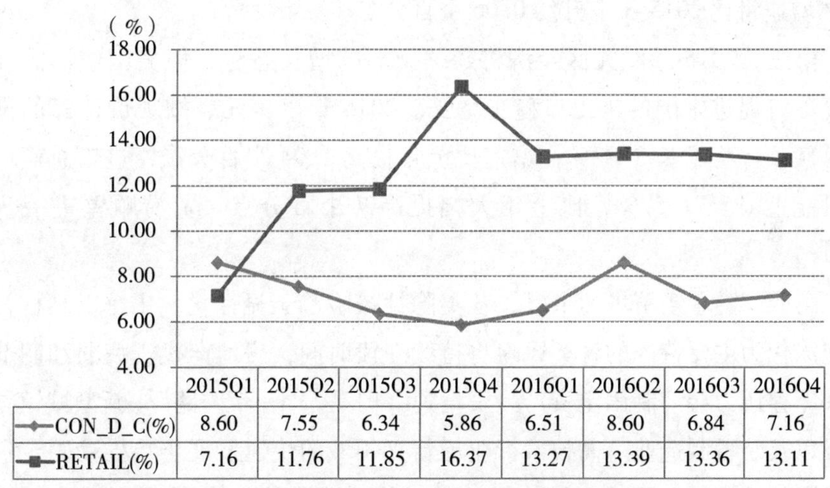

	2015Q1	2015Q2	2015Q3	2015Q4	2016Q1	2016Q2	2016Q3	2016Q4
CON_D_C(%)	8.60	7.55	6.34	5.86	6.51	8.60	6.84	7.16
RETAIL(%)	7.16	11.76	11.85	16.37	13.27	13.39	13.36	13.11

图 18-25　消费增速预测（季度同比增长率）

注：CON_D_C 表示居民消费总额（不变价）增速；RETAIL 表示社会消费品零售总额（现价）增速。

资料来源：本课题组计算。

综上，模型预测结果表明：

第一，2015 年是“十二五”规划收官之年，也是中国经济转向“新常态”的一年，房地产市场继续调整，房地产投资和制造业投资将在低位徘徊，基础设施投资将继续发挥稳增长的托底作用；同时，各项改革措施的推进所导致的新旧机制转换，对经济增长将产生一定程度的不确定性影响。预计 2015 年中国经济增速将比 2014 年小幅回落 0. 23 个百分点，达到 7. 14%；CPI 预计上涨 1. 74%。经济增长速度稳定在 7%以上和就业形势基本平稳将为中国政府实现“十二五”规划目标，进入新发展阶段，加快实施全面深化改革计划创造有利条件。

第二，2015 年是全面深化改革的关键之年。全面深化改革各项措施的落实将优化资源配置，再造经济增长潜力，激发经济发展活力。行政审批制度改革、财税改革、金融改革等加快推进，产业规划和区域规划密集出台，制度红利将进一步释放。中国（上海）自由贸易实验区可复制改革试点经验持续推广，政府负面清单管理方式的广泛实施，将进一步拓宽私人投资的空间，提升民营投资比重，提高经济增长的质量和效率，促进居民收入以及居民消费的逐步扩大，促进经济增长方式转型。预计 2016 年 GDP 增速将比 2015 年上升约 0. 06 个百分点。①

第三，2015 年欧元区经济将延续微弱的增长态势，但美国经济的强劲复苏将促进中国的进出口稳步增长。2015 年以美元、按现价计算的出口总额预计将增长 8. 02%，增速比上年提高 1. 94 个百分点；进口总额增速可能上升至 7. 57%，比上年大幅提高 7 个百分点。贸易顺差进一步收窄。

第四，随着经济增速下滑，各类隐性风险趋于显性化，化解以高杠杆和泡沫化为主要特征的各类风险将持续一段时间，房地产投资疲弱和制造业去库存压力会抑制固定资产投资增速。但是，“一带一路”、新型城镇化建设以及装备制造业、高技术行业等新兴领域的快速发展仍将推动固定资产投资较快增长。预计 2015 年按现价计算的城镇固定资产投资增速预计为 10. 65%，比上年回落 4. 57 个百分点。与此同时，投资、贸易、金融、服务、国有企业等领域的全面深化改革，特别是体制机制创新也将开放新的投资领域，吸引社会资本参与，2016 年城镇固定资产投资增速有望回升至 12. 96%。

① 这一预测是根据现有的模型及参数得出的，并没有将改革可能产生的影响估计在内。

第三节 政策模拟

一、政策模拟的背景分析

2014年，经济增速的持续下滑导致财政收入增速下降到8.6%，创下了23年以来的最低增速。不过，财政收入占GDP的比重并没有随之下降，反而较上年略微提高0.1个百分点。更广义的政府收入占GDP的比重依旧保持在37.2%的高位水平上①。

究其原因，首先，从财政收入结构看，税收收入受经济减速影响增速下滑显著，其占财政收入的比重由2010年的88.1%，持续下降至2014年的84.9%；同时，非税收入的增速明显提高，占比增加到15.1%（表18-2）。非税收入成为地方政府弥补税收收入下降的重要手段。其次，从税收收入的结构看，以增值税、营业税、消费税和关税等流转税为主的间接税增速放缓；得益于居民收入提高、汽车消费增长、房产税、国有土地出让相关税种税基扩容和高增长，直接税仍然保持高位增长。事实上，自2011年起，中国直接税增速就一直高于间接税增速。2014年，直接税增速为9.7%，高出间接税增速3.0个百分点。受此影响，直接税与间接税的比值出现较大幅度提升，由2010年的0.48，上升到2014年的0.59（图18-26）。

表18-2 2010—2014年财政收入指标的变动情况

（单位：亿元）

项　目	2010年	2011年	2012年	2013年	2014年
财政收入	83101.51	103874.43	117253.52	129209.64	140350.00
税收	73210.79	89738.39	100614.28	110530.70	119158.00
非税收入	9890.72	14136.04	16639.24	18678.94	21192.00
税收占财政收入比重	88.1%	86.4%	85.8%	85.5%	84.9%

① 有关估算说明，见表18-2中的注。

续表

项　目	2010 年	2011 年	2012 年	2013 年	2014 年
非税占财政收入比重	11.9%	13.6%	14.2%	14.5%	15.1%
政府性基金收入	36785.02	41363.13	37534.90	52268.75	54093.00
国有资本经营：收入	558.67	765.01	1495.90	1713.36	1900.00 *
社会保险基金：收入	17070.66	25757.67	31411.03	35993.58	40292.00 *
GDP	401512.8	473104	519470.1	588019	636463
财政收入占 GDP 比重	20.7%	22.0%	22.6%	22.0%	22.1%
政府收入	137515.86	171760.24	187695.35	219185.33	236635.00
政府收入占 GDP 比重	34.2%	36.3%	36.1%	37.3%	37.2%

注：(1) 这里定义的政府收入主要是由财政收入、政府性基金收入、国有资本经营收入以及社会保险基金收入等四个部分构成；(2) 表中带＊号的数据是作者估算的。其中，国有资本经营收入是根据 2014 年的中央国有资本经营收入加上 2011—2013 年国有资本经营收入与中央国有资本收入的平均差额得到；社会保险基金收入是用 2014 年的全国社保基金收入加上按照 2011—2013 年社会保险基金收入与全国社保基金收入差额增速估算的 2014 年差额得到的。

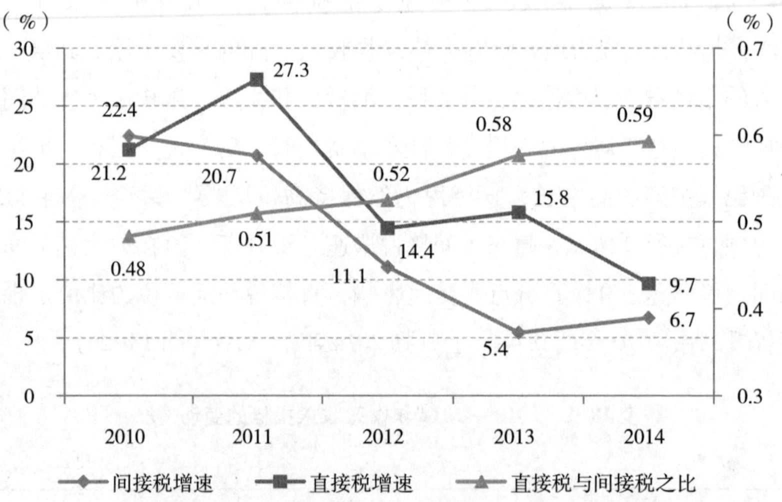

图 18-26　2010—2014 年直接税和间接税增速及比例变化

注：(1) 间接税包括增值税、营业税、消费税、关税、进口产品消费税及增值税、城市维护建设税、资源税、印花税、烟叶税和船舶吨位税等 10 种；直接税则包括房产税、企业所得税、个人所得税、城镇土地使用税、土地增值税、车船税、契税、耕地占用税和车辆购置税等 9 种。(2) 2014 年的城市维护建设税是根据 2010—2013 年其占增值税、营业税和消费税之和的比重外推得到的；资源税、印花税、烟叶税、房产税、车船税、车辆购置税和船舶吨位税等小税种按照其 2013 年的增速外推估算得到。

资料来源：CEIC。

《中共中央关于全面深化改革若干重大问题的决定》（以下简称《决定》）指出，逐渐提高直接税比重是深化中国税制改革、完善税收制度的重要内容。近三年来，由于直接税增速明显高于间接税增速，使得直接税比重提高较快，似乎正在实现《决定》对于税收制度改革的要求。然而，直接税、间接税增速不同导致的直接税比重上升与调整税制实现的直接税比重上升，并不是一回事。① 前者是不稳定的，一旦经济情况发生变化，直接税比重也就可能随之掉头向下。这种因经济减速而导致间接税比重下降，不是边际税率下降，而是税基缩小的结果，它只是在统计意义上满足了《决定》要求，不是《决定》提出的完善税制、调整经济结构的体制改革结果，单个生产或消费行为的边际税负效应并未因此发生变化。

以间接税为主的税制结构，由于其可转嫁性，容易将税收负担从生产者转嫁给消费者，造成消费者实际上承担大部分的税收负担，减少其可支配收入，进而抑制消费增长。此外，间接税也不具备税收纵向公平的功能。因此，降低间接税比重，提高直接税比重，更多地征收与个人收入水平直接相关的税种，有利于调节企业与居民之间的分配所得、缩小各收入阶层的收入差距，促进居民消费。

最后，对比国际上其他国家或地区，目前中国的直接税比例仍然偏低。中国的直接税比例不仅低于发达国家、高收入国家，而且低于同等收入国家（中等偏上国家）、中等收入国家、中低收入国家（表18-3），中国仍然存在着较大的直接税比重提升空间。

我们认为，应当依据《决定》的要求②，加快“推进增值税改革，适当简化税率；调整消费税征收范围、环节、税率，把高耗能、高污染产品及部分高档消费品纳入征收范围”，同时调整间接税的边际税率，主动下调间接税，降低整个国民经济的总税负。这样做的好处是：

① 过去数年的结构性减税，如“营改增”、对小微企业减税、房产税试点等，虽然对税制有所微调，但从整体上看，以间接税为主的税收制度并未大幅度调整。间接税占比下降，尤其是增值税和营业税的低增长，主要是实体经济萎缩、服务贸易减速导致的。

② 《决定》要求：“推进增值税改革，适当简化税率；调整消费税征收范围、环节、税率，把高耗能、高污染产品及部分高档消费品纳入征收范围；逐步建立综合与分类相结合的个人所得税制；加快房地产税立法并适时推进改革，加快资源税改革，推动环境保护费改税。”

第一，可以提高直接税比重，而且这种提升将是稳定的，而不是随经济增速变化而变化的短暂性、临时性调整。

第二，虽然它会带来间接税的短期减少，但从长期看，有利于经济转型升级，通过促进企业投资，拉动经济增长，将带动税收的可持续增长，避免被动调整带来的税收增速持续下降的风险。

第三，降低间接税边际税率，在中国现有“含税价”体制设计下，将促使物价水平下降，提高居民实际购买力，促进消费，拉动经济增长，改善需求结构。

表 18-3　2007—2012 年部分国家及地区的直接税与间接税比值变化

	2007 年	2008 年	2009 年	2010 年	2011 年	2012 年
澳大利亚	2.63	2.72	2.65	2.35	2.49	2.68
巴　西	1.23	1.15	1.15	1.06	1.13	1.13
印　度	1.11	1.12	1.43	1.24	1.24	1.10
日　本	1.74	1.49	1.17	1.23	1.29	1.36
秘　鲁	1.04	0.96	0.89	0.89	1.05	1.11
美　国	16.57	14.71	11.96	12.65	12.86	13.01
欧元区	0.91	0.88	0.82	0.76	0.78	0.76
OECD 国家	1.12	1.06	0.90	0.81	0.88	0.85
高收入国家	1.00	1.01	0.91	0.84	0.82	0.82
中等收入	0.59	0.67	0.65	0.62	0.61	0.57
中等偏上收入国家	0.64	0.65	0.67	0.58	0.53	0.55
中低收入国家	0.49	0.57	0.59	0.54	0.57	
世界平均水平	0.63	0.68	0.65	0.63	0.63	0.62
中国 a	0.56	0.47	0.41	0.36	0.39	
中国 b	0.44	0.49	0.49	0.48	0.51	0.52

注：（1）除中国 b 的数据整理自 CEIC 数据库之外，其余数据均整理自世界银行 WDI2014 年数据；（2）比值的具体算法是（对所得、利润和资本收益征税+其他税收）÷（对产品和服务征税+对国际贸易征税），其中，其他税收包括对工资和劳动力征税、对财产征税和罚没所得等其他没有归类的收入。

二、政策模拟的情景设计

基于上述分析，利用 CQMM 模型，本课题组模拟分析在 2012—2014

年间，提高直接税与间接税比值至世界平均水平（0.63），由此产生的宏观经济效应，验证前述定性判断并给出相关政策建议。政策模拟设计如下：

（1）下调间接税收入，从2012年开始，将表18-3中的2014年中国直接税与间接税比值逐步调整至世界平均水平（0.63）。

（2）为实现这一假设目标，设计以下两种情景：

情景1：保持国民经济总税负不变，降低间接税，同时增加直接税，将直接税与间接税的比值调整至新比值。为此，2012—2014年，平均每年降低间接税1186.5亿元，每年增加相同数额的直接税。调整后，2012—2014年，中国直接税与间接税的比例分别为0.55、0.60和0.63，考虑到税收对宏观经济变量的内生反馈，实际模拟的结果比值可能会有所变化。在这种情景下，模拟只调整直接税和间接税结构，不降低国民经济总税负的宏观经济效应。

情景2：降低间接税，同时保持直接税不变，将直接税与间接税的比值调整至新比值，从而降低国民经济总税负。为此，2012—2014年，平均每年将降低间接税3182.4亿元。调整后，2012—2014年，中国直接税与间接税的比值将分别为0.55、0.60和0.63。同样，考虑到税收对宏观经济变量的内生反馈，实际模拟的结果比值可能会有所变化。这种情景下，模拟既包含直接税和间接税的结构调整，又降低国民经济总税负的宏观经济效应。

上述政策模拟背后的经济学逻辑是：情景1中，间接税下降，一方面降低了财政收入，从而导致财政支出减少，继而对GDP增长产生抑制作用；另一方面，减少间接税，将降低企业经营成本，扩大生产与销售，带来利润增加，它可能使企业自筹资金的投资需求扩张；同时，间接税下降也会带来物价水平下降，促进居民消费，两者都将拉动经济增长，带动税收的可持续增长。提高直接税，一方面会降低企业所得，减少企业自筹投资；另一方面，也可能减少居民可支配收入，导致居民消费下降。宏观经济变化是两者共同作用的结果。情景2中，间接税下降的效应是外生假设的，直接税则内生于经济增长的变化。

三、政策模拟结果

（一）情景 1 的模拟结果

第一，税制结构调整使经济增速在 2012 年出现了轻微下调，较基准值小幅下降了 0.02 个百分点；但在随后的两年里，得益于城镇固定资产投资增速的加快及居民消费的提升，2013 年、2014 年的 GDP 增速分别较基准值提高了 0.13 和 0.06 个百分点（图 18-27）。可见，降低间接税，提高直接税，尽管在短期内会略微对经济增速产生不利影响，但从长期看，却会促进经济增长。

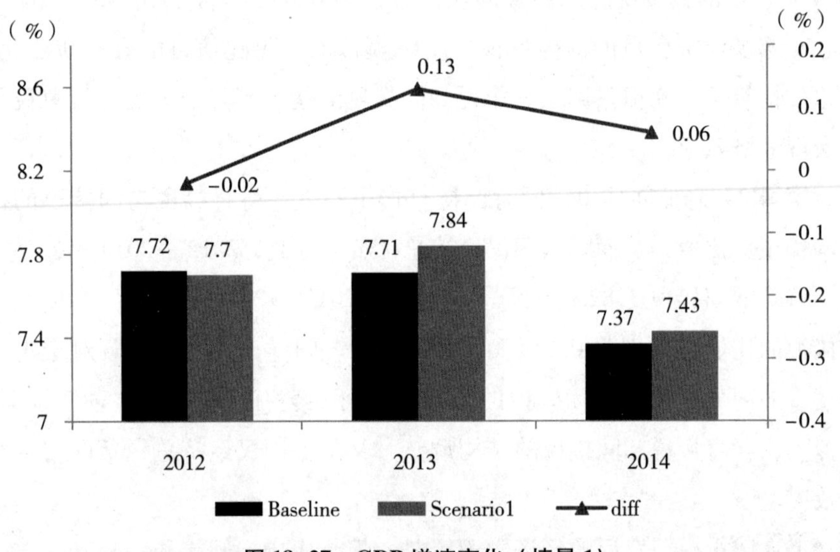

图 18-27　GDP 增速变化（情景 1）

注：Baseline 表示基准模拟；Scenario1 表示情景 1 的模拟结果；diff 是情景 1 的模拟结果减去基准模拟的结果（右轴）。

第二，减少间接税，会使物价水平出现小幅下降，带动居民消费增加。2012 年，居民消费价格指数（CPI）涨幅约为 2.45%，较基准值减少 0.19 个百分点。随后降幅回缩，2013 年、2014 年涨幅分别较基准值下降 0.14 和 0.03 个百分点（图 18-28）。

由于直接税增加和价格下降的稀释，社会消费品零售总额的名义增速在 2012 年和 2013 年分别较基准值下降 0.3 和 0.2 个百分点。但是，随着

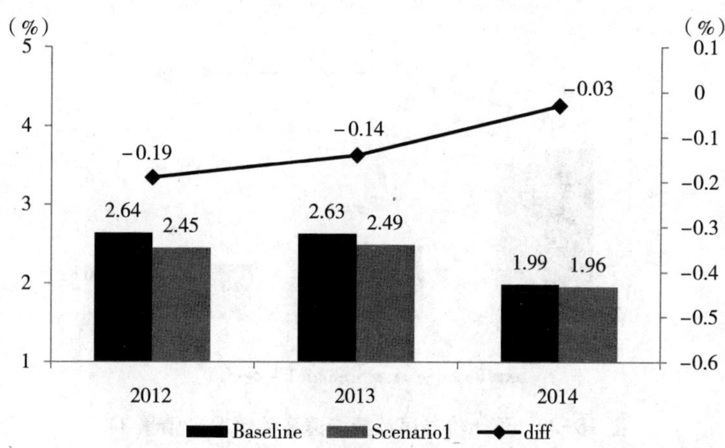

图 18-28 居民消费价格指数增速变动情况（情景 1）

注：Baseline 表示基准模拟；Scenario1 表示情景 1 的模拟结果；diff 是情景 1 的模拟结果减去基准模拟的结果（右轴）。

经济增长率的上升，2014 年，社会消费品零售总额的名义增速反而较基准值提高了 0.1 个百分点（图 18-29）。剔除价格因素之后，可比价居民消费的增速除了在 2012 年较基准值低了 0.11 个百分点之外，2013 年、2014 年均较基准值增加了 0.08 个百分点（图 18-30）。这表明，降低间接税导致的物价水平下降对居民消费的激励效应要大于增加直接税对居民消费的抑制作用。税收结构调整将改善税负公平程度，会促进居民消费的提高。

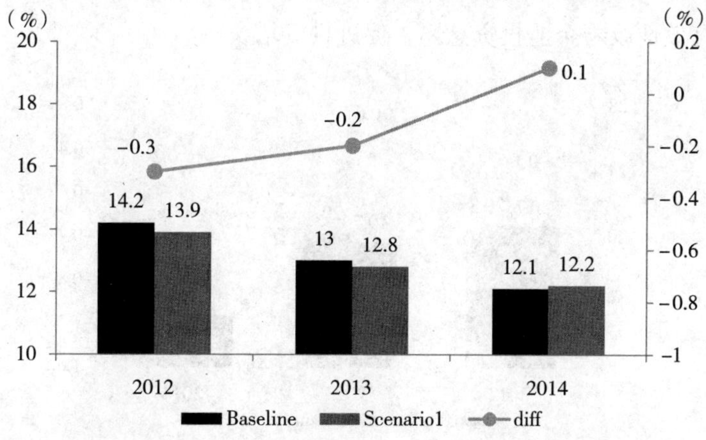

图 18-29 社会消费品零售总额增速变动情况（情景 1）

注：Baseline 表示基准模拟；Scenario1 表示情景 1 的模拟结果；diff 是情景 1 的模拟结果减去基准模拟的结果（右轴）。

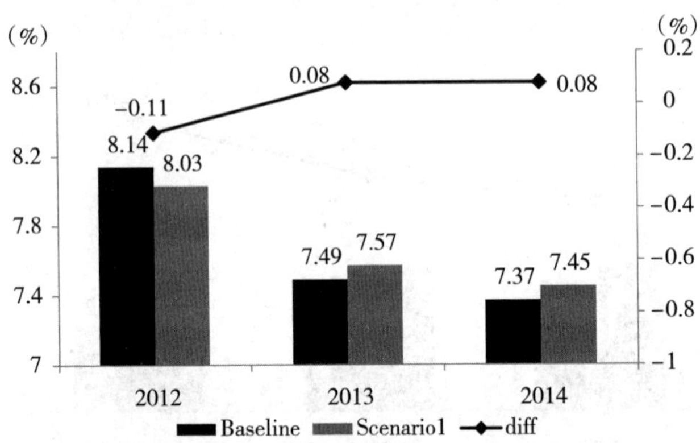

图 18-30　可比价居民消费增速变动情况（情景 1）

注：Baseline 表示基准模拟；Scenario1 表示情景 1 的模拟结果；diff 是情景 1 的模拟结果减去基准模拟的结果（右轴）。

第三，城镇固定资产投资出现较快增长。由于税收总量保持不变，直接税和间接税的比重变化对政府主导的投资变化不大，但对企业自筹部分的投资产生了积极影响，在总体上促进了城镇投资的增长。2012—2014年，城镇固定资产投资增速分别较基准值提高了 0.1、0.6 和 0.2 个百分点（图 18-31）。其中，来自自筹部分的企业投资增速，分别较基准值提高 0.1、0.8 和 0.2 个百分点。这说明，中国现有的以间接税为主的税收体制确实抑制了民间投资的扩张。在当前企业投资意愿疲弱的背景下，对企业减负将有效地改善企业投资意愿，促进投资增长。

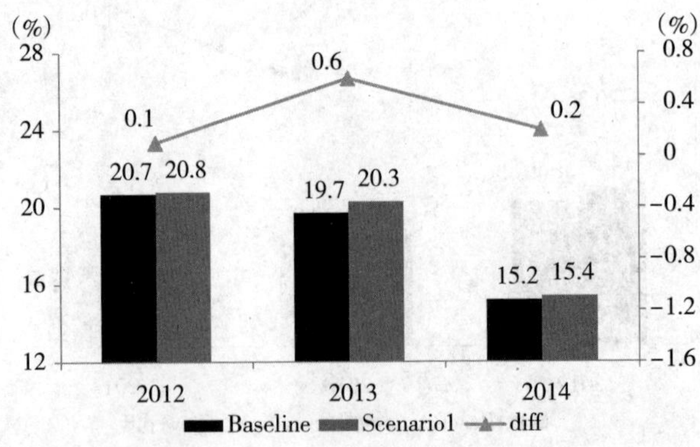

图 18-31　城镇固定资产投资增速变动情况（情景 1）

注：Baseline 表示基准模拟；Scenario1 表示情景 1 的模拟结果；diff 是情景 1 的模拟结果减去基准模拟的结果（右轴）。

第四，总需求结构略微向投资倾斜。税收结构调整后，居民消费与投资的绝对量都增长了，但是，由于投资增长快于居民消费增长，因此，从投资与消费的比重上看，居民消费占比反而略有下降。2012—2014 年，居民消费占比分别较基准值下降了 0.03、0.05 和 0.05 个百分点（图 18-32）。投资占比因此略有上升，2012—2014 年，分别较基准值提高了 0.03、0.12 和 0.13 个百分点（图 18-33）。

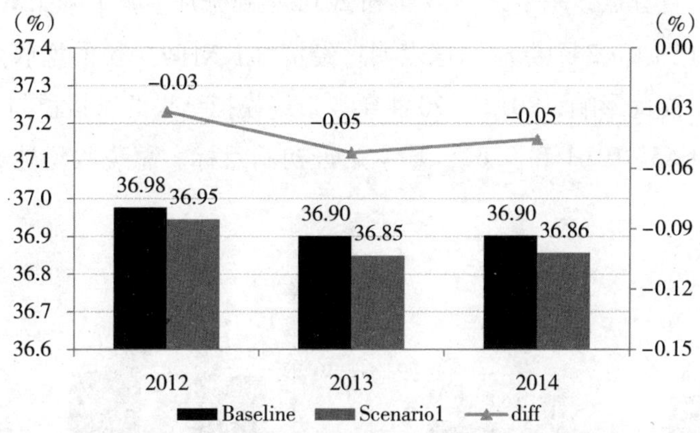

图 18-32　居民消费占比变动情况（情景 1）

注：Baseline 表示基准模拟；Scenario1 表示情景 1 的模拟结果；diff 是情景 1 的模拟结果减去基准模拟的结果（右轴）。

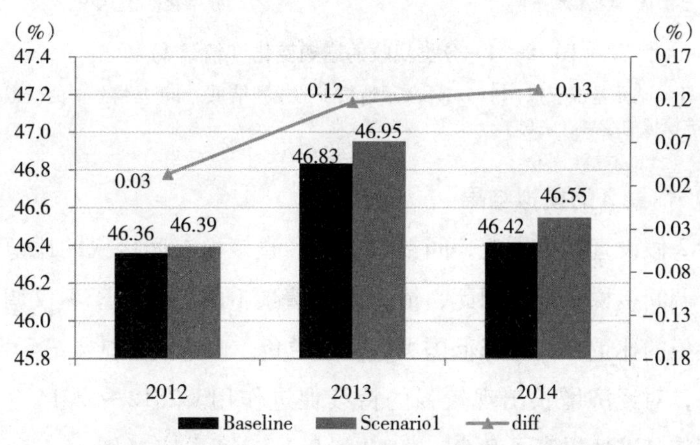

图 18-33　资本形成总额占比变动情况（情景 1）

注：Baseline 表示基准模拟；Scenario1 表示情景 1 的模拟结果；diff 是情景 1 的模拟结果减去基准模拟的结果（右轴）。

第五，直接税增速“先升后降”，间接税增速则“先降后升”。2012 年，降低间接税，使得间接税增速较基准值下降 2.05 个百分点，但是，随着经济增速加快，间接税的滞后增长作用逐渐增强，加上前一年的基数效应，2013 年和 2014 年尽管间接税每年持续下降 1186.5 亿元，但是同比增速反而出现回升，分别比基准值增加了 0.11 和 0.15 个百分点(图 18-34（a))。直接税则表现出相反的趋势。2012 年，直接税的增加使得同比增速较基准值大幅提高 3.4 个百分点，随后，2013 年和 2014 年则分别小幅下降了 0.5 和 0.2 个百分点（图 18-34（b))。这表明，经济增长对间接税的增收效应要强于直接税。受此影响，2012—2014 年，最终模拟结果的直接税与间接税比值分别为 0.55、0.61 和 0.62，基本贴近初始目标。总税收增速则基本维持不变。

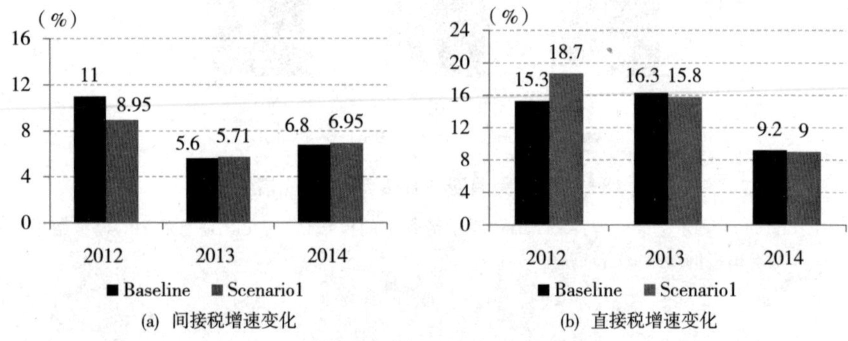

图 18-34　分类税收的增速变化（情景 1）

注：Baseline 表示基准模拟；Scenario1 表示情景 1 的模拟结果；diff 是情景 1 的模拟结果减去基准模拟的结果（右轴）。

（二）情景 2 的模拟结果

情景 2 假设直接税不变，间接税下调，直接税与间接税的比值变动全部通过下调间接税实现。因此，情景 2 与情景 1 的区别在于不仅调整直接税和间接税的比重，而且降低国民经济总税负。政策模拟结果显示：

第一，对经济增长出现较强的持续促进作用。2012—2014 年，GDP 增速分别较基准值提高了 0.09、0.40 和 0.13 个百分点（图 18-35)，明显高于情景 1 对基准值的偏离（图 18-27)。这表明，带有减税效应的直接税和间接税结构调整促进经济增长的作用要强于没有减税效应的直接税和间接税结构调整。减税会对经济增长产生额外的促进作用。

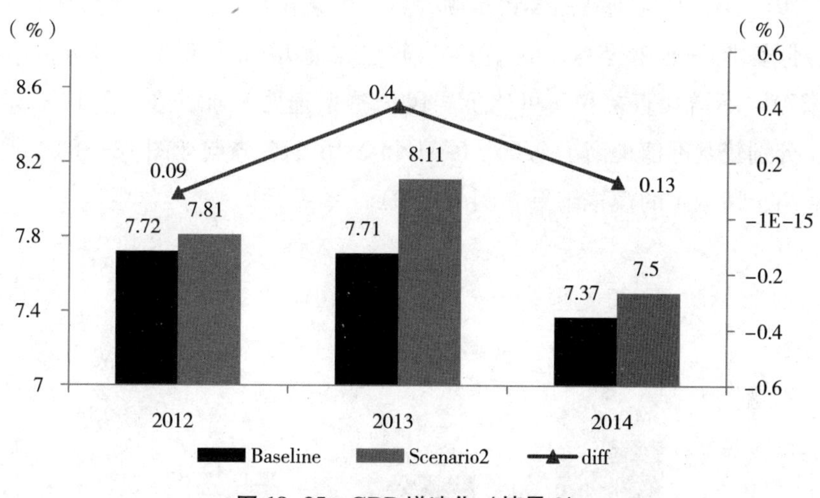

图18-35　GDP增速化（情景2）

注：Baseline表示基准模拟；Scenario2表示情景2的模拟结果；diff是情景2的模拟结果减去基准模拟的结果（右轴）。

第二，物价水平下降幅度更大，并且由于直接税不变，可比价居民消费增速因此进一步提高。2012—2014年，居民消费价格指数（CPI）涨幅分别较基准值减少0.52、0.35和0.06个百分点（图18-36）。

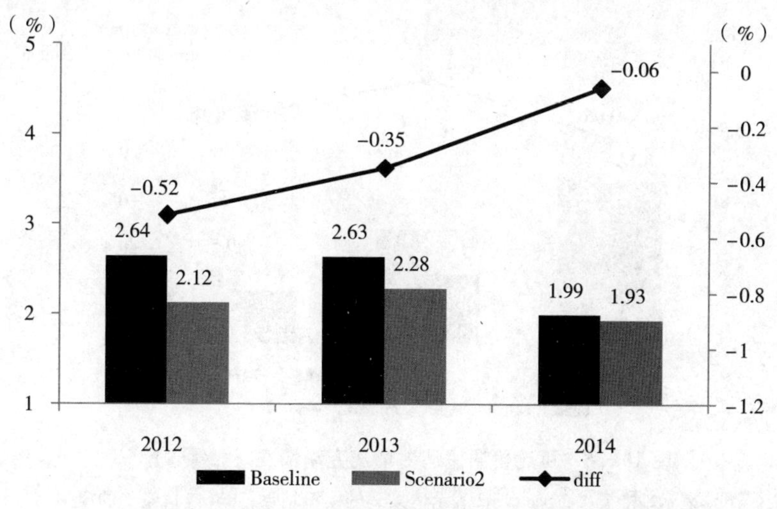

图18-36　居民消费价格指数变动情况（情景2）

注：Baseline表示基准模拟；Scenario2表示情景2的模拟结果；diff是情景2的模拟结果减去基准模拟的结果（右轴）。

物价的较大幅度下降使社会消费品零售总额的名义增速下降幅度增大。2012 年，社会消费品零售总额的名义增速较基准值下降了 0.6 个百分点，但是随后迅速提高，到 2014 年较基准值增加了 0.3 个百分点（图 18-37）。不增加直接税，可比价居民消费增速明显加快了。2012—2014 年，分别较基准值提高了 0.06、0.31 和 0.16 个百分点（图 18-38），增速明显高于情景 1 的模拟结果（图 18-30）。

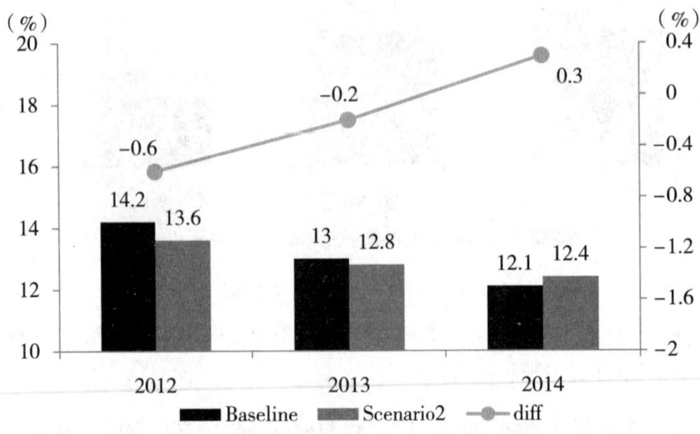

图 18-37　社会消费品零售总额增速变动情况（情景 2）

注：Baseline 表示基准模拟；Scenario2 表示情景 2 的模拟结果；diff 是情景 2 的模拟结果减去基准模拟的结果（右轴）。

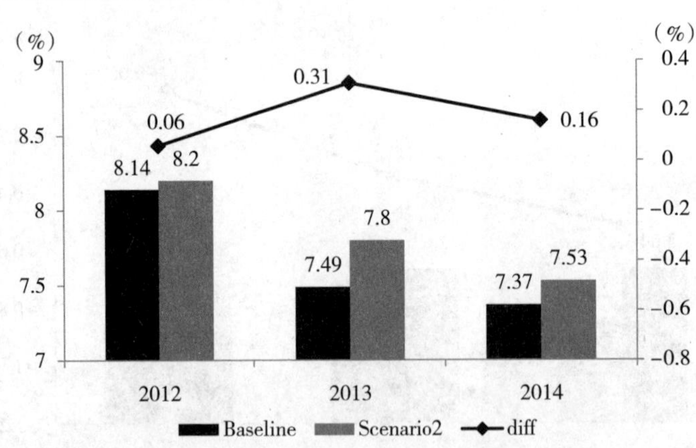

图 18-38　可比价居民消费增速变动情况（情景 2）

注：Baseline 表示基准模拟；Scenario2 表示情景 2 的模拟结果；diff 是情景 2 的模拟结果减去基准模拟的结果（右轴）。

第三，得益于国民经济总税负的降低，城镇固定资产投资增速的提升更为显著。2012—2014 年，城镇固定资产投资增速分别较基准值提升了 0. 5、1. 7 和 0. 5 个百分点（图 18-39）。

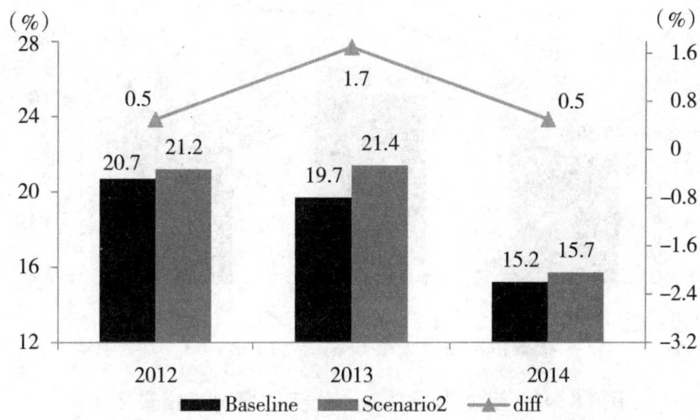

图 18-39　城镇固定资产投资增速变动情况（情景 2）

注：Baseline 表示基准模拟；Scenario2 表示情景 2 的模拟结果；diff 是情景 2 的模拟结果减去基准模拟的结果（右轴）。

第四，与情景 1 相似，由于投资更快增长，居民消费在绝对量增长的同时，在总需求结构中的占比出现轻微收缩，但收缩幅度小于情景一中的模拟结果。2012—2014 年，居民消费占 GDP 比重分别较基准值下降 0. 01、0. 04 和 0. 03 个百分点（图 18-40），每年下降的幅度均低于情景一的模拟结果；投资占比则进一步增大。2012—2014 年，资本形成总额占 GDP 比重分别较基准值提高了 0. 06、0. 27 和 0. 31 个百分点（图 18-41）。

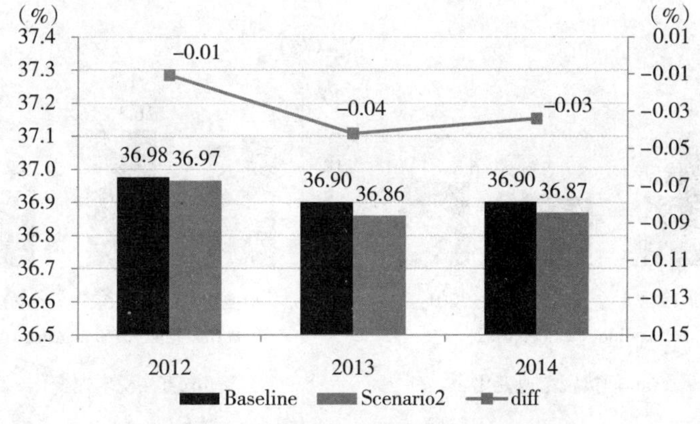

图 18-40　居民消费占比变动情况（情景 2）

注：Baseline 表示基准模拟；Scenario2 表示情景 2 的模拟结果；diff 是情景 2 的模拟结果减去基准模拟的结果（右轴）。

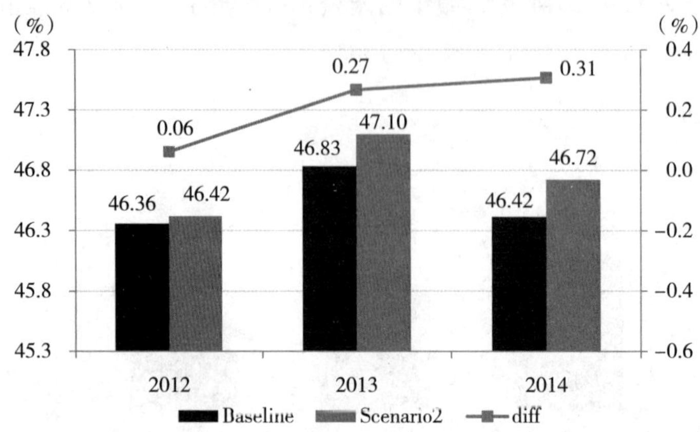

图 18-41 资本形成总额占比变动情况（情景 2）

注：Baseline 表示基准模拟；Scenario2 表示情景 2 的模拟结果；diff 是情景 2 的模拟结果减去基准模拟的结果（右轴）。

第五，与情景 1 类似，由于经济增长回升，尽管每个年度都固定地降低一定量的间接税，但是间接税增速除了在 2012 年出现较大幅度下滑，较基准值下降了 5.31 个百分点之外，2013 年和 2014 年都出现了增长，较基准值分别提高了 0.3 和 0.38 个百分点（图 18-42（a））；直接税增速则基本平稳（图 18-42（b））。2012 年，增速较基准值下降 0.4 个百分点，此后两年均比基准值提高 0.1 个百分点。2012—2014 年，最终模拟结果的直接税与间接税的比值分别为 0.55、0.61 和 0.62，与情景 1 的模拟结果一致。

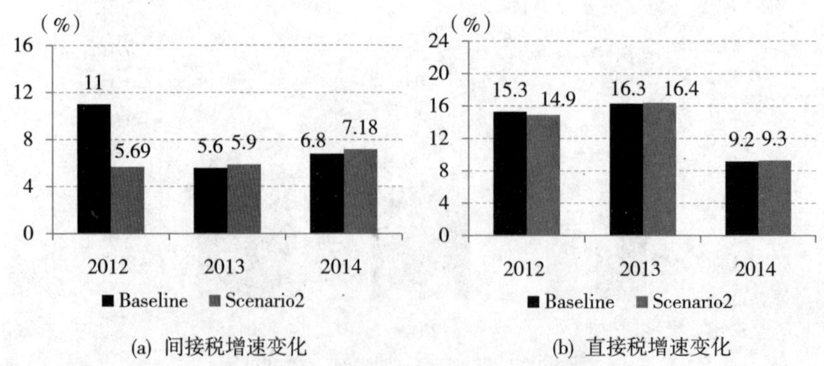

(a) 间接税增速变化　　(b) 直接税增速变化

图 18-42 分类税收的增速变化（情景 2）

注：Baseline 表示基准模拟；Scenario1 表示情景 2 的模拟结果。

总量税收方面，2012 年，受间接税大幅下降影响，总税收增速较基准值下降 4. 2 个百分点，随后，2013 年和 2014 年则分别较基准值提高 0. 3 个百分点（图 18-43）。减税不仅没有降低总税收的长期增速，相反，通过税制结构的优化，使总量税收保持了可持续的长期增长。

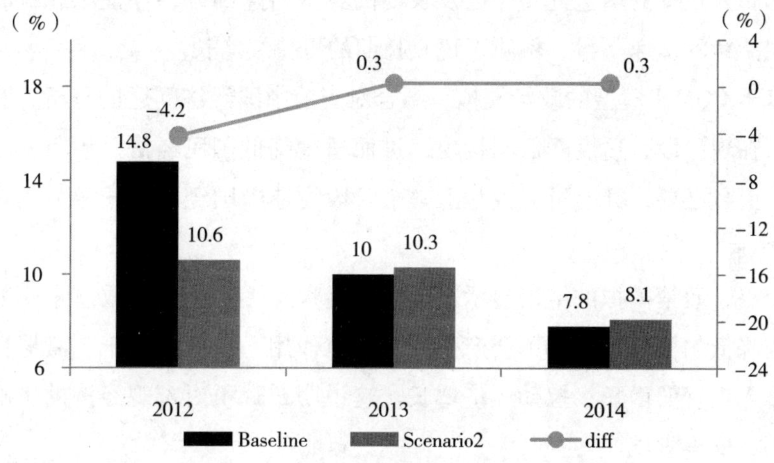

图 18-43　总量税收增速变动情况（情景 2）

注：Baseline 表示基准模拟；Scenario2 表示情景 2 的模拟结果；diff 是情景 2 的模拟结果减去基准模拟的结果（右轴）。

综上，政策模拟结果显示：

第一，通过降低间接税、提高直接税的直接税和间接税结构调整有利于降低物价、拉动消费、促进投资尤其是私人自筹投资增长，最终拉动经济增长。这充分说明了中国当前以间接税为主的税制结构抑制了企业投资和居民消费。进一步加快税制结构调整步伐，降低间接税比重，提高直接税比重是中国经济进入新发展阶段迫切需要解决的政策课题。

第二，比较两种政策模拟（情景 1 与情景 2），带有减税效应的直接税和间接税比值调整（情景 2）对经济增长、居民消费和城镇固定资产投资增速的作用要强于没有减税效应的直接税和间接税比值调整（情景 1），说明调整税制结构的同时降低国民经济总税负在当前具有更好的政策效果。

第三，降低间接税会对总需求结构会产生轻微的不利影响，居民消费在绝对量上升的同时，在总需求中的占比将略有下降，得益于投资增速加快，资本形成总额占比会有所提高。不过，由于居民消费的增速保持稳定甚至出现更快增长，这一结构变化主要体现了间接税下降促进了投资，而非抑制了消费，总体而言，其对经济增长的作用是积极的。

第四，降低间接税收入，尽管短期内会造成总税收增速下降，但居民消费和私人投资的增速提高，以及长期的经济增速回升，保证了总税收不会出现持续的增速下滑，保障了税收长期的可持续增长。

基于CQMM模型的政策模拟，结合对当前中国经济问题的分析，我们认为，在现阶段，适度降低间接税，进而适度降低国民经济总税负，不仅可行，而且必要，甚至可以说是下一个阶段再造中国经济增长潜力的重要思路之一。

第一，政策模拟的结果显示，降低间接税，无论是在税收总量不变或是适当降低的情况下，都不会产生严重的负作用，反而有利于刺激居民消费和私人投资的增长，拉动经济增长。这说明，减税对宏观经济的影响是正向的，值得尝试。

第二，过去三年的政策实践表明，以定向宽松为主的货币政策，由于存在严重的传递梗阻，拉动社会投资，推动经济增长的效力在不断下降。主要原因在于结构性矛盾是当前中国经济的主要症结所在，它使擅长于总量调控，尤其是控制通胀的货币政策难以发挥作用，相比较而言，财政政策更有利于调整结构。财政政策无非减税、增支两招，增支局限于税收和政府债务，减税则相对自由。而且供给学派的理论和美国里根总统的政策实践已经表明，减税并不等于财政减收。

第三，在实施政府全口径预算背景下，财政收入下降并不等于政府收入下降。政府收入包括政府性基金收入、社会保险收入，以及国有资本经营收入。《中共中央关于全面深化改革若干重大问题的决定》要求，到2020年，国有企业利润上缴的比例将提高到30%。根据现有数据计算，2013年，中央企业的利润总额约为1.62万亿元，净利润1.17万亿元，扣除10%法定公积金之后，税后利润约为1.05万亿元①。2013年，中央国有

① 税后利润还应该扣除年初未弥补亏损。这方面的数据未见完整统计，我们没有考虑在内，因此，实际的平均上缴比例可能会略高一点。

资本经营利润收入约为 1039. 6 亿元，上缴比例约为 9. 88%，距离目标值还有较大空间。因此，按照《决定》要求，在未来五年内按计划逐步提高国有企业的实际利润上缴比例，将有助于在一定程度上弥补减税可能导致的财政收入增速下降①。

第四，通过进一步优化财政支出结构，转变政府职能，明确政府权责边界，提高资金使用效率，压缩政府行政费用支出，保障民生支出，也可以为改善政府财政收支状况提供空间。2014 年，在反腐败高压下，尽管财政收入增速下降，但财政支出尤其是一般公共服务支出增速下降得更快。其中不乏对过去奢靡浪费支出的压缩。②

第五，财政赤字尚有一定空间。2014 年，中国的财政赤字约为 1. 35 万亿元，较 2013 年增加 1500 亿元，赤字率 2. 1%，仍低于 3%的国际赤字警戒线，如果确实需要，也可以适当提升赤字率，释放减税增支的空间。

第四节　政策建议

2015 年是全面深化改革、全面推进依法治国的关键之年，是“十二五”规划收官之年，也是中国经济在新常态下步入新发展阶段的一年。尽管由于国际金融危机的余波影响，由于国内经济结构调整尚未到位，由于全面深化改革的效应尚待释放，2015 年中国经济增长还将延续下滑态势。但是，艰难之中，中国经济正在孕育着新的发展空间。国际金融危机之后的严峻市场环境，促使中国企业痛下决心，调整结构，转变发展思路与发展方式；中国人均 GDP 进入中等偏上国家组之后，经济的服务化为经济发

① 目前仅有部分国有金融企业向国家上缴利润。四大国有商业银行是中国目前盈利最多的国有企业，2014 年上半年，16 家上市银行实现净利润 6907. 81 亿元，占 2558 家上市公司净利润的 51. 63%，其中四大国有银行的净利润占比达 35. 34%。然而，2013 年，全部国有金融企业上缴的利润仅为 1. 17 亿元。

② 2014 年前 11 个月一般公共服务支出累计增长 2. 0%，涨幅比上年同期回落了 9. 1 个百分点；占全部财政支出的 9. 3%，比上年同期下降了 0. 8 个百分点。

展开拓了新的需求领域；国际金融危机以来，经历了大规模投资刺激计划以及近三年的微刺激政策调节的政策实践之后，宏观经济当局对步入新常态的中国经济发展特征有了更深入的理解和把握，这一切都为中国经济进入新的发展阶段准备了必要的条件与基础。

新的发展阶段是中国经济从中等偏上收入水平向现代发达经济过渡的阶段。显然，在新发展阶段，当年跨越低收入陷阱的发展方式、发展经验不再适用，新的发展阶段、新的发展任务呼唤着新的发展思路。

新的发展思路建立在落实党的十八届三中全会、四中全会精神的基础上，基本方向是落实全面深化改革的各项措施，让市场在资源配置中真正发挥决定性作用。

要让市场在资源配置中真正发挥决定性作用，就必须认真思考如何在新形势下更好地发挥政府作用。

固然，由于 2015 年经济增长的下行压力较大，保持基础设施投资的适当增速仍然是稳定增长的必要措施。但是，为稳增长而扩大的政府投资与社会投资相比，永远只能是辅助手段，阶段性地运用。2008 年以来，大规模投资刺激计划以及微刺激政策的副作用之一是进一步推高了整个国民经济的增量资本产出率（ICOR）（图 18-44），降低了投资效率。

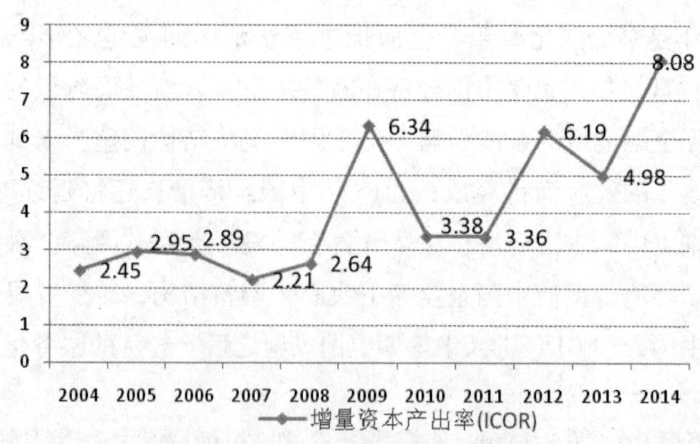

图 18-44　中国增量资本产出率

注：增量资本产出率（I/△GDP），即投资与当年增量产出之比。ICOR 用于衡量单位产出增长所需的投资量，一般而言，一个经济体 ICOR 越高，其投资效率和生产效率越低。

资料来源：根据 CEIC 计算。

从长远看，从根本着眼，稳定增长必须从激发社会经济活力，促进市场主体自主创新，提高资源利用效率入手。长期的政府主导型经济，长达十多年的财政收入增长速度大幅度高于经济增长速度，[①] 造成了政府可支配财力占 GDP 比重过大（表 18-4）、税制结构不合理等问题。本次政策模拟再次证实：必须通过财税体制的改革，调整税制结构，同时降低国民经济总税负，为市场配置资源腾出更大的空间。

表 18-4　中国政府实际支配的财力资源（2008—2014 年）

	2008 年	2009 年	2010 年	2011 年	2012 年	2013 年	2014 年
名义 GDP（万亿元）	31.40	34.09	40.15	47.31	53.41	58.80	63.65
政府收入/GDP（%）	29.99	31.40	34.25	36.30	35.14	37.28	37.18
广义政府收入/GDP（%）	34.23	35.98	39.59	41.52	39.76	41.70	41.07
政府实际支配的财力资源/GDP（1）（%）	37.60	46.10	43.83	46.67	45.36		
政府实际支配的财力资源/GDP（2）（%）	38.99	49.50	42.05	51.15	50.48		

注：政府收入＝公共财政收入+政府性基金收入+国有资本经营预算收入+社会保险基金收入；
广义政府收入＝政府收入+国有企业利润；
政府实际支配资源/GDP（1）＝（广义政府收入+地方政府性债务余额增量）/GDP；
政府实际支配资源/GDP（2）＝（广义政府收入+全国政府性债务余额增量）/GDP；
国家审计署的全国政府性债务数据只更新至 2013 年 6 月，此后没有数据。
资料来源：本课题组计算。

因此，本课题组提出：

第一，2015 年应当把总量减税作为财政体制改革的一个重要选项，强调税种之间的“有增有减”，主动通过调整间接税的边际税率，下调间接税。它既是可行的，也是必要和迫切的。过去数年的财税改革进展，有目共睹，但是，无论是财政收入占 GDP 的比重，还是更广义的政府收入占 GDP 的比重仍然都保持在较高水平，非税收入占比更是逆势增加。当此发展阶段转换之时，宏观经济决策当局应当从让市场在资源配置中起决定性作用的根本大局出发，考虑财政收入以及广义政府收入占 GDP 的合理比

① 1996—2012 年，中国财政收入增长速度平均超过经济增长速度 5.5 个百分点。参见本课题组《中国宏观经济预测与分析——2013 年秋季报告》。

重，痛下决心，排除万难，通过制度性的全面减税，让利于百姓，减负于企业，激发社会经济活力，促进市场主体自主创新，提高资源利用效率，再造增长潜力，稳定投资，拉动消费。

第二，加快“营改增”。将“营改增”的范围进一步扩大到建筑业和不动产、金融保险业、生活服务业等领域，简化税率，合理确定一般纳税人标准，为服务经济发展构建一个适宜的税收环境。让增值税税制同时适应于“扩围”之后两个产业的运行特点，并向全国推进，尽早形成统一的商品服务增值税制度。在此基础上大幅度降低增值税税率，对一些低端商品与服务在零售环节实行免税，真正实现降低间接税比重的目标，为调整直接税比重腾出足够的空间。

第三，完善消费税制度。调整消费税征收范围，不仅要将高耗能、高污染产品纳入征收范围，更应扩大对奢侈消费品的征税范围，并适当提高奢侈品和高档消费品和服务（如私人游艇、私人飞机、特定类型电池等）的消费税率；选择部分消费品如卷烟、白酒、鞭炮焰火改在零售环节征收消费税，明确表达国家不鼓励或限制此类消费的意图；将消费税由生产或进口环节改为零售或批发环节征收，由价内税改为价外税；打破消费税百分百归中央政府的原有分配格局，划出一部分补充地方财力。

第四，改革现行房产税，构建一个在持有环节征税的房地产税制度。具体包括：废除现行个人非营业用房免税的规定；废除从租征收房产税的规定，一律改为从价征收房产税；将现行按房产原值征税的办法改为按房产市值征税；适当调整现行房产税税率；合理核定房地产税的免征额。

第五，推进个人所得税改革，适时开征遗产税。抓紧构建综合与分类相结合的个人所得税制度，合理合并税目，完善税前扣除，使之与国民收入水平相匹配，覆盖居民真正生活成本。同时，优化税率结构，引入家庭支出申报制度，有效调节社会各阶层之间的税负水平，进一步体现财政负担的公平性。遗产税作为财产税的重要组成部分，发挥着维护市场平等竞争，缩小贫富差距，促进资源有效配置的重要作用。随着不动产登记制度的实施，开征遗产税条件趋于成熟，应尽早将遗产税立法提上议事日程。

第六，推动资源税改革，加快推进稀土、钨、钛、镍等其他品目资源税从价计征改革，并比照煤炭资源税改革的清费原则，清理规范相关收费基金。根据党的十八届三中全会决定提出的“逐步将资源税扩展到占用各种自然生态空间”的要求，结合相关资源特点、资源税费性质，逐步将水流等自然资源纳入资源税征收范围。

第七，优化财政支出结构，压缩行政费用支出，提高政府资金使用效率。公共财政支出中，社保、医疗、教育支出合计占比已从2010年的29.5%逐步上升至2014年的31.7%，民生支出占比有所改善，但是与发达国家相比，仍处于较低水平。① 未来应进一步削减竞争性领域支出，加大对既有旺盛需求又严重缺乏投资的社会基本公共服务领域的支持力度。同时，着力维护公开、公正、公平的市场秩序，释放市场主体创业、创新的潜力和活力。

第八，推进行政权力清单和责任清单制度，强化权力监督。建立权力清单制度不是对行政权力的简单梳理，而是对权力边界的准确界定，进而解决好政府、市场和社会之间，政府层级之间，部门之间分权的问题，以此进行组织体系再造、业务流程再造，提升政府治理水平。相应地，也要制定责任清单，健全违法行政责任追究制度。对权力行使中的越位、缺位、错位行为，予以问责处理。同时，还要继续修订完善市场准入负面清单，落实企业投资自主权，减少事前审批，强化事中事后监管，完善市场监管体系。

第九，加强自由贸易区建设，加快推广改革经验，提升中国国际贸易水平和地位。自由贸易区是中国发展进入新阶段，改革进入攻坚期和深水区所面临的新的对外开放机遇。主动接受并参与制定国际贸易新规则体系，形成面向全球的高标准自由贸易区网络，有利于通过外部强制和国际竞争，克服体制内既得利益的阻挠和体制惰性，推动改革。未来应当采取更为主动的改革精神，对于管制一致性、国有企业竞争中立原则、知识产权保护、服务业开放、环境和劳工规则，统一的市场准入等实质上无须在境内关外的自由贸易实验园区实验的制度，尽早在国内范围内推广实施。②

① 2011年，欧盟27国的医疗卫生、教育、社会保护在中央（联邦）政府支出中合计占比为47.8%；2013年美国联邦财政支出中，社会保障、医疗保险、医疗补助合计占比为48.0%。

② 李文溥、陈婷婷、李昊：《从经济特区到自由贸易区——论开放推动改革的第三次浪潮》，《东南学术》2015年第1期。

第十，推进政府与社会资本合作及相关制度改革，加快国家层面立法。随着地方债务治理框架逐步明晰，未来地方政府性债务主要由一般政府债、专项政府债和 PPP 债构成。根据财政部的测算，到 2020 年，与城镇化相关的融资需求约为 42 万亿元。[①] 可见，应对未来几十年城镇化的资金需求，PPP 模式被予以厚望。但目前还没有专门关于 PPP 的法律法规，导致这种方式难以大规模有效推进。未来应加快出台推动 PPP 发展的政策指引和配套细则，统筹指导 PPP 的推广应用。同时，着手国家层面立法，推进国家特许权法的制定。探索包括设立 PPP 基金等在内的融资新模式，有效拓展融资来源，并降低投资者参与的交易成本。

推进财税体制改革，优化税制结构，并非为了减税而减税，而是要促使生产与消费，在资源占用和消耗上，各付各的账，消除交叉补贴。同时，完善地方税体系，将房地产税、消费税、资源税、契税等财产行为类税目作为地方税的重要来源，促进财力与事权相匹配，实现让市场发挥资源配置决定性作用与更好发挥政府作用的有机统一，夯实增长潜力。从国际经验看，这是一种更好更有效配置资源的方式，一种更有利于提高生活质量的方式，也是一种更有利于老百姓参与公共管理、监督政府行为的方式，一种更有利于培养地方自治、自主管理、公民意识的方式。

① 财政部副部长在 2014 年全国财政科研工作会议上表示，目前中国城镇化率为 53.6%，预计 2020 年将达到 60%，由此带来的投资需求或将达 42 万亿元人民币。

附录一 中国宏观经济形势与政策问卷调查报告（2015.2）

为及时把握中国宏观经济形势和政策走向，新华社《经济参考报》和教育部人文社会科学重点研究基地——厦门大学宏观经济研究中心自 2013 年 8 月首次联合开展每年两次的“年度中国宏观经济形势和政策问卷调查”活动。这是第四次问卷调查。本次调查问卷设计了与当前中国宏观经济运行和政策走势直接相关的 19 道问题，于 2015 年 1 月下旬通过电子邮件向国内相关领域的经济学家发出调查邀请，最终收到 100 位专家的答复。通过本次问卷调查，我们获得了专家们关于中国当前宏观经济运行面临的主要下行风险、2015 年世界经济形势、2015 年中国宏观经济主要指标的变化趋势以及 2015 年中国宏观经济政策的走势等问题的最新认识和判断。现将本次问卷调查结果公布如下：

一、中国当前宏观经济运行面临的主要下行风险

调查结果显示，77%的专家认为房地产投资增速下滑，引发财政收入增速下降、地方政府债务风险累积等多重危机是中国当前宏观经济运行面临的主要下行风险；68%的专家认为是发达国家经济复苏步伐不一，外部需求依旧存在较大不确定性；55%的专家认为是各项改革措施的效力发挥缓慢，短期刺激效应微弱；48%的专家认为是货币政策对资金使用成本的传递渠道堵塞，面临两难困境；28%的专家认为是财政收入增速随实体经济失速而下降明显，财政赤字规模将迅速扩大；24%的专家认为是物价水平持续下降，通缩压力进一步上升；18%的专家认为是经济增速的持续放缓传递到就业，造成失业大量增加，农民工返乡。以上调查结果表明，超过四分之三接受调查的专家认为，房地产投资增速下滑，引发财政收入增速下降、地方政府债务风险累积等是中国当前宏观经济运行面临的最主要

下行风险，是影响中国未来经济健康发展的决定性因素或重要因素。超过一半的专家认为发达国家经济复苏步伐不一、外部需求依旧存在较大不确定性以及各项改革措施的效力发挥缓慢、短期刺激效应微弱是中国当前宏观经济运行面临的主要下行风险。此外，有超过四成的专家认为货币政策对资金使用成本的传递渠道堵塞、面临两难困境是当前中国宏观经济运行面临的主要下行风险。

此外，7%的专家提出了关于中国当前宏观经济运行面临的主要下行风险的其他方面，包括：人们对经济下行预期增强，投资和消费更加保守；各种政策性或者体制性因素造成的内需不足；收入差距太大；需求刺激政策不得力，需要采取适度扩张刺激政策；制造业产能过剩；地方融资渠道不畅；在结构调整所创造的新的投资热点和经济增长点出现之前，房地产和传统产业的投资增速下降过快。

二、2015 年世界经济形势

根据 2015 年 1 月 20 日国际货币基金组织（IMF）的最新预测，2014 年欧元区经济增长率约为 1.0%。那么，2015 年欧元区经济增长率相较于 2014 年将会有怎样的变化态势呢？调查结果显示，46%的专家预期 2015 年欧元区经济增长率在“0.00%—0.80%”之间；31%的专家预期在“0.81%—0.99%”之间；21%的专家预期在“1.00%—2.00%”之间；只有 2%的专家预期在 0.00%以下；没有专家预期高于 2%。总体而言，超过一半接受调查的专家认为 2015 年欧元区经济将呈现回暖趋势，未来经济增速预计将加快，形势比较乐观。但也有超过四成的专家认为 2015 年欧元区经济增长率呈现缓慢下降趋势。

根据 2015 年 1 月 20 日国际货币基金组织（IMF）的最新预测，2014 年美国经济增长率约为 2.4%。那么，2015 年美国经济相较于 2014 年将会有怎样的变化态势呢？调查结果显示，64%的专家预期 2015 年美国经济增长率在“2.5%—3%”之间；22%的专家预期在“2.0%—2.4%”之间；7%的专家预期在“3.1%—3.5%”之间；3%的专家预期在“3.5%以上”；4%的专家预期在“2.0%以下”。总的来看，接近四分之三接受调查的专家认为 2015 年美国经济将呈现回暖趋势，形势比较乐观。但也有超过二成的专家认为 2015 年美国经济增长率呈现缓慢下降趋势。

2014 年主要大宗商品延续了自 2011 年以来的弱势，其中原油在 2014 年的价格下行最为显著。美国 WTI 原油现货价格由 2014 年 7 月 28 日的每桶 101.67 美元急剧下降到 2015 年 1 月 22 日的每桶 48.36 美元。那么，2015 年美国 WTI 原油价格的走势将会是怎样的呢？调查结果显示，73%的专家预期 2015 年美国 WTI 原油价格将在 40—60 美元之间徘徊；14%的专家预期美国 WTI 原油价格大幅反弹至 60—80 美元；13%的专家预期美国 WTI 原油价格继续下行，但维持在 30—40 美元之间；没有专家预期美国 WTI 原油价格会继续大幅下行，跌破 30 美元或跳升回 80 美元以上。以上调查结果表明，接近四分之三接受调查的专家认为 2015 年美国 WTI 原油价格在 40—60 美元区间波动，呈现宽幅震荡趋势。

2015 年美国或将开启加息周期，以推动货币政策向常态化回归。为此，我们对 2015 年美国选择加息时间进行了问卷调查。调查结果显示，45%的专家预期 2015 年美国将在二季度选择加息；33%的专家预期美国将在三季度选择加息；16%的专家预期美国将在四季度选择加息；6%的专家预期美国会在一季度选择加息。总体而言，近八成接受调查的专家认为美国将在 2015 年中期选择加息。

三、对 2015 年中国宏观经济主要指标的预测

关于 2015 年中国国内生产总值（GDP）增长，调查结果显示，56%的专家预期全年 GDP 增速在“7.0%—7.2%”之间；22%的专家预期在“6.8%—7.0%”之间；17%的专家预期在“7.3%—7.5%”之间；4%的专家预期在“7.5%以上”，只有 1%的专家预期在“6.8%以下”。考虑到 2014 年中国 GDP 的同比增速为 7.4%，因此接近八成接受调查的专家认为 2015 年中国经济增长将呈现继续下行的态势。

关于 2015 年中国居民消费价格指数（CPI）的变化趋势，51%的专家预期 2015 年中国 CPI 增长在“1.6%—2.0%”之间；32%的专家预期在“2.1%—2.5%”之间；8%的专家预期在“1.0%—1.5%”之间；7%的专家预期在“2.5%以上”；2%的专家预期在“1.0%以下”。考虑到 2014 年 CPI 比上年上涨 2.0%，因而超过六成接受调查的专家认为 2015 年中国物

价水平将持续下降，通缩压力将进一步上升。

关于2015年中国工业生产者出厂价格指数（PPI）的变化态势，50%的专家预期2015年中国PPI增长在“-1.9%—-1.0%”之间；26%的专家预期在“-1.0%—0.0%”之间；9%的专家预期在“0.0%以上”之间；13%的专家预期在“-3.0%—-2.0%”；2%的专家预期在“-3.0%以下”。考虑到2014年PPI比2013年下降1.9%，因而有九成接受调查的专家认为2015年中国PPI仍将继续维持负增长，但是有85%的专家认为2015年中国PPI尽管依然为负增长，但是将呈现一定的回升态势。

关于2015年人民币汇率，42%的专家预期2015年的人民币兑美元汇率（中间价）可能在“6.1—6.2”之间；40%的专家预期在“6.2—6.3”之间；12%的专家预期在“6.0—6.1”之间；4%的专家预期在“6.3以上”；2%的专家预期在“6.0以下”。截至2014年12月份，1美元兑换人民币按中间价计约为6.119（期末数），因此，超过八成接受调查的专家认为2015年的人民币兑美元汇率（中间价）将呈现一定的贬值趋势。

2014年，中国固定资产投资（不含农户）总额约为50.2万亿元，名义同比增长15.7%，较2013年明显下滑。那么，2015年中国的固定资产投资增速如何呢？调查结果表明，33%的专家预期2015年全年固定资产投资总额同比增长在“15.1%—16.0%”之间；26%的专家预期在“14.0%—15.0%”之间；18%的专家预期在“16.1%—17.0%”之间；14%的专家预期在“14.0%以下”；9%的专家预期在“17.0%以上”。总体而言，调查结果表明，相较于2014年，四成接受调查的专家认为2015年中国固定资产投资增速将继续下滑，超过三成的专家认为2015年中国固定资产投资增速将相对比较平稳，但也有近三成的专家认为2015年中国固定资产投资增速将保持回升态势。

相对于整体经济与投资增速的放缓，2014年中国房地产开发投资总额约为9.50万亿元，比上年名义增长10.5%，增速较2013年显著下降。那么，2015年中国房地产开发投资增速如何呢？调查结果表明，66%的专家预期2015年中国房地产开发投资增速在“8.0%—10.5%”之间；18%的专家预期在“10.6%—12.0%”之间；15%的专家预期在“8.0%”以下；只有1%的专家预期在“12.1%—13.5%”之间；没有专家预期在“13.5%

以上”。总体而言，相较于 2014 年，八成以上的专家认为 2015 年中国房地产市场投资仍持续保持放缓态势，近两成的专家认为 2015 年中国房地产市场投资将保持升温态势。

2014 年中国社会消费品零售总额约为 26.24 万亿元，名义同比增长 12.0%。那么，2015 年中国社会消费品零售的增速如何呢？调查结果显示，48%的专家预期 2015 年中国社会消费品零售名义同比增速在“12.1%—12.5%”之间；27%的专家预期在“11.6%—12.0%”之间；15%的专家预期在“12.5%以上”；7%的专家预期在“11.1%—11.5%”之间；3%的专家预期在“11.0%以下”。因此，调查结果表明，相较于 2014 年，超过六成接受调查的专家认为 2015 年中国社会消费品零售增速将会呈现一定的回升态势，消费对经济增速的拉动作用将会逐步凸显，但也有 37%的专家认为 2015 年中国社会消费品零售增速将呈现进一步下滑趋势。

2014 年按美元计价的中国出口总额累计同比增长 6.1%，较 2013 年有所下降。那么，2015 年中国出口总额累计同比增速如何呢？调查结果显示，37%的专家预期 2015 年按美元计价的中国出口总额累计同比增速在“6.1%—7.0%”之间；36%的专家预期在“5.1%—6.0%”之间；13%的专家预期在“7.1%—8.0%”之间；6%的专家预期在“4.0%—5.0%”之间；6%的专家预期在“8.0%以上”；2%的专家预期在“4.0%及以下”。总体而言，调查结果表明，超过五成接受调查的专家认为 2015 年中国出口增速将呈现一定的回升趋势，这主要可能得益于 2015 年欧美经济的回暖态势，但也有超过四成的专家认为 2015 年中国出口增速将持续保持下滑趋势。

2014 年按美元计价的中国进口总额累计同比增长 0.4%，较 2013 年下降明显。那么，2015 年中国进口总额累计同比增速怎样呢？调查结果表明，39%的专家预期 2015 年中国进口总额累计同比增速在“0.5%—1.0%”之间；23%的专家预期在“0.1%—0.4%”之间；21%的专家预期在“1.1%—3.0%”之间；10%的专家预期在“3.1%—5.0%”之间；4%的专家预期在“0%以下”；3%的专家预期在“5.0%以上”。因此，调查结果表明，超过七成的专家认为 2015 年中国进口增速将保持回升态势，但也有 27%的专家认为 2015 年中国进口将持续保持下滑趋势。

四、2015 年中国可能采取的宏观经济政策措施

2014 年中国广义货币供应量（M2）同比增长 12.2%，M2 增速低于年初确定的 13%的目标。那么，2015 年中国广义货币供应量（M2）增速如何呢？调查结果表明，51%的专家预期 2015 年 M2 同比增速在“12.1%—13.0%”之间；26%的专家预期在“13.1%—14.0%”之间；16%的专家预期在“11.0%—12.0%”之间；5%的专家预期在“14.0%以上”；只有 2%的专家预期在“11.0%以下”。总体而言，调查结果表明，超过八成接受调查的专家认为 2015 年 M2 的增长要快于 2014 年，这可能意味着 2015 年中国政府将可能保持适度宽松的货币政策。

2015 年央行是否会降低存款准备金率？如果会，可能会在什么时间？我们对此进行了问卷调查。调查结果显示，37%的专家预期 2015 年央行会在二季度降低存款准备金率；35%的专家预期央行会在第一季度降低存款准备金率；16%的专家预期央行会在 2015 年下半年降低存款准备金率；但也有 12%的专家认为央行不会在 2015 年降低存款准备金率。总体而言，调查结果表明，多数专家认为 2015 年央行会降低存款准备金率①，释放了中国在 2015 年将保持适度宽松货币政策的信号。

2015 年央行是否会降息？如果会，可能会在什么时间降息？我们也对此进行了问卷调查。调查结果显示，35%的专家预期中国央行会在 2015 年第二季度降息；34%的专家预期会在 2015 年下半年降息；17%的专家预期中国央行会在一季度降息；但也有 14%的专家预期中国央行不会在 2015 年降息。因而调查结果表明，多数专家认为 2015 年央行会降息，这进一步预示着中国央行在 2015 年将保持适度宽松的货币政策。

2014 年中国财政收入同比增速约为 8.6%，创下近 23 年新低。那么，2015 年中国财政收入同比增速如何呢？调查结果显示，42%的专家预期 2015 年中国财政收入同比增速在“8.1%—8.6%”之间；35%的专家预期

① 事实上，在我们的调查问卷回收结束之前，中国央行就于 2 月 5 日下调了金融机构人民币存款准备金率 0.5 个百分点。

在“7.5%—8.0%”之间；14%的专家预期在“8.7%—9.2%”之间；7%的专家预期在“7.5%以下”；只有2%的专家预期在“9.3%—10.0%”之间；没有专家预期在“10.0%以上”。因而调查结果表明，超过八成接受调查的专家认为2015年中国财政收入增长将呈现进一步下滑趋势。

面对中国经济增长继续放缓，应当实行哪些政策措施以稳增长呢？我们对此也开展了问卷调查。调查结果显示，86%的专家主张强化对企业减负，鼓励和扶持民营企业成为社会投资的主体；73%的专家主张加快推进基础和垄断性领域改革，允许民营资本以独资或混合所有制形式进入垄断行业参与竞争；60%的专家主张简政放权，约束政府治理边界，交由市场支配资源；58%的专家主张进一步加大基础设施投资力度，允许适度的中央财政赤字规模扩张；53%的专家主张继续优化政府支出结构，提高财政资金使用效率；41%的专家主张加快推进服务业对内对外开放；只有20%的专家主张放松“定向宽松”的货币政策限制，实施全面宽松的货币政策。以上调查结果表明，超过八成以上接受调查的专家认为强化对企业的减负，鼓励和扶持民营企业成为社会投资的主体是中国现阶段“稳增长”最重要的政策措施，接近四分之三的专家认为加快推进基础和垄断性领域改革，允许民营资本以独资或混合所有制形式进入垄断行业参与竞争也是中国现阶段“稳增长”的重要政策措施，这在一定程度上体现了民营企业和民营资本对中国现阶段经济增长的重要作用。六成的专家认为政府简政放权，让市场配置资源也是中国现阶段“稳增长”的重要举措，体现了市场机制对中国现阶段经济增长的重要意义。超过五成的专家认为进一步加大基础设施投资力度、继续优化政府支出结构和提高财政资金使用效率对于中国现阶段“稳增长”目标也很重要，这体现了一半以上接受调查的专家们对用好财政政策实现“稳增长”的期待。超过四成的受调查专家认为加快推进服务业对内对外开放是中国现阶段“稳增长”的重要政策，这意味着服务业可能成为中国未来新的增长点。多数专家认为现阶段稳增长不宜放松“定向宽松”的货币政策限制，实施全面宽松的货币政策。

此外，还有11%的专家提出了适合现阶段中国“稳增长”的其他政策选择，包括：理顺制约内需的政策性和体制性因素，鼓励高技术行业走出去；缩小贫富差距；适度宽松的货币政策；加大大城市社会、环境和交通等基础设施投资力度；促进资金从虚拟经济部门向实体经济部门转移，将加强、改进监管和稳增长的措施有机结合；国企改革实现公平与效率兼顾；加快产业结构调整，寻求产业调整红利；推进“一带一路”等三大战略的实施；增加国外投资力度；房地产稳定发展是目前我国宏观稳定的基础；政府更多地承担创业投资风险，完善企业技术进步的动力机制。

100位专家参与了本次问卷调查，他们是（按姓名汉语拼音排序）：常欣、陈昌兵、陈工、陈贵富、陈昆亭、陈浪南、陈梦根、陈守东、陈彦斌、陈钊、陈志勇、戴魁早、范从来、范子英、高波、龚敏、郭熙保、郭晓合、郭志仪、韩兆洲、贺京同、黄建忠、简新华、蒋永穆、靳涛、李翀、李建伟、李军、李英东、林曙、刘建平、刘金全、刘尚希、刘仕国、刘树成、刘云中、刘志彪、卢盛荣、陆铭、马颖、逄锦聚、彭水军、彭素玲、戚聿东、邱崇明、瞿宛文、沈坤荣、史晋川、苏剑、孙巍、汤吉军、田如柱、汪昌云、汪同三、王诚、王国成、王继平、王今朝、王美今、王曦、王燕武、王永钦、王跃生、文传浩、吴信如、武康平、肖兴志、徐建国、徐现祥、徐一帆、许文彬、许宪春、杨灿、姚慧琴、易宪容、殷醒民、尹恒、于立、余长林、袁富华、曾金利、曾康华、曾五一、臧旭恒、张东辉、张立群、张龙、张明志、张平、张延群、张屹山、赵振全、赵志君、郑超愚、钟春平、周冰、周立群、周泽炯、朱保华、朱启贵。

参加本次问卷调查的专家学者来自于财政部、国家统计局、国务院发展研究中心、中国社会科学院财经战略研究院、中国社会科学院金融研究所、中国社会科学院经济研究所、中国社会科学院世界经济与政治研究所、中国社会科学院数量经济与技术经济研究所、新华社经济参考报、台湾中研院、台湾中华经济研究院等机构，以及安徽财经大学、北京大学、北京师范大学、重庆工商大学、东北财经大学、复旦大学、华东师范大学、华中科技大学、吉林大学、暨南大学、兰州大学、南京大学、南京财经大学、南开大学、清华大学、山东大学、上海对外经贸大学、上海交通大学、首都经贸大学、四川大学、台湾大学、天津财经大学、天津商业大学、武汉大学、厦门大学、西安交通大学、西北大学、新加坡国立大学、浙江财经大学、浙江大学、浙江工业大学、中国人民大学、中南财经政法大学、中山大学、中央财经大学等高校。

我们对上述各位专家的热忱参与和真知灼见，表示诚挚的感谢！

附表 1　本课题组与 100 位专家对我国主要宏观经济指标预测结果的统计比较

2015 年主要宏观经济指标	本课题组预测（%）	专家预测区间及比例（%）	
		区　间	比　例
GDP 增长率	7.14	7.0—7.2	56
CPI 增长率	1.74	1.6—2.0	51
PPI 增长率	-2.15	-1.9—-1.0	50
社会消费品零售累计同比名义增长率	11.80	11.6—12.0 12.1—12.5	27 48
固定资产投资累计同比名义增长率	10.65	15.1—16.0 14.0—15.0	33 26

第十九章　2015 年秋季报告[①]

第一节　2015 年上半年中国宏观经济运行回顾

2015 年上半年，中国国内生产总值（GDP）累计增长 7.0%，增速比上年同期下降了 0.42 个百分比。采矿业、制造业和房地产业投资增速的下滑以及出口增速的低迷持续对经济增长形成下行压力；同时，城乡居民可支配收入增速的下降也在一定程度上抑制了消费需求的扩张。尽管如此，第三产业占比的不断提高保证了 2015 年上半年就业形势的稳定；虽然投资增速在下滑，但投资结构在不断优化：对第一产业和第三产业投资占比持续提高；民间投资占全部投资的比重稳步提高。同时，经济增长质量也在不断改善：高技术产业占工业比重进一步提高；节能降耗继续取得新进展。这些事实在一定程度上表明，中国经济正在适应国内外经济环境的变化，进行结构调整，在新旧增长方式以及增长动力转换期间，新的经济发展空间也正在孕育发展之中。2015 年一季度 GDP 环比增长 1.4%，二季度环比增速进一步提高至 1.7%。经济增长触底企稳的迹象开始显现。

① 教育部高校人文社会科学重点研究基地重大项目“中国季度宏观经济模型”（05JJD790093）成果。本报告于 2015 年 9 月 9 日在日本发布。

一、尽管工业生产的持续减速抑制了经济增速，但第三产业比重的不断提高稳定了就业形势

自2010年起，中国工业生产受过剩产能的影响，增长速度开始持续走低：规模以上工业增加值增速从2011年的13.9%下降到2012年的10.5%、2013年的9.5%、2014年的8.6%。2015年上半年累计增长6.3%，增速比上年同期下降2.5个百分点；其中，采矿业增加值增长3.2%，制造业增长7.1%，电力、热力、燃气及水生产和供应业增长2.2%，增速分别比上年同期下降1.4、2.8和2.2个百分点。工业生产的持续减速，抑制了中国经济增速：GDP增速从2011年的9.5%下降到2014年的7.4%。2015年上半年GDP增速进一步下降至7.0%（图19-1）。然而，从月度数据看，2015年工业增加值增速从3月份开始有明显企稳回升的态势：规模以上工业增加值环比增速由4月份的0.62%提高至6月份的0.64%（年化率为8.0%）；同比增速也在加快，6月同比增长6.8%，增速比上月加快0.7个百分点，比4月加快0.9个百分点，连续三个月增速加快。

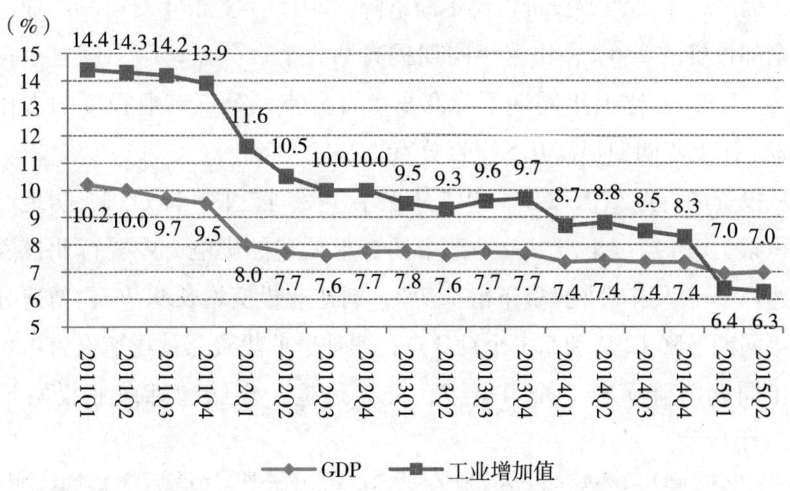

图19-1　GDP和工业增加值季度累计同比增速变化（2011—2014年）

资料来源：CEIC。

尽管经济增长速度持续下降，但是第三产业保持了较快增长，第三产

业占 GDP 的比重继续上升。2014 年，第三产业占 GDP 比重达到 48.2%，超过第二产业占比约 5.6 个百分点。2015 年上半年，第三产业占 GDP 的比重进一步上升为 49.5%，超过第二产业占比 5.8 个百分点。第三产业中金融业上半年增长 17.4%，增速比上年同期提高 8 个百分点。以服务业扩张为特征的第三产业占比的不断提高，保证了经济减速情况下就业形势的稳定。2014 年城镇新增就业 1322 万人，2015 年上半年新增就业 718 万人，已完成全年目标任务的 71.8%。[①] 同时，劳动力供给总量的减少，也在一定程度上缓解了就业矛盾。[②]

二、尽管采矿业、制造业和房地产业投资的减速导致固定资产投资增速持续下滑，但投资结构开始不断改善

2015 年上半年，固定资产投资（不含农户）累计增长 11.4%，增速比上年同期下降了 5.9 个百分点。从产业结构看，第一产业投资增长 27.8%，增速比上年同期提高了 3.7 个百分点；第二产业投资增长 9.3%，增速比上年同期下降了 5 个百分点；第三产业投资增长 12.4%，增速比上年同期下降了 7.1 个百分点。在全部投资中，对第一产业和第三产业投资占比持续小幅提高，第二产业投资占比不断下降。2015 年上半年对第一产业的投资占全部投资的 2.6%，比上年同期提高 0.3 个百分点；第二产业投资的占比为 41.2%，比上年同期下降 0.8 个百分点；第三产业投资的占比为 56.3%，比上年同期提高 0.5 个百分点。

从投资的行业结构来看，2015 年上半年受制造业产能过剩、房地产业库存积累、PPI 持续下滑以及外部市场需求低迷的影响，主要行业投资继续减速。其中，采矿业投资下滑 7.7%，制造业投资增长 9.7%，增速分别比上年同期下降 12.2 和 5.1 个百分点；房地产业投资累计增速仅为 4.6%，比上年同期下降了 9.5 个百分点；交通运输、仓储和邮政业投资增长

① 党中央、国务院积极推进“大众创业，万众创新”新格局、新形态，对稳增长、促就业作用显著。截至 2015 年 6 月末，全国城镇新增就业 718 万人。同时，据国家统计局 90 万家企业联网直报统计，2015 年二季度末，全国规模以上企业就业人员 17449 万人，比上年同期增加 46 万人，同比增长 0.3%。

② 2014 年 16—59 岁的劳动年龄人口比 2013 年减少了 371 万人。这是自 2012 年首次减少后连续第三年减少。

20. 9%，增速比上年同期下降了 1. 9 个百分点（图 19-2）。因而，采矿业、制造业和房地产业投资增速的持续下滑依然是导致 2015 年上半年全社会固定资产投资增速下滑的主要原因。

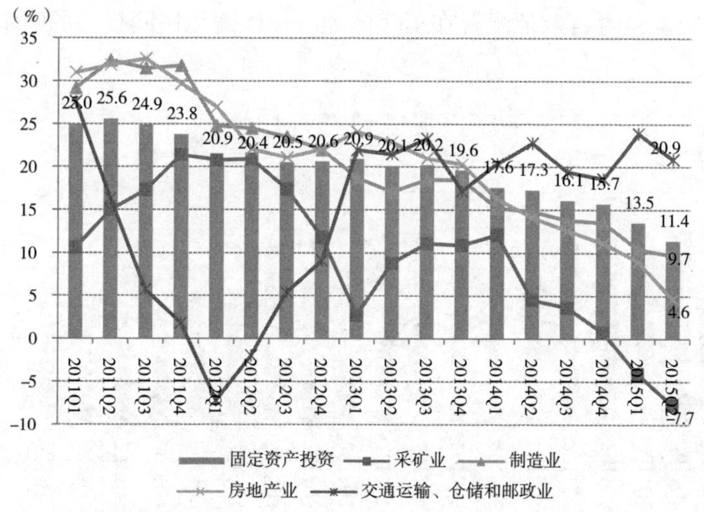

图 19-2　固定资产投资（分行业）累计同比名义增速

资料来源：CEIC。

从投资主体看，2015 年上半年国有及国有控股企业累计投资增速为 12. 3%，比上年同期下降了 2. 5 个百分点；民间投资累计增速为 11. 4%，比上年同期下降了 8. 7 个百分点；港澳台企业投资增速为 9. 1%，外商投资企业投资增速为 3. 3%，分别比上年同期提高了 4. 3 和 3. 2 个百分点（图 19-3）。

民间投资是保持固定资产投资增速从而经济稳定增长的主要力量。但是，在宽松货币政策的背景下，上半年民间投资增速急剧下滑的情况值得重视。从民间投资的行业结构来看，2015 年上半年民间投资对第一产业增长 31. 4%，增速比上年同期提高 1. 5 个百分点；对制造业投资增长 10. 7%，增速比上年同期下降 7. 4 个百分点；[①] 对第三产业投资增长

① 在制造业中，民间投资对计算机、通信和其他电子设备制造业的投资增长 27. 1%，增速比上年同期提高了 16. 4 个百分点；对通用设备制造业、电气机械和器材制造业以及专用设备制造业的投资分别增长 10. 5%、8. 2%以及 12. 3%，增速分别比上年同期下降了 12. 3、10. 4 以及 4. 2 个百分点；对铁路、船舶、航空航天和其他运输设备制造业的投资增速下滑 3. 7%，比上年同期下降 25. 9 个百分点。

10.9%，增速比上年下降11.1个百分点。相对于上半年外商投资企业以及港澳台投资企业投资增速止跌回升以及国有及国有控股企业投资增速平稳变化的情形，民间投资增速大幅下滑除了需求面的因素外，[①] 还需研究扩大的信贷资源是否有效地配置在了实体经济，以满足民间投资的需求。

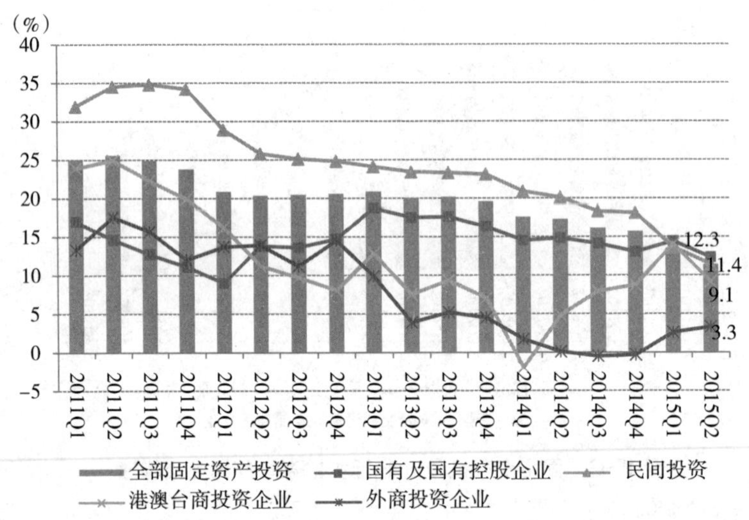

图19-3　固定资产投资（分投资主体）累计同比名义增速

资料来源：CEIC。

尽管如此，随着市场环境变化以及经济转型，近年来中国民间投资结构也在逐渐优化调整之中。2015年上半年民间投资占全部投资的比重持续提高，达到65.1%。[②] 其中，对第一产业的投资占全部民间投资的比重为3.2%，比上年同期提高1个百分点；对第二产业投资占比为50.1%，比上年同期提高0.7个百分点；对第三产业投资占比为46.7%，比上年同期下降1.8个百分点。在第二产业的投资中，2015年上半年民间投资对采矿业投资的占比为4%，比上年同期下降0.8个百分点；对制造业投资占比为

① 2015年上半年新增全社会融资总量为8.81万亿元，比上年同期下降1.72万亿元；其中，新增人民币贷款6.59万亿元，比上年同期增加0.85万亿元。

② 2014年民间投资占全社会固定资产投资的比重为64.1%，比上年增加1.2个百分点。其中，对第一产业和第三产业的投资占比有所提高，对第二产业投资的行业结构也开始调整。其中，对采矿业投资增长2.3%，增速比上年下降9个百分点，比2012年下降18.1个百分点；对制造业投资增长16.8%，增速比上年下降4.6个百分点，比2012年下降10.4个百分点。

89.9%，比上年同期下降 0.1 个百分点；对电力、热力、燃气及水的生产和供应业投资的占比为 5%，比上年同期提高 0.8 个百分点。在制造业中，2015 年上半年对通用设备制造业投资的占比为 7.8%，对专用设备制造业投资的占比为 7.1%，比重与上年同期持平；对铁路等运输设备制造业投资的占比为 1.4%，比上年同期下降 0.2 个百分点；对计算机、通信和其他电子设备制造业投资的占比为 4%，比上年同期提高 0.5 个百分点。

从资金来源看，2015 年上半年国内贷款投资累计下滑 4.8%，增速比上年同期下降 17.7 个百分点；占全部投资的 11.3%，占比比上年同期下降 1.3 个百分点。企业自筹资金投资增长 8.6%，增速比上年同期下降 8.1 个百分点；占全部投资资金的 71.0%，占比比上年同期提高 1.5 个百分点。利用外资投资下降 30.9%，增速比上年同期下降 22.6 个百分点；占全部投资资金的 0.5%，占比比上年同期下降 0.5 个百分点。在上半年宽松的货币政策背景下，利用国内贷款所进行的投资增速大幅下滑以及企业自筹资金投资占比的不断提高，在一定程度上说明新增的信贷资源很可能没有有效进入实体经济。

三、出口增速持续低迷，进口增速大幅下滑

进入 2015 年，中国出口没有延续上年增速不断提高的态势，上半年按美元计价的出口总额累计增长 1.0%，增速仅比上年同期提高 0.1 个百分点。受国内需求不旺以及国际大宗商品价格走低的影响，进口总额下滑 15.5%，增速比上年同期下降了 17 个百分点（图 19-4）。贸易顺差累计增加 2632.4 亿美元，同比增加了 1590.1 亿美元。从贸易构成看，受国内工资水平上涨的影响，出口中一般贸易占比持续提高，加工贸易占比继续下降。2015 年上半年一般贸易出口占总出口的比例为 54.5%，比上年同期提高 1.7 个百分点；加工贸易出口占比为 34.8%，比上年同期下降 3.2 个百分点。进口方面，2015 年上半年受国内需求减弱的影响，一般贸易进口占总进口的比例为 56.5%，比上年同期下降了 2.1 个百分点；加工贸易进口的占比为 26%，比上年同期提高 1.4 个百分点。

分地区看，2015 年上半年，在中国全部出口中，对美国和东盟的出口所占的比重分别为 18.0%和 12.6%，比上年同期提高了 1.4 和 1 个百分点；

对欧盟和日本的出口所占的比重分别为 15.7%和 6.1%，比上年同期降低了 0.6 和 0.8 个百分点。在中国全部进口中，从欧盟、美国、日本和东盟的进口所占的比重分别为 12.8%、9.1%、8.6%和 11.1%，比上年同期分别提高 0.4、0.8、0.5 和 0.9 个百分点。

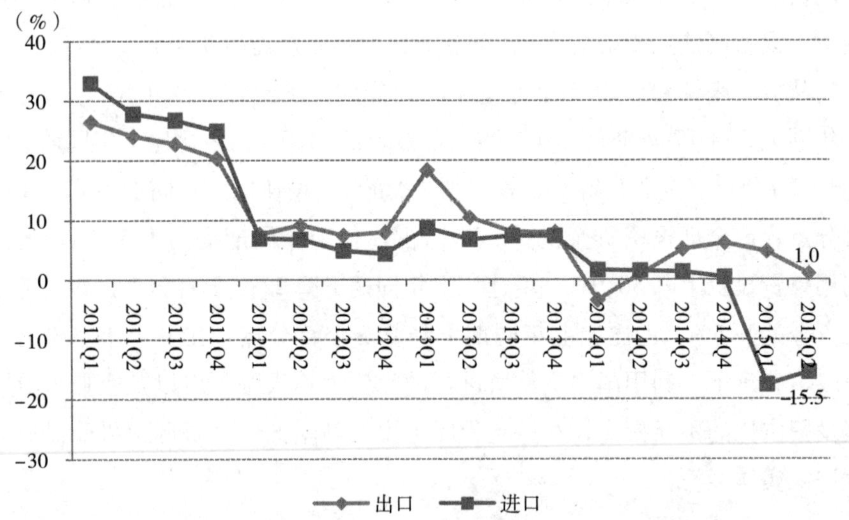

图 19-4 出口和进口（美元值）名义累计同比增速

资料来源：CEIC。

四、城乡居民实际收入持续增长，但增速有所下降

2015 年上半年，扣除价格因素，全国居民人均可支配收入实际增长 7.6%，增速比上年同期下降 0.7 个百分点。其中，城镇居民人均可支配收入实际增长 6.7%，增速比上年同期下降 0.4 个百分点；农村居民人均可支配收入实际增长 8.3%，增速比上年同期下降 1.5 个百分点（图 19-5）。尽管农村居民实际收入增速持续高于城镇居民，但是，农村居民收入增速下降的幅度却大于城镇居民，因而，2015 年上半年城乡收入差距仅比上年同期缩小了 0.04 个百分点。这表明，近年来 GDP 增速的持续下滑，已经开始抑制中国城乡居民的实际收入增长。

城乡居民实际收入增速的减缓以及对政府“三公”消费限制的结果，直接抑制了社会消费品零售总额的增长。2015 年上半年消费品零售总额名

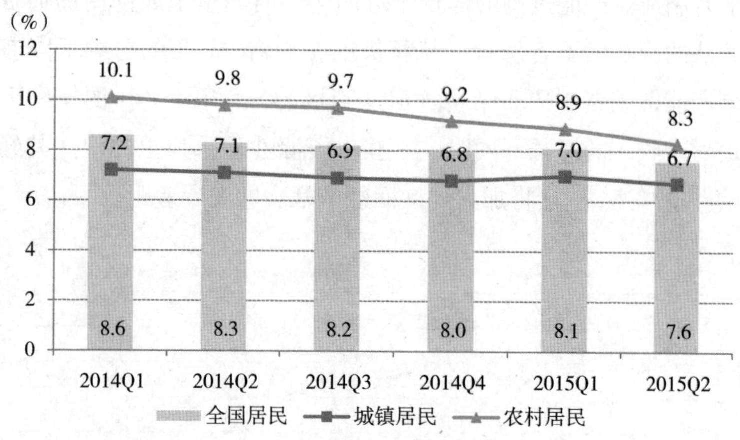

图 19-5　居民人均可支配收入累计实际同比增速

资料来源：CEIC。

义增长 10.4%，比上年同期下降了 1.7 个百分点，是 2008 年以来的最低增速。其中，按城乡分，占总额比重 86%的城镇消费品零售额增长 10.2%，增速比上年同期下降 1.8 个百分点；农村消费品零售额增长 11.6%，增速比上年同期回落 1.6 个百分点。然而，随着“互联网+”技术的发展，网上销售快速增加。2015 年上半年全国网上零售额（商品和服务）同比增长 39.1%，占社会消费品零售总额的比重为 11.6%。

五、CPI 维持较低水平，PPI 降幅扩大，工业通缩在加剧

2015 年上半年，居民消费价格指数（CPI）同比上涨 1.3%，涨幅比一季度扩大 0.1 个百分点。6 月份，CPI 比上年同期上涨 1.4%（图 19-6），其中翘尾因素贡献 64.3%，当年价格上涨因素贡献 35.7%。扣除食品和能源的 CPI，6 月份同比上涨 1.7%，环比上涨 0.1%；非食品 CPI 同比上涨 1.2%，环比上涨 0.1%。①

生产者价格指数（PPI）涨幅持续下降，且降幅不断扩大。2015 年上半年，PPI 同比下降 4.6%。6 月份，PPI 同比下跌了 4.8%，降幅比一季度扩大了 0.25 个百分点（图 19-6）。PPI 的持续低迷是现阶段中国采矿业及

① 2015 年上半年以来，猪肉价格快速上涨，将拉升全年 CPI 上涨的幅度。

部分中下游制造业产能过剩的体现。近四年的时间里工业部门的通货紧缩对宏观经济的影响已不容忽视。从积极的一面看，PPI 的持续下降有助于挤出过剩产能，调整制造业结构。但从消极的一面看，PPI 的持续下降不利于稳定财政收入的增长。同时，一些以资源性开采为主的地区其经济增长已开始严重减速，[①] 这将加大地区间经济社会的发展差距。

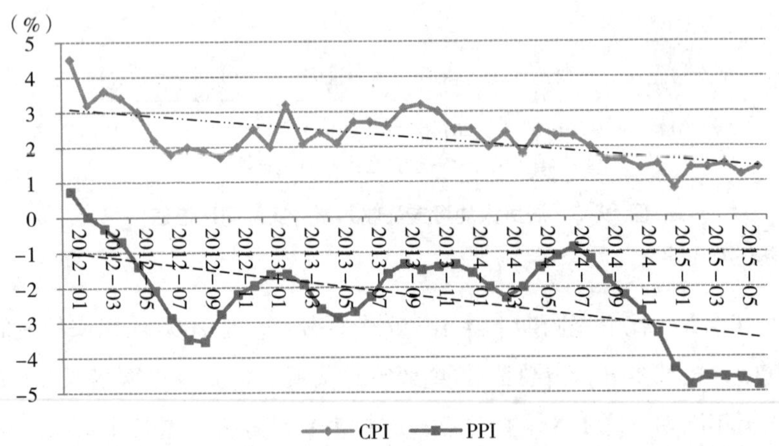

图 19−6 居民消费价格指数（CPI）和生产者价格指数（PPI）月度同比增速

资料来源：CEIC。

六、货币政策全面加定向宽松，财政政策积极稳健

为应对投资增速的大幅下滑，从 2014 年 11 月到 2015 年 6 月，央行连续多次降准降息和实施定向降准。[②] 这一系列的政策，累计下调了存款准备金率 1.5 个百分点，金融机构 1 年期贷款利率 1.15 个百分点，1 年期存款利率 1 个百分点。这些措施使 1 年期贷款基础利率[③]从年初的 5.51%降

① 2015 年上半年辽宁省经济增长 1.9%，山西省经济增长 2.5%，黑龙江省经济增长 4.8%，吉林省经济增长 5.8%，分别比上年同期下降 5.5、3、0.7 和 1.2 个百分点。

② 2015 年 2 月 5 日存款准备金率（包括定向降准）从 19.5%下降至 19.0%；3 月 1 日 1 年期贷款利率从 5.6%下调至 5.35%，存款利率从 2.75%下调至 2.5%；4 月 20 日，存款准备金率从 19.0%下降至 18.0%；5 月 11 日 1 年期贷款利率从 5.35%下调至 5.1%，存款利率从 2.5%下调至 2.25%；6 月 28 日 1 年期贷款利率从 5.1%下调至 4.85%，存款利率从 2.25%下调至 2.0%。

③ 贷款基础利率（LPR）是金融机构对其最优质客户执行的贷款利率，与法定贷款利率挂钩，可在其基础上下浮 5 个百分点。但是和短端的 SHIBOR 利率没有形成挂钩。

低至 6 月底的 4.8%，降幅达到 12.9%。同时，银行间市场利率也开始下降：6 月份银行间人民币同业拆借月加权平均利率从 1 月的 3.18%下降为 1.44%；质押式债券回购月加权平均利率也从 1 月的 3.10%下降到了 1.41%。

2015 年上半年，广义货币供应量（M2）余额 133.34 万亿元，同比增长 11.8%；狭义货币（M1）余额 35.61 万亿元，增长 4.3%；流通中货币（M0）余额 5.86 万亿元，增长 2.9%。对影子银行的监管极大地减少了通过信托产品发放的贷款，从而抑制了融资总量的增加。2015 年上半年全社会融资总量新增 8.79 万亿元，比上年同期下降 1.73 万亿元；其中，新增人民币贷款 6.59 万亿元，同比多增 8477 亿元（图 19-7）①。从构成来看，上半年新增人民币贷款占新增社会融资总量的比重为 74.9%，比上年同期提高了 20.4 个百分点；信托贷款占比为 0.4%，比上年同期下降了 4 个百分点，比 2013 年上半年下降了 11.8 个百分点；非金融企业股票融资占比为 4.8%，比上年同期提高了 3 个百分点。

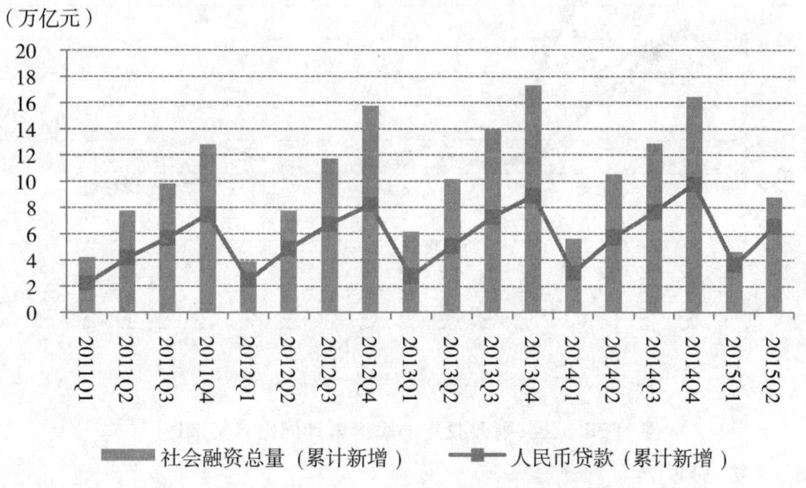

图 19-7 社会融资总量和人民币贷款

资料来源：CEIC。

① 按照国家统计局的统计公报，2015 年上半年社会融资总量新增 8.81 万亿元；其中，新增人民币贷款 6.56 万亿元，同比多增 5371 亿元。

2015 年上半年社会融资总量新增规模的缩小，主要原因在于对金融系统影子银行监管所导致信托类贷款的减少。虽然股票融资占比有明显提高，但规模依然有限。上半年新增人民币信贷规模的扩大以及国有投资增速平稳、民间投资增速下降的事实说明，依靠间接融资为主要渠道的信贷资源配置机制依然不利于民间投资需求的扩张。在限制了信托贷款等表外贷款渠道后，同时在直接融资的规模有限的情况下，尽管银行间流动性充分、融资成本降低，但并不意味着民间投资“融资难、融资贵”的问题就得到了缓解。因此，2015 年下半年，金融系统依然面临如何有效提高信贷资源配置效率的问题，使新增信贷资源最大限度地满足民间投资扩张的需求。

财政政策方面，受实体经济减速以及 PPI 持续下滑的影响，2015 年上半年公共财政收入累计增长 6.6%，增速比上年同期下降了 2.2 个百分点；① 财政支出累计增长 11.8%，增速比上年同期下降了 4 个百分点（图 19-8）。财政收支累计盈余 2312 亿元。

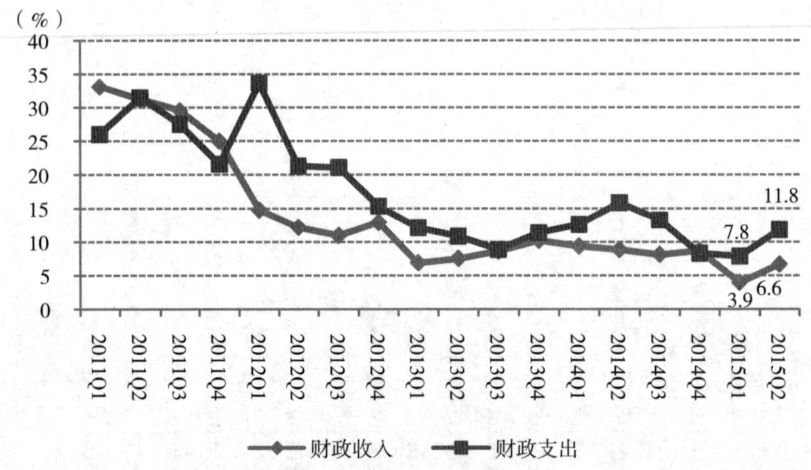

图 19-8　公共财政收支的季度累计同比名义增速

资料来源：CEIC。

在公共财政收入中，上半年税收收入增长 3.5%，增速比上年同期下降了 5 个百分点；税收收入占全部公共财政收入的比重为 83.6%，比上年同期下降了 2.6 个百分点。非税收入增长 26.3%，增速比上年同期增

① 按旧口径比计算，非同口径比计算。

加了 15.1 个百分点；占全部财政收入的 16.4%，增速比上年同期增加了 2.6 个百分点。非税收入的快速增长一定程度上减缓了税收收入增速的下滑，但是，非税收入具有显著的不规范性、不透明性、不公正性、不平等性和较大的自由裁量空间。[①] 非税收入占比的不断提高，一是加重了企业特别是中小企业和居民的负担；二是由于较强的随意性，导致了较强的不可预期性，增加了社会经济运行的制度成本和交易成本，两者都降低了企业的效率，抑制了居民消费的扩大，限制了经济增长；三是极易导致违法行政，为贪赃枉法提供制度方便。建立与发展社会主义市场经济，必须处理好政府与市场的关系，控制政府收支规模，规范政府收支行为。

2015 年上半年财政支出增速依然高于财政收入增速。其中，一般公共服务支出累计下滑 0.5%，增速比上年同期回落了 3.5 个百分点；教育、科学技术、文化体育与传媒支出累计增长 11.3%，增速比上年同期回落了 0.2 个百分点；社会保障和就业支出累计增长 20.9%，增速比上年同期提高了 7.5 个百分点；医疗卫生与计划生育支出累计增长 18.3%，增速比上年同期回落了 10.6 个百分点；农林水事务与交通运输支出累计增长 15.4%，增速比上年同期回落了 4.1 个百分点。从财政支出构成上看，一般公共服务支出占全部公共财政支出的 8.3%，比上年同期下降 1 个百分点，占比持续下滑；教育、科学技术、文化体育与传媒占比为 18.6%，比上年同期下降 0.1 个百分点，占比基本保持稳定；社会保障和就业占比为 13.5%，比上年同期提高了 1 个百分点；医疗卫生与计划生育占比为 7.5%，比上年同期提高 0.4 个百分点；农林水事务与交通运输占比为 15.6%，比上年同期提高 0.5 个百分点。这表明，尽管财政收入增速大幅下滑，但是财政支出中对民生领域的支出占比还在不断改善，2015 年上半年社会保障和就业支出的增速及占比显著提高，一定程度上抵消了实体经济减速以及居民收入实际增速下降所导致的居民福利的下降。

综上，至 2015 年上半年中国经济下行的压力主要来自：采矿业、制造

① 参见本课题组《中国宏观经济预测与分析——2013 年秋季报告》。

业以及房地产业投资增速的下滑，直接抑制了投资的增长；外部市场的不确定性导致出口增长低迷；城乡居民实际收入增速的下降也在一定程度上抑制了消费需求的扩张。2015年上半年，中国GDP增速持续下降至7.0%，几乎是2000年以来的最低季度累计增速。[①] 然而，尽管经济下行的压力依然很大，但是，经济结构调整的效应开始逐步显现，经济触底企稳的态势也不断显现。首先，第三产业占GDP的比重不断提高，很大程度上缓解了经济增速下行对就业形势的压力。其次，尽管投资增速在下滑，但投资结构在不断优化。一是全部投资中，对第一产业和第三产业投资占比持续小幅提高，第二产业投资占比不断下降；二是民间投资占全部投资的比重持续提高，且投资结构也在逐渐优化调整之中。再次，高技术产业增长较快，占工业比重进一步提高。[②] 最后，节能降耗继续取得新进展。2015年上半年，单位国内生产总值能耗同比下降5.9%，高耗能行业投资占比下降。[③] 这些事实在一定程度上表明，中国经济正在适应市场环境的变化，进行结构调整，具有较高附加价值的装备制造业、高技术制造业发展加快，产能过剩行业淘汰落后产能继续取得进展，产业结构正在升级。新的经济发展空间正在孕育之中。

然而，以下几方面的问题却不容忽视：第一，在2015年上半年宽松货币政策的背景下，民间投资增速急剧下滑。从资金供给面看，对影子银行的严格监管导致银行信托类贷款急剧减少，抑制了上半年社会融资的新增规模。虽然股票融资占比有明显提高，但规模依然有限。尽管上半年新增人民币信贷规模急剧扩大，但民间投资增速下降的事实说明，靠间接融资为主要渠道的信贷资源配置机制依然不利于民间投资需求的扩张。在限制了信托贷款等表外贷款渠道后，同时在直接融资规模有限的情况下，尽管货币政策已使银行间流动性充分、融资成本降低，但并不意味着民间投资“融资难、融资贵”的问题就得到了缓解。因此，2015年下半年，金融系

① 仅高于2009年一季度的6.6%，低于2009年上半年的7.5%的增速。

② 2015年1—5月份，高技术产业增加值占规模以上工业比重为11.3%，比上年同期提高1.2个百分点。

③ 六大高耗能行业投资增长8.5%，增速比全部投资低2.9个百分点，占全部投资的比重为11.9%，比上年同期下降0.3个百分点。

统依然面临如何有效提高信贷资源配置效率的问题，使新增信贷资源最大限度地满足民间投资扩张的需求。

第二，近四年的时间里工业部门的通货紧缩对宏观经济的影响已不容忽视。虽然 PPI 的持续下降有助于挤出过剩产能，调整制造业的结构，但是 PPI 的持续下降不利于工业利润以及财政收入的增长。同时，一些以资源开采为主的省份其经济增长已开始严重减速，这将加大地区间经济社会的发展差距。

第三，近年来 GDP 增速的持续下滑，已经开始抑制中国城乡居民的实际收入增长。尽管农村居民实际收入增速持续高于城镇居民，但是，农村居民收入增速下降的幅度却大于城镇居民。城乡居民实际收入增速的减缓将不利于中国经济增长方式的转换。

第四，2015 年上半年在地方政府债务负担较重的情况下，财政收入增速大幅下滑，非税收入快速增长，不仅抑制了财政支出的增长，而且还进一步加重了民间企业特别是中小企业和居民的负担。

第五，虽然第三产业占比的提高一定程度上保证了就业形势的稳定，但是，第三产业劳动生产率却长期低于第二产业。如何在产业结构调整的过程中快速提高第三产业的劳动生产率，是今后十年的时间里中国经济能否确保一个稳定的潜在增长速度的关键问题。

我们认为，从短期来看，加快推进利率市场化是完善资本市场的重要条件，是比定向降准更为有效地提高信贷资源配置效率的措施。从长期看，中国制造业的转型升级将大幅提高第二产业的劳动生产率；同时，利率市场化通过改善金融部门的效率必将大幅提高第三产业的劳动生产率。在中国经济重心从第二产业转向第三产业的结构转型过程中，利率市场化的推进将有效缩小第二产业和第三产业间的劳动生产率的差距。这不仅有利于就业的扩大，而且还有利于居民收入的快速提高，从而进一步促进中国经济增长方式的转型。为此，本次报告将在政策模拟部分模拟利率市场化的短期宏观经济效应；并增加一个专题，专门研究在长期中国经济的结构优化（混合所有制改革提高了市场化率、第三产业占比持续提高以及人力资本占比大幅提高等）对潜在增长率的影响。

第二节　2015—2016年中国宏观经济预测

一、模型外生变量的假设

（一）美国及欧元区经济增长率

因美国家庭财务情况持续好转以及低油价等因素带动，内需增长的积极影响将超过疲软的外部需求和强势美元造成的不利影响，预计美国经济2014年和2015年增速将不断提高。[①] 根据国际货币基金组织（IMF）2015年7月9日预测，美国经济2014年和2015年增速将为2.5%和3%，分别比4月份的预测下调了0.6个百分点和0.1个百分点。

数量宽松的货币政策、低油价以及劳动力市场的改善是拉动2015年欧元区经济增长的重要因素，但希腊政局变化及债务危机的影响有可能拖累欧元区的经济增长。IMF（2015年7月9日）预测，2015年欧元区经济增速为1.5%，2016年可能加速到1.7%（图19-9）。

（二）主要汇率水平

2015年上半年，由于美国加息预期渐强，全球主要货币对美元都出现了不同程度贬值。下半年从人民币兑美元汇率的变化来看，经济减速是导致人民币贬值的主要因素；但是，深化改革和经济结构优化所导致的中国经济内生增长动力的转变与增强，以及近年来人民币国际化进程的不断加快，都将保持人民币汇率的基本稳定。[②] 但是，鉴于中国央行2015年8月11日为提高人民币汇率中间价的市场化程度，意外调整人民币汇率中间价的形成机制，大幅下调人民币中间价，因此，预计2015年下半年人民币兑美元汇率中间价将呈现较大幅度震荡，至年末贬至1美元兑6.38元，2016年年末进一步贬值至1美元兑6.40元的水平（图19-10）。

① 受寒冬、强势美元等因素拖累，美国2015年一季度经济仅增长0.6%。

② 人民币正在争取成为国际货币基金组织（IMF）的特别提款权（SDR）篮子货币。

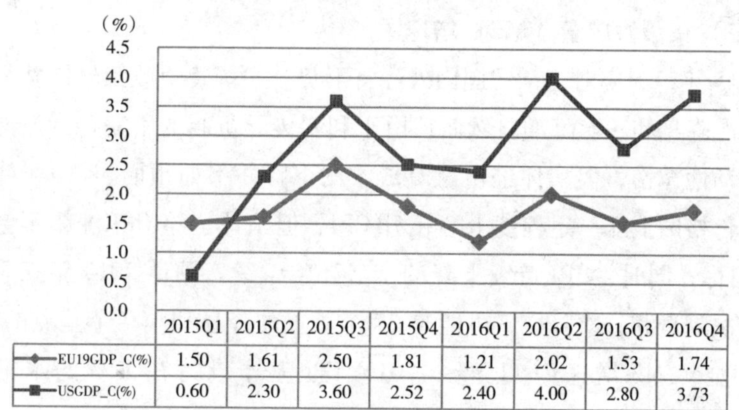

	2015Q1	2015Q2	2015Q3	2015Q4	2016Q1	2016Q2	2016Q3	2016Q4
EU19GDP_C(%)	1.50	1.61	2.50	1.81	1.21	2.02	1.53	1.74
USGDP_C(%)	0.60	2.30	3.60	2.52	2.40	4.00	2.80	3.73

图 19-9　美国与欧元经济增长率的变化趋势假定（季度性调整后的环比折年率）

注：EU19GDP_C 表示欧元区 GDP 增速，USGDP_C 表示美国 GDP 增速。

资料来源：本课题组假定。

2015 年上半年，美国加息预期叠加希腊退欧的风险导致欧元对美元持续贬值。下半年，尽管美联储有可能将在年底前加息，但由于 7 月 13 日欧元区峰会围绕希腊债务问题所达成的协议以及欧洲央行从 2015 年 3 月开始所推行的数量宽松的货币政策等，将极大地减轻欧元区经济增速下滑的风险，预计欧元贬值的速度会大幅降低。预计欧元兑美元汇率 2015 年年底下跌至 1 欧元兑换 1. 07 美元；这一水平将一直维持至 2016 年（图 19-10）。

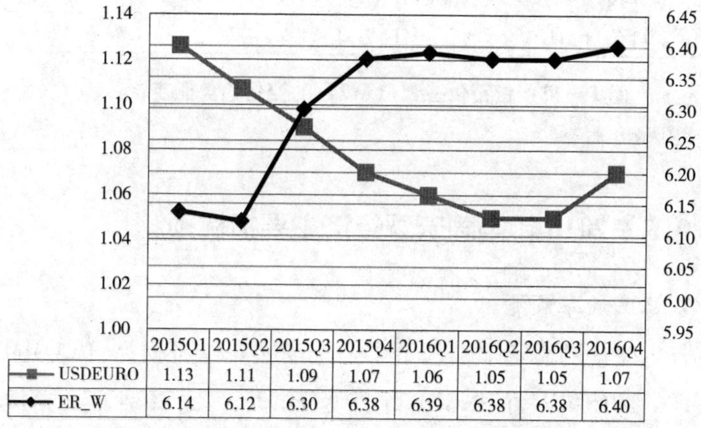

	2015Q1	2015Q2	2015Q3	2015Q4	2016Q1	2016Q2	2016Q3	2016Q4
USDEURO	1.13	1.11	1.09	1.07	1.06	1.05	1.05	1.07
ER_W	6.14	6.12	6.30	6.38	6.39	6.38	6.38	6.40

图 19-10　美元兑欧元汇率（左）、人民币兑美元汇率（右）的变化趋势假定

注：USDEURO 表示美元/欧元（左轴）；ER_W 表示人民币/美元（右轴）。

资料来源：本课题组假定。

（三）货币供应量（M2）增速

2015 年，为应对复杂的国内外经济形势，中国货币政策转向宽松，实施了三次降息和三次降准。然而，由于利率传导机制的不完善，虽然银行体系流动性充裕，但实体经济融资成本的下降并不如预期。[①] 下半年，虽然猪肉价格的上涨一定程度上会拉升 CPI，但预计全年 CPI 涨幅不会超过 3%的目标；同时，PPI 持续下降的态势还将继续。预计 2015 年三季度将实施一次降息和一次降准，可能是 25 个基点的降息和 100 个基点的降准。2015 年全年 M2 增速为 11.9%；2016 年也基本维持在 12%的水平（图 19-11）。

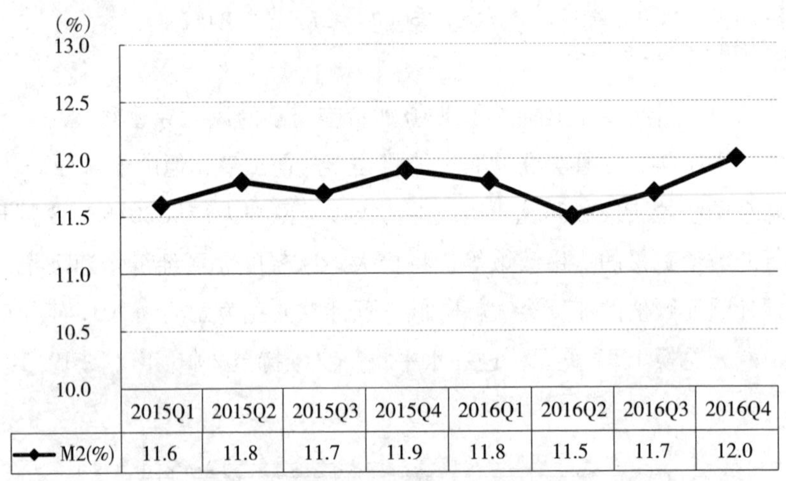

	2015Q1	2015Q2	2015Q3	2015Q4	2016Q1	2016Q2	2016Q3	2016Q4
M2(%)	11.6	11.8	11.7	11.9	11.8	11.5	11.7	12.0

图 19-11　货币供应量（M2）的变化趋势假定

资料来源：本课题组假定。

二、2015—2016 年中国宏观经济主要指标预测

（一）GDP 增长率预测

在上述外生变量的假定下，基于中国季度宏观经济模型（CQMM）的预测结果表明：2015 年，中国 GDP 增速为 7.10%，比 2014 年下降 0.3 个

① 由于经济结构调整和货币政策传导机制本身的问题，货币政策导致流动性积压在金融市场，商业银行的信贷投放规模增长不及预期，最后陷入了短端利率快速下行，长端利率却依然维持高位的“流动性陷阱”。

百分点；2016 年，GDP 增速可能进一步下探至 7.04%。从季度同比增长率看（图 19-12），下半年预计外部市场环境将有所改善，国内市场上宽松的货币政策与积极的财政政策还将继续实行，在各种稳增长政策密集发

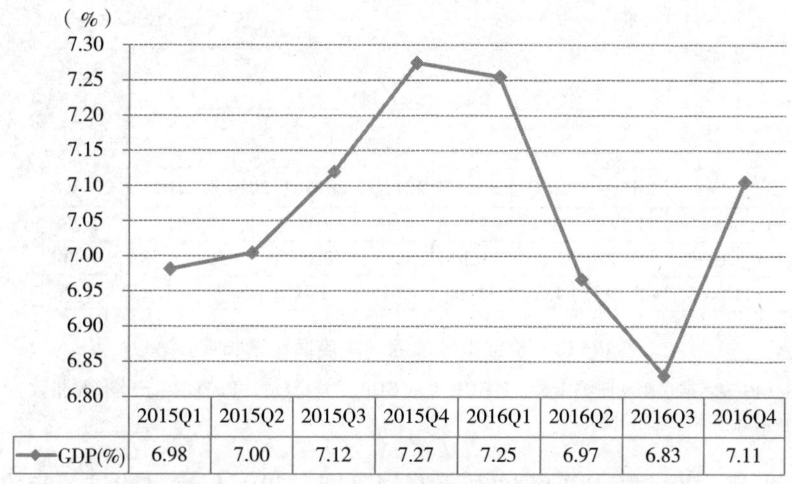

图 19-12　GDP 季度增长率预测（季度同比增长率）

资料来源：本课题组计算。

力的推动下，2015 年三季度 GDP 同比将增长 7.12%，四季度增速有望回升至 7.27%，并延续至 2016 年一季度。此后受上年同期基数的影响，2016 年三季度 GDP 增速将下行至 6.83%，而后小幅回升至 7.11%。这表明，未来两年尽管出口增长的不确定性以及产能过剩所导致的投资减速依然对中国经济形成下行压力，但是，深化改革以及结构转型升级（产业结构、投资结构以及制造业结构）所导致的增长动力的转换与加强，将成为稳定增长的主要力量。

（二）主要价格指数预测

模型预测，2015 年 CPI 将上涨 1.62%，涨幅比 2014 年下降 0.37 个百分点；到 2016 年，预计 CPI 涨幅将略升至 2.14%。分季度看（图 19-13），受猪肉等商品价格反弹的影响，2015 年三季度 CPI 涨幅可能上行至 1.73%，四季度升至 2.16%；2016 年一季度进一步回升至 2.55%，第二季度小幅回落至 2.31%。

生产者价格指数（PPI）在未来两年仍将继续维持负增长，但是降幅有

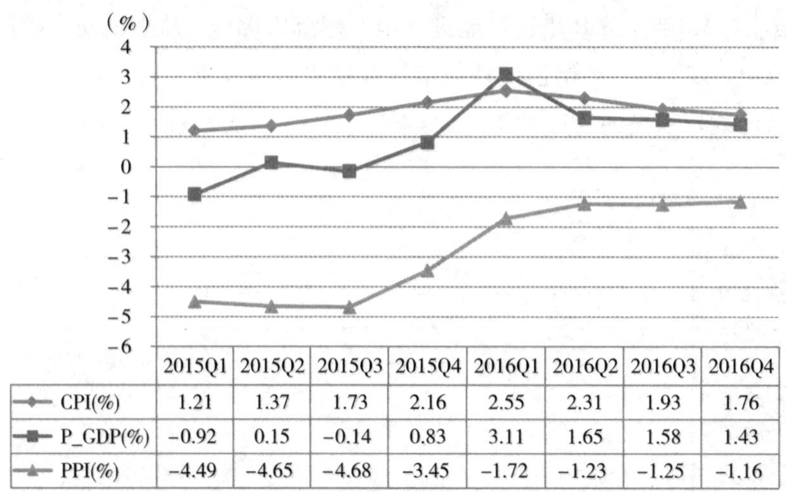

	2015Q1	2015Q2	2015Q3	2015Q4	2016Q1	2016Q2	2016Q3	2016Q4
CPI(%)	1.21	1.37	1.73	2.16	2.55	2.31	1.93	1.76
P_GDP(%)	−0.92	0.15	−0.14	0.83	3.11	1.65	1.58	1.43
PPI(%)	−4.49	−4.65	−4.68	−3.45	−1.72	−1.23	−1.25	−1.16

图 19-13　价格指数预测（季度同比增长率）

注：CPI 表示居民消费价格指数；P_GDP 表示 GDP 平减指数；PPI 表示生产者价格指数

资料来源：本课题组计算。

望逐渐收窄。2015 年 PPI 降幅预计为-4. 32%，2016 年有可能进一步收窄至-1. 34%。分季度看（图 19-13），PPI 降幅可能于 2015 年三季度下跌至-4. 68%，第四季度可能回升至-3. 45%，此后降幅逐步收窄。2016 年，随着外部经济环境的改善，“一带一路”建设铺开，淘汰落后产能压力下降，企业经营状况好转，PPI 降幅预计将继续回升，至四季度可能升至-1. 16%。

2015 年，GDP 平减指数（P_GDP）涨幅可能微降至-0. 02%；2016 年回升至 1. 94%。分季度看，2015 年三季度将下跌至-0. 14%，四季度上升至 0. 98%；进入 2016 年，该指标涨幅将呈现“前高后低”的趋势，并将在四季度下滑至 1. 43%（图 19-13）。

总体而言，2015 年中国经济虽然面临下行的压力，但经济增长率有望实现 7. 0%的政策目标，预计全年 GDP 增速为 7. 06%。通货膨胀率维持低位稳定，CPI 全年预计上涨 1. 62%。本课题组认为，受政策红利释放缓慢及结构调整的影响，2016 年中国的 GDP 增速将略有下降，同时 CPI 涨幅将有所上升。

（三）其他主要宏观经济指标增长率预测

1. 进出口及外汇储备预测

目前，全球经济依旧处于深度调整之中，总体复苏乏力，需求不振，大宗商品价格持续下降，前景仍不明朗。受此影响，模型预测 2015 年以美元、按现价计算的出口总额预计将增长 1.87%，增速比上年下降 3.3 个百分点；进口总额增速可能降至-11.47%，比上年大幅下滑 12.2 个百分点（表 19-1）。分季度看，出口同比增速在 2015 年三季度因上年基数的原因下滑至 1.57%，但 8 月 11 日央行突然调整人民币汇率中间价形成机制，导致人民币较大贬值，刺激出口，随后四季度小幅回升至 3.38%。进口同比增速在 2015 年三季度可能达到-8.56%，此后降幅收窄，并于四季度升至-6.01%。2015 年中国净出口占 GDP 的比重维持在 2.47%的水平。受出口增速下降、美元走强引起资本流出等影响，2015 年外汇储备将下降至 3.62 万亿美元。至 2016 年，随着外部市场需求的逐步恢复，中国进出口将呈现恢复性增长。以美元、按现价计算的出口增速预计将达到 6.81%；进口增速预计将达到 3.72%。外汇储备在 2016 年可能进一步降至 3.37 万亿美元（图 19-14）。

表 19-1　2015—2016 年中国进出口及净出口占 GDP 比重预测

（单位:%）

时间	出口				进口				净出口占 GDP 的比重
	不变价（人民币）	现价（美元）	一般贸易	加工贸易	不变价（人民币）	现价（美元）	一般贸易	加工贸易	
			现价（美元）	现价（美元）			现价（美元）	现价（美元）	
2015 年	5.05	1.87	4.50	-1.93	0.00	-11.47	-15.52	-8.33	2.47
第一季度	6.01	4.62	11.78	-6.17	-8.61	-17.80	-21.78	-8.37	2.09
第二季度	-0.73	-2.07	1.73	-8.53	-1.43	-13.48	-15.51	-12.59	3.01
第三季度	5.71	1.57	2.90	2.28	5.40	-8.56	-13.76	-6.36	2.28
第四季度	9.04	3.38	2.15	3.95	4.54	-6.01	-10.49	-6.33	2.64
2016 年	8.03	6.81	10.11	-0.16	4.90	3.72	6.98	-1.31	2.80
第一季度	7.07	4.65	4.59	3.56	11.44	8.24	6.93	3.48	2.61
第二季度	13.25	11.06	13.29	5.72	6.43	4.52	6.70	2.84	2.81
第三季度	5.64	5.30	10.75	-4.85	0.77	0.62	7.16	-5.84	2.93
第四季度	6.65	6.48	11.91	-3.54	1.98	2.05	7.12	-4.50	2.88

资料来源：本课题组计算。

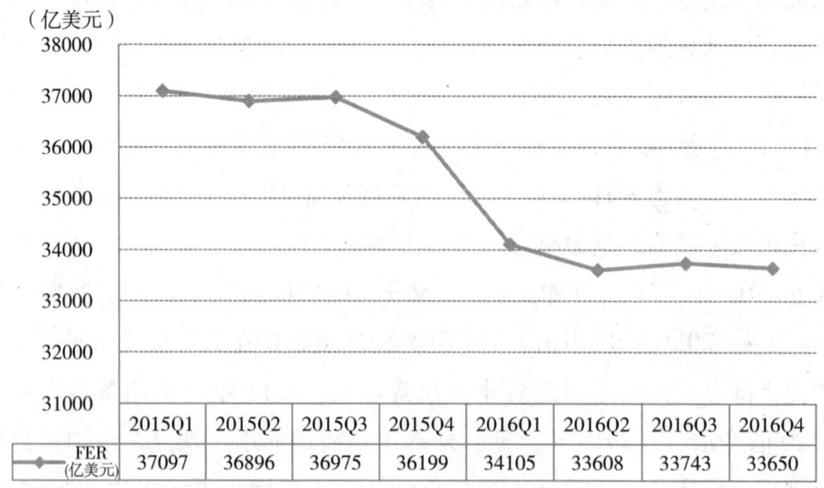

	2015Q1	2015Q2	2015Q3	2015Q4	2016Q1	2016Q2	2016Q3	2016Q4
FER (亿美元)	37097	36896	36975	36199	34105	33608	33743	33650

图19-14　外汇储备预测

注：FER表示外汇储备规模。

资料来源：本课题组计算。

2. 固定资产投资增速预测

尽管自2015年二季度开始，工业增加值增速、固定资产投资增速以及房地产业投资增速均表现出企稳的迹象，但是，房地产市场的供给过剩以及制造业的产能过剩尚不能完全消除，2015年固定资产投资增速将继续下降。模型预测（图19-15），按现价计算的城镇固定资产投资增速预计为11.21%，比2014年下降3.99个百分点。2016年，“一带一路”建设、京津冀一体化以及“互联网+”等新兴领域的快速发展有望对固定资产投资形成支撑，城镇固定资产投资增速有望稳定在10.68%的水平。分季度来看，城镇固定资产投资（现价）增速在2015年三季度将升至11.72%，之后受上年基数效应的影响，降至四季度的9.61%。2016年，从二季度开始，逐季回升，四季度末将达到13.41%的水平。

3. 消费增长率预测

模型预测显示，2015年按不变价计算的居民消费总额预计将增长6.79%，增速比2014年小幅下降1.23个百分点；2016年略上升至7.84%，维持稳定。2015年按现价计算的社会消费品零售总额将增长10.07%，增速比2014年下降1.90个百分点；2016年小幅提高至11.98%。

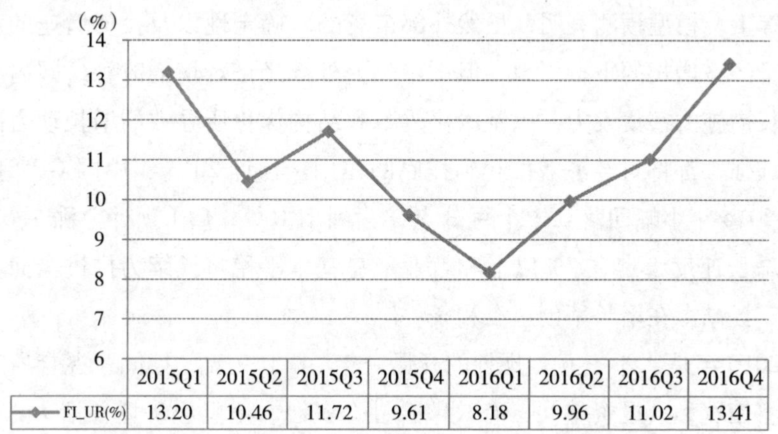

图 19-15　固定资产投资增速预测（季度同比增长率）

注：FI_UR 表示城镇固定资产投资（现价）增速。

资料来源：本课题组计算。

分季度看，居民消费总额（不变价）增速将在 2015 年四季度降至全年最低值 4. 86%；2016 年，增速呈现前高后低趋势，二季度达到全年最高值 9. 78%，之后至四季度预计将回落至 6. 46%。社会消费品零售总额（现价）增速在 2015 年保持平稳，三季度在上年同期基数效应拖累下，降至 8. 81%；2016 年则表现为稳中有升，各季度保持在 10. 19%—14. 0%之间（图 19-16）。

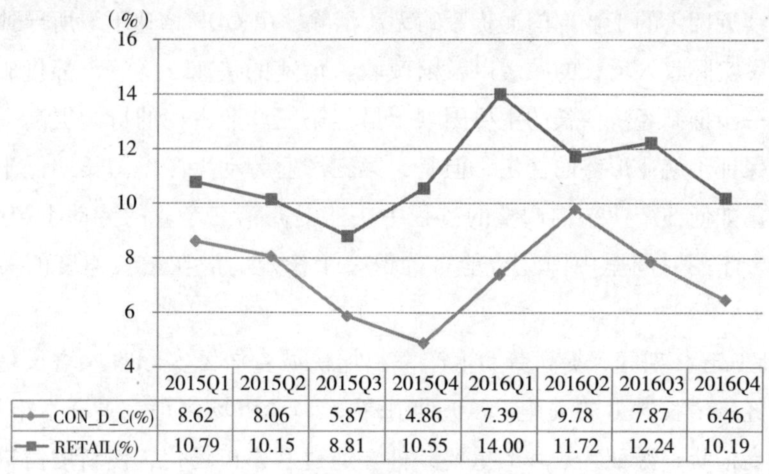

图 19-16　消费增速预测（季度同比增长率）

注：CON_D_C 表示居民消费总额（不变价）增速；RETAIL 表示社会消费品零售总额（现价）增速。

资料来源：本课题组计算。

综上，模型预测表明，虽然外部市场的不确定性以及投资增速的下滑形成了经济增长的下行压力，但下半年，外部经济环境的改善，国内各项稳增长措施的密集发力，以及深化改革和结构优化所导致的增长动力的转换与加强，都将对经济增长起到托底的作用。预计 2015 年中国 GDP 增速将比 2014 年小幅回落 0.3 个百分点，达到 7.10%；CPI 预计上涨 1.62%。经济增长速度稳定在 7%以上和就业形势基本平稳将继续为推进全面深化改革、提高潜在增长率创造有利条件。

2016 年是“十三五”规划的开局之年。“十三五”期间，混合所有制改革将拓宽私人投资空间，有效整合社会资源，激发经济增长活力；《中国制造 2050》以及区域规划的调整措施，将提升制造业劳动生产率；利率市场化的加快推进以及资本市场的完善，将改善金融资源的配置效率，同时“互联网+”战略的实施也将提高第三产业的劳动生产率；行政审批制度改革、政府负面清单管理的落实等都将从长期进一步激发中国经济的增长潜力，为中国经济在今后五到十年保持稳定增长以及跨越“中等收入陷进”创造有利条件。

然而，在 2015 年上半年宽松货币政策的背景下，民间投资增速快速下滑所揭示的金融部门信贷资源配置的低效率以及货币政策传导机制的不畅，持续近四年的工业部门通货紧缩无法消除，由 GDP 增速下滑所导致的城乡居民实际收入增长的减缓以及财政收入增速的快速下降等，都将成为短期进一步抑制经济增长的主要因素。虽然第三产业占比的持续提高一定程度上保证了就业形势的稳定，但是，第三产业劳动生产率却长期低于第二产业。如何在产业结构调整的过程中快速提高第三产业的劳动生产率，是今后十年的时间里中国经济能否确保一个稳定的潜在增长速度的关键问题。

“十三五”期间，提高劳动生产率和加快城乡居民实际收入增长是挖掘中国经济增长潜力的关键。从短期来看，利率市场化是完善资本市场、有效提高信贷资源配置效率的重要条件。通过利率市场化，使新增信贷资源可以有效地配置在生产效率较高的民营部门，满足民间投资扩张的需求。从长期看，在工资上涨和人民币升值的压力下，中国制造业的转型升级将大幅提高第二产业的劳动生产率。如果第三产业的劳动生产率不能相应提高，那么，中国经济从第二产业向第三产业转型的过程中，劳动生产率的下降必然抑制经济增长，并阻碍居民收入的提高。通过利率市场化来改善金融部门的效率，提高金融部门在第三产业中的占比，可有效缩小第二产业和第三产业间的劳动生产率差距。这样，中国经济的转型，将不仅有利于就业的扩大，而且还有利于居民收入的快速提高，从而进一步促进中国经济增长方式的转型。

接下来，我们首先应用中国季度宏观经济模型（CQMM）模拟分析利率市场化在短期可能产生的宏观经济效应；然后，从结构优化的角度研究今后一段时期中国经济结构优化与潜在增长率提高的问题。

第三节　政策效应模拟：中国推进利率市场化的宏观效应分析

一、政策模拟的背景分析

金融系统是现代经济的枢纽，利率则是金融系统有效配置资源的核心因素。推进利率市场化改革，使各种利率水平基于市场资金供求而形成，是优化配置金融资源的一个必要条件。长期以来，中国利率市场化改革推进的缓慢，[①] 严重阻碍了货币政策的传导，降低了金融资源的配置效率，加剧了经济的波动，阻碍了经济结构的调整。中国利率市场化改革采取的是渐进式的改革思路，直至近年改革步伐才不断加快。[②] 尽管如此，中国

① 1993 年，党的十四届三中全会提出要建立“以市场资金供求为基础，以中央银行基准利率为调控核心，由市场资金供求决定各种利率水平的市场利率管理体系”，并指出中国利率市场化改革遵循“先外币、后本币；先贷款、后存款；先长期、后短期；先大额、后小额”的原则和步骤，已历经 20 余年的发展。

② 2013 年，党的十八届三中全会提出要“完善人民币汇率市场化机制，加快推进利率市场化”，并于同年 7 月放开贷款利率管制。进入 2015 年存款利率市场化的改革也拉开序幕：首先出台了《存款保险条例》，然后不断扩大存款利率浮动的上限（从过去的 1.1 倍扩大到 1.5 倍），并推出大额存单产品，等等。

金融部门资源配置效率的低下依然是一个不争的事实。

随着中国市场化改革的不断推进，民间投资开始成为保持固定资产投资增速稳定，提高投资效率，从而稳定经济增长的主要力量。自 2012 年以来，民间固定投资增速始终快于全社会固定资产投资增速。不仅如此，随着市场环境变化，经济转型，民间投资结构也在逐渐优化调整：对第一产业、第三产业的投资增长迅速，对制造业中的装备制造业、高技术制造业投资也增长强劲。民间投资的快速增长以及结构优化极大地推动了中国产业结构的转型升级。[①] 然而，2015 年上半年，为维持投资增速的稳定，货币政策通过连续降准降息为实体经济提供信贷资源，但是，观察不同投资主体的投资增速可以发现（图 19-3），2015 年上半年国有控股企业投资增速基本维持稳定，外商投资企业以及港澳台投资企业投资增速止跌回升，唯有民间投资增速大幅下滑。2015 年上半年社会融资新增规模构成的变化，可以从一个角度发现宽松货币政策的背景下民间投资增速快速下滑的原因。从资金供给面看，央行对影子银行的严格监管导致银行信托类贷款急剧减少，虽然 2015 年上半年股票融资占比有明显提高，但其规模依然有限。在限制了信托贷款等表外贷款渠道后，同时直接融资的规模又有限的情况下，尽管货币政策已使银行间流动性充分、融资成本有所降低，但是，当前靠间接融资为主要渠道的信贷资源配置机制依然不利于民间投资需求的扩张，民间投资“融资难、融资贵”的问题依然存在。

当前虽然贷款利率已经放开，但偏低的存款利率以及较大的存贷款利差依然是银行维持超额利润的一个主要途径。由于能够以较低的成本获取资金，国有银行缺乏动力去追求较高的资金使用效率，且长期以来偏向对大型国有企业提供贷款，不愿向民营及小微企业放贷。2014 年以来开始实施的定向扩张政策也只能在一定程度上缓解农业及中小微企业的资金紧缺状况，无法从根本上改善信贷资源的配置效率。另一方面，从企业的角度来看，较高的存贷款利差意味着企业自筹资金的成本较低而融资成本较高，企业因此倾向于利用自筹资金进行投资，这也降低了资本市场的资金

① 参见本课题组：《中国宏观经济预测与分析——2015 年春季报告》。

利用效率。[①] 从这里看，利率市场化的推进是中国当前发展与完善资本市场必须跨越的挑战。

从短期看，中国存款利率市场化的推进将从以下三个方面对经济产生影响：一是对于资本所有者（居民），存款利率的提高有助于财富的增长，继而通过财富效应扩大消费需求，有助于经济增长方式的转变；二是有助于迫使金融部门逐步摆脱对存贷款利差收入的依赖，通过金融创新实现利润来源多元化，提高金融部门的效率；三是有助于提高信贷资源的配置效率，引导资金进入投资效率高的行业，从而疏通利率传导渠道，有效推动实体经济增长。从长期看，通过利率市场化提高金融部门的效率，继而提高金融部门在第三产业所占的比重，在中国经济增长的重心由第二产业向第三产业转移的过程中，这将有利于第三产业劳动生产率的提高，从而进一步保障在就业扩大的同时，居民收入的稳步提高。

尽管如此，从其他国家与地区推进利率市场化改革的实践来看，利率市场化的推进也可能在一定时期内对实体经济增长产生不稳定的影响。例如，在流动性偏紧的情况下，放开存款利率管制可能会引起存款利率上升，并推动贷款利率上升，提高企业融资成本，进而抑制投资，影响经济增长。有鉴于此，本课题组利用CQMM模型对解除存款利率上限可能导致的存款利率上升进行了情景模拟，试图借助这一在过去多年来较为成功地揭示了中国经济总量及结构变化特征机理的模型，定量分析在当前的经济条件下、完成利率市场化会对中国经济带来怎样的影响。[②]

二、政策模拟的情景设计

本课题组利用CQMM模型，模拟分析在2012—2014年期间，假如取消了存款利率浮动上限导致存贷款利差缩小所产生的宏观经济影响。

考察世界各经济体利率市场化进程的经验，不难发现，存贷款利差的

① 长期以来，全部固定资产投资中企业自筹资金投资所占的比重持续提高，至2015年上半年占比已超过70%。

② 中国经济总需求增速放缓、流动性较充裕，虽然扩大了存款利率浮动的上限，但是，存款利率尚没有触及其上限：大型和股份制银行的1年期存款利率约为基准利率的1.1—1.2倍；存款相对更为紧张的小型银行其存款利率仅上浮到1.4倍左右。

变化并没有共同的规律可循。由于中国目前贷款利率已放开，且存贷款利差较大，因此，假定存款利率市场化的推进很可能会导致存款利率上升。在贷款利率小幅上升的情况下，存贷款利差逐步缩小。2012 年中国存贷款利差为 3.06 个百分点，假定从 2012 年一季度起到 2014 年四季度末（共 12 个季度的时间），存贷款利差因利率市场化的推进逐步下降至 1.53 个百分点，相当于利差比初始值缩小了 50%。① 在 2012—2014 年期间中国实际的存贷款利率与用于模拟分析的存贷款利率水平如图 19-17 所示。

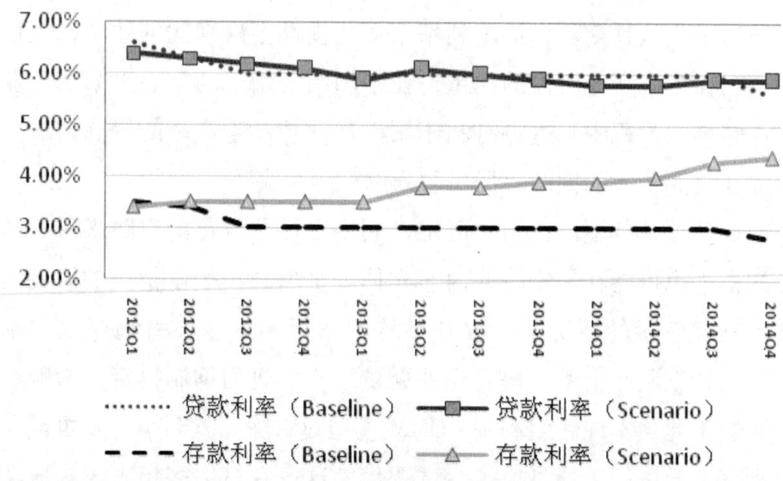

图 19-17 模拟期的利率变化

注：Baseline 表示基准状态；Scenario 表示情景模拟结果。
资料来源：本课题组计算。

存贷款利差的变化将通过如下的传导渠道对经济产生影响：一是投资渠道。利差收窄将对贷款利率产生冲击，从而影响投资需求以及投资资金的来源构成，最后影响经济增长。二是消费渠道。表现为存款利率的提高会影响城乡居民的收入，继而影响居民消费需求，最后影响经济增长。②

① 如果贷款利率不发生变动的话，这相当于存款利率自模拟期的第 3 期起就突破当时央行规定的存款利率浮动上限。因此，这是一个利差变化相对较大的情形，相当于是对中国经济所进行的“压力测试”。

② 鉴于目前 CQMM 的结构，我们尚未考虑利率市场化对人民币汇率、中国股票市场价格以及房地产价格等几方面的影响。

通过这两个渠道，我们可以模拟分析利率市场化导致存贷款利差缩小后，对经济总量增长以及结构挑战的影响。

三、缩小存贷款利差的宏观效应模拟分析

（一）缩小存贷款利差对投资增速的影响

在这一模拟情景的作用下，投资有所减少。尽管贷款利率的最终实现值较为稳定，但存贷利差的收窄令企业自筹资金的成本上升，因此来源于企业自筹部分的投资明显下降。在模拟期的 3 年内，企业自筹投资分别下降 0. 2、1. 4、0. 7 个百分点。虽然一部分投资需求在资金价格变化的作用下转而通过本地信贷实现，因此来源于本地信贷的投资略有上升，但仍不足以弥补整体投资的减少。最终，城镇固定资产投资增速在模拟期内均有所下降，3 年分别下降 0. 2、1. 0、0. 2 个百分点（图 19-18）。

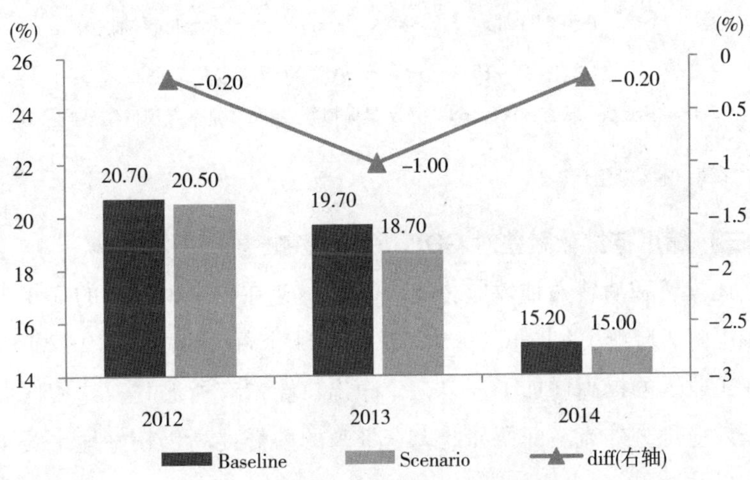

图 19-18　城镇固定资产投资增速变化

注：Baseline 表示基准状态；Scenario 表示情景模拟结果；diff 是情景模拟结果减去基准状态的结果。

资料来源：本课题组计算。

（二）缩小存贷款利差对消费增速的影响

存款利率的稳步上升通过影响居民财产性收入促进了居民收入增长，进而提振了内需。社会零售总额增速在模拟期初期与基准状态持平，此后 2 年为 15. 2% 和 12. 3%，分别较基准状态提升 0. 1 和 0. 3 个百分点（图

19-19）。存款利率的提高使滞留在金融系统内的利差租金部分流出到居民部门。由于居民部门的需求是受到抑制的，其边际增长效益较高，资源由低边际部门向高边际部门的流动对整体经济增长产生了一定程度的促进，部分地弥补了投资下降带来的产出冲击。

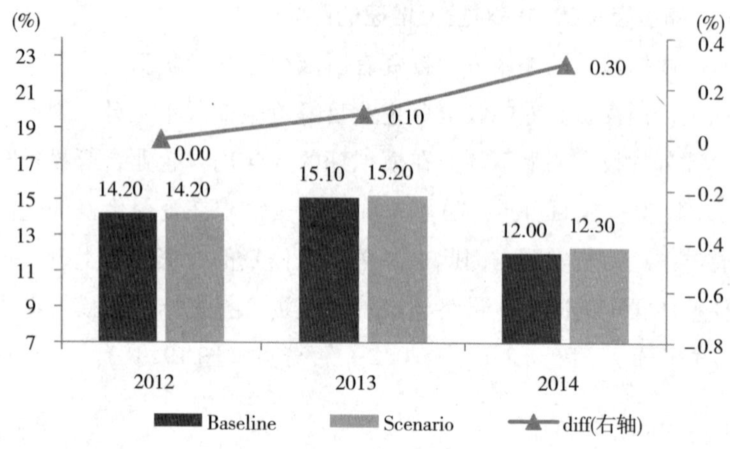

图 19-19　社会零售总额的增速变化

注：Baseline 表示基准状态；Scenario 表示情景模拟结果；diff 是情景模拟结果减去基准状态的结果。

资料来源：本课题组计算。

（三）缩小存贷款利差对 GDP 增速的影响

上述投资和消费两种效应叠加，GDP 增速在整个模拟期的 3 年内均出现小幅下降，降幅分别为 0. 03、0. 22、0. 04 个百分点（图 19-20）。实际上，居民收入的提高增加了进口，令净出口账户有所恶化，这使居民增收的增长效应部分外流。即便如此，它带来的内需提高仍较好地平缓了投资下降造成的冲击。

上述投资与消费两个方面的影响显著地改变了 GDP 的支出结构。模拟期内，最终消费中居民消费占 GDP 的比重由 37. 28%上升到 37. 61%，其中 2013 年和 2014 年较基准水平分别提高 0. 1 和 0. 21 个百分点（表 19-2）。相比之下，资本形成总额占比虽然维持连年上升的态势，但 3 年中分别较基准水平下降 0. 02、0. 11、0. 14 个百分点（表 19-2）。此外，如前所述，居民增收、内需增长也使净出口有所减少，占比有所下降。可见，尽管经济出现温和衰退，“两高一低”的扭曲的国民收入结构却得到了改善。

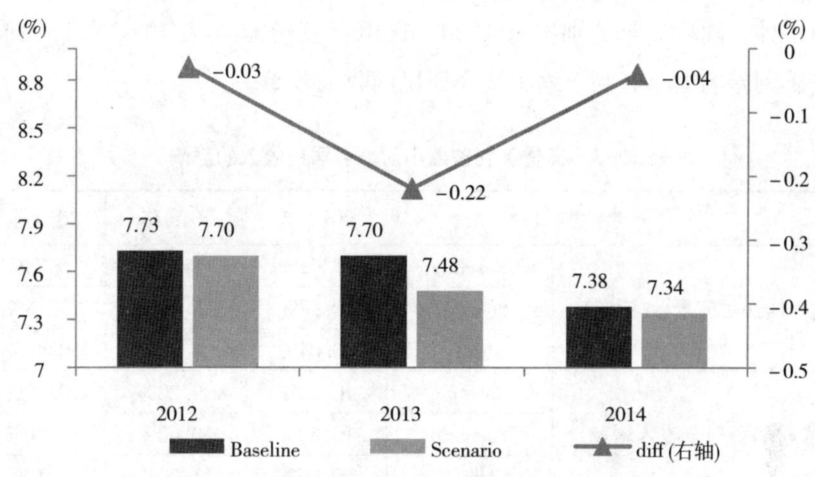

图 19-20　GDP 增速变化

注：Baseline 表示基准状态；Scenario 表示情景模拟结果；diff 是情景模拟结果减去基准状态的结果。

资料来源：本课题组计算。

表 19-2　存贷款利差缩小对 GDP 支出结构调整的效应

		2012 年	2013 年	2014 年
居民消费占比	Baseline	37. 28%	37. 18%	37. 40%
	Scenario	37. 28%	37. 28%	37. 61%
	diff	0. 01	0. 10	0. 21
固定资产投资占比	Baseline	47. 04%	47. 47%	47. 61%
	Scenario	47. 02%	47. 36%	47. 48%
	diff	-0. 02	-0. 11	-0. 14

资料来源：本课题组计算。

（四）缩小存贷款利差对城乡居民收入增长的影响

模拟情景的居民财富效应在城乡间也存在不同。具体观察城乡居民收入，可以发现，两者在模拟期内均有提升，但由于存款利率提高带来的财富效应存在一定时滞，初期的收入增长并不明显。其中，城镇居民可支配收入的实际增速初期略降 0. 04 个百分点，随后 2 年分别提高 0. 20、0. 40

个百分点（表 19-3）。农村居民现金收入的实际增速提升较为明显，除初期持平外，随后 2 年分别提升 1. 20、1. 10 个百分点（表 19-3）。[①] 因而，存贷款利差的缩小有利于缩小城乡居民的收入差距。

表 19-3　存贷款利差缩小对城乡居民收入的影响

		2012 年	2013 年	2014 年
城镇居民可支配收入增速	Baseline	9. 62%	5. 11%	6. 78%
	Scenario	9. 58%	5. 31%	7. 18%
	diff	-0. 04%	0. 20%	0. 40%
农村居民现金收入增速	Baseline	10. 80%	9. 20%	10. 10%
	Scenario	10. 80%	10. 40%	11. 20%
	diff	0. 00%	1. 20%	1. 10%

资料来源：本课题组计算。

综上，放开存款利率上限、基本实现利率市场化之后，如果存贷款利差逐步收窄，那么，首先，贷款利率在初期会略有升高、之后保持稳定，模拟期内贷款利率不会大幅提高。其次，存贷款利差的缩小会降低投资增速，并通过财富效应提高消费增速。再次，受投资减速的影响，GDP 增速会有小幅度的下降，但“两高一低（高投资、高出口、低消费）”的国民收入结构将有所改善。总投资占 GDP 的比重会下降、居民消费占比会提高，经济增长逐步转向消费驱动。最后，城乡居民收入差距有望得到一定程度的改善。由于农村居民所受的金融抑制程度较深，因此，存款利率的提高可更快地提高农村居民的收入增速，缩小城乡收入差距。

上述模拟结果还进一步说明，即便是存款利率大幅度提高使存贷款利差大幅度缩小，中国 GDP 的增速也仅会出现小幅的下降；但与此同时，国民收入支出结构却能因此有所改善。需要说明的是，上述结果是一个较为

① 这种差异极有可能来自于投资渠道的多寡。实际上，自 2004 年光大银行发布第一款银行理财产品以来，各商业银行就开始利用此类业务绕过利率管制，这变相提高了存款利率水平。近年来互联网创新金融产品的兴起进一步加强了这一趋势，极大丰富了城镇居民的理财渠道，提高了城镇居民可及的资产回报率水平。相比之下，限于信息的阻隔和渠道的匮乏，农村居民更不容易从这一变局中获益，他们的资产回报更为依赖银行提供的存款利率，因此模拟情形对农村居民收入带来的促进更大。

极端条件下的“压力测试”。现实中，放开存款利率上限在短期内并不必然导致利差收窄[①]。考虑到中国今年以来已进行三次降息、两次全面降准和一次定向降准，加上近期银行间市场利率处于下行趋势，超额准备金率维持在较高水平，流动性较为充裕，存款利率在上限放开后也有较大的概率保持稳定。可以说，放开存款利率管制、完成利率市场化的“临门一脚”、取得平稳过渡，正处于一个成熟的时机。

作为金融领域基础性、全局性的重要改革，利率市场化涉及增长、金融等众多方面，影响政府、企业和居民等诸多经济主体。利率管制最终放开，是利率实现市场化的关键标志，但这与其说是系列改革的终点，毋宁说是一个新的起点。在放开利率上限后，更加激烈的竞争可能导致中小型金融机构陷入危机，需要相关部门加强监管力度、完善监管制度、合理管控风险，以维持金融体系稳定。此外，完善市场基准利率的建设，强化利率传导的作用机制，丰富央行转向价格调控的政策工具，都是亟待完成的配套举措，需要通过不断深化改革加以推进。

第四节　中国经济结构优化与增长潜力

2010 年中国人均 GDP 超过 5000 美元，成为中等偏上收入水平经济体。在此前后的国际金融危机冲击及国际经济环境变化，使中国既有的以出口劳动密集型产品为导向的粗放型经济发展方式难以为继，中国的经济增长率逐步下行。国内外经济形势的变化，对尽快跨越中等收入阶段、步入现代发达经济国家的殷切期待，使中国社会各界普遍关注中国经济未来的增长走势。

从短期看，这事关中国“十三五”时期经济重大发展目标的制定以及到 2020 年能否顺利实现收入倍增计划、实现全面建成小康社会的战略目

① 美国 1986 年完成彻底的利率市场化之后，利差在 6 年内不降反升，之后才进入下降通道。

标；从中长期看，这关系到中国能否在未来10—15年内初步跨越中等收入阶段，人均GDP到2020年达到1万美元左右，并于2049年新中国成立百年之际顺利实现由一个存在较严重的收入分配不均等、区域发展不平衡、产业结构不合理、社会经济发展不同步、环境污染和要素资源使用效率低下的发展中国家，转型升级为一个收入分配相对均等、区域平衡发展、产业结构优化、社会经济和谐、环境优良、资源高效利用的中等发达国家。显然，要实现中央提出的这些社会经济发展战略目标，中国经济需要在未来一段时间内保持较为稳定的中高速增长。未来5—10年能否实现稳定的中高速增长，关系到党的十八大提出的到2020年实现国内生产总值和居民可支配收入翻一番目标以及更早提出的“两个一百年”战略目标的实现。

然而，在目前经济增速持续下滑的背景下，学界对于未来5—10年中国经济能否实现中高速增长目标，还存在争议。一些学者和研究机构持悲观态度，认为中国经济将出现崩盘，经济增速会下降到3%—4%之间，甚至更低的水平；也有一些学者相对乐观，认为中国经济还将回到8%以上的水平；多数学者的看法是随着中国人均收入进入中等偏上水平，中国经济将进入一个新的发展阶段，告别传统经济发展模式下的高增长，进入一个增速在6%—7%之间的中高速增长阶段。

辨析清楚上述问题的关键在于：中国经济未来的长期潜在增长率处于何种水平，中国经济未来5—10年的增长空间大小。所谓潜在增长率，通俗讲，就是经济处于某种理想状态时的产出水平。经济学界普遍认为，实际经济增长速度往往会围绕潜在增长率合理地上下波动。根据奥肯定律，当就业稳定时，实际经济增长速度将与潜在经济增长率基本保持同步。因此，在当前中国就业形势基本保持稳定的前提下，中国经济的潜在增长率，可以视为实际经济增长率的一个增长标杆，能够用以识别未来的实际经济增长空间，从而为上述有关增长趋势的争论提供判定依据。

因此，研究中国经济的长期潜在增长率变动轨迹是怎样的一个趋势？影响中国长期潜在增长率的因素又有哪些？这些因素又究竟如何以及多大程度上影响长期潜在增长率呢？解答这一系列问题，对于明确中国未来一段时期的经济增长走势，帮助制定未来5—10年的国民经济和社会发展规划，判断能否在建党和新中国成立百年到来之际，顺利实现重大战略目标、基本跨越中等收入阶段、转型升级为中等水平发达国家，以及如何及时、准确、科学地实施相应的宏观调控政策，具有重要的现实意义。

一、潜在增长率的估算方法及步骤

目前来看，常用的潜在增长率测算方法主要可以分成三类：一是统计分解趋势法；二是生产函数法；三是基于经济理论的结构计量模型方法。其中，统计分解趋势法包含线性趋势法、单变量滤波方法等。其优点在于可以依据数据频率的不同，调整参数，从而灵活应对不同情况下的产出分解，但缺点是更多体现为对趋势 GDP 的衡量，无法考虑供给因素的变化，如资本、劳动力以及技术因素对潜在增长率的影响。生产函数法则是利用生产函数，通过代入实际的资本存量水平、估算的潜在就业水平以及全要素生产率，估算各年的潜在产出水平。其优点在于具备经济理论支持，同时能够进行要素分析，得悉不同阶段影响潜在产出的不同因素排序，缺点是潜在技术水平和潜在就业水平难以被正确衡量，估计的结果不尽相同。结构计量模型的代表性方法主要有结构向量自回归法和多变量滤波法。优势在于可以将其他一些会影响产出的重要变量考虑在内，如通货膨胀缺口、就业缺口等，能够应对外部冲击和更多的不确定因素，但劣势是对数据样本要求较高，存在末端样本问题。

基于上述分析，考虑到当前中国经济的结构性特征，本课题组选择以生产函数法作为基准方法，并在此基础上，结合滤波方法，对未来 5—30 年的中国潜在增长率进行预测。具体步骤为①：

第一，构建包含技术水平、物质资本存量、三次产业投资结构、劳动力以及人力资本要素的生产函数。

第二，以估计方程的残差项作为索洛余量，表征广泛意义上的技术水平。

第三，通过计量回归方程，引入两个与现阶段中国经济改革和增长效率息息相关的变量：混合经济比重（股份制经济和联营经济的固定资产投资占比）以及第三产业相对劳动生产率（第三产业劳动生产率与第二产业

① 更详细的过程请参阅本报告附录一和附录二的内容。

劳动生产率之比）来解释技术变迁。利用状态空间模型和 Kalman 滤波，预测混合经济比重和第三产业相对劳动生产率指标的长期趋势，估算索洛余量的长期趋势。

第四，对人口总数、劳动参与率进行预测，估算长期潜在就业人数。

第五，估算就业人员的不同受教育程度占比的变化，预测人力资本的变化趋势。

第六，假定三次产业投资比重的变化，预测时变资本产出弹性的变化趋势。

第七，将索洛余量的长期趋势项、长期潜在就业人数、人力资本趋势序列以及时变资本产出弹性，代入估算的生产函数方程，得到潜在产出序列及其长期趋势项。

这样估算未来潜在增长率的用意在于：一是可以考虑产业结构变迁对潜在增长率的影响。通过三次产业投资结构的变化，估计时变资本产出弹性，进而估算潜在增长率变化。二是可以模拟第三产业相对劳动生产率以及混合经济比重变化对潜在增长率的影响。其传递渠道是两者的变化将引致广义技术水平的变动，包括混合经济比重提高引发的制度红利释放以及服务业生产效率提升等，促进潜在增长率的提高。三是通过人力资本的变化，可以模拟受教育程度提高对潜在增长率的影响。这三个方面的内容，从长期看均是供给层面的因素改善。

二、中国潜在增长率的测算

（一）事后历史的测算

依据相关设定，本课题组测算出 1993—2014 年的中国潜在增长率水平（详见本报告附录一）①，并在图 19-21 和图 19-22 中分别给出潜在产出缺口占比变化以及潜在产出和实际产出增长率的对比。为进行比较分析，图

① 具体步骤：（1）将实际产出与拟合的产出相减，得到残差项，并以此作为索洛余量来表征技术水平的变化；（2）对索洛余量进行 H-P 滤波分析，得到其趋势项，并将其视为潜在技术水平；（3）根据经济活动人口与适龄劳动人口计算劳动参与率，再分别对适龄劳动人口和劳动参与率进行 H-P 滤波分析，得到其趋势项，将其相乘，得到潜在就业人数；（4）假设人力资本和物质资本存量维持原序列变化，潜在技术水平和潜在就业人员代入估计的生产函数，计算出潜在产出水平；（5）结合实际产出，计算产出缺口，并对比分析潜在产出增长率和实际产出增长率。

19-21中还加入常用的H-P滤波方法处理之后的潜在产出缺口。可以发现：

首先，根据上述生产函数估计处理得到的产出缺口在样本期内，除个别年份之外，基本为负（图19-21）。这表明，自1993年以来，中国经济基本上都处在产能相对过剩的状态。而与之相比，H-P滤波处理的数据则显示1993—1998年以及2010年以后的中国经济处于经济过热、短缺状态。结合现实的经济运行情况，尤其是近四年来中国经济持续“去库存”、产能长期过剩的事实，生产函数法对潜在产出的估计更贴近现实，至少在末端样本时期内的估计，要更为准确。

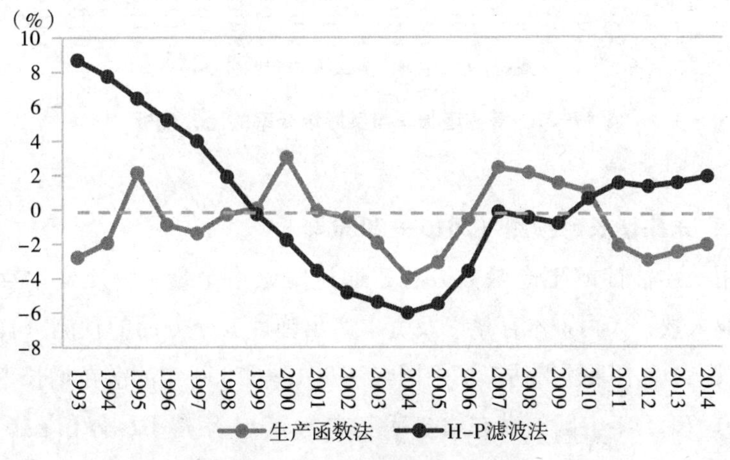

图19-21 产出缺口占比变化

注：产出缺口=（实际产出-潜在产出）/实际产出。

资料来源：本课题组计算。

其次，从增长率来看，2000年以来，潜在增长率先是快于实际增长率(2001—2004年)，然后2005—2007年经济过热导致实际增长率赶超潜在增长率。2008年之后，实际增长率急剧下降，重新低于潜在增长率。到2012年，潜在增长率也开始大幅下滑。2013年、2014年，潜在增长率再次低于实际经济增长率。因此，本轮中国经济下行，不仅体现为实际经济增长率下降，还反映了潜在经济增长率的下降。这可以解释为何过去四年多来的以总需求管理为主的经济刺激政策难以使得中国经济摆脱低迷增长的态势。潜在经济增长率的下降喻示着宏观经济政策应该尽快转向以供给调整为主的调控政策。

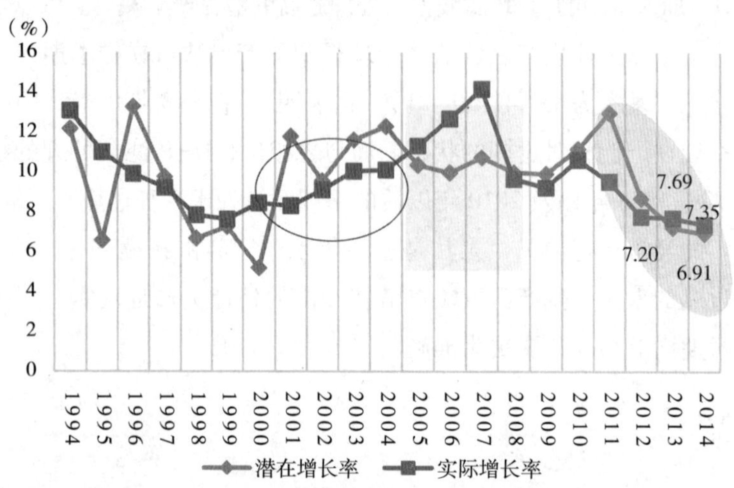

图 19-22 潜在增长率与实际增长率的比较分析

资料来源：本课题组计算。

（二）未来增长率预测（2015—2050 年）

利用前述估计的生产函数方程，通过对索洛余量、物质资本存量增速、就业人数、人力资本存量以及资本产出弹性五个方面的预测（详见本报告附录二），本课题组估算了中国经济 2015—2050 年的潜在增长率。见表 19-4，2015 年中国的潜在增长率基本与 2014 年持平，停留在 6.91%的水平；2016—2020 年，潜在增长率下降至 6.79%；2021—2025 年和 2026—2030 年，进一步下降为 5.82%和 5.29%；到 2050 年，新中国成立百年时，潜在增长率约为 3.21%的水平，基本与当前高收入国家的年均增速一致。

表 19-4 中国潜在增长率的预测

年 份	潜在就业人数（亿人）	人力资本 H（年）	物质资本 K 增速（%）	时变资本弹性	潜在经济增长率（%）
2015	7.730	10.01	10%	0.6777	6.91
2016—2020	7.757	10.34	10%	0.6756	6.79
2021—2025	7.721	10.79	9.5%	0.6723	5.82
2026—2030	7.582	11.17	9.0%	0.6682	5.29
2031—2035	7.371	11.54	8.5%	0.664	4.74

续表

年 份	潜在就业人数（亿人）	人力资本H（年）	物质资本K增速（%）	时变资本弹性	潜在经济增长率（%）
2036—2040	7.097	11.91	8.0%	0.6596	4.23
2042—2045	6.772	12.29	7.5%	0.6551	3.75
2046—2050	6.396	12.61	7.0%	0.6507	3.21

资料来源：本课题组计算；各项预测设定见本报告附录二。

（三）中国经济结构优化对潜在增长率的影响

为进一步分析影响潜在增长率的结构性因素，本课题组考虑了四种情景的模拟：一是提高混合经济比重，促进技术进步对潜在增长率的影响；二是随着国民收入结构的调整，资本产出弹性逐步下降的影响；三是在加大第三产业投资的同时，改善第三产业劳动生产率对潜在增长率的影响；四是全面提高就业人员受教育程度对潜在增长率的影响。

具体而言：

情景1：改变原来利用状态空间模型来预测混合经济比重的做法，考虑到当前“国营改混营”、加快培育资本市场的改革趋势，假定自2015年起，混合经济比重每五年增长一个百分点，到2025年之后保持稳定。

情景2：虽然对资本产出弹性的估计结果显示，受估计系数以及线性结构的限制，中国资本产出弹性在样本期间并未发生较明显的下降（详见本报告附录一）。但是，考虑到中国工资不断上涨的趋势以及国民收入分配结构的调整，这里，本课题组假设资本产出弹性将来会逐步下降。2020年，由现在的0.68下降为0.66；2025年进一步下降到0.65，到2035年下降为0.63。

情景3：假设在情景1的情况下，让第三产业的投资增速加快，使第三产业固定资产投资占比从2014年的56.2%提高到2020年70%，2030年进一步上升为80%。第一产业的投资占比保持不变，相应地，第二产业的投资将进一步下滑。同时，第三产业的相对劳动生产率在2015—2035年之间维持年均5%的增速。受此影响，按可比价计算的第三产业相对第二产业的劳动生产率可以从2014年的0.23倍提高到2035年的0.64倍。

情景4：假设到2020年中国劳动就业人员平均受教育年限从现在的

9. 89 年达到 11. 2 年，同时各年份的人力资本增长率与初始设定保持一致。①

所有四种情景的模拟结果见表 19-5，可以发现：

第一，混合经济比重的提升将有利于促进潜在经济增长率提高。情景 1 中，每五年的潜在增长率都高于初始设定的结果，边际增长弹性呈现先上升后下降的趋势，最大的作用期间为 2021—2025 年，约为 0. 15，随后逐渐缩窄。

第二，资本产出弹性的下降会在初期显著抑制经济的潜在增速，随后会加快经济增长，但最终随着资本产出弹性的持续下降，潜在增长率将进一步下滑。情景 2 显示，2016—2020 年，当资本产出弹性下降至 0. 66 时，潜在增速由基准预测的 6. 79% 迅速下降至 4. 08%，降幅扩大。随后，2021—2025 年，潜在增长率回调到 4. 56%，而不似基准预测的情景一样，持续下滑到 5. 82%。但是，随着产出弹性的持续下降，最终 2026—2030 年和 2031—2035 年的潜在增长率再度下滑到 3. 93% 和 3. 34%，均小于基准预测的情景。

表 19-5 不同情景设定下中国潜在增长率的变化

	初始设定	情景 1	情景 2	情景 3	情景 4
2015 年	6. 91	6. 94	6. 88	7. 28	7. 25
2016—2020 年	6. 79	6. 82	4. 08	6. 80	7. 13
2021—2025 年	5. 82	5. 97	4. 56	7. 27	5. 83
2026—2030 年	5. 29	5. 39	3. 93	6. 77	5. 29
2031—2035 年	4. 74	4. 82	3. 34	6. 26	4. 75

资料来源：本课题组计算。

第三，如果第三产业的投资持续增加，同时生产效率得以改善的话，潜在增长率有可能会进一步提升。情景 3 中的预测结果显示，每个时间段

① 人力资本方面，初始设定时，本课题组考虑的是大专以上学历以及文盲率目标的实现，但如果从主要劳动年龄的就业人员平均受教育程度看，2020 年，预测得到的就业人员平均受教育年限约为 10. 56，低于《国家中长期教育改革和发展规划纲要（2010—2020）》中，到 2020 年平均受教育年限要提高到 11. 2 年的要求。

的潜在增长率都高于基准预测的情景，并且随着时间的推移、劳动生产率的持续改善，其高出的幅度会变得越大。到2031—2035年，潜在增长率依旧能够维持在6.0%以上的水平。这其中的原因在于：第三产业劳动生产效率改善带来的对潜在增长率的正向作用要远大于第三产业投资增加对资本产出弹性，进而对潜在增长率的削弱作用。这意味着，当前中国经济服务化倾向，并不必然会导致经济增长下降，关键还在于能否在加大第三产业投资的同时，有效地改善第三产业的劳动生产效率。后者将对经济增长起决定性作用。

第四，人力资本对潜在经济增长率的贡献较大。情景4的模拟结果显示，在其他条件不变的情况下，如果到2020年能够实现劳动就业人员的平均受教育年限达到11.2年的话，潜在增长率有望在2016—2020年之间维持在7.1%左右，同时，更为长期的增速，也会高出初始设定的情景。

综上所述，基于上述对中国经济潜在增速的模拟及预测，我们认为：

第一，2010年以来，中国经济增速的持续下降除了总需求减弱的短期作用因素之外，还隐藏着潜在增速放缓的长期趋势因素。而对潜在增长率的预测结果显示，在给定假设条件下，下个阶段中国经济的潜在增长率有很大的可能性会进一步下滑。这意味着，当前对经济运行的宏观调控，除了要注重短期总需求层面的刺激之外，还需要重视对诸如加快混合经济改革进程、鼓励技术创新、优化产业结构、提升劳动生产率等能够影响长期潜在增长率的要素调整。

第二，通过增加混合经济的比重、提高第三产业的相对劳动生产效率以及提高人力资本积累均可以促进潜在增长率的提升。这其中，提高第三产业的相对劳动生产效率以及增强人力资本积累都具有较强的提升作用。尤其是前者，它不仅是直接解决当前经济服务化倾向带来的经济增长负面效应的关键，同时也是应对资本边际产出下降的不二良方。

第三，长期中，尽管潜在增速下行是不可避免的趋势，但多种情景的模拟显示，现有中国经济仍然具备多个渠道改善潜在经济增长空间的能力。未来二十年，中国经济的潜在增长率依旧能够保持在5%—6%以上的水平。甚至，只要措施得当，如进一步推进市场化改革、提升混合经济比重，加大力度促进社会再就业培训、提高就业人员受教育程度，改进生产技术、提高劳动生产率尤其是提高第三产业的劳动生产率等等，今后 5—10 年内的潜在增长率还有望重新回归到 7%以上的水平。这对于中国顺利实现两个翻一番的目标、跨越中等收入陷阱，无疑具有十分重要的意义。

第五节　政策建议

2015 年是中国“十二五”规划的收官之年。上半年投资增速的下滑、出口增长的低迷以及城乡居民实际收入增速的下降等继续抑制中国的经济增长，上半年 GDP 累计增速降至 7.0%。下半年，预计外部经济环境将有所改善，各项的稳增长措施也将密集发力；同时，中国经济的结构调整效应（产业结构、投资结构、制造业结构以及消费结构等）也逐步显现，新的增长动力以及新的经济发展空间正在孕育之中。这些都将对经济增长起到托底的作用。预计 2015 年中国 GDP 增速将比 2014 年小幅回落 0.3 个百分点，达到 7.10%；CPI 预计上涨 1.62%。经济增长速度稳定在 7%以上和就业形势基本平稳将继续为推进全面深化改革、优化结构进而提高潜在增长率创造有利条件。

2016 年是“十三五”规划的开局之年。“十三五”期间，混合所有制改革将拓宽私人投资空间，有效整合社会资源，激发经济增长活力；《中国制造 2050》以及区域规划的调整措施，将提升制造业劳动生产率；利率市场化的加快推进以及资本市场的完善，将改善金融资源的配置效率，同时“互联网+”战略的实施也将提高第三产业的劳动生产率；行政审批制度改革、政府负面清单管理的落实等都将从长期进一步激发中国经济的增长潜力，为中国经济在今后 5—10 年保持稳定增长以及跨越“中等收入陷进”创造有力条件。

本课题组基于生产函数法对中国潜在增长率的测算表明，2015 年中国的潜在增长率为 6.91%的水平；在“十三五”期间（2016—2020 年），潜在增长率平均可维持在 6.79%的水平。虽然至 2020 年中国潜在增长率还可维持一个中高速的增长速度，但是，本课题组进一步的研究发现，进一步促进经济结构的优化将有利于提升中国的潜在增长率：首先，通过混合所有制改革拓宽民间投资的空间，在“十三五”期间使混合经济的比重比 2014 年提高一个百分点，达到 34.1%，那么，潜在增长率预计可以比基准模型提高 0.03 个百分点，平均达到 6.82%的水平。其次，在“十三五”期间如果加快对第三产业的投资，使第三产业投资占全部投资的比重从 2014 年的 56.2%提高到 2020 年 70.0%；同时，快速提高第三产业的劳动生产率，让第三产业相对第二产业的劳动生产率按每年 5.0%的速度提高，那么，潜在增长率预计可以比基准模型提高 0.01 个百分点，平均达到 6.8%。最后，如果在“十三五”期间使中国劳动就业人员的平均受教育年限从 2014 年的 9.89 年达到 2020 年的 11.2 年，那么，潜在增长率预计可以比基准模型提高 0.34 个百分点，平均达到 7.13%的水平。因此，“十三五”期间，提高劳动生产率和加快城乡居民实际收入增长是挖掘中国经济增长潜力的关键。通过扩大民间资本的投资领域，促进民间投资来改善投资效率；通过劳动生产率的提高来加快城乡居民实际收入增长，促进人力资本的扩大，这是在长期确保中国经济稳定增长、结构优化以及增长方式转变的重要条件。

自 2012 年以来，中国民间固定投资增速始终快于全社会固定资产投资增速。民间投资逐渐成为保持固定资产投资增速稳定，提高投资效率，从而稳定经济增长的主要力量。不仅如此，随着市场环境变化，民间投资结构也在不断优化调整：对第一产业、第三产业的投资增长迅速，对制造业中的装备制造业、高技术制造业投资也增长强劲。民间投资的快速增长以及结构优化极大地推动了中国产业结构的转型升级。然而，在 2015 年上半年宽松货币政策的背景下，国有控股企业投资增速基本维持稳定，外商投资企业以及港澳台投资企业投资增速止跌回升，唯有民间投资增速大幅下滑。民间投资增速的快速下滑揭示出当前以间接融资为主的信贷资源配置机制依然不利于民间投资需求的扩张。在限制了信托贷款等表外贷款渠道后，同时在直接融资（股票融资等）的规模有限的情况下，尽管上半年货币政策已使银行间流动性充分、融资成本降低，但并不意味着民间投资

“融资难、融资贵”的问题就得到了缓解。

长期以来，中国金融部门资源配置效率的低下是一个不争的事实。当前虽然贷款利率已经放开，但偏低的存款利率以及较大的存贷款利差依然是银行维持其超额利润的一个主要途径。由于能够以较低的成本获取资金，国有银行缺乏动力去追求较高的资金使用效率，且长期以来偏向对大型国有企业提供贷款，不愿向民营及小微企业放贷。2014 年以来开始实施的定向扩张政策也只能在一定程度上缓解农业及中小微企业的资金紧缺状况，无法从根本上改善信贷资源的配置效率。我们认为，完成利率市场化才能从根本上改善信贷资源的配置效率，使新增信贷资源最大限度地满足民间投资扩张的需求，继而提高投资效率，促进经济增长。

从短期来看，利率市场化是完善资本市场、有效提高信贷资源配置效率的重要条件。通过利率市场化，使新增信贷资源可以有效地配置在生产效率较高的民营部门，满足民间投资扩张的需求。从长期看，在工资上涨和人民币升值的压力下，中国制造业的转型升级将大幅提高第二产业的劳动生产率。如果第三产业的劳动生产率不能相应提高，那么，中国经济从第二产业向第三产业转型的过程中，劳动生产率的下降必然抑制经济增长，并阻碍居民收入的提高。通过利率市场化来改善金融部门的效率，提高金融部门在第三产业中的占比，可有效缩小第二产业和第三产业间的劳动生产率差距。这样，中国经济的转型，将不仅有利于就业的扩大，而且还有利于居民收入的快速提高，从而进一步促进中国经济增长方式的转型。

基于 CQMM，本课题组做了如下的模拟：假如在 2012—2014 年期间，取消了存款利率浮动上限从而导致存贷款利差缩小，如 2012 年中国存贷款利差为 3.06 个百分点，假定从 2012 年一季度起到 2014 年四季度末（共 12 个季度的时间），存贷款利差因利率市场化的推进逐步下降至 1.53 个百分点，那么，模拟结果表明，放开存款利率上限、基本实现利率市场化之后，模拟期内贷款利率不会大幅提高。一方面，存贷款利差的缩小会降低投资增速，小幅拉低 GDP 增速；另一方面，存款利率的提高可通过财富效应提高消费增速，继而提高居民消费占 GDP 的比重。此外，存款利率的提高可更快地提高农村居民的收入增速，有利于缩小城乡收入差距。因此，当前在控制好系统性风险的情况下，推进并完成利率市场化对宏观经济的影响是利大于弊的。

因此，本课题组提出：

第一，关于经济增长率的预期。尽管未来两年中国经济依然面临外部需求的不确定性、国内制造业过剩产能以及房地产业过剩供给的压力，但是，对经济增长率的下行趋势却不应过度悲观。理由有二：一是本课题组基于生产函数法的测算表明，2015年中国潜在增长率为6.91%；2016—2020年期间，潜在增长率平均可维持在6.79%的中高速水平。这说明，由于人口结构总量和结构的变化，现有经济增长方式的局限性以及资源环境的约束等原因，中国潜在增长率将不断下滑，但是，潜在增长率出现断崖式下滑的可能性依然非常低。二是中国经济的结构调整效应（产业结构、投资结构、制造业结构以及消费结构等）也逐步显现，新的增长动力以及新的经济发展空间正在孕育之中。这些都将对经济增长起到托底的作用。因此，当前为稳增长而实施的宏观调控政策要避免过去超大规模“下猛药”刺激的方式。以实现7%的增速为目标，宏观政策要保持一致性和灵活性。2015年下半年，针对国内外经济形势的变化，货币政策还可实施一次降息和一次降准。预计2015年中国GDP增速可实现7.10%，CPI上涨1.62%。

第二，关于投资增长。长期以来中国经济的高速增长是靠投资驱动实现的。在今后一段时期，投资的扩张依然是中国经济增长不可或缺的增长动力，但是，“谁来投、投哪里”不能再延续过去重数量轻效率的投资方式，应通过促进民间投资的扩张，来确保投资效率的提高。为此，一是货币政策在定向降准充分满足农业及小微企业资金需求的同时，还应保证新增信贷资源能够最大限度地满足新兴产业的扩张以及民间投资的需求。通过金融领域改革，在控制好系统性风险的前提下推进利率市场化，促进金融市场的多元化竞争，提高信贷资源的配置效率，继而提高投资效率。

二是财政政策方面还需继续着重减轻企业税负以确保民间投资的稳步增长。

三是必须尽快开放更多的投资领域，为非国有企业投资创造必要的空间，实现用民间的生产性投资替代政府的非生产性投资，来保障近期经济稳定增长所需要的一定投资增速。同时，提高投资效率，改善经济增长效率，构筑新发展阶段经济增长的坚实基础。为此，应加快推进混合所有制的改革，拓宽民间投资空间，有效整合社会资源，激发经济增长活力；加快服务业领域的管理体制改革，开放服务业投资领域，尤其是满足民生基本需求的服务业的发展。

第三，关于第三产业的发展。近年来虽然第三产业占比的持续提高一定程度上保证了中国就业形势的稳定，但是，第三产业劳动生产率却长期低于第二产业。20 世纪 70 年代，发达国家的第三产业劳动生产率约是第二产业劳动生产率的 1.7 倍。然而，2014 年可比价计算的中国第三产业单位就业人员所创造的产值仅为第二产业的 23.0%左右。随着制造业过剩产能的挤出以及《中国制造 2050》战略规划的落实，中国制造业将彻底转型升级，第二产业劳动生产率将跨越式增长。这必将拉大第三产业劳动生产率与第二产业的差距，导致中国经济在第三产业占比不断提高的同时，经济增长持续减速。因此，如何在加快发展第三产业的同时，通过提高现代服务业的占比，提高金融部门的效率，来快速提高第三产业的劳动生产率，是今后十年的时间里中国经济能否确保一个稳定的潜在增长速度的关键问题。

第四，关于居民实际收入的增长。长期来看，提高劳动生产率是实现城乡居民实际收入快速增长的根本。同时，只有城乡居民实际收入的快速增长，才能有效促进人力资本积累的扩大，并在根本上保障劳动生产率的提高。人力资本是资本与劳动力结合而形成的一种新的生产要素，通过对劳动力进行投资（如进行教育、职业培训、保健等），提高劳动力的素质和技能，提高劳动生产率，确保收入的快速增长。因此，应该重视人力资本的投资，才可能产生新的比较优势，从而对中国参加国际分工的比较优势产生作用与影响。

附录一　生产函数设定及估计

一、生产函数的设定

结合以往的研究，我们将生产函数设定为如下形式：

$$Y_t = A_t K_t^{\alpha(t)} (L_t H_t)^{\beta(t)} \tag{1}$$

其中，Y_t 代表总产出，A_t 代表技术水平，K_t 表示物质资本存量，L_t 表示劳动力，H_t 表示人力资本，$\alpha(t)$ 代表资本边际产出弹性，$\beta(t)$ 代表有效劳动的边际产出弹性。

假设生产满足规模报酬不变，则（1）式可进一步写成：

$$y_t = A_t k_t^{\alpha(t)} \tag{2}$$

其中，$y_t = \dfrac{Y_t}{L_t H_t}$，表示效率劳动力的人均产出，$k_t = \dfrac{K_t}{L_t H_t}$，表示效率劳动力的人均资本存量。

进一步地，为反映产业结构变动对资本产出弹性的影响，借鉴郭晗和任保平（2014）的设定，我们将边际弹性定义为结构的线性关系式，从而将结构内生于生产函数。为此，生产函数将扩展成：

$$y_t = A_t k_t^{\sum_{i=1}^{m} \alpha_i k_{it}} \tag{3}$$

其中，α_i 代表第 i 个产业的资本产出弹性，k_{it} 代表第 t 期第 i 个产业资本占全部产业资本的比重，$\sum_{i=1}^{m} \alpha_i k_{it}$ 表示随产业结构变化的总资本产出弹性，m 表示产业类别。

对（3）式两边同时取对数之后，可得：

$$\log(y_t) = \log(A_t) + \sum_{i=1}^{m} \alpha_i k_{it} * log(k_t) \tag{4}$$

假设产业部门划分遵循一般的三次产业划分法，即 $m=3$，则最终估计的生产函数可确定为：

$$\log(y_t) = \log(A_t) + \alpha_1 k_{1t} * \log(k_t) + \alpha_2 k_{2t} * \log(k_t) + \alpha_3 k_{3t} * \log(k_t) + \mu_t \quad (5)$$

二、数据处理

首先，总产出 Y_t 以 1952 年为基期的实际 GDP 来代表。具体做法是将 1952 年的现价 GDP 连乘以上年为 100 的 GDP 指数，得到历年的实际 GDP。

其次，物质资本存量 K_t 方面，采用通行的永续盘存法来估算。公式为：$K_t = K_{t-1}(1 - \delta_t) + I_t$ 。具体估算时，需要涉及 4 个变量：当年名义投资变量 I_t 、投资价格指数、资本折旧率 δ_t 以及基期资本存量 K_0 。近期研究一般都采用资本形成总额或固定资本形成总额来度量当年投资，我们选择固定资本形成总额。对于固定资本价格指数，1991 年以前的投资品价格指数采用张军等（2004）提供的平减指数，1991 年之后的数据则根据国家统计局公布的固定资产投资价格指数进行对接。在此基础上，我们将求得以 1952 年为基年可比价实际固定资本形成总额。基期的资本存量按照国际常用方法计算：$K_0 = I_0/(g + \delta)$ 。其中，I_0 表示基期投资额，g 表示样本期实际投资的年平均增长率。资本折旧率同样采用张军等（2004）的研究结论，将其设为 9.6%。值得注意的是，我们选择 1952 年为基期来估算物质资本存量以及总产出水平，但最终用于估计的样本则并非从 1952 年开始①。这样做的目的是：根据永续盘存法的估算特性，样本时期越长，基期数值差异对近期总资本存量数据的影响越小。因此，将基期时间定的越早，基期资本存量估算的误差影响也会越小。而对于可比价的数据样本，无论以哪一年为基期，其序列的增长率都会保持一致。

再次，参考陆旸和蔡昉（2014）以及郭晗和任保平（2014）的设定，人力资本 H_t 以就业人员的受教育年限来代表。根据历年《中国人口与就业统计年鉴》和《中国劳动统计年鉴》提供的就业人员受教育程度数据，我们采用人均受教育年限法，即将大专及以上、高中、初中、小学和文盲的

① 为了避开剧烈的经济结构变化和经济体制差异，我们选择的样本时期主要从 1993 年开始。

教育年限分别设定为 16、12、9、6、0 年，再根据就业人口的受教育程度构成情况，分别以各教育层次人口占总就业人口的比例作为权重，加权计算出就业人口的历年平均受教育年限。此外，劳动力人数 L_t 则直接以国家统计局公布的历年全国就业人数来代表。

最后，由于缺乏三次产业的投资价格平减指数，我们没有估算各个产业的资本存量数据，而是分别用历年第一产业、第二产业以及第三产业的固定资产投资占总固定资产投资的比重来代表 k_{1t}，k_{2t} 和 k_{3t}。该指标的统计从 1996 年开始，1993—1995 年的比重数据则以分产业的基建投资比重来近似代替。

三、估计结果

$$\log(y_t) = \underset{(0.087)^{***}}{1.5516} + \underset{(0.175)^{***}}{0.6944}\, k_{1t}\log(k_t) + \underset{(0.019)^{***}}{0.7295}\, k_{2t}\log(k_t) + \underset{(0.027)^{***}}{0.6404}\, k_{3t}\log(k_t) \tag{6}$$

Adjusted $R^2 = 0.9977$；Prob（F-statistic）= 0.0000；D. W. = 1.67；AR（1）= 0.6503；括号内的是标准差。

见（6）式，首先，各变量的系数估计都在 1%的显著性水平内显著，修正的拟合优度和 F 统计量也均达到较高的水平；其次，从估计系数值看，三次产业的资本产出弹性中，第二产业的系数值最大，达到 0.7295，紧接着是第一产业，约为 0.6944，第三产业的资本产出弹性最小，约为 0.6404。这表明，样本期间内，第二产业投资对经济增长的贡献最大，而尽管第三产业的投资占比在三次产业中最高，但其对经济增长的贡献平均而言反而是最小的。这一定程度上反映了当前中国第三产业的高投入、低效率。

根据上述三次产业的估计系数，结合第三产业产业的投资比重数据，可以估算出历年的资本产出弹性变化。见附图 1-1，1993—2014 年的资本产出弹性平均约在 0.6773 的水平，近似于国内大多数文献研究的结论（0.7）。从变化趋势看，1993—2001 年，资本的产出弹性由 0.6816 持续下降为 0.6697，随后开始持续反弹至 2008 年的 0.6803；2009 年，国际金融危机的爆发、国内四万亿元刺激计划的实施，使得投资的经济效率下降，资本对经济增长边际贡献下滑，资本产出弹性出现连续两年下降，2011 年有所恢复，但此后维持下降趋势。截至 2014 年，资本产出弹性回到了 2010 年的低水平。照此态势，预计未来的资本产出弹性将很有可能持续走低。但总体上，与中国经济增长课题组（2012）的判断不同的是，受估计系数以及线性结构的限制，资本产出弹性不会在短期内发生较大幅度的变化。

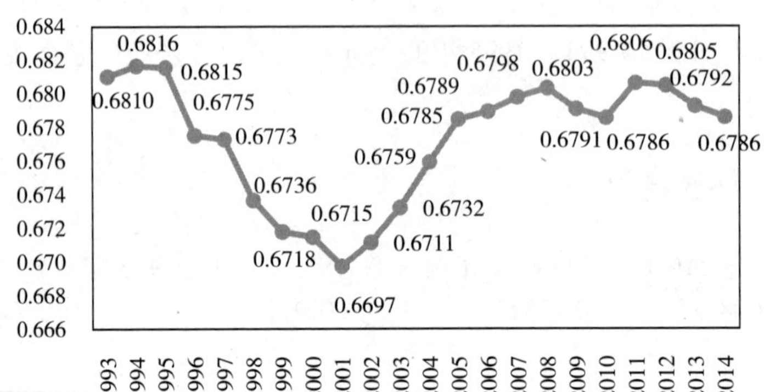

附图 1-1　时变的资本产出弹性参数

附录二　潜在增长率的预测设定

为预测未来 35 年的潜在经济增长率，在前述生产函数的方程下，我们需要预测五个方面的内容。具体包括：

一、潜在技术水平的估算

与事后历史模拟不同的是，我们将不直接对索洛余量进行外推预测，而是通过计量方程回归的方式，引入两个与现阶段中国经济改革和增长效率息息相关的变量：混合经济的比重以及第三产业劳动生产效率来解释技术变迁。然后，再分别利用状态空间模型对这两个经济变量进行预测，并代入计量回归方程，求得未来潜在技术水平的变化。

其中，混合经济的比重变量（GYS）是以股份制和联营经济的固定资产投资占总固定资产投资的比重来代表；第三产业劳动生产效率（YL）则采用第三产业劳动生产率与第二产业劳动生产率的比值来代表。具体回归结果如下：

$$SL = \underset{(0.097)^{***}}{0.5321} + \underset{(0.065)^{***}}{0.3268}\log(YL) + \underset{(0.007)^{***}}{0.0525}\log(GYS) + \underset{(0.014)^{***}}{0.0449}\,dum2000 - \underset{(0.009)^{***}}{0.0479}\,dum201113$$

Adjusted R^2 = 0.8330；Prob（F－statistic）= 0.0001；D. W. = 1.53；*dum* 2000 表示 2000 年取值为 1 的虚拟变量；*dum* 201113 则表示 2011—2013 年值为 1 的虚拟变量；括号内的是标准差。

可以看出，市场化和劳动生产率变量都显著为正，表明股份制经济占比的提高以及第三产业相对于第二产业的劳动生产效率的增加都将促进广义技术水平的进步。

接下来，利用状态空间模型和 Kalman 滤波，我们分别对市场化程度和相对劳动生产率进行一步向前预测，得到 2015—2050 年的市场化及相对劳动生产率指标，再将其代入上述估计式子，得到技术水平的预测序列（附图 2-1）。

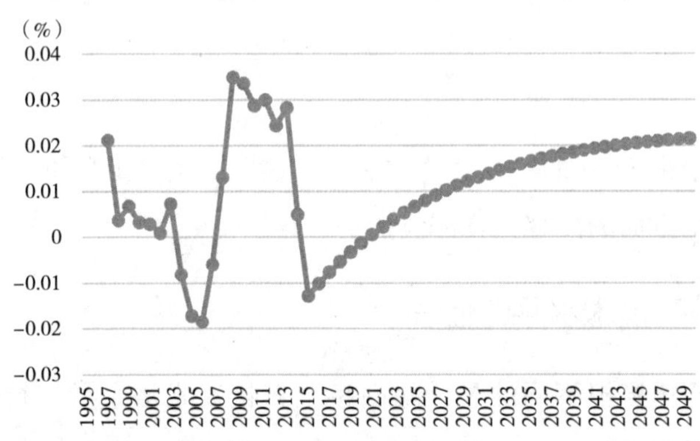

附图 2-1　索洛余量的 Kalman 滤波预测

资料来源：本课题组计算。

二、就业人数的估算

首先，利用状态空间模型和 Kalman 滤波预测劳动参与率的变化；其次，参考任强和侯大道（2011）提供的方法，用 ARMA 模型得到未来的分年龄层生育率和死亡率趋势，然后构建双性别 Leslie 转移矩阵，逐年推出未来的分年龄人口，再加总得到适龄劳动人口的数据；最后，将滤波处理后的劳动参与率与适龄劳动人口相乘得到潜在的就业人数。

三、人力资本的估算

根据《国家中长期教育改革和发展规划纲要（2010—2020）》的要求，到 2020 年，全国主要劳动年龄人口中的高等教育比例要达到 20%；青壮年文盲全部扫除。而 2013 年，全国就业人员的受教育构成中，大专以上学历的占比约为 14.6%，文盲率为 1.91%。为实现上述目的，假设从 2014 年起，全国就业人员中的大专以上学历占比以每年相同的比例上升至 2020 年的 20%，文盲率则以每年相同比例下降至 0%。另外，假设小学程度的占比和初中程度的占比分别以 2011—2013 年的平均降速每年 0.55 和

0.4 个百分点减少，剩下则全部体现为高中程度的占比变化。依据对应文化程度的受教育年限，加权之后，可得 2015—2020 年就业人员的平均受教育年限。2020—2050 年之后的数据维持相应的变化，到 2040 年小学程度的占比设为 0，高中以上的比例将超过 70%，其中大专以上学历的占比接近 35%。

四、物质资本的估算

参考中国经济增长课题组（2012）的设定，假设物质资本的增长率在 2015—2020 年间延续自 2010 年以来每年 1.0 个百分点的下降，由 2014 年的 11%左右，下降为 10%。此后每五年以 0.5 个百分点的比例下降，到 2050 年，物质资本的增长率停留在 7%的水平。

五、三次产业投资占比趋势变化估算

首先，假设到 2020 年，第三产业的投资占比由 2014 年的 56.2%提高到 60%，第一产业投资占比延续 2014 年的增量（0.2%），到 2020 年占比增加到 3.5%；随后，第三产业投资占比每十年增加 10 个百分点，到 2050 年提高到 90%，而第一产业投资占比则逐步下降，到 2030 年稳定在 1.0%的水平。第二产业的投资占比则是由第一产业和第三产业的投资占比变动决定的。其次，结合前述方程的估计系数，将三次产业的投资占比，加权为不同时期的资本产出弹性。

附录三　中国宏观经济形势与政策问卷调查报告（2015.8）

为及时把握中国宏观经济形势和政策走向，新华社《经济参考报》和教育部人文社会科学重点研究基地——厦门大学宏观经济研究中心自 2013 年 8 月首次联合开展每年两次的“年度中国宏观经济形势和政策问卷调查”活动。这是第五次问卷调查。本次调查问卷设计了与当前中国宏观经济运行和政策走势直接相关的 18 道问题，于 2015 年 7 月中旬我们通过电子邮件向国内相关领域的经济学家发出调查邀请，最终收到 106 位专家的答复。通过本次问卷调查，我们获得了专家们关于 2015 年世界经济形势、2015 年中国宏观经济主要指标的变化趋势、2015 年中国宏观经济政策的走势以及未来 5—10 年中国潜在经济增长率等问题的最新认识和判断。现将本次问卷调查结果公布如下：

一、2015 年世界经济形势

根据 2015 年 7 月 9 日国际货币基金组织（IMF）的最新预测，2015 年美国经济增长率为 2.5%。为此，我们对 2015 年美国经济增长率的变化趋势进行了问卷调查。调查结果显示，48%的专家预期 2015 年美国经济增长率在“2.5%—3.0%”之间；48%的专家预期在“2.0%—2.4%”之间；3%的专家预期在“2.0%以下”；1%的专家预期在“3.1%—3.5%”之间。总的来看，近一半接受调查专家的预期较 IMF 乐观，认为 2015 年美国经济将呈现一定的回暖趋势，但也有超过一半的专家认为 2015 年美国经济增长率呈现缓慢下降趋势。

根据 2015 年 7 月 9 日国际货币基金组织（IMF）的最新预测，2015 年欧元区经济增长率为 1.5%，我们也对 2015 年欧元区经济增长率的变化趋势开展了问卷调查。调查结果显示，67%的专家预期 2015 年欧元区经济增长率在“1.0%—1.4%”之间；25%的专家预期在“1.5%—2.0%”之间；8%的专家预期在“1.0%以下”；没有专家预期在“2.1%—2.5%”之间。总体而言，按照 IMF 的最新预测，有四分之三接受调查专家的预测较 IMF 悲观，认为 2015 年欧元区经济增长率呈现缓慢下降趋势，但也有四分之一的专家预期 2015 年欧元区经济将呈现一定的回暖趋势，形势比较乐观。

此外，我们对 2015 年下半年美国是否加息及加息时间问题进行了问卷调查。调查结果显示，52%的专家预期 2015 年美国将在四季度选择加息；30%的专家预期美国不会在 2015 年下半年选择加息；18%的专家预期美国将在三季度选择加息。总体而言，有七成接受调查的专家认为美国将在下半年选择加息。

二、对 2015 年中国宏观经济主要指标的预测

根据 2015 年 7 月 9 日国际货币基金组织（IMF）的最新预测，2015 年中国 GDP 增长率为 6.8%，2016 年中国 GDP 增长率为 6.3%；根据 2015 年 7 月 3 日世界银行（WB）的最新预测，2015 年中国 GDP 增长率为 7.1%，2016 年中国 GDP 增长率为 7.0%。据国家统计局 2015 年 7 月 15 日发布的初步核算数据，中国上半年 GDP 增长 7.0%。那么，2015 年中国国内生产总值（GDP）增速如何呢？调查结果显示，49%的专家预期全年 GDP 增速在“7.0%—7.2%”之间；36%的专家预期在“6.8%—7.0%”之间；8%的专家“同意 WB 的预测”；7%的专家“同意 IMF 的预测”。因此，超过一半的专家认为中国能实现 2015 年年初制定的 7%的经济增长目标。

2015 年上半年，中国居民消费价格指数（CPI）同比上涨 1.3%，涨幅比一季度扩大 0.1 个百分点。那么，2015 年中国 CPI 的变化趋势如何呢？调查结果显示，52%的专家预期 2015 年中国 CPI 增长在“1.0%—1.5%”之间；41%的专家预期在“1.5%—2.0%”之间；5%的专家预期在“2.0%以上”；2%的专家预期在“1.0%以下”。考虑到 2014 年 CPI 比上年上涨 2.0%，因而超过九成接受调查的专家认为 2015 年中国物价水平将持续下降，通缩压力将进一步上升。

2015 年上半年，中国工业生产者出厂价格指数（PPI）同比下降 4.6%。那么，2015 年中国 PPI 的增长态势如何呢？调查结果表明，51%的

专家预期2015年中国PPI增长在“-4.6%—-3.6%”之间；24%的专家预期在“-4.6%以下”；18%的专家预期在“-3.5%—-2.5%”；4%的专家预期在“-2.4%—-1.4%”；3%的专家预期在“-1.4%以上”。考虑到2014年PPI比上年下降1.9%，因而超过九成接受调查的专家认为2015年中国PPI将呈现持续下降态势。

另外值得关注的是，中国PPI连续40个月为负，说明制造业的过剩产能尚未完全消化。为此，我们也对PPI长期下降对中国宏观经济的影响进行了问卷调查。调查结果显示，65%的专家认为“PPI长期下降有利于制造业内部的结构调整及转型升级”；64%的专家认为“PPI长期下降导致财政收入增速持续下降”；20%的专家认为“PPI长期下降扩大了地区间的收入及发展差距”。此外，有20%的专家也提出了PPI长期下降影响中国宏观经济运行的其他观点，包括：实体经济萧条所产生的有效需求不足的影响；投资、消费和进出口增长乏力；导致实际利率高企，相应抑制投资需求；去存货压力大，将对总需求扩张及经济增速构成拖累；不利于经济增长及制造业的发展；增加通缩预期；企业利润下降，内需进一步萎缩；导致产业升级动力不足；经济下行，造成通货紧缩；消除经济中的泡沫成分；引起消费物价下跌，生产收缩；全球大宗商品价格下跌；加剧经济全面通缩，迟滞转型升级；需求约束增强，企业发展困难较大；长期经济增长受影响；下半年可能还会出台降准政策、针对基础设施建设的投资也有望加码等。

截至2015年6月30日，按中间价计，1美元兑换人民币约为6.1136元（期末数）。那么，2015年美元兑人民币汇率的变化趋势如何呢？调查结果显示，62%的专家预期按中间价计2015年的人民币兑美元汇率可能在“6.1—6.2”之间；23%的专家预期在“6.2—6.3”之间；13%的专家预期在“6.0—6.1”之间；2%的专家预期在“6.3以上”；没有专家预期在“6.0以下”。因此，超过八成接受调查的专家认为2015年人民币对美元将呈现一定的贬值趋势。

根据城乡一体化住户调查，2015年上半年，全国居民人均可支配收入同比名义增长9.0%（扣除价格因素实际增长7.6%）。其中，城镇居民人均可支配收入同比名义增长8.1%（实际增长6.7%）；农村居民人均可支配收入同比名义增长 9.5%（实际增长 8.3%）。那么，2015 年全年城乡居民收入同比名义增长的变化趋势如何呢？调查结果显示，68%的专家认为“城镇居民人均可支配收入增速低于 2014 年 8.98%的水平，农村居民可支配收入增速低于 2014 年 11.23%的水平”；11%的专家认为“城镇居民人均可支配收入增速高于 2014 年 8.98%的水平，农村居民可支配收入增速高于 2014 年 11.23%的水平；11%的专家认为”城镇居民人均可支配收入增速低于 2014 年 8.98%的水平，农村居民可支配收入增速高于 2014 年 11.23%的水平”；10%的专家认为“城镇居民人均可支配收入增速高于 2014 年 8.98%的水平，农村居民可支配收入增速低于 2014 年 11.23%的水平”。总的来说，超过三分之二的专家认为 2015 年城乡居民人均可支配收入将呈现下降趋势。

2015 年上半年，中国固定资产投资（不含农户）总额约为 237132 亿元，同比名义增长 11.4%（扣除价格因素实际增长 12.5%），增速比一季度回落 2.1 个百分点。那么，2015 年中国的固定资产投资同比名义增速如何呢？问卷调查结果表明，40%的专家预期 2015 年全年固定资产投资总额同比增长在“11.1%—12.0%”之间；33%的专家预期在“12.1%—13.0%”之间；18%的专家预期在“10.1%—11.0%”之间；5%的专家预期在“13.0%以上”；4%的专家预期在“10.0%以下”。考虑到 2014 年中国固定资产投资名义同比增长 15.7%，因而超过九成接受调查的专家认为 2015 年中国固定资产增速将保持继续下滑态势。

相对于整体经济与投资增速的放缓，2015 年上半年，中国房地产开发投资为 43955 亿元，同比名义增长 4.6%（扣除价格因素实际增长 5.7%），增速比一季度回落 3.9 个百分点。那么，2015 年中国房地产开发投资增速如何呢？问卷调查结果表明，38%的专家预期 2015 年中国房地产开发投资增速在“4.0%—4.5%”之间；32%的专家预期在“4.6%—5.0%”之间；14%的专家预期在“5.1%—5.5%”之间；11%的专家预期在“4.0%以下”；5%的专家预期在“5.5%以上”。考虑到 2014 年中国房地产开发投资名义增长 10.5%，因此，超过九成的专家认为 2015 年中国房地产开发投资仍持续保持放缓态势。

2015 年上半年，中国社会消费品零售总额累计为 141577 亿元，同比名义增长 10.4%（扣除价格因素实际增长 10.5%），增速比一季度回落 0.2 个百分点。那么，2015 年中国社会消费品零售总额增速如何呢？调查结果显示，45%的专家预期 2015 年中国社会消费品零售总额名义同比增长在“10.4%—10.9%”之间；37%的专家预期在“9.8%—10.3%”之间；13%的专家预期在“11.0%—11.5%”之间；4%的专家预期在“9.8%以下”；1%的专家预期在“11.5%以上”。考虑到 2014 年中国社会消费品零售总额名义同比增长 12.0%，因此，相较于 2014 年，几乎所有接受调查的专家认为 2015 年中国社会消费品零售总额增长将会呈现一定的下滑趋势。

2015 年上半年，中国出口总额 65722 亿元（按美元计价为 1.07 万亿美元），同比增长 0.9%（按美元计价同比增长 1.0%），增速下降明显。那么，2015 年中国出口总额累计同比增速如何呢？调查结果显示，52%的专家预期 2015 年按美元计价的中国出口总额累计同比增长在“1.0%—1.9%”之间；29%的专家预期在“1.0%以下”；10%的专家预期在“2.0%—3.0%”之间；8%的专家预期在“3.1%—4.0%”之间；1%的专家预期在“4.0%以上”。由于 2014 年按美元计价的中国出口总额累计同比增长 6.1%，因此调查结果表明，几乎所有接受调查的专家认为 2015 年中国出口增速将持续保持下滑趋势。

三、中国未来可能采取的宏观经济政策措施

2015 年 6 月末，中国广义货币供应（M2）余额 133.34 万亿元，同比增长 11.8%。那么，2015 年中国广义货币供应量（M2）增速如何呢？问卷调查结果表明，49%的专家预期 2015 年 M2 同比增速在“11.6%—12.0%”之间；33%的专家预期在“12.0%以上”；14%的专家预期在“11.0%—11.5%”之间；4%的专家预期在“10.5%—11.0%”之间；没有专家预期在“10.0%—10.5%”之间和“10.0%以下”。考虑到 2014 年中国广义货币供应量（M2）同比增长 12.2%，因此调查结果表明，超过八成接受调查的专家认为 2015 年 M2 的增长态势和 2014 年基本保持一致，这可能意味着 2015 年下半年中国政府将可能持续保持适度宽松的货币政策。

2015 年下半年央行是否会继续降低存款准备金率？如果会，可能会在

什么时间？我们对此进行了问卷调查。调查结果显示，62%的专家预期2015 年央行会在三季度降低存款准备金率；21%的专家预期央行不会在下半年降低存款准备金率；17%的专家预期央行会在 2015 年四季度降低存款准备金率。总体而言，近八成的专家认为 2015 年下半年央行会降低存款准备金率，这可能释放了中国央行在 2015 年下半年将保持适度宽松的货币政策的信号。

2015 年下半年央行是否会继续降息？如果会，可能会在什么时间降息？我们也对此进行了问卷调查。调查结果显示，51%的专家预期中国央行会在 2015 年三季度降息；29%的专家预期会在 2015 年四季度降息；20%的专家预期中国央行不会在下半年降息。因而调查结果表明，有八成的专家认为 2015 年下半年央行会降息，这也预示着中国在 2015 年下半年仍将保持适度宽松的货币政策。

2014 年中国新增人民币贷款 9. 78 万亿元，2015 年上半年新增人民币贷款规模为 6. 56 万亿元，同比多增 5371 亿元。那么，2015 年全年新增人民币贷款规模的变化趋势如何呢？调查结果表明，90%的专家预期 2015 年全年新增人民币贷款规模将“大于 9. 78 万亿元”；7%的专家预期“小于 9. 78 万亿元”；3%的专家认为“无法判断”。总的来看，有九成接受调查的专家认为 2015 年全年新增人民币贷款规模将保持增加趋势，这进一步预示着中国央行在 2015 年下半年将保持适度宽松的货币政策。

此外，2015 年上半年，央行连续多次实施了降准、降息等定向扩张政策。我们也对这些货币政策的实施效果进行了问卷调查。64%的专家认为上半年的货币政策“已导致企业融资成本下降”；61%的专家认为“有效降低了政府债务融资成本，缓解政府债务偿还压力”；41%的专家认为“已促进了信贷资源配置的调整，增强了金融机构对‘三农’、小微等企业的贷款”；13%的专家认为“已促使信贷资源有效流入实体经济”。此外，有 16%的专家提出了上半年货币政策实施效果的其他观点，包括：有利于促进消费、投资和进出口增长；“融资难、融资贵”的问题依然没有得到有效解决；资金脱实入虚问题妨碍了货币政策有效发挥作用；不少资金流向了非实体经济部门；资金流入股市，实体经济仍然融资难；基本未能传导至实体经济；效果不明显；等等。

在财政政策方面，我们对 2015 年下半年财政政策可能实施的空间进行了问卷调查。调查结果显示，70%的专家认为是“发行地方政府债券置换存量债务，处理好化解债务风险与稳增长的关系”；64%的专家认为是“积极推广政府和社会资本合作模式（PPP），运用 PPP 模式支持交通、公用事业等基础实施投资，落实 2 万亿元 PPP 投资项目”；59%的专家认为是“改革创新机制，加快推进财政资金统筹使用，改变资金使用‘碎片化’，盘活财政存量资金，提高资金使用效益”；51%的专家认为是“加快推进对建筑业、房地产业、金融业进行营改增，降低企业有效税率”；50%的专家认为是“适度扩大财政赤字规模”；49%的专家认为是“扩大长期建设债券发行规模，通过贷款贴息、资本金补助等措施，引导银行贷款和民间投资方向”。此外，有 2%的专家提出了其他观点，包括：采取更大力度的结构性减税，包括降低所有强制征收的各项基金和收费负担；投资建设国有企业、赎买私人企业、提高私人企业税负、降低国有企业税负、支持老城区改造、支持国有企业投资改造居民住房等。

四、未来 5—10 年中国潜在经济增长率

关于新常态下未来 5—10 年中国潜在经济增长率的变化情况，调查结果显示，48%的专家预期在“6.6%—7.0%”之间；28%的专家预期在“6.6%以下”；15%的专家预期在“7.1%—7.5%”之间；6%的专家预期在“7.6%—8.0%”之间；3%的专家预期在“8.0%以上”。总的来说，超过四分之三的专家预期未来 5—10 年中国潜在经济增长率将降至 7.0%以下。

此外，我们对未来 5—10 年可稳定并提高中国潜在经济增长率的因素进行了问卷调查。调查结果表明，74%的专家认为是“创新体制机制，积极推动创新、创业政策，扶持小微企业，支持经济新业态较快发展”；74%的专家认为是“要素市场化改革的进一步推进所导致的资源再配置及其效率的提高”；73%的专家认为是“简政放权，约束政府治理边界，交由市场支配资源”；71%的专家认为是“加快推进基础和垄断性领域改革，允许民营资本以独资或混合所有制形式进入垄断行业参与竞争”；51%的专家认为是“在‘一带一路’战略的带动下，提升中国装备制造、原材料、建

筑服务等产业的出口潜力，支持基础设施建设的投资”；51%的专家认为是“《中国制造 2025》与制造业转型升级的战略实施”；49%的专家认为是“产业结构的进一步调整，第三产业占比不断提高”。此外，有 7%的专家提出了未来 5—10 年稳定并提高中国潜在经济增长率的其他政策，包括：通过提高教育数量和质量，依靠人力资本积累保持经济长期可持续增长；改革汇率形成机制，通过人民币适度贬值促进进出口增长；自由贸易区的扩大；人力资本提升；新型城镇化将逐步化解既有城镇化模式的困境，有效释放市场空间；乐观经济增长预期指引下的积极反周期需求管理政策；改革投融资体制，开放环境保护、市内轨道交通、城市地下管网建设等领域的市场等。

参与本次问卷调查的 106 位专家，按姓名汉语拼音顺序他们依次为：常欣、陈昌兵、陈工、陈贵富、陈浪南、陈梦根、陈守东、陈彦斌、陈钊、陈志勇、戴魁早、范子英、高波、耿强、龚敏、郭熙保、郭晓合、郭志仪、韩兆洲、贺京同、简新华、蒋永穆、靳涛、李翀、李建伟、李静、李军、李雪松、李英东、林曙、林学贵、刘凤良、刘建平、刘金全、刘穷志、刘仕国、刘霞辉、刘晓欣、刘榆、刘云中、刘志彪、卢盛荣、陆铭、马颖、庞晓波、逄锦聚、彭水军、彭素玲、戚聿东、邱崇明、瞿宛文、沈坤荣、石刚、宋立、史晋川、苏剑、孙巍、汤吉军、汪昌云、汪同三、汪义达、王国成、王继平、王今朝、王美今、王曦、王燕武、王永钦、王跃生、文传浩、武康平、邢春冰、徐现祥、徐一帆、许文彬、鄢萍、杨澄宇、杨瑞龙、易宪容、殷醒民、于立、余长林、袁富华、曾金利、曾康华、赵昕东、张成思、张东辉、张立群、张连城、张明志、张平、张延群、张屹山、张龙、赵振全、赵志君、郑超愚、郑挺国、钟春平、周冰、周立群、周泽炯、朱保华、朱建平、朱启贵、庄宗明。

参加本次问卷调查的专家学者来自于财政部、国家统计局、国家发展和改革委员会宏观经济研究院、国务院发展研究中心宏观经济研究部、国务院发展研究中心社会发展研究部、国务院发展研究中心发展战略与区域经济研究部、商务部国际贸易经济合作研究院、中国社会科学院财经战略研究院、中国社会科学院金融研究所、中国社会科学院经济研究所、中国社会科学院世界经济与政治研究所、中国社会科学院数量经济与技术经济研究所、台湾中研院、台湾中华经济研究院等机构，以及安徽财经大学、北京大学、北京师范大学、重庆工商大学、复旦大学、华东师范大学、华侨大学、吉林大学、暨南大学、兰州大学、南京大学、南京财经大学、南开大学、清华大学、山东大学、上海财经大学、首都经贸大学、上海交通大学、首都经贸大学、四川大学、台湾大学、天津财经大学、天津商业大学、武汉大学、新加坡国立大学、厦门大学、西安交通大学、西北大学、浙江财经大学、浙江大学、中国人民大学、中南财经政法大学、中山大学、中央财经大学等高校。

我们对上述各位专家的热忱参与和真知灼见，表示诚挚的感谢！

附表 3-1　本课题组与106位专家对我国主要宏观经济指标预测结果之比较

2015年主要宏观经济指标	本课题组预测（%）	专家预测区间及比例（%）	
		区　间	比　例
GDP增长率	7.10	7.0-7.2	49
		6.8-7.0	36
CPI增长率	1.62	1.0-1.5	52
		1.5-2.0	41
PPI增长率	-4.32	-4.6—-3.6	51
		-4.6以下	24
社会消费品零售累计同比名义增长率	10.07	10.4-10.9	45
		9.8-10.3	37
固定资产投资累计同比名义增长率	11.21	11.1-12.0	40
		12.1-13.0	33
按美元计价的出口总额累计同比名义增长率	1.87	1.0-1.9	52
		1.0以下	29

第二十章　2016年春季报告①

第一节　2015年中国宏观经济运行回顾

2015年中国国内生产总值（GDP）实际增长6.9%，增速较上年下降了0.4个百分点，是过去25年以来的最低增速。受上游制造业过剩产能以及出口制造业生产减速的影响，工业增加值实际增长5.9%，增速较上年下降了1.0个百分点，也是自1997年以来的最低增速（图20-1）。中国经济增速的持续下滑，从需求面看，表现为国内投资需求持续减弱和国际市场需求的持续疲软；从供给面看，是既有供给结构遭遇需求结构转换而导致的结构性失衡与生产效率下降的结果。此外，收入分配结构失衡、生产要素市场的市场化改革步伐缓慢、金融资本市场的市场化改革滞后且不完善，经济增长方式尚未随着经济发展阶段的转换而转变，也成为中国经济转入新常态后制约经济持续稳定较快增长的重要因素。

一、经济减速的同时，经济结构调整缓慢推进

自金融危机爆发以来，中国经济为应对国内外经济环境的变化，开始了被动或主动的结构调整。在新旧增长方式以及增长动力转换期间，新的经济发展空间也正在孕育发展之中。然而，经济增长长期持续的减速，是

---

① 教育部高校人文社会科学重点研究基地重大项目“中国宏观经济季度模型”（05JJD790093）成果。本报告于2016年2月25日在北京发布。

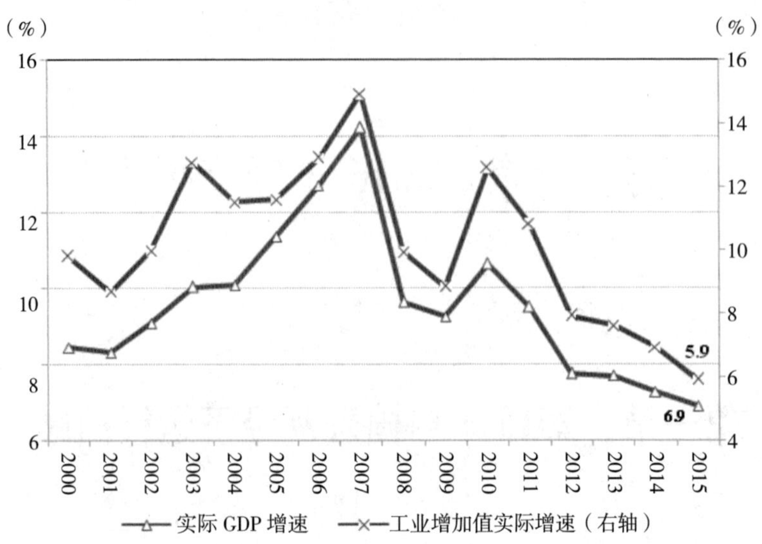

图 20-1　中国 GDP 和工业增加值实际增速变化

资料来源：CEIC。

不利于推动经济结构的适时调整的，这是当前宏观经济调控中值得注意的一个重要问题。

第一，在经济增长动力方面，在投资减速以及外部市场需求疲软的背景下，消费需求对 GDP 增长的贡献率得以大幅度提升。2015 年因制造业过剩产能以及房地产业的过度库存导致了投资增速的大幅度下滑。与上年比，扣除价格水平变化后，固定资产投资（不含农户）实际增长 12.0%，实际增速回落了 2.9 个百分点。全年资本形成对 GDP 增长的贡献率降至 36.1%，比上年减少了 11.2 个百分点。另一方面，城乡居民实际收入增速继续减缓，但是，消费增长相对平稳。社会消费品零售总额实际增长 10.6%，实际增速比上年下降了 0.3 个百分点。最终消费对 GDP 增长的贡献率由 2014 年的 51%大幅提高至 66.4%（图 20-2）。

值得注意的是，受 1998 年亚洲金融危机的冲击中国经济减速期间，1999 年和 2000 年最终消费对 GDP 增长的贡献率达到了接近 80%的水平。2002—2007 年，中国经济进入新一轮高增长，最终消费对 GDP 增长的贡献率再度持续下降并长期维持在较低水平。中国居民收入增速相对缓慢，居民边际消费倾向持续下降成为近十余年来抑制消费对 GDP 增长贡献率的主要原因。2010 年之后，当全球金融危机冲击再次导致中国经济减速时，尽管中国居民实际收入仍以与经济增速相近的速度增长，但是最终消费对 GDP 增长的贡献率却始终未能超过亚洲金融危机时期的水平。这说明，在经历了较长时期高投资、高出口、低消费的赶超经济增长方式之后，转向“内需为主，消费驱动”的新经济增长路径远非想象的那么容易。

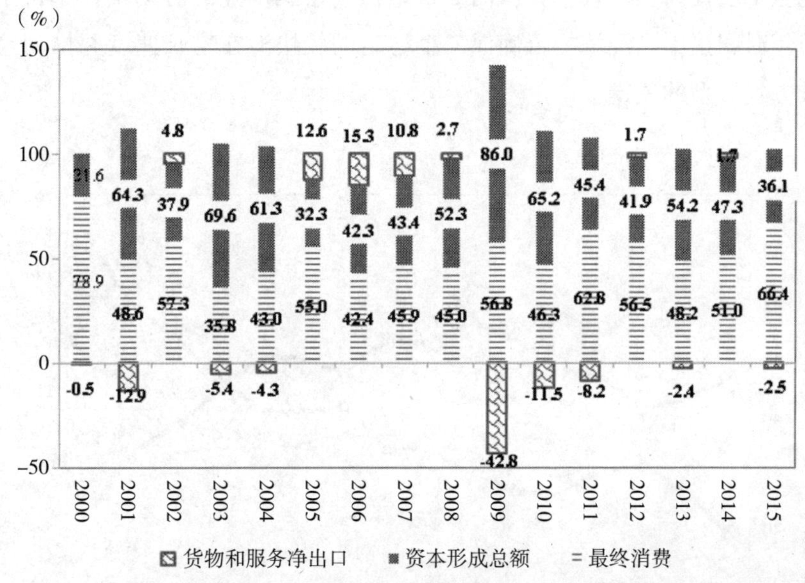

图 20-2　按支出法核算的 GDP 增长贡献率变化

资料来源：CEIC。

第二，产业结构随着人均收入水平的提高和需求结构的转换逐渐发生相应调整。2015 年第三产业增加值占 GDP 的比重比上年提高了 2.4 个百分点，达到 50.5%，超过第二产业占比 10.0 个百分点（图 20-3）。第三产业占比持续提高，一定程度上保证了全年就业形势的稳定。① 然而，与美国等发达国家的情况相反，中国第三产业的劳动生产率长期低于第二产

① 尽管经济增速持续下降，但 2015 年城镇新增就业人员 1100 万，高于年初预期的 1000 万目标，也比 2014 年的 1070 万略有增加；同时，劳动力供给总量减少，也在一定程度上缓解了就业矛盾。2015 年末中国大陆总人口 137462 万人，比上年末增加 680 万人。从年龄构成看，16 周岁以上至 60 周岁以下（不含 60 周岁）的劳动年龄人口 91096 万人，比上年末减少 487 万人，占总人口的比重为 66.3%。

业，这一情况至今尚未改变。① 当中国经济重心逐渐从第二产业转向第三产业时，第三产业较低的劳动生产率不仅降低了经济的潜在增长率，而且直接抑制了居民收入的快速提高。如何在产业结构调整的过程中，适应需求结构的转换，在调整第一、二产业内部结构，提高产品品质、档次，降低成本的同时，提高现代服务业的比重，解除管制，打破进入壁垒，促进市场竞争，提高生产效率，从而尽快地提高第三产业的劳动生产率，是今后十年时间里中国经济能否确保一个稳定的较快潜在增长速度并推动经济增长方式转型的关键。

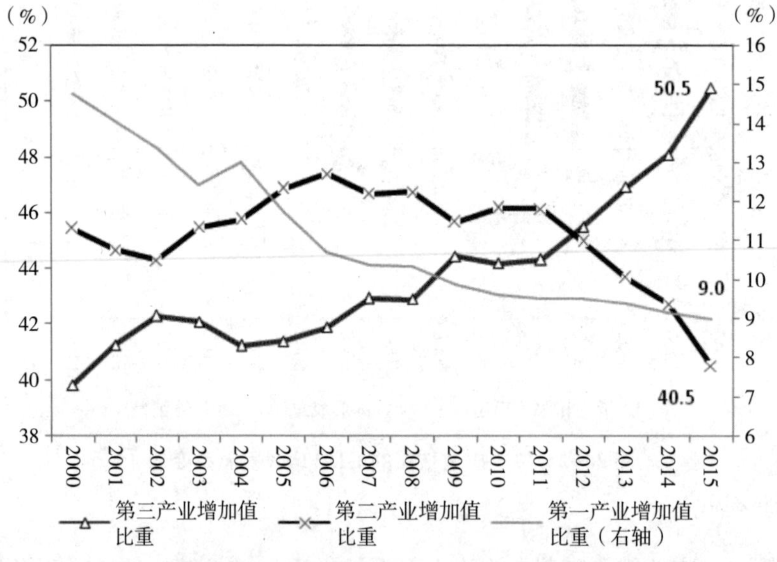

图 20-3 三次产业增加值占 GDP 比重变化

资料来源：CEIC。

第三，民间投资增速大幅度下滑，阻碍了中国投资结构的改善。2011—2014 年，民间固定投资增速始终快于全社会固定资产投资增速，民间投资占全社会固定资产投资的比重也持续提高，投资结构不断完善。② 民间投资开始成为保持固定资产投资稳定增长，提高投资效率，从而稳定经济增长的主要力量。然而，2015 年民间投资仅增长 10.1%，增速比上年

① 参见本课题组：《中国宏观经济预测与分析——2015 年秋季报告》。

② 参见本课题组：《中国宏观经济预测与分析——2015 年秋季报告》。

大幅下降了6.9个百分点；全年民间投资占全社会固定资产投资的比重为64.2%，仅比上年提高0.1个百分点（图20-4）。民间投资增速的大幅度下滑，阻碍了中国投资结构的改善，投资结构改善的步伐趋于停滞。在2015年宽松的货币政策背景下，民间投资增速大幅下降，除了需求面的因素外，扩大的信贷资源是否有效地配置在了实体经济，是否流向了民营经济主体、满足民间投资的需求，以及民间投资的领域是否得到了有效扩大，民间投资的有形无形障碍是否在实质上得到了拆除，都亟待研究。

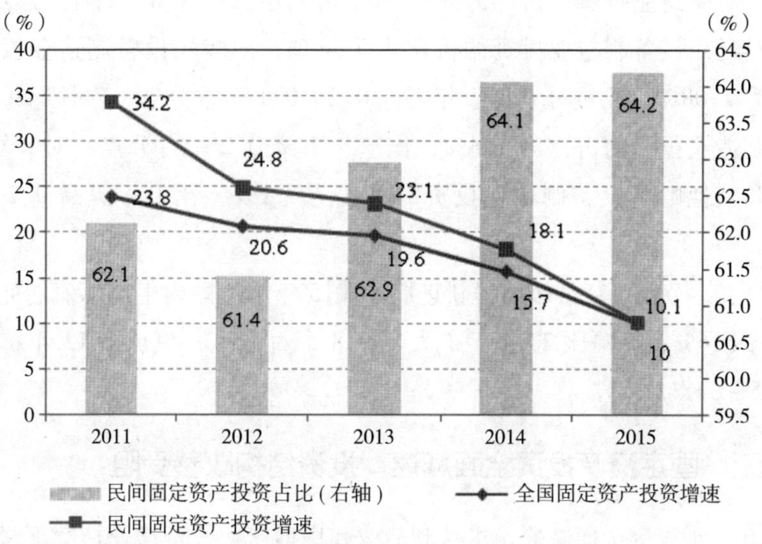

图20-4 民间固定资产投资同比增速及占比变化

资料来源：CEIC。

第四，制造业投资增速继续减缓，产业转型结构升级缓慢。制造业的转型升级是中国下一个阶段提升劳动生产率，重树国际竞争优势的关键。过去几年，在投资增速下降的同时，投资的行业结构调整逐步展开。对制造业中过剩产能行业的投资急剧减速、对高新技术产业的投资不断加速，都在推进制造业的转型升级。但是，2015年由于投资的全面减速，结构转型升级进展已开始变缓。2015年制造业增加值增长7.0%，增速比上年下降了2.4个百分点。其中，通用设备制造业增加值增长2.9%，增速比上年下降了6.2个百分点；专用设备制造业增加值增长3.4%，增速比上年下降3.5个百分点；铁路、船舶、航空航天和其他运输设备制造业增加值增长6.8%，增速比上年下降5.9个百分点；计算机、通信和其他电子设备制造业增加值增长10.5%，增速比上年下降1.7个百分点。①

相比而言，民间投资对制造业的转型升级贡献明显。2015年，尽管民间投资增速也出现了较大幅度下滑，但是民间投资的行业结构持续改善：在对第二产业投资的比重平稳下降的同时，其对装备制造业以及计算机、通信和其他电子设备制造业投资的比重正在持续地提高。2015年民间投资对制造业投资增长9.1%，增速比上年下降了7.7个百分点；在全部民间投资中对制造业投资的占比为89.4%，比上年下降了0.2个百分点。其中，对通用设备制造业投资的占比为7.89%，对专用设备制造业投资的占比为7.08%，比重分别比上年提高0.2、0.1个百分点；对铁路等运输设备制造业投资的占比为1.4%，比上年下降0.2个百分点；对计算机、通信和其他电子设备制造业投资的占比为3.8%，比上年提高0.2个百分点。

第五，节能降耗继续取得新进展。2015年单位国内生产总值能耗比上年下降5.6%，降幅比2014年扩大了0.8个百分点，更比2013年扩大了1.9个百分点。

二、固定资产投资全面减速，投资结构改善受阻

2015年投资全面减速。尽管制造业和房地产业投资增速持续下滑是导致全社会固定资产投资增速大幅度下滑的主要原因，但是，这两个行业之外，几乎所有行业的投资增速也都在下滑。从产业结构看，对第一产业的投资增长了31.8%，对第二产业的投资增长了8%，对第三产业的投资增长了10.6%，增速分别比上年下降2.1、5.2和6.2个百分点。在第二产业中，受过剩产能的影响，采矿业投资增速为-8.8%，比上年下降9.5个百分点；制造业投资增长8.1%，增速比上年下降5.4个百分点；电力、热力、燃气及水的生产和供应业投资增长16.6%，增速比上年下降0.5个百

① 据国家统计局2015年统计公报信息，中国新产业增长较快，全年高技术产业增加值比上年增长10.2%，增速比规模以上工业快4.1个百分点，占规模以上工业比重为11.8%，比上年提高1.2个百分点。

分点。在第三产业中，受过度库存的影响①，房地产业的投资增长2.5%，增速比上年大幅下降了8.6个百分点②；交通运输、仓储和邮政业投资增长14.3%，增速比上年下降了4.3个百分点（图20-5）。

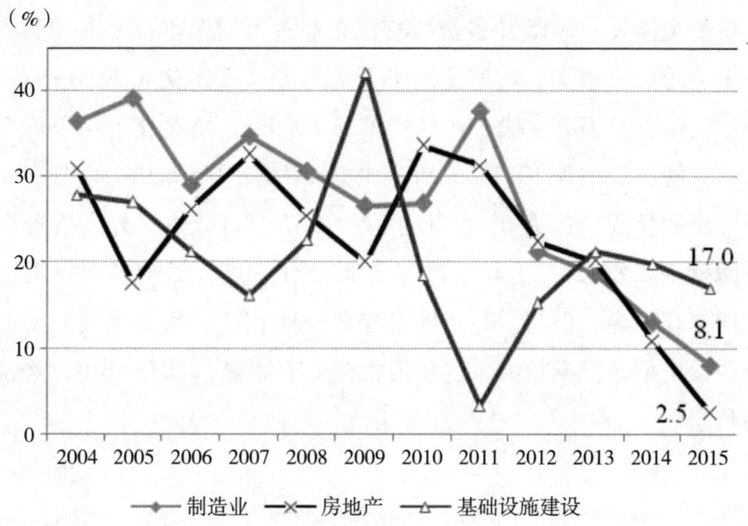

图20-5　固定资产投资年度增速变化（分行业）

资料来源：CEIC。

制造业和房地产业投资增速的下滑，一定程度上降低了这两个行业在全部投资中的比重。2015年，在全部投资中，制造业投资占比为32.7%，比上年下降了0.6个百分点；房地产业投资占比为23.0%，比上年下降了1.6个百分点；基础设施建设投资占比为23.8%，③ 比上年提高了1.4个百分点。

从民间投资的产业结构来看，2015年民间投资对第一产业的投资增长33.1%，增速比上年下降1.9个百分点；对第一产业的投资占全部民间投资

① 2015年商品房待售（空置）面积增速为15.6%，比上年回落10.5个百分点，其中住宅待售（空置）面积增速为11.2%，比上年回落4.3个百分点。

② 据国家统计局2015年统计公报，2015年全国房地产开发投资95979亿元，比上年名义增长1.0%（扣除价格因素实际增长2.8%）。

③ 包括交通运输、仓储及邮政业，水利、环境和公共设施管理业，以及电力、热力、燃气及水的生产和供应业等。

的比重为 3.6%，比上年提高 0.6 个百分点。对第二产业的投资增长 9.4%，增速比上年下降 7.3 个百分点；对第二产业的投资占比为 50.1%，比上年减少 0.3 个百分点。对第三产业投资增长 9.4%，增速比上年下降 9.2 个百分点；对第三产业的投资占比为 46.4%，比上年下降 0.3 个百分点。

从投资主体看，2015 年各类所有权企业投资增速都在下滑。其中，内资企业投资增长 10.6%，增速比上年下降 5.7 个百分点（图 20-6）。在内资企业中，国有及国有控股企业投资增长 10.9%，增速比上年下降 2.1 个百分点；民间投资增长 10.1%，增速比上年大幅下降 6.9 个百分点。港澳台商投资企业投资增速为 0，比上年减少 8.7 个百分点；外商投资企业投资增速回落至 2.8%，比上年下降了 2.5 个百分点。尽管各类投资主体的投资增速都在下降，但与国有及国有控股企业相比，民间投资、港澳台及外资企业投资增速降幅较大，这在很大程度上体现了 2015 年中国经济需求疲软的状态。

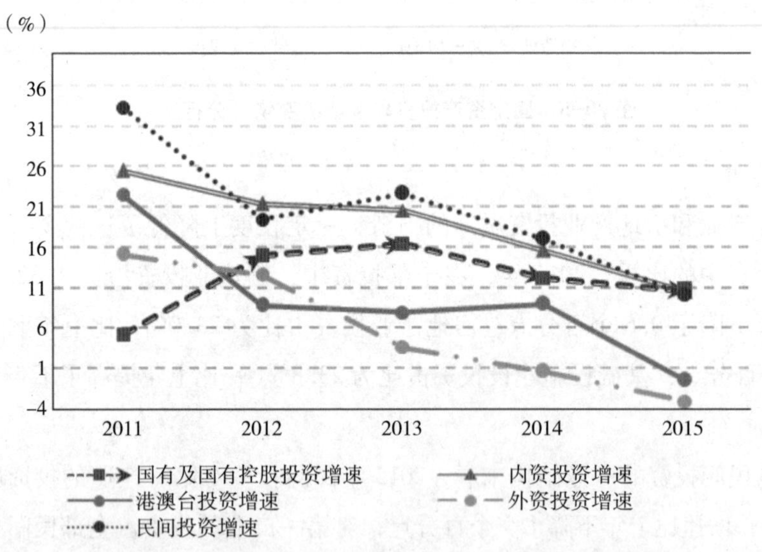

图 20-6　固定资产投资（分投资主体）同比名义增速

资料来源：CEIC。

从资金来源看，2015 年投资资金来自国家预算内资金的投资增长 15.6%，增速比上年增加 1.5 个百分点；占全部投资的比重为 5.6%，比上年下降 0.5 个百分点。来自国内贷款的投资增速为-5.8%，比上年大幅度下降了 14.4 个百分点；占全部投资的比重为 11.0%，比上年下降 1.8 个百分点。来自自筹资金的投资增长 9.5%，增速比上年下降 4.9 个百分点；占全部投资的比重为 73.4%，比上年下降了 0.3 个百分点。

综上，尽管制造业和房地产业投资增速的持续下滑是导致 2015 年全社会固定资产投资增速大幅度下滑的主要原因，但是从投资的行业构成变化看，2015 年的投资减速具有全行业投资减速的特征。这表明了中国经济需求的疲弱状况。从投资主体构成以及投资资金来源的构成变化看，民间投资增速的大幅度下滑以及来自国内贷款的投资增速的急剧减速，在很大程度上意味着宽松的货币政策并没有将信贷资源有效地配置到实体经济，尤其是实体经济中的民营经济部门。从资金的供给面看，在经济减速、生产部门通货紧缩（PPI 持续下降）以及企业债务实际负担加重的背景下，金融部门因风险提高而导致“惜贷”，在一定程度上抑制了有效投资需求的扩张。

此外，现阶段中国资本市场不完善，企业债券市场规模太小，股票市场因泡沫破灭而导致股价下跌，以及央行对表外业务的严格监管等等，这些因素都导致企业特别是民营企业即便有投资需求，也难以获得投资资金。更不用说，当前民间投资的领域仍然受到诸多限制，对民间投资的有形无形障碍仍然严重存在，也在很大程度上妨碍了民营经济对那些随收入增长以及需求结构的调整而不断扩大的行业的投资。在中国经济的转型期，这些行业由于体制障碍、政府管制、垄断，市场化改革滞后而导致有效供给严重不足。

我们认为，需求疲软是当前经济持续减速的主要原因。而需求萎缩是以下几方面原因导致的：第一，当国外需求萎缩时，国内需求（消费需求）受制于收入增长减缓无法快速扩张；第二，应对国际金融危机冲击，实施“四万亿元”投资刺激计划后，基础设施的扩张以及房地产业的超快速扩张导致钢铁水泥等生产资料行业产能过剩，为稳增长而刺激某些新兴产业（如太阳能光伏产业等）过度扩张等等，抑制了投资需求增长；① 第三，结构性通货紧缩抑制了企业利润增长，并加重了企业的债务负担，也抑制了投资需求增长。

① 这里不能忽略国有及国有控股企业的作用。

然而，对于转型期的中国经济，当期的投资需求减速应该是短期的。因为，当前的供给“过剩”，在很大程度上是随着中国从中等偏上收入经济体向发达经济体过渡，人均收入水平提高，需求结构转换过程中因供需结构失衡而出现的结构性过剩，它同时还伴随着众多而且严重的供给短缺。随着供给侧结构性改革的推进，在剔除过剩产能减少无效投资需求的同时（减法），需求转换过程中暴露出来的大量供给短缺，在市场的牵引下，必然会激发新的有效供给，刺激新的投资需求（加法）。在这一过程中，让有效供给成功地满足有效需求，民营经济大有可为。在过去几年中国经济减速的过程中，民间投资占全部投资比重不断提高的事实不仅说明中国经济在结构转型过程中存在各种投资机会，而且投资效率也因民间投资占比的提高在不断提高。但是，市场化改革的不彻底、资本市场的不完善、金融体系改革的滞后以及体制性障碍等阻碍了民营经济更稳定地发展，更灵敏地适应需求结构的转换，更快地调整投资结构，提高投资效率，稳定经济增长。

三、进出口增速大幅下滑，贸易结构持续改善

2015 年，全球经济复苏乏力。据国际货币基金组织（IMF）的估计，2015 年全球货物和服务贸易总额增长 2.6%，增速比 2014 年下降 0.8 个百分点。[①] 受此影响，中国货物贸易出口增速进一步回落。同时，受中国国内需求不振以及石油等大宗商品价格下滑的影响，进口增速也大幅度下降，而且降幅超过出口增速的降幅，2015 年货物贸易顺差大幅扩大。全年按美元计价的出口总额增速为-2.8%，比上年下降了 8.9 个百分点；进口总额增速为-14.1%，比上年下降了 14.5 个百分点（图 20-7）。货物贸易顺差大幅扩大至 5930 亿美元，较上年增加了 2099.4 亿美元。

从贸易构成看，一般贸易占比持续提高，加工贸易占比继续下降。2015 年一般贸易出口增长 1.4%，增幅比上年下降 9.3 个百分点；占总出口的比重 53.7%，比上年提升 2.3 个百分点。加工贸易出口增速为-9.7%，比上年下降 12.4 个百分点；占总出口的比重 35.1%，比上年下降 2.7 个百

① 引自 2016 年 1 月 IMF 的《世界经济展望》。预计 2016 年增速可回升至 3.4%，2017 年进一步提高至 4.1%。

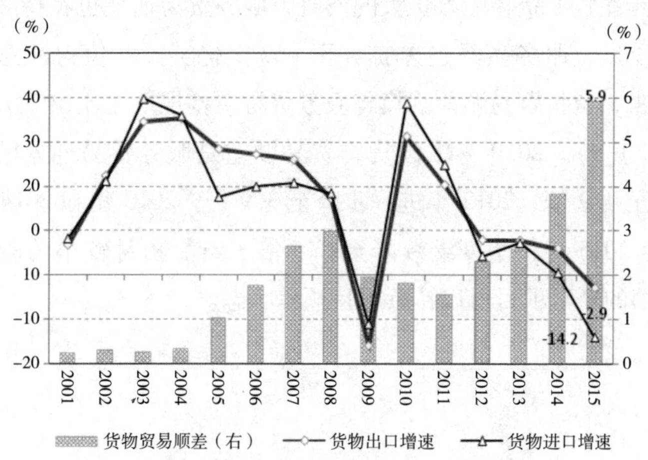

图 20-7 进出口增速与贸易顺差

资料来源：CEIC。

分点。一般贸易进口增速由上年的0.2%回落至-16.8%；占总进口的比重为54.9%，比上年下降1.8个百分点；加工贸易进口增速由上年的5.7%回落至-14.9%；占总进口的比重为26.6%，比上年下降0.2个百分点（图20-8）。全年一般贸易顺差2966.8亿美元，规模扩大了2036.9亿美元；加工贸易顺差3530.7亿美元，规模比上年减少了57亿美元。加工贸易顺差的规模依然大于一般贸易顺差。

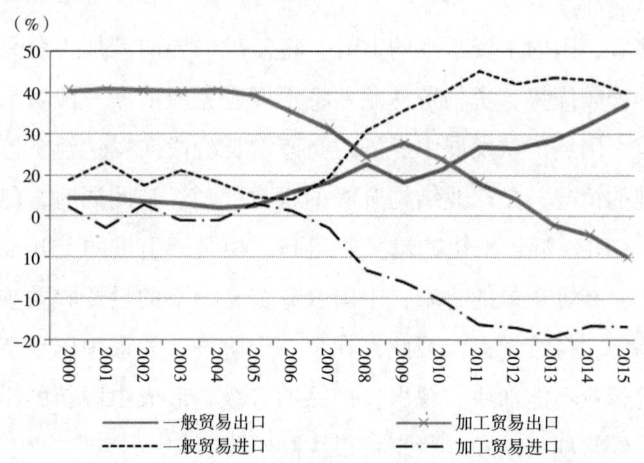

图 20-8 一般贸易进出口与加工贸易进出口占比变化

资料来源：CEIC。

2015 年在货物贸易顺差扩大的同时，服务贸易逆差也在持续扩大。至 2015 年三季度，服务贸易逆差扩大至 662.5 亿美元。值得注意的是，自 2010 年以来，货物贸易顺差规模与服务贸易逆差规模之比出现大幅度缩小态势（图 20-9）。2010 年中国货物贸易顺差是服务贸易逆差的 10.5 倍，2011 年降至 4.9 倍，2012 年进一步降至 3.9 倍，2013 年和 2014 年再降至 2.9 倍，至 2015 年三季度继续降至 2.6 倍。当前相对较小的服务贸易逆差，使中国的经常项目得以持续保持顺差状态。

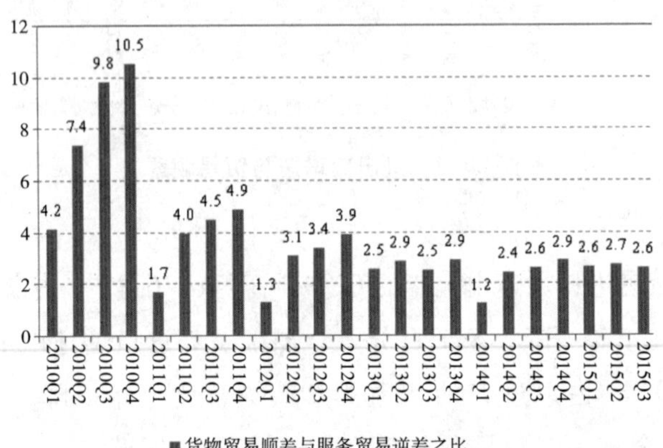

图 20-9　货物贸易顺差与服务贸易逆差规模比较

资料来源：CEIC。

从长期看，国内工资水平的上升，将使出口导向型加工贸易逐步丧失其在中国的比较优势，货物贸易顺差将不可避免地依靠一般贸易进出口来实现，这是一国经济从发展中经济的高速增长阶段向发达经济体过渡时的必然会出现的情况，是产业结构升级的正常表现。与此同时，尽管中国的对外投资（ODI）近年来快速增长，但是，相对于引进的 FDI 而言，其规模依然很小。在可预见的将来，中国服务贸易项下的投资收益项将继续保持逆差状态，并持续扩大。因此，在下一个阶段，如果中国制造业中以出口为导向的行业不能加快实现出口产品的升级，形成中国新的出口竞争优势，那么，经常项目的顺差状态将很快被逆转。

从地区结构看，2015 年中国对亚洲以美元计价出口增速为-4%，对美国出口增速为 3.4%，分别比上年下降 8.8 和 4.1 个百分点；受欧盟复苏放缓及欧元贬值的影响，对欧盟的出口增长1.7%，增速比上年下降3.2个百分点（图20-10a）。与2014年相比，2015年中国对亚洲的出口占比为50.1%，下降了0.6个百分点；对美国的出口占比为18.0%，提高了1.1个百分点；对欧盟的出口占比为15.5%，增加了0.7个百分点（图20-11a）。在进口方面，中国从亚洲和美国的进口增速下滑至-12%和-6.5%，分别减少11.6和10.9个百分点；从欧盟的进口增速大幅下降至-15.5%，下降30.9个百分点（图20-10b）。中国从亚洲的进口占比增加了1.4个百分点，为56.8%；从美国进口的比重提高了0.7个百分点，为8.8%；从欧盟的进口占比11.6%，与去年基本持平（图20-11b）。

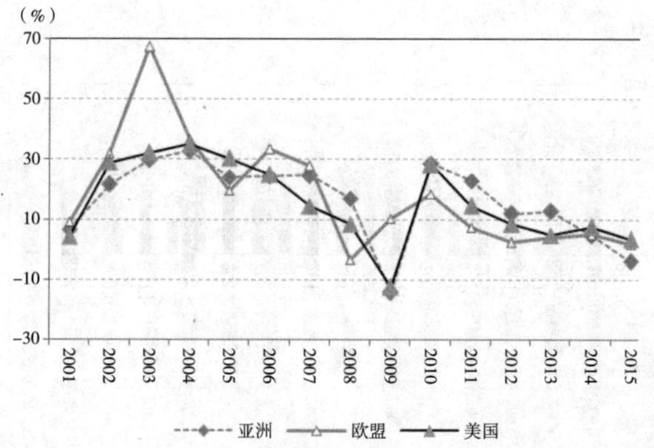

图20-10（a） 中国对主要地区出口增速变化

资料来源：CEIC。

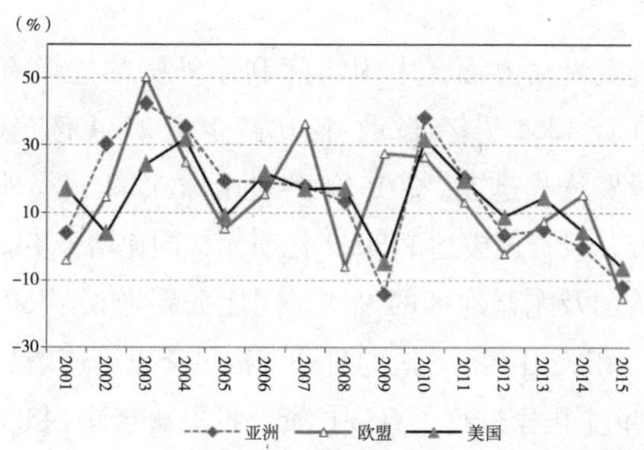

图20-10（b） 中国从主要地区进口增速变化

资料来源：CEIC。

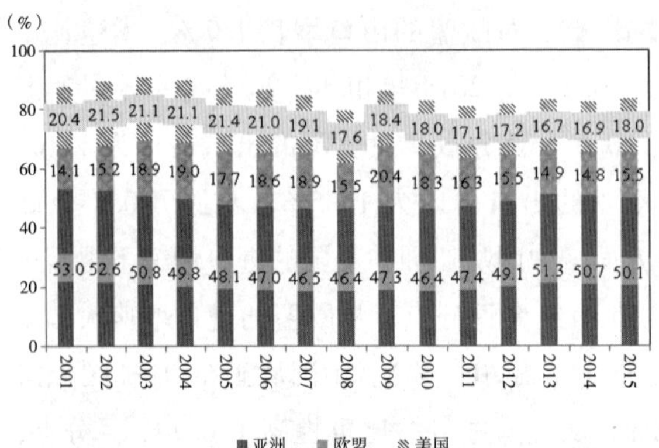

图 20-11（a） 中国出口构成变化（分地区）

资料来源：CEIC。

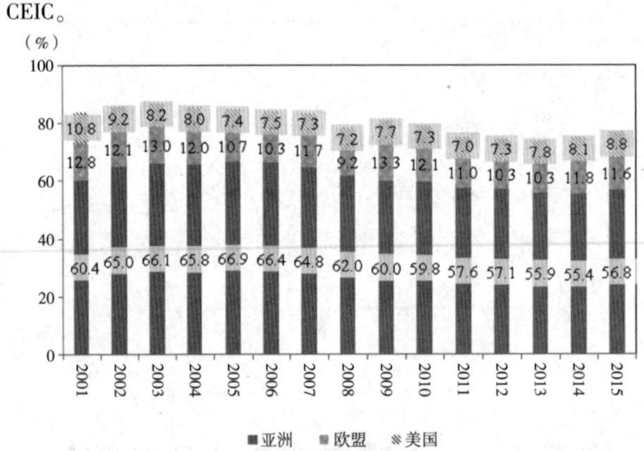

图 20-11（b） 中国进口构成变化（分地区）

资料来源：CEIC。

此外，在资金流动方面，中国实际利用外资的规模有所下降。2015年，实际使用外资1262.7亿美元，同比减少了22.4亿美元。另一方面，中国对外直接投资增长迅速。2015年共对全球6532家境外企业进行了非金融类直接投资，投资规模达1180.2亿美元，同比增长14.7%。其中，增长最快的是对美国及东盟地区的投资，同比分别增长了60.1%和60.7%。对“一带一路”相关国家和地区的对外直接投资也迅速增长，共对“一带一路”相关的49个国家进行了直接投资，投资额合计148.2亿美元，同比增长18.2%，占总额的12.6%。①

① 数据来自商务部网站。

最后，在人民币汇率方面，中国人民银行于 2015 年 8 月 11 日启动了完善人民币汇率中间价报价机制的改革，人民币对美元出现了较大幅度的贬值。2015 年年末美元兑人民币中间价汇率为 6.4936，累计下调 3746 个基点，人民币较上年末贬值了 6.0%。2016 年年初对美元进一步加息的预期、中国国内经济减速所导致的人民币贬值预期加剧了资本外流的倾向。2015 年全年累计外汇储备减少 5126.6 亿美元，是有记录以来最大年度降幅，年末外汇储备余额为 3.33 万亿美元。

四、居民实际收入增速放缓，消费保持了平稳增长

2015 年，中国居民人均可支配收入实际增长 7.4%。增速虽然超过了同期 6.9%的人均 GDP 增速，但是比上年下降了 0.6 个百分点。其中，城镇居民人均可支配收入实际增长 6.6%，增速比上年下降了 0.2 个百分点；农村居民人均可支配收入实际增长 7.5%，增速比上年下降了 1.7 个百分点（图 20-12）。经济的持续减速继续抑制城乡居民实际收入的增长；农村居民实际收入的增速虽然依然高于城镇居民，但收入增速的降幅却大于城镇居民。另一方面，消费保持了稳定增长。2015 年社会消费品零售总额名义增长 10.7%，增速比上年下降 1.3 个百分点；实际增长 10.5%，增速比上年下降 0.4 个百分点（图 20-13）。

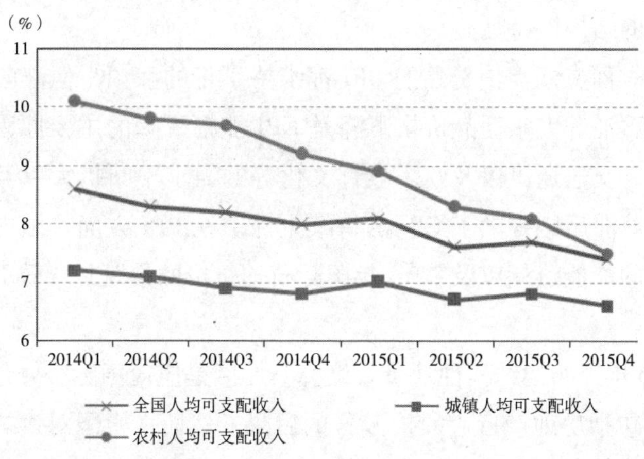

图 20-12　全国居民人均可支配收入变化

资料来源：CEIC。

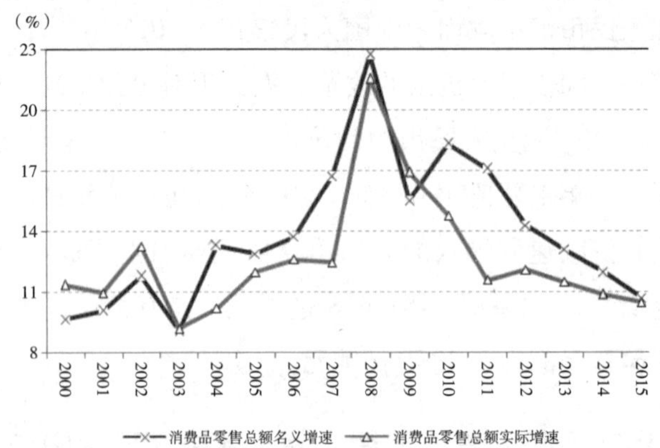

图 20-13　社会消费品零售增速变化

资料来源：CEIC。

五、价格指数持续“双降”，结构性通缩在加剧

2015 年，消费者价格指数（CPI）上涨 1.4%，涨幅比上年下降 0.6 个百分点；生产者价格指数（PPI）增速为-5.2%，降幅比上年扩大 3.3 个百分点（图 20-14）；GDP 平减指数增速为-0.4%，比上年下降 1.27 个百分点。[①] 自 2012 年开始，中国 CPI 与 PPI 连续呈现“双降”趋势，但是，CPI 始终维持低位正增长，PPI 则持续负增长而且降幅不断扩大。生活消费品市场与中间产品、投资品市场面临的价格下降压力各不相同，通货紧缩呈现明显的结构性特征。

在 CPI 方面，八类消费品的 CPI 都维持了正的涨幅，但涨幅均有所下降。食品和石油等大宗商品价格下降是 CPI 涨幅下降的主要原因；居民对服务、衣着、交通通讯以及娱乐教育文化等的需求不断扩大以及相应领域的市场化改革滞后则推动了 CPI 的持续上涨。在 PPI 方面，国内部分制造业上游产品的产能过剩以及 2014 年国际石油价格的暴跌是导致 PPI 回落的主要原因。

自 2012 年开始的结构性通货紧缩究其原因是应对国际金融危机大规模产能刺激（包括房地产行业的扩张）的后果。然而，中国对过剩产能的消

① 本课题组测算。

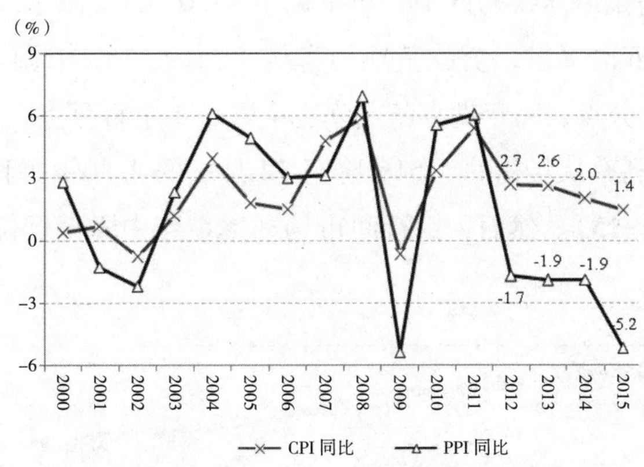

图 20-14　CPI 和 PPI 的同比变化

资料来源：CEIC。

化却因体制性原因而步履艰难①，导致结构性通货紧缩不断加剧。PPI 的持续回落已给宏观经济带来了以下负面影响：一是工业企业利润增速不断下滑；② 二是财政收入增速随工业利润增速的下滑而下滑；三是新一轮的地区经济发展差距开始扩大；四是提高了经济陷入全面通缩的风险；五是加剧了企业的实际债务负担。

从当前需求不断萎缩，产能严重过剩的角度看，利用当期生产者价格以及投资价格处于低谷的时机，适度扩大投资，以此扩大需求，提高产能利用率，防止经济增速进一步下滑，显然是必要的。但是，2008 年的宏观经济政策实践告诉我们，完全由政府承担扩大内需责任，仅仅从扩大需求角度增加基础设施投资，重复既有的“四万亿元”财政刺激政策，在当前既不可行，也不可能解决问题。要解决当前的经济持续下滑问题，必须将需求、供给、结构、体制、经济、社会诸方面联系起来，系统分析，从而提出有针对性的解决方案。

六、货币政策全面宽松，对投资拉动作用有限

2015 年，货币政策转向全面宽松。全年实施了五次降准（包括定向降

① 主要是缺少对“国有僵尸企业”的有效处置措施。

② 2015 年规模以上工业企业利润增速为-2.3%，比上年下降 5.6 个百分点。

准)，存款准备金率从年初的 19.5%下调至 17.0%，下降了 2.5 个百分点；同时，实施了五次降息，贷款基准利率从年初的 5.6%下调至 4.35%，下降了 1.25 个百分点；一年期存款利率也下降了 1 个百分点。这些措施使一年期贷款基础利率从年初的 5.51%降至 12 月底的 4.30%，下降了 1.21 个百分点（图 20-15）。然而，银行间市场利率在年中降至低位后， 年末又

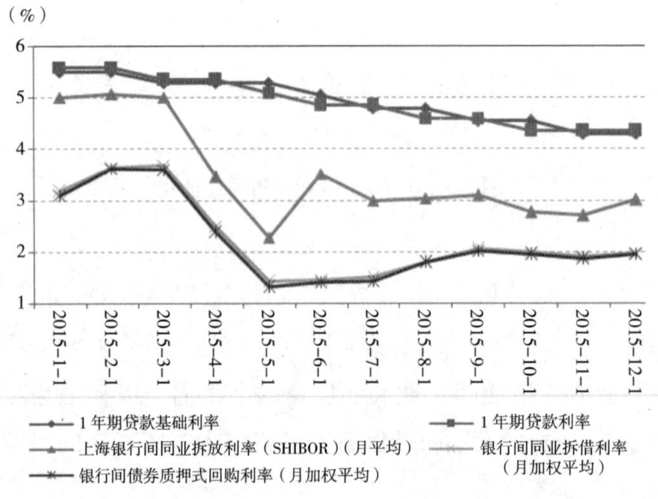

图 20-15 各类市场利率的变化

资料来源：CEIC。

开始不同幅度地回升：银行间人民币同业拆借（月加权平均）利率从 1 月的 3.18%降至 5 月最低的 1.42%后，一路回升至 12 月份的 1.97%，全年降幅缩小至 1.2 个百分点；质押式债券回购（月加权平均）利率从 1 月的 3.103%下降到 5 月最低的 1.305%之后，也开始回升至 12 月份的 1.946%，全年降幅缩小至 1.16 个百分点；上海银行间同业拆放利率（SHIBOR）月平均利率从 1 月的 5.01%降至 5 月的 2.276%之后，回升至 12 月的 3.002%，全年下降 2.01 个百分点。

2015 年，流通中货币余额（M0）增长 4.9%，增速比上年上升 2 个百分点；狭义货币余额（M1）增长 15.2%，增速比上年上升 12 个百分点；广义货币余额（M2）增长 13.3%，增速比上年下降 1.1 个百分点。M2 新增 16.39 万亿元，规模比上年扩大了 4.21 万亿元；至年末 M2 余额达 139.23 万亿元，规模约为 2015 年 GDP 的两倍。

2015年，全社会融资规模为15.4万亿元，比上年减少1047亿元（图20-16）。其中，新增人民币贷款11.27万亿元，比上年增加1.94万亿元；占同期新增社会融资规模的73.2%，比重比上年高13.7个百分点。在新增的人民币贷款中，63%用于对非金融性公司及机关团体的贷款，比重比上年下降3.2个百分点；30.6%用于对房地产的贷款，比重比上年提高2.5个百分点。

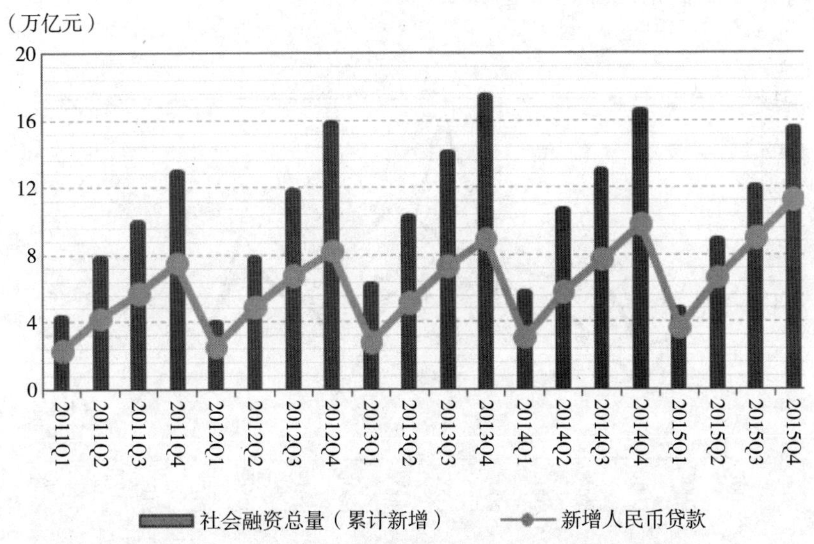

图20-16　社会融资总量累计新增和新增人民币贷款

资料来源：CEIC。

从资金供给面看，对影子银行的严格监管导致银行信托类贷款的急剧减少，抑制了社会融资的新增规模。[①] 尽管2015年上半年新增人民币信贷规模急剧扩大，但民间投资增速大幅下降的事实说明，靠间接融资为主要渠道的信贷资源配置机制依然不利于民间投资需求的扩张。在限制了信托贷款等表外贷款渠道后，同时在直接融资的规模有限的情况下，尽管货币政策已使银行间的流动性较为充分、融资成本有所降低，但并不意味着民间投资"融资难、融资贵"的问题就得到了缓解。因此，金融系统依然面

① 2015年监管层对同业业务的规范和监管，约束了商业银行的表外业务扩张，制约了社会融资规模的扩大。全部社会融资中信托贷款占比为0.28%，比上年下降了2.82个百分点。

临如何有效提高信贷资源的配置效率，使新增信贷资源最大限度地满足民间投资需求扩张的问题。

七、财政收入增速下降，财政支出结构继续改善

2015 年，公共财政收入增长 8.4%，增速比上年下降了 0.2 个百分点；财政支出增长 15.8%，增速比上年提高了 7.6 个百分点①（图 20-17）。财政赤字 23551 亿元，占 GDP 的 3.5%。

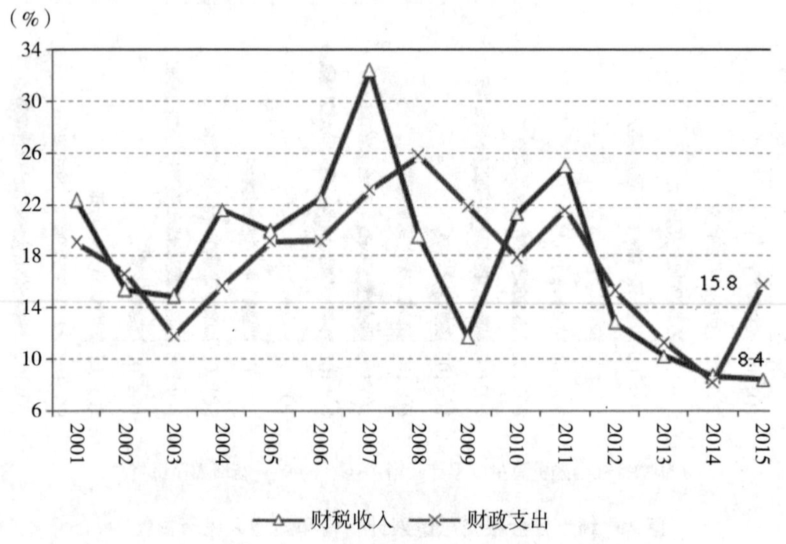

图 20-17 财政收支名义增速变化

资料来源：CEIC。

财政收入方面，企业利润增速下滑直接抑制了税收收入的增长。全年税收收入增长 4.8%，增速比上年下降 3 个百分点；税收占财政收入的比重为 82.0%，比上年下降 2.9 个百分点。税收增长下降的同时，非税收入迅速增长，增速提高 15.4 个百分点，增长 28.9%。2015 年，国有土地使用权出让收入 3.25 万亿元，比上年减少了 1.0 万亿元。

财政支出方面，教育支出增长 8.4%，增速比上年提高了 4.3 个百分

① 2015 年全国一般公共预算收入 152217 亿元，增幅进一步放缓至 8.4%，同口径增长仅 5.8%，增速比上年回落 2.8 个百分点，并低于年初预算目标；2015 年全国一般公共预算支出 175768 亿元，比上年增长 15.8%，同口径增长 13.2%，增速较上年同比上升 4.9 个百分点。

点；教育支出占财政支出的14.9%，占比较上年下降了0.2个百分点。社会保障和就业支出增长16.9%，增速比上年上升了7.1个百分点；占财政支出的10.8%，占比较上年提高了0.3个百分点。医疗卫生与计划生育支出11916亿元，增长17.1%；占财政支出的6.8%。交通运输及农林水事务支出增长21.4%，增速比上年上升了14个百分点；占财政支出的16.8%，占比较上年上升了0.8个百分点。2015年财政支出中用于教育的支出占GDP的比重已接近4%的水平；社会保障和就业的支出占GDP的比重持续上升至接近3%的水平；医疗卫生与计划生育支出占GDP的比重也在不断提高接近2%的水平（图20-18）。这表明，2015年尽管财政收入增速大幅度下滑，但是，财政向民生领域的支出却没有减速。

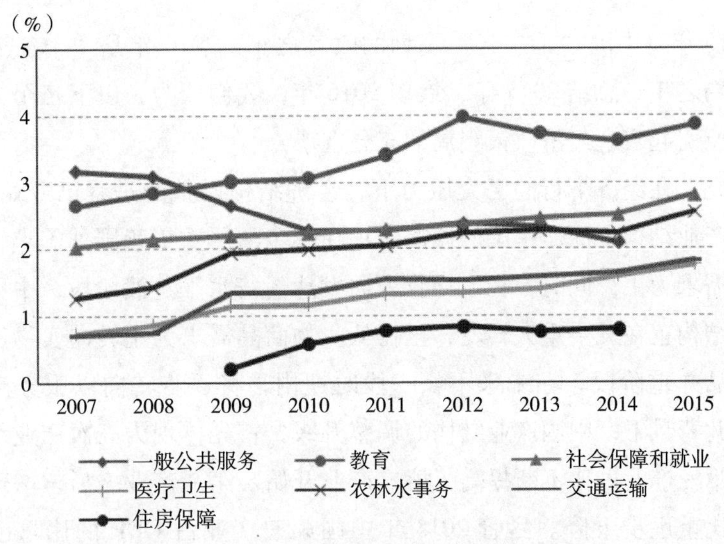

图20-18　公共财政支出占GDP的比重变化

资料来源：CEIC。

综上，2015年中国经济增速持续下滑。从短期来看，主要原因是需求疲软。首先，应对国际金融危机，实施“四万亿元”投资刺激政策所引发的2010年和2011年两年房地产业的超快速扩张导致了钢铁水泥等生产资料行业的产能过剩以及房地产的过度库存；其次，对过剩产能的消化因体制性原因而步履艰难，导致了结构性通货紧缩不断加剧，企业利润的缩减直接抑制了企业的投资需求；再次，城乡居民实际收入增速的持续减缓，抑制了居民消费的扩张。尽管在投资减速以及外部市场需求疲软的背景下，2015年消费需求对GDP增长的贡献得以大幅提升，但却不及1999年和2000年亚洲金融危机后消费对GDP增长的贡献率；最后，国际市场需求的持续疲软，国内工资水平的持续上升，推动产业结构升级换代，导致加工贸易行业逐步萎缩，抑制了出口的增长。

从长期来看，经济减速是既有供给结构遭遇人均收入水平提高、需求结构转换而导致的结构性供需失衡与生产效率下降的结果。此外，收入分配结构失衡、生产要素市场的市场化改革步伐缓慢、金融资本市场的市场化改革滞后且不完善，经济增长方式尚未随着经济发展阶段的转换而转变，也成为中国经济转入新常态后制约经济持续稳定较快增长的重要因素。

2015年是中国“十二五”规划的收官之年，2016年是“十三五”规划的开局之年。总结2015年，展望2016年，我们认为，以下三个方面的问题需要引起宏观经济政策当局的充分重视：

首先，在经济下行的巨大压力下，经济结构调整的进程已开始减缓。第一，产业结构方面。中国的总需求正在逐步从严重依赖国外需求转向依赖国内需求为主；同时，在人均收入向发达经济水平过渡阶段，中国国内的需求结构正在发生重大转变，正在从实物商品需求为主转向实物产品与服务产品并重阶段，在未来不长一段时期内，将逐步转向以服务产品为主。在此背景下，中国产业结构的调整升级，首先体现为三次产业结构的变化。第三产业占比不断提高，第二产业开始步第一产业之后，增速逐步回落，比重逐步下降。尽管2015年中国第三产业占GDP的比重已超过50%，但是，与人均GDP水平处在相近水平的其他国家的平均水平（55%）相比，我国第三产业的占比依然是偏低的，目前发展严重不足，未来仍将大有发展空间。更重要的，中国目前的第三产业仍然以传统服务业为主，劳动生产率较低，现代服务业在解除政府管制、推进市场化进程方面严重滞后。这不仅降低了第三产业以及整个国民经济的生产效率与经济增长速度，并且直接抑制了居民收入的快速提高，居民消费需求的实现。第二，投资结构方面。除了需求不足的因素之外，在2015年宽松的货币政策背景下，民间投资增速却大幅度下降了，投资结构改善的步伐明显减慢；

投资资金中来自国内贷款投资增速的大幅度下滑，意味着宽松的货币政策并没有将信贷资源有效地配置到实体经济，以满足民间投资的需求。与此同时，在投资体制、投资领域上，仍然存在着对民营经济投资有形无形的限制和障碍。第三，尽管制造业规模的扩张得以减缓，但结构升级缓慢。通用设备制造业、专用设备制造业、铁路、船舶、航空航天和其他运输设备制造业，以及计算机、通信和其他电子设备制造业增速都有明显下降了。

其次，经济增速的持续下降使人民币贬值预期进入了自我强化的循环。中国人民银行于 2015 年 8 月 11 日启动了完善人民币汇率中间价报价机制改革之后，人民币对美元出现大幅贬值。尽管经常账户继续维持顺差状态，但是实际利用外资规模的缩小、中国对外投资规模的扩大、对美元进一步加息的预期，以及中国国内经济减速所导致的人民币贬值预期等因素叠加后资本外流的压力不断增强。至此，一个人民币贬值预期的循环形成了：一是为避免快速下降的外汇储备抽走经济中的流动性，央行不得不通过降准降息的措施注入流动性，而这些措施又进一步强化了人民币贬值的预期，加大了资本外流的压力。二是鉴于现阶段金融体系信贷资源配置缺乏效率以及银行部门的“惜贷”倾向，扩大的信贷资源无法有效满足民间投资的需求，注入的流动性难以有效带动投资扩张，因而，降准降息等政策措施很难有效地阻止经济增速的下滑，从而加剧了人民币贬值的预期。三是人民币贬值对出口增长的拉动作用不仅存在时间上的滞后，而且还受制于中国出口产品结构升级的滞后，更不用说还存在着外部市场需求的不确定性，因而人民币贬值将难以有效刺激中国的出口及拉动经济增长。这同样会加剧人民币贬值的预期。在这个循环中，一个非常关键的因素是中国经济增长的稳定性。应提高金融体系信贷资源配置的效率，让扩大的信贷资源充分满足民间投资的需求，注入的流动性就能够有效带动投资的扩张，阻止经济增速的下滑。

最后，近四年多的时间里，工业部门的通货紧缩因为对过剩产能的消化成效有限而不断加剧，其对宏观经济的影响已不容忽视。PPI 的持续下降已严重制约了工业利润以及财政收入的增长。同时，一些以资源开采为主的省份的经济增长已开始严重减速，这将加大地区间经济社会的发展差距。更重要的是它还会加剧企业的债务实际负担。对过剩产能的消化将不可回避地面临失业职工的再就业以及亏损破产企业的债务处理等问题。

我们认为，解决上述问题需要从供给与需求两个方面入手，总量与结构问题都不可偏废，改善供给结构、效率与扩大需求两手都要抓。在当前，单纯的、过分地重视降低无效供给，而不重视有效供给的扩大，不利于稳增长，有可能导致紧缩叠加，导致经济的螺旋形下滑。因此，必须根据人均收入水平上升而产生的需求结构转换趋势，在去过时、过剩、无效产能的同时，扩大投资，增加新产能，扩大有效供给。用扩大有效供给的投资扩大需求，形成供需之间的螺旋形上升正循环，做到“以创新促增长，以需求保就业”。在供给侧，通过供给结构改革，不仅要降低无效供给，而且更为重要的是要根据需求对象及结构的变动扩大有效供给，提高供给效率、供给品质以及供给结构对需求结构的灵活适应性。在需求侧，通过调整收入分配，切实提高居民收入，扩大居民消费需求；同时，发挥利率市场化有效配置信贷资源的作用，使扩大的信贷资源充分满足民间投资的需要，通过有效投资来促进产业结构的调整。

第二节　2016—2017 年中国宏观经济预测

一、模型外生变量的假设

（一）美国及欧元区经济增长率

进入 2016 年，来自国际金融市场的大幅波动，欧元区及日本负利率政策的推出，以及对中国经济减速的预期，使美国经济增长的不确定性大增，可能将减缓美国加息的步伐，或抑制美元的升值，同时也使对美国经济的预测变得异常困难。根据国际货币基金组织（IMF）2016 年 1 月 19 日的最新预计，美国在 2016 年和 2017 年的经济增速均为 2.6%，增速分别比 IMF2015 年 10 月的预测值下调了 0.2 个百分点。尽管宽松的金融环境和国际油价下跌将通过消费等渠道对欧元区的经济增长产生正面影响，但是希腊等欧元区成员国的增长风险依然不可忽略。根据 IMF 的最新预计，欧元区在 2016 年的经济增速将为 1.7%，比 2015 年 10 月预测值提高了 0.1 个百分点；2017 年的经济增速有望继续保持在 1.7%的水平上（图 20-19）。

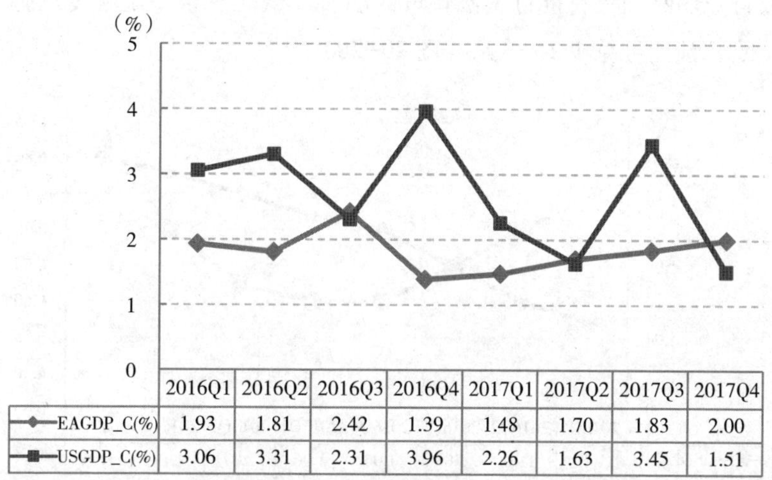

	2016Q1	2016Q2	2016Q3	2016Q4	2017Q1	2017Q2	2017Q3	2017Q4
EAGDP_C(%)	1.93	1.81	2.42	1.39	1.48	1.70	1.83	2.00
USGDP_C(%)	3.06	3.31	2.31	3.96	2.26	1.63	3.45	1.51

图 20-19　美国与欧元经济增长率的变化趋势假定（季度性调整后的环比折年率）

注：EAGDP_C 表示欧元区 GDP 增速，USGDP_C 表示美国 GDP 增速。

资料来源：本课题组假定。

（二）主要汇率水平

中国人民银行 2015 年 8 月 11 日启动了人民币兑美元汇率中间价报价机制的改革，并力图使人民币盯住 CFETS 指数，与一篮子货币（共 13 种货币）挂钩。2015 年底，受美联储加息及其预期的影响，与此同时，中国国内经济减速也强化了人民币贬值预期，人民币对美元出现了较大幅度贬值，资本外流的压力加大。年末美元兑人民币中间价汇率为 6.4936，人民币较上年末贬值了 6.0%。预计 2016 年人民币兑美元汇率中间价还将呈现震荡贬值态势，至年末将贬至 1 美元兑 6.7 元人民币；2017 年人民币兑美元中间价将基本保持稳定，年末维持在 1 美元兑 6.8 元人民币的水平上。

欧元兑美元汇率将受到欧洲央行货币政策、未来美联储实际加息步伐以及欧美经济数据的综合影响。一方面，2015年10月底以来，欧洲央行通过弱势欧元提振欧元区经济的决心已日益明显，将来仍有可能通过进一步宽松缓解通缩压力；另一方面，美联储加息进程则将在2016年渐进地推进；两者共同作用将令欧元兑美元汇率承受压力。预计2016年欧元基本上保持贬值态势，至年末1欧元可兑1.06美元；2017年，欧元区复苏周期的形成将减弱欧洲央行推行宽松政策的动机，欧元有望一定程度反弹，至年末1欧元预计可兑1.15美元（图20-20）。

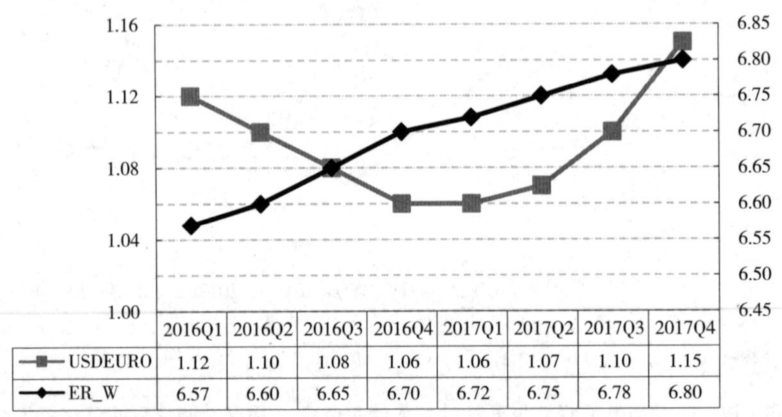

	2016Q1	2016Q2	2016Q3	2016Q4	2017Q1	2017Q2	2017Q3	2017Q4
USDEURO	1.12	1.10	1.08	1.06	1.06	1.07	1.10	1.15
ER_W	6.57	6.60	6.65	6.70	6.72	6.75	6.78	6.80

图20-20　美元兑欧元汇率（左）、人民币兑美元汇率（右）的变化趋势假定

注：USDEURO表示美元/欧元（左轴）；ER_W表示人民币/美元（右轴）。

资料来源：本课题组假定。

（三）货币供应量（M2）增速

2015年，央行进行了五次降准和五次降息，在“稳增长”中扮演了重要角色。考虑到2016年经济依然面临投资减速的下行压力，而且CPI很可能较大幅度地低于3%的通胀目标，预计央行仍将以适度宽松的货币政策改变市场预期，扭转悲观情绪，打破“债务—通缩”的恶性循环。同时，货币政策也需要与积极的财政政策相配合，才能响应中央在“供需两端同时发力”的政策基调。我们预计2016年二季度可能有一次降息，调降25个基点；年内可能实施三次降准，每次50个基点。全年M2增速为13.4%；2017年将略微低于这一水平，全年M2增速为13.1%（图20-21）。

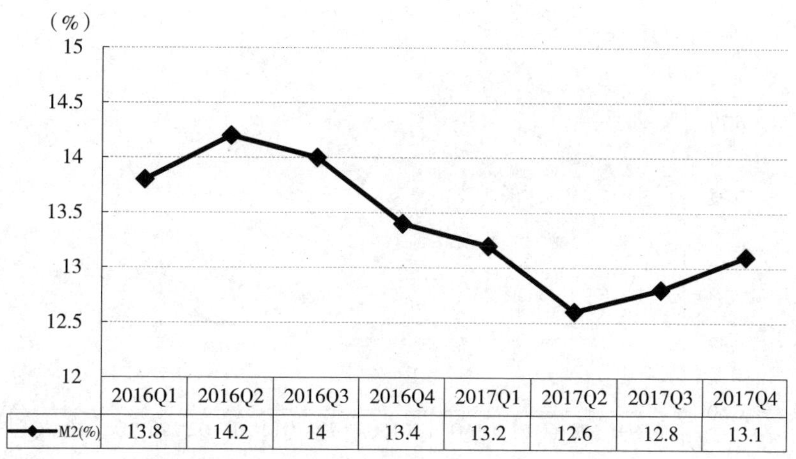

图 20-21　货币供应量（M2）的变化趋势假定

资料来源：本课题组假定。

二、2016—2017 年中国宏观经济主要指标预测

（一）GDP 增长率预测

在上述外生变量的假定下，基于中国季度宏观经济模型（CQMM）的预测结果表明：2016 年，中国 GDP 增速将为 6.66%，比 2015 年下降 0.25 个百分点；2017 年，GDP 增长率将可能进一步下探至 6.58%，比 2016 年下降 0.08 个百分点。预测结果表明 2016 年和 2017 年中国经济增速虽然还将继续下行，但增速下降的幅度会明显减缓，经济增长有望逐步趋向稳定。经济减速的下行压力将来自剔除无效产能所引发的失业及债务风险释放，由于企业利润下降、银行的惜贷所导致的投资减速，人民币汇率波动所导致的资本流动风险等方面。另一方面，来自供需两个方面的结构调整的效应也将不断显现：产业结构调整，第三产业比重继续上升将有利于保持就业稳定；投资结构的调整将有利于提高投资效率；制造业转型升级将有利于提高劳动生产率，推动收入增长。结构调整将逐步成为稳定经济增长的主要力量。

从季度同比增长率看（图 20-22），去产能过程中银行信贷谨慎等因素导致的投资减速在 2016 年上半年将不会明显改善，预计经济将因此持续

图 20-22　GDP 季度增长率预测（季度同比增长率）

资料来源：本课题组计算。

减速至二季度的 6.61%；随着人民币贬值预期增强对出口需求的拉动，以及货币政策当局将在二季度末配合财政政策实行降息，调整市场预期，2016 年三季度 GDP 同比将增长 6.68%，四季度增速有望回升至 6.70%。此后由于国际环境的风险增大，传统投资拉动路径的失效以及国内银行对贷款的谨慎态度，2017 年一季度经济将下行至 6.58%，随后继续下探至 6.56%。预测表明，2016 年和 2017 年，尽管人民币贬值在一定程度上有利于促进出口增长，但是，国际环境的高风险，国内资本市场上的资本外流和银行的贷款谨慎态度所导致的投资减速依然将对中国经济形成较大的下行压力。

（二）主要价格指数增长率预测

模型预测，2016 年 CPI 将上涨 1.48%，增幅将比 2015 年上升 0.04 个百分点；到 2017 年，预计 CPI 增速将略降至 1.39%。分季度看（图 20-23），受经济持续下行的影响，2016 年一季度 CPI 增速可能下行至 1.36%，二季度降至 1.27%，三季度在货币政策调整的作用下，略微上升至 1.6%，四季度继续升至 1.69%；到 2017 年一季度下行至 1.62%，二季度至四季度小幅波动至 1.43%。

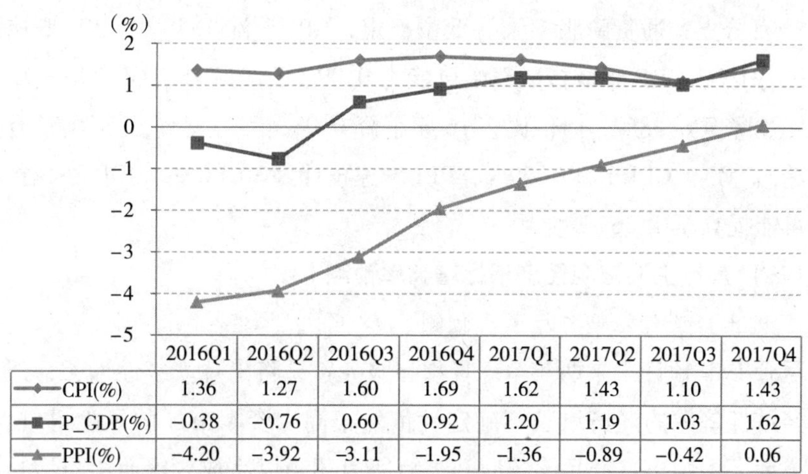

	2016Q1	2016Q2	2016Q3	2016Q4	2017Q1	2017Q2	2017Q3	2017Q4
CPI(%)	1.36	1.27	1.60	1.69	1.62	1.43	1.10	1.43
P_GDP(%)	−0.38	−0.76	0.60	0.92	1.20	1.19	1.03	1.62
PPI(%)	−4.20	−3.92	−3.11	−1.95	−1.36	−0.89	−0.42	0.06

图 20-23　价格指数预测（季度同比增长率）

注：CPI 表示居民消费价格指数；P_GDP 表示 GDP 平减指数；PPI 表示生产者价格指数

资料来源：本课题组计算。

生产者价格指数（PPI）在未来两年中仍将继续维持负增长，但是降幅在去过剩产能、增有效供给的过程中将有望大幅收窄。2016 年 PPI 增速预计为-3.31%，2017 年有可能大幅收窄至-0.66%。PPI 降幅的收窄将有利于上游生产资料企业利润的恢复性增长，以及企业实际债务负担的减轻。分季度看（图 20-23），PPI 增速可能于 2016 年一季度下跌至-4.2%，随着外部经济环境的改善，“一带一路”建设铺开，淘汰落后产能的压力下降，企业经营状况好转，该指标预计将在此后六个季度降幅逐步收窄，至 2017 年四季度开始正向增长 0.06%。

2016 年，GDP 平减指数（P_GDP）增速可能微升至 0.09%；2017 年回升至 1.26%。预测表明 2016 年和 2017 年，中国经济所面临的通货紧缩风险相对较小。分季度看，GDP 平减指数增速 2016 年一季度将下跌至-0.38%，二季度降至-0.76%；此后由于生产者价格指数的跌幅缩减，GDP 平减指数持续正向增长，其增速至 2017 年四季度升至 1.62%（图 20-23）。

总体而言，未来两年中国经济增速在投资减速的压力下还将继续下行，但增速下降的幅度会明显减缓，经济增长有望逐步趋向稳定；全面通货紧缩的风险相对较小。预计 2016 年 GDP 增速为 6.66%，比 2015 年下降

0.25 个百分点；通货膨胀率维持低位稳定，CPI 上涨 1.48%，PPI 增速预计为-3.31%，GDP 平减指数涨幅可能为 0.09%。2017 年，GDP 增长率可能进一步降至 6.58%，但仅比 2016 年下降 0.08 个百分点，经济增长有望逐步趋向稳定。CPI 上涨 1.39%，PPI 增速预计为-0.66%，GDP 平减指数涨幅可能提高至 1.26%。

（三）其他主要宏观经济指标增长率预测

1. 进出口及外汇储备增长率预测

尽管 IMF 预计未来两年全球货物和服务贸易将出现恢复性增长，但是主要经济经济体的经济增长不确定性依然很高，资本市场的风险也较大。另一方面，中国出口产品的转型升级短期内还难以完成，因而出口增长的压力依然较大。模型预测 2016 年以美元、按现价计算的出口总额预计将增长 0.83%，增速将比 2015 年提高 3.11 个百分点；进口总额增速可能降至-8.36%，比 2015 年小幅提高了 6.06 个百分点（表 20-1）。分季度看，出口同比增速在 2016 年一季度将继续保持负增长，增速为-1.26%，二季度将小幅回升至 1.33%，持续上升到四季度的 2%。进口同比增速在 2016 年一季度可能达到-1.74%，此后降幅扩大，并于四季度降至-13.14%。2016 年中国净出口占 GDP 的比重将降至 1.58%的水平。2016 年依然存在因经济减速而导致的人民币贬值预期以及资本外流的压力，为维持人民币汇率的稳定将继续消耗中国的外汇储备。预计 2016 年外汇储备可能降至 3.12 万亿美元。

表 20-1　2016—2017 年中国进出口及净出口占 GDP 比重预测

（单位:%）

时　间	出　口				进　口				净出口占 GDP 的比重
	不变价（人民币）	现价（美元）	一般贸易	加工贸易	不变价（人民币）	现价（美元）	一般贸易	加工贸易	
			现价（美元）	现价（美元）			现价（美元）	现价（美元）	
2016 年	7.14	0.83	-0.52	1.48	2.95	-8.36	-11.68	4.92	1.58
第一季度	3.37	-1.26	-3.20	0.57	12.45	-1.74	-6.02	5.72	1.59
第二季度	7.65	1.33	-0.14	1.91	5.41	-8,22	-11.49	4.37	1.70
第三季度	8.51	1.31	0.97	0.74	0.91	-10.03	-13.60	6.72	1.91
第四季度	9.08	2.00	0.42	2.74	-5.50	-13.14	-15.60	2.95	1.10

续表

时　间	出　口				进　口				净出口占 GDP 的比重
	不变价（人民币）	现价（美元）	一般贸易	加工贸易	不变价（人民币）	现价（美元）	一般贸易	加工贸易	
			现价（美元）	现价（美元）			现价（美元）	现价（美元）	
2017 年	4.42	3.08	3.05	2.28	-1.85	-4.88	-7.25	0.11	1.92
第一季度	4.61	1.82	1.16	1.62	-2.82	-7.59	-10.73	-0.67	2.02
第二季度	5.00	3.13	3.09	2.34	-1.88	-5.66	-8.37	0.13	2.09
第三季度	4.88	4.27	4.68	3.08	-1.22	-3.66	-5.94	0.98	2.23
第四季度	3.21	3.08	3.27	2.09	-1.49	-2.38	-3.52	-0.01	1.36

资料来源：本课题组计算。

2017 年，随着外部市场需求的逐步恢复，中国出口将呈现恢复性增长。以美元、按现价计算的出口增速预计将达到 3.08%；进口增速预计为-4.88%，降幅将显著缩小。外汇储备在 2017 年可能维持稳定，小幅降至 3.05 万亿美元（图 20-24）。

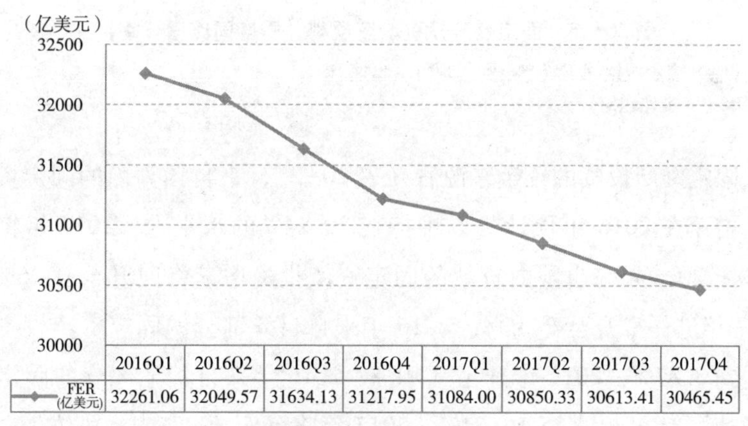

图 20-24　外汇储备预测

注：FER 表示外汇储备规模。
资料来源：本课题组计算。

2. 固定资产投资增长率预测

制造业的过剩产能、房地产业的过度库存以及企业普遍较高的实际债务负担将继续成为 2016 年投资减速的下行压力。模型预测（图 20-25），2016 年按现价计算的城镇固定资产投资增速预计为 9.13%，比 2015 年下降 1. 11 个百分点。2017 年，随着供需双方结构调整所引发的有效投资需求将对固定资产投资形成支撑，城镇固定资产投资增速有望回升至 9. 22%，比 2016 年提高 0. 09 个百分点。分季度来看，城镇固定资产投资（现价）增速在 2016 年三季度将升至 9. 62%的全年高点，2017 年延续 2016 年季度走势，先上升后下降，在三季度达到 9. 79%的全年高点。

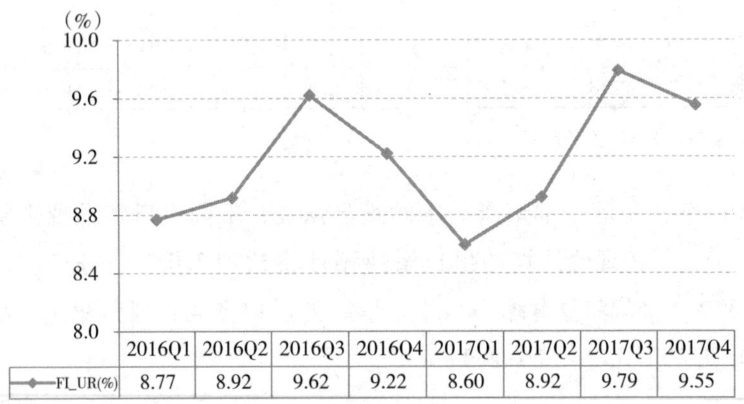

图 20-25　固定资产投资增速预测（季度同比增长率）

注：FI_UR 表示城镇固定资产投资（现价）增速。

资料来源：本课题组计算。

从固定资产投资的资金来源看（表 20-2），来自预算内的固定资产投资资金增速在 2016 年预计可以维持在 20. 24%的水平上，2017 年将降至 15. 73%；2016 年来自国内贷款的固定资产投资增速将回升至 0. 06%，并在 2017 年进一步升至 2. 45%；2016 年来自自筹部分的固定资产投资增速可能达到 8. 87%，2017 年升至 9. 91%；2016 年来自其他部分的固定资产投资增速预计可提高至 16. 64%，2017 年将降至 13. 37%。总体上，2016 年固定资产投资总额增速将维持在 9. 54%，2017 年为 9. 85%。

表 20-2　2016—2017 年中国固定资产投资额增速预测

时　间	固定资产投资额总额增速	固定资产投资额中预算部分	固定资产投资额中国内贷款部分	固定资产投资额中自筹部分	固定资产投资额中其他部分
2016 年	9. 54	20. 24	0. 06	8. 87	16. 64
第一季度	9. 58	19. 03	-2. 66	8. 31	19. 17

续表

时　间	固定资产投资额总额增速	固定资产投资额中预算部分	固定资产投资额中国内贷款部分	固定资产投资额中自筹部分	固定资产投资额中其他部分
第二季度	9.49	26.95	-0.47	8.69	17.84
第三季度	9.34	19.19	1.17	9.17	14.91
第四季度	9.73	16.42	2.21	9.27	15.02
2017年	9.85	15.73	2.45	9.91	13.37
第一季度	9.79	15.44	1.71	9.87	13.97
第二季度	9.66	13.17	1.64	9.99	13.32
第三季度	9.98	16.78	3.06	10.05	12.84
第四季度	9.95	17.42	3.34	9.75	13.39

资料来源：本课题组计算。

3. 消费增长率预测

由于短期内，中国居民实际收入增速难以大幅度提高，因而2016年和2017年居民消费将继续保持平稳增长态势。模型预测显示，2016年按不变价计算的居民消费总额增速预计为7.98%，比2015年下降1.3个百分点；2017年继续下降至7.32%，基本维持稳定。2016年按现价计算的社会消费品零售总额增速将为11.53%，比2015年小幅上升0.33个百分点；2017年将小幅下降至10.48%。

分季度看，2016年的居民消费总额（不变价）增速将维持2015年的季度走势，在三季度降至全年最低值6.74%；2017年将缓慢持续下降，四季度达到全年最低值6.59%。社会消费品零售总额（现价）增速在2016年保持平稳，四季度在上年同期基数效应的作用下，降至6.14%；2017年则表现为稳中有降，各季度保持在7.58%—13.56%之间（图20-26）。

综上，模型预测表明，2016年和2017年，中国经济增速在投资减速的压力下还将继续下行，但增速下降的幅度会明显减缓，经济增长有望逐步趋向稳定；全面通货紧缩的风险相对较小。

第一，预计2016年GDP增速为6.66%，在2015年的基础上继续下降0.25个百分点；CPI上涨1.48%，涨幅比2015年上升0.04个百分点；PPI预计下降3.31%，降幅比2015年减少1.9个百分点；GDP平减指数增速

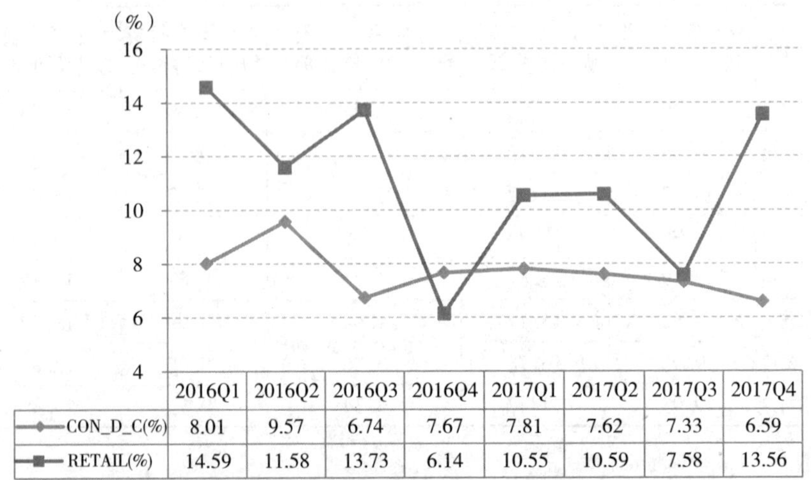

	2016Q1	2016Q2	2016Q3	2016Q4	2017Q1	2017Q2	2017Q3	2017Q4
CON_D_C(%)	8.01	9.57	6.74	7.67	7.81	7.62	7.33	6.59
RETAIL(%)	14.59	11.58	13.73	6.14	10.55	10.59	7.58	13.56

图 20-26　消费增速预测（季度同比增长率）

注：CON_D_C 表示居民消费总额（不变价）增速；RETAIL 表示社会消费品零售总额（现价）增速。

资料来源：本课题组计算。

可能为 0.09%，涨幅比 2015 年提高 0.51 个百分点。

第二，制造业的过剩产能、房地产业的过度库存以及企业普遍较高的实际债务负担将继续成为投资减速的下行压力。2016 年按现价计算的城镇固定资产投资增速预计为 9.13%，比 2015 年下降 1.11 个百分点。

第三，由于短期内中国居民实际收入增速还难以大幅度提高，居民消费习惯、消费倾向更难以发生较大变化，因而 2016—2017 年居民消费将继续保持现有的较缓慢增长态势。2016 年按现价计算的社会消费品零售总额增速将为 11.53%，比 2015 年小幅上升 0.33 个百分点。

第四，尽管 IMF 预计 2016—2017 年全球货物和服务贸易将出现恢复性增长，但主要经济体经济增长的不确定性依然很高，2016 年以美元、按现价计算的出口总额预计将增长 0.83%，增速比 2015 年提高 3.11 个百分点；进口总额增速预计为-8.36%，比 2015 年小幅提高 6.06 个百分点。

第五，2016 年依然存在因经济减速而导致的人民币贬值预期以及资本外流的压力，为维持人民币汇率的稳定将继续消耗中国的外汇储备。预计

2016 年外汇储备可能降至 3.12 万亿美元。

第三节　政策效应模拟

一、政策模拟的背景分析

自 2005 年 7 月中国人民银行宣布基于市场供求实施有管理的浮动汇率制度以来，不仅人民币兑美元名义汇率，而且实际有效汇率都开始了漫长的升值历程。2015 年 8 月 11 日中国人民银行启动了人民币兑美元汇率中间价形成机制的改革，人民币兑美元汇率结束了单边升值的态势，进入了震荡贬值阶段：2015 年全年人民币兑美元中间价贬值了约 6%的幅度。进入 2016 年之后，人民币对美元贬值余势不减，仍持续震荡下行之势。

中国经济增速减缓以及对美元升值的预期是导致 2015 年底人民币兑美元汇率快速贬值的主要原因。人民币对美元的大幅度贬值以及不断自我强化的贬值预期，加剧了资本外流的倾向。为保持人民币汇率的相对稳定，外汇储备快速减少：2015 年全年累计外汇储备减少 5126.6 亿美元，是有记录以来的最大年度降幅，年末外汇储备余额为 3.33 万亿美元。在此背景下，有观点认为，不妨放任币值走低，令人民币币值一次性或快速调整到位，如至 2016 年底贬值 13%左右，则在经济上有利于制造业复苏、提振疲弱出口，在政策上有利于降低汇率干预成本、减少外储流失，不失为当前困局的破解之道。

让人民币快速贬值到位，是否有助于化解当前汇率政策困局、进而缓解经济增速下滑之势？理论上看，一方面，人民币快速贬值到位有利于加强中国商品在国际市场上的价格竞争力，提振疲弱的出口，同时也将使部分对国外商品的需求转向国内，减少进口；两者同时作用，扩大净出口，对日趋下滑的经济增速将产生积极影响。另一方面，人民币贬值势必使资本大量外流，它将对经济流动性形成负面影响，加剧资金面的紧张程度。

考虑到外汇占款在当前经济流动性中占有举足轻重的地位，这一外流将加剧资金面的紧张程度，对未来投资形成拖累；除此之外，仍持有较多美元负债的企业也将蒙受损失，同样可能影响其未来投资。有利影响与不利影响交织，具体的综合效应不易确定。

为了准确衡量人民币陡然贬值可能造成的复合影响，本课题组利用 CQMM 模型对这一情景进行模拟，量化分析汇率快速贬值对当前经济可能的产生效应，并进一步分析其综合效应，为相关政策制定提供参照。

二、政策模拟的情景设计

2015 年 12 月 17 日美联储加息以来，新兴市场货币竞相贬值，人民币亦在其列。人民币贬值似乎已经成为业界共识，各方分歧主要在于人民币会以何种方式贬值到什么程度。多数观点预期，未来一年人民币将稳步贬值 5%上下，至多不超过 10%；然而倡议人民币快速贬值到位的观点则认为，人民币汇率已明显高估，应当较快贬值 13%左右，方有利于政策压力释放与宏观经济企稳。鉴于本报告的预测假定人民币兑美元中间价将在今后两年内以逐步减缓的速度贬值到 6.8，贬幅约 5%，已可代表前一种情形，模拟将主要考虑后一种情形的经济效应。具体而言，假设人民币兑美元中间价在 2016 年快速贬值 13%，至 7.3 的水平，并且由于贬值预期的内在惯性，在 2017 年进一步“超调”至 7.45（图 20-27）。[①] 通过模拟不同汇率实现路径下的宏观经济变化，我们分析“干预”政策和“放任”政策可能产生的复合经济影响。

三、政策模拟结果

（一）人民币快速贬值对进出口的影响

人民币快速贬值对进出口产生了非常直观的影响：出口增速上升而进

① 相比于较快贬值到位，一次性贬值对市场的冲击较大，且贬值终点难以确定。1997 年亚洲金融危机中泰铢一次性贬值的失败经验说明，所谓“贬值到位”的“位”在实践中是不易把握的。一种货币一旦进入陡贬的通道，就有可能激起市场的过度紧张情绪、引发贬值预期“雪崩式的”自我实现，最终令汇率走向失控，给宏观经济带来巨大的波动风险。因此，本课题组认为，一次性贬值到位并不在政策实践的可选列表之中。此外从技术上说，这一走向难以判断，也就无法进行情景模拟。

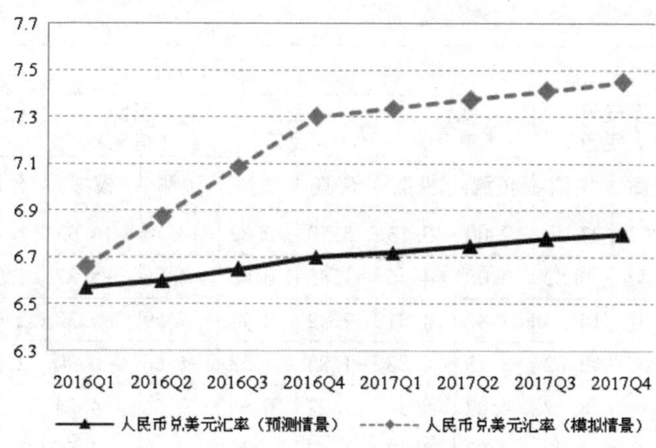

图 20-27　模拟汇率实现情景

资料来源：本课题组计算。

口增速下降（表 20-3）。以现价、美元计算的出口增速 2016 年上升至 2.67%，较基准预测高出 1.84 个百分点；2017 年进一步上升至 4.46%，比基准预测高出 1.38 个百分点。进口增速在 2016 年和 2017 年则分别较基准预测下滑 1.09 和 0.99 个百分点，分别达到-9.45%和-5.87%。以不变价人民币计算的进出口增速均较基准预测更高，但这是由于人民币大幅度贬值造成的。如果进一步观察净出口在 GDP 中的占比，可以发现，净出口比重与基准预测相比，出现了明显的提高。政策模拟结果表明，如果人民币在未来两年出现较大幅度的贬值，对出口的提升和对货物贸易顺差的改善作用将是非常明显的。

表 20-3　人民币快速贬值情景下的进出口增速模拟

（单位:%）

时　间	出口				进口				净出口占GDP 的比重	
	不变价（人民币）		现价（美元）		不变价（人民币）		现价（美元）			
	预测	模拟	预测	模拟	预测	模拟	预测	模拟	预测	模拟
2016 年	7.14	14.94	0.83	2.67	2.95	7.02	- 8.36	- 9.45	1.58	1.83
第一季度	3.37	5.31	-1.26	-0.78	12.45	13.66	-1.74	-2.04	1.59	1.65
第二季度	7.65	13.73	1.33	2.79	5.41	8.76	-8.22	-9.08	1.70	1.89
第三季度	8.51	18.26	1.31	3.61	0.91	5.90	-10.03	-11.40	1.91	2.23

续表

时间	出口				进口				净出口占GDP的比重	
	不变价（人民币）		现价（美元）		不变价（人民币）		现价（美元）			
	预测	模拟	预测	模拟	预测	模拟	预测	模拟	预测	模拟
第四季度	9.08	22.49	2.00	5.13	-5.50	0.82	-13.14	-14.95	1.10	1.54
2017年	4.42	9.82	3.08	4.46	-1.85	0.93	-4.88	-5.87	1.92	2.38
第一季度	4.61	15.64	1.82	4.51	-2.82	2.71	-7.59	-9.32	2.02	2.46
第二季度	5.00	12.02	3.13	4.88	-1.88	1.58	-5.66	-6.90	2.09	2.54
第三季度	4.88	8.57	4.27	5.21	-1.22	0.62	-3.66	-4.34	2.23	2.70
第四季度	3.21	3.98	3.08	3.28	-1.49	-1.12	-2.38	-2.56	1.36	1.83

资料来源：本课题组计算。

（二）人民币快速贬值对投资的影响

虽然人民币的快速贬值能够带来出口的提升，但是，如前所述，它也将进一步恶化资本外流的局面。基于CQMM的模拟显示，如果人民币在2016年快速贬值至1美元兑7.3元人民币，或将引起11560亿美元的外汇储备下降。鉴于外汇占款在基础货币投放中占有重要的份额，这一规模的外流势必造成流动性供应的紧张，进而抑制本已显露颓势的投资。[①] 根据模拟，社会固定资产投资增速2016年将从基准预测的9.13%下滑至8.02%，2017年则进一步由基准预测的9.22%下滑至7.72%（图20-28）。这一变化也将令2016年和2017年投资占GDP的比重由预测的45.99%和45.14%分别下滑到45.67%和44.65%。

（三）人民币快速贬值对GDP增速的影响

人民币贬值对进出口的正面冲击和对投资的负面冲击同时作用，将使GDP在预测期内互有消长（图20-29）。2016年，在人民币陡然贬值的刺激下，大规模资本外流造成的投资萎缩超过净出口的增长作用，GDP增速将由基准预测的6.66%下降0.21个百分点至6.45%；2017年，随着贬值预期削弱、资本外流缓解，GDP增速将由基准预测的6.58%轻微上调至

① 尽管央行可以通过2013年以来创设的SLO、SLF、MLF、PSL等多种货币政策调控工具以及降准等传统手段补充市场流动性，但在人民币快速贬值的情景中，这种做法无疑是火上浇油，将进一步催化本已强烈的人民币贬值预期，令货币大幅贬值进程加速失控。

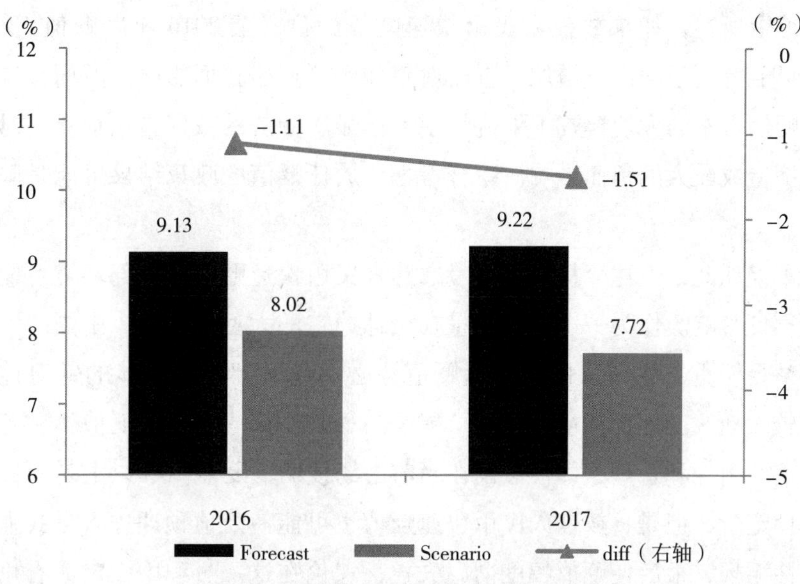

图 20-28 社会固定资产投资增速变化

注：Forecast 为基准预测；Scenario 为情景模拟结果；diff 为情景模拟与基准预测之差。
资料来源：本课题组计算。

6.59%。然而，如果扣除掉基数效应，整体的净增长效应并不容乐观。

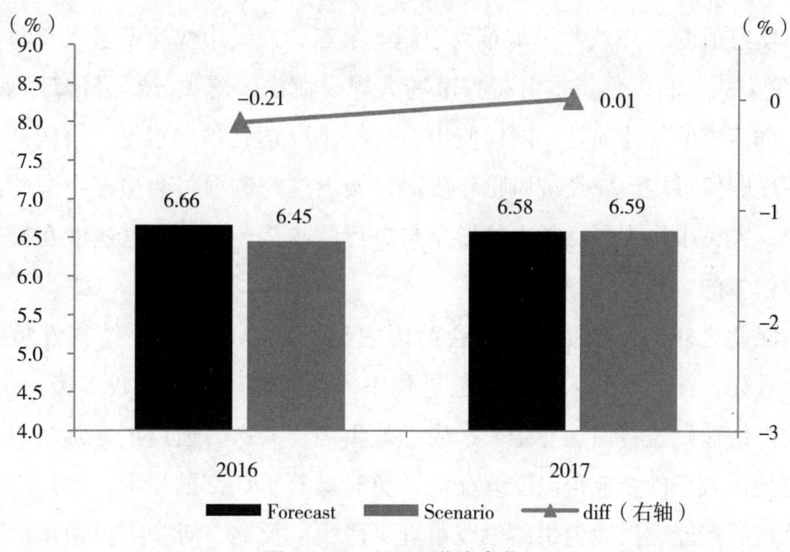

图 20-29 GDP 增速变化

注：Forecast 为基准预测；Scenario 为情景模拟结果；diff 为情景模拟与基准预测之差。
资料来源：本课题组计算。

综上所述，如果放任人民币快速贬值到位，至 2016 年底贬值 13%，确实可能有利于净出口增加，进而对整体经济产生正面影响。然而，这一快速贬值带来的大规模资本外流将使本已显露颓势的投资雪上加霜，对整体经济造成较大的负面影响。综合考虑，放任贬值的政策结果可能是弊大于利。

不仅如此，上述分析还没有考虑到人民币快速贬值对外部环境可能造成的不良影响。作为一个经济总量在全球第二的大型经济体，中国的汇率决策举足轻重，放任人民币快速贬值势必引起外部经济主体的针对性反应，较大地改变外部环境，它有可能是负面的。第一，放任贬值不利于市场预期的引导和管理，即便假设在当前市场预期下贬值 10%以上是人民币的合理定价，但是，放任人民币快速贬值也可能使贬值预期进入自我强化的恶性循环，最后使贬值幅度彻底失控，遑论在这一过程中一定会有投机资本乘机推波助澜，兴风作浪，导致局面失控。[①] 虽然在较低币值水平上，央行干预汇率的成本降低，但是一旦市场对央行的信心发生动摇，干预的难度将随之加大。第二，人民币大幅度贬值很可能引发其他国家特别是新兴市场国家货币的竞争性贬值，这不但削弱了本币贬值的出口促进作用，也会使贬值的“终点”更加难以控制。第三，人民币快速贬值以及潜在的“贬值大战”将促使资本由新兴市场大规模流出，恶化外部经济环境，损害外部需求的复苏前景，同样使出口提振难以达到预期水平。第四，由于大幅度贬值可能造成经济风险和震荡，做出这一选择将会损害中国的国际形象、人民币作为国际货币的形象与央行的政策公信力，这些潜在损失是难以估量的。

除此之外，大幅度贬值也会给国内经济环境带来一些结构性负面影响。首先，在过去的人民币升值过程中，企业部门积累了较多美元负债，大幅度快速贬值将使这些企业产生额外负担；其次，通过汇率刺激出口固然能使低效率的企业得以继续存活，暂时缓解了局部的压力，但是不利于淘汰落后产能，反而为供给侧改革埋下隐患。反之，维护人民币币值稳定

① 1997 年亚洲金融危机中，泰国放弃对泰铢干预后，泰铢当日贬值 18%，已基本实现了市场预期的贬值幅度（20%），然而之后泰铢继续下跌 60%，完全超出预期的贬值幅度。

的优势则在于：第一，有利于人民币在“一带一路”战略中更好地发挥国际货币的作用，有利于促进对外投资；第二，币值维持稳定将有利于稳固和强化企业面临的成本压力与竞争强度，从而激发要素优化配置，实现优胜劣汰，推动兼并重组，提高企业效率；第三，货币贬值会促进出口，在一定程度上是因为本币贬值抵消了劳动工资上涨，这难免使出口企业重新回到低附加值劳动密集型产品竞争的老路上，维持币值稳定则有利于保证本国工资水平的相对吸引力，增加出口部门的人力资本，进而提升生产率。

因此，我们认为：维护人民币币值稳定在当前经济环境下是更有利的政策选择。①

第四节　需求结构转换背景下的供给结构改革

一、背景分析

为应对 2008 年爆发的国际金融危机，中国政府实施了以“四万亿元”投资计划为代表的庞大的财政刺激政策，然而仅仅时隔两年，中国的经济增速就从回升再度掉头向下，持续下行至今。沉重的现实促使决策高层全面反思自 2009 年国际金融危机以来的以总量需求为主导，侧重需求面，“大水漫灌”的宏观调控政策的缺陷，以及长期以来一直致力于转变经济发展方式但却无法取得突破性进展的症结；并于 2015 年末提出了适应经济新常态，重在改善有效供给能力，提高经济增长质量的供给侧结构性改革新政，明确了“去产能、去库存、去杠杆、降成本、补短板”的五大重点任务以及“宏观政策要稳、产业政策要准、微观政策要活、改革政策要实、社会政策要托底”的宏观调控总体政策思路，坚定了从供给侧着眼，

① 虽然央行可能有意利用这一契机加大人民币波动区间，但是当前市场上单向波动预期较为强烈，结合当前宏观经济环境，本课题组认为，眼下并非推进这一动作的有利时机。

稳定经济增长，充分发挥我国经济巨大潜能的战略方向，做好产业结构调整的“加减乘除”四则运算，加快转变经济发展方式，培育形成新的经济增长动力。

供给侧结构性改革新政的提出是本届政府对过去数年关于中国经济增长的“三期叠加”和“新常态”判断的进一步探索和升华，是最高决策层基于当前经济形势的全面深刻认识，针对现实经济中结构性、体制性、素质性问题提出的治理方略。对于一个具备广阔内部市场的国家而言，在借助外部市场和工业化顺利跨越贫困增长阶段之后，其维持经济持续增长的关键早已转向国内，制约中国经济发展的症结是非均衡发展下的结构性、体制性矛盾而非周期性和外部性冲击。产能过剩与有效供给不足并存是目前中国经济的典型特征。

然而，如何做好供给侧结构性改革，还需进一步深化研究，其关键在于：当前严重的产能过剩与有效供给不足并存的经济发展阶段背景是什么？能够有效实现供给结构调整的是看得见的手还是看不见的手？如何让看不见的手在实现供给结构调整中充分发挥作用？

我们认为：做好供给侧结构性改革，关键在于清楚地认识需求结构及其基本发展变化趋势。适应中等偏上收入向发达经济过渡阶段的需求结构转换，解决供给结构无法适应需求结构转换而适时调整的各种体制性、政策性障碍，市场机制将比看得见的手更快、更好、更彻底地实现供给结构调整。

首先，过去二十多年来，随着中国顺利地由一个低收入国家升级为中等偏上收入的经济体，居民的消费结构也随之发生巨大的变化。居民消费支出中的食品、衣着及家庭设备支出比重大幅度降低，住房、交通等重型消费的支出比重迅速上升。1992—2014 年，中国城镇居民的食品、衣着及家庭设备用品支出占总支出的比重约下降了 31.0 个百分点，而居住和交通通信支出比重则提高了 27.1 个百分点。与之相应，中国逐渐形成以房地产、交通等产业为核心的投资架构。2014 年，固定资产投资中，房地产业、汽车制造业、铁路船舶等其他交通设备制造业占总投资的比重约为 27.3%，如果再加上与之配套的道路运输业和铁路运输业固定资产投资，比重将进一步增加到 33.7%，超过同期全部制造业的固定资产投资占比

(33.3%)。

然而，伴随着经济增长，中国逐渐进入中等偏上收入向发达经济过渡的阶段。居民消费结构出现了新一轮的升级转换迹象，以住房交通和食品衣着等实物消费为主的消费结构，逐渐转变为服务消费与实物消费并重的消费结构。2014年，中国城镇居民的食品、衣着及家庭设备用品支出占比约为44.37%，居住和交通通信支出占比为35.69%，分别比2013年下降了0.27和0.11个百分点，医疗保健、教育文化娱乐以及其他商品与服务支出占比约为19.94%，比2013年提高了0.38个百分点。根据发达国家的转型升级经验看，新的需求有可能很快替代高速增长了近二十年的住房交通消费需求，成为未来10—20之内，中国经济的主要新增消费需求动力。然而，与居民消费结构正在悄然升级的趋势相悖的是，投资结构却并未随之发生明显的结构性改变。服务业中，教育、卫生行业的固定资产投资占比分别由2004年的3.05%和0.71%降为2013年的1.24%和0.60%，远远落后于房地产业、交通业的投资；文体、体育和娱乐业的投资占比2013年也仅为1.12%。

投资和消费需求结构相悖使得产能过剩与供给不足同时并存。一方面，1999—2015年，所有工业行业的产品库存年平均增长率高达12.1%，其中与房地产业、交通业息息相关的上下游产业，如有色金属冶炼和压延加工业（16.3%）、黑色金属冶炼和压延加工业（13.7%）、黑色金属矿采选业（22.6%）、煤炭开采和洗选业（17.2%）、家具制造业（15.0%），甚至是一些关联程度不大但相对行业竞争性较强的行业，如食品制造业（13.0%）、纺织服装鞋帽制造业（14.0%）、农副食品加工业（15.9%）、木材加工和木竹藤棕草制品业（15.9%）等，均呈现出更高的产品库存年增长率。另一方面，现代服务品，尤其是与过渡阶段居民消费升级方向相关的医疗、教育方面的产品供给却严重不足。2014年，全国中小学在校师生比、每万人拥有医院数和病床数分别为0.066、0.189和36.27，约为1978年的1.67、1.96和3.17倍，同期实际人均GDP的增长却高达19.78倍。中小学上学难、就医难、养老难已经成为全国性问题。

其次，以史为鉴，前一个阶段顺利跨越贫困陷阱、实现居民消费结构升级与供给结构的匹配，主要动力来自20世纪90年代初，伴随居民消费支出逐渐转向住房、交通支出为主，我国在房地产行业实行了市场化改革①，在交通行业尤其是汽车行业较早地实行对外开放、引进外资、合资经营②，极大地释放了住房、汽车等相关产品的供给能力，满足了居民消费需求的升级变迁，从而实现资源的优化配置和效率使用。而现阶段，由于教育、医疗等产业长期以事业单位的形式存在，缺乏运用市场这只“看不见的手”进行调节，热衷于“看得见的手”进行管制。一方面，由于资源垄断限制供给，使得产品供给能力严重不足，供不应求；另一方面，又通过政府行政手段实现价格管制，扼杀价格对垄断行为的制约作用，进一步放大需求，造成更为严重的供需不匹配。因此，可以判断，尽管当前中国经济存在严重的产能过剩问题，但这并不是总需求不足，而是供给结构不能满足需求结构变化所带来的挑战。而造成供给结构无法匹配消费需求结构变化的主要原因在于体制改革滞后、政府垄断严重。

最后，要充分发挥看不见的手在调节供给结构方面的作用，下一个阶段必须围绕未来5—10年、10—20年的居民消费需求结构的趋势变化，借助于体制改革、机制创新、市场开放等相关措施，淘汰落后产能，构建能够满足新消费结构的产品和现代服务供给体系，形成有效供给，重塑经济增长的新动力。这既有利于供给侧结构性改革的加法和乘法操作，做到有的放矢，进一步明晰供给侧结构调整工作的重点和方向，同时，也可避免过剩产能问题的循环出现，使得新形成的供给能力与消费需求相适应，实现以新供给创造新需求、新需求推动新消费、新消费倒逼新产业产生的创

---

① 1991年6月，国务院发布了《关于继续积极稳妥地推进城镇住房制度改革的通知》，提出了分步提租、交纳租赁保证金、新房新制度、集资合作建房、出售公房等多种形式推进住房制度改革的思路；10月，召开第二次全国住房制度改革工作会议，提出了“多提少补”或小步提租不补贴的租金改革原则；11月，国务院办公厅转发了国务院住房制度改革领导小组《关于全面推进城镇住房制度改革的意见》，明确了住房制度改革的指导思想和根本目的，标志着住房改革从探索和试点阶段，进入全面推进和综合配套改革的新阶段。

② 1983年规定汽车生产企业有一定比例的汽车产品自销权；1984年1月，由北京汽车制造厂与美国汽车公司合资经营的北京吉普汽车有限公司成立；同年5月，国营长安机器厂与日本铃木自动车工业株式会社达成生产ST90系列微型汽车技贸结合引进技术协议；11月，上海拖拉机汽车公司和泰国正大集团香港易初投资有限公司合资的上海易初摩托车有限公司成立；1996年5月，中德合资的联合汽车电子有限公司在上海浦东新区成立；1997年3月，中美合资上海通用汽车有限公司暨泛亚汽车技术中心有限公司签订合资合同；1998年4月，广州和日本本田签署合资合同。汽车行业的对外开放，一开始就走得异常顺利。

造性破坏的良性产业演进过程。供给侧结构性改革的关键是放松管制、释放供给活力、让市场这只“看不见的手”发挥更大作用，提高投资有效性。

二、中国城乡居民消费结构变迁及其趋势展望

（一）城乡居民消费的结构演变

利用1992—2012年全国城镇和农村居民人均八大类消费支出的调查数据，可以描绘出二十多年来中国居民消费结构的变化轨迹。

第一，食品支出比重大幅度缩小。1992年，城镇居民的各类支出中，食品支出占52.9%，到2012年，食品支出仅占36.2%，下降了16.7个百分点，年均下降约0.8个百分点（图20-30）；同期农村居民的食品支出占比下降幅度更大，由1992年的57.5%下降到2012年的39.3%（图20-31）。调整支出统计口径之后，2013年和2014年的城乡居民食品支出占比进一步下降。其中，城镇居民食品支出占比分别下调为30.1%和30.0%，农村居民食品支出占比分别下调到34.1%和33.6%。

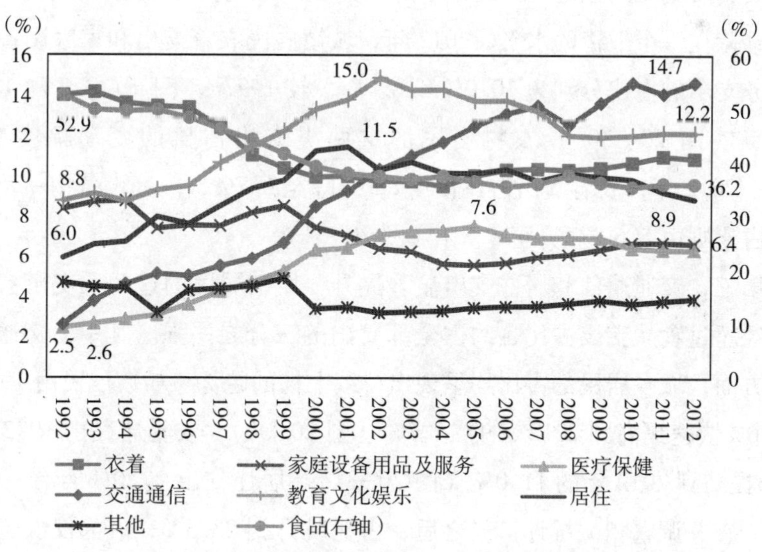

图20-30　中国城镇居民八大类消费支出的比例变化

资料来源：整理自CEIC数据库。

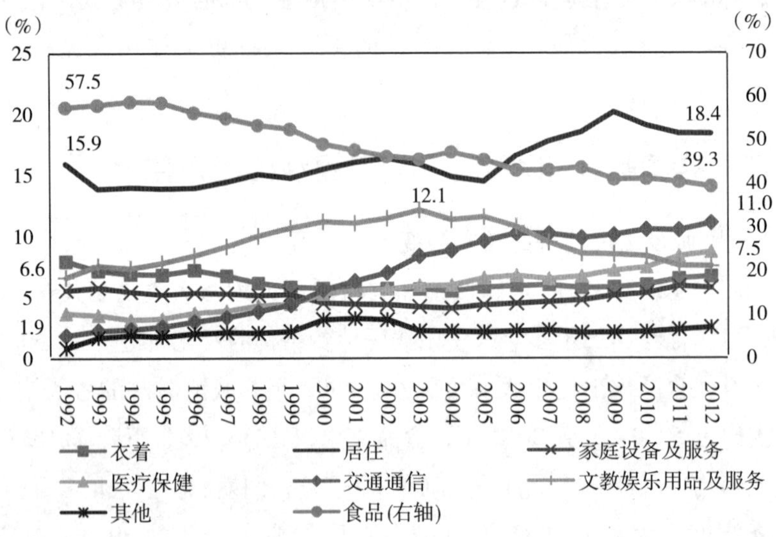

图 20-31　中国农村居民八大类消费支出的比例变化

资料来源：整理自 CEIC 数据库。

第二，衣着支出、家庭设备用品及服务支出占比稳中趋降。其中，城镇居民这两类支出在前十年持续下降，到2004年前后，开始出现回升，但基本维持在一个平稳的水平。2012年，城镇居民衣着支出和家庭设备用品及服务支出的占比分别为10.9%和6.7%，较1992年下降了3.2和1.7个百分点（图 20-30）；农村居民的这两类支出占比的变动幅度更小。1992—2012年，衣着支出占比仅由8.0%降至6.7%，家庭设备用品及服务支出占比则由5.6%微升至5.8%（图 20-31）。

第三，交通通信和居住支出显著提升，城镇居民的这两项支出占比之和已经超过食品支出占比，约占全部支出的三分之一强。其中，交通通信支出方面，城乡居民的占比均呈现出持续上扬的趋势。城镇居民由1992年的2.6%快速提高到2012年的14.7%（图 20-30），农村居民由1992年的1.9%提高到2012年的11.0%（图 20-31）。居住支出在2013年统一城乡住户调查、调整相关统计口径之后，占比跳升到23.3%，成为仅次于食品支出的第二大支出；2014年，小幅回降到22.5%；农村居住支出占比由2012年18.4%上升至2013年的21.1%。

第四，教育文化娱乐支出呈现“先上升、后下降”的趋势。其中，城镇居民教育文化娱乐支出的拐点出现在2002年，在占比最高达到15%之后，其比重开始逐步下降，近几年基本稳定在12.2%左右。农村居民的教育娱乐文化支出最高占比出现在2003年，达到12.1%，随后逐渐下降，到2012年，比重回到7.5%，基本跌到20世纪90年初期的水平；2013年调整口径之后，比重提高到10.1%，但仍处于较低水平。

第五，医疗保健支出出现城乡差异。城镇居民的医疗保健支出自1992年开始连续上升13年之后，从2006年开始缓慢下滑，直到2012年，仍处下降趋势。2013年，调整口径之后，进一步下滑到6.1%。农村居民的医疗保健支出则基本保持上涨趋势，从1992年的3.7%，一路升到7.5%，增长超过一倍。两者趋势差异可能与2005年之后城乡差别的医疗保险制度有关。城镇居民享受到的医疗保障要优于农村居民，从而导致城镇居民个人承担的医疗卫生支出增速放缓。

简单总结，可以发现，过去二十多年来，随着中国经济顺利突破贫困障碍，中国居民的消费行为呈现出以下两个特征：

一是食品衣着类支出在总支出中的比重大幅度下降，由原先近七成以上，逐渐降到五成以下。与此同时，交通通信和住房的支出大幅提高，逐渐成为消费支出的重要组成部分。这种消费结构的演变，基本符合发展经济学的理论预期，也与以往的国际发展经验相一致。当一个国家由贫穷向中等收入过渡时，随着资本财富的积累，消费者会逐渐降低对食品、衣着等满足最基本生存物品的消费，而逐渐提高对更高层次的实物消费比重。这就从需求层面解释了中国的汽车和房地产业在过去二十年间的高速增长。可以说，恰恰是因为，居民对交通和住房的强烈需求，使得一旦制约这两大产品供给的体制障碍被突破，两个产业很快就发展起来，并迅速成为支撑经济增长的支柱产业。

二是教育文化娱乐、医疗保健等服务产品的支出比重较低，不及全部支出的20%。并且，从趋势上看，自2002年以来，这两类支出的占比还呈现出下降的趋势。这其中，一方面是由于住房、交通通信等现阶段居民主要消费项目占比提高带来的挤压，另一方面也与这些服务产品本身的供给机制不畅、价格高企息息相关。

（二）趋势展望

从现有的消费结构出发，未来 5—20 年，中国居民的消费结构将会如何进一步演变呢？理论上，随着一个国家经济由中等偏上收入经济体向发达经济体过渡，居民消费的结构将开始由以实物消费为主转变为服务消费与高质量的实物消费并重，渐趋服务消费为主的消费结构。对比韩国的转型发展经验，这一判断基本成立。

2014 年，中国城镇居民的教育文化娱乐、医疗保健以及其他项目的三项支出占总消费支出的比重约为 19.9%，大约相当于韩国在 20 世纪 80 年代初的水平（18.8%）。2014 年，中国以 2005 年价格计算的实际人均 GDP 是 3862.0 美元，与韩国在 1981 年的实际人均 GDP（4151.2 美元）基本相当。自 1981 年起，韩国的人均实际 GDP 在八年内增至 8158.1 美元，于 1992 年跨入到发达经济体行列。伴随经济顺利跨越中等收入陷阱，韩国教育、健康、文化娱乐及杂项四项支出的比重也由 1981 年的 18.8%，迅猛提高到 1989 年的 28.6%。2009 年进一步上升至 33.8%（图 20-32）。韩国的经济发展历程及结构变迁轨迹提示我们：未来 5—20 年内，随着中国经济由中等偏上收入水平逐渐向高收入水平转变，我国居民的教育文化娱乐和医疗保健的支出比重将大幅度提高。

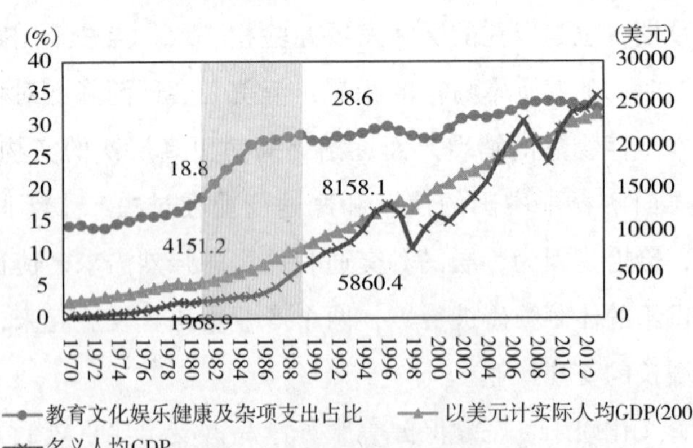

图 20-32 实际人均 GDP 与居民教育文化娱乐等服务产品支出比重的变化对比

注：居民教育等服务产品支出包括教育、健康、文化娱乐及杂项四项支出之和，数据来自 UNDATA；以美元计算的名义人均 GDP 和实际人均 GDP（2005 年价格平均）数据均来自 CEIC 数据库。

进一步地，从韩国20世纪70年代以来的各项消费分类支出比重变化中，我们还可以看出，在20世纪80—90年代，伴随着韩国从中等偏上收入经济体向发达经济体过渡，是教育文化娱乐健康支出和住房交通通信支出的迅速增长，在90年代初先后超过食品服装支出。其中，先是住房交通通信支出上升较快，但自1998年起，经过长达23年的支出占比提高之后，住房交通通信支出的比重开始下降，并延续至今，而教育文化娱乐健康支出占比则保持上涨趋势，两者差距迅速缩小（图20-33）。

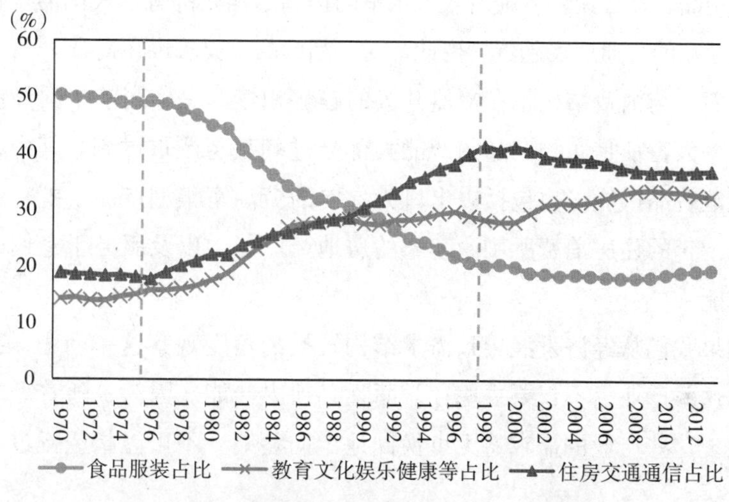

图20-33　韩国居民消费的分类支出比重变化

注：UNDATA共将消费分成12项分类，分别是：1. 食品饮料；2. 酒精、烟草、麻醉品；3. 服装、鞋类；4. 住房、水电、燃料；5. 家具及住房维护；6. 健康；7. 交通；8. 通信；9. 文化娱乐；10. 教育；11. 餐饮住宿；12. 杂项。这里的教育文化娱乐健康等支出包含6、9、10、12项；食品服装支出包含1、3项；住房交通通信支出包含4、5、7、8项。数据来自UNDATA。

因此，本课题组认为，在今后十年之内，随着中国从中等偏上收入经济体向高收入经济体（“十三五”期间人均名义GDP将突破10000美元）过渡，中国居民的消费结构将出现新一轮的升级转换。以住房交通和食品衣着等实物消费为主，逐渐转变为以服务消费与高质量的实物消费并重。它将逐步替代已高速增长了近二十年的住房交通消费需求，成为未来10—20年之内，中国经济的主要新增消费需求动力。

事实上，经过三十多年的高速增长，东部沿海发达地区已经接近或达到高收入国家的水平，居民的消费能力和消费观念也发生了明显改变。实物产品消费中住房汽车比重大幅度上升，服务消费需求，包括健康、便捷的生活，优质的教育、娱乐、文体产品等随之扩张，由此也触发了近些年来健身、娱乐、旅游、智能设备、互联网以及信息产业的高速发展。在实物消费方面，居民对产品质量的要求越来越高。以往对于淘宝等网购网站的评价多集中在价格便宜，而现在则开始关注产品质量的好坏、是否为假货等；以往出国购物的品种，多以奢侈品为主，而现在出国购物已经逐渐铺开到日常用品，充分说明，随着收入水平的提高，国内部分居民的需求偏好已向发达国家的普通居民趋近，由此，对产品的品质要求也在提升。

然而，与消费结构正在悄然升级的趋势相悖的是，当前中国经济供给结构的一大特征是实物产品的产能大部分过剩甚至严重过剩。其中，既包括一般消费品产能，也包括以出口为导向的劳动密集型产品产能，也包括为近二十年的住房消费所刺激起来的房地产产能，以及服务于它们的上游产业产能。

如果我们从经济发展导致需求结构转换的角度观察这一问题，我们会发现：这些产业，不仅要去库存，而且必须去产能。因为，随着需求结构的转换，这些产业的需求将无可挽回地走向萎缩。不可能指望挺过严冬就是春天。

以房地产为例。首先，从城镇居民人均居住面积看，2012年，中国城镇居民人均住房面积就已达到32.9平方米①，基本接近英国、法国、德国和日本等发达国家在20世纪90年代初的水平②，进一步增长的空间有限。其次，从未来数年的住房需求看，对房地产的需求趋于见顶：（1）第三次人口生育高峰所出生的适龄买房人口（出生于1983—1990年之间）的刚性需求正在减弱。（2）城镇化超过50%之后，扩张速度将放缓，由此“城市新市民”对房地产的消化能力在下降。房地产市场库存的高企、供需格局的反转以及房地产企业对未来需求扩张预期的弱化，使企业的投资积极

① 温家宝：《政府工作报告——2013年3月5日在第十二届全国人民代表大会上》。

② 用于得到上述判断的文献资料，引自白雪、王洪卫：《住宅产业综合测度方法研究——基于恩格尔系数与人均住房面积模型分析》，《财经研究》2005年第9期；该文转引自关柯、芦金锋、曾赛星编著：《现代住宅经济》，中国建筑工业出版社2002年版。

性明显下滑。2015年中国房地产开发投资额约为9.60万亿元，同比2014年仅名义增长1%，预计2016年房地产开发投资额将呈现下降趋势。最后，从更长期的视角看，根据以往的国际经验观察，随着一个国家逐渐由中等收入国家向更高收入的国家跨越，居民以住房消费、汽车消费等为主的重型消费结构将逐渐被现代服务品消费所替代（周学，2014）。这就意味着，如果中国能在未来五年内顺利跨过人均GDP10000美元的大关，住房消费的需求将随之减弱。换言之，即使从今时起，强有力的政策刺激诱发房地产业去库存顺利进行，但这或许也只不过是将未来几年的需求提前释放，房地产业作为重要支柱产业的时代一去不复返。

一般消费品产业、以出口为导向的劳动密集型产业、服务它们的上游产业也面临着壮士断腕式的去产能。问题是：如果只有单纯的去库存、去杠杆、去产能，经济只会因此而螺旋式下滑。因此，在“去”的同时，更为重要的是“加”。在需求结构转换的背景下，供给侧结构性改革的另一个关键是根据需求结构发展变化的趋势，增加有效产能，开辟投资新领域。

我们看到，在居民消费的结构将开始由以实物消费为主转变为服务消费与高质量的实物消费并重，渐趋服务消费为主转换的过程中，在制造业出现一般产能严重过剩的同时，我国的第三产业尤其是现代服务业却由于体制障碍而面临着严重的有效供给能力不足。[①] 这种供需结构的不对称，在相当程度上抑制了居民消费需求的满足以及消费率的提高。然而，造成现代服务有效供给能力不足、效率低下的主要原因在于体制改革滞后、政府垄断严重以及国有经济比重过高。以分行业就业人数和固定资产投资占比为例，2014年，分行业城镇单位就业人员中，制造业的国有单位就业人数占比仅为4.0%，而扣除掉批发零售、住宿餐饮以及公共管理、社会保障和社会组织之后的第三产业国有单位就业人数占比约为59.7%，其中，教育、卫生和社会工作、文化体育娱乐业的国有单位就业人数占比更是分别高达92.8%、86.9%和73.1%；2014年，分行业固定资产投资（不含农户）中，制造业的国有控股投资占比仅为8.3%，同样的，扣除掉批发零售、住宿餐饮以及公共管理、社会保障和社会组织之后的第三产业国有控

① 当然，部分制造业也存在有效供给不足，这里不展开分析。

股投资占比约为45.2%，其中，教育、卫生和社会工作、文化体育业（扣除娱乐业）的国有控股投资占比分别高达72.1%、66.3%和50.8%。因此，强调供给结构的调整，并不是意味着脱离消费。相反，是要求下一个阶段的供给调整必须围绕消费需求的转型升级，借助于体制改革、机制创新、市场开放等相关措施，用市场这只无形之手，淘汰落后产能，构建能够满足新消费结构的产品和现代服务供给体系，形成有效供给，重塑经济增长的新动力。供给侧结构性改革的关键是放松管制、释放活力、让市场发挥更大作用，降低制度性交易成本，提高供给体系质量和效率，提高投资有效性。

为了验证上述判断，本课题组构建一个具有两类产品生产和消费的动态一般均衡模型。假定经济体中存在两类消费品 C_{1t} 和 C_{2t}，对应两类生产厂商 Y_{1t} 和 Y_{2t}。其中，C_{1t} 表示实物产品，其生产处于完全竞争的状态；C_{2t} 表示服务产品，受体制约束，生产处于完全垄断的状态。完全竞争与垄断最大的区别在于：前者是价格的接受者，厂商不具备调整价格的能力，主要通过产量调整来实现利润最大化，而后者既可以选择价格调整，亦可通过产量调整来实现利润最大化。为限制垄断厂商的价格调整能力，假定垄断厂商存在价格调整成本。代表性居民将通过效用函数的最大化，选择最佳的消费品比例，生产厂商则根据这一最佳消费品比例从事生产，使得消费结构与生产结构相匹配。进一步地，为体现服务产品部门垄断造成的供给扭曲，本课题组还设定了服务产品部门同是完全竞争的情景，并将之与基准设定的情况进行比较分析。①

模型推导结果显示：

第一，在稳定状态下，当代表性家庭的实物产品消费权重越大、实物部门的要素生产效率越高以及服务部门的价格调整成本越大，都会导致总产出中实物产品的产出越大，而服务产品的产出越小。进一步地，可以推论，当消费者的消费结构向服务产品倾斜时，服务产品厂商的价格调整成本和要素生产效率的反向变动可能会阻碍消费结构由实物消费向服务消费升级所应该带来的资源优化配置效应，从而产生消费需求结构与供给结构

① 具体模型的构建和推导详见附录。

的扭曲，导致要素配置的低效率。

第二，在破除服务产品部门的垄断之后，稳定状态下，服务产品部门的产出将会增加；并且，实物产品部门和服务产品部门的供给结构将随着代表性家庭的消费结构变化而变化。

第三，当服务部门的产品对代表性家庭更加重要时，越偏向实物产品的生产结构，可能带来的资源要素配置扭曲越大，进而使得对应的产出供给效率越低。

总之，在服务部门处于垄断的情况下，尽管实物厂商能够满足实物产品消费的变化，但服务产品的厂商则可能由于资源调整的滞后、供给抑制等调整成本的问题而无法及时跟上消费结构的变动，造成服务产品的生产偏低，价格偏高，并推动实物产品的消费由于相对价格下降而上升。最终，生产结构的滞后调整，一方面会造成资源要素出现非最优配置，引起价格扭曲；另一方面也会阻碍消费结构的转变，导致消费跟随生产转变，造成居民的总体效用水平下降。

第五节 政策建议

根据上述研究，本课题组认为：

1. 应当高度重视当前的经济持续减速正使中国经济运行面临着巨大的风险

首先，在经济下行的巨大压力下，2015年中国经济结构调整的进程已开始减缓。第一，产业结构方面。尽管2015年中国第三产业占GDP的比重已超过50%，但与人均GDP水平处在相近水平的其他国家的平均水平（55%）相比，第三产业占比依然偏低。更重要的，中国目前第三产业劳动生产率较低，现代服务业在解除政府管制、推进市场化进程方面还存在严重滞后。这不仅降低了生产效率与经济增长速度，而且还直接抑制了居民收入的快速提高，不利于第三产业的快速扩张。第二，投资结构方面。

在 2015 年宽松的货币政策背景下，民间投资增速却大幅度下降，投资结构改善的步伐明显减慢。这在很大程度上意味着宽松的货币政策并没有将信贷资源有效地配置到实体经济，以满足民间投资的需求。与此同时，在投资体制、投资领域上，也仍然存在着对民营经济投资有形无形的限制和障碍。第三，制造业结构方面。尽管制造业规模的扩张得以减缓，但结构升级缓慢。通用设备制造业、专用设备制造业、铁路、船舶、航空航天和其他运输设备制造业，以及计算机、通信和其他电子设备制造业增速都有明显下降。

其次，经济增速的持续下降使人民币贬值预期进入了自我强化的循环。中国人民银行于 2015 年 8 月 11 日启动了完善人民币汇率中间价报价机制改革之后，人民币对美元出现大幅贬值。尽管经常账户继续维持顺差状态，但是实际利用外资规模的缩小、中国对外投资规模的扩大、对美元进一步加息的预期，以及中国国内经济减速所导致的人民币贬值预期等因素叠加后，资本外流的压力不断增强。

最后，经济持续减速叠加结构性通缩的不断加剧，提高了经济陷入债务危机的风险。自 2012 年开始的结构性通货紧缩究其原因是应对金融危机大规，模产能刺激（包括房地产行业的扩张）的后果。然而，中国对过剩产能的消化却因体制性原因而步履艰难，导致结构性通货紧缩不断加剧。对过剩产能的消化将不可回避失业职工的再就业问题以及亏损破产企业的债务处理问题。

2. 供给结构调整应当以新发展阶段背景下的需求结构转换为愿景指导，在做减法的同时更加重视做加法，做除法的同时做乘法，在运用加法进行供给结构调整的同时扩大需求稳增长

中国自 2010 年人均 GDP 跨过 5000 美元之后，便开始进入了经济发展的新阶段：从中等偏上收入水平向现代发达经济过渡。由于同期又遭遇了国际金融危机的冲击，此前的宏观经济政策过多地关注了国际金融危机这一来自外部的周期性冲击，忽略了发展阶段转换所带来的结构性、体制性调整需要，过于重视扩大总需求的刺激政策，一定程度上掩盖了、也因此更进一步激化经济发展内在的供需结构性矛盾，延缓了发展阶段转换亟待进行的结构调整及体制改革，从而导致了当前严重的产能过剩与有效供给不足并存、经济增速不断下行的严重局面。

然而，经济发展阶段转换所产生的内在要求是不可阻挡的，它体现为在经济不断下行的过程中，制造业与服务业的速度发展差异。根据中等偏上收入水平向现代发达经济过渡这一新发展阶段背景下的需求结构转换趋势，对供给结构进行调整，在做减法的同时更加重视做加法，做除法的同时做乘法，将使中国经济更快地实现供给结构调整。运用加法增加有效供给、调整供给结构的同时，将有效地扩大内需，实现经济运行的正向循环，稳定经济增长。

3. *以调整供给结构为导向，扩大投资稳增长，用新增产能调结构*

需求疲软是当前经济减速的主要原因。2015 年，PPI 降幅已经达到-5.2%这一创纪录水平。在这种供需状态下，单纯的去产能，做减法，只会引起叠加性的需求下降，提高经济螺旋式下滑，陷入债务危机的风险。当此之时，增加投资，扩大需求，利用过剩产能是稳定经济增速的必要之举，在投资品价格涨幅为负数的情况下，增加投资，更是经济之举。问题在于：这一投资，虽然结果是扩大当前需求，但却必须立足于未来，根据需求转换的发展轨迹，以调整供给结构为导向。因此，在加快去除过剩产能、去库存的同时，需要放长眼光，围绕未来5—10年、10—20年的市场消费需求结构趋势变化，打造新兴产业，突破体制瓶颈，补齐供给短板。

在今后十年之内，随着中国人均收入逐渐从中等偏上收入经济体过渡到高收入经济体（“十三五”期间人均名义 GDP 将突破 10000 美元），中国居民的消费结构将出现新一轮的升级转换。居民消费将由以住房交通和食品衣着等实物消费为主的消费结构，逐渐转变为服务消费与高质量的实物消费并重的消费结构，对教育文化娱乐和医疗保健的支出比重将出现较大幅度的提高，并在未来10—20年之内，成为主要的消费需求动力。为应对消费结构的改善，必须尽快改变当前现代服务品的有效供给能力严重不足的现状。

与世界发达经济体相比，如果按照人均水平、单位国土面积水平比较，我国城乡的各种基础设施仍然是严重短缺、滞后，低于发达经济体的防灾减灾水平的，不同地区之间的基础设施水平也相距甚远，阻碍了不同地区之间的经济往来、经济发展与公共服务的均等化。这方面的投资需求巨大。

4. 实行腾笼换鸟术，通过投资置换，获得投资资金

由于经济持续下行，各级政府的财税收入增速锐减，2015年，公共财政收入增长8.4%，增速比上年下降了0.2个百分点；财政支出增长15.8%，增速比上年提高了7.6个百分点。财政赤字23551亿元，占GDP的3.5%。而此前的各级政府债务尚未偿还完毕，因此，扩大基础设施投资，钱从哪里来，值得研究。

然而，民营经济的投资增速下滑，除了宽松的货币政策并没有将信贷资源有效地配置到实体经济，尤其是实体经济中的民营经济部门之外，投资领域仍然受限，也是民营投资增长缓慢的另一个重要原因。

因此，实行腾笼换鸟术，通过投资置换，以优质国有股份出让吸引民营投资，实行混合所有制改造，将有利于政府部门获得基础设施投资的资金来源，同时，这也将有利于扩大民营经济的投资领域，提高民营经济的投资增速。进一步地，由于国有经济目前主要集中在第三产业中的现代服务业，因此，对这些领域的国有企业实行混合所有制改造，也就意味着，打破垄断，解除管制，引进市场竞争，将大大提高现代服务业的资源利用效率、生产效率，实现了供给效率的提高。

当然，有效实行腾笼换鸟术，投资置换的前提是，在可以实现市场竞争领域的国有企业进行混合所有制改革时，很可能需要国有股退出控股地位，让民营经济真正当家。

实行腾笼换鸟术，不仅要以一些国有企业退出控股地位为前提，而且必须以新的视角对既有非市场竞争领域的现代服务业的重新审视为前提，通过新的制度安排，使过去被视为事业领域，提供公共服务、社会福利但实际上是可市场化的部门获得进入市场开展竞争性经营的可能。

5. 维护人民币币值稳定，为供给结构调整创造良好的内外部环境

在当前，维持人民币的币值稳定，稳健推进汇率市场化步伐，加强政策的开放性与透明度，有效管理市场预期，一方面将有利于坚定国内外资本投资中国的信心，缓解资本外流的速度，避免过度的临时性资金短缺冲击；同时，也有助于稳定自美国加息政策实施以来动荡不安的外部经济形势，尤其是新兴发展中国家经济持续下行的趋势，助力“一带一路”等对外开放新战略的有序推进，为国内的供给结构调整创造良好的内外部环境。

附录一 模型设定与分析

基于分析的目的，假定经济体中存在两类消费品 C_{1t} 和 C_{2t} ，对应两类生产厂商 Y_{1t} 和 Y_{2t} 。其中，C_{1t} 表示实物产品，其生产处于完全竞争的状态；C_{2t} 表示服务产品，受体制约束，生产处于完全垄断的状态。完全竞争与垄断最大的区别在于：前者是价格的接受者，厂商不具备调整价格的能力，主要通过产量调整来实现利润最大化，而后者既可以选择价格调整，亦可通过产量调整来实现利润最大化。为限制垄断厂商的价格调整能力，假定垄断厂商存在价格调整成本。

一、代表性家庭

经济中存在无数个相同的具有无限期寿命的家庭，每个家庭都有一单位的时间禀赋。代表性家庭将最大化其一生的期望效用

$$E_0[\sum_{t=0}^{\infty}\beta^t U(C_t, N_t)], \ 0 < \beta < 1 \tag{1}$$

其中，E 是条件期望控制变量，β 是贴现因子，N_t 表示劳动时间，C_t 表示两类消费品的加权总消费指数，加权式子为：

$$C_t = [\theta^{1/\varepsilon} C_{1t}^{\frac{\varepsilon-1}{\varepsilon}} + (1-\theta)^{1/\varepsilon} C_{2t}^{\frac{\varepsilon-1}{\varepsilon}}]^{\frac{\varepsilon}{\varepsilon-1}} \tag{2}$$

其中，C_{1t} 表示实物产品的消费，C_{2t} 表示服务产品的消费，θ 表示实物产品在总消费指数中权重占比，体现消费结构的倾向，ε 表示两类产品消费的替代弹性，若 $\varepsilon > 1$ 表示两者是替代品。

在受总支出约束的条件下，总消费最大化时，代表性家庭对 C_{1t} 、C_{2t} 的一阶条件为：

$$C_{1t} = \theta(\frac{P_{1t}}{P_t})^{-\varepsilon} C_t \tag{3}$$

$$C_{2t} = (1 - \theta)\left(\frac{P_{2t}}{P_t}\right)^{-\varepsilon} C_t \tag{4}$$

其中，P_{1t} 表示实物产品的价格，P_{2t} 表示服务产品的价格，P_t 表示加权总价格指数。根据上述设定，容易得到：

$$P_t = [\theta P_{1t}^{1-\varepsilon} + (1 - \theta) P_{2t}^{1-\varepsilon}]^{\frac{1}{1-\varepsilon}} \tag{5}$$

（3）式和（4）式相除可以得到，总消费最大化时对应的两类产品消费最佳比例为：

$$\frac{C_{1t}}{C_{2t}} = \frac{\theta}{1 - \theta}\left(\frac{P_{1t}}{P_{2t}}\right)^{-\varepsilon} \tag{6}$$

可知，最佳的消费比例取决两类产品的消费权重占比、相对价格以及替代弹性大小。

进一步地，假设代表性家庭的即时效用函数为 CRRA 的形式：

$$U = \frac{C_t^{1-\sigma}}{1 - \sigma} - \frac{N_t^{1+\gamma}}{1 + \gamma}? \ ? \tag{7}$$

其中，σ 代表消费者的相对风险规避系数，等同于消费跨期替代弹性的倒数；γ 代表劳动跨期替代弹性的倒数，$\gamma \geqslant 0$。

为简化分析，假设代表性家庭不进行投资，而是持有债券。在第 t 期，家庭持有的到期债券数量 B_t，获得 B_t 单位的收入，同时，以名义成本 $1/R_t$ 购买 B_{t+1} 单位的新债券，其中，$R_t = 1 + r_t$，r_t 表示 t 到 $t+1$ 期的名义利率；在第 t 期，家庭向两类厂商 $i = 1$，2 分别供给 N_{it} 单位的劳动，劳动总供给量为 $N_t = N_{1t} + N_{2t}$，家庭获得的名义工资率为 W_t，并以名义价格 P_t 从代表性最终品厂商购买 C_t 单位最终品消费；不考虑政府的税收和转移支付。最终，代表性家庭所面临的预算约束为：

$$P_t C_t + Q_t B_{t+1} \leqslant B_t + W_t N_t \tag{8}$$

家庭最优化问题的一阶条件为：

$$C_t^{\sigma} N_t^{\gamma} = \frac{W_t}{P_t} \tag{9}$$

$$Q_t = \beta E_t\left\{\left(\frac{C_t}{C_{t+1}}\right)^{\sigma}\left(\frac{P_t}{P_{t+1}}\right)\right\} \tag{10}$$

其中，（9）式是消费与劳动的同期替代条件；（10）式是消费的欧拉方程。最优化问题的横截条件为 $\lim_{t\to\infty}\beta^t B_{t+1}/P_{t+1}=0$。

二、代表性厂商

1. 实物产品厂商

假定经济中存在一系列行为相同的实物产品竞争型厂商，生产函数的具体形式为：

$$Y_{1t}=A_{1t}N_{1t}^{1-\alpha_1}\ ,0<\alpha_1<1 \tag{11}$$

其中 k_t，h_t，Y_{1t} 表示产出水平，N_{1t} 表示劳动投入，A_{1t} 表示生产使用的技术，$1-\alpha_1$ 表示劳动的产出弹性。在完全竞争的条件下，价格给定，厂商利润最大化的一阶条件为：

$$\frac{W_{1t}}{P_{1t}}=(1-\alpha_1)\frac{Y_{1t}}{N_{1t}} \tag{12}$$

其中，W_{1t} 为名义工资水平。

2. 服务产品厂商

假定服务产品厂商的生产函数形式与实物产品厂商相同，设为：

$$Y_{2t}=A_{2t}N_{2t}^{1-\alpha_2}\ ,0<\alpha_2<1 \tag{13}$$

其中 k_t，h_t，Y_{2t} 表示产出水平，N_{2t} 表示劳动投入，A_{2t} 表示生产使用的技术，$1-\alpha_2$ 表示劳动的产出弹性。在完全垄断的假设下，服务产品厂商的利润函数为：

$$\mathrm{Max}\ \pi_{2t}=P_{2t}Y_{2t}-W_{2t}N_{2t}-\Phi(P_{2t})Y_{2t} \tag{14}$$

其中，W_{2t} 为服务部门的名义工资水平，$\Phi(P_{2t})$ 表示厂商的价格调整成本，遵循 $1>\varphi'(\cdot)>0,\varphi''(\cdot)<0$ 的二次凹函数设定。均衡条件下，服务产品的供给要等于需求，即 $Y_{2t}=C_{2t}$。由此，服务产品厂商的一阶条件为：

$$\frac{\partial\pi_{2t}}{\partial N_{2t}}=0\to[P_{2t}-\Phi(P_{2t})](1-\alpha_2)A_{2t}N_{2t}^{-\alpha_2}=W_{2t} \tag{15}$$

$$\frac{\partial\pi_{2t}}{\partial P_{2t}}=0\to[1-\Phi'(P_{2t})]Y_{2t}+[P_{2t}-\Phi(P_{2t})]\frac{\partial Y_{2t}}{\partial P_{2t}}=0 \tag{16}$$

容易推导得到 $\frac{\partial Y_{2t}}{\partial P_{2t}}=(1-\theta)(-\varepsilon)\left(\frac{P_{2t}}{P_t}\right)^{-1-\varepsilon}\left(\frac{C_t}{P_t}\right)=(-\varepsilon)\left(\frac{Y_{2t}}{P_{2t}}\right)$，将

其代入式（16）可得：

$$1 - \Phi'(P_{2t}) = \varepsilon\left[1 - \frac{\Phi(P_{2t})}{P_{2t}}\right] \tag{17}$$

联立（15）式、（17）式，得到：

$$\frac{1 - \Phi'(P_{2t})}{\varepsilon}(1 - \alpha_2) A_{2t} N_{2t}^{-\alpha_2} = \frac{W_{2t}}{P_{2t}} \tag{18}$$

3. 均衡分析

假设两个产品市场出清，可得：$Y_{1t} = C_{1t}$，$Y_{2t} = C_{2t}$，总资源约束条件为：$Y_t = C_t$。

整理（6）式、（11）式和（13）式，可得：

$$\frac{A_{1t}}{A_{2t}}\left(\frac{N_{1t}^{1-\alpha_1}}{N_{2t}^{1-\alpha_2}}\right) = \frac{\theta}{1-\theta}\left(\frac{P_{1t}}{P_{2t}}\right)^{-\varepsilon} \tag{19}$$

假设劳动力要素可以自由流动，则 $W_{1t} = W_{2t} = W_t$。整理（12）式和（18）式可得：

$$\frac{1 - \Phi'(P_{2t})}{\varepsilon}(1 - \alpha_2) A_{2t} N_{2t}^{-\alpha_2} P_{2t} = (1 - \alpha_1) A_{1t} N_{1t}^{-\alpha_1} P_{1t} \tag{20}$$

联立（19）式和（20）式可得：

$$\frac{N_{1t}^{(1-\alpha_1)\frac{1}{\varepsilon}+\alpha_1}}{N_{2t}^{(1-\alpha_2)\frac{1}{\varepsilon}+\alpha_2}} = \frac{\varepsilon}{1 - \Phi'(P_{2t})}\frac{1-\alpha_1}{1-\alpha_2}\left(\frac{\theta}{1-\theta}\right)^{\frac{1}{\varepsilon}}\left(\frac{A_{1t}}{A_{2t}}\right)^{1-\frac{1}{\varepsilon}} \tag{21}$$

为便于分析，假设稳定状态时，两个部门的外生技术水平相同且两类产品加总的 CES 弹性为 1，即 $A_1 = A_2$，$\varepsilon = 1$，则稳定状态下的两个部门吸纳的劳动力之比为：

$$\frac{N_1}{N_2} = \frac{1}{1 - \Phi'(P_2)}\frac{\theta}{1-\theta}\frac{1-\alpha_1}{1-\alpha_2} \tag{22}$$

可知，稳态时的劳动力之比取决于：代表性家庭的消费权重、两个部门的劳动生产效率以及服务产品部门的价格调整成本。由于模型只考虑劳动要素，这表明，稳态时的两个部门的产出之比同样取决于上述三个要素。容易得到：在稳定状态下，当代表性家庭的实物产品消费权重越大、实物部门的要素生产效率越高以及服务部门的价格调整成本越大，会导致总产出中实物产品的产出越大，而服务产品的产出越小。

进一步地可以推论，当消费者的消费结构向服务产品倾斜时，即 θ 变小时，服务产品厂商的价格调整成本和要素生产效率的反向变动可能会阻碍消费结构由实物消费向服务消费升级所应该带来的资源优化配置效应，从而产生消费需求结构与供给结构的扭曲，导致要素配置的低效率。

与之相对地，假设通过体制改革，破除垄断，使得服务产品厂商与实物产品厂商一样，处于完全竞争的状态。其他假设条件不变，重复上述推导步骤，我们将容易得到新假设下的两类厂商在稳态时最优劳动力之比，如下：

$$\left(\frac{N_1}{N_2}\right)^* = \frac{\theta}{1-\theta}\frac{1-\alpha_1}{1-\alpha_2} \tag{23}$$

对比（22）式，可以发现在完全竞争假设下的两个部门的劳动力之比要小于垄断假设，即

$$\left(\frac{N_1}{N_2}\right)^* < \frac{N_1}{N_2} \tag{24}$$

这表明，破除服务产品部门的垄断之后，服务产品部门的产出将会增加；并且，实物产品部门和服务产品部门的供给结构将随着代表性家庭的消费结构变化而变化。

进一步地，放开两类产品加总的 CES 弹性为 1 的假设，同时不去考虑部门要素生产效率的差异，即 $\varepsilon \neq 1$ 且 $\alpha_1 = \alpha_2 = \alpha$ 。将两类竞争厂商假设下的最优劳动力之比相减，可得：

$$D_s = \frac{N_1}{N_2} - \left(\frac{N_1}{N_2}\right)^* = \left[\frac{\varepsilon}{1-\Phi'(P_2)}\left(\frac{\theta}{1-\theta}\right)^{\frac{1}{\varepsilon}}\right]^{\frac{1}{(1-\alpha)\frac{1}{\varepsilon}+\alpha}} - \frac{\theta}{1-\theta} \tag{25}$$

将上述式子对 θ 求偏导可得：

$$\frac{\partial D_s}{\partial \theta} = \left\{\left[\frac{\varepsilon}{1-\Phi'(P_2)}\right]^{\frac{1}{(1-\alpha)\frac{1}{\varepsilon}+\alpha}} \frac{1}{1+(\varepsilon-1)\alpha}\left(\frac{1-\theta}{\theta}\right)^{\frac{(\varepsilon-1)\alpha}{1+(\varepsilon-1)\alpha}} - 1\right\}\left\{\frac{1}{(1-\theta)^2}\right\}$$

若 $\varepsilon > 1$，则上述式子中，$\left[\frac{\varepsilon}{1-\Phi'(P_2)}\right]^{\frac{1}{(1-\alpha)\frac{1}{\varepsilon}+\alpha}} > 1$，$\frac{1}{1+(\varepsilon-1)\alpha} < 1$，

则 θ 的大小将直接影响 $\frac{\partial D_s}{\partial \theta}$ 是大于0，或是小于0。可以判断，当 $\theta < 1/2$

时，有较大的可能使得整个 $\frac{\partial D_s}{\partial \theta} > 0$，这说明，当服务部门的产品对代表性家庭更加重要时，越偏向实物产品的生产结构，可能带来的资源要素配置扭曲越大，进而使得对应产出的供给效率越低。

附录二　中国宏观经济形势与政策问卷调查报告（2016.2）

为及时把握中国宏观经济形势和政策走向，新华社《经济参考报》和教育部人文社会科学重点研究基地——厦门大学宏观经济研究中心自2013年8月首次联合开展每年两次的“年度中国宏观经济形势和政策问卷调查”活动。这是第六次问卷调查。本次调查问卷设计了与当前中国宏观经济运行和政策走势直接相关的20道问题，于2016年1月下旬我们通过电子邮件向国内相关领域的经济学家发出调查邀请，最终收到121位专家的答复。通过本次问卷调查，我们获得了专家们关于2016年世界经济形势、2016年中国宏观经济主要指标的变化趋势、2016年中国宏观经济政策的走势以及中国供给侧结构性改革等问题的最新认识和判断。现将本次问卷调查结果公布如下：

一、2016年世界经济形势

根据2016年1月19日国际货币基金组织（IMF）的最新预测，2015年美国经济增长率为2.5%，2016年将升至2.6%。为此，我们对2016年美国经济增长率的变化趋势进行了问卷调查。调查结果显示，57%的专家预期2016年美国经济增长率在“2.1%—2.5%”之间；39%的专家预期在“2.6%—3.0%”之间；2%的专家预期在“2.1%以下”；2%的专家预期在“3.1%—3.5%”之间，没有专家预期在“3.5%以上”。总的来看，有近六成接受调查的专家预期2016年美国经济将呈现缓慢下降趋势，但也有超过四成接受调查的专家预期较IMF乐观，认为2016年美国经济增长率呈现一定的回暖趋势。

根据2016年1月19日国际货币基金组织（IMF）的最新预测，2015年欧元区经济增长率为1.5%，2016年将升至1.7%。我们也对2016年欧元区经济增长率的变化趋势开展了问卷调查。调查结果显示，75%的专家预期 2016 年欧元区经济增长率在“1.3%—1.6%”之间；19%的专家预期在“1.7%—2.0%”之间；6%的专家预期在“1.3%以下”；没有专家预期在“2.1%—2.4%”之间和“2.4%以上”。总体而言，按照 IMF 的最新预测，有超过八成接受调查专家的预测较 IMF 悲观，认为 2016 年欧元区经济增长率呈现缓慢下降趋势，但也有近二成的专家预期 2016 年欧元区经济将呈现一定的回暖趋势。

此外，我们对 2016 年美国加息次数及加息时间问题进行了问卷调查。调查结果显示，在 115 份有效调查问卷中，55%的专家预期“2016 年美国将选择加息 1 次”；35%的专家预期“2016 年美国将选择加息 2 次”；3%的专家预期“2016 年美国将选择加息 3 次”；2%的专家预期“2016 年美国将选择加息 4 次”。另外，55%的专家预期“2016 年美国将选择在上半年加息”；40%的专家预期“2016 年美国将选择在下半年加息”。

二、对 2016 年中国宏观经济主要指标的预测

根据国家统计局 2016 年 1 月 19 日发布的初步核算数据，2015 年中国国内生产总值（GDP）比 2014 年增长 6.9%。那么，2016 年 GDP 增速如何呢？调查结果显示，76%的专家预期 2016 年中国 GDP 增速在“6.5%—6.8%”之间；12%的专家预期在“6.8%—7.0%”之间；8%的专家预期“小于 6.5%”；3%的专家预期“大于 7.0%”。因此，超过八成的专家认为 2016 年中国经济仍将呈现进一步下滑的态势。

2015 年中国 CPI 比 2014 年上涨 1.4%。那么，2016 年中国 CPI 的变化趋势如何呢？调查结果显示，63%的专家预期 2015 年中国 CPI 增长在“1.4%—1.8%”之间；22%的专家预期在“0.9%—1.3%”之间；13%的专家预期在“1.9%—2.3%”；2%的专家预期在“0.9%以下”。考虑到 2015 年 CPI 比上年上涨 1.4%，因而超过四分之三接受调查的专家认为 2016 年中国物价水平将呈现一定的上升态势；但也有近四分之一的专家认为 2016 年中国物价水平将持续下降，通缩压力将进一步上升。

2015 年我国工业生产者出厂价格指数（PPI）较 2014 年下降 5.2%。那么，2016 年中国 PPI 的增长态势如何呢？调查结果表明，40%的专家预期

2015 年中国 PPI 增长在“-5.2%—-4.2%”之间；26%的专家预期在“-6.2%—-5.3%”；21%的专家预期在“-4.1%—-3.2%”；4%的专家预期在“-6.2%以下”；9%的专家预期在“-3.2%以上”。考虑到 2015 年 PPI 比 2014 年下降 5.2%，因而有七成接受调查的专家认为 2016 年中国 PPI 降幅将逐渐收窄，但仍有三成的专家认为 2016 年中国 PPI 降幅将继续扩大。

2015 年 8 月 11 日中国人民银行启动了人民币汇率中间价定价机制改革，截至 2015 年 12 月 31 日，1 美元兑换人民币按中间价为 6.4936 元，全年人民币兑美元中间价累计下跌约 6%。当前人民币贬值预期依然强烈，那么，2016 年年末人民币兑美元汇率中间价的变动趋势和幅度如何呢？调查结果显示，45%的专家预期按中间价 2016 年年末人民币对美元“继续贬值，贬值幅度在 3%左右，约为 1 美元兑换 6.6884 元人民币的水平”；35%的专家预期“继续贬值，贬值幅度在 6%左右，约为 1 美元兑换 6.8832 元人民币的水平”；10%的专家预期“基本保持稳定”；4%的专家预期“小幅升值，升值幅度在 2%左右，约为 1 美元兑换 6.3637 元人民币的水平”。另外，有 6%的专家提出不同的观点：如贬值至 1 美元兑换 7.0 元人民币的水平；继续贬值，贬值幅度在 4%左右，约为 1 美元兑换 6.73 元人民币的水平；继续贬值，贬值幅度在 10%左右，约为 1 美元兑换 7.1 元人民币的水平；先贬值后趋稳，约在 1 美元兑换 6.85—6.40 元人民币之间的水平。因此，超过八成接受调查的专家认为 2016 年人民币对美元将呈现一定的贬值趋势。

根据城乡一体化住户调查，2015 年全国居民人均可支配收入同比名义增长 8.9%（扣除价格因素实际增长 7.4%）。其中，城镇居民人均可支配收入同比名义增长 8.2%（实际增长 6.6%）；农村居民人均可支配收入同比名义增长 8.9%（实际增长 7.5%）。那么，2016 年全年城乡居民收入同比名义增长的变化趋势如何呢？调查结果显示，53%的专家认为“城镇居民人均可支配收入增速低于 2015 年 8.2%的水平，农村居民可支配收入增速低于 2015 年 8.9%的水平”；21%的专家认为“城镇居民人均可支配收入增速高于 2015 年 8.2%的水平，农村居民可支配收入增速高于 2015 年 8.9%的水平”；19%的专家认为“城镇居民人均可支配收入增速低于 2015 年 8.2%的水平，农村居民可支配收入增速高于 2015 年 8.9%的水平”；7%的专家认为“城镇居民人均可支配收入增速高于 2015 年 8.2%的水平，农村居民可支配收入增速低于 2015 年 8.9%的水平”。总的来说，超过一半的专家认为 2016 年城乡居民人均可支配收入增速将呈现下降趋势，但也有二成的专家认为城乡居民人均可支配收入增速将呈现上升趋势。

2015 年中国固定资产投资（不含农户）总额约为 551590 亿元，比上年名义增长 10%（扣除价格因素实际增长 12%）。那么，2016 年中国的固定资产投资名义增速如何呢？问卷调查结果表明，32%的专家预期 2016 年中国固定资产投资总额比 2015 年名义增长在“9.0%—9.9%”之间；26%的专家预期在“10.0%— 11.0%”之间；16%的专家预期在“11.1%—12.0%”之间；17%的专家预期在“12.0%以上”；9%的专家预期在“9.0%以下”。考虑到 2015 年中国固定资产投资比上年名义增长 10%，因而有近六成接受调查的专家认为 2016 年中国固定资产增速将保持上升态势，但也有超过四成的专家认为 2016 年中国固定资产投资增速将继续保持下滑态势。

相对于整体经济与投资增速的放缓，2015 年中国房地产开发投资总额约为 95979 亿元，比上年名义增长 1.0%（扣除价格因素实际增长 2.8%）。那么，2016 年中国房地产开发投资增速如何呢？问卷调查结果表明，66%的专家预期 2016 年中国房地产开发投资增速在“0.1%—3.0%”之间；18%的专家预期在“-5%— 0%”之间；12%的专家预期在“3.1%—5.0%”之间；2%的专家预期在“5.1%—8.0%”；2%的专家预期在“8%以上”。考虑到 2015 年中国房地产开发投资名义增长 1.0%，因此，超过八成接受调查的专家认为 2016 年中国房地产开发投资将保持上升态势，但也有近两成的专家认为 2016 年中国房地产开发投资将呈现负增长的变化态势。

2015 年，中国社会消费品零售总额约为 300931 亿元，比上年名义增长 10.7%。那么，2016 中国社会消费品零售总额增速如何呢？调查结果显示，64%的专家预期 2016 年中国社会消费品零售总额名义增长在“10.1%—11%”之间；18%的专家预期在“11.1%—12%”之间；15%的专家预期在“10%以下”之间；2%的专家预期在“12.1%—13%”；1%的专家预期在“13%以上”。考虑到 2015 年中国社会消费品零售总额名义增长 10.7%，因此，相较于 2015 年，超过八成接受调查的专家认为 2016 年中国社会消费品零售总额增速将会呈现一定的上升趋势，但仍有15%的专家认为2016年中国社会消费品零售总额增速将呈现一定的下滑趋势。

2015年按美元计价的中国出口总额比2014年下降2.5%，增速下降明显。那么，2016年中国出口总额增速如何呢？调查结果显示，35%的专家预期2016年按美元计价的中国出口总额增长在“-2.5%—-0.1%”之间；35%的专家预期在“0%—2.5%”；26%的专家预期在“-5.0%—-2.6%”之间；2%的专家预期在“-5.0%以下”之间；2%的专家预期在“2.5%以上”。由于2015年按美元计价的中国出口总额比2014年下降2.5%，因此调查结果表明，超过七成接受调查的专家认为2016年中国出口增速将保持一定的上升态势，但仍有超过四分之一的专家认为2016年中国出口增速将持续保持下滑趋势。

2015年按美元计价的中国进口总额比2014年下降14.0%，增速下降明显。那么，2016年中国进口总额增速如何呢？调查结果显示，36%的专家预期2016年按美元计价的中国进口总额增长在“-14.0%—-9.0%”之间；26%的专家预期在“-9.0%—-4.0%”之间；16%的专家预期在“-15.1%—-14.1%”之间；12%的专家预期在“-4.0%以上”；10%的专家预期在“-15.1%以下”。由于2015年按美元计价的中国进口总额比2014年下降14.0%，因此调查结果表明，有近四分之三的专家认为2016年中国进口增速将保持上升的趋势，但仍有超过四分之一接受调查的专家认为2016年中国进口增速将持续保持下滑态势。

三、中国未来可能采取的宏观经济政策措施

2015年，我国广义货币供应量（M2）余额为139.23万亿元，比上年末增长13.3%。那么，2016年中国M2增速如何呢？问卷调查结果表明，43%的专家预期2016年中国M2比2015增长在“13.3%—14.3%”之间；29%的专家预期在“12.2%—13.2%”之间；14%的专家预期在“11.1%—12.1%”之间；14%的专家预期在“14.4%以上”；2%的专家预期在“11.1%以下”。考虑到2015年中国M2比上年增长13.3%，因此调查结果表明，近六成接受调查的专家认为2016年中国M2的增速将保持上升态势，这意味着2016年中国政府将可能持续保持适度宽松的货币政策。

2016 年央行是否会继续降低存款准备金率？如果会，可能会在什么时间？我们对此进行了问卷调查。在 117 份有效调查问卷中，调查结果显示，45%的专家预期“2016 年央行会在一季度降低存款准备金率”；31%的专家预期“央行会在 2016 年二季度降低存款准备金率”；12%的专家预期“央行会在 2016 年下半年降低存款准备金率”，8%的专家认为“2016 年央行不会降低存款准备金率”。总体而言，近九成的专家认为 2016 年央行会继续降低存款准备金率，这可能释放了中国央行在 2016 年将保持适度宽松货币政策的信号。

2016 年央行是否会继续降息？如果会，可能会在什么时间降息？我们也对此进行了问卷调查。在 108 份有效调查问卷中，调查结果显示，31%的专家预期中国“央行会在 2016 年二季度降息”；23%的专家预期“央行会在 2016 年一季度降息”；21%的专家预期“央行会在 2016 年下半年降息”，13%的专家预期“央行在 2016 年不会降息”。因而调查结果表明，超过四分之三的专家认为 2016 年央行会继续降息，这也预示着中国在 2016 年仍将保持适度宽松的货币政策。

2015 年中国新增人民币贷款 11.72 万亿元，比上年多增 1.81 万亿元。那么，2016 年全年新增人民币贷款规模的变化趋势如何呢？调查结果表明，70%的专家预期 2016 年全年新增人民币贷款规模将“大于 11.72 万亿元”；18%的专家预期“小于 11.72 万亿元”；12%的专家认为“无法判断”。总的来看，有七成接受调查的专家认为 2016 年全年新增人民币贷款规模将保持增加趋势，这进一步预示着中国央行在 2016 年将保持适度宽松的货币政策。

2016 年 1 月 8 日结束的中国人民银行工作会议提出，2016 年中国将继续实施稳健的货币政策。那么，实施的具体措施有哪些呢？调查结果显示，83%的专家认为是“继续推进利率市场化改革，进一步完善市场化汇率形成机制，保持人民币汇率在合理均衡水平上的基本稳定”；67%的专家认为是“继续运用抵押补充贷款、中期借贷便利、信贷政策支持再贷款等货币政策工具，引导降低社会融资成本”；65%的专家认为是“通过政策法律约束，令小贷公司、民间借贷、互联网金融等规范发展，真正打通银行间交易市场”；62%的专家认为是“建立健全与市场相适应的利率形成和调控机制，提高央行调控市场利率的有效性”；59%的专家认为是“完善宏观审慎政策框架，探索建立宏观审慎评估体系”；48%的专家认为是“按照精准扶贫、精准脱贫要求，全面做好扶贫开发金融服务”；36%的专家认为是“深度参与全球经济金融治理，继续推动金融业双向开放”。此外，还有 3%的专家提出了其他观点，包括：降低直至实行超额准备金存款负利率；限制私人银行发展和地下金融业务；完善股票、证券市场的监管，尤其是规范进入与退出机制。

在财政政策方面，我们对 2016 年财政政策可能实施的空间进行了问卷调查。调查结果显示，85%的专家认为是“进一步实施减税降费政策，给企业和市场主体留有更多可用资金”；66%的专家认为是“阶段性提高赤字率，适度扩大财政赤字规模，相应增加国债发行规模”；63%的专家认为是“调整优化财政支出结构，压缩‘三公’经费等一般性支出，按可持续性、保基本原则增加基本民生支出”；61%的专家认为是“加大统筹财政资金和盘活财政存量资金使用力度，提高资金使用效益”；55%的专家认为是“发行地方政府债券置换存量债务，处理好化解债务风险与稳增长的关系”；52%的专家认为是“积极推广政府和社会资本合作模式（PPP），运用 PPP 模式支持交通、公用事业等基础实施投资”；45%的专家认为是“加快推进对建筑业、房地产业、金融业和生活服务业进行营改增，降低企业有效税率”；39%的专家认为是“扩大长期建设债券发行规模，通过贷款贴息、资本金补助等措施，引导银行贷款和民间投资方向”。此外，有 2%的专家提出了其他观点，包括：支持国有企业发展，压缩私人生产的获利空间；设立生态文明与流域治理的专项财政支出。

四、供给侧结构性改革

2015 年中央经济工作会议强调推进供给侧结构性改革，供给侧结构性改革包括宏观和微观等各个层面。那么，改革的重要领域包括哪些方面？我们对此进行了问卷调查。调查结果显示，72%的专家认为“通过提高产品品质改善供给产品结构，扩大有效供给，严控新增产能、淘汰落后产能、改造优势产能，化解产能过剩”；69%的专家认为“创新体制机制，积极推动创新、创业和‘互联网+’，以消费升级引领产业升级，通过推动新消费引领新供给，创造经济增长的新极点”；67%的专家认为“改善当前需求产品结构和供给产品结构不匹配、产能过剩与有效供给不足并存的现象”；64%的专家认为“加快推进垄断性领域改革，允许民营资本以独资或混合所有制形式进入垄断行业参与竞争”；62%的专家认为“进一步加快推进要素市场化改革，优化资源配置，促进要素生产率的提高”；61%的专家认为“以市场为导向，建立健全优胜劣汰市场化退出机制，让市场有能力的企业在市场竞争中脱颖而出，淘汰效率低下的‘僵尸企业’，推进企业兼并重组”；60%的专家认为“降低制度性交易成本，简政放权，约束政府治理边界，交由市场支配资源”；52%的专家认为“加快实施以结构性减税为重点的税费改革”；40%的专家认为“加快推进农民工市民化，扩大有效需求，打通供需通道，消化库存，稳定房地产市场”。此外，还有3%的专家提出了其他观点，包括：全面实施创新驱动发展战略，深化科研体制改革，推动科研成果的转化，提升创新能力；取消计划生育、增加劳动力供给；在经济萧条期，最重要的不是淘汰落后产能，而是健全与优化政府职能，培育有效需求，稳定市场预期；大量建立新的国有企业等。

从微观层面而言，供给侧结构性改革需要进一步开放要素市场，打通要素流通通道，优化资源配置，提高全要素生产率。那么，改革的重要领域包括哪些方面？我们也对此进行了问卷调查。调查结果显示，83%的专家认为“进一步放宽准入，加快行政性垄断行业改革，在石油、天然气、电力、电信、铁路等领域，引入新的投资者，鼓励和加强竞争”；81%的专家认为“着力创造有利于创新的制度环境，保护产权特别是知识产权，促进创新要素流动，培育人力资本，改造金融支撑体系等”；72%的专家认为“加快城乡之间土地、资金、人员等要素的流动和优化配置”；71%的专家认为“加快产业转型升级，推动制造业由粗放经营转向精致生产，提高附加价值比重，向全球价值链的中高端攀升”；65%的专家认为“通过市场化的优胜劣汰挤出过剩产能，按现有产能将减产配额分配到各地，同时允许配额交易，积极推动优势企业主导的市场化兼并重组”。此外，还有3%的专家提出了其他观点，包括：深化国有企业改革，发展民营经济，把产权制度改革与资源配置机制再造、消化过剩产能结合起来；改革政府工资体制，完善政府官员的激励机制；打破区际壁垒，建立跨区合作平台，建立区际要素使用与流动的补偿机制；大力推进教育改革，统筹城乡一体化教育相关政策，改善劳动力存量；放宽民营经济的经营范围和领域，尤其是在金融、文化、民生和服务等领域。

121位专家参与了本次问卷调查，他们是（按姓名汉语拼音排序）：柏培文、常欣、陈昌兵、陈工、陈建宝、陈昆亭、陈浪南、陈梦根、陈守东、陈学彬、陈彦斌、陈钊、陈志勇、戴魁早、范从来、范子英、高波、高培勇、耿强、郭其友、郭熙保、郭晓合、郭志仪、韩兆洲、贺京同、胡小平、黄建忠、黄茂兴、简新华、蒋永穆、李翀、李建伟、李军、李拉亚、李善同、李实、李晓、李雪松、李英东、林曙、林学贵、刘东、刘凤良、刘建平、刘金全、刘穷志、刘树杰、刘锡良、刘霞辉、刘晓欣、刘云中、刘志彪、陆铭、马颖、逄锦聚、彭水军、彭素玲、邱崇明、瞿宛文、任保平、沈坤荣、石刚、宋立、苏剑、孙巍、汤吉军、汪昌云、汪同三、汪义达、王诚、王大树、王海杰、王继平、王今朝、王立勇、王美今、王曦、王艺明、王跃生、文传浩、吴信如、肖兴志、谢攀、徐建国、徐一帆、许文彬、许宪春、杨灿、杨澄宇、杨瑞龙、杨志勇、易宪容、殷醒民、于立、于左、袁富华、臧旭恒、曾金利、曾康华、曾五一、张成思、张东辉、张立群、张连城、张龙、张明志、张茉楠、张平、赵晓雷、赵昕东、赵振全、赵志君、郑超愚、郑挺国、钟春平、周立群、周泽炯、朱保华、朱建平、朱启贵、庄宗明。

参加本次问卷调查的专家学者来自于财政部、国家发展和改革委员会、国家统计局、国务院发展研究中心宏观经济研究部、国务院发展研究中心社会发展研究部、国务院发展研究中心发展战略和区域经济研究部、商务部、中国国际经济交流中心、中国社会科学院财经战略研究院、中国社会科学院金融研究所、中国社会科学院经济研究所、中国社会科学院世界经济与政治研究所、中国社会科学院数量经济与技术经济研究所、台湾“中央研究院”、台湾“中华经济研究院”等机构，以及安徽财经大学、北京大学、北京师范大学、重庆工商大学、东北财经大学、复旦大学、福建师范大学、华东师范大学、华侨大学、华中科技大学、吉林大学、暨南大学、兰州大学、南京财经大学、南京大学、南开大学、清华大学、山东大学、陕西师范大学、上海财经大学、上海对外经贸大学、上海交通大学、首都经贸大学、四川大学、台湾大学、天津财经大学、天津商业大学、武汉大学、西安交通大学、西北大学、西南财经大学、厦门大学、新加坡国立大学、浙江财经大学、浙江工业大学、郑州大学、中国人民大学、中南财经政法大学、中山大学、中央财经大学等高校。

我们对上述各位专家的热忱参与和真知灼见，表示诚挚的感谢！

附表 1　本课题组与 121 位专家对中国主要宏观经济指标预测结果之比较

<table>
<tr><th rowspan="2">2016 年主要宏观经济指标</th><th rowspan="2">本课题组预测（%）</th><th colspan="2">专家预测区间及比例（%）</th></tr>
<tr><th>区　间</th><th>比　例</th></tr>
<tr><td>GDP 增长率</td><td>6.66</td><td>6.5—6.8</td><td>76</td></tr>
<tr><td>CPI 增长率</td><td>1.48</td><td>1.4—1.8</td><td>63</td></tr>
<tr><td rowspan="3">PPI 增长率</td><td rowspan="3">-3.31</td><td>-6.2—-5.3</td><td>26</td></tr>
<tr><td>-5.2—-4.2</td><td>40</td></tr>
<tr><td>-4.2—-3.2</td><td>21</td></tr>
<tr><td rowspan="2">社会消费品零售总额名义增长率</td><td rowspan="2">11.53</td><td>10.1—11.0</td><td>64</td></tr>
<tr><td>11.1—12.0</td><td>18</td></tr>
<tr><td rowspan="2">固定资产投资总额名义增长率</td><td rowspan="2">9.13</td><td>9.0—9.9</td><td>32</td></tr>
<tr><td>10.0—11.0</td><td>26</td></tr>
<tr><td rowspan="3">按美元计价的出口总额名义增长率</td><td rowspan="3">0.83</td><td>0.0—2.5</td><td>35</td></tr>
<tr><td>-2.5—-0.1</td><td>35</td></tr>
<tr><td>-5.0—-2.6</td><td>26</td></tr>
</table>

第二十一章　2016年秋季报告[①]

第一节　2016年上半年中国宏观经济运行回顾

2016年上半年，中国经济继续缓慢下行，国内生产总值（GDP）同比实际增长6.7%，[②] 增速较上年同期下降0.3个百分点。在适度扩大内需和加快推进供给侧结构性改革的共同作用下，全国规模以上工业[③]增加值实际增长6.0%，增速比上年同期下降0.3个百分点（图21-1）。

中国经济增速的持续下行，是在外部需求持续疲软，国内劳动力、土地、资源、环境等要素价格不断上升的背景下，传统的以出口拉动、投资驱动为主导的粗放型经济增长方式艰难转型的必然表现。总体上说，中国经济正面临国际市场需求疲软和国内经济结构调整的双重压力，宏观经济政策正致力于稳增长、控风险、促转型的多重政策目标之间的艰难平衡。

一、经济结构逐步调整，就业形势相对稳定

全球金融危机以来，国内外经济环境的急剧变化，促使中国经济开始艰难转型。一方面，国际市场需求的持续萎缩，以及为应对全球金融危机

① 教育部高校人文社会科学重点研究基地重大项目“中国季度宏观经济模型”（05JJD790093）成果。本报告于2016年9月2日在澳大利亚发布。

② 为避免混淆，在本报告中，除非明确使用“实际”一词，否则，均作为名义变量/指标处理。而谈及增速时，除非明确使用“环比”一词，否则均视为同比。在谈及指标/变量的数值时，除非明确使用“当月”“当季”等词，否则均视为期间累计值。

③ 规模以上工业指年产值在一定限额以上的工业企业。

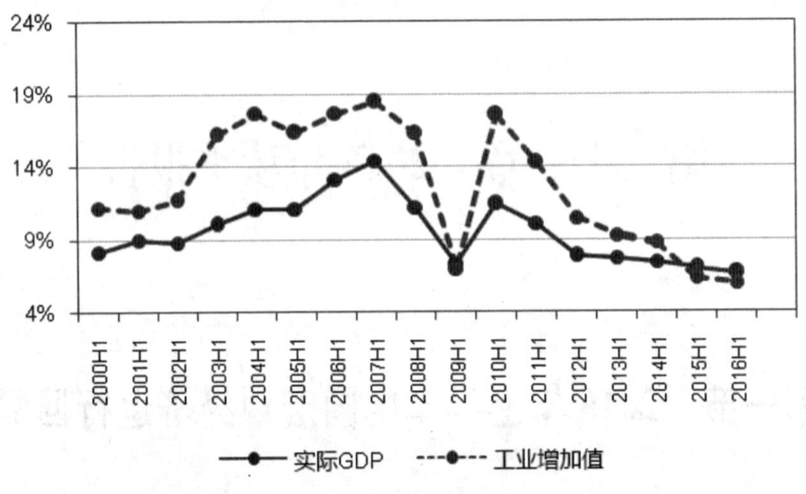

图 21-1　中国 GDP 和工业增加值实际增速

注：2000H1 表示 2000 年上半年，依此类推，后同。
资料来源：CEIC。

而出台的大规模政府投资计划所导致的产能过剩问题，导致“出口拉动、投资驱动”的传统增长方式难以为继；另一方面，随着中国经济从中等偏上收入向高收入阶段过渡，国内需求结构开始转换升级，消费对经济增长的贡献率不断提高，工业结构相应调整，以适应需求结构的转换。在这一过程中，第三产业的持续扩张，大大缓解了因经济下行而导致的就业压力。

第一，在投资增速下滑的情况下，消费增长对经济增长的贡献率大幅提高。2016 年上半年，中国固定资产投资（不含农户）同比增长 9.0%，增速比上年同期下降 2.5 个百分点；资本形成对 GDP 增长的贡献率是 37%，比上年同期下降了 0.6 个百分点。尽管中国居民实际收入增长速度随着经济增长的下行而继续放缓，但是消费增长相对平稳。上半年社会消费品零售总额同比增长 10.3%，增速比上年同期回落 0.1 个百分点；最终消费支出对 GDP 增长的贡献率是 73.4%，比上年同期提高了 13.2 个百分点（图 21-2）。

第二，第三产业加快成长，产业结构不断优化。在居民实际收入提高和需求结构转换升级的共同推动下，第三产业成长的步伐加快，在 GDP 中

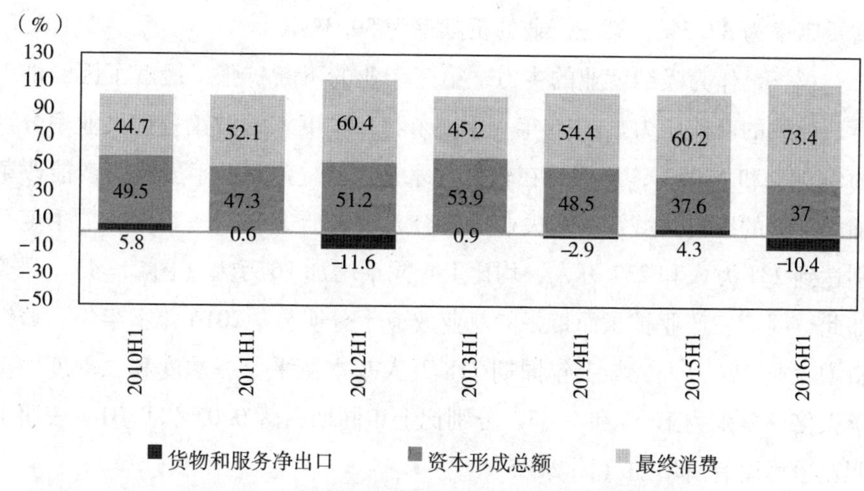

图21-2　按支出法核算的GDP增长贡献率的变化

资料来源：CEIC。

的占比不断提高。2016年上半年，尽管第三产业增加值增速比上年同期下降0.8个百分点，但是第三产业增加值占GDP的比重提高1.8个百分点，达到54.1%，比第二产业占比高出14.7个百分点（图21-3）。从对GDP

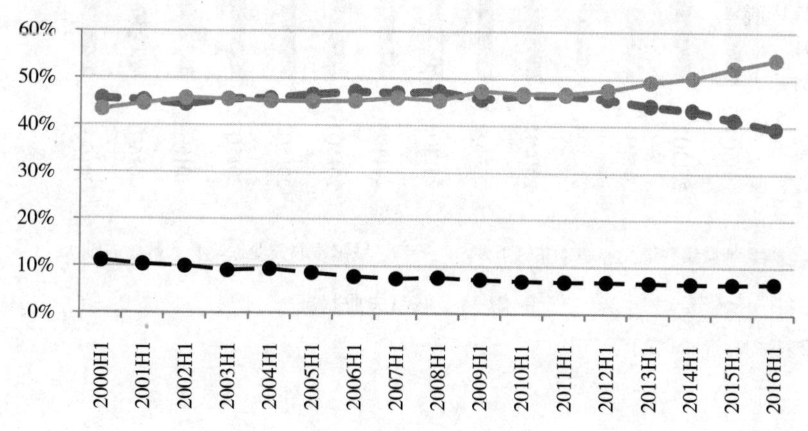

图21-3　三次产业增加值占GDP比重的变化

资料来源：CEIC。

增长的贡献率看，2016 年上半年，第一产业的贡献率为 3.1%，第二产业的贡献率为 37.5%，第三产业的贡献率为 59.3%。

第三，作为吸纳就业的主力，第三产业的不断扩张，缓解了因经济下行而导致的就业压力。2016 年一季度末和二季度末的城镇登记失业率分别为 4.04%和 4.05%，均保持在较低的水平上。① 受上半年去过剩产能改革加快推进的影响，城镇领取失业保险金人数有所上升，一季度和二季度分别达到 231 万人和 237 万人，均比上年同期增加 16 万人（图 21-4）。尽管如此，因第三产业扩张而带来的就业效应十分明显。2016 年上半年，城镇新增就业 717 万人，与上年同期 718 万人基本持平。一季度和二季度中国求人倍率分别为 1.07 和 1.05，分别比上年同期回落 0.05 和 0.01，表明求职竞争程度有所增加（图 21-5）。

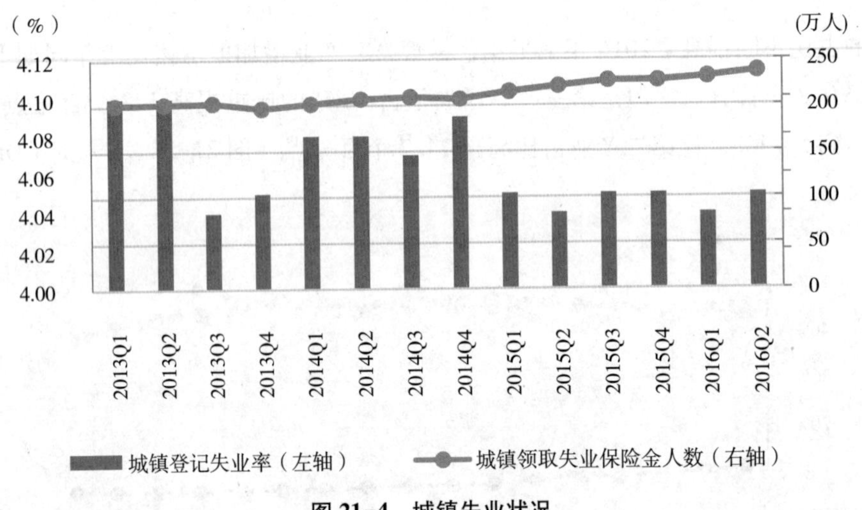

图 21-4 城镇失业状况

资料来源：Wind 资讯。

① 在当前统计制度下，非农部门的就业数据有很大欠缺。这里所使用的“城镇登记失业率”仅能大致反映具有城镇户籍的劳动力的就业状况，而真正能够反映就业形势的却是那些不拥有城镇户籍的城镇常住人口——其中多为农民工——的就业状况，但后者暂未反映在官方的统计之列。当然，即便有着这一明显缺陷，为了从不同角度反映中国劳动力市场的就业状况，这里仍将该指标列入文中。

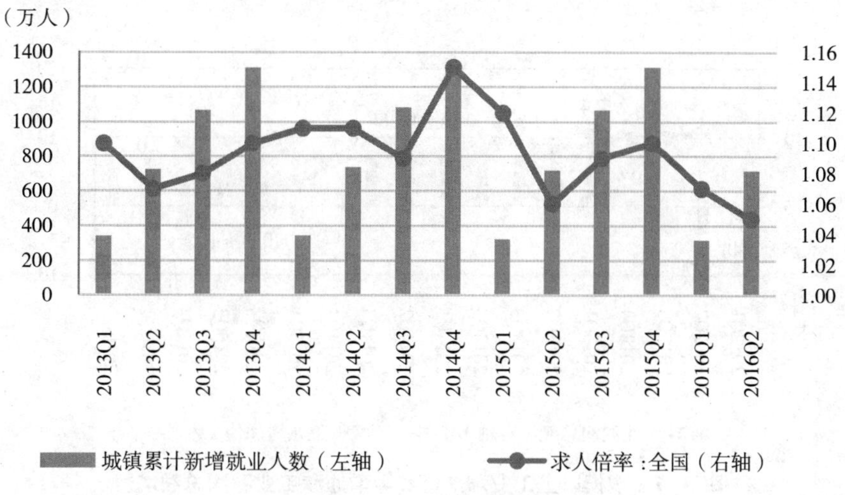

图 21-5　求人倍率

资料来源：Wind 资讯。

第四，供给侧结构性改革成效初显，企业效益趋于好转。2016 年上半年，在重点化解过剩产能行业中，原煤产量同比下降 9.0%，粗钢产量同比下降 2.5%，电解铝产量同比下降 1.8%，平板玻璃产量同比下降 3.6%。水泥产量虽同比增长了 3.0%，但其增速却明显低于整体工业平均 6.1%的水平（图 21-6）。这表明随着供给侧结构性改革的有序推进，工业领域去过剩产能的效果正在初步显现。

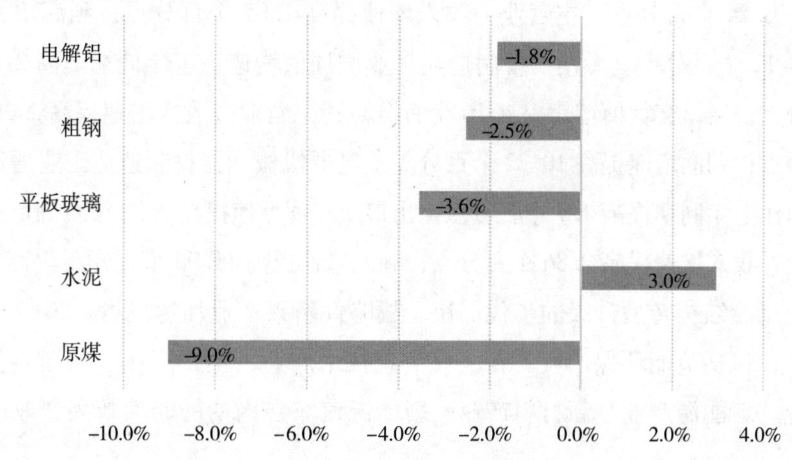

图 21-6　过剩产能行业产量同比增速（2016H1）

资料来源：CEIC。

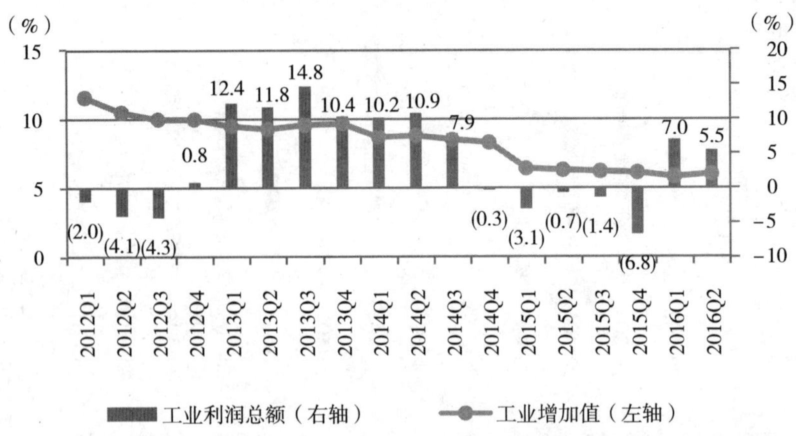

图 21-7　规模以上工业增加值实际增速和工业利润总额增速

资料来源：CEIC。

与此同时，得益于为降低企业成本负担而推出的各项政策，工业生产有所回稳，企业效益趋于好转。2016 年上半年，中国规模以上工业增加值同比实际增长 6.0%，增速比一季度提高 0.2 个百分点；同时，规模以上工业企业利润同比增长 5.5%，一举扭转了上年利润负增长①的局面（图 21-7）。制造业结构继续改善，利润增速逐步趋稳。2016 年上半年，通用设备制造业工业增加值增速比上年同期提高 1 个百分点；出口交货值增速提高 6.24 个百分点；主营业务收入增速提高 1.05 个百分点；利润增速提高 1.12 个百分点。专用设备制造业工业增加值增速比上年同期提高 2.2 个百分点；出口交货值增速提高 10 个百分点；主营业务收入增速提高 2.26 个百分点；利润增速提高 10.22 个百分点。电器机械和器材制造业工业增加值增速比上年同期提高 1.7 个百分点；出口交货值增速提高 7.39 个百分点；主营业务收入增速提高 2.86 个百分点；利润增速提高 11.98 个百分点。

工业结构转型升级的步伐加快，战略性新兴产业加速发展。2016 年上半年，包括节能环保产业、新一代信息技术产业、生物产业、高端装备制造业、新能源产业、新材料产业、新能源汽车在内的战略性新兴产业增加

① 2015 年，规模以上工业企业利润增速下降 6.8%。

值同比增长11%，增速高于全部规模以上工业5个百分点。①

二、固定资产投资增速趋缓，民间投资增速大幅下降

2016年上半年，中国固定资产投资（不含农户）同比增长9.0%，增速比上年同期下降2.5个百分点。其中，第一产业投资增速比上年同期下降了6.7个百分点，第二产业投资增速下降了4.9个百分点，第三产业投资增速下降了0.7个百分点。

从投资的行业结构看，制造业投资同比增长3.3%，增速比上年同期下降了6.4个百分点；房地产业投资同比增长7.2%，增速比上年同期提高了1.5个百分点；基础设施投资②同比增长20.9%，增速比上年同期提高了1.1个百分（图21-8）。基础设施建设投资的高位运行，房地产投资的相对平稳，对投资增速的下行起到重要的缓冲作用。从各行业投资比例看，2016年上半年，在全部固定资产投资中，制造业投资占比31.8%，比上年同期下降了6.4个百分点；房地产投资占比23.8%，比上年同期增加1.4个百分点；基础设施投资占比24.7%，比上年同期增加1.1个百分点。

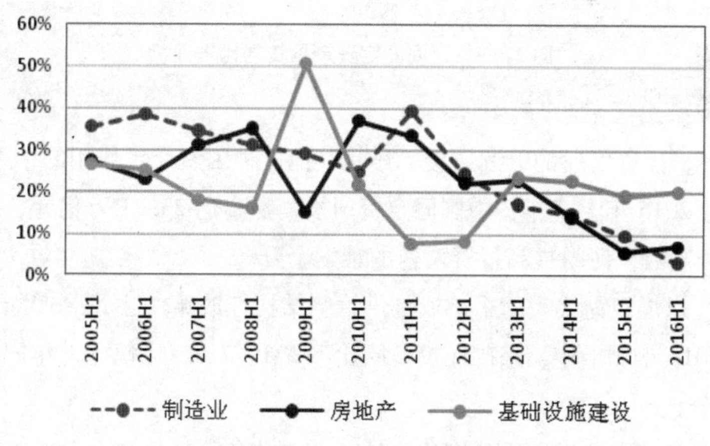

图21-8　分行业固定资产投资增速

资料来源：CEIC。

① 相关数据请参见张卫华：《上半年工业经济运行趋稳向好》，《经济日报》2016年7月19日。

② 基础设施建设投资是三个行业固定资产投资之和，这三个行业是：交通运输、仓储及邮政业，水利、环境和公共设施管理业，以及电力、热力、燃气及水的生产和供应业等。

2016 年上半年投资结构变化的一个显著特征是民间投资增速的急剧下滑。2015 年，民间固定资产投资同比增长 10.0%，接近于全社会固定资产投资 10.1%的增速。但是，2016 年初以来，两者之间的缺口迅速拉大，上半年民间固定资产投资的同比增速已下降至 2.8%，与全社会固定资产投资增速之间的差距拉大到 6.2 个百分点（图 21-9）。①

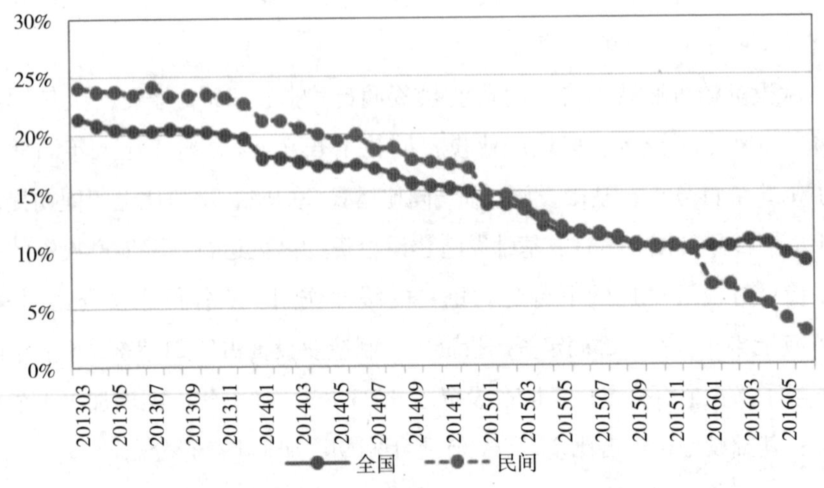

图 21-9　民间固定资产投资同比增速

资料来源：CEIC。

此外，投资增速的继续放缓，还是其他多种因素交织作用的结果：

（1）2015 年上半年，中国固定资产投资额高达 23.71 万亿元；日益庞大的投资基数，使得提高投资增速的难度上升。

（2）以煤炭为代表的采矿业是供给侧结构性改革中去过剩产能的主要部门，2016 年上半年，采矿业投资同比下降 19.7%，降幅比上年同期扩大 12 个百分点。

（3）对外直接投资迅猛增长。2016 年上半年，中国非金融类对外直接投资达到 888.60 亿美元，超出同期外商直接投资约 194.43 亿美元。从增

① 民间投资增速的大幅下降，已引起各界的普遍关注。本报告将在第三部分对产生这一现象的机理加以剖析，并对其带来的经济效应进行政策模拟；第四部分在此基础上，提出相应的对策建议。

速看，非金融类对外直接投资同比增长58.7%，增速比上年同期大幅提高29.5个百分点。其中，一季度和二季度的当季增速分别高达55.4%和61.4%，远超近五年以来的平均水平。不过，2014年除外，2012年以来对外直接投资的增速在各年下半年均出现较大幅度的下滑（图21-10）。此外，中国对外直接投资的主体是大中型国有企业，尽管民间投资也出现加速增长，但在占比上看，并非主力。[①] 因此，对外投资的增长与民间投资的突然失速之间尚不足以构成此起彼伏、相互替代的逻辑。[②]

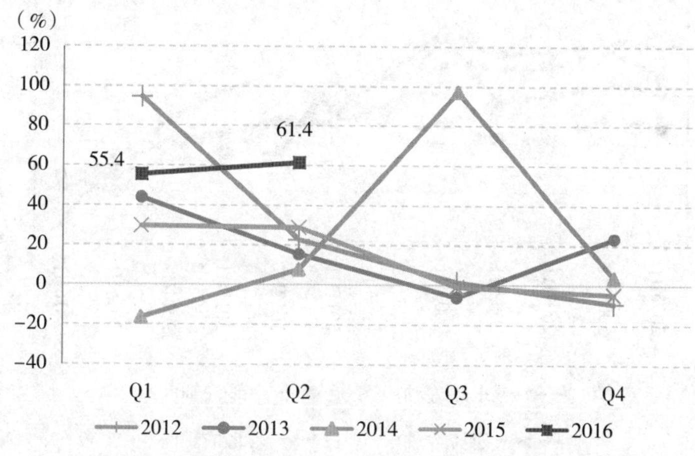

图21-10　中国非金融类对外直接投资当季增速对比

资料来源：CEIC。

（4）从地区构成上看，投资增速的下滑，主要是受东北地区[③]投资增

① 根据商务部对外投资和经济合作司公布的《2014年度中国对外直接投资统计公报》显示，2014年，中央企业和单位的对外直接投资规模大约占到全部非金融类对外直接投资的48.9%，如果加上地方国有企业的投资，国有企业投资在对外投资方面应当占据绝对主体地位。以上海这样一个民间投资相对集中的区域为例，2014年国有企业对外投资为52.76亿美元，约占对外投资总额的42.93%，而且从对外投资的项目规模而言，国有企业的单个项目规模普遍大于民营企业（上海市商务委员会：《上海企业对外投资合作年度发展报告（2015）》）。

② 2016年7月19日商务部新闻发言人沈丹阳回答记者关于"上半年对外投资增长这么快，跟民营资本把很多资本转移到海外有没有关系？"的提问时，称"我不能说一点关系也没有，但是至少现在没有数据来支撑这种观点"。

③ 东部地区包括北京、天津、河北、上海、江苏、浙江、福建、山东、广东、海南10个省（市）；中部地区包括山西、安徽、江西、河南、湖北、湖南6个省份；西部地区包括内蒙古、广西、重庆、四川、贵州、云南、西藏、陕西、甘肃、青海、宁夏、新疆12个省（市、自治区）；东北地区包括辽宁、吉林、黑龙江3个省份。2015年12月，国家统计局首次将东北三省固定资产投资单独列出。

速大幅下降的影响。2016 年上半年，作为传统工业基地的东北地区，受到淘汰落后产能的显著影响，固定资产投资增速同比下降 32%，降幅比上年同期扩大 20. 8 个百分点。相比之下，其他地区的投资增速总体上保持稳定，其中东部地区增长 11%，中部地区增长 12. 8%，西部地区增长 13. 5%（图 21－11）。若不计东北地区，则 2016 年上半年中国投资同比增长 12. 3%，增速仅比上年同期下降 0. 4 个百分点。①

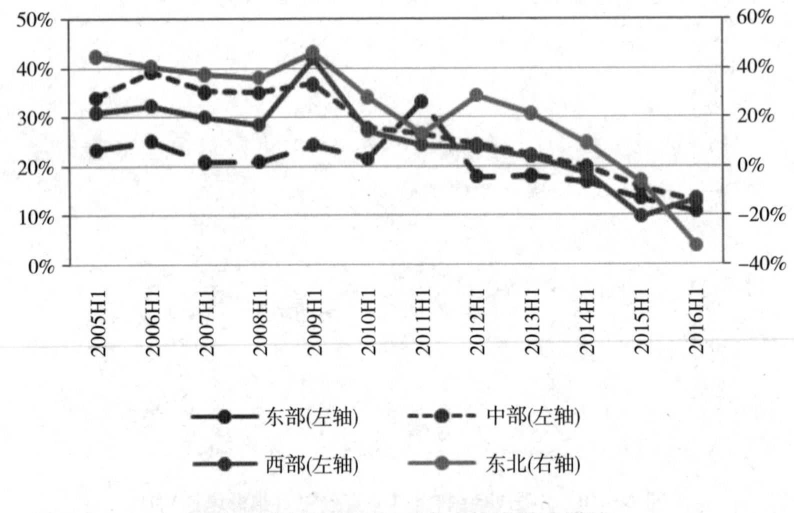

图 21-11　分地区固定资产投资同比增速

资料来源：CEIC。

不过，在投资增速趋缓之时，投资结构有所改善。2016 年上半年，高技术产业投资同比增长 13. 1%，比全社会投资高出 4. 1 个百分点；占全社会投资的比重为 6%，比上年同期提高 0. 2 个百分点。在服务业内部，高技术服务业投资的增速加快，2016 年上半年，高技术服务业投资同比增长 16. 4%，比全部服务业投资高出 4. 7 个百分点。另外，一些“补短板”和关系民生领域的投资也保持较快增长，比如，水利环境和公共设施管理行业的投资同比增长 26. 7%，科、教、文、卫领域投资增长 18. 1%，分别比全部服务业投资高出 13. 4 和 5 个百分点。② 值得注意的是，基础设施投

① 本课题组根据 CEIC 相关数据计算。

② 相关数据请参见张卫华：《上半年工业经济运行趋稳向好》，《经济日报》2016 年 7 月 19 日。

资坚挺的表现无疑是政府借助财政支出扩张托底经济的表现；而在房地产行业去库存的背景下，以增加房地产投资支撑投资增速则只能是权宜之策。考虑到政府债务率和企业债务率已经高企的现实，依托基建投资和房地产投资拉动投资是难以持久的，预计 2016 年下半年投资增速放缓。

三、居民收入增速放缓，消费市场稳中向好

与经济下行趋势相一致，中国居民实际收入增速呈现继续放缓的态势。2016 年上半年，中国居民人均可支配收入同比实际增长 6.5%，增速比上年同期下降 1.1 个百分点。一季度和二季度均同比实际增长 6.5%，均比同期 6.7% 的实际 GDP 增速低 0.2 个百分点，为近年来首次（图 21-12）。

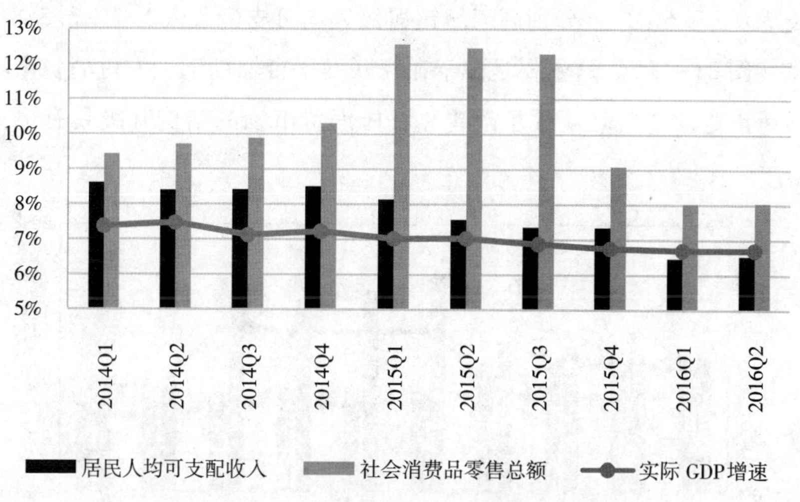

图 21-12　GDP、居民收入和消费同比实际增速

注：用 CPI 指数计算居民人均可支配收入和社会消费品零售总额的实际值。

资料来源：CEIC。

2016 年上半年，消费市场持续平稳增长，社会消费品零售总额同比增长 10.3%，与上年同期持平。在外贸疲软、投资放缓的背景下，居民消费的平稳增长，使得消费对经济增长的贡献继续加强。2016 年上半年，最终消费支出对 GDP 增长的贡献率为 73.4%，分别比上年同期和上年全年提高 13.2 和 13.5 个百分点。在总量扩大的同时，消费形态变化明显，新兴业

态保持快速增长态势。2016 年上半年，实物商品网上零售额同比增长 26.6%，占社会消费品零售总额的比重进一步提升至 11.6%，比上年全年提高 0.8 个百分点。与此同时，消费结构升级趋势明显加强，品质消费类商品销售保持快速增长。2016 年上半年，限额以上企业①体育、娱乐用品类商品零售额同比增长 16.9%，通讯器材类商品零售额增长 14.9%，照相机类商品零售额增长 22%，均高于社会消费品零售总额增速，表明居民消费需求正在向个性化和品质化的方向快速迈进。在城乡消费方面，农村消费增长继续快于城镇。2016 年一季度和二季度，农村消费品零售额分别同比实际增长 8.8%和 8.6%，高于城镇增速 0.9 个和 0.7 百分点，保持自 2013 年以来快于城镇的态势。城乡消费水平差距的逐步缩小与收入数据相吻合，2016 年一季度和二季度农村居民人均可支配收入分别同比实际增长 7.0%和 6.7%，分别高于城镇居民人均可支配收入 5.7%和 5.8%的增速（图 21-13）。这主要是由于在互联网平台辅助下，农村消费市场范围不断拓宽，消费环境逐步改善，农村消费市场的结构升级具有更大的潜力。

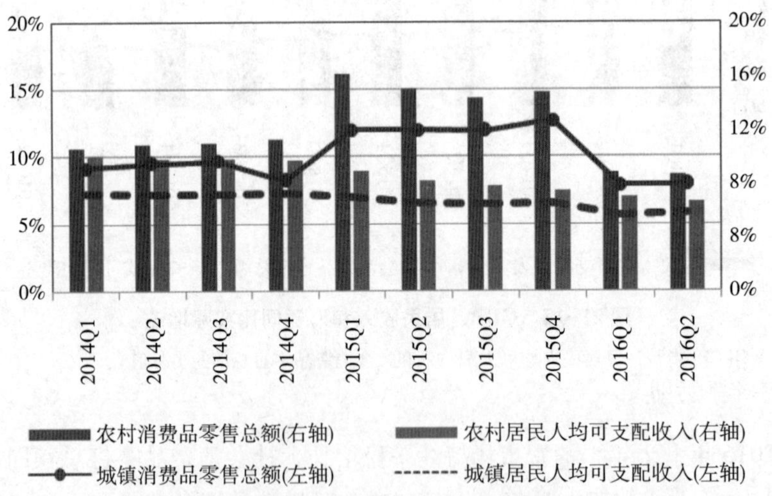

图 21-13　城乡消费品零售总额和人均可支配收入实际增速

注：分别用城镇和农村 CPI 计算城乡消费品零售总额和人均可支配收入的实际值。
资料来源：CEIC。

① 限额以上企业指年销售额在一定限额以上的批发和零售业、住宿和餐饮业等企业。

四、出口持续疲软，进口低位徘徊

2016 年，全球贸易持续低迷。国际货币基金组织（IMF）2016 年 7 月 19 日的最新预测认为：2016 年全球货物和服务贸易增长率为 2.7%，增速仅比上年微增 0.1 个百分点。由于国际市场需求继续疲软、国内产业逐步向外转移，中国出口持续减速。2016 年上半年按美元计价的出口总额同比下降 7.7%，增速比上年同期下滑 8.6 个百分点（图 21-14）。分国别和地区看，出口增速跌幅扩大主要和对美国、东盟出口下降有关。同期，对美国出口下降 9.9%，对东盟出口下降 8.4%，而对两个地区的出口合计占同期出口总值的 30.1%。分贸易方式看，加工贸易出口同比下降 9.9%，而一般贸易出口下降 7.7%。

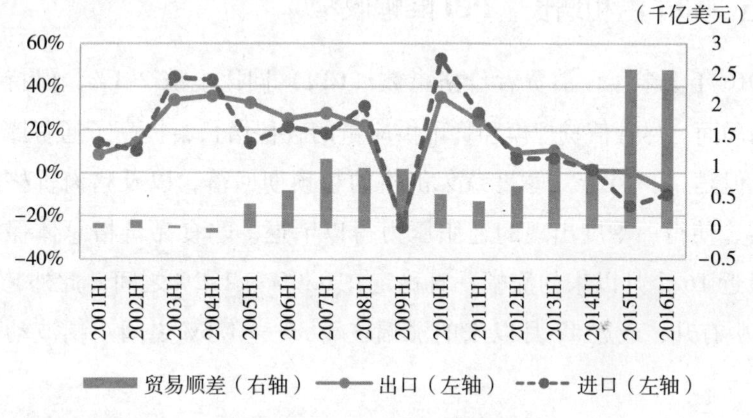

图 21-14　进出口同比增速

资料来源：CEIC。

当前世界经济复苏进程缓慢，全球市场需求难见实质好转。而英国脱欧、国际贸易保护主义抬头等因素，很可能会对中国出口构成不利影响。尽管人民币的持续贬值，加上政府政策的引导支持等，可能会对中国出口产生一定的促进作用，但总体说来，出口形势难言乐观。

在中国经济下行、内需未见明显改善的背景下，进口低位徘徊已成常态。2016 年上半年按美元计价进口总额增速下降 10.20%，降幅比上年同期收窄 5.4 个百分点（图 21-14）。尽管进口价格（大宗商品价格）的下跌是导致进口额下降的重要因素之一，但进口价格跌幅的收窄，使得进口总额降幅也趋于收窄。比如，上半年，铁矿石进口均价同比跌幅较去年全年收窄 23.3 个百分点，原油收窄 13.4 个百分点，煤收窄 1.7 个百分点，铜收窄 1.7 个百分点。

从产品结构看，机电产品和传统劳动密集型产品出口增速虽有下降，但仍然是出口商品的主力。2016 年上半年，机电产品出口按美元计价同比下降 8.0%，占同期出口总值的 57.2%。其中，集成电路出口增长 2.9%，太阳能电池出口增长 1.9%。同期，传统劳动密集型产品合计出口下降 5.1%，占出口总值的 21%。其中，玩具出口增长 8.9%，纺织品、服装和塑料制品出口则仅有小幅下降，这表明尽管传统劳动密集产品生产正在逐步退出中国，但是，其中的部分产品仍然具有国际竞争优势。

五、CPI 温和增长，PPI 降幅收窄

2016 年上半年，消费者价格指数（CPI）同比上涨 2.1%，保持温和通胀的局面。尽管信贷规模和货币供应量的较快增长给提高了通货膨胀的风险，但是，2016 年二季度蔬菜价格的超预期回落，以及猪肉价格涨幅的放缓，使得一季度出现的通胀压力得以消退。非食品价格总体保持稳定，最近 16 个月以来的涨幅一直稳定在 0.9%—1.2%之间。此外，核心 CPI 稳中有升，最近 17 月以来的涨幅在 1.3%—1.6%之间小幅波动（图 21-15）。

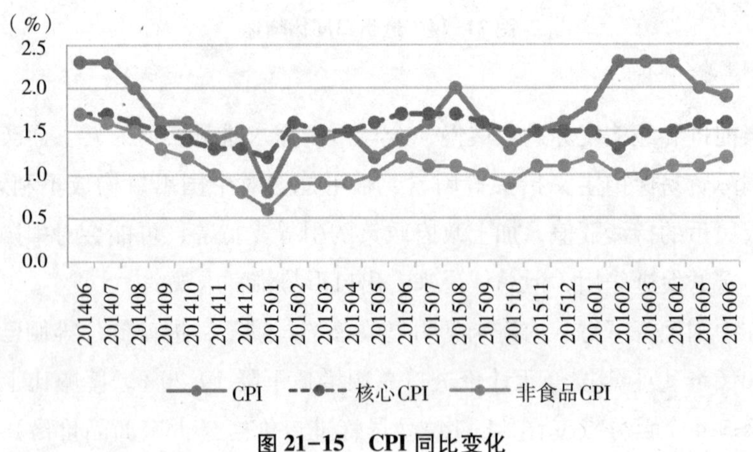

图 21-15 CPI 同比变化

资料来源：CEIC。

2016年初以来，随着房地产市场快速回暖、基础设施投资发力，大宗商品价格恢复性反弹，生产者价格指数（PPI）的降幅已由2015年8月的-5.9%持续收窄至2016年6月的-2.6%。同期，生产资料PPI的降幅由-7.7%收窄至-3.5%，生活资料PPI的降幅由-0.3%收窄至-0.1%（图21-16）。

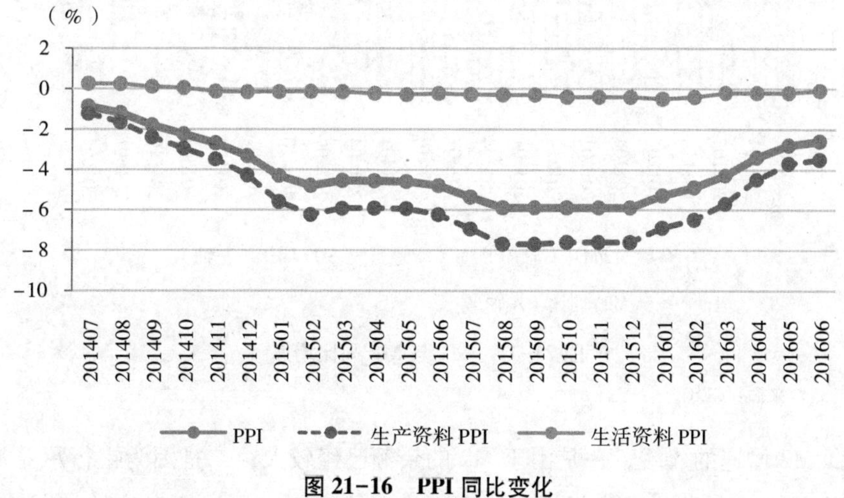

图21-16　PPI同比变化

资料来源：CEIC。

六、信贷规模快速膨胀，M1和M2增速背离

2016年上半年新增人民币贷款7.53万亿元，比上年同期多增约1万亿元，创下历年同期新高。其中，非金融企业贷款与机关团体贷款与上年同期基本一致，多增的1万亿元贷款基本来自住户部门。住户部门新增贷款中，中长期贷款增加2.62万亿元，比上年同期多增1.28万亿元，增幅高达95.52%。由于住户部门的中长期贷款主要由住房贷款构成，说明2016年上半年一线、二线热点城市房地产市场的迅速升温，推动了银行信贷规模的激增；银行信贷规模的激增又反过来继续刺激房地产市场，助推一线、二线热点城市楼市的快速上涨，导致“地王”现象频频发生。2016年6月末，狭义货币M1同比增长24.6%，广义货币M2同比增长11.8%，M1增速高出M2增速12.8个百分点。事实上，自2015年10月起，M1增速就开

始高于M2的增速，此后两者之间的“剪刀差”持续扩大，差值由2015年10月的0.5个百分点升至2016年6月的12.8个百分点（图21-17）。

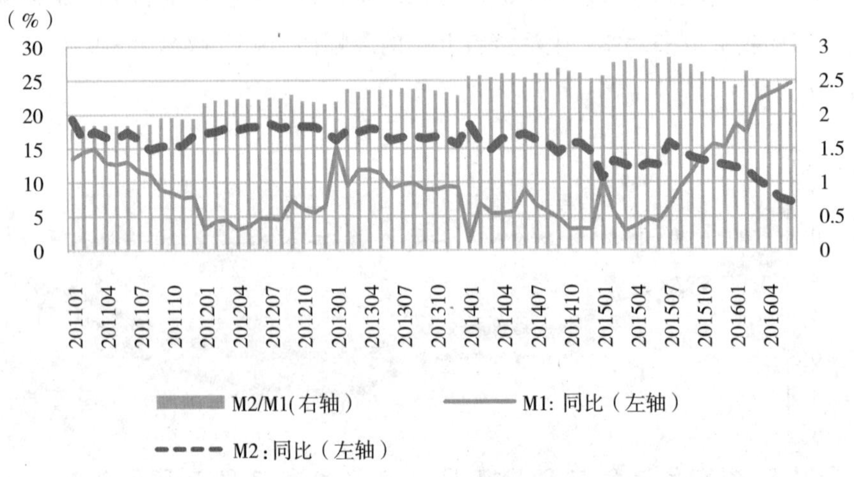

图21-17　M1与M2同比增速

资料来源：CEIC。

M2增速的放缓，一是由于M2的余额已经较大；二是因为银行承兑汇票大幅减少，导致企业保证金存款①减少较多；三是外汇占款持续减少，导致派生存款②减少；四是地方政府债券大量发行，消耗了不少银行资金，在一定程度上对银行贷款形成挤出效应，导致银行体系货币派生能力下降。

M1增速的持续上升，主要原因之一是企业活期存款大量增加。具体而言是因为：（1）定期存款与活期存款之间的息差缩窄，企业持有活期存款的机会成本降低；（2）不少企业存在持币等待投资的倾向；（3）房地产市场销售活跃，导致大量居民存款和个人住房按揭贷款向房地产企业活期存款转移。

M1增速持续上升的另一个原因是地方政府置换债券发行较多，部分

① 保证金存款，是金融机构为客户出具具有结算功能的信用工具，或提供资金融通后，按约履行相关义务，而与其约定将一定数量的资金存入特定账户所形成的存款类别。在客户违约后，商业银行有权直接扣划该账户中的存款，以最大限度地减少银行损失。

② 派生存款是原始存款的对称，是指由商业银行发放贷款、办理贴现或投资等业务活动引申而来的存款。

地方政府置换债券和新增债券资金短暂留存于机关团体账户（主要为地方政府融资平台账户），导致机关团体活期存款增加较多。根据国务院的地方政府债务置换计划，2016年和2017年需要置换的地方债务将高达11.4万亿元，每年平均5.7万亿元。2016年上半年，地方政府公开发行的置换债券和定向置换债券合计2.65万亿元，这意味着下半年还将发行3.05万亿置换债券。在此情形下，预计M1和M2增速之间的剪刀差很可能继续拉大。

以上分析表明，2016年上半年信贷规模的激增，以及M1和M2增速的背离，与房地产市场的快速升温之间存在密切的联系。因房地产市场活跃带动的房地产开发投资，成为支撑上半年经济增长的重要力量。然而，资产价格的上涨不能长期脱离实体经济，否则将导致金融风险的累积。同时，资产价格快速上涨，容易带动其他原材料乃至物价指数的上涨，将给货币政策的实施带来两难局面。

单就房地产行业而言，2016年下半年房地产政策的目标，一是要抑制一线、二线城市房价的过快上涨；二是要采取妥善措施去库存，在抑制房价过快上涨和去库存之间取得平衡。若由此延伸至总体经济，则2016年下半年货币政策的目标，必须在稳增长、控风险和促转型之间进行权衡取舍。

七、楼市升温致财政收入反弹，稳增长使财政支出扩张

2016年上半年一线、二线城市房地产市场的急速升温，促进了财政收入增长。上半年，中国一般公共预算收入8.55万亿元，同比增长7.1%（实际6.8%）。其中，中央一般公共预算收入3.72万亿元，同比增长3.3%；地方一般公共预算本级收入4.84万亿元，同比增长10.1%。其中，税收收入同比增长8.6%（实际8.0%），超过7.2%（实际6.7%）的GDP的增速，扭转了上年税收增长慢于GDP增长的局面（图21-18）。究其原因，主要是一线、二线热点城市的楼市量价齐升，导致与房地产直接相关的税收大幅度增长。比如，契税同比增长14.8%；土地增值税增长13.1%，房产税增长8.5%。同时，楼市升温，还带动与房地产间接相关的税收——企业所得税、增值税、营业税、个人所得税等——的增幅回升。比如，房地产企业所得税同比增长17.3%，个人所得税中的财产转让所得税增长23.9%。

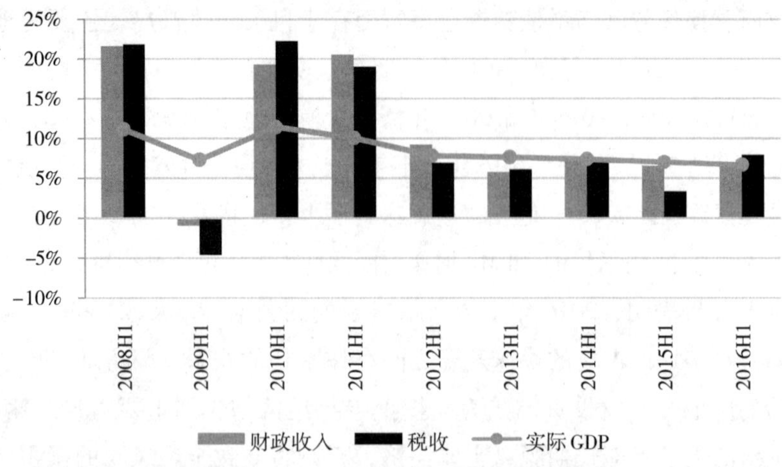

图 21-18　财政收入和税收同比实际增速

资料来源：CEIC。

一线、二线城市房地产市场的火热，激发了土地市场的活力，推动国有土地使用权出让收入增速持续回升。2016 年上半年，地方政府土地出让收入 1.43 万亿元，同比增长 9.7%，增速比上年同期大幅提高 48.0 个百分点。由于土地出让收入占政府性基金的比重高达 75%以上，因此政府性基金收入增速回升，同比增长 5.7%，增速比上年同期大幅提高 38.9 个百分点（图 21-19）。

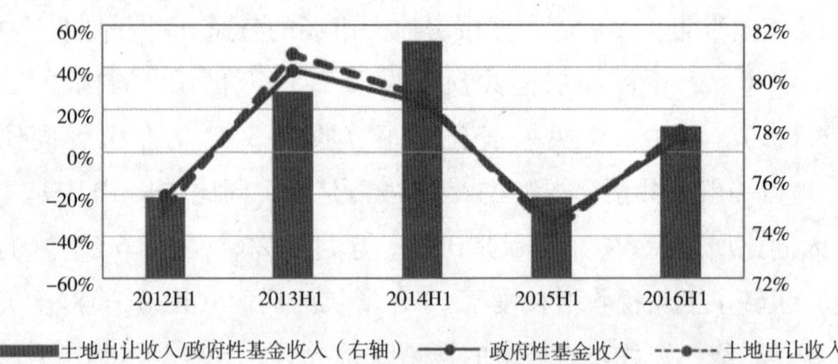

图 21-19　政府性基金和土地出让收入同比增速

资料来源：CEIC。

实施“营改增”改革，有着多方面的考虑：（1）避免重复征税，以促进专业化分工；（2）在工业和服务业之间的联系日益紧密的背景下，需要串联起工业和服务业之间被隔断的税收链条；（3）作为供给侧改革整体策略的组成部分，力图借助营改增，达到减轻税负以降低企业成本的目的。

2016年5月1日全面推开的“营改增“试点，具体的减税效果如何，需要过一段时间评估。目前观察到的情况是，2016年上半年，国内增值税同比增长8.7%。其中，6月份增长20.9%，比1—5月份累计增长5.8%提高了15.1个百分点。与此同时，上半年营业税同比增长15.6%，其中6月份同比下降86%，主要是原营业税纳税人改缴增值税所致。

2016年上半年，税收结构的变化显现出中国产业结构正在升级的一些迹象。上半年，第三产业税收同比增长10.9%，税收占比为58.2%，比上年同期提高2.2个百分点。第三产业中的新兴服务业的税收增长迅速，软件和信息技术服务、租赁和商务服务业税收分别增长39%和27.7%，成为拉动第三产业税收较快增长的重要力量。同时，高端制造业税收增长较快，显示出创新驱动作用的增强。其中，航天设备制造业税收同比增长11.1%；医药制造和汽车制造业税收分别增长12.2%和7.2%。

从地区分布看，2016年上半年东部地区税收收入增速较快，同比增长12.2%，而中部和西部地区分别增长4.9%和4.4%。这主要是由于发展较快的现代服务业和高端制造业集中于东部地区，从而拉动东部地区税收增速持续快于中部和西部地区。

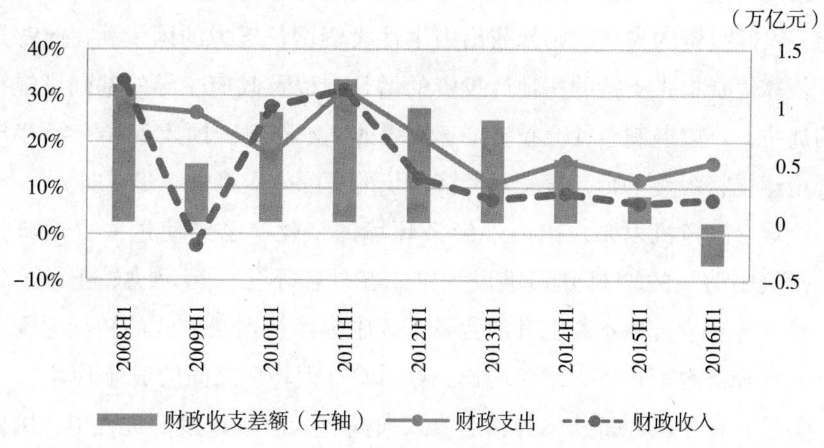

图21-20　财政支出与收入同比增速

资料来源：CEIC。

为保障民生和稳定增长，2016 年上半年，财政支出保持快速增长态势，同比增长 15.4%，增速比财政收入高 8 个百分点（图 21-20）。其中，中央一般公共预算支出增长 7.2%，地方一般公共预算支出增长 16.6%。其中：城乡社区支出增长 34.5%；住房保障支出增长 27.5%；医疗卫生与计划生育支出增长 23.7%；教育支出增长 16.7%；社会保障和就业支出增长 15%；债务付息支出增长 38.1%。

从财政收支对比关系看，2016 年上半年财政支出的增速高于财政收入的增速，财政支出的规模超过财政收入的规模，财政赤字累积达 3651 亿元。2016 年中国财政预算赤字为 2.18 万亿元。截至 6 月末，中国财政赤字累计已达 3651 亿元，下半年仍有 1.8 万亿元左右的赤字空间。考虑到上半年占投资约 60%左右的民间投资大幅下滑，高基数下 20%的基建投资增速加上回升的房地产投资也挡不住总投资不断回落的趋势，加上消费增长的相对平稳和外贸形势难见起色，因此，下半年经济下行压力还在持续，财政减收效应将进一步显现，保增长要求财政支出继续扩大，预计下半年财政赤字将比上年扩大。

综上，2016 年上半年，中国经济增长继续下行。在消费增长相对平稳、国际需求持续疲软的背景下，全社会投资的持续减速，成为中国经济增长减速的主要原因。受淘汰过剩产能的影响，采矿业投资明显下滑，制造业投资增速放缓。企业高负债率和利润增速的下降，削弱了企业投资的意愿。民间投资的失速，则暴露出内生性投资增长乏力的困境。在此背景下，依靠信贷扩张支持的房地产投资的增长，以及政府主导的基础设施投资的加快，难以遏制全社会投资增速放缓的基本态势。预计 2016 年下半年投资增速仍将缓慢下行，投资对经济增长的边际效应将进一步减弱。

全球金融危机以来，国内外经济环境的变化，已经使过去“出口拉动、投资驱动”的增长方式难以为继。在外需不振，劳动力、土地、资源、环境等要素价格不断上升的背景下，中国经济增长方式的转型尤为迫切，宏观经济政策正致力于稳增长、控风险、促转型之间的艰难平衡。

不过，在中国经济从中等偏上收入向高收入阶段过渡的进程中，国内的需求结构开始转换升级，消费对经济增长的贡献率不断提高。这在导致第三产业持续扩张的同时，也开始促使工业结构做出相应调整，以适应需求结构的转换。而第三产业的持续扩张，则大大缓解了因经济下行而导致的就业压力。与此同时，工业领域淘汰过剩产能的效果正在显现；得益于为降低企业成本负担而推出的各项政策，工业生产有所回稳，企业效益趋于好转；制造业结构继续改善，利润增速逐步趋稳；工业结构转型升级的步伐加快，战略性新兴产业正在加速发展。

从长期看，中国经济结构调整所带来的正面效应，将成为稳定增长的基本力量。

第二节　2016—2017 年中国宏观经济预测

一、模型外生变量的假设

1. 美国与欧元区经济增长率

英国公投脱欧给全球经济增长前景增加了不确定性，也增强了发达经济体进一步放宽货币政策的预期。受此影响，国际货币基金组织（IMF）在 2016 年 7 月 19 日发布的最新预测中，相比 4 月的预测调低了对美国经济增长率的预测值，将 2016 年和 2017 年美国 GDP 增长率分别调整为 2.2%和 2.5%。然而，随后公布的 2016 年二季度美国经济增长率仅为 1.2%，不及市场预期 2.5%的一半。基于此，尽管美国经济的基本面是稳定的，但本课题组假定：2016 年和 2017 年美国经济的增速将比 IMF7 月的预测值低 0.2 个百分点，分别为 2%和 2.3%。

另一方面，根据 IMF7 月的最新预测，本课题组假定 2016 年欧元区 GDP 增长率将为 1.6%；2017 年则可能降至 1.4%。分季度的美国和欧元区经济增长率的变化见图 21-21。

2. 主要汇率水平

2015 年以来，经济的持续减速、人民币流动性的扩张以及美元加息的预期等使人民币面临巨大的贬值压力，并导致大量资本外流。在 2015 年 8 月人民币汇率中间价决定机制改革后，人民币贬值的预期有所弱化，资本

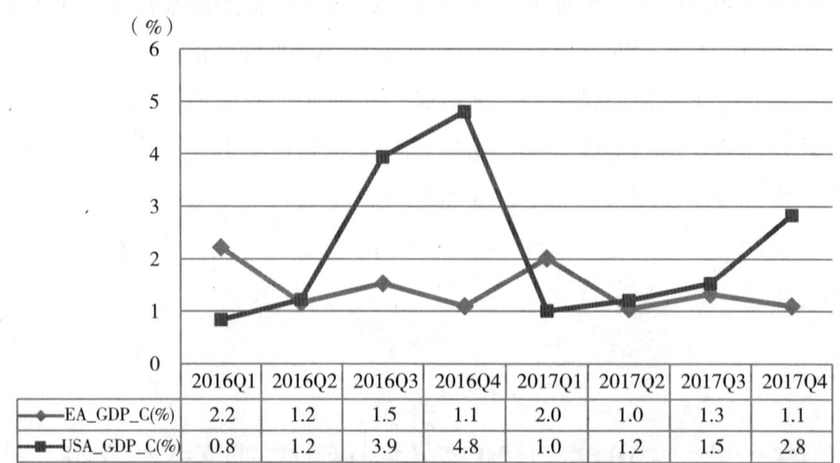

	2016Q1	2016Q2	2016Q3	2016Q4	2017Q1	2017Q2	2017Q3	2017Q4
EA_GDP_C(%)	2.2	1.2	1.5	1.1	2.0	1.0	1.3	1.1
USA_GDP_C(%)	0.8	1.2	3.9	4.8	1.0	1.2	1.5	2.8

图 21-21　美国与欧元区 GDP 增长率的变化趋势假定

注：EA_GDP_C 表示欧元区实际 GDP 增速，US_GDP_C 表示美国实际 GDP 增速；GDP 增长率为季节调整后的环比折年率。

资料来源：本课题组假定。

外流的速度也有所减缓。鉴于 2016 年、2017 年中国经济增长所面临的下行压力以及债务风险，短期内人民币贬值的预期还难以化解。预计 2016 年人民币兑美元汇率中间价还将呈现震荡贬值态势，至年末将贬至 1 美元兑 6.75 元人民币；2017 年人民币对美元中间价将进一步贬值，年末维持在 1 美元兑 7.1 元人民币的水平上（图 21-22）。

考虑到欧洲央行宽松的货币政策立场（负利率）以及英国公投引发的不确定性影响，可以认为欧洲央行通过弱势欧元提振欧元区经济的政策方向非常坚定。另一方面，美国经济的逐渐企稳，将有利于形成美元升值预期。预计 2016 年下半年欧元基本上保持贬值态势，至年末 1 欧元可兑 1.08 美元；2017 年末 1 欧元预计可兑 1.06 美元（图 21-22）。

3. 货币供应量（M2）增速

2016 年一季度中国 M2 的增速达到 13.4%，二季度降为 11.8%。考虑到下半年经济下行压力依然很大，央行可能会增加一定的货币量，有可能降息一次、降准一次，以维持全年的经济增速预期，因而假定 2016 年 M2 增速为 12.5%。考虑到 M2 基数较大，已超出 GDP 一倍，同时央行也在积极探索提升资金投放效率的路径，将采取更多其他方式增加社会投资，因

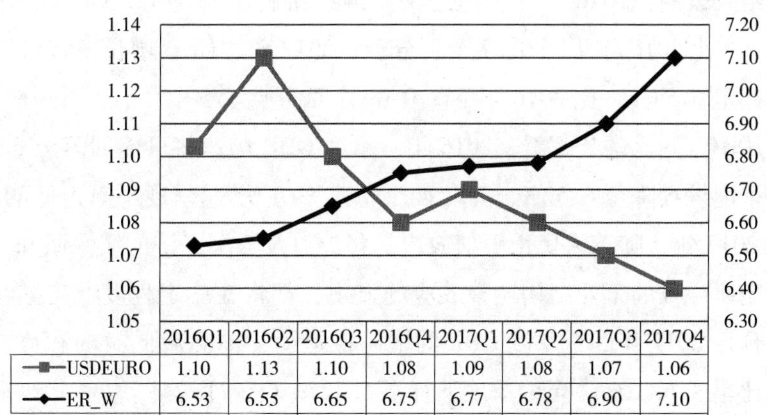

图 21-22　人民币兑美元汇率（右）、欧元兑美元汇率（左）的变化趋势假定

注：USDEURO 表示美元/欧元（左轴）；ER_W 表示人民币/美元（右轴）。

资料来源：本课题组假定。

此，2017 年 M2 增速将表现平稳，预计全年为 12%（图 21-23）。

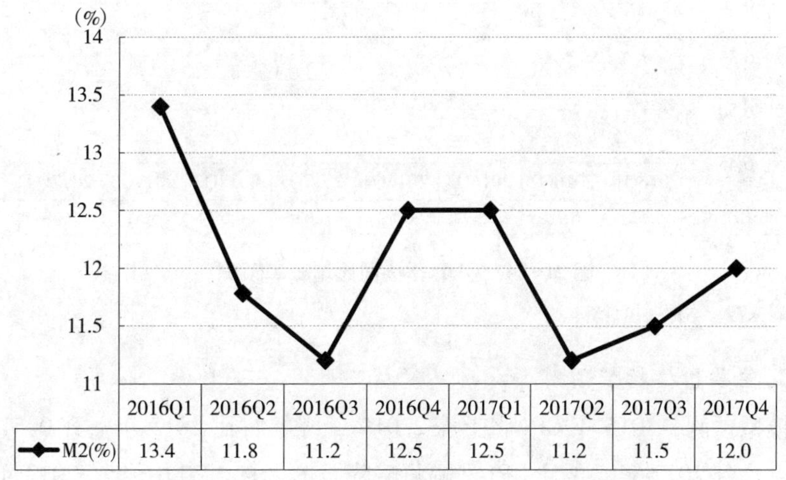

图 21-23　货币供应量（M2）的变化趋势假定

资料来源：本课题组假定。

二、2016—2017 年中国宏观经济主要指标预测

1. GDP 增长率预测

在上述外生变量的假定下，基于中国季度宏观经济模型（CQMM）的

预测结果表明：2016年，中国经济将继续维持下行趋势，GDP增速将为6.63%，比2015年下降0.27个百分点；2017年，GDP增长率将可能进一步下探至6.54%，比2016年下降0.09个百分点。

从季度同比增长率看，2016年三季度GDP增速将可能回落至6.57%，第四季度继续降至6.52%。全年四个季度GDP增速呈现不断走低的态势。进入2017年，随着人民币贬值效应的释放以及美国经济的缓慢回升，国内去产能所导致的工业结构调整效应的显现，都将在一定程度上支撑经济增长。预计2017年四个季度GDP的增速将延续“前高后低”的态势，一季度同比增长6.61%，至四季度下行至6.52%（图21-24）。

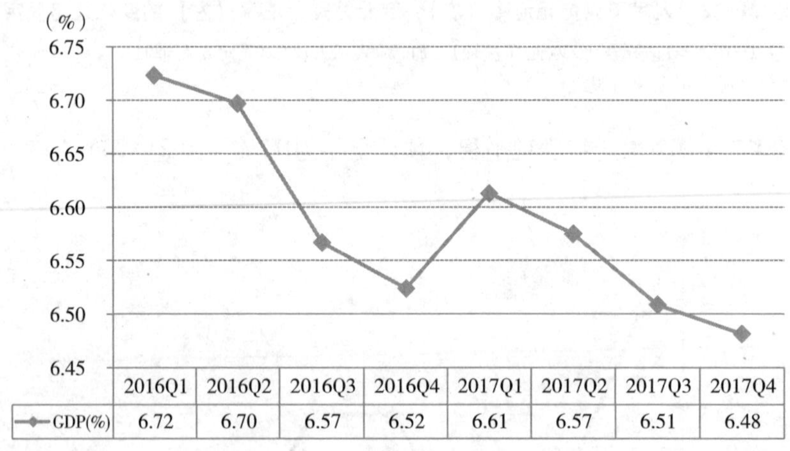

图21-24 GDP季度同比增长率预测

资料来源：本课题组计算。

2. 主要价格指数预测

模型预测，2016年CPI将上涨2.01%，涨幅将比2015年上升0.57个百分点；到2017年，预计CPI涨幅将略降至1.71%。20016年、2017年中国通货膨胀将有望保持温和稳定的水平。分季度看，尽管2016年一季度受猪肉、疏菜等价格上涨的影响，CPI涨幅上升至2.14%，但二季度已降至2.07%。预计三季度将继续降到1.67%，但四季度则有可能回升至2.17%。2017年经济增长的持续减速将继续拉低CPI的涨幅：一季度下行至1.86%，二季度至四季度小幅下降至1.65%（图21-25）。

生产者价格指数（PPI）在2016年和2017年仍将继续维持负增长，

但跌幅将继续收窄。2016 年 PPI 预计下降 3. 19%，2017 年降幅有所收窄，预计下降 2. 45%。PPI 降幅的收窄，将有利于上游生产资料企业利润的恢复性增长，以及企业实际债务负担的减轻。

分季度看，受大宗商品价格上扬的影响，2016 年二季度 PPI 降幅一度收窄，下降 2. 92%。不过，下半年大宗商品价格的变化还存在较大的不确定性。预计 2016 年三季度 PPI 下降 2%，在四季度降幅扩大，下降 3. 01%。进入 2017 年，随着供给侧结构性改革的深入推进，预计 PPI 的降幅将继续收窄，四季度下降 1. 98%（图 21-25）。

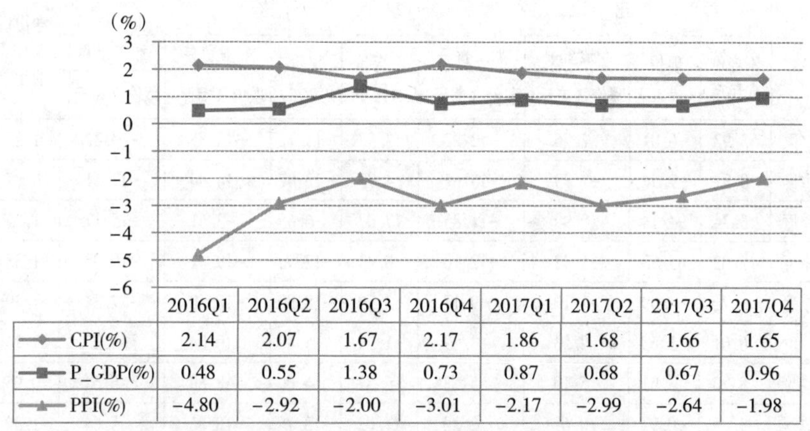

	2016Q1	2016Q2	2016Q3	2016Q4	2017Q1	2017Q2	2017Q3	2017Q4
CPI(%)	2.14	2.07	1.67	2.17	1.86	1.68	1.66	1.65
P_GDP(%)	0.48	0.55	1.38	0.73	0.87	0.68	0.67	0.96
PPI(%)	−4.80	−2.92	−2.00	−3.01	−2.17	−2.99	−2.64	−1.98

图 21-25　价格指数季度同比增长率预测

注：P_GDP 表示 GDP 平减指数。

资料来源：本课题组计算。

2016 年，GDP 平减指数（P_GDP）涨幅将上升至 0. 79%；2017 年也基本维持在 0. 79%的水平。预测表明，2016 年、2017 年，中国经济所面临的通货紧缩风险依旧较小。2016 年上半年 GDP 平减指数涨幅有所升高，下半年预计将维持温和增长状态。分季度看，由于三季度 PPI 回升，GDP 平减指数涨幅在三季度将持续上升至 1. 38%，四季度则回调至 0. 73%。此后，由于 PPI 跌幅缩减，GDP 平减指数涨幅将持续增长，至 2017 年四季度，将提高到 0. 96%（图 21-25）。

3. 其他主要宏观经济指标增长率预测

（1）进出口增速与外汇储备额预测

英国公投脱欧，以及美国 2016 年二季度的经济数据大大低于预期等事件，提高了下半年外部市场的不确定性。但是，人民币贬值效应的释放以及“一带一路”战略的实施，将在一定程度上减缓出口下降的速度；受国内经济减速的影响，预计进口增长依然乏力。模型预测 2016 年以美元、按现价计算的出口总额预计下降 6.01%，降幅比 2015 年扩大 3.79 个百分点；进口总额预计下降 14.12%，与 2015 年持平（表 21-1）。

表 21-1　2016—2017 年中国进出口及净出口占 GDP 比重预测

（单位:%）

时　间	出　口				进　口				净出口占 GDP 的比重
	不变价（人民币）	现价（美元）	一般贸易 现价（美元）	加工贸易 现价（美元）	不变价（人民币）	现价（美元）	一般贸易 现价（美元）	加工贸易 现价（美元）	
2016 年	3.92	-6.01	-2.76	-12.22	3.97	-14.12	-13.85	-13.82	1.25
第一季度	-0.31	-9.54	-7.33	-15.62	4.73	-13.07	-14.00	-17.51	0.87
第二季度	5.34	-4.14	-0.99	-11.85	17.07	-6.65	-3.61	-15.17	1.35
第三季度	5.02	-5.53	-1.42	-12.10	-0.43	-17.90	-19.42	-10.06	1.38
第四季度	5.71	-4.69	-1.10	-9.17	-4.59	-18.90	-18.60	-12.34	1.39
2017 年	6.01	1.65	2.53	3.09	-1.74	-5.87	-10.04	4.27	1.14
第一季度	8.20	3.91	5.19	5.23	2.57	-4.00	-8.89	6.64	0.95
第二季度	3.05	-0.92	-0.61	2.20	-11.02	-13.18	-18.86	5.04	1.30
第三季度	4.91	1.10	2.04	2.19	1.26	-1.81	-4.04	2.61	1.14
第四季度	7.89	2.57	3.57	2.78	1.54	-3.47	-6.53	2.91	1.18

资料来源：本课题组计算。

分季度看，出口同比在 2016 年下半年将继续保持负增长。三季度下降 5.53%，四季度下降 4.69%。由于大宗商品价格处于低位，以及人民币贬值，进口同比在 2016 年二季度下降 6.65%，降幅有所收窄。但随着去产能的进程和人民币进一步贬值，进口降幅收窄的态势难以维持。三季度预计下降 17.9%，四季度下降 18.9%，降幅继续扩大。2016 年中国净出口占 GDP 的比重将降至 1.25%的水平。尽管 2016 年下半年美国加息的概率有所降低，但依然存在因经济减速而导致的人民币贬值的预期以及资本外流的压力，为维持人民币汇率的稳定将继续消耗中国的外汇储备。预计 2016 年中国的外汇储备可能降至 2.98 万亿美元。

2017 年，随着外部市场需求的逐步恢复以及人民币的进一步贬值，中国出口将呈现恢复性增长。以美元、按现价计算的出口增速预计将达到 1.65%。因加工贸易出口增加而带来的加工贸易进口的增加，将使进口增速的降幅显著收窄，预计下降 5.87%。外汇储备则可能进一步下滑至 2.67 万亿美元（图 21-26）。

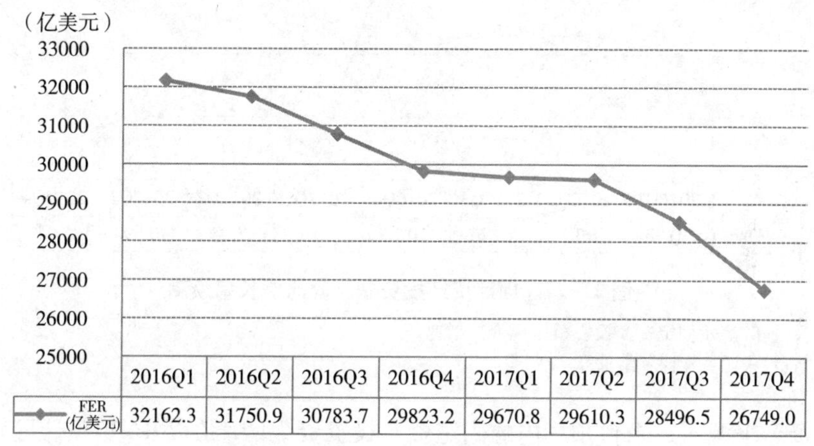

	2016Q1	2016Q2	2016Q3	2016Q4	2017Q1	2017Q2	2017Q3	2017Q4
FER（亿美元）	32162.3	31750.9	30783.7	29823.2	29670.8	29610.3	28496.5	26749.0

图 21-26　外汇储备预测

注：FER 表示外汇储备规模。

资料来源：本课题组计算。

（2）固定资产投资增长率预测

2016 年下半年，制造业的过剩产能、房地产业的过度库存，以及企业高债务率所导致的金融风险，将继续抑制投资的增长，特别是民间投资的增速将继续回落。模型预测，2016 年按现价计算的固定资产投资（不含农户）增速预计为 9.72%，比 2015 年下降 0.47 个百分点，2017 年进一步下滑至 6.38%，增速比 2016 年降低 3.34 个百分点。分季度来看，由于房地产市场的提振，固定资产投资增速在 2016 年一季度达到了 10.38%，但在二季度下滑到 8.13%。预计下半年在进一步实施积极财政政策作用下将有所调整，三季度为 10.26%，四季度为 10.11%。由于房地产市场的下滑以及民间投资的萎缩，2017 年的四个季度固定资产投资增速均在低位波动，在二季度达到 7.04%的全年高点（图 21-27）。

2016 年全社会固定资产投资总额增速将维持在 8.97%，比 2015 年提高 0.84 个百分点，2017 年进一步下滑为 6.51%。从全社会固定资产投资

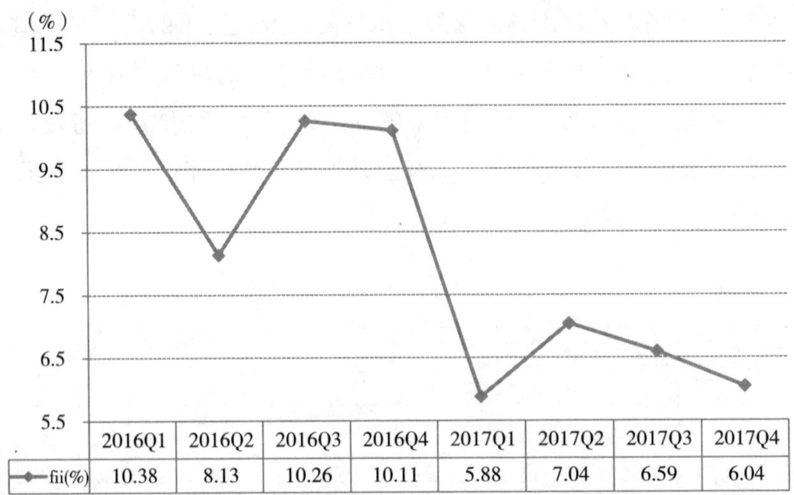

图 21-27　固定资产投资季度同比增长率预测

注：fii 表示固定资产投资额（现价）增速。

资料来源：本课题组计算。

的资金来源看，来自预算内的固定资产投资资金增速在 2016 年预计可以维持在 20. 1%的水平上，2017 年微降至 19. 67%；2016 年来自国内贷款的固定资产投资增速将回升至 14. 87%，并在 2017 年降至 8. 4%；2016 年来自自筹部分的固定资产投资增速可能达到 1. 6%，2017 年升至 2. 02%；2016 年来自其他部分的固定资产投资增速预计可提高至 39. 93%，2017 年将降至 19. 1%（表 21-2）。从总体上说，由于制造业持续下降，民间投资增速大幅下滑，固定资产投资资金来源结构有所变化，自筹部分下降较大，而其他部分和贷款部分有所提升。

表 21-2　2016—2017 年全社会固定资产投资额增长率预测

（单位:%）

时　间	总额增速	预算部分	贷款部分	自筹部分	其他部分
2016 年	8. 97	20. 10	14. 87	1. 60	39. 93
第一季度	6. 85	16. 54	13. 68	-0. 01	31. 33
第二季度	8. 86	24. 63	11. 64	2. 28	41. 86
第三季度	9. 32	20. 95	12. 98	2. 60	41. 70
第四季度	10. 69	18. 48	21. 38	1. 49	43. 93

续表

时　间	总额增速	预算部分	贷款部分	自筹部分	其他部分
2017年	6.51	19.67	8.40	2.02	19.10
第一季度	8.29	20.37	7.41	3.15	31.11
第二季度	7.07	18.43	9.82	1.90	19.71
第三季度	5.78	19.59	8.41	1.76	15.17
第四季度	5.11	20.28	8.01	1.37	12.76

资料来源：本课题组计算。

（3）消费增长率预测

经济下行导致收入增速下滑，进而制约消费的增长，预计2016年和2017年居民消费将呈现缓慢下降的态势。模型预测显示，不变价的城镇居民人均可支配收入在2016年的增速为5.77%，将比2015年下降0.83个百分点；2017年的增速为5.43%，将比2016年进一步下滑0.34个百分点。不变价的农村居民人均现金收入在2016年的增速为9.06%，将比2015年下降0.95个百分点；2017年的增速为8.29%，将比2016年进一步下滑0.77个百分点（图21-28）。

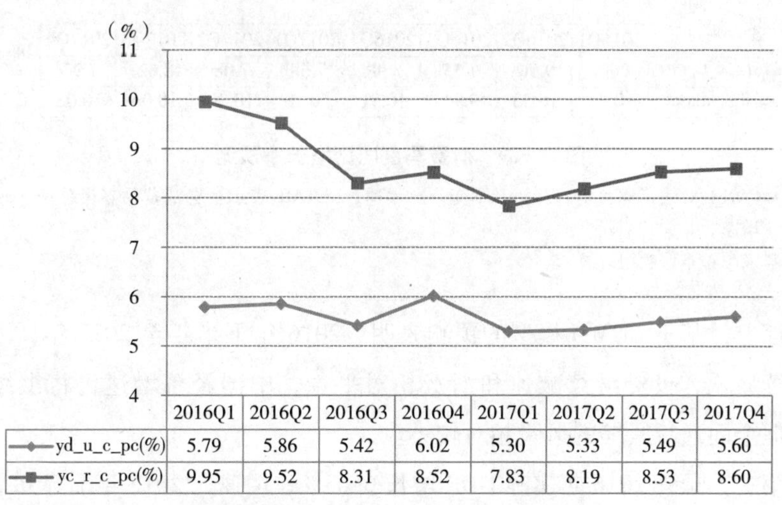

	2016Q1	2016Q2	2016Q3	2016Q4	2017Q1	2017Q2	2017Q3	2017Q4
yd_u_c_pc(%)	5.79	5.86	5.42	6.02	5.30	5.33	5.49	5.60
yc_r_c_pc(%)	9.95	9.52	8.31	8.52	7.83	8.19	8.53	8.60

图21-28　城乡居民收入增长率预测

注：yd_u_c_pc表示城镇居民人均可支配收入（不变价）增长率，y_r_c_pc表示农村居民人均现金收入（不变价）增长率。

资料来源：本课题组计算。

2016 年按不变价计算的居民消费总额增速预计为 8.06%，比 2015 年下降 0.04 个百分点；2017 年继续下降至 7.84%，比 2016 年下降 0.22 个百分点。2016 年按现价计算的社会消费品零售总额增速将为 10.3%，比 2015 年小幅下降 0.4 个百分点；2017 年将小幅下降至 10.05%。

分季度看，2016 年的居民消费总额（不变价）增速将维持 2015 年前高后低的季度走势，在三季度降至 7.33%，四季度降为 5.98%；2017 年小幅波动，二季度达到全年最低值 7.08%。社会消费品零售总额（现价）增速在 2016 年保持平稳，三季度降至 9.94%的全年最低点；2017 年则表现非常平稳，各季度保持在 10%之上（图 21-29）。

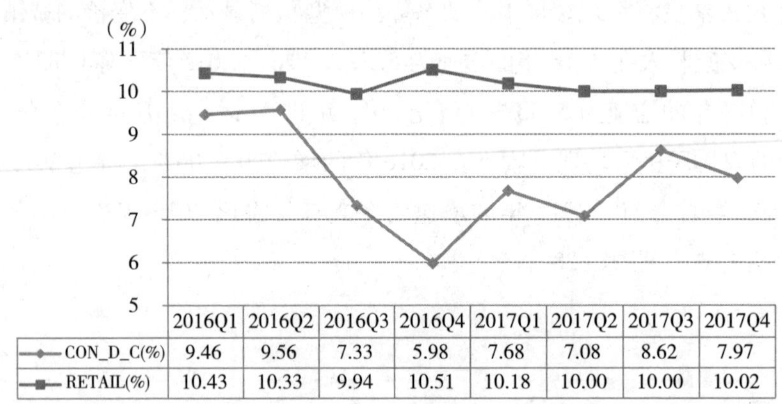

	2016Q1	2016Q2	2016Q3	2016Q4	2017Q1	2017Q2	2017Q3	2017Q4
CON_D_C(%)	9.46	9.56	7.33	5.98	7.68	7.08	8.62	7.97
RETAIL(%)	10.43	10.33	9.94	10.51	10.18	10.00	10.00	10.02

图 21-29　消费季度同比增长率预测

注：CON_D_C 表示居民消费总额（不变价）增速；RETAIL 表示社会消费品零售总额（现价）增速。

资料来源：本课题组计算。

综上，基于 CQMM 模型的预测表明，2016 年下半年至 2017 年，因外需持续疲软、投资继续减速和消费相对平稳，中国经济增速仍将继续下行，但全面通货紧缩的风险相对较小。

第一，预计 2016 年实际 GDP 增长 6.63%，增速比 2015 年下降 0.3 个百分点；CPI 预计上涨 2.01%，涨幅比 2015 年上升 0.57 个百分点；PPI 预计下降 3.19%，降幅比 2015 年收窄 2.01 个百分点；GDP 平减指数预计上升 0.79%，涨幅比 2015 年提高 1.2 个百分点。

第二，制造业投资的继续减速，民间投资的大幅下降，将导致全社会投资继续减速。按现价计算，2016 年中国固定资产投资（不含农户）预计增长 9.72%，比 2015 年下降 0.47 个百分点。

第三，城乡居民实际可支配收入增速将继续下行，导致居民消费增速呈现缓慢下滑态势。按现价计算，2016 年社会消费品零售总额预计增长 10.3%，比 2015 年下降 0.4 个百分点。

第四，英国公投脱欧，以及美国上半年 GDP 增长率大幅低于预期，预示着主要发达经济体的增长面临很大的不确定性。按现价计算，2016 年以美元计价的出口总额预计下滑 6.01%，降幅比 2015 年扩大 3.79 个百分点；进口总额预计下降 14.12%，降幅比 2015 年收窄 0.27 个百分点。

第五，因经济增速继续下行，人民币贬值预期和资本外流的压力持续存在。在此背景下，中国的外汇储备将继续消耗，以维持人民币汇率的稳定。预计 2016 年末外汇储备降至 2.98 万亿美元。

第三节　政策模拟：民间投资增速变动的宏观经济效应

一、研究背景

民间投资增速的突然大幅下降是 2016 年上半年中国宏观经济运行最为令人关注的新情况。是何原因造成民间投资在上半年尤其是一季度货币政策实质放松的背景下，反而突然出现失速？通过对分行业民间投资占全部固定资产投资比重变化的分析，可以看出一些端倪。

首先，从投资占比上看，2016 年上半年，受民间投资增速急剧下降的影响，民间投资占全部固定资产投资的比重由 2015 年同期的 65.13%下降到 61.46%，减少约 3.67 个百分点。其中，第三产业民间投资占全部固定资产投资的比重由 2015 年上半年的 30.43%降至 2016

年上半年的 28.39%，降低了 2.04 个百分点，贡献了全部民间投资占比下降的 55.66%；第二产业民间投资占比则由 32.60% 下降到 30.77%，降低了 1.83 个百分点，贡献了全部民间投资占比下降的 49.98%；第一产业民间投资的占比则提高了 0.21 个百分点（见表 21-3）。因此，第三产业和第二产业民间投资减速是导致民间投资增速大幅下降的主要因素。

表 21-3　分行业民间投资占比变化情况

（单位：%）

时　间	变量名	民间投资	第一产业	第二产业	第三产业
2012H1	占总投资比重	62.14	1.67	32.84	27.64
2013H1	占总投资比重	63.74	1.61	32.69	29.44
	占比变动	1.60	-0.05	-0.15	1.80
	分行业贡献	100	-3.40	-9.31	112.67
2014H1	占总投资比重	65.14	1.79	32.78	30.58
	占比变动	1.40	0.17	0.09	1.13
	分行业贡献	100	12.22	6.75	81.03
2015H1	占总投资比重	65.12	2.11	32.60	30.43
	占比变动	-0.02	0.32	-0.19	-0.15
	分行业贡献	100	-1947.47	1126.77	920.69
2016H1	占总投资比重	61.46	2.31	30.77	28.39
	占比变动	-3.66	0.21	-1.83	-2.04
	分行业贡献	100	-5.64	49.98	55.66

资料来源：CEIC。

其次，从第二产业的民间投资投向上看，在垄断特征更为明显的电力、热力、燃气和水的供应业中，民间投资占比由 2015 年的 1.62%提高到 2016 年上半年的 1.90%。2012 年至今，该行业的民间投资占比始终呈稳步提升的态势（见表 21-4）。导致 2016 年上半年第二产业民间投资占比下降的主要因素是制造业和采矿业民间投资，前者约贡献了第二产业民间投资占比下降的 95.09%，后者贡献了 17.43%。值得注意的是，采矿业民间投资占比下降并非始于 2016 年上半年，2012 年以来，就一直如此，只是 2016 年的降幅进一步扩大了。

表 21-4　第二产业民间投资占比变化情况

（单位:%）

时　间	变量名	第二产业民间投资	电力、热力、燃气及水的生产和供应业	建筑业	采矿业	制造业
2012H1	占总投资比重	32.84	1.23	0.50	1.89	29.21
2013H1	占总投资比重	32.69	1.30	0.40	1.74	29.34
	占比变动	−0.15	0.07	−0.10	−0.15	0.13
	分行业贡献	100	−49.61	68.18	100.72	−86.53
2014H1	占总投资比重	32.78	1.36	0.44	1.58	29.50
	占比变动	0.09	0.06	0.04	−0.17	0.16
	分行业贡献	100	66.07	45.46	−175.54	170.21
2015H1	占总投资比重	32.60	1.62	0.43	1.30	29.32
	占比变动	−0.19	0.26	−0.01	−0.27	−0.19
	分行业贡献	100	−140.87	4.52	147.84	101.23
2016H1	占总投资比重	30.77	1.90	0.37	0.98	27.58
	占比变动	−1.83	0.27	−0.06	−0.32	−1.74
	分行业贡献	100	−14.86	3.43	17.43	95.09

资料来源：CEIC。

从制造业的细分行业看，非金属矿物质、黑色金属和有色金属冶炼压延加工业的民间投资占全部固定资产投资的比重分别下降 0.38、0.04 和 0.14 个百分点，合计贡献了 32.59%的制造业民间投资比重下降；通用设备和专用设备制造业的民间投资占全部固定资产投资的比重也降得比较快，分别贡献了制造业民间投资下降的 10.53%和 13.61%。由于通用设备制造业和专用设备制造业中价值较大的部分设备包括采矿、冶金、建筑、金属加工等，这两个行业的民间投资比重下降，可能也与民间投资从采矿业、非金属矿物质、黑色金属和有色金属冶炼压延加工业等行业的退出相关，并受政府对上述行业产能限制的影响（表 21-5）。

表 21-5　制造业分行业民间投资占比变化情况

（单位:%）

时间	变量名	民间投资占比	非金属矿物质	黑色金属冶炼及压延加工业	有色金属冶炼及压延加工业	通用设备	专用设备	汽车制造业	电器机械和器材	计算机通信和其他电子设备
2012H1	占总投资比重	29. 21	3. 17	1. 06	0. 96	2. 09	2. 03	1. 58	2. 06	0. 97
2013H1	占总投资比重	29. 34	3. 07	0. 99	1. 07	2. 20	2. 09	1. 60	1. 95	1. 08
	占比变动	0. 13	-0. 10	-0. 08	0. 10	0. 11	0. 06	0. 02	-0. 11	0. 11
	分行业贡献	100. 00	-73. 81	-60. 92	80. 67	85. 74	42. 73	16. 79	-83. 10	84. 33
2014H1	占总投资比重	29. 50	3. 04	0. 81	1. 02	2. 30	2. 07	1. 59	1. 97	1. 02
	占比变动	0. 16	-0. 03	-0. 18	-0. 05	0. 10	-0. 02	-0. 01	0. 02	-0. 06
	分行业贡献	100	-20. 75	-111. 77	-29. 31	61. 77	-10. 80	-5. 69	11. 65	-38. 63
2015H1	占总投资比重	29. 32	3. 02	0. 63	0. 96	2. 28	2. 08	1. 60	1. 91	1. 16
	占比变动	-0. 19	-0. 02	-0. 18	-0. 05	-0. 02	0. 02	0. 01	-0. 06	0. 14
	分行业贡献	100	8. 99	94. 74	28. 59	10. 60	-8. 82	-3. 04	30. 93	-75. 70
2016H1	占总投资比重	27. 58	2. 64	0. 58	0. 82	2. 10	1. 85	1. 63	1. 92	1. 10
	占比变动	-1. 74	-0. 38	-0. 04	-0. 14	-0. 18	-0. 24	0. 03	0. 01	-0. 06
	分行业贡献	100	21. 74	2. 56	8. 29	10. 53	13. 61	-1. 76	-0. 72	3. 51

资料来源:CEIC。

最后，从第三产业民间投资看，交通运输、仓储和邮政业的民间投资占全部固定资产投资的比重由2015年上半年的2.20%下降到2016年上半年的2.06%，跌幅为0.14个百分点，贡献了第三产业民间投资占全部固定资产投资比重下降的6.96%；水利、环境和公共设施行业的民间投资占全部固定资产投资的比重仅轻微下降了0.01个百分点，对第三产业民间投资占全部固定资产投资的比重下降贡献为0.63%，而教育、卫生和社会工作行业的民间投资占全部固定资产投资的比重不降反升，分别提高0.03和0.04个百分点；文化、体育和娱乐业以及公共管理、社会保障和社会组织的民间投资占全部固定资产投资的比重只是小幅下降，对第三产业民间投资占全部固定资产投资比重的减少贡献有限（表21-6）。不过，从总量上看，2016年上半年，这六个行业的民间投资合计仅约占全部第三产业民间投资比重的22.23%。这些行业还不是决定第三产业民间投资变动的主要因素，真正的原因是第三产业其他行业民间投资的变动。

表21-6　第三产业分行业民间投资占比变化情况

（单位:%）

时　间	变量名	第三产业民间投资占比	交通运输、仓储和邮政业	水利、环境和公共设施管理业	教育	卫生和社会工作	文化、体育和娱乐业	公共管理、社会保障和社会组织
2012H1	占总投资比重	27.64	1.58	1.64	0.30	0.17	0.53	0.51
2013H1	占总投资比重	29.44	1.80	1.89	0.33	0.21	0.64	0.38
	占比变动	1.80	0.22	0.24	0.03	0.04	0.11	-0.13
	分行业贡献	100	11.95	13.53	1.88	2.10	6.13	-7.41
2014H1	占总投资比重	30.58	1.97	2.20	0.38	0.24	0.69	0.37
	占比变动	1.13	0.17	0.31	0.04	0.03	0.05	-0.01
	分行业贡献	100	15.44	27.41	3.70	2.88	4.79	-0.78
2015H1	占总投资比重	30.43	2.20	2.47	0.39	0.34	0.73	0.40
	占比变动	-0.15	0.23	0.28	0.02	0.10	0.04	0.03
	分行业贡献	100	-149.85	-182.68	-12.99	-65.89	-27.71	-18.70
2016H1	占总投资比重	28.39	2.06	2.46	0.42	0.38	0.66	0.32
	占比变动	-2.04	-0.14	-0.01	0.03	0.04	-0.07	-0.08
	分行业贡献	100	6.96	0.63	-1.48	-1.90	3.41	3.73

资料来源：CEIC。

由于缺乏第三产业其他细分行业的民间投资数据，我们无法直接分析哪些行业是决定第三产业民间投资进而决定民间投资增速下降的关键因素。不过，以下一些线索有助于分析上述问题。一是，扣除上述六个行业之后，根据《国民经济行业分类》（GB/T 4754-2002），剩下的服务业分类有：批发零售业、信息传输计算机服务和软件业、金融业、房地产业、租赁和商务服务业、科学研究技术服务和地质勘查业、居民服务和其他服务业七个行业。简单换算可知，正是这七个行业的民间投资变动决定了 2016 年上半年第三产业民间投资下降的 88.66%；二是，在上述七个行业中，民间投资占比较高并且在第三产业中比重较大、影响力较大的行业是批发零售业、房地产业。以房地产业为例，2014 年全国房地产开发投资中内资规模为 86592.9 亿元，其中，集体企业和国有及国有控股企业投资的比重约占到 85%左右，其余绝大部分为民间投资；三是，由于 2016 年上半年中国社会消费品零售总额增速保持平稳，可以预计批发零售业的民间投资变化不会太大。这意味着，很可能是房地产业的民间投资占比变化对第三产业民间投资占比下降起到了决定的作用。如图 21-30 显示，2015 年 6 月份起，国有及国有控股的房地产开发投资增速开始超过全部房地产开发投资，2016 年 1 月之后，增速突然由 2015 年底的 2.7%一下子跃升到 17.0%，而同期全部房地产开发投资的增速仅由 1%提高到 3.0%。这充分说明，占据绝对主体地位（85%）的非国有投资增速相对较低，导致全部房地产开发投资增长缓慢。国有及国有控股房地产开发投资占全部房地产开发投资的比重因此由 2015 年底的 15.0%上升至 2016 年 6 月的 16.6%，比 2015 年同期水平提高 2.0 个百分点。进一步从房地产开发投资的增量资金上看，2015 年上半年，房地产开发投资较 2014 年同期增加了 1936.3 亿元，其中，国有及国有控股投资的增量占比仅为 6.01%；而到 2016 年上半年，房地产开发投资较 2015 年同期增加了 2675.6 亿元，其中国有及国有控股投资增加了 1153.97 亿元，占全部增量的比重高达 43.1%。

综上所述，本课题组认为，2016 年上半年民间投资增速突然失速的直接原因：一是民间资本加快了退出制造业中产能过剩的领域，与此同时，在高端制造业、半或准公共服务业领域，或受制于技术壁垒，或缺乏人力资本，或苦于资金短缺，或受限于体制障碍，一时难以进入，导致了部分

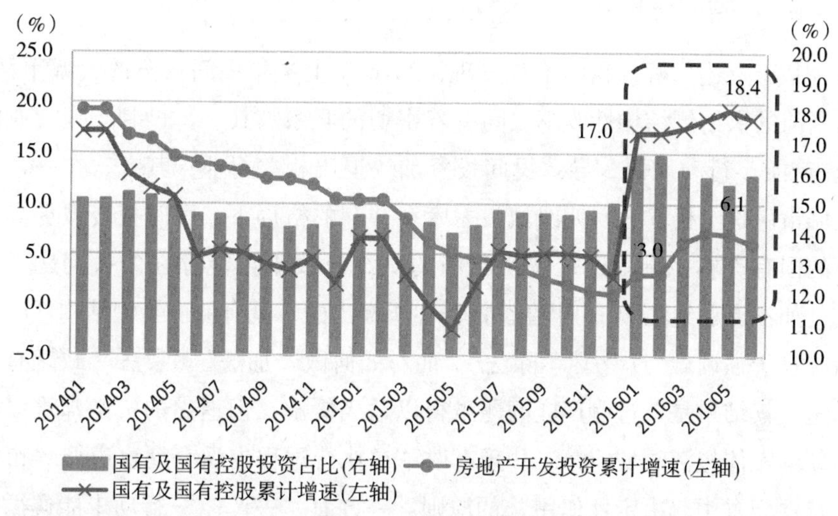

图 21-30　国有及国有控股房地产开发投资增速变化及其占比

资料来源：CEIC。

产业民间投资增速下降，这些退出的资本“脱实就虚”，部分流入商品期货、一线城市房地产市场、美元、黄金等虚拟经济领域，部分对外输出，加快了对外投资。①

二是房地产业的民间投资增速在上半年没有明显回升，使房地产业中民间投资比重出现较大幅度下降，国有及国有控股投资的比重上升。这一方面可能是由于银行信贷偏向和一、二线城市房地产较高的资金进入门槛，使得资金和资源相对弱势的民间资本，难以与国有企业在一、二线城市竞争，新增投资有限；另一方面，受实力所限，多数民间投资集中在三、四线城市，而这些城市的房地产市场本身就面临巨大的“去库存”压力，因而很难有新增的投资空间。可见，2016 年上半年民间投资在房地产业的增速下降，反映出当前房地产业严重的区域分化现象。在一、二线城市房地产市场升温，而三、四线城市存在较大“去库存”压力的背景下，民间资本难以和资金雄厚、资源动员能力强的国有资本相竞争。

① 目前对外投资的主体还是国有企业，但近年来，民间资本对外投资规模也在不断上升。

二、进一步研究

基于上述分析，我们不难发现，2016年上半年民间投资的大幅下滑，与当前的供给侧结构性改革之间有着密切的联系。其一，过剩产能行业的“去产能”行动加码，导致民间投资加快退出相关行业；其二，在一、二线城市房价上扬，三、四线城市去库存并存的格局下，民间投资被更具实力的国有资本挤出。这反映出当前的供给侧改革可能存在两大问题：第一，如本课题组在2016年春季报告中所提出的，既有的供给侧结构性改革措施过于强调做“减法”“除法”，而对如何做“加法”“乘法”缺乏有效措施，其结果是，过剩产能问题虽得以适当缓解，但退出的资本却难以进入新的实体经济领域。第二，现有改革在执行过程中没有完全遵循“市场在资源配置中起决定性作用”的原则。一方面“去产能”行动未能遵循效率标准，用市场化的方式淘汰真正的僵尸企业，而是一刀切、按比例地用行政方式淘汰过剩产能，而使部分效率较高的民间资本报废了产能；另一方面，即使是在竞争性领域，“让市场在资源配置中起决定性作用”的原则也没有渗透到市场的各个环节，在资本要素市场，政府的债务背书使国有资本总能以远超民间资本的资源动员能力参与进来，从而造成事实上的不平等竞争。本课题组认为，应当适当反思并调整当前供给侧改革的一些思路和做法，从而在缓解产能过剩问题的同时，增加有效投资，避免经济的过快下滑。

本课题组认为，供给侧结构性改革调整的关键是回归市场，提高投资回报率，根据市场需求吸引投资、配置资源。事实上，民间投资增速下滑并非新问题，从有统计数据的2012年以来，民间投资增速一直都在下降，其根本原因在于实体经济的投资回报率持续下降。如图21-31所示，自2011年起，工业企业的投资回报率和总资产贡献率均出现了持续下降的趋势。2016年一季度和二季度的投资回报率，基本延续这一趋势，但是并未出现突然间陡降的情形。

投资回报率是一个综合反映企业运行效率的指标，影响投资回报率的因素众多，包括工资、利率、资产、负债、利润总额和所得税等。由于资产、负债和利润总额更多受不同企业的特定经营条件影响，因此，政府部

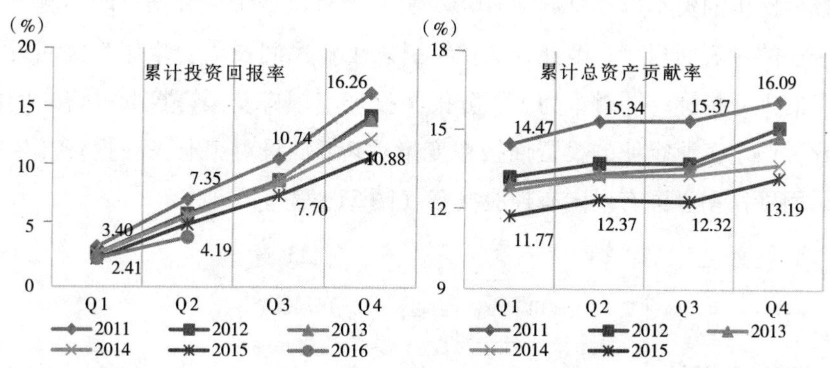

图 21-31　工业企业投资回报率

注：投资回报率=（利润总额-所得税）/（总资产-总负债）=（利润总额×0.75）/（总资产-总负债）。

资料来源：CEIC。

门能够直接影响的主要是税费制度。中国当前以间接税为主的税制，不利于企业的生产经营和再投资，尤其是在经济低迷时，由于产品市场的不出清，企业难以将税负转嫁给下游消费者，使得企业较大程度地承担生产经营过程中产生的税负。同时，社会保险制度中的相关税费也主要由企业承担，容易造成经济越下行，企业税负和成本压力越大的扭曲局面。为此，我们认为，在经济低迷时，应当通过减税降费，为企业降成本、减负担，提高其投资回报率，这可能是从根本上解决投资增速下降、尤其是民间投资失速问题的关键之所在。

为了验证投资回报率提升的宏观经济改善效应，本课题组利用 CQMM 模型进行政策模拟。

三、政策模拟

1. 模型设定修正

为了使 CQMM 模型能够模拟投资回报率提升带来的影响，本课题组对原有的 CQMM 模型进行了适当调整，主要包括：

第一，修改了投资模块的方程。原模型中的投资方程主要是通过不同资金来源的固定资产投资来设定的，不分民间和非民间的固定资产投资。这里，课题组将固定资产投资分为民间投资和国有及国有控股投资，进而解释可比价的资本形成总额和 GDP。由于现有调查统计数据只能够测算工业企业的投资回报率，因此，课题组引入工业民间投资变量作为民间投资变量的中介指标。同时，为了区分民间投资与国有及国有控股投资之间的差异，假定工业企业的投资回报率变量（ROI）只对工业民间投资产生作用，而不作用于国有及国有控股投资（图 21–32）。

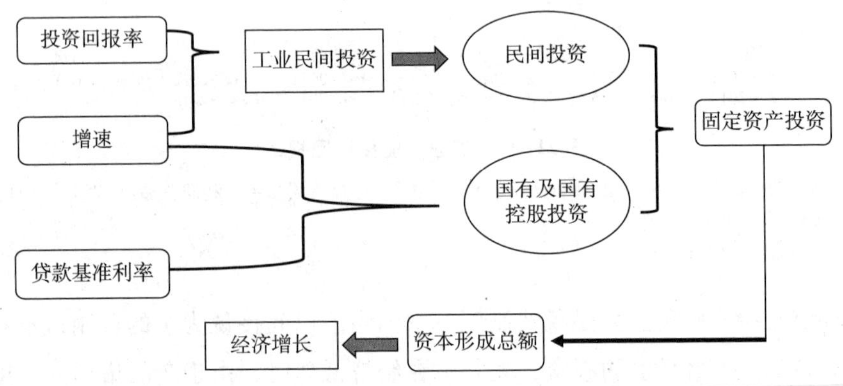

图 21–32　投资回报率对民间投资的传递路径

第二，为便于讨论，课题组将投资回报率变量设定为外生变量，其影响路径主要是政府税制调整，包括生产税净额、企业所得税额的降低等。值得注意的是，通常税制结构的调整会对模型内各个模块产生内生的影响。以往的研究中，我们曾基于 CQMM 模型考虑过税制结构变化的影响。这里，我们简化为外生的变动。

2. 模拟情景设计

根据前文估算的工业企业投资回报率，考虑两种情景的模拟：

情景 1：假设工业企业的投资回报率在 2014 年、2015 年、2016 年上半年维持 2013 年的同期水平①。情景模拟的主要目的是评估投资回报率提升的宏观经济效应。

情景 2：假设情况变得更糟，工业企业的投资回报率增速在 2014 年就出现类似 2015 年的大幅下滑，2015 年、2016 年同期增速则维持与 2014 年

① 从图 21–33 中，可以看出，近些年来基准估算的投资回报率出现下降拐点的时期在 2013 年。为此，这里我们简单假设 2014 年、2015 年以及 2016 年上半年维持与 2013 年相同的水平。

一样的增速下降水平。情景模拟的主要目的是评估投资回报率继续下降的宏观经济效应。

两种情形之间的具体变化对比见图 21-33。

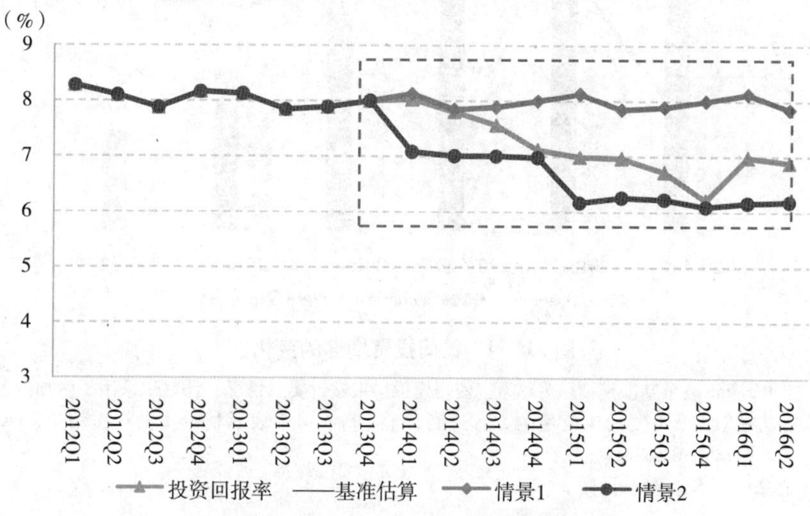

图 21-33　投资回报率的模拟情景对比

注：投资回报率 =（利润总额-所得税）/（总资产-总负债）=（利润总额×0.75）/（总资产-总负债）；数据经过季节调整处理。

资料来源：本课题组计算。

四、模拟结果

1. 情景 1 与基准模拟的对比结果

首先，投资回报率的回升有助于提高民间投资的增速及其在全社会投资中的占比。如图 21-34 所示，受投资回报率回升的影响，2015 年以来，情景 1 的民间投资增速每个季度要比基准模拟下的民间投资增速平均提高 5.0 个百分点；而从趋势上看，2015 年全年增速逐季提高，这与基准模拟下民间投资增速持续下降的情形截然不同。同时，受此影响，民间投资占全部固定资产投资的比重明显增加，增加的幅度呈现震荡扩大的态势。到 2016 年二季度，情景 1 下的民间投资占比要高出基准值 2.10 个百分点(图 21-35)。

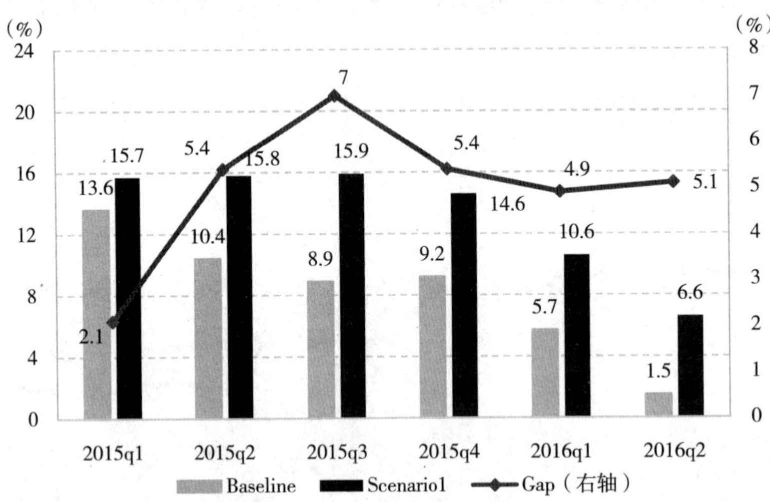

图 21-34　民间投资增速的变化

注：Baseline 表示基准模拟。为尽可能使得模拟结果贴近实际情况，课题组采用了附加因子的方法对涉及主要内生变量的方程进行调整；Scenario1 表示情景 1 的模拟结果；Gap = Scenario1-Baseline。

资料来源：本课题组计算。

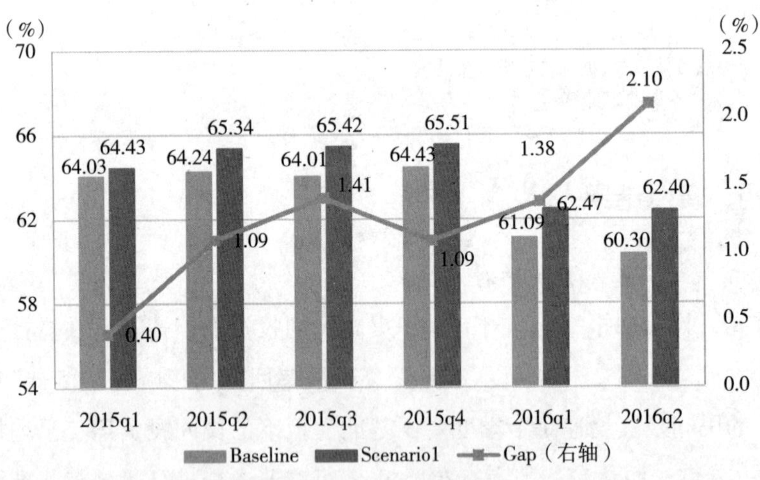

图 21-35　民间投资占固定资产投资的比重变化

注：Baseline 表示基准模拟。为使得模拟结果贴近实际情况，本课题组采用了附加因子的方法对涉及主要内生变量的方程进行调整；Scenario1 表示情景一的模拟结果；Gap = Scenario1-Baseline。

资料来源：本课题组计算。

其次，民间投资增速的回升促进了GDP增速的提高。如图21-36所示，情景1的GDP同比增速较基准值每季平均提高0.94个百分点，2015年、2016年上半年的经济增长速度基本可维持在7.7%—7.8%左右，比实际增速提高0.8—1.2个百分点。使GDP增长率维持在与2012年、2013年相近的水平。

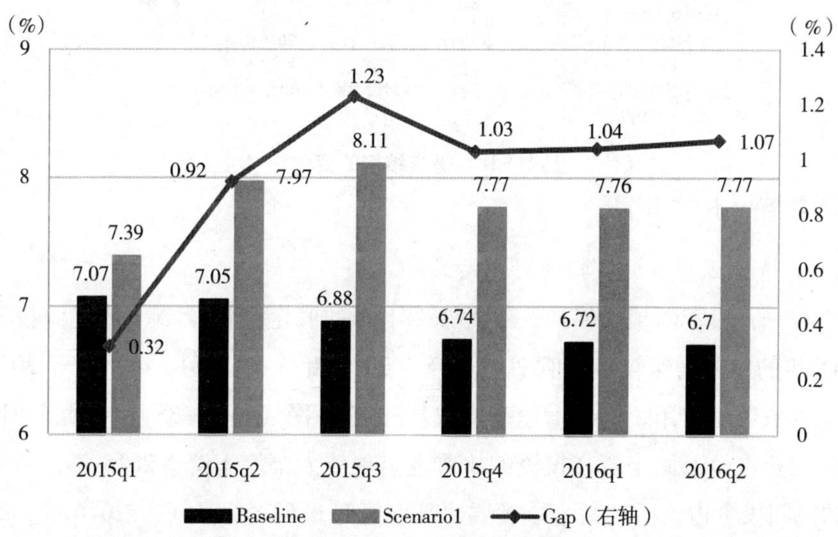

图21-36　GDP增速的变化

注：Baseline表示基准模拟。为尽可能使得模拟结果贴近实际情况，本课题组采用了附加因子的方法对涉及主要内生变量的方程进行调整；Scenario1表示情景1的模拟结果；Gap=Scenario1-Baseline。

资料来源：本课题组计算。

最后，总需求结构方面，受固定资产投资增速增加的作用，资本形成总额占GDP的比重将有所提高，而居民消费、净出口占GDP的比重则出现小幅下降。图21-37显示，到2016年二季度，情景1的资本形成总额占比将比基准值提高0.59个百分点，而居民消费占比则下降0.20个百分点。其中，居民消费占比的下降，是因其增速相对于投资增速更慢所致，居民消费增速本身并没有下降；相反，得益于GDP增长的加快，居民消费增速要高于基准值；净出口占比下降则是因国内需求上升、进口增速提高所导致的。

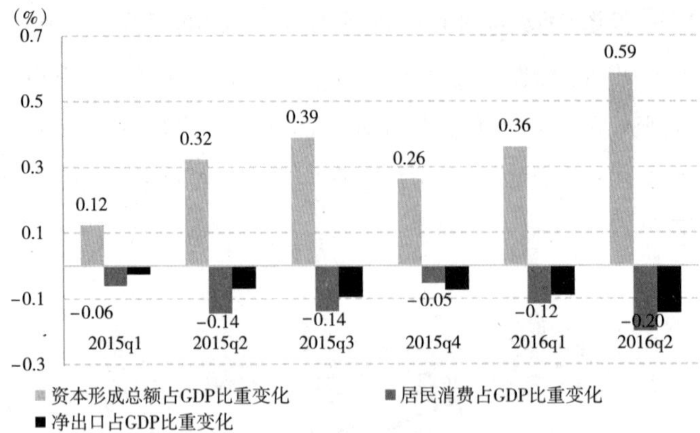

图 21-37　需求结构的变化

资料来源：本课题组计算。

2. 情景2与基准模拟的对比结果

首先，投资回报率提前一年大幅度下降的假定使情景2下的民间投资2015年的每季增速较基准值平均下降3.30个百分点，2016年，由于2015年的基数翘尾作用，同比增速基本与基准值持平（图21-38）。与此同时，民间投资占全部固定资产投资的比重也出现较大幅度下降。2015年，情景2的民间投资占比平均每个季度要比基准值低0.68个百分点。2016年一季度、二季度进一步较基准值减少0.57和0.14个百分点（图21-39）。

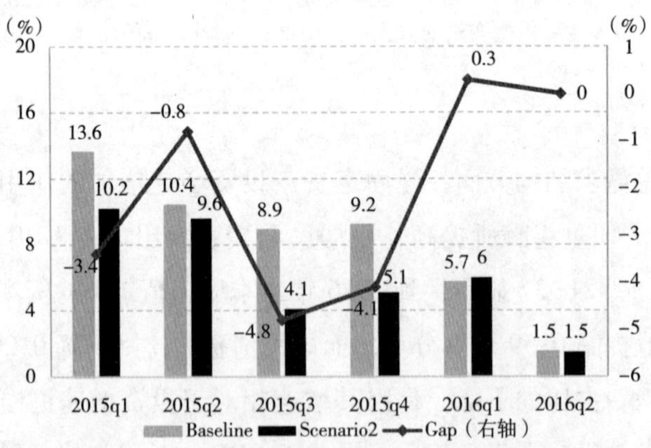

图 21-38　民间投资增速的变化与基准情形相似

注：Baseline表示基准模拟。为使模拟结果尽可能贴近实际情况，这里采用附加因子方法对涉及主要内生变量的方程进行调整；Scenario2表示情景2的模拟结果；Gap=Scenario2-Baseline。

资料来源：本课题组计算。

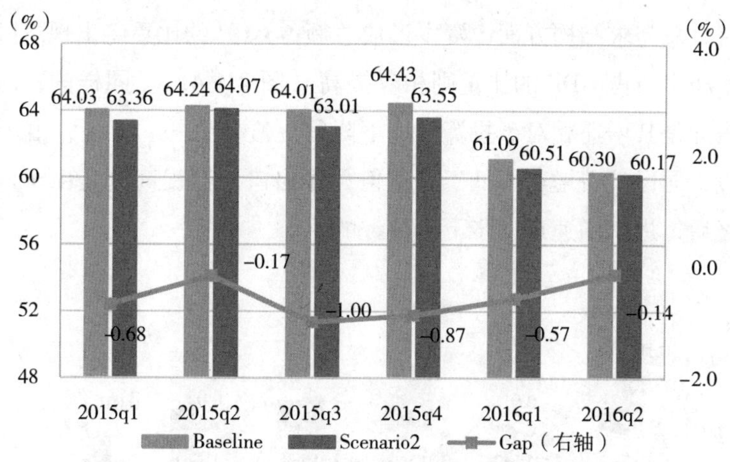

图 21-39　民间投资占固定资产投资的比重变化

注：Baseline 表示基准模拟。为使模拟结果尽可能贴近实际情况，这里采用附加因子方法对涉及主要内生变量的方程进行调整；Scenario2 表示情景 2 的模拟结果；Gap=Scenario2-Baseline。

资料来源：本课题组计算。

其次，从经济增速看，民间投资增速的下降将导致 GDP 增速的进一步放缓。如图 21-40 所示，情景 2 的 GDP 同比增速较基准值每季平均减少 0.42 个百分点。这意味着，如果民间投资增速下降，则 2015 年 GDP 增长率就会降至 6.5%左右，2016 年上半年将进一步降至 6.3%，这比实际的 GDP 增长率下降 0.4 个百分点（图 21-40）。

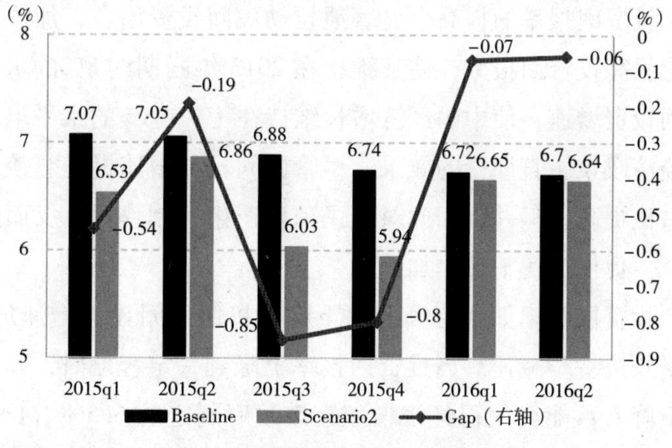

图 21-40　GDP 增长率的变化

注：Baseline 表示基准模拟。为使模拟结果尽可能贴近实际情况，这里采用附加因子方法对涉及主要内生变量的方程进行调整；Scenario2 表示情景 2 的模拟结果；Gap=Scenario2-Baseline。

资料来源：本课题组计算。

最后，总需求结构方面，资本形成总额占 GDP 的比重将出现下降，居民消费、净出口占 GDP 的比重则相应提高（图 21-41）。同样的，居民消费占比增加是其增速相对于投资增速下降得更慢导致的。但是，由于 GDP 增长放缓，居民消费增速要低于基准值；净出口占比提高则是由于国内需求下降之后，进口增速进一步下降导致的。

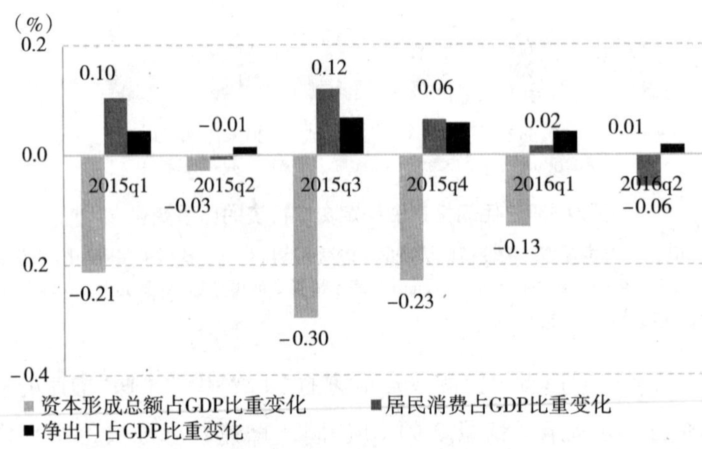

图 21-41　总需求结构的变化

资料来源：本课题组计算。

综上所述，两种情景模拟的结果显示：

第一，投资回报率的提高会显著地拉动民间投资增长，加快经济增长步伐。若能提高投资回报率，使其维持在 2013 年同期约 8%的水平，将显著提升民间投资增速，使中国经济增长维持在 7%—8%的水平上，实现近年来宏观经济政策一直期待的效果。尽管民间投资增速提高会使总需求结构中投资占比提高，但并不因此对居民消费产生抑制作用，反而通过经济的更快增长，促使居民消费增加。

第二，投资回报率如果持续大幅下降，将使民间投资增速加快下滑，引发经济增长进一步减速。当投资回报率下降到一定程度时，其所导致的民间投资下降有可能会使得经济增速突破政府制定的 6. 5%增长底线，甚至可能进一步引发经济增长率的螺旋性下滑。

2016 年上半年，资本形成总额对经济增长的贡献率为 37. 0%，仅比上年同期小幅下降 0. 6 个百分点。这主要应归功于基础设施建设和房地产投资的较快增长，较大程度地弥补了制造业投资的大幅下滑。不过，下半年，以基础设施和房地产投资为支撑的投资增长可能难以持续。本课题组认为，2016 年下半年，固定资产投资增速持续下降的趋势能否得到扭转，必须看占全部固定资产投资近三分之一的制造业投资是否出现逆转①。其中最为关键的是作为制造业投资绝对主体的民间资本的投资增速能否止跌回升②。政策模拟结果显示，民间投资增速的提高，有赖于企业投资回报率的提升。

第四节　政策建议

2016 年，中国宏观经济运行最引人注目的新现象是民间投资增速的迅速下滑。众所周知，改革开放以来，民营经济已经成为中国国民经济的主体。民营企业创造了 60%左右的国内生产总值，80%左右的社会就业，提供了超过一半的税收，民间投资占固定资产投资 60%以上，在制造业投资中占 85%以上；从投资效率③看，民间投资也一直优于国有资本投资。本次报告的政策模拟结果显示，若能提高投资回报率，使其维持在 2013 年同期约 8%的水平，将显著提升民间投资增速，使中国经济增长维持在 7%—8%的水平上。相反，若投资回报率持续下降，将使民间投资增速加快下滑，引发经济增长进一步减速。当投资回报率下降到一定程度时，其所导致的民间投资减速，将使中国经济降至比目前更低的增长水平。可见，无论是从当前还是从长远看，民间投资增长的大幅下滑，都是中国经济难以承受的。可以说，民营经济的发展状况，决定着中国经济的未来发展前景。

本课题组的研究发现，尽管自 2011 年以来，由于全球经济再平衡与国内经济发展转型的叠加，中国的民间投资增速一直处于下降的通道之中。

① 2016 年上半年，制造业占全部固定资产投资的比重为 31.8%。

② 2016 年上半年，制造业民间固定资产投资占全部制造业固定资产投资的比重高达 86.6%。

③ 投资效率用投资乘数——GDP 增量除以投资增量——来度量。

然而，民间投资于 2016 年上半年的突然失速，却与当前的供给侧结构性改革尤其是其实施方式有一定关系。因此，对民间投资失速的原因探讨，引起了我们对当前供给侧结构性改革措施的反思。

毫无疑问，长期以来，政府主导下的粗放型经济发展所导致的过度投资、资源配置结构失衡、国民收入分配结构失衡等是当前中国经济增速下滑的主要内因。为此，必须从供给侧入手，通过去产能、去库存、去杠杆、降成本和补短板，进行结构性调整。

然而，去产能、去库存、去杠杆、降成本和补短板仅仅是手段，而不是目的，供给侧结构性改革所要实现的根本目标，是提升供给的质量和效率，是建立全新的供给结构以适应需求结构上的转换。2016 年上半年的实践表明，并非任何方式的供给侧改革举措都能提升供给的质量和效率，事实上，以计划经济的思维和简单的行政手段推进的改革措施，却在相当程度上导致了我们最不愿意看到的结果——民间投资的失速。同时，我们也看到，在供给侧改革的过程中，市场经济发展滞后，尤其是国有企业占比高的地区，遭遇到严重的经济增长失速。这些现象提醒我们，必须遵循《中共中央关于全面深化改革若干重大问题的决定》提出的方略，用全面深化改革，发展社会主义市场经济的思路推进供给侧结构性改革。

自 2010 年以来，中国经济进入了一个从中等偏上收入向高收入经济体过渡的新阶段，此后十五年的社会经济发展，关系着中国能否顺利跨越中等收入阶段，进入高收入经济体的行列。从 2010 年开始，中国的经济结构开始出现引人注目的深刻变化：第三产业的增长速度持续高于第二产业。2016 年上半年，第三产业增加值占 GDP 的 54.1%，比上年同期提高 1.8 个百分点，比第二产业高 14.7 个百分点。人均收入水平提高，居民需求结构的升级换代，推动着中国经济的服务化。① 这就使当前正在进行的供给侧结构性改革具有更为深刻而丰富的内涵：它不仅仅是既有需求结构下供给结构失衡的常规调整，而是适应向新发展阶段过渡而导致的需求结构转换的新一代供给结构的形成。从这个意义上说，供给侧结构性改革并非短期的治理整顿，而是一个较长时期内的供给侧结构不断适应需求结构发展

① 有关分析请参阅本课题组《中国宏观经济预测与分析——2016 年春季报告》。

变化的调整。其次，在这一过程中，比“去”更为重要的是“增”，是适应新需求的产生，调动以民间资本为主的供给侧的投资积极性，不断地进入新的投资领域，从而高效率地形成新的供给能力。

因此，供给侧结构性改革的关键是如何扩大民营经济的投资领域，[①] 提高民营经济的投资回报率。从全社会层面和长远发展的角度看，提高民营经济的投资回报率，绝不仅仅是一个简单的减税、降息的数量型政策所能实现的，而是一个涉及政府与企业、居民的收入分配结构、[②] 税制结构、直接融资、间接融资结构及体制、市场准入及管制解除等一系列关乎现代市场经济条件下的国家治理体系和治理能力现代化的问题。因此，供给侧结构性改革，本质上就是一场全面深化的体制改革，是一场建立与高收入经济体相适应的国家治理体系的深刻变革。

基于以上分析，我们认为，从短期看，应当继续实施需求侧稳增长政策，唤起各方尤其是民间资本对于中国经济前景的预期；从长期看，应当站在推进国家治理体系和治理能力现代化的广阔视角，重新审视供给侧结构性改革中亟须推进的制度变革。

具体政策建议如下：

第一，实行稳健中性货币政策，以稳定中国经济增长。2016年上半年的货币政策相对宽松，对稳定上半年的经济增长产生了积极作用，但也在一定程度上导致了一、二线城市的楼市快速升温，因此，下半年的货币政策应回归稳健中性，着力疏通货币政策传导渠道，引导货币信贷和社会融资总量合理增长，让更多资金从金融向实体流动，在抑制金融资产泡沫的同时促进实体经济的复苏。考虑到欧美日的经济增长低于年初预期，美联储将推迟加息，中国调低利率的外部环境约束减弱，而国内经济的下行压力目前仍然较大，因此，建议央行在2016年下半年适时降息、降准，以降

① 有关分析请参阅本课题组《中国宏观经济预测与分析——2016年春季报告》。

② 近期研究证实，在中国的资本报酬分配上，政府的生产税比重过高。1992—2012年，尽管中国的资本报酬占GDP之比远远高于美日（均值分别高12.84和12.77个百分点），然而，由于生产税净额占比较高（均值分别比美、日高13.37和4.49个百分点），因此，中国的税后资本报酬占比均值反而比美国低了3.67个百分点，仅比日本高8.89个百分点。有关研究请参阅李文溥、李昊：《中国居民的财产性收入状况分析》，厦门大学宏观经济研究中心工作论文，2016年2月。

低企业成本，缓解债务违约风险，促进出口，提振经济。

第二，实行宽松财政政策，促进中国经济增长。民间投资的复苏，有赖于民营企业家恢复对中国经济前景的信心。在围绕供给侧结构性改革而实施的制度变革的增长效应尚未充分呈现之前，短期内需求侧稳增长的任务将主要依靠需求管理政策的作用。在货币政策回归中性的情况下，减缓中国经济下行趋势的主要任务要由财政政策来担纲。2016年上半年累计达3651亿元的财政赤字，距全年2.18万亿元的财政预算赤字额尚有1.8万亿元左右的赤字空间，这就为财政政策的运用提供了较大空间。基建投资因其投资额大、工期长、风险高、投资回报率低等特点，主要由政府主导，一般不会对民间投资产生挤出效应，反而常常能够带动民间投资，因此基建投资将是宽松财政政策发力的重要领域。而加大像医疗保险、公共卫生、教育、保障性住房等民生方面的支出，也可通过增加居民可支配收入的方式，间接带动居民消费需求的增加，因而也是财政支出政策的着力点。

财政收入政策方面，由于税费的调整事关各利益方之间的复杂博弈，同时税法的调整往往历时较久，因此短期内可行的办法是在既定的法律框架下，继续沿着减税降费的思路进行政策上的微调。比如，针对2016年5月1日全面推开的“营改增”试点工作，通过细化相关的实施细则，真正落实“营改增”所要达到的减税效果，让绝大多数的中小企业真正获得减税的好处。

第三，落实市场准入政策，扩大投资领域，稳定民间投资预期。在需求结构转换阶段，资本从夕阳产业、产能过剩领域退出，转向朝阳行业和新兴需求领域，有利于促进投资，实现供给结构调整。自2010年以来，中国服务业迅速扩张，然而，时至今日，第三产业仍然是三大产业中市场化程度最低的产业，垄断、管制和所有制歧视的存在，导致第三产业中的不少部门竞争不足，效率低下，发展缓慢，难以满足社会日益增长的服务需求，严重阻碍了其他部门和产业的技术进步和效率提升，也大大限制了民间资本的投资领域。为此，应当加快清除这些领域的壁垒，破除垄断，同时大力推行混合所有制改制，在改制中实行同股同权，鼓励不同所有制资本平等竞争。在稳定民间投资的预期上，有意识地开辟新的投资领域，降低投资成本，提高民间资本的投资回报率，促进民间投资尽快止跌回升。

第四，加大对民间投资的融资支持。最近几年，国家针对中小企业融资难、融资贵的问题，已经出台了不少政策措施，但这一问题至今仍未得到有效解决，反而在近期表现出融资越难、融资越贵的问题。针对这一情况，政府应积极做好相关项目的引介和牵线搭桥作用，加大对民营企业金融服务的政策支持力度，着力强化民营企业的征信服务和信息服务，稳步推进由民间资本发起设立中小型银行等金融机构，为疏通民间资本的融资管道奠定基础。

从制度变革的角度看，中国金融机构体系浓厚的国有背景和垄断色彩，决定了民营企业融资难、融资贵的问题难以得到根本上的解决。如果可以建立起更加自由、开放、竞争的金融机构体系，那么，成千上万家规模不等、经营风格各异的金融机构相互竞争，争相提供个性化服务，就能够更加贴近不同性质的企业，更好地解决借款人和贷款人之间普遍存在的信息不对称问题。这样，多数民营企业目前不得不承受较高的融资成本的问题就有望得以缓解。同时，通过严格证券市场监管，着力构建一个多层次的资本市场，为民营企业提供更加便捷的直接融资通道，也是解决民营企业融资难问题的长远之策。

第五，推进税制结构改革，降低企业税负。建立现代财政制度是推进国家治理体系和治理能力现代化的重要基础，而完善税收制度则是建立现代财政制度的基本组成部分。供给侧结构性改革中“降成本”的任务不仅要由企业通过技术革新和提高管理水平的途径来完成，而且也需要政府从减税降费方面多作文章。①

在企业缴纳的各种税收中，增值税、消费税等间接税占全部税收收入的55%以上，加上企业所得税，全部税收的75%以上由企业缴纳。尽管这些税收尤其是增值税、消费税等间接税种可以经由税负转嫁的方式最终大部分由消费者承担，但沉重的法定税负必然体现在较高的商品价格上，削弱了产品的国际竞争力。从收入分配角度看，这些税负具有富人承担相对

① 目前，中国政府实际支配的财力资源已超过当年GDP的50%。有关研究请参阅本课题组《中国宏观经济预测与分析——2016年春季报告》。

较少、穷人承担较多的累退性质，加剧了收入分配不平等，对于居民消费增长是逆向激励。如果考虑到企业分担的社会保险缴费、偏高的融资成本以及大量的政府收费和基金等，企业承担的运营成本相当高昂，这是不少民间资本通过对外直接投资、资本外逃以及“脱实入虚”的重要动因。

因此，在构建现代财政制度的过程中，不仅要继续清理不合理的政府基金和收费，更要重视将当前以间接税为主体的税制逐步转变成以直接税为主体的税制，即在降低增值税、消费税税率的同时，逐步开征保有环节的房地产税，开征遗产与赠与税，实行综合个人所得税制等，以减轻企业税负；并且充分发挥直接税调节收入分配差距的功能，以刺激居民消费需求，促进民营企业增加投资。

附录一　中国宏观经济形势和政策问卷调查报告（2016. 7）

为及时把握中国宏观经济形势和政策走向，新华社《经济参考报》和教育部人文社会科学重点研究基地——厦门大学宏观经济研究中心自2013年8月首次联合开展每年两次的“年度中国宏观经济形势和政策问卷调查”活动。这是第七次问卷调查。本次调查问卷设计了与当前中国宏观经济运行和政策走势直接相关的21道问题，2016年7月下旬我们通过电子邮件方式向国内相关领域的经济学家发出调查邀请，最终收到116位专家的答复。通过本次问卷调查，我们获得了专家们关于2016年世界经济形势、2016年中国宏观经济主要指标的变化趋势、2016年中国宏观经济政策的走势、“十三五”期间中国平均经济增长率预测等问题的最新认识和判断。现将本次问卷调查结果公布如下：

一、2016年世界经济形势

根据2016年6月23日国际货币基金组织（IMF）的最新预测，2016年美国经济增长率为2.2%。为此，我们对2016年美国经济增长率的变化趋势进行了问卷调查。调查结果显示，58%的专家预期2016年美国经济增长率在“2.0%—2.2%”之间；30%的专家预期在“2.3%—2.5%”之间；10%的专家预期在“1.9%以下”；1%的专家预期在“2.6%—2.8%”之间，1%的专家预期在“2.9%以上”。总的来看，超过三分之二接受调查的专家预期2016年美国经济将呈现缓慢下降趋势，但也有超过三成接受调查的专家预期较IMF乐观，认为2016年美国经济增长率呈现一定的回暖趋势。

受英国“脱欧”的影响，2016年7月8日国际货币基金组织（IMF）下调了欧元区经济增长率的预测：2016年为1.6%，2017年为1.4%。我们也对2016年欧元区经济增长率的变化趋势开展了问卷调查。调查结果显示，83%的专家预期2016年欧元区经济增长率在“1.3%—1.6%”之间；9%的专家预期在“1.7%—2.0%”之间；8%的专家预期在“1.2%以下”；没有专家预期在“2.1%—2.4%”之间和“2.5%以上”。总体而言，按照IMF的最新预测，有超过九成接受调查专家的预测较IMF悲观，认为2016年欧元区经济增长率呈现缓慢下降趋势，但也有近一成的专家预期2016年欧元区经济将呈现一定的回暖趋势。

2016年上半年，全球和国内大宗商品市场大幅回暖，大宗商品价格进入上行通道。那么，2016年下半年全球大宗商品价格走势如何呢？为此，我们对2016年下半年全球大宗商品价格的走势也进行了问卷调查。调查结果表明，59%的专家预期2016年下半年全球大宗商品价格将呈现“动荡”态势；29%的专家预期全球大宗商品价格将呈现“上涨”态势；12%的专家预期将呈现“下降”态势。总体而言，接近三成的专家预期2016年下半年全球大宗商品价格仍将保持上行态势。

英国公投“脱欧”可能引发欧元区通货紧缩。那么，2016年下半年欧元兑美元汇率走势如何呢？为此，我们也对这一问题进行了问卷调查。调查结果显示，77%的专家预期2016年下半年欧元兑美元汇率“呈下行态势，欧元小幅贬值”；14%的专家预期“呈震荡态势”；6%的专家预期“呈上行态势，欧元小幅升值”；3%的专家预期“呈下行态势，欧元大幅贬值”；没有专家预期“呈上行态势，欧元大幅升值”。总体而言，超过四分之三的专家预期2016年下半年欧元兑美元汇率将呈现下行态势，欧元小幅贬值。

二、对2016年中国宏观经济主要指标的预测

根据中国国家统计局7月15日发布的初步核算数据，2016年一季度和二季度中国国内生产总值（GDP）同比均增长6.7%，上半年GDP累计增长6.7%。那么，2016年中国GDP增速如何呢？调查结果显示，59%的专家预期全年GDP增速在“6.5%—6.7%”之间；20%的专家预期在“6.4%—6.5%”之间；19%的专家预期在“6.7%—6.9%”之间；1%的专家预期在“7.0%以上”；1%的专家预期在“6.3%以下”。因此，八成的

专家认为2016年中国经济仍将呈现进一步下滑的态势。

2016年上半年，中国居民消费价格指数（CPI）同比上涨2.1%，涨幅与一季度持平。那么，2016年中国CPI的变化趋势如何呢？调查结果显示，61%的专家预期2016年中国CPI增长在“2.1%—2.5%”之间；31%的专家预期在“1.6%—2.0%”之间；6%的专家预期在“2.6%—3.0%”之间；1%的专家预期在“1.5%以下”；1%的专家预期在“3.1%以上”。考虑到2016年上半年CPI同比上涨2.1%，因而超过三分之二接受调查的专家认为2016年下半年中国物价水平将呈现一定的上升态势；但也有超过三成的专家认为2016年下半年中国物价水平将呈现下降的态势。

2016年上半年，中国工业生产者出厂价格指数（PPI）同比下降3.9%。那么，2016年中国PPI的增长态势如何呢？调查结果表明，67%的专家预期2016年中国PPI增长在“-3.8%—-2.8%”之间；15%的专家预期在“-2.7%—-1.7%”之间；14%的专家预期在“-3.9%以下”；3%的专家预期在“-1.6%—-0.6%”之间；1%的专家预期在“-0.5%以上”。考虑到2016年上半年PPI同比下降3.9%，因而有86%的专家接受调查的专家认为2016年中国PPI降幅将逐渐收窄。

截至2016年6月30日，1美元兑换人民币按中间价计算约为6.6312元（期末数）。那么，2016年年末人民币兑美元汇率中间价的变动趋势和幅度如何呢？调查结果显示，44%的专家预期按中间价计算2016年年末人民币兑美元汇率在“6.6—6.7”之间；32%的专家预期在“6.7—6.8”之间；19%的专家预期在“6.5—6.6”之间；3%的专家预期在“6.9以上”；2%的专家预期在“6.4以下”。因此，超过三成接受调查的专家认为2016年人民币对美元将呈现一定的贬值趋势，但也有超过二成接受调查的专家认为2016年人民币对美元将呈现一定的升值趋势，有超过四成接受调查的专家认为2016年人民币对美元将趋于稳定。

2016年上半年，人民币汇率指数（CFETS）在保持基本稳定的基础上小幅贬值。6月30日，人民币汇率指数（CFETS）较上年末贬值5.86%。那么，2016年下半年人民币汇率指数（CFETS）呈现怎样的变化趋势呢？我们也对此问题进行了问卷调查。调查结果表明，51%的专家预期2016年下半年人民币汇率指数（CFETS）“贬值预期缓和，且贬值低于5.86%”；

27%的专家预期“继续贬值，且贬值超过 5.86%”；20%的专家预期“在合理均衡水平上基本保持稳定”；2%的专家预期“呈现一定的升值趋势”。总之，有接近九成接受调查的专家认为 2016 年下半年人民币汇率指数（CFETS）将继续呈现贬值态势。

2016 年上半年，中国固定资产投资（不含农户）总额约为 258360 亿元，同比名义增长 9.0%，增速比一季度回落 1.7 个百分点。那么，2016 年中国的固定资产投资名义增速如何呢？问卷调查结果表明，50%的专家预期 2016 年全年固定资产投资总额比 2015 年名义增长在“8.1%—9.0%”之间；40%的专家预期在“9.1%—10.0%”之间；5%的专家预期在“10.1%—11.0%”之间；3%的专家预期在“8.0%以下”；2%的专家预期在“11.1%以上”。考虑到 2016 年上半年中国固定资产投资比上年名义增长 9.0%，因而超过五成接受调查的专家认为 2016 年下半年中国固定资产投资增速将继续保持下滑态势，但也有 47%的专家认为 2016 年下半年中国固定资产投资增速将保持上升态势。

2016 年上半年，中国房地产开发投资为 46631 亿元，同比名义增长 6.1%，增速比一季度回落 0.1 个百分点。那么，中国房地产投资扩张对民间投资有何影响呢？问卷调查结果表明，61%的专家预期中国房地产投资扩张对民间投资有“消极影响，房地产扩张抬高了土地和资金成本，挤出了民间投资”；30%的专家预期有“积极影响，房地产扩张能够为民间投资提供推动力与新机遇”；9%的专家预期“无影响”。总体而言，超过六成接受调查的专家认为中国房地产投资扩张挤出了民间投资。

2016 年上半年全国固定资产投资（不含农户）同比名义增长 9.0%。其中，民间投资同比增长 2.8%，增速比 1—5 月份回落了 1.1 个百分点。民间投资增速与全社会投资增速之间的差距，呈现逐月拉大的趋势。那么，2016 年中国民间投资增长速度如何呢？调查结果表明，69%的专家预期 2016 年中国民间投资增长速度在“2.1%—3.0%”之间；19%的专家预期在“3.1%—4.0%”之间；8%的专家预期在“2.0%以下”；3%的专家预期在“4.1%—5.0%”之间；1%的专家预期在“5.0%以上”。总之，考虑到 2016 年上半年民间投资同比增长 2.8%，因而有超过二成的专家认为 2016 年下半年民间投资增速将呈现上行态势。

民间投资增速的持续下滑，导致民间投资占全部投资的比重由上年的64.2%下降至61.5%。那么，造成民间投资增速继续回落的原因有哪些呢？调查结果表明，80%的专家认为是“民营企业对经济和后市信心不足”；77%的专家认为“缺少有效投资标的，宏观环境低迷，加上传统制造行业萎缩，以及利润的下降，导致民间资本可以投资的具有盈利前景的有效标的不多”；66%的专家认为“新型融资难、融资贵，诸多政策相关因素导致的银行信贷更多流向国有企业或回流金融体系导致了对民间资本的挤出效应，加上诸多民营企业不时暴露的债务违约问题让民营企业融资更难、更贵”；59%的专家认为“第三产业等领域至今仍被管制，投资领域受限制，有效投资渠道较窄或不畅，投资审批手续繁琐以及因此滋生的各类玻璃门、弹簧门、旋转门较多”；36%的专家认为“房价持续上行挤压了实体经济的发展空间，挤占了民间投资”。此外，还有5%的专家提出了其他观点，如：民营经济（企业）定位模糊，并且鼓励民间投资的政策及措施也多为短期、局部、救济性的，因此并不能达到提振民间投资信心的预期效果；经济整体稳定性不足，潜在风险过大；国内投资环境变差，资本外流加剧；国有企业的垄断地位对民营企业投资的挤出效应；国家统计局统计口径的调整等。

根据7月15日国家统计局发布的2016年上半年国民经济运行报告，“三去一降一补”成效初显。2016年上半年，原煤、粗钢产量同比分别下降9.7%和1.1%。工业企业和商品房库存出现积极变化：5月末，规模以上工业企业产成品存货同比下降1.1%。此外，工业企业资产负债率及成本均有所下降。那么，中国目前工业部门去产能情况如何？我们也对此问题进行了问卷调查。调查结果表明，60%的专家认为“去产能速度偏慢，影响供给侧结构性改革”；19%的专家认为“去产能速度适中，状况良好”；8%的专家认为“去产能速度过慢，产能过剩问题严重”；7%的专家认为“去产能速度偏快，需要进行微调”；6%的专家认为“去产能速度过快，需要审慎而行”。总之，有接近七成接受调查的专家认为中国目前工业部门去产能速度过慢，可能会影响中国的供给侧结构性改革。

2016年上半年，中国社会消费品零售总额累计为156138亿元，同比名义增长10.3%，增速与一季度持平。那么，2016中国社会消费品零售总额增速如何呢？调查结果显示，57%的专家预期2016年中国社会消费品零售总额名义增长在“10.3%—10.8%”之间；34%的专家预期在“9.7%—10.2%”之间；5%的专家预期在“10.9%—11.4%”之间；2%的专家预期在“11.5%以上”；2%的专家预期在“9.6%以下”。考虑到2016年上半年中国社会消费品零售总额名义增长10.3%，因此，超过六成接受调查的专家认为2016年中国社会消费品零售总额增速将会呈现一定的上升趋势。

2016年上半年，中国出口总额64027亿元，同比下降2.1%，降幅比一季度收窄3.6个百分点。那么，2016年中国出口总额增速如何呢？调查结果显示，33%的专家预期2016年按美元计价的中国出口总额增速在“-2.5%—-2.1%”之间；33%的专家预期在“-2.0%—-1.0%”之间；19%的专家预期在“-2.9%—-2.5%”之间；9%的专家预期在“-3.0%以下”之间；6%的专家预期在“-0.9%—0.0%”之间。由于2016年上半年按美元计价的中国出口总额同比下降2.1%，因此调查结果表明，超过六成接受调查的专家认为2016年下半年中国出口增速将持续保持下滑态势，但仍有接近四成的专家认为2016年中国出口增速将保持上升趋势。

三、中国未来可能采取的宏观经济政策措施

2016年6月末，中国广义货币供应量（M2）余额为149.05万亿元，同比增长11.8%。那么，2016年中国M2增速如何呢？问卷调查结果表明，45%的专家预期2016年中国M2比2015增长在“12.1%—12.5%”之间；39%的专家预期在“11.0%—12.0%”之间；11%的专家预期在“12.6%—13.0%”之间；5%的专家预期在“13.1%—14.0%”之间。考虑到2016年上半年中国M2同比增长11.8%，因此调查结果表明，超过六成接受调查的专家认为2016年下半年中国M2的增长将保持上升态势，这意味着2016年下半年中国政府将可能持续保持适度宽松的货币政策。

2016年上半年新增人民币贷款规模为7.53万亿元，同比增加9671亿元。那么，如何评价新增人民币贷款的流向呢？调查结果表明，75%的专家认为是“没有改变民间投资‘融资难、融资贵’的现状”；75%的专家认为“刺激了房地产市场的扩张”；57%的专家认为“保证了基础设施领

域的投资扩张"；53%的专家认为"没有进入实体经济，导致了投资增速持续下滑"；50%的专家认为"加速了国有及国有控股企业的投资增长"；48%的专家认为"信贷扩张因货币政策传导渠道不畅，其效应难以发挥"。此外，还有1%的专家提出了其他观点，如：贷款数字不能反映实际情况，因为有很多贷款是借新债还旧债。

自2016年5月1日，中国开始全面推行"营改增"。那么，中国这项政策对经济的影响效果有哪些呢？我们也对此问题进行了问卷调查。调查结果表明，65%的专家认为"全面推行'营改增'，将会降低企业税负，促进企业创新，推动经济转型升级"；60%的专家认为"全面推行'营改增'，将会推动服务业特别是研发等生产性服务业的发展，有力促进产业分工优化，拉长产业链，带动制造业升级"；59%的专家认为"全面推行'营改增'，降低了全国财政收入，6月份全国财政收入同比仅增长1.7%，为2016年以来的最低增速，'营改增'减收效果开始显现"；41%的专家认为"全面推行'营改增'，将会降低实体企业的融资成本，助力整体经济效率提升"。此外，还有6%的专家提出了其他观点，如：效果不明显；有利于解决部分社会就业问题，引导就业逐渐从非正规部门向正规部门转移；许多行业企业税收名义下降，实际上升，企业负担更重；降低税负效应未充分体现；主要为了增加中央税收比重，企业减税效果不显著；有利于外资等。

2016年5月末，全国规模以上工业企业资产负债率为56.8%，比上年同期下降0.5个百分点（据相关统计，如果使用非金融机构的负债率数据，工业企业资产负债率上升至约150%以上）。企业负债率的高企加大了金融机构的风险。在供给侧结构性改革背景下，如何通过控制杠杆水平和优化杠杆结构、有效化解高杠杆债务风险，对于解决企业债务问题非常重要。那么，有哪些可行的政策建议呢？调查结果表明，81%的专家认为是"财政政策和货币政策要共同维护好去杠杆的宏观环境，通过减税和提升投资效率、创造公平竞争环境来增强企业去杠杆的活力和能力，同时大力推广PPP吸引民间投资"；65%的专家认为"建立多层次的资本市场，大力发展各类资本市场和股权融资工具，同时吸引各类自有资金投资权益类市场"；64%的专家认为"将深化企业改革和降杠杆结合，如推进员工持股或做债转股等，政府在创造环境方面降成本和减税负，打破预算软约束和刚性兑付”；60%的专家认为“应用市场化、法制化原则推进债务重组”；41%的专家认为“强化供给侧结构性改革，通过激励有效的创新和有效的社保体系提升企业可持续发展的能力”。此外，还有7%的专家提出了其他观点，如：完善企业制度，降低经营成本；完善投资制度，强化投资失误问责制；采取结构性税收，即对金融收益征税、对实体收益减税；需要政治体制改革相配套，必须解决党政机构层叠臃肿办事效率低下的问题；管理观念、方法和手段创新；吸收非保本的理财资金重组企业债务、率先在高净值客户中推行，允许其投资优先股、次级债、可转债等长期资本工具；加大让“僵尸企业”破产的力度；让“僵尸企业”破产清算；所谓民营化是造成企业杠杆比率上升的一个根本原因等。

四、“十三五”期间中国平均经济增长率预测

此外，我们对“十三五”期间中国年均经济增长率的可能区间也进行了问卷调查。调查结果表明，41%的专家预期在“6.3%—6.5%”之间；39%的专家预期在“6.6%—6.8%”之间；14%的专家预期在“6.0%—6.2%”之间；6%的专家预期在“6.9%—7.0%”之间。因此，多数专家认为“十三五”期间中国经济增长仍将保持缓慢下行态势。

116位专家参与了本次问卷调查，他们是（按姓名汉语拼音排序）：柏培文、常欣、陈昌兵、陈建宝、陈昆亭、陈浪南、陈磊、陈梦根、陈守东、陈学彬、陈彦斌、陈甬军、陈志勇、戴魁早、邓翔、范从来、高波、郭熙保、郭晓合、韩兆洲、贺京同、黄先海、靳涛、简新华、蒋永穆、金祥、赖德胜、李春琦、李建伟、李军、李实、李雪松、李英东、林学贵、刘凤良、刘建平、刘金全、刘穷志、刘仕国、刘晓欣、刘云中、刘志彪、马颖、逄锦聚、庞晓波、邱崇明、邱东、瞿宛文、任保平、任若恩、宋立、邵宜航、沈坤荣、石刚、史晋川、苏剑、孙巍、汤吉军、田如柱、汪昌云、汪红驹、汪同三、汪义达、王诚、王大树、王国成、王海杰、王继平、王今朝、王立勇、王洛林、王美今、王曦、王永钦、王跃生、文传浩、吴信如、肖兴志、谢攀、徐一帆、许文彬、许宪春、鄢萍、杨澄宇、杨春学、杨翠红、杨瑞龙、杨志勇、叶实升、易宪容、殷醒民、

于立、于左、袁富华、臧旭恒、张东辉、张立群、张连城、张龙、张明志、张茉楠、张平、张屹山、张曙光、赵昕东、赵振全、赵志君、郑超愚、郑挺国、钟春平、周立群、周泽炯、朱保华、朱建平、朱启贵、庄宗明。

参加本次问卷调查的专家学者来自于财政部财政科学研究所、财政部综合司、国家发展和改革委员会、国家统计局、国务院发展研究中心宏观经济研究部、国务院发展研究中心社会发展研究部、国务院发展研究中心发展战略和区域经济研究部、商务部研究院、中国国际经济交流中心、中国社会科学院财经战略研究院、中国社会科学院金融研究所、中国社会科学院经济研究所、中国社会科学院世界经济与政治研究所、中国社会科学院数量经济与技术经济研究所、中国科学院预测科学研究中心、经济参考报、天则经济研究所、台湾“中央研究院”、台湾“中华经济研究院”等机构，以及安徽财经大学、北京大学、北京师范大学、北京航空航天大学、重庆工商大学、东北财经大学、东北师范大学、对外经济贸易大学、复旦大学、福建师范大学、河南大学、湖南大学、华东师范大学、华侨大学、华中科技大学、吉林大学、暨南大学、江西财经大学、兰州大学、辽宁大学、南昌大学、南京大学、南开大学、清华大学、山东大学、陕西师范大学、上海财经大学、上海对外经贸大学、上海交通大学、首都经贸大学、四川大学、台湾大学、天津财经大学、天津商业大学、武汉大学、西安交通大学、西北大学、西南财经大学、厦门大学、浙江大学、浙江财经大学、浙江工业大学、郑州大学、中国人民大学、中南财经政法大学、中山大学、中央财经大学等高校。

我们对上述各位专家的热忱参与和真知灼见，表示诚挚的感谢！

附表 1　本课题组与 116 位专家对中国主要宏观经济指标预测结果之比较

2016 年主要宏观经济指标	本课题组预测（%）	专家预测区间及比例（%）	
		区　间	比　例
实际 GDP 增长率	6.63	6.5—6.7	59
CPI 增长率	2.01	2.1—2.5	61
PPI 增长率	-3.19	-3.8—-2.8	67

续表

2016年主要宏观经济指标	本课题组预测（%）	专家预测区间及比例（%）	
		区　间	比　例
社会消费品零售总额增长率	10.3	10.3—10.8 9.7—10.2	5734
固定资产投资总额增长率	8.97	8.1—9.0 9.1—10.0	5040
按美元计价的出口总额增长率	-6.01	-2.0—-1.0 -2.5—-2.1	3333

后　记

本书是一项集体研究的成果。在迄今为止12年的研究过程中，厦门大学宏观经济研究全体专任教师以及部分中心的博士生、硕士生参加了课题研究。新加坡南洋理工大学的陈抗教授参与了模型开发和前期的“中国宏观经济预测与分析报告”的研究工作。

在本书结集出版之际，我们对新华社《经济参考报》多年来的真诚合作与大力支持，对多次参加《中国宏观经济预测与分析报告》发布暨中国宏观经济高层论坛的国内外专家表示衷心的感谢。

中国社会科学院特聘顾问、厦门大学宏观经济研究中心学术委员会主席王洛林教授十分关心这一项目的研究，多次悉心指导项目研究并参加《中国宏观经济预测与分析报告》发布暨中国宏观经济高层论坛，在此我们深表感谢。

本项研究始终得到了厦门大学领导及社科处、宣传部、财务处的关心和支持！朱崇实、李建发、吴世农、邬大光、詹心丽、韩景义等校领导以及社科处处长陈武元教授等多次参加了《中国宏观经济预测与分析报告》发布暨中国宏观经济高层论坛，教育部社科司、全国哲学社会科学规划办、国家社科基金委、国家自然科学基金委以及国家统计局、国家发改委发展规划司、财政部综合司、商务部政策研究室、中国人民银行研究局的有关领导也多次出席了《中国宏观经济预测与分析报告》发布暨中国宏观经济高层论坛并予以指导，在此我们表示衷心感谢！

在本书编辑过程中，中心研究生张强同学协助主编做了大量编辑助理工作，在此一并表示感谢。